신체손해사정사 2차

한권으로 끝내기

의학이론

시대에듀

2025 시대에듀 신체손해사정사 2차 한권으로 끝내기

Always **with you**

사람의 인연은 길에서 우연하게 만나거나 함께 살아가는 것만을 의미하지는 않습니다.
책을 펴내는 출판사와 그 책을 읽는 독자의 만남도 소중한 인연입니다.
시대에듀는 항상 독자의 마음을 헤아리기 위해 노력하고 있습니다. 늘 독자와 함께하겠습니다.

머리말 PREFACE

손해사정사는 보험사고발생시 손해액 및 보험금의 산정업무를 전문적으로 수행하는 자로서 보험금 지급의 객관성과 공정성을 확보하여 보험계약자나 피해자의 권익을 침해하지 않도록 해주는 일을 하는 보험업계의 전문자격인입니다.

손해사정사 자격시험은 2014년부터 대폭 변경하여 시행하고 있습니다. 즉 손해사정사의 종류를 업무영역에 따라 제1종에서 제4종으로 분류하던 방식에서 재물 · 차량 · 신체손해사정사로 새롭게 구분하였습니다.

신체손해사정사 2차 시험과목은 「의학이론」, 「책임보험 · 근로자재해보상보험의 이론과 실무」, 「제3보험의 이론과 실무」, 「자동차보험의 이론과 실무(대인배상 및 자기신체손해)」로 구성되어 있으며, 약술형 + 주관식 풀이형 문제로 시험을 치르게 됩니다.

본서는 신체손해사정사 2차 시험 준비를 할 때 어려움을 겪는 약술형 + 주관식 풀이형 문제를 효과적으로 대비할 수 있도록 구성한 교재입니다. 2차 시험은 신체손해사정사 업무와 관련된 기본개념 및 전문이론문제 그리고 실무에서 필수적으로 알아야 할 사례유형문제, 보험금 산출문제 등 다양한 형태로 출제되고 있습니다. 이러한 문제유형은 실제 출제되었던 기출문제를 많이 풀어보고, 실전연습을 통해 대비해야 합니다.

본서는 각 과목별로 출제 가능한 핵심이론을 정리 · 수록하였고, 꼭 알아야 할 최근 기출문제를 엄선하여 실전문제에 대비할 수 있도록 하였습니다. 또한 별책으로 최신 개정된 표준약관을 첨부하여 이론학습과 문제풀이에 바로 적용할 수 있도록 하였습니다.

아무쪼록 본서가 실전연습뿐만 아니라, 시험 준비 과정을 최종 마무리하는데 조금이나마 도움이 되었으면 합니다. 끝으로 본서를 선택해 주신 수험생들에게 합격의 행운이 있기를 기원합니다.

편저자 씀

이 책의 구성과 특징 STRUCTURES

STEP 01 | 상세한 개념설명

자동차보험의 이론과 실무(대인배상 및 자기신체손해)

제 5 장 자동차보험 보험금 지급기준

제1절 손해액의 산정

1. 손해액의 산정요소

1) 손해의 분류

손해란 법익에 관하여 입은 불이익을 말한다. 이러한 손해는 손해3분설에 따라 적극적 손해, 소극적 손해, 정신적 손해로 분류하며, 이 가운데 적극적 손해 및 소극적 손해가 피해자의 재산상 손해에 해당한다.

2) 손해의 본질

(1) 소득상실설(차액설)

소득상실설에 따르면 피해자의 사고 전후의 수입을 비교하여 실질적으로 수입의 감소가 있는 경우에만 일실수입으로 인정한다. 즉, 사고 전후의 수입을 비교하여 차액이 있는 경우에만 그 차액을 일실수입으로 인정한다(사고 전후의 차액 > 0원).

(2) 노동능력상실설(평가설)

노동능력상실설에 따르면 손해의 본질을 노동능력상실 자체로 보아 상실된 노동능력의 가치를 손해로 평가한다. 따라서 일실수입은 불법행위로 인하여 상실하게 된 노동능력에 대한 총평가액이다.

3) 과실상계 및 손익상계

과실상계란 피해자에게 손해가 발생한 경우 그 손해액에서 그의 과실 및 기왕증의 기여도에 해당하는 부분에 대하여 공제하는 것을 말한다. 그리고 손익상계란 피해자에게 손해가 발생함과 동시에 그로써 얻은 이익이 있다면 이를 손해액에서 공제하는 것을 말하며, 공제되는 이익의

(1) 라이프니츠방식

라이프니츠방식은 중간이자를 복리로 계산하여 공제하는 방식으로 호프만방식보다는 공제되는 중간이자가 크며, 현재 자동차보험 대인배상 보험금 지급기준에서 적용하고 있는 방식이다.

라이프니츠방식은 이자를 복리로 계산하므로 호프만방식에서와 같이 이자가 원금을 초과함으로써 발생하는 과잉배상의 문제는 일어나지 않지만, 인플레이션이 지속되는 경우를 예상하면 복리로 이자공제를 하는 것은 물가인상분이 전혀 고려되지 못함으로써 원상회복을 꾀하는 손해배상제도의 배상금 계산방법으로는 타당성에 문제가 있는 것으로 지적되고 있다.

(2) 호프만방식

호프만방식은 중간이자를 단리로 계산하여 공제하는 방식으로 라이프니츠방식보다는 공제되는 중간이자가 적어 피해자에게 더 유리하며, 현재 법원의 실무 및 「국가배상법」에서 적용하고 있는 방식이다.

호프만방식은 물가가 매년 지속적으로 인상되는 경우 현가로 산정된 손해배상금이 장래에는 그 가치가 하락하게 되므로 이자를 단리로 계산하여 공제함으로써 인플레이션하에서의 화폐가치의 하락부분을 어느 정도 보존할 수 있는 장점이 있다. 그러나 단리연금현가계수가 월단위로 240을 초과하거나 연단위로 20을 초과하게 되면 월 또는 연 이자가 월 또는 연 순수입을 초과하게 되어 과잉배상의 문제가 발생한다. 이러한 문제로 인해 법원에서는 월단위 240, 연단위 20을 한도로 하여 손해배상액을 산정하고 있다.

5) 노동능력상실률의 판단방법

노동능력상실률은 전문의의 신체감정내용을 주된 판단자료로 하여 확정하는데, 그 평가기준은 맥브라이드의 후유장애평가표에 제시된 기준으로 하며, 「국가배상법」, 미국의학협회(A.M.A)의 장해평가법에 대한 지침 등을 참작하여 판단한다.

6) 상실수익의 기준소득

(1) 가동소득

노동활동으로 얻고 있는 소득이어야 한다. 따라서 이자소득, 배당소득, 임대소득은 상실수익의 기준소득으로 할 수 없다.

▸ 최신 개정사항을 반영한 상세한 개념설명을 통해 학습내용을 이해하도록 하였습니다.

STEP 02 | 심화학습에 도움을 주는 심화TIP

2) 간경변증(liver cirrhosis)

(1) 정 의

간경변증은 간 조직이 전반적으로 파괴와 재생과정을 거듭하여 섬유화와 결절성 조직으로 변화하여 굳어진 상태로 이미 정상으로 회복할 수 없는 만성 간질환으로 간경화증이라고도 한다. 별다른 증상이 없는 경우도 있으나, 대부분 간기능저하와 문맥성 고혈압으로 여러 가지 합병증에 시달리게 된다.

(2) 원 인

주로 장기간의 과음, 만성 바이러스성 간염(B형 및 C형), 간독성 약물의 장기복용, 간외 담도의 폐쇄성 질환, 간흡충과 같은 기생충감염, 선천성 또는 대사성 질환 등이다.

(3) 진 단

간경변증의 진단에는 동위원소 간주사, 복부초음파, 복부CT 등 여러 영상진단법이 사용되고 있 … 간질환 환자는 주기적으로 간기능검사와 복부초음파검사를 실시하여 조기에 간경변증 … 후유증을 사전에 예방하는 것이 필요하다.

심화TIP 차일… (Child - Pugh score)

차일드 – 푸 … Pugh score)이란 원래 간경화에서 수술 후의 사망률을 알아보기 위해 만들어졌다. 그러나 … 후의 예후 및 간 이식에 대한 필요성을 알아보기 위해 이용된다. Child – Pugh … 총 5가지의 검사 값이 필요하다. 각각 총 빌리루빈, 혈청 알부민, 프로트롬빈 … 여부 및 중증도이다. 각각의 상태에 따라 1점부터 3점까지의 점수를 부여하게 되며 … 모두 합쳐서 Grade A, B, C를 나누게 된다.

1. 총 빌리루빈(mg/dL) : 2 미만 1점, 2~3 2점, 3 초과 3점
2. 혈청 알부민(g/dL) : 3.5 초과 1점, 2.8~3.5 2점, 2.8 미만 3점
3. 프로트롬빈 시간에서 연장된 값(초) : 4초 미만으로 연장 1점, 4~6초 사이로 연장 2점, 6초 초과 연장 3점
4. 복수의 여부 및 중증도 : 복수 없음 1점, 경도의 복수 2점, 중증도의 복수 3점
5. 간성뇌증의 여부 및 중증도 : 간성뇌증 없음 1점, 경도의 간성뇌증 2점, 중증의 간성뇌증 3점

이렇게 5가지 항목을 각각 1점부터 3점까지 나누고 각각을 더하게 되면 총 최소 5점에서 최고 15점이 나오게 된다.

결과의 해석은 5점과 6점은 Child – Pugh score Class A, 7, 8, 9점은 B, 10점부터 15점까지는 C이다.

① 1사고당 보상한도액(Occurrence Limit)

손해의 형태별로 보상한도액을 설정한다.

② 총보상한도액(Aggregate Limit)

보험기간 중의 모든 사고 또는 모든 배상청구에 대한 총보상한도액을 설정하고 있으며, 생산물위험에 대한 총보상한도액과 자동차보험을 제외한 기타 모든 위험에 대한 총보상한도액으로 구분하여 적용된다.

③ 피보험자부담한도액(Retained Limit)

포괄배상책임보험은 기초배상책임보험의 보상한도액을 초과하는 손해 또는 기초배상책임보험이 없는 경우에는 자기부담금(Self-insured Retention)을 초과하는 손해만을 담보하는바, 포괄배상책임보험에서 부담하지 않는 기초배상책임보험의 보상한도액(적용법리상 면책부분) 또는 자기부담금(Self-insured Retention)을 피보험자 부담한도액(Retained Limit)이라고 한다.

4) CGL 특별약관

(1) Waiver of Subrogation Clause(대위권포기 특별약관)

'대위권포기 특별약관'은 보험회사가 보험사고로 인한 손해비용을 지급한 경우 지급한 보험금의 한도 내에서 권리(대위권)를 취득하여 피보험자가 제3자에 대하여 가지는 손해배상청구권을 대위 행사할 수 있음에도 불구하고 이를 포기하는 조항이다. 이 조항은 보험회사가 보험증권에 따라 보장되는 손실에 대해 책임을 질 수 있는 제3자에게 보상을 요청할 권리를 포기하는 것이다. 즉, 손실이 발생하면 보험회사는 손실을 일으킨 당사자에게 책임이 있더라도 손해배상 청구 … 없다. '대위권 포기'는 보험회사가 제3자를 상대로 법적 조치를 취할 수 있는 능력 … 이기 때문에 보험계약자에게 많은 이점을 제공할 수 있다.

심화TIP 대위…

보험회사가 보 … 때(현물보상한 경우를 포함한다)에는 보험회사는 지급한 보험금의 한도 내에서 아래의 권리 … 보험회사가 보상한 금액이 피보험자가 입은 손해의 일부인 경우에는 피보험자 … 범위 내에서 그 권리를 가진다. … 부터 손해배상을 받을 수 있는 경우에는 그 손해배상청구권 … 배상을 함으로써 대위 취득하는 것이 있을 경우에는 그 대위권

제1장 책임보험 45

▸ 심화TIP을 통해 심화이론과 개념을 쉽게 이해할 수 있도록 하였습니다.

STEP 03 | 기출문제 & 상세한 해설

2024 기출문제

46 아래 조건을 참고하여 질문에 답하시오. (20점)

〈보험가입사항〉

구 분		보험기간	계약자/피보험자	가입담보	[illegible]
A	간편건강보험	2022.10.6. ~ 2037.10.6.	甲	암 진단비 소액암 진단비	3천만원 1천만원
B	간편종신보험	2022.10.6. ~ 2042.10.6.	甲	사망시	5천만원
C	간편암보험	2023.4.19. ~ 2033.4.19.	甲	암 진단비 소액암 진단비	2천만원 1천만원

※ 암 진단은 보험계약일로부터 그 날을 포함하여 90일이 지난날의 다음날부터 책임이 개시되며, 진단비는 1년 이내 진단시 50% 지급(각 1회 한)
※ 소액암은 갑상선암, 기타 피부암, 경계성 종양, 제자리암을 말함.

〈A~C보험의 계약 전 알릴의무 내용〉

1. 최근 3개월 이내에 아래의 의료행위를 받은 적이 있는지 여부
   1) 입원 필요소견 2) 수술 필요소견 3) 추가검사(재검사) 필요소견
2. 최근 2년 이내에 아래의 의료행위를 받은 적이 있는지 여부
   1) 입원 2) 수술(제왕절개 포함)
3. 최근 5년 이내에 다음 질병으로 인한 아래의 의료행위를 받은 적이 있는지 여부
   □ 암, 간경화증, 투석중인 만성신장질환, 파킨슨병, 루게릭병
   1) 진단 2) 입원 3) 수술

〈손해사정 내용〉

① 2020.11.10. 서울종합병원에 오전 9시 입원하여 대장용종 제거술을 받고 당일 오후 5시 퇴원함.
② 2023.1.27. 한국비뇨기과의원에서 전립선 비대증(N40)으로 진단받고 2023.2.3.부터 2023.2.10.까지 3회 통원치료 받음.

〈질문사항〉

(1) 계약 전 알릴의무 내용 중 밑줄 친 "추가검사(재검사)"의 의미를 약술하시오. (6점)
(2) A~C보험의 보상책임을 결정하고 지급보험금을 계산하시오. (14점)

모범답안

1. "추가검사 ...미

...상 소견이 확인되어 보다 정확한 진단을 위해 시행한 검사를 의미하며, 병증...이 유지되는 상태에서 시행하는 정기검사 또는 추적관찰은 포함하지 않는다(보...행세칙 〈별표 14〉). 〈신설 2024.3.27.〉

2. A~C보험의 보상책임 및 지급보험금

(1) A보험의 보상책임 및 지급보험금

① 보상책임

보험회사는 피보험자가 최근 2년 이내 받은 입원 및 수술(2020.11.10. 대장용종 제거술)을 보험회사에 알리지 않아 계약 전 알릴의무위반에 해당하고, 제척기간이 경과하지 않았으므로 보험계약을 해지할 수 있다.

- 손해사정 ②, ③, ④의 경우 : 해당 사항 없음
- 손해사정 ⑤의 경우 : 계약 전 알릴의무위반(대장용종)과 전립선 암은 인과관계가 없고, 보험가입 후 1년 이내 진단이므로 암 진단비를 50% 지급한다.

② 지급보험금

전립선 조직검사(시행일 : 2023.7.16.)를 통해 전립선의 악성신생물(C61) 확정 진단(조직검사 보고일 : 2023.7.24.)되었고, 암 진단비는 1년 이내 진단시 50% 지급하므로,

- 암 진단비 : 3천만원 × 50% = 1천500만원

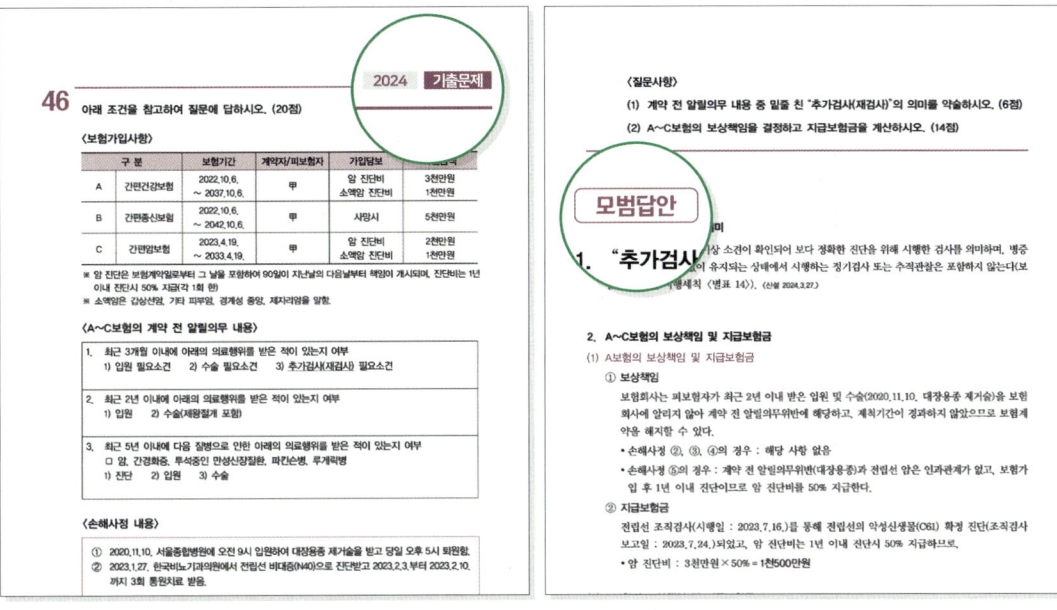

▸ 기출문제 & 상세한 해설로 출제경향을 파악하고 학습의 방향을 설정할 수 있도록 하였습니다.

STEP 04 | 최신 개정 표준약관

01 화재보험 표준약관

〈개정 2005.2.15., 2010.3.29., 2011.1.19., 2014.12.26., 2015.12.29., 2018.3.2., 2019.12.20., 2020.7.31., 2020.10.16., 2021.7.1., 2022.9.30., 2023.6.26.〉

제1관 목적 및 용어의 정의

제1조(목적) 이 보험계약(이하 '계약'이라 합니다)은 보험계약자(이하 '계약자'라 합니다)와 보험회사(이하 '회사'라 합니다) 사이에 피보험자가 보험의 목적에 화재(벼락을 포함합니다. 이하 같습니다)로 입은 손해에 대한 위험을 보장하기 위하여 체결됩니다.

제2조(용어의 정의) 이 계약에서 사용되는 용어의 정의는 이 계약의 다른 조항에서 달리 정의되지 않는 한 다음과 같습니다.

1. 계약 관련 용어
   가. 계약자 : 회사와 계약을 체결하고 보험료를 납입할 의무를 지는 사람을 말합니다.
   나. 피보험자 : 보험사고로 인하여 손해를 입은 사람(법인인 경우에는 그 이사 또는 법인의 업무를 집행하는 그 밖의 기관)을 말합니다.
   다. 보험증권 : 계약의 성립과 그 내용을 증명하기 위하여 회사가 계약자에게 드리는 증서를 말합니다.
   라. 보험의 목적 : 이 약관에 따라 보험에 가입한 물건으로 보험증권에 기재된 건물 등을 말합니다.
2. 보상 관련 용어
   가. 보험가입금액 : 회사와 계약자간에 약정한 금액으로 보험사고가 발생할 때 회사가 지급할 최대 보험금을 말합니다.
   나. 보험가액 : 재산보험에 있어 피보험 이익을 금전으로 평가한 금액으로 보험목적에 발생할 수 있는 최대 손해액을 말합니다(회사가 실제 지급하는 보험금은 보험가액을 초과할 수 없습니다).
   다. 자기부담금 : 보험사고로 인하여 발생한 손해에 대하여 계약자 또는 피보험자가 부담하는 일정 금액을 말합니다.
   라. 보험금 분담 : 이 계약에서 보장하는 위험과 같은 위험을 보장하는 다른 계약(공제계약을 포함합니다)이 있을 경우 비율에 따라 손해를 보상합니다.
   마. 대위권 : 회사가 보험금을 지급하고 취득하는 법률상의 권리를 말합니다.
3. 이자율 관련 용어
   가. 연단위 복리 : 회사가 지급할 금전에 이자를 줄 때 1년마다 마지막 날에 그 이자를 원금에 더한 금액을 다음 1년의 원금으로 하는 이자 계산방법을 말합니다.

제2관 보험금의 지급

제3조(보상하는 손해) ① 회사는 보험의 목적이 화재로 입은 아래의 손해를 보상하여 드립니다.

1. 사고에 따른 직접손해
2. 사고에 따른 소방손해(화재진압 과정에서 발생하는 손해)
3. 사고에 따른 피난손해(피난지에서 5일 동안에 보험의 목적에 생긴 위 제1호 및 제2호의 손해를 포함합니다)

② 회사는 제1항에서 보장하는 위험으로 인하여 손해가 발생한 경우 계약자 또는 피보험자가 지출한 아래의 비용을 추가로 지급합니다.

1. 잔존물 제거비용 : 사고현장에서의 잔존물의 해체비용, 청소비용 및 차에 싣는 비용. 다만, 제1항에서 보장하지 않는 위험으로 보험의 목적이 손해를 입거나 관계법령에 의하여 제거됨으로써 생긴 손해에 대하여는 보상하여 드리지 않습니다.
2. 손해방지비용 : 손해의 방지 또는 경감을 위하여 지출한 필요 또는 유익한 비용
3. 대위권 보전비용 : 제3자로부터 손해의 배상을 받을 수 있는 경우에는 그 권리를 지키거나 행사하기 위하여 지출한 필요 또는 유익한 비용
4. 잔존물 보전비용 : 잔존물을 보전하기 위하여 지출한 필요 또는 유익한 비용. 다만, 제13조(잔존물)에 의해 회사가 잔존물을 취득한 경우에 한합니다.
5. 기타 협력비용 : 회사의 요구에 따르기 위하여 지출한 필요 또는 유익한 비용

> **【청소비용】** 사고현장 및 인근 지역의 토양, 대기 및 수질 오염물질 제거비용과 차에 실은 후 폐기물 처리비용은 포함되지 않습니다.

③ 아래의 물건은 보험증권에 기재하여야만 제1항의 보험의 목적이 됩니다.

1. 통화, 유가증권, 인지, 우표 및 이와 비슷한 것
2. 귀금속, 귀중품, 보옥, 보석, 글·그림, 골동품, 조각물 및 이와 비슷한 것
3. 원고, 설계서, 도안, 물건의 원본, 모형, 증서, 장부, 금형(쇠틀), 목형(나무틀), 소프트웨어 및 이와 비슷한 것
4. 실외 및 옥외에 쌓아둔 동산

> **【귀중품】** 무게나 부피가 휴대할 수 있으며, 점당 300만원 이상

④ 아래의 물건은 다른 약정이 없으면 제1항의 보험의 목적에 포함됩니다.

1. 건물인 경우
   가. 건물의 부속물 : 피보험자의 소유인 칸막이, 대문, 담, 곳간 및 이와 비슷한 것
   나. 건물의 부착물 : 피보험자 소유인 간판, 네온사인, 안테나, 선전탑 및 이와 비슷한 것
2. 건물이외 경우 : 피보험자 또는 그와 같은 세대에 속하는 사람의 소유물(생활용품, 집기·비품 등)

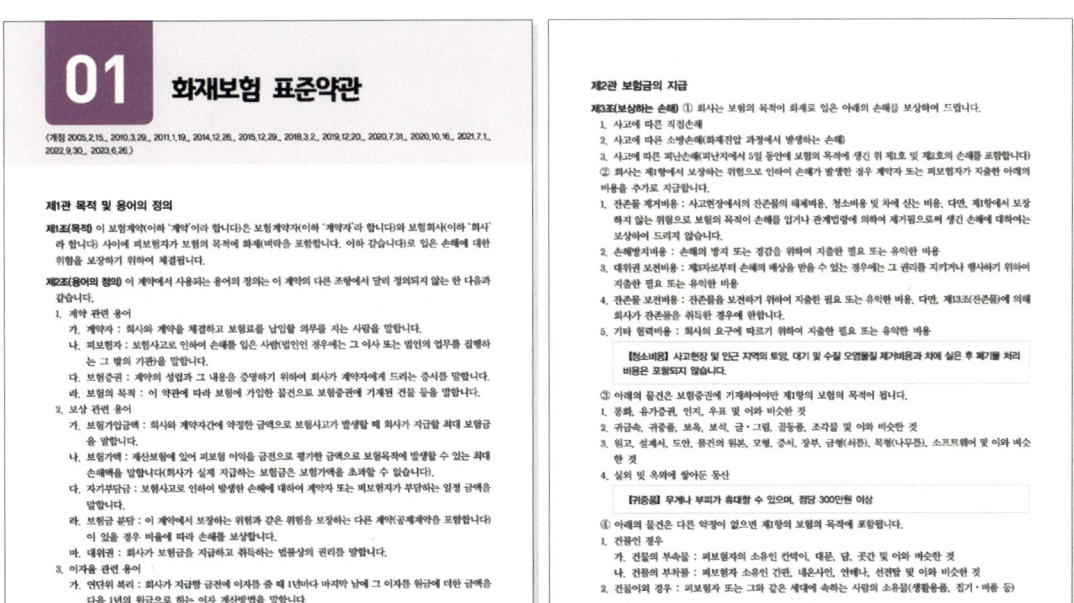

▸ 최신 개정된 표준약관으로 이론학습과 문제풀이에 바로 적용할 수 있도록 하였습니다.

자격시험 소개 INTRODUCE

손해사정사란?

보험사고발생시 손해액 및 보험금의 산정업무를 전문적으로 수행하는 자로서 보험금 지급의 객관성과 공정성을 확보하여 보험계약자나 피해자의 권익을 침해하지 않도록 해주는 일, 즉 보험사고발생시 손해액 및 보험금을 객관적이고 공정하게 산정하는 자를 말합니다.

주요 업무

1. 손해발생 사실의 확인
2. 보험약관 및 관계법규 적용의 적정 여부 판단
3. 손해액 및 보험금의 사정
4. 손해사정업무와 관련한 서류작성, 제출 대행
5. 손해사정업무 수행 관련 보험회사에 대한 의견 진술

손해사정사의 구분

업무영역에 따른 구분	재물손해사정사, 차량손해사정사, 신체손해사정사, 종합손해사정사
업무수행에 따른 구분	고용손해사정사, 독립손해사정사

※ 단, 종합손해사정사는 별도의 시험없이 재물 · 차량 · 신체손해사정사를 모두 취득하게 되면 등록이 가능합니다.

자격취득

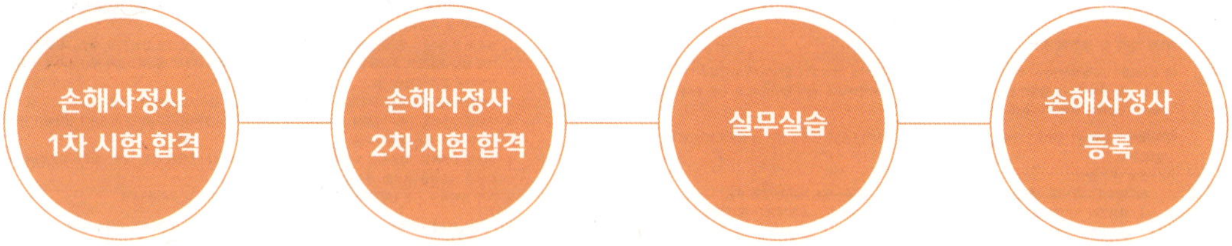

시험일정

손해사정사 시험은 1차와 2차 각각 연 1회 실시됩니다. 1차 시험은 그 해의 상반기(4월)에 실시하고, 2차 시험은 그 해의 하반기(8월)에 실시합니다. 매해 시험일정이 상이하므로 상세한 시험일정은 보험개발원(www.insis.or.kr:8443)의 홈페이지에서 '시행계획공고'를 통하여 확인하시기 바랍니다.

신체손해사정사 2차 시험 소개 INFORMATION

시험과목 및 방법

시험과목	• 의학이론 • 책임보험 · 근로자재해보상보험의 이론과 실무 • 제3보험의 이론과 실무 • 자동차보험의 이론과 실무(대인배상 및 자기신체손해)
시험방법	논문형(약술형 또는 주관식 풀이형)

합격자 결정

절대평가에 의해 합격자를 결정하며, 절대평가에 의한 합격자가 최소선발예정인원에 미달하는 경우 미달인원에 대하여 상대평가에 의해 합격자를 결정합니다.

▸ 2차 시험 합격자를 결정할 때에는 매 과목 100점을 만점으로 하여 매 과목 40점 이상, 전 과목 평균 60점 이상 득점한 사람을 합격자로 합니다. 다만, 금융감독원장이 손해사정사의 수급상 필요하다고 인정하여 미리 선발예정인원을 공고한 경우에는 매 과목 40점 이상 득점한 사람 중에서 선발예정인원의 범위에서 전 과목 총득점이 높은 사람부터 차례로 합격자를 결정할 수 있습니다.

▸ 전환응시자에 대한 합격결정은 응시한 매 과목에 대하여 40점 이상 득점한 자 중, 전체 응시과목 평균점수가 일반응시자 중 합격자의 최저점수(평균점수) 이상을 득한 경우에 합격자로 결정합니다.

검정현황

구 분	접수(명)	합격(명)	합격률(%)
2018년 제41회	3,177	409	12.87
2019년 제42회	3,249	328	10.10
2020년 제43회	3,121	325	10.41
2021년 제44회	2,981	343	11.51
2022년 제45회	3,075	340	11.06
2023년 제46회	3,037	343	11.30
2024년 제47회	3,166	345	10.90

연도별 합격률 그래프(%)

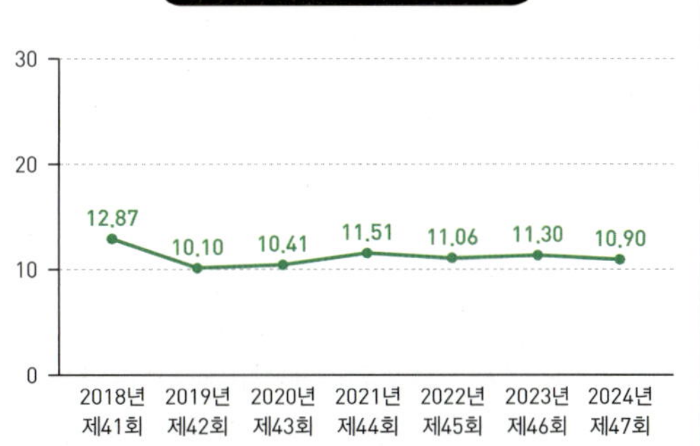

최고득점 & 커트라인

구 분	2018년 제41회	2019년 제42회	2020년 제43회	2021년 제44회	2022년 제45회	2023년 제46회	2024년 제47회
최고득점	69.25	68.75	65.50	67.92	71.67	75.00	74.75
커트라인	50.83	50.42	51.25	53.50	55.00	58.17	56.25

응시자 준수사항 GUIDELINE

1 · 2차 시험 응시자 준수사항(공통)

❶ 응시자는 시험당일 응시표, 신분증 및 필기구를 지참하고, 시험 시작 30분전까지 지정된 고사실에 입실하여 시험안내에 따라야 합니다.

- **신분증 인정범위** : 주민등록증(주민등록발급신청서 포함), 유효기간 내의 운전면허증 · 여권, 공무원증, 복지카드(장애인등록증), 국가유공자증, 외국인등록증 및 재외동포 국내거소증, 신분확인증명서[초 · 중 · 고등학교 학생 또는 군인에 한함, 학교장(부대장)이 발급], 국가자격증(국가기술자격증 포함), 정부 중앙부처 또는 지방자치단체에서 발급한 면허증, 초 · 중 · 고등학교 학생증(재학증명서) 및 청소년증
- **필기구 허용범위** : 1차 시험은 컴퓨터용 수성사인펜, 2차 시험은 흑색 또는 청색필기구(동일 종류에 한하며 사인펜이나 연필 종류 등은 사용할 수 없음)

❷ 지각한 응시자(문제지 배포 후 입실자)에 대하여는 시험응시를 불허합니다.

❸ 보험계리사 시험의 모든 과목 및 재물손해사정사 시험(2차)의 "회계원리" 과목에서는 자료를 저장할 수 없는 단순계산기를 개별 지참하여 사용 가능하며, 공학용 및 재무용 등 데이터 저장기능이 있는 전자계산기는 사용할 수 없습니다.

❹ 접수된 서류의 기재사항은 변경할 수 없으며, 허위 또는 착오기재 등으로 발생하는 불이익은 일체 응시자 책임으로 합니다.

❺ 응시자 본인의 부주의로 인하여 답안지 기재에 오류(1차 시험의 경우 지정필기구 미사용으로 전산기기에 의한 채점이 불가하거나, 2차 시험의 경우 답안지의 지정된 곳 이외에 성명 등을 기재하여 응시자를 인지할 수 있게 하는 경우 포함)를 범하여 불이익이 발생할 경우, 이는 일체 응시자 책임으로 합니다.

❼ 매 시험시간 종료 전까지 임의로 퇴실할 수 없으며, 감독관의 지시에 따르지 않고 중도 퇴실할 경우에는 해당 과목을 무효로 처리할 수 있습니다.

❼ 응시자가 다음의 행위를 하는 경우에는 당해 시험을 무효로 할 수 있습니다.

- 시험 종료에도 불구하고 답안지 제출을 거부 또는 지연하는 행위
- 정당한 사유 없이 좌석표에 지정된 좌석으로의 이동을 거부하는 행위
- 시험 시작 전에 문제를 풀이하는 행위
- 응시표, 신분증, 필기구, 단순계산기 등 시험응시에 필수적인 물품을 제외한 소지품을 감독관이 지정한 장소로 이동하지 않거나 이동된 소지품을 임의로 가져오는 행위
- 전자 · 통신기기를 감독관이 지정한 장소로 이동하지 않거나 임의로 가져오는 행위(감독관의 지시가 없더라도 시험지 또는 답안지 배포 후 전자 · 통신기기를 소지하는 행위를 포함하며, 전원의 On/Off 유무와 무관)
- 전자 · 통신기기를 감독관이 지정한 장소로 이동하였으나, 전원을 끄지 않은 경우(실제 사용여부와 무관)
- 그 밖에 감독관 지시사항 등을 따르지 아니하여 공정한 시험운영을 방해하는 행위

⑧ 응시자가 다음과 같이 부정한 행위를 하는 경우에는 당해 시험을 무효로 할 수 있으며, 그 행위가 있은 날부터 5년간 해당 시험에 응시할 수 없습니다.

- ▸ 시험 중 다른 응시자와 시험과 관련된 대화를 하거나 답안지를 교환하는 행위
- ▸ 시험 중에 다른 응시자의 답안지 또는 문제지를 엿보는 행위
- ▸ 다른 응시자를 위하여 답안을 알려주거나 엿보게 하는 행위
- ▸ 시험 중 시험문제 내용과 관련된 물건을 휴대하는 행위
- ▸ 응시자의 좌석 근처(책상, 의자 등)에 시험 관련 내용을 판서하거나 메모하는 행위
- ▸ 시험장 내외의 자로부터 도움을 받고 답안지를 작성하는 행위(전자 · 통신기기 등을 활용하는 경우 포함)
- ▸ 미리 시험문제를 알고 시험을 응시하는 행위
- ▸ 다른 수험자와 성명 또는 수험번호를 바꾸어 제출하는 행위
- ▸ 대리시험을 치르거나 치르게 하는 행위
- ▸ 그 밖의 부정한 행위 등으로 본인 또는 다른 사람의 시험 결과에 영향을 미치는 행위

⑨ 고사실 내에는 시계가 비치되어 있지 않으므로 응시자는 개인용 시계를 준비(고사실 내에 시계가 비치된 경우라도 이를 참고하여서는 안됨)하기 바라며, 휴대용전화기 등 전자 · 통신기기를 시계 용도로 사용할 수 없습니다.

⑩ 응시자가 응시원서접수를 취소하고자 하는 경우에는 시험 실시일 전일까지 보험개발원 인터넷 홈페이지(www.kidi.or.kr)에 접속하여 정해진 방법에 따라 응시취소 요청서(원서접수시 입력한 비밀번호 기입)를 작성하여야 합니다. 이 경우 납입하신 응시수수료 환불은 응시원서 접수마감일로부터 시험실시 15일 전까지 응시를 취소하는 경우에는 응시수수료 전액을, 시험실시 14일 전부터 시험실시일 전일까지 응시를 취소하는 경우에는 응시수수료의 50%를 환불하여 드립니다. 또한, 응시수수료 환불은 시험이 종료된 후 15일 이내에 응시취소 요청시에 기입하신 계좌로 입금하여 드립니다.

2차 시험 응시자 준수사항

① 답안은 흑색이나 청색 필기구(사인펜 또는 연필 종류는 제외) 중 단일 종류로만 계속 사용하여 작성하여야 하며, 지정된 필기구를 사용하지 아니하여 채점되지 않는 불이익은 응시자의 책임입니다.

② 답안지의 인적사항 기재란 이외의 부분에 특정인임을 암시하는 문구를 기재하거나, 답안과 관련 없는 특수한 표시를 하는 경우, 그 답안지는 무효로 처리될 수 있습니다.

③ 답안 정정시에는 반드시 정정부분은 두 줄(=)로 긋고 다시 기재하여야 하며, 수정테이프(수정액) 등을 사용했을 경우 채점상의 불이익을 받을 수 있으므로 사용하지 마시기 바랍니다.

이 책의 차례 CONTENTS

1권 | 의학이론

이 책의 차례 CONTENTS

의학이론

제 1 장 인체해부학 개론

제1절 인체의 개요

1. 해부학의 정의

해부학(anatomy)이란 동물이나 식물의 구조와 기능을 연구하는 생물학의 한 분과이며, 특히 인체의 생김새를 연구하는 인체해부학(human anatomy)은 복잡한 인간의 기능을 이해하는데 필요한 기초로서 매우 중요한 학문이다.

2. 해부학의 분류

① 육안해부학 : 육안으로 관찰하는 해부학, 시체해부로 연구하는 분야
② 현미경적 해부학(조직학) : 현미경을 이용하여 생체의 미세구조 및 초미세구조를 연구하는 분야
③ 발생학(태생학) : 태아의 발생과정을 연구하는 분야

3. 인체의 구조

인간은 척추동물인 포유류에 속하며, 다른 척추동물과 마찬가지로 척추와 축이 되어 몸을 지탱하고 있고, 신체의 표면이 피부로 덮여있어 외계의 온갖 침습에서 우리 신체를 보호하고 있다.

① 신체는 두부, 체간, 사지로 대별한다.
② 두부에는 두개강이 있는데 이것은 척주의 척주관과 이어져 있다.
③ 체간은 가슴・배・골반의 각 부위로 나누어진다.
④ 사지는 상지와 하지로 구별되며, 좌우로 쌍을 이룬다.
⑤ 장기를 수용하는 빈 공간을 체강이라 하고, 각 체강은 두개강(뇌), 척주관(척수), 흉강(심장, 대혈관, 폐, 기관, 식도 등), 복강(위, 소장, 대장, 간장, 비장 등), 골반강(직장, 방광, 자궁, 난소 등)으로 이루어진다.
⑥ 복강 뒤쪽은 후복강으로 췌장, 신장, 대혈관 등이 수용되어 있다.

4. 해부학적 자세

해부학적 자세란 차렷 자세에서 양쪽 발을 붙이고 양쪽 손바닥을 펴서 앞을 향하게 한 자세로 우리 몸에서 위치나 방향은 이 자세를 기준으로 설명한다. 즉 양쪽 발을 모은 채 똑바로 서서 눈은 앞을 바라보며, 손바닥을 앞으로 향한 채 양쪽 팔을 몸에 가까이 붙이고 있는 상태이다.

5. 인체면에 관한 용어

① 수평면(가로면 ; transverse plane) : 몸을 똑바로 서 있을 때 지표와 평행이 되는 면으로 위아래로 나누는 면

② 시상면(정중면 ; median plane) : 몸을 좌우로 나누었을 때 전후방향으로 나누는 면으로 정중앙에서 좌우대칭으로 나누는 면

③ 관상면(전두면 ; coronal plane) : 몸을 이마와 평행이 되는 면으로 신체를 앞뒤로 나누는 면

6. 위치에 관한 용어

(1) 내측(medial)과 외측(lateral)

내측(medial)은 정중면에 보다 가까운 쪽이며, 외측(lateral)은 정중면에 보다 먼 쪽을 말한다.

(2) 장측(palmar), 저측(plantar), 배측(dorsal)

장측(palmar)은 손바닥 쪽이며, 저측(plantar)은 발바닥 쪽, 배측(dorsal)은 손등 또는 발등 쪽을 말한다.

(3) 상(superior)과 하(inferior)

상(superior)은 위쪽 방향이며, 하(inferior)는 아래쪽 방향을 말한다.

(4) 근위(proximal)와 원위(distal)

근위(proximal)는 심장에 보다 가까운 쪽이며, 원위(distal)는 심장에 보다 먼 쪽을 말한다.

7. 움직임에 관한 용어

(1) 굴곡(flexion)과 신전(extension)

굴곡(flexion)은 굽히는 동작이나 굽히는 것으로, 배측굴곡(dosiflexion)은 손등이나 발등 쪽으로 굴곡되는 상태, 저측굴곡(plantar flexion)은 발바닥 쪽으로 굴곡되는 상태, 장측굴곡(palmar flexion)은 손바닥 쪽으로 굴곡되는 상태를 말한다. 반면에 신전(extension)은 굴곡과는 반대로 신체 또는 그 일부를 펴는 것을 말한다.

(2) 내전(adduction)과 외전(abduction)

내전(adduction)은 몸의 중심부나 정중선 쪽을 향해 이동하는 것(정중면으로 가까이 오는 것)이며, 외전(abduction)은 정중선에서 바깥 쪽으로 이동하는 것(정중면에서 멀어지는 것)을 말한다.

(3) 회내(pronation)와 회외(supination)

회내(pronation)는 손바닥이 바닥 쪽으로 향하도록 회선하는 운동이며, 회외(supination)는 손바닥이 위쪽 또는 앞쪽으로 향하도록 회선하는 운동을 말한다.

(4) 내번(inversion)과 외번(eversion)

내번(inversion)은 발목을 움직여 발바닥이 몸 쪽을 향하도록 하는 운동이며, 외번(eversion)은 발목을 움직여 발바닥이 몸 바깥쪽을 향하도록 하는 운동을 말한다.

8. 체부의 형태에 관한 용어

① 과(condyle) : 끝이 뭉툭한 돌기로 골단이 비후해져 관절면을 이루는 돌기
② 돌기(process) : 표면에서 높이 튀어나온 곳
③ 결절(tuber, tubercle) : 혹과 같이 두드러진 곳
④ 전자(trochanter) : 대퇴골의 매우 큰 돌기
⑤ 극(spine) : 날카롭고 가느다란 돌기
⑥ 융기(eminence) : 무디게 두드러진 곳

제2절 골(bone), 관절(joint), 근육(muscle)

1. 개 요

골(bone)은 신체의 기본적인 형태를 만들며, 골격(skeleton)은 인체의 수많은 경골과 연골 및 결합조직이 서로 결합되어 몸을 지탱하고 특이한 형태를 유지하는 것을 말한다. 성인의 인체에는 206개(몸통골 80개, 사지골 126개)의 뼈가 유기적으로 연결되어 골격을 형성한다. 관절(joint)은 뼈와 뼈가 만나서 이루고, 여기에 인대(ligament)와 근육(muscle)이 부착되어 신체를 유지한다. 골격의 기능은 인체의 지지작용을 하며, 여러 개가 뼈가 모여 형성된 것을 강(cavity)이라고 하고, 그 속에서 뇌 및 내장 기타 기관을 보호하는 역할을 한다. 그리고 뼈는 그 속에 골수(bone marrow)가 들어있어 조혈작용을 할 뿐만 아니라, 칼슘(calcium)과 인산염(phosphate) 같은 무기물을 저장함으로써 몸속의 무기이온 평형에 관여하고, 또한 근육의 부착점이 되어 운동에 관여한다.

01

2. 골(bone)의 구조

(1) 골막(periosteum)

연골로 덮인 뼈의 관절단 표면을 제외한 모든 뼈의 표면을 싸고 있으며, 근육이나 건이 뼈에 부착할 수 있는 자리를 마련해 준다. 강한 결합조직의 막으로 혈관과 신경이 많이 분포되어 있어 뼈에 영양을 공급하고 뼈를 보호하며, 뼈의 재생에 중요한 역할을 한다.

(2) 골질(bony tissue)

골질은 치밀질과 해면질의 두 조직으로 되어 있다. 외부에 있는 치밀질은 골세포와 기질로 조밀하게 주로 혈관이나 신경이 통하는 관인 하버스계(haversian system ; 뼈단위)로 구성되어 있고, 내부의 해면질은 스펀지처럼 구멍이 많은 골소강들이 서고 얽혀있는 망상구조로 그 속에 조혈기관인 골수가 있다.

(3) 골수(bone marrow)

골수에는 적색골수와 황색골수가 있다. 적색골수는 조혈작용이 활발하며, 성인의 장골의 골단·단골 및 편평골의 해면질 내에 있으며, 황색골수는 적색골수의 조혈작용이 중지되어 주로 지방으로 대치된 상태의 골수로 성인의 장골의 골간에서 볼 수 있다.

적색골수는 조혈기능을 하는 반면에 황색골수는 그러한 기능은 없고 성장하면서 적색골수가 황색골수로 된다. 그러나 척추, 늑골, 흉골은 평생 동안 적색골수로 남는다.

3. 골의 생성과 재형성

1) 골의 세포

(1) 골모세포(osteoblast)

골모세포는 골의 발생이나 재생시에 나타나는 세포이고, 골기질의 형성에 관여한다. 골모세포는 교원섬유의 원료인 트로포콜라겐(tropocollagen)과 무코다당체(mucopolysacharide)를 합성 분비해서 골기질을 만들고, 이에 2차적으로 인산칼슘이 침착해서 뼈가 된다. 골모세포의 일부는 스스로 만든 골기질속에 묻혀서 골세포가 된다. 나이가 들어감에 따라 골모세포수가 감소하는 경향이 있고, 이는 골다공증과도 연관이 있다.

(2) 골세포(osteocyte)

뼈를 구성하는 기본 세포로, 골소강 속에 퍼져 있으면서 골조직의 기질 속에서 주변 골조직의 무기질대사에 영향을 준다. 골소강은 골세관과 함께 골조직을 구성하는 것을 말한다. 섬유아세포에서 형성된 골아세포가 기질을 만들고, 골아세포가 기질 속으로 들어가 골세포로 만들어진다. 골세포는 칼슘염과 단백질 등을 함유하고 있어 단단하고 잘 부러지지 않는 골기질을 분비하는데, 이는 조밀하게 연결되어 있어서 몸을 지지한다.

(3) 파골세포(osteoclast)

뼈는 일생동안 끊임없이 생성과 소멸을 반복하며, 오래된 골세포가 죽으면 새로운 골세포로 바뀌고 신체의 필요에 따라 뼈에서 칼슘을 빼내야 할 때 뼈는 파괴가 된다. 파골세포는 뼈를 파괴하는 세포이다.

2) 골의 성장

장관골의 경우 길이성장은 연골골단을 포함한 골단판에서 일어나는 연골내골화에 의해 이루어지고, 두께성장은 골의 바깥 면에 있는 골막에서의 막내골화에 의하여 일어난다.

3) 골의 재형성

골조직은 살아있는 조직이기 때문에 일단 형성된 뒤에도 한편에서는 파골세포에 의하여 흡수되고, 다른 한편에서는 골모세포(골아세포)에 의하여 다시 생성되는데, 이를 골의 재형성이라고 한다. 즉 뼈의 재형성과정은 오래된 뼈는 일정하게 파괴되고 다시 새로운 뼈를 만들어내는 과정을 거친다.

4. 골의 형태적 분류

(1) 장골(long bone)과 단골(short bone)

장골은 길게 생기고 양 끝 또는 한쪽 끝에 관절부가 있는 뼈이다. 골간부는 중앙부분이 가늘어지는 형태이긴 하나 두껍고 단단한 치밀골로 이루어져 장력이 있으며, 그 내부는 골수강을 형성하며, 상완골, 대퇴골, 요골, 척골, 경골, 비골 등을 말하고, 중력을 지탱하거나 근육에 대해 지렛대 역할을 한다. 반면에 단골은 길이가 짧고 어느 정도 불규칙하게 생긴 뼈로 장골에 비해 운동범위가 제한적이나, 구조적인 면에서는 장골과 같고, 수근골, 족근골 등을 말한다.

(2) 편평골(flat bone)과 불규칙골(irregular bone)

편평골은 두께가 얇고 넓은 뼈로 두정골, 견갑골, 쇄골, 장골, 흉골 등을 말하며, 불규칙골은 장골, 단골, 편평골로 분류할 수 없는 2가지 이상의 혼합형이거나 모양이 복잡하게 생겼으며, 여러 가지 돌기를 가진 경우로 척추골, 좌골, 치골, 상악골 등을 포함한다.

5. 관절(joint)

1) 운동성 분류

(1) 가동관절(diarthrodial joint)

가동관절은 비교적 자유로운 운동이 가능한 관절로, 인체에 있어서 대부분의 뼈가 이러한 가동관절로 형성되며, 일반적으로 윤활관절이라 부른다. 관절강을 가지며 양쪽의 골은 연골로 덮여있고, 나머지 둘레는 관절낭으로 덮여있는 관절을 말한다.

(2) 부동관절(synarthrodial joint)

부동관절은 운동이 전혀 일어나지 않거나 거의 일어나지 않는 관절로, 연결하는 뼈 사이에 틈새가 없고, 결합조직이나 연골이 차지하고 있다. 연결부위가 결합조직으로 이루어진 섬유결합, 연골로 연결된 연골결합, 골로 연결된 골결합 등이 있다.

2) 조직학적 분류

(1) 활막관절(abarticulation)

인체 대부분의 관절을 이루며, 움직임이 가능한 가동관절로 어깨관절, 무릎관절, 팔꿉관절, 손목뼈관절, 손가락뼈사이관절, 턱관절 등이 있으며, 관절의 구조는 관절연골, 관절낭, 활액, 활액낭으로 되어 있다.

(2) 섬유관절(fibrous joint)

관절사이 공간이 없고 수많은 아교섬유다발로 이루어진 치밀결합조직에 의해 뼈들이 단단히 결합되어 있다. 치밀결합조직은 서로 가까이에 있는 뼈 사이에 존재하며, 운동성을 없게 한다. 그 유형은 봉합, 못박이관절, 인대결합 등이 있다.

(3) 연골관절(cartilaginous joint) : 유리연골관절과 섬유연골관절

뼈와 뼈가 연골조직에 의해 연결되는 것으로 연결재료에 따라 유리연골관절과 섬유연골관절로 나누어진다.

3) 기계적 분류

(1) 절구관절(ball & socket joint)

경첩관절의 축이 하나인 반면에, 절구관절은 무한개의 축 주위에 운동이 가능한 관절이다. 어깨관절・고관절・가운데손마디관절・가운데발마디관절 등이 있다.

(2) 차축관절(중쇠관절 ; trochoid joint)

차축관절은 중쇠관절(pivot joint)이라고도 하는데, 팔꿈치 관절 가운데 완요관절과 근위 요척관절과 손목의 원위 요척관절은 축을 중심으로 관절이 회전하는 운동을 한다.

(3) 안장관절(saddle joint)

손목이나 거퇴관절은 말등에 얹는 안장 같은 모양을 하고 있어 안장관절이라 한다. 형태상으로는 2축 관절이지만 제2축 주위의 운동은 극히 좁은 범위에 한정되어 있고, 엄지손가락의 제1수근중수관절이 이에 해당한다.

(4) 타원관절(ellipsoid joint)

타원관절은 머리와 목뼈사이의 두골과 제1경골과의 관절이나 요골과 수근골의 손목관절처럼 관절면이 타원체로 되어 있기 때문에 그 긴 축 주위의 운동을 주로 하면서도 짧은 축 주위의 운동도 가능하기 때문에 2축 관절 또는 장원관절이라고도 한다. 손마디관절도 형태적으로는 여기에 속하지만 짧은 축 주위의 운동은 힘줄이나 인대의 방해를 받아 거의 불가능하다.

(5) 경첩관절(hinge joint)

경첩관절은 1축 관절이라고도 하며, 하나의 축 주위의 제한된 회전운동만이 가능하고, 엄밀하게 말하면 팔꿈치관절 속의 완척관절뿐이지만 다른 방향으로의 가동성이 극히 제한되어 있기 때문에 실제로는 하나의 축 주위의 운동이 주가 되는 것으로 보는 경우가 많다. 턱관절・팔꿈치 및 무릎관절・거퇴관절・손마디관절 등은 거의 경첩관절로도 볼 수 있다.

(6) 평면관절(plane joint)

관절두・관절와 모두 평면으로 되어 있어 그 면에서 미끄러져 움직이는 관절로 기하학적인 평면보다는 곡면으로 되어 있으며, 척추 추골 사이에 있는 추간관절이 여기에 속한다. 그 밖에 수근골이나 족근골 사이의 관절도 평면관절이지만 가동 범위는 좁다.

6. 연골(cartilage)

(1) 초자연골(hyaline cartilage)

연골질의 수분 함유량이 많고(60 ~ 80%), 콘드로이친(chondroitin) 황산 등으로 이루어진 콘드롬코이드를 함유하고 있으며, 압력에 대한 저항력이 강하고, 태아의 골격은 먼저 처음에는 초자연골로 만들어지며, 순차골로 변해간다. 대부분은 성인이 될 때까지 골화되지만 늑연골·비연골, 귀의 연골 등은 일생동안 연골인 채로 남아 있으며, 후두·기관의 연골이나 관절연골도 골화되지 않는다.

(2) 탄성연골(elastic cartilage)

내부에는 혈관이나 림프관이 분포되어 있지 않기 때문에 영양이나 산소의 보급, 불필요한 물질의 배출 등은 세포에서 세포로 건네진다. 그래서 나이가 들면 두꺼운 연골의 깊은 부분은 연골세포가 사멸하여 석회화나 석면 변성을 일으켜 물러진다. 한번 파괴된 연골은 재생하지 않는다.

(3) 섬유연골(fibrocartilage)

연골질에 교원섬유가 풍부하게 존재하며, 보통 가장 바깥쪽에서는 점차 결합조직으로 이행해간다. 장력에 대한 저항력이 강하다. 추간원판·치골결합·관절원판 등이 있다.

7. 근육(muscle)

(1) 근육의 구조

근육은 신체운동을 가능케 하는 조직의 형태이다. 골격근은 약 600여개의 근육으로 이루어져 있으며, 몸의 움직임, 열의 발생, 몸의 지지, 자세유지 등의 기능을 수행할 수 있도록 되어 있다. 각각의 근육은 골격근조직, 결합조직, 신경조직으로 구성되어 있으며, 골격근은 체중의 약 40%를 차지한다.

(2) 근육의 분류

몸의 근육은 크게 골격근, 심장근, 내장근으로 구분할 수 있으며, 기능에 따라 자신의 의사로 수축을 조절할 수 있는 수의근과 수축을 조절할 수 없는 불수의근, 모양에 따라 가로무늬근과 민무늬근으로 나눌 수 있다.

제3절 골절(fracture)

1. 골절의 일반적 분류

골절이란 뼈의 연속성이 완전 혹은 불완전하게 소실된 상태를 말하는 것으로 쉽게 말하면 부러진 상태이다. 한편, 탈구(dislocation)는 관절의 완전파열이나 붕괴가 일어나 서로 접촉해 있던 관절연골면의 접촉이 완전히 소실된 상태를 말한다.

(1) 해부학적 위치에 의한 분류

① **근위부골절** : 심장에 가까운 쪽으로 1/3 범위 내의 골절을 말한다.
② **간부골절** : 뼈의 가운데 1/3 범위 내의 골절을 말한다.
③ **원위부골절** : 심장에서 먼 쪽으로 1/3 범위 내의 골절을 말한다.

(2) 골절의 정도에 의한 분류

① **완전골절** : 피질골의 연속성이 완전히 소실되어 2개 또는 그 이상으로 분리된 골절을 말한다.
② **불완전골절** : 피질골이 완전히 분리되지 않은 것으로 일부분만 연속성이 끊어진 경우로, 소아(6～12세)에게 잘 발생하며 그린스틱(greenstick)골절(생목골절 : 나뭇가지가 부러진 듯한 형상의 골절), 균열골절, 함몰골절, 염좌골절, 합병골절 등이 이에 해당한다.

(3) 골절의 방향에 의한 분류

① **횡상골절(tranverse fracture)** : 골절선이 골의 횡축에 따라서 생기는 골절로, 장축과 직각을 형성한다.
② **종상골절(longitudina fracturel)** : 골절선이 골의 장축에 따라서 생기는 골절로, 골절편이 골의 장축과 평행한다.
③ **나선상골절(spiral fracture)** : 골절선이 나사못 모양으로 생기는 골절로, 골절편의 끝부분은 예각을 형성한다.
④ **사상골절(oblique fracture)** : 골절선이 골의 축에 대하여 경사하여 생기는 골절로, 나선상골절에 비해 골절선이 짧고 굵으며 둔각을 형성한다.

(4) 개방창 동반유무에 의한 분류

① **개방성 골절(open fracture)** : 연부조직 손상으로 인해 골절부위가 피부 밖으로 노출되거나 외부와 통한 골절로 복잡골절이라고도 하며, 골절이 발생하여 뼈가 제 위치에서 벗어나 피부를 찢고 나온 경우를 말한다.
② **폐쇄성 골절(closed fracture)** : 피부에 개방창이 없는 골절로 골절부위가 피부 밖으로 노출되지 않은 경우로 가장 일반적으로 보거나 접하게 되는 골절(단순골절)을 말한다.

심화TIP 개방성 골절

1. 의 의
개방성 골절이란 골절부위가 개방창을 통해 외기에 노출된 골절로, 창상의 치료와 감염의 예방이 제일 중요하다.

2. 유 형
창상의 크기, 연부조직의 손상정도, 이물질 오염정도에 따라 3가지 유형으로 분류한다. 제1형은 창상의 크기가 1cm 이하의 저에너지손상으로 연부조직의 손상정도와 오염정도가 경미하다. 제2형은 창상의 크기가 1cm 이상의 손상으로 연부조직의 손상정도와 오염정도가 중등도이다. 제3형은 보통 10cm 이상의 오염정도가 심한 손상으로 근육의 손상이 심하고 골편의 전위가 많다.

3. 치 료
먼저 환자의 전신 상태를 확인한 후 골절부위의 출혈상태, 연부조직의 손상정도, 신경이나 혈관의 손상 여부를 관찰하고, 살균성 항생제 정맥투여를 가능한 한 빨리 시작하며, 동시에 파상풍 예방접종을 실시한다. 변연절제술(무균성 기구를 사용하여 괴사조직 및 이물질을 제거하는 것)과 세척이 끝나면 골절의 치료를 시작하는데, 손상된 골과 연부조직의 혈액순환장애를 최소화하면서 적절한 고정방법을 선택한다. 특히 제3형의 경우에는 개방된 상태로 치료하는데, 개방시킨 경우 24~72시간 후에 변연절제를 반복하고 보통 5~7일 후 지연 봉합, 피부이식 혹은 피판 등을 이용한 재건술로 상처를 닫아준다.

(5) 골절편의 수에 의한 분류

① **단순골절** : 골이 2개의 골편으로 파괴된 경우
② **분쇄골절** : 골이 3개 이상의 골편으로 파괴된 경우
③ **분절골절** : 한 골에서 2개의 완전한 골절이 있는 경우(장관골골절)

2. 골절의 특수원인에 의한 분류

(1) 병적 골절(pathologic fracture)

병적 골절은 골다공증, 골종양, 골감염 등의 원인으로 뼈에 병이 있어 약한 뼈에 작은 힘이 가해져도 쉽게 골절이다. 임상경험이 적은 치료사들이 환자를 운동치료시에 비교적 흔하게 일어난다.

① **진단** : 보통 과거병력, 가족력 등에 대해 문진과 이학적 검사 및 단순방사선 검사만으로도 병적 골절을 확인할 수 있다. 그 원인 질환을 추정할 수 있으며, 확인되지 않거나 원인 질환이 불분명한 경우에는 혈액검사, CT검사, MRI검사, 골주사, 조직생체검사 등으로 한다.
② **치료** : 원인 질환을 파악한 후 치료방법과 치료목적을 결정하는데 전이성 골종양에 의한 병적 골절의 치료목적은 골유합보다 통증의 감소가 우선이다.

(2) 피로골절(fatigue fracture : 스트레스골절, 행군골절)

피로골절은 정상적인 뼈를 가진 사람도 한 부위 뼈에 반복되는 스트레스를 가할 때 발생하는 불완전골절이다. 즉 일정한 뼈에 힘이 주기적, 계속적으로 가해졌을 때 발생하는 골절을 말한다. 장거리 보행시 피로골절은 경골, 종골, 중족골, 대퇴골, 주상골(족부) 등에서 많이 발생하며, 제5중족골 간부에 발생하는 피로골절은 젊은 운동선수에서 흔히 볼 수 있다.

3. 골절치유의 3단계

(1) 염증기

골절과 동시에 골막을 포함한 연부조직의 손상으로 뼈주위에 괴사조직이 형성되어 염증성 반응을 일으키는 시기이다. 염증기는 골절 직후부터 시작해서 비교적 짧은 기간(수일에서 수주) 동안 지속되며, 골절 당시 생긴 출혈이 모여 혈종을 형성하고 여러 세포들이 모여 염증 반응을 보이는 상태이다. 염증기가 끝날 무렵에는 통증과 부종이 감소한다.

(2) 복원기

주위 건강조직에서 섬유아세포(fibroblast)가 증식되면서 가골(callus)이 형성되는 기간이다. 복원기에는 염증기에 생겼던 혈종이 흡수되며, 그 자리에 가골이라 불리는 미성숙골이 자리잡게 되고, 복원기가 끝날 무렵에는 방사선검사상 골절부위의 유합이 이루어진다.

(3) 재형성기

복원기에 형성된 가골이 점차 성숙층판성골(mature lamellar bone)로 바뀌면서 골격계통 자체의 기능에 따라 골형성 및 모양이 재성형되는 시기이다. 재형성기는 골절의 유합 이후 시작하여 모든 골의 상태가 정상으로 되돌아갈 때까지의 기간으로 대략 수개월에서 수년에 걸치는 상당히 길고 느린 기간이다. 특별한 합병증 없이 순조롭게 치유되는 경우에도 골절의 치유기간은 환자의 연령, 골절부위, 골의 종류, 골절의 형태, 골절전위 정도 등에 따라 차이가 난다.

4. 골절치유에 영향을 미치는 인자

(1) 전신성 인자

① 연령 : 골절치유는 나이가 어릴수록 빨리 진행된다. 소아는 치유과정 중에 골의 재형성이 왕성하여 골절부의 변형이 심한 경우도 자연교정되는 수도 있다. 하지만 성인은 골절치유기간이 거의 일정하게 되고 골의 재형성도 소아의 경우와 같이 만족스러운 정도로 일어나지 않는다.

② **내분비계 호르몬** : 골절치유가 잘 진행되려면 적정량의 호르몬이나 비타민이 필요하며, 내분비계의 이상이 있어 다소 지장은 있을 수 있으나, 골절이 치유되지 않는 일은 거의 없다. 일반적으로 성장호르몬, 갑상선호르몬, 칼시토닌, 성호르몬은 골절치유를 촉진시키고, 당뇨, 인슐린과다분비, 부신피질 호르몬이나 부갑상선 호르몬의 과다분비, 성장호르몬이나 갑상선 호르몬의 분비부족, 거세 등은 골절치유를 지연시킨다.

③ **신경마비** : 중추신경 또는 말초신경이 마비되면 골절부위에 생리적 자극이 감소되어 골절치유가 지연된다.

④ **기존 질환** : 만성소모성 질환(고혈압, 당뇨 등), 혈액 질환, 전신감염증, 중추신경 또는 말초신경마비 등이 있는 경우에는 전신쇠약 및 영양상태 불량으로 골절치유가 지연된다.

(2) 국소성 인자

① **손상(외상)정도** : 골 자체 또는 연부조직의 심한 손상을 받으면 괴사조직과 혈종이 많아지고, 골원성 세포 출현도 장애되며, 혈관증식도 지연되어 국소혈액 공급이 원활하지 못하다. 또한 골 결손이 심한 경우에는 골절치유가 지연되며, 연부조직 및 골의 결손, 골편의 전위와 분쇄, 골절부의 혈류공급 감소 등의 영향으로 조직복원이 지연될 수 있다. 일반적으로 골절의 회복순서는 단순골절, 분쇄골절, 개방성 골절 순이다.

② **손상부위와 형태** : 골절된 골의 종류나 형태에 따라 골절의 치유기간이 다르다. 관절내 골절 또는 근위부 골절 등의 경우는 골절치유가 지연된다.

③ **정복과 고정** : 골절시에 골절부위의 정확한 정복과 충분한 고정을 하여야 하며, 골절부의 불충분한 정복·고정은 지연유합 또는 불유합이 나타난다.

④ **혈액공급부족** : 정상적인 혈액공급의 장애는 골절에 의해 주로 발생하지만 대퇴골두골절, 거골골절, 주상골(수부)골절시에 혈액공급이 불충분하게 되면 무혈성 괴사가 발생하며, 골절치유가 어렵다.

⑤ **골수염** : 골절부위가 감염되어 골수염이 발생하면 지연유합 또는 불유합이 나타난다.

⑥ **골종양** : 골종양이 생겨 방사선치료를 받으면 많은 골세포가 죽게 되며, 주위혈관의 혈전형성 또는 골수의 섬유화를 일으키므로 골유합이 어렵다.

⑦ **동반 손상** : 골절로 인해 혈관 손상이나 신경 손상 등이 동반되면 골절의 치유가 지연되며, 혈액순환이 차단되어서 무혈성 괴사가 생기면 골유합이 어렵다.

(3) 손상인자(injury variables)

① **관절내 골절** : 골절시 관절면까지 침범한 골절은 관절운동이나 부하가 전위의 원인으로 작용할 수 있다.

② **분절골절** : 장관골의 분절골절로 골절부의 혈액공급을 감소시키거나 단절시켜 불유합이나 지연유합을 일으킬 수 있다.

③ **골절편에 연부조직의 삽입** : 골절 발생시 근육, 근막, 인대 등 연부조직이 골절편간에 삽입되면 골절치유에 방해가 되고, 도수정복으로 골절편 정복이 어렵다.

(4) 조직인자(tissue variables)

① 골의 형태 : 골절시 해면골의 표면은 유합속도가 빠르며, 피질골은 단위용적당 표면적이 매우 작아서 골 내부의 혈액공급이 넓지 않으므로 신생골이 형성되기 전에 괴사된 부분은 제거하는 것이 좋다.

② 골의 괴사 : 수술로 인한 혈관파열, 감염, 지속적인 부신피질호르몬의 복용, 방사선치료 등은 골의 괴사로 인해 지연유합을 초래한다.

③ 골의 질병 : 골에 질병으로 인해 병적 골절, 골다공증, 골연화증, 원발성 악성골종양, 골낭종, 골형성부전증, 부갑상선기능항진증, 감염 등이 있으면 불유합 또는 지연유합을 초래한다.

④ 감염 : 감염으로 인해 정상조직을 괴사시키고 부종과 혈전증의 원인이 되어 골절치유를 방해하거나 지연시킨다.

(5) 치료인자

① 골절편의 부가 : 골절로 인해 골절편 사이에 연부조직이 끼거나 골절부위의 연부조직의 파열이 있는 경우에 골절편의 부가 복원이 골절치유에 영향을 미친다.

※ **골절편의 부가** : 골절시 골절편이 퍼져있는 상태가 아니라, 많이 붙어 있다면 골절이 더 빨리 복원될 수 있다는 의미이다.

② 부하와 미세움직임 : 골절부의 적절한 부하는 골형성을 촉진시키며, 장골골절의 경우에 골절부의 미세한 움직임이 골절치유를 향상시킨다.

③ 골절의 고정 : 골절의 견인, 석고고정, 외고정, 내고정 등의 고정은 치유조직의 반복되는 파열을 막아 골절치유를 촉진시킨다.

> **심화TIP 환자요인 (Patient variables)**
>
> 그 밖에 골절의 치유요인으로 환자요인에는 환자의 나이, 영양상태, 전신호르몬, 흡연 여부에 따른 니코틴 등이 있다.

5. 골절의 치료방법

골절치료의 기본적인 목표는 ① 동통의 완화, ② 골절편의 만족할 만한 정복 및 유지, ③ 골유합의 허용 내지 유도, ④ 기능회복에 있다.

1) 비수술적 방법(폐쇄적 치료)

(1) 도수정복

비수술적으로 전위된 원위골절편을 근위골절편에 맞추어서 가능한 해부학적 위치나 만족할 만한 위치로 정렬하는 방법이다.

(2) 고정방법

① 석고붕대(cast bandage) : 골절치료에서 가장 빈번히 이용되는 방법으로, 도수정복이 가능하고 외부고정방법으로 잘 치유될 수 있는 전위골절에 대해 적용하며, 골절된 부위의 상하관절을 포함시켜 고정한 것이다.

② 부목(splint) : 대개 응급처치에 많이 사용되며, 부종 때문에 석고붕대고정이 어려운 경우 골절의 본 치료에 사용할 수 있다. 골절편의 전위를 방지하기 위해 석고부목고정을 시행하는 이유는 연부조직의 추가적인 손상을 예방하여 폐쇄성 골절이 개방성 골절로 전환되는 것을 방지하며, 동통의 경감, 지방색전증 및 쇼크(shock) 발생의 감소, 환자의 이동과 방사선적 검사를 용이하기 때문이다.

③ 견인(traction) : 견인은 골절의 정복을 유지할 수 있는 방법으로, 일시적 또는 본 치료로서 이용된다. 견인으로 골절된 사지를 장축으로 잡아당기면 골절부위 연부조직에 긴장력이 가해져 골절편들을 정렬시키는 방향으로 이동시킨다. 견인치료의 적응증으로는 소아의 대퇴골골절, 수술적응이 되지 않는 성인의 대퇴골분쇄골절, 경추골절 및 탈구, 비구분쇄골절을 동반한 중심성 고관절골절, 혈관 손상이 동반된 골절, 부종 및 연부조직 손상 등으로 외부고정이 불가능한 경우가 있다.

④ 기능보조기(functional brace) : 도수정복 후나 단기간(3~4주간)의 석고붕대고정 후 관절의 강직을 예방하기 위해서나 조기에 운동을 시키기 위하여 보조기를 착용한다. 동통과 종창이 소실되고 연부조직이 치유되기 시작하면 석고붕대, 섬유유리붕대 또는 합성수지로 보조기를 만들어 고정시키는 방법이다.

2) 수술적 방법

(1) 관혈적 정복술(open reduction)

골절부위를 수술적으로 노출시켜 골절편 사이에 끼어있는 연부조직이나 혈종 등 도수정복을 방해하는 인자들을 제거하고 직접 눈으로 보면서 골절편을 정확하게 정복한 후 내(외)고정을 시행하는 방법이다. 골절부위의 해부학적 정복과 관절의 조기운동 및 빠른 기능회복을 도모할 수 있다.

(2) 비관혈적 정복술(closed reduction)

골절부위를 수술적으로 노출시키지 않고 도수정복 후에 내(외)고정을 시행하는 방법이다.

6. 골절 · 탈구의 합병증

1) 전신적 합병증

(1) 쇼크(shock)

쇼크는 불충분한 순환혈량으로 정상적인 산소대사에 일어나는 장애이다.

(2) 압궤증후군(crush syndrome)

① **정의** : 압궤증후군은 광범위한 외상성 근육 손상 또는 장시간의 지혈대 사용으로 인한 근육괴사로 인해 급격한 쇼크 상태가 발생하는 것이다. 사망률이 매우 높으며, 신기능이 1주일 이내에 회복되면 생존가능성이 있지만 대부분은 2주 이내에 증상이 악화되어 사망할 수 있다.

② **원인** : 정확한 원인은 불분명하나, 근막증후군의 한 형태로 보는 의견과 괴사된 근육에서 유리된 마이오글로빈이 신세뇨관을 폐쇄 또는 신동맥수축에 의한 세뇨관세포의 괴사로 인해 급성신부전을 일으킨다는 견해가 있다.

③ **치료** : 장시간의 지혈대 사용으로 인해 근육괴사가 발생한 경우에는 지혈대 상부에서 절단술을 시행하는 경우도 있으며, 소변량을 유지하면서 폐부종이 발생하지 않도록 수액을 조절하여 치료한다.

(3) 지방색전증(fat embolism)

① **정의** : 지방색전증은 다발성 외상환자에서 사망률이 가장 큰 원인 중의 하나인 급성호흡곤란증후군의 중요한 원인으로 인해 골수에서 떨어져 나간 지방미립자가 파열된 정맥을 통해 혈류에 진입한 후 폐, 뇌, 심장, 신장과 같은 주요 장기에 색전증을 일으킴으로써 급격한 호흡장애를 비롯한 심각한 증상을 유발하는 질환이다.

② **진 단**

㉠ 외상의 병력 및 잠재기

㉡ 주요 증상 : 호흡곤란, 뇌증상, 점상출혈반(흉부, 액와부, 경부, 결막부위)

㉢ 부차적 증상 : 고열, 빈맥, 안저변화, 황달, 신기능저하

㉣ 검사소견 : 빈혈, 혈소판감소, 적혈구침강속도(ESR) 증가, 요중지방소적

③ **예방** : 골절초기의 견고한 고정이 지방색전증을 줄일 수 있다.

(4) 심부정맥혈전증(deep vain thrombosis)

① **원인** : 심부정맥혈전증은 수술대, 침구, 지혈대, 붕대 등의 압박으로 정맥혈류의 지연과 혈관내벽의 손상, 활동력감소가 생겨 혈류속도의 지연, 수상 및 수술로 인한 혈액응고기전의 변화 등 원인으로 일어난다. 특히 고령일수록, 수술시간이나 고정기간이 길수록, 기존의 전신 질환이 심할수록 발생빈도가 증가한다.

② **고위험군** : 고령, 비만, 다발성 손상, 악성종양, 정맥류, 폐색전증, 혈전정맥염의 기왕력이 있는 환자는 고위험군 환자로 적절한 예방이 필요하다.

③ **진단** : 선별검사는 도플러초음파검사로 하며, 확진은 정맥조영술로 한다.

④ **치료** : 최선의 치료는 예방이며, 조기에 활동함으로써 정맥혈류의 지연을 예방하는 것으로 반복된 굴신운동, 조기보행 등을 권장하고, 약물치료로는 항혈전제(항응고제)를 사용한다.

(5) 폐색전증(pulmonary embolism)

① **원인** : 폐색전증은 심부정맥의 혈전이 폐로 이동하여 폐에 색전증을 유발한 결과로 나타난다.

② **증상** : 중증의 경우는 갑작스러운 배변의욕, 호흡곤란, 혈압하강, 쇼크를 유발하여 확진 이전에 사망하기 쉬우며, 경증의 경우는 동통, 호흡곤란을 호소하고 객혈을 한다.

③ **진단** : 진단방법으로 폐혈관조영술, 폐주사법(scan), 동맥혈가스분석검사(ABGA) 등이 있다.

(6) 파상풍(tetanus)

① **정의** : 파상풍은 상처부위에서 증식한 파상풍균(Clostridium tetani)이 번식과 함께 생산해내는 신경독소가 신경세포에 작용하여 근육의 경련성 마비와 동통을 동반한 근육수축을 일으키는 감염성 질환이다.

② **증상** : 초기에는 상처주위에 국한된 근육수축이 나타나며, 증상이 진행되면서 목과 턱 근육의 수축(교경)이 먼저 나타나고, 차츰 심해져서 마비증상이 나타난다. 전신에 걸친 경련은 파상풍 발병 후 1~4일 뒤에 나타나며 발열, 오한 등의 증상이 동반될 수 있다.

③ **예방** : 상처부위를 즉시 소독하고 괴사조직을 제거하는 등의 적절한 조치를 하여 파상풍균의 감염을 예방한다. 파상풍균 독소에 대한 면역력이 충분하지 않다고 판단되는 경우에는 파상풍 면역글로불린의 투여나 파상풍 예방백신을 접종하는 것이 필요하다.

(7) 가스괴저(gas gangrene)

① **정의** : 가스괴저는 클로스트리디(Clostridial perfringens) 균이 외상성 창상을 가진 근육층에 침범하여 조직을 괴사시켜 썩게 만들면서 가스를 생성하는 감염성 질환이다.

② **증상** : 외상부위에 심한 통증, 부종, 피부변색, 배출액 증가, 근괴사, 조직내 가스발생과 전신적으로는 패혈증, 쇼크 상태를 일으킬 수 있다.

③ **예방** : 예방이 중요하며, 가장 중요한 것은 수상 당시의 창상에 대한 처치이며, 모든 창상은 철저한 세척과 변연절제술이 절대적으로 필요하다.

④ **진단** : 환자의 병력 및 신체검진, 혈액검사(백혈구 상승), 감염된 상처의 균배양검사로 진단할 수 있다. X-ray, CT검사, MRI검사를 통해 가스의 존재 유무, 양, 손상된 정도 등을 알 수 있다.

⑤ **치료** : 치료방법에는 ㉠ 수액 및 전해질보충, ㉡ 항생제 투여, ㉢ 수술요법(괴사조직의 제거, 조직감압, 창상의 개방), ㉣ 고압산소요법 등이 있다.

(8) 출혈 및 석고증후군

출혈 및 석고증후군은 외상 또는 대수술 후 혈액응고기전의 결여로 인해 출혈이 발생하거나 또는 고관절부위 석고고정으로 인해 복강 내의 장기가 혈관에 의해 압박되어 구토, 정신증상 등을 호소한다.

2) 국소합병증

(1) 구획증후군(compartment syndrome)

① **정의** : 구획증후군이란 사지의 어떤 구획내의 내압이 상승하여 이 구획 내에 있는 조직의 혈액순환과 기능에 장애를 일으키는 것이다. 즉 신체의 근육덩어리들이 어떤 이유로 붓기가 생겨서 피가 통하지 않게 되고, 그로 인해 피부조직들이 괴사되는 질환을 말한다. 이는 탄력이 별로 없는 골과 근막으로 단단히 싸여 있는 골격근에서 발생되며, 정상적인 구획 내의 조직내압은 0mmHg인데 이것이 상승하여 30mmHg 이상이 되면 조직관류가 불충분하게 되고 상대적 국소빈혈상태에 빠지게 된다. 보통 폐쇄성 골절시 많이 발생하는데, 개방성 또는 심한 골절의 경우는 골간막과 주위를 에워싸는 근막의 파열을 동반하게 되어 자체감압이 일어나기 때문이다.

② **증상(5P증후)** : 증상으로는 무맥(Pulselessness), 창백(Pale), 신경마비(Paralysis), 통증(Pain), 감각이상(Parasthesia)이 있는데, 이 중 가장 중요하면서 처음 나타나는 증상은 통증(Pain)이다.

③ **치료** : 신경기능의 저하가 발견되면 석고와 붕대를 제거하여 신경회복에 주력하고 조직내압의 측정, 혈액검사, 소변검사와 더불어 근막절개술을 시행한다.

(2) 지연유합

지연유합은 충분한 골절치료와 기간이 지났음에도 불구하고 골절부의 유합이 완전하지 않는 상태이다.

(3) 불유합

불유합은 골절치료와 기간이 지났어도 골절부의 유합이 되지 않은 것이다. 즉 수개월 동안 유합되지 않은 상태로 남아서 골절선이 선명하게 보인다.

(4) 변형(deformity)

① **부정유합** : 골절이 치유되면서 골편이 해부학적 위치가 아닌 비정상적으로 불만족스러운 위치에서 골유합된 상태이다(예 각형성, 회전변형, 지단축 등).

② **지단축** : 골절부위 상·하지가 건측에 비해 짧아진 것이다(2.5cm 이내이면 별문제 없으나, 하지단축이 2.5cm 이상이면 문제 있음).

③ **골단 손상** : 골단판골절에서 해부학적 정복이 잘 안된 경우 골성장정지와 변형이 발생한다.

(5) 관절강직

관절의 운동이 제한되는 것으로 장기간의 석고붕대고정은 관절강직을 일으킬 수 있다.

(6) 골수염

화농균이 골수에 침범하여 생기는 골수, 골피질, 골막에 염증으로서 동통, 발열, 종창 등이 일어나는 것을 말한다.

(7) 외상 후 관절염

관절내 골절 또는 부정유합 후에 관절면의 정확한 해부학적 정복이 안 되면 관절면의 일정부분에 스트레스가 집중되어 마모가 증가되고 관절염이 발생한다. 특히 체중이 부하되는 하지관절, 즉 고관절, 슬관절, 발목관절 부위에서 현저하게 나타난다.

(8) 무혈성 괴사(avacular necrosis)

① **정의** : 무혈성 괴사란 골절이나 탈구로 인해 혈관 손상으로 혈류가 차단되어 해당 혈관이 영양공급을 맡은 골의 부분에 괴사가 일어나는 것을 말한다. 대퇴골두, 주상골근 위부(수부), 대퇴골 과상돌기(무릎뼈), 상완골두(어깨뼈) 등에서 자주 발생한다.

② **원인** : 위험인자로는 음주, 부신피질호르몬 투여, 고관절 부위 외상, 잠수병, 통풍, 혈청지질 이상, 만성 신 질환, 만성 췌장염 등이 있다.

③ **예후** : 장관골의 분쇄골절로 인한 경우에는 지연유합이나 불유합의 원인이 되고, 관절 부위에서 발생하는 경우에는 골관절염의 원인이 되며, 방치할 경우에는 전 관절이 파괴될 수도 있다.

④ **치료** : 골이식술, 관절고정술, 관절성형술, 인공관절치환술 등이 시행된다.

(9) 신경 손상

① **원인** : 신경 손상은 수상 당시에 골절 및 탈구를 발생시킨 외력자체, 탈구된 골두, 예리한 골절 골편 등에 의한 경우와 치료 중에 석고압박에 의한 마비, 부정유합으로 인한 지연마비로 생긴 경우가 있다.

② **호발부위**

㉠ <u>견관절탈구</u> : 견관절탈구로 인해 탈구된 상완골골두의 압박으로 신경마비를 일으키며, 액와신경 또는 척골신경의 마비가 올 수 있다.

㉡ <u>상완골간부골절</u> : 상완골간부골절시에 상완골 중간부위에서는 요골신경이 뼈에 근접하여 후방에서 전방으로 회전하면서 주행하기 때문에 간부의 중간부위골절에서 요골신경의 손상을 동반하여 발생하는 빈도가 높다.

㉢ <u>주관절탈구 및 골절</u> : 주관절탈구 및 골절로 인한 상완골 내과골절시 척골신경이 손상될 수 있고, 심한 주관절탈구 및 골절시에 요골신경, 정중신경, 척골신경의 손상을 동반할 수 있다.

㉣ <u>고관절탈구</u> : 고관절탈구로 인한 후방탈구시 탈구된 골두 또는 비구골편의 압박으로 좌골신경의 손상이 올 수 있다.

㉤ 비골근위부골절 : 비골근위부골절의 경우에 외상 당시 또는 하지석고붕대고정시 국소압박으로 인해 총비골신경마비가 빈번하다.

③ **치료** : 골절 및 탈구에 동반되는 신경 손상은 우선 전위된 골절편 및 탈구를 정복한 후 관찰하며, 대체로 부분마비는 상당수에서 회복되므로 일정기간을 관찰하고, 회복의 기미가 보이지 않을 경우에는 수술적 치료를 시행한다.

(10) 혈관 손상

① **견관절탈구** : 견관절탈구로 인한 액와동맥 및 정맥, 특히 견갑하 혈관 손상이 많다.

② **주관절탈구 및 골절** : 주관절탈구 및 골절의 경우 간혹 상완동맥의 손상이 발생한다.

③ **슬관절탈구** : 슬관절탈구는 강한 외력에 의해 발생하므로 인대, 혈관 및 신경 손상이 흔하며 그 중에서 슬와동맥의 손상이 가장 많다. 주로 전방탈구의 경우에 많이 동반되며, 전체 슬관절탈구의 50~54%에서 올 수 있다.

④ **골반골절** : 골반골절로 인한 출혈은 지혈이 곤란하며, 외장골동맥, 대퇴동맥의 손상이 관여된다. 골반골절의 사망원인 중 내출혈이 제일 큰 몫을 차지하며, 환자의 약 40%에서 수혈을 요하게 된다. 특히 타 부위의 손상, 즉 뇌, 흉부, 복강 및 골반강 내의 손상과 출혈 여부를 조사하여야 한다. 또한 흔히 요도와 방광의 손상이 동반되므로 혈뇨 유무를 알기 위해 요도관을 삽입하고, 삽입이 불가한 경우에는 치골상 방광절개술을 시행한다.

(11) 연부조직 손상

연부조직의 강도는 건이 매우 높고 인대 → 근막 → 피부연골 → 근육의 순으로 낮아진다. 최대 신연은 피부가 100%, 근육, 연골, 인대, 건의 순이다. 연부조직 손상은 인대, 근육, 활액초를 포함한 힘줄, 근막, 관절강내 연골의 손상을 의미한다. 이 조직들은 뼈의 골절이나 관절의 전위가 있을 때 손상을 받는다.

(12) 장기 손상

직접적인 외력이나 골절편에 의한 장기 손상을 말한다.

(13) 이소성골형성(이소성골화증)

골절이나 탈구 등 외상 후 골이나 관절주위의 연부조직에 생기는 골화현상 및 석회침착을 말하며, 호발부위는 주관절, 고관절, 견관절이고, 관절구축에 대해 무리한 도수정복 시행시 발생한다.

(14) 외상 후 반사성 교감신경 이영양증(RSD)

외상, 감염 또는 사지의 혈전성 정맥염 후 원인이 불명확한 통증이 광범위하게 오는 경우로 외상 후 골위축, 견수증후군 등으로도 불린다. 연부조직, 신경 및 혈관 손상이 동반된 골절탈구 후에 손상정도와 관계없이 통증, 지각과민, 압통이 발생한다.

제 2 장 척추 및 척수 손상

제1절 척추(vertebra)

1. 척추일반

1) 척추의 기능

척추는 후두에서 시작되어 골반에서 끝나는 기둥형태의 구조물로, 척추 내의 각 구성요소들이 서로 얽혀 동시에 작용함으로써 몸통을 받쳐주고 운동을 가능하게 할 뿐만 아니라 척수를 보호하는 역할을 한다. 척추의 운동분절은 두 개의 추골과 추골사이에 있는 한 개의 추간판으로 이루어지는데, 척추는 이와 같은 운동분절의 계속된 연결로 이루어져 있다.

2) 척주의 구성

척주는 척추, 추간판, 인대로 구성되어 있고, 추체와 추궁사이 공간 내부에 척수를 함유하고 있으며, 33개의 척추골(경추골 7개, 흉추골 12개, 요추골 5개, 천추골 5개, 미추골 3~4개)이 상하로 관절로 연결되어 척주를 형성한다.

3) 척추의 만곡

척추의 만곡을 측면에서 볼 때, 경추만곡은 축추(제2경추)의 치상돌기 끝에서 제2흉추의 중간까지로 전만을 이루고, 흉추만곡은 제2흉추의 중간에서 제12흉추의 중간까지로 후만을 이루며, 요추만곡은 제12흉추의 중간에서 요천추간 관절까지로 전만을 이루고, 골반만곡은 요천추간 관절에서부터 미골의 끝까지로 후만을 이룬다.

2. 척주(spinal column)

1) 척주관절

(1) 전방관절

추체와 추체 사이의 추간반이 이루는 반부동관절이다.

(2) 후방관절

척추의 하관절돌기의 하위척추의 상관절돌기의 관절면이 이루는 관절로 활막관절이다.

2) 척주인대

(1) 추체와 추체를 연결 지지하는 인대

① 전종인대 : 전종인대는 상부경추에서는 좁고 밑으로 내려올수록 넓어지며, 위로는 환추의 전방결절에서 시작하여 아래로는 천골의 골반면에 부착하는 상당히 넓고 두꺼운 인대로, 추체와 추간판의 전면을 덮고 있으며, 각각의 골막 및 섬유륜과 붙어있다. 후종인대에 비해 약 2배 정도 강한 인대이다.

② 후종인대 : 후종인대는 척추체와 추간판의 후방에서 척주관 내에 위치하며, 위로는 덮개막과 연결되어 후두골에 부착하고, 밑으로는 천골까지 연결된다.

(2) 추궁간, 후관절돌기 등을 연결 지지하는 인대

5개의 인대[황색인대, 극간인대, 극상인대, 횡돌기간인대, 항인대(목덜미 인대)]가 있어 추궁간, 후관절돌기 등을 연결 지지하는데, 이 가운데 황색인대는 위 추궁판의 전내면에서 시작하고 아래 추궁판의 상연에 부착하여 척주의 신전시에도 이 인대가 척수강 내로 접혀 들어가는 것을 방지한다.

3. 척추골(vertebra)

타원주형으로 추골의 앞부분을 이루며, 그 상하부는 다소 넓고 편평한 면으로 인접한 추체와 추간반을 사이에 두고 반부동관절을 이루고 있다. 하나의 척추는 본체와 7개의 돌기(극돌기 1개, 횡돌기 2개, 상관절돌기 2개, 하관절돌기 2개)로 구성되어 있다.

1) 경추(cervical vertebra)

(1) 제1경추(환추, altras)

추체가 없고 양 외측과 후방에는 추골동맥이 지나가는 추골동맥구가 있으며, 두개골의 무게를 지탱하는 환상구조물로 후두골과 관절하여 머리의 끄덕임에 작용한다.

(2) 제2경추(축추, axis)

추체의 상면에 치아 모양의 치돌기가 있고 양측 횡돌기에는 추골동맥관이 있어 추골동맥 및 정맥이 지나가며 머리의 회전운동에 관여한다. 축추의 횡돌기는 경추 중에서 가장 작고 끝에 결절이 1개만 있다.

(3) 제3~7경추

제3경추에서 제6경추까지는 작고 넓은 추체와 삼각형의 추공이 있으며, 끝이 둘로 갈라진 극돌기가 있다. 제7경추는 융추라고도 하며, 길고 끝이 갈라 지지 않은 극돌기가 있다. 이와 같은 하위경추에는 구상돌기라는 구조가 척추체 후측방으로 튀어나와 있어 바로 위의 경추와 관절을 형성하는데, 이곳에 퇴행성 변화가 일어나게 되면 구상돌기가 점점 자라나와 골극(spur)을 형성하며, 자라난 골극은 결국 팔로 내려가는 경추신경이 지나가는 추간공을 협소하게 만든다.

2) 흉추(thoracic vertebra)

흉추는 가장 전형적인 추골형태를 가지고 있으며 늑골과 연결되어 있다. 늑골의 늑골두와 관절을 이루는 늑골와와 제11, 12흉추를 제외한 모든 흉추의 횡돌기 전면에 늑골결절와와 관절을 이루는 늑골두와가 있어 두 곳에서 관절을 이룬다.

3) 요추(lumbar vertebra)

요추는 5개의 척추골로 구성되어 있으며, 다른 추골에 비해 크고 무거우며 늑골두와가 없다.

4) 천골(sacrum) 및 미골(coccyx)

천골은 성인이 되면서 5개의 천추가 1개로 융합되고, 미골은 3~4개의 미추가 1개로 융합된다. 골반후벽을 형성하는 삼각형 모양의 뼈로 윗부분은 천골저, 뾰족한 아래부위는 천골첨이라고 한다.

4. 추간판(intervertebral disc)

1) 추간판의 구조

① 추간판은 인접 추체간의 섬유연골관절을 형성하는 탄력 있는 받침으로, 위로는 제2경추와 제3경추 사이부터 밑으로는 제5요추와 천골 사이에 있다.

② 추간판은 수핵과 섬유륜으로 구성되어 있으며, 추체의 상하 관절면과 연골성 종판으로 연결되어 있다.

③ 추간판은 전체 척주 길이의 약 1/4을 차지한다.

2) 추간판의 기능

① 해부학적 기능 : 추체에 단단히 붙어서 추체를 연결 및 고정하고, 척주관이 원만한 배열을 이루게 한다.

② 생리적 기능 : 완충작용으로 외력의 충격을 흡수하고, 축방향의 압력을 고르게 분포하도록 해준다.

③ 안정성 유지기능 : 척주의 각종 운동시 활주작용을 하여 척주의 안정성을 유지해준다.

5. 척수신경(spinal nerve)

1) 척수신경의 출현수준

제1경추신경은 두개골과 환추 사이에서 나오며 나머지 경추신경은 해당 경추의 위에 있는 추간공에서 나오고 제8경추신경은 제7경추 밑에서 나온다. 신경근이 나오는 척수분절은 상응하는 추체보다 한 추체 상방에 있고, 신경근의 출현수준은 추간공을 통하여 빠져나오는 수준보다 높다. 예컨대 제5요추신경근은 제4~5요추 추간판 수준에서 시작되지만 한 분절 아래의 제5요추~제1천추간 추간공을 통과한다.

2) 신경총의 종류

상지에서는 제5, 6, 7, 8경추신경근 및 제1흉추신경근이 추간공을 빠져나와 상완신경총을 구성하고, 하지에서는 제1, 2, 3, 4요추신경근이 모여 요추신경총을 이루며, 제4, 5요추신경근 및 제1, 2, 3천추신경근이 모여 천추신경총을 구성한다.

3) 자율신경계의 출구

자율신경계의 출구는 척수의 경부, 흉부, 요부분절에서 나오는 교감신경계와 제2~4천추분절에서 나오는 부교감신경계가 있으며, 특히 천추분절의 부교감신경은 해당 천추신경근과 함께 배뇨와 배변의 조절에 중요한 역할을 한다.

4) 기타 척수 및 척수신경

횡격막을 지배하는 신경세포는 척수의 제3, 4, 5경추부에 있어 이 부분이 손상을 입으면 호흡곤란으로 위험하게 되며, 척수원추 또는 마미의 손상은 방광과 내장기능에 장애를 일으킨다. 마미는 척수의 하부첨단에서 내려가는 신경근의 집합을 말하며, 척수원추 이하, 즉 제1, 2요추 추간판 수준 아래의 척추관을 차지한다.

6. 척수(Spinal Cord)

1) 척수의 구조

① 척수는 척추 내에 위치하는 중추신경의 일부로 운동신경, 감각신경들이 모두 모여 있는 곳이다. 뇌와 말초신경의 중간다리 역할을 하는 신경계로 경수, 흉수, 요수, 천수로 구분된다.
② 척수는 위로 연수와 맞닿아 있으며 아래로 요추 1~2번 높이까지 위치한다.
③ 척수의 횡단면은 중앙부위를 중심으로 회백질 그 바깥쪽은 백질로 나눠지며, 회백질은 신경세포의 세포체가 모여 있고 백질은 축삭가지들로 이루어져 있다.

2) 척수의 기능

① 뇌와 상호 정보교환
② 척수반사와 반사중추로 작용
③ 운동 및 감각신경기능을 담당

3) 신경전달과정

① **운동신경 전달과정(전근)** : 뇌 – 척수 – 척수분절 – 척수신경근 – 척수신경총 – 여러 개의 말초신경이 갈라져 전신근육에 전달

② **감각신경 전달과정(후근)** : 외부자극 – 피부에서 피부분절을 통해 감각인지 – 신경총 – 신경근 – 척수분절 – 척수 – 뇌로 전달

4) 뇌척수액(CSF, Cerebro Spinal Fluid)

뇌척수액은 외측뇌실, 제3, 4뇌실의 맥락총에서 생성된 다음 제4뇌실의 천장에 있는 세 개의 구멍을 통해 지주막하강으로 유입된다. 뇌척수액은 신경원의 대사산물을 제거해주고 척수를 에워싸는 매개물질 역할을 할 뿐만 아니라, 외상으로부터 척수를 보호하는 역할을 한다. 뇌척수액 검사는 안전한 부위인 요추 3~4번 사이의 부위를 선택하여 요추천자를 통해 시행한다.

제2절 손상별 진단

1. 염좌(sprain)

1) 정 의

염좌란 관절이 정상운동범위를 넘어서 과신전이 되면 관절을 지지하는 인대가 과도하게 늘어나거나 심할 때는 미세한 인대섬유가 찢어지거나 끊어지는 것을 말한다. 염좌는 경부 또는 요부에 많이 발생하며, 근육섬유의 손상도 염좌에 포함된다.

2) 편타성 손상(whiplash injury)

(1) 정 의

교통사고로 인해 경부에 갑작스러운 가속-감속의 힘이 목으로 전달되는 기전에 의한 것으로 신전-굴곡-신전이 가해져 마치 채찍을 휘두를 때처럼 앞뒤로 흔들리는 것과 같다고 하여 편타성 손상 혹은 채찍질 손상이라고 한다.

(2) 증 상

목의 통증이 두개골 하부에서 목뼈와 등뼈의 접합부위까지 발생하는 것이 일반적이며, 움직이면 통증이 더욱 악화되고 척추 주위에서 근육경련이 동반되기도 한다.

(3) 치 료

급성기에는 안정을 취하고, 필요하면 각종 경추보조기를 사용할 수도 있으며, 만성기에는 경추견인을 할 수도 있다.

2. 추간판탈출증(HNP, HIVD)

1) 손상기전

추간판의 중심부에 있는 수핵의 수분은 10대부터 감소하기 시작하며 섬유륜도 퇴행성 변화를 일으켜 탄력성이 약해지게 되는데 이러한 상태에서 외력이 가해지면 찢어진 섬유륜 사이로 수핵이 후방으로 돌출되어 신경근을 누르게 되면서 방사통과 감각이상, 저림 등의 여러 증상을 일으키게 되는데 이를 추간판탈출증이라고 한다.

2) 추간판탈출증의 종류

(1) 발생부위에 따른 분류

요추부, 경추부, 흉추부에서 각각 발생할 수 있으나, 요추부에서 가장 많이 발생한다.

(2) 연성(soft) 및 경성(hard)

연성은 수핵이 찢어진 섬유륜 사이로 후방돌출된 것을, 경성은 척추골에 골극, 골증식체가 발생하여 신경근을 압박하는 것을 말한다.

(3) 탈출정도에 따른 분류

① 팽윤(bulging) : 섬유륜이 정상범위 바깥쪽으로 3mm 이상 대칭으로 밀려난 것
② 돌출(protrusion) : 추간판이 후궁으로 탈출되었으나 후종인대를 넘어서지 않은 상태
③ 탈출(extrusion) : 후종인대를 넘어서 탈출하여 척추관 또는 신경근관 내로 전위된 상태
④ 격리(sequestration) : 탈출된 수액이 모체와 완전히 단절되어 격리된 상태

3) 임상증상

(1) 경추 추간판탈출증

해당 신경근이 지배하는 근육 및 지각영역에서 운동약화 및 지각감퇴를 호소하고 머리를 위에서 아래로 누르면 동통이 더욱 심화된다. 이학적 검사로는 목을 신전 및 환측으로 회전시켜 신경공을 감소시켜 상지방사통을 유발시키는 스펄링사인(Spurling Sign)이 가장 흔히 사용된다.

(2) 요추 추간판탈출증

제4~5요추간 및 제5요추~제1천추간에서 호발한다. 이학적소견상 이환된 하지를 직거상하면 발끝까지 방사되는 심한 동통을 호소한다(하지직거상검사 ; SLRT).

라세그검사(Lasegue Test)는 고관절과 슬관절을 각각 90도 굴곡시킨 상태에서 슬관절을 신전시킬 때 통증이 유발되면 양성이라고 한다.

(3) 마미증후군(cauda equina syndrome)

요추 추간판탈출증 중에서 응급수술을 요하는 대표적인 질환으로 양측 하지로의 방사통, 마비, 방광기능의 조절장애를 초래하게 된다. 마미는 제3요수 이하의 신경근들로 구성되어 있는데 이러한 신경근들이 마비되면 하지의 모든 운동 및 감각기능이 마비될 뿐만 아니라, 방광 및 골반내 다른 장기들의 기능도 마비되게 된다. 이학적소견상 둔부 및 회음부의 감각저하와 대퇴부 및 하퇴부의 감각저하가 있으며, 완전마비가 있을 경우에는 항문반사, 거고근반사, 구해면체반사가 소실된다. 대표적인 검사방법은 직장수지검사이다.

(4) 추간판내장증(IDD : internal disc disruption)

추간판내장증은 정의상 해부학적 외형을 변형시키지 않거나 최소한의 변형을 동반하면서 요통을 유발하는 한 가지 이상의 추간판의 병적상태를 의미한다. 이러한 병적상태는 추간판의 구조적인 붕괴와 생화학적인 염증성 변화를 포함하며, 현재로서는 진단기준이 불확실하므로 임상증상, MRI, 추간판조영술을 종합하여 판단한다.

4) 진단 및 검사

(1) 임상검사

동통 및 신경근 지배영역의 방사통을 호소하고, 요추의 경우 하지직거상검사에서 양성반응을 보인다.

(2) 방사선검사

단순방사선촬영, 컴퓨터단층촬영(CT), 척추조영술(myelogram), 자기공명영상촬영(MRI) 등이 있다.

(3) 근전도검사

근육의 전기활동을 기록하여 그 근육을 지배하는 신경의 상태를 알아내는 방법으로 진단적 가치는 그리 크지 않다.

5) 추간판탈출증의 수술적응증(수술이 필요한 경우)

① 보존적 요법으로는 호전이 없고 심한 동통 및 방사통이 계속되거나 재발되는 경우
② 마미신경을 압박하는 대량 중심성 탈출로 방광과 장의 마비를 동반하는 경우
③ 하지근육의 운동약화나 족하수(foot drop)와 같은 신경마비증세를 일으키는 경우
④ 점차로 악화되는 신경증상이 있는 경우
⑤ 하지직거상검사(SLRT ; Straight Leg Raising Test)에서 심각한 신경증상이 있는 경우

3. 척추골절 및 탈구

척추골절 및 탈구는 삼주설(1983년 Denis가 CT를 이용한 흉요추부 손상환자의 연구에서 발표한 분류방법)에 의하면 외상시 척주에 작용하는 기본적인 힘의 방향은 굴곡, 신전, 회전으로 전주, 중주, 후주에 대해 각각 압박 및 신연력으로 작용하여 발생한다고 한다. 삼주설에 따르면 전주는 전방종인대, 추체전방 1/2, 섬유륜의 전방부로 구성되고, 중주는 후방종인대, 추체후방 1/2, 섬유륜의 후방부로 구성되며, 후주는 척추관, 황색인대, 후관절인대, 극간인대로 구성되는데, 척추의 골절 및 탈구로 인한 척추의 불안정성은 후방인대군의 단독손상에 기인하기보다는 중주의 손상 유무가 중요하다고 한다.

1) 환추골절(제1경추골절)

환추골절은 방출성 골절로 일명 제퍼슨골절(Jefferson's Fx)이라고도 하는데, 보통 얕은 풀장에 다이빙을 해서 머리가 먼저 바닥에 닿아 그 충격이 제1경추에 과신전으로 작용하면서 후궁골절이 발생한다. 측면촬영 및 개구상촬영(open mouse view)에서 잘 관찰된다.

2) **축추골절(제2경추골절)**

축추골절은 치상돌기가 부러지는 경우와 척추경이 골절되고 축추체가 전방으로 전위되는 교수형 골절(Hangman's Fx, 축추의 외상성 전위증) 등이 있다.

3) **안전띠형 골절(Chance Fx)**

급격한 감속이 과도한 전굴을 유발하여 전굴의 축이 수핵으로부터 안전띠나 복벽으로 전방 이동하여 척추가 파열되는 것을 말한다. 전방추체의 전위가 생기면 신경 손상이 동반되며, 이 경우 대부분 완전 손상의 소견을 보인다.

4. 척수 손상(Spinal Cord Injury)

척수 손상은 과굴곡, 과신전, 과회전, 수직압박 손상 및 이들의 손상이 복합되어 발생한다.

1) 병 리

(1) 척수진탕(spinal cord concussion)

척추에 심한 외상이 가해진 직후에 일시적으로 척수기능이 마비되는 것을 말하며, 이완성 마비가 몇 분 또는 몇 시간 지속되었다가 완전히 회복된다.

(2) 척수좌상(spinal cord contusion)

척수가 좌상을 받아 점상출혈, 부종 등이 일어나 사지마비나 하반신마비를 일으키며 대개 회복하지 못한다.

(3) 척수쇼크(spinal cord shock)

흉수의 하행신경로가 손상을 받으면 이완성 하반신마비가 발생하고 손상부위 이하의 반사운동까지 소실되는 현상이 나타나는데 이를 척수쇼크라 한다. 장이나 방광이 마비되어 소변저류와 장폐색이 발생하며, 혈관조절기능이 상실되어 혈압의 일시적인 감소가 나타나고 손상부위 아래로 땀이 나지 않으며, 혈관수축의 실패로 체온조절에 영향을 받는다. 쇼크에서 깨어날 때에는 먼저 족저반사가 나타나고, 구해면체반사가 나타나면 쇼크에서 회복되었음을 의미한다.

2) 분류와 증상

(1) 전방척수증후군

척추의 과굴곡 손상에 의한 골편이나 추간판의 후방전위에 의해 전방척수동맥의 차단으로 인하여 척수전방 2/3부분이 손상되는 경우를 말하며, 운동장애는 상지보다 하지가 더 심하다.

(2) 중심척수증후군

가장 흔한 형태의 척수증후군으로 심한 척추증이나 척추간협착증이 있는 중년 등에서 경추부의 과신전으로 인한 손상이 있을 때 흔히 발생한다. 제5~7번 경추부위에서 호발하며, 운동장애는 하지보다 상지가 더 심하며, 상지의 말단부(손, 손가락)마비가 심각하다.

(3) 후방척수증후군

손상이 주로 척수후방에 있어 척수후방으로 지나가는 진동감각, 위치감각의 감각신경기능이 소실되고, 단지 척수전방을 지나가는 전척수시상로의 기능인 둔한 촉감은 보존된다.

(4) 측방척수증후군(Brown-Sequard증후군)

척추궁과 척추경 골절, 척수자상, 총상 또는 척추의 회전손상 등으로 발생하며, 척수의 한 측면만 손상이 있어 동측 운동신경마비와 반대측 통각, 온도감각이 소실된다.

(5) 척수원추증후군

척수원추증후군은 제11흉추와 제2요추 사이의 손상으로 주로 발생되며, 요도 및 항문괄약근 마비, 회음부감각마비 등의 증상을 보인다. 척수원추증후군은 마미증후군과 달리 상위 요추신경근(L1-4)은 보존되는 경우가 있어 보통 보행장애는 없다.

3) 신경학적 검사

운동검사, 지각검사, 항문검사를 시행하되, 완전마비라 하더라도 극히 일부에서는 항문 주위에 감각이 약간 남아 있을 수 있으며, 이를 엉치지각보존이라고 한다. 엉치지각보존이 있을 경우 비록 다른 모든 소견이 완전마비에 해당되더라도 불완전손상으로 분류되며 회복될 가능성이 있다.

4) 척수손상의 수술적응증(수술이 필요한 경우)

① 척추의 전위가 정복이 안 되어 척수압박이 계속되는 경우
② 정복은 되었으나 골편이나 파열된 추간판탈출증으로 척수압박이 계속되는 경우
③ 척추가 불안정하여 추가적인 척수손상 가능성이 있는 경우

제3절 기타 척추 질환

1. 척추관협착(spinal stenosis)

1) 정 의

여러 원인에 의해 척추관, 추간공, 신경근관이 좁아져 척수나 신경근이 압박되어 요통이나 하지에 복합된 신경증상을 일으키는 것으로 대체적으로 외상과는 무관하다.

2) 원 인

추간판의 섬유륜이 퇴행성 변화를 일으키면서 척추체에 부착된 곳이 단열되고, 이 부위에 반응성 골증식에 의한 골극이 형성된다. 동시에 후관절돌기, 추공, 황색인대 등에서도 변성에 의한 비후가 일어나 척추관은 전후, 좌우, 사방에서 좁아지며, 여기에 척추가 전방 또는 후방으로 전위되어 척수와 신경근을 직접 압박하거나 혈류장애를 일으켜 증상을 초래한다.

02

3) 치 료

① 심한 마비증상이 있으면 수술, 간헐적 파행증만 있으면 보존적 치료를 한다.
② 요통감소를 위해 보조기 착용 또는 복근, 엉덩이근육을 강화시키는 운동을 한다.
③ 물리치료, 약물치료에도 호전이 없으면 추궁절제술 또는 척추고정술을 시행한다.

2. 강직성 척추염(ankylosing spondylitis)

1) 정 의

강직성 척추염은 골격계와 비골격계 모두를 침범하는 일종의 혈청인자음성 척추관절증으로 주로 골반골과 척추체의 인대 및 관절부위를 포함한 축성골격을 침범하여 동통과 진행성 강직을 일으키는 만성 염증성 질환이다.

2) 원 인

현재까지 원인은 불분명하나 HLA-B27항원과 밀접한 관계가 있음이 알려져 있다.

3) 진단기준(Modified New York Criteria 1984)

① 분명한 천장관절염증의 방사선소견(주로 양측성)
② 같은 나이 또는 성별에 비해 흉곽확장의 제한
③ 전후방 또는 좌우측으로의 요추의 운동제한

염증성 <u>허리통증의 병력(조조강직)</u> 중 ①번 소견과 더불어 ②, ③번 소견 중 어느 하나가 해당되면 강직성 척추염으로 진단한다.

※ **조조강직** : 아침에 경추부위의 뻣뻣함

4) 치 료

운동요법과 약물요법을 병행하여 동통과 강직증상을 감소시킬 수 있다. 다만, 후만변형이 심한 경우에는 신전절골술과 같은 수술적 치료가 필요하다.

제 3 장 상지부 손상

제1절 견관절부의 손상

1. 견관절 전방탈구

1) 손상기전

회전근개는 극상근, 극하근, 소원근, 견갑하근으로 구성되며, 이들은 하나의 기관처럼 움직여 팔의 회전운동은 물론 상완골두를 관절와 중심에 잘 위치하도록 하는 기능을 한다. 견관절탈구는 간접외상에 의해 주로 발생하며, 상완부에 외전, 신전, 외회전력이 가해져 발생한다. 견관절탈구의 가장 흔한 유형은 외상성 전방탈구이다.

2) 증 상

① 상완부가 외전, 외회전상태에서 건측손으로 전완부를 잡고 몸으로 붙이려 한다.
② 정상적인 삼각근 부근의 둥근 외관이 편평해진다.
③ 상완골두가 있던 부위가 함몰되어 견봉이 돌출되어 보인다.
④ 주관절은 굴곡되어 있고 전완부는 내회전되어 있다.

3) 진 단

① 외상 시리즈 촬영(견관절의 전후면, 견갑골의 전후면, 측면, 액와면)
② 신경검사(액와신경, 요골신경, 정중신경, 상완신경총), 혈관검사(액와동맥)

4) 치 료

탈구는 가능한 빨리 정복(응급정복)하여야 근육의 경련이 적어 정복에 어려움이 적고, 상완골두 후외측의 골결손을 줄일 수 있으며, 혈관 및 신경장애도 어느 정도 예방할 수 있다. 정복방법으로는 스팀슨법이 가장 안전하고 널리 쓰이는 방법으로 환자를 침상에 엎드리게 하고 손목에 3kg추를 달아놓으면 약 20분 정도 후 자연적으로 정복되는 방법이다.

5) 합병증

가장 흔한 합병증은 재발성 전방탈구이다. 그 외에 액와동맥손상, Hill-Sachs병변(상완골두 견열골절), 관절와 견열골절, 회전근개파열 등이 있다.

2. 충돌증후군(impingement syndrome)

1) 정 의

충돌증후군은 극상건증후군이라고도 하며, 견봉과 상완골 사이 공간이 나이가 들어 간격이 좁아지면서 어깨를 움직일 때마다 견봉과 회전근개(특히 극상근)가 충돌하면서 통증을 일으키는 증상을 말한다. 처음에는 근육점막에 염증이 생겨 통증이 발생하지만 점차 근육에 섬유화와 퇴행성변화가 생기고 심하면 회전근개파열(극상건파열)로 진행되기도 한다.

2) 증 상

출혈, 부종 및 염증이 극상건에 발생하는 경우 대결절 및 견봉의 전방에 압통이 있고, 외전시 동통을 동반한다. 특히 90도 외전시 통증이 제일 심하다.

3) 진단 및 치료

MRI검사에서 얇아지거나 파열된 극상건, 견봉하 점액낭의 점액이 증가한 것을 볼 수 있다. 보존적 치료를 3~4개월 시행해도 증세가 남는 경우에는 수술을 고려한다.

제2절 상완골골절(Fracture of Humerus)

1. 상완골간부골절

1) 손상기전

높은 곳에서 떨어지거나 상완부에 타격을 입는 경우 등 직접외상에 의한 것이 대부분이며, 횡골절 또는 분쇄골절의 양상을 보이며, 개방창을 동반하는 경우가 많다.

2) 치 료

대개는 도수정복 및 석고고정(캐스트)으로 치료하나, 심한 종창이 있거나 정복유지가 잘 안 되는 경우 견인을 실시하며, 신경이나 혈관 손상이 동반된 경우에는 관혈적 정복술을 시행한다.

3) 합병증

합병증으로는 요골신경 손상이 흔하며, 혈관 손상, 지연유합, 불유합, 부정유합(각형성, 단축) 등도 올 수 있다. 특히 상완골간부골절시 요골 손상이 동반된 경우에는 손목의 배측굴곡이 안되고 손목하수(wrist drop)가 발생하게 되는데 이를 Holstein-Lewis증후군이라고 한다.

2. 상완골원위부골절

1) 손상기전

주관절을 굴곡 또는 신전한 상태에서 넘어지며 손을 짚는 경우나 상완골원위부에 직접적인 충격이 가해졌을 때에 골절이 발생하며, 소아에서 호발한다. 상완골원위부골절 가운데 내과 및 외과 사이의 골절인 과간골절은 가장 복잡하고 치료가 까다롭다.

2) 합병증

합병증으로는 신경 손상, 혈관 손상, 주관절강직, 볼크만허혈성구축(구획증후군) 등이 올 수 있다. 볼크만허혈성구축은 주로 주관절부골절을 치료하는 과정에서 너무 압박된 붕대나 석고고정을 하여 발생된 완관절 및 손가락관절의 구축을 말한다. 전형적인 증상으로 무맥, 창백, 신경마비, 통증, 감각이상 등의 5P증후가 나타나며, 이때는 모든 외부고정을 제거하고 호전되지 않으면 근막절개 또는 교감신경계통을 차단한다.

제3절 주관절탈구(dislocation of elbow joint)

1. 기 전

주관절탈구는 상완골에 대한 척골의 전위에 따라 분류되며, 요골과 척골이 후방 또는 후외방으로 전위되는 후방탈구가 가장 흔하다.

2. 치 료

조기에 발견되는 경우에는 도수정복을 시도하여 정복 후 주관절을 100~110도 굴곡상태에서 후방부목으로 고정하고 가능한 조기에 능동관절운동을 시작한다. 도수정복이 불가능하거나 정복 후 재탈구시, 개방성 탈구, 혈관 손상을 동반한 경우, 3주 이상 방치된 탈구 등의 경우에는 수술적 치료를 시행한다.

3. 합병증

합병증으로는 신경 손상(요골, 정중, 척골신경)과 동맥혈관 손상, 화골성근염, 재발성 탈구, 골연골 골절, 볼크만허혈성구축 등이 있다. 외상성 화골성근염은 근육조직에 드물게 보이는 화골로서 가끔 기계적인 상해가 일정한 근육에 반복해서 작용하는 경우에 나타난다.

제4절 전완부 손상

1. 요골하단골절

1) 손상기전

요골하단골절은 상지의 골절 중 가장 흔한 골절로 대부분 수근관절이 40~90도 후굴된 상태에서 손을 짚고 넘어지면서 발생한다.

2) 분 류

(1) 콜레스골절(Colles Fx)

가장 흔하며, 하단의 골절편이 후방굴곡 되어 포크 변형을 나타낸다. 후방전위, 요측 각형성 및 단축이 일어나고 간혹 경상돌기가 골절되기도 하는데, 이는 삼각섬유연골복합체(TFCC)의 견열손상을 의미한다.

(2) 스미스골절(Smith Fx)

역콜레스골절로 하단골절편이 전방굴곡, 전위되어 정원삽 변형(garden spade deformity)을 나타낸다.

(3) 바톤골절(Barton Fx)

요골하단관절면의 일부가 골절되면서 근위수근골과 함께 전방 또는 후방으로 전위되는 불안정한 골절로 그 방향에 따라 전방바톤골절, 후방바톤골절로 나뉜다.

(4) 운전기사골절(Chauffeur Fx)

요골경상돌기를 포함한 요골의 요측 관절내 골절을 말한다.

(5) 월상골부하골절(Lunate load Fx)

역운전기사골절이라고도 하며, 요골원위의 척측 월상골관절면이 골절되는 골절을 말한다.

2. 몬테지아골절(Monteggia Fx)

몬테지아골절은 척골의 근위부골절과 요골두의 탈구가 동반된 골절을 말하는데 요골두탈구는 전방탈구가 가장 흔하다. 소아의 몬테지아골절은 대체로 비수술적 치료를 시행하며, 성인의 경우는 척골을 해부학적으로 정복한 후 내고정을 시행하고 요골두는 도수정복으로 재탈구를 막을 수 있다. 몬테지아골절은 만족할 만한 치료가 어려운 골절이다.

3. 갈레아찌골절(Galeazzi Fx)

요골하단의 골절과 요척관절의 탈구가 동반된 골절을 말한다. 역몬테지아골절, 피드몬트골절, 혹은 꼭 수술이 필요하다는 의미에서 필요골절이라고도 불린다. 소아는 도수정복과 석고고정으로 어느 정도 만족스러운 결과를 얻을 수 있으나, 성인에서는 전완부의 회전장애와 하요척관절의 퇴행성 변화를 막기 위해 수술적 치료가 원칙이다.

제5절 수부의 골절

1. 수근부의 골절

1) 손상기전

주로 넘어질 때 팔꿈치를 뻗으면서 손목을 뒤로 젖혔을 경우에 손목관절 내의 8개의 뼈 중 주상골의 골절이 흔히 일어난다. 수근부의 8개의 뼈는 주상골, 월상골, 삼각골, 두상골(이상 근위수근열), 대능형골, 소능형골, 유두골, 유구골(이상 원위수근열)을 말한다.

2) 치 료

치료는 전위가 없는 경우에는 석고고정을 하며, 나사못을 이용한 수술적 방법이 있다. 합병증으로는 관절강직, 부정유합, 불유합, 무혈성 괴사(주상골의 경우) 등이 있다.

2. 수지신전근의 손상

1) 추지(Mallet Finger)

손상은 원위지관절이 갑자기 강한 힘으로 굴곡력을 받을 때 발생되며, 일명 베이스볼수지라고도 한다. 만약 원위지관절에서 굴곡변형이 심하게 나타나면 원위지간관절을 신전하려던 수지신전근의 힘이 모두 근위지간관절에 집중되어 백조목변형(swan neck deformity)을 초래한다.

2) 단추구멍 변형(Boutonniere Deformity)

근위지간관절은 굴곡되며, 원위지간관절은 과신전되는 변형으로 중앙신전건이 파열된 후 서서히 일어난다. 이를 손위에서 보면 근위지간 관절이 두 개의 측부인대 사이로 뚫고 나와 있어 마치 단추구멍에 끼워진 단추같이 보여 붙여진 이름이다. 원인으로는 신전근의 파열, 류마티스 관절염, 수지배부의 화상 등이 있다.

3. 탈구 및 인대 손상

1) 무지 중수수지관절의 탈구

무지 중수수지관절의 측부인대 손상은 척측이 많으며, 사냥터지기(game-keeper) 무지라고도 한다. 최근 스키 및 볼링인구의 증가로 많이 발생하고 있다.

2) 기타 중수수지관절의 탈구

발생빈도는 적지만 시지와 소지에서 종종 발생한다.

4. 염증성 질환 및 포착증후군

1) 방아쇠수지(Trigger Finger)

방아쇠수지란 수지굴곡건에 결절 또는 종창이 생기거나 중수골경부의 전방에 있는 A1활차가 비후되어 A1활차 아래로 건이 힘겹게 통과하기 때문에 발생되는 현상으로 수지를 움직일 때 건이 이 병변부위를 통과하면서 심한 마찰이나 통증이 느껴지다가 어느 순간 갑자기 툭 소리가 나면서 움직임이 용이하게 되는 질환을 말한다. 마치 방아쇠를 격발하는 것과 비슷한 현상을 보인다고 해서 방아쇠수지라고 한다.

2) 드퀘르벵병(De Quervain Disease ; 손목건초염)

손목의 요측에서 발생하는 요골경상돌기와 단무지신전건의 협착성 건막염을 말한다. 협착의 원인은 대개 수부나 수근관절을 과도하게 사용하는 반복적 활동에 의해 발생하고 이차적으로 신전지대의 섬유화가 진행되어 섬유막이 비후되어 발생하는 것으로 되어 있다. 드퀘르벵병은 핑켈스타인검사(Finkelstein Test)를 시행하여 진단하게 되는데, 엄지손가락을 나머지 손가락으로 감싸 주먹을 쥐게 한 상태에서 새끼손가락 쪽으로 손목을 젖히면 이때 심한 통증이 발생하게 된다. 그러나 엄지손가락측 손목을 누를 때 발생하는 통증이 더 흔한 소견이다.

제 4 장 말초신경 손상

제1절 말초신경 손상의 분류(Seddon에 의한 분류)

1. 신경무동작(neurapraxia)

신경무동작(신경진탕증)이란 말초신경의 진탕으로 뇌진탕과 유사하게 말초신경이 외관상, 미세구조상 정상이나 신경의 일시적 기능장애를 일으킨 경우를 말하며, 생리적인 신경차단(nerve block)의 상태이다.

2. 축삭절단(axonotmesis)

축삭절단(축삭단열증)이란 축삭(신경섬유의 피막)은 단절되었으나, 슈반신경초(신경섬유)는 보존되어 있는 상태, 즉 말초신경의 좌상상태를 말한다. 손상된 원위부의 축삭은 왈러변성(Wallerian Degeneration, 원위부의 변성)이 일어나며, 축삭절단은 비교적 경한 압박이나 견인 등에 의해서도 발생할 수 있다.

손상 후 그 부위 이하의 운동, 지각 및 자율신경기능이 완전히 마비되나 보존된 슈반신경관을 따라 축삭이 재생되어 기능이 완전히 회복될 수 있다. 재생축삭은 하루에 1mm 정도 성장한다. 손상된 신경말초에 틴넬증후(정중신경을 타진했을 때 저린 감각)가 있으면 축삭이 재생되고 있다는 증거이므로 즉시 신경이식을 행하지 말고 경과를 관찰한다.

3. 신경절단(neurotmesis)

신경절단(신경단열증)이란 축삭뿐만 아니라 슈반신경초까지 완전히 절단된 상태를 말하며, 자연회복이 불가능한 손상이다. 손상된 원위부의 축삭은 왈러변성이 일어나며, 치료는 외과적 문합술이나 신경이식술에 의해서 재생과 기능회복을 기대할 수 있다.

심화TIP 신경회복의 인자

손상된 신경의 회복은 고령일수록, 수상 후 봉합까지의 기간이 지연될수록, 근위부에 발생할수록 나쁘고 불완전하다. 보통 감각기능이 운동기능보다 회복이 빠르며, 감각 중에서도 통각이 빠르고 촉각, 고유감각의 순서로 회복된다.

제2절 상지의 말초신경 손상

1. 상완신경총 손상(Brachial Plexus Injury)

1) 손상기전

상완신경총은 제5경추에서 제1흉추신경근까지 5개의 신경근이 모인 신경다발로 액와신경, 근피신경, 요골신경, 정중신경, 척골신경의 5개의 신경분지로 이루어져 있으며, 교통사고, 산재사고 등으로 인한 견인, 좌상, 압박, 관통상 등에 의해 손상된다.

2) 증 상

(1) 상부신경총 타입

C5, C6신경근 또는 신경총상간의 손상으로 상완지의 외전과 외선운동의 마비와 전완의 굴곡과 회외운동의 약화가 나타난다.

(2) 하부신경총 타입

C6, T1신경근 또는 신경총하간의 손상으로 수근과 팔목의 굴곡근의 마비와 위축을 초래하여 취수 또는 구수(독수리손)가 나타나며, 또한 팔꿈치의 신근의 마비, 전완신전의 장애가 나타난다.

3) 진 단

이학적 검사, 방사선검사, CT 및 MRI검사 등으로 신경 손상, 혈관 손상, 골절 여부 등을 확인하고 보조적인 검사로 근전도검사 및 신경전도검사를 주기적으로 실시하여 손상된 근육의 종류와 회복 여부를 알아보아야 한다.

4) 치 료

외상이 없는 견인 손상의 경우 3개월 정도 기다려 신경기능의 회복을 관찰하며, 회복 불능시 신경재건술을 시행한다. 신경절 전손상인 경우에는 신경이전술을 시행한다.

5) 분만마비(birth paralysis)

상완신경총 손상의 한 종류로 분만시 상완신경총이 견인 손상되어 발생한 것으로 산과마비라고도 한다. 태아의 체중 과다, 지연분만, 둔위태위 등과 같은 난산의 경우에 잘 생긴다. 신생아에서 편측상지의 마비를 볼 수 있으며, 성인의 손상보다는 예후가 양호하다.

2. 액와신경 손상(Axillary Nerve Injury)

1) 손상기전

제5~6경추신경근으로 구성되며, 상완신경총 후삭에서 분지된다. 액와신경 단독으로 손상받는 경우는 드물고 상완신경총의 손상, 상완골두의 골편전이, 어깨부위의 좌상, 총상, 자창 등에서 손상받는 경우가 있다. 목발을 잘못 사용한 마비의 한 형태로 나타날 수도 있다.

2) 증 상

액와신경이 손상되면 견관절의 외전제한, 어깨근육의 위축으로 윤곽의 비대칭, 견봉돌출, 견관절의 불안정성이 나타나며, 오래 경과하면 하방 아탈구현상이 나타난다.

3. 근피신경 손상(Musculocutaneous Nerve Injury)

제5~6경추신경근으로 구성되며, 마비시 주관절의 굴곡약화와 이두근 건반사의 소실을 나타낸다. 주로 관통상, 견관절탈구, 상완골 근위부골절시 압박되어 마비될 수 있다.

4. 요골신경 손상(Radial Nerve Injury)

1) 손상기전

제5~8경추신경근과 제1흉추신경근으로 구성되며, 상완신경총의 후방코드에서 분지한다. 요골신경은 상완골간부의 나선홈에 길게 박혀 붙어있기 때문에 흔히 상완골간부나 과상부골절시 손상받기 쉬운 신경 중의 하나이며, 수면시 팔베개를 하는 등 외부의 오랜 압박으로도 일시적인 손상이 있을 수 있다.

2) 증 상

요골신경이 손상되면 손목관절의 배측굴곡이 불가능해지고, 완관절 하수(wrist drop)를 초래하여 무지와 시지의 신전이 불가능하게 되며, 엄지손가락 부근의 제1물갈퀴공간 배측에 감각이 소실된다.

5. 정중신경 손상(Median Nerve Injury)

1) 손상기전

제6~8경추신경근과 제1흉추신경근으로 구성되며, 손목과 손가락의 굴곡을 주로 담당한다. 전완부의 열상이나 관통상이 가장 흔한 원인이며, 상완동맥과 정맥, 척골신경이 가까이 주행하고 있어 이들이 함께 손상되는 경우가 많다.

2) 증 상

정중신경이 주관절근위부에서 손상되면 전완부의 회내기능과 손목의 굴곡기능이 약화되고, 제1, 2, 3수지의 굴곡이 안 되며, 제4, 5수지의 굴곡이 불완전해진다. 약 50%의 환자에서는 모지의 외전 및 대립기능에 막대한 장애를 나타낸다. 원수(유인원의 손)변형이 나타난다.

6. 척골신경 손상

1) 손상기전

제8경추신경근과 제1흉추신경근으로 구성되며, 상완신경총의 내삭(medial cord)에서 분지되며 내측코드의 가장 중요한 분지이다. 주관절이나 수근관절부근의 열창, 상완골골절이나 주관절탈구시 손상되는 일이 많다. 상완골 외과골절 후 부정유합으로 인한 주관절의 외반변형이나 재발성 신경이탈에 의한 신경이완 및 마찰로 진구성 신경마비가 초래되기도 한다.

2) 증 상

척골신경 손상으로 전완부마비가 오래 지속되면 근위축 및 갈퀴손 변형을 초래하고, 상위마비시에는 척골신경에 의해 지배되는 모든 근육의 위축 및 손목의 척측굴곡과 제4, 5수지의 원위지관절의 굴곡이 되지 않는다. 감각소실은 제5지의 원위지관절 이하 부위에서 나타난다.

제3절 하지의 말초신경 손상

1. 대퇴신경 손상(Femoral Nerve Injury)

제2~4요추신경근의 후분지에서 형성되며, 대퇴사두근과 봉공근에 분지를 낸다.

손상기전은 골반내 하복부관통상, 하복부수술시 지혈조작, 대퇴부의 칼, 유리, 총탄에 의한 창상 등이다. 대퇴사두근의 기능장애로 슬관절의 신전이 힘들어지며, 슬개건반사(patella tendon reflex)가 소실된다.

2. 좌골신경 손상(Sciatic Nerve Injury)

제4~5요추신경근과 제1~3천추신경근의 후분지에서 형성된다. 인체에서 가장 큰 신경으로 대퇴골 원위 1/3부위에서 경골신경과 총비골신경으로 분지된다.

고관절의 골절・탈구, 전위성 골반골절, 총상 등으로 손상될 수 있다. 신생아의 경우에는 고관절탈구의 정복시나 신경주위의 근육주사에 의하여 손상되는 경우도 있다. 좌골신경이 손상되면 슬관절 굴곡장해가 발생하고 족부의 배굴과 외반이 마비된다. 또한 족지의 신전이 불가능하여 발뒤꿈치로 설 수 없으며, 족하수(foot drop)가 나타나고 족반사가 소실된다.

3. 경골신경 손상(Tibial Nerve Injury)

제4~5요추신경근과 제1~3천추신경근을 함유하고 있으며, 총비골신경보다 2배 굵다. 경골신경은 슬와상부에서 좌골신경으로부터 갈라져 경골의 내과하부에 도달하며, 여기서 다시 내측족저신경과 외측족저신경으로 나뉜다. 경골신경은 종아리 및 발바닥근육을 지배하며, 족저신경은 발바닥내측 및 족지의 운동, 지각신경이다.

경골신경 손상은 보통 관통상, 슬관절탈구, 경골근위부골절에서도 발생할 수 있으며, 하퇴부후방의 구획증후군에 속발된 허혈성 괴사에서도 발생할 수 있다. 경골신경이 손상되면 족부의 굴곡, 내반 및 외반의 장애와 족지의 굴곡, 내전 및 외전장애가 발생되며 발가락 끝으로 서는 것이 불가능하고 족반사가 소실된다. 또한 발바닥의 감각소실이 있으며 발이 무감각하면 영양성 궤양이 발생하기도 한다.

4. 총비골신경 손상(Common Peroneal Injury)

제4~5요추신경근과 제1~2천추신경근의 후분지에서 형성되며, 좌골신경 중 외측에 위치하고 있다. 비골의 경부에서 피부에 가깝게 위치하므로 자상, 석고고정에 의한 압박, 부종, 슬관절탈구나 비골 및 경골상단부의 골절, 인대파열시 손상된다.

비골신경이 손상되면 경골근, 비골근 및 족지신근의 마비로 족부의 배굴과 외반 불가능, 족하수(foot drop) 및 파행보행초래, 족지의 근위지관절의 신전 및 배굴장애가 발생한다. 또한 하퇴의 외측면, 모지와 제2지의 마주보는 면, 제2~5지(족지의 끝마디 제외)의 배부에 감각저하가 나타날 수 있다.

제4절 신경포착증후군(신경압박증후군)

1. 수근관증후군(carpal tunnel syndrome)

상지에서 가장 많은 신경포착증후군으로 정중신경의 압박으로 생기는 증후군으로 정중신경포착증후군이라고도 한다. 새끼손가락을 제외한 손에 쑤시거나 저린 감각이상이 주된 증상이다. 반복적인 손동작, 뜨개질, 걸레질, 설거지, 운전, 화상, 임신, 비만 등도 유발인자이다.

통증은 특히 손과 손목을 많이 사용한 후 밤에 더 심하고 양측성인 경우가 흔하지만 많이 쓰는 쪽에 증상이 심하다. 정중신경 분포영역에 지각장애가 있고 수근부의 틴넬증후(정중신경부위 타진시 저린 감각)와 팔렌검사(Phalen's Test, 손목굴곡검사시 저린 감각)가 진단적 가치가 있다.

2. 주관증후군(cubital tunnel syndrome)

척골신경이 상완골 내측상과의 후방이나 주관절 주위에서 압박되는 것을 주관증후군이라고 하며, 수근관증후군 다음으로 많은 척골신경포착증후군이다. 주관절부위의 외상으로 인해 외반주의 변형이 있을 때 수년, 수십년 후에 발생하는 지연성 척골신경마비로 더 알려져 있다.

반복적인 주관절 굴곡, 직접적인 압박에 의한 허혈 등으로 인해 발생한다. 증상은 서서히 진행되며 대개 자발성이다. 제4, 5수지에 따끔거리거나 화끈거리는 이상감각이 가장 흔한 증상이다. 근력저하로 움켜잡기의 약화 등의 증상을 보이며, 티넬증후(Tinel Sign)가 나타나기도 한다.

3. 족근관증후군(tarsal tunnel syndrome)

족근관은 경골내과의 후면과 종골의 내측면이 바닥을 이루고 이것을 연결하는 굴근지대(거종인대)가 천장을 이루는 구조로 이 터널을 지나가는 후경골신경이 포착되어 장애를 일으킨다. 반수의 환자에서 발목부위에 화상을 입은 과거력이 있고, 족저와 발가락 끝에 통증이나 저린감을 호소하며, 서 있거나 걸을 때 통증이 심해지는 양상을 보인다.

진단은 족저근의 위축은 뚜렷하지 않은 경우가 많고 족근관부위의 압통, 티넬증후(Tinel Sign)가 나타난다. 치료는 족근관을 개방하여 후경골신경을 감압시킨다(신경박리술).

심화TIP 티넬증후(Tinel Sign)

티넬증후란 손바닥 쪽 손목주름을 손가락으로 두드리면 정중신경의 경로에 따라 마비가 나타나는 증상을 말한다.

제 5 장 하지부 손상

제1절 하퇴의 손상

1. 경골원위부골절

경비골원위부는 경골길이의 1/3이 피부직하에 위치하며, 다른 부위에 비해 둘러싼 연부조직이 적어 혈류공급이 불리하므로 외상시 개방성 골절의 빈도가 높으며, 이차적으로 감염에 의한 골수염 및 불유합 등의 합병증이 호발하는 부위이다. 골절종류에는 족관절 내과골절(경골), 족관절 외과골절(비골), 필론골절(발목의 수직골절) 등이 있다.

2. 종골골절

족근골은 종골, 거골, 주상골, 중간설상골, 내측설상골, 외측설상골, 입방골의 7개의 뼈로 구성되어 있다. 종골골절은 족근골골절 중 가장 흔한 골절로 종골의 심한 수직성 압박에 의해 발생하며, 관절내 골절과 관절외 골절로 크게 구분된다. 관절외 골절은 대개 예후가 양호하나, 관절내 골절의 경우에는 뒤꿈치에 심한 부종, 압통, 변형 등이 나타나며, 종골 구획내 심한 출혈이 있는 경우에는 발전체에 심한 통증이 발생하며 구획증후군이 발생하기도 한다.

3. 거골골절 및 탈구

거골의 대부분은 연골로 싸여 있어 거골골절은 대부분이 관절내 골절이다. 거골두 및 경부는 족배동맥과 족근동맥에서 분지하는 거골경부 상방의 혈관들에 의하여 풍부하게 혈액순환이 되고 있어 거골두 및 경부의 무혈성 괴사는 아주 드물지만 거골체부에서는 발생하기 쉽다.

4. 족저근막염

족저근막은 발바닥의 두껍고 강한 섬유띠를 말하는데, 이 족저근막이 반복적인 미세손상을 입어 근막을 구성하는 콜라겐의 변성이 유발되고 염증이 발생하는 것을 족저근막염이라고 한다. 성인의 발뒤꿈치 통증의 대표적인 원인 질환으로 알려져 있다.

5. 아킬레스건 파열

아킬레스건은 비복근, 가재미근의 건이 모여 공통건을 이루어 종골후면 상방에 붙어 있는 건을 말한다. 완전파열을 확인하는 검사방법으로 톰슨압착검사가 있는데, 이는 환자를 엎드리게 한 후 종아리 둘레가 가장 큰 곳의 원위부를 압착하여 족관절 족저굴곡을 유발시키는 검사로 만약 족저굴곡이 안 나타나면 양성소견으로 아킬레스건 완전파열을 의미한다.

제2절 슬관절부의 손상

1. 슬관절내장증(Internal Derangement Knee)

외상 후 슬관절에 운동통증, 운동제한, 관절액의 증가 등의 기능장애가 일어나는 상태를 총칭하여 슬관절내장증이라고 한다. 원인으로는 반월상연골, 측부인대, 십자인대, 경골극 등의 손상이 있으며, 그 밖에 관절내유리체, 슬개하비방체비후, 활액막추벽증후군 등이 있다.

2. 반월상연골 손상(Injury of Meniscus)

1) 손상기전

손상은 슬관절의 굴곡위에서 회전운동이 가해질 때 발생하며, 일반적으로 지면에 고정된 대퇴에 내회전이 가해지면 손상이 일어난다. 반월상연골이 손상된 경우 변연부는 혈관분포가 있어 섬유성 조직의 증식으로 치유되지만 내연부는 혈관분포가 없어 치유되지 않는다.

2) 증 상

슬관절 운동제한, 특히 신전운동에 제한이 있고 동통 및 부종소견을 보인다. 슬관절 신전시 일시적으로 신전이 안 되는 무릎잠김(locking) 현상 및 걸을 때 무력감 또는 무너지는 느낌의 불안정성이 있다. 수상 후 시일이 경과하면 사두근위축으로 건측에 비해 가늘어진다.

3) 진 단

(1) 맥머레이검사(McMurray Test)

똑바로 누운 자세에서 무릎을 90도 굴곡시킨 후 발과 하지를 내측, 외측으로 회전시킨 후 무릎을 서서히 펴면서 관절에서 덜컥거리는 소리가 나는지 확인한다.

(2) MRI, 관절경검사

관절경을 이용하여 관절 내부를 관찰하면서 간단한 수술(봉합, 절제 등)을 할 수 있는 검사로 반월상연골 손상의 확실한 진단방법이다.

(3) 어플레이검사(Apley Test)

복와위에서 대퇴부를 고정하고 무릎을 90도 굴곡시킨 후 발과 하지를 내측, 외측으로 회전시킨 후 무릎을 서서히 펴면서 관절에서 덜컥거리는 소리가 나는지 확인한다.

(4) 웅크리기검사

선 상태로 양하지를 내회전 또는 외회전 후 앉았다 일어섰다 하도록 하면 손상된 반월상연골이 관절면 사이에 끼어 감돈(incarceration, 장이나 자궁과 같은 복부내장기관이 병적으로 생긴 틈으로 빠져나와서 본래의 위치로 돌아가지 못하는 상태)되는 경우 통증을 호소한다.

4) 치 료

압박붕대고정, 보존요법, 수술요법(봉합술, 부분절제술 등) 등이 있다.

5) 원판형 연골(Discoid Meniscus)

원판형 연골은 주로 외측반월상연골에 나타난다. 반월상연골은 태아가 성장함에 따라 그 중심부가 흡수되면서 반월상을 취하게 되는데 이 흡수과정이 정지된 것으로 추측되고 있다.

3. 측부인대 손상(Collateral Ligament Injury)

1) 손상기전 및 증상

내측인대 손상은 외반력(외전, 외회전)에 의해 발생하고, 반대로 외측인대 손상은 내반력(내전, 내회전)에 의해 발생한다. 수상 직후에는 국소동통, 반사성 근경련 등으로 슬관절은 굴곡위를 취하며, 급성기를 지나면 쇠약, 근위축 등으로 슬관절의 불안정성이 심해진다.

2) 진단 및 치료

스트레스검사에서 30도 굴곡위에서는 동요가 나타나지만 신전위에서는 십자인대의 긴장으로 감소 또는 소실된다. 스트레스엑스선 촬영이 중요하며, MRI검사, 관절경검사 등이 이용된다. 검사에서 부분파열은 석고고정 등의 보존요법으로, 완전파열은 수술요법으로 치료한다.

4. 십자인대 손상(Cruciate Ligament Injury)

1) 전방십자인대 손상(ACL)

(1) 손상기전

전방십자인대는 무릎의 중간에 대각선으로 주행하고 경골이 대퇴골에 대해 전방으로 미끄러지는 것을 방지하고 무릎의 회전안정성을 제공한다. 경골에 대해 대퇴골이 굴곡, 외전 및 내회전되거나 슬관절의 과신전 때에 흔히 대퇴부착부나 경골부착부가 단열(견열골절)되거나 인대 자체가 손상된다.

(2) 증 상

수상 당시 단열을 감지, 관절은 출혈과 종창으로 매우 불안정, 심한 동통이 있다.

(3) 검 사

① **전방전위검사** : 90도 굴곡위에서 경골이 전방으로 전위되는지를 검사한다.
② **라크만검사** : 0~20도 굴곡위에서 경골의 전방전위를 측정하는 검사이다.
③ **MRI검사** : 인대손상 외에도 관절 내의 다른 구조물의 손상 여부도 확인한다.
④ **관절경검사** : 관절경을 이용하여 손상부위와 정도를 쉽게 확진한다.

(4) 치 료

부분파열은 근육훈련, 보조기착용, 석고고정 등의 보존적 치료를 한다. 전방십자인대 파열은 단순봉합이 불가능하여 안정성을 유지하기 위해서는 인공인대 등으로 재건하여야 한다.

2) 후방십자인대 손상(PCL)

(1) 손상기전

후방십자인대는 무릎 뒤쪽에 위치하고 경골이 후방으로 빠지는 것을 방지하는 기능을 한다. 손상은 슬관절의 과신전이나 경골의 후방전위로 일어나고 경골의 내회전위에서 더욱 호발한다. 슬굴곡위로 넘어질 때 경골상단이 지면과 부딪치거나 소위 계기판사고로도 발생한다.

(2) 증 상

동통, 혈종으로 기능장애가 발생한다.

(3) 진 단

후방전위검사, MRI검사, 관절경검사, 외회전전반검사(슬관절을 약 10도 굴곡 위에서 신전시킬 때 경골이 과도하게 외회전되면서 과신전되면 양성) 등이 있다.

(4) 치 료

동반 손상이 없는 경우에는 우선 보조기 등으로 고정한 후 점진적으로 재활치료를 시행하고 동반 손상이 있는 경우에는 수주 이내에 인대봉합 또는 재건술을 시행한다.

5. 슬관절탈구(Dislocation of Knee Joint)

전방탈구가 가장 흔하며, 혈관 손상 때문에 진성응급상태로 분류된다. 족부에 맥박이 없고 슬부가 붓거나 피하출혈상을 보이며, 발이 차고 청색증을 보이면 혈관파열을 의심한다. 혈관 손상은 슬와동맥의 손상으로 가능한 신속히 봉합한다. 신경 손상은 비골신경 손상이 흔하다.

제3절 골반(pelvis)의 손상

1. 골반의 구조

골반은 3개의 관골(장골, 치골, 좌골), 천골 및 미골로 구성되어 있다. 좌우의 관골은 치골결합(pubic symphysis)에 의해 연결되어 있으며, 뒤쪽 양측에는 매우 강한 인대로 연결된 관절에 의해 골반환(pelvic ring)을 형성한다. 골반은 척추로부터 체중을 하지로 전달하고, 그 내부의 장기를 보호하는 기능을 한다. 그리고 골반환의 안정성은 거의 측후방의 안정성에 의해 좌우된다.

2. 골반의 골절

1) 기 전

골반골절은 비교적 드물지만, 교통사고, 추락사고, 낙상사고 등과 같이 심한 외력이 작용할 때 발생하며, 골반환 내에 있는 주요 장기들의 동반 손상이 일어나기 쉽다.

2) 분 류

(1) 골반환의 손상이 없는 골절

견열골절, 단일분지의 골절, 장골익골절, 천골골절 등 골반환의 손상이 없는 골절은 대부분 보존적 치료로 회복될 수 있다.

(2) 골반환의 손상이 있는 골절

골반환의 전위가 있는 골절과 전위가 없는 골절로 분류되며, 대부분은 보존적 방법으로 치료가 가능하나 심각한 하지길이 부동이나 하지운동 제한이 남을 것으로 예상되는 경우에는 수술치료를 요한다.

(3) 비구골절(acetabular fx)

비구는 고관절의 일부로 대퇴골의 골두와 관절면을 형성하는 골반골의 지붕역할을 하는 부위로 교통사고 및 낙상사고와 같은 심한 외력이 작용할 때 발생한다. 경미한 골절의 경우 보존적 방법으로 치료가 가능하나 심한 경우에는 금속고정을 통한 수술치료를 시행한다.

3) 합병증

주로 부정유합으로 인한 외상성 관절염이 많이 발생하며, 대퇴골두에 무혈성 괴사도 많이 발생한다. 골반골절이 있는 경우 동반 손상이 가장 흔한 해부학적 구조물은 요도로 음위(발기부전), 요도협착, 요실금 등이 발생할 수 있다.

제 6 장 소아골절

제1절 소아골절의 특징 및 치료

1. 소아골절의 특징

① 소아의 골막은 성인의 골막보다 두껍고 골간단부나 골간부골절로부터 더 쉽게 박리되며, 골형성 능력이 더 큰 특징을 가지고 있다.
② 소아의 피질골은 다공성으로 상대적으로 동일하중에 대한 가역성이 성인골보다 크다.
③ 성인골에 비해 단순히 휘거나 압박되어 피질골표면이 융기골절 양상을 띨 수 있다.
④ 소아의 관절막이나 인대는 질기고 강하기 때문에 그 자체가 찢어져 관절탈구를 유발하기 보다는 생역학적으로 약한 부위인 골단판(성장판)을 중심으로 골절이 일어난다.
⑤ 소아의 골막은 섬유층이 두껍고 질겨서 골절부위의 일부 또는 전부가 파열되지 않고 남아 있는 경우가 흔하며 전위가 적고 골절에 안정성을 제공한다.
⑥ 골단판(성장판)이 존재하여 골성장이 계속되는 소아에서는 어느 정도의 각변형도 재형성되면서 교정되므로 골절유합을 허용할 수 있는 각변형의 범위가 성인보다 훨씬 크다.

2. 소아골절의 치료

1) 소아골절의 치료

소아골절은 대부분 도수정복 혹은 견인요법에 의한 비수술적 방법으로 치료가 가능하다. 다만, 비수술적 방법으로 정복이 불가능한 경우, 전위된 관절내 골절, 대퇴경부골절, Salter-Harris 제3, 4형, 골단판(성장판) 손상, 개방성 골절 등의 경우에는 수술적 방법이 요구된다.

2) Salter-Harris 골절유형

① 제1형 : 뼈끝이 분리된 골절(slipped or seperated)
② 제2형 : 성장판 상부의 골절(above)
③ 제3형 : 성장판 하부의 골절(lower)
④ 제4형 : 성장판 관통형 골절(through)
⑤ 제5형 : 균등하게 압박된 골절(evenly rammed)

제2절 특수형태의 소아골절

1. 소성변형(plastic deformation)

소아골은 기계적 강도는 약하지만 골절이 발생하기 전 많은 에너지를 흡수하므로 골절 전에 상당히 많은 정도의 각변형이 진행되며, 각형성 부하를 가했다가 골절이 발생하기 직전에 부하를 제거하면 천천히 원래의 모양으로 되돌아가지만 회복되지 않을 수도 있다. 이러한 변형을 소성변형(영구변형)이라고 하며, 척골에서 가장 흔하다.

소아의 몬테지아병변(척골골절과 요골두탈구가 동반된 손상)에서 척골골절 소견이 전혀 없었는데도 척골의 전방각형성이 발견되는 경우 이러한 소성변형에 의한 것으로 여겨진다.

2. 녹색줄기골절(Green Stick Fx)

미성숙골의 유연성과 두꺼운 골막으로 싸여있는 특징적 구조로 인하여 나타나는 골절 양상이다. 인장력을 받은 피질골은 완전한 골절이 되나, 반대 측의 압박을 받은 피질골과 골막은 손상되지 않으며 자주 소성변형을 동반한다.

3. 융기골절(Torus Fx)

각형성 부하에 의해 압박력이 작용하여 한쪽에서는 소성변형이 일어나고 반대쪽에서는 골피질이 파괴되면서 골절편이 주변부로 팽창(융기)하는 양상을 보인다. 골간단-골간 이행부에서 보통 발생한다.

제 7 장 종양(암)

제1절 종양의 정의 및 특성

1. 종양의 정의

종양이란 인체세포가 제한 없이 과도하게 증식하는 것을 특징으로 하는 질환이다. 성장하면서 커지는 암세포를 악성종양이라고 하는데 주변의 정상조직을 침범하고 압박하며, 결국에는 파괴한다. 발생부위에서 증식하는 것 이외에 암세포는 혈관이나 림프관을 통하여 체내 어디든지 전이할 수 있는 능력이 있다.

2. 종양의 특성(양성종양과 악성종양의 차이점)

(1) 성장속도

양성종양은 느리게 성장하고, 악성종양은 급속히 증식한다.

(2) 분화정도

양성종양은 고도로 조직화, 분화된 세포로 되어 있어 성숙한 정상 모조직과 아주 닮아 있다. 반면에 악성종양은 성숙한 세포로 작용할 수 없는 원시적인 배아세포를 닮아 있는데, 악성종양의 이러한 특성을 미분화 또는 역분화(anaplasia)라고 한다.

(3) 침범 여부

양성종양은 대개 피낭으로 둘러싸여 있고 종양세포가 주위조직을 침범하지 않는다. 반면에 악성종양은 침입성(invasive), 침윤성(infiltrative)의 특징을 가지며, 종양이 발생한 조직이나 장기를 넘어서 인접한 장기로 퍼져나간다.

(4) 전이 여부

양성종양은 주위조직으로 퍼지지 않으며, 체내의 다른 장소에서 속발성 종양덩어리를 만들지 않는다. 반면에 악성종양은 원발부위에서 자신들을 분리시켜 혈관이나 림프관을 통하여 체내의 다른 지역으로 옮아가 새로운 종양을 만들어내는데, 악성종양의 이러한 행동양식을 전이(metastasis)라고 한다.

제2절 TNM 병기분류체계

수술 여부 및 수술 후 예후판정에 중요하다.

1. Tumor(종양의 크기와 침범정도)

T0	원발종양의 증거가 없음
Tis	제자리암(점막내암)
T1 ~ T4	종양의 크기와 침범정도가 점진적으로 증가
Tx	종양의 크기나 침범정도를 판정할 수 없음

2. Node(림프절 전이정도)

N0	주변 림프절 중 현저하게 비정상적인 것이 없음
N1 ~ N4	침범된 림프절수와 멀리 떨어진 위치의 림프절전이가 증가
Nx	주변 림프절에 대해 임상적으로 판정할 수 없음

3. Metastasis(원격전이 여부)

M0	원격전이의 증거가 없음
M1 ~ M3	원격전이의 정도가 심화됨
Mx	원격전이 여부를 판정할 수 없음

제3절 암의 임상검사

1. 종양표지자(Marker)검사의 의의

(1) 암의 선별검사(Screening) : 전제조건

① 민감도, 특이도가 적절할 것
② 검사가 쉽고 검진방법이 정확할 것
③ 비용, 효과측면에서 우수할 것
④ 조기발견에 효과적일 것
⑤ 선별검사의 대상은 비교적 흔한 질병일 것

(2) 고위험군의 추적검사(Follow Up)

(3) 암의 존재에 대한 보조적 진단

(4) 암의 원발장기와 조직형의 감별

(5) 질병의 시기와 예후의 추정

(6) 암의 치료효과의 판정과 재발지표로 활용

2. 종양표지자 항목별 예

(1) 대장암에 특이성이 높은 표지자 : 암태아성 항원(CEA)

(2) 간세포암에 특이성이 높은 표지자 : AFP(α – Fetoprotein)

(3) 췌장–담도암에 특이성이 높은 표지자 : CA19–9

(4) 난소암에 특이성이 높은 표지자 : CA125

(5) 전립선암에 특이성이 높은 표지자 : PSA

제4절 우리나라 5대암(국가 암 조기검진프로그램)

1. 위암(stomach cancer)

① 검진대상 : 40세 이상 남녀
② 검진주기 : 2년마다 검사
③ 검진방법 : 위내시경검사 또는 위장조영검사

2. 간암(liver cancer)

① 검진대상 : 40세 이상의 남녀로 간경변증, B형 간염바이러스항원 양성, C형 간염바이러스항체 양성, B형 또는 C형 간염바이러스에 의한 만성 간질환이 있는 환자
② 검진주기 : 6개월마다 검사
③ 검진방법 : 간초음파검사 및 혈청알파태아단백(AFP)검사

3. 대장암(colorectal cancer)

① 검진대상 : 50세 이상 남녀
② 검진주기 : 1년마다 분변잠혈반응검사(대변검사)
③ 검진방법 : 검사소견상 이상소견이 있는 경우 대장내시경검사 또는 대장조영검사

4. 유방암(breast cancer)

① 검진대상 : 40세 이상 여성
② 검진주기 : 2년마다 검사
③ 검진방법 : 유방촬영검사

5. 자궁경부암(cervical cancer)

① 검진대상 : 20세 이상 여성
② 검진주기 : 2년마다 검사
③ 검진방법 : 자궁경부세포검사

6. 폐암(lung cancer)

① 검진대상 : 54세 이상 74세 이하의 남녀 중 폐암 발생 고위험군

※ "폐암 발생 고위험군"이란 30갑년[하루 평균 담배소비량(갑) × 흡연기간(년)] 이상의 흡연력(吸煙歷)을 가진 현재 흡연자와 폐암 검진의 필요성이 높아 보건복지부장관이 정하여 고시하는 사람을 말한다.

② 검진주기 : 2년마다 검사

③ 검진방법 : 저선량 흉부CT 검사

제 8 장 중추신경계통 질환 및 두부외상

제1절 두부의 해부학적 구조

1. 두피(scalp)

두피는 두개골을 감싸고 있는 연부조직으로 총 5층으로 구성되어 있는데, 외부로부터 표피, 피하조직, 모상건막, 연성결합조직, 두개골막으로 이루어져 있다.

2. 뇌두개골(cranial bone)

전두골 1개, 두정골 2개, 측두골 2개, 후두골 1개, 접형골 1개, 사골 1개의 6종 8개의 뼈로 구성되어 있다.

3. 봉합과 천문

(1) 봉합(suture)

① 시상봉합(sagittal) : 두덩골과 두정골 사이의 봉합
② 관상봉합(coronal) : 두정골과 전두골 사이의 봉합
③ 인상봉합(squamous) : 두정골과 측두골 사이의 봉합
④ 삼각봉합(lambdoid) : 두정골과 후두골 사이의 봉합

(2) 천문(fontanelle)

천문이란 신생아의 두개골에서 봉합의 연결부위가 아직 골화되지 않고 막으로 남아있는 부분을 말하며, 소천문은 대개 생후 3개월, 대천문은 생후 2년 사이에 폐쇄된다.

① 대천문 : 시상봉합과 관상봉합의 연결부
② 소천문 : 시상봉합과 삼각봉합의 연결부

제2절 중추신경계 및 말초신경계

1. 중추신경계(Central Nervous System) : 뇌, 척수

1) 뇌(brain) : 대뇌, 뇌간, 소뇌

(1) 대뇌(cerebrum)

6개의 엽으로 구성되어 있고 1번, 2번 뇌신경이 위치한다.

① **전두엽** : 감정, 기억, 추리, 운동기능
② **두정엽** : 감각기능(pain, touch)
③ **측두엽** : 청각, 평형, 냄새, 맛
④ **후두엽** : 시각기능
⑤ **변연엽, 도엽** : 모든 감각정보를 대뇌피질까지 전달

(2) 뇌간(brain stem)

중뇌, 뇌교, 연수로 구성된 것으로 의식, 체온조절, 호흡, 혈압 등 생명유지를 위한 기능을 하는 중추이다. 뇌간(특히 연수)손상이 없으면 의식은 없어도 자가 호흡 및 혈압이 유지된다. 10개의 뇌신경을 포함하고 있다.

심화TIP 10개의 뇌신경

- **중뇌** : 동안신경, 활차신경
- **교뇌** : 삼차신경, 외전신경, 안면신경, 청신경
- **연수** : 설인신경, 미주신경, 부신경, 설하신경

(3) 소뇌(cerebellum)

대뇌의 후두엽 밑에 위치하며, 주로 운동의 균형 유지기능을 담당한다.

(4) 간뇌(diencephalon)

① **시 상**

말초에서 전해지는 감각자극을 대뇌피질에 전달하며, 동통, 분노, 공포, 사랑 등 기본적인 정서반응을 조절하고 수정하는 기능을 한다.

② **시상하부**

자율신경계의 최고중추부로 식욕중심(feeding center)이 있어 포만감을 느끼는 부위가 파괴되면 과식을 하게 된다. 자율신경조절, 체온조절, 수분조절(다뇨), 뇌하수체호르몬 분비조절, 감정표현조절 등의 기능을 한다.

2) 뇌혈관

뇌는 내경동맥(3/4)과 척추동맥(1/4)으로부터 혈액(산소, 당)을 공급받는다. 이들은 뇌저에서 대략 9각형 모양의 윌리스동맥환(Willis' circle)을 이루며, 대뇌로 가는 여러 가지 혈관들을 뻗는다. 따라서 뇌의 어느 한 곳의 동맥에 순환장애가 발생되더라도 윌리스동맥환이 있음으로 해서 서로 사이에 동맥혈의 공급을 어느 정도 보충해주고 있다.

3) 뇌실(cerebral ventricle)

뇌실은 뇌 속에 위치하는 일련의 연속된 강으로 이 속에는 뇌척수액이 차있다. 뇌실 속에는 두 개의 외측뇌실, 제3뇌실, 대뇌수도 및 제4뇌실이 포함되며, 뇌척수액은 맥락총에서 생성되어 뇌실로 유입되며, 뇌실에서 다시 지주막하 공간으로 유입된다.

2. 뇌신경(cranial nerve)

12쌍의 뇌신경 중 1번, 2번은 대뇌에 위치하고 나머지는 뇌간에 위치한다.

① 후각신경(감각신경) : 후각(냄새)
② 시신경(감각신경) : 시각, 시력, 시야, 동공대광반사
③ 동안신경(운동신경) : 안구운동(위, 아래, 내전, 외회전), 동공수축, 안검거상
④ 활차신경(운동신경) : 안구운동(내회전) - 안구의 상사근
⑤ 삼차신경(혼합신경) : 3개의 가지(안신경, 상악신경, 하악신경), 얼굴, 머리, 혀의 전방 2/3 감각, 저작운동, 각막반사
⑥ 외전신경(운동신경) : 안구운동(외전) - 안구의 외직근
⑦ 안면신경(혼합신경) : 얼굴의 표정, 누선, 타액선분비, 혀의 전방 2/3미각
⑧ 청신경(감각신경) : 청각, 평형감각
⑨ 설인신경(혼합신경) : 혀의 후방 1/3미각, 인두를 올리거나 확장시키는 운동
⑩ 미주신경(혼합신경) : 연구개, 인두, 후두, 연하운동, 부교감신경계의 흉복부장기, 심근신경
⑪ 부신경(운동신경) : 어깨, 목의 운동, 흉쇄유돌근과 승모근의 운동 및 감각
⑫ 설하신경(운동신경) : 혀의 구음운동, 혀의 위치감각(혀 내밀기)

3. 자율신경계(automatic nervous system)

자율신경계는 대뇌의 직접적인 영향을 받지 않는 불수의적인 신경계로, 교감신경과 부교감신경으로 나누어지며, 이들은 서로 길항적으로 작용한다. 체성신경과 달리 운동신경만으로 되어 있으며, 뇌나 척수에서 나와 내장기관, 혈관 등에 분포한다. 순환, 호흡, 소화, 호르몬분비 등 생명유지에 필수적인 기능을 자율적으로 조절한다.

(1) 자율신경의 중추 : 간뇌의 시상하부

(2) 자율신경의 길항작용

① 교감신경 : 심장박동촉진, 동공확대, 방광이완, 소화운동억제, 침분비억제, 혈관수축

② 부교감신경 : 심장박동억제, 동공축소, 방광수축, 소화운동촉진, 침분비촉진, 혈관이완

심화TIP 길항작용(antagonism)

길항작용이란 어떤 현상에 두 요인이 동시에 작용할 때 서로 그 효과를 억제시켜 항상성을 유지하는 생물체 내의 상쇄작용을 말한다.

제3절 진단 및 검사

1. 의식수준의 평가

(1) 의식수준의 5단계

① 청명(alert, 15점) : 의식이 명료하고 지남력이 있는 상태
② 기면(drowsy, 13~14점) : 의사소통은 어렵게 가능하나 계속 자려고 하는 상태
③ 혼미(stupor, 8~12점) : 수의적 운동은 있으나 의사소통이 되지 않는 상태
④ 반혼수(semi-coma, 4~7점) : 오직 외부통증에만 이상 운동반응을 보이는 상태
⑤ 혼수(coma, 3점 이하) : 외부통증에도 반응하지 않는 상태

(2) GCS(Glasgow Coma Scale)

각 항목별로 2~3회 반복하며, 가장 좋은 반응을 기준으로 점수를 정하여 의식수준을 평가한다.

① 개안반응(Eye Opening) : 1~4점
② 언어반응(Verbal Response) : 1~5점
③ 운동반응(Motor Response) : 1~6점

2. 뇌신경검사

1) 안저검사(안저경을 이용하여 유두, 망막, 혈관을 관찰)

(1) 유두부종(papilledema)

유두부종은 보통 양측성이고, 초기에는 시력은 보존되고 정상동공반사를 보이며, 확대된 맹점의 시야결손을 보인다.

(2) 시신경위축(optic atrophy)

유두가 창백하고 시신경 압박, 염증변성이 원인이 되는 경우를 1차성 시신경위축이라고 하며, 이때는 유두의 경계가 선명하다.

2) 동공반사

동공의 광반사는 뇌기능장애의 원인이 구조적인 변화로 인한 것인지 대사장애로 인한 것인지를 구별하는 가장 중요한 징후로, 두부외상의 경우에도 매우 중요한 징후이다.

3. 운동 및 지각검사

의식장애가 있는 환자에서는 구두요구에 대한 협조가 불가능하므로 동통자극으로 사지근육의 긴장력과 근력을 등급기준에 따라 구분한다. 뇌손상에 의한 운동기능장애는 보편적으로 편마비가 대부분이다.

① 0등급(zero) : 정상근력의 0% ⇒ 관절운동은 물론 근육수축도 전혀 없는 경우
② 1등급(trace) : 정상근력의 10% ⇒ 관절운동은 없으나, 약간의 근육수축이 있는 경우
③ 2등급(poor) : 정상근력의 25% ⇒ 중력을 제거한 상태에서 부분운동범위를 수행
④ 3등급(fair) : 정상근력의 50% ⇒ 중력은 이겨내나 저항을 이기지 못하는 경우
⑤ 4등급(good) : 정상근력의 75% ⇒ 약간의 저항을 이겨내고 완전운동범위를 수행
⑥ 5등급(normal) : 정상근력의 100% ⇒ 정상

4. 반사(Reflex)

1) 슬개건반사(knee-jerk reflex)

슬개건을 타진했을 때 대퇴사두근의 수축으로 하지의 신전이 일어나는 반사로 대퇴신경을 통하여 발생한다.

심화TIP 슬개건반사(knee-jerk reflex) 검사 반응을 기재하는 방법

0 소실, + 저하, ++ 정상, +++ 항진, ++++ 현저한 항진

2) 바빈스키반사(Babinski Reflex)

정상인은 족저부의 외측을 족종부에서 전방으로 자극하면 표재성 반사인 족지의 족저부 굴곡을 이루는 족저반사가 나타나지만, 뇌손상시에는 이와 반대로 족지를 쭉 펴는 현상이 나타난다.

3) 아킬레스건반사(achilles tendon reflex)

아킬레스건을 타진했을 때 뒷다리근육(장단지근, 가자미근, 족저근)의 수축으로 발목에서 족저굴곡 되는 반사로 나이가 들면서 감소하는 경향이 있다.

5. 소뇌기능검사

소뇌는 신체평형, 자세조절, 운동조절에 관여하는 기능을 한다. 소뇌에 손상이나 병변이 있을 때에는 운동실조, 동측 상하지의 근 긴장도저하, 진전교호운동장애, 구음장애가 나타난다.

6. 자율신경검사

내분비계의 상태, 피부 및 점막상태, 발한상태, 타액분비 및 누선분비상태, 생체징후조절상태, 모발상태 및 상하지상태 등을 관찰한다. 자율신경반사는 직장반사, 내항문반사, 방광반사, 음낭반사, 구해면체반사, 발기 및 사정 등이 있다.

7. 진단적 검사

진단적 검사방법에는 단순방사선검사(X-Ray), 전산화단층촬영검사(CT), 자기공명영상촬영검사(MRI), 뇌파검사(EEG), 뇌간유발전위검사(EP), 뇌혈관조영술(CA), 양전자방출전산화단층촬영검사(PET), 요추천자(LP) 등이 있다.

심화TIP 요추천자(Lumbar Puncture)

뇌척수액을 검사하는 방법으로, 지주막하강으로 바늘을 삽입하여 뇌척수액의 압력을 확인하고 감염 여부를 확인할 수 있다. 천자부위로는 제3~4요추 사이 또는 제4~5요추 사이에서 시행된다.

제4절 뇌혈관성 질환

1. 폐쇄성(허혈성) 뇌혈관 질환(occlusive cerebrovascular disease)

1) 의 의

뇌의 기능은 혈류량의 변화에 따라 예민하게 반응하므로 뇌혈류량을 일정한 수준으로 공급하는 것이 중요한데, 정상적인 뇌는 자동조절기능을 갖고 있어 어느 정도의 뇌혈류량의 변화에 대응하여 일정하게 뇌혈류량을 조절하게 된다. 따라서 뇌허혈이 발생하여 뇌가 손상을 입은 경우 뇌는 자동조절기능을 상실하게 되고, 뇌혈관에 여러 가지 병리학적 이상이 발생하게 되어 국소적으로 뇌혈류장애를 초래하게 된다. 이를 허혈성 또는 폐쇄성 뇌혈관 질환이라고 하며, 대부분이 뇌경색증으로 오며 중풍, 뇌졸중 등이 대표적인 질환이다.

2) 분 류

(1) 일과성 뇌허혈발작(TIA)

뇌허혈에 의해 국소적인 신경장애가 발생한 후 24시간 내에 완전히 회복되는 것으로 단안실명, 실어증, 국소적 감각마비, 편측 부전마비 등의 증상이 생길 수 있다.

(2) 가역성 허혈성 신경학적 결손

국소적 뇌허혈 증상이 24시간 이상 지속될 수 있으나, 3주 내에 완전히 회복되는 것을 말한다. 신경학적 검사상 확실한 이상소견이 있어 일과성 뇌허혈 발작보다는 진단율이 높다.

(3) 진행성 뇌졸중

국소적 뇌허혈 증상이 수분에서 수시간에 걸쳐 악화되는 것을 말한다. 원인은 이미 연관된 뇌조직에 뇌허혈이 확장되기 때문이며, 허혈성 뇌부종에 의한 신경학적 증상과는 구별된다.

(4) 완전 뇌졸중

국소적 뇌허혈 증상이 발병 후 수일~수주에 걸쳐 신경학적 변화가 없는 경우를 말한다.

3) 위험인자

허혈성 뇌혈관 질환의 위험인자로는 연령, 고혈압(뇌졸중 발생위험은 혈압의 증가와 비례), 담배, 당뇨, 지질(혈중 콜레스테롤, 저밀도지방의 증가), 심장 질환(심방세동, 심근경색, 관상동맥 질환, 울혈성 심부전증) 등이 있다.

2. 출혈성 뇌혈관 질환(hemorrhagic cerebrovascular disease)

1) 자발성 뇌내출혈(고혈압성 뇌내출혈)

(1) 빈 도

자발성 뇌내출혈은 외상의 수반 없이 발생한 출혈로 고혈압을 제외한 다른 질병이 없는 가운데 발생하거나 선천적, 후천적 질환에 의해서도 발생한다. 자발성 뇌내출혈은 국내 뇌졸중 환자의 약 50%를 차지할 정도로 빈도가 높다. 위험인자는 청년층에서는 동정맥기형이 흔하고, 장노년층에서는 고혈압과 뇌종양에 의한 출혈이 흔하다.

(2) 증 상

전형적인 발현증상은 두통을 동반한 국소 신경학적 결손이 갑자기 시작되고 의식수준의 변화가 온다. 전형적인 신경학적 결손은 갑자기 나타나지만 빨리 회복되거나 혹은 안정된 상태로 남을 수도, 반대로 심하게 나빠져 혼수나 사망에 이를 수도 있다.

2) 자발성 지주막하출혈(뇌동맥류의 파열)

(1) 원 인

자발성 지주막하출혈은 대부분 뇌동맥류의 파열에 의해 발생되며, 그 밖에 뇌동정맥기형, 뇌혈관염, 출혈성 뇌종양 등이 원인으로 알려져 있다. 파열된 뇌동맥류는 24시간 이내에 재출혈될 가능성이 높고 재출혈시 사망률은 50%를 넘는다.

(2) 증 상

뇌동맥류파열시에는 격심한 두통을 느끼고 이어 구토를 하며, 뇌막자극증상을 보여 경부강직, 케르니그징후(수막자극징후)가 나타나며, 심할 경우 의식장애가 뒤따른다.

(3) 합병증 및 치료

뇌동맥류파열로 인한 지주막하출혈의 주합병증들은 재출혈, 뇌혈관연축(경련), 뇌수두증으로 이에 대해 각각 수술적 및 비수술적 치료가 병합되어야 한다.

심화TIP 뇌실질내 출혈(Intracerebral Hemorrhage)

1. 정 의

사람의 뇌 실질을 감싸고 있는 뇌막은 경막, 지주막, 연막의 3종으로 구분되는데, 이 중 중간에 있는 막이 마치 거미줄 모양과 같다고 해서 지주막 또는 거미막이라 하고, 가장 안쪽에 있는 연막과의 사이에 있는 공간이 지주막하 공간이다. 이 지주막하 공간은 비교적 넓은 공간으로, 뇌의 혈액을 공급하는 대부분의 큰 혈관이 지나다니는 통로인 동시에 뇌척수액이 교통하는 공간이 된다. 그래서 뇌혈관에서 출혈이 생기면 가장 먼저 지주막하 공간에 스며들게 되는데 이렇게 어떤 원인에 의해 지주막하 공간에 출혈이 일어나는 질환을 뇌 지주막하 출혈이라 하며, 대부분의 경우 뇌동맥류 파열과 같은 심각한 원인이 있을 수 있고, 이 외에도 뇌혈관의 기형이나 외상 등에 의해서 지주막하 공간에 출혈이 발생하는 모든 경우를 말한다.

2. **원 인**

지주막하 출혈의 원인은 뇌동맥류의 파열에 의한 것이 전체의 65%를 차지할 정도로 가장 많다. 지주막하 출혈은 크게 자발성 출혈과 외상성 출혈로 나눌 수 있는데, 자발성 출혈은 나이를 가리지 않고 발생하며, 뇌혈관에 꽈리 모양의 주머니를 형성하는 선천적인 뇌동맥류나 기타 뇌혈관 기형이 있다가 우연한 기회에 터져 뇌출혈을 일으키는 경우가 대부분이다. 자발성 지주막하 출혈의 원인으로는 뇌동맥류의 파열, 뇌동정맥 기형의 출혈, 추골 동맥의 박리, 뇌혈관염, 혈액응고 이상 등 여러 가지가 있지만, 이 중에서 뇌동맥류 파열에 의한 지주막하 출혈이 80%로서 지주막하 출혈이 있을 때 가장 먼저 의심하게 된다.

뇌동맥류의 원인 및 병태 생리는 아직 확실하게 알려진 것이 없으나, 원인으로는 선천성 뇌혈관 벽의 이상, 동맥경화, 고혈압, 심방의 점액종(양성종양)에 의해 혈관이 막히는 색전, 균사체에 의한 혈관염, 외상 등이 있으나, 대개 나이든 환자의 경우는 동맥경화나 고혈압과 같은 원인에 의한 것이 많은 것으로 알려져 있고, 뇌동맥류가 흔히 발생하는 위치는 전교통 동맥, 후교통 동맥, 중대뇌 동맥 분지 부위이며, 그 외에도 다양한 위치에 이런 뇌동맥류가 발생하게 된다.

3. **증 상**

갑작스러운 심한 두통, 심한 구역질과 구토 등의 의식이 있는 경우에서부터 실신이나 의식이 소실되는 경우까지 그 증상이 다양하나, 무엇보다도 특징적인 증상으로는 갑작스럽고 머리를 망치로 맞아 깨질 것 같은 정도의 극심한 두통이다. 이 외에도 안구의 운동이나 동공의 움직임을 지배하는 동안 신경의 마비에 의해 안검하수(윗 눈꺼풀이 늘어지는 현상) 및 복시(사물이 이중으로 보이는 현상), 빛을 싫어하게 되는 광선 공포증이나 목이 뻣뻣해지는 등 전형적인 수막 자극 증상이 나타나며, 경련과 같은 발작을 일으키는 경우도 있다. 때로는 의식장애가 심하고, 혼수상태에서 깨어나지 않은 채 죽는 경우도 있는데, 대체적으로 뇌동맥류 파열 후 3분의 1의 환자가 그 자리에서 즉사하고, 그 외 3분의 1은 병원에 이송 도중 또는 병원에서 사망하게 되며, 나머지 환자만이 치료를 받는 것으로 알려져 있다.

4. **진 단**

환자가 갑자기 두통이나 구토와 함께 의식저하 등의 신경학적 장애가 보일 때는 곧바로 뇌 전산화 단층촬영이나 뇌 자기공명영상과 같은 검사를 통하여 뇌출혈의 정확한 진단과 적절한 치료를 받아야 한다.

5. **검 사**

지주막하 출혈의 진단은 뇌 전산화 단층촬영(CT)으로 하게 된다. 대개 출혈 후 48시간이 지나지 않은 경우 95% 이상에서 진단이 가능하나, 뇌 전산화 단층촬영으로 진단이 애매하거나, 강하게 의심이 되는데 출혈이 관찰되지 않는 경우에는 요추 천자를 통해 뇌척수액에서 출혈 여부를 관찰하여 진단하게 된다. 일단 지주막하 출혈이 진단된 후에는 원인이 무엇인지를 따져야 하며, 이 경우 가장 많은 원인인 뇌동맥류 파열을 감별하기 위해 추가로 뇌혈관 조영술을 시행하게 된다. 뇌혈관 조영술이 침습적인 방법인데 비해 전산화 단층 혈관 조영술 및 자기공명 혈관 조영술은 비침습적이면서 빠르고 간단하게 3차원적인 영상을 얻을 수 있는 방법이다. 기준이 되는 것은 침습적인 뇌혈관 조영술인데, 최근에는 먼저 비침습적인 전산화 단층 혈관 조영술 및 자기공명 혈관 조영술 검사를 시행하고 경우에 따라 뇌혈관 조영술을 시행하는 방법이 많이 이용되고 있다.

3. 모야모야병(moyamoya disease)

1) 의 의

선천성 두개강내 혈관기형에는 동정맥기형, 해면상혈관종, 모세혈관확장증 등이 있는데, 이 가운데 모세혈관확장증을 모야모야병이라고 한다. 모야모야병은 양측 두개강내 내경동맥의 원위부가 서서히 폐색됨으로써 이를 보상하기 위해 뇌실질내에서 모세혈관들이 확장되어 측부순환혈관을 형성하게 되는데, 이렇게 형성된 혈관들이 뇌혈관조영술(CA)에서 마치 연기가 피어오르는 것처럼 보인다고 하여 모야모야병으로 불린다.

2) 증 상

소아의 경우에는 일과성 뇌허혈 발작이나 뇌경색 등으로 인한 전간발작, 운동마비, 언어장애, 지능저하 등이 주로 발생하며, 성인에서는 뇌출혈로 인한 두통, 의식장애 등이 우세하게 나타난다. 모야모야병의 확진을 위한 가장 중요한 검사는 뇌혈관조영술(CA)이다.

3) 치 료

전간발작에 대한 항경련제 투여 외에는 대부분 수술적 치료(두개내외 뇌혈관문합술)를 추천한다.

4. 간질(epilepsy)

1) 의 의

간질성 발작(seizure)이란 신경세포의 갑작스럽고 무질서한 전기적 활동성의 방사에 의하여 야기되는 증상을 말하며, 간질이란 이러한 간질성 발작이 반복적으로 재발되는 경우를 말한다. 특히 간질 발작이 30분 이상 계속되거나 의식의 회복 없이 연속적으로 발작이 나타나는 경우를 간질중첩상태라고 한다.

2) 원 인

연령에 따라 다양한 원인이 있을 수 있는데, 어린 나이에서는 난산, 감염, 열성 질환, 선천성 질환 등에 의한 가능성을 고려하고, 나이가 들면 약물, 뇌혈관기형, 뇌종양, 감염성 질환 등에 의한 가능성을 고려하며, 장년기 이후에는 뇌혈관 질환(뇌경색, 뇌출혈)에 의한 가능성을 고려하여야 한다.

3) 치 료

간질의 치료에서는 무엇보다 원인 및 유발조건의 제거가 우선되어야 한다. 즉 뇌종양, 뇌혈관기형, 뇌내감염, 대사성 질환, 약물중독 등 치료 가능한 원인들을 해결하고, 과도한 음주나 수면부족 등을 방지하도록 한다. 약물요법으로 간질이 잘 조절되지 않을 경우에는 수술적 요법을 고려하여야 한다. 다만, 수술적 요법은 여러 검사에서 간질의 원인이 되는 분명한 위치를 알 수 있는 경우에 시행할 수 있으며, 측두엽절제술, 전두엽 또는 두정엽절제술 등의 방법이 있다.

제5절 척수 질환

1. 척수공동증(syringomyelia)

척수의 중심부에 액체가 들어있는 공동이 생성되어 점차 넓어지는 질환으로 그 원인은 잘 알려져 있지 않으며, 임상적으로도 매우 드문 질환이다. 대부분 선천적이며, 뇌척수막염, 종양, 외상 등과 동반되기도 한다. 최초의 증상은 손상부위의 양측성 통각과 온도감각의 소실이며, 손상되는 구조가 점차 늘어남에 따라 다른 여러 가지 신경증상이 동반된다. 척수전각의 손상은 손상부위에 하위운동신경원증후군을 유발하고, 외측피질척수로의 손상은 손상부위 이하에 상위운동신경원증후군으로 나타난다. 척수공동증 초기의 감각증상의 특징은 통각과 온도감각은 소실되나, 위치감각이나 분별성 촉각은 소실되지 않는 것으로, 이를 차별적 감각소실이라고 한다.

2. 회백수염(poliomyelitis, 척수성 소아마비)

회백수염(소아마비)은 바이러스감염에 의한 척수 질환으로 척수전각의 운동신경원들이 파괴되는 것이 특징적인 질환이다. 전형적인 증상은 하위운동신경원증후군으로 마비는 이완성이고 심한 골격근의 위축현상을 보이며, 심부건반사나 바빈스키반사(족지의 족저반사)는 나타나지 않는다. 마비는 주로 사지근육에 일어나며, 전신성 질환이기는 하나 정도에 따라서는 한쪽 팔이나 한쪽 다리에만 오는 경우가 많다. 현재는 폴리오바이러스에 대한 예방접종이 시행되고 있어 마비가 나타나는 환자는 거의 없다.

3. 다발성 경화증(multiple sclerosis)

다발성 경화증은 척수의 백색질의 여러 부분에 탈수초화가 일어나는 질환으로 중추신경계의 어느 부분에나 나타날 수 있으나, 말초신경계는 손상되지 않는다. 이 질환은 증상의 진행경과를 거의 예측할 수 없지만 회를 거듭할수록 점차적으로 증상은 악화된다. 증상은 시각신경에 병변이 많아 시력장애(visual impairment)가 가장 흔히 나타나며, 시각신경 다음으로는 척수에 병변이 많이 나타난다. 다발성 경화증에서는 중추신경계 백색질 내의 모든 신경로가 손상될 수 있으며, 손상된 각각의 신경로에 따라 여러 가지 다른 증상이 나타난다.

4. 대상포진(herpes zoster)

1) 정 의

대상포진은 어릴 때 수두를 앓은 사람에게 발생하게 되는데, 몸에 남아있던 수두균에 의해 피부에 작은 물집과 심한 통증이 생기는 척수신경절의 염증성 질환이다. 염증이 있는 척수신경절이 지배하는 피부분절에 작은 물집들이 띠 모양으로 발생하는 질환으로 통증이 매우 심한 것이 특징적이다. 대상포진은 몸의 오른쪽 또는 왼쪽 중 한쪽에만 발생한다.

2) 원 인

대상포진의 원인균은 대상포진바이러스(베리셀라 – 조스터 바이러스)로 이는 수두의 원인균인 수두바이러스와 동일한 바이러스이다. 이들을 묶어서 수두 – 대상포진바이러스라고도 한다.

3) 위험인자

60세 이상의 노인, 호지킨병, 스트레스, 저항력이 감소되는 병에 걸렸을 때, 항암제나 면역억제제 같은 약물사용 등이다.

4) 치 료

항바이러스제제 및 진통소염제를 투여하여 치료를 한다.

5) 합병증

대상포진이 안면신경을 따라 발생할 경우에는 안면신경마비(램시 – 헌트증후군)가 발생할 수 있다. 이 경우에는 한쪽 눈이 감겨지지 않으며 입이 삐뚤어지게 된다. 삼차신경의 안신경이 분포되어 있는 곳을 침범하게 되어 눈에 발생하는 경우에는 각막염 증상과 심한 경우 시력을 잃을 수도 있다. 가장 흔한 합병증으로는 몇 개월 내지 수년 동안 신경통에 의한 통증(삼차신경통)이 계속되는 경우로 특히 노인에게서 흔히 발생한다.

제6절 퇴행성 질환(치매의 원인 질환)

1. 치매의 진단방법

치매란 뇌 속에 후천적으로 생긴 기질적인 병으로 인한 변화 또는 뇌에 손상을 당한 경우 정상적으로 성숙한 뇌가 위의 기질적인 장애에 의하여 파괴되어 한번 획득한 지능이 지속적 또는 전반적으로 저하되는 증상을 말한다.

1) MMSE-K(한국형 간이정신상태검사)

5가지 항목(지남력, 3단어기억등록, 집중력계산, 언어 및 중간구성, 단어회상)을 평가하여 30점 만점에 19점 이하이면 치매로 판정한다.

2) CDR(한국형 치매척도검사)

6가지 항목(기억력, 지남력, 판단 및 문제해결, 사회활동, 가정생활 및 취미, 개인관리)을 평가하여 1점 이상이면 치매로 판정한다(0점, 0.5점 : 치매아님 / 1점, 2점 : 경증치매 / 3점 : 중증치매 / 4점 : 심한 치매 / 5점 : 극심한 치매).

2. 치매의 종류

1) 알츠하이머병(Alzheimer's Disease)

치매를 일으키는 많은 질환들 중에 가장 흔한 것으로 퇴행성 뇌질환으로 분류되고 있다. 현재 베타 - 아밀로이드라는 작은 단백질이 과도하게 만들어져 뇌에 침착되면서 뇌세포에 유해한 영향을 주는 것이 발병의 핵심기전으로 알려져 있다. 초기증상은 아주 가벼운 건망증이지만 시간이 경과하면서 증상이 점점 악화되어 언어구사력, 이해력, 읽고 쓰기능력 등의 장애를 가져온다. 아세틸콜린(뇌신경세포 사이에서 오가는 복잡한 신호들을 전달해주는데 필요한 특정 화학물질) 결핍이 한 원인으로 아세틸콜린분해효소억제제가 임상현장에서 사용되고 있다.

2) 혈관성 치매(vascular dementia)

치매의 원인들 중에서 두 번째로 흔한 것으로 뇌에 혈액을 공급하는 뇌혈관들이 막히거나 좁아진 것이 원인이 되어 나타나거나 반복되는 뇌졸중에 의해 뇌 속으로 흐르는 혈액의 양이 줄거나 막혀 발생하게 된다. 증상은 가끔 인지능력이나 정신능력이 조금 나빠졌다가 그 수준을 유지하고 또 갑자기 조금 나빠졌다가 유지되고 하는 식의 단계적 악화양상을 보이며, 사지마비, 언어장애, 구동장애, 시야장애 등도 흔하게 나타난다. 혈관성 치매도 일단 발생하면 완치할 수는 없으나, 초기에 진단을 받고 적절한 치료를 받으면 더 이상의 악화는 막을 수 있다.

3) 파킨슨병(Parkinson's Disease)

중뇌 흑질의 치밀대에 도파민을 분비하는 신경세포의 변성 및 소실로 인해 선조체에 도파민부족이 초래되어 선조체 내의 신경전달물질의 불균형이 초래되면서 발병한다. 몸과 팔다리가 굳고 동작의 어둔함, 주로 가만히 있을 때 손이 떨리는 안정시 진전증, 말이 어눌해지고 보폭이 줄고 걸음걸이가 늦어지는 등의 증상을 보이게 된다.

4) 루이소체치매Lewy body dementia)

루이소체치매는 파킨슨병과 알츠하이머병의 증상 사이에 어떤 연관관계가 있음을 알게 된 과학자들에 의해 발견된 세 번째로 흔한 치매의 원인 질환이다. 루이소체는 망가져가는 신경세포 안에서 발견되는 단백질 덩어리로서 파킨슨병 환자의 주요 병변 부위인 뇌간의 흑질 부위에서 잘 관찰되며, 이러한 루이소체가 대뇌 전체에 걸쳐서 광범위하게 발견될 때에는 알츠하이머병의 증상과 매우 유사한 치매증상을 보이게 된다. 그러나 루이소체치매는 알츠하이머병과는 달리 그 진행양상이 다르고 인지능력에 심한 변화를 보이면서 간혹 의식장애도 나타날 수 있다.

5) 픽병(Pick's Disease)

픽병은 행동장애, 인격장애 및 기억장애가 나타남을 특징으로 하는 비교적 드문 뇌질환으로 계속적으로 증상이 심해져 결국은 언어장애, 이상행동증 그리고 치매를 유발하게 된다. 픽병은 매우 이상한 행동양식을 보이기 때문에 종종 정신과의사에 의해 발견되기도 하는데, 확진은 알츠하이머병과 같이 부검에 의해서만 가능하다.

제7절 두부 손상

1. 뇌좌상(cerebral contusion)

뇌좌상은 외상에 의한 뇌실질내의 출혈로 인해 뇌조직이 괴사를 일으키고 동시에 뇌부종이 발생하여 두개강내압이 항진되는 불가역적 손상이다.

2. 경막상혈종(경막외혈종 ; epidural hematoma)

두개골의 내면과 경막 사이에 혈종이 형성된 것(수막동맥 파열)으로 경막상혈종이 대량으로 뇌압박이 심하거나 동맥출혈로 혈종이 형성되면 응급수술이 필요하다.

3. 경막하혈종(subdural hematoma)

경막과 지주막하 사이에 혈종이 형성된 것(교정맥 파열)으로 급성은 외상 후 3일 이내에 출혈이 발생한 것을 말한다(만성은 3주 이상 경과되어 발생). 경막하혈종은 경막상혈종에 비해 뇌손상이 심하고 광범위하며, 뇌부종이 동반되는 경우가 많아 예후가 나쁘다. 뇌CT상의 음영이 두개골내면에 접하여 초생달 모양을 관찰할 수 있다.

4. 외상성 뇌실질내혈종(intracerebral hematoma)

뇌실질이 직접 좌상이나 열상을 입은 부위에 혈종이 발생하거나 충격 받은 반대부위의 손상에 의하여 발생되며, 처음부터 고도의 의식장애를 유발한다.

5. 미만성(광범위) 뇌축삭 손상(diffused axonal injury)

심한 가속 및 감속에 의하여 초래되며, 심한 경우 뇌량(신경다발)과 교뇌에 출혈을 볼 수 있으며, 현미경적으로 축삭(신경세포피막)에 광범위한 손상을 볼 수 있다. 급성기에는 중증의식장애, 고혈압, 다한증, 고열과 같은 자율신경장애를 보인다. 전산화단층촬영(CT)상 혼수의 원인이 될 만한 공간점유성 병소가 없음에도 외상 직후부터 의식소실이 있는 경우 미만성 뇌축삭 손상이 원인이다.

6. 두개강내압의 상승

1) 증 상

뇌종양이나 뇌혈종과 같은 병변이 있을 때에는 두개강내압(정상 15mmHg)이 서서히 상승하면서 두통, 구토, 유두부종의 특징적인 징후가 나타난다. 그 외에도 이명, 현기증, 성격변화, 기억력장애, 외전신경마비 등이 나타날 수 있다. 두개강내압이 더 높아지면 맥박이 느려지고, 호흡수가 줄어들며, 뇌혈류가 감소하면 반사현상으로 혈압이 상승한다.

2) 치 료

① 내과적 치료 : 머리의 위치를 30~45도 상승, 과호흡, 저체온법, 고장액 투여(만니톨, 글리세롤), 스테로이드제 투여, 고리이뇨제 사용

② 외과적 치료 : 두개골절제술 및 뇌엽절제술, 뇌실외배액술 또는 단락술

7. 두개저부골절

두개저부(접형골, 사골)골절은 단순방사선검사로는 진단이 어려워 임상증상이 중요하다. 임상증상으로는 피부의 반상출혈, 고실혈종, 뇌척수액의 비루 및 이루, 기뇌증 등이 있다.

제8절 두부 손상의 후유증

1. 언어장애

언어장애로는 실어증, 눌어증(구음장애)이 있다.

2. 운동마비 및 운동실조증

운동마비는 사지마비, 편마비, 완전마비, 불완전마비로 구분되며, 운동실조증은 소뇌 또는 척수병소에 기인하여 근육군의 협조장애나 근육운동의 불규칙성이 나타나는 것을 말한다.

3. 외상성 간질(전간)

외상성 간질은 비외상성 간질보다 비교적 예후가 좋으며, 2년 이내에 대부분 회복된다. 경막상혈종에서는 간질환자가 거의 발생하지 않으나, 경막하혈종에서는 약 40% 정도에서 간질증상을 보인다. 뇌파검사상 간질뇌파가 있으면 항경련제의 치료가 절대적으로 필요하다.

4. 식물인간상태

식물인간상태란 대뇌기능의 광범위한 손상으로 각성은 가능하나, 인식이 불가능한 상태를 말하며, 뇌간의 기능(자가 호흡 및 혈압 유지)은 유지되지만, 다음의 상태가 3개월 이상 지속되고 있는 경우를 말한다.

① 자력이동 불가능
② 자력으로 음식물섭취 불가능
③ 방뇨, 실금상태
④ 안구가 움직이기는 하나 인식은 불가능
⑤ 소리는 내나 의미 있는 말은 불가능
⑥ 눈을 뜨고 손을 잡으려 하며 간단한 명령에 반응하나 그 이상의 소통은 불가능한 상태

제 9 장 신경정신계통 질환

제1절 기분장해(정동장해)

1. 우울증

환자의 약 50% 정도가 40세 이전에 발생하며, 정신분열증보다 예후는 좋으나, 장기간의 장애로 재발경향이 있다. 일생을 통해 약 5~6회의 삽화(에피소드)를 경험하며, 치료받지 않은 우울증은 6~12개월 동안 지속되나 치료하면 3개월 정도로 단축된다. 재발이 반복될수록 재발간격이 짧아지고 증상이 심해진다. 조울증에 비해 예후가 좋으며, 나이가 많으면 재발률이 증가하고 유발인자가 있으면 예후가 더 나쁘다. 반면에 회복되면 결함증상이 거의 없다.

2. 조울증(양극성 장애)

기분장애의 대표적인 질환 중의 하나로 기분이 들뜨는 조증이 나타나기도 하고 기분이 가라앉는 우울증이 나타나기도 한다고 해서 양극성 장애라고 한다. 우울증보다 예후가 좋지 않으나, 리튬의 예방적 치료로 약 50~60%가 조절된다. 조증형으로 시작되는 경우 예후가 나쁘며, 2년 안에 약 40~50%가 재발하며, 점차 재발기간이 짧아진다.

제2절 소아 · 청소년기에 특징적인 정신장애

1. 자폐증(전반적 발달장애)

자폐증은 3세 이전부터 언어표현, 언어이해, 어머니와의 애착행동, 사람들과의 놀이에 대한 관심이 저조해지는 양상으로 나타난다. 3세 이후에는 또래에 대한 관심의 현저한 부족, 상동증(반복행동), 놀이행동의 심한 위축, 인지발달의 저하 등이 함께 나타나는 발달상의 장애이며, 전반적 발달장애라는 이름으로도 알려져 있다. 치료는 한마디로 통합적 치료이다. 영 · 유아기에는 부모와의 애착을 발달시키는 치료를 받는 것이 좋고, 걸음마기에는 행동치료와 놀이치료 및 언어적 훈련을 받아야 한다.

2. 주의력결핍과잉행동장애(ADHD)

아동기에 많이 나타나는 장애로 지속적으로 주의력이 부족하여 산만하고 과다활동, 충동성을 보이는 상태를 말한다. 뇌 영상촬영에서 정상인에 비해 활동과 주의집중을 조절하는 부위의 뇌 활성이 떨어지는 소견이 관찰되며, 이 부위의 구조적 차이도 발견되고 있다. 치료는 약물치료가 가장 효과적이다. 그 외에 부모교육, 인지행동치료, 학습치료, 놀이치료, 사회성그룹치료 등 다양한 치료가 병행되는 것이 좋다.

제10장 심혈관계 질환

제1절 심장(heart)

1. 심장의 기능

심장은 강한 근육으로 된 펌프로서 피를 전신에 순환시켜 산소와 영양을 공급하고 몸에서 생긴 이산화탄소와 노폐물을 거두어 생명의 유지에 가장 중요한 역할을 하며, 하루 24시간 계속해서 일을 하는데, 하루에 10만번 이상 펌프질을 하면서 7천 리터(L) 이상의 피를 뿜어내어 생명을 유지시키는 역할을 한다. 심장은 심근을 흥분시키는 전기적 자극을 발생시키고, 이러한 전기적 자극을 심장 전체로 전달함으로써 자율적으로 율동하고 수축하는 특수한 신경조직으로 구성되어 있다.

2. 심장의 구조

1) 4개의 방(2심방 2심실)

심장은 2개의 방(좌심방과 우심방)과 2개의 심실(좌심실과 우심실)로 이루어져 있으며, 심방은 정맥으로부터 되돌아 온 피를 받아 저장하고 있다가 심실에 공급해주는 역할을 하며, 심실은 피를 뿜어내어 전신 또는 폐로 순환시키는 역할을 한다.

2) 4개의 판막

판막은 심실이 수축하여 피를 뿜어낼 때 피가 거꾸로 흐르지 않도록 일정하게 동맥 쪽으로만 흐르도록 하는 역할을 하는 문짝 같은 것으로 좌심방과 좌심실 사이에 승모판막(이첨판막), 좌심실과 대동맥 사이에 대동맥판막, 우심방과 우심실 사이에 삼첨판막, 우심실과 폐동맥 사이에 폐동맥판막이 있어, 총 4개의 판막으로 이루어져 있다.

3. 심장의 혈류

심장은 심방중격과 심실중격에 의해 좌우로 나뉘어져 2개의 펌프기능을 하며, 각 펌프는 혈액을 받아들이는 심방과 혈액을 내보내는 심실을 갖추고 있다. 오른쪽 펌프기능은 전신에서 들어오는 혈액을 우심방에서 받아들인 후 우심실로 보내고 우심실은 이 혈액을 폐로 내보낸다. 왼쪽 펌프는 폐에서 가스 교환된 신선한 혈액을 폐정맥을 통해 좌심방에서 받아들인 후 좌심실로 보내고 좌심실은 전신순환으로 온 몸에 혈액을 공급한다.

심화TIP 관상순환(coronary circulation)

관상순환은 심장에 혈액을 공급하는 관상동맥과 심장의 정맥을 말하는데, 좌 관상동맥과 우 관상동맥은 대동맥 기시부의 대동맥동에서 일어나 심저를 윤상으로 돈다. 심장벽에서 일어나는 정맥은 모두 우심방에 개구한다.

4. 심장의 주기와 자극전도계

1) 심장의 주기

(1) 이완기

이완기는 등용적성(Isovolumetric) 심실이완, 심실의 빠른 충만, 심실의 느린 충만, 심방의 수축기의 4시기로 나누어지며, 이러한 이완기 동안에 양쪽 심방이 그 다음 양쪽 심실이 이완되어 심장에 혈액이 채워진다.

(2) 수축기

등용적성 심실수축, 최대 심실 박출, 감소된 심실 박출로 세분된다.

2) 심장의 자극전도계

(1) 동방결절(sinoatrial node)

심방수축의 충동은 동방결절에서 시작되는데, 이곳이 심박동을 조절하는 주된 조직으로 정상인의 심박동을 조절하는 부위이다. 동방결절에서 발생된 전파는 심방을 자극하여 심방수축을 일으키고, 특별한 전도조직을 따라 방실결절로 가게 된다.

(2) 방실결절(atrioventricular node)

관정맥동과 삼첨판막중격엽판 사이의 우심방심내막하에 위치하며, 방실결절내 자극전도속도는 자극전도계 중 가장 느리다. 이곳에서는 동방결절에서 전파된 전기자극을 약간 지연시키고, 바로 히스속(His Bundle)으로 전파시킨다.

(3) 히스속(His Bundle)

히스속은 심방과 심실간을 연결하는 유일한 자극전도로서, 방실결절에서부터 시작되어 심실중격의 근육부에까지 도달하게 되면 좌심실속과 우심실속으로 나누어진다. 히스속에서 나누어진 좌심실속은 다시 전속과 후속의 2개로 나누어져 좌심실로 분포되고, 우심실속은 하나의 분지로 우심실로 분포한다. 이 3개의 섬유속들은 더욱 분지되어 심내막하부에서 마지막분지인 퍼킨제섬유(purkinje fiber)로 되는데, 심전도상에서는 QRS군으로 나타난다.

심화TIP 퍼킨제섬유(purkinje fiber)

퍼킨제섬유는 전도계의 마지막 분지인 동시에 심근의 내적 심박조율기(pacemaker) 역할을 가지고 있다. 다만, 전기자극이 매우 늦어 방실이 완전히 차단되거나 방실결절의 자극이 전혀 없는 경우에는 심박동이 퍼킨제섬유 자체에 의해서도 일어날 수 있다.

제2절 심혈관계 질환의 종류

1. 고혈압(hypertension)

1) 정 의

고혈압은 성인에서 수축기혈압이 140mmHg 이상이거나 이완기혈압이 90mmHg 이상인 경우를 말한다. 수축기혈압은 심장이 수축하면서 혈액을 내보낼 때 혈관에 가해지는 압력이며, 이완기혈압은 심장이 이완하면서 혈액을 받아들일 때 혈관이 받는 압력을 말한다.

2) 분 류

고혈압은 크게 두 가지로 분류할 수 있는데, 원인 질환이 발견되지 않은 경우를 본태성 고혈압 또는 일차성 고혈압이라고 하고 신장 질환, 내분비 질환, 혈관 질환, 신경 질환, 임신 등의 원인 질환이 밝혀져 있고, 그에 의해 고혈압이 발생하는 경우를 속발성 고혈압 또는 이차성 고혈압이라고 한다. 전체 고혈압 환자의 약 95%는 본태성 고혈압이다. 고혈압과 관련된 위험인자에는 가족력, 음주, 흡연, 고령, 운동부족, 비만, 짜게 먹는 식습관, 스트레스 등의 환경적, 심리적 요인이 있다.

3) 증 상

주된 증상은 두통, 어지러움, 시력장애, 호흡곤란 등이 있다.

4) 치 료

고혈압은 완치되지 않고 조절할 수 있을 뿐이므로 평생 약물치료(혈압강하제, 이뇨제 등)와 식이요법(저염식이), 운동요법 등의 비약물치료를 병행하여야 한다. 고혈압은 치료하지 않으면 여러 장기에 손상을 야기하게 되는데, 이러한 손상을 표적장기 손상(TOD)이라고 한다.

5) 합병증

고혈압 합병증은 혈관이 손상되어 발생하는 것으로 고혈압 자체에 의한 합병증은 악성 고혈압, 심부전, 뇌출혈, 신경화증, 대동맥질환 등이 있으며, 이차적인 합병증은 동맥경화가 촉진되어 일어나는 것으로 관상동맥 질환, 급사, 부정맥, 뇌경색, 말초혈관 질환 등이 있다.

2. 허혈성 심질환(ischemic heart disease)

1) 협심증(angina pectoris)

(1) 정 의

심근에 혈류를 공급하는 관상동맥이 어떤 원인으로 좁아져 정서적으로 흥분을 하거나, 과식 혹은 무리한 운동을 한 후에 심근대사에 필요한 혈류가 부족하여 가슴에 통증이 생기는 질환으로 일정시간동안 안정하면 심근허혈이 회복되어 증세가 없어지는 질환이다.

(2) 원 인

협심증은 관상동맥의 혈액공급 부족으로 심장근육에 일시적인 빈혈이 발생하여 나타나는 흉통의 발작으로 허혈의 주원인은 심장을 관류하는 관상동맥 죽상경화증이며, 이로 인해 혈관의 내경이 좁아져 심근관류량이 감소하여 발생한다. 협심증의 위험인자로는 고혈압, 당뇨병, 고지혈증, 비만, 관상동맥 질환 등이 있다.

(3) 종 류

① 안정형 협심증

협심증의 증상이 기상 후에 세수할 때나 배변할 때, 빠른 걸음으로 걸을 때, 정신감동이나 흥분했을 때와 같이 심장의 작업량이 급격히 증가할 때 발생하는 협심증으로 증상의 지속시간은 짧아서 통증발생 후 안정을 취하면 대부분이 3분 이내, 길어도 15분 이내에 가라앉는다.

② 불안정 협심증

심한 통증이 하루 3번 이상 자주 나타나는 협심증이 최근 2개월 이내에 발생한 경우 또는 점차 심해지는 협심증을 가지거나 휴식기에 협심증이 발생하는 것을 말한다.

③ 변이형 협심증(이형성 협심증)

협심증을 일으킬만한 기저질환(관상동맥 죽상경화증)이 없음에도 불구하고 관상동맥의 경련(연축)으로 인하여 혈류장애가 발생하는 것으로 휴식시에 흉통이 발생할 수도 있고 통증으로 인하여 잠이 깨기도 하는데 두근거림, 심한 호흡곤란, 심한 공포 등이 동반되기도 한다.

(4) 검사방법

① 안저검사 : 고혈압, 동맥경화 확인

② 청진 : 동맥잡음, 심잡음 확인

③ 혈액검사 : 혈중 지질, 당, 크레아티닌, 혈색소농도, 심장효소 등 검사

④ 소변검사 : 당뇨병, 신질환 확인

⑤ 흉부방사선검사 : 심비대, 심실류, 심부전 등 확인

⑥ 심전도검사 : 협심증증세가 있는 동안 얻은 심전도에서 T파와 ST분절의 변화 확인

⑦ 운동부하검사 : 운동을 하면서 심장의 활동력을 측정하여 심장병 진단

(5) 치 료

심근의 산소요구량을 증가시키거나 산소공급량을 감소시켜 협심증을 유발하거나 악화시킬지 모르는 다른 동반된 질환을 치료한다. 이와 같은 질환으로는 고혈압, 갑상선기능항진증, 폐질환, 흡연으로 인한 일산화탄소 중독, 빈혈 등이 있다. 치료방법은 약물치료(니트로글리세린) 외에 수술적 방법으로 관상동맥중재술(관상동맥풍선확장술, 관상동맥스텐트삽입술, 관상동맥죽상종제거술), 관상동맥우회술 등이 있다.

2) 심근경색증(myocardial infarction)

(1) 정 의

심근경색증은 심근허혈로 인하여 심근세포가 비가역적인 괴사에 이르는 상태를 말하며, 심근허혈의 주된 원인은 관상동맥 죽상경화증으로 인하여 관상동맥이 폐쇄되거나 죽상종의 파열로 인하여 관상동맥에 혈전이 생긴 경우이다. 위험인자로는 연령, 고혈압, 담배, 당뇨, 비만, 운동부족, 가족력 등이 있다.

(2) 증 상

가장 흔한 증상은 흉부통증이다. 급성심근경색의 전형적인 증상은 흉골 후부의 심한 통증으로 목이나 턱, 좌측팔의 안쪽, 등으로 퍼지는 방사통을 동반할 수 있다.

(3) 진 단

대부분은 심전도와 혈액검사를 통해서 심근효소수치(CK-MB효소는 심근 이외의 조직에서 의미 있는 농도로 존재하지 않으므로 진단에 유용하고 특이적임)를 확인하여 진단하며, 심장초음파검사 등을 보조적으로 시행하기도 한다. 최근에는 심근경색증의 진단지표로 트로포닌-T, 트로포닌-I가 선호되고 있다. 이는 건강한 사람의 혈관에서는 검출되지 않으며, 급성심근경색 후에 20배 이상 증가하기 때문에 매우 유용한 진단지표로 사용된다. 다만, CK, CK-MB효소의 상승이 없는 경우에는 심근경색증이 아닌 불안정 협심증으로 진단된다.

(4) 치 료

심근경색 부분이 치유될 때까지 심장운동을 가능한 감소시키고, 동통, 기타 불쾌한 증상을 없애며, 쇼크나 심부전, 부정맥 등을 치료한다.

3) 부정맥(Arrhythmia)

(1) 정 의

심장박동은 동방결절이라는 조직에서 형성된 전기적 신호가 심근세포에 전달되어 일어나는데, 부정맥은 이러한 심장박동이 불규칙하게 되는 것을 말한다. 동방결절의 이상으로 전기적 신호의 발생이 느려지거나 전달경로가 차단되어 심장박동이 느려지는 경우를 서맥, 정상적인 전기적 신호의 전달경로 이외의 부위에서 전기적 신호가 발생하여 심장박동이 빨라지는 경우를 빈맥이라 한다(안정시 분당 60~100회).

(2) 증 상

부정맥이 발생하면 심장박동이 불규칙하게 되고 심박출량의 감소로 인하여 심계항진, 현기증, 호흡곤란, 흉통, 피로감, 실신 등의 증상이 나타날 수 있다.

(3) 진 단

부정맥의 진단을 위하여 병력검사 및 신체검사 후 심전도검사, 심장초음파검사, 24시간심전도검사(홀터검사), 운동부하검사 등의 일반적인 검사를 시행하며, 일부환자의 경우에는 임상 전기생리학적 검사와 같은 특수검사를 시행한다.

(4) 치 료

인공심박조율기(서맥치료), 외과적 수술(빈맥치료), 자동심실제세동기 등이 있다.

4) 심부전(heart failure)

(1) 정 의

심부전은 여러 원인으로 심장의 기능이 극도로 약해져서 피를 잘 뿜어내지 못하거나 심장에 피가 잘 들어가지 못해 생기는 질환으로 우측, 좌측 또는 양측에 발생할 수 있으며, 부전증에 빠진 부위에 따라 우심부전과 좌심부전으로 구분하기도 한다.

(2) 원 인

고혈압, 심장판막증, 선천성 심질환, 심근경색증 등과 같이 심장의 기능을 저하시킬 수 있는 모든 종류의 심장질환에 의해 초래될 수 있다.

(3) 치 료

심부전의 원인이 되는 심장 질환 등을 치료해야 되고, 관상동맥 질환의 위험인자인 고콜레스테롤혈증, 고혈압, 당뇨, 비만 등의 위험요인을 제거하거나 낮추어야 한다.

3. 대동맥 질환(aortism)

1) 대동맥류(aortic aneurysm)

(1) 정 의

심장에서 나온 혈액을 전신으로 운반하는 통로인 대동맥의 한부분이 매독성 대동맥염, 동맥경화, 염색체이상, 베체트병 등 여러 원인으로 혹 모양으로 커지는 질환으로 통증이나 호흡곤란 등의 증상을 야기하고 심할 경우 파열로 목숨을 잃게 된다.

(2) 치 료

늘어난 부분을 떼어내고 대신 인조혈관으로 바꾸어주는 수술이다.

(3) 대동맥류수술의 합병증

가장 흔한 합병증은 심근경색증과 사망이다.

2) 대동맥박리(aortic dissection)

(1) 정 의

대동맥내막에 미세한 파열이 발생하면 높은 대동맥압력으로 인해 대동맥중막이 장축으로 찢어지면서 진성내강과 가성내강으로 분리되는데, 이를 대동맥박리라고 한다. 대동맥박리는 박리가 시작된지 14일 이내의 상태를 급성대동맥박리라 하고, 14일 이상 경과한 상태를 만성대동맥박리 또는 박리성 대동맥류라고 한다.

(2) 유발요인

대동맥박리는 고혈압이 가장 관련이 있고, 그 밖에 선천성 대동맥판이상, 대동맥축삭증, 임신, 외상 등과도 관련이 있다.

(3) 증 상

갑작스러운 흉부통증을 호소하며, 실신, 호흡곤란, 쇠약감 등의 증상을 보인다.

(4) 치 료

내과적 치료를 시작한다. 상행대동맥박리는 수술이 필요하지만 임산부의 경우에는 가능하면 임신상태가 안정될 때까지 응급수술은 연기한다.

4. 류마티스열(rheumatic fever)

1) 정 의

용혈성 연쇄구균의 감염에 의해 발생하며, 자가면역 질환으로 인해 연쇄구균을 공격하기 위해 생성되는 항체가 오히려 관절이나 심장조직을 공격하여 발생하는 염증증세이다. 연쇄구균에 의한 감염증은 전염되나, 류마티스열은 전염되지 않으며 관절, 심장, 심장판막, 피부, 뇌 등의 신체부위와 관련 된다. 위험인자는 영양섭취의 부족, 불결한 생활환경, 가족력 등이다.

2) 치 료

약물요법으로 염증을 감소시키기 위한 스테로이드제나 아스피린, 체액저류를 감소시키기 위한 이뇨제, 연쇄구균을 제거하기 위한 항생제를 사용한다.

5. 팔로4증후군(Tetralogy of Fallot)

1) 정 의

팔로4증후군은 일종의 선천성 심장기형으로 폐동맥협착, 우심실비대, 심실중격결손, 대동맥우전위 등과 같은 4가지 심장기형이 동반된 것을 말한다.

2) 분 류

(1) 폐동맥협착

폐동맥의 시작부위에 협착이 생겨 혈액이 제대로 흐르지 못하는 증세를 말한다.

(2) 우심실비대

폐동맥에 협착이 있어 혈액을 제대로 내보낼 수 없어 그 부담으로 우심실이 비대해진다.

(3) 심실중격결손

좌심실과 우심실 사이의 중격에 결손이 생겨 전신순환을 마치고 산소가 부족한 상태로 우심실에 있던 혈액이 좌심실로 가서 전신순환을 하게 되어 청색증 및 운동제한을 일으킨다.

(4) 대동맥우전위(대동맥기승)

대동맥이 정상적인 위치보다 오른쪽에 위치하는 것을 말한다. 이 경우 대동맥은 좌우심실 사이에 걸쳐있는 꼴이 되며, 혈액은 우심실, 좌심실에서 만나 대동맥으로 흐르게 된다.

3) 증 상

일반적으로는 3~6개월경부터 청색증이 발현되는데, 폐동맥협착이 심한 경우에는 출생시부터 청색증이 나타나며, 아기가 움직일 때 더욱 심해진다.

제 11 장 조혈계 질환

제1절 혈액의 구성

혈액은 세포성분인 혈구(적혈구, 백혈구, 혈소판)와 액체성분인 혈장으로 이루어져 있으며, 혈구가 혈액체적의 약 45%, 혈장이 약 55%를 차지한다.

1. 적혈구(erythrocyte)

붉은색의 납작한 원반 모양의 혈액세포(헤모글로빈)로 혈관을 통해 전신조직에 산소를 공급하고 이산화탄소를 제거하는 기능을 한다.

2. 백혈구leukocyte)

혈액세포의 한 종류로 외부물질, 감염성 질환에 대항하여 신체를 보호하는 면역기능을 수행한다(식균작용, 항체형성).

3. 혈소판(blood platelet)

혈액세포인 혈구의 일종으로 혈액의 응고나 지혈작용에 관여한다.

4. 혈장(plasma)

(1) 성 분

알부민(무기염류와 함께 혈액의 삼투압조절), 피브리노겐(혈액응고에 관여), 글로불린(항체의 주성분으로 면역작용)이 있다.

(2) 기 능

양분, 호르몬, 항체 및 노폐물을 운반하고 삼투압을 일정하게 유지하며, 산도(pH)의 변화를 줄이는 완충작용도 한다.

제2절 조혈계 질환

1. 빈혈(anemia)

1) 정 의

적혈구는 뼈 속에 있는 골수에서 만들어지며, 그 수명은 120일간으로 이 기간을 지나면 간이나 비장에서 파괴된다. 골수에서 적혈구가 만들어지기 위해서는 비타민 B12와 엽산의 도움이 필요하며, 산소와 결합하는 혈색소(헤모글로빈)가 만들어지기 위해서는 철분이 필요하다. 빈혈은 골수에서 만들어지는 적혈구가 적거나 체내의 비타민 B12, 엽산, 철분이 부족하거나 간이나 비장에서의 적혈구파괴가 지나치게 활발해지면 발생하게 된다. 보통 성인 남자의 경우 혈색소가 13mg/dL 이하, 성인 여자의 경우 12mg/dL 이하인 경우를 빈혈이라 한다.

2) 분 류

(1) 철 결핍성 빈혈(소구성 저색소성 빈혈)

체내의 철분이 적혈구생성에 필요한 양보다 부족하여 일어난 빈혈로 철분함유 음식의 섭취부족, 철분의 위장관내 흡수장애, 가임기나 왕성한 발육으로 인한 철분요구량의 증가, 만성출혈로 인한 철분손실의 증가가 원인이다.

(2) 거대 적아구성 빈혈(대구성 정색소성 빈혈)

비타민 B12나 엽산의 결핍으로 일어난 빈혈로 3대 증상으로는 만성피로 및 허약, 따끔거리는 혀의 통증, 손발이 저리고 마비되는 신경증상이 있다. 특히 비타민 B12의 흡수를 돕는 물질은 위에서 분비되는데 위점막 위축 등으로 인해 분비가 중단되면 악성 빈혈이 발생한다.

(3) 용혈성 빈혈

간이나 비장에서 적혈구의 파괴가 지나치게 활발하기 때문에 생긴 빈혈을 말한다. 정상인의 적혈구 수명은 120일인데 용혈이 있는 경우에는 수명이 단축된다.

(4) 재생불량성 빈혈

골수에서 적혈구 등이 충분하게 만들어지지 않아서 발생하는 빈혈로 혈액내 모든 종류의 혈구가 감소하고 골수에도 조혈세포가 감소된 상태이다. 원인은 약 반수에 있어서는 방사선조사, 약품, 화학물질 등에 의한 골수손상 때문이며, 나머지는 아직 밝혀지지 않고 있다. 중증의 재생불량성 빈혈은 그 예후가 매우 불량하여 대부분의 환자가 수개월 내에 사망하는데, 근래에는 골수이식수술을 시행하여 완치되는 경우도 있다.

(5) 속발성 빈혈(증후성 빈혈)

다른 병에 수반하여 발생하는 빈혈이다.

2. 백혈병(leukemia)

1) 의 의

백혈병은 조혈계통에 생기는 암으로 혈액암이라고도 하며, 비정상적인 백혈구(백혈병세포)가 과도하게 증식하여 정상적인 백혈구, 적혈구, 혈소판의 생성이 억제되어 발생한다. 정상적인 백혈구가 감소하면 면역저하를 일으켜 세균감염에 의한 패혈증을 일으킬 수 있고, 적혈구의 감소는 빈혈증상(어지러움, 두통, 호흡곤란)을 가져오며, 혈소판의 감소는 출혈경향을 일으킨다.

2) 종 류

백혈병은 세포의 분화정도, 즉 악화속도에 따라 급성과 만성으로 나뉘고, 세포의 기원에 따라 골수성과 림프구성으로 나뉜다. 이에 따라 백혈병은 급성골수성 백혈병, 만성골수성 백혈병, 급성프구성 백혈병, 만성림프구성 백혈병의 네 가지 형태로 분류한다.

3) 치 료

만성골수성 백혈병은 조혈모세포이식(골수이식)만이 임상경과를 근본적으로 교정하여 완치에 이르게 하는 유일한 치료법이다. 조혈모세포이식이란 조혈모세포를 정맥도관을 통하여 이식(수혈)하는 것, 즉 환자의 병든 조혈모세포를 환자와 같은 형의 조직적합성 항원(H.L.A)을 가진 공여자의 건강한 조혈모세포로 바꾸어주는 것이다. 조혈모세포는 주로 골반뼈 속의 골수액에서 추출하여 이식에 사용하나, 최근에는 말초혈액, 제대혈(태반혈) 등에서도 추출하여 이식에 사용하기도 한다. 동종이식, 동형이식(일란성쌍둥이), 자가이식의 방법이 있다.

3. 혈우병(hemophilia)

1) 정 의

혈우병은 혈액응고인자가 선천적으로 결핍되어 나타나는 선천성 출혈성 질환으로 혈액응고 질환의 하나이다. 대부분은 제8응고인자의 결핍(A형 혈우병) 때문이고, 다음은 제9응고인자의 결핍(B형 혈우병)에 의해 발생된다. 혈액응고인자의 농도에 따라 출혈성 경향의 정도가 다르며, 혈액응고인자의 농도가 정상인의 1% 이하이면 중증, 1~5%이면 중등도, 5~25%이면 경증혈우병이라고 한다.

2) 원 인

성염색체 열성으로 유전된다. 즉 어머니가 X염색체에 열성인자를 가질 경우 증상은 없으나 출생남아의 반은 환자, 반은 정상이며, 출생여아의 반은 보인자이며, 반은 정상이다.

3) 증 상

출혈현상은 관절강내 출혈로 팔꿈치, 무릎, 발목관절에 잘 생기며, 이런 잦은 출혈은 관절강직으로 운동장애를 초래할 수 있다.

4) 진 단

혈소판 등 기본적인 혈액검사, 출혈시간검사, 프로트롬빈시간검사, 부분트롬보플라스틴시간을 검사하며, 제8, 9응고인자의 활성도 측정을 통해 혈우병을 진단한다.

5) 치 료

중등도의 관절강내 출혈시 제8응고인자를 주사하고 증상에 따라 반복 투여한다.

제 12 장 내분비계 질환

내분비계는 다른 기관계와는 달리 진정한 의미의 시스템은 아니다. 내분비계는 온 몸에 흩어져 있는 호르몬을 생산할 수 있는 선(gland)과 조직들로 이루어져 있으며, 호르몬은 혈액으로 분비되는 화학적 메신저로 신체의 여러 부위로 보내지거나 또는 그 이상의 목적기관의 물질대사활동에 영향을 주게 된다. 즉 호르몬은 특정효소의 생산량이나 이미 존재하는 효소의 활성정도를 조절해주어 신체의 성장과 발달, 대사 및 항상성을 유지하는데 중요한 역할을 담당한다. 내분비선은 관이 없지만, 외분비선(땀샘, 침샘, 소화샘 등)은 관을 가지고 있다.

제1절 뇌하수체(hypophysis)

1. 뇌하수체호르몬

1) 뇌하수체 전엽

① 여포자극호르몬(FSH) : 난소에서 난자의 성숙을, 정소에서 정자의 성숙을 촉진한다.
② 황체형성호르몬(LH) : 난소에서 배란을, 정소에서 테스토스테론의 생산을 촉진한다.
③ 프로락틴(prolactin) : 유즙분비호르몬으로 수유 중인 여자의 모유생산을 촉진한다.
④ 성장호르몬(GH) : 다양한 물질대사에 영향을 주는데 특히 단백질 생성에 영향을 준다.
⑤ 갑상선자극호르몬(TSH) : 갑상선에서 갑상선호르몬의 생산을 자극한다.
⑥ 부신피질자극호르몬(ACTH) : 부신피질에서 부신피질호르몬의 생산을 자극한다.

2) 뇌하수체 후엽

(1) 옥시토신

자궁수축호르몬으로 출산시 자궁수축을 촉진시키고, 수유활동을 증진시킨다.

(2) 항이뇨호르몬(ADH, 바소프레신)

시상하부에서 혈중 염의 농도를 모니터하여 혈중 염의 농도가 높으면 뇌하수체 후엽에 항이뇨호르몬(바소프레신)의 방출을 지시하게 된다. 즉 항이뇨호르몬(바소프레신)은 신장에서의 수분 재흡수를 촉진시켜주는 역할을 하게 된다.

2. 뇌하수체 관련 질환

1) 말단비대증(acromegaly)

(1) 정 의

말단비대증은 성장호르몬의 과잉 분비로 뼈 및 연부조직이 과도하게 증식함으로써 점진적으로 변형과 기능장애를 일으키는 만성 소모성 질환으로 거인증이라고도 한다.

(2) 원 인

말단비대증의 가장 흔한 원인은 뇌하수체선종으로, 이 선종에서 성장호르몬을 과다 분비하는 것이 원인이다. 성장호르몬의 과잉 분비는 성장호르몬 의존성 조직인자인 인슐린의 과잉 분비를 초래하고, 그에 따라 포도당 내성을 감소시켜(인슐린저항성) 당뇨병을 유발하기도 한다.

(3) 증 상

수년 내지 수십년에 걸쳐 서서히 변형이 일어나 앞이마, 턱이 튀어나오고, 손, 발의 크기가 커지며, 치아의 부정교합 등으로 인해 특징적인 얼굴모습을 지니게 된다.

(4) 치 료

수술로 선종을 제거하는 것이 가장 좋은 치료방법이며, 추가적으로 방사선치료가 사용된다. 약물치료는 성장호르몬의 길항제인 소마토스타틴(시상하부, 췌장에서 분비)을 투여하고, 그 외에 도파민촉진제, 성장호르몬수용체의 길항제 등이 사용된다.

2) 요붕증(diabetes insipidus)

(1) 정 의

뇌하수체 후엽에서 항이뇨호르몬(바소프레신)이 제대로 생성되지 않거나 분비된 항이뇨호르몬이 소변을 만드는 신장에서 제대로 작동하지 못해서 비정상적으로 많은 양의 소변이 생성되고 과도한 갈증이 동반되는 수분대사장애이다.

(2) 원 인

뇌하수체선종, 감염, 두부외상 등이 있다.

(3) 증 상

다뇨, 빈뇨, 야간뇨 증상이 나타난다.

(4) 진 단

24시간 동안의 소변양이 50mL/kg(몸무게가 70kg인 경우 3,500mL) 이상이면서 소변의 삼투압이 낮은 경우 요붕증을 의심하고 수분제한검사를 통해 진단한다.

(5) 치 료

항이뇨호르몬(ADH, 바소프레신)을 투여한다.

제2절 뇌하수체선종(pituitary adenoma)

1. 정 의

뇌하수체종양이란 뇌 조직 중 호르몬 분비를 담당하는 뇌하수체에 발생하는 모든 양성종양을 의미하지만 일반적으로 뇌하수체선종을 의미한다. 뇌하수체선종은 특정호르몬을 과다 분비하는 기능성 종양(호르몬 분비성 뇌하수체선종)과 호르몬의 분비 없이 세포덩어리만을 형성하는 비기능성 종양(호르몬 비분비성 뇌하수체선종)으로 구분한다.

2. 증 상

비기능성 종양은 주로 종괴효과로 인하여 주변 신경조직, 특히 시신경을 압박하게 되어 시력저하나 시야감소증상이 가장 흔하게 나타난다. 기능성 종양의 경우는 특정호르몬을 과다 분비하는 종양이므로, 호르몬의 과다분비로 인한 증상(기능항진증)이 나타나게 된다.

3. 진 단

뇌MRI, 뇌혈관조영술, 혈액검사(호르몬수치검사), 시신경검사를 활용한다.

4. 치 료

외과적 수술 및 방사선치료, 약물치료 등이 있다.

제3절 부신(adrenal)

1. 부신피질(adrenal cortex)

부신피질은 당질코르티코이드, 무기질코르티코이드, 부신 성호르몬 등 세 가지의 중요한 호르몬을 생산하는데 이를 코르티코이드라 총칭한다. 당질코르티코이드호르몬 중 코티솔은 스트레스나 자극에 대한 신체의 물질대사(당 합성 50% 증진)와 면역반응을 조절하고, 무기질코르티코이드호르몬 중 알도스테론은 신장에서 나트륨이온의 재흡수와 칼륨이온의 분비를 촉진한다. 또한 부신 성호르몬인 안드로겐과 에스트로겐이 부신피질에서 분비되는데, 에스트로겐은 아주 적은 양이 생산되며 안드로겐은 남자의 성기관의 초기발달에 매우 중요한 일을 한다.

2. 부신피질 관련 질환

1) 부신피질기능항진증(hyperadrenocorticism)

(1) 정 의

스테로이드호르몬을 분비하는 부신에 이상이 생겨 호르몬이 과도하게 분비되어 생기는 질환으로, 일명 쿠싱증후군(Cushing's syndrome)이라고도 한다.

(2) 원 인

뇌하수체선종, 부신종양, 스테로이드남용, 부신비대증 등이 있다.

(3) 증 상

점진적이고 서서히 발전되는 질병으로 발병 초기에는 아무런 임상증상이 없다가 임상증상이 나타나면 식욕이 증가하고, 물을 많이 마시게 되며, 소변을 자주보고, 활동이 감소되며, 복부가 처지게 된다. 이러한 증상이 점진적으로 진행되며, 환자는 비만해지고 조금만 움직여도 숨을 헐떡이며, 대칭성의 탈모증상이 발생하게 된다.

(4) 진 단

혈액검사(호르몬수치검사), 방사선검사, 초음파검사가 필요하며, 특히 혈액검사를 통한 부신기능검사는 원인을 찾아내고 치료를 하는데 매우 중요하다.

(5) 치 료

약물투여, 일부에서는 외과수술과 약물처치를 동시에 실시한다.

2) 부신피질기능저하증(hypoadrenocorticism)

(1) 정 의

부신피질의 스테로이드호르몬 분비가 신체의 요구 이하로 저하된 상태로 ① 부신피질 자체의 파괴에 의한 원발성과 ② 뇌하수체전엽에서 부신피질자극호르몬(ACTH)의 분비장애에 의한 2차성 및 ③ 시상하부에서 부신피질자극호르몬방출호르몬(CRH)의 결핍에 의한 3차성으로 크게 구분할 수 있다. 일명 애디슨병(Addison's disease)이라고도 한다.

(2) 원 인

자가면역기전, 결핵 및 진균감염, 전이성암, 부신출혈 등이 있다.

(3) 증 상

부신피질의 약 90% 이상이 파괴되어야 증상이 나타나고, 자가면역성이나 부신을 침습하는 질환에 의한 경우는 증상이 서서히 진행되나 부신이 급격하게 파괴되거나 만성적인 경과 중 심한 스트레스, 외상, 중증감염 등이 동반되면 부신성 발증(adrenal crisis)을 초래할 수 있다.

(4) 치 료

치료의 원칙은 ① 탈수 및 전해질 이상의 교정, ② 당질코르티코이드 투여, ③ 일반적 보존치료, ④ 유발인자의 제거 등이다.

3. 부신수질(adrenal medulla)

1) 부신수질의 기능

부신수질은 부신피질자극호르몬(ACTH)의 조절을 받지 않으며, 스테로이드성 호르몬을 생산하지도 않는다. 부신수질은 카테콜아민인 아드레날린(에피네피린), 노르아드레날린(노르에피네피린)을 생성 분비한다. 이 두 호르몬의 기능은 상당히 중첩되어 있는데 주로 심장활동촉진, 당 합성증진(약 100%까지 증진) 등이 중요한 기능이다.

2) 부신수질 기능항진증(hyperadrenalism)

부신수질의 크롬친화세포에서 분비되는 카테콜아민이 과잉 분비되는 질환으로 부신수질에 생기는 양성종양을 말한다. 일명 크롬친화세포종, 갈색세포종이라고도 한다. 카테콜아민이 과잉 분비되면 고혈압을 유발하기도 한다. 고혈압의 대부분은 특별한 원인 없이 발생하는 본태성 고혈압이지만 일부는 다른 원인에 의해 발생하는 이차성 고혈압이다. 이러한 이차성 고혈압의 중요한 원인 중의 하나가 부신수질의 종양에 의한 것으로 반드시 수술로 치료해야 하며, 간혹 주변조직으로 전이되는 악성의 경우 예후가 불량하다.

제4절 췌장(이자) 관련 질환

1. 췌장의 기능

췌장은 외분비기능(소화효소인 트립신, 아밀라제, 리파아제 분비) 외에 내분비기능(호르몬분비)을 수행한다. 내분비기능으로는 두 개의 호르몬인 인슐린과 글루카곤을 생산한다. 두 호르몬은 혈중 포도당 농도에 대하여 길항적으로 작용한다. 즉 혈당량이 높으면 췌장의 랑게르한스섬의 베타세포에서 인슐린이 분비되어 간에서 포도당을 글리코겐으로 전환시켜 혈당량을 낮추고 반대로 혈당량이 낮으면 췌장의 랑게르한스섬의 알파세포에서 글루카곤이 분비되어 저장되어 있던 글리코겐을 다시 포도당으로 전환시켜 혈당량을 높이게 된다. 인슐린은 간에서 포도당을 단기저장분자인 글리코겐으로 전환시키고, 근육과 지방세포가 혈액으로부터 포도당을 흡수하도록 하며, 글리코겐과 지방의 물질대사적인 분해를 억제하고, 세포에 의한 아미노산의 흡수와 단백질 합성률을 증가시킨다.

2. 당뇨병(diabetes mellitus)

1) 정 의

당뇨병은 인슐린이 부족하거나 인슐린에 대한 감수성이 떨어져 탄수화물대사에 이상이 생기는 질환을 말한다. 인슐린은 췌장에 있는 랑게르한스섬의 베타세포에서 만들어지며 신체 내의 대부분의 세포가 포도당을 사용하는데 필요한 호르몬이다. 당뇨병 환자의 경우 신체의 세포들이 포도당을 정상적으로 사용할 수 있는 능력에 장애가 생겨 혈중 포도당수치가 증가하게 되고, 그에 따라 과량의 당분이 소변으로 배설된다.

12

2) 종류 및 원인

(1) 제1형 당뇨병(인슐린 의존형 당뇨병)

제1형 당뇨병은 췌장에서 인슐린을 전혀 생산하지 못하는 것이 원인이 되어 발생한다. 췌장에서 인슐린이 분비되지 않기 때문에 인슐린의 절대적 결핍으로 인해 케톤산증이 일어나므로 주사를 통해 인슐린을 공급해주어야 한다.

(2) 제2형 당뇨병(인슐린 비의존형 당뇨병)

제2형 당뇨병은 췌장의 인슐린분비기능이 떨어지거나 인슐린에 대한 조직의 거부반응에서 비롯된 당뇨병으로 인슐린저항성을 그 특징으로 한다. 제2형 당뇨병의 위험인자로는 고령(45세 이상), 가족력, 비만(BMI 27km^2 이상), 고혈압, 고콜레스테롤혈증, 과거에 내당능력장애(식후 2시간 혈당 140~199mg/dL)로 판정받은 사람 등이 있다.

(3) 임신성 당뇨병

대부분 출산 후 정상화되지만 관리가 필요하다.

3) 증 상

다음, 다뇨, 다식, 체중감소, 가려움, 허약화 등이 발생한다.

4) 당뇨의 진단

(1) 진단방법

① **포도당내인검사(GTT)** : 아침 공복시 혈액을 채취하고 포도당을 75g 경구 투여한 후 1시간, 2시간의 혈당을 측정하는 검사

② **당화혈색소(HbA1c)검사** : 적혈구 내의 혈색소 중 정상적인 혈색소와 당이 붙어있는 혈색소의 비율을 검사(지난 2개월간의 혈당조절상태를 추측할 수 있음)

③ **C-peptide검사** : 췌장의 기능을 알아보는 것으로 인슐린 분비정도를 미리 알아보고 거기에 맞는 적절한 방법을 알기위해 실시하는 검사

(2) 진단기준

① 공복혈당이 2회 이상 126mg/dL 이상
  ㉠ 공복혈당장애 1단계 : 100~109mg/dL
  ㉡ 공복혈당장애 2단계 : 110~125mg/dL
  ㉢ 내당능력장애 : 식후 2시간 혈당이 140~199mg/dL

② 포도당부하검사(식후) 2시간 후 혈당이 200mg/dL 이상

③ 3다현상(다음, 다뇨, 다식)이 있으면서 식사와 무관하게 측정한 혈당이 200mg/dL 이상

④ 당화혈색소(HbA1c)검사상 6.5% 이상(정상 4~6%)

5) 치 료

대개 식사요법과 운동요법을 열심히 실시하면 약 100mg/dL 정도의 혈당을 떨어뜨릴 수 있다. 그럼에도 불구하고 혈당조절이 잘 안 되는 경우에는 약물요법이나 인슐린주사를 시도하게 된다. 평소에 혈당, 혈압 및 콜레스테롤 조절, 발 관리를 한다.

6) 합병증

갑자기 몸 안에서 인슐린이 부족하게 되면 당뇨병성 케톤산증, 고혈당성 고삼투압증후군, 저혈당 등의 급성합병증이 발생하며, 즉시 적절한 치료를 하지 않으면 치명적일 수 있다. 당뇨병으로 인한 만성 합병증에는 ① 미세혈관 질환 합병증으로 망막병증, 신장병증, 신경병증 등이 있고, ② 대혈관 질환 합병증으로는 관상동맥 질환, 말초동맥 질환, 뇌혈관 질환 등이 있다.

제5절 대사증후군

1. 정 의

심뇌혈관계 질환(심근경색, 뇌졸중 등)의 위험요인인 비만, 고혈압, 고지혈증, 낮은 고밀도콜레스테롤, 고혈당 등이 한사람에게 동시에 복합적으로 발병하는 것을 말한다. 원인은 잘못된 식습관과 부족한 운동량으로 유발되는 비만이며, 그로 인해 생긴 인슐린저항성이 발병에 중요한 역할을 하는 것으로 생각되고 있다.

2. 진단기준

아래의 진단기준 중 3가지 이상이 있는 경우 대사증후군으로 진단한다.

① 복부비만 : 허리둘레가 남자 90cm, 여자 85cm 이상
② 고혈압 : 130/85mmHg 이상, 혈압약 복용
③ 중성지방 : 150mg/dL 이상, 치료제 복용
④ 고밀도콜레스테롤(HDL) : 남자 40mg/dL, 여자 50mg/dL 미만, 치료제 복용
⑤ 공복혈당 : 100mg/dL 이상, 제2형 당뇨병 진단, 약물 복용

3. 치 료

식사요법과 운동요법을 중심으로 하는 생활습관교정, 필요한 경우 약물치료를 이용한다.

제6절 갑상선(thyroid gland)

1. 갑상선의 기능

갑상선은 요오드를 원료로 갑상선호르몬을 만들어내는 내분비기관으로 우리 몸의 신진대사(당대사, 탄수화물대사, 지질대사)의 속도를 조절하는 역할을 한다.

2. 갑상선호르몬

1) T3(삼요오드티로닌), T4(티록신)

갑상선호르몬 중에서 가장 중요한 것은 T3라고 불리는 삼요오드티로닌과 T4라고 불리는 티록신(전체 생산량의 약 90%)이며, 이 두 호르몬은 단백질대사, 탄수화물대사, 지질대사를 포함한 신진대사를 조절하는 역할을 한다. 두 호르몬의 생산은 시상하부와 뇌하수체 전엽의 통제를 받으며, 티록신과 갑상선자극호르몬(TSH) 사이에는 음성피드백이 적용된다.

2) 칼시토닌(calcitonin)

칼시토닌은 갑상선자극호르몬(TSH)이나 다른 뇌하수체호르몬에 의해 조절받지 않으며, 일반적인 물질대사에도 관여하지 않는다. 오로지 혈중 칼슘농도에 의해 생산이 증가되거나 감소된다. 또한 칼시토닌은 골세포를 활성화시키고 용골세포를 억제함으로써 혈중 칼슘이 뼛속으로 들어가게 해주며 칼슘이 풍부한 식사를 하면 이 호르몬은 즉시 활성화된다.

3. 갑상선 관련 질환

1) 갑상선기능항진증(hyperthyroidism)

(1) 정 의

갑상선기능항진증은 갑상선에서 분비되는 호르몬이 어떠한 원인에 의해서 과다하게 분비되어 갑상선중독증을 일으키는 상태를 말한다.

(2) 원 인

자가면역 질환인 바제도병(그레이브스병)은 갑상선호르몬이 과잉 분비되는 질환으로 갑상선기능항진증을 일으키는 대표적인 질환이다. 그 밖에 뇌하수체선종, 갑상선종, 갑상선암, 갑상선염이 있거나 갑상선호르몬제를 과다 복용할 경우에도 갑상선기능항진증이 생길 수 있다.

(3) 증 상

갑상성호르몬의 과다 분비가 원인이기 때문에 일반적 증상은 신진대사의 항진상태로 나타난다. 신경과민, 두근거림, 빈맥, 피로감, 근위축, 식욕증가, 무력감, 설사, 손 떨림(진전), 눈의 변화(안구돌출증), 체중감소, 갑상선비대 등이 나타난다.

(4) 진 단

심한 신체적인 외모의 변화, 즉 목이 커지고 눈이 튀어나오고 불안해하는 표정 등은 진단에 도움이 되며, 확진은 혈청내 갑상선호르몬(T3, T4)의 상승, 혈청내 콜레스테롤의 감소, 단백결합요오드수치와 방사성요오드흡수검사 결과의 상승 등으로 하게 된다.

(5) 치 료

약물복용(항갑상선제), 방사성동위원소 요오드투여, 부분갑상선절제술 등이 있다.

2) 갑상선기능저하증(hypothyroidism)

(1) 정 의

갑상선에서 갑상선호르몬이 잘 생성되지 않아 체내에 갑상선호르몬의 농도가 저하되거나 결핍된 상태를 뜻한다. 소아의 선천성 기능저하증(크레틴증)의 경우에는 정신지체 및 작은 키의 원인이 되며, 이미 지능이 떨어진 후에는 호르몬을 보충해주어도 회복되지 않는다. 성인(점액수종)에서는 심혈관계 합병증, 신경학적 합병증(혼수, 체온저하, 저혈압)이 동반될 수 있다.

(2) 원 인

가장 흔한 원인은 자가면역 질환인 하시모토갑상선염에 의해 갑상선호르몬의 생산이 줄어드는 경우이다. 그 밖에 뇌하수체기능저하증(뇌하수체선종, 뇌하수체부전)이나 갑상선을 제거한 경우에도 갑상선호르몬이 생성되지 못하여 갑상선기능저하증이 올 수 있다.

(3) 치 료

갑상선호르몬제를 복용한다.

3) 갑상선암(thyroid cancer)

(1) 정 의

갑상선암은 현미경적인 암세포의 모양에 따라 유두암, 여포암, 수질암, 미분화암으로 나눈다. 이 가운데 예후가 가장 좋은 것은 유두암이며, 예후가 가장 나쁜 것은 미분화암이다.

(2) 진 단

세포학적으로 암세포를 확인하는 미세침흡인세포검사가 갑상선암의 진단에 필수적이며, 그 외에 초음파검사, CT검사, 혈액검사(호르몬수치검사) 등을 통해 암을 진단할 수 있다.

(3) 치 료

최선의 치료방법은 수술이다. 병의 정도에 따라 한쪽 갑상선엽만을 제거할 수도 있고 전체 갑상선엽을 다 제거하는 방법이 있다. 수술 후에는 갑상선암의 재발을 억제하기 위해 갑상선호르몬제의 복용 및 방사선요오드치료(방사선요오드동위원소 섭취)를 시행한다.

제7절 부갑상선(parathyroid gland)

1. 부갑상선의 기능

부갑상선은 부갑상선호르몬인 파라트로몬을 만들고 분비한다. 파라트로몬은 갑상선호르몬 중 칼시토닌과 길항적으로 작용하며, 혈중 칼슘농도를 증가시키는 기능을 한다.

2. 부갑상선 관련 질환

1) 부갑상선기능항진증(hyperthyroidism)

(1) 정 의

부갑상선에서 발생한 양성 혹은 악성종양세포에서 분비되는 다량의 부갑상선호르몬(파라트로몬)이 원인이 되어 발생한다. 소변에 인(P)이 많이 배설됨에 따라 혈액속의 인(P)이 저하되며, 그 결과 혈중 석회질이 증가하고 소변에도 석회질 배설이 증가한다.

(2) 증 상

무력감, 다음, 다뇨, 식욕부진, 체중감소, 관절통, 병적 골절 등의 골증상, 요로결석 외에 때로는 소화성 궤양, 성격변화 등의 전신증상도 볼 수 있다.

(3) 치 료

조기진단에 의해 부갑상선종양을 외과적으로 적출해야 하며, 더 진행되면 신기능이 저하되어 결국 요독증으로 사망하게 된다.

2) 부갑상선기능저하증(hypothyroidism)

(1) 정 의

부갑상선호르몬(파라트로몬)이 부족하여 혈중 칼슘농도가 저하되어 일어나는 질환이다.

(2) 원 인

원인으로는 갑상선을 수술할 때 동시에 부갑상선을 제거하였기 때문에 일어나는 속발성 부갑상선기능저하증이 가장 많고, 드물지만 특발성 부갑상선기능저하증도 있다.

(3) 증 상

파라트로몬은 뼈를 녹여 칼슘과 인(P)을 혈액 속으로 운반하고 장에서 칼슘의 흡수를 증가시키며, 신장에서 인(P)을 배설시키는 기능을 한다. 파라트로몬이 없어지면 혈중 칼슘농도는 낮아지고 인(P)의 농도는 높아짐에 따라 신경근육의 흥분성이 증가하고 우울증, 불안감, 치아법랑질의 소실이 오며, 혈중 칼슘농도의 저하증이 계속되면 백내장이 심해지게 된다.

(4) 치 료

약물요법으로는 칼슘제제 및 칼슘흡수를 위한 비타민D를 투여하고, 식이요법으로는 칼슘은 많고 인(P)이 적은 식이를 섭취하도록 한다.

제13장 소화기계통 질환

위장관은 음식물이 통과하는 약 9m 길이의 관(tube)으로 이곳에서는 각종 소화액과 효소의 작용에 의해 섭취된 음식물을 흡수한다. 섭취된 음식물이 조직구성과 에너지의 자원준비에 사용될 수 있도록 물리적, 화학적 변화과정을 밟는 과정을 소화라고 하며, 이 변화는 소화기관 내에서 일어난다. 각 소화기관들은 일반적으로 점막, 점막하층, 근육, 장막으로 이루어져 있으며, 구강에서부터 시작하여 인두, 식도, 위, 소장, 대장 그리고 항문이 포함된다. 상부소화기관에는 구강, 식도, 위, 십이지장, 췌장이 포함되고, 하부소화기관에는 소장과 대장이 포함된다.

제1절 상부소화기계 질환

1. 식도 질환

1) 식도정맥류(esophageal varix)

(1) 정 의

간문맥압의 증가에 의해 식도정맥의 수와 크기가 증가하여 정맥이 혹처럼 부풀어 오르는 질환이다. 혹처럼 부풀어 올라 확장된 식도정맥을 식도정맥류라고 하는데, 이 식도정맥류가 터지면 토혈이나 하혈이 발생하고 심할 경우 출혈성 쇼크에 빠져 사망에 이를 수도 있다.

(2) 원 인

간경변증, 간섬유증 등으로 인해 간문맥에 혈액이 고여 간문맥압이 높아질 경우 고인 혈액은 간으로 들어가지 못하고 식도의 정맥 쪽으로 흐르게 되고 식도의 정맥 쪽으로 흐르는 혈류가 많아지면서 식도정맥의 수가 많아지고 그 크기가 증가한다.

(3) 치 료

내시경적 경화법, 결찰술, 외과적 수술 등이 있다.

2) 바렛식도(Barrett's Esophagus)

(1) 정 의

식도점막은 편평상피세포로 되어 있는데 이 식도점막이 위의 점막을 구성하는 원주상피세포로 변해있는 경우가 있는데 이를 바렛식도라고 한다. 바렛식도는 식도암으로 진행될 수 있기 때문에 2년에 1회 정도 지속적으로 내시경검사를 통해 경과를 관찰하여야 한다.

(2) 원 인

바렛식도는 식도의 하부괄약근이 약화된 경우나 비만 등으로 인하여 위산이 지속적으로 역류하는 역류성 식도염이 진행되어 식도조직이 변해서 발생하며, 위와 연결된 식도의 아랫부분에 나타난다. 역류성 식도염으로 인해 가슴쓰림, 연하곤란, 연하통 등의 증상이 생긴다.

(3) 진 단

내시경과 조직검사로 진단한다.

(4) 치 료

약물요법으로 역류성 식도염을 치료한다. 과식을 삼가고 담배와 술, 기름진 음식을 피하며 식사 후에 바로 눕지 않는 등 생활습관의 교정으로 역류성 식도염을 일으키거나 악화시킬 수 있는 요인을 없애 바렛식도를 예방할 수 있다.

2. 위장 질환

1) 급성 위염(acute gastritis)

(1) 정 의

급성 위염은 위의 점막에 급성염증이 생기는 것으로 발적, 부종, 미란 등이 발생한다. 급성 위염에는 단순성 위염(자극적인 음식물섭취나 자극적인 약물복용), 부식성 위염(염산, 인, 비소 등의 부식제섭취), 감염성 위염(홍역, 간염, 인플루엔자 등의 바이러스감염), 화농성 위염(세균에 오염된 음식물섭취)의 4가지 유형이 있다.

(2) 증 상

식욕부진, 불쾌감, 구토, 위통으로 시작하나 대개 2~3일 내에 증세가 호전된다.

(3) 진 단

위내시경검사, 혈액검사(백혈구 상승), 조직검사 등으로 진단한다.

(4) 합병증

급성 위염이 반복될 때에는 만성 위염으로 진행되는 것에 주의해야 하며, 부식성 위염, 화농성 위염에 있어서는 위천공, 위출혈 등의 합병증이 있다.

2) 만성 위염(chronic gastritis)

(1) 정 의

만성 위염은 위의 점막에 만성 염증이 생기는 병으로 특발성과 수반성의 두 종류가 있다. 특발성 만성 위염은 다른 병은 없고 위에 염증만 발생한 것이며, 수반성 만성 위염은 위종양이나 위궤양, 십이지장궤양에 동반되는 위염을 말한다.

(2) 원 인

계속적인 자극(재발되는 급성 위염 등), 흡연, 과음 등이다.

(3) 특발성 만성 위염의 종류

① 만성 표재성 위염

위점막의 표면만 상한 가벼운 염증이 생긴 경우를 말하며, 만성 위축성 위염으로 이환할 확률이 높다.

② 만성 위축성 위염

위의 점막이 위축하여 얇아진 것으로 점막 속에 있는 위선도 위축되기 때문에 위산분비장애가 발생하여 저산증이나 무산증이 생긴다.

③ 만성 비후성 위염

위내시경 관찰시 위의 점막이 비후된 것으로 보이는 염증으로, 실제 위점막의 비후는 없으며, 위벽의 긴장으로 비후된 것처럼 보인다. 과산증이 관찰된다.

(4) 만성 위염과 암

만성 위축성 위염이 있는 사람에게 위암의 발생률이 높다.

(5) 치 료

금주, 금연, 규칙적이고 부드러운 음식의 섭취, 약물요법으로 치료한다.

3. 소화성 궤양(peptic ulcer)

1) 정 의

위나 십이지장의 내부를 덮고 있는 점막의 일부에 진무름, 괴사 등의 변화가 생겨 점막이 벗겨지고 결손이 생겨 근육층까지 손상을 초래하는 질병이다. 위궤양이나 십이지장궤양은 발생하는 장소만 다를 뿐 하나의 질병으로 분류하며, 위에서 분비되는 위액이나 십이지장의 점액을 소화함으로써 발생하기 때문에 소화성 궤양이라고 한다.

2) 원 인

스트레스, 술, 담배, 진통소염제, 스테로이드제, 자극적인 음식, 영양결핍, 헬리코박터균의 감염 등으로 위산이 지나치게 많이 분비되거나 위산에 대한 위장점막의 방어력이 약해지면 위나 십이지장에 궤양이 발생하게 된다.

3) 증 상

소화불량, 오심, 구토, 식욕부진, 상부복통 등을 호소하나 통증이 없는 환자도 있다.

4) 진 단

위장조영술이나 조직검사가 가능한 위내시경검사를 시행하여 진단한다. 헬리코박터균의 감염 여부는 위내시경검사에서 조직을 채취하여 CLO검사(신속요소효소검사)를 하면 쉽게 진단할 수 있으며, 요소호기검사로 헬리코박터균의 멸균 여부를 알아볼 수 있다.

5) 치 료

약물치료에는 위산분비억제제(제산제), 위장점막보호제 등을 사용하며, 헬리코박터균에 대한 치료는 두 가지 이상의 항생제와 위산분비억제제를 포함하여 사용한다.

4. 위암(stomach cancer)

1) 정 의

위의 점막세포에서 발생한 암세포는 점막, 점막하층, 근육층, 장막층을 따라서 깊이 파고들고 심하면 위벽을 뚫고 주위에 있는 다른 장기까지 침범하게 된다. 조기위암은 암세포가 위의 점막 또는 점막하층에만 국한되어 있는 경우를 말하며, 진행위암은 암세포가 점막하층을 지나 근육층 이상을 뚫고나온 경우를 말한다.

2) 원 인

위암발생을 높이는 위험요인의 식품으로는 염장 또는 훈제식품, 아질산염가공식품이나 그 함량이 높은 채소류 또는 식수, 맵고 짠 음식 등이며, 또한 위점막내 헬리코박터균 감염이 위암의 위험인자로 인식되고 있다. 위암을 일으킬 수 있는 전구 질환들로는 만성 위축성 위염, 악성 빈혈, 선종성 용종, 장상피화생(위점막이 소장점막처럼 변한 것) 등이 있다.

3) 진 단

위암진단의 필수적인 방법으로 방사선투시검사와 위내시경검사가 있다. 조영제(바륨)를 먹은 후 촬영하는 위의 방사선투시검사는 아직까지 위암의 기본적인 진단방법이며, 위암이 의심되면 위내시경검사 및 조직검사를 반드시 시행하여야 한다.

4) 치 료

치료에는 항암화학요법, 면역요법, 방사선치료, 외과적 수술 등이 있으며, 완치를 기대할 수 있는 유일한 방법은 근치적 절제술이다. 근치적 절제술은 위암병소를 포함한 충분한 위의 절제 및 주변 림프절의 절제술을 포함하는 것이다. 최근에는 점막에만 국한되고 크기가 작은 조기위암을 치료하기 위해 내시경 점막절제술이나 복강경수술 등을 시행하고 있다.

제2절 간질환(liver disease)

1. 간의 기능

(1) 담즙분비

담즙을 분비하여 단백질과 지방질을 저장한다.

(2) 포도당저장

포도당을 단기저장분자인 글리코겐(당원)으로 저장한다.

(3) 해독작용

음식물을 통해 들어오는 납, 비소 등의 독물과 결합하여 해독작용을 한다.

(4) 적혈구파괴

노폐된 적혈구를 파괴시키고 섬유소원을 생성한다.

(5) 암모니아 축적방지

암모니아를 요소로 변환시켜 체내에 암모니아의 축적을 방지한다.

(6) 면역작용

쿠퍼세포가 있어 식균작용을 하며, 면역글로불린을 생산한다.

2. 간기능검사

(1) 간합성기능검사

① 혈청빌리루빈(황달반영수치) : 적혈구의 헤모글로빈에서 유래하여 간 또는 비장에서 산화되어 생기는 물질

② 혈청알부민 : 단백질합성증진 및 삼투압조절작용

③ 혈청글로불린 : 항체의 주성분으로 면역작용

④ 응고인자 : 다양한 응고인자를 생성(피브리노겐, 프로트롬빈, 응고인자Ⅴ, Ⅶ, Ⅸ, Ⅹ, 프로트롬빈시간), 피브리노겐(혈액응고인자)은 산화된 빌리루빈에서 생성

(2) B형 간염바이러스 표지자

① B형 간염표면항원(HBsAg) : 양성이면 감염되었음을 의미

② B형 간염표면항체(HBsAb) : 양성이면 면역되었음을 의미

③ B형 간염핵항원(HBcAg) : 간 조직에서만 검출

④ B형 간염핵항체(HBcAb) : 양성이면 과거에 B형 간염에 노출된 적이 있음을 의미

(3) C형 간염바이러스 표지자

C형 간염바이러스항체(anti-HCV, HCV Ab)는 현재 몸속에 C형 간염바이러스가 들어와 있거나 과거에 들어온 흔적이 있음을 의미한다.

3. 간 관련 질환

1) 만성 간염

(1) 정 의

만성 감염은 간의 염증 및 간세포의 괴사가 6개월 이상 지속되는 상태를 말하며, 대부분은 간염바이러스의 감염이 원인으로 발생한다. 간염바이러스 가운데 주로 문제가 되는 것은 A형, B형, C형이며, 이 중 만성 간질환을 유발할 수 있는 것은 B형과 C형 간염바이러스이다.

(2) 종 류

① 만성 B형 간염

영유아기에 B형 간염바이러스에 감염되었을 경우에는 만성화율이 90%에 달하고 성인이 되어 감염될 경우에는 만성화율이 10% 이내이다. B형 간염은 중화항체인 표면항체(HBsAb)가 체내에 형성되어 있으면 예방백신을 접종함으로써 예방이 가능하다. 위험인자로는 B형 간염바이러스 보유 산모로부터 출생한 신생아, B형 간염바이러스 보유자의 가족, 급성 B형 간염환자의 배우자, 혈액제제를 반복 투여하는 환자(혈우병환자, 투석환자), 타인의 혈액 또는 분비물을 자주 접촉하는 의료관계자, 성관계가 문란한 자, 동성연애자, 마약중독자 등이 있다.

② 만성 C형 간염

C형 간염바이러스는 주로 비경구적인 경로로 전파된다. B형 간염바이러스의 경우와 마찬가지로 오염된 주사침이나 바늘이 문제가 되며 수혈, 오염된 혈액제제 등이 원인이 될 수 있다.

(3) 진 단

간기능검사, 간염바이러스표지자(HBsAg, HBsAb, HBcAg, HBcAb, HCV Ab)검사를 이용한다.

(4) 치 료

안정, 식이요법, 약물요법 등(C형 간염은 현재 뚜렷한 치료법이 없음)이다.

2) 간경변증(liver cirrhosis)

(1) 정 의

간경변증은 간 조직이 전반적으로 파괴와 재생과정을 거듭하여 섬유화와 결절성 조직으로 변화하여 굳어진 상태로 이미 정상으로 회복할 수 없는 만성 간질환으로 간경화증이라고도 한다. 별다른 증상이 없는 경우도 있으나, 대부분 간기능저하와 문맥성 고혈압으로 여러 가지 합병증에 시달리게 된다.

(2) 원 인

주로 장기간의 과음, 만성 바이러스성 간염(B형 및 C형), 간독성 약물의 장기복용, 간외 담도의 폐쇄성 질환, 간흡충과 같은 기생충감염, 선천성 또는 대사성 질환 등이다.

(3) 진 단

간경변증의 진단에는 동위원소 간주사, 복부초음파, 복부CT 등 여러 영상진단법이 사용되고 있다. 만성 간질환 환자는 주기적으로 간기능검사와 복부초음파검사를 실시하여 조기에 간경변증을 발견하고 여러 후유증을 사전에 예방하는 것이 필요하다.

심화TIP 차일드 - 퓨 분류법(Child - Pugh score)

차일드 - 퓨 분류법(Child - Pugh score)이란 원래 간경화에서 수술 후의 사망률을 알아보기 위해 만들어졌다. 그러나 현재에는 수술 이후의 예후 및 간 이식에 대한 필요성을 알아보기 위해 이용된다. Child - Pugh score를 계산하기 위해서는 총 5가지의 검사 값이 필요하다. 각각 총 빌리루빈, 혈청 알부민, 프로트롬빈 시간, 복수, 간성뇌증의 여부 및 중증도이다. 각각의 상태에 따라 1점부터 3점까지의 점수를 부여하게 되며 5가지 항목의 점수를 모두 합쳐서 Grade A, B, C를 나누게 된다.

1. **총 빌리루빈(mg/dL)** : 2 미만 1점, 2~3 2점, 3 초과 3점
2. **혈청 알부민(g/dL)** : 3.5 초과 1점, 2.8~3.5 2점, 2.8 미만 3점
3. **프로트롬빈 시간에서 연장된 값(초)** : 4초 미만으로 연장 1점, 4~6초 사이로 연장 2점, 6초 초과 연장 3점
4. **복수의 여부 및 중증도** : 복수 없음 1점, 경도의 복수 2점, 중증도의 복수 3점
5. **간성뇌증의 여부 및 중증도** : 간성뇌증 없음 1점, 경도의 간성뇌증 2점, 중증의 간성뇌증 3점

이렇게 5가지 항목을 각각 1점부터 3점까지 나누고 각각을 더하게 되면 총 최소 5점에서 최고 15점이 나오게 된다.

결과의 해석은 5점과 6점은 Child - Pugh score Class A, 7, 8, 9점은 B, 10점부터 15점까지는 C이다. 점수가 낮을수록 경과가 좋은데, 2년 생존율이 Class A는 85% 정도, B는 55%, C는 35% 정도가 된다고 한다.

(4) 치 료

절대안정(충분한 휴식과 영양의 섭취)이 필요하다.

(5) 합병증

간경화증은 그 자체로서의 문제보다는 동반된 합병증, 즉 복수와 부종, 식도정맥류파열로 인한 토혈, 간의 암모니아 해독능력상실에 따른 의식의 혼탁(간성혼수), 세균감염에 의한 복막염(자발성복막염), 신기능의 저하(간신증후군) 등이 문제가 된다.

3) 간암(liver cancer)

(1) 정 의

간암 중 간 자체에서 생겨난 것을 원발성 간암이라 하고, 다른 장기에서 발생하여 간으로 전이된 것을 전이암이라고 한다. 위장관에서 나오는 혈류는 일단 간문맥을 통하여 간을 거치게 되므로 각종 소화기암들(위암, 대장암, 췌장암 등)이 간에 전이를 잘한다. 원발성 간암 중 흔한 것은 간세포암과 담관암종인데 간세포암은 간세포에서, 담관암종은 담관세포에서 유래한다.

(2) 원 인

주로 만성 간염이나 간경변증과 같은 만성 간질환 환자에서 많이 발생한다.

(3) 증 상

초기에는 증상이 거의 없으나, 이미 많이 진행된 경우에는 주로 동통, 복부팽만, 체중감소, 식욕부진, 피로 등이 나타난다. 간암환자의 배를 만져보면 간이 크고 딱딱하며 우둘투둘하다.

(4) 진 단

초음파검사, 알파태아단백(AFP)검사, CT, MRI, 혈관조영술, 조직검사 등이다.

(5) 치 료

확실한 치료는 수술로 종양을 제거하는 것이며, 동맥혈관에 항암제를 투여하고 혈관을 막는 치료(간동맥색전술)를 실시하여 효과를 볼 수도 있다. 간암의 크기가 작은 경우(용종은 3개 이하)에는 간암부위에 직접 알코올을 주사하여 간암세포를 죽이는 치료(경피적 에탄올주입술)를 시행할 수도 있다. 그 외 간이식수술 등이 있다.

제3절 담낭 질환

1. 담낭염(cholecystitis)

담도에 염증이 일어나는 병으로 염증이 담낭을 중심으로 일어나는 경우를 담낭염, 담관을 중심으로 일어나는 경우를 담관염이라고 한다. 담낭염은 대부분은 담석 때문에 발생되며, 일부는 간흡충과 같은 기생충에 의해 생길 수도 있다. 담낭염은 이학적 검사상 우상복부의 압통이 특징적이며, 치료는 수술로 담낭을 제거하는 것이다. 담낭염의 위험인자로는 지방질이 풍부한 음식의 섭취, 담석을 있는 경우, 급성 또는 만성 췌장염, 관상동맥 질환 등이 있다.

2. 담낭결석

1) 정 의

담낭(쓸개) 안에 결석이 생긴 것으로 담석은 성분에 따라 콜레스테롤담석과 색소성담석으로 구분된다. 우리나라에서도 식생활의 서구화로 콜레스테롤담석이 점차 증가하고 있다.

2) 증 상

환자의 반은 전형적인 담도산통을 나타내고, 나머지 반은 막연한 상복부불쾌감, 소화불량과 같은 비특이적 증상을 나타낸다. 담석이 총담관을 막게 되면 황달이 생길 수 있다.

3) 진 단

진단방법에는 방사선촬영, 초음파검사, 경구담낭조영술 등이 있다. 이 가운데 초음파검사는 담석의 진단에 가장 좋은 검사방법으로 진단율이 95%에 이른다.

4) 치 료

치료원칙은 수술로 담낭 전체를 제거하는 것이다.

3. 담낭용종(gallbladder polyp)

담낭용종(담낭폴립)은 담낭내벽에 사마귀처럼 자라난 혹을 의미한다. 용종의 조직학적 분류상 선종인 용종의 경우 암성변화를 일으킬 수 있는데, 용종의 암성변화와 관련된 가장 중요한 인자는 용종의 크기이다. 대개 1cm 이상의 담낭용종은 수술로 담낭 전체를 제거하는 것이 바람직하고, 그 이하인 경우에는 주기적인 관찰을 요한다.

제4절 췌장(이자) 질환(pancreas disease)

1. 췌장염(pancreatitis)

1) 정 의

췌장염이란 소화기관이면서 내분비기관인 췌장(이자)에 염증이 생긴 것을 말한다. 즉 췌장에서 분비한 소화효소(트립신, 아밀라제, 리파아제)가 어떤 이유로 췌장에서 소화작용을 나타내어 췌장 자체를 소화시키면서 염증이 발생한 것을 말한다.

2) 종 류

(1) 급성 췌장염

① 원인 : 급성 췌장염이 생기는 가장 흔한 원인은 술과 담석이다. 그 외에 약물, 외상, 수술, 고지혈증, 감염 등에 의해서도 염증이 생길 수 있다.

② 증상 : 급성 췌장염에서 가장 흔한 증상은 복통이다. 상복부가 심하게 아프고 등이나 다른 곳이 함께 아프기도 하는데, 음식을 먹으면 증상이 더 심해지는 양상을 보인다.

③ 치료 : 대개는 입원하여 며칠간 음식을 먹지 않고 정맥주사로 영양을 공급하고 통증을 조절하면서 합병증이 생기는지 관찰하여야 한다.

(2) 만성 췌장염

① 원인 : 원인은 술과 담석으로 특히 여러 해 동안 술을 많이 마신 사람에게 잘 생긴다.

② 증상 : 초기에 심한 통증이 나타나며, 통증이 오랫동안 지속되거나 재발한다. 췌장기능이 나빠지기 때문에 혈당조절호르몬인 인슐린을 만들어내지 못하여 당뇨병이 생기거나 소화효소를 만들어내지 못하여 소화기능이 나빠져 설사, 영양결핍, 체중감소 등이 생길 수 있다.

③ 치료 : 금주가 가장 중요하며 그 외 통증, 영양결핍, 소화장애, 당뇨병 등을 치료한다.

2. 췌장암(pancreatic cancer)

1) 정 의

췌장암이란 췌장에 생긴 암세포로 이루어진 종양덩어리이다. 췌장에서 발생하는 암의 90% 이상은 외분비(소화효소분비)에 관계된 세포로 특히 췌액을 운반하는 췌관의 세포에서 발생하며, 이를 췌관암이라고 한다. 보통 췌장암은 이 췌관암을 말한다.

2) 위험인자

췌장암 발생의 위험요인으로는 45세 이상의 연령, 흡연, 두경부나 폐 및 방광암의 과거력, 만성 당뇨병, 지방질이 많은 음식의 섭취 등이 있다.

3) 진 단

췌장은 후복막에 다른 장기들에 둘러 싸여 있으며 초기증상이 거의 없어 조기진단이 어렵다. 췌장암 진단에 사용하는 검사에는 초음파검사, CT, MRI, 내시경적 역행성 췌담관조영술(ERCP), 혈관조영술, 양전자방출단층촬영(PET), 혈청종양표지자(CA19-9)검사 등이 있다.

4) 치 료

완전한 외과적 절제수술, 항암화학요법, 방사선치료를 이용한다.

제5절 대장암(colorectal cancer)

1. 정 의

대장은 크게 결장과 직장으로 구분되고, 결장은 다시 맹장, 상행결장, 하행결장, 횡행결장, S상결장으로 나누어지는데, 암이 발생하는 위치에 따라 결장에 생기는 암을 결장암, 직장에 생기는 암을 직장암이라고 하며, 이를 통칭하여 대장암 또는 결장직장암이라고 한다. 대부분은 대장 안쪽의 점막에서 발생하는 선암(점막내암)이다.

2. 원 인

(1) 식사와 대장암의 관련성

가장 많이 연구된 분야로 특히 고열량의 섭취, 동물성 지방의 섭취, 섬유소의 섭취부족, 비만 등이 대장암의 발생과 관련이 있는 것으로 알려져 있다.

(2) 염증성 장질환

궤양성 대장염과 크론병(만성염증성 장질환)이 있을 경우에는 일반인보다 대장암 발생률이 매우 높은 것으로 알려져 있다.

(3) 대장용종

대장에 생기는 혹으로 대부분의 대장암은 원인에 관계없이 선종성 용종이라는 전암단계를 거쳐 암으로 발전하게 된다. 대장용종의 조직검사에서 융모성 성분을 많이 포함하고 있을 경우 암으로 진행할 가능성이 높다.

3. 증 상

배변습관의 변화, 혈변, 동통 및 빈혈이 나타난다.

4. 진 단

대장암의 확진은 대장내시경검사를 통한 조직검사로 암세포를 발견해야 가능하다. 그 외에 직장수지검사, 대변검사(분변잠혈반응검사), 암태아성항원(CEA)검사, 대장조영술, CT 또는 MRI검사, 초음파검사, 혈액검사 등이 있다.

5. 치 료

치료원칙은 암을 포함해 전이가능성이 있는 림프절과 혈관을 모두 절제하는 것이다. 수술 후 암이 다른 곳으로 전이되었거나 수술할 수 없는 말기환자는 항암치료를 하게 된다.

13

제 14 장 호흡기계통 질환

제1절 폐기능검사(PFT)

폐의 환기 및 가스교환의 장애와 그 정도를 측정하는 방법이다.

1. 노력성 폐활량(FVC)

환자로 하여금 최대로 숨을 들이마시게 한 다음 최대의 노력으로 숨을 끝까지 내쉬게 했을 때 내쉰 양이다.

2. 1초간 노력성 호기량(FEV1)

숨을 최대한 들이마신 다음 자기의 노력을 다해 내쉴 때 첫 1초간 내쉰 양이 FEV1이다. 즉 FEV1은 첫 1초간 얼마나 빨리 숨을 내쉴 수 있느냐를 보는 지표이다. 노력성 폐활량(FVC)이 같더라도 환자에 따라서 1초간 노력성 호기량(FEV1)은 차이가 날 수 있다.

3. FEV1/FVC 비율

보통 정상인은 자기의 노력성 폐활량(FVC)의 약 70% 이상을 첫 1초에 내쉴 수 있다. 즉 FEV1/FVC 비율은 보통 0.7 이상이다. 반면에 노력성 폐활량(FVC)에 비교하여 첫 1초에 내쉬는 양이 적다면 (FEV1/FVC > 0.7) 숨을 내쉬는데 장애가 있음을 시사한다. 즉 FEV1/FVC 비율은 기관지폐쇄 유무를 확인하는 유용한 지표가 된다.

제2절 호흡기계 질환

1. 만성 폐쇄성 폐질환(COPD)

1) 정 의

만성 호흡부전증은 대부분 만성 폐질환, 즉 만성 폐쇄성 폐질환을 말하며, 원인에 관계없이 장기간의 기침, 담 분비 및 호흡곤란을 호소하게 되는데 이러한 상태를 흔히 만성 폐질환이라고 한다. 이 가운데 만성 기관지염, 기관지천식, 폐기종은 원인, 증상 및 치료에 있어서 근본적으로 구분하기 어렵기 때문에 통칭해서 만성 폐쇄성 폐질환(COPD)라고 부르고 있다.

2) 원 인

흡연, 도시화와 공해, 호흡기감염증, 선천적 질환이 있다.

3) 증 상

기침, 객담, 호흡곤란이 발생한다.

4) 만성 폐쇄성 폐질환(COPD)로 분류되는 질환

(1) 만성 기관지염(chronic bronchitis)

기침과 가래가 주 증상이며, 대개 아침에 제일 심하다. 실제로는 만성 기관지염 환자의 약 10% 정도에서만 호흡곤란을 호소하게 되며, 기관지염이 심해지면 폐성심(우심실기능부전)과 호흡부전이 반복될 수 있다.

(2) 기관지천식(bronchial asthma)

천명, 호흡곤란, 기침의 전형적인 3대 증상이 나타나는데, 비전형적인 경우에는 단순한 만성적 기침, 흉부압박감, 혹은 원인불명의 호흡곤란 증상만 있는 경우도 있다.

(3) 폐기종(pulmonary emphysema)

호흡곤란이 주 증상으로 병이 진행되면 안정시에도 호흡곤란을 느끼게 되어 일상생활에 지장을 받게 된다. 때로는 악성종양을 의심할 정도로 심한 체중감소를 보인다.

5) BODE Index(만성 폐쇄성 폐질환의 사망률을 예측하는 지표)

① BMI(Body Mass Index) : 체중질량지수(비만도)

② Obstruction of Airflow : FEV1(1초간 노력성 호기량)

③ Dyspnea : 호흡곤란척도(MMRC)

④ Exercise Capacity : 6분간 도보거리

6) 치 료

금연, 약물치료(기관지확장제)를 시행한다.

2. 폐농양(lung abscess)

1) 정 의

폐농양은 폐조직의 염증과 괴사로 생긴 공동(직경 2cm 이상인 공동이 1개 또는 그 이상 형성) 속에 고름이 고여 있는 상태를 말한다. 우측 폐가 좌측 폐보다 더 잘 발생한다. 대부분 세균(대부분 혐기성 세균)으로 인해 발생(감염성 폐농양)하고 종양, 폐동맥경색, 폐낭종 등의 원인으로도 발생(비감염성 폐농양)한다.

2) 증 상

대부분 열이 나고 춥고 떨리는 증상이 심할 수 있다. 초기에는 기침이 주로 나고, 진행되면 가래가 나오는데 혐기성 세균에 의한 경우는 가래에서 매우 심한 악취가 난다.

3) 진 단

방사선검사, 기관지경검사, CT검사, 객담의 세균학적 검사 및 세포학적 검사로 진단을 시행한다.

4) 치 료

치료는 적절한 항생제를 투여하고 고름을 제거(체위배액법)하는 것이 가장 중요하며, 항생제에 반응이 없거나 기관지나 폐질환이 동반된 경우에는 폐엽절제술을 시행한다.

3. 폐성심(pulmonary heart disease)

1) 정 의

폐질환 때문에 폐동맥의 혈관저항이 증대하여 혈액의 흐름이 나빠져 우심실의 기능부전을 일으킨 상태를 말하며, 급성과 만성으로 나눈다. 급성은 폐색전, 폐경색에 의한 것이며, 만성은 폐기종, 기관지천식, 폐결핵, 규폐, 만성 기관지염, 기관지확장증 등 만성 폐질환이 원인이다.

2) 증 상

호흡곤란, 심계항진, 기침, 가래, 치아노제(cyanosis), 안면부종, 간종대 등을 볼 수 있다. 심장은 우심실이 비대하고 폐동맥은 항진되며, 심전도에서도 우심실비대가 나타난다.

3) 치 료

치료는 기관절개, 산소흡입을 실시하고 강심제, 이뇨제를 투여한다. 만성인 경우에는 평소부터 기관지확장제나 객담분해효소를 사용하여 병의 악화를 예방한다.

4. 폐암(lung cancer)

1) 정 의

폐종양의 대부분은 악성종양이며, 흡연, 공해 등이 가장 큰 원인이다. 폐암은 조직형태에 따라 소세포폐암과 비소세포폐암으로 구분한다. 편평상피암이 가장 흔한 비소세포폐암이지만, 최근에는 선암(전이속도가 빨라 편평상피암에 비해 예후가 불량)이 점차 증가하고 있다.

2) 진 단

소세포폐암으로 확진된 경우 혈액속의 혈구세포 수에 대한 검사에 이상이 있으면 골수검사를 시행한다. 소세포폐암은 기관지 내부까지 침범하는 경우가 흔하므로 기관지내시경으로 조직검사를 하는 경우가 많으며, 치료 전에 종양의 진행정도를 확인하는 의미도 있다. 비소세포폐암은 뇌전이가 더욱 흔하므로 CT검사나 MRI검사를 시행한다.

3) 치 료

소세포폐암은 항암요법이나 방사선치료에 반응률이 현저히 높다. 초기 환자의 경우 수술 및 수술 후 항암요법을 시행하기도 한다.

제 15 장 비뇨기계통 질환

제1절 신장(kidney)

1. 신장의 기능

심장에서 보내는 전체 혈액의 25% 정도가 신장으로 들어가며, 분당 120cc 정도의 혈액이 사구체에서 여과되며, 대사산물의 독소를 배설한다. 신장의 기능을 살펴보면 다음과 같다.

① 정상 체액량 유지
② 체액의 이온조성과 삼투압을 일정하게 유지
③ 혈액의 산도(pH)를 일정하게 유지
④ 부신피질호르몬(renin)의 분비로 혈압을 조절
⑤ 적혈구 생성인자(erythropoietin)를 분비
⑤ 비타민D의 활성물질 분비

2. 신기능검사(소변검사, 혈액검사)

1) 요소질소(BUN)검사

요소질소는 거의 대부분(90% 이상)이 신장을 통해 배설되므로 신장의 배설기능을 확인하는데 좋은 지표가 된다.

2) 크레아티닌(creatinine)검사

크레아티닌은 근육의 크레아틴으로부터 생성되는 단백질로 신장을 통해 배설되는데 신기능 이외의 영향은 적어 신기능을 평가하는데 유용한 지표가 된다. 크레아티닌은 사구체여과율(GFR)을 추정하는데 사용되며, 만성 신질환의 진행단계를 판단하는데 반영된다.

3) 크레아티닌청소율

혈청크레아티닌의 수치는 식사나 체액량에 따라서 달라지지 않으며, 신장에서 재흡수가 되지도 않기 때문에 신장을 빠져나가는 속도, 즉 청소율을 보고서 신기능을 판단한다.

4) 요산(acid)검사

요산은 DNA를 구성하는 퓨린(purine)의 최종분해산물인 질소화합물이며, 간에서 합성되어 신장(75%)이나 소화기(25%)로 배설된다. 고요산혈증에서 요산결정이 관절주위에 침착되면 통풍, 연조직에 침착되면 통풍결절, 소변에서 농축되면 요로결석이 된다.

15

제2절 신장 관련 질환

1. 사구체신염(glomerulonephritis)

1) 정 의

신장은 심장에서 보내진 혈액을 여과하여 만들어진 여과액 속에서 불필요한 성분을 소변으로 배설하고 필요한 성분을 재흡수함으로써 혈액을 정상화하고 있는데, 염증이 주로 혈액을 여과하고 있는 사구체에서 일어나기 때문에 사구체신염 또는 신염이라고 부른다.

2) 원 인

급성 사구체신염은 주로 세균감염이 원인이며, 감염을 일으키는 세균 중에는 용혈성 연쇄구균이 압도적으로 많다. 그 밖에 바이러스나 약물도 어느 정도 관계가 있는 것으로 알려져 있다. 만성 사구체신염은 급성 사구체신염이 수년 후에 만성 사구체신염으로 발현될 수도 있고, 치료에 반응하지 않는 신증후군(심한 단백뇨, 저알부민혈증, 고지혈증, 전신부종의 4대증상이 복합된 증후군)에서 신손상이 진행되어 발생될 수도 있다.

3) 증 상

감기, 편도염, 성홍열, 피부화농 등이 발생 후 약 10일 후에 요량감소, 혈뇨, 부종, 고혈압 등을 보일 수 있다. 소변검사를 하면 소변에서 단백질이 검출되고 현미경적으로 적혈구를 많이 관찰할 수 있으며, 혈액 중의 질소분(요소질소, 크레아티닌)이 증가한 것을 볼 수 있다.

4) 치 료

특별한 치료방법은 없고 대증요법으로 치료한다. 즉 사구체염증과 부종, 고혈압 등이 가라앉을 때까지 휴식을 취하고 수분 및 염분제한, 이뇨제 등으로 치료한다.

2. 만성 신부전(chronic kidney disease)

1) 정 의

만성 사구체신염, 당뇨병성 신증, 신증후군, 만성 신우신염, 다발성 낭포신, 통풍신 등의 원인으로 수년에 걸쳐서 신기능이 서서히 저하되는 상태로 사구체여과율이 정상(90~120mL/min)에 비해 약 50% 이하로 떨어진 상태를 만성 신부전이라고 한다.

2) 원 인

만성 신부전의 3대 원인은 만성 사구체신염, 당뇨합병증, 고혈압합병증이며, 이 가운데 만성 사구체신염에서 발전하는 것이 대부분이다.

3) 신기능장애의 분류(4기로 분류)

① 제1기(예비력저하) : 사구체여과율이 정상의 50% 이상일 때

② 제2기(신기능부전) : 사구체여과율이 정상의 30~50%일 때로 경도의 고질소혈증, 요농축능력의 저하가 인정되나 일반생활에 지장이 없는 시기

③ 제3기(신부전) : 사구체여과율이 정상의 5~30%일 때로 고질소혈증, 신혈증, 혈청인산 상승, 혈청칼슘 저하, 빈혈이 보이는 시기

④ 제4기(요독증) : 사구체여과율이 정상의 5% 이하일 때로 신부전의 결과로 중추신경계, 소화기계, 혈액계 등에 요독증이 존재하고 방치하면 사망에 이르는 경우

4) 치 료

원인 질환치료, 식이요법 및 약물요법, 신장이식술, 인공신장기(혈액투석, 복막투석 등)를 시행한다.

5) 합병증

신기능이 저하됨에 따라 부종, 고혈압, 울혈성심부전, 고질소혈증, 근무력, 심혈관 질환, 부정맥, 대사성산증, 빈혈, 요독증 등의 합병증상이 나타난다.

3. 신증후군(nephrotic syndrome)

1) 정 의

신증후군은 다량의 단백뇨(1일 3.5g/dL 이상), 저알부민혈증(혈중 알부민수치가 3.0g/dL 이하), 전신부종, 고지혈증 등의 4대 증상을 보이는 복합증후군을 말한다.

2) 증 상

심한 단백뇨를 기반으로 저알부민혈증, 고지혈증 및 전신부종을 특징으로 하며, 신장의 병변이 진행되면 혈압이 상승하고 신기능이 저하되어 신부전을 초래할 수 있다.

3) 치 료

① 원인 질환치료 : 사구체신염의 치료(부신피질호르몬, 면역억제요법, 항응고요법 등)

② 대증요법 : 부종의 경감을 위해 수분 및 염분을 제한하고 이뇨제를 투여한다.

제3절 방광 관련 질환

1. 요실금(urinary incontinence)

1) 정 의

요실금은 방광 내에 소변을 저류시키지 못하여 자신의 의지와 무관하게 소변을 보게 되는 현상으로 정상배뇨 조절계통의 신경학적 혹은 기계적인 이상에 의한다. 요실금은 나이가 들면서 방광내압이 요도내압보다 커져서 발생하게 되는데, 나이가 들면서 방광 및 요도의 일부 평활근이 결합조직으로 대체되면서 방광내압과 요도내압의 균형을 변화시켜 발생하게 된다.

2) 종 류

(1) 복압성 요실금

긴장성 요실금이라고도 하며, 웃거나 재채기, 뜀뛰기 등 복압이 증가하는 행동을 했을 때 자신도 모르게 소변이 새는 이상으로 여성요실금 중 발생빈도가 가장 높으며, 질식분만이 가장 중요한 유발요인이다. 또한 나이가 들면서 여성호르몬(에스트로겐)이 감소되고 비만(비만세포에서도 소량의 에스트로겐분비) 등으로 인한 골반근육의 약화가 원인이 되기도 한다.

(2) 절박성 요실금

방광이 과민하여 비정상적으로 수축하여 소변이 새는 이상을 말하며, 소변이 자주 마렵거나 참기가 힘든 요절박감이 주된 증상이다.

(3) 일출성 요실금

하반신마비 등이 있는 사람에서 신경인성 방광이 있을 때에는 소변이 충만 되어도 마려운 줄을 모르며, 이때 소변이 넘쳐서 발생하는 요실금을 말한다. 신경인성 방광은 방광을 지배하고 있는 신경(척수의 배뇨반사중추신경)의 장애로 일어나는 배뇨이상을 말한다. 특히 뇌에서 척수까지의 사이에 장애가 있는 경우는 배뇨가 자신의 의사와 관계없이 반사적으로 일어난다.

3) 치 료

원인에 따른 치료, 약물요법, 방광훈련 및 골반저근운동, 수술요법 등이 있다.

2. 방광염(cystitis)

1) 정 의

방광염은 대장균에 감염되어 방광점막에 염증을 일으키는 질환으로 요도길이가 짧아 방광으로의 세균침입이 용이한 여성에서 빈발한다. 세균의 침입경로는 외부에서 요도를 거쳐 침입하는 상행성 감염이 대부분이며, 그 밖에 하행성, 림프행성, 혈행성 등이 있다.

2) 치 료

소변검사에서 병원균이 판명되면 화학요법으로 쉽게 치유된다. 대부분의 원인균이 장내세균인 대장균이므로 광범위항생제, 화학합성제 등이 효과적이다.

제4절 전립선 질환

1. 전립선염(prostatitis)

1) 정 의

전립선은 남자만의 조직으로 방광 바로 밑에 요도를 감싸고 있는 조직체이다. 따라서 전립선에 염증이 생기면 자연히 오줌줄기에 이상이 나타나거나 성기능에 장애가 올 수도 있다.

2) 분 류

전립선염은 급성 세균성, 만성 세균성, 만성 비세균성, 전립선통의 4가지로 분류하고, 이를 총칭하여 전립선증후군이라고 한다. 세균성은 전립선액의 현미경검사와 세균배양검사에서 세균이 검출되는 염증성 질환을 말하고, 비세균성은 세균이 검출되지 않는 염증성 질환을 말한다.

3) 증 상

빈뇨, 잔뇨감, 세뇨, 배뇨통, 농뇨 등의 배뇨장애증상이 나타난다.

4) 진 단

전립선촉진검사(직장수지검사), 전립선액의 염증세포검사, 세균배양검사를 통해 이상 발견시 요속도검사와 경직장초음파검사, 칼라도플러 복합초음파검사로 확진한다.

5) 치 료

(1) 세균성 전립선염

전립선 특수세포를 투과할 수 있는 특수항생제를 투여하며, 치료에 저항할 경우에는 경직장초음파검사로 저항원인을 규명하여 원인요법을 시행한다.

(2) 비세균성 전립선염, 전립선통

비세균성, 전립선통의 발생 원인은 무균소변의 전립선관내로의 역류 때문이므로 항생제의 투여보다는 항콜린제, 교감신경차단제, 진통제 등의 약물로 배뇨장애증상과 통증을 완화시키는데 중점을 두게 된다.

2. 전립선비대증(BPH)

1) 정 의

전립선비대증은 전립선이 비대해지는 질환으로 전립선 한가운데를 통과하는 요도를 압박하여 소변이 잘 안 나오게 되거나 성기능에 장애를 일으키기도 한다. 중년 이후 밤에 자다가 일어나 소변을 자주 누게 되는 빈뇨현상을 보이면 전립선비대증을 의심하게 된다. 전립선비대증의 주 원인은 전립선의 노화현상이며, 유전적 요인, 가족력 등도 연관이 있다.

2) 진 단

① 병력청취 및 증상평가, 소변검사, 초음파검사, 방광경검사
② 직장수지검사(전립선촉진검사) : 전립선의 크기, 단단한 정도, 전립선암과의 감별
③ 신기능검사 : 혈중 요소질소검사, 혈중 크레아티닌검사, 혈중 요산수치검사
④ 전립선특이항원(PSA) : 전립선암의 동반 여부 확인

3) 치 료

① 대기요법, 약물요법(호르몬요법)
② 보존적 수술요법(전립선요도 풍선확장술, 전립선요도 스텐트삽입술, 열치료)
③ 수술요법(경요도전립선절제술, 레이저전립선수술 등)

제5절 비뇨기계 종양(암)

1. 신세포암(renal cancer)

1) 정 의

신세포암은 신실질에서 발생하는 악성종양으로 보통 신장암이라고 하면 이 신세포암을 말한다. 흡연이 가장 중요한 발생 원인이며, 3대 증상으로 혈뇨, 측복부동통, 측복부종물이 있다.

2) 경 과

신세포암은 진단 당시 이미 다른 부위로 전이가 되어 있는 경우가 많다. 전이가 되는 곳으로는 폐가 가장 흔하며, 그 외에도 간, 뼈, 주변의 림프절 등으로 전이될 수 있다.

3) 치 료

수술로 암을 제거하는 것이 가장 최선의 방법이며, 근치적 신적출술이나 부분 신절제술이 주로 시행된다. 전이암의 경우는 신적출술을 시행하면서 전이된 부위를 함께 제거해야 한다.

4) 합병증

고혈압, 암 전이 합병증(뼈 전이에 의한 뼈 통증, 폐 전이에 의한 호흡곤란 등)이 나타난다.

2. 방광암(bladder cancer)

1) 정 의

방광암은 방광에 생기는 악성종양으로 소변과 직접 접촉하는 이행상피세포에서 유래한 이행상피세포암이 90% 정도를 차지한다. 진단 당시 방광점막에만 한정된 표재성 방광암이 전체 방광암의 3/4을 차지하며, 그 외에 침윤성 방광암, 전이암 등이 있다.

2) 위험요인

주 위험요인은 흡연이며, 고령, 발암물질에 노출, 감염, 방광결석도 위험요인이다.

3) 증 상

주증상은 통증 없는 육안적 혈뇨이며, 그 외에 빈뇨, 배뇨통증, 급박성 요실금 등의 증상이 있다. 병이 상당히 진행된 경우에는 체중감소와 뼈 전이에 의한 뼈의 통증 등의 증상이 있다.

4) 진 단

소변검사, 소변세포검사, 방광경검사(조직검사)를 통해 방광암을 확진하고 흉부방사선검사(폐 전이유무 확인), 동위원소검사(뼈 전이유무 확인) 등을 시행한다.

5) 치 료

표재성 방광암의 치료는 경요도절제술이 기본이며, 침윤성 방광암의 경우에는 방광적출술을 포함한 침습적인 치료가 고려된다. 전이암의 경우에는 항암치료를 시행하게 된다.

3. 전립선암(prostate cancer)

1) 정 의

전립선암의 대부분은 전립선세포에서 발생하는 선암이다. 전립선암의 가장 중요한 원인으로는 연령, 인종, 가족력을 들 수 있다. 이러한 유전적 요인 외에 호르몬, 식이습관, 제초제와 같은 화학약품 등도 발병에 중요한 요인으로 작용한다고 알려져 있다. 전립선암이 진행되어 전이되는 경우에는 주로 뼈로의 전이가 흔히 발생한다.

2) 증 상

전립선암이 진행되면 방광출구가 막혀 소변을 배설하지 못하게 되는 급성 요폐, 혈뇨, 요실금이 발생하게 되며, 전이암으로 진행되면 뼈 전이에 의한 뼈의 통증, 척수압박에 의한 신경증상 및 병적 골절 등이 발생한다.

3) 진 단

진단방법에는 전립선특이항원(PSA)검사와 직장수지검사(전립선촉진검사)가 있다. 전립선특이항원검사에서 전립선특이항원(PSA)이 증가한 경우에는 반드시 조직검사를 통해 전립선암을 확진한다. 그 외에 경직장초음파검사, 골주사(bone scan), CT검사, MRI검사 등도 시행한다.

4) 치 료

국소암의 경우에는 근본적인 치료를 목적으로 치료를 하게 되지만, 다른 장기로 퍼진 전이암의 경우에는 국소치료는 의미가 없으며, 항암요법 등의 전신치료를 하게 된다.

제 16 장 여성생식기계 질환

여성생식기는 난소(ovary), 난관(fallopian tube), 자궁(uterus), 질(vagina) 및 외생식기(external genital organ)로 구성되어 있으며, 난자를 생산함은 물론 정자를 받아들여 수정시킨 다음 수정란을 자궁 내에 착상시킨 후 최종적으로 태아를 분만하는 기능을 한다. 또한 유선이 발달되어 있어 유아의 수유기관으로서의 작용도 한다.

제1절 여성생식기 관련 질환

1. 골반염(pelvic inflammatory)

1) 정 의

골반염이란 질염이나 자궁경부염이 치료되지 않고 방치되어 자궁을 통하여 난관이나 골반 내에까지 염증이 진행된 상태를 말하며, 간혹 염증이 심하여 농양이 형성되기도 한다. 대부분은 세균성 질염, 자궁경부염, 성병의 후유증이나 자궁내 장치사용 등으로 인하여 발생한다.

2) 진 단

아랫배나 자궁경부의 자극에 통증이나 열이 난다던지 하는 등의 임상증상과 병력, 자궁경부의 냉을 채취해서 검사하는 염증검사를 통하여 진단이 이루어지는데, 드물게 정확한 진단과 균의 종류를 알아보기 위한 배양검사를 위하여 골반강천자나 복강경검사를 시행하기도 한다.

3) 치 료

대부분은 항생제로 치료가 잘되지만 농양이 계속되는 경우에는 농양제거술이 필요하고, 심할 경우 자궁적출술이 필요하기도 한다.

4) 합병증

난소난관농양, 불임, 자궁외 임신, 만성 골반통, 재감염 등이 있다.

2. 자궁내막증식증(endometrial hyperplasia)

1) 정 의

자궁내막증식증은 비정상적인 자궁출혈을 동반하는 비정상적인 자궁내막의 증식상태를 말하며, 과도한 생리적 변화에서 상피내암까지 다양한 모습을 나타낸다.

2) 증 상

대표적인 증상은 불규칙한 자궁출혈이며, 그 외에 월경과다, 하복부동통 등이 있다.

3) 원 인

단순형 자궁내막증식증은 일반적으로 무배란성 월경불순시에 생기게 된다. 즉 배란 없이 여성호르몬(에스트로겐)의 자극이 계속되어 자궁내막이 계속 증식되는 것이다.

4) 치 료

호르몬치료(프로게스테론), 수술적 치료(자궁확장소파술과 자궁절제술)를 시행한다.

3. 자궁내막증(endometriosis)

1) 정 의

자궁내막은 매달 생리주기에 따라 증식되었다가 탈락하는 조직인데 이러한 자궁내막조직이 생리시에 골반 내로 역류된 생리혈에 섞여 자궁이 아닌 다른 부위의 조직에 부착하여 증식하는 것을 자궁내막증이라고 한다. 자궁내막증은 난소에서 자궁내막종(난소낭종)을 형성하기도 하며, 생리통, 동통 및 불임을 일으키는 원인으로 가임기여성에서 흔히 볼 수 있다.

2) 증 상

불임, 통증, 월경과다증, 불규칙한 월경 등이 나타난다.

3) 치 료

가성임신상태나 가성폐경상태를 유도하는 약물을 사용하여 에스트로겐의 활동을 억제한다. 수술로는 자궁내막증의 병기에 따라 복강경수술, 보존적 개복술, 전자궁적출술을 시행한다.

제2절 여성생식기 종양

1. 자궁경부암(cervical cancer)

1) 정 의

자궁경부암은 자궁의 입구인 자궁경부에 방생하는 여성생식기암으로 하루아침에 생기는 것이 아니라, 전암단계를 상당시간동안 거치는 것으로 알려져 있다. 즉 정상상피세포에서 시작하여 상피내 세포에 이상이 발생하는 자궁경부상피이형성증(전암단계)을 거쳐 상피 내에만 암세포가 존재하는 자궁경부상피내암으로 진행하게 되는데 이 단계에서도 발견하여 치료하지 못하면 다시 침윤성 자궁경부암으로 진행하게 된다.

2) 위험요인

자궁경부암의 발생 여부는 인유두종바이러스(HPV)의 감염(16세 이전의 성교, 다수의 성 파트너)이 가장 핵심적인 역할을 하는 것으로 알려져 있다. 또한 흡연여성의 자궁경부암 발생위험은 2배가량 높은 것으로 나타나고 있다.

3) 증 상

질출혈, 질분비물의 증가, 골반통, 요통, 체중감소 등이 나타난다.

4) 진 단

(1) 질확대경검사(조직검사)

자궁경부 질세포검사(Pap smear)나 육안관찰에서 이상이 있을 경우 질확대경검사를 시행하며, 필요한 부위의 조직검사를 동시에 할 수도 있다.

(2) 원추절제술

질확대경검사(조직검사)를 통해서도 암세포가 자궁경부의 표피에만 있는지, 기저막을 뚫고 더 깊이 침범했는지가 확실치 않은 경우에는 원추절제술을 시행할 수 있으며, 이는 자궁경부암의 침윤정도를 확인하는 진단뿐만 아니라 치료로도 이용할 수 있다.

5) 치 료

전암성 병변(이형성증, 상피내암)인 경우에는 원추절제술만으로도 완치가 가능하며, 치료 후 임신이 가능할 수도 있지만, 침윤성인 경우에는 대부분 광범위 자궁적출술이나 항암화학, 방사선치료를 받게 되며, 경우에 따라서는 두 가지 이상의 치료법을 병행하기도 한다.

2. 유방암(breast cancer)

1) 정 의

대부분의 유방암은 유관(젖줄)과 유엽(젖샘)에 있는 세포에서 기원하므로 일반적으로 유방암이라고 하면 유관과 유엽의 상피세포에서 기원한 암을 말한다.

2) 증 상

가장 흔한 증상은 통증이 없는 멍울이 만져지는 것이다. 유방암이 진행됨에 따라 피부궤양, 함몰, 겨드랑이 종괴 등의 증상이 나타날 수 있으며, 유방에 염증증상을 보이기도 한다.

3) 위험인자

여성호르몬(에스트로겐), 고령(50세 이상), 수유요인, 출산경험(노산, 무경험), 비만(비만세포에서 소량의 에스트로겐 분비), 술, 가족력, 방사선 노출 등이다.

4) 진 단

자가검진 및 임상진찰, 방사선검사(유방촬영술, 유방초음파술), 조직생검 등을 시행한다.

5) 치 료

수술이 가장 중요하며, 수술 후 잔류암세포의 억제를 위해 항암요법을 쓰게 된다. 폐경전 유방절제술 후 조직검사에서 에스트로겐수용체가 양성인 경우 유방암의 재발을 감소시키기 위해 타목시펜(항에스트로겐제제)을 투여한다. 폐경된 경우에는 아로마타제 억제제(Aromatase inhibitor, AI)를 사용한다.

제17장 근골격계 질환 및 피부계통 질환

제1절 근골격계 질환

1. 골다공증(osteoporosis)

1) 정 의

골다공증이란 골의 화학적 조성에는 변화가 없고, 단위용적 내의 골량이 감소하여 경미한 충격에도 쉽게 골절을 일으킬 수 있는 질환을 말한다. 즉 뼈의 양이 감소되어 구멍이 난 것처럼 보일 정도로 뼈에 많은 공간이 생기는 현상을 말한다. 골다공증이 있는 경우에 골절은 특히 손목, 척추, 고관절(대퇴골)에서 자주 발생한다.

2) 원 인

골다공증은 나이가 들어가면서 특히 여성은 폐경기 이후 에스트로겐(골밀도유지기능)의 감소로 인해 더욱 악화되며, 운동부족, 비만, 칼슘섭취부족, 흡연, 알코올중독 등도 그 원인이다.

3) 진 단

골밀도검사(손목, 척추, 고관절)를 통해 진단한다. 골밀도검사를 통하여 골절 전에 골다공증 여부를 알 수 있고, 향후 골절확률도 알 수 있다.

심화TIP 골밀도검사결과

- **정상** : T스코어 ≥ −1.0
- **골다골증** : T스코어 ≤ −2.5

4) 치 료

치료는 생활습관 개선과 더불어 약물치료를 하며, 운동으로 뼈를 튼튼하게 할 필요가 있다. 약물치료에는 칼슘과 비타민D를 함께 사용한다.

2. 류마티스 관절염(rheumatoid arthritis)

1) 정 의

류마티스 관절염은 다발성 관절염을 특징으로 하는 원인불명의 만성 염증성 질환이다. 초기에는 관절을 싸고 있는 활막에 염증이 발생하지만 점차 주위의 연골과 뼈로 염증이 퍼져 관절의 파괴와 변형을 초래하게 되며 결국 골화되어 관절을 쓸 수 없게 된다. 류마티스 관절염은 자가면역성 질환으로 이해되고 있는 질환으로 약간의 체질적(유전적) 요인과 환경적 요인이 복적으로 작용하여 발생하는 질환이다.

2) 진 단

① 조조강직

※ 조조강직이란 아침에 자고 일어나서 또는 오랜 시간 한 자세로 있는 경우 관절이 뻣뻣해져 움직이기 힘들다가 시간이 조금 지나서야 움직임이 좋아지는 현상을 말한다.

② 다발성, 대칭성 관절염

③ 류마티스 피부결절

④ 혈액검사에서 류마티스인자 양성

⑤ 방사선검사에서 골의 침식징후

3) 치 료

진통소염제, 스테로이드호르몬제, 항류마티스제를 사용하여 약물치료를 주로 하고 물리치료, 운동요법, 심한 경우에는 수술적인 치료를 병행할 수 있다.

3. 골관절염(degenerative arthritis))

1) 정 의

골관절염(퇴행성 관절염)이란 관절을 보호하고 있는 연골의 점진적인 손상이나 퇴행성 변화로 인해 관절을 이루는 뼈와 인대 등에 손상이 일어나서 염증과 통증이 생기는 질환으로 관절의 염증성 질환 중 가장 높은 빈도를 보인다. 골관절염은 관절에 과도한 부하가 걸려 관절조직이 손상되거나 관절의 연골이나 뼈가 약하여 관절연골이 손상된 경우에 생기며, 과체중으로 인하여 관절과 연골에 과도한 부담이 있을 때 잘 생긴다.

2) 위험인자

노령, 비만, 관절의 선천적 또는 후천적 이형성증, 외상, 관절염의 과거력, 일부의 특수작업, 가족력, 인종, 유전적 요인, 대사성 또는 내분비성 질환 등이다.

3) 증 상

무릎통증과 손가락이 튀어나오는 증상(2대 증상)이 나타난다.

4) 진 단

임상증상과 엑스선검사(관절간격이 좁아지고 관절변연에 골극형성)를 시행한다.

5) 치 료

① 비약물적 치료 : 규칙적인 관절운동, 체중조절, 물리치료

② 약물치료 : 비스테로이드성 소염제를 사용

③ 수술적 치료 : 심한 경우 골절제술, 인공관절치환술, 연골이식수술 등

4. 통풍성 관절염(gout)

1) 정 의

통풍은 단백질대사 후 만들어지는 요산이라는 단백분해물질(퓨린)이 과도하게 생산되거나 신장을 통해 배설이 제대로 되지 않아 혈액 내에 요산의 농도가 높아지면서 이 요산염결정이 관절의 연골, 힘줄, 주위조직에 침착되는 질병이다.

2) 위험인자

고요산혈증은 이뇨제 등의 약물을 사용하는 경우, 통풍의 가족력이 있는 사람, 60세 이상의 남자, 비만인 사람, 육식이나 술을 많이 하는 사람에게서 많이 발생한다.

3) 증 상

통풍은 ① 무증상 고요산혈증, ② 급성 통풍성 관절염, ③ 간헐기통풍, ④ 만성 결절성 통풍의 전형적인 4단계를 거친다.

4) 진 단

염증이 있는 관절에서 주사기로 관절액을 빼내어 현미경으로 요산결정체를 확인함으로써 진단하며, 관절액을 얻지 못한 경우에는 특징적인 통풍증상(콜키신에 특징적으로 반응)과 혈액검사(혈중 요산검사)로 진단하기도 한다.

5) 치 료

급성 통풍성 관절염은 진통소염제나 요산억제제(콜키신)로 통증과 염증을 치료하고 통증이 치료된 후에는 재발을 막기 위해 저용량의 진통소염제나 요산억제제(콜키신)를 병합 투여한다.

제2절 피부계통 질환

1. 개 요

피부는 인체의 제1방어선으로 신체표면을 완전히 덮고 있는 가장 큰 기관으로 바깥층에서부터 표피(epidermis), 진피(dermis), 피하조직(subcutaneous tissue)의 독특한 3개 층으로 이루어져 있고, 그 밖에 털, 피지선, 땀샘(에크린선), 모세혈관 등의 부속기관으로 구성되어 있다. 피부는 보호작용, 감각 및 지각작용, 배설 및 분비작용, 체온조절작용, 호흡작용, 비타민D의 생산 및 흡수작용을 한다.

2. 아토피피부염(atopic dermatitis)

1) 정 의

아토피피부염은 주로 유아기 혹은 소아기에 시작되는 만성적이고 재발성의 염증성 피부 질환으로 소양증(가려움증)과 피부건조증, 특징적인 피부습진을 동반한다. 유아기에는 얼굴과 팔다리의 펼쳐진 쪽 부분에 습진으로 시작되지만, 성장하면서 특징적으로 팔이 굽혀지는 부분과 무릎 뒤의 굽혀지는 부위에 습진의 형태로 나타나게 되며, 많은 경우에 성장하면서 자연히 호전되는 경향을 보인다. 어른의 경우 접히는 부위의 피부가 두꺼워지는 태선화가 나타나고, 유소아기에 비해 얼굴에 습진이 생기는 경우가 많다.

2) 원 인

대부분은 면역글로불린 E와 연관된 면역기전에 의해 발생되며, 그 밖에 환경적 요인(알레르겐의 증가), 유전적 소인, 피부보호막이상 등과도 관련이 있는 것으로 여겨진다.

3) 진 단

특징적인 임상증상, 즉 소양증, 특징적인 피부습진, 만성 재발성 피부염, 가족력, 피부건조증 등의 증상이 있을 때 아토피피부염으로 진단할 수 있다.

4) 치 료

약물요법으로 건조한 피부의 보습, 피부염치료를 위한 부신피질호르몬제, 면역조절제, 가려움증을 치료하기 위한 항히스타민제가 사용된다.

3. 가와사키병(Kawasaki disease)

1) 정 의

고열과 함께 피부, 눈, 입술, 입안, 손, 발 등에 이상소견이 동반되는 질환으로 주로 4세 이하의 영유아에서 발생한다. 피부점막임파절증후군이라고도 하며, 류마티스열과 더불어 어린이의 제일 흔한 후천성 심장병 중의 하나이다.

2) 진 단

① 5일 이상 지속되는 원인을 알 수 없는 고열

② 비화농성 양측성 안구결막충혈

③ 입술의 홍조 및 균열, 딸기 혀, 구강발적

④ 피부의 부정형 발진

⑤ 급성기의 비화농성 경부림프절비대(1.5cm 이상)

⑥ 급성기의 손발의 가벼운 부종과 홍조, 아급성기의 손발톱주위의 막양 낙설(desquamation)

※ **막양 낙설(desquamation)** : 손가락 끝 피부가 허물처럼 벗겨지는 것

위 증상 중 5가지 이상의 증상이 있을 때 진단을 내리게 된다. 더불어 심장초음파검사로 관상동맥의 모양과 크기를 평가하여 동맥류를 찾아낼 수 있고, 혈액검사로 적혈구침강속도(ESR)의 상승, 백혈구 및 혈소판 수의 증가, 빈혈 등을 알 수 있다.

3) 치 료

입원하여 항염제와 감마글로불린 정맥주사요법을 실시하며, 퇴원 후에도 관상동맥 내의 혈전을 방지하기 위하여 약물복용을 계속하게 된다. 심장초음파검사에서 관상동맥류가 발생한 경우에는 약물치료를 계속한다.

4. 베체트병(Behcet's disease)

1) 정 의

베체트병은 구강궤양, 음부궤양, 안구증상 외에도 피부, 혈관, 위장관, 중추신경계, 심장 및 폐 등 여러 장기를 침범할 수 있는 만성 염증성 질환으로 혈관에 염증이 생기는 혈관염이다.

2) 진 단

가장 흔한 증상인 반복되는 구강궤양증상이 있으면서 음부궤양, 피부발진, 눈의 염증(포도막염, 망막염), 피부초과민성의 4개 증상 중 2개 이상이 관찰되면 베체트병으로 진단한다.

3) 치 료

구강궤양은 이차적인 세균의 침입을 막기 위해 구강용 린스를 사용하며, 음부궤양이나 피부 질환이 있는 경우에는 국소적인 스테로이드연고를 사용하여 치료한다. 특히 콜키신(요산억제제)은 구강궤양, 음부궤양 등의 발생을 억제하는 효과가 있다.

5. 천포창(pemphigus)

1) 원 인

천포창은 대표적인 자가면역 질환으로 혈액 내에 존재하는 각질형성세포에 대한 자가항체에 의해 피부와 점막에 수포를 일으키는 만성적인 물집 질환이다. 피부의 표피에서 각질형성세포 사이의 결합을 유지시켜주는 중요한 구조물이 교소체인데, 천포창 환자는 이 교소체의 구조물 중 하나인 데스모글레인이라는 단백질을 공격하는 자가항체를 가지고 있어, 이 자가항체가 각질형성세포를 공격하여 그 사이가 분리되어 수포가 발생하게 된다.

2) 증 상

보통천포창은 가장 흔한 천포창으로 초기에 입안의 점막에서부터 증상이 생기며, 그 후 피부에도 수포가 발생하게 된다. 낙엽천포창은 입안의 점막에는 피부병변이 생기지 않으며, 주로 두피, 얼굴, 목, 가슴, 등에 수포가 발생하지만 심한 경우에는 팔다리에도 생길 수 있다.

3) 진 단

정확한 진단을 위해 피부병변 부위의 조직검사가 필요하며, 또한 혈액 내에서 교소체에 대한 자가항체의 존재 여부를 확인하기 위해 혈액검사(자가항체검사)를 시행한다.

4) 치 료

스테로이드, 면역억제제 등을 시행한다.

6. 전신홍반성 낭창(systemic lupus erythematosus)

1) 정 의

일명 루푸스(lupus)라고도 불리며, 주로 가임기여성을 포함한 젊은 나이에 발생하는 만성 염증성 자가면역 질환이다. 자가면역은 외부로부터 인체를 방어하는 면역계가 이상을 일으켜 오히려 자신의 인체를 공격하는 현상을 말하며, 그로 인해 피부, 관절, 신장, 폐, 신경 등 전신에서 염증반응이 일어나게 된다. 증상의 악화와 완화가 반복된다.

2) 진 단

루푸스는 ① 구강궤양, ② 원판상 발진, ③ 광과민성, ④ 뺨의 나비형 발진, ⑤ 관절염, ⑥ 장막염, ⑦ 신질환, ⑧ 신경학적 질환, ⑨ 혈액학적 질환, ⑩ 면역학적 질환, ⑪ 항핵항체 등의 11가지 항목을 평가하여 4가지 이상 해당할 때 진단된다.

임상증상과 함께 혈액검사(자가항체검사), 항핵항체검사, 간기능검사, 신기능검사, 영상학적 검사 등을 통해 이루어진다.

3) 치 료

자가항체에 의한 주요장기의 침범이 없는 경우에는 증상을 억제하는 치료에 초점을 맞추고, 장기 손상이 예측되는 증상에 대해서는 전신적인 스테로이드 투여가 주된 치료이다.

제18장 안과 질환 및 이비인후과 질환

제1절 안과 질환

1. 개 요

눈은 광선을 감수하는 시각기관으로서 안구(eyeball)와 시신경(optic nerve) 그리고 안구부속기(accessory organs of eye)로 구성되어 있다. 안구는 안구외막, 중막, 내막의 3개 층의 안구벽과 그 안의 내용물로 구성되어 있다. 안구외막은 섬유층으로서 각막(cornea)과 공막(sclera)으로 되어 있고, 중막은 혈관층으로서 모양체(ciliary), 홍채(iris) 및 맥락막(choroid)으로 되어 있으며, 내막은 신경층으로서 망막(retina)에 해당하는 부분이다. 안구부속기에는 안근, 안검, 결막, 누기 등이 있다.

2. 백내장(cataract)

1) 정 의

동공의 바로 뒤에 있는 수정체는 물체의 초점을 맞추는 기능을 하는 것인데, 이 수정체가 흐려지고 혼탁해지면서 시력저하가 일어나는 질병을 백내장이라 한다. 노인성 백내장, 선천성 백내장, 외상성 백내장, 당뇨병성 백내장, 합병성 백내장 등이 있다.

2) 증 상

일반적인 증상은 시력이 흐리고, 복시와 눈부심이 나타나며, 동공이 산동되어 불빛이 밝지 않을 때 더 잘 본다. 보통 양측성으로 오며, 양 눈의 진행정도는 같지 않다.

3) 진 단

산동검사를 통해 동공을 확대시킨 후 세극등검사(일종의 현미경검사로 눈을 최대 40배까지 확대하여 볼 수 있는 검사)로 수정체혼탁의 정도와 위치를 확인한다.

4) 치 료

수술로 혼탁한 수정체를 제거하고 인공수정체로 대체한다.

3. 녹내장(glaucoma)

1) 정 의

녹내장은 안압의 상승으로 인해 시신경이 눌리거나 혈액공급에 장애가 생겨 시신경의 기능에 이상을 초래하는 질환이다. 눈의 형태를 유지하기 위해서는 안압이 적절히 유지되어야 하는데, 안압이 너무 낮으면 안구위축이 올 수 있고, 너무 높으면 시신경이 손상 받게 된다. 시신경에 장애가 생기면 시야결손이 나타나고, 말기에는 시력을 상실하게 된다.

2) 증 상

(1) 급성 녹내장(협우각형 녹내장)

안압이 급속도로 높아지면서 시력감소, 두통, 구토, 충혈 등의 증상이 나타난다.

(2) 만성 녹내장(광우각형 녹내장)

시신경이 서서히 파괴되므로 특별한 증상을 느끼지 못하다가 시야가 좁아지는 말기에 이르러 답답하다고 느끼며, 더 진행되면 실명에 이르게 된다.

3) 진 단

안압검사에서 안압이 30mmHg 이상인 경우(정상은 15~25mmHg)에 진단한다.

4) 치 료

급성인 경우에는 약물치료, 만성인 경우에는 녹내장수술을 시행한다.

4. 망막박리(retinal detachment)

1) 정 의

망막박리란 망막이 유리체의 뒷면과 정상적으로 붙어있지 못하고 분리되어 떨어져 있는 것을 말한다. 망막박리 가운데 가장 흔한 원인은 유리체의 액화로 인하여 생긴 망막의 열공 때문이며, 이를 열공성 망막박리라고 한다. 망막박리가 발생하면 가장 흔한 증상으로 시야결손이 나타나며, 망막에 열공이 생기는 과정에서 망막혈관이 손상되면 시력감소도 발생한다.

2) 치 료

망막에 열공이 발생했으나 망막박리를 일으키지 않은 경우에는 레이저응고술이나 냉응고술로 즉시 치료하여 망막박리를 예방하고, 망막이 박리된 후에는 망막박리교정술로 치료한다.

제2절 이비인후과 질환

1. 개 요

코는 호흡기계통의 첫 관문으로서 외비, 비강 및 부비동으로 구성되어 있으며, 입과 함께 공기를 마시고 내뱉는 통로가 되기도 한다. 콧속에는 후각상피가 있어 냄새자극을 감지하고 전달하는 기능을 한다. 귀는 평형청각기관으로 크게 외이, 중이 및 내이로 구분되며, 청각기관은 내이의 전방부분에 위치하고 평형기관은 주로 내이의 후방부분에 위치한다.

2. 수면무호흡증(sleep apnea)

1) 정 의

코골이는 수면 중 호흡기류가 여러 가지 원인으로 좁아진 기도를 지나면서 목젖이나 입천장 등의 주위 구조물에 진동을 일으켜 발생되는 호흡잡음을 말한다. 수면무호흡은 수면 중 호흡정지가 빈번하게 발생하는 것으로 심한 코골이와 주간졸음증 등 수면장애의 원인이 된다. 또한 그로 인해 수면 중 유발되는 저산소증은 다양한 합병증(고혈압, 허혈성 심질환, 부정맥, 폐질환, 신경장애, 내분비장애, 위식도역류 등)을 유발할 수 있다. 비만으로 인하여 목 부위에 지방이 축적되거나 혀, 편도 등의 조직이 비대해진 경우에도 상기도가 좁아져 코골이 및 수면무호흡이 나타날 수 있다.

2) 진 단

수면다원검사를 통해 수면 중 일어나는 코골이는 물론 뇌파, 안구운동, 심전도, 근전도, 혈압, 호흡, 혈중 산소포화도 등을 측정하고 그 결과로 코골이와 수면장애 정도를 진단한다.

3) 치 료

체중감량, 금주, 금연 등의 위험인자를 줄이는 방법, 약물치료 및 수술적 치료(비강교정술, 구개수구개인두성형술, 레이저코골이수술 등)를 시행한다.

3. 난청(hearing impairment)

1) 정 의

소리의 전달은 고막과 3개의 이소골을 거쳐 뇌에까지 전달되어 인지하는 것을 말하는데, 난청은 소리가 전달되는 과정에서 소리를 듣는 능력이 저하되어 오는 증상을 말하며, 귀의 질환, 유전적 원인, 생활환경, 생활습관 등 여러 원인에 의하여 발생한다.

2) 종 류

(1) 전음성 난청

전음성 난청은 소리를 전달하는 기관의 장애로 인하여 들을 수 없는 경우를 말하며, 음의 에너지를 크게 하면 전달기관은 불완전한 음을 전달하지만 감음부위에서는 보통크기의 에너지로 되어 중추에 전달된다. 따라서 전음성 난청 환자는 큰 소리로 말하거나 보청기를 사용하면 확실하게 들을 수 있다. 외이도 폐쇄, 고막천공, 만성 중이염, 삼출성 중이염 등에서 전음성 난청이 온다. 골도청력은 정상이고 기도청력에 장애가 있는 경우로 수술적 요법이 가능하다.

(2) 감각신경성 난청

감각신경성 난청은 소리를 감지하는 곳이나 청각중추에 이르는 경로에 장애가 생겨 잘 들을 수 없는 경우를 말하며, 들려주는 음을 크게 하더라도 무슨 말인지 잘 구별하지 못하고 잡음만 크게 들리는 것처럼 된다. 내이염, 약물중독성 난청, 노인성 난청, 소음성 난청, 메니에르병 등에서 감각신경성 난청이 온다. 골도청력 및 기도청력이 동시에 저하된 경우로 골도청력과 기도청력의 차이가 15dB 이하일 때를 말한다.

3) 진 단

고막검사, 청력검사, 혈액검사, 알레르기검사, 심전도검사, 엑스선검사를 통하여 발병원인을 조사하고, CT검사, MRI검사 등 다른 필요한 검사를 통해서 청신경종양 등을 진단하게 된다. 감각신경성 난청이 의심되는 경우에는 뇌간유발반응청력검사 등의 정밀검사로 청력장애를 진단하게 되며, 확진된 후에는 측두골 단층촬영검사 등을 시행한다.

4) 치 료

전음성 난청은 진단 후 대부분 치료가 된다. 즉 선천성 외이도폐쇄증이나 고막손상, 급·만성 중이염, 이경화증 등의 원인 질환 대부분이 치료가 된다. 감각신경성 난청은 인공달팽이관이식을 시행하여 청력회복이나 재활교육에 도움을 줄 수 있다.

4. 이명(tinnitus)

1) 정 의

이명(귀울림)이란 외부에서 소리자극이 없는데도 소리를 느끼는 것으로 귀에서 뇌까지의 소리전달과정 중 어느 한 부분에 이상이 생겨 실제로 소리가 간헐적, 연속적으로 들리는 것을 말한다.

2) 진 단

기본적인 귀 검사로 외이도와 고막의 진찰, 고실도검사 등을 시행하며, 이구전색, 고막천공, 삼출성 중이염, 만성 중이염 등이 있는지 확인한다. 청력검사에서 정상이면 특발성 이명으로 분류하고 청력검사에서 소리전달과정의 장애로 인한 전음성 난청이 있으면 만성 중이염, 이경화증 등을 의심할 수 있다. 뇌간유발전위검사(뇌파검사)에서 정상인 경우에는 소음이나 이독성 약물에 의한 내이손상, 내이염, 메니에르병, 외림프누공, 노인성 난청 등을 의심해볼 수 있다.

3) 치 료

단순히 이명만 있는 경우에는 아직까지 수술적 치료는 불가능하며, 약물치료, 이명의 습관화, 보청기, 전기자극, 음향치료, 최면요법 등을 시행해 볼 수 있다. 종양이나 혈관이상, 턱관절장애 등의 병변이 밝혀진 경우에는 수술적 치료를 통해 이명의 치료가 가능하다.

5. 메니에르병(Meniere's disease)

1) 정 의

메니에르병이란 내이 속에 있는 림프액이 비정상적으로 많아진 상태(림프액의 과다생성 또는 흡수장애로 생긴 내림프수종)로 예고 없이 심한 현기증과 함께 귀가 막힌 듯한 느낌이 들거나 이명과 난청이 발생하게 되는 상태를 말하며, 특발성 내림프수종이라고도 한다. 메니에르증후군의 가장 흔한 증상은 난청이며, 그 외에 오심, 구토를 동반한 회전성 있는 현기증, 이명, 이충만감 등의 증상이 나타난다.

2) 진 단

진단에 가장 중요한 것은 특징적인 병의 증상, 즉 회전성 있는 현기증과 청력저하, 이명, 이충만감이며, 보통 이러한 발작증상은 자율신경계의 자극증상인 오심, 구토를 동반한다. 전정기능검사와 전기와우도검사를 통해서도 중요한 정보를 얻을 수 있다.

3) 치 료

급성 현기증을 치료하기 위해서는 전정억제제와 오심, 구토억제제가 필요하며, 수분을 공급하고 전해질을 보충해 주어야 한다. 만성 메니에르증후군의 약물치료에서 베타히스티딘이 가장 효과적인 약물로 알려져 있으며, 이뇨제도 필요하다. 수술로는 내림프낭감압술이 있다.

제19장 법정감염병

제1절 법정감염병의 정의 및 분류

1. 법정감염병의 정의

"감염병(infectious disease)"이란 제1급감염병, 제2급감염병, 제3급감염병, 제4급감염병, 기생충감염병, 세계보건기구 감시대상 감염병, 생물테러감염병, 인수(人獸)공통감염병 및 의료 관련 감염병을 말한다(감염병의 예방 및 관리에 관한 법률 제2조 제1호).

2. 법정감염병의 분류

(1) 제1급감염병

생물테러감염병 또는 치명률이 높거나 집단 발생의 우려가 커서 발생 또는 유행 즉시 신고하여야 하고, 음압격리와 같은 높은 수준의 격리가 필요한 감염병을 말한다.

(2) 제2급감염병

전파가능성을 고려하여 발생 또는 유행시 24시간 이내에 신고하여야 하고, 격리가 필요한 감염병을 말한다.

(3) 제3급감염병

그 발생을 계속 감시할 필요가 있어 발생 또는 유행시 24시간 이내에 신고하여야 하는 감염병을 말한다.

(4) 제4급감염병

제1급감염병부터 제3급감염병까지의 감염병 외에 유행 여부를 조사하기 위하여 표본감시 활동이 필요한 감염병을 말한다.

(5) 기생충감염병

기생충에 감염되어 발생하는 감염병 중 질병관리청장이 고시하는 감염병을 말한다.

(6) 세계보건기구 감시대상 감염병

세계보건기구가 국제공중보건의 비상사태에 대비하기 위하여 감시대상으로 정한 질환으로서 질병관리청장이 고시하는 감염병을 말한다.

(7) 생물테러감염병

고의 또는 테러 등을 목적으로 이용된 병원체에 의하여 발생된 감염병 중 질병관리청장이 고시하는 감염병을 말한다.

(8) 성매개감염병

성 접촉을 통하여 전파되는 감염병 중 질병관리청장이 고시하는 감염병을 말한다.

(9) 인수공통감염병

동물과 사람간에 서로 전파되는 병원체에 의하여 발생되는 감염병 중 질병관리청장이 고시하는 감염병을 말한다.

(10) 의료 관련 감염병

환자나 임산부 등이 의료행위를 적용받는 과정에서 발생한 감염병으로서 감시활동이 필요하여 질병관리청장이 고시하는 감염병병을 말한다.

심화TIP 관리대상 해외 신종감염병

기존 감염병의 변이 및 변종 또는 기존에 알려지지 아니한 새로운 병원체에 의해 발생하여 국제적으로 보건문제를 야기하고 국내 유입에 대비하여야 하는 감염병으로서 질병관리청장이 보건복지부장관과 협의하여 지정하는 것을 말한다.

제2절 제1급감염병

1. 제1급감염병의 정의

"제1급감염병"이란 생물테러감염병 또는 치명률이 높거나 집단 발생의 우려가 커서 발생 또는 유행 즉시 신고하여야 하고, 음압격리와 같은 높은 수준의 격리가 필요한 감염병을 말한다. 다만, 갑작스러운 국내 유입 또는 유행이 예견되어 긴급한 예방·관리가 필요하여 질병관리청장이 보건복지부장관과 협의하여 지정하는 감염병을 포함한다(감염병의 예방 및 관리에 관한 법률 제2조 제2호).

심화TIP 생물테러감염병의 종류

1. 탄저	2. 보툴리눔독소증
3. 페스트	4. 마버그열
5. 에볼라열	6. 라싸열
7. 두창	8. 야토병

2. 제1급감염병의 종류

① 에볼라바이러스병
② 마버그열
③ 라싸열
④ 크리미안콩고출혈열
⑤ 남아메리카출혈열
⑥ 리프트밸리열
⑦ 두창
⑧ 패스트
⑨ 탄저
⑩ 보톨리눔독소증
⑪ 야토병
⑫ 신종감염병증후군
⑬ 중증급성호흡기증후군(SARS)
⑭ 중동호흡기증후군(MERS)
⑮ 동물인플루엔자인체감염증
⑯ 신종인플루엔자
⑰ 디프테리아

의학이론

최근 기출문제

01 피로골절(fatigue fracture)에 대하여 설명하고(2점), 호발하는 대표적 부위 4곳을 기술하시오(8점). (10점)

모범답안

1. 피로골절의 의의

피로골절이란 일정부위의 뼈에 반복되는 응력에 의해 점차 골질의 연속성이 중단되는 상태로, 장거리 행군(행군골절) 등에 의한 제2, 3, 4중족골 골절과 육상선수 등에서 보이는 경골골절이 이에 속한다. 정상적인 근육은 뼈에 가해지는 외력을 차단하는 역할을 하나, 근육이 피로하여 정상기능을 소실하면, 뼈에 응력이 집약되어 발생한다. 이때 골절의 형태는 불완전골절이고, 골 피절면에 대하여 횡골절로 보이며, 드물게 완전골절로 이행될 수 있다. 일명 행군골절 등으로도 불린다.

2. 대표적인 호발부위 4곳

(1) 중족골의 피로골절

장거리 달리기선수나 발레무용수에게 흔하며, 제2중족골 경부가 호발부위이나 타 중족골에도 올 수 있다.

(2) 경골간부의 피로골절

주로 젊은 운동선수, 발레무용수, 군인들에게서 많이 생긴다. 군인들에 있어서는 주로 근위부에 생기며, 임상소견은 일반적으로 서서히 진행하는 국호적 동통과 압통이다. 방사선 소견상 경골 앞쪽 피질골의 비후가 보이기도 하며, 경골 전방 구획증후군과 감별 진단해야 한다.

(3) 대퇴경부의 피로골절

젊고 활동적인 사람이 평소 잘 하지 않던 체조, 달리기, 행군 등을 한 후에 잘 생기며, 골다공증 같은 골 대사성 질환을 가진 노인에서 잘 발생한다.

(4) 주상골의 피로골절

기존의 섬유화나 골성 결합으로 족부변형이 있는 환자, 특히 족근부 배굴곡의 제한, 거골하 관절운동의 제한, 제1중족골의 단축, 중족골 내전이 있는 사람에서 주로 생긴다.

02

35세 남자 환자가 우측 경골(tibia) 간부골절로 ○○병원을 방문하여 부목고정을 실시하고 입원하여 병실에서 안정을 취하던 중 부목을 시행했던 우측 하퇴부에 극심한 통증과 우측 발가락의 감각 저하 및 발가락의 움직임이 되지 않는다고 호소하였다. 붕대 속으로 발등의 맥박을 촉지해보니 촉지되지 않았다.

(1) 상기 환자에서 가장 가능성이 높은 진단은? (3점)

(2) 상기 진단의 발생기전에 대하여 설명하시오. (4점)

(3) 상기 환자에게 취해야 할 조치에 대하여 기술하시오. (3점)

모범답안

(1) 가장 가능성이 높은 진단 : 구획증후군

가능성이 높은 진단명은 구획증후군이다. 왜냐하면 구획증후군에서 전형적으로 나타나는 5P증상 중 통증, 감각저하, 마비, 무맥증상이 나타났기 때문이다.

여기서 5P증상이란 ① 동통(Pain), ② 맥박의 소실(Pulselessness), ③ 창백(Pale), ④ 이상감각(Parasthesia), ⑤ 운동마비(Paralysis)를 말한다.

(2) 진단의 발생기전

구획증후군이란 근막에 둘러싸인 폐쇄된 구획 내의 조직압이 높아져서 모세혈관에서의 관류가 저하되어 마침내는 구획 내의 근육과 신경 등 연부조직이 괴사되는 상태를 말한다.

정상적인 구획 내의 조직압은 약 0mmHg인데, 30mmHg 이상이 되면 이상감각이 나타나기 시작하며, 감각마비, 운동약화, 운동마비 순으로 나타난다. 조직압이 30~60mmHg로 상승하게 되면 조직관류가 불충분하게 되고 상대적 국소빈혈상태가 나타나며, 100mmHg 이상시는 원위부 맥박이 촉진되지 않는다.

(3) 환자에게 취해야 할 조치

급성 구획증후군의 치료는 응급을 요하며, 상승된 구획내압을 낮추어 주어야 한다. 우선 조이는 석고붕대, 솜붕대, 스타키네트를 절개하여야 하며, 적절한 조치에도 불구하고 30분~1시간 이내에 증상이 좋아지지 않고, 구획증후군으로 진행하는 것이 임상적으로 확실하게 추정되면 즉시 근막절개술을 시행하여야 한다. 진단이 애매할 경우 조직압을 측정하여 30mmHg 이상 증가된 경우에는 지체 없이 근막절개술을 시행하여야 한다.

심화TIP **근막절개술**

근막이란 섬유조직으로 이루어진 막으로 피부 깊은 곳, 근육, 장기, 몸안의 공간을 둘러싸는 층을 말한다. 이 근막을 잘라내어 부은 조직의 압력을 감소시킴으로써 신경, 조직, 장기의 손상이 진행되는 것을 막을 수 있다.

03

45세 남자 환자가 작업 중 좌측 하퇴부에 약 10cm 정도의 열상(laceration)을 당하여 ○○병원에서 창상에 대하여 봉합술을 시행받고 입원하게 되었다. 수술 후 약 2일 정도가 지난 후에 창상 부위에 극심한 통증을 호소하였고, 창상의 부종 및 피부 변색이 발생하였고, 창상의 배출액이 증가하였으며, 쥐가 부패하는 것 같은 악취가 났다.

(1) 상기 환자에서 가장 가능성이 높은 진단은? (3점)

(2) 상기 합병증을 예방하기 위한 조치에 대하여 설명하시오. (3점)

(3) 상기 환자의 치료에 대하여 설명하시오. (4점)

모범답안

(1) 가장 가능성이 높은 진단 : 가스괴저

의심되는 진단명은 가스괴저이다. 왜냐하면 외상부위에 심한 통증, 부종, 피부변색, 배출액의 증가, 회색빛 악취가 나는 삼출물 등 전형적인 가스괴저의 증상이 나타났기 때문이다.

(2) 합병증을 예방하기 위한 조치

가스괴저를 예방하기 위해서 가장 중요한 것은 수상 당시 창상의 처치이다. 모든 창상은 철저한 세척과 변연절제술이 절대적으로 필요하다.

(3) 환자의 치료

수액 및 전해질 보정을 위한 보조적 치료와 항생제 투여, 수술적 요법과 고압산소요법이 시행된다. 수술적 치료로 즉각적인 수술적 감압과 괴사된 조직의 변연절제술을 시행한다. 가스괴저가 의심되는 창상에 대해서는 철저한 세척과 변연절제술 후 창상을 봉합하지 않고 창상을 개방한다.

04

올림픽 대로에서 3중 추돌 사고가 발생하여 가운데 차량에 탑승한 운전자가 좌측 하지에 부상을 당하였다. 부상 부위를 관찰하니 부종과 변형이 관찰되었으나, 개방창은 없었다. 운전자는 심한 통증을 호소하고 있었다. 의식은 분명하였으며, 사고 정황상 타 부위의 손상은 없는 것으로 판단되었다.

(1) 상기 운전자에 대한 응급조치 중 가장 중요하고 먼저 시행해야 할 것은 무엇인가? (2점)

(2) 상기 응급조치가 필요한 이유에 대하여 설명하시오. (8점)

모범답안

(1) 응급조치 중 가장 먼저 시행해야 할 것 : 부목고정

골절부위의 응급처치 중 가장 중요하고 먼저 시행되어야 할 것은 골절부의 부목고정이다. 이는 사고 발생장소에서부터 즉시 시행하여야 한다.

(2) 상기 응급조치가 필요한 이유

상기 응급조치가 필요한 이유는 ① 골절부위를 움직이지 않게 고정하여 골절부위의 연부조직 손상을 피할 수 있고, ② 폐쇄성 골절이 개방성 골절로 되는 것을 방지하고, ③ 동통을 감소시키고, ④ 지방색전증과 쇼크의 빈도를 감소시키며, ⑤ 환자의 이송과 병원에서의 방사선 촬영을 쉽게 할 수 있기 때문이다.

05 운동 마비의 정도를 평가하기 위한 근력 등급에 대하여 설명하시오. (10점)

모범답안

근력평가

(1) Normal : 단계 5, 근력 100%

중력과 충분한 저항하에서 능동적 정상 관절운동이 가능하다.

(2) Good : 단계 4, 근력 75%

중력과 어느 정도의 저항하에서 능동적 정상 관절운동이 가능하다.

(3) Fair : 단계 3, 근력 50%

중력만을 이기는 능동적 관절운동이 가능하다.

(4) Poor : 단계 2, 근력 25%

무중력 상태에서 능동적 관절운동이 가능하다.

(5) Trace : 단계 1, 근력 10%

수축은 가능하나, 능동적 관절운동이 불가능하다.

(6) Zero : 단계 0, 근력 0%

근육 수축의 증거가 없다.

06

전방십자인대의 손상은 대표적인 스포츠 손상으로 젊은 남자에서 호발한다고 한다. 이러한 전방십자인대 손상을 진단하기 위한 대표적인 신체검진 소견에 대하여 기술하고(8점), 가장 대표적인 영상진단방법에 대해 쓰시오(2점). (10점)

모범답안

1. 신체검진 소견

(1) 전방전위검사

고관절 및 슬관절을 70~90도로 굴곡한 후 하퇴부를 전방으로 당겨 시행한다. 경골 및 족부를 중립위치, 내회전, 외회전하여 스트레스를 가함으로써 회전 불안정성을 관찰할 수 있다.

(2) Lachman검사

슬관절을 20~30도 가량 굴곡하여 하퇴부를 당겨 그 전위 정도와 부하시 종점의 경도를 측정한다.

(3) Pivor shift test

고관절을 20도 외전 및 슬관절을 신전상태에서 내회전하고, 서서히 굴곡시켜 슬관절이 아탈구 상태로부터 정복되는 것을 육안으로 관찰하거나 감각으로 느낀다.

2. 가장 대표적인 영상진단방법

(1) Arthrometer

전방전위검사 및 Lachman검사 등은 간편하게 십자인대파열을 진단할 수 있지만, 객관적으로 인대의 손상을 평가하고, 그 잔여기능을 나타내기 위해 K1000 등의 관절운동측정기가 개발되었다.

(2) MRI

전방십자인대파열에 동반된 손상의 진단을 위해 주로 시행되며, 기능적 상태보다는 주로 파열이 되었다는 형태적 사실을 알려준다.

07

암은 우리나라 국민의 사망원인 1위를 차지하는 질환으로 평균적으로 우리나라 국민 3명 중 1명은 암을 경험하게 된다고 한다. 전 세계적으로 암을 치료하기 위한 노력을 계속하고 있으나 전반적인 발생 및 암사망률은 줄어들지 않고 있어, 현실적으로 관리에 가장 효율적인 방법으로 암 조기진단을 시행하고 있다. 이상적인 암 선별검사의 조건에 대하여 5가지 이상 약술하시오. (10점)

모범답안

암 선별검사의 조건(5가지 이상)

(1) 질병의 특성

① 공중보건에 중요한 문제이면서 고위험군을 쉽게 찾아낼 수 있어야 한다.
② 발견이 가능한 무증상 시기가 존재해야 한다.
③ 무증상 시기에 치료를 함으로써 결과가 개선될 수 있어야 한다.

(2) 검사의 특성

① 무증상 시기에 질병을 발견할 수 있을 정도로 충분히 민감도가 높아야 한다.
② 위 양성결과가 최소화 될 수 있도록 충분히 특이도가 높아야 한다.
③ 환자가 용인할 수 있어야 한다.

(3) 선별집단의 특성

① 선별이 정당화 될 수 있을 정도로 질병의 유병률이 충분히 높아야 한다.
② 적절한 치료에 대한 접근성이 용이해야 한다.
③ 환자가 추가검사 및 치료에 기꺼이 따를 의지가 있어야 한다.

08

당뇨병은 만성 진행성 질환으로 현대인의 식생활 습관의 변화와 비만의 증가에 따라 급증하고 있다. 최근 2형 당뇨병에 대한 많은 연구 결과에 따라 새로운 진료지침과 새로운 약제들이 개발되어 치료에 적용하고 있으나, 아직까지도 당뇨병의 유병률은 줄어들지 않고 있어, 당뇨병은 현대인의 건강을 위협하는 중요한 질환 중 하나이다. 이러한 당뇨병의 진단기준을 모두 쓰시오. (10점)

모범답안

당뇨병의 진단기준

다음과 같은 경우 중 1가지 이상이 해당될 때이고 서로 다른 날 연속적으로 2회 이상 나타나야 한다.

① 8시간 이상 금식 후 혈장 공복혈당이 126mg/dL 이상

② 75g 포도당 부하 후 2시간째 혈장 혈당 수치가 200mg/dL 이상

③ 다뇨, 다음, 체중감소 등의 당뇨병 증상들이 나타나고, 식사와 관계없이 채취한 혈장에서 혈당이 200mg/dL 이상

④ HbA1c(당화혈색소)가 6.5% 이상인 경우(당화혈색소는 최근 수주간의 평균혈당수치를 보여준다)

09

두통은 머리 또는 목에 발생하는 통증을 의미하는 것으로 병원을 방문하게 하는 매우 흔한 증상 가운데 하나이다. 이렇게 흔하게 접하는 두통이라 하더라도 위험신호(red flag)들이 발견될 경우에는 위험한 결과를 야기할 수 있는 이차성 두통의 가능성이 높아지게 된다. 이러한 두통의 위험신호(red flag)에 대하여 5가지 이상 약술하시오. (10점)

모범답안

두통의 위험신호(red flag)

① 갑자기 시작하는 처음 있는 심한 두통

② 50세 이후에 새로 시작되는 두통

③ 열, 발진 또는 목의 경직이 동반되는 두통

④ 신경학적 증상이나 징후가 동반되는 두통

⑤ 의식의 변화가 동반되는 두통

⑥ 성격이 다른 종류의 두통

⑦ 정도가 점점 심해지는 두통

⑧ 고혈압과 서맥이 있는 두통

⑨ 분출성 구토를 동반하는 두통

⑩ 운동, 성교, 기침, 재채기시에 발생하는 두통

⑪ 두부 외상의 과거력이 있는 두통

10 고혈압은 세계적으로 높은 유병률을 보이는 만성 질환으로 관상동맥 질환, 심부전증, 뇌졸중, 신부전 등을 일으키는 심혈관계 질환의 위험인자이다. 우리나라에서도 27~28% 정도의 유병률을 보이고 있으며, 남자 30~40대에서 인지, 치료, 조절률이 낮아 문제가 되고 있다. 이러한 고혈압의 치료에는 여러 가지 방법을 사용하고 있는데, 약물치료 이외의 생활습관 개선에 대하여 4가지 이상 약술하시오. (10점)

모범답안

고혈압 생활습관 개선

고혈압의 비약물적 요법은 음식섭취조절, 운동, 체중조절, 스트레스 조절로 요약된다.

(1) 금 연

금연은 심혈관 질환을 감소시키기 위해서 필수적이다.

(2) 금 주

다량의 음주는 혈압을 상승시키고, 심혈관 질환을 증가시킨다.

(3) 운 동

지속적인 운동의 효과는 체중감소와 무관하게 혈압을 감소시킨다.

(4) 체중감량

비만 중 남성형 비만(상체비만)은 고혈압과 많은 관계가 있다.

(5) 식이조절

식염섭취를 약 5gm 이하로 감소시키면 수축기/확장기 혈압이 4.9/2.6mmHg 감소되는 것으로 알려져 있다. 고지방, 과도한 에너지 섭취를 제한하고 과일이나 채소, 저지방 유제품, 지방 없는 단백질, 칼슘, 칼륨, 마그네슘과 섬유소를 적절히 섭취한다.

(6) 스트레스 조절

스트레스는 고혈압의 합병증인 뇌졸중(혹은 뇌출혈), 심근경색증을 유발한다고 알려져 있다.

11 활막관절에 대하여 설명하시오. (10점)

모범답안

활막관절

활막관절이란 활액으로 차 있는 관절강을 중심으로 양쪽의 골은 관절연골로 덮여있고, 나머지 둘레는 관절낭으로 덮여 있는 관절을 말한다. 관절낭의 바깥층은 결합조직으로 구성되고 인대에 의해 보강되며, 관절낭의 안층과 골막 등 관절내 구조물이 활액막으로 덮여 있다. 활막관절은 비교적 자유롭게 운동할 수 있는데, 윤활기구가 잘 발달하여 마찰이 거의 없이 미끄러질 수 있다.

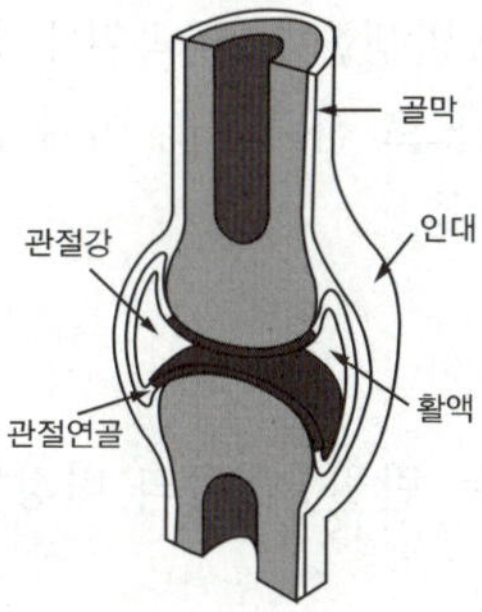

〈자료출처 : 서울아산병원〉

[활막관절]

12

40세 남자 환자로 자동차에 우측 무릎이 부딪친 후 무릎에 부종이 생겼다. 일반 방사선 촬영상 골절의 소견을 보이지 않아 슬관절 무릎내 장애(슬내장)로 진단되었다. 손상이 의심되는 조직을 모두 쓰시오. (10점)

모범답안

무릎내 장애(슬내장) 손상조직

슬내장은 주로 외상으로 인해 슬관절 기능에 지장을 초래하는 다양한 관절 내외의 장애를 말한다.

(1) 반월상연골 손상

부분 굴곡위에서 회전력이 가해질 때 발생한다. 굴곡위에서 경골에 대한 대퇴골의 내회전으로 인해 내측 반월상연골의 후방 그리고 중앙으로 전위되고, 이때 갑작스런 슬관절의 신전으로 종파열이 발생한다.

(2) 원판형 반월상연골 손상

원판형 반월상연골은 무릎 안에 있는 반월상연골의 비정상적인 모양을 의미한다.

(3) 측부인대 손상

무릎의 양 측면(내측 측부인대, 외측 측부인대)에 존재한다. 내측 측부인대는 대퇴골과 경골을 연결하고, 외측 측부인대는 대퇴골과 비골에 연결되어 있다.

(4) 십자인대 손상

전방십자인대는 무릎의 중간에 대각선으로 주행하며, 경골이 대퇴골에 대해 전방으로 미끄러지는 것을 방지할 뿐 아니라, 무릎의 회전안정성을 제공한다. 후방십자인대는 무릎 뒤쪽에 위치하고 대퇴골과 경골을 이어주는 인대 중 하나로 경골이 후방으로 빠지는 것을 제한하는 기능을 한다.

(5) 관절내 유리체

일명 joint mice라고도 한다. 유리체는 슬관절에서 가장 많이 발생하고, 그 밖에 족근관절, 고관절, 주관절 등에서도 발생하며, 남자에 호발한다.

(6) 박리성 골연골염

박리성 골연골염은 연골하골의 무혈성 변화가 나타나 치유되지 않았을 때 연골하골을 덮고 있는 연골이나 골이 분리되어 관절내 유리체를 발생시키는 질환이다.

(7) 활막추벽증후군

발생학적으로 관절강 내에 활막의 잔재가 남아 있는 것을 활막추벽이라 하며, 활막추벽이 비후되어 슬내장의 증상을 일으킬 경우, 이를 활막추벽증후군이라 한다.

13 관절강직의 원인은? (10점)

모범답안

관절강직의 원인

석고붕대 등의 외고정이나 수술 후 내고정 후, 골절에 이웃한 관절의 장기간 고정은 골절주위의 연부조직 유착이나 근위축을 초래하고 관절막에 반흔형성을 하며, 관절자체가 손상을 입지 않더라도 관절면이 유착된다.

원인으로는 관절탈구, 아탈구, 인대손상, 관절타박상, 관절내 골절, 골절 및 탈구 치료를 위한 장기간의 외고정, 광범위한 연부조직의 손상에 대한 반흔 구축, 손상지의 지속적인 부종 등이 있다.

심화TIP 관절강직(ankylosis)

외상이나 어떤 질환으로 발생하는 관절의 고정적인 운동장애로, 관절을 이루는 뼈나 연골 주위의 조직이 굳어져 관절의 움직임에 장해가 있는 상태를 말한다. 장기간의 비활동시기 후에 관절의 불편감이나 통증이 초래되는 상태 또는 관절의 운동범위가 줄거나 소실된 상태로 정의할 수 있다.
골 관절염, 류마티스 관절염, 강직성 척추염의 흔한 증상 중 하나이며, 드물게 관절의 감염이나 종양에 의해서도 발생한다. 부상이나 과도한 사용에 의해서도 유발된다.

14 부정유합의 정의(5점)와 원인(5점)은? (10점)

모범답안

부정유합

(1) 정 의

부정유합이란 골편들이 원래의 해부학적 위치가 아닌 상태로 유합되는 것을 말하며, 각형성 변형, 회전 변형, 지단축 등의 변형을 일으킨다.

(2) 원 인

부정유합이 생기는 원인으로는 ① 중추신경계의 손상으로 경련성 마비를 동반한 골절, ② 심한 연부조직 손상을 동반한 골절로 내고정으로 양호한 정복이 어려운 경우, ③ 골절의 골편이 심하거나, 고령이거나 건강상태가 불량하여 관혈적 정복을 못하여 부정확한 정복이 시행된 경우, ④ 불충분한 고정과 조기보행 또는 환자 부주의 등이 있다.

심화TIP 관혈적 정복

뼈가 골절되었을 때 골절부위를 정복하기 위해 피부를 절개하고, 골절부위를 직접 보면서 맞추는 수술방법을 말한다.

15

40세 남자 환자로 5m 높이에서 떨어지면서 우측 족근관절에 골절이 있었다. 수술 후 3주가 지나서 발바닥 및 발가락 끝 부위에 약물치료에도 반응이 없는 통증과 저림을 호소하였고 족근관 부위에 압통이 나타났다.

(1) 진단명은? (2점)

(2) 압박되는 신경은? (3점)

(3) 진단법을 모두 쓰시오. (3점)

(4) 치료방법은? (2점)

모범답안

(1) 진단명

족근관증후군

(2) 압박되는 신경

후경골신경

(3) 진단법

① 근전도와 신경전도검사

② 틴넬증후검사

③ 족근관을 약 60초 동안 압박하는 등 신경유발검사

(4) 치료방법

류마토이드 관절염으로 인한 활액막염이 원인인 경우에는 부목고정, 비스테로이드 소염제, 스테로이드 국소주사를 사용하고 골절 후 족근관 바닥의 형태가 변한 경우라면 수술적 치료를 시행한다.

16

75세 남자 환자로 자동차에 충돌 후 우측 대퇴경부골절이 생겼으나, 전신상태가 좋지 않아 수술이 늦어지고 심한 골다공증이 있는 상태이다. 예상되는 국소적 합병증(4가지)과 합당한 수술적 방법은? (10점)

모범답안

1. 국소적 합병증

(1) 감 염

고령의 환자이므로 당뇨병 등 성인병을 동반하는 경우가 많아 감염률이 높다. 감염이 되면 예후는 불량하다.

(2) 불유합

불유합은 비전위 골절에서는 잘 일어나지 않으나, 전위성 골절에서는 20~30%에서 발생한다.

(3) 무혈성 괴사

대퇴경부골절에서 골편의 전위로 인하여 상지대동맥이 손상을 받아 일어난다.

(4) 고정실패

골다공증이 있는 상태이므로 내고정물의 고정이 실패할 가능성이 있다.

2. 합당한 수술적 방법

70세 이상 고령의 환자에서 심하게 전위되거나 3주 이상 치료가 지연된 대퇴경부골절 또는 류마토이드 관절염이나 퇴행성 관절염이 있는 환자에서 발생한 대퇴경부골절의 경우에는 인공관절 치환술을 시행할 수 있다.

17

골다공증은 폐경 또는 노화에 의해 발생하는 흔한 대사성 질환으로 뼈를 구성하는 미세구조가 약해지고 손상되어 쉽게 골절이 생기는 질환이다.

(1) 주(major) 위험인자 3가지 약술하시오. (6점)

(2) 예방을 위해서는 '이 시기'에 형성되는 최대 골량을 최고로 만드는 것이 중요하므로 '이 시기'의 영양이 매우 중요하다. '이 시기'는? (2점)

(3) 고령자에서는 골절을 유발하는 가장 큰 요인이 '이것'이며, 이를 예방하기 위해서는 근력 강화와 유연성, 균형능력을 키우는 것이 중요하다. '이것'은? (2점)

모범답안

골다공증

(1) 주(major) 위험인자

① 연령의 증가(노화)

② 생활습관 : 운동부족, 칼슘과 비타민D 섭취가 적은 식사, 흡연, 과도한 알코올 또는 카페인 섭취 등

③ 내분비계 이상

㉠ 조기 폐경 : 여성호르몬인 에스트로겐의 감소

㉡ 약물복용 : 부신피질호르몬, 갑상선호르몬, 항응고제 등의 장기복용

④ 유전적 요소 : 골다공증이 있는 가족력

(2) 최대 골량 형성시기

골다공증을 예방하기 위해서는 20~30대 때부터 최대 골량을 많이 확보해놓고, 칼슘과 비타민 D를 섭취하고, 뼈와 근육을 자극해주는 운동을 해야 한다.

(3) 고령자에게 골절을 유발하는 가장 큰 요인

낙상은 골다공증이 있는 고령자에게 골절 위험을 증가시키는 요인이다. 낙상을 예방하기 위해서 근력 강화와 유연성, 균형능력을 키우는 체중부하운동을 적절히 해야 한다.

18

65세 여자가 최근 식사량이 줄고 스트레스로 인하여 잠을 설치는 등 3~4일 전부터 평소보다 힘들게 지내면서 몸통 왼쪽 가슴에서 등쪽에 걸쳐 가려움과 통증이 발생하였고, 금일 같은 부위에 수포가 관찰되었다.

(1) 진단은? (4점)

(2) 동반 가능한 합병증을 2가지 쓰시오. (6점)

모범답안

대상포진

(1) 진 단

65세 여자가 스트레스로 잠을 설치고 왼쪽 가슴에서 등쪽에 걸쳐 가려움증과 통증, 수포가 관찰되는 것으로 보아 대상포진이 의심된다.

대상포진의 원인균인 베리셀라 - 조스터 바이러스(varicella-zoster virus)에 의해 말초신경절(주로 삼차신경, 갈비사이신경, 궁둥신경)을 침범하는 신경피부계의 급성 염증으로 신경을 따라 물집들이 띠 모양으로 발생하는 질환으로 통증이 아주 심한 질환이다.

(2) 합병증

주된 합병증은 대상포진 후 신경통으로, 피부발진이 호전된 후에도 통증이 있는 경우 또는 30일 이상 통증이 지속되는 경우로 정의하기도 한다. 피부에 중추신경계를 침범하여 수막염이나 뇌염증상을 일으킬 수도 있다.

19

우리나라의 유방암은 여성에서 2번째로 호발하는 암이다. 유방암의 경우 여러 가지 위험 요인에 의해 복합적으로 영향을 받는데 이러한 고위험군에 해당하는 경우를 3가지 약술하시오. (10점)

모범답안

유방암 고위험군

① 연령 : 고연령

② 지역 : 선진국

③ 초경 연령 : 11세 이전

④ 폐경 연령 : 54세 이후

⑤ 첫 만삭 임신 연령 : 40대 초반에 첫 출산

⑥ 가족력 : 직계 가족 중 젊은 나이에 유방암 병력

⑦ 양성 유방질환 병력 : 비전형 증식증

⑧ 다른 쪽 유방의 유방암

⑨ 식사 : 포화지방 과다섭취

⑩ 체중 : 체질량 지수 > 35

⑪ 음주 : 과다 음주

⑫ 이온화 방사선 노출 : 10세 이후 어린 연령 때 비정상적 노출

⑬ 경구피임약 : 현 사용자

⑭ 호르몬 대체요법 : 10년 이상 사용

20

자궁경부암의 발생에는 (①) 감염이 중요한 요인이다. (①)은(는) 자궁경부의 편평세포암 환자의 99%에서 발견되며, 과정은 다를 것으로 보이지만 편평세포암과 선암 모두의 원인으로 밝혀져 있다.

(1) ①에 들어갈 내용을 쓰시오. (4점)

(2) 자궁경부암의 발생 위험요인을 3가지 쓰시오. (6점)

모범답안

(1) ①에 들어갈 내용 : 인유두종 바이러스(Human Papilloma Virus, HPV)

인유두종 바이러스는 성관계를 통해 전염되는데 자궁경부암이 있는 대부분의 여성에게 발견된다. 고위험군 바이러스(HPV type 16, 18, 32, 33 등)는 지속적인 감염상태를 유지하여 자궁경부암의 전단계인 자궁경부 이형성증으로 발전하며, 이 중 일부는 자궁경부암으로 진행되는 것으로 알려져 있다. 악성종양 발생의 고위험군으로 구분되어 있는 HPV 16과 HPV 18은 자궁경부암의 70%에서 발견된다.

(2) 자궁경부암의 발생 위험요인(3가지)

① 흡연, ② 인체면역결핍바이러스(HIV) 감염, ③ 클라미디어(성병의 하나) 감염, ④ 과일과 채소의 섭취가 적은 식이, ⑤ 장기간 경구피임약의 사용, ⑥ 출산수가 많은 경우, ⑦ 낮은 사회경제수준 등도 자궁경부암 발생의 위험요인으로 알려져 있다.

21 병적 골절의 원인이 되는 전신적 병변 및 국소적 병변 5개 이상을 기술하시오. (10점)

모범답안

병적 골절의 원인이 되는 전신적 병변 및 국소적 병변

염증, 종양, 골조송증(골다공증) 등 병적 상태에 있을 때 작은 외력에 의하여 발생하는 골절을 병적 골절이라고 한다. 원인이 되는 병변은 ① 골다공증, ② 신생물(종양), ③ 부갑상선기능항진증, ④ 골연화증, ⑤ 방사선조사골절 등이 있다.

※ **골조송증** : 뼈의 무기질과 단백질이 줄어들어 뼈조직이 엉성해지는 증상

병적 골절의 가장 흔한 원인은 골다공증이며, 흔한 골절부위는 척추와 고관절 주위이다. 신생물에 의한 경우는 원발성 종양과 전이성 골종양이 있는데, 전이성 골종양이 더 흔하다. 종양치료를 위한 방사선조사에 의하여 약해진 뼈에서 발생하는 골절 또한 병적 골절이다.

22 골다골증성 골절이 많이 발생하는 곳 3곳 이상을 기술하시오. (10점)

모범답안

골다골증성 골절 호발부위

골다공증에 의한 병적 골절은 주로 ① 척추, ② 대퇴경부 및 전자부, ③ 요골 원위부, ④ 상완골 등에서 발생한다.

척추골절에 대한 성형술은 척추체의 약화로 인하여 초래된 통증에 대하여 척추체를 안정시켜 통증을 완화시키는데 있다. 고관절 주위의 골절은 골절부위의 견고한 내고정, 인공 고관절 치환술 등으로 치료한다.

23

29세 환자로 교통사고 후 우측 전완부의 요골 및 척골에 분쇄 골절이 발생하였다. 예상되는 합병증은(5개 이상)? (10점)

모범답안

예상되는 합병증

(1) 구획증후군

전완부골절에서 구획증후군은 흔한 합병증은 아니지만, 발생시 심각한 후유장해를 유발할 수 있는 합병증이다. 구획증후군 발생의 위험인자로는 강한 외력에 의한 압궤 손상의 경우와 골절의 위치가 전완근위 1/3인 경우 등이다.

(2) 감 염

대부분 감염은 개방성 골절에서 기인하며, 내고정물이 안정이 있다면 대부분 감염이 치료되며, 내고정물을 제거하지 않는다. 골수염의 경우 대개 6주간의 정맥 항생제요법을 사용하며, 골절 유합 후에도 감염이 지속되면 내고정물을 제거하고 변연절제술 및 감염된 골조직의 제거술을 시행한다.

(3) 불유합 및 부정유합

불유합은 감염, 수술적 정복 후 고정이 불충분할 때, 도수정복 후 정복이나 유지가 잘못되었을 때 나타난다.

(4) 재골절

전완부골절을 금속판 고정으로 치료한 후 금속판을 제거하였을 때 재골절이 발생할 수 있다.

(5) 요척골 골결합

요척골 골결합은 동일한 위치의 전완골 동시 골절이나 근위부 1/3의 골절에서 발생할 수 있다.

24

50세 환자로 교통사고 후 우측 고관절 비구부골절 및 탈구가 발생하여 수술적 치료를 받았다. 예상되는 합병증은(5개 이상)? (10점)

모범답안

예상되는 합병증

(1) 감 염

대부분의 감염은 수술 후 초기에 발생하는데 광범위한 변연절제술과 함께 충분한 세척을 해야 하며, 적절한 항생제를 투여해야 한다.

(2) 신경 손상

후방탈구시 좌골신경의 손상이 올 수 있으며, 이는 탈구된 골두 또는 비구 골편의 압박에 기인한다.

(3) 외상성 관절염

수상 당시의 충격으로 관절 연골이나 관절 연골로의 혈행이 비가역적으로 손상되면 외상 후 관절염 발생은 필연적이다.

(4) 대퇴골두 무혈성 괴사

고관절탈구시 적어도 24시간 내에 정복해야만 대퇴골두의 무혈성 괴사 및 외상성 관절염 등의 합병을 최소한 막을 수 있다.

(5) 고관절 아탈구

수상 당시 관절막의 손상이 심하였던 경우와 후벽 골편의 무혈성 괴사가 야기된 경우에 발생할 수 있다.

25 발에서 중족부에 해당되는 골구조물을 쓰시오(5개). (10점)

모범답안

발의 중족부 골구조물

입방골, 주상골, 설상골3개(내측설상골, 중간설상골, 외측설상골)

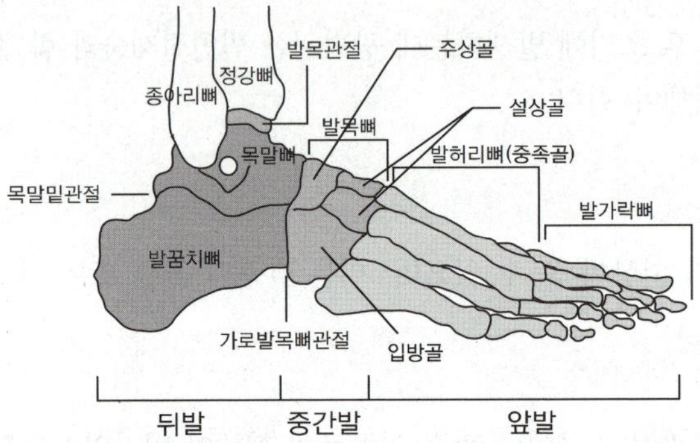

26

교통사고로 대퇴골 원위부 관절내 골절이 발생하였다. 관절내 골절편을 견고하게 고정시켜야 하는 이유를 설명하시오. (10점)

모범답안

대부분 관절내 골절은 치유되어도 관절면의 조화나 정렬은 복원되지 않는다. 관절이 불안정한 경우, 특히 골절이 견고하게 고정되지 않은 경우는 지연유합이나 불유합이 발생할 수 있다.

관절내 골절로 관절의 움직임이 지속적으로 제한된다면 관절의 강직이 초래되므로 보통 불안정한 관절내 골절을 안전하게 고정할 수 있도록 해야 한다.

27 대표적인 우리나라 가을철 고열성 질환으로 제3급 법정감염병으로 지정되어 있어, 공중 보건학적으로 지속적 감시가 필요한 질환 3가지를 쓰시오. (10점)

모범답안

우리나라 가을철 고열성 질환(제3급 법정감염병)

(1) 렙토스피라증

렙토스피라균에 의한 인수공통 질환이다. 우리나라에서는 가을철에 발열과 오한, 전신적 근육통 및 두통 등 독감과 비슷한 전구증상으로 시작되어 흉통, 기침, 호흡곤란을 동반한 혈담, 객혈 등의 치명적인 질환까지 폭넓은 임상증상을 나타내는 질환이다.

감염된 동물의 소변으로 배출된 균에 오염된 풀이나 흙 그리고 물에서 피부상처 부위나 점막을 통해 침입되면 제일 먼저 균혈증을 나타내고 곧바로 장기로 퍼져나간다. 경증의 경우 독시사이클린, 중증에는 페니실린을 정맥주사한다.

(2) 신증후출혈열(유행성 출혈열)

한탄바이러스에 의해 발생하는 급성 열성 질환이다. 급격한 발열과 전신쇠약감으로 시작하여 구토와 복통, 저혈압, 단백뇨에 뒤이은 신부전증, 그리고 출혈성 경향을 동반하는 급성 열성 질환이다. 대체로 병의 진행은 발열기, 저혈압기, 핍뇨기, 이뇨기, 회복기의 5단계의 특징적인 임상 양상을 보인다. 조기진단 후 입원하여 안정하는 것이 중요하다.

발열기에는 안정시키고 수분을 과다하게 주는 것보다 제한한다. 발병 4~5일 내에 정맥내 리바비린이 사용될 경우 사망률과 신기능 장애, 혈관 불안정을 감소시킨다.

(3) 쯔쯔가무시증

우리나라에 토착화된 리케치아병으로 감수성이 있는 사람이 진드기가 서식하는 산야에서 쯔쯔가무시균에 노출되어 발병하는 급성 열성 질환이다. 감염된 진드기 유충이 사람을 물어 전파된다. 발진, 가피(유충에 물린 검은 딱지), 림프절증 등이 특징적이며, 조기에 진단하여 가급적 빨리 항생제로 치료하면 대부분 잘 회복되는 질환이다.

28

우리나라는 과거에 비하여 결핵 환자수가 많이 감소하였으나, 여전히 가장 중요한 감염병이다. 일반적으로 결핵의 진단에 사용할 수 있는 검사를 3가지 쓰시오. (10점)

모범답안

결핵진단검사(3가지)

(1) 피부반응검사

결핵균에 의한 감염을 진단하는 방법으로 간편하고 비용이 적게 들며 판독하기 쉬우나, 부정확하며 비특이적인 검사방법이다.

(2) X-선 사진촬영

흉부단순후전상(Chest PA)을 기본으로 하여 판독하되 필요하면 측면상, 폐첨상 및 단순촬영을 실시하여 병변의 성격 및 범위 등을 알아낸다.

(3) 객담(기관지분비물)검사

치료 시작 전 및 치료 후에 확진을 위해 반드시 결핵균의 검사를 실시한다. 초회 객담 도말검사는 2회 또는 3회 실시를 원칙으로 한다.

29

간암은 우리나라에서 갑상선암을 제외하고 5번째로 호발하는 암이며, 사망률로는 폐암 다음으로 두 번째에 해당하는 질환이다. 이러한 간암의 대표적인 위험요인을 3가지 쓰시오. (10점)

모범답안

간암의 대표적인 위험요인(3가지)

(1) 간경변증

① 간염바이러스 보균자에 비해 간암의 위험이 5.9배 높다.

② 연간 간암 발생률은 1.0~4.9%이다.

(2) B형 간염바이러스감염

① HBeAg 양성자는 음성 대조군에 비해 간암의 위험이 14.4배 높다.

② HBcAb 단독 양성은 2배이다.

③ 만성 간염에서 연간 간암 발생률은 0.8~1.9%이다.

④ 보균자에서 연간 간암 발생률은 0.2~0.7%이다.

(3) C형 간염바이러스감염

① anti-HCV 양성자는 음성 대조군에 비해 간암의 위험이 10배 높다.

② HBsAg과 anti-HCV 모두 양성자는 간암 위험이 27.3배 높다.

30

간경변증은 만성 간 손상에 대한 회복과정에서 발생하는 섬유화가 진행되어 불규칙한 재생결절이 생긴 상태이다. 대상성 간경변증 환자의 50%는 진단 후 10년 이내 합병증이 발생한다. 간경변증의 대표적인 합병증 3가지를 쓰시오. (10점)

모범답안

간경변증의 대표적인 합병증(3가지)

(1) 복 수

문맥압 항진으로 복수가 발생하며, 복수조절시 복수만 있는 경우 하루 0.5kg의 복수와 말초 부종이 동반된 경우에는 하루 1kg씩 줄인다. 치료는 염분 및 수분제한, 이뇨제를 사용한다.

(2) 간성뇌증

의식 저하는 진행된 간경변증 환자에게 흔하게 발생한다. 심한 경우는 뇌병증을 일으키는데 의식 저하는 그 정도에 따라 착란에서 혼수, 심지어는 사망에까지 이를 수 있다. 치료는 유발인자를 줄이고 암모니아 형성 및 체내 흡수를 줄이는 것이다.

(3) 식도정맥류

문맥압 항진증으로 위나 식도에 우회로 정맥류가 생긴다. 일반적으로 식도정맥류 출혈을 예측할 수 있는 3가지 변수는 정맥류의 크기, 정맥류의 색깔, 간기능 부전의 정도(Child score) 등이다. 정맥류 출혈의 치료와 예방에는 약물치료, 내시경적 치료, 수술적 치료 등이 있다.

31 골절의 국소합병증 중 하나인 구획증후군(compartment syndrome)의 증상에 대하여 기술하고(5점), 진단방법에 대하여 기술하시오(5점). (10점)

모범답안

구획증후군(compartment syndrome)의 증상과 진단방법

(1) 구획증후군의 증상

증상으로는 소위 5P징후가 있는데 ① 동통(Pain), ② 창백(Pail), ③ 이상감각(Parasthesia), ④ 마비(Paralysis), ⑤ 무맥(Pulselessness) 증상을 말한다. 이 중 가장 빨리 나타나고 가장 중요한 것은 동통으로, 주로 심부에 불분명한 경계로 나타나며, 침범된 부위의 근육을 수동적으로 신장시킬 때 동통이 악화된다.

(2) 구획증후군의 진단방법

급성 구획증후군에서 구획압은 임상 증상 또는 징후 전에 증가하므로 이의 확인은 진단에 도움을 준다.

① 조직내압검사

② 혈액검사

③ 소변검사

32

45세 남자 환자가 요통 및 우측 하지로의 방사통(radiating pain)을 호소하며 ○○병원 응급실을 방문하였다. 요통은 3년 전부터 있었고 3주 전부터는 우측 종아리 외측으로의 통증이 있어 인근 병원에서 추간판탈출증이 의심된다고 들었다고 한다. 약물 치료 등의 보존적 치료를 시행하였으나, 1일 전부터는 보행시 하지의 위약감을 호소하였고, 금일 아침부터는 소변을 보기가 어렵다고 한다. 신체검진상 좌측 하지의 위약이 관찰되었고 항문 주위의 감각이 저하되었다.

(1) 상기 환자에서 가장 타당한 진단은? (5점)

(2) 상기 환자의 가장 적절한 치료방법은? (5점)

모범답안

(1) 가장 타당한 진단

가장 타당한 진단은 마미총증후군이다. 마미는 제1요추와 제5요추 사이의 척추 관내에 원추 이하의 요천추 신경근으로 구성되어 있어 이 부위 손상은 척수손상보다는 말초신경 손상에 가깝다. 수핵이 매우 크고 중앙에 위치한 경우에는 마미 전체가 눌리게 되어 마미증후군을 초래하기도 한다. 이때 성기능장애나 소변 기능장애시 예후가 불량하여 응급수술이 필요하다.

(2) 가장 적절한 치료방법

응급수술이 필요하다. 말초신경계이므로 다른 척수손상과 달리 완전마비일지라도 수술로 회복될 가능성이 있다.

33

25세 남자 환자가 축구하다가 회내전 상태로 손을 뻗힌 상태에서 땅을 짚고 넘어지면서 발생한 극심한 수근부 통증 및 부종을 주 증상으로 내원하였다. X-ray상 요골 원위부의 골절과 원위 요척관절의 탈구가 동반된 소견을 보였다.

(1) 상기 환자에서 가장 가능성이 높은 진단은? (5점)

(2) 상기 환자의 가장 적절한 치료방법은? (5점)

모범답안

(1) 가장 가능성이 높은 진단

가장 가능성이 높은 진단은 갈레아찌골절이다. 이 골절은 수근관절의 후외면에 직접적인 타격을 받거나, 극도의 회내전 위치로 손을 뻗친 상태에서 땅을 짚고 넘어질 때 발생한다.

(2) 가장 적절한 치료방법

성인에서는 합병되는 전완부의 회전장애와 하요척관절의 퇴행성 변화를 막기 위해 수술적 치료가 원칙이다.

34

수근부를 이루는 8가지의 뼈를 기술하시오. (각 1점, 총 8점)
그리고 이 중 가장 흔하게 골절되는 뼈를 기술하시오. (2점)

모범답안

(1) 수근부의 8가지 뼈

근위열은 주상골, 월상골, 삼각골, 두상골로 구성되며, 원위열은 대능형골, 소능형골, 유두골, 유구골로 구성된다.

(2) 수근골 중 가장 흔하게 골절되는 뼈

주상골은 수근관절의 생역학적인 면에서 근위 수근열과 원위 수근열을 연결하는 관절의 안정성에 중요한 역할을 한다. 이러한 특성으로 인해 주상골골절은 수근골골절 중 가장 흔하다.

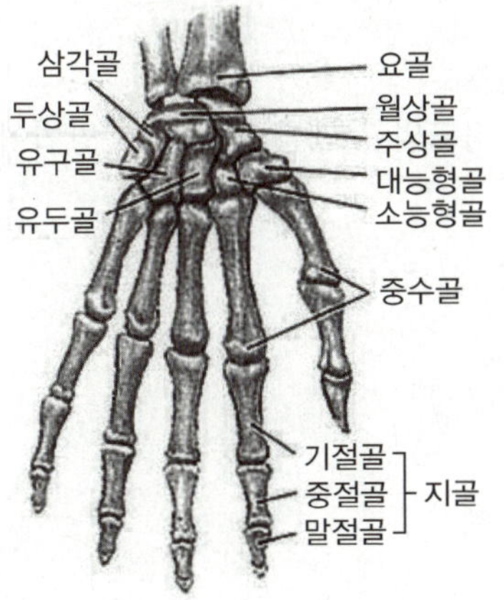

[수근골]

35

견관절 탈구는 가능한 빨리 정복을 시행하여야 한다. 견관절 탈구에서 흔히 사용되는 정복술을 4가지 기술하고(명칭만 기술할 것, 각 2점, 총 8점), 가장 안전하고 널리 사용되는 방법에 대해 기술하시오(명칭만 기술할 것, 2점). (10점)

모범답안

(1) 정복술 4가지

① Stimson방법

② Kocher방법

③ 견인·반견인 방법

④ 견봉지지 정복술(Shin's method)

(2) 가장 널리 사용되는 방법

Stimson 방법

엎드려서 탈구된 팔에 3~5kg 정도의 무게를 달아놓는 방법이다.

36

슬관절 후방십자인대 손상은 슬관절의 과신전이나 경골의 후방전위로 인하여 발생한다. 이러한 후방십자인대 손상을 진단하기 위한 신체검진법에서 대표적인 방법 2가지만 기술하시오(각 4점, 총 8점). 또한 가장 민감도가 높다고 알려진 영상검사방법에 대하여 기술하시오(2점). (10점)

모범답안

후방십자인대 손상진단

(1) 검진방법 2가지

① 후방전위검사

슬관절 80~90도 굴곡위에서 후방전위 스트레스를 가하여 시행하며, 스트레스 방사선검사를 통하여 후방전위 정도를 객관적으로 측정할 수 있다.

② 역축이동검사(Reverse pivot shift test)

슬관절 신전, 중립회전 위치에서 외반 스트레스를 가하여 굴곡을 하면 20~30도 굴곡위에서 경골 고평부 외측이 후방으로 아탈구되고, 신전시 경골은 다시 정복되는 것을 관찰한다.

(2) 가장 민감도가 높다고 알려진 영상검사

가장 민감도가 높은 검사는 스트레스 방사선검사로, 후방십자인대의 완전파열과 불완전파열을 구분하는데 KT-1000관절 운동측정기 또는 MRI검사보다 더욱 민감도가 높다고 알려져 있다.

37

만성 콩팥병의 정의는 KDIGO 2012 가이드라인에 따르면 사구체 여과율(GFR) 60 mL/min/1.73m^2 미만의 콩팥기능의 장애가 3개월 이상 있거나, 콩팥기능의 장애가 없더라도 '콩팥 손상의 증거'가 3개월 이상 있는 경우 진단을 내릴 수 있다고 알려져 있다. 여기에서 '콩팥 손상의 증거'에 해당하는 소견을 4개 쓰시오. (10점)

모범답안

콩팥 손상의 증거

① 병리학적인 검사 이상
② 혈액검사 이상
③ 소변검사 이상 : 혈뇨, 단백뇨
④ 영상의학적 검사 이상 : 반흔, 크기감소, 물콩팥증, 다낭콩팥병 등

38

중증재생불량성 빈혈의 일반적인 정의를 보면 골수검사에서 세포충실도가 통상 (①)% 미만으로 저하되어 있고, 이와 함께 '말초혈액검사에서 이상소견들'이 있는 경우이다.

(1) ①에 들어갈 적절한 내용을 쓰시오. (5점)

(2) '말초혈액검사에서 이상소견들'에 해당하는 3개의 기준 중 호중구감소와 혈소판감소에 대한 기준을 쓰시오. (5점)

① 호중구 (　　)/mL 이하

② 혈소판 (　　)/mL 이하

모범답안

중증재생불량성 빈혈

(1) ①에 들어갈 적절한 내용

골수검사에서 세포충실도가 통상 (25)% 미만

(2) 말초혈액검사에서 이상소견들

① 호중구 (500)/mL 이하

② 혈소판 (20,000)/mL 이하

39

일반적으로 베체트병은 International Study Group(ISG) 진단기준에 따라 재발성 구강궤양이 존재하고 '4가지 항목' 중 2가지 이상을 만족시킬 때 진단내릴 수 있다. 이 '4가지 항목'에 해당하는 기준들을 3가지 이상 쓰시오. (10점)

모범답안

베체트병 진단 4가지 항목

반복되는 구강궤양이 있는 환자에서 ① 음부궤양, ② 포도막염이나 망막염과 같은 안구 질환, ③ 피부 질환, ④ 피부 초과민성의 4개 소견 중 2개 이상이 관찰되면 베체트병으로 진단한다.

심화TIP 베체트병(Behcet's disease)의 증상

베체트병은 전신의 혈관에 염증이 발생하는 질환으로, 구강과 성기에 만성적 궤양이 발생하고, 눈과 피부 등에 다양한 증상이 나타난다.

① **구강궤양** : 베체트병의 가장 중요하고 흔한 증상이다. 대부분의 환자에게서 관찰되며, 입안의 혀 주위 점막이나 입안 깊은 곳인 후두 주위 등 입안 어느 곳이나 궤양이 발생한다.

② **성기궤양** : 남성의 성기궤양은 음낭에 가장 많이 발생하며, 음경에도 나타난다. 여성의 성기궤양은 외음부와 질에서 발생한다. 대부분 통증이 심하며, 진물이 나올 수 있다.

③ **피부 증상** : 여드름 모양의 피부염, 모낭염, 혈관염이 동반된 구진성 발진 등 여러 형태로 나타난다.

④ **눈의 증상** : 눈의 통증, 눈부심, 눈물, 발적 및 시력장애가 반복적으로 발생하며, 실명으로 이어질 위험이 있으므로 매우 주의해야 한다.

⑤ **관절 증상** : 관절이 반복적으로 붓거나 아프고, 보통 무릎이나 발목에 잘 발생한다. 베체트병 관절염은 류마티스 관절염과 달리 관절의 변형을 거의 일으키지 않는다.

⑥ **신경계 증상** : 무균성 뇌수막염, 뇌실질 질환이 발생할 수 있으며, 뇌 동맥류, 혈전증에 의한 중풍 등이 발생할 수 있다.

⑦ **소화기 증상** : 대장궤양이나 위궤양이 발생하여 복통이 생기거나 설사를 할 수 있다. 궤양이 진행되어 장천공 및 복막염으로 이어지는 경우도 있다.

⑧ **혈관계 증상** : 동맥보다는 정맥에 혈전이 발생하는 경우가 많다. 혈전이 심할 경우 복부에 있는 대정맥이 막힐 수 있다.

40 원발성 심근병증(primary cardiomyopathy)은 일반적으로 심장근육 자체의 질환을 말하는 것으로, 다른 구조적인 심장 질환(예를 들면 관상동맥 질환, 판막 질환)으로부터 이차적으로 유발된 심근의 기능부전은 제외한다고 알려져 있다. 이 원발성 심근병증의 대표적인 3가지 질환을 모두 쓰시오. (10점)

모범답안

원발성 심근병증의 대표적인 3가지 질환

(1) 확장성 심근병증

심실의 확장과 수축력의 저하, 울혈성 심부전 증상이 나타난다.

(2) 비후성 심근병증

좌심실, 특히 심실 중격의 비대칭성 비후를 보이며, 수축력은 정상 또는 항진된다.

(3) 제한성 심근병증

심내벽 또는 심근의 침윤으로 심실의 확장기 충만장애가 특징적인 소견이다.

41

다음 골절 또는 탈구시 동반되는 신경 손상은? (10점)

(1) 상완골두탈구

(2) 상완골 간부골절

(3) 비골 근위부골절

(4) 고관절탈구

모범답안

(1) 상완골두탈구

상완신경총 또는 액와신경 손상

(2) 상완골 간부골절

요골신경 손상

(3) 비골 근위부골절

비골신경 손상

(4) 고관절탈구

좌골신경 손상

심화TIP 상완골과 비골

상완골(위팔뼈)

상완골(위팔뼈)은 어깨에서 팔꿈치까지 이어진 긴 뼈로, 위쪽부터 1/3씩 나누어 근위, 중간(간부), 원위부로 나눌 수 있다. 위쪽은 반구 모양의 상완골두가 있어 견갑골의 관절과 견관절을 형성하고, 상완골 하부는 주관절과 접속된다. 상완골의 중간부분(간부)은 원기둥 모양으로 상단과의 연결부분이 잘록하게 되어 있어 골절이 잘 일어난다.

비골(종아리뼈)

비골(종아리뼈)은 무릎과 발목 사이에 위치하며, 종아리를 이루는 뼈 중 하나이다. 근육이 붙는 부분을 제공하고 발목관절을 안정시키는 역할을 한다. 넙다리뼈와 목말뼈 사이에 있으며, 정강뼈의 뒷쪽에서 목말뼈의 가장자리 쪽에 위치한다. 종아리뼈는 교통사고, 운동 중 손상, 추락사고, 스키사고 등으로 골절이 발생할 수 있다.

42 관절내 골절에 의한 부정유합으로 진행되는 질환(5점)과 치료방법(5점)은? (10점)

모범답안

(1) 부정유합으로 진행되는 질환

① 외상 후 골관절염

② 내반슬(O다리) 및 외반슬(X다리, 각형성, 휜다리)

③ 류마티스 관절염

(2) 치료방법

① 외상 후 골관절염 : 인공관절 치환술

② 내반슬(O다리) 및 외반슬(X다리, 각형성, 휜다리) : 절골술 및 골 성형술

③ 류마티스 관절염 : 인공관절 치환술

심화TIP 부정유합

부정유합은 뼈가 제 위치에 붙지 않은 것을 말한다. 즉 부정확하게 뼈가 맞추어지거나 골절된 부위의 고정이 잘 되지 못했을 때 또는 심한 조직 손상이 있었을 때 중추신경계 손상으로 경련성 마비를 동반했을 경우 부정유합이 될 수 있다. 부러진 뼈가 원래의 위치가 아닌 상태로 유합되어 각형성과 회전 변형이 있어 미용상의 문제 및 기능 장애를 초래할 수 있으며, 특히 관절면의 부정유합은 심각한 장애를 초래할 수 있다.

43 무혈성 괴사의 정의(4점) 및 골절 후 무혈성 괴사가 흔히 발생하는 부위 3가지 이상을 쓰시오(6점). (10점)

모범답안

무혈성 괴사

(1) 정 의

무혈성 괴사는 골절, 탈구, 스테로이드 복용, 알코올 섭취 등을 원인으로 발생하며, 뼈로 가는 혈관이 차단되어 뼈 조직이 괴사되는 질환을 말한다.

(2) 호발부위

① 거골경부골절 후 거골 체부

② 대퇴경부골절 후 대퇴골두

③ 수근골골절 후 주상골

심화TIP 대퇴골두 무혈성 괴사

넓적다리 뼈의 윗부분은 골반뼈와 함께 엉덩이 관절(고관절)을 이루고 있는데, 골반뼈와 맞닿고 있는 넓적다리 뼈의 윗쪽 끝부분을 대퇴골두라고 한다. 대퇴골두 무혈성 괴사는 대퇴골두로 가는 혈류가 차단되어(무혈성) 뼈 조직이 죽는(괴사) 질환이다. 괴사된 뼈에 압력이 지속적으로 가해지면 괴사 부위가 골절되면서 통증이 시작되고, 이어서 괴사 부위가 무너져 내리면서(함몰) 고관절 자체의 손상이 나타난다.

44 개방성 골절의 치료원칙에 대하여 기술하시오. (10점)

모범답안

개방성 골절의 치료원칙

(1) 응급실에서의 초기 진단 및 처치

출혈 및 신경 손상 예방

(2) 적절한 항생제의 투여

감염 예방

(3) 충분한 세척과 철저한 변연절제술

(4) 골절의 고정 및 창상 수복

임시적인 골절의 안정과 창상을 덮고, 최종 골절의 고정과 연부조직을 덮음

심화TIP 개방성 골절

개방성 골절이란 골절 부위가 개방 창상을 통해서 외부 환경과 연결되어 있는 골절을 말하며, 골절 주위의 피부와 연부조직의 손상이 동반된다. 따라서 폐쇄성 골절에 비해 감염의 위험성이 높고, 불유합이 발생할 가능성이 높으며, 초기에 적절한 치료가 이루어지지 않으면 심한 경우 절단으로까지 이어지게 된다. 개방성 골절의 치료와 예후는 손상기전, 주위 연부조직의 손상 정도, 개방성 골절의 분류 및 세균 오염의 종류 등에 따라 결정된다.

45 골절에 대한 부목고정의 장점에 대하여 쓰시오. (10점)

모범답안

골절에 대한 부목고정의 장점

① 통증을 최소화 한다.

② 근육, 신경, 혈관이 더 이상 손상되는 것을 예방한다.

③ 출혈과 부종을 경감한다.

④ 골편고정 및 기형을 예방한다.

⑤ 쇼크를 예방한다.

⑥ 폐쇄성 골절이 개방성 골절로 되는 것을 방지한다.

⑦ 골절부위를 고정함으로써 지방색전증 등의 합병증을 예방한다.

46 대부분의 쇄골골절은 보존적 치료로 골유합을 얻을 수 있다. 그러나 수술이 필요한 경우는? (10점)

모범답안

수술이 필요한 경우

① 이미 불유합이 발생한 경우

② 신경 및 혈관의 손상이 동반된 경우

③ 원위 쇄골골절 중에서 오구쇄골인대의 파열이 동반된 불안정성 골절

④ 개방성 골절

심화TIP 쇄골골절

쇄골은 흉골과 견갑골을 잇는 긴뼈로 흔히 빗장뼈라고도 하며, 팔을 몸통에 고정시켜주는 역할을 한다. 쇄골골절은 대개 낙상이나 그 외의 직접적인 충격으로 발생한다. 팔을 곧게 뻗은 채로 손을 짚으며 넘어지는 경우, 자동차 충돌 사고시 운전대에 가슴 부위가 부딪히면서 발생하기도 한다. 영아의 경우 출산 중 손상으로 골절되기도 한다. 쇄골골절은 골절 부위 양쪽 뼈의 전위는 심하지 않고 주위 조직의 손상 없이 쇄골만 손상되는 경우가 많다. 드물게는 골절 부위의 날카로운 뼈가 피부 바깥으로 뚫고 나오거나(개방성 골절), 어깨로 가는 큰 신경 또는 혈관을 찔러 심각한 문제를 일으킬 수도 있다.

47

유아 및 소아에서 발생하는 고관절(hip joint) 이상은 일시적일 수 있으나, 질병에 따라 후유증을 남기게 되는 경우가 있어 그 원인 파악이 중요하다.
유아 및 소아에서 발생하는 고관절 이상의 질병적 원인에 대하여 기술하시오. (10점)

모범답안

고관절 이상의 질병적 원인

(1) 고관절 이형성증

골반의 비정상적인 발달뿐만 아니라, 그것과 관련된 연속적인 장애로 태아기 혹은 아동기 어느 시기에나 발생할 수 있다.

(2) 일과성 고관절 활액막염

고관절막의 물리적 자극에 의한 것으로, 10세 이하 아동의 고관절 동통과 다리를 저는 증상의 가장 흔한 원인으로 알려져 있다. 상기도감염이나 외상, 중이염, 연쇄상구균, 후두감염 등의 질환이 원인이 되기도 한다.

(3) 선천성 고관절탈구

정확한 원인은 불명하나, 유전적, 호르몬 및 기계적 소인 등을 들 수 있으며, 태생기 자궁 내에서의 고관절 발달에 영향을 끼치는 기형 형성요인 등을 들 수 있다. 초산부의 강한 복벽이나 자궁근육 및 저양수증으로 인한 태아의 운동제한도 위험인자가 될 수 있고, 탈구의 70%가 여아이고, 좌측이 60%이다.

48

허혈성 심질환은 사망과 장애를 초래하며, 상당한 경제적 손실을 초래한다. 심근 허혈은 심근으로 산소전달이 원활하지 못하여 발생되는 것으로 관상동맥과 관련이 깊다.

(1) 협심증의 종류를 쓰시오. (5점)

(2) 허혈성 심질환인 심근경색증의 진단방법에 대하여 기술하시오. (5점)

모범답안

1. 협심증의 종류

(1) 안정형 협심증

협심증의 증상이 기상 후에 세수할 때나 배변할 때, 보행 중 특히 빠른 걸음으로 걸을 때, 정신 감동이나 흥분했을 때와 같이 심장의 작업량이 급격히 증가할 때 발생하는 상태이며, 증상의 지속시간은 짧아서 통증 발생 후 안정을 취하면 대부분이 3분 이내, 길어도 15분 이내면 가라앉는다. 니트로글리세린 정제를 혀 밑에 넣어서 사용하면 증상이 빨리 사라진다.

(2) 변이형 협심증(이형성 협심증)

협심증을 일으킬만한 기저질환(죽상경화병변)이 없음에도 불구하고 관상동맥의 경련(연축)으로 인하여 혈류장애가 발생하여 휴식시에 흉통이 발생할 수도 있고, 통증으로 인하여 잠이 깨기도 하는데, 두근거림, 심한 호흡곤란, 심한 공포 등이 동반되기도 한다.

(3) 불안정 협심증

심한 통증이 하루 3번 이상 자주 나타나는 협심증이 최근 2개월 이내 발생한 것, 점차 심해지는 협심증을 가지거나 휴식기에 협심증이 발생하는 것을 말하며, 약물치료 후 1~2일 이내 증상이 호전되지 않으면 심도자술과 심혈관조영술을 실시한다.

심화TIP 심도자술(Cardiac Catheterization)

심도자술은 서혜부(사타구니)의 큰 혈관을 통해 심장과 혈관 안으로 가는 도관(cather)을 넣어 심장과 대혈관 내의 압력, 산소포화도 등을 측정하고 조영제를 주사하여 여러 각도에서 심장과 혈관의 형태를 X-ray로 촬영하는 검사이다.

2. 심근경색증의 진단방법

(1) 심전도

가장 기본적인 검사이며, 심근경색 급성기에 경색된 동맥의 완전폐색이 일어날 경우 ST분절 상승소견이 나타난다. 일시적인 폐색이었거나 측부 순환이 발생한 경우는 ST분절의 상승소견은 나타나지 않는다.

(2) 혈청 심장표지자

① CK(크레아틴 인산효소), CK-MB효소

경색 후 8시간에서 24시간 사이에 증가하며, 대부분은 48~72시간 내에 정상으로 돌아온다. CK-MB효소는 심근 이외의 조직에서는 의미 있는 농도로 존재하지 않으므로 CK, LDH보다 유용하고 특이적이다.

② 트로포닌T, 트로포닌I

건강한 사람의 혈관에서는 정상적으로 검출되지 않으며, 급성 심근경색 후 20배 이상 증가한다. 트로포닌T, 트로포닌I는 진단적으로 매우 유용하며, 최근에는 생화학적 지표로 선호되고 있다.

③ 마이오글로빈

급성 심근경색 후 수 시간 내에 혈중으로 방출되거나, 신속하게 소변으로 배설되어 경색 24시간 내에 정상범위로 돌아오므로 심장에 대한 특이성은 떨어진다.

④ LDH-I

흉통 후 7~14일간 증가된 상태로 남는다.

49

42세 여성이 양측 유방에서 젖이 나와서 내원하였다.

(1) 유방검사에서 특별한 이상을 발견할 수 없는 경우 생각할 수 있는 유즙분비의 원인을 약술하시오. (6점)

(2) 만약 이 환자가 유즙분비와 더불어 시야장애 및 두통을 호소한다면 생각할 수 있는 질병을 쓰시오. (4점)

모범답안

(1) 유즙분비의 원인 : 고 프로락틴혈증

프로락틴을 분비하는 선종은 뇌하수체종양 중 가장 높은 발생빈도를 보이며, 이로 인한 무월경, 유즙분비 등과 함께 여성불임의 중요한 원인 중의 하나이다.

혈중 프로락틴수치의 측정을 통해 뇌하수체의 프로락틴 분비 거대선종을 진단 받으면 복시와 시야장애를 보이기도 한다.

(2) 생각할 수 있는 질병 : 뇌하수체 기능항진증

가장 흔한 원인은 양성종양인 선종이며, 선종의 크기, 침습성 및 분비 호르몬에 따라 분류된다. 침습성 뇌하수체선종은 터키안장(sella turcica)의 일부나 전부를 포함하며, 터키안장을 침범하지 않은 선종을 봉인선종이라고 한다.

선종이 더 커져서 뇌 조직을 압박하면 내분비증상뿐만 아니라 신경학적 증상으로 시각변화, 두통, 뇌압상승이 나타난다.

심화TIP 터키안장(sella turcica)

뇌하수체(pituitary gland)는 두개골 기저부 가운데 위치하는데, 코 뒤쪽에 접형동(sphenoid sinus)이 있고 그 위에 터키안장(sella turcica)이라는 뼈 위에 있는 완두콩 크기의 작은 구조물에 위치해 있다. 시상하부(hypothalamus)의 지배를 받아 우리 몸에 중요한 여러 가지 호르몬들을 분비하는 내분비기관이다.

50

치매는 후천적으로 발생하는 인지기능 손상에 의해 성공적인 일상생활 수행이 불가능해진 상태로 정의할 수 있으며, 인구 노령화와 관련하여 그 중요도가 크다. 치매의 원인 및 감별 질환에 대해 약술하시오. (10점)

모범답안

1. 치매의 원인

치매는 정상적인 생활을 하던 사람이 여러 가지 원인에 의하여 뇌의 기능이 손상되면서 이전에 비하여 인지기능과 기억력, 언어능력, 판단력, 사고력 등의 지적 능력이 지속적으로 저하되면서 일상생활에 지장을 겪는 상태를 말한다. 치매는 여러 가지 질환들에 의해 나타나는 병적 증상이며, 그 밖에 미만성 루이소체 치매, 두부 외상성 치매 등 매우 다양한 질환들에 의해서 치매가 나타날 수 있다. 알츠하이머병, 혈관성 치매, 미만성 루이소체 치매들은 치매의 증상으로만 나타날 수 있다.

2. 치매의 감별 질환

(1) 알츠하이머병

알츠하이머병은 치매를 일으키는 많은 질환들 중에 가장 흔한 것으로, 첫 번째 증상은 아주 가벼운 건망증으로 시작되지만 그 이후에 병이 진행되면서 언어구사력, 이해력, 읽고 쓰기능력 등의 장애를 가지고 오게 되며, 결국 알츠하이머병에 걸린 환자들은 불안해하기도 하고 매우 공격적이 될 수도 있으며, 집을 나와서 길을 잃어버리고 거리를 방황할 수도 있다.

(2) 혈관성 치매

치매의 원인들 중에서 두 번째로 흔한 것은 혈관성 치매이다. 혈관성 치매도 그 원인에 따라 여러 가지로 분류할 수 있는데, 이들 질환은 뇌에 혈액을 공급하는 뇌혈관들이 막히거나 좁아진 것이 원인이 되어 뇌 안으로 흐르는 혈액의 양이 줄거나 막혀 발생하게 된다. 혈관성 치매의 경우도 일단 발병하며 완치될 수는 없으나, 초기에 진단을 받고 적절한 치료를 받으면 더 이상의 악화는 막을 수 있다.

(3) 루이소체 치매

치매의 원인 질환 중 세 번째로 흔한 질환으로, 병의 진행양상이 알츠하이머병과는 다르며, 인지능력 장애의 심한 변화를 보이면서 간혹 의식장애도 나타날 수 있다. 루이소체 치매에 걸린 환자들은 또한 환각을 경험하기도 하는데, 그로 인하여 환자들은 환각으로 보이는 것이 실제인지 또는 환각인지 구별하기 어렵게 된다. 초기 증상들은 시간이 지남에 따라 심해졌다가 좋아졌다 하는 그런 심한 증상의 변동추이를 보이지만, 결국은 심해지고 심해진 증상이 계속되게 된다.

(4) 파킨슨병

파킨슨병은 몸과 팔, 다리가 굳고 동작의 어둔함, 주로 가만히 있을 때 손이 떨리는 안정시 진전, 말이 어눌해지고 보폭이 줄고 걸음걸이가 늦어지는 등의 증상을 보이게 된다. 또 반대로 알츠하이머병 환자의 일부는 병이 진행되면서 파킨슨병의 증상을 보일 수도 있다.

(5) 헌팅톤병

헌팅톤병도 뇌의 특정부위의 신경세포들이 선택적으로 파괴되어 가는 진행성・퇴행성 뇌질환의 한 가지로 사람의 몸과 마음을 모두 침범하여 증상을 나타내는 질환이다. 병이 진행함에 따라서 인격과 지적능력이 점차 떨어지고 기억력, 언어능력, 판단력 등도 점차 감소하게 되며, 치매는 이 병의 말기에 나타난다.

(6) 크루츠펠트-제이콥병

이 병의 가장 초기 증상으로는 기억력장애가 있을 수 있으면서 시야장애나 행동장애가 나타나게 된다. 이후 의식장애와 불수의적 운동증상(근육의 간대성 근경련, 팔, 다리에 허약감 또는 앞이 잘 안 보이는 등의 시각증상)으로 시작해서 매우 빠르게 진행하여 결국은 혼수상태에 이르게 된다.

(7) 픽 병

픽병은 행동장애, 인격장애 그리고 결국은 기억장애가 나타남을 특징으로 하는 비교적 드문 뇌질환이다. 이 병은 계속적으로 증상이 심해져 결국은 언어장애와 이상행동증상 그리고 치매를 유발하게 된다. 이 병은 매우 이상한 행동양식을 보이기 때문에 종종 정신과의사에 의하여 발견되기도 하는데, 확진은 알츠하이머병과 같이 부검에 의해서만 할 수 있다.

51 골관절계의 정상적인 관절에서는 능동적 운동범위가 수동적 운동범위와 일치하나, 수동적 운동범위가 능동적 운동범위보다 큰 경우는? (10점)

모범답안

골관절계의 운동범위 제한은 자발통, 근육의 경련이나 약화 또는 파열, 골 봉쇄, 관절구축, 관절고정술 등에서 나타날 수 있는데, 특히 근육마비가 있거나 외상 후 건이나 근육의 파열이 있을 때 수동적 운동범위가 능동적 운동범위보다 큰 경우가 있다.

※ **자발통**(spontaneous pain) : 통증을 일으키는 양상은 다양하고 운동・체위의 변환・압박・한랭 또는 가온 등에 의해서 발생・증강되는데 이와 같은 자극을 가함이 없이 평상시에도 자연히 생기는 통증을 말한다.

심화TIP 관절가동범위운동(Range of Motion)

인체 분절운동은 근 수축 또는 외부 힘에 의해 뼈가 움직임으로써 일어난다. 뼈는 관절을 중심으로 움직이며, 관절의 구조는 관절을 지나는 연부조직의 연결된 유연성(flexibility)과 완전성(integrity)뿐만 아니라, 두 뼈 사이에서 일어날 수 있는 모든 운동에 영향을 준다.

① **수동관절가동범위운동**(passive ROM) : 능동적인 근 수축은 전혀 없으며, 외력(external force)에 의해서 신체 분절의 제한을 받지 않는 ROM운동

② **능동관절가동범위운동**(active ROM) : 근육을 지나는 근육의 수축에 의해 생산되는 제한받지 않는 ROM운동

③ **능동보조관절가동범위운동**(active-assistive ROM) : 주동근이 완전한 가동범위운동을 위해 보조가 필요하기 때문에 도수와 기계에 의한 외력을 제공하여 보조를 받는 능동ROM의 형태

52

6세 남아가 우측 경골간부골절 후 부정유합으로 7도 정도의 전방 각형성이 형성되었다. 향후 치료(5점)와 그 이유(5점)는? (10점)

모범답안

(1) 향후 치료

자연교정을 기대하며, 추적관찰한다.

(2) 그 이유

소아골절의 경우는 성인골절의 경우보다 빠른 치유력을 보이고, 특히 잔존 변형에 대해 스스로 빠른 교정을 보이는 재성형력을 지니고 있어 자연교정이 되는 경우가 많다.

심화TIP 경골간부골절

경골간부골절은 경골의 중간부분에 금이 가거나 부러진 상태를 말하며, 비골골절과 동반하기 쉽다. 주된 증상은 동통이 심하며, 골절 부위와 일치되어 나타난다. 변형은 각형성과 회전에 의해 생기며, 출혈과 연부조직의 반응에 의해 부종도 생긴다. 특히 이 부위는 교통사고시 보행인에게 가장 쉽게 발생하며, 연부조직과 골막이 두껍지 않아 다치게 되면 개방성 골절이 되기 쉽다. 대부분의 경골간부골절은 손으로 골절 부위를 정복한 후 장하지 석고붕대(long leg cast ; 발끝에서 대퇴부까지 감는 석고붕대)로 고정하면 치유될 수 있다.

53 외상성 관절염이 있을 때 관절의 기능유지를 위한 수술법에 대해 열거하시오. (10점)

모범답안

고관절 또는 슬관절에 외상성 관절염이 심한 경우 절골술을 이용하여 체중부하 관절면 또는 체중부하 축을 바꿔 효과를 볼 수 있으며, 관절간격의 협소가 동반된 경우에는 일반적으로 인공관절 성형술이 시행된다.

(1) 유리체제거술

관절내시경적 수술로 파열된 연골이나 뼈 조각을 제거해 주는 방법이다.

(2) 근위경골 절골술

무릎의 정렬을 이동시켜 주는 방법이다.

(3) 인공관절 성형술

손상된 관절을 플라스틱과 금속으로 대체하는 방법이다.

(4) 관절연골 이식술

외상이나 관절염으로 인해 부분적 연골손상이 있는 경우에 시행하는 방법이다.

심화TIP 외상성 관절염

외상에 의하여 골절이 발생하거나 관절연골에 직접적인 손상이 가해져서 관절 변형 및 관절간격이 좁아진 후 이차적으로 발생하는 관절염을 외상성 관절염이라 한다.
보존적 치료의 경우 진통 및 소염작용을 가진 약물을 복용하거나 적당한 휴식과 운동의 배합이 있으며, 온열요법, 마사지 및 운동요법 등의 물리치료를 병행하여 증상을 완화시키고 근육의 위축을 방지 할 수 있다.
보존적 요법으로 증세의 호전이 없고, 관절의 변화가 진행하여 일상생활에 지장이 있는 경우 수술적 치료를 한다.
일반적으로 사용되고 있는 수술방법으로는 유리체제거술, 절골술, 관절 성형술 및 관절 고정술 등이 있다.

54 말초신경의 손상 후 회복이 잘 되는 경우를 열거하시오. (10점)

모범답안

① 일반적으로 수초막이 두꺼운 신경이 가늘고 얇은 막의 신경보다 회복이 느리다.
② 신경회복의 순서는 통각신경이 제일 빠르고, 그 다음으로 촉각, 고유수용에 대한 신경이며, 운동신경이 가장 느리고 불안정하다.
③ 말초신경 중 좌골신경의 예후가 가장 나쁘다.
④ 환자의 연령이 적을수록 회복이 잘 된다.
⑤ 주위 연부조직이나 혈관, 골절 등의 동반 손상이 있는 경우 신경만 손상된 경우보다 회복이 느리다.
⑥ 수상 후 단절된 상태로 오랫동안 있게 되면 절단원에 퇴행성 변화가 있게 되어 봉합하더라도 회복이 불량하다.

55 불안정성 골절이란 무엇인가? (10점)

모범답안

불안정성 골절

불안정성 골절이란 일단 정복되었더라도 쉽게 다시 전위를 일으키는 골절을 말한다. 장관골의 불안정성 골절은 긴 사상 또는 나선형 골절에서 자주 볼 수 있고, 척추의 불안정성 골절은 척수손상을 일으킬 수 있으며, 골반의 불안정성 골절은 골반환을 유지할 수 없는 골절로 내부 장기에 손상을 줄 수 있다. 이러한 불안정성 골절의 경우는 정복을 유지하기가 어려우므로 수술적 치료가 필요하다.

심화TIP 안전성 골절

골절 정복 후 사지의 위치에 따라서 정복된 위치를 잘 유지하는 골절을 안정성 골절이라 하며, 횡상골절이나 짧은 사상골절에서 많이 나타난다.

56

75세 여자환자가 자동차사고로 인해 우측 상완골 근위부에 사분골절 및 탈구가 생겼다. 치료방법(5점)과 그 이유(5점)는? (10점)

모범답안

(1) 치료방법

치료방법으로는 인공관절 치환술이 추천된다.

(2) 그 이유

사분골절은 무혈성 괴사 및 부정유합이 발생할 위험이 높고, 대부분 골다공증을 비롯한 골의 질이 좋지 않은 고령환자인 경우에는 내고정 및 고정의 유지가 어렵기 때문이다.

심화TIP 인공관절 치환술

인공관절 치환술은 관절염이나 특정 질환 또는 외상에 의해 더 이상 기능을 나타내지 못하는, 즉 파괴된 관절의 일부분을 제거하고 인체공학적으로 제작된 기계를 삽입해서 관절의 운동 기능을 회복시켜 주면서 통증을 없애는 수술이다. 인공관절 치환술의 목적은 관절 부위의 통증 해소와 운동 범위를 향상시키는데 있다.

57

아프가점수(APGAR score)는 출생 직후에 소생술이 필요한 신생아를 계통적으로 알아내는 실제적인 방법이라고 할 수 있다. 즉 1분 아프가점수(APGAR score)는 출생 직후 소생술의 필요성을 의미하며, 이후의 아프가점수(APGAR score)의 호전은 신생아가 성공적으로 소생될 가능성과 연관이 깊다. 아프가점수(APGAR score)를 구성하는 구성요소 5가지에 대해 기술하시오. (10점)

모범답안

아프가점수(APGAR score)를 구성하는 구성요소(5가지)

(1) 피부색

전체적으로 창백한지, 사지만 창백한지, 청색증은 없는지를 확인한다.

(2) 맥 박

맥박이 없는지, 분당 100회 이상인지 또는 이하인지를 확인한다.

(3) 반사 및 과민성

자극에 대한 반응이 없는지, 자극시 약하게 울거나 찡그리는지, 움츠리거나 우는지를 확인한다.

(4) 근 긴장도

근 긴장도가 없는지, 약간 굽히거나 펴는 힘을 저지하는 굽힌 팔과 다리인지를 확인한다.

(5) 호 흡

호흡이 없는지, 약하고 불규칙한지, 강한지를 확인한다.

심화TIP 아프가점수(APGAR score) 채점기준

APGAR	0점	1점	2점
피부색	전체적으로 창백함	사지가 창백하고, 몸통은 분홍색	전신이 분홍색이며, 청색증 없음
맥 박	없음	100 미만	100 이상
반사 및 과민성	자극에 대한 반응이 없음	자극을 주면 약하게 울거나 찡그림	자극을 주면 움츠리거나 울음
근 긴장도	없음	약간 굽힘	펴는 힘에 대항하는 굽히는 팔과 다리
호 흡	없음	약하고 불규칙적이며, 헐떡임	강한 호흡과 울음

58

대부분의 암에서 병의 범위는 다양한 침습적 및 비침습적 진단검사와 시술에 의해 평가되며, 이러한 과정을 시기결정 혹은 병기 결정(staging)이라고 한다. 이러한 병기의 결정은 암환자의 예후와 밀접한 관련이 있으며, 치료방법을 결정하는데 중요한 역할을 한다.

(1) 시기(병기) 결정에는 임상적 시기결정과 병리학적 시기결정의 두 가지가 있다. 임상적 시기와 병리학적 시기는 어떻게 결정되는지 기술하시오. (4점)

(2) 가장 널리 사용되는 시기(병기)분류 체계 중 하나는 TNM체계에 따른 시기(병기)이다. T, N, M은 각각 어떤 의미가 있는지 기술하시오. (6점)

모범답안

(1) 임상학적 시기(병기)와 병리학적 시기(병기)

① 임상학적 시기(병기)
암의 진행정도에 따라 1기부터 4기까지 등급이 나뉘고, 암 덩어리의 크기와 주위조직의 침투정도, 주위 림프절로의 침투 및 전이 여부라는 세 가지 기준에 따라 국제적으로 그 결정양식이 통일되어 있다.

② 병리학적 시기(병기)
수술실에서 적출된 조직만으로 평가하기 때문에 전체적인 병기나 원격전이에 대한 정보는 부족하다. 병리학적 병기는 분화도, 림프절의 전이 존재, 혈관침습의 존재, 유사분열의 정도로 평가한다.

(2) T, N, M 각각의 의미

① T : 원발암의 크기정도 → 수치가 커질수록 나쁜 경우
② N : 림프절 전이유무에 따라 결정 → 수치가 커질수록 나쁜 경우
③ M : 다른 장기로의 전이유무에 따라 전이유무 평가

59

현훈(vertigo)은 사물이나 공간 혹은 자신이 빙빙 도는 증상을 뜻하며, 다양한 원인에 의해 발생할 수 있다. 현훈의 원인을 찾을 때는 특히 내이(속귀) 질환에 의한 말초성인지, 뇌졸중과 같은 중추성인지 감별이 매우 중요하다.

(1) 귀의 구조는 크게 외이, 중이, 내이로 나누어지며, 이 중 현훈은 내이와 관련이 깊다. 내이(속귀, inner ear)를 이루는 구조물을 쓰시오. (4점)

(2) 내이와 관련된 말초신경성 현훈을 일으키는 질병(원인)을 쓰시오. (6점)

모범답안

(1) 내이를 이루는 구조물

① 와우(달팽이관) : 코르티기관(청세포 및 덮개막)이 있어 소리를 감지한다.

② 전정기관 : 와우와 반고리관 사이에 위치하며, 청사의 움직임에 의한 중력의 힘에 기울기감각을 감지한다.

③ 반고리관 : 세반고리관이라고도 불리는 3개의 반고리 모양의 관으로 평형감각을 담당한다.

④ 내이도 : 측두골 추체부의 안쪽을 수평으로 통과하여 두개강 쪽으로 개방되며, 안면신경, 청신경, 전정신경 등이 지나가는 관이다.

(2) 내이와 관련된 말초신경성 현훈을 일으키는 질병(원인)

① 메니에르병 : 메니에르병은 난청, 현훈(현기증), 이명의 3대 증상을 특징으로 하는 내이의 질환으로, 내이 내의 림프액 이상으로 발생한다.

② 양성 돌발성 체위성 어지러움증 : 내이의 전정에서 이석이라는 돌가루가 본래의 위치에서 여러 가지 이유로 떨어져 나와 주위의 반고리관 내로 들어가 어지러움 증세가 생기는 질환이다.

③ 전정신경염 : 제8뇌신경(청신경)에 생기는 염증으로, 어지러움 증세가 발생할 수 있다.

심화TIP 이석증

이석증은 내이의 반고리관에 발생한 이동성 결석으로 인하여 유발된 갑작스러운 회전성 어지럼증을 호소하는 질환이다. 이석(耳石)은 '귓속에 있는 작은 돌멩이'를 뜻하는 일종의 칼슘 부스러기이다. 내이에는 이석기관과 세반고리관으로 이루어진 전정기관(평형감각기)이 있어서 우리 몸의 평형감각을 유지할 수 있도록 해주고 있다. 이석은 이석기관에 정상적으로 존재하면서 몸의 선형 움직임을 감지하는 역할을 하는데, 본래 자리를 이탈해 몸의 회전과 가속을 감지하는 곳인 세반고리관으로 잘못 들어가면 세반고리관을 자극해서 움직일 때마다 회전성 어지럼을 느끼게 된다. 이를 이석증이라고 한다.

60

환자가 급성 흉통 혹은 흉부 불쾌감을 호소할 때 감별해야 할 질환 중 심근경색증은 급격한 사망 및 합병증을 초래할 수 있어 반드시 감별해야 할 중요한 질환이다. 그러나 급성 흉통 혹은 흉부 불쾌감을 일으키는 질환은 심근경색증 외에도 다양하다. 급성 흉통 혹은 흉부 불쾌감을 일으킬 수 있는 질환 중 심근경색을 제외한 다른 원인들에 대하여 기술하시오. (10점)

모범답안

① 심장질환(비허혈성 심장질환) : 급성 심낭염, 대동맥박리 또는 대동맥벽내 출혈

② 소화기계 질환에서 흉통 : 식도 경련, 역류성 식도염

③ 신경계 및 근골격계 질환 : 흉곽출구증후군, 대상포진, 늑연골염

④ 폐질환 : 폐색전증, 기흉, 폐렴

⑤ 정신적 원인 : 불안

심화TIP 심근경색증

심근경색증은 심장의 관상동맥이 혈전(피떡)에 의해 완전히 막혀서 심장 근육이 죽는 질환이다. 대부분의 심근경색증은 관상동맥의 죽상동맥경화(coronary atherosclerosis)로 인해서 발생하게 된다. 플라크(plaque)의 파열, 균열, 궤양형성 등이 발생하면서 혈소판의 활성화 및 혈전형성과정이 일어나고, 결국은 혈전성 폐쇄를 일으키게 된다. 이러한 관상동맥의 죽상동맥경화 이외의 원인들로는 좌심실 혹은 좌심방의 혈전, 종양, 판막 이상에 의한 관상동맥 색전, 경구피임약, 과응고성 상태 등에 의한 혈전성 관상동맥질환, 다카야수병(Takayasu's disease) 등에 의한 관상동맥염, 관상동맥의 혈관경련, 선천성 관상동맥 기형 등이 있다.

발생 위험이 증가하는 경우는 다음과 같다.

① **다발성 관상동맥 위험인자** : 흡연, 비만, 고혈압, 고지혈증, 당뇨, 가족력, 고령(남자 > 45세, 여자 > 55세), 폐경 등

② **불안정성 협심증 혹은 변이형 협심증**

③ **기타 유발인자** : 과격한 운동, 과로, 정신적 스트레스, 질병, 겨울철, 아침에 일어난 직후 등

〈자료출처 : 질병관리청〉

61

체간골은 흉곽과 척추체로 이루어져 있다. 흉곽과 척추체를 구성하는 뼈의 이름을 서술하고(7점), 체간골의 기능을 서술하시오(3점). (10점)

모범답안

1. 흉곽과 척추체

(1) 흉곽을 구성하는 뼈

흉부를 둘러싸고 있는 뼈대로 12개의 흉추, 12쌍의 늑골, 1개의 흉골로 구성되어 있다.

① 흉추(12개)
② 늑골(갈비뼈, 12쌍)
③ 늑연골(갈비연골)
④ 흉골(복장뼈)
⑤ 검상돌기

(2) 척추체를 구성하는 뼈

척추는 몸의 중심을 이루고 기둥의 역할을 수행하는 기관으로 33개의 척추뼈로 구성되어 있다. 즉 척추뼈는 경추 7개, 흉추 12개, 요추 5개, 천추 5개, 미추 4개로 구성되어 있다.

① 경추(목뼈, 7개)
② 흉추(등뼈, 12개)
③ 요추(허리뼈, 5개)
④ 천추(엉덩뼈, 5개)
⑤ 미추(꼬리뼈, 4개)

2. 체간골의 기능

체간골(몸통뼈대)이란 팔다리뼈, 척추뼈를 제외한 견갑골(어깨뼈), 골반골(골반뼈), 쇄골(빗장뼈), 흉골(가슴뼈), 늑골(갈비뼈)를 말한다.

① 몸통을 지지하고 체강의 장기를 보호하며, 체격이나 자세를 유지하는 기초를 제공한다.
② 미각, 후각, 청각, 시각, 평형감각과 같은 특수 감각 장기를 수용한다.
③ 체간골에 있는 골수에 의해 조혈기능을 담당한다.
④ 머리, 목 및 몸통의 움직임 조절을 제공한다.
⑤ 호흡운동의 수행을 제공한다.
⑥ 팔다리뼈대의 움직임과 관련된 근육의 부착점을 제공한다.

62 어깨 손상의 주요 부위인 회전근개 파열에 대해 아래의 물음에 답하시오.

(1) 회전근개를 이루는 근육은? (각 1점, 총 4점)

(2) 이 중 가장 손상이 많이 발생하는 근육은? (1점)

(3) 회전근개 파열의 진단시 가장 많이 사용하는 영상검사 2가지는? (각 1점, 총 2점)

(4) 회전근개 파열의 주요 치료 3가지는? (각 1점, 총 3점)

모범답안

(1) 회전근개를 이루는 근육

회전근개는 어깨와 팔을 연결하는 4개의 근육(① 극상근, ② 극하근, ③ 소원근, ④ 견갑하근) 및 힘줄로 이루어져 있다.

(2) 가장 손상이 많이 발생하는 근육

극상근

(3) 회전근개 파열의 진단시 가장 많이 사용하는 영상검사(2가지)

① 초음파검사

② 자기공명영상(MRI)검사

(4) 회전근개 파열의 주요 치료(3가지)

① 비수술적 치료(보존적 치료)

회전근개에 부분 파열이 있을 때는 보존적 치료를 할 수 있다.

㉠ 운동(또는 물리) 치료 : 운동(물리) 치료는 회전근개만을 선택적으로 강화할 수 있는 일련의 특수한 동작으로 이루어져 있으며, 간단한 도구를 이용한다.

㉡ 약물(또는 주사) 치료 : 회전근개에 부분 파열이 있을 경우에 약물 투여로 통증치료와 염증치료를 한다.

② 수술적 치료

회전근개가 완전히 파열되어 기능에 장애가 생겼을 경우 수술을 시행한다.

㉠ <u>회전근개봉합술</u> : 관절내시경을 이용해 끊어진 힘줄의 위치를 확인하고, 실이 달린 나사를 통해 파열된 회전근을 뼈에 붙이는 수술이다. 관절내시경 수술은 진단과 동시에 수술이 가능하다. 이는 절개 부위가 작고 손상이 적기 때문에 입원 기간이 짧고 수술 후 회복이 빠르다는 장점이 있다.

㉡ <u>견봉성형술</u> : 관절내시경을 사용하여 견봉 밑 공간을 넓혀줌으로써 어깨 근육이 움직일 때 관절과 충돌하지 않도록 해주는 수술이다. 충돌증후군에 의해서 회전근개가 끊어지게 되므로, 회전근개봉합술과 같이 시행한다.

㉢ <u>어깨관절 치환술</u> : 복원이 불가능한 회전근개의 광범위한 파열의 경우, 어깨관절 치환술을 시행할 수 있다.

63

사지의 근력평가는 마비환자와 신경 손상환자에서 중요하다. 사지근력평가와 관련하여 아래의 물음에 답하시오.

(1) 근력을 평가하는 도수근력평가의 단계를 각각 작성하시오(숫자, 영어단어, 영어기호 모두 표시할 것). (6점)

(2) 이 중, 중력의 제거 유무로 구분되는 두 개의 단계를 작성하시오. (4점)

모범답안

(1) 근력을 평가하는 도수근력평가의 단계

일반적으로 Normal, Good, Fair, Poor, Trace, Zero로 각각 5, 4, 3, 2, 1, 0점으로 평가된다.

등급			상태
Grade 5	Normal(N)	100%	최대의 저항력에 대항하여 능동적인 관절운동이 가능한 상태이다(정상상태).
Grade 4	Good(G)	75%	약간의 저항력을 이겨내고, 능동적인 관절운동이 가능한 상태이다.
Grade 3	Fair(F)	50%	중력을 이겨내고 능동적인 관절운동이 가능한 상태이나, 저항을 이기지 못하는 상태이다.
Grade 2	Poor(P)	25%	중력을 제거한 상태에서 부분적인 관절운동이 가능한 상태이다.
Grade 1	Trace(T)	10%	근육수축은 가능하나, 관절운동은 불가능한 상태이다.
Grade 0	Zero(Z)	0%	근육수축이 전혀 일어나지 않는 완전 마비상태이다. ※ EMG(근전도검사) 측정시 0으로 나온다.

(2) 중력의 제거 유무로 구분되는 두 개의 단계

① 2등급 Poor(P) : 중력을 제거한 상태에서 부분적인 관절운동이 가능한 상태

② 3등급 Fair(F) : 중력을 이겨내고 능동적인 관절운동이 가능한 상태이나, 저항이 없는 상태

64 외상 후 발생할 수 있는 가동범위 감소나 근력약화와 관련된 아래의 물음에 답하시오.

(1) 외상 후 운동장해(장애)가 발생할 수 있는 원인을 나열하시오. (6점)

(2) 외상 후 관절염과 가장 관련이 높은 주요 손상을 나열하시오. (4점)

모범답안

(1) 외상 후 운동장해(장애)가 발생할 수 있는 원인

① 관절 내의 연골골절로 직접적인 손상이 일어난 경우

② 개방성 골절, 분쇄골절로 인한 연부조직(근육, 건, 인대, 피부, 혈관 등)의 손상

③ 관절의 탈구 또는 아탈구로 관절운동이 제한되는 경우

④ 인대의 염좌, 근육의 염좌 및 근육의 타박상

⑤ 오랜 기간 관절고정에 인한 관절강직과 근육위축

⑥ 화상사고로 근육, 뼈, 인대조직의 손상이나 관절 자체가 손상된 경우

⑦ 만성 통증으로 인한 근력 약화

⑧ 중추 및 말초신경 손상으로 인한 근육위축 및 근력 약화

(2) 외상 후 관절염과 가장 관련이 높은 주요 손상

① 인대 손상(전방 또는 후방십자인대 파열, 내측 또는 외측 측부인대 파열)

② 반월상 연골 손상

③ 관절내 골절

④ 관절탈구

⑤ 골연골 결손

65

압박골절과 관련된 아래의 물음에 답하시오.

(1) 압박골절이 발생했을 때 일차적으로 가장 많이 진단에 사용하는 영상검사 2가지 (각 1점, 총 2점)

(2) 급성 골절과 만성(진구성) 골절을 구분하는데 가장 유용한 영상검사 2가지 (각 1점, 총 2점)

(3) 압박골절이 가장 호발하는 부위 (3점)

(4) (3) 이외 압박골절이 많이 발생하는 부위 (3점)

모범답안

(1) 압박골절이 발생했을 때 일차적으로 가장 많이 진단에 사용하는 영상검사 2가지

① X-ray검사 : 진단 방사선 촬영

② CT(Computed Tomography)검사 : 컴퓨터단층 촬영

(2) 급성 골절과 만성(진구성) 골절을 구분하는데 가장 유용한 영상검사 2가지

① 뼈 스캔(Bone Scan)검사 : 뼈의 골절이나 종양발생 및 전이 여부, 감염 및 관절 질환의 범위와 중증도를 평가

② MRI(자기공명영상)검사 : 골다공증성 압박골절과 전이성 종양에 의한 병적 골절의 판별에 유용

(3) 압박골절이 가장 호발하는 부위

척추뼈 중 흉추(등뼈)부와 요추(허리뼈)부

(4) (3) 이외 압박골절이 많이 발생하는 부위

흉추(등뼈)부와 요추(허리뼈)부 이외에 5~10% 정도는 경추(목뼈)부에서 발생한다.

66

25세 남자가 축구경기를 하던 중 점프 후 착지하며 '뚝'하는 파열음과 함께 슬관절의 통증이 발생하였다.

(1) 손상 가능성이 가장 높은 부위의 이름은? (2점)

(2) 상기 경우에서 가장 우선적으로 선택하는 치료방법은? (2점)

(3) 상기 손상을 진단(치료 후 장애평가시에도 활용)하기 위한 신체 검사방법 2가지의 이름과 내용을 서술하시오. (6점)

모범답안

(1) 손상 가능성이 가장 높은 부위 : 십자인대 손상

슬관절(무릎 관절)에는 전방십자인대, 후방십자인대, 내측 측부인대 및 외측 측부인대라는 4가지 인대가 있다. 십자인대 손상은 과도한 운동이나 외상으로 인해 십자인대가 찢어지거나 파열된 상태를 의미한다. 주로 축구나 스키 등의 운동을 하는 중에 갑자기 멈추거나 방향을 바꿀 때, 상대방 선수와 충돌할 때, 점프 후 착지할 때, 교통사고시 발생한다.

(2) 상기 경우에서 가장 우선적으로 선택하는 치료방법

십자인대가 파열된 초기에는 관절의 안정 또는 휴식을 취하고, 얼음찜질과 압박붕대를 한 다음, 다친 다리를 심장 부위보다 올려서 연부조직의 추가손상을 예방하는 것이 우선적으로 선택하여야 할 치료방법이다. 십자인대가 부분 파열되고 불안정성이 심하지 않으면, 근력 강화 훈련, 보조기 착용, 석고고정 등의 보존적 치료를 할 수 있다.

(3) 상기 손상을 진단(치료 후 장애평가시에도 활용)하기 위한 신체 검사방법(2가지)

① 전방전위검사 : 무릎을 90도 굽힌 자세에서 정강이(경골)를 두 손으로 잡고, 전방·후방으로 밀고 당겨본다. 이때 과도한 움직임이 없어야 정상이며, 앞쪽이나 뒤쪽으로 당겨오거나 밀리면 각 전방 및 후방십자인대가 손상되었음을 알 수 있다.

② 라크만 검사(Lachman test) : 전방십자인대 손상이 의심되는 무릎을 20~30도 정도 구부리고, 한손으로는 대퇴의 원위부, 다른 한손으로는 하퇴의 근위부를 잡고, 하퇴를 잡은 손으로 정강이뼈를 넙다리뼈를 기준으로 고정하고, 전방으로 당겨본다. 정강이뼈의 전위(즉, 앞쪽으로 당겨짐)가 느껴진다면 라크만 검사의 양성반응으로 전방십자인대의 손상을 의심할 수 있다.

67

당뇨병은 췌장에서 분비되는 인슐린의 기능에 문제가 발생해서 혈당이 비정상적으로 상승해 우리 몸에 많은 문제를 일으키는 대표적인 만성 질환이다. 정상 혈당은 최소 8시간 이상 금식한 상태에서 공복 혈장 혈당이 100mg/dL 미만, 75g 경구 당부하 후 2시간 혈장 혈당이 140mg/dL 미만이다. 당뇨병 진단과 관련된 다음 빈칸을 채우시오. (각 1점, 총 10점)

1. 당뇨병 진단기준
   (1) 당화혈색소 (①)% 이상 또는
   (2) 8시간 이상 공복 혈장 혈당 (②)mg/dL 이상 또는
   (3) 75g 경구 당부하 후 2시간 혈장 혈당 (③)mg/dL 이상 또는
   (4) 당뇨병의 전형적인 증상 [(④), (⑤), (⑥)]이 있으면서 무작위 혈장 혈당검사에서 (⑦)mg/dL 이상

2. 당뇨병 전단계(당뇨병 고위험군)
   (1) 당화혈색소 (⑧ ~ ⑧)% 해당하는 경우 당뇨병 전단계로 정의한다.
   (2) 8시간 이상 금식 후 공복 혈장 혈당 (⑨ ~ ⑨)mg/dL인 경우 공복 혈당 장애로 정의한다.
   (3) 75g 경구 당부하 후 2시간 혈장 혈당 (⑩ ~ ⑩)mg/dL인 경우 내당능 장애로 정의한다.

모범답안

① 6.5%

② 126

③ 200

④ 다음

⑤ 다뇨

⑥ 다식

⑦ 200

⑧ 5.7~6.4

⑨ 100~125

⑩ 140~199

68

자살은 2018년 기준 우리나라 사망원인 5위를 차지할 정도로 심각하고 중요한 문제이며, 10~30대 사망원인 1위이다. 최근 청소년 자살률도 지속적으로 증가하고 있으며, OECD 평균 10만명당 11.5명인 것에 비해 우리나라는 24.7명으로 매우 높은 편이라 자살예방을 위해서 많은 노력을 하고 있다.
자살의 고위험군에 대해서 10개 이상 서술하시오. (10점)

모범답안

자살의 고위험군

① 과거 자살시도 경험자
② 정신병적 증상(조울증 또는 반복적 우울증 등)이 있는 경우
③ 알코올 중독자 또는 알코올 의존자
④ 약물을 남용하는 자
⑤ 쉽게 분노하거나 폭발하는 자
⑥ 실직 또는 은퇴한 자
⑦ 최근에 사별이나 이별을 경험한 자
⑧ 신체적 질병(만성 신부전, 폐기종 등)이 있는 자
⑨ 노인 또는 독신자
⑩ 사회적 고립
⑪ 인격장애 등

69

종양이란 우리 몸속에 새롭게 비정상적으로 자라난 덩어리라 볼 수 있다. 종양은 크게 양성종양과 악성종양으로 구분할 수 있다. 종양이 가지는 특성별로 양성종양과 악성종양의 차이점에 대해서 5가지 이상 서술하시오. (10점)

모범답안

양성종양과 악성종양의 차이점

(1) 세포의 특성

양성종양은 분화가 잘 되어 분열상이 없거나 적고, 세포가 성숙한 반면에, 악성종양은 분화가 안 되어 있고 비정상적인 분열이 많으며, 세포가 미성숙하다.

(2) 성장양식

양성종양은 피막이 있어 점점 커지면서 성장하지만 범위가 한정되어 있고, 주위 조직에 대한 침윤이 없어 수술적 절제가 용이한 반면에, 악성종양은 피막이 없어 주위 조직으로 파고들어 침윤하면서 성장하기 때문에 수술적 절제가 쉽지 않다.

(3) 성장속도

양성종양은 천천히 자라면서 휴지기를 가질 수 있지만, 악성종양은 빨리 자라면서 저절로 없어지는 경우는 드물다.

(4) 전이 및 재발 여부

양성종양은 전이되지 않고 수술로 제거하면 재발하는 경우가 거의 없으나, 악성종양은 전이가 흔하고 수술로 제거하여도 재발하는 경우가 많다.

(5) 인체에의 영향 및 수술 예후

양성종양은 인체에 거의 해가 없고 수술을 하는 경우 예후가 좋으나, 악성종양은 인체에 해가 되고 수술을 하더라도 종양의 크기, 림프절 침범 여부, 다른 장기로의 전이 여부에 따라 예후가 좋지 못한 경우가 많다.

[양성종양과 악성종양의 차이점]

구 분	양성종양	악성종양
세포 특성	분화가 잘 된 성숙 세포이다.	분화가 잘 되지 않은 미성숙 세포이다.
성장 양식	피막이 있어 주변조직에 대한 침윤이 없다.	피막이 없어 주변조직으로 침윤하면서 성장한다.
성장 속도	성장이 느리고, 휴직기도 있다.	성장이 빠르다.
전이 여부	잘 되지 않는다.	잘 된다.
재발 여부	수술로 제거시 재발이 거의 없다.	재발가능성이 높다.
인체 영향	인체에 해가 거의 없다.	인체에 해를 입힌다.
예 후	좋다.	종양의 크기, 림프절 침범 여부, 다른 장기로의 전이 여부에 따라 예후가 달라진다.

70

우리나라 사망원인 1위인 암을 조기에 발견해서 암 치료율을 높이고 암 사망률을 감소시키기 위해서 국가 암 검진사업을 하고 있다.
국가 암 검진에는 총 6개 항목이 제공되고 있는데, 이들의 이름(최고 5점)과 검진방법(최고 5점)에 대해서 서술하시오. (10점)

모범답안

국가 암 검진항목 및 검진방법

① 위암 : 위내시경검사 또는 위장조영검사

② 간암 : 간초음파검사, AFP검사(혈청알파태아단백검사)

③ 대장암 : 분변잠혈검사(양성인 경우 대장내시경검사 또는 대장이중조영검사)

④ 유방암 : 유방촬영검사

⑤ 자궁경부암 : 자궁경부세포검사

⑥ 폐암 : 저선량 흉부 CT(저선량 흉부 전산화단층촬영)검사

[암 검진]

구 분	검진대상	주 기	검진방법
위 암	40세 이상의 남·여	2년	① 위내시경검사 ② 조직검사 ③ 위장조영검사
간 암	40세 이상의 남·여 중 간암 발생 고위험군	6개월	① 간초음파검사 ② 혈청알파태아단백검사 (Alphafetoprotein)
대장암	50세 이상의 남·여	1년	① 분변잠혈검사 ② 대장내시경검사 ③ 조직검사 ④ 대장이중조영검사
유방암	40세 이상의 여성	2년	유방촬영검사
자궁경부암	20세 이상의 여성	2년	자궁경부세포검사
폐 암	54세 이상 74세 이하의 남·여 중 폐암 발생 고위험군	2년	저선량 흉부 CT검사

※ "간암 발생 고위험군"이란 간경변증, B형 간염 항원 양성, C형 간염 항체 양성, B형 또는 C형 간염바이러스에 의한 만성 간질환 환자를 말한다.

※ "폐암 발생 고위험군"이란 30갑년[하루 평균 담배소비량(갑) × 흡연기간(년)] 이상의 흡연력(吸煙歷)을 가진 현재 흡연자와 폐암 검진의 필요성이 높아 보건복지부장관이 정하여 고시하는 사람을 말한다.

71

다음은 상지의 구조를 표시한 그림이다. 아래의 질문에 답하시오(영문 및 국문의 의학용어 모두 작성 가능, 단 정확한 명칭을 작성해야 함). (10점)

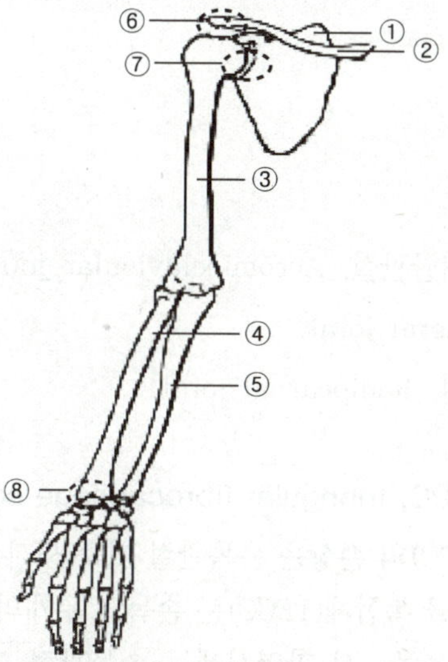

(1) ①, ②, ③, ④, ⑤ 각 숫자에 해당하는 뼈의 이름을 작성하시오. (5점)

(2) 점선으로 표시된 각 숫자 ⑥, ⑦, ⑧에 해당하는 관절의 이름을 작성하시오(견관절, 완관절이 아닌 구체적인 명칭을 쓰시오). (3점)

(3) 상지의 주요 관절 중, 삼각 섬유연골 복합체(TFCC, triangular fibrocartilage complex lesions) 병변이 발생하는 관절은 어느 관절인가? (2점)

모범답안

(1) 뼈의 이름

① 어깨뼈(견갑골, Scapula)

② 빗장뼈(쇄골, Clavicle, Collarbone)

③ 위팔뼈(상완골, Humerus)

④ 노뼈(요골, Radius)

⑤ 자뼈(척골, Ulna)

(2) 관절의 이름

⑥ 봉우리빗장관절(견봉쇄골관절, Acromioclavicular joint)

⑦ 상완와관절(Glenohumeral joint)

⑧ 손목관절(요골수근관절, Radiocarpal joint)

(3) 삼각 섬유연골 복합체(TFCC, triangular fibrocartilage complex lesions) 병변이 발생하는 관절

삼각 섬유연골 복합체(TFCC)의 손상은 손목관절 척측(새끼손가락 방향) 통증의 가장 흔한 원인으로 알려져 있다. 삼각 섬유연골 복합체(TFCC)는 손목의 두개의 뼈인 요골과 척골을 연결하여 안정적인 운동이 가능하게 하는 구조물로서 파열시에는 손목관절 불안정 및 관절염이 발생할 수 있다.

① 먼쪽노자관절(원위요척관절, Distal radioulnar joint)

② 척수뿌리관절(척수근관절, ulnocarpal joint)

72 다음은 발목의 그림이다. 각 표시된 부분의 명칭을 작성하고 질문에 답하시오(영문 및 국문의 의학용어 모두 작성 가능, 단 정확한 명칭을 작성해야 함). (10점)

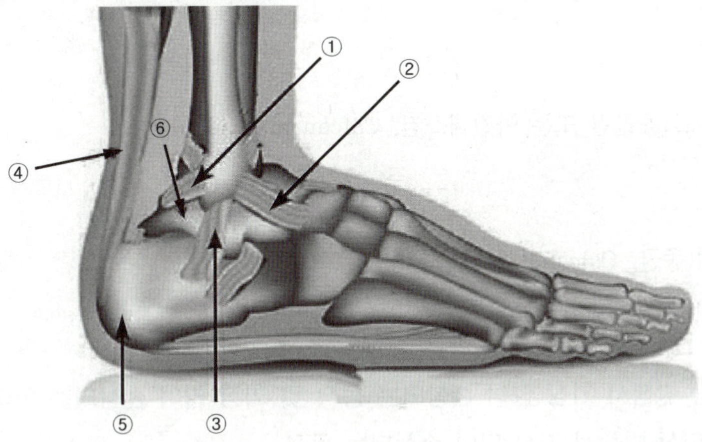

(1) 외측 발목의 안정성과 관련이 높은 주요 인대 ①, ②, ③을 작성하시오. (3점)

(2) ④의 명칭을 작성하시오. (1점)

(3) ⑤, ⑥에 해당하는 뼈의 이름을 작성하시오. (2점)

(4) 발목의 외상 발생시 가장 많이 손상되는 동작(2점) 및 가장 많이 손상되는 인대의 이름(2점)을 쓰시오.

모범답안

(1) 외측 발목의 안정성과 관련이 높은 주요 인대

① 뒤목말종아리인대(후거비인대, Posterior talofibular ligament)

② 앞목말종아리인대(전거비인대, Anterior talofibular ligament)

③ 발꿈치종아리인대(종비인대, Calcaneofibular ligament)

(2) ④의 명칭

④ 발꿈치힘줄(종골건 또는 아킬레스건, Calcaneal tendon)

(3) 뼈의 이름

⑤ 발꿈치뼈(종골, Calcaneus)

⑥ 목말뼈(거골, Talus)

(4) 발목의 외상 발생시 가장 많이 손상되는 동작 및 가장 많이 손상되는 인대

① 발목의 외상 발생시 가장 많이 손상되는 동작

스포츠 활동 중이나 일상생활 중에서 흔하게 발생하는 발목 염좌는 발목이 비틀리거나 접질렸을 때 발목 관절을 지탱하는 발목 인대가 늘어나거나 찢어지는 손상으로 발생하는 질환이다. 즉 발목이 안으로 휘는 내반력(무릎이 O자 모양으로 꺾이게 되는 힘)이 가해질 때 흔하다.

② 가장 많이 손상되는 인대

앞목말종아리인대(전거비인대, Anterior talofibular ligament)
발꿈치종아리인대(종비인대, Calcaneofibular ligament)

73 뇌실질내 출혈에서 출혈의 외상성과 자발성을 감별하기 위한 고려사항들을 서술하시오. (10점)

모범답안

뇌실질내 출혈의 원인으로는 크게 고혈압, 저산소증, 동맥류파열, 모야모야병, 혈액응고장애 등에 의한 자발성 출혈과 두부외상에 의한 외상성 출혈로 구분할 수 있다. 뇌실질내 출혈은 컴퓨터 단층촬영(CT)과 자기공명영상(MRI) 등으로 두개 내의 출혈 여부를 확인할 수 있다.

① 뇌 컴퓨터 단층촬영(CT)을 통해 뇌출혈 여부, 위치, 크기 등을 확인하며, CT 혈관조영술(CTA) 검사로 뇌출혈의 원인이 될 수 있는 혈관이상 유무를 확인한다.

② 자기공명영상(MRI)은 뇌출혈 여부뿐만아니라, 뇌출혈로 인한 손상부위를 자세히 확인하고 예후를 판정하는데 유용하게 이용된다.

74 관절운동의 제한 원인을 크게 두 가지로 나누어 서술하시오. (10점)

모범답안

관절운동의 제한 원인

(1) 경직(Spasticity)

경직이란 뇌질환 이후 근육의 신장반사가 과도하게 흥분되어 움직이는 속도에 비례하여 근육의 긴장도가 증가한 상태를 말한다. 증상은 운동 및 안정시 자신의 의지와는 상관없이 근육이 뻣뻣해지는 양상으로 나타나며 팔, 다리 및 얼굴, 목 등의 모든 근육에서 나타날 수 있어 통증 및 운동기능 상실의 주원인이 된다.

※ **의학용어(4집)** : rigidity – 경축, spasticity – 경직, ankylosis – 강직(증)

(2) 마비(Paralysis)

마비는 흔히 두부외상이나 뇌졸중 등 뇌의 내・외부적 손상으로 인한 경우 또는 타격이나 화상 등에 의해 경추부위나 상・하지의 신경에 손상이 가해지는 경우 발생할 수 있다. 운동신경 마비로 인해 관절운동을 하지 않을 경우 관절구축이 발생할 수도 있다.

※ 강직 – 인간 증후군(스티프맨 증후군, Stiff – person syndrome)은 점진적으로 악화되는 근육 경직을 유발한다. 강직 – 인간 증후군은 제1형 당뇨병, 특정 자가면역 장애 또는 특정종류의 암이 있는 사람에게 흔히 발생한다. 몸통 및 복부에서부터 근육이 점차 강직되고 비대해지지만, 결국 전신 근육에 영향을 미친다.

75

척추전방전위증(spondylolisthesis)에 관하여 아래의 질문에 답하시오. (10점)

(1) 척추전방전위증의 정의 (3점)

(2) 척추전방전위증의 가장 흔한 원인 두 가지 (2점)

(3) 척추전방전위증이 주로 발생하는 부위 (2점)

(4) 척추전방전위증에서 수술을 고려하는 경우 (3점)

모범답안

(1) 척추전방전위증의 정의

하나의 척추가 여기에 인접하는 밑의 척추에 비해 정상적인 정렬을 이루지 못하고 앞으로 빠져 있는 상태를 말한다. 즉, 척추전방전위증은 위 척추뼈가 아래 척추뼈보다 앞으로 밀려나가면서 배 쪽으로 튀어나와 신경을 손상시켜 허리통증과 다리 저림을 일으키는 질환이다. 척추전방전위증은 크게 척추분리증에 의한 전방전위증, 퇴행성 변화에 의한 전방전위증, 외상에 의한 전방전위증으로 나눌 수 있다.

(2) 척추전방전위증의 가장 흔한 원인(두 가지)

① 척추분리증

어떤 원인에 의해 척추뼈 내의 연결 부위(협부)에 결손이 발생한 경우를 말하고, 정확한 원인은 밝혀지지 않았다. 다만, 급성 성장기에 척추에 가해지는 반복적 스트레스에 의한 피로골절이 가장 중요한 원인으로 추측된다. 척추분리증이 있어도 전위가 발생하지 않는 경우가 많다. 그러나 금이 간 부위(결손 부위)에서 뼈가 어긋나면서 위쪽 척추가 아래 척추에 비해 앞으로 빠지면(전위) 요추전방전위증 상태가 된다. 이 질환을 성인이 된 후에 처음 발견한 경우, 척추분리증이 언제 발생하였고, 언제 전방전위증으로 발전하였는지 확실하게 알 수 없다. 대개 청소년기부터 있었던 것으로 추정한다. 이 질환이 청소년기에 발견된 경우에는 방사선 검사를 통해 척추뼈가 더 앞으로 빠지지 않았는지 4~6개월에 한 번씩 정기적으로 관찰해야 한다. 관찰하는 과정에서 척추뼈가 앞으로 더 미끄러질 것 같은 징후가 보이면 더 나빠지는 것을 막기 위해 척추 유합술을 고려한다.

② 노인성 변화(퇴행성 척추전방전위증)

나이가 들면서 퇴행성 변화에 의하여 척추가 장기간 불안정하여 전방전위증이 생길 수 있다.

(3) 척추전방전위증이 주로 발생하는 부위

요추(허리뼈) 4~5번 부위에서 흔하다.

(4) 척추전방전위증에서 수술을 고려하는 경우

① 비수술적 치료에도 불구하고 통증이나 신경증세가 지속되는 경우
② 소아에서 전위가 33%를 넘어 진행하는 경우
③ 소아에서 처음 진단시 전위가 50%를 넘을 때
④ 성인에서 추간판탈출증이 동반 되었을 때
⑤ 성인에서 제4~5요추간 전위증에서 전위가 증가할 때
⑥ 성인에서 인접 부위의 퇴행성 변화에 의한 척추관협착증이 생겼을 때

수술은 크게 두 가지 목적을 가지고 있는데, 첫째는 신경이 눌리는 것을 풀어주는 것이며, 둘째는 척추의 불안정증으로 인하여 관절을 고정시키는 것이다.

76

척추의 변형각을 측정하는 방법은 크게 두 가지가 있다. 이 두 가지 방법에 대해 설명하시오. (10점)

(1) Cobb's angle(콥스각)을 측정하는 경우 및 임상적 의의를 서술하시오. (2점)

(2) 아래 그림에서 선을 그어 Cobb's angle(콥스각)을 측정하는 방법을 표시하시오(아래 그림을 답안지에 그린 후 선을 그을 것). (3점)

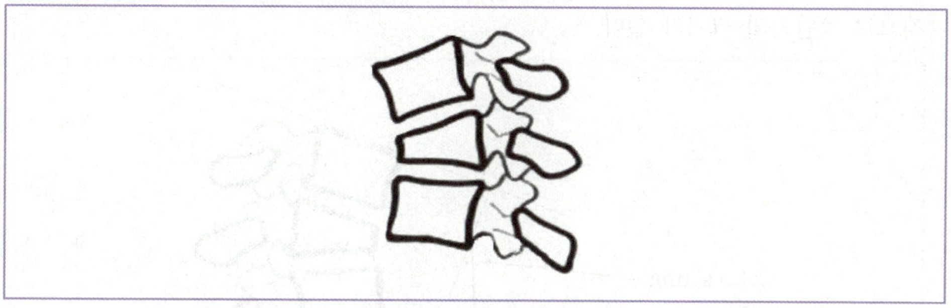

(3) 국소 후만각(local kyphotic angle)의 임상적 의의를 서술하시오. (2점)

(4) 아래 그림에서 선을 그어 국소 후만각(local kyphotic angle)을 측정하는 방법을 표시하시오(아래 그림을 답안지에 그린 후 선을 그을 것). (3점)

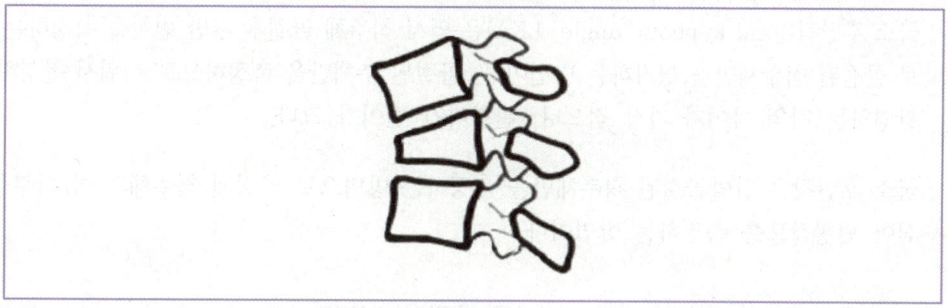

모범답안

(1) Cobb's angle(콥스각)을 측정하는 경우 및 임상적 의의

① Cobb's angle(콥스각)을 측정하는 경우

Cobb's angle(콥스각)은 척추측만증(scoliosis)을 판별하고 진단하기 위해 측정한다. 즉 척추체 골절에 의한 후만 변형을 측정하는 방법 중 하나로 인접한 추체를 포함하여 국소적인 시상만곡을 평가하는 방법이다.

② Cobb's angle(콥스각)을 측정하는 임상적 의의

Cobb's angle(콥스각)은 척추체 손상시 초기 또는 후기 불안정성을 나타내는 지표로서 임상적 의의가 있다. Cobb's angle(콥스각)이 10° 이하일 때는 정상으로 판단하며, 몇도 이상일 때 교정이 필요하거나 수술이 필요하다는 판단기준을 제시한다.

(2) Cobb's angle(콥스각)을 측정하는 방법

Cobb's angle(콥스각)은 측정하려는 척추만곡의 볼록한 쪽으로 가장 기울어진 상부 끝 척추의 상단과 만곡된 하부 끝 척추의 하단에 선을 그은 뒤 각 선에서 직각(90°)으로 수직선을 그어서 교차된 각으로 측만곡의 크기가 된다.

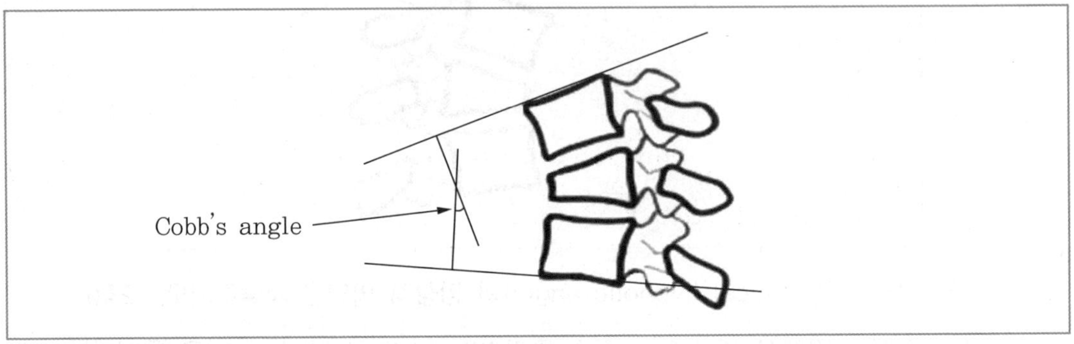

(3) 국소 후만각(local kyphotic angle)의 임상적 의의

국소 후만각(local kyphotic angle, LKA)은 역시 척추체 골절후 후만 변형을 측정하는 방법 중 하나로 골절된 척추체만을 평가하는 방법이다. 골절된 추체만을 측정하므로 누워서 촬영하는 것과 서서 촬영하는 것의 차이가 가장 적으나, 관찰자간 변이가 크다.

국소 후만각은 압박골절된 척추체만을 측정하는 방법으로 골절된 척추체의 상/하부를 기준선으로 삼아 변형각도를 측정하는 방법이다.

(4) 국소 후만각(local kyphotic angle)을 측정하는 방법

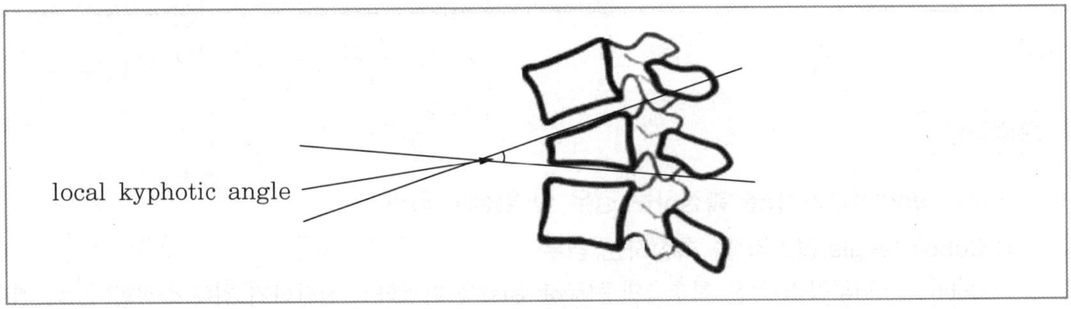

77

결장 직장의 용종에는 선종성 용종, 과형성 용종, 유년기 용종 등이 있다. 이중 선종성 용종의 경우 악성화 가능성을 가지고 있다. 선종성 용종(adenomatous polyp)에 있어 악성화 가능성이 높은 위험인자 5개를 쓰시오. (10점)

모범답안

선종성 용종(adenomatous polyp)에 있어 악성화 가능성이 높은 위험인자(5개)

① 다발성 선종(선종의 개수가 3개 이상)인 경우

② 용종의 크기가 1.0cm 이상인 경우

③ 직장이나 S상 결장에 분포하는 경우

④ 융모성(관상융모 또는 융모) 선종(Tubulovillous 또는 Villous adenoma)인 경우

⑤ 고도 이형성(High - grade dyspalsia)이 동반된 경우

78

수면무호흡증은 수면 중에 호흡의 멈춤 또는 호흡이 얕아지는 문제가 발생해 수면에 지장이 발생하는 질환이다. 수면무호흡증의 세 가지 유형과 밤 동안의 수면 기록을 분석하여 진단하는 검사방법의 의료 행위명에 대해서 쓰시오. (10점)

(1) 수면무호흡증의 세 가지 유형 (6점)

(2) 수면무호흡증 진단을 위한 검사 의료 행위명 (4점)

모범답안

(1) 수면무호흡증의 세 가지 유형

① 폐쇄성 수면무호흡(OSA)

상부 기도의 폐쇄 또는 허탈에 의해서 잠자는 동안에 숨이 반복적으로 정지되는 것이 특징이다. 이 증상이 나타나면 혈액의 산소포화도가 감소하며, 숨을 쉬기 위해 수면 중에 깨어나는 일이 생긴다.

② 중추성 수면무호흡(CSA)

수면 중에 모든 호흡성 노력을 중단시키는 신경학적 장애로, 주로 혈액의 산소포화도를 감소시킨다.

③ 혼합성 수면무호흡증(Mixed Sleep Apnea)

두 유형의 조합형으로, 처음에는 중추형으로 시작되지만 점차 폐쇄형으로 바뀌는 것이 특징이다.

(2) 수면무호흡증 진단을 위한 검사 의료 행위명

정확한 수면평가를 위해서 수면다원검사(Polysomnography)를 시행한다. 수면다원검사는 환자의 수면 중에 발생하는 질환의 원인을 알아내기 위한 검사이다. 주로 뇌파와 심전도, 안전도(눈의 움직임), 근전도, 비디오 촬영이 수반된다.

병원에서 하룻밤을 자면서 수면의 전 과정을 조사한다. 자는 동안 호흡, 맥박, 움직임, 코골이, 혈중 산소포화도, 뇌파 등을 측정한다. 이 밖에 기도의 폐쇄 부위를 파악하기 위한 검사 등을 동시에 시행할 수 있다.

79

종양표지자(tumor marker)는 암의 성장에 반응해서 체내에서 또는 암조직 자체에서 생성되며 혈액, 소변, 조직검체에서 검출된다. 하지만 꼭 특정 암에서만 증가하는 것은 아니고 양성 질환 등 비특이적인 상황에서도 상승할 수 있기 때문에 상승했다고 암을 진단할 수 있는 것은 아니다. 하지만 암 진단에 보조적 역할, 암치료 반응 정도 확인, 암 재발 여부 확인, 암의 크기 반영 등에 이용 할 수 있어 임상에서 흔히 사용하고 있다. 다음 제시된 암의 진단에 도움이 되는 가장 중요한 종양표지자를 한 개씩만 쓰시오. (10점)

(1) 간세포암 :

(2) 갑상선 수질암 :

(3) 대장암, 폐암 :

(4) 전립선암 :

(5) 난소암 :

모범답안

(1) 간세포암 : AFP(α－feto protein, 알파태아단백) 또는 PIVKA Ⅱ(prothrombin induced by vitamin K absence Ⅱ)

(2) 갑상선 수질암 : Calcitonin(칼시토닌)

(3) 대장암, 폐암 : CEA(발암태아성항원)

(4) 전립선암 : PSA(전립선특이항원)

(5) 난소암 : CA125(암항원 125)

08

만성 간질환의 중증도 판정에 사용하는 평가 방법으로 Child－Pugh 분류법을 사용하고 있다. 중증도 판정, 예후 판단, 치료법 결정에 사용되고 있는 Child－Pugh 분류법에는 5가지 항목에 대하여 점수를 평가하여 합산하여 A, B, C 등급을 산정한다. 5가지 평가 항목에 대해서 쓰시오. (10점)

모범답안

Child－Pugh 분류법에서 사용되고 있는 5가지 평가 항목

① 총 빌리루빈(Total Bilirubin, mg/dL) : 혈청 빌리루빈 수치 증가

② 혈청 알부민(Albumin, g/dL) : 혈청 알부민 수치 감소

③ INR(혈액응고연장비율) : PT(Prothrombin Time, 혈액응고시간)

④ 복수(Acites) : 복수 유무 및 조절가능 여부

⑤ 간성뇌증(Hepatic encephalopathy, 간성혼수) : 간성뇌증 유무 및 정도

81

당뇨병의 합병증은 급성 합병증과 만성 합병증으로 구분하고 만성 합병증은 다시 미세혈관 합병증과 대혈관 합병증으로 구분한다. 미세혈관 합병증에는 크게 3가지 질환이 있으며, 그중 한 개가 당뇨병성 망막병증이다. 나머지 2개의 질환은 어떤 질환인지 쓰시오. (4점)

당뇨병성 망막병증은 다시 2가지로 구분이 되는데, 이 2가지 질환에 대하여 쓰고, 그 2가지 질환의 차이점에 대해서 쓰시오. (6점)

모범답안

(1) 당뇨병의 미세혈관 합병증(2개 질환)

① 당뇨병 신증

신장에 발생한 미세혈관 합병증으로 말기 신부전으로 진행하게 된다. 신장 기능이 나빠지는지 확인하기 위해서 주기적으로 신장 기능검사를 하게 되는데 주로 미세단백뇨검사와 단백뇨검사를 통해 진단한다.

② 당뇨병 신경병증

당뇨병 신경병증은 담배를 피우거나 비만이 있으면 신경병증의 발생 위험이 높아지며, 심혈관계 질환, 중성지방 증가, 고혈압 등과 관련성이 있다. 통증, 온도, 접촉 등 외부로부터의 여러 자극을 감지하는 신체 신경 중 주로 손과 발등의 말초 부위에 있는 신경이 만성적인 고혈당으로 인하여 손상을 받게 되는 경우를 '말초 신경병증'이라고 하며, 자율적으로 신체의 여러 기능을 조절해 주는 자율신경이 손상을 받는 경우 '자율 신경병증'이라고 한다.

(2) 당뇨병성 망막병증(2개 질환)

당뇨병성 망막병증은 신생혈관 증식 여부에 따라 비증식성 당뇨병성 망막병증과 증식성 당뇨병성 망막병증으로 분류할 수 있다.

① 비증식 당뇨병성 망막병증

말초혈관의 순환장애로 혈관이 막히면 망막 위에 출혈이 생기고, 허혈성 변화로 신경막이 부어오른 단계를 '비증식 당뇨병성 망막병증'이라 한다. 만약 황반 부위가 부어오르는 황반부종이 합병되면 되면 심각한 시력장애가 나타나게 된다(당뇨병성 망막병증의 초기 소견).

② 증식 당뇨병성 망막병증

비증식 당뇨병성 망막병증이 더욱 진행된 상태인 '증식 당뇨병성 망막병증'이 되면, 망막에 새로운 혈관이 자라는데 이러한 신생 혈관은 쉽게 터져서 눈 속에 심각한 출혈을 발생시킨다. 이 출혈은 시간이 지나면 흡수되지만 재출혈 되는 경우가 많으며, 더욱 심해지면 영구적인 실명을 초래할 수 있다(당뇨병성 망막병증의 후기 소견).

82

국제 종양 분류에서는 신생물의 부위와 형태(Morphology)를 포함하고 있으며, 형태는 5자리 분류 번호로 구성되어 있다. 이중 처음 4자리 수는 신생물의 조직학적 형태를 표시하고, 사선 뒤의 5째 자리수는 행동양식을 표시하는 행태코드(biologic behavior code)로 6가지 숫자(/0, /1, /2, /3, /6, /9)를 사용하고 있다. 6가지 숫자와 그 숫자가 의미하는 행태를 쓰시오. (10점)

모범답안

행태코드(biologic behavior code)

코 드	행 태
/0	양성(benign)
/1	양성인지 악성인지 불명확(uncertain whether benign or malignant) 경계형 악성(borderline malignancy) 낮은 악성 잠재성(low malignancy potential) 불확실한 악성 잠재성(Uncertain malignant potential)
/2	제자리(Carcinoma in situ) 상피내(Intraepithelial) 비침윤성(Noninfiltrating) 비침습성(Noninvasive)
/3	악성, 원발부위(Malignant, primary site)
/6	악성, 전이부위(Malignant, metastatic site) 악성, 속발부위 (Malignant, secondary site)
/9	악성, 원발부위 또는 속발부위 여부가 불확실한 (Malignant, uncertain whether primary or metastatic site)

83

가와사키병은 일반적으로 5일 이상 지속되는 발열과 5가지 주요 임상기준 중 4개 이상을 만족하면 진단할 수 있다. 또한 심장 관련 합병증은 가와사키병의 장기예후에 중요한 변수가 된다. 가와사키병에서 발열 외 5가지 임상기준을 쓰고(8점), 가와사키병의 심장 관련 합병증에 대하여 쓰시오. (2점)

모범답안

(1) 가와사키병에서 발열 외 5가지 임상기준

가와사키병의 증상은 발열과 동반하여 다음의 5가지 중 4가지 이상의 소견이 나타난다.

① 양측성 안구 결막의 충혈

② 다양한 형태의 피부발진

③ 비화농 경부 림프절비대(1.5cm 이상)

④ 점막 변화(구강과 인두 점막의 홍반, 딸기혀, 붉고 균열된 입술 등)

⑤ 사지 소견(손과 발의 부종과 홍조 등)

(2) 가와사키병의 심장 관련 합병증

가와사키병은 영아와 소아에게서 발생하는 급성 혈관염으로 관상동맥류 합병증이 발생할 수 있다. 거대 관상동맥류는 파열, 협착, 혈전 형성 폐쇄에 의한 심근경색의 위험이 있는 합병증이다.

84

치매보험에서 보장하는 경도치매, 중등도치매, 중증치매의 경우 CDR 척도검사를 통해서 진단을 받은 경우에 통상적으로 인정해주고 있다. CDR검사는 환자 및 보호자와 자세한 면담을 통해 6가지 세부 영역의 기능을 평가해 점수를 결정한다. 6가지 세부 영역을 쓰시오. (10점)

모범답안

CDR검사의 6가지 세부 영역

CDR검사는 환자 및 보호자와 자세한 면담을 통해서 다음의 6가지 세부 영역의 기능을 평가해 점수를 결정한다.

① 기억력
② 지남력
③ 판단력과 문제해결 능력
④ 사회활동
⑤ 집안생활과 취미
⑥ 위생 및 몸치장

85

다음은 골반에 대한 기술 및 골반을 정면과 측면에서 그린 그림이다. 아래의 질문에 답하시오. (10점 / 영문 및 국문의 의학용어 모두 작성 가능하나 정확한 용어를 사용할 것)

골반골은 두 개의 무명골, 천골과 미골로 이루어 졌으며, 후방에는 두 개의 무명골이 천골과 (①)을 형성하고, 전방에는 양측의 무명골이 (②)을 형성한다. 무명골은 (③), (④), (⑤) 총 세 개의 뼈가 융합하여 이루어진다.

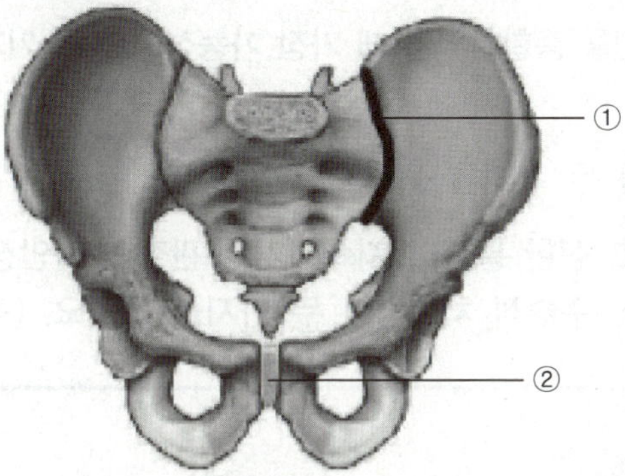

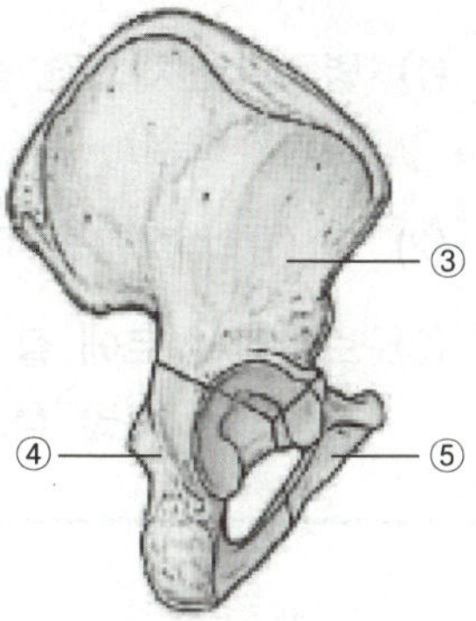

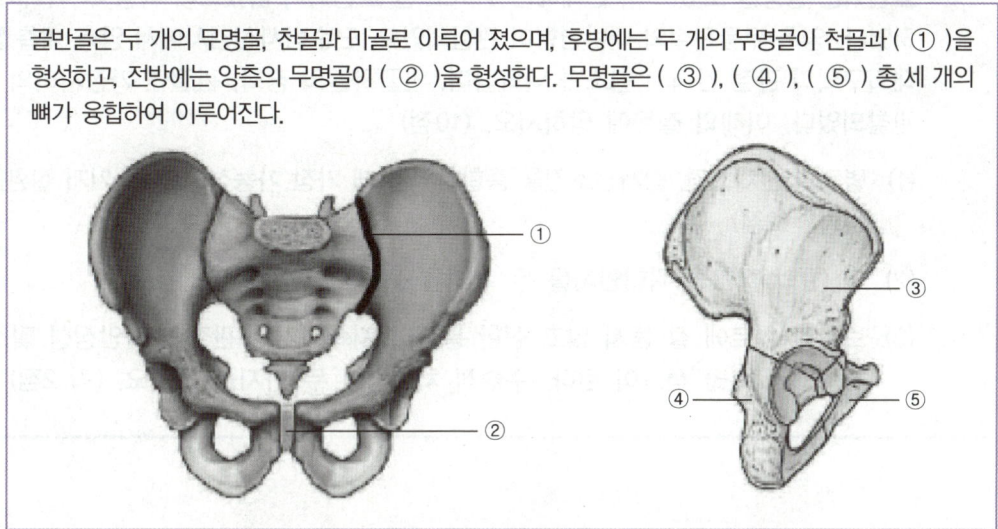

(1) ①, ② 각 숫자에 해당하는 관절의 이름을 쓰시오. (각 2점)

(2) ③, ④, ⑤ 각 숫자에 해당하는 뼈의 이름을 쓰시오. (각 2점)

모범답안

(1) 관절의 이름

① 천장관절(sacroiliac joint, 엉치엉덩결합)

② 치골결합(symphysis pubis, 두덩결합)

(2) 뼈의 이름

③ 장골(ilium, 엉덩뼈)

④ 좌골(ischium, 궁둥뼈)

⑤ 치골(pubis, 두덩뼈)

86

60세 여성이 낙상 후 악화된 양측 무릎의 통증으로 병원에 방문하였다. 자세한 병력 청취 결과, 무릎통증은 약 10년 전부터 별다른 이유 없이 발생하였고, 초기에는 휴식 후에는 호전되는 경향을 보였으나, 근래에는 쉬어도 잘 호전되지 않았으며 낙상 후 악화되었다고 하였다. 양측 무릎관절의 내반변형이 관찰되었고, 단순방사선검사에서 양측 내측 및 슬개대퇴구획의 관절 간격의 협소가 나타나며, 연골하골의 경화, 관절면 가장자리의 골극이 관찰되었다. 아래의 질문에 답하시오. (10점)

(1) 병력과 신체소견, 방사선소견을 종합하였을 때 가장 가능성이 높은 기저 질환은 무엇인가? (2점)

(2) 위 (1)의 질환의 위험인자를 두 가지를 쓰시오. (각 2점)

(3) 보존적 치료에 잘 듣지 않고 심한 통증이 지속되거나 관절의 불안정성 및 변형이 지속되면 수술 적응이 된다. 수술적 치료방법 두 가지를 쓰시오. (각 2점)

모범답안

(1) 가장 가능성이 높은 기저 질환 : 퇴행성 관절염

퇴행성 관절염은 관절을 보호하고 있는 연골의 점진적인 손상이나 퇴행성 변화로 인해 관절을 이루는 뼈와 인대 등에 손상이 일어나서 염증과 통증이 생기는 질환이다.

(2) 위 질환의 위험인자(2가지)

① 노화

② 과체중 혹은 비만

③ 유전적 요인

(3) 수술적 치료방법(2가지)

① 관절내시경

② 근위 경골 절골술

③ 인공관절치환술

87

42세 남성이 2m 난간에서 발을 헛디뎌 발꿈치로 착지한 후 양측 발꿈치의 심한 부종과 통증이 발생하여 병원에 방문하였다. 단순방사선검사에서 양측 종골의 관절내 분쇄골절이 의심되었다. 아래의 질문에 답하시오. (10점)

(1) 종골골절에서 관절면의 전위와 손상 정도, 종골 체부의 방출된 정도 등 골절의 형태를 명확하게 파악하기 위해서 필요한 추가적 영상검사는 무엇인가? (2점)

(2) 종골골절 후 발생할 수 있는 급성 합병증을 한 가지만 쓰시오. (2점)

(3) 종골골절은 정확하게 관절면을 정복하더라도 관절내 분쇄골절이 심한 경우 종골과 (①)이 이루는 관절인 (②)에 외상성 관절염이 남게 되는 경우가 많다. ①에 적합한 뼈의 이름과 ②에 적합한 관절의 이름을 쓰시오. (각 2점)

(4) 수상 후 6개월 내지 1년 정도 경과 후 발생한 외상성 관절염으로 증상이 심한 경우 시행해 볼 수 있는 수술방법은? (2점)

모범답안

(1) 추가적 영상검사

컴퓨터전산화단층촬영(CT)

※ CT 촬영은 종골골절의 진단, 분류, 치료에서 필수적이다.

(2) 급성 합병증

연부조직의 괴사 및 감염

(3) 뼈의 이름과 관절의 이름

① 거골

② 거골하 관절

※ 거골하 관절은 거골과 종골 사이에 위치하는 관절이다.

(4) 수술방법

거골하 관절 유합술(거골하 관절 고정술)

※ 거골하 관절 유합술은 거골이나 종골의 관절내 골절 후 유증, 외상 후 거골하 관절염, 퇴행성 혹은 류마티스 거골하 관절염 등으로 인한 통증, 불안정성, 구조적 기형에 대해 널리 쓰이고 있는 대표적인 수술방법이다.

88

51세 여성이 발을 헛디뎌 낙상 후 발생한 우측 발목의 심한 통증과 부종으로 병원에 방문하였다. 단순방사선검사 및 전산화단층촬영에서 우측 발목의 삼과골절(trimalleolar fracture)이 확인되었다. 아래의 질문에 답하시오. (10점)

(1) 다음은 발목관절을 그린 그림이다. '삼과골절'에서 골절이 발생한 뼈의 번호 두 개를 그림에서 찾아 적고, 그 이름을 함께 적으시오. (번호, 이름 각각 2점, 총 8점)

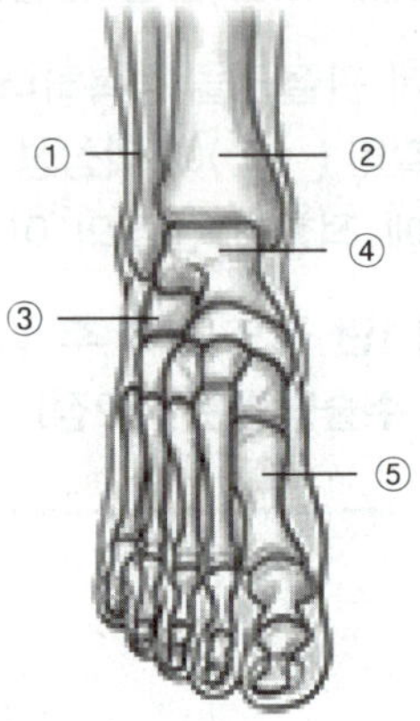

(2) 위 여성에서 발생한 삼과골절에 가장 적합한 치료방법을 간단히 쓰시오. (2점)

모범답안

(1) '삼과골절'에서 골절이 발생한 뼈 이름

① 비골(종아리뼈)

② 경골(정강이뼈)

※ 삼과골절은 다리의 경골, 비골, 그리고 경골의 후면까지 모두 손상된 경우를 말한다.

(2) 삼과골절에 가장 적합한 치료방법

삼과골절은 강한 외상에 의해 발생되며, 부종이 심한 골절이므로 가급적 빨리 수술하는 것이 후유증과 합병증을 줄이는 최선의 방법이다.

① 관혈적 정복술

② 내고정술

89

다음은 경추의 해부학 및 구조에 대한 설명이다. 다음 빈칸을 순서에 맞게 채우시오. (각 2점, 총 10점)

> 경추는 굴곡, (①), 외측굴곡 그리고 (②) 운동이 가능한 총 (③)개의 경추골과 이들을 연결시키는 근육, 인대 및 추간판으로 구성된다. 이중 상부 2개의 경추는 하부의 경추와 형태 및 운동의 양상이 서로 사뭇 다르다. 제1경추인 (④)는 추체와 극돌기가 없는 환상구조로 짧은 전궁과 긴 후궁에 의해 연결된 두 개의 외측과로 구성된다. 제2경추인 (⑤)는 경추골 중 가장 큰 체부를 갖고 체부의 상부에는 발생학적으로 제1경추의 추체에 해당하는 치돌기가 존재한다.

모범답안

① 신전
② 회전
③ 7
④ 환추
⑤ 축추

※ 경추는 굴곡, 신전, 외측굴곡 그리고 회전운동이 가능한 총 7개의 경추골과 이들을 연결시키는 근육, 인대 및 추간판으로 구성된다.

06

50세 남자가 공사현장에서 머리 및 얼굴부위를 기계에 수상하여 응급실에 이송되었다. 아래의 질문에 답하시오. (10점)

(1) 외상성 뇌손상이 의심되어 응급실에서 평가와 예후판정을 위해 눈뜨기, 가장 좋은 운동반응, 가장 좋은 언어반응의 3가지 항목을 합산하여 평가하였다. 이 평가방법이 무엇인지 쓰시오. (2점)

(2) 다음은 시행한 뇌 전산화단층촬영 결과지이다. 결과지에서 출혈과 관계된 두개강내 국소 손상을 두 가지만 찾아서 한글로 쓰시오. (각 2점)

> Traumatic SAH in suprapatellar cistern, both CPA cistern, prepontine cistern, and cisterna magna.
> Acute EDH in cerebellar region.
> Acute IVH in both lat. 3rd, 4th ventricles
> Pneumocephalus in suprasellar area.

(3) 다음은 시행한 안면골 전산화단층촬영 결과지이다. 결과지에서 골절된 두개골을 이루는 뼈의 이름을 두 가지만 찾아서 한글로 쓰시오. (각 2점)

> Fracture of Lt. occipital bone, Rt. zygomatic bone, both nasal bones, both maxillary bones.

모범답안

(1) 평가방법

Glasgow Coma Scale(GCS)

글라스고우 혼수척도(Glasgow Coma Scale score)는 초기 뇌손상의 중증도 평가기준으로 사용되는데 눈뜨기(eye opening), 운동반응(motor response), 언어반응(verbal response)의 3가지 신경학적 기능을 평가하여 총점을 구하며, 점수가 높을수록 환자의 신경학적 회복이 좋다고 평가한다. 점수가 8점 미만이면 혼수상태를 나타내며, 예후가 불량하다고 평가한다.

(2) 출혈과 관계된 두개강내 국소 손상(2가지)

① 지주막하 출혈(subarachnoid hemorrhage, SAH)

② 경막하 출혈(epidural hemorrhage, EDH)

③ 뇌실질내 출혈(intraventricular hemorrhage, IVH)

(3) 골절된 두개골을 이루는 뼈의 이름(2가지)

① occipital bone : 후두골(뒷머리뼈)

② zygomatic bone : 관골(광대뼈)

③ nasal bone : 비골(코뼈)

④ maxillary bone : 상악골(위턱뼈)

91 슬관절내 구조물 중 하나인 반월상 연골판의 기능을 서술하시오(5개). (10점)

모범답안

반월상 연골판의 기능

반월상 연골은 ① 체중 전달, ② 외력의 분산, ③ 관절 연골의 보호, ④ 관절의 안정성 및 ⑤ 윤활기능 등의 중요한 기능을 가지고 있다. 따라서 반월상 연골이 손상되면 통증, 종창 등이 나타나고, 조기의 퇴행성 관절염으로 진행될 수 있다.

① 체중 전달
② 외력의 분산
③ 관절 연골의 보호
④ 관절의 안정성
⑤ 윤활기능

92

대퇴 골두 괴사는 대퇴골 경부골절의 합병증으로 일어날 수 있다. 그 밖에 비외상성으로 대퇴 골두 무혈성 괴사를 일으킬 수 있는 것은 무엇이 있는가요? 5개를 기술 하시오. (10점)

모범답안

대퇴 골두 무혈성 괴사의 원인

대퇴 골두 무혈성 괴사란 대퇴 골두로 가는 혈류가 차단되어 뼈 조직이 괴사되는 질환을 말한다.

대퇴 골두 무혈성 괴사의 위험인자로는 ① 과도한 음주, ② 과도한 흡연, ③ 부신피질호르몬(스테로이드) 투여, ④ 고관절 부위 외상, ⑤ 잠수병, ⑥ 통풍, ⑦ 혈청지질 이상, ⑧ 만성 신장질환, ⑨ 만성 췌장염, ⑩ 방사선 조사 등이 있다. 이 중에서도 과도한 음주와 부신피질호르몬 투여가 전체 원인의 90% 정도를 차지한다.

93

다음 그림은 연부조직에 손상 없이 제4중수골골절 후 유합이 되었으나, 손가락을 굽힐 때 손가락이 교차하게 되었다. 원인은 무엇인가? (10점)

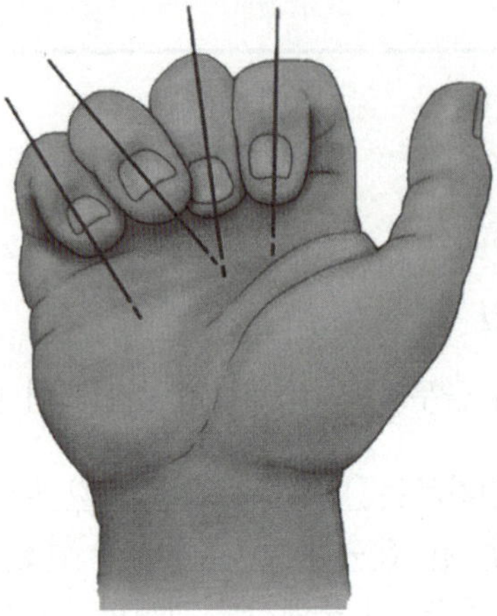

모범답안

회전 변형

손가락을 폈을 때에는 잘 모르지만 주먹을 쥐었을 때 문제의 그림처럼 손가락이 겹치거나 벌어지는 것은 중수골 골절의 합병증인 회전 변형 때문이다. 문제 조건에서 연부조직에 손상이 없으므로 신경이나 인대 또는 건 손상이 원인은 아니다.

주먹을 쥐었을 때 손가락끼리 겹치지 않고 주상골(scaphoid bone)로 잘 모이는게 정상인데, 중수골 골절 후 회전 변형이 생기게 되면 주먹을 쥐었을 때 손가락이 겹치는 변형이 생길 수 있다.

회전 변형은 사선 또는 나선 골절에서 흔히 발생하며, 손가락을 접으면 골절된 손가락이 인접 손가락 위로 겹쳐지게 된다. 이 변형은 주먹 쥐는 동작에서 장애를 유발하기 때문에 손가락 골절수술이 필요하다.

94 골절치유에 영향을 미치는 치유인자에 대해 설명하시오(10개 이상). (10점)

모범답안

골절치유에 영향을 미치는 치유인자

① 나이 : 나이가 어릴수록 골절치유가 빠르다.

② 호르몬 : 갑상선호르몬, 성장호르몬, 칼시토닌, 성호르몬 등은 골절치유를 촉진한다.

③ 감염 여부 : 뼈 조직의 감염은 골절치유를 지연시킨다.

④ 골조직 : 해면골 손상은 치밀골 손상보다 골절치유가 빠르다.

⑤ 혈액질환 : 영영상태가 불량하므로 골절치유를 지연시킨다.

⑥ 신경마비 : 골절 부위에 대한 전기적 자극이 감소되어 골절치유가 지연된다.

⑦ 연부조직의 손상 : 연부조직의 손상이 적을수록 골절치유가 빠르다.

⑧ 연부조직의 삽입 : 골절부위에 연부조직이 삽입되면 골절치유가 지연된다.

⑨ 골절의 종류 : 폐쇄성 골절이 개방성 골절보다 골절치유가 빠르다.

⑩ 골절의 혈액 공급 : 골절부위의 혈액 공급이 좋을수록 골절치유가 빠르다.

⑪ 기타 : 영양상태, 골절된 가골의 부하, 골절의 안정성 여부, 전기자극, 골이식, 부적절한 치료 등

95 외상으로 급성 구획증후군이 발생하였다. 전형적인 증상 5개를 기술하시오. (10점)

모범답안

급성 구획증후군의 증상

급성 구획증후군은 근육과 신경조직으로 통하는 혈류가 일정 수준 이하로 감소하면서 구획내 조직의 압력이 계속해 증가하는 응급 질환으로, 손과 팔, 다리 등에 심한 통증과 마비 등을 유발한다. 급성 구획증후군의 전형적인 증상은 다음과 같다.

① 통증(Pain)
② 창백(Pallor)
③ 무맥박(Pulselessness)
④ 감각이상(Paresthesia)
⑤ 마비(Paralysis)

96

골다공증골절은 작은 외상에 발생하는 골절을 의미한다. 흔히 발생하는 부위는 어디인가요? 4군데를 기술하시오. (각 2.5점)

모범답안

골다공증 골절이 흔히 발생하는 부위

골다공증은 뼈가 약해져서 작은 충격에도 쉽게 골절이 발생하는 질환이다. 골다공증으로 인한 골절이 발생하는 대표적인 부위는 다음과 같다.

① 척추

② 대퇴골(허벅지뼈) 경부

③ 요골(노뼈) 원위부

※ 요골(노뼈, Radius)은 아래팔의 뼈로 팔꿈치부터 엄지손가락 쪽 손목관절까지를 잇고 있다.

④ 상완골(손목뼈)

97

동맥의 죽상경화증(죽상동맥경화증)은 혈관의 내피세포의 손상과 지방세포 및 찌꺼기들의 축적으로 경화반(Plaque)이 형성/진행되어, 유의한 혈관 협착 또는 경화반의 파열을 초래하면서 허혈성 심질환, 뇌경색/뇌출혈, 말기 신질환 및 허혈성 사지질환 등을 유발시킨다. 동맥죽상경화증 발생의 주요 위험인자를 5가지 이상 열거하시오. (5점)

모범답안

동맥죽상경화증의 주요 위험인자

① 고지혈증

② 고혈압

③ 당뇨병

④ 흡연

⑤ 나이(남자 45세 이상, 여자 55세 이상)

⑥ 심혈관 질환 가족력

⑦ 과체중 및 복부비만

⑧ 운동부족

⑨ 죽상동맥경화 유발 음식

98

대사증후군(Metabolic syndrome)은 단일 질병이 아닌 유전적 소인과 환경적 인자가 결합하여 발생하는 포괄적 질병으로 정의된다. 현재 우리나라에서 사용되는 대사증후군 진단의 (1) 구성요소 5가지 및 (2) 각 구성요소별 진단기준을 서술하시오. (각 5점, 총 10점)

모범답안

대사증후군(Metabolic syndrome)

(1) 진단의 구성요소(5가지)

① 복부비만

② 혈압

③ 공복 혈당

④ 중성지방

⑤ 고밀도 지질단백질 콜레스테롤(HDL-cholesterol)

(2) 각 구성요소별 진단기준

① **복부비만** : 허리둘레 남자 90cm, 여자 85cm 이상

② **혈압** : 130/85 mmHg 이상 또는 고혈압약 투약 중

③ **공복 혈당** : 100mg/L 이상 또는 혈당조절약 투약 중

④ **중성지방** : 150mg/dL 이상 또는 고중성지질혈증을 치료하기 위해 투약 중

⑤ **고밀도 지질단백질 콜레스테롤(HDL-cholesterol)** : 남자 40mg/dL 미만, 여자 50mg/dL 미만 또는 저-고밀도 지질단백질 콜레스테롤혈증을 치료하기 위해 투약 중

99

수정체의 혼탁으로 시력이상이 발생하는 질환인 백내장은 크게 선천성과 후천성으로 나눌 수 있다. (1) 후천성(후발성)으로 발생하는 백내장의 종류를 열거하고, (2) 안과에서의 가장 기본적인 검사이기도 하며, 백내장 진단－수정체 혼탁의 정도 및 위치 파악 등－에 필요한 대표적인 검사방법을 쓰시오. (5점)

모범답안

백내장

(1) 후천성(후발성)으로 발생하는 백내장의 종류

① 노인성 백내장

② 외상성 백내장

③ 당뇨병성 백내장

④ 중독성 백내장 : 스테로이드 남용

⑤ 기타 원인 : 아토피 등의 전신 질환, 자외선의 과다 노출, 눈 속의 염증 등

(2) 백내장 진단에 필요한 대표적인 검사방법

세극등 현미경검사

산동검사를 통해 동공을 확대시킨 후 세극등 현미경검사(눈을 최대 40배까지 확대하여 자세히 볼 수 있는 검사방법)로 수정체 혼탁의 정도와 위치를 확인한다.

심화TIP 세극등 현미경검사

의사가 빛과 현미경을 사용하여 눈 앞의 구조들을 관찰한다. 현미경이 세극등이라 불리는 이유는 수정체, 각막, 홍채, 그리고 그 둘 사이의 공간을 세밀히 관찰하기 위해 가늘고 긴 빛을 사용하기 때문이다. 이 검사는 의사가 눈의 전면 조직을 작은 부분씩 세부적으로 관찰하여 이상 여부를 감지할 수 있게 해준다. 세극등을 사용하면 수정체에서 백내장의 징후를 발견할 수 있다.

100

만성 기관지염, 폐기종, 만성 천식 등의 기도 폐쇄로 인한 질환인 (1) 만성 폐쇄성 폐질환(COPD)의 3대 주요 증상을 쓰고 폐기능검사(PFT) 중 가장 핵심적인 검사인 (2) FEV1에 대해 설명하시오. (각 5점, 총 10점)

모범답안

(1) 만성 폐쇄성 폐질환(COPD)의 3대 주요 증상

① 기침

② 가래 증가

③ 호흡곤란

④ 천명(쌕쌕거림)

(2) FEV1

폐기능검사는 FVC(폐활량 ; 공기를 최대한 들이마셨다가 최대한 내쉬는 양)와 FEV1(1초간 노력성 호기량 ; 1초 동안 강하게 불어내는 양) 2가지 항목을 측정한다.

① FEV1/FVC의 정상치는 75~80%이며, FEV1/FVC가 70% 미만인 경우 숨을 내쉬는데 장애, 즉 기도폐쇄가 있음을 의미한다.

② 기관지폐쇄가 있는 경우 기관지확장제 투여 후 FEV1이 200mL 또는 12% 이상 증가할 때는 기관지폐쇄가 가역적인 것으로 판단한다.

③ 기관지확장제 투여 후에도 FEV1이 80% 미만, FEV1/FVC이 70% 미만이면 완전히 가역적이지 않는 기류제한이 존재하는 것으로 판단한다.

101 갑상선암과 함께 여성암 발생률 1, 2위를 다투는 질환인 '유방암의 고위험군'에 해당하는 경우를 5가지 이상 열거하시오. (10점)

모범답안

유방암의 고위험군

① **가족력** : 어머니나 형제 중에 유방암 가족력이 있는 사람

② **유전적 요인** : 유방암에 관련된 유전자의 변이가 있는 사람(BRCA1, BRCA2 등)

③ **유방질환 병력** : 유방암의 병력을 가지고 있는 여성

④ **비정형세포** : 이전 유방조직검사에서 비정형세포들이 발견되었던 여성

⑤ **여성호르몬 자극** : 조기에 초경을 시작했거나 폐경기가 늦어져 장기간 호르몬의 자극을 받는 여성

⑥ **출산 경험** : 30세 이후에 첫 아기를 출산했거나 출산 경험이 없는 여성

⑦ **모유 수유** : 모유 수유를 하지 않은 여성

⑧ **비만** : 폐경 후 비만 여성

⑨ **음주 및 포화지방 과다 섭취** : 술과 동물성 지방을 과잉 섭취하는 여성

⑩ **경구피임약 복용** : 경구피임약을 오랫동안 복용한 여성

⑪ **호르몬 대체요법** : 복합 호르몬대체요법을 시행 중이거나 장기간 복용한 여성

⑫ **관련 질환** : 자궁내막암, 난소암, 대장암의 병력이 있는 여성

⑬ **방사선 노출** : 10세 이후 어린 연령 때 비정상적인 노출

102

50세 성인 남자가 교통사고로 우측 대퇴골의 간부에 분쇄골절이 있어 수술적 치료를 하였다. 치료가 적절하지 않아서 골 변형이 생겼다. 어떤 변형이 예상되는지 5가지를 기술하시오. (10점)

모범답안

우측 대퇴골의 간부에 분쇄골절이 발생한 경우 부러진 뼈가 원래의 위치가 아닌 상태로 유합되는 부정유합이 생길 수 있다. 부정유합으로 인한 골 변형으로 예상되는 변형은 다음과 같다.

① 각형성 변형(angular deformity)

② 회전 변형(rotation deformity)

③ 내반 변형(cubitus varus)

④ 외반 변형(cubitus valgus)

⑤ 하지단축 변형(shortening of the limb)

103 파행(limping gait)이란 비대칭적 보행을 말한다. 원인을 5가지 열거하시오. (10점)

모범답안

파행(limping gait)의 원인

① 골절 및 탈구 등으로 각형성 또는 하지단축 등의 변형이 발생한 경우
② 골반골 골절 등으로 골반환이 틀어진 경우
③ 각종 척추 질환 및 신경손상이 발생한 경우
④ 슬관절 또는 족관절내 인대나 연골이 파열된 경우
⑤ 하지동맥협착 등의 말초동맥 질환이 발생한 경우

104 퇴행성 관절염의 단순 방사선 소견을 5가지 기술하시오. (10점)

모범답안

퇴행성 관절염은 관절을 보호하고 있는 연골의 점진적인 손상이나 퇴행성 변화로 인해 관절을 이루는 뼈와 인대 등에 손상이 일어나서 염증과 통증이 생기는 질환이다.

퇴행성 관절염의 단순 방사선 소견은 다음과 같다.

① 관절 간격의 감소 소견

② 연골 아래 뼈의 음영이 짙어지는 경화 소견

③ 관절면의 가장자리에 뼈가 웃자란 듯한 골극(spur) 관찰 소견

④ 불규칙한 관절면 소견

⑤ 이차성 관절염의 경우 원인이 되는 과거 외상이나 질환의 흔적 혹은 변형 소견

105 다음 질환이나 외상에 의해 흔히 손상되는 말초신경은? (10점)

(1) 상완골 간부골절

(2) 비골 경부골절

(3) 수근관증후군(carpal tunnel syndrome)

(4) 주관증후군(cubital tunnel syndrome)

(5) 지각이상대퇴신경통(meralgia paresthetica)

모범답안

(1) 상완골 간부골절

요골신경 : 상완골 간부골절에 동반되어 파열되는 요골신경의 빈도가 가장 높다.

(2) 비골 경부골절

비골신경 : 비골 경부골절시에는 비골신경에 손상이 있을 수도 있으므로, 족지 신전 및 굴곡을 검사하고 감각 또한 면밀히 검사해야 한다.

(3) 수근관증후군(carpal tunnel syndrome)

정중신경 : 수근관증후군은 손으로 들어가는 신경(정중신경)이 손가락을 움직이는 힘줄인 수근관(손목 터널)에 눌려 압박을 받아 손 저림, 감각 저하 등의 증상이 나타나는 질환이다.

(4) 주관증후군(cubital tunnel syndrome)

척골신경 : 주관증후군(팔꿈치터널증후군)은 여러 가지 원인으로 주관(팔꿈치터널)이 좁아지면서 척골신경을 압박하여 통증을 유발하는 팔꿈치 질환이다.

(5) 지각이상대퇴신경통(meralgia paresthetica)

외측대퇴피부신경 : 지각이상대퇴신경통은 허벅지 전외측에 통증이나 저림, 감각이상이 나타나는 외측대퇴피부신경의 단일신경병증이다.

106

30세 남자 환자가 요통과 좌측 하지로 방사통을 호소하면서 내원하였다. 이학적 검사상 장족무지신근(extensor hallucis longus)의 근육 약화와 제1족지 배부에 감각 이상을 보였다. 일반적으로 어느 부위의 추간판 탈출이 의심되며, 압박된 신경근은 무엇인가요?

(1) 이환된 부위 (5점)

(2) 압박된 신경근 (5점)

모범답안

(1) 이환된 부위

제4-5요추 추간판

(2) 압박된 신경근

제5요추신경근 : 제4-5요추 추간판 탈출증에서는 일반적으로 제5요추신경이 압박을 받는다. 즉 탈출된 제4-5요추 추간판이 제5요추신경을 압박하면 종아리 바깥쪽(장족무지신근)이나 발등(족배부), 발바닥(족저부) 등에 통증이나 저린 감각을 느끼게 된다.

107 정형외과적 손상 중 응급처치 및 수술을 요하는 경우를 열거하시오. (10점)

모범답안

(1) 구획증후군

구획증후군은 손상 후 조직내 압력이 높아지고 산소 분압이 낮아져 근육이나 신경조직의 괴사가 진행하는 상태로, 대표적인 정형외과적 응급 질환이며, 진단이 되면 바로 근막절개술을 시행하여야 한다.

(2) 혈관 손상이 동반된 골절

혈관 손상이 확인되면 혈관을 봉합하거나 이식을 통해 재관류를 시키는 수술이 필요하며, 동시에 골절 부위의 안정화를 위한 외고정술이나 적절한 내고정술이 필요하다.

(3) 개방성 골절

일반적으로 개방성 골절은 초응급 상황은 아니지만, 개방창이 있는 경우 창상에 대한 적절한 변연절제술과 세척술이 필요하며, 외부 환경에 노출된 골조직은 감염에 취약하기 때문에 가능한 범위에서 신속하게 처치하는 것이 바람직하다.

(4) 정복되지 않는 관절의 골절/탈구

탈구된 관절을 오랜 시간 둘 경우 관절의 연골 손상, 관절로 가는 혈액 공급의 차단, 주변 조직의 심각한 부종 등이 발생하여 향후 정상적인 관절 기능의 회복이 어려울 수도 있기 때문에 의료진의 적절한 처치가 필요하다.

108

경부 초음파를 시행하는 의료기관의 증가에 따라 갑상선암의 조기진단이 급격히 증가하였다. 갑상선암의 종류를 조직학적 형태에 따라 5가지 이상 열거하시오. (10점)

모범답안

조직학적 형태에 따른 갑상선암의 종류

① 유두암(Papillary carcinoma) : 일반적인 갑상선 암(90% 정도)

② 여포암(Follicular carcinoma) : 유두암 다음으로 많으며, 40~50대에 흔히 발생하는 암(5% 정도)

③ 수질암(Medullary carcinoma) : 비여포세포 기원의 암

④ 역형성암(Anaplastic carcinoma, 미분화암) : 매우 드물게 발생하지만 악성도가 아주 높은 암

⑤ 기타 명시된 암(Other specified carcinoma)

⑥ 상세불명암(Unspecified carcinoma)

109

류마티스 관절염의 많은 증상들은 활액막의 염증반응으로 생긴다. 1987년 미국 류마티스학회의 진단기준과 달리 2010년 미국 류마티스학회/유럽류마티스학회(ACR/EULAR)의 류마티스 관절염 진단기준은 4가지 분류 항목의 점수를 합산하여 진단한다.

아래 질문에 답하시오.

(1) 4가지 분류 항목들을 열거하시오. (8점)

(2) 신규 환자에서 다른 질환으로 설명할 수 없는 임상적으로 명백한 1개 이상의 관절윤활막염을 가진 경우, 항목 합산 점수가 몇 점 이상인 경우에 류마티스 관절염으로 진단할 수 있는지 쓰시오. (2점)

모범답안

(1) 4가지 분류 항목

① 관절 침범 개수 : 침범된 큰 관절 및 작은 관절의 수

② 혈청검사 : 혈청 중 류마티스 인자(Rheumatoid Factor ; RF)검사와 항CCP항체(Anti-Citrullinated Protein Antibody ; ACPA)검사

③ 혈청 염증반응물질 : 적혈구침강속도(Erythrocyte Sedimentation Rate ; ESR)와 C-단백반응(C-reactive protein ; CRP)

④ 증상 발생기간 : 6주 이내 또는 6주 이상

(2) 류마티스 관절염으로 진단할 수 있는 항목 합산 점수

총 10점 만점에 항목 합산 점수가 6점 이상인 경우에 류마티스 관절염으로 진단할 수 있다.

110

후천적으로 뇌의 기질적 장애에 의하여 사람의 정신능력과 사회적 활동을 할 수 있는 능력의 소실이 있어 일상생활의 장애를 가져올 정도로 심할 때 치매라고 한다. 치매의 대표적 원인 질환들을 5가지 이상 열거하시오. (10점)

모범답안

치매의 대표적 원인 질환

(1) 알츠하이머병(Alzheimer's disease ; AD)

전체 50%를 차지하며, 대뇌 피질세포의 점진적인 퇴행성 변화로 인하여 기억력과 언어기능장애를 초래할 뿐 아니라 판단력과 방향 감각이 상실된다.

(2) 혈관성 치매

전체 15%를 차지하며, 뇌 안으로 흐르는 혈액의 양이 줄거나 막혀 발생하게 된다.

(3) 루이소체(Lewy body) 치매

루이소체는 망가져 가는 신경세포 안에서 발견되는 단백질 덩어리로서 파킨슨병 환자의 주요 병변 부위인 뇌간의 흑질 부위에서 관찰된다. 이러한 루이소체가 대뇌 전체에 걸쳐서 광범위하게 발견되면 알츠하이머병의 증상과 매우 유사한 치매 증상을 보이게 된다.

(4) 파킨슨병(Parkinson's disease)

퇴행성 뇌질환의 하나인 파킨슨병의 말기에 치매의 증상이 나타난다.

(5) 헌팅톤병(Huntington's disease)

뇌의 특정 부위의 신경 세포들을 선택적으로 파괴되어 가는 진행성 퇴행성 뇌질환으로 병이 진행함에 따라서 인격과 지적능력이 점차 떨어지고 기억력, 언어능력, 판단력 등도 점차 감소하게 된다.

(6) 크루츠펠트-제이야콥병(Creutzfeldt-Jakob disease ; CJD)

변종 프리온(prion) 단백질이라 불리는 물질에 의하여 발생되는데, 일단 발병하면 치료법은 없으며, 반드시 사망하는 치명적인 뇌질환이다.

(7) 픽병(Pick's disease)

행동장애, 인격장애, 기억장애가 나타나는 뇌질환으로 결국은 언어장애와 이상행동증 그리고 치매를 유발하게 된다.

111

다음은 급성 관동맥증후군에 대한 설명이다. 아래의 질문에 답하시오.

(1) 불안정형 협심증의 특징적인 흉통을 2가지 이상 나열하시오. (4점)

(2) 전형적인 Q파 심근경색의 특징적인 심전도 소견 3가지를 시간 순서대로 서술하시오. (6점)

모범답안

(1) 불안정형 협심증의 특징적인 흉통

① 운동시는 물론이고 안정시에도 흉통이 발생한다.

② 흉통의 빈도가 잦아지고 기간이 길어진다.

③ 하루 3번 이상 나타나는 심한 흉통이 최근 2개월 이내 발생한다.

④ Nitroglycerin(니트로글리세린 설하정)으로도 흉통이 잘 없어지지 않는다.

(2) 전형적인 Q파 심근경색의 특징적인 심전도 소견

① T파(T wave) 상승

② ST분절(ST segment) 상승

③ 비정상적인 Q파 출현

심전도의 가장 특징적인 소견은 ST분절 상승이며, 일부 환자에서는 ST분절 하강이나 T파 역위만 나타나거나 비정상적인 Q파가 보이기도 한다. 심전도는 심근경색 부위 및 원인이 된 관상동맥의 위치를 예측하는데 도움이 된다.

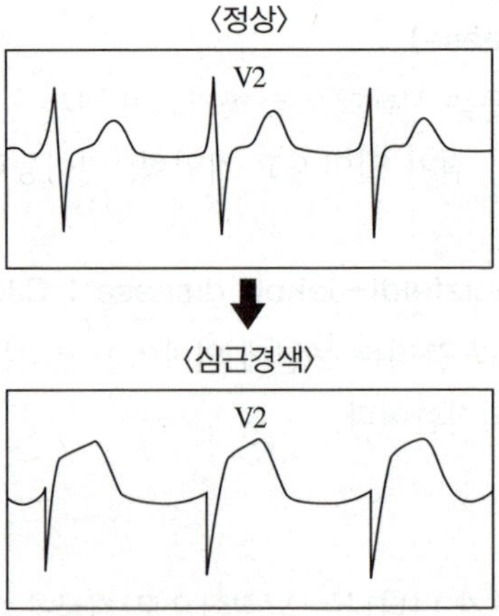

〈자료출처 : 질병관리청〉

[심근경색의 특징적인 심전도 소견]

TIP!!
SD
시대 에듀
모든 자격증·공무원·취업의 합격정보
시대 에듀
YouTube 합격 구독 과 좋아요! 정보 알림설정까지!

1위

손해사정사 부문
누적판매량 1위

합격에듀 시대에듀

2025
A SUCCESSFUL PROJECT
PROJECT

편저 김명규 · 김창영

약술형+주관식 풀이형 시험문제 대비
11개년 최근 기출문제로 출제경향 파악
최신 개정 표준약관 수록

최신 개정사항을 반영한 핵심이론

신체손해사정사 2차 한권으로 끝내기

책임보험 · 근로자재해보상보험의 이론과 실무

유료 동영상 강의

시대에듀

편저자 약력

김명규

| 주요이력 |

- 인하대학교 사학과 졸업
- 경희대학교 대학원 졸업(보험행정 전공)
- 現) 목원대학교 금융보험부동산학과 교수
- 現) 한국손해사정학회 상임 부회장
- (사)한국손해사정사회 기획실장, 사무국장, 사무총장 역임(1998~2014)
- 금융감독원 손해사정사 제도개선 TF팀(2013)
- 남북협력기금지급심의위원(2004~2014)
- 자동차사고과실비율인정기준 개정작업 위원(2014)
- 국민대학교 법무대학원 손해사정전공 외래교수
- 손해사정사 시험 출제 및 선정위원 역임
- 현대손해사정(주) 대표이사 역임
- 한국소비자원 보험전문상담위원 역임
- 중소기업제조물책임분쟁조정위원 역임

김창영

| 주요이력 |

- 한양대학교 회계학과 졸업
- 목원대학교 대학원 E-businness학과(금융보험전공) 졸업
- 現) 목원대학교 부동산금융보험융합학과 겸임교수
- 現) 가람종합손해사정(주) 대표
- 종합손해사정사(신체, 재물, 차량)
- 손해사정법인 CANA 부대표
- 시민손해사정 대표(경력 25년)
- (사)한국손해사정사회 이사, 독립사정사협회 부회장, 서울지회장 역임

편집진행 서정인 | **표지디자인** 하연주 | **본문디자인** 윤준하 · 장성복

신체손해사정사 2차

한권으로 끝내기

책임보험 · 근로자재해보상보험의 이론과 실무

시대에듀

이 책의 차례 CONTENTS

2권 | 책임보험 · 근로자재해보상보험의 이론과 실무

책임보험 · 근로자재해 보상보험의 이론과 실무

제 1 장 책임보험

제1절 책임보험의 법리

1. 법률상 손해배상책임(Legal Liability)

법률상 손해배상책임의 발생근거는 불법행위책임과 채무불이행책임(계약책임)이다. 불법행위란 타인의 권리나 이익을 침해함으로써 손해를 입히는 행위로서 손해배상책임의 발생원인이 되는 행위를 말하며, 실정법을 위반하는 행위는 물론 공서양속에 반하는 행위도 포함된다.

채무불이행책임은 주로 계약으로 이루어진 채권, 채무관계에서 발생하는 문제인데, 채무불이행도 채무자에 의한 채권의 침해라는 점에서는 불법행위와 차이가 없어 불법행위의 특수한 종류라고 할 수 있다. 따라서 채권자는 채무자에 대해 채무불이행에 의한 손해배상책임을 물을 수도, 불법행위에 의한 손해배상책임을 물을 수도 있다.

2. 과실책임주의와 무과실책임주의

1) 과실책임주의(Principle of Negligence Liability)

과실책임주의란 고의 또는 과실에 의하여 타인에게 손해를 입힌 경우에만 손해배상책임을 인정하는 입법주의를 말한다. 즉, 과실책임주의는 과실이 없으면 손해배상책임도 발생하지 않는다는 입법주의를 말한다. 「민법」 제750조 불법행위책임에서도 고의 또는 과실을 책임발생의 요건으로 규정하여 과실책임주의를 채택하고 있다.

2) 무과실책임주의

(1) 무과실책임주의의 의의

무과실책임주의란 가해자의 고의 또는 과실의 유무를 불문하고 손해가 발생하기만 하면 손해배상책임을 인정하는 입법주의를 말한다. 무과실책임주의는 가해자의 가해행위로 인하여 손해가 발생하기만 하면 가해자의 과실을 추정하여 가해자가 스스로 과실이 없음을 입증하도록 입증책임을 전환시키고 있다.

영미법에서는 무과실책임을 엄격책임(Strict Liability)과 절대책임(Absolute Liability)으로 구분한다. 엄격책임은 상당한 주의를 하였다는 가해자의 항변(무과실항변)에 의해 면책이 인정되는 경우를 말하고, 절대책임은 피해자가 손해의 발생이라는 객관적 요소를 입증하는 것으로 족하고 가해자의 항변이 인정되지 않는 경우를 말한다.

(2) 무과실책임주의의 근거

① 보상책임설

이익이 있는 곳에 손해도 따른다는 원칙에 근거한 이론으로 행위자가 이익을 얻는 과정에서 타인에게 손해를 준 경우 그 이익에서 배상하는 것이 공평하다는 주장이다. 다만, 이 설에 의하면 이익이 없는 경우에는 배상을 하지 않게 되어 피해자구제에 문제가 발생할 수 있다. 「민법」 제756조 사용자책임은 보상책임의 의미가 있다.

② 위험책임설

사회에 대하여 위험을 발생시키는 시설의 소유자나 관리자는 그 시설로 인한 타인의 손해에 대해 과실의 유무를 불문하고 절대적 책임을 져야 한다는 이론으로 무과실책임의 가장 유력한 근거이다. 「민법」 제758조 공작물책임은 위험책임의 의미가 있다.

(3) 무과실책임주의의 종류

① 중간책임주의(입증책임의 전환)

불법행위의 주관적 성립요건인 과실의 입증책임에 있어 법률의 규정이나 과실의 추정에 의하여 가해자 측에 입증책임을 부담하게 하는 경우가 있는데, 실제 가해자가 과실이 없음을 입증한다는 것은 매우 어렵기 때문에 이를 사실상의 무과실책임 또는 중간책임이라고 한다. 「자동차손해배상보장법」상의 운행자책임, 「민법」상의 책임무능력자의 감독자책임, 공작물점유자책임, 동물점유자책임 등이 이에 해당하며, 영미법상의 엄격책임과 유사한 개념이다.

② 무과실책임주의

가해자의 고의 또는 과실이라는 주관적 요건의 유무에 관계없이 피해자가 손해의 발생이라는 객관적인 요건을 입증하는 것으로 가해자의 책임을 인정하고 그의 무과실항변이 인정되지 않는 경우를 말한다. 「민법」상의 공작물소유자책임, 「원자력손해배상법」상의 원자력사업자책임, 「화재로 인한 재해보상과 보험가입에 관한 법률」상의 신체손해배상책임 등이 이에 해당하며, 영미법상의 절대책임과 유사한 개념이다.

③ 보상책임주의

무과실책임주의는 가해자에게 과실이 없는 경우에도 손해배상책임은 인정하되, 피해자에게 과실이 있는 경우에는 피해자의 과실부분은 손해액에서 상계한 후 보상한다. 이에 반해 피해자의 과실부분까지 가해자가 부담하도록 하고 있는 경우가 있는데 이를 보상책임주의라고 하며, 「근로기준법」, 「산업재해보상보험법」, 「선원법」상의 재해보상책임이 이에 해당한다.

3. 손해배상보장과 책임보험제도

책임보험은 보험사고로 인한 피해자의 손해에 대해 피보험자가 부담하게 되는 법률상의 배상책임손해를 보상한다. 즉 피해자에게는 손해배상을 보장하고 가해자에게는 손해부담을 경감 내지 전가시켜 개인 또는 기업의 안정을 보장한다. 또한 피보험자로 하여금 불법행위가 발생하지 않도록 사전에 손해방지에 주의하도록 하는 예방적·경고적인 기능을 갖기도 한다.

손해배상의 보장을 위하여 특정위험에 대해서는 법률에 의해 보험가입을 강제하고 있는데, 이에는 자동차책임보험, 원자력배상책임보험, 가스사고배상책임보험, 체육시설업자배상책임보험, 유·도선사업자배상책임보험, 적재물배상책임보험, 산업재해보상보험법, 선원근재보험 등이 있다.

4. 불법행위책임과 채무불이행책임(계약책임)

1) 두 책임의 경합

(1) 청구권경합설

피해자가 두 청구권 중에서 어느 하나를 선택하여 행사할 수 있다는 이론으로, 두 책임의 성립요건이나 효력이 다르다는 점과 피해자보호를 그 근거로 하며, 통설이다.

(2) 법조경합설

채무불이행책임과 불법행위책임을 특별법과 일반법의 관계로 보아 채무불이행책임이 불법행위책임에 우선하여 적용되어야 한다는 이론으로, 채무불이행책임이 채권자에게 유리하므로 채무불이행책임만을 인정해도 채권자가 불리하지 않다고 주장한다.

2) 두 책임의 공통점

「민법」상 채무불이행책임에 관한 규정이 불법행위책임에 관한 규정에 준용되므로, 귀책사유(고의나 과실)의 존재, 손해배상의 범위, 손해배상의 방법, 과실상계, 손해배상자의 대위 등에서는 양자간에 별반 차이가 없다.

3) 두 책임의 차이점

(1) 과실의 입증책임

불법행위책임이나 채무불이행책임 모두 과실책임을 원칙으로 하지만, 불법행위책임에서는 피해자가 가해자의 고의나 과실에 대한 입증책임을 지는 반면에 채무불이행책임에서는 가해자가 자신의 고의나 과실이 없음을 입증하여야 한다.

(2) 연대책임에 대한 규정

공동불법행위책임에서는 연대책임이 인정되나 채무불이행책임에서는 연대책임에 대한 규정이 없다. 연대책임이란 동일한 채무에 대해 수인의 채무자가 있는 경우 각 채무자가 각자 독립하여 채권자에게 채무 전부의 이행책임을 지고, 그 중 1인이 채무를 이행한 경우에는 나머지 채무자도 그 범위 내에서 책임을 면하는 것을 말한다. 채무자 내부관계에서는 자기부담부분을 초과하는 부분에 대해서는 구상권이 발생한다.

(3) 채권의 상계

채무불이행으로 인한 손해배상청구권의 경우에는 채무자가 채권자에 대해 갖는 반대채권으로 그의 채무를 상계하는데 아무런 장애가 없으나, 불법행위로 인한 손해배상청구권의 경우에는 채무자가 피해자에 대해 갖는 반대채권으로 자기의 손해배상채무를 상계하지 못한다.

(4) 소멸시효의 기간

소멸시효란 권리를 가진 자가 그의 권리를 행사할 수 있음에도 불구하고 일정한 기간 이를 행사하지 않는 경우 그 자의 권리를 소멸시키는 제도를 말한다. 소멸시효는 소의 제기와 같은 청구, 압류 또는 가압류, 가처분 및 승인 등에 의하여 그 진행이 중단된다. 불법행위책임은 소멸시효 기간이 3년이며, 채무불이행책임은 일반채권의 소멸시효기간인 10년이다.

(5) 배상액의 경감

불법행위책임에서는 고의나 중대한 과실에 의하지 않는 불법행위의 경우 배상으로 인하여 배상자의 생계에 중대한 영향을 미치는 경우 법원에 배상액의 경감을 청구할 수 있는 반면(민법 제756조), 채무불이행책임에는 배상액의 경감에 대한 규정이 없다.

(6) 타인의 행위에 대한 책임

채무불이행의 경우 이행보조자의 법리가 적용되어 채무자에게는 면책가능성이 부정되는 반면(민법 제391조), 불법행위의 경우 사용자책임으로 사용자의 면책가능성이 인정된다(민법 제756조 제1항).

(7) 태아의 권리능력

태아는 불법행위로 인한 손해배상청구권에 관하여는 이미 출생한 것으로 보는 반면(민법 제762조), 채무불이행책임에는 이러한 제도가 없다.

(8) 간접피해자의 인정유무

불법행위에서는 직접피해자 외에도 사망의 경우 유족 고유의 위자료청구권이 인정되며, 상해 등의 경우에도 피해자 본인뿐만 아니라, 그의 근친자에게도 위자료를 인정한다. 반면에 채무불이행의 경우에는 계약 당사자인 채권자에게만 손해배상청구권이 인정된다.

5. 일반불법행위책임의 성립요건

1) 의 의

「민법」상 고의 또는 과실로 인한 위법행위로 타인에게 손해를 가한 자는 그 손해를 배상할 책임이 있다. 따라서 가해자에게 일반불법행위책임을 묻기 위해서는 ① 고의 또는 과실, ② 위법성, ③ 손해의 발생, ④ 인과관계, ⑤ 책임능력 등의 요건이 성립되어야 한다.

2) 고의 또는 과실

고의란 타인에게 손해가 발생한다는 것을 알면서도 감히 어떤 행위를 행하는 심리상태를 말하며, 과실이란 일정한 결과가 발생한다는 것을 알고 있어 주의할 의무가 있음에도 불구하고 이를 게을리 하여 어떠한 행위를 하는 심리상태, 즉 주의의무의 위반을 말한다. 고의나 과실에 대한 입증책임은 원칙적으로 권리를 주장하는 자가 부담하는 것이지만, 법률의 규정이나 과실의 추정으로 사실상 전환되기도 한다. 과실의 추정이란 가해자의 가해행위로 손해가 발생한 것이 입증되면 가해자에게 일단 과실이 있는 것으로 추정하고, 가해자가 자기에게 과실이 없음을 입증하여야 책임을 면하게 되는 것을 말한다.

3) 위법성

위법성이란 가치판단의 문제로서 실정법 또는 공서양속의 위반을 말한다. 한편 위법성이 인정되나, 특수한 사유로 위법성이 부인되는 경우가 있는데 이를 위법성 조각사유라 하며, 이에는 정당방위, 긴급피난, 자력구제, 피해자의 승낙, 정당행위 등이 있다.

4) 손해의 발생

손해란 한마디로 가해자의 위법행위로 인하여 피해자가 그의 법익에 관하여 입은 불이익을 말한다.

(1) 손해의 분류

① 적극적 손해, 소극적 손해, 위자료(손해3분설)

㉠ 적극적 손해

적극적 손해란 채무불이행이나 불법행위로 인하여 피해자가 이미 가지고 있던 재산에 적극적인 감소가 발생하는 것을 말한다. 예 치료비, 개호비(간병비), 교통비, 장례비 등

㉡ 소극적 손해

소극적 손해란 피해자가 장래 얻을 수 있었던 새로운 재산의 취득이 방해된 경우의 손해를 말하며 상실수익이라고도 한다. 예 급여손실, 영업손실, 휴업손해 등

㉢ 위자료

위자료란 정신적 고통에 대한 배상을 말하며 배우자, 직계비속, 직계존속, 형제자매 등에게 청구권을 인정한다. 위자료는 피해자의 연령, 성별, 직업 또는 불법행위에 대한 과실 등을 감안하여 전체 인정금액을 정한 후 각 청구권자의 위자료를 정한다.

② 직접손해와 간접손해

가해자의 위법행위로 인하여 피해자가 입은 현실의 손해를 직접손해라고 하며, 직접손해의 결과로 인한 2차적 손해 내지 결과적 손해, 즉 영업손실이나 사용손실 등을 간접손해라 한다.

(2) 손해의 배상

① 손해배상의 범위

㉠ 통상손해

통상손해란 사회일반의 관념에 따라 통상 발생하는 것으로 생각되는 손해를 말한다. 「민법」에서도 손해배상은 통상의 손해를 한도로 한다고 규정하고(민법 제393조 제1항), 이를 불법행위로 인한 손해배상에 준용하는 것으로 규정하고 있다(민법 제763조).

㉡ 특별손해

특별손해란 당사자 사이의 개별적이고 구체적인 사정에 의한 손해를 말하며, 채무자가 그 사정을 알았거나 알 수 있었을 때에 한하여 배상할 책임이 있다(민법 제393조 제2항).

㉢ 중간이자의 공제

장래의 일정한 시기에 일정한 금액을 취득할 권리가 침해된 경우에 현재의 손해액은 장래에 지급될 가액이 아니라, 여기에서 중간이자를 공제한 현재의 가액이 된다. 중간이자를 공제하는 방식에는 호프만방식, 라이프니츠방식 등이 있다.

㉣ 과실상계

과실상계란 불법행위에 있어서 피해자에게 과실이 있는 경우 손해배상책임 및 그 금액을 정하는데 있어서 이를 참작하는 것을 말한다.

㉤ 손익상계

손익상계란 불법행위의 피해자가 그 불법행위로 인하여 받은 이익을 손해액에서 상계하는 것을 말하며, 공제되는 이익은 불법행위와 상당인과관계가 있어야 한다.

② 손해배상자의 대위

채권자가 그 채권의 목적인 물건이나 권리의 가액 전부를 손해배상으로 받은 때에는 그 물건이나 권리가 법률상 당연히 채권자로부터 채무자에게 이전한다. 제3자의 고의 또는 과실이 경합한 경우에는 채권자의 제3자에 대한 권리도 채무자에게 이전한다.

5) 인과관계

위법행위와 발생된 손해와의 사이에는 인과관계가 있어야 한다. 인과관계는 권리를 주장하는 자가 그 입증책임을 지는 것이지만, 「민법」상의 특수불법행위 또는 「특별법」상의 제조물책임 등에서는 손해가 발생하면 인과관계를 추정하여 피해자의 입증책임을 완화하고 있다. 인과관계에 대해서는 원인과 결과 사이에 구체적인 경우가 아닌 보통의 경우에서도 인과관계가 있어야 한다고 보는 상당인과관계설이 통설이다.

6) 책임능력

책임능력은 자기행위의 결과가 위법하여 법률상 비난받을 수 있다는 것을 인식할 수 있는 정신능력을 말하며, 이를 불법행위의 측면에서 평가하여 불법행위능력 또는 책임변식능력이라고도 한다. 미성년자 또는 심신상실자와 같이 불법행위 당시에 자기행위의 책임을 변식할 능력이 없는 자는 책임무능력자가 된다.

6. 「민법」상 특수불법행위책임

특수불법행위책임이란 불법행위에 있어서 행위자의 고의나 과실이 없어도 행위자에게 손해배상책임을 부담하게 하기 위하여 과실책임의 예외로 「민법」이나 「특별법」의 규정에 의해 인정되는 불법행위책임을 말하며, 이에는 공동불법행위책임, 동물점유자책임, 공작물책임, 책임무능력자의 감독자책임, 도급인의 책임, 사용자책임 등이 있다.

1) 공동불법행위책임

(1) 의 의

공동불법행위란 수인이 공동으로 불법행위를 하여 타인에게 손해를 가한 경우를 말하며, 공동불법행위자는 연대하여 그 손해를 배상할 책임을 진다(민법 제760조). 가해자들에게 연대책임을 지우는 취지는 가해자들 각자의 행위의 경중을 묻기 이전에 피해자가 누구에게나 손해배상금의 전부를 받을 수 있도록 하기 위해서이다.

(2) 유 형

① 공동불법행위에 있어서 각자가 제각기 일반불법행위의 요건을 갖추는 경우
② 공동불법행위에 있어서 누가 손해를 가했는지를 알 수 없는 경우
③ 불법행위를 교사 또는 방조한 경우

2) 동물점유자책임

동물점유자책임이란 동물이 타인에게 가한 손해에 대하여 동물의 점유자나 보관자가 지는 손해배상책임을 말한다(민법 제759조).

동물점유자책임은 위험책임설에 근거하며, 입증책임이 점유자나 보관자에게 전환된다. 다만, 점유자나 보관자가 상당한 주의를 하였거나 상당한 주의를 하여도 손해가 발생할 경우에는 면책이 인정된다.

3) 공작물책임

(1) 의 의

공작물책임이란 공작물의 점유자나 소유자가 공작물의 설치 또는 보존의 하자로 인하여 타인에게 가한 손해에 대한 손해배상책임을 말한다(민법 제758조 제1항). 공작물책임은 가해행위가 아닌 공작물의 하자와 손해와의 관련성에 근거하는 위험책임으로 무과실책임이다.

(2) 성립요건

공작물책임은 ① 공작물로 인한 손해, ② 설치 또는 보존의 하자, ③ 면책사유가 없을 것을 그 성립요건으로 한다. 하자란 물건이 본래 가지고 있어야 할 안정성을 갖추지 못한 것으로 처음부터 있는 하자는 '설치의 하자'이고, 후에 생긴 하자는 '보존의 하자'이다.

(3) 입증책임의 전환

공작물의 점유자가 1차로 책임을 지게 되는데 무과실을 입증하면 면책되고 소유자는 점유자가 면책되면 2차로 무과실책임을 부담하게 된다. 즉 점유자는 손해방지에 필요한 주의를 다한 경우에 책임을 면하고 소유자가 손해를 배상할 책임을 진다.

4) 책임무능력자의 감독자책임

책임무능력자를 감독할 법정의무가 있는 자, 즉 친권자, 후견인 또는 이들의 대리감독자가 그들에 대한 감독을 게을리 한 경우에는 책임무능력자의 불법행위로 인한 타인의 손해에 대해 손해배상책임을 져야 한다(민법 제755조).

감독자책임은 감독의무자 또는 대리감독자의 행위가 아닌 책임무능력자의 불법행위에 대한 책임이며, 이때의 과실은 책임무능력자에 대한 감독상의 과실을 말한다. 감독의무자나 대리감독자의 감독상의 과실에 대한 입증책임이 전환되어 감독의무자나 대리감독자가 자기에게 감독상의 과실이 없었음을 입증하여야 그 책임을 면할 수 있다.

5) 도급인의 책임

수급인이 그 일에 관하여 제3자에게 손해를 입힌 경우 이는 수급인이 지게 되는 일반불법행위책임이다(민법 제757조). 그러나 도급인이 도급 또는 지시에 관하여 중대한 과실이 있는 경우에는 그 손해를 배상할 책임을 지게 되는데 이를 도급인의 책임이라고 한다. 건설공사 등의 하도급계약에서는 이러한 도급인의 책임을 수급인이 인수하기로 하는 손해배상인수약정(Hold Harmless Agreement)을 두는 것이 일반적이다.

실무에서는 도급인이 도급 또는 지시에 관하여 중대한 과실이 없는 경우에도 수급인의 작업에 대하여 지휘 또는 감독할 권한이 있는 경우 또는 수급인의 선임 잘못이나 잘못된 작업계획으로 인한 경우 사용자책임을 지며, 도급인이 제공한 자재에 하자가 있는 경우에는 일반불법행위책임을 지는 것으로 본다.

6) 사용자책임

(1) 의 의

사용자 및 사용자에 갈음하여 사무를 감독하는 자는 피용자가 그 사무집행에 관하여 제3자에게 손해를 입힌 경우에 그 피용자의 선임 및 사무 감독을 게을리 하지 않았음을 입증하지 못하면 그 손해를 배상할 책임을 면하지 못한다. 가해피용자 자신도 독립하여 일반불법행위책임을 지며, 사용자책임과는 부진정연대책임관계이다. 따라서 사용자 또는 대리감독자가 제3자에 대한 배상책임을 이행한 경우에는 가해피용자에 대하여 구상권을 행사할 수 있다.

(2) 성립요건

① 사용관계

사용자와 피용자간에는 사용관계가 있어야 한다. 사용관계란 고용, 위임, 조합 등의 관계를 말하며, 사용자의 사실상의 지휘 또는 감독이 사용관계의 요건이다.

② 사무집행

사용자는 피용자의 사무집행에 관한 행위에 대해서 책임을 진다. 행위의 외형상 또는 객관적으로 사무집행이라고 볼 수 있는 경우에도 사무집행으로 본다(외관이론).

③ 제3자의 존재

제3자는 사용자와 가해피용자를 제외한 모든 사람을 말한다.

④ 입증책임

사용자는 피용자의 선임 및 사무 감독에 상당한 주의를 한 때 또는 상당한 주의를 하여도 손해가 있을 경우에는 그 책임을 면할 수 있다(민법 제756조 단서). 그러나 이에 대해 판례는 면책을 인정하지 않아 사용자책임은 사실상 무과실책임이다.

7. 제조물책임

1) 제조물책임의 의의

제조물책임이란 제조업자가 생산한 제품이나 판매업자가 판매란 제품의 결함으로 인하여 이를 사용하던 소비자가 신체 또는 재산상에 손해를 입은 경우에 해당 제품의 판매 등으로 이익을 얻은 제조업자 또는 판매업자가 소비자에 대해 부담하게 되는 배상책임을 말한다.

2) 제조물책임의 법리

(1) 과실책임(Negligence Liability)

제조업자가 과실(주의의무위반)로 인해 결함제품을 제조, 판매할 경우 그로 인해 발생하는 손해를 배상하여야 한다. 제조업자의 책임을 묻기 위해서는 피해자가 제조업자의 과실에 따른 제품의 결함, 손해발생사실 및 과실과 손해발생과의 인과관계를 입증하여야 한다.

(2) 보증책임(Warranty Liability)

보증책임은 상품의 매매계약에 수반하는 매도인의 매수인에 대한 계약위반을 묻는 것으로 매도인은 과실이 없더라도 계약에 의거 매수인에 대해 배상책임을 부담하게 된다. 보증책임은 크게 명시적 책임과 묵시적 책임으로 구분된다. 명시적 책임은 제품판매시 견본이나 약속대로 성능, 품질, 안전성을 가지고 있지 않은 경우의 책임이며, 묵시적 책임은 제품에 대하여 당연히 이해되는 일정한 품질과 안전성을 결여한 경우의 책임을 말한다. 보증책임도 보증기간의 제한, 면책약관에 따른 제조업자의 책임제한 등의 문제가 있다.

(3) 엄격책임(Strict Liability)

엄격책임은 제품에 결함이 있고 그 결함이 원인이 되어 손해가 발생한 점을 피해자가 입증한 경우에는 제조업자 또는 판매업자는 과실이 없음에도 불구하고 그에 대한 책임을 진다. 즉 피해자는 결함책임주의에 따라 제조업자의 과실을 입증하는 대신 결함의 존재를 입증함으로써 손해배상을 받을 수 있다.

3) 제조물책임의 대상

제조물책임의 대상이 되는 제조물이란 다른 부동산이나 동산의 일부를 구성하는 경우를 포함한 제조 또는 가공된 동산을 말한다. 즉 완성품은 물론 부품 및 반제품을 포함한 제조 또는 가공을 통하여 유통과정의 대상이 되는 모든 물건을 말한다. 제조 또는 가공이란 손을 가함으로써 물건의 종류 및 성질이 변하는 경우를 널리 포함한다.

4) 제조물책임의 주체

제조물책임의 주체는 제품을 제조, 가공 또는 수입을 업으로 하는 자는 물론 제조물에 일정한 표시를 한 자를 포함한다. 즉 제조업자, 가공업자, 수입업자, 판매업자(도소매업자, 공급업자), 표시 제조업자 및 가공업자(PB상품, OEM상품), 용역제공업자 등을 모두 포함한다.

5) 결함책임주의

「제조물책임법」은 책임의 필수요건으로 결함을 요구한다. 즉 제품에 결함이 있고 그 결함으로 인하여 피해가 발생한 경우에만 제조업자 등이 배상책임을 진다. 결함이란 제조, 설계, 표시의 결함 또는 기타 통상적으로 기대할 수 있는 안전성이 결여되어 있는 경우를 말한다. 「제조물책임법」은 제조업자의 과실이라는 주관적 요건을 제조물의 결함이라는 객관적 요건으로 변경하여 피해자의 입증책임을 완화하고 있다. 따라서 제조물책임은 사실상의 무과실책임 내지 엄격책임이라 할 수 있다.

6) 결함의 유형(책임의 발생원인)

(1) 제조상의 결함

제품을 제조 또는 가공하는 과정에서 제품에 생긴 결함으로 원래 의도한 설계와 다르게 제조 또는 가공됨으로써 제조물의 안전성이 결여된 것을 말한다. 일부 제품에 불량이 발생한 경우가 이에 해당한다.

(2) 설계상의 결함

제품의 외형, 품질, 구조의 설계에 내재하는 결함으로 합리적인 대체설계를 채용하였더라면 피해나 위험을 줄이거나 피할 수 있었음에도 대체설계를 채용하지 않아 제조물의 안전성이 결여된 것을 말한다. 이 경우에는 모든 제품에 불량이 발생한다.

(3) 표시상의 결함

제조업자가 합리적인 설명, 지시, 경고 또는 기타의 표시를 하였더라면 당해 제조물에 의하여 발생할 수 있는 피해나 위험을 피하거나 줄일 수 있었음에도 이를 하지 않아 제조물의 안전성이 결여된 것을 말한다.

7) 결함의 판단기준

(1) 표준일탈기준

제조상의 결함을 판단하는 기준으로 제조물이 통상의 상태로부터 일탈하고 있는 경우, 즉 설계서나 시방서와 같은 표준을 벗어난 경우에는 결함으로 인정된다.

(2) 소비자기대기준

설계상, 표시상의 결함을 판단하는 기준으로 통상적으로 소비자가 기대하는 안전성의 결여, 즉 통상의 소비자가 예상할 수 없는 위험이 제조물에 있는 경우에는 결함으로 인정된다.

(3) 위험, 효용기준

설계상, 표시상의 결함을 판단하는 기준으로 제조물이 가진 위험성이 효용성을 상회하는 경우, 즉 위험성과 효용성을 비교하여 위험성이 효용성보다 클 경우에는 결함으로 인정된다.

(4) 대체기준

설계상, 표시상의 결함을 판단하는 기준으로 설계나 지시 또는 경고에 대한 합리적인 대체수단을 채용하지 않은 경우에는 결함으로 인정된다.

8) 입증책임

「제조물책임법」은 사실상 무과실책임과 엄격책임에 기초하고 있어 제조업자는 제품에 결함이 없었음을 입증하지 못하면 그 책임을 면할 수 없다. 즉, 사고가 결함이 아닌 다른 원인에 의하여 발생하였음을 입증하여야 그 책임을 면할 수 있다.

이에 반해 소비자는 ① 제품에 결함이 존재하고 있었고, ② 그 결함으로 인하여 손해가 발생하였으며, ③ 그 결함과 손해 사이에 인과관계가 있음을 입증하면 된다.

9) 손해배상의 범위

제조업자는 제조물의 결함으로 인하여 신체 또는 재물에 손해를 입은 자에게 그 손해를 배상하여야 한다. 소비자는 물론 사업자가 입은 손해도 그 대상이며, 결함과 인과관계가 있는 손해는 모두 포함된다. 다만, 당해 제조물 자체에 대해서만 발생한 손해는 제외된다.

10) 소멸시효

결함에 대한 피해자의 손해배상청구권은 피해자가 가해자 및 손해를 안 날로부터 3년간 행사하지 않으면 시효로 인하여 소멸한다. 또한 제조업자가 손해를 발생시킨 제조물을 공급한 날로부터 10년(제척기간)이 지나면 소멸한다. 다만, 손해가 신체에 누적되어 일정기간 경과 후 나타나는 장기축적손해는 손해가 발생한 날로부터 기산한다.

11) 연대책임

제조물책임을 지는 자가 2인 이상인 경우에는 연대책임을 진다. 즉 피해자는 결함에 의해 손해를 발생시킨 완성품제조자, 부품제조자 각자에 대하여 손해의 전부를 청구할 수 있다.

12) 면책사유

① 제조업자가 공급하지 않은 사실(제조물의 도난 등)
② 제조물 공급 당시의 과학 및 기술수준의 미비(개발위험의 항변)
③ 제조업자가 제조물 공급 당시의 법령에서 정한 기준을 준수함으로써 발생한 결함
④ 원재료 및 부품제조업자의 경우 완성품 제조업자의 지시를 준수하여 발생한 결함
⑤ 명백한 위험, 사용자의 오용・남용, 제조물의 개조・변경, 정부가 공급한 사실

※ **면책제한과 제품공급업자의 책임** : 제품공급 후 당해 제조물의 결함을 알았거나 알 수 있었음에도 불구하고, 그 결함에 의한 손해발생을 방지하기 위한 적절한 조치(리콜 등)를 취하지 아니한 때에는 상기 ②, ③, ④의 사유로 면책을 주장할 수 없다.

8. 의료과오책임

1) 의료과오책임의 의의

의료과오책임이란 의료행위 중에 의사 및 기타 의료인의 과실에 기인하여 발생한 손해에 대한 배상책임을 말한다. 의료행위는 고도의 전문적인 기술을 요하는 것이기 때문에 일반인이 그에 대한 고의 또는 과실을 입증한다는 것은 불가능하다. 이에 판례는 의료분쟁이 발생하는 경우 일반인을 보호하기 위해 의료과실의 판단기준 및 입증책임을 완화하고 있다.

2) 의료과오책임의 법적 성질

(1) 채무불이행책임설

환자와 의사 사이의 진료계약을 전제로 한 채무불이행에 따른 책임이라는 이론이다. 불법행위책임에 있어서는 피해자가 가해자의 고의, 과실을 입증하여야 하는데, 채무불이행책임은 채무자가 자기에게 귀책사유가 없음을 입증할 책임이 있으므로 의료과오책임을 채무불이행으로 파악하는 것이 피해자에게 유리하다는 주장이다.

(2) 불법행위책임설

고의 또는 과실로 인한 불법행위로 타인에게 손해를 입혔기 때문에 책임을 진다는 이론이다. 실무에서는 거의 대부분 불법행위책임을 묻는다.

3) 진료계약의 성질

진료계약은 의사가 환자를 진료하고 환자는 그에 대한 대가를 지급하기로 하는 쌍무계약으로서 이때 의사의 진료는 환자의 질병을 완치하는 것까지는 아니며, 진료 당시의 의학지식과 의학기술을 기초로 가능한 치료를 할 것을 그 내용으로 한다. 즉 진료채무(수단채무)를 내용으로 하는 위임계약이 체결된 것으로 본다. 위임계약설이 다수설과 판례의 입장이다.

4) 의료과오책임의 요건

(1) 진료상의 주의의무위반

① 의사의 주의의무

의사는 의료행위를 수행함에 있어서 평균적, 객관적으로 의사가 갖추어야 할 주의의무를 부담하게 된다. 주의의무의 정도는 진료 당시의 의료기술의 수준, 치료방법 선택의 재량, 환자의 협조, 긴급성, 진료환경 등을 고려하여 판단한다. 즉, 의사에게는 환자의 구체적인 증상이나 상황에 따라 위험을 방지하기 위하여 최선의 조치를 하여야 할 주의의무가 있다.

② 의사과실의 판단기준

의사과실의 판단기준은 의료행위시 의료사고라는 결과발생에 대해 예견가능성 또는 회피가능성 여부로 보는 바, 결과예견의무위반은 진료행위의 결과가 환자에게 나쁜 결과를 초래할 수 있다는 것을 예견하지 못한 경우를 말하며, 결과회피의무위반은 최선의 수단과 방법을 선택하지 못함으로써 환자에게 나쁜 결과가 발생하는 것을 피하지 못한 경우를 말한다.

(2) 설명의무위반

의사는 환자나 그 보호자에게 질병의 종류, 치료방법, 그에 따른 위험성 등 환자의 진료와 관계되는 중요한 사항을 구체적으로 설명하여야 한다. 중요한 내용에 대한 설명은 원칙적으로 환자 본인에게 직접 하여야 하는데, 이는 환자의 자기결정권의 존중과 위법성 조각의 전제조건이라는 두 가지 측면을 가지고 있다.

5) 입증책임의 완화

의료과실의 입증책임과 관련하여 판례와 통설은 사실상의 추정이론으로 과실과 인과관계에 대한 환자의 입증책임을 완화하고 있는 바, 과학적으로 증명되지 않았더라도 상당한 개연성만 있으면 인과관계의 존재를 인정한다. 즉 손해가 의료행위를 할 때 생겼다는 것과 의료행위의 결과라는 개연성을 입증하면 의사의 과실이 추정된다. 따라서 의사는 의료사고가 의료과실이 아닌 환자의 다른 원인에 의하여 발생하였음을 입증하여야 그 책임을 면할 수 있다.

제2절 책임보험이론

1. 책임보험의 개요

1) 책임보험의 기능

(1) 피보험자의 자위수단

책임보험이란 피보험자가 일상생활이나 사업 활동에서 타인의 신체나 재물에 손해를 입힘으로써 부담하게 되는 피보험자의 법률상의 배상책임손해를 담보하는 보험을 말한다. 즉 피보험자는 책임보험을 통하여 변제능력을 확보함으로써 가계나 기업의 안정을 도모할 수 있다.

(2) 피해자에 대한 구제수단

피해자보호를 위하여 가해자에게 무과실책임을 지우거나 과중한 배상책임을 부과하더라도 가해자에게 배상능력이 없어 피해자를 제대로 구제할 수 없는 경우에는 책임보험을 통해 피해자를 보다 효과적으로 보호할 수 있게 된다. 법률에 의해 책임보험의 가입을 의무화하거나 피해자에게 직접청구권을 인정하는 것도 피해자보호기능에서 유래한 것이다.

(3) 위험의 분산수단

책임보험은 피보험자가 손해배상책임을 부담함으로써 입은 손해의 위험을 같은 위험을 부담할 가능성이 있는 자들간에 사회적으로 분산시키는 기능을 한다.

2) 배상책임위험의 유형

(1) 제3자 배상책임(Third Party Liability)

① 시설소유관리배상책임(Premises/Operations Liability)

시설소유관리배상책임은 피보험자가 소유, 사용, 관리 또는 임차한 시설 및 그 시설을 이용하여 수행하는 사무활동에 기인한 사고로 인한 제3자의 손해에 대하여 부담하게 되는 배상책임을 말하며, 일반배상책임 중 가장 흔한 유형의 담보위험이다.

② 제조물배상책임(Products/Completed Operations Liability)

제조물배상책임은 제조물 또는 완성작업의 결함으로 인한 제3자의 손해에 대하여 제조업자 또는 판매업자가 부담하게 되는 배상책임을 말한다. 「제조물책임법」 시행 후 소비자는 손해의 발생과 제품의 결함과의 인과관계만 입증하면 되고, 제조업자가 제품의 결함이 없었음을 입증하여야 하는 결함책임주의로 전환하게 되었다(사실상의 무과실책임 내지는 엄격책임).

③ 전문직업인배상책임(Professional Liability)

전문직업인에게는 고의 또는 과실 있는 업무행위로 인한 불법행위책임과 전문직업인과 의뢰인간의 전문적 위임(위탁)에 따른 채무불이행책임의 위험이 존재한다. 즉, 전문직업인배상책임은 전문적 지식과 기술을 가진 사람들이 그들의 업무와 관련된 부주의(Error) 또는 부작위(Omission)로 인한 제3자의 손해에 대하여 부담하게 되는 배상책임을 말한다.

④ 임원배상책임(Director's and Officer's Liability)

임원배상책임은 법인의 이사가 그 업무를 해태하여 회사 또는 제3자에게 발생한 손해에 대해 부담하는 배상책임으로, 실무에서는 업무와 관련된 부주의(Error) 또는 부작위(Omission)를 책임의 요건으로 하는 점에서 전문직업인배상책임으로 분류한다.

(2) 보관자배상책임(Bailee's Liability)

보관자배상책임은 타인의 물건을 보관하는 자가 임치물의 멸실 또는 훼손에 대하여 그 타인에게 부담하게 되는 배상책임으로 창고업, 주차장업, 차량정비업 등에 해당하는 위험이다.

2. 책임보험의 분류

1) 일반배상책임보험과 전문직업인배상책임보험

(1) 일반배상책임보험(General Liability Insurance)

① 의 의

일반배상책임보험은 피보험자가 소유(Ownership), 사용(Use), 임차(Lease)하거나 보호(Care), 관리(Custody), 통제(Control)하는 시설 또는 그 시설을 이용하여 수행하는 사무활동에 기인한 사고로 인하여 제3자에게 부담하는 불법행위책임과 피보험자가 소유, 사용, 임차하거나 보호, 관리, 통제하는 재물에 입힌 손해로 계약상대방에게 부담하는 채무불이행책임을 담보한다. 전자를 제3자 배상책임보험(Third Party Liability)이라 하고, 후자를 보관자배상책임보험(Bailee's Liability)이라 한다.

② 제3자 배상책임보험과 보관자배상책임보험의 차이

㉠ 피해대상

제3자 배상책임보험의 피해대상은 불특정 다수인의 신체 또는 재물인 반면에 보관자배상책임보험의 피해대상은 수탁재물 또는 임차건물과 같은 특정재물에 한정되고 피해자도 위탁자 또는 임대인 등의 계약 당사자로 한정된다.

㉡ 입증책임

불법행위책임을 담보하는 제3자 배상책임보험은 피해자가 입증책임을 부담하고 채무불이행책임을 담보하는 보관자배상책임보험은 가해자가 입증책임을 부담한다. 다만, 제3자 배상책임보험에서도 제조물책임, 의료사고 등과 같이 특별법에 의해 개연성설, 과실추정주의 내지 입증책임전환의 법리를 적용하여 사실상 가해자가 입증책임을 부담하기도 한다.

(2) 전문직업인배상책임보험(Professional Liability Insurance)

① 의 의

전문직업 관련 사고를 담보하는 전문직업인배상책임보험은 사람의 신체에 발생한 물리적인 사고에 대한 위험을 담보하는 비행(Malpractice)배상책임보험과 사람의 신체 이외의 전문직업위험을 담보하는 하자(Error/Omission)배상책임보험으로 구분한다.

② 분 류

㉠ 비행배상책임보험 : 의사, 미용사, 간병인, 약사 등의 배상책임보험

㉡ 하자배상책임보험 : 변호사, 회계사, 건축사, 기술사 등의 배상책임보험

㉢ 임원배상책임보험 : 임원의 업무와 관련된 부주의(Error) 또는 부작위(Omission)를 보험사고의 요건으로 한다는 점에서 실무상 전문직업인배상책임보험으로 분류

2) 임의배상책임보험과 의무배상책임보험

배상책임보험은 피보험자의 합리적인 위험관리의 수단으로 변제능력의 확보를 위하여 임의적인 의사에 의하여 가입하는 것이 본래의 기능이지만, 사회적으로 인정될 만한 특정한 위험에 대하여는 피해자보호와 구제수단을 확보하기 위하여 법률에 의하여 보험가입을 의무화하고 있다. 전자를 임의배상책임보험이라 하며, 후자를 의무배상책임보험이라고 한다.

3) 개인배상책임보험과 영업배상책임보험

개인배상책임보험은 개인의 주택관리 또는 일상생활에 기인하는 위험을 담보한다. 즉 주택의 소유, 사용, 관리에 기인한 사고 또는 일상생활에 기인한 사고로 인한 제3자에 대한 배상책임을 담보한다. 개인배상책임보험은 장기종합보험에서 특약의 형태로 담보하고 있다. 반면에 영업배상책임보험은 기업의 업무활동에 따르는 위험을 담보한다. 담보대상인 업무활동은 영리 또는 비영리활동을 불문하며, 개인의 주택관리 또는 일상생활 이외의 기업의 모든 업무활동에 기인하는 사고로 인한 손해배상책임을 담보한다.

4) 손해사고기준증권과 배상청구기준증권

(1) 담보기준(Coverage Trigger)의 종류

① 손해사고기준증권(Occurrence Basis Policy)

손해사고기준증권은 보험기간 중에 발생한 보험사고를 담보기준으로 하는 증권으로 대부분의 보험이 이에 해당된다. 따라서 보험사고가 보험기간 중에 발생한 경우에는 보험기간이 만료되더라도 피해자의 보험금청구권은 소멸되지 않는다.

② 손해발견기준증권(Discovery Basis Policy)

사고가 상당기간을 두고 서서히, 계속적, 반복적, 누적적으로 진행되어 발생한 경우에는 사고발생일자를 어느 한 시점으로 정한다는 것이 어려운 일이며, 사고가 발생한 후 오랜 시일이 경과한 뒤에 알게 되거나 발견되어 배상청구를 하는 경우가 있는데, 이러한 경우에 담보기준을 사고발생일자 대신 사고발견일자로 하는 증권을 손해발견기준증권이라 한다.

③ 배상청구기준증권(Claims-made Basis Policy)

배상청구기준증권은 담보기준을 피해자가 피보험자에게 처음으로 손해배상청구를 제기한 시점을 기준으로 하는 증권을 말한다. 사고발생과 손해배상청구 사이에 장기간의 잠재기간이 있는 장기축적손해에 주로 적용되며, 생산물배상책임보험, 의사배상책임보험, 임원배상책임보험 등에서 사용되고 있다. 배상청구기준증권에서도 사고의 개념에 대해서는 청구사고설을 따르는 것은 아니고, 손해사고설을 따르되 담보기준을 배상청구일자로 할 뿐이다. 또한 손해사고일자를 의미하는 소급담보일자(Retroactive Date)에 의한 담보제한규정을 두고 있다.

(2) 손해사고기준증권의 문제점(배상청구기준증권의 필요성)

① 보험요율산정의 불합리성

손해사고기준증권은 보험자가 갱신요율을 계약자에게 제시할 때 보험기간 중에 발생하였으나, 그 기간 중에 통보되지 않은 사고(Incurred But Not Reported)를 감안하여 IBNR에 일정률의 손해율을 반영하게 되므로 합리적인 요율산정방식으로 볼 수 없다. 반면에 배상청구기준증권은 보험기간 중에 배상청구가 제기된 사고만을 담보하기 때문에 보험기간 중에 청구 또는 통보받은 사고에 대하여 기지급보험금 및 미지급보험금만을 반영하면 되므로 갱신요율을 산정할 때 계약자에게 보다 과학적이고 합리적인 요율을 제시할 수 있다.

② 사고발생일자의 불분명성

사고가 장기간 서서히, 계속적, 반복적, 누적적으로 진행되어 발생하는 사고의 경우에는 손해사고일자를 특정일자로 확정하는 것이 어렵기 때문에 불명확한 손해사고일자를 담보기준으로 하는 것보다는 배상청구일자를 담보기준으로 하는 증권이 필요하게 된다.

③ 보상한도액의 비현실성

사고발생일로부터 상당한 시일이 경과한 뒤에 피보험자에게 사고발생의 통지 및 배상청구가 제기되는 경우 사고발생일과 사고종결일간에 긴 시간적 차이가 발생하게 되어 사고 당시의 보험증권상의 보상한도액이 배상청구시점을 기준으로 볼 때 불충분할 수도 있다. 이러한 사고처리의 장기화에 따른 배상금의 실효성 문제를 배상청구기준증권으로 해결할 수 있다.

④ 지급준비금계상의 불합리성

지급준비금이란 보험사고의 발생으로 보험금지급의무가 발생하였으나 아직 지급되지 않은 금액을 말하는 것으로, 손해사고기준증권에서는 IBNR(Incurred But Not Reported)에 대한 미확정지급준비금의 계상이 불가피하지만 배상청구기준증권에서는 모든 사고(모든 배상청구)가 보험계약의 종료시점에서 확정되기 때문에 보험자는 회계연도를 마감하는 시점에서 적정한 지급준비금을 계상할 수 있다.

(3) 배상청구기준증권(Claims-made Basis Policy)

① 소급담보일자(Retroactive Date)

㉠ 의 의

배상청구기준증권에서는 보험기간 중에 처음으로 제기된 손해배상청구의 사고발생일자를 보험기간 이전의 특정일자 이후로 소급하여 제한할 수 있는데, 이를 소급담보일자라고 한다. 소급담보일자에 의해 담보기간을 제한할 경우에는 보험증권상의 소급담보일자란에 이를 기재하여야 하며, 그렇지 않으면 통상 증권의 개시일자로 담보기간을 제한한다.

㉡ 소급담보일자의 필요성

ⓐ 위험인수의 제한 : 배상청구기준증권은 사고의 개념은 손해사고설을 취하고 담보기준은 배상청구설을 취함으로써 보험기간 이전에 발생한 모든 사고에 대해 보험기간 중에 배상청구만 하면 모두 보상하여야 하는 위험이 있다. 따라서 보험기간 이전의 특정일자 이후에 발생한 사고에 대해서만 담보하는 사고로 제한할 필요성이 있다.

ⓑ 직전증권과의 시간적 범위조정 : 배상청구기준증권으로 가입하면서 이전에 가입했던 손해사고기준증권과의 담보공백이 없도록 소급담보일자로 시간적 범위를 조정할 필요가 있다.

ⓒ 사고원인의 불분명성 : 사고발생 후 오랜 기간이 경과하면 사고의 원인이 불분명해져 보험자가 담보사고인지 여부에 대한 판단이 어려울 수도 있다. 따라서 보험기간 이전의 특정일자 이후에 발생한 사고로 소급담보일자를 제한할 필요가 있다.

② 보고기간연장담보(Extended Reporting Period)

㉠ 의 의

보험사고가 보험기간의 만기 무렵에 발생하여 보험기간 내에 배상청구를 할 수 없는 경우, 즉 무보험상태를 담보하기 위한 배상청구기준증권의 특약조항을 보고기간연장담보(ERP)라고 한다. ERP는 제한된 조건하에서 보험기간이 종료된 후 일정기간 내에 제기되는 배상청구를 보험기간 종료일에 제기된 것으로 간주하여 담보한다.

㉡ ERP의 전제조건

ⓐ 보험계약이 보험료부지급 이외의 사유로 해지되었거나 갱신되지 않은 경우

ⓑ 갱신증권의 소급담보일자가 갱신직전증권보다 후일로 되어 있는 경우

ⓒ 갱신증권이 손해사고기준증권인 경우

㉢ ERP의 종류

ⓐ 자동보고기간연장담보(Automatic ERP)

- 단기자동연장기간 : 보험사고가 소급담보일자와 만기일 사이에 발생하고 배상청구가 만기일 다음날부터 60일 이내에 제기된 경우 만기일에 제기된 것으로 간주하여 담보한다.

• 중기자동연장기간 : 보험사고가 소급담보일자와 만기일 사이에 발생하고 만기일 다음날부터 60일 이내에 통보된 후 배상청구가 만기일로부터 5년 이내에 제기되는 경우 만기일에 제기된 것으로 간주하여 담보한다.

ⓑ 선택보고기간연장담보(Option ERP) : 보험사고가 소급담보일자와 만기일 사이에 발생하고 배상청구가 만기일 이후에 제기되더라도 제한 없이 모두 담보한다. 선택연장담보는 적어도 만기일로부터 60일 이전에 보험계약자의 청구가 있어야 하며, 보험자는 이의 담보를 거절할 수 없다. 보험자는 담보위험, 이전의 보험계약조건, 이후의 보상추정액 등을 고려하여 추가보험료를 청구할 수 있다.

5) 초과배상책임보험과 포괄배상책임보험

(1) 초과배상책임보험(Excess Liability Insurance)

초과배상책임보험은 계약자가 이미 가입하고 있는 기초배상책임보험의 담보범위 내에서 보상한도액을 초과하는 손해를 담보하는 별도의 보험을 말하는 것으로, 기초배상책임보험의 보험가입금액이 보험목적의 정상가액보다 낮은 경우에 그 차액에 대해 추가로 가입하는 보험이다.

(2) 포괄배상책임보험(Umbrella Liability Insurance)

① 의 의

피보험자가 영업배상책임보험, 근로자재해보장책임보험, 자동차책임보험 등 각종 기초배상책임보험을 가입하였더라도 다양한 배상책임위험에 충분히 대비하기 위해서는 이미 가입된 각종 기초배상책임보험으로 담보되지 아니하는 배상책임위험의 추가가입이 필요한 것인 바, 각종 배상책임위험을 포괄하여 담보하는 배상책임보험을 말한다.

② 포괄배상책임보험의 기능

㉠ 기초증권의 기능 : 기초배상책임보험의 보상한도액이 소진되어 자동 복원되지 않는 경우에는 포괄배상책임보험이 기초배상책임보험의 기능을 한다.

㉡ 기초증권의 보상한도액 확장기능 : 기초증권의 보상한도액을 확장하여 보상한도액을 초과하는 손해가 발생한 경우에 그 초과하는 손해를 담보하는 기능을 한다.

㉢ 기초증권의 담보범위 확장기능 : 기초증권의 담보범위(담보위험)를 확장하는 기능을 하며, 통상 별도의 면책금액(자기부담금)을 설정한다.

(3) DIC증권(Difference In Condition Policy)

기초배상책임보험의 담보조건과 포괄배상책임보험의 담보조건의 차이(책임법리, 담보위험)로 인하여 보상받지 못하는 부분이 발생할 수 있는데, 이러한 담보의 공백부분만을 담보하는 증권을 DIC증권이라고 한다. 담보의 공백은 기초배상책임보험이 무과실책임의 법리가 적용되는 반면 포괄배상책임보험이 과실책임의 법리가 적용되는 경우 및 주로 포괄배상책임보험에 설정된 자기부담금(Deductible)으로 인해 생긴다.

6) 법률상 배상책임보험과 계약상 가중책임보험

(1) 의 의

배상책임보험은 객관적 책임으로 법률에 규정한 본인책임(불법행위책임과 채무불이행책임)과 사용자책임과 같은 법정전가책임을 담보하고 주관적 책임인 약정전가책임(계약상 가중책임)은 담보하지 않는 것이 일반적이다. 다만, 약정전가책임도 계약자 또는 피보험자가 그 내용을 보험자에게 알리고 그에 상응하는 추가보험료의 부담으로 담보될 수 있으며, 그 성질상 불법행위에서만 적용되는 것이므로 제3자 배상책임보험에서만 담보가 가능하다.

(2) 법정전가책임과 약정전가책임

① 전가책임(대위책임)의 의의

불법행위로 인한 피해자에 대한 손해배상책임을 법률의 규정 또는 당사자간의 약정에 의하여 가해자 이외의 제3자가 부담하기도 하는데, 이를 전가책임 또는 대위책임이라고 한다.

② 법정전가책임(법정대위책임)

근로자가 타인에게 손해를 입혔을 경우 사용자는 근로자를 대신하여 피해자의 손해를 배상하여야 하며, 그 사용자는 피해자에게 배상책임을 이행한 후 근로자에게 구상청구가 가능하다(민법 제756조). 이와 같이 법률규정에 의하여 근로자의 손해배상책임이 사용자에게 전가된 책임을 법정전가책임 또는 법정대위책임이라고 한다.

③ 약정전가책임(약정대위책임)

당사자간의 약정으로 가해자의 책임을 계약상대방에게 전가할 수도 있는데(민법 제105조) 이를 계약상 가중책임이라고 한다. 계약상 가중책임도 법률에 의하여 보호받는 범위 내에서 보험가입의 필요성이 있는 경우에는 특약 형식으로 담보할 수 있다. 국문영업배상책임보험의 계약상 가중책임 특별약관, 영문영업배상책임보험(CGL)의 담보계약(Insured Contract ; 시설임대차계약, 철도지선사용계약, 지역권설정계약, 지방자치단체의 조례, 승강기관리계약 등)이 이에 해당된다.

3. 책임보험의 특징

1) 보험의 목적

책임보험은 피보험자가 보험사고로 발생한 제3자의 손해에 대하여 배상책임을 부담함으로써 입은 재산상의 손해를 보상하는 보험이다. 따라서 제3자 배상책임보험에 있어서의 보험의 목적은 피보험자의 적극적, 소극적 전재산관계라고 할 수 있다.

한편 보관자배상책임보험에 있어서는 사고발생의 객체가 재물보험과 마찬가지로 피보험자가 보관하는 재물로 특정된다는 점에서 실질적으로 보험의 목적은 피보험자가 수탁받은 특정재물이라고 할 수 있다.

2) 보험사고

(1) 의 의

배상책임보험은 원칙적으로 보험기간 중에 발생한 사고에 대한 피보험자의 법률상 손해배상책임을 담보한다. 따라서 보험기간 중 처음 제기된 배상청구를 담보기준으로 하는 배상청구기준증권이나 보험기간 중 처음 발견된 손해를 담보기준으로 하는 손해발견기준증권의 경우에도 사고에 의하여 그 담보를 제한하게 되므로 사고의 개념은 배상책임보험의 필수적인 요소이다. 사고의 개념에 대해 통설은 손해사고설이다.

(2) 손해사고설(Occurrence Theory)

① 사고의 개념

배상책임보험에서의 사고는 급격하고도 우연한 외래의 사고(Accident)는 물론 위험이 서서히, 계속적, 반복적으로 누적되어 발생하는 사고(Occurrence)를 포함한다.

② 사고의 시점

사고유형이 장기축적손해(Occurrence)인 경우 사고발생시점을 언제로 보느냐에 따라 보험자의 책임이 달라질 수 있기 때문에 사고발생시점의 파악은 매우 중요하다.

㉠ 위험설 : 피보험자가 위험한 상태에 최초로 노출된 시점을 사고발생시점으로 본다.

㉡ 침해설 : 피해자가 위험한 상태에 노출되어 그 결과 현실적으로 신체장해 또는 재물손해가 발생한 시점을 사고발생시점으로 본다.

㉢ 과정설 : 피해자가 위험에 노출된 시점부터 실제적으로 피해가 발생한 시점까지의 전체 기간을 사고발생시점으로 본다.

③ 사고의 수

하나의 원인 또는 사실상 같은 종류의 위험에 계속적, 반복적 또는 누적적으로 노출되어 그 결과로 발생한 사고(또는 배상청구)로서 피보험자나 피해자의 수 또는 손해배상청구의 수에 관계없이 1회의 사고(또는 배상청구)로 본다.

(3) 청구사고설(Claims-made Theory)

손해가 발생하고 피해자로부터 피보험자가 배상청구를 처음으로 받은 시점을 사고로 보는 이론으로, 피해자의 배상청구라는 주관적 의사에 따라 사고의 시점이 결정되는 문제가 있다. 이에 따라 배상청구기준증권에서는 사고의 시점에 대해서는 손해사고설을 취하고 담보기준에 대해서는 청구사고설을 취하고 있다.

3) 피보험자

(1) 단독피보험자

보험계약에서 1인만을 피보험자로 하는 경우를 말한다.

(2) 공동피보험자

피보험자가 2인 이상인 경우를 말하며, 영문약관에서는 그들 중 처음에 기재된 피보험자를 제1순위 기명피보험자(First Name Insured)라 하고, 두 번째 이하의 피보험자를 기명피보험자(Name Insured)라 하여 보험계약상 특정사안(보험료납입, 계약해지, 계약조건의 변경 등)에 대하여 권리와 의무를 부담하게 된다.

(3) 추가피보험자

보험계약 당시에 보험증권상의 기명피보험자란에 기재되지 아니하고 별도의 배서에 의하여 피보험자로 추가되는 자를 말한다. 추가피보험자는 단지 제한된 범위 내에서 권리와 의무를 가지며, 사고발생시 보험보호를 받기 위한 지위에 지나지 않는다. 생산물배상책임보험에서의 판매인특별약관(Vendor's Endorsement)이 이에 해당된다.

(4) 의제피보험자

피보험자의 근로자와 같이 피보험자의 직무를 수행하는 자를 제한된 조건하에서 피보험자로 간주하는 사람을 말하며, 보험계약상의 권리와 의무는 없다. 다만, 보험사고로 보험금을 지급한 경우에도 대위권을 행사하지 아니한다.

(5) 허락피보험자

보유자의 허락하에 이동장비를 운행하는 자 및 운행행위에 대해서 사용자책임을 지는 자이다.

4) 피해자의 직접청구권

(1) 직접청구권의 의의

직접청구권이란 책임보험의 피해자가 피보험자를 통하지 않고 보험자에게 직접 손해의 보상을 청구할 수 있는 권리를 말한다(상법 제724조 제2항). 책임보험은 계약 당사자간의 채권계약으로서 제3자의 권리가 생길 여지가 없음에도 불구하고 피해자보호라는 정책적 관점에서 법이 특별히 피해자의 직접청구권을 인정하고 있다.

(2) 직접청구권의 법적 성질

① 보험금청구권설

보험자는 보험계약에 의하여 피보험자의 제3자에 대한 법률상의 배상책임을 부담하는 것이므로, 이에 근거한 직접청구권은 그 보험계약의 내용에 의해서 제약을 받는 보험금청구권이라는 견해이다. 따라서 직접청구권의 소멸시효는 보험금청구권과 마찬가지로 3년이다.

② 손해배상청구권설

보험자가 피보험자의 손해배상채무를 병존적으로 인수한 것이라는 견해이다. 판례는 직접청구권의 법적 성질에 대해 일관되게 손해배상청구권설을 취하고 있다. 이에 따라 직접청구권의 소멸시효는 손해배상청구권의 소멸시효규정에 따라 피해자가 그 손해 및 가해자를 안 날로부터 3년, 불법행위를 한 날로부터 10년이다.

01

(3) 직접청구권과 보험금청구권과의 관계

① 독립성

피해자의 직접청구권은 피보험자의 보험금청구권과는 별도로 법률규정에 의하여 취득하는 권리이므로 피보험자의 협조 없이 피해자가 직접 행사할 수 있다. 따라서 피해자의 직접청구권은 피보험자의 보험금청구권과는 서로 독립적인 관계에 있다.

② 배타성

직접청구권은 피해자보호를 위하여 법에서 특별히 인정한 피해자의 권리이다. 따라서 피보험자의 보험금청구권과 피해자의 직접청구권이 경합된 경우에는 피해자가 손해배상을 받지 못한 범위 내에서는 직접청구권이 우선한다.

③ 강행성

직접청구권에 대한 「상법」 규정은 강행규정이므로 보험약관에서 이를 위반하여 보험계약자 등에게 불리한 조항을 정한다면 그 보험약관은 「상법」 제663조의 보험계약자 등의 불이익금지의 원칙에 위배되어 무효가 된다.

(4) 직접청구권과 손해배상청구권과의 관계

피해자는 피보험자의 손해배상책임이 발생하는 동시에 피보험자에 대한 손해배상청구권과 보험자에 대한 직접청구권을 갖는다. 피해자는 양 청구권을 임의로 선택하여 행사할 수 있으며, 그 중 하나의 청구권을 행사하여 손해배상을 받은 때에는 그 범위 내에서 양 청구권은 동시에 소멸된다.

(5) 피해자의 직접청구권의 행사

① 보험자의 항변사유

피해자가 보험자를 상대로 직접청구권을 행사하는 경우 보험자는 피보험자가 피해자의 손해배상청구에 대하여 갖는 항변사유, 즉 손해배상책임의 유무, 과실상계, 손익상계 등으로 직접청구권에 대항할 수 있다. 또한 보험자는 계약자와 피보험자에게 갖는 항변사유, 즉 계약상의 하자, 면책사유 등으로 직접청구권에 대항할 수 있다.

② 보험자의 통지의무

보험자는 피해자로부터 직접 보험금의 청구를 받은 때에는 지체 없이 피보험자에게 이를 통지하여야 한다. 피해자의 이중배상청구를 방지하기 위한 규정이다.

③ 피보험자의 협조의무

피해자의 직접청구가 있는 경우에 피보험자는 보험자의 요구가 있을 때에는 필요한 서류나 증거의 제출, 증언 또는 증인의 출석에 협조하여야 한다.

④ 제3자에 대한 보험자대위

손해가 피보험자 이외의 제3자의 행위로 인하여 생긴 경우 보험금을 지급한 보험자는 보험자대위의 법리에 따라 그 지급한 보험금의 한도 내에서 그 제3자에 대한 계약자 또는 피보험자의 권리를 대위하여 취득한다(상법 제682조).

5) 보상한도액(Limit of Liability)

(1) 보상한도액을 정하는 이유

① 보험자의 책임제한

배상책임보험에서의 보험자의 보상책임은 불특정 다수의 신체와 재물에 대한 것이기 때문에 사고가 발생하는 경우 피보험이익의 범위를 정하여 보험자의 책임을 제한할 필요가 있다.

② 보험료산정의 기준

보험자의 보상한도와 계약자가 부담하는 보험료는 직접적인 상관관계를 가지고 있으며, 보험계약자 입장에서는 자신의 재정적인 상태를 감안하여 담보범위(담보위험)를 설정할 수 있다.

③ 도덕적 위험의 방지

사고발생 가능성이 큰 위험 등 도덕적 위험이 존재할 수 있다고 보여지는 위험에 대해서는 보상한도를 설정함으로써 도덕적 위험을 규제하는 역할을 하기도 한다.

(2) 보상한도액을 정하는 방법

① **분할보상한도(Split Limit)**

대인보상한도와 대물보상한도를 각각 설정하는 방법으로, 대인배상은 1인당 및 1사고당 보상한도액을 설정하게 되고, 대물배상은 1사고당 보상한도액을 설정하게 된다.

② **포괄단일보상한도(Combined Single Limit)**

대인・대물보상을 포괄하여 한도를 설정한다.

③ **총보상한도(Aggregate Limit)**

배상책임보험에서의 보상한도액은 원칙상 1사고당 보험자의 보상한도액이다. 따라서 보험자가 보험기간 중 1사고에 대한 보상한도액을 전액 지급하더라도 당해 보험계약은 소멸되지 않는다(자동복원방식). 다만, 생산물위험 등에서는 계약조건으로 보험기간 중의 총보상한도액을 설정할 수 있으며, 이를 설정하면 보상한도액이 자동 복원되지 않는다(잔존보험가입금액방식).

(3) 공제금액(Deductible)

공제금액이란 손해액 등에 대하여 피보험자가 부담하여야 할 금액, 즉 자기부담금을 말한다. 이를 설정하는 취지는 일정금액을 피보험자가 부담하게 함으로써 보험자 입장에서는 소액사고로 인한 사무의 번잡을 피하고 피보험자의 주의를 환기시킬 수 있으며, 계약자 입장에서는 보험료를 절감할 수 있기 때문이다. 공제금액은 배상책임보험약관상 손해배상액에 대해서만 적용하는 것으로 규정하고 있으므로, 비용손해에 대해서는 적용하지 않는다.

6) 다수계약의 비례분담방식

보험금분담방식에 관하여 「상법」에서는 보상한도액 비례분담방식을 규정하고 있으나, 책임보험의 보험금 산정요건은 보상한도액 외에도 공제금액 등 기타의 조건들이 있는 바, 국문약관에서는 각 계약의 보상조건 등을 고려하여 독립책임액 비례분담방식으로 보험금을 분담하도록 규정하고 있다. 즉 각각의 보험계약은 다른 보험계약이 없는 것으로 간주하고 각각 지급할 보험금을 산정한 후 그 지급보험금의 합계액이 손해액을 초과하는 경우 그 지급보험금의 합계액에서 각각의 지급보험금이 차지하는 비율에 따라 손해액을 비례 분담한다.

심화TIP 산식

- A(B)보험자 독립책임액 = 손해액 − A(B)공제금액 ≤ A(B)보험자 보상한도액
- A(B)보험자 책임분담액 = 손해액 × A(B)보험자 독립책임액 / A 및 B보험자 독립책임액의 합계액

제3절 배상책임보험

1. 배상책임보험 표준약관

1) 보상하는 손해

(1) 법률상 손해배상금

법률상 손해배상금이란 피보험자가 보험회사의 동의를 얻어 피해자에게 지불한 민사합의금 일체를 말한다. 즉 상해사고의 경우에는 치료비, 휴업손해, 장해보상, 위자료 등의 민사상 손해배상금 일체를 말하며, 사망사고의 경우에는 유족 또는 법률상 정당한 권리를 가지는 자와 합의한 금액 또는 소송에 의한 경우에는 법원의 판결금액을 말한다.

(2) 비용손해

① 손해방지비용

손해방지비용이란 피보험자가 사고발생 후 손해의 확대를 방지하거나 경감하는데 소요된 비용, 즉 응급처치비용, 긴급호송비용, 잔존물제거비용, 기타 유익한 비용 등을 말한다. 손해방지비용은 원칙적으로 보상한도액에 관계없이 전액 보상한다. 다만, 보험료산출기준을 수탁물건의 가액으로 하는 보관자배상책임보험의 경우에는 보상한도액의 수탁화물가액에 대한 비율에 따라 비례 보상한다. 선주배상책임보험 및 유·도선사업자배상책임보험의 경우에는 손해방지비용은 보상하지 않고, 특약으로 인명구조비만 보상한다.

② 방어비용

「민사소송법」상의 소송비용과 중재, 화해 또는 조정에 관한 비용을 말하며, 소송비용의 인지대, 변호사비용은 보험증권상의 보상한도액에 해당하는 금액에 대한 비용만 보상한다. 국문약관에서는 보상한도액 내에서 보상하며, 영문약관에서는 전액 보상한다.

③ 권리보전비용

피보험자가 제3자로부터 손해배상을 받을 수 있는 경우에 그 권리의 보전 또는 행사를 위하여 필요한 절차를 취하는데 소요된 비용을 말한다. 국문약관 및 영문약관 모두 보상한도액에 관계없이 전액 보상한다.

④ 공탁보증보험료

공탁보증보험료는 공탁보증보험금액인 손해배상청구금액에 비례하여 발생하는 것이므로, 공탁보증보험금액이 보험증권상의 보상한도액을 초과하는 경우 보험자는 보험증권상 보상한도액 내의 공탁보증보험금액에 대한 보험료만 부담하며, 국문약관과 영문약관 모두 동일하다.

⑤ 피보험자의 협력비용

사고처리와 관련하여 보험자의 요구에 따라 피보험자가 협조하는데 소요되는 비용은 보험증권상의 보상한도액에 관계없이 추가로 보상한다.

2) 보상하지 않는 손해(보통약관 공통면책사유)

① 계약자 또는 피보험자의 고의사고
② 전쟁, 혁명, 내란, 사변, 테러, 폭동, 소요, 노동쟁의
③ 벌과금 및 징벌적 손해배상금(Punitive Damage)
④ 계약상 가중된 손해배상책임(Contractual Liability), 담보계약(Insured Contract)
⑤ 지진, 분화, 홍수, 해일 등의 천재지변
⑥ 핵연료물질 관련 사고
⑦ 방사능 관련 사고
⑧ 피보험자가 소유, 사용 또는 관리하는 재물에 생긴 손해
⑨ 티끌, 먼지, 석면, 분진 또는 소음으로 인한 손해
⑩ 전자파, 전자장(EMF)으로 인한 손해

3) 국문약관과 영문약관의 비교

(1) 약관의 구성

① 국문약관

국문영업배상책임보험은 보통약관에 각각의 위험담보 특별약관을 첨부하여 보험목적을 담보한다. 즉 보통약관에는 보험계약에 관한 기본적인 사항들을 기재하고 담보하는 위험에 대해서는 각 위험에 대한 특별약관을 첨부하여 담보하는 형태이다.

② 영문약관(Commercial General Liability)

영문영업배상책임보험(CGL)은 CGL(Ⅰ) 손해사고기준증권과 CGL(Ⅱ) 배상청구기준증권의 두 종류가 있으며, 보통약관에서는 업종에 관계없이 전위험을 포괄적으로 담보하고 필요에 따라 부담보 특별약관(Exclusion)으로 제외하는 형태를 가지고 있다. 즉 보통약관에서 정하고 있는 기본면책사항과 부담보 특별약관에서 선택한 부담보위험(Exclusion)을 제외한 모든 위험을 담보한다.

영문약관은 ① 고액의 보상한도액을 설정하는 계약, ② 보상한도액 및 보험료를 외화로 표시하는 계약, ③ 국문약관에서 담보하지 않는 위험을 보상받고자 하는 경우, ④ 외국계기업의 계약 및 그와 관련된 계약 등에 사용되며, 대부분 재보험이 설정된다.

(2) 보상한도액(Limit of Liability)

국문약관은 대인보상한도(BI), 대물보상한도(PD), 포괄단일보상한도(CSL), 1사고당 보상한도(EOL), 총보상한도(AL) 등을 피보험자가 선택하여 설정할 수 있다. 반면에 영문약관은 대인, 대물 구분 없이 포괄단일보상한도(Combined Single Limit)로만 설정되며, 1사고당 보상한도(Each Occurrence Limit)와 총보상한도(Aggregate Limit)로 구성된다.

(3) 공제금액 적용방식

공제금액(Deductible)은 국문약관규정에 따르면 보험증권상의 보상한도액에는 적용하지 않고 손해액에 대해서만 적용한다.

지급보험금 = 손해액 − 공제금액 ≤ 보상한도액

영문약관의 경우에는 손해액에서 공제금액을 차감한 금액을 지급하되 지급보험금의 최고한도는 보상한도액에서 공제금액을 차감한 금액으로 한다.

지급보험금 = 손해액 − 공제금액 ≤ 보상한도액 − 공제금액

2. 국문배상책임보험

1) 영업배상책임보험

(1) 시설소유관리자 특별약관

① 책임법리

책임보험의 주요법리는 계약책임과 불법행위책임으로 구분되는 바, 시설소유관리자 특별약관의 경우에는 담보위험의 성질상 불법행위책임의 법리가 적용된다. 즉, 과실책임주의에 의한 일반불법행위책임과 피보험자가 소유, 사용, 관리하는 공작물의 설치 또는 보존의 하자에 기인한 사고로 타인에게 손해를 입힌 경우 무과실책임을 부담한다.

② 담보위험

㉠ 시설(Premises)로 인한 책임

피보험자가 소유, 사용, 관리 또는 임차한 시설로 인하여 발생된 사고에 대한 책임이다. 시설이란 동산과 부동산을 말하며 건물, 기계설비와 같은 토지의 정착물이나 인공시설물, 하천과 같은 자연물, 중장비나 가스용기 등과 같은 동적 공작물을 의미한다.

㉡ 사무활동(Operations)으로 인한 책임

시설을 이용하여 수행하는 사무활동으로 인하여 발생된 사고에 대한 책임이다. 사무활동이란 완성된 시설을 본래의 용도에 따라 이용하는 행위를 말하며, 사무에 필수적인 행위는 물론 이에 수반하는 활동도 포함된다.

③ 추가특별약관

㉠ 구내치료비담보 추가특별약관

피보험자의 구내에서 발생한 고객의 신체손해에 대해 피보험자에게 책임이 없는 경우에 그 치료비만을 담보한다. 호텔, 백화점, 체육시설 등과 같은 다중이용업소의 구내에서 고객에게 상해사고가 발생하는 경우 그 책임소재를 밝히기 쉽지 않고, 또한 업소의 이미지 관리차원에서 고객의 과실 여부를 불문하고 치료비에 한해 보상한다.

㉡ 비행담보 추가특별약관

면책위험인 전문직업인의 직업상 과실로 생긴 손해에 대한 배상책임 중 미용사 및 이용사의 전문직업위험을 예외적으로 담보한다.

㉢ 물적손해확장담보 추가특별약관

공중접객업소 등의 시설소유관리자위험에 부수적인 위험으로서 면책위험인 피보험자가 수탁받아 관리하는 재물에 입힌 손해를 담보한다.

㉣ 운송위험담보 추가특별약관

피보험자가 사용 또는 관리하는 자동차로 화물을 운송(상・하역작업 포함)하는 도중 그 적재된 화물로 인한 제3자의 신체 또는 재물손해를 담보한다.

(2) 도급업자 특별약관

① 담보위험

피보험자가 수행하는 도급공사 작업 또는 작업의 수행을 위하여 소유, 사용, 관리하는 시설로 인하여 발생한 사고로 타인의 신체 및 재물에 손해를 입힌 경우에 도급업자가 부담하는 법률상의 배상책임손해를 담보하는 특별약관이다. 도급이란 수급인이 어떤 일의 완성을 약속하고 도급인이 그 일의 결과에 대하여 보수를 지급할 것을 약정함으로써 성립하는 계약이다. 일의 완성과정에 있어서 노무의 사용은 수급인의 자유이며 그 위험도 수급인이 부담한다.

② 추가특별약관

㉠ 운송위험 추가특별약관

피보험자가 소유, 점유, 임차, 사용 또는 관리하는 자동차로 화물을 운송(상・하역작업을 포함)하는 도중 적재된 화물로 인하여 피해자에게 법률상의 배상책임을 부담함으로써 입은 손해를 담보한다.

㉡ 폭발, 붕괴 및 지하매설물손해 추가특별약관

도급업자 특별약관에서 담보되지 않는 폭발로 인한 재물손해, 토지의 붕괴 등으로 인한 손해, 지하매설물에 대한 손해를 담보한다.

㉢ 일부공사 추가특별약관

피보험자가 수행하는 공사가 전체 공사의 일부일 경우 그 전체 공사에 참여하고 있는 모든 근로자(피보험자의 근로자는 제외)에게 입힌 신체장해에 대한 배상책임손해를 담보한다.

㉣ 주위재산 추가특별약관

피보험자의 공사현장 주위에 있는 피보험자가 직접적으로 작업하고 있지 않는 타인의 재물에 대하여 정당한 권리를 가지는 사람에게 재물손해를 입히는 우연한 사고가 발생한 경우 그 손해를 담보한다. 단, 작업용 기계, 장비, 도구 등이 입은 손해는 제외한다.

(3) 발주자미필적배상책임 특별약관

수급업자가 수급업무수행 중 발생한 사고로 타인에게 손해를 입힌 경우 원칙적으로 수급업자에게 불법행위로 인한 손해배상책임이 발생하나, 도급공사와 관련하여 도급업자(발주자)에게 중대한 과실이 있는 때에는 도급업자가 그 손해를 배상할 책임을 진다. 도급공사와 관련하여 도급업자가 지는 손해배상책임을 수급인이 인수하기로 하는 약정, 즉 손해배상인수약정(Hold Harmless Agreement)이 있는 경우에 수급업자가 도급업자(발주자)를 피보험자로 하여 발주자의 배상책임 손해를 담보한다.

(4) 학교경영자 특별약관

① 담보위험

피보험자가 학교경영과 관련하여 소유, 사용 또는 관리하는 학교시설 및 학교업무의 수행으로 생긴 사고로 학생 또는 일반 제3자에게 신체손해 또는 재물손해를 입혔을 경우에 부담하게 되는 법률상 배상책임손해를 담보하는 특별약관이다.

② 담보내용

㉠ 학교시설에 기인된 배상책임

학교시설이란 교실, 체육관, 강당, 실험실습실, 도서관 등을 말하며, 학생의 교육과 직접적인 관련이 없는 학교소유의 임야라든가 대가를 받고 서비스를 제공하는 구내식당이나 대학병원은 이에 포함되지 않는다.

㉡ 학교업무에 기인된 배상책임

학교업무는 교육에 직접적으로 관련된 업무뿐만 아니라 학교시설의 관리에 따르는 필수적, 부수적인 업무를 포함한다. 또한 학교 내의 업무뿐만 아니라 수학여행, 견학, 실습 등 학교 밖에서의 교육과 관련된 업무를 포함한다.

③ 구내치료비담보 추가특별약관

학생의 교내생활 중에 학생이 입은 신체손해에 대하여 학교 측에 귀책사유가 없는 경우에 치료비를 보상하는 특별약관이다. 구내치료비담보는 본래 피보험자의 구내를 일시적으로 방문하는 고객 등 일반인이 입은 신체손해를 대상으로 하는 것으로 피보험자의 구내에 상주하는 사람은 기본적으로 면책대상이지만 동 특별약관에 있어서의 구내치료비담보는 학교에 상주하는 학생만을 대상으로 하는 점에 특징이 있다.

(5) 차량정비업자 특별약관

피보험자가 소유, 사용, 관리하는 정비시설 및 그 시설의 용도에 따른 정비업무의 수행으로 인한 타인의 손해에 대해 부담하게 되는 법률상의 배상책임손해를 담보한다. 또한 수탁받은 고객차량에 대해서는 보호, 관리, 통제에 따른 위험을 담보한다. 즉 제3자에 대한 배상책임 및 수탁받아 관리하는 재물에 대한 보관자책임도 담보한다.

(6) 주차장 특별약관

피보험자가 소유, 사용, 관리하는 주차시설 및 그 주차시설의 용도에 따른 주차업무의 수행으로 인한 타인의 손해에 대해 부담하게 되는 법률상의 배상책임손해를 담보한다. 차량정비업자 특별약관과 마찬가지로 제3자에 대한 배상책임 및 보관자책임을 담보한다.

(7) 선박수리업자 특별약관

피보험자가 수리를 위하여 수탁받은 선박과 그 선박에 선적되어 있는 물건에 입힌 보관자위험 및 피보험자의 선박수리업무와 그 관련 시설에 기인된 사고로 수리용 선박 이외의 타 재물에 입힌 손해와 제3자의 신체에 입힌 손해를 담보한다. 즉, 선박수리업자 특별약관에서도 보관자책임 및 제3자에 대한 배상책임을 포함하여 담보한다.

01

(8) 항만하역업자(싸이로) 특별약관

① 담보위험

피보험자가 수탁받은 화물에 피해를 입힌 경우의 보관자배상책임손해와 피보험자가 항만 내 통제구역에서 소유, 사용, 관리하는 시설의 설치, 보존의 하자 또는 하역업무의 부주의로 타인에게 피해를 입힌 경우의 제3자 배상책임손해를 담보한다.

② 가입대상

가입대상은 검문소를 설치하여 통제하는 육상으로서의 부두구역 내에서 행하여지는 선박하역업무, 즉 통제구역 내에서의 선박하역사업에 한정된다.

③ 추가특별약관

㉠ 바케트 / 그래브사고담보 추가특별약관 : 특별약관에서 면책으로 하고 있는 고철의 하역 또는 그래브나 바케트로 사용하는 벌크화물작업에 의한 선박손해를 담보한다.

㉡ 항만하역위험확장담보 추가특별약관 : 장소범위를 항만해역까지 확장하여 담보한다.

(9) 경비업자 특별약관

① 담보위험

피보험자가 경비업무를 수행하던 중에 발생한 사고로 경비계약의 대상인 물건, 시설 또는 장소에 발생한 손해 및 제3자에게 발생한 손해에 대해 부담하게 되는 배상책임손해를 담보하는 특별약관이다. 즉 계약상 배상책임손해와 제3자에 대한 배상책임손해를 담보한다.

② 특별약관의 종류

㉠ 특별약관(Ⅰ) : 특별약관(Ⅰ)은 모든 형태의 용역경비계약을 인수대상으로 하고 면책위험이 넓으며, 추가특별약관을 첨부하여 담보위험의 선택적 확장이 가능하다.

㉡ 특별약관(Ⅱ) : 특별약관(Ⅱ)는 보안경비계약을 인수대상으로 하고 면책위험이 좁으며, 추가특별약관을 첨부하더라도 담보위험의 확장이 불가능하다.

(10) 건설기계업자 특별약관

① 담보위험

피보험자가 소유, 사용, 관리하는 중장비 및 중기의 용도에 따른 업무의 수행으로 생긴 우연한 사고로 발생한 타인의 신체손해 또는 재물손해에 대해 법률상 배상책임을 부담함으로써 입은 손해를 담보하는 특별약관이다.

② 가입대상

가입대상은 중기를 소유하거나 임차한 개인 및 법인이며, 인수대상은 건설기계는 물론 기타의 장비도 가능하다. 다만, 「자동차손해배상보장법」의 적용대상인 9종 건설기계, 즉 덤프트럭, 콘크리트믹서트럭, 타이어식 기중기, 타이어식 굴삭기, 트럭적재식 콘크리트펌프, 트럭적재식 아스팔트살포기, 트럭지게차, 도로보수트럭, 노면측정장비는 제외된다.

(11) 임상시험배상책임 특별약관

① 담보위험

피보험자가 제조 또는 수입허가를 득한 의약품으로 임상시험을 시행하던 중 의약품 자체결함 내지는 임상시험과정 중의 하자로 인하여 발생한 피험자의 사망 또는 신체장해에 대하여 부담하게 되는 법률상의 배상책임손해를 담보하는 특별약관이다. 이 특별약관은 배상청구기준증권으로 사고가 보험증권에 기재된 소급담보일자와 만기일 사이에 발생되고, 보험기간 중에 처음 손해배상청구가 제기된 경우에 한하여 보상한다.

② 피보험자

제약회사, 병원, 연구기관

③ 보상의 전제조건

임상시험배상책임보험은 임상시험 실시기관이 의약품 등의 안전에 관한 규칙, 임상시험계획서 및 임상시험계약서를 준수함을 전제로 보상된다. 이를 준수하지 않은 경우에는 보상하지 않으며, 다만 그것이 직접적인 사고의 원인이 아님을 피보험자가 입증한 경우에는 보상한다.

(12) 계약상 가중책임 특별약관

① 담보위험

계약상대방에게 전가한 당사자 일방의 책임이 반사회질서의 법률행위에 해당하지 않거나 현저하게 공정을 잃은 법률행위가 아닐 경우에는 피보험자에게 법률상의 배상책임이 없더라도 당사자간의 계약에 의해 피보험자가 부담하는 제3자에 대한 배상책임을 담보할 수 있다.

② 담보계약(Insured Contract)의 종류

담보계약(약정전가책임)에는 시설임대차계약, 지역권계약, 지방자치단체의 조례, 철도지선 사용계약, 승강기관리계약 등이 있다.

2) 가스사고배상책임보험

(1) 의 의

가스사고배상책임보험은 가스사업자, 용기 등 제조업자 및 일정규모 이상의 가스사용자가 의무적으로 가입하여야 하는 보험으로 각종 가스사고로 인하여 타인의 신체나 재물에 손해를 입혀 법률상 배상책임을 부담함으로써 입은 손해를 보상하는 보험이다. 피해자보호 측면에서 가해자의 배상의무이행의 확보수단으로서 각종 「가스안전관련법」에 따라 가스사업자 등으로 하여금 보험가입을 의무화하고 있다.

(2) 가입대상

가스사고배상책임보험은 의무보험으로 가스사업자, 용기 등 제조업자, 일정규모 이상의 가스사용자 및 가스시설시공업자 중 도시가스를 연료로 사용하는 온수보일러와 그 부대시설의 설치공사 또는 변경공사를 하는 자를 말한다.

(3) 가스사고의 개념

가스사고란 가스로 인한 폭발, 파열, 화재 및 가스누출로 타인의 신체에 상해(사망과 유독가스를 우연하게도 일시에 흡입, 흡수 또는 섭취한 결과로 하여 생긴 중독증상을 포함)를 입히거나 재물을 멸실, 훼손 또는 오손케 하는 것을 말한다.

(4) 보상하는 손해

① 법률상 손해배상금

보상한도액 내에서 자기부담금을 초과하는 손해를 보상한다.

② 비용손해

㉠ 손해방지비용, 권리보전비용, 협력비용 : 비용 전액 보상

㉡ 소송비용(방어비용), 공탁보증보험료 : 손해배상금과의 합계액을 보상한도액 내에서 보상

(5) 보상기준

① 대인배상(1사고당 한도 없음)

㉠ 사망의 경우 : 8,000만원(최저보험금 2,000만원)

㉡ 부상의 경우 : 1급 1,500만원 ~ 14급 20만원

㉢ 후유장해의 경우 : 1급 8,000만원 ~ 14급 500만원

㉣ 치료 중 사망 : 사망보험금과 부상보험금의 합계액

㉤ 부상 후 후유장해 : 부상보험금과 후유장해보험금의 합계액

㉥ 후유장해 후 사망 : 사망보험금에서 기지급 후유장해보험금을 차감한 금액

② 대물배상 : 증권기재금액 한도

(6) 액화석유가스소비자보장 특별약관

보통약관 제3조(보상하는 손해)에도 불구하고 피보험자가 보험증권상 보장지역 내에서 보험기간 중에 발생한 보험사고로 인하여 피해자에게 「액화석유가스의 안전관리 및 사업법 시행령」에 따라 법률상의 배상책임을 부담함으로써 입은 손해를 보상하며, 이 특별약관은 신체손해에 대하여 소비자 또는 타인의 과실 여부를 불문한다.

3) 선주 및 유 · 도선사업자배상책임보험

(1) 의 의

선주배상책임보험은 「해운법」에 따라 해상을 운행하는 선박의 여객이 우연한 사고로 입은 신체손해에 대하여 선주가 부담하는 배상책임손해를 담보하는 보험을 말한다. 선주배상책임보험은 임의보험으로 현재 한국해운공제조합에서 선주의 손해배상책임을 공제로 인수하고 있다.

유 · 도선사업자배상책임보험은 하천, 호소 및 해상을 운행하는 유선 및 도선의 여객이 입은 신체손해에 대하여 선주가 부담하는 배상책임손해를 담보하는 보험으로, 「유선 및 도선사업법」에 따라 보험가입이 의무화되어 있다. 「상법」에서는 유 · 도선사업자의 경우 운송인은 자기 또는 사용인이 운송에 관한 주의를 해태하지 않았음을 증명하지 못하면 운송으로 인한 여객의 손해에 대한 배상책임을 면하지 못한다고 규정하고 있어, 선주는 사실상 무과실책임을 부담하게 되고 배상책임이 없는 여객의 인명피해까지도 보상하여야 한다.

(2) 가입대상

선주배상책임보험의 경우에는 「해운법」상 해상여객운송선박, 유 · 도선사업자배상책임보험의 경우에는 「유선 및 도선사업법」상 하천, 호소 및 바다에서 고기잡이, 관광, 유락 또는 사람이나 물건을 운송하는 것을 영업으로 하는 선박이 가입대상이다.

(3) 특별약관

① 구조비담보 특별약관

보통약관에서는 선박을 예인하는 등의 손해방지비용은 비용발생이 거대하고 빈번히 발생하므로 보험기술상 면책사항으로 규정하고 있다. 다만, 특별약관을 첨부하는 경우 직접적인 인명구조비에 한하여 손해방지비용으로 보험증권상 기재된 보상한도액을 한도로 보상한다.

② 여객 외 제3자담보 특별약관

피보험자의 선박에 승선한 여객 이외의 제3자에게 입힌 인명피해에 대하여 피보험자가 부담하는 배상책임손해를 담보한다.

③ 관습상의 비용담보 특별약관

여객의 신체손해에 대하여 피보험자(선주)에게 배상책임이 없는 경우에 피보험자가 보험회사의 동의를 얻어 관습상 지급한 여객 또는 그 유족에게 지급하는 식대, 숙박비 및 교통비를 여객 1인당 30만원 한도 내에서 보상한다. 한국해운공제조합에 가입하는 선주배상책임공제는 계약자가 여객 1인당 보상한도액을 정하도록 하고 있다.

(4) 뚜렷한 정원 초과로 생긴 손해에 대한 보상책임

뚜렷한 정원 초과란 초과된 정원으로 인하여 선박의 안전운항에 상당한 지장을 준 경우를 말하며, 이에 대한 입증책임은 보험자에게 있다. 이 경우에도 정원 초과 사실이 사고와 관련하여 상당인과관계가 없음을 피보험자가 입증하는 경우에는 정원을 한도로 보상한다. 즉, 경미한 정원초과의 경우 또는 피보험자가 뚜렷한 정원 초과로 생긴 손해가 아님을 입증한 때에는 정원을 한도로 보상한다.

승객 1인당 지급보험금 = 승객 1인당 보험가입금액 × 정원 / 실제 탑승객 수

4) 생산물배상책임보험

(1) 의 의

피보험자가 제조, 판매, 공급 또는 시공한 생산물이 타인에게 양도된 후 그 생산물의 결함 또는 완성작업 위험으로 인하여 타인에게 신체 또는 재물에 피해를 입힌 경우 제조업자, 판매업자 또는 용역을 제공한 자가 피해자에게 부담해야 하는 법률상의 배상책임손해를 보상하는 보험이다. 보통약관(Ⅰ)은 손해사고기준증권이며, 보통약관(Ⅱ)는 배상청구기준증권이다.

(2) 가입대상 및 적용대상

① 가입대상

가입대상은 제조업자, 수입업자, 판매업자, 유통업자, 도급업자(시설물의 설치 및 수리업자), 기타 제조물의 생산 및 판매 관련업자 등이다.

② 적용대상

적용대상은 피보험자가 제조, 판매, 공급한 생산물 및 시공한 작업(완성작업), 즉 일반제조물, 음식물류, 완성작업(제품의 설치, 해체, 수리, 점검 또는 보수작업 등)이다. 다만, 피보험자가 실질적으로 점유하고 있는 생산물이나 아직 완성되지 않았거나 방치된 작업 등은 생산물배상책임보험 적용대상에서 제외된다.

(3) 생산물결함의 유형

① 제조업자의 책임

㉠ 제조상의 결함

생산물이 설계대로 가공되지 않았거나 설계에서 정한 재료를 사용하지 않아 사고가 발생한 경우를 말한다. 일부 생산물에서만 불량이 발생하는 경우가 이에 해당하며, 품질관리 및 조립상태 불량, 원재료 및 부품 불량 등의 결함이 있다.

㉡ 설계상의 결함

설계시점에서 정상적인 사용자가 생각할 수 있는 사용법을 예측하였더라면 손해를 방지할 수 있었음에도 불구하고 합리적인 대체설계를 채용하지 않아 사고가 발생한 경우를 말한다. 생산물 전체에서 동일한 불량이 발생하는 경우가 이에 해당하며, 안전설계 및 안전장치 미비, 주요부품 불량, 기술수준 불합격 등의 결함이 있다.

㉢ 표시상의 결함

생산물의 사용방법 및 주의사항에 대한 지시 또는 경고를 제대로 하지 않아 사고가 발생한 경우를 말한다. 취급설명서 및 경고사항 미비 등의 결함이 있다.

② **판매업자의 책임** : 제품의 사용방법에 대한 설명상의 하자, 인도상의 하자

③ **도급업자의 책임** : 생산물의 설치, 수리, 보수 또는 완성작업에 대한 결함

④ **기타 생산 및 판매관련업자의 책임** : 일정범위 내에서 생산물배상책임의 주체

(4) 담보기준(Coverage Trigger)

① 손해사고기준증권(Occurrence Basis Policy)

보통약관(Ⅰ)은 손해사고기준증권으로 보험기간 중에 발생한 사고를 담보의 기준으로 한다. 따라서 담보대상이 되는 보험사고가 보험기간 중에 발생한 경우에는 손해배상청구가 보험기간 종료 후에 제기되더라도 보상한다.

② 배상청구기준(Claims-made Basis Policy)

보통약관(Ⅱ)는 배상청구기준증권으로 보험증권에 기재된 소급담보일자(Retroactive Date)로부터 보험기간 종료일까지 발생한 사고로서 보험기간 중에 피보험자에게 서면으로 손해배상청구가 제기된 보험사고를 담보의 기준으로 한다. 따라서 사고가 보험기간 중에 발생하였더라도 최초의 손해배상청구가 보험기간, 즉 보고기간연장담보기간(Extended Reporting Period) 이후에 이루어지는 경우에는 보상하지 않는다.

(5) 보상하는 손해

① 법률상 손해배상금

㉠ 대인손해 : 신체장해, 즉 신체의 상해, 질병, 장해 및 그로 인한 사망

㉡ 대물손해 : 물리적으로 손괴된 유체물의 직접손해 및 사용손실, 물리적으로 손괴되지 않은 유체물의 사용손실

② 비용손해

㉠ 손해방지비용, 권리보전비용, 협력비용 : 비용 전액 보상

㉡ 소송비용(방어비용), 공탁보증보험료 : 손해배상금과의 합계액을 보상한도액 내에서 보상

(6) 특별약관

① 판매인 특별약관(Vendor's Endorsement)

판매인 특별약관을 첨부하더라도 담보위험이 확장되는 것은 아니고, 단순히 판매인이 피보험자로 추가되는 것에 지나지 않는다. 다만, 제조물 사고시 특별약관을 첨부하지 않았더라면 담보되지 않았을 위험이 담보된다는 점에서는 위험이 증가했다고 볼 수 있다. 따라서 판매인이 제조물을 재포장하거나 상표의 임의부착, 시공 또는 수리함으로써 제조업자가 제조물을 출하할 당시에는 없었던 결함이 발생하고, 그로 인하여 사고가 발생하는 경우에는 제조업자의 책임을 물을 수 없기 때문에 특별약관을 첨부하더라도 보상되지 않는다.

② 도급업자 특별약관 : 영업배상책임보험의 도급업자 특별약관과 동일

③ 인증기관마크계약 특별약관 : 해당 마크를 획득한 계약자에게 할인율 적용

④ 전기공급차질부담보 특별약관 : 전기공급의 차질에 따른 배상책임손해는 부담보

⑤ 효능불발휘부담보 특별약관 : 생산물의 의도된 효능불발휘손해는 부담보

5) 수련시설배상책임보험

(1) 수련시설배상책임보험의 의의

피보험자가 소유, 사용 또는 관리하는 수련시설 및 그 시설의 용도에 따른 업무의 수행으로 인하여 생긴 사고로 타인에게 신체손해 또는 재물손해가 발생한 경우 피보험자가 부담하게 되는 법률상의 배상책임손해를 담보하는 보험을 말한다. 「청소년활동진흥법」에 따라 청소년수련시설을 설치, 운영하는 자 또는 위탁관리 하는 자는 의무적으로 보험에 가입하여야 한다.

(2) 의무가입대상

① 청소년수련관 및 청소년문화의 집(건축 연면적이 1,000m^2 이상인 경우에 한함)

② 청소년수련원, 청소년야영장 및 유스호스텔

(3) 보상하는 손해

① 법률상 손해배상금 : 보상한도액 내에서 자기부담금을 초과하는 손해 보상

② 비용손해

㉠ 손해방지비용, 권리보전비용, 협력비용 : 비용 전액 보상

㉡ 소송비용(방어비용), 공탁보증보험료 : 손해배상금과의 합계액을 보상한도액 내에서 보상

(4) 보상기준

① 대인배상(1사고당 한도 없음)

㉠ 사망의 경우 : 8,000만원(최저보험금 2,000만원)

㉡ 부상의 경우 : 1급 1,500만원 ~ 14급 60만원

㉢ 후유장해의 경우 : 1급 8,000만원 ~ 14급 500만원

㉣ 치료 중 사망 : 사망보험금과 부상보험금의 합계액

㉤ 부상 후 후유장해 : 부상보험금과 후유장해보험금의 합계액

㉥ 후유장해 후 사망 : 사망보험금에서 기지급 후유장해보험금을 차감한 금액

② 대물배상 : 증권기재금액 한도

(5) 특별약관

① **구내치료비담보 특별약관** : 수련시설에서의 수련활동과 관련한 사고로 피보험자에게 배상책임이 없는 경우 이용객이 입은 신체손해에 대한 치료비를 담보

② **물적손해확장담보 특별약관** : 피보험자가 수탁·관리하는 재물에 생긴 손해 담보

③ **음식물 특별약관** : 피보험자가 조리, 가공, 제조, 판매 또는 공급한 식품류에 의해 생긴 사고로 이용객에게 부담하는 배상책임손해를 담보

6) 청소년활동배상책임보험

(1) 의 의

「청소년활동진흥법」에 따라 이동·숙박형 청소년활동 계획을 신고하려는 자, 수련시설을 설치·운영하는 자 또는 위탁운영단체는 청소년활동의 운영 또는 수련시설의 설치·운영과 관련하여 청소년활동 참가자 및 수련시설의 이용자에게 발생한 생명, 신체 등의 손해를 배상하기 위하여 보험에 의무적으로 가입하여야 한다.

(2) 담보내용

보통약관(청소년활동 기본담보)과 특별약관(치료비 특약)

(3) 담보지역

약관상 국내, 해외활동지역을 모두 담보한다. 해외지역에 청소년활동을 기획하는 자도 보험증권을 의무적으로 제출하여야 한다.

(4) 보상하는 손해의 범위 및 보상한도

수련시설배상책임보험과 동일하다.

(5) 보험가입의 면제

부모 또는 보호자 등과 함께 참여하거나 종교단체와 다른 법률에서 지도, 감독을 받는 단체 등이 운영하는 청소년활동은 보험가입의무가 면제된다.

(6) 수련시설배상책임보험과의 관계

청소년수련시설을 설치・운영하는 자 또는 위탁운영단체가 청소년활동을 계획하려는 경우 수련시설배상책임보험에 가입했더라도 별도의 청소년활동배상책임보험에 가입해야 한다.

7) 의사 및 병원배상책임보험

(1) 의 의

의사 및 병원배상책임보험은 의사 또는 전문의료인이 의료업무를 수행하는 중에 발생하는 의료사고로 진료를 받는 사람에게 신체장해를 입힘으로써 피보험자가 부담하여야 하는 법률상의 배상책임손해를 담보하는 보험이다. 한편 계약자는 일반배상책임(시설소유관리, 생산물, 주차장)과 사용자배상책임도 선택적으로 가입하여 담보받을 수 있다.

(2) 담보내용

① 의료과실배상책임담보

의사 및 병원이 행하는 의료행위와 관련하여 보험기간 중에 의료과실에 의하여 환자에게 신체장해를 입혀 발생하는 의료사고로 인하여 보험기간 중에 제기된 법률상의 손해배상책임을 부담함으로써 입은 손해를 보상한다. 여기서 의료과실이란 의사 또는 전문의료인이 의료행위를 할 때에 업무상 주의의무를 소홀히 함으로써 환자의 권리를 침해하고 신체상의 손해를 주는 것을 말한다. 이때 주의의무란 의사가 통상 갖추어야 할 의술 또는 해당 의학을 전공하고 일정수준의 경력을 갖춘 의사가 수행할 수 있는 정도의 의술과 주의의무를 말한다.

따라서 의료과실에 기인한 의료사고로 환자 측에서 손해배상을 청구하려면, ㉠ 의료행위의 결과 환자에게 나쁜 결과가 발생할 것, ㉡ 그러한 결과는 객관적으로 예견하고 회피할 수 있을 것, ㉢ 발생한 손해와 귀책원인 사이에 상당인과관계가 성립할 것을 그 요건으로 한다.

② 일반배상책임담보(선택담보사항)

일반배상책임담보를 선택하는 경우에는 시설소유관리자배상책임, 생산물배상책임, 주차장배상책임을 추가로 담보한다. 즉 보험기간 중에 ㉠ 의사 및 병원이 제조, 판매, 공급한 생산물이 타인에게 양도된 후 그 생산물로 생긴 우연한 사고, ㉡ 의사 및 병원이 소유, 사용 또는 관리하는 시설 및 그 시설의 용도에 따른 업무의 수행으로 생긴 우연한 사고(주차장배상책임 포함)로 생긴 타인의 손해에 대한 법률상 배상책임을 부담함으로써 입은 손해를 보상한다.

(3) 담보기준(Coverage Trigger)

의사배상책임보험은 전문직업인배상책임보험으로 손해사고(Occurrence) 대신에 배상청구(Claims-made)를 담보의 기준으로 한다. 병원의 일반시설물에 대해서는 시설소유관리자 배상책임보험으로 손해사고를 담보의 기준으로 하며, 병원이 제조, 판매 또는 공급한 생산물에 대해서는 생산물배상책임보험으로 손해사고기준과 배상청구기준 중 계약자가 선택하여 담보의 기준을 정할 수 있다. 주차장배상책임보험의 담보기준은 손해사고기준이다.

(4) 보상하는 손해

보험회사는 보험기간, 즉 보고기간연장담보기간(Extended Reporting Period) 중에 최초로 제기된 손해배상청구에 대하여 보상한다. 다만, 보험증권상에 소급담보일자(Retroactive Date)가 기재되어 있는 경우에 소급담보일자 이전 또는 보험기간 종료 후에 발생한 사고로 인한 손해는 보상하지 않는다. 보상하는 손해는 법률상 손해배상금 및 비용손해(손해방지비용, 권리보전비용, 소송비용, 변호사비용, 중재, 화해 또는 조정에 관한 비용, 공탁보증보험료 등)이다.

8) 체육시설업자배상책임보험

(1) 의 의

피보험자가 소유, 사용 또는 관리하는 체육시설 및 그 시설의 용도에 따른 업무의 수행으로 생긴 우연한 사고로 제3자에게 인적 또는 물적 손해를 입힘으로써 피보험자가 법률상 배상하여야 할 손해를 보상하는 보험으로, 「체육시설의 설치 및 이용에 관한 법률」에 따라 보험가입이 강제되어 있는 의무보험이다.

(2) 책임법리

체육시설업자는 체육시설의 설치 및 보존의 하자로 인한 타인의 손해에 대해서는 공작물책임(민법 제758조)에 근거한 무과실책임을 부담하며, 체육시설의 운영상의 과실에 기인된 사고로 타인에게 입힌 손해에 대해서는 일반불법행위책임(민법 제750조)을 부담한다.

(3) 가입대상

법률에 의거 보험가입이 의무화된 대상은 일정규모 이상의 등록 또는 신고 된 체육시설을 말한다. 다만, 등록 또는 신고대상인 체육시설이라 하더라도 소규모 체육시설업자(체육도장업, 골프연습장업, 체력단련장업, 당구장업)는 제외된다.

(4) 특별약관

① 구내치료비담보 특별약관

피보험자에게 법률상 배상책임이 없는 사고에 대해 도의상의 책임 혹은 업체의 서비스 차원에서 피해자가 입은 손해 중 치료비에 한하여 보상한다.

② 물적손해확장담보 특별약관

체육시설 내에 일정한 보관장소(락커룸, 귀중품보관함 등)를 설치하고 이용객의 물품을 보관하는 과정에서 생긴 도난 및 파손사고에 대해서 담보한다.

③ 주차장 특별약관

체육시설 내의 주차시설에 체육시설업자가 이용객으로부터 수탁받아 관리하는 자동차에 입힌 손해를 담보한다.

9) 환경책임보험

(1) 의 의

환경책임보험이란 「환경오염피해 배상책임 및 구제에 관한 법률」에 따라 환경오염도가 높은 시설을 운영하는 사업자를 피보험자로 하여 피보험자의 시설 및 업무활동으로 발생한 환경오염으로 인해 피해를 입은 제3자에 대한 신체손해, 재물손해, 소송비용 및 오염제거비용을 보상하는 보험을 말한다.

(2) 영업배상책임보험 오염사고 추가특별약관과의 비교

오염사고배상책임위험은 영업배상책임보험에서 공통면책위험이긴 하지만 특약으로 담보가 가능한 상대적 면책위험에 해당한다. 따라서 오염사고 추가특별약관을 추가한 경우에는 담보되는 위험이다. 다만, 증권에 기재된 시설과 업무에 기인하여 급격하고 우연하게 발생한 사고로 인한 오염사고배상책임만 담보된다(손해사고기준증권). 반면에 환경책임보험에서는 서서히, 계속적, 반복적, 누적적으로 발생한 오염사고배상책임도 담보된다(배상청구기준증권).

3. 영문배상책임보험

1) CGL(Commercial General Liability policy)

(1) 의 의

영문 CGL은 국문약관의 영업배상책임보험에 해당하며, CGL(Ⅰ) 손해사고기준증권과 CGL(Ⅱ) 배상청구기준증권의 두 종류가 있다. 국문약관은 영업배상책임보험 보통약관에 담보위험에 따라 각각의 특별약관을 첨부하여 담보하는 형태이고, 영문 CGL은 일반배상책임(Premises/Operations Liability)과 생산물배상책임(Products/Completed Operations Liability)을 모두 포괄담보하고 불필요한 내용은 면책특약(Exclusion)으로 제외하는 형태이다. CGL의 보상한도액은 대인배상(BI), 대물배상(PD) 구분 없이 1사고당 보상한도(EOL)와 총보상한도(AL)를 정한 계약이 주로 체결된다.

(2) 가입대상

영문약관은 ① 고액의 보상한도액을 설정하는 계약, ② 보상한도액 및 보험료를 외화로 표시하는 계약, ③ 국문약관에서 담보하지 않는 위험을 보상받고자 하는 경우, ④ 외국계기업의 계약 및 그와 관련된 계약 등에 주로 사용된다.

(3) Section Ⅰ - Coverage(보상하는 손해)

보험증권에 기재된 담보지역(Policy Territory) 내에서 보험기간 중 발생한 사고 또는 소급담보일자와 보험기간의 만기일 사이에 발생하여 보험기간 중 처음으로 배상청구가 제기된 사고로 인하여 발생한 타인의 손해에 대해 피보험자가 부담하게 되는 법률상의 배상책임손해를 보상한다. 즉, 법률상의 손해배상금 및 처리비용 등을 보상한다.

① Coverage A – Bodily Injury and Property Damage Liability

타인에게 신체손해나 재물손해를 입힘으로써 피보험자가 부담하게 되는 법률상의 배상책임손해를 담보한다.

② Coverage B – Personal and Advertising Injury Liability

인격침해 또는 광고침해로 인한 피보험자의 법률상 배상책임손해를 담보한다. 인격침해 또는 광고침해는 증권이 손해사고기준증권인가 배상청구기준증권인가에 관계없이 손해사고를 담보의 기준으로 한다.

③ Coverage C – Medical Payments

의료비담보(Medical Payments)는 피보험자의 구내에서 제3자가 입은 신체손해사고에 대해서 피보험자에게 배상책임이 없는 경우 피해자가 입은 손해 중 의료비에 한하여 일정금액을 한도로 보상하는 내용의 담보조항으로 피보험자가 임의로 결정하는 담보조항이다.

④ Supplementary Payments – Coverage A and B

보험자에 의하여 발생한 비용, 보석보증보험료, 차압해제보증보험료, 피보험자협력비용, 피보험자에게 부과된 모든 소송비용, 예비(단)판결이자, 판결이자 등의 비용을 보상하며, 추가지급조항에서 보상되는 비용은 보상한도액을 초과하여 보상한다.

(4) 피보험자의 범위(Section Ⅱ – Who is Insured)

① 공동피보험자(Co – insured)

지위가 동등한 피보험자가 2인 이상인 경우 이를 공동피보험자라고 하고, 이를 1순위 기명피보험자와 기명피보험자로 분류한다. 보험계약의 해지에 관하여 보험자가 해지할 경우 1순위 기명피보험자에 대하여 해지를 통보하여야만 유효하며, 마찬가지로 피보험자 측의 해지권도 1순위 기명피보험자에게만 있다. 보험료 정산도 1순위 기명피보험자만을 상대로 한다.

② 의제피보험자(Fictitious Insured)

피보험자가 사무활동에 이용하는 타인의 행위는 피보험자의 사무활동을 행하는 범위 내에서 피보험자로 취급되는데, 이때 그 피보험자를 주피보험자라고 하고, 피보험자의 사무활동에 이용되는 타인을 종피보험자(의제피보험자)라고 한다.

2) PLI(Product Liability Insurance)

생산물배상책임보험은 피보험자가 제조 또는 판매한 제품의 결함에 의해 타인의 신체나 재물에 피해를 입힌 경우에 피보험자가 지는 법률상 배상책임손해를 담보하는 보험이다. 영문약관은 PLI(Ⅰ) 손해사고기준증권(Occurrence Basis Policy)과 PLI(Ⅱ) 배상청구기준증권(Claims-made basis Policy)으로 구성되어 있고, 국문약관과 동일한 구조로 되어 있다.

3) ULI(Umbrella Liability Insurance)

(1) 담보위험(Coverage)

기업포괄배상책임보험은 기업활동에서 일어날 수 있는 모든 배상책임위험을 하나의 증권으로 담보하는 보험으로 피보험자가 타인에게 신체손해 또는 재물손해를 입히거나 인격침해 또는 광고침해로 손해를 입힌 경우에 부담하게 되는 법률상 배상책임손해 및 이 보험에서 명시하여 담보하기로 한 계약상의 가중책임손해(Contractual Liability)를 담보한다.

(2) 보상한도액(Limit of Liability)

① 1사고당 보상한도액(Occurrence Limit)

손해의 형태별로 보상한도액을 설정한다.

② 총보상한도액(Aggregate Limit)

보험기간 중의 모든 사고 또는 모든 배상청구에 대한 총보상한도액을 설정하고 있으며, 생산물위험에 대한 총보상한도액과 자동차보험을 제외한 기타 모든 위험에 대한 총보상한도액으로 구분하여 적용된다.

③ 피보험자부담한도액(Retained Limit)

포괄배상책임보험은 기초배상책임보험의 보상한도액을 초과하는 손해 또는 기초배상책임보험이 없는 경우에는 자기부담금(Self-insured Retention)을 초과하는 손해만을 담보하는바, 포괄배상책임보험에서 부담하지 않는 기초배상책임보험의 보상한도액(적용법리상 면책부분) 또는 자기부담금(Self-insured Retention)을 피보험자 부담한도액(Retained Limit)이라고 한다.

4) CGL 특별약관

(1) Waiver of Subrogation Clause(대위권포기 특별약관)

'대위권포기 특별약관'은 보험회사가 보험사고로 인한 손해비용을 지급한 경우 지급한 보험금의 한도 내에서 권리(대위권)를 취득하여 피보험자가 제3자에 대하여 가지는 손해배상청구권을 대위 행사할 수 있음에도 불구하고 이를 포기하는 조항이다. 이 조항은 보험회사가 보험증권에 따라 보장되는 손실에 대해 책임을 질 수 있는 제3자에게 보상을 요청할 권리를 포기하는 것이다. 즉, 손실이 발생하면 보험회사는 손실을 일으킨 당사자에게 책임이 있더라도 손해배상 청구를 제기할 수 없다. '대위권 포기'는 보험회사가 제3자를 상대로 법적 조치를 취할 수 있는 능력을 제한하는 조항이기 때문에 보험계약자에게 많은 이점을 제공할 수 있다.

심화TIP 대위권

보험회사가 보험금을 지급한 때(현물보상한 경우를 포함한다)에는 보험회사는 지급한 보험금의 한도 내에서 아래의 권리를 가진다. 다만, 보험회사가 보상한 금액이 피보험자가 입은 손해의 일부인 경우에는 피보험자의 권리를 침해하지 않는 범위 내에서 그 권리를 가진다.

1. 피보험자가 제3자로부터 손해배상을 받을 수 있는 경우에는 그 손해배상청구권
2. 피보험자가 손해배상을 함으로써 대위 취득하는 것이 있을 경우에는 그 대위권

(2) Additional Insured(Vendors) Clause[추가피보험자(판매인) 특별약관]

추가피보험자(판매인) 특별약관은 생산물배상책임보험의 주요 특별약관으로, 제조업자의 제품을 판매(도매 또는 소매)하는 판매인을 추가피보험자로 하여 보상한다.

※ 생산물배상책임보험은 피보험자가 제조, 판매, 공급 또는 시공한 생산물이 타인에게 양도된 후 그 생산물의 결함으로 인한 우연한 사고로 타인의 신체나 재물에 손해를 입힘으로써, 법률(민사)상 손해배상책임(제조물책임)을 부담하는 경우, 이에 따른 손해를 보상한다.

결함 있는 제품으로 피해를 입은 소비자는 제조업자는 물론 그 제품의 판매업자에게도 손해배상을 청구할 수 있다. 이때 판매업자는 피해자에 대해 손해배상책임을 부담하지만 이를 제조업자에게 구상할 수 있다. 결국 판매업자는 구상권을 확보하기 위하여 제조업자가 기명피보험자로 되어 있는 보험증권에 공동피보험자 대신에 추가피보험자 배서에 의하여 피보험자로 추가된다.

심화TIP 추가피보험자(판매인) 특별약관

(1) 보상하는 손해

회사는 아래(추가피보험자란)에 기재된 사람 또는 단체를 피보험자에 포함한다. 단, 증권에 표시된 피보험자의 제품으로 인해 발생하는 신체장해 또는 재물손해에 대해서만 해당 항목의 내용이 적용된다. 판매인의 사업에 대해서는 다음과 같은 추가 조항이 적용된다.

(2) 주요 면책사항

① 계약에 의하여 가중된 신체장해나 재물손해에 대한 배상책임. 그러나 계약이 없었더라도 손해배상책임을 부담하였을 경우에는 보상한다.
② 피보험자가 승인하지 않은 모든 명시적 보증으로 생긴 손해에 대한 배상책임
③ 판매인의 고의에 의한 생산물을 물리적 또는 화학적으로 변경으로 생긴 손해에 대한 배상책임
④ 재포장으로 생긴 손해에 대한 배상책임. 그러나 제조업자의 지시에 따라 조사, 전시, 시험 또는 부품교환만을 목적으로 포장을 벗긴 후 다시 원상태로 재포장하였을 경우에는 보상한다.
⑤ 판매인이 생산물을 공급, 판매하는 통상적인 영업활동과 관련하여 검사, 조정, 시험 또는 서비스를 제공하지 않아서 생긴 손해에 대한 배상책임
⑥ 전시, 설치, 서비스 또는 수리로 생긴 손해에 대한 배상책임. 그러나 판매업자의 구내에서 생산물의 판매와 관련하여 이러한 작업으로 발생하는 경우에는 보상한다.
⑦ 판매인 등이 생산물에 상표를 붙이든지 바꾸거나 생산물을 다른 물건의 용기, 부품 또는 성분으로 사용함으로써 생긴 손해에 대한 배상책임
⑧ 판매인 등이 생산물이나 그 생산물의 성분, 부품 또는 생산물의 용기를 구입한 사람에게 입힌 신체장해나 재물손해에 대한 배상책임

4. 개인배상책임보험

1) 일상생활배상책임보험 특별약관

(1) 보상하는 손해

① 보상하는 사고

보험기간 중에 아래에 열거한 사고로 법률상의 배상책임을 부담함으로써 피보험자가 입은 손해를 보상한다.

㉠ 피보험자가 살고 있는 보험증권에 기재된 주택 또는 주택의 소유자인 피보험자가 주거를 허락한 자가 살고 있는 보험증권에 기재된 주택의 소유, 사용 또는 관리에 기인하는 우연한 사고

㉡ 피보험자의 일상생활(주택 이외의 부동산의 소유, 사용 또는 관리는 제외)에 기인하는 우연한 사고

② 변경된 주택을 통보한 경우

피보험자의 주거 이동 또는 주택에 대한 소유변동 등으로 보험증권에 기재된 주택이 변경되어야 하는 경우에는 보험회사에 지체 없이 통보하여야 한다. 이 경우에는 통보된 주택의 사고에 대하여 보험회사가 보상책임을 부담한다.

③ 변경된 주택을 통보하지 않은 경우

보험증권에 기재된 주택을 제외하고 피보험자가 소유, 사용 또는 관리하는 부동산으로 인한 배상책임은 보상하지 않는 손해임에도 불구하고, 변경된 주택을 통보하지 않아 보험증권상 기재된 주택과 실제 거주 또는 소유하게 된 주택이 다르게 된 경우에는, 피보험자가 보험증권에 기재된 주택에 거주 및 소유하지 않은 사실이 확인되고, 변경된 주택의 사용용도 등이 달라져 그 위험이 현저하게 증가하고 그로 인한 배상책임이 발생한 사고가 아닌 경우에는 변경된 주택으로 인한 사고를 보상한다.

(2) 피보험자

기명피보험자, 기명피보험자의 배우자

(3) 주요 면책사항

고의 등 절대적 면책사유, 전쟁 등 거대위험, 보험상품별 영역조정, 고유면책사유

2) 가족일상생활배상책임보험 특별약관

(1) 보상요건

일상생활배상책임보험 특별약관과 동일하다.

(2) 피보험자

① 기명피보험자

② 기명피보험자의 배우자

③ 기명피보험자 또는 배우자와 생계를 같이하고 동거 중인 친족

④ 기명피보험자 또는 배우자와 생계를 같이하는 별거 중인 미혼자녀

3) 자녀배상책임보험 특별약관

(1) 보상요건

일상생활배상책임보험 특별약관과 동일하다.

(2) 피보험자

기명피보험자(자녀), 기명피보험자(자녀)의 법정감독의무자

(3) 자녀만의 배상책임보험

자녀만의 배상책임보험을 가입하는 경우에는 13세 미만인 자녀피보험자는 실제 법률상 배상책임을 지지 않기 때문에 면책에 해당하지만, 동 보험에서는 책임능력이 없는 자녀만을 담보하고 있으므로 피보험자인 자녀가 책임능력이 있어 배상책임을 부담하는 경우 또는 부모가 감독의무자로서 배상책임을 부담하는 경우에도 자녀배상책임보험의 취지를 고려하여 실무상 보상하고 있다.

(4) 검토사항

① 운동경기 중 상해사고

운동경기와 관련하여 발생하는 상해사고는 사회통념상 피해자의 승낙이 있다고 보아 위법성 조각사유에 해당되어 손해배상책임이 성립하지 않는다. 즉, 그 미성년자가 경기규칙을 위반하여 고의적인 행위를 한 경우나 위험한 대체도구를 사용하여 운동경기를 한 것과 같은 특단의 사유가 없는 한 자녀 또는 그 부모는 배상책임을 지지 않는다.

② 교내에서 발생한 상해사고

학교의 교장 또는 교사의 학생에 대한 보호감독의무는 학생들의 법정감독의무자를 대신하여 감독하여야 하는 의무이긴 하지만, 그 의무는 교내의 학생의 전체 생활관계에 미치는 것은 아니고 교내의 교육활동 및 이와 밀접한 관계에 있는 생활관계에 한한다. 따라서 사안에 따라 학교, 부모, 학생 각 주체를 독립적으로 보아 각각 배상책임을 지울 수 있다.

5. 기타 배상책임보험

1) 학원 및 교습소배상책임보험

(1) 담보위험

피보험자가 학원경영과 관련하여 소유, 사용 또는 관리하는 시설 및 학원업무의 수행으로 생긴 우연한 사고로 인하여 타인에게 신체손해 또는 재물손해를 입힘으로써 부담하게 되는 법률상의 배상책임손해를 담보하는 의무보험이다.

(2) 보상하는 손해

① **법률상 손해배상금** : 보상한도액 내에서 자기부담금을 초과하는 손해 보상

② **비용손해**

㉠ 손해방지비용, 권리보전비용, 협력비용 : 비용 전액 보상

㉡ 소송비용(방어비용), 공탁보증보험료 : 손해배상금과의 합계액을 보상한도액 내에서 보상

(3) 보험가입금액 한도

① **대인배상** : 1인당 1억원 / 1사고당 10억원(단, 교습소의 경우는 5억원)

② **치료비** : 1인당 의료실비배상금액 3,000만원 이상

(4) 특별약관

① **구내치료비 특별약관**

학원시설 구내에서 사고로 시설물의 이용자(타인)가 입은 신체손해에 대해 피보험자에게 법률상의 배상책임이 없는 경우 보상한도액을 한도로 피해일로부터 180일 이내에 발생한 치료비를 보상한다.

② **치료비 특별약관**

학원경영과 관련하여 소유, 사용 또는 관리하는 시설 및 학원시설이나 학원업무의 수행으로 생긴 사고로 시설물의 이용자(타인)가 입은 신체손해에 대해 피보험자에게 법률상의 배상책임이 없는 경우 보상한도액을 한도로 피해일로부터 180일 이내에 발생한 치료비를 보상한다. 동 특약은 학원구내뿐만 아니라, 학원 외부에서 학원의 업무수행 중 발생한 사고도 보상한다.

2) 어린이놀이시설 배상책임보험

(1) 담보위험

피보험자가 소유, 사용 또는 관리하는 어린이놀이시설 및 그 시설의 용도에 따른 업무의 수행으로 생긴 우연한 사고로 인하여 타인에게 신체손해 또는 재물손해를 입힘으로써 피보험자가 부담하게 되는 법률상의 배상책임손해를 담보한다.

(2) 보상하는 손해

① 법률상 손해배상금 : 보상한도액 내에서 자기부담금을 초과하는 손해 보상

② 비용손해

㉠ 손해방지비용, 권리보전비용, 협력비용 : 비용 전액 보상

㉡ 소송비용(방어비용), 공탁보증보험료 : 손해배상금과의 합계액을 보상한도액 내에서 보상

(3) 보상한도

① 대인배상(1사고당 한도 없음)

㉠ 사망의 경우 : 8,000만원(최저보험금 2,000만원)

㉡ 부상의 경우 : 1급 1,500만원 ~ 14급 60만원

㉢ 후유장해의 경우 : 1급 8,000만원 ~ 14급 500만원

㉣ 치료 중 사망 : 사망보험금과 부상보험금의 합계액

㉤ 부상 후 후유장해 : 부상보험금과 후유장해보험금의 합계액

㉥ 후유장해 후 사망 : 사망보험금에서 기지급 후유장해보험금을 차감한 금액

② 대물배상 : 증권기재금액 한도

(4) 특별약관

① 구내치료비 특별약관

어린이놀이시설 구내에서의 사고로 시설물의 이용자(타인)가 입은 상해손해에 대해 피보험자에게 법률상의 배상책임이 없는 경우 보상한도액을 한도로 피해일로부터 180일 이내에 발생한 치료비를 보상한다.

② 어린이놀이시설배상책임 초과담보 특별약관

보통약관에 따라 보상되는 보험금액을 초과하여 피보험자가 법률상의 배상책임을 부담함으로써 입은 손해를 보통약관에 의한 급부가 이루어진 경우에 한하여 보상한도액 내에서 보상한다.

3) 특약부화재보험(舊 신체손해배상특약부화재보험)

(1) 특수건물소유자의 무과실책임과 보험가입의무화

「화재로 인한 재해보상과 보험가입에 관한 법률」에 의한 특수건물소유자는 그 건물의 화재 또는 폭발로 인한 타인의 신체손해에 대하여 소유자의 과실이 없는 경우에도 그 손해를 배상할 책임이 있으며, 특약부화재보험에 가입하여야 한다. 여기서 특수건물이란 국유건물, 교육시설, 백화점, 시장, 의료시설, 흥행장, 숙박업소, 다중이용업소, 운수시설, 공장, 공동주택과 그 밖에 여러 사람이 출입 또는 근무하거나 거주하는 건물 등을 말한다.

(2) 타 인

특수건물의 소유자 및 그와 주거를 같이하는 직계가족(법인인 경우에는 이사 또는 업무집행기관) 이외의 사람을 말한다. 종업원에 대해서는 산재보험에 가입한 경우에 한하여 종업원 신체배상책임 부담보 특별약관에 가입할 수 있다.

(3) 보상기준(보상한도)

① 사망의 경우 : 1억5,000만원(최저보험금 2,000만원)

사망손해액 = (월현실소득액 × 취업가능기간) + (남자평균임금 × 100일분)

② 부상의 경우 : 1급 3,000만원 ~ 14급 50만원

③ 후유장해의 경우 : 1급 1억5,000만원 ~ 14급 1,000만원

후유장해손해액 = 월현실소득액 × 노동능력상실률 × 취업가능기간

④ 치료 중 사망 : 사망보험금과 부상보험금의 합계액

⑤ 부상 후 후유장해 : 부상보험금과 후유장해보험금의 합계액

⑥ 후유장해 후 사망 : 사망보험금에서 기지급 후유장해보험금 중 사망일 이후에 해당하는 손해액을 차감한 금액

(4) 보상하는 손해

① 법률상 손해배상금 : 보상한도액 내에서 자기부담금을 초과하는 손해 보상

② 비용손해

㉠ 손해방지비용, 권리보전비용, 협력비용 : 비용 전액 보상

㉡ 소송비용(방어비용), 공탁보증보험료 : 손해배상금과의 합계액을 보상한도액 내에서 보상

4) 다중이용업소 화재배상책임보험

(1) 다중이용업소의 보험가입의무화

피보험자가 소유, 사용, 관리하는 다중이용업소의 화재 또는 폭발로 인한 타인의 손해에 대해 부담하게 되는 법률상의 배상책임손해를 담보하는 보험으로, 「다중이용업소의 안전관리에 관한 특별법」에 의거 화재배상책임보험의 가입이 의무화되었다.

(2) 보험가입대상

다중이용업소란 휴게음식점, 제과점, 일반음식점, 단란주점, 유흥주점, 영화상영관, 비디오감상실, 비디오물소극장, 학원, 목욕장업, 게임제공업, 인터넷컴퓨터게임시설제공업, 복합유통게임제공업, 노래연습장, 산후조리원, 고시원, 권총사격장, 골프연습장, 안마시술소 등을 말한다.

(3) 보상한도

① 대인배상(1사고당 한도 없음)

㉠ 사망의 경우 : 1억5,000만원(최저보험금 2,000만원)

㉡ 부상의 경우 : 1급 3,000만원 ~ 14급 80만원

㉢ 후유장해의 경우 : 1급 1억5,000만원 ~ 14급 1,000만원

㉣ 치료 중 사망 : 사망보험금과 부상보험금의 합계액

㉤ 부상 후 후유장해 : 부상보험금과 후유장해보험금의 합계액

㉥ 후유장해 후 사망 : 사망보험금에서 기지급 후유장해보험금 중 사망일 이후에 해당하는 손해액을 차감한 금액

② 재물손해 : 10억원 한도

(4) 보상하는 손해

① 법률상 손해배상금 : 보상한도액 내에서 자기부담금을 초과하는 손해 보상

② 비용손해

㉠ 손해방지비용, 권리보전비용, 협력비용 : 비용 전액 보상

㉡ 소송비용(방어비용), 공탁보증보험료 : 손해배상금과의 합계액을 보상한도액 내에서 보상

5) 재난배상책임보험

(1) 의 의

재난배상책임보험이란 「재난 및 안전관리기본법」에 따라 재난취약시설이 의무적으로 가입해야 하는 보험으로 화재, 폭발, 붕괴 등으로 인한 타인의 신체 또는 재산피해를 보상하는 보험이다. 2017년 1월 8일부터 재난사고 발생위험이 높은 20종 시설에 대해 보험가입이 의무화 되었다.

(2) 가입대상 및 가입의무자

가입대상은 「시설물의 안전관리에 관한 특별법」 제2조에 따른 시설물 및 특정관리대상시설 중 대통령령으로 정하는 시설, 즉 숙박시설, 과학관, 물류창고, 박물관, 미술관, 휴게·일반음식점, 장례식장, 경륜장, 경정장, 장외매장, 국제회의시설, 지하상가, 도서관, 주유소, 여객자동차터미널, 전시시설, 15층 이하의 아파트, 경마장, 장외발매소, 농어촌민박의 20종 시설이며, 위 시설의 소유자, 점유자 또는 관리자가 의무가입자이다.

(3) 보상한도(자동차손해배상책임보험과 동일)

① 대인배상(1사고당 한도 없음)

㉠ 사망의 경우 : 1억5,000만원(최저보험금 2,000만원)

㉡ 부상의 경우 : 1급 3,000만원 ~ 14급 50만원

㉢ 후유장해의 경우 : 1급 1억5,000만원 ~ 14급 1,000만원

㉣ 치료 중 사망 : 사망보험금과 부상보험금의 합계액

㉤ 부상 후 후유장해 : 부상보험금과 후유장해보험금의 합계액

㉥ 후유장해 후 사망 : 사망보험금에서 기지급 후유장해보험금 중 사망일 이후에 해당하는 손해액을 차감한 금액

② 재물손해 : 10억원 한도

제4절 신체손해사정실무

1. 신체손해의 개요

피보험자의 불법행위로 인한 피해자의 신체손해는 손해3분설에 따라 적극적 재산상의 손해와 소극적 재산상의 손해 및 정신적 고통에 따른 정신적 손해로 나눌 수 있다. 적극적 손해에는 치료비, 개호비(간병비), 교통비, 의료보조기구비 등이 있고, 소극적 손해에는 휴업손해, 퇴직금, 상실수익 등이 있으며, 정신적 손해에는 피해자 및 유족에 대한 위자료가 있다.

2. 적극적 손해액의 산정

1) 치료비

치료비는 불법행위와 상당인과관계가 있는 경우에만 인정된다. 따라서 당해 사고와 무관한 기왕증치료비나 과잉진료비 등은 인정되지 않는다. 여기서 상당성의 여부는 당해 치료의 필요성, 치료기간 및 치료비용 등을 종합적으로 검토하여 판단하여야 한다. 다만, 치료의 목적은 증세의 호전이나 완치만이 아니라, 악화방지나 생명의 연장 등도 포함되므로 향후 치료비의 필요성은 인정된다.

(1) 기왕치료비

기왕치료비는 사망의 경우에는 사망시까지, 상해의 경우에는 치료종결시까지 치료에 소요된 기왕의 비용을 말하며, 이는 통상의 손해이다.

(2) 향후 치료비 및 보조기비용

향후 치료비는 성형수술비, 물리치료비 등의 증상개선비용과 생명연장을 위한 항경련제, 항생제 등의 약물복용비용 등을 말하며, 손해액 산정시 중간이자를 공제하여 산정한다. 그리고 보조기비용은 치아보철, 의안, 의수, 의족, 보청기, 목발, 휠체어 등의 의료보조기비용을 말하며, 그 수명과 가격은 통상 감정의사의 의견으로 판단한다.

2) 개호비(간병비)

개호비는 피해자가 중상을 입어 치료기간 동안 타인의 간호를 받아야 할 경우 또는 치료종결 후에도 중증의 후유장해로 인하여 평생 동안 타인의 조력을 받아야 할 경우에 이에 필요한 비용을 말하는 것으로, 이는 적극적 손해에 해당된다. 개호의 필요성과 상당성은 피해자의 상해 또는 장해의 부위, 정도, 연령, 치료기간 등을 종합적으로 검토하여 판단하여야 하며, 개호가 필요한 장해에는 사지마비, 하반신마비, 보행불능장해, 중증뇌좌상, 배변・배뇨장해, 정신장해, 양안실명 등이 있다. 개호인의 수는 피해자의 상태에 따라 0.5인부터 2인까지 인정되고 있으며, 개호비용은 추정여명까지의 총비용에서 중간이자를 공제하여 산정한다.

3) 장례비

장례비는 통상의 손해로 배상하며, 판례상 통상 500만원이다.

3. 소극적 손해액의 산정

1) 소극적 손해의 의의

소극적 손해란 피해자가 불법행위로 사망함으로써 장래 노동에 종사할 수 없기 때문에 상실한 수익 또는 상해를 입고 노동능력이 감퇴되어 현재와 장래의 수익이 감소한 경우에 이를 얻을 수 있었던 이익의 상실을 말하며, 일실수입이라고도 한다.

2) 일실수입의 개념

(1) 소득상실설(차액설)

소득상실설은 사고가 없었더라면 얻을 수 있었던 소득을 일실수입으로 본다. 즉 사고 전후의 수입을 비교하여 수입의 감소가 있는 경우에만 이를 손해로 본다.

(2) 노동능력상실설(평가설)

노동능력상실설은 일실수입의 본질을 노동능력의 상실 그 자체로 본다. 즉 소득은 노동능력을 평가하는 자료이므로, 불법행위로 인해 상실된 노동능력의 평가액을 일실수입으로 본다.

(3) 실무상의 적용

실무에서는 노동능력상실설의 일실수입 산정방법에 따라 피해자의 사고 직전의 실제소득에 노동능력상실률을 곱하여 일실수입을 산정하고 있다.

3) 일실수입의 산정

(1) 일실수입 산정방법

일실수입의 산정은 노동능력상실설에 따라 상실된 노동능력의 총평가액을 산정한 후 사망의 경우에는 생활비 및 중간이자를 공제하고, 부상의 경우에는 중간이자만 공제하여 순이익을 산정한다. 일실수입 산정시에는 피해자의 사고 당시의 실제소득과 함께 노동능력상실률, 생활비율, 가동기간, 중간이자, 여명기간 등이 확정되어야 한다.

(2) 일실수입 산정요인

① 직업별 소득

㉠ 급여소득자

급여소득자의 경우는 일실수입 산정시 불법행위 당시의 피해자의 실제소득을 기준으로 한다. 다만, 불법행위 당시에 장래 수입의 증가를 예측할 수 있는 객관적인 자료가 있는 경우 이는 특별한 손해로서 불법행위자가 그와 같은 사정을 알았거나 알 수 있었을 때에 한하여 일실수입 산정의 기준소득으로 한다.

㉡ 사업소득자

사업소득자의 경우는 일실수입 산정시 세무자료상 소득입증이 가능한 경우에는 입증된 수입에서 그 수입을 얻기 위한 제경비, 제세액 등을 공제하고 본인의 기여도를 감안하여 산정하며, 개인사업자로서 수입을 객관적인 자료로 확정하기 어려운 경우에는 고용형태별 근로실태조사보고서상의 동종의 경력이나 직종 종사자의 통계소득을 기초로 산정한다.

㉢ 무직자

성인무직자나 가정주부의 경우는 특별한 사정이 없는 한 성별과 사고 당시의 거주지 등에 따르는 도시 또는 농촌의 일용근자임금을 일실수입 산정의 기준이 되는 수입으로 인정한다. 피해자가 연소자 또는 무직자라고 하더라도 그가 전문직업을 얻기 위한 연수과정에 있을 때에는 전문직업인으로서의 일반통계에 의한 수입의 평균치를 기준소득으로 할 수 있다.

② 노동능력상실률

노동능력상실률은 전문의의 신체감정내용을 주된 판단자료로 하여 확정하는데 주로 맥브라이드식 노동능력상실평가에 제시된 기준으로 하며, 「국가배상법」 또는 AMA의 노동능력상실률에 대한 지침 등을 참작하여 평가한다.

③ 생활비율

피해자가 사망한 경우에는 장래 얻을 수 있는 수익을 상실함과 동시에 수입을 위하여 지출해야 하는 생활비의 지출을 면하는 바, 손익상계의 법리에 의하여 수입에서 생활비율(1/3)에 해당하는 금액을 공제한 금액이 일실수입이 된다.

④ 가동기간

가동기간은 피해자의 직업, 경력, 연령, 건강상태 등 여러 사정에 따라 정할 수는 있지만, 일반적으로는 만 60세까지로 하고 있다. 다만, 2019.2.21. 대법원 전원합의체 판결(2018다248909)로 도시일용노동의 가동연한은 만 65세까지로 인정하게 되었다. 일반일용노동의 가동일수는 농촌일용노동의 경우에는 25일, 도시일용노동의 경우에는 22일을 경험칙으로 인정하고 있다.

심화TIP 월 가동일수에 관한 대법원의 입장 변경(월 22일 → 월 20일)

최근 대법원은 2024.4.25. 선고 2020다271650 판결을 통해 "월 가동일수를 20일을 초과해 인정하기 어렵다"는 취지로 판시해 종전의 견해를 변경하였다. 대법원이 이와 같이 월 가동일수에 관한 입장을 변경한 것은 주 5일제의 시행, 공휴일 증가, 일과 삶의 균형을 중시하는 문화의 확산 및 정착 등으로 인해 월 근로일수가 꾸준히 감소했고, 월 가동일수를 22일 정도로 보는 것의 근거가 됐던 각종 통계자료(고용형태별 근로실태조사의 고용형태별・직종별・산업별 최근 10년간 월 평균 근로일수 등)의 내용들도 변경되었기 때문이다.

판례 **일반육체노동을 하는 사람 또는 육체노동을 주로 생계활동으로 하는 사람의 가동연한(대법원 2019.2.21. 선고 2018다248909 전원합의체 판결)**

[다수의견] 대법원은 1989.12.26. 선고한 88다카16867 전원합의체 판결(이하 '종전 전원합의체 판결'이라 한다)에서 일반육체노동을 하는 사람 또는 육체노동을 주로 생계활동으로 하는 사람(이하 '육체노동'이라 한다)의 가동연한을 경험칙상 만 55세라고 본 기존 견해를 폐기하였다. 그 후부터 현재에 이르기까지 육체노동의 가동연한을 경험칙상 만 60세로 보아야 한다는 견해를 유지하여 왔다.
그런데 우리나라의 사회적·경제적 구조와 생활여건이 급속하게 향상·발전하고 법제도가 정비·개선됨에 따라 종전 전원합의체 판결 당시 위 경험칙의 기초가 되었던 제반 사정들이 현저히 변하였기 때문에 위와 같은 견해는 더 이상 유지하기 어렵게 되었다. 이제는 특별한 사정이 없는 한 만 60세를 넘어 만 65세까지도 가동할 수 있다고 보는 것이 경험칙에 합당하다.

⑤ 중간이자의 공제

손해배상금은 정기금배상이 아닌 일시금배상으로 지급되는 바, 손해배상금의 현가계산에 있어서는 주로 호프만방식에 의하여 중간이자를 공제한다.

⑥ 일실퇴직금의 산정

일실퇴직금의 산정은 특별한 규정이 없는 한 「근로기준법」상의 소정의 평균임금을 기초로 산정하여야 한다. 사고일과 실제퇴직일이 같으면 예상총퇴직금의 사고 당시의 현가에서 기근속퇴직금을 공제하여 산출하고, 사고일과 실제퇴직일이 다른 경우에는 예상총퇴직금과 기근속퇴직금을 동일시점(사고일 또는 실제퇴직일)의 현가로 각각 환산하여 계산하여야 한다.

심화TIP **일실퇴직금 산식**

일실퇴직금 = (예상총퇴직금 × 사고 당시 현가 – 기근속퇴직금) × 노동능력상실률

4. 위자료의 산정

「민법」은 타인의 생명을 해한 자는 피해자의 직계존속, 직계비속 및 배우자에 대해서는 손해가 없는 경우에도 손해배상책임이 있다고 규정함으로써 넓은 범위에 걸쳐 위자료청구권을 인정하고 있다. 따라서 이들 외에도 자신의 정신적 고통을 입증하면 위자료를 청구할 수 있다.

위자료는 피해자 및 가해자의 제반사정을 고려하여 결정하여야 하지만, 현재 서울지방법원에서는 최고 1억원을 한도로 하고 피해자에게 과실이 있는 경우 과실의 60%만을 공제하여 산출된 금액을 위자료로 인정하고 있다.

심화TIP **위자료 산식**

위자료 = 1억원 × (1 – 6/10 × 과실비율) × 노동능력상실률

심화TIP 불법행위 유형별 적정한 위자료 산정방안(사법부, 2017)

(1) 불법행위 유형별 기준금액의 설정

위자료의 본질, 법적 성격, 위자료 산정 사례, 비교법적 검토, 불법행위 유형별 특수성과 현 시대의 제반 여건 등을 종합하여 불법행위 유형에 따라 위자료 산정 기준금액을 설정한다.

(2) 특별가중사유의 구성

위자료의 기준금액을 가중하는 특별가중사유는 가해자 요소(행위불법의 중대성)만으로 단일하게 구성하고, 피해자 요소(결과불법의 중대성)는 원칙적으로 고려하지 않는다.

(3) 가중금액의 설정

특별가중사유가 인정되는 경우에는 1단계의 기준금액을 가중한다. 다만, 법관이 구체적인 사건의 개별·특수성에 비추어 특별가중사유가 2개 이상 존재하거나 특별가중사유의 정도가 중하여 가중금액만으로 손해의 전보에 충분하지 아니하다고 판단하는 경우에는 가중금액의 추가증액도 당연히 가능하고, 반대로 특별가중사유의 정도 여하에 따라서는 가중금액의 감액도 가능하다.

[불법행위 유형별 위자료 기준금액 및 가중금액]

불법행위 유형		기준금액	가중금액	
교통사고		1억원	1억원	
대형재난사고		2억원	4억원	
영리적 불법행위		3억원	6억원	
명예훼손	일반 피해	5천만원	1억원	피해가 매우 중대한 경우 훼손된 가치에 상응하도록 초과 가능
	중대 피해	1억원	1억원	

5. 책임의 제한

1) 과실상계

과실상계란 채무불이행이나 불법행위로 인한 손해배상 청구시 손해의 발생 또는 확대에 대하여 피해자에게도 과실이 있는 경우 손해배상 책임의 유무 및 그 금액을 정하는데 있어서 이를 참작하는 것을 말하며, 이때는 피해자의 과실만을 고려하여 참작한다.

2) 손익상계

손익상계란 채무불이행 및 불법행위로 인하여 피해자가 손해를 입은 것과 동시에 이로 인하여 얻은 이익이 있는 경우에 손해액에서 그 이익을 공제하는 것을 말한다. 여기서 공제되는 이익의 범위는 손해배상 책임이 발생하는 원인과 상당인과관계에 있는 이익에 한한다.

3) 기왕증상계

(1) 의 의

손해배상에서 기왕증은 손해를 발생, 확대시키는 피해자의 기왕증, 지병, 체질적 소인 등을 포함하는 개념으로 손해의 공평부담의 견지에서 전체 손해액에서 기왕증이 기여한 부분만큼 피해자가 부담하는 것이다. 즉 기왕증 기여도에 대한 공제는 전 손해액에 대해서 상계한다. 과실상계와의 관계는 우선 기왕증기여도를 참작한 후 과실상계를 적용한다.

(2) 기왕증 기여도의 참작범위

① 치료비

사고의 피해자가 사고로 인한 치료를 받으면서 기왕증으로 인한 치료도 함께 받은 경우에는 피해자의 치료비 청구 중 기왕증 부분에 대한 치료비는 사고와 인과관계가 없는 것이므로, 원칙적으로 그 부분에 대한 치료비는 공제한다. 실무에서는 기왕치료비뿐만 아니라 향후 치료비, 보조구비, 개호비(간병비) 등을 산정할 때에도 기왕증의 기여비율만큼 공제한다.

② 일실이익

일실이익을 산정할 때에도 기왕증의 기여비율만큼 감액이 된다. 일실이익은 월평균소득×노동능력상실률×가동기간의 호프만계수×(100% – 과실비율)의 산식으로 산정되는데, 기왕증이 있으면 그 비율만큼 노동능력상실률이 낮아지므로 그 만큼 일실이익도 감액된다.

③ 위자료

위자료를 산정할 때에도 기왕증의 기여비율만큼 감액이 된다. 위자료는 1억원×노동능력상실률×(100% – 6/10×과실비율)의 산식으로 산정되는데, 기왕증이 있으면 그 비율만큼 노동능력상실률이 낮아지므로 그 만큼 위자료도 감액된다.

제 2 장 근로자재해보상보험

제1절 근로자재해보상 관련 법률

1. 「근로기준법」과 「산재보험법」

1) 「근로기준법」상의 재해보상제도

「근로기준법」상의 재해보상제도는 근로자의 업무상 재해에 대해 사용자의 무과실책임주의를 바탕으로 사용자의 책임하에서 근로자에 대한 재해보상을 함으로써 근로자를 보호하도록 하는 사용자의 직접보상제 형태의 재해보상제도이다.

2) 「산재보험법」상의 재해보상제도

산재보험은 근로자가 업무상의 사유로 인하여 부상, 질병, 장해 및 사망하는 경우(업무상 재해)에 사업주가 지게 되는 「근로기준법」상의 재해보상책임을 국가가 대신하여 사업주에게 일정한 보험료를 징수하고 이를 재원으로 하여 피재근로자에게 보상하는 재해보상제도이다.

2. 산재보험의 적용범위

1) 의 의

산재보험의 적용범위는 근로자를 사용하는 모든 사업 또는 사업장으로서 사업규모 또는 위험률 등에 따라 당연적용사업(강제적용사업)과 임의적용사업으로 구분된다. 산재보험의 적용은 사업 또는 사업장 단위로 이루어지므로 산재보험이 적용되는 한 수시로 입사한 근로자라 하더라도 업무상 재해를 당한 경우에는 재해보상을 받을 수 있다.

2) 당연적용사업(강제적용사업)과 임의적용사업

당연적용사업이란 사업이 개시되거나 사업이 소정의 요건을 충족하게 되었을 때 사업주의 의사와 관계없이 자동적으로 보험관계가 성립하는 사업을 말한다. 즉 상시 1인 이상의 근로자를 사용하는 사업으로서 보험관계의 성립신고 여부에 관계없이 강제적용사업에 해당하게 되었을 때에 법률상 당연히 보험관계가 성립되어 법적 이행이 강제되는 사업을 말한다. 한편 임의적용사업이란 산재보험가입 여부가 사업주의 자유의사에 있는 사업을 말한다.

3) 적용제외사업

(1) 특별법으로 재해보상이 시행되는 사업

「공무원연금법」, 「군인연금법」, 「선원법」, 「사립학교교직원연금법」 등 각 관련법에 의하여 산재보험에 갈음하는 재해보상이 이루어지는 경우에는 산재보험의 적용이 배제된다.

(2) 사업규모 또는 위험률 등을 참작한 사업

① 소규모건설공사 : 이 경우에는 대체적으로 공사를 시작하여 단기간에 종료되면서 일용근로자가 상시적으로 적게 근무하는 등의 특수성이 있어 적용에서 제외되고 있다.

② 가사서비스업

③ 상시근로자의 수가 1인 이상이 되지 않는 사업

④ 농업, 어업, 임업, 수렵업 중 법인이 아닌 자의 사업으로서 상시근로자의 수가 5인 미만인 사업. 다만, 임업 중 벌목업은 상시근로자의 수가 1인 이상인 경우 산재보험이 적용된다.

4) 적용대상과 적용특례

(1) 적용대상 근로자

「산재보험법」은 근로자를 사용하는 모든 사업 또는 사업장에 적용된다. 「산재보험법」상 근로자란 「근로기준법」에 규정된 근로자로서 직업의 종류를 불문하고 임금을 목적으로 사업 또는 사업장에 근로를 제공하는 자를 말한다. 즉, 근로자의 요건은 다음과 같다.

① 직업의 종류를 불문

② 사업 또는 사업장

③ 임금을 목적으로 근로를 제공

④ 사용종속관계

(2) 적용의 특례

① 국외사업에 대한 특례(산재보험법 제121조)

국내법의 효력이 외국에까지 미치지 못하는 점을 감안하여 국외에서 취업 중이거나 대한민국 밖의 지역에서 행하는 사업에 근로시키기 위해 파견하는 자에 대해 근무기간 중 발생한 피재근로자의 재해를 보상하기 위한 것이다. 즉, 국외근무기간 중 발생한 근로자의 재해를 보상하기 위해 고용노동부장관이 금융위원회와 협의하여 지정하는 자(보험회사)로 하여금 「산재보험법」에 따른 보험사업을 자기의 계산으로 영위하게 할 수 있다. 이 경우에 보험회사가 지급하는 보험급여는 「산재보험법」에 의한 보험급여보다 근로자에게 불이익하여서는 안 된다.

② 해외파견자에 대한 특례(산재보험법 제122조)

보험가입자가 해외파견자에 대해 근로복지공단에 보험가입신청을 하여 승인을 얻은 경우에는 해외파견자를 당해 보험가입자의 대한민국 영역 내의 사업에 사용하는 근로자로 보아 「산재보험법」을 적용할 수 있다. 다만, 근로자의 근무장소가 해외일지라도 근로자가 국내사업장에 소속되어 국내사업장 사용자의 직접적인 지배하에 있다면 해외출장으로 보아 국내사업장에 흡수 적용되며, 해외사업장에 소속되어 해외사업장 사용자의 직접적인 지휘나 감독을 받아 근무하는 경우에는 해외파견으로 보아 「산재보험법」에 의한 특례를 적용한다.

③ 현장실습생에 대한 특례(산재보험법 제123조)

산업현장에서 일반근로자와 동일한 위험권 내에서 현장실습 및 작업을 동시에 수행함으로써 근로를 제공하고 임금을 수령하는 경우 「산재보험법」상 근로자로 간주하여 재해보상을 받을 수 있도록 특례를 적용한다.

④ 중소기업사업주에 대한 특례(산재보험법 제124조)

본래 사업주는 보험가입자로서 수급권자가 될 수 없지만, 사실상 근로에 종사하여 근로자와 동일한 재해위험에 노출되어 있는 중소기업사업주가 희망하는 경우에는 근로자와 함께 산재보험에 임의가입을 할 수 있도록 하여 영세사업주가 업무상 재해로 인한 재해보상을 받을 수 있도록 「산재보험법」에 의한 특례를 적용한다.

⑤ 특수형태근로자에 대한 특례(산재보험법 제125조)

계약의 형식에 관계없이 근로자와 유사한 노무를 제공함에도 「근로기준법」이 적용되지 않아 업무상의 재해로부터 보호할 필요가 있는 자의 경우에는 「산재보험법」에 의한 특례를 적용한다. 다만, 특수형태근로자는 산재보험만 특례에 따라 적용되고 고용보험 등은 적용되지 않는다.

㉠ 적용요건

ⓐ 주로 하나의 사업에 그 운영에 필요한 노무를 상시적으로 제공하고 보수를 받아 생활할 것

ⓑ 노무를 제공함에 있어서 타인을 사용하지 아니할 것

㉡ 적용대상

보험 또는 공제를 모집하는 자, 콘크리트믹서트럭운전자, 학습지교사, 골프장캐디, 택배기사, 전속퀵서비스기사

3. 「근로기준법」, 「산재보험법」과 민사상 손해배상과의 관계

1) 「근로기준법」상의 재해보상

「근로기준법」상의 재해보상은 사용자의 직접보상방식이다. 다만, 근로자에게 중대한 과실이 있는 경우에는 노동위원회의 인정을 받아 휴업보상 및 장해보상을 면제받을 수 있다. 재해보상의 종류에는 요양보상, 휴업보상, 장해보상, 유족보상, 장례비가 있으며, 보상방식은 평균임금을 기초로 한 정률보상방식이다. 재해보상방식은 오로지 일시금 지급방식만을 채택하고 있으며, 요양개시 후 2년이 경과하면 사용자는 평균임금의 1,340일분을 지급함으로써 보상관계를 종료시킨다.

2) 「산재보험법」상의 재해보상

「산재보험법」상의 재해보상은 사업주의 무과실책임을 원칙으로 하는 사회보험방식이다. 재해보상의 종류에는 요양급여, 휴업급여, 장해급여, 간병급여, 유족급여, 장례비, 상병보상연금, 직업재활급여 등이 있으며, 보상방식은 평균임금을 기초로 한 정률보상방식이다. 장해급여, 유족급여는 수급권자의 선택에 따라 일시금 또는 연금으로 지급받을 수 있다.

3) 민사상 손해배상과 다른점

재해보상은 업무상 재해를 요건으로 하는 무과실책임주의인 반면에, 민사상의 손해배상은 가해자의 고의 또는 과실을 요건으로 하는 과실책임주의이다. 즉, 「근로기준법」상의 재해보상은 사용자가 개별책임을 지고, 「산재보험법」상의 재해보상은 사회보험적 성격을 띠며, 민사상의 손해배상은 사용자 또는 제3자가 개별 또는 공동불법행위책임을 진다. 재해보상은 평균임금을 기초로 한 정률보상방식이고, 민사상의 손해배상은 채무불이행 또는 불법행위와 상당인과관계가 있는 실제 발생한 손해를 배상받는다.

4) 민사상 손해배상과의 관계

사용자의 과실로 인하여 업무상 재해가 발생한 경우에는 근로자에 대한 재해보상이 이루어지더라도 사용자는 별도로 민사상의 손해배상책임을 부담하여야 한다. 다만, 사용자는 근로자에게 지급된 재해보상액의 한도 내에서는 그 책임을 면한다. 업무상 재해가 제3자에 의하여 발생한 경우 피재근로자는 사용자에게 재해보상 및 민사상의 손해배상을 청구할 수 있고, 제3자에게는 불법행위로 인한 손해배상을 청구할 수 있다. 제3자가 사업장 내 다른 근로자인 경우에는 가해근로자와 사용자의 손해배상책임은 부진정연대책임관계가 된다.

4. 「근로기준법」과 「산재보험법」상의 보상(급여)의 손익상계

1) 보상(급여)의 손해액에서의 공제

근로자가 업무상 재해를 입은 경우 피재근로자는 「근로기준법」 또는 「산재보험법」에 따라 재해보상을 받을 수 있다. 이 경우 재해보상을 받은 피재근로자가 사용자에 대하여 「민법」이나 그 밖의 법령에 따라 손해배상을 청구하는 경우 사용자는 피재근로자가 이미 지급받은 재해보상금액의 한도 내에서는 피재근로자에 대한 손해배상책임을 면할 수 있다(산재보험법 제80조 제2항 및 근로기준법 제87조).

따라서 피재근로자가 사용자에 대해 일실수입손해를 청구하는 경우에는 이미 지급받은 휴업보상(휴업급여), 장해보상(장해급여), 유족보상(유족급여)을 각각 동일한 성질을 가진 항목에서 공제하여야 하고, 치료비손해를 청구하는 경우에는 이미 지급받은 요양보상(요양급여)을 공제하여야 하며, 장례비손해를 청구하는 경우에는 이미 지급받은 장례비를 공제하여야 한다. 다만, 청구하는 항목별 손해액이 이미 지급받은 보상 또는 급여의 항목별 금액에 미치지 못하는 경우에는 그 부분은 전액 공제된 것으로 본다.

2) 수급권자와 손해배상청구권의 상속인이 다른 경우의 상호보완관계

수급권자와 손해배상청구권자가 동일한 경우에는 보상과 배상의 상호보완관계가 인정되는데 별문제가 없다. 다만, 피재근로자가 사망한 경우에 유족보상(유족급여)의 수급권자와 손해배상청구권자가 다른 경우이다. 피재근로자가 사망한 경우 유족보상(유족급여)의 수급권자는 사망 당시 피재근로자에 의해 부양되고 있던 배우자, 자녀, 부모, 손, 조부모 순이고, 그 배우자에는 사실혼 배우자도 포함된다.

여기서 유족보상(유족급여)의 수급권자와 손해배상청구권의 상속인이 다른 경우, 특히 사실혼 배우자가 수급권자인 경우와 수급권자가 공동상속인 중 1인인 경우에 문제가 된다. 이 경우 보상과 배상의 상호보완관계에 대해 공제 후 상속설(망인의 손해액에서 보상액을 먼저 공제한 후 잔액에 관하여 상속을 인정하는 견해)과 상속 후 공제설(손해배상청구권을 상속시킨 후 상속인 중 수급권자가 있으면 그 자의 상속분에서 수급액을 공제하고 다른 상속인에는 영향이 없다는 견해)의 대립이 있어 왔으나, 최근 대법원에서는 상속 후 공제설을 취하여 손해배상청구권을 먼저 상속시킨 후 상속인 중 수급권자가 있으면 그 자의 상속분에서 수급액을 공제할 뿐 다른 상속인에게는 영향이 없다고 판시하고 있다.

제2절 재해보상의 요건

1. 업무상 재해

1) 업무상 재해의 의의

산업재해로 인정되어 재해보상을 받기 위해서는 우선 「산재보험법」에서 정한 업무상 재해로 인정되어야 한다. 여기서 업무상 재해란 업무상 사유에 따른 근로자의 부상, 질병, 장해 또는 사망을 말하며, 업무상 사유란 업무상 사고와 업무상 질병을 말한다.

2) 업무상 사유의 판정요건

(1) 업무수행성

업무수행성이란 근로자가 근로계약에 의해 사용자의 지휘감독하에 업무를 수행하는 것을 말하며, 직접적인 지배관리에 의한 것은 물론 그 업무에 부수하여 기대되는 행위 등도 포함된다. 즉, 작업준비 중이나 작업종료 전후에 업무와 관련하여 발생한 재해도 업무상 재해로 인정된다. 판례에서도 업무수행성이란 사용자의 지배관리하에 이루어지는 당해 근로자의 업무수행 및 그에 수반되는 통상적인 것을 말한다고 판시하고 있다. 일반적으로 업무수행성이 있으면 반증사유가 없는 한 업무기인성이 추정된다. 따라서 업무수행성은 업무상 재해를 판단하는 1차적인 기준이 된다.

(2) 업무기인성

업무상 재해란 근로자가 업무수행 중 그 업무에 기인하여 발생한 재해를 말하므로 업무와 재해 사이에는 상당인과관계가 있어야 하고, 업무와 재해간의 인과관계는 이를 주장하는 측에서 입증하여야 한다. 「산재보험법」에도 업무상 재해 인정기준으로 업무와 재해 사이에 상당인과관계가 있어야 한다고 규정하고 있다(산재보험법 제37조).

3) 업무상 재해의 인정기준

(1) 업무상 사유

① 업무상 사고

㉠ 근로계약에 따른 업무 중의 사고
㉡ 사업주가 제공한 시설물 등의 결함이나 관리소홀 등에 따른 사고
㉢ 사업주가 제공한 교통수단 등에 의한 출퇴근 중의 사고
㉣ 사업주가 주관하거나 사업주의 지시에 따라 참여한 행사 중의 사고
㉤ 휴게시간 중 사업주의 지시에 따라 참여한 행사 중의 사고
㉥ 업무와 관련된 특수한 장소에서의 사고
㉦ 업무상 재해로 병원에서 요양 중의 사고
㉧ 제3자(동료근로자 이외의 타인)의 행위에 따른 업무상 사고

② 업무상 질병

㉠ 업무수행 과정에서 물리적 인자, 화학물질, 분진, 병원체, 신체에 부담을 주는 업무 등 건강에 장애를 일으킬 수 있는 요인을 취급하거나 그에 노출되어 발생한 직업성 질병

㉡ 업무상 부상이 원인이 되어 발생한 재해성 질병

㉢ 업무상 질병 또는 그 원인으로 인한 사망

(2) 고의, 자해행위가 원인이 되는 사고

근로자의 고의, 자해행위, 범죄행위 또는 그것이 원인이 되어 발생한 부상, 질병, 장해 또는 사망은 업무상 재해로 보지 아니한다. 다만, 그 부상, 질병, 장해 또는 사망이 정상적인 인식능력 등이 뚜렷하게 저하된 상태에서 한 행위로 발생한 경우에는 업무상 재해로 본다.

2. 근로자와 사용자

1) 근로자

「근로기준법」상 근로자란 직업의 종류를 불문하고 임금을 목적으로 사업 또는 사업장에서 근로를 제공하는 자를 말한다. 근로자 여부의 판단은 외형적 계약형식이나 명칭에 의할 것이 아니라 근로과정에 있어서의 사실상의 사용종속관계의 존속 여부에 의하여 판단하여야 한다.

(1) 직업의 종류를 불문

근로의 내용이 정신노동인가, 육체노동인가의 여부를 불문하며, 계약형식이 도급계약형식인가, 위임계약형식인가의 여부도 불문한다.

(2) 임금을 목적

「근로기준법」상의 근로자는 사용자에게 근로계약상의 근로를 제공하고 그 대가로 사용자로부터 임금을 지급받고 있는 자를 말한다. 임금이란 사용자가 근로의 대가로 근로자에게 임금, 봉급, 그 밖에 어떠한 명칭으로든지 지급하는 일체의 금품을 말한다.

(3) 사업 또는 사업장에서 근로를 제공하는 자

「근로기준법」상의 근로자는 「근로기준법」의 적용을 받는 사업 또는 사업장에서 현실적으로 근로를 제공하는 자를 말한다.

(4) 사용종속관계

「근로기준법」상 근로자는 사용자의 지휘, 명령 또는 감독하에서 근로를 제공하는 자로서 사용자와 사용종속관계에 있는 자를 말한다.

2) 사용자

사용자란 사업주 또는 사업경영담당자 그 밖에 근로자에 관한 사항에 대하여 사업주를 위하여 행위 하는 자를 말한다.

(1) 사업주

사업주란 사업경영의 주체이자 손익의 귀속자로서 근로자를 사용하여 사업을 하는 자를 말한다. 즉, 사업주는 개인기업의 경우 기업주이고 법인인 경우 법인 그 자체이다.

(2) 사업경영담당자

사업경영담당자란 사업의 경영전반에 관하여 권한과 책임을 가지는 자로서 사업주로부터 사업경영의 전부 또는 일부에 대하여 포괄적으로 위임을 받고 대외적으로 그 사업을 대표하거나 대리하는 자를 말한다. 즉, 주식회사의 대표이사, 합명회사 또는 합자회사의 업무집행사원, 유한회사의 이사 및 지배인 등이 사업경영담당자에 해당한다.

(3) 사업주를 위하여 행위하는 자

사업주를 위하여 행위하는 자란 인사, 급여, 후생, 노무관리 등과 같은 근로조건의 결정 또는 근로의 실시에 관하여 지휘, 명령 내지는 감독을 할 수 있는 일정한 책임과 권한이 사업주에 의하여 주어진 자를 말한다. 이와 같은 책임과 권한의 유무는 형식적인 직명에 구애됨이 없이 구체적인 직무실체에 의하여 판단하여야 한다.

3. 근로계약

1) 근로계약의 의의

근로계약이란 근로자가 사용자에게 근로를 제공하고 사용자는 이에 대하여 임금을 지급할 것을 목적으로 체결된 계약을 말한다. 즉, 근로계약은 근로자와 사용자간에 각각의 채권, 채무를 발생시키는 법률행위로서 당사자간의 근로계약의 체결에 의하여 성립한다.

근로계약은 근로와 임금의 교환을 목적으로 하는 낙성유상쌍무계약으로서 서면계약과 같은 특별한 방식은 필요로 하지 않으며, 고용, 도급 또는 위임계약 등 어떠한 형식이든 사실상 근로를 제공하는 관계에 있는 때에는 근로계약으로서의 보호를 받는다.

2) 근로자와 사용자의 의무

(1) 근로자의 의무

근로자는 근로계약에 따라 사용자에게 근로를 제공할 의무를 진다. 근로자의 근로제공의무는 근로계약의 체결에 의하여 발생하는 근로자의 기본적인 의무로서 근로자 자신의 노동력제공을 목적으로 한다. 또한 근로자가 노무를 이행한다는 것은 반드시 현실적인 노무의 실현을 의미하는 것은 아니고, 자신의 노동력을 처분 가능한 상태에 두는 것으로 충분하다.

(2) 사용자의 의무

① 임금지급의무

사용자는 근로의 대가로 근로자에게 임금을 지급할 의무를 진다. 임금액에 관한 당사자간의 약정이 있더라도 그것이 취업규칙, 단체협약 또는 최저임금법의 기준보다 낮을 때에는 그 약정은 무효가 되며, 취업규칙, 단체협약 또는 최저임금법에서 정한 기준으로 대체된다.

② 안전배려의무

사용자는 생산시설, 기계, 기구 등의 위험으로부터 근로자의 생명, 신체, 건강을 안전하게 보호할 의무가 있다. 이와 같은 사용자의 신의칙상의 보호의무를 안전배려의무라고 하며, 사용자의 주된 의무인 임금지급의무와 함께 근로계약상의 부수적 의무로 인정되고 있다. 안전배려의무는 소극적인 의무만을 뜻하는 것은 아니고 오히려 예상되는 생산시설의 위험으로부터 근로자를 안전하게 보호하기 위하여 적절한 조치를 강구해야 하는 적극적인 내용도 포함된다. 따라서 사용자가 안전배려의무를 위반하여 근로자에게 손해가 발생한 경우 근로자는 재해보상 외에 사용자에게 채무불이행책임을 물을 수 있다.

4. 임 금

1) 평균임금

(1) 평균임금의 개념

평균임금이란 이를 산정하여야 할 사유가 발생한 날 이전 3개월 동안에 그 근로자에게 지급된 임금의 총액을 그 기간의 총일수로 나눈 금액을 말한다. 근로자가 취업 후 3월 미만의 기간 내에 산정사유가 발생한 경우에는 취업한 후의 전 기간과 그 기간 중에 지급된 임금의 총액으로 산정한다. 다만, 근로형태의 특성상 근로일수가 적고 통상임금이 높은 일용직근로자의 평균임금은 통상근로계수 0.73을 적용하여 산출한다.

평균임금은 퇴직금, 휴업수당, 연차유급휴가수당, 재해보상금, 근로자감급의 제한액, 각종 보험급여 등을 산출하는 기초가 된다.

(2) 평균임금의 산출방법

평균임금이란 산정사유발생일 이전 3개월간의 임금총액을 산정사유발생일 이전 3개월간의 총일수로 나눈 금액(산정사유발생일 이전 3개월간의 임금총액 / 산정사유발생일 이전 3개월간의 총일수)을 말한다.

심화TIP 평균임금 산식

평균임금 = 산정사유발생일 이전 3개월간의 임금총액 / 산정사유발생일 이전 3개월간의 총일수

① 평균임금의 기산일

평균임금의 기산일은 평균임금을 산정하여야 할 사유가 발생한 날을 말한다. 산정사유가 발생한 날이란 휴업수당의 경우는 근로자가 사용자의 귀책사유로 휴업한 날, 퇴직금의 경우는 근로자가 퇴직한 날, 재해보상금의 경우는 근로자에게 사고가 발생한 날 또는 근로자의 질병진단이 확정된 날을 말한다.

② 3개월간의 임금총액

당해 기간 중에 근로의 대가로서 지급된 임금의 총액을 말한다. 실제로 지급된 임금뿐만 아니라, 지급되지 않은 채권으로 확정된 임금을 모두 포함하여야 한다.

③ 3개월간의 총일수

산정사유가 발생한 날 이전 3개월간의 총일수를 말하며, 산정사유가 발생한 날의 당일은 포함하지 않는다.

④ 평균임금 산정시 공제되는 기간 및 임금

평균임금 산정기간인 3개월 중에 다음과 같은 특별한 사유가 있는 경우에는 그 기간과 그 기간 중에 지불된 임금은 산정기간과 산정임금에서 각각 공제한 후 산정한다.

㉠ 수습사용기간
㉡ 사용자의 귀책사유로 휴업한 기간
㉢ 산전후휴가기간
㉣ 업무상 부상 또는 질병으로 휴업한 기간
㉤ 육아휴직기간
㉥ 노동쟁의행위기간
㉦ 병역법, 민방위기본법 등의 의무이행을 위해 휴직한 기간
㉧ 업무 외의 부상 또는 질병 등의 사유로 사용자의 승인을 받아 휴업한 기간

⑤ 평균임금 산정시 제외되는 임금

임시 또는 돌발적인 사유에 의해 지급된 임금, 일시적 또는 일부근로자에게 지급되는 교통비, 자가운전보조비, 학비보조금과 같은 순수한 의미의 복리후생비 및 실비변상적 금액은 제외된다.

⑥ 최저보장

평균임금이 통상임금보다 적을 경우에는 통상임금을 평균임금으로 한다.

(3) 평균임금의 조정(근로기준법 시행령 제5조)

① 평균임금은 그 근로자가 소속한 사업 또는 사업장에서 같은 직종의 근로자에게 지급된 통상임금의 1명당 1개월 평균액이 그 부상 또는 질병이 발생한 달에 지급된 평균액보다 5/100 이상 변동된 경우에는 그 변동비율에 따라 인상되거나 인하된 금액으로 하되, 그 변동사유가 발생한 달의 다음 달부터 적용한다. 다만, 제2회 이후의 평균임금을 조정하는 때에는 직전 회의 변동사유가 발생한 달의 평균액을 산정기준으로 한다.

② 평균임금을 조정하는 경우 그 근로자가 소속한 사업 또는 사업장이 폐지된 때에는 그 근로자가 업무상 부상 또는 질병이 발생한 당시에 그 사업 또는 사업장과 같은 종류, 같은 규모의 사업 또는 사업장을 기준으로 한다.

③ 평균임금을 조정하는 경우 그 근로자의 직종과 같은 직종의 근로자가 없는 때에는 그 직종과 유사한 직종의 근로자를 기준으로 한다.

④ 업무상 부상을 당하거나 질병에 걸린 근로자에게 지급할 퇴직금을 산정할 때 적용 할 평균임금은 조정된 평균임금으로 한다.

2) 통상임금

(1) 통상임금의 의의

통상임금이란 근로자에게 정기적이고 일률적으로 소정근로 또는 총근로에 대하여 지급하기로 정하여진 시간급금액, 일급금액, 주급금액, 월급금액 또는 도급금액을 말한다. 통상임금은 소정의 임금을 소정의 근로시간으로 나누어 산정된 임금액을 말하는 것으로 시간급금액으로 산정할 경우와 일급금액으로 산정할 경우가 있다. 이때 소정근로시간이란 법정근로시간 범위 내에서 근로자와 사용자간에 정한 근로시간으로 단체협약이나 취업규칙 또는 근로계약 등에서 정하고 있는 약정된 근로시간을 말한다. 통상임금은 평균임금, 시간외, 야간, 휴일근로수당, 산전후 휴가수당, 퇴직금 등의 산출기초가 된다.

(2) 통상임금의 적용대상

통상임금은 근로자가 정상적인 근로시간에 근로하는 외의 시간외, 야간, 휴일근로 등의 경우 그러한 특별근로에 대한 법정수당액을 산출하는 기초로 삼기 위한 것이다. 따라서 법정임금 수당액을 산출하기 위해서는 시간급 통상임금의 액수가 얼마인지를 산정하여야 한다.

(3) 통상임금 산정방법

① 일급금액으로 정해진 임금에 대한 시간급 통상임금의 산정

일급금액으로 정해진 임금에 대해서는 그 금액을 소정근로시간수로 나눈 금액이 시간급 통상임금이 된다. 1일 8시간 근로계약 형태라면 일급금액을 8시간으로 나누면 되지만, 만일 법정근로시간 8시간이 넘어간다면 추가근로시간에 1.5배를 해서 통상임금을 계산하여야 한다.

심화TIP 시간급 통상임금

> 시간급 통상임금 = 일급금액 / (1일 근로시간 + 시간외 근로시간 × 1.5)

② 주급금액으로 정해진 임금에 대한 시간급 통상임금의 산정

주급금액으로 정해진 임금에 대해서는 그 금액을 주의 통상임금산정 기준시간수로 나눈 금액이 시간급 통상임금이 된다. 예컨대 근로시간 44시간에 주휴수당이 포함되어 있다면 통상임금 계산시에는 소정근로시간을 52시간으로 나누어 산출해야 한다.

심화TIP 시간급 통상임금

> 시간급 통상임금 = 주급금액 / (1주일 근로시간 + 1일 근로간주시간 + 시간외 근로시간 × 1.5)

③ 월급금액으로 정해진 임금에 대한 시간급 통상임금의 산정

월급금액으로 정해진 임금에 대해서는 그 금액을 월의 통상임금산정 기준시간수로 나눈 금액이 시간급 통상임금이 된다.

심화TIP 시간급 통상임금

> 시간급 통상임금 = 월급금액 / (209시간 + 월간 시간외 근로시간 × 1.5)

(4) 통상임금의 요건

① 정기성

정기성이란 미리 정해진 일정기간마다 정기적으로 지급되는 임금이어야 통상임금이 될 수 있다는 의미이다. 어떤 임금이 1개월을 초과하는 기간마다 지급되더라도 일정한 기간마다 정기적으로 지급되는 것이면 통상임금에 포함될 수 있다. 따라서 1개월을 초과하는 기간마다 지급되는 것이 일반적인 정기상여금도 통상임금이 될 수 있다.

② 일률성

일률성이란 모든 근로자 또는 일정한 조건이나 기준에 달한 모든 근로자에게 일률적으로 지급되어야 통상임금이 될 수 있다는 의미이다. 즉, 모든 근로자에게 지급되는 것은 아니더라도 일정한 조건이나 기준에 달한 근로자에게 모두 지급되는 것이면 일률성이 인정된다. 일정한 조건이란 수시로 변동되지 않는 고정적인 조건을 말한다.

③ 고정성

고정성이란 초과근로를 제공할 당시에 그 지급 여부가 업적, 성과 기타 추가적인 조건과 관계없이 사전에 이미 확정되어 있는 것이어야 고정성이 인정된다는 의미이다. 따라서 고정적인 임금이란 명칭을 묻지 않고 소정근로시간을 근무한 근로자가 그 다음날 퇴직한다 하더라도 근로의 대가로 당연하고도 확정적으로 지급받게 되는 최소한의 임금을 말한다.

3) 평균임금과 통상임금의 비교

(1) 의 의

「근로기준법」상 평균임금이 통상임금보다 적을 때에는 통상임금을 평균임금으로 본다. 또한 「선원법」에서도 승선평균임금이 통상임금보다 적은 경우 통상임금을 승선평균임금으로 본다. 평균임금은 퇴직금, 휴업수당, 연차유급휴가수당, 재해보상금, 근로자감급의 제한액, 각종 보험급여를 산출하는 기초가 되며, 통상임금은 평균임금, 시간외수당, 야간수당, 휴일근로수당, 산전후휴가수당, 퇴직금 등을 산출하는 기초가 된다.

(2) 임금의 범위

평균임금은 근로시간의 장단에 의한 임금의 다소에 불구하고 당해 기간 중에 근로의 대가로 지급된 임금총액으로서 실제로 지급된 임금뿐만 아니라, 지급되지 않았다 하더라도 사유가 발생한 날에 이미 채권으로 확정된 임금이 있으면 이를 모두 포함한다. 반면에 통상임금의 산정은 평균임금의 산정과는 달리 실제 근로일수나 실제 수령한 임금에 관계없이 지급하기로 정해진 고정적이고 평균적인 일반임금을 대상으로 한다. 즉, 평균임금은 근로자에게 지급해야 할 모든 임금을 포함하여 산정하므로 「근로기준법」상의 임금의 개념과 거의 동일한데 반해 통상임금은 총근로의 대상으로 정기적, 일률적으로 지급하기로 정해진 고정적인 급여만을 의미한다.

(3) 구별실익

평균임금은 전체 임금총액을 중시하고, 통상임금은 일률적, 고정적이라는 개념을 중시한다. 일반적으로 평균임금액이 통상임금액을 상회하기 때문에 일정한 지급사유가 발생할 경우 근로자의 생활권 보장차원에서 해당 근로자에게 평균임금을 확보해 주려는데 있다.

제3절 근로자재해보장책임보험

1. 총 설

1) 근재보험의 개요

(1) 의 의

근로자재해보장책임보험이란 ① 산재보험에서 담보되지 않는 재해보상과 ②「근로기준법」 및 「산재보험법」상의 재해보상을 초과하는 사용자의 민사상의 손해배상책임을 담보하는 보험을 말한다. 따라서 산재보험에서 담보 받지 못하는 사업주의 경우 민간보험으로 사업주의 재해보상책임을 보장하는 재해보상책임 특약(WC)과 산재보험의 재해보상을 초과하는 사용자의 민사상의 손해배상책임을 보장하는 사용자배상책임 특약(EL)을 포괄하여 담보하게 된다.

(2) 가입대상

산재보험 또는 재해보상책임 특약(WC) 미가입업체는 사용자배상책임 특약(EL)만을 가입할 수 없으며, 산재보험 의무가입대상인 경우에는 재해보상책임 특약(WC)에 가입할 수 없다. 즉, 산재보험에 가입 후에 사용자배상책임 특약을 가입하거나 재해보상책임 특약과 사용자배상책임 특약을 동시에 가입할 수 있다. 현재 상시근로자가 1인 이상인 사업장은 산재보험가입이 의무화되어 있기 때문에 산재보험가입 후에 사용자배상책임 특약에만 가입하는 경우가 대부분이다. 다만, 산재보험가입대상이 아닌 해외파견근로자 및 선원에 대해서는 재해보상 특약과 사용자배상책임 특약을 동시에 가입하여야 한다.

(3) 보장내용

① **재해보상책임 특별약관(Workmen's Compensation)**

「근로기준법」상의 재해보상기준 및 「선원법」상의 재해보상기준으로 보상한다. 산재보험가입대상은 가입할 수 없고 산재보험가입 제외업체(국내, 해외, 선원, 직업훈련생)가 담보대상이다.

② **재해보상확장 추가특별약관**

재해보상책임 특약에 추가되어 「산재보험법」상의 재해보상기준으로 확장하여 보상되며, 동 특약은 재해보상책임 특약에 부가하는 추가특약으로서 해외근재보험의 경우 「산재보험법」상 필수적인 특약이다.

③ **사용자배상책임 특별약관(Employer's Liability)**

산재보험에서 담보하는 범위를 초과하는 배상책임이 사용자에게 발생하였을 때 민사상 사용자가 부담하는 산재보상초과손해를 담보한다. 상시 1인 이상의 근로자를 사용하는 전사업장은 산재보험 의무가입대상이므로, 재해보상책임 특약을 민간보험회사에서 인수할 가능성은 희박하므로 피보험자는 통상 사용자배상책임 특약만 가입한다.

④ 비업무상 재해확장 추가특별약관(선원 및 해외근로자용)

재해보상책임 특약의 규정에도 불구하고 동 추가특약 가입시 피보험자의 근로자에게 생긴 비업무상 재해에 대해서도 재해와 동일한 방법으로 보상된다.

2) 배상책임보험과 다른점

배상책임보험은 피보험자가 타인의 신체 또는 재물에 대하여 법률상의 배상책임을 부담함으로써 입은 손해를 보상하는데 대하여 근재보험은 피보험자(사용자)가 근로자 및 선원의 업무상 또는 직무상 재해로 인한 부상, 질병, 장해 또는 사망에 대하여 「근로기준법」, 「산재보험법」 및 「선원법」상의 재해보상책임과 「민법」상의 손해배상책임을 부담함으로써 입은 손해를 담보한다. 즉, 배상책임보험의 피해자는 타인이라는 불특정 다수인인데 비하여 근재보험은 피고용인인 근로자와 선원으로 한정된다.

3) 보상하는 위험

(1) 업무상 재해

근재보험에서 보험자가 담보하는 위험은 업무상 재해로 인하여 발생한 사고로 근로자의 신체에 입은 재해에 한정된다. 업무상 재해는 업무수행성과 업무기인성을 그 판정요건으로 하며, 업무상 사고와 업무상 질병으로 대별된다.

① 업무수행성

근로자의 업무범위에 관한 것으로, 사업장 구내 또는 시설 내에서는 물론 사업장을 떠나 출장이나 행사 중이라 하더라도 사용자의 지휘, 감독하에 있을 때에는 특별한 사정이 없는 한 통상 업무수행 중으로 본다.

② 업무기인성

사고발생의 원인이 업무에 기인한 것을 말하며, 사고와 업무와의 사이에는 상당인과관계가 있음을 요한다. 업무수행성이 인정되면 업무기인성은 추정된다.

(2) 재해보상책임

근재보험은 근로자가 업무수행 중에 업무에 기인한 사고로 업무상 재해를 입을 경우에 사용자가 부담하여야 할 「근로기준법」, 「산재보험법」 및 「선원법」상의 재해보상책임을 담보한다.

(3) 사용자배상책임

근로자의 업무상 재해에 대하여 사용자에게 과실(채무불이행책임 또는 불법행위책임)이 있는 경우에는 재해보상이 이루어진 후에도 사용자는 근로자에 대해 민사상의 손해배상책임을 지게 되며, 재해보상액 한도 내에서는 그 책임을 면한다.

(4) 재해보상책임 특약(WC)의 담보내용

① 「근로기준법」, 「산재보험법」상의 재해보상책임

㉠ 요양보상(요양급여)

보험자는 사용자를 대신하여 「근로기준법」, 「산재보험법」의 적용을 받는 근로자가 업무상 부상이나 질병이 생긴 경우 완치될 때까지의 요양비 전액을 보상한다.

㉡ 휴업보상(휴업급여)

업무상 부상이나 질병으로 요양을 받음으로써 근로자가 취업할 수 없게 되어 임금을 받지 못하는 기간 동안 근로자에게 요양기간 중 평균임금의 60%(근로기준법) 또는 70%(산재보험법)를 보상한다.

㉢ 장해보상(장해급여)

근로자가 치료 후 완치는 되었으나, 신체의 일부에 장해가 남은 경우 종전 업무에 취업할 수 없거나 장해로 인한 수입의 감소나 노동능력의 상실을 고려하여 「근로기준법」 또는 「산재보험법」상의 장해등급(1급 ~ 14급)에 따라 평균임금에 장해등급 재해보상일수를 곱한 금액을 지급한다. 다만, 장해가 중복되어 5급 이상의 장해가 2 이상 있는 경우에는 중한 쪽의 장해등급보다 3개 등급을 인상하고, 8급 이상의 장해가 2 이상 있는 경우에는 중한 쪽의 장해등급보다 2개 등급을 인상하며, 13급 이상의 장해가 2 이상 있는 경우는 중한 쪽의 장해등급보다 1개 등급을 인상하여 장해등급을 인정한다.

㉣ 유족보상(유족급여)

근로자가 업무상 부상 또는 질병으로 사망한 경우 평균임금의 1,000일분(근로기준법) 또는 1,300일분(산재보험법)을 지급한다.

㉤ 장례비

근로자가 업무상 부상 또는 질병으로 사망한 경우 유족에게 평균임금의 90일분(근로기준법) 또는 120일분(산재보험법)에 상당하는 금액을 장례비로 지급한다.

㉥ 일시보상

업무상 재해로 인하여 요양을 받던 근로자가 요양개시 후 2년이 경과하여도 부상 또는 질병이 완치되지 않을 경우 장기간의 요양보상으로 인하여 사용자가 입을 과중한 부담을 덜어주는 취지에서 평균임금의 1,340일분(근로기준법)을 일시보상으로 지급하고 그 이후의 「근로기준법」상의 보상책임을 면할 수 있다. 한편 「산재보험법」상에는 일시보상제도가 없으나, 근재보험의 재해보상확장 추가특약은 「근로기준법」과 동일한 취지로 평균임금의 1,474일분을 일시보상으로 지급하고, 그 이후의 재해보상확장 추가특약상의 보상책임을 면할 수 있다.

② 「선원법」상의 재해보상책임

㉠ 요양보상

ⓐ 선원이 직무상 부상을 당하거나 질병에 걸린 경우에는 그 부상이나 질병이 치유될 때까지의 요양에 필요한 치료비 전액을 보상한다.

ⓑ 선원이 승무 중 직무 외의 원인에 의하여 부상이나 질병이 발생한 경우 3개월 범위 내에 발생한 치료비 전액을 보상한다.

㉡ 상병보상

ⓐ 선원이 직무상 부상을 당하거나 질병에 걸린 경우에는 요양 중인 선원에게 4개월의 범위에서 그 부상이나 질병이 치유될 때까지 매월 1회의 통상임금에 상당하는 금액의 상병보상을 하여야 하며, 4개월이 지나도 치유되지 아니하는 경우에는 치유될 때까지 매월 1회 통상임금의 70%에 상당하는 금액을 지급한다.

ⓑ 선원이 승무 중 직무 외의 원인에 의하여 부상이나 질병이 발생한 경우 요양 중인 선원에게 3개월 내의 요양기간 중 매월 1회의 통상임금의 70%에 상당하는 금액을 지급한다.

㉢ 장해보상

선원이 직무상 부상이나 질병이 치유된 후에도 신체에 장해가 남는 경우에는 「산재보험법」에서 정한 장해등급(1급 ~ 14급)에 따른 장해등급 재해보상일수에 승선평균임금을 곱한 금액을 지급한다.

㉣ 유족보상

ⓐ 선원이 직무상 사망하였을 때에는 유족에게 승선평균임금의 1,300일분에 상당하는 금액을 지급한다.

ⓑ 선원이 승무 중 직무 외의 원인으로 사망하였을 때에는 유족에게 승선평균임금의 1,000일분에 상당하는 금액을 지급한다.

㉤ 장제비

선원이 업무상 부상 또는 질병으로 사망한 경우 유족에게 승선평균임금의 120일분에 상당하는 금액을 장제비로 지급한다.

㉥ 일시보상

직무상 부상을 당하거나 질병으로 요양보상 및 상병보상을 받고 있는 선원이 2년이 지나도 그 부상이나 질병이 치유되지 아니하는 경우에는 「산재보험법」에 따른 제1급(1,474일분)의 장해보상에 상당하는 금액을 선원에게 한꺼번에 지급함으로써 「선원법」상의 요양보상, 상병보상, 장해보상 등의 보상책임을 면할 수 있다.

㉦ 행방불명보상

ⓐ 선원이 해상에서 행방불명된 경우에는 피부양자에게 1개월분의 통상임금과 승선평균임금의 3개월분에 상당하는 금액을 지급한다.

ⓑ 선원의 행방불명기간이 1개월을 지났을 때에는 유족보상과 장제비를 지급한다.

2. 국내근로자 재해보장책임보험

대한민국 내의 사업장에 고용된 근로자가 업무수행 중에 업무에 기인한 사고로 업무상의 재해를 입을 경우에 사용자가 부담하여야 할 「근로기준법」, 「산재보험법」상의 재해보상 및 「민법」상 사용자가 부담하여야 할 배상책임손해를 보상하는 보험이다. 근로자재해보상책임에서 담보하는 특별약관에는 재해보상책임 특별약관(WC : Workmen's Compensation)과 사용자배상책임 특별약관(EL : Employer's Liability)이 있다.

1) 재해보상책임 특별약관(WC)

(1) 재해보상책임 특별약관(근로기준법상 재해보상)

① 요양보상 : 치료비 전액

② 휴업보상 : 휴업일수 1일에 대한 평균임금의 60/100에 상당하는 금액

③ 장해보상 : 평균임금×장해등급별 장해보상일수(1급 1,340일분～14급 50일분)

④ 유족보상 : 평균임금의 1,000일분

⑤ 장례비 : 평균임금의 90일분

⑥ 일시보상 : 평균임금의 1,340일분

(2) 재해보상확장 추가특별약관(산재보험법상 재해보상)

① 요양급여 : 치료비 전액

② 휴업급여 : 휴업일수 1일에 대한 평균임금의 70/100에 상당하는 금액

③ 장해급여 : 평균임금×장해등급별 장해보상일수(1급 1,474일분～14급 55일분)

④ 유족급여 : 평균임금의 1,300일분

⑤ 장례비 : 평균임금의 120일분

⑥ 일시보상 : 평균임금의 1,474일분

2) 사용자배상책임 특별약관(EL)

(1) 의 의

사용자의 과실로 근로자가 업무상의 재해를 입은 경우 사용자가 「근로기준법」 및 「산재보험법」상의 재해보상책임을 초과하여 부담하게 되는 「민법」상 손해배상책임액과 이에 따른 소송비용 등을 보상하는 보험이다. 즉, 「근로기준법」상 사용자는 근로자에 대한 안전배려의무가 있는바, 안전한 작업장 및 안전한 장비의 제공, 안전교육, 안전수칙의 제정 및 숙지 등 사용자의 의무를 불이행함으로써 근로자가 업무상 재해를 입은 경우 그러한 사용자의 과실에 대한 민사상의 손해배상책임을 담보하는 보험이다.

(2) 사용자배상책임의 발생근거

① 채무불이행책임(민법 제390조)

사용자는 생산시설, 기계, 기구 등의 위험으로부터 근로자의 생명, 신체, 건강을 안전하게 보호할 의무가 있다. 이와 같은 사용자의 신의칙상의 보호의무를 안전배려의무라고 한다. 이는 사용자의 주된 의무인 임금지급의무와 함께 근로계약상의 부수적 의무로 인정되고 있다. 사용자가 안전배려의무를 위반하여 근로자에게 손해가 발생할 경우 근로자는 산재보상 외에 사용자에게 채무불이행책임을 물을 수 있다.

② 일반불법행위책임(민법 제750조)

근로자의 업무상 재해가 사용자의 과실로 인하여 발생한 경우 사용자는 재해보상이 이루어진 경우에도 재해보상 초과손해에 대하여 민사상의 손해배상책임을 진다.

③ 사용자책임(민법 제756조)

동일사용자에게 고용된 다른 근로자에 의하여 업무상 재해가 발생한 경우에는 사용자는 면책사유를 입증하지 못하면 사용자책임을 진다(사실상의 무과실책임).

④ 공작물책임(민법 제758조)

사용자가 제공한 시설물 등의 설치 또는 보존의 하자로 인하여 근로자의 업무상 재해가 발생한 경우 공작물의 하자와 손해와의 관련성에 근거하는 위험책임으로 무과실책임을 진다. 이 경우 공작물의 점유자는 면책항변이 인정되는 사실상의 무과실책임을 지며 공작물의 소유자는 면책항변이 인정되지 않는 절대적 무과실책임을 진다.

(3) 보상하는 손해

① 보상하는 사고

사용자배상책임보험에서 보상하는 사고는 「근로기준법」 또는 「산재보험법」의 규정에 의한 업무상 재해로서 그 발생의 책임이 사용자에게 일부 또는 전부가 귀속되는 경우, 즉 사용자의 과실에 기인한 업무상의 사고를 말한다.

㉠ 업무상 재해

업무상의 사유에 의한 근로자의 부상, 질병, 장해 또는 사망을 말한다.

㉡ 업무상 사유

업무상 사유란 업무와 관련하여 재해를 발생케 한 사유를 말하며, 그 유형은 업무상 사고와 업무상 질병으로 분류할 수 있다. 이 경우 발생한 재해와 업무는 상당인과관계가 인정되어야 한다. 업무상의 사유에 해당되는가는 업무의 실태와 사업장의 운영상황 등을 종합적으로 고려하여 개별적, 구체적으로 해석되어야 한다.

㉢ 업무상 재해의 성립요건

ⓐ 업무수행성 : 근로자가 사용자의 지휘, 명령에 따라서 업무를 행하는 것으로서 직접적인 것은 물론 부수적인 행위 또는 사고로 인하여 발생한 재해를 포함한다.

ⓑ 업무기인성 : 업무상의 행위, 작업조건 또는 작업환경과 재해 사이에 상당인과관계가 있는 것을 말한다.

② 보상하는 손해의 내용

㉠ 법률상 손해배상금

피보험자가 업무상 재해를 입은 근로자에게 지급하여야 할 법률상 손해배상금(지연배상금 포함)으로 「근로기준법」 또는 「산재보험법」에서 보상받는 금액을 초과하는 민사상 손해배상책임액을 약정한 보상한도액 범위 내에서 보상한다.

ⓐ 일실수입

치료기간까지의 휴업손해 및 치료종결 후의 상실수익액으로 가동기간(65세)까지 피해자의 연령, 소득 및 노동능력상실률을 적용하고 호프만방식으로 중간이자를 공제하여 손해액을 산정하며, 피재자의 과실을 상계한 금액에서 산재급여를 손익상계한 차액이 사용자의 배상책임액이다. 손익상계시 산재보상의 휴업보상 및 장해보상은 각각 그 기간을 달리하는 항목이므로 각각 공제하여야 한다.

ⓑ 위자료

위자료는 산재보상 항목에 없으므로 별도로 보상하며, 피재자과실의 60%를 적용하여 과실상계를 한 금액이 사용자배상책임액이다.

ⓒ 비급여치료비 및 향후 치료비

일반적으로 산재에서 보상받지 못하는 성형수술비나 비급여치료비는 피재자의 손해로서 사업주에게 손해배상청구가 가능하므로 피해자 본인부담치료비에서 과실을 상계한 금액이 사용자배상책임액으로 인정된다.

㉡ 비용손해

비용손해는 보험회사의 손해사정업무단계, 즉 합의시까지 피보험자에게 발생한 보험회사에 대한 협력비용(손해방지비용, 권리보전비용, 협조비용)과 소송시에 발생한 방어비용(소송비용, 공탁보증보험료)을 보상한다.

ⓐ 손해방지비용, 권리보전비용, 협력비용 : 비용 전액 보상

ⓑ 소송비용(방어비용), 공탁보증보험료 : 손해배상금과의 합계액을 보상한도액 내에서 보상

(4) 보상하지 않는 손해(고유면책)

① 피보험자와 근로자와의 사이에 손해보상 또는 재해보상에 대한 다른 약정이 있는 경우 그 약정에 따라 가중된 배상책임

② 보통약관 또는 재해보상 관련 법령에 의하여 보상대상이 되지 아니하는 업무상 재해에 대한 배상책임

③ 「산재보험법」의 규정에 의하여 급부를 행한 보험자가 구상권의 행사 또는 비용의 청구를 하게 됨에 따라 부담하게 된 배상책임

④ 재해발생일로부터 3년이 경과한 후 피보험자가 손해배상청구를 받음으로써 부담하게 된 배상책임

⑤ 재해보상책임 특별약관을 첨부하는 계약의 경우 보험가입임금이 실임금에 미달함으로써 재해보상 특별약관에 따른 보상액이 재해보상 관련 법령에 따른 보상액보다 적은 경우에 그 차액
⑥ 티끌, 먼지, 석면, 분진 또는 소음으로 생긴 손해에 대한 배상책임
⑦ 전자파, 전자장(EMF)으로 생긴 손해에 대한 배상책임

3. 해외근로자 재해보장책임보험

1) 의 의

해외근재보험은 해외사업장에 고용된 근로자가 업무수행 중 업무에 기인한 사고로 업무상 재해를 입을 경우에 사용자가 부담하여야 할 「근로기준법」, 「산재보험법」상의 재해보상과 「민법」상 사용자가 추가로 부담하여야 할 배상책임손해를 담보하는 보험이다.

2) 보상내용

(1) 재해보상책임 특별약관(근로기준법상 재해보상)

「근로기준법」상 재해보상규정에 따라 보상한다. 재해를 입은 근로자가 국외지역에서 요양기관으로 이송되거나 본국으로 송환되는 경우의 이송비용은 보상하지 않는다. 다만, 기동이 불가능하여 호송을 요하는 중환자, 유해의 송환비용 또는 요양기관으로 긴급히 이송을 요하는 경우의 이송비용은 적절한 운송용구에 의한 편도에 한하여 실비로 1인당 5백만원을 한도로 보상한다. 그러나 어떠한 경우라도 호송인에 대한 비용은 보상하지 않는다.

(2) 재해보상확장 추가특별약관(산재보험법상 재해보상)

재해보상책임 특약을 가입한 경우에만 첨부할 수 있으며, 동 특약을 가입함으로써 「산재보험법」상 재해보상규정으로 보상내용이 확장된다.

(3) 비업무상 재해확장 추가특별약관(선원 및 해외근로자용)

비업무상 재해확장 추가특약은 24시간 특별약관이라고도 하며, 추가보험료 납입시 피보험자의 근로자에게 생긴 업무상 재해뿐만 아니라, 비업무상 재해에 대하여도 업무상의 재해와 동일한 방법으로 보상한다.

(4) 사용자배상책임 특별약관

국내근로자 재해보장책임보험과 동일하다.

(5) 간병보상 추가특별약관

보험회사는 재해보상책임 특약 및 재해보상확장 추가특약에 의한 요양보상을 받은 자 중 치유 후 의학적으로 상시 또는 수시로 간병이 필요한 실제 간병을 받는 자에게 지급한다. 다만, 간병보상 지급대상자가 무료요양소에 입소하여 간병비용을 지출하지 아니하거나 지출한 간병비용이 간병보상액에 미달함이 명백한 경우에는 간병보상을 지급하지 아니하거나 실제 지출된 간병비용만 지급한다.

4. 선원근로자 재해보장책임보험

1) 의 의

선원근재보험은 일정한 선박에 승선하는 선원이 업무수행 중에 업무에 기인한 사고로 업무상의 재해를 입은 경우에 선주가 부담하여야 할 「선원법」상의 재해보상책임과 민사상 선주의 과실에 따라 추가로 부담하여야 할 배상책임손해를 보상하는 보험이다. 선원의 경우에는 특별법인 「선원법」이 적용되므로 재해보상확장 추가특약은 따로 없다.

2) 약관별 보상내용

(1) 재해보상책임 특별약관(선원법상의 재해보상)

「선원법」상 재해보상규정에 따른 요양보상, 상병보상, 장해보상, 유족보상, 장제비, 행방불명보상을 그 내용으로 하고, 일시보상규정에 따라 요양보상과 상병보상을 받고 있는 선원이 2년이 경과한 뒤에도 부상 및 질병이 치유되지 않아 계속 요양이 필요한 경우에는 「산재보험법」상의 제1급 장해보상 1,474일분에 대한 일시금보상으로 요양보상, 상병보상 및 장해보상에 대한 책임을 면할 수 있다.

① 요양보상
- ㉠ 직무상 재해 : 치료비 전액
- ㉡ 승무 중 직무외 재해 : 3개월 이내의 치료비 전액

② 상병보상
- ㉠ 직무상 재해
  - ⓐ 사고일~4개월 : 통상임금 전액
  - ⓑ 4개월 이후~치료종결일 : 통상임금의 70/100
- ㉡ 승무 중 직무외 재해 : 요양기간 동안 3개월 이내의 통상임금의 70/100

③ 장해보상

승선평균임금×장해등급 재해보상일수(1급 1,474일분~14급 55일분)

④ 유족보상
- ㉠ 직무상 사망 : 승선평균임금의 1,300일분
- ㉡ 승무 중 직무외 사망 : 승선평균임금의 1,000일분

02

⑤ 장제비

승선평균임금의 120일분

⑥ 일시보상

승선평균임금의 1,474일분

⑦ 행방불명보상(선원이 해상에서 행방불명된 경우)

㉠ 1개월 내 : 1개월 통상임금 + 3개월 승선평균임금

㉡ 1개월 후 : 유족보상(승선평균임금의 1,300일분 + 장제비(승선평균임금의 120일분)

(2) 비업무상 재해확장 추가특별약관

피보험자의 근로자에게 생긴 비업무상의 신체의 상해 또는 질병에 대하여도 업무상 재해와 동일한 방법으로 보상한다. 「선원법」은 「근로기준법」이나 「산재보험법」과는 달리 승무 중(기항지에서의 상륙기간, 승선·하선에 수반되는 여행기간을 포함) 직무 외의 원인에 의하여 부상이나 질병을 당하거나 사망한 경우에 대하여도 일정한 요건하에 업무상 재해와 동일한 방법으로 보상한다.

(3) 사용자배상책임 특별약관

국내 및 해외근로자 재해보장책임보험과 동일하다.

3) 「선원법」상 승선평균임금

(1) 승선평균임금의 의의

「선원법」상 승선평균임금이란 이를 산정하여야 할 사유가 발생한 날 이전 승선기간(3개월을 초과하는 경우에는 최근 3개월로 한다)에 그 선원에게 지급된 임금총액을 그 승선기간의 총일수로 나눈 금액을 말한다. 승선평균임금은 장해보상, 유족보상, 장제비, 일시보상, 행방불명보상, 퇴직금을 계산할 때 사용된다. 승선평균임금이 통상임금보다 적을 경우에는 통상임금을 승선평균임금으로 한다.

(2) 승선평균임금의 산정

승선평균임금에는 계속적, 정기적으로 지급되고 단체협약, 취업규칙, 근로계약, 노동관행 등 선박소유자에게 지급의무가 지워져 있는 것이면 모두 포함된다. 다만, 실비변상적 또는 은혜적 성격의 급여는 제외된다.

5. 직업훈련생 재해보장책임보험

1) 의 의

직업능력개발훈련을 받는 직업훈련생이 훈련 중에 그 훈련에 기인하여 재해를 입은 경우 직업능력개발사업주의 「근로자직업능력개발법」상의 재해보상(재해위로금)과 이를 초과하는 민사상의 손해배상책임을 보상하는 보험이다. 다만, 「산재보험법」을 적용받는 경우에는 제외된다.

2) 약관별 보상내용

직업훈련생은 미취업상태이므로 「근로자직업능력개발법」상의 재해보상(재해위로금) 산정에서 휴업보상은 제외되며, 나머지는 국내/해외근재, 사용자배상책임보험 보상기준과 동일하다.

(1) 재해보상책임 특별약관

국내 및 해외근로자 재해보장책임보험과 동일하다.

(2) 재해보상확장 추가특별약관

국내 및 해외근로자 재해보장책임보험과 동일하다.

(3) 직업훈련 이외의 재해보상책임 특별약관(질병 제외)

직업훈련원 내에서 직업훈련 이외의 원인으로 직업훈련생에게 발생한 재해(질병 제외)를 기본계약과 동일하게 보상한다.

(4) 직업훈련기관배상책임 특별약관

사용자배상책임 특별약관과 동일하다.

피나는 노력에 대타란 없다.

– 박병호 –

책임보험 · 근로자재해 보상보험의 이론과 실무

최근 기출문제

01

2013년 5월 1일 18:00경 ○○유람선(주) 소속 동백호가 거제도 앞 해상에서 갑작스런 폭우로 급히 선착장으로 회항하던 중에 다른 유람선을 피하려 항해사 김기철이 키를 급히 돌리는 바람에 전복되어 항해사 김기철이 실종되고, 승객 중 홍가람(직장인)이 익사한 사고가 발생하였다. ○○유람선(주)는 B 보험회사에 다음과 같이 선원근로자재해보장책임보험 및 유도선사업자배상책임보험에 가입하였다.

주어진 조건을 참조하여 B 보험회사가 지급해야 할 보험금을 산출하되 그 과정을 명시하여 각각 계산하시오. (30점)

구 분	선원근로자재해보장책임보험	유도선사업자배상책임보험
보상한도액	–	대인배상 • 1인당 : 2억원 • 1사고당 : 10억원
자기부담금	–	1사고당 : 5백만원
보험조건	• 근로자재해보장책임보험 보통약관 • 재해보상책임담보 특별약관 • 비업무상 재해확장담보 추가특별약관	• 유도선사업자배상책임보험 보통약관 • 구조비 특별약관
기타 관련사항	〈김기철 임금〉 • 월 통상임금 3,000,000원(일 100,000원) • 월 승선평균임금 3,600,000원(일 120,000원)	〈홍가람 인적사항〉 • 생년월일 : 1959.6.1. • 월급여 : 4,500,000원(일 평균임금 150,000원) • 고용계약서상 정년 55세 • 도시보통인부 일당 : 75,000원 • 호프만계수 : (계산 편의를 위함) 사고일부터 55세 10.000 60세 60.000 • 위자료는 판례 경향을 감안 : 80,000,000원

모범답안

1. 선원근로자 재해보상책임보험

(1) 담보책임 여부

상기 사고는 피재자가 사고일시에 갑작스런 폭우로 급히 선회하던 중 다른 유람선과의 충돌을 피하기 위해 키를 급히 돌리는 바람에 발생한 사고로, 이는 피재자가 업무를 수행하는 과정에서 발생된 업무상 재해에 해당한다. 따라서 사업주는 피재자에 대해 「선원법」상의 재해보상책임을 부담하여야 하며, B 보험회사는 사업주(피보험자)와 맺은 보험계약에 따라 사업주를 대신하여 피재자에 대해 보상책임을 부담한다.

또한, 「선원법」상 선박소유자는 선원이 해상에서 행방불명된 경우 피부양자에게 1개월분의 통상임금과 3개월분의 승선평균임금에 상당하는 금액을 보상하여야 하며, 행방불명기간이 1개월을 경과한 경우에는 사망으로 추정하여 유족보상 및 장제비를 추가로 보상하여야 한다.

(2) 지급보험금

① 행방불명보상

통상임금 1개월분 + 승선평균임금 3개월분

= (3,000,000원/월 × 1개월) + (3,600,000원/월 × 3개월) = 13,800,000원

② 유족보상

실종 후 1개월이 경과하여 사망한 것으로 판단한다.

유족보상금(직무상 사망) = 승선평균임금 × 1,300일

= 120,000원/일 × 1,300일 = 156,000,000원

③ 장제비

실종 후 1개월이 경과하여 사망한 것으로 판단한다.

승선평균임금 × 120일 = 120,000원/일 × 120일 = 14,400,000원

④ 합 계

13,800,000원 + 156,000,000원 + 14,400,000원 = 184,200,000원

2. 유도선사업자배상책임보험

(1) 담보책임 여부

선장 등 승무원은 승선 중 탑승 승객의 안전을 도모하고 무사히 하선할 수 있도록 모든 조치를 다하여야 하는데, 사안의 경우 갑작스런 폭우로 선회하려다 다른 유람선을 피하기 위해 키를 급히 돌리던 중 발생한 사고로 이는 항해사의 운전조작 부주의로 인한 사고에 해당한다. 따라서 항해사는 피해자에 대해 「민법」상의 일반불법행위책임을 부담하여야 하고, ○○유람선(주) 또한 「민법」상의 사용자책임을 부담하여야 한다. 이에 따라 B 보험회사는 피보험자와의 보험계약에 따른 보상책임을 부담하여야 한다.

(2) 손해배상금

① 일실소득

- 사고~정년까지 :

  4,500,000원 × 100% × 호프만계수 10 × 생활비공제(2 / 3) = 30,000,000원

- 정년~60세까지 :

  (75,000원 × 22일) × 100% × 호프만계수 50(= 60 − 10) × 2 / 3 = 55,000,000원

- 소계 : 30,000,000원 + 55,000,000원 = 85,000,000원

② **위자료** : 사망위자료 80,000,000원 인정

③ **장례비** : 통상적으로 5,000,000원 인정

④ **합계** : 85,000,000원 + 80,000,000원 + 5,000,000원 = 170,000,000원

(3) 지급보험금

지급보험금 = 손해배상금 − 자기부담금(≤보상한도액)

= 170,000,000원 − 5,000,000원 = 165,000,000원(≤2억원)

심화TIP 정년

기업체 정년은 60세를 원칙으로 하지만, 최근 대법원 전원합의체 판결에서 육체노동자 가동연한을 60세에서 65세로 연장하였다. 회사원이나 공무원은 정년(통상 60세)까지는 근로소득을 적용하고, 이후 65세까지는 일용근로자 임금을 적용한다. 이러한 가동연한 연장(5년)은 산재보험을 포함한 모든 배상책임에서 피해자 일실소득액 산정시 반영된다(서울고등법원 2018.6.14. 선고 2018나2016032 판결).

02

△△병원 소속 설비기사인 김○○은 병원 내에서 가스설비 점검작업을 하던 중 가스폭발로 현장에서 사망하였다. 국립과학수사연구소의 사고원인 감정 결과 관리상의 하자와 설비기사 본인의 작업부주의가 결합하여 사고가 발생한 것으로 밝혀졌다.
김○○의 유족들은 산업재해보상보험에서 보상을 받은 후 △△병원에 손해배상을 청구하였다.

〈별표〉의 내용을 참고하여 보험금을 산정하고, 그 산출과정을 기재하시오. (25점)

〈별표〉

(1) △△병원 보험가입 사항

① 근로자재해보장책임보험(사용자배상책임 특별약관)
- 1인당 / 200,000,000원
- 1사고당 / 200,000,000원

② 가스사고배상책임보험
- 의무보상한도액

(2) 전제조건

① 피해자 김○○ 인적사항
- 생년월일 : 1969.2.28.
- 입사일자 : 1999.2.28.

② 사고일 : 2014.3.1.

③ 피해자 과실률 : 20%

④ 월평균임금 : 3,000,000원
(단, 월수계산이 필요한 경우 1개월은 30일로 가정함)

⑤ 도시일용노임단가 : 보통인부 80,000원 / 1일

⑥ 호프만계수
- 사고일~정년퇴직 55세(120개월) : 100
- 사고일~가동기간까지(180개월) : 130

⑦ 민사 판례에 따른 장례비 3,000,000원 가정

⑧ 일실 퇴직금 산정시 현가율은 「1 / (1 + 0.05 × 잔여재직기간)」으로 함

⑨ 위자료는 서울중앙지방법원 산정기준에 따르며, 사망 또는 100% 장해시 기준금액 80,000,000원 적용

모범답안

1. 법률상 손해배상책임 여부

근로계약에 따라 사용자는 근로자가 업무를 수행하는데 있어 근로자에 대한 보호의무, 즉 안전배려의무가 있는 바, 안전한 작업장, 안전장비의 제공, 안전교육, 안전수칙의 제정 및 숙지 등의 사용자의 의무를 불이행함으로써 근로자가 업무상 재해를 입은 경우 사용자는 민사상의 손해배상책임을 진다.

사안의 경우도 병원의 관리상 잘못이 가스폭발사고의 원인 중 하나로 인정된 만큼 해당 병원은 「민법」 제750조상의 과실책임 내지 제758조상의 공작물책임 등에 의거, 그로 인한 타인의 손해에 대해 법률상 손해배상책임을 부담하여야 한다.

2. 각 보험계약별 지급보험금 산정

(1) 가스사고배상책임보험

가스사고배상책임보험은 의무보험이긴 하지만, 보통약관 제8조 제9호에서 피보험자의 근로자가 피보험자의 업무에 종사 중에 입은 신체의 장해(장해로 말미암은 사망을 포함)로 생긴 손해에 대한 배상책임을 보상하지 않는 것으로 정하고 있어 이 보험계약에서는 지급할 보험금이 없다.

(2) 사용자배상책임 특별약관

① 산재보험금

사안의 경우 산재사고에 해당하므로 피재근로자에 대해 산재보험의 유족급여 및 장례비를 산재보험공단에서 지급하여야 한다.

㉠ 유족급여 : 100,000원/일(= 3,000,000원 / 30일) × 1,300일 = 130,000,000원

㉡ 장례비 : 100,000원/일 × 120일 = 12,000,000원

㉢ 소계 : 130,000,000원 + 12,000,000원 = 142,000,000원

② 사용자배상책임(E / L)보험금

㉠ 위자료 : 80,000,000원 × [1 − (20% × 6 / 10)] = 70,400,000원

㉡ 일실소득

- 정년까지 : 3,000,000원 × 100 × 2 / 3 × 80% = 160,000,000원
- 60세까지 : 80,000원/일 × 22일* × 30 × 2 / 3 × 80% = 28,160,000원
  - * 월 가동일수 변경 : 월 22일 → 월 20일(대법원 2024.4.25. 선고 2020다271650 판결)
- 소계 : 160,000,000원 + 28,160,000원 = 188,160,000원
- 손익상계 : 188,160,000원 − 130,000,000원(산재보험 유족급여) = 58,160,000원

㉢ 장례비 : 산재보험 장례비가 더 많으므로 초과손해 없음

㉣ 일실퇴직금

- 일실퇴직금 = [(정년시 퇴직금 × 사고 당시 현가율) − 기근속 퇴직금] × 노동능력상실률
- 사고가 없었더라면 정년까지의 근속연수 : 입사 30세~정년 55세까지 25년
- 사고 당시까지의 근속연수 : 입사 30세~사고 45세까지 15년
- 정년시 퇴직금에 대한 현가액

  3,000,000원 × 25년 × [1 / (1 + 0.05 × 10년)] = 50,000,000원

  – 사고시까지의 퇴직금 : 3,000,000원 × 15년 = 45,000,000원

  – 일실퇴직금 : (50,000,000원 − 40,000,000원) × 80% = 4,000,000원

㉤ 지급보험금 합계

70,400,000원 + 58,160,000원 + 4,000,000원 = 132,560,000원(≤ 200,000,000원)

심화TIP 장례비

법원에서 인정받을 수 있는 장례비는 그동안 관행적으로 300만원이 한도였으나, 최근 물가 상승 등을 감안해 장례비를 500만원으로 올려 판결하고 있다. 즉 소득수준 향상과 법원 판례 등을 감안해 자동차보험표준약관에서도 <u>장례비를 1인당 300만원에서 500만원으로 개정</u>하였다.

03

2015년 7월 30일 11시경 경기도 소재 ○○LPG충전소에서 가스폭발사고가 발생하여 충전소 고객인 이○○가 사망하였다.

〈별표〉에 주어진 내용을 참고하여 보험계약별로 분담할 지급보험금을 산정하고, 그 산출 과정을 기재하시오. (20점)

〈별표〉

(1) ○○LPG충전소 보험가입 사항

구 분	보상한도액	자기부담금
가스사고배상책임보험(A 보험사) 액화석유가스 소비자보장 특별약관	의무보상한도액	
영업배상책임보험(B 보험사) 시설소유관리자 특별약관	1사고당 / 50,000,000원	1사고당 / 1,000,000원
영업배상책임보험(C 보험사) 시설소유관리자 특별약관	1사고당 / 1,000,000,000원	1사고당 / 20,000,000원

(2) 전제조건

① 이○○의 과실률 : 50%

② 일실수입(현가) : 200,000,000원

③ 일실퇴직금(현가) : 28,000,000원

④ 위자료는 서울중앙지방법원 산정기준에 따르며, 사망 또는 100% 장해시 기준금액 80,000,000원 적용

모범답안

1. 법률상 손해배상책임 여부

피보험자인 ○○LPG충전소는 액화석유가스 충전사업자로서 가스공급업자의 무과실책임의무를 규정하고 있는 「액화석유가스의 안전 및 사업관리법」에 의거 대인사고의 경우 면책사유에 해당하지 않는 한 가스공급업자의 과실유무에 관계없이 법이 정한 한도 내에서 배상책임이 발생한다.

또한, 과실책임주의에 따른 타인의 손해에 대해서는 「민법」상 손해배상책임이 발생하는 바, 피보험자가 소유, 사용 또는 관리하는 시설 및 그 시설의 용도에 따른 업무의 수행으로 생긴 우연한 사고를 담보하는 영업배상책임보험의 시설소유관리자 특약에 따라 B, C 보험사도 보상책임을 진다.

2. 손해액의 산정

① 일실수입 : 200,000,000원 × 50% = 100,000,000원

② 일실퇴직금 : 28,000,000원 × 50% = 14,000,000원

③ 위자료 : 8,000만원 × [1 − (50% × 6 / 10)] = 56,000,000원

④ 소계 : 100,000,000원 + 14,000,000원 + 56,000,000원 = 170,000,000원

3. A 보험사 : 가스사고배상책임보험

가스사고배상책임보험은 의무보험이 아닌 다른 보험계약과 중복보험인 경우 그 다른 보험에 대하여 법에서 정한 보상범위까지는 우선 보상한다고 규정하고 있다. 따라서 사망 1인당 보상한도액인 80,000,000원을 우선 보상한다.

4. B, C 보험사 : 영업배상책임보험

영업배상책임보험 B, C 계약이 분담해야 할 손해액은 가스사고배상책임보험에서 우선 보상되고 남은 잔액, 즉 170,000,000원 − 80,000,000원 = 90,000,000원이다.

영업배상책임보험간에는 독립책임액비례분담방식에 따라 보험금을 분담한다.

(1) 독립책임액의 산출

① B 보험사 : 90,000,000원 − 1,000,000원(자기부담금) = 89,000,000원
보상한도액이 50,000,000원이므로, 독립책임액은 50,000,000원이다.

② C 보험사 : 90,000,000원 − 20,000,000원(자기부담금) = 70,000,000원
보상한도액이 1,000,000,000원이므로, 독립책임액은 70,000,000원이다.

(2) 보험금의 분담

① B 보험사 : 90,000,000원 × 50,000,000원 / 120,000,000원 = 37,500,000원

② C 보험사 : 90,000,000원 × 70,000,000원 / 120,000,000원 = 52,500,000원

04

△△건설 소속 허○○이 2010년 11월 17일 10시 30분경 경기도 용인에 소재한 건설현장에서 굴삭기로 송수관을 들어 올리다가 굴삭기와 송수관을 연결했던 밴드로프가 절단되면서 송수관이 관로 하부에서 작업 중이던 같은 회사소속 박○○의 복부를 충격한 사고로 박○○이 다발성 늑골골절 및 비장파열 등의 상해를 입었다.

〈별표〉에 주어진 내용을 참고하여 피해자의 복합장해율과 보험금을 산정하고, 그 산출과정을 기재하시오. (15점)

〈별표〉

(1) △△건설 보험가입 사항
- ① 근로자재해보장책임보험 : 사용자배상책임 특별약관
- ② 보상한도액
  - 1인당 / 100,000,000원
  - 1사고당 / 200,000,000원

(2) 전제조건
- ① 피해자 : 박○○
  - ㉠ 사고일로부터 가동기간까지의 일실수입(현가) : 200,000,000원
  - ㉡ 피해자 과실률 : 20%
  - ㉢ 후유장해 및 노동능력 상실률
    - ⓐ 정형외과
      - 경추 추간판탈출증 : 50%(기왕증 기여도 : 20%)
      - 요추 추간판탈출증 : 30%(기왕증 기여도 : 50%)
    - ⓑ 일반외과
      - 비장결손 : 10%
- ② 근로복지공단으로부터 지급받은 장해일시금 : 45,000,000원
- ③ 부상부위의 향후 반흔 성형수술비 : 8,000,000원
- ④ 위자료는 고려하지 않음

모범답안

1. 법률상 손해배상책임 여부

사안의 경우 동일한 사용자에게 고용된 다른 근로자에 의해 업무상 재해가 발생한 경우로, 사용자는 면책사유를 입증하지 못하는 한 사용자책임을 면할 수 없다(민법 제756조).

또한, 사용자배상책임보험(E / L)은 근로자가 업무상 재해를 입은 경우 사용자가 「산재보험법」상의 재해보상책임을 초과하여 부담하게 되는 「민법」상 손해배상책임을 담보하는 보험이므로 그에 따라 피재자에 대해 보상책임을 진다.

2. 복합장해율

① 경추 추간판탈출증 : 50% × (1 – 20%) = 40%

② 요추 추간판탈출증 : 30% × (1 – 50%) = 15%

③ 비장결손 : 10%

④ 복합장해율 : 1 – [(1 – a) × (1 – b) × (1 – c)]
= 1 – [(1 – 40%) × (1 – 15%) × (1 – 10%)]
= 54.1%

3. 지급보험금

① 일실수입 : 200,000,000원 × (1 – 20%) – 45,000,000원(장해보상) = 115,000,000원

② 성형수술비 : 8,000,000원 × (1 – 20%) = 6,400,000원

③ 소계 : 115,000,000원 + 6,400,000원 = 121,400,000원

④ 지급보험금 : 보상한도액인 100,000,000원이다.

05

영업배상책임보험(국문)을 가입하고 있는 H호텔에서 보험기간 중 2회의 서로 다른 사고가 발생하였다.

〈별표〉에 주어진 내용을 참고하여 각 사고별 지급보험금을 산정하고 산출과정을 기재하시오. (10점)

〈별표〉

(1) H호텔 보험가입 사항

영업배상책임보험 시설소유관리자 특별약관

보상한도액	신체장해	1인당 / 100,000,000원
		1사고당 / 200,000,000원
	재물손해	1사고당 / 200,000,000원
자기부담금	1사고당 / 1,000,000원	

(2) 1차사고

① 사고내용 : 대형조명설비의 붕괴로 인한 투숙객 A, 투숙객 B 부상

② 손해내역

- 투숙객에 대한 손해배상금 : 투숙객 A / 150,000,000원
  투숙객 B / 120,000,000원
- 조명설비 복구비용 : 70,000,000원
- 부상투숙객 응급처치 및 호송비용 : 1,000,000원

(3) 2차사고

① 사고내용 : 호텔 내 사우나의 온수관 파열로 내방객 1인 전신화상

② 손해내역

- 피해자에 대한 손해배상금(법원 판결금) : 96,000,000원
- 소송비용 : 10,000,000원
- 온수관 복구비용 : 5,000,000원

모범답안

1. 법률상 손해배상책임 여부

피보험자인 H호텔은 대형조명설비의 붕괴 및 온수관의 파열로 투숙객 A, B와 내방객에게 손해를 입힌 바, 「민법」상의 과실책임(제750조) 및 공작물책임(제758조)에 따른 법률상 손해배상책임을 부담하여야 한다. 따라서 보험회사는 영업배상책임보험 시설소유관리자 특약에 따라 보상한도액 내에서 피해자에 대한 보상책임을 진다.

2. 1차사고 보험금 산정

(1) 신체손해

① 투숙객 A : 보상한도액인 100,000,000원

② 투숙객 B : 보상한도액인 100,000,000원

③ 응급처치, 호송비 등(손해방지비용) : 1,000,000원

④ 합계 : 100,000,000원 + 100,000,000원 + 1,000,000원 = 201,000,000원

(2) 재물손해

조명설비 복구비용(70,000,000원)은 피보험자 자신의 재물손해이므로 배상책임보험에서는 보상되지 않는다.

3. 2차사고 보험금 산정

(1) 신체손해

① 법원 판결금 : 96,000,000원 − 1,000,000원(자기부담금) = 95,000,000원

② 소송비용 : 10,000,000원

③ 합계 : 95,000,000원 + 10,000,000원 = 105,000,000원

④ 지급보험금 : 보상한도액이 100,000,000원이므로 100,000,000원을 지급한다.

(2) 재물손해

온수관 복구비용(5,000,000원)은 피보험자 자신의 재물손해이므로 배상책임보험에서는 보상되지 않는다.

06

갑(甲)이 소유한 11층 건물에서 화재가 발생하여 인명피해가 발생하였다. 화재는 을(乙)이 운영하는 3층 음식점(바닥면적 200제곱미터)에서 화기 취급부주의에 의해 발화하여 을(乙) 본인이 부상당하고, 4층 독서실로 연소 확대되어 이용고객 병(丙)과 정(丁)이 사망하는 사고가 발생하였다.

아래 〈별표〉의 내용을 참고하여, 각각의 질문에 답하시오. (30점)

〈별표〉

(1) 보험가입사항

보험사	계약자 / 피보험자	보험종목	보상한도액 (대인)	자기부담금
A	갑	특약부화재보험 (舊 신체손해배상특약부 화재보험)	의무보상한도액	–
B	을	다중이용업소 화재배상책임보험	의무보상한도액	–
		시설소유(관리)자 배상책임 특별약관	1인당 / 50,000,000원 1사고당 / 100,000,000원	사고당 1,000,000원

(2) 손해내역

피해자	피해사항	손해액	참고사항
을	부상	30,000,000원	각 특약별 위험률의 부상등급표상 1급 부상
병	현장사망	200,000,000원	법률상 손해배상책임액
정	현장사망	250,000,000원	법률상 손해배상책임액

〈질문사항〉

(1) A, B 보험사의 보상책임 유무 및 보상대상자 범위를 약술하시오. (5점)

(2) A, B 보험사에 가입한 의무보험의 약관상 대인 보상한도액을 약술하시오. (5점)

(3) 상기 다수보험계약에 따른 보험금 산정 우선순위를 약술하시오. (5점)

(4) 피해자별, 보험사별 지급보험금을 산정하고, 그 산출과정을 기재하시오. (15점)

모범답안

1. A, B 보험사의 보상책임 유무 및 보상대상자 범위

(1) A 보험사의 보상책임 유무 및 보상대상자의 범위(특약부화재보험)

사안의 경우 「화재로 인한 재해보상과 보험가입에 관한 법률」상의 특수건물(층수가 11층 이상인 건물)에 해당되므로 신체손해배상특약부화재보험(2017.10.17. 특약부화재보험으로 명칭 변경)에 의무적으로 가입하여야 하며, 그 특수건물의 소유자는 그 건물의 화재로 인하여 타인이 사망하거나 부상당한 경우에는 소유자의 과실이 없는 경우에도 동법에 따른 보험가입금액의 범위 내에서 그 손해를 배상할 책임이 있다(제4조). 따라서 A 보험사는 피보험자와의 계약에 따라 보상책임을 부담한다.

사안의 경우 '을', '병', '정' 모두 동 특약의 타인(특수건물의 소유자 및 그 주거를 같이하는 직계가족 이외의 사람)에 해당하므로 보상대상자이다.

(2) B 보험사의 보상책임 유무 및 보상대상자의 범위(다중이용업소 화재배상책임보험, 시설소유관리자 배상책임 특별약관)

① 다중이용업소 화재배상책임보험

사안의 경우 음식점은 다중이용업소에 해당하므로, 「다중이용업소의 안전관리에 관한 특별법」에 의거 화재배상책임보험에 의무적으로 가입하여야 하며, 그 다중이용업소의 화재(폭발 포함)로 인하여 타인에게 신체손해나 재물손해가 발생한 경우에는 그 손해에 대해 배상할 책임이 있다. 따라서 B 보험사는 피보험자와의 계약에 따른 보상책임을 부담한다.

사안의 경우 '을'은 배상책임보험의 피보험자로서 타인에 해당하지 아니하므로 보상대상자가 될 수 없으며, '병'과 '정'은 타인에 해당하므로 보상대상자이다.

② 시설소유관리자배상책임 특별약관

영업배상책임보험의 동 특약은 피보험자가 소유, 사용 또는 관리하는 시설 및 그 시설의 용도에 따른 업무의 수행으로 생긴 우연한 사고를 담보하는 제3자 배상책임보험으로 담보의 성질상 불법행위책임이 적용된다.

사안의 경우 화기 취급부주의에 의한 발화로 사고가 발생하였으므로, B 보험사는 법률상 손해배상책임에 대해 계약에 따른 보상책임을 부담한다.

사안의 경우 '을'은 배상책임보험의 피보험자로서 타인에 해당하지 아니하므로, 보상대상자가 될 수 없으며, '병'과 '정'은 타인에 해당하므로 보상대상자이다.

2. A, B 보험사에 가입한 의무보험의 약관상 대인 보상한도액

(1) A, B 보험사의 대인 보상한도액의 비교

구 분	A 보험사	B 보험사
	특약부화재보험	다중이용업소 화재배상책임보험
사망	1억5,000만원(실손해액 2천만원 미만인 경우에는 2천만원)	1억5,000만원(손해액이 2천만원 미만인 경우에는 2천만원)
부상	1급 3,000만원~14급 50만원(상해등급별 한도로 실손해)	1급 3,000만원~14급 80만원(상해등급별 한도로 실손해)
장해	1급 1억5,000만원~14급 1,000만원(후유장해등급별 정해진 금액)	1급 1억5,000만원~14급 1,000만원(후유장해등급별 한도로 실손해)

※ A 보험사와 B 보험사의 보상한도액은 최근 개정 법률에 의한 보상한도액임.

(2) 보험금의 병급

① 부상자가 치료 중 사망한 경우 : 부상 및 사망보험금을 모두 지급한다.

② 부상한 자에게 후유장해가 생긴 경우 : 부상 및 장해보험금을 모두 지급한다.

③ 부상이 원인이 되어 사망한 경우 : A 보험사는 사망보험금에서 장해보험금 공제 후 지급하고, B 보험사는 사망보험금에서 사망한 날 이후에 해당하는 장해보험금을 공제 후 지급한다.

3. 상기 다수보험계약에 따른 보험금 산정 우선순위

A 보험사에 가입된 특약부화재보험과 B 보험사에 가입된 다중이용업소 화재배상책임보험은 의무보험으로, 의무보험 상호간에 우선순위는 없지만 특약부화재보험은 소유자에게 무과실책임주의로 보상하며, 다중이용업소 화재배상책임보험은 과실책임주의에 의해 보상된다.

사안의 경우 A, B 보험은 피보험이익과 피보험자가 다른 경우이므로 중복보험이 아닌 다수의 개별보험으로 A 보험사가 우선 보상하면 지급된 금액 중 '을'에 대한 보험금을 제외한 나머지를 B 보험사에 구상권을 행사하게 된다. 결국 A 보험사는 B 보험사의 초과손해만 부담하게 되는 것이므로, 보험금 산정에 있어서는 A 보험사는 B 보험사보다 후순위가 된다. 따라서 보험금 산정에 있어서는 <u>① 다중이용업소 화재배상책임보험, ② 시설소유관리자배상책임 특별약관, ③ 특약부화재보험의 순으로 처리</u>하는 것이 타당하다.

4. 피해자별, 보험사별 지급보험금 산정

(1) 피해자별 지급보험금

① '을'에 대한 보험금

A 보험사의 특약부화재보험에서 부상손해액 30,000,000원에 대해서는 부상 1급 한도가 30,000,000원이므로 30,000,000원을 지급한다.

② '병'에 대한 보험금

손해액이 200,000,000원이므로, B 보험사의 다중이용업소 화재배상책임보험에서 150,000,000원을, 시설소유관리자배상책임 특별약관에서 50,000,000원(= 200,000,000원 − 150,000,000원)을 지급한다.

③ '정'에 대한 보험금

손해액이 250,000,000원이므로, B 보험사의 다중이용업소 화재배상책임보험에서 150,000,000원을, 시설소유관리자배상책임 특별약관에서 50,000,000원을 지급한다. 그리고 A 보험사의 특약부화재보험에서 나머지 50,000,000원을 지급한다.

사안의 경우 1사고당 자기부담금 1,000,000원은 손해액에서 공제하며, 1사고당 손해액(450,000,000원)이 보상한도액(100,000,000원)을 초과하므로, 보상한도액 내에서 전액 보상한다.

(2) 보험사별 지급보험금

① A 보험사 : 30,000,000원 + 50,000,000원 = 80,000,000원

② B 보험사 : 300,000,000원(다중이용업소 화재배상책임보험) + 100,000,000원(시설소유관리자배상책임보험) = 400,000,000원

07

△△건설(주) 근로자(재해자) 김○○는 건설공사현장에서 작업 중 건설구조물의 관리부실 및 본인의 작업부주의로 3m 아래로 추락하는 산재사고를 당하여 근로복지공단으로부터 아래와 같이 산재보험금을 수령하였다.

※ 보험급여 지급내역

휴업급여	요양급여	장해급여	유족 및 장례비	계
10,000,000원	15,000,000원	50,000,000원	–	75,000,000원

재해자 김○○는 산재보험금을 수령한 후 △△건설(주)에 손해배상을 추가 청구하였는 바, 아래 〈별표〉의 내용을 참고하여 지급보험금을 산정하고, 그 산출과정을 기재하시오. (20점)

〈별표〉

(1) 보험가입사항

① 보험종목 : 국내근로자재해보장책임보험 / 사용자배상책임 특별약관
② 보상한도액 : 1인당 / 100,000,000원, 1사고당 / 200,000,000원

(2) 전제조건

① 재해자 : 김○○
② 생년월일 : 1970.5.1.
③ 사고일자 : 2015.9.1.
④ 직업 : 보통인부(월소득은 월 22일 인정)
⑤ 노임단가(1일) : 2015년 하반기 90,000원, 2016년 상반기 100,000원
⑥ 가동연한 : 만 60세
⑦ 재해자 과실 : 20%
⑧ 후유장해율 : 요추부 25% 및 족관절 20%
⑨ 요양종료일 : 2015.12.31.
⑩ 직불치료비 : 없음
⑪ 기타 손해 : 보조구 교체비용 3회 인정(1회 100만원, 교체주기 3년)
⑫ 위자료 : 서울중앙지방법원 산정기준에 따르며, 사망 또는 100% 장해시 기준금액 80,000,000원 적용

(3) 호프만계수(경과월수)

4월(사고일~요양종료일)	176월(사고일~가동연한)
3	103

(4) 호프만계수(경과연수)

1년	2년	3년	4년	5년
1.00	0.95	0.90	0.85	0.80
6년	7년	8년	9년	10년
0.75	0.70	0.65	0.60	0.55

※ 호프만계수는 계산상 편의를 위해 위 표의 계수를 적용

모범답안

1. 법률상 손해배상책임 여부

사안의 경우 △△건설(주) 소속 김○○가 현장에서 작업 중 건설구조물의 관리부실 및 본인의 작업부주의로 추락하는 사고가 발생하였으므로, 업무상 재해에 해당하여 근로복지공단으로부터 산재보험금을 수령하였다. 그리고 피보험자인 △△건설(주)는 불법행위 또는 근로자에 대한 안전배려의무위반에 따른 법률상 손해배상책임이 있고, 보험회사는 피보험자와의 계약에 따른 보상책임을 부담하여야 한다.

2. 사용자배상책임 특별약관(E / L)의 지급보험금

(1) 휴업손해

90,000원 × 22일 × 100% × 3 × 80% = 4,752,000원

산재보험 휴업급여 10,000,000원을 공제하면 지급보험금은 없다.

(2) 상실수익액

요양 종료시점부터 가동연한 종료시점까지 복합장해율 40%[= 25% + (100% − 25%) × 20%]를 적용하여 산출한다.

100,000원 × 22일* × 40% × 100(= 103 − 3) × 80% = 70,400,000원

* 월 가동일수 변경 : 월 22일 → 월 20일(대법원 2024.4.25. 선고 2020다271650 판결)

산재보험 장해급여 50,000,000원을 공제하면, 지급보험금은 20,400,000원이다.

(3) 보조구비용

초회분은 산재보험 요양급여에서 지급되었다고 보면, 보조구비용은 다음과 같다.

1,000,000원 × 2.25(= 0.90 + 0.75 + 0.60) × 80% = 1,800,000원

(4) 위자료

80,000,000원 × 40% × [1 − (6 / 10 × 20%)] = 28,160,000원

(5) 합 계

20,400,000원 + 1,800,000원 + 28,160,000원 = 50,360,000원

08

△△칼국수 식당의 종업원 백○○가 음식물을 제공하던 중 바닥에 잔존한 물기에 미끄러지면서 국물을 쏟아 피해자 박○○의 우측 허벅지에 심한 화상을 입힌 사고가 발생하였다.

아래 〈별표〉의 내용을 참고하여, 각 보험사의 지급보험금을 산정하고, 그 산출과정을 기재하시오. (10점)

〈별표〉

(1) 보험가입사항

보험사	보험종목	보상한도액(대인)	자기부담금
A	(국문)영업배상책임보험 시설소유(관리)자 특별약관	1사고당 / 30,000,000원	1사고당 / 1,000,000원
B	장기종합보험 시설소유(관리)자 특별약관 음식물배상책임 특별약관	 1사고당 / 100,000,000원 1사고당 / 30,000,000원	 1사고당 / 10,000,000원 1사고당 / 1,000,000원

(2) 손해내역

응급처치 및 호송비용 피해자에 대한 손해배상금(법원판결금) 소송비용	1,000,000원 70,000,000원 8,000,000원
합계	79,000,000원

모범답안

1. 법률상 손해배상책임 여부

사안의 경우 피보험자가 운영하는 식당에서 종업원이 부주의로 발생한 사고로 피용자는 「민법」 제750조의 일반불법행위책임을 져야 하고, 사용자는 동법 제756조의 사용자책임을 져야 한다.

따라서 A, B 보험사는 피보험자의 법률상 손해배상책임에 대해 계약에 따른 보상책임을 부담하여야 한다. 단, B 보험사의 음식물배상책임 특별약관에서는 사안의 경우 담보하는 위험이 아니므로, 보상책임이 없다.

2. 보험사별 지급보험금

(1) A 보험사

손해액 중 응급처치 및 호송비용은 손해방지비용으로 보상한도액과 관계없이 보상하지만, 소송비용은 손해액과의 합계금액을 보상한도액 내에서 보상하므로, A 보험사의 독립책임액은 다음과 같다.

1,000,000원(응급처치 및 호송비용) + 30,000,000원(손해배상금) = 31,000,000원

※ 손해액에서 자기부담금을 공제한 금액(70,000,000원 + 8,000,000원 - 1,000,000원 = 77,000,000원)이 보상한도액(30,000,000원)을 초과하므로 보상한도액(30,000,000원)을 지급한다.

(2) B 보험사

1,000,000원(응급처치 및 호송비용) + 70,000,000원(손해배상금) + 8,000,000원(소송비용) - 10,000,000원(자기부담금) = 69,000,000원

(3) 지급보험금

① A 보험사 지급보험금

79,000,000원 × 31,000,000원 / 100,000,000원 = 24,490,000원

② B 보험사 지급보험금

79,000,000원 × 69,000,000원 / 100,000,000원 = 54,510,000원

09

2016년 12월 15일 갑(甲) 소유의 15층 건물 5층에서 원인미상의 화재사고가 발생하였다. 이 사고로 방문객 을(乙)이 중증화상을 입고 긴급 이송되었으나, 입원치료 중 사망하였다. 아래 〈별표〉의 내용을 참고하여 각각의 질문에 답하시오. (25점)

〈별표〉

(1) 보험가입사항

① 계약자 / 피보험자 : 갑(甲)

② 국문화재보험 : 특약부화재보험

(2) 전제조건

① 피해자 : 을(乙)

② 생년월일 : 1957년 2월 5일

③ 피해사항 : 전신 3도 화상 진단 후 치료 중 사망

④ 상해급수 : 1급 11항(보상한도액 : 30,000,000원)

⑤ 입원치료비용 : 3,000,000원

⑥ 사고발생시 갑(甲)이 지출한 긴급조치비용 : 2,000,000원

⑦ 일실수익(현가) : 5,000,000원

⑧ 남자평균임금 : 100,000원 / 1일

〈질문사항〉

(1) 「화재로 인한 재해보상과 보험가입에 관한 법률」에 따른 갑(甲)의 손해배상책임에 대하여 약술하시오. (5점)

(2) 「화재로 인한 재해보상과 보험가입에 관한 법률」에서 정하고 있는 실손해액의 범위를 기술하고, 을(乙)의 실손해액을 산출하시오. (10점)

(3) 보험회사가 지급해야 할 보험금을 산정하고, 그 산출과정을 기재하시오. (10점)

모범답안

1. 「화재로 인한 재해보상과 보험가입에 관한 법률」에 따른 갑(甲)의 손해배상책임

특약부화재보험은 특수건물의 화재로 타인이 사망하거나 부상함으로써 그 타인에게 건물소유자가 부담하여야 할 법률상 손해배상책임을 보상하는 보험이다. 여기서 타인이란 특수건물의 소유자 및 그 주거를 같이하는 직계가족 이외의 사람을 말한다.

사안의 경우 갑(甲)이 소유하는 특수건물에서 원인미상의 화재로 타인[을(乙)]이 화상을 입고 치료받던 중 사망하게 되었으므로 방문객 을(乙)은 「화재로 인한 재해보상과 보험가입에 관한 법률」상의 타인에 해당하고, 또한 면책사유가 존재하지 않으므로 소유자는 손해배상책임을 부담하여야 한다. 또한 보험회사는 피보험자와의 계약에 따라 그 손해에 대해 보상할 책임을 진다.

2. 「화재로 인한 재해보상과 보험가입에 관한 법률」에서 정하고 있는 실손해액의 범위 및 을(乙)의 실손해액

(1) 실손해액의 범위

① 사망의 경우

사망한 때의 월급액이나 월실수액 또는 평균임금에 장래의 취업가능기간을 곱하여 산출한 금액에 남자평균임금의 100일분에 해당하는 장례비를 더한 금액으로 한다.

② 부상의 경우

화재로 인하여 신체상에 상해를 입은 경우에 그 상해를 치료함에 소요되는 모든 비용으로 한다.

③ 후유장애보험금

「화재보험법」 개정(2017.10.17.) 전에는 후유장애보험금에 대해 실손해액이 아닌 후유장애등급별로 정해진 금액을 지급하였으나, 개정 후 현재 법률은 후유장애등급별 한도로 피해자에게 발생한 실손해액을 지급한다.

(2) 을(乙)의 실손해액

① 부상 : 3,000,000원(치료비 전액)

② 사망 : 5,000,000원 + (100,000원/일 × 100일) = 15,000,000원

※ 「화재로 인한 재해보상과 보험가입에 관한 법률 시행령」 제5조에 따라 사망의 경우 실손해액이 2,000만원 미만이면 2,000만원으로 한다. 따라서 을(乙)의 사망에 따른 실손해액은 2,000만원이다.

3. 지급보험금 산정

(1) 손해배상금

① 부상 : 3,000,000원(부상 1급 한도 30,000,000원 미만)

② 사망 : 20,000,000원(사망 한도 1억5,000만원 미만)

(2) 비 용

사고발생시 갑(甲)이 지출한 긴급조치비용 2,000,000원은 손해방지비용으로 전액 인정한다.

(3) 합 계

3,000,000원 + 20,000,000원 + 2,000,000원 = 25,000,000원

10

2017년 5월 10일 12:05분경 △△노인전문 간호센터에서 요양보호사 김○○는 요양 3등급인 입소자 박○○가 간식으로 떡 드시는 것을 도와주던 중 자리를 잠시 비웠다. 박○○는 12:15분경 갑자기 기침 및 사례를 시작하였으나, 멈추지 않아 인근 병원으로 이송되었고 치료 중에 사망하였다.

아래 〈별표〉의 내용을 참고하여 보험회사가 지급해야 할 보험금을 산정하고, 그 산출과정을 기재하시오. (10점)

〈별표〉

(1) 보험가입사항

① 국문영업배상책임보험 : 시설소유(관리)자 특별약관
(보상한도액 : 1억원 / 1인당, 2억원 / 1사고당, 자기부담금 : 10만원)

② 전문직업배상책임보험(요양보호사)
(보상한도액 : 1억원 / 1인당, 2억원 / 1사고당, 자기부담금 : 50만원)

(2) 전제조건

① 피해자 : 박○○
② 생년월일 : 1931년 3월 1일
③ 사고일 : 2017년 5월 10일
④ 사망일 : 2017년 7월 10일
⑤ 피해자 과실 : 20%(기존 연하장해 고려하여 적용)
⑥ 사망관여도 : 50%(직접사인 : 심부전)
⑦ 책임비율 : 간호센터 30%, 요양보호사 70%
⑧ 손해사항

치료비	간병비	장례비
5,000,000원	5,000,000원	4,000,000원

※ 피해자 과실은 치료관계비에만 적용한다.
※ 위자료는 감안하지 아니한다.

모범답안

1. 법률상 손해배상책임 여부

사안의 경우 거동이 불편한 피해자를 간병하던 요양보호사가 전문인으로서 피해자를 안전하게 보호하여야 할 의무를 위반한 업무상 과실로 발생한 사고인 바, 해당 요양보호사는 「민법」 제750조의 일반불법행위책임을 지며, 요양보호사의 선임 또는 감독자인 △△노인전문 간호센터는 「민법」 제756조의 사용자책임을 진다. 또한 이들은 피해자에 대해 공동불법행위자로서 부진정연대책임을 진다.

2. 지급보험금

(1) 손해배상금

① 치료비 : 5,000,000원 × 50%(사망관여도) × (1 − 20%) = 2,000,000원

② 간병비 : 5,000,000원 × 50%(사망관여도) × (1 − 20%) = 2,000,000원

③ 장례비 : 4,000,000원 × 50%(사망관여도) = 2,000,000원

※ 장례비에 대해서는 지문에 따라 과실상계를 적용하지 아니한다.

④ 합계 : 2,000,000원 + 2,000,000원 + 2,000,000원 = 6,000,000원

(2) 지급보험금

① 국문영업배상책임보험

책임비율에 따라 (6,000,000원 × 30%) − 100,000원(자기부담금) = 1,700,000원이 산정되나, 본 사고는 전문직업인의 직업상 과실로 생긴 손해이므로 영업배상책임보험 시설소유관리자 특별약관에서는 약관상 면책된다.

② 전문직업배상책임보험(요양보호사)

책임비율에 따라 (6,000,000원 × 70%) − 500,000원(자기부담금) = 3,700,000원이 산정되나, △△노인전문 간호센터와 요양보호사는 공동불법행위자로서 부진정연대채무를 부담하므로 전문직업배상책임보험에서 손해액 6,000,000원에서 자기부담금 500,000원을 공제한 5,500,000원을 지급하여야 한다. 보험회사는 △△노인전문 간호센터에 차액 1,800,000원(= 5,500,000원 − 3,700,000원)에 대해 구상권을 행사한다.

11

김○○은 도로공사 하수관거 작업현장 옆을 지나던 중 자전거를 피하려다 도로 절개면의 토사를 밟고 미끄러져 넘어지는 상해를 입어 시공자 △△건설(주)를 상대로 소송을 제기하여 판결을 받았다.

아래 〈별표〉의 내용을 참고하여 보험회사가 지급해야 할 보험금을 산정하고, 그 산출과정을 기술하시오. (10점)

〈별표〉

(1) 보험가입사항

① 계약자 / 피보험자 : △△건설(주)
② 보험종목 : 국문영업배상책임보험 / 도급업자 특별약관
③ 보상한도액 : 대인 50,000,000원 / 1인당
④ 자기부담금 : 10,000,000원 / 1사고당

(2) 손해사항

① 사고시 응급호송비용 : 1,000,000원
② 상해 및 장해진단서 발급비용(피해자 부담) : 300,000원
③ 사고원인 등 필요조사비용(피보험자 부담) : 2,000,000원
④ 제3자에 대한 권리행사를 위한 비용 : 100,000원
⑤ 변호사비용(피보험자 부담) : 5,000,000원
⑥ 인지대, 송달료(피보험자 부담) : 500,000원
⑦ 신체감정비용(피해자 부담) : 1,000,000원
⑧ 판결금 : 60,000,000원

모범답안

1. 법률상 손해배상책임 여부

사안의 경우 피보험자인 △△건설(주)는 통행인이 많은 작업현장에서 작업 중 통행인이 피해를 입지 않도록 최선의 안전조치를 게을리 한 과실로 동 사고가 발생된 것이므로 「민법」상의 일반불법행위책임 및 공작물책임을 부담하여야 하고, 보험회사는 피보험자와의 계약에 따른 보상책임을 부담하여야 한다.

2. 지급보험금

(1) 판결금액 : 60,000,000원

(2) 피해자의 비용손해

상해 및 장해진단서 발급비용 300,000원 + 신체감정비용 1,000,000원 = 1,300,000원

(3) 피보험자의 비용손해

① 사고시 응급호송비용(손해방지비용) : 1,000,000원

② 사고원인 등 필요조사비용(협력비용) : 2,000,000원

③ 제3자에 대한 권리행사를 위한 비용(대위권보전비용) : 100,000원

④ 소송비용 : 변호사비용 5,000,000원 + 인지대, 송달료 500,000원 = 5,500,000원

(4) 손해배상금 합계액

판결금액 60,000,000원 + 피해자의 비용손해 1,300,000원 = 61,300,000원

(5) 자기부담금 공제 후 손해배상금

61,300,000원 − 10,000,000원(자기부담금) = 51,300,000원

(6) 지급보험금

보상한도액 50,000,000원 + 사고시 응급호송비용(손해방지비용) 1,000,000원 + 사고원인 등 필요조사비용(협력비용) 2,000,000원 + 제3자에 대한 권리행사를 위한 비용(대위권보전비용) 100,000원 = 53,100,000원

12

남대서양 해역에서 오징어 채낚기 조업 중이던 △△수산(주) 소속 선원 강○○은 2016년 3월 10일 조타기 유압라인이 파열되어 이를 수리하던 중 기상악화로 인한 선체의 롤링으로 유압파이프에 안면부와 무릎을 부딪치는 사고를 입었다. 당시 충격으로 치아가 파절되고 슬관절부에 통증이 있어 병원에서 치료를 받았다.

아래 〈별표〉의 내용을 참고하여 각각의 질문에 답하시오. (15점)

〈별표〉

(1) 보험가입사항

① 계약자 / 피보험자 : △△수산(주)

② 선원근로자재해보장책임보험

- 재해보상책임 특별약관
- 비업무상 재해확장 추가특별약관

(2) 전제조건

① 피해자 : 강○○

② 사고발생일 : 2016년 3월 10일

③ 상병명 : 치아 파절 및 상실(장해등급 11급)
슬관절 손상(장해등급 12급)

④ 입원(2016년 5월 1일~2016년 11월 30일) : 5,000,000원

⑤ 통원(2016년 12월 1일~2016년 12월 31일) : 1,000,000원(요양종료)

⑥ 임금현황

- 고정급 : 2,000,000원
- 통상임금 : 2,700,000원(월 30일 가정)
- 승선평균임금 : 3,300,000원(월 30일 가정)

⑦ 장해등급별 장해급여표(평균임금 기준)

구 분	근로기준법	산업재해보상보험법
9급	350일	385일
10급	270일	297일
11급	200일	220일
12급	140일	154일

〈질문사항〉

(1) 위 〈별표〉와 같이 둘 이상의 장해가 있는 경우에 적용하는 장해등급의 조정방법에 대하여 약술하시오. (5점)

(2) 보험회사가 지급해야 할 재해보상금을 산정하고, 그 산출과정을 기재하시오. (10점)

모범답안

1. 장해등급의 조정방법

장해등급의 조정이란 계열을 달리하는 신체장해가 2 이상 있는 경우에 중한 쪽의 신체장해등급을 따르거나, 중한 쪽의 등급을 1개 등급 내지 3개 등급을 인상하여 당해 장해등급을 인정하는 것을 말한다.

① 5급 이상에 해당하는 신체장해가 2 이상 있는 경우 : 3개 등급 인상
② 8급 이상에 해당하는 신체장해가 2 이상 있는 경우 : 2개 등급 인상
③ 13급 이상에 해당하는 신체장해가 2 이상 있는 경우 : 1개 등급 인상

2. 재해보상금 산정

(1) 보상책임 여부

사안의 경우 △△수산(주) 소속 선원 강○○가 조타기를 수리하던 중 기상악화로 인한 선체의 롤링으로 유압파이프에 안면부와 무릎을 부딪치는 사고가 발생한 것으로, 이는 선원이 승선 중 직무상 원인에 의한 사고에 해당하므로, 선주는 「선원법」상 재해보상책임을 부담하여야 하고, 보험회사는 피보험자와의 계약에 따른 보상책임을 부담하여야 한다.

(2) 재해보상책임 지급보험금(W / C)

① 요양보상(직무상 재해) : 치료비 전액
5,000,000원(입원) + 1,000,000원(통원) = 6,000,000원

② 상병보상(직무상 재해)
- 4개월까지 통상임금 전액 : 2,700,000원/월 × 4개월 = 10,800,000원
- 4개월 이후 통상임금 70% : 2,700,000원/월 × 70% × 4개월 = 7,560,000원
- 소계 : 10,800,000원 + 7,560,000원 = 18,360,000원

③ 장해보상
치아 파절 및 상실(장해등급 11급), 슬관절 손상(장해등급 12급), 13급 이상 신체장해가 2 이상 있는 경우에 해당하므로, 11급에서 1등급 인상하여 10급을 적용한다.
승선평균임금 110,000원/일(= 3,300,000원 / 30일) × 297일 = 32,670,000원

④ 지급보험금
6,000,000원 + 18,360,000원 + 32,670,000원 = 57,030,000원

13

갑(甲)은 5층 높이의 비계 위에서 철골절단 작업 중 추락하여 인근병원으로 이송하였으나 사망하였으며, 근로복지공단은 유족급여를 「산재법」상 수급권자에게 지급하였다. 이후 유족인 배우자와 성년의 자녀(1인)는 사용자를 상대로 각자 손해배상을 청구하였다.

아래 〈별표〉의 내용을 참고하여 보험회사가 지급해야 할 보험금을 각각 산정하고, 그 산출과정을 기재하시오. (15점)

〈별표〉

(1) 보험가입사항

① 국내근로자재해보장책임보험

② 사용자배상책임 특별약관

• 보상한도액 : 1인당 100,000,000원 / 1사고당 200,000,000원

(2) 전제조건

① 피해자 : 갑(甲)

② 사고일자 : 2018년 3월 5일

③ 직업 : 철골공

④ 임금 : 2,500,000원(월)

⑤ 근로복지공단 지급내역

(단위 : 원)

요양급여	휴업급여	유족급여(일시금)	장례비	기 타
1,000,000	–	100,000,000	12,000,000	–

※ 유족급여는 일시금으로 환산한 금액임.

⑥ 피해자 과실 : 40%

⑦ 호프만계수(H) : 계산상 편의를 위한 임의계수임.

• 사망일~가동연한 : 120개월(H : 100)

⑧ 위자료 : 유족들은 50,000,000원에 합의함.

모범답안

1. 법률상 손해배상책임 여부

근로계약에 따라 사용자는 근로자가 업무를 수행하는데 있어서 근로자에 대해 안전배려의무를 부담하게 되는 바, 안전한 작업장, 안전장비 제공, 안전교육, 안전수칙 제정 및 숙지 등 사용자가 안전배려의무를 불이행함으로써 근로자가 업무상 재해를 입게 되면 사용자는 민사상의 손해배상책임을 부담하게 된다.

사례의 경우 구체적인 사고내용은 나와 있지 않으나, 근로자가 철골절단 작업 중 추락한 사고로 사용자가 충분히 안전한 작업여건을 제공하지 않아 재해가 발생한 것으로 판단되므로, 사용자는 법률상 손해배상책임을 부담하게 된다.

2. 보상책임 여부

사용자배상책임 특별약관은 피보험자의 근로자에게 보험기간 중 생긴 업무상 재해로 인해 재해보상 관련 법령에서 급부가 이루어진 경우에 재해보상금액을 초과하는 피보험자의 법률상 배상책임손해를 보상하는 보험을 말한다.

사례의 경우에도 유족이 근로자의 업무상 재해에 대해 근로복지공단으로부터 유족급여를 수령하였으므로 그 금액을 초과하는 손해, 즉 피보험자의 법률상 배상책임손해를 보험자는 보상할 책임이 있다.

3. 사용자배상책임 특별약관상 지급보험금

(1) 치료비

근로복지공단으로 치료비, 즉 요양급여를 전액 지급받았으므로 사용자배상책임 특별약관에서는 보상할 금액이 없다.

1,000,000원 × (1 − 40%) − 1,000,000원(요양급여) = 0원

(2) 일실수입

2,500,000원 × 100% × 2 / 3 × 100 × 60% = 100,000,000원

① 유가족별 상속

- 배우자 : 100,000,000원 × 1.5 / 2.5 = 60,000,000원
- 자녀(1인) : 100,000,000원 × 1 / 2.5 = 40,000,000원

② 손익상계

산재보험에서는 배우자만이 수급권자이므로 배우자가 근로복지공단으로부터 받은 유족급여에 대해서만 손익상계를 하면 된다.

60,000,000원(배우자 몫) − 100,000,000원(유족급여) = 0원

③ 일실수입 지급보험금 : 40,000,000원(자녀 몫)

(3) 장례비

(5,000,000원 × 60%) − 12,000,000원(장례비) = 0원

(4) 위자료

50,000,000원(유족과 합의한 위자료를 인정)

(5) 지급보험금 합계

40,000,000원 + 50,000,000원 = 90,000,000원[≤100,000,000원(보상한도액)]

14

가스공급업자 A는 2018년 1월 22일 행복음식점을 방문하여 가스통 1개를 교체하였다. 이후 행복음식점에서 근무하는 갑(甲)은 주방에서 조리를 위해 가스밸브를 열고 점화하는 순간 폭발하여 건물이 붕괴되었다. 갑(甲)은 무너진 건물에 매몰되었다가 구조되어 병원으로 이송되었다. 동 사고의 원인은 불상의 가스누출에 의한 폭발사고로 확인되었다.

아래 〈별표〉의 내용을 참고하여 질문에 답하시오. (15점)

〈별표〉

(1) 보험가입사항

① 가스사고배상책임보험

② 액화석유가스 소비자보장 특별약관

(2) 전제조건

① 직업 / 임금 : 일용직 / 290만원(월)

② 진단명 : 목 부위 3도 화상

③ 후유장해 : 추상장해 10%

④ 호프만계수(H) : 계산상 편의를 위한 임의계수임.

- 사고일~퇴원일 : 3개월(H : 3)
- 사고일~가동종료일 : 25개월(H : 23)

⑤ 피해자의 부상급수 1급, 장해급수 14급

⑥ 발생비용

(단위 : 원)

치료비	향후 치료비	응급처치 및 호송비용	구조비용
4,000,000	2,000,000	200,000	500,000

〈질문사항〉

(1) 가스사고배상책임보험에서 보험을 가입해야 하는 사업자 및 담보하는 가스사고는 무엇인지 약술하시오. (5점)

(2) 액화석유가스 소비자보장 특약에서 보상하는 손해와 보상하지 않는 손해를 약술하시오. (5점)

(3) 상기 〈별표〉의 내용을 참조하여 갑(甲)의 지급보험금을 산정하고, 그 산출과정을 기재하시오. (5점)

모범답안

1. 보험가입의무자 및 가스사고의 정의

(1) 가입의무자

① 가스사용자

② 용기 등 제조업자

③ 가스사업자

④ 가스시설 시공업자 중 도시가스를 연료로 사용하는 온수보일러와 그 부대시설의 설치공사 또는 변경공사를 하는 자

(2) 가스사고의 정의

"가스사고"란 가스로 인한 폭발, 파열, 화재 및 가스의 누출로 타인의 신체에 상해(사망과 유독가스를 우연하게 일시에 흡입, 흡수, 섭취하여 발생한 중독증상을 포함)를 입히거나 재물을 멸실, 훼손 또는 오손케 하는 것을 말한다.

2. 액화석유가스 소비자보장 특약에서 보상하는 손해와 보상하지 않는 손해

(1) 보상하는 손해

보통약관 제3조(보상하는 손해)에도 불구하고 피보험자가 보험증권상의 보장지역 내에서 보험기간 중에 발생한 보험사고로 인하여 피해자에게 「액화석유가스의 안전관리 및 사업법 시행령」에 따라 법률상 배상책임을 부담함으로써 입은 손해를 보상한다.

이 특약은 신체손해에 대하여 소비자 또는 타인의 과실 여부를 불문하고 보상한다(보상책임주의).

(2) 보상하지 않는 손해

① 소비자 등의 고의로 인한 손해. 다만, 사고를 야기한 소비자 등을 제외한 제3자에게 발생한 손해는 보상한다.

② 판매사업자, 충전사업자와 사전 협의 없이 공급자 소유의 설비를 임의로 철거하거나 변경하는 행위로 인한 손해

③ 판매사업자, 충전사업자가 소비설비의 점검결과 불비한 것으로 지적, 통지된 부분을 개선치 않은 행위로 인한 손해

3. 갑(甲)에 대한 지급보험금 산정

(1) 보상책임 여부

사례의 경우 액화석유가스 소비자보장 특별약관에서 정하는 보상하지 않는 손해에 해당하지 않으므로, 보험자는 갑(甲)이 입은 신체손해에 대해 과실 여부를 불문하고 보상책임을 부담하여야 한다.

(2) 지급보험금

① 부 상

- 치료비 및 향후 치료비 : 4,000,000원 + 2,000,000원 = 6,000,000원
- 일실수입(입원기간) : 2,900,000원 × 100% × 3(H계수) = 8,700,000원
- 소계 : 6,000,000원 + 8,700,000원 = 14,700,000원

부상급수 1급 한도액 15,000,000원 이내이므로 14,700,000원을 전액 인정한다.

② 일실수입(후유장해)

2,900,000원 × 10% × 20(= 23 − 3) = 5,800,000원

장해급수 14급 한도액 5,000,000원을 초과하므로 5,000,000원을 인정한다.

③ 비용손해

200,000원(응급처치 및 호송비용) + 500,000원(구조비용) = 700,000원

이 비용손해는 손해방지비용에 해당하므로 보상한도액을 초과하더라도 보상된다.

④ 지급보험금

14,700,000원 + 5,000,000원 + 700,000원 = 20,400,000원

15

갑(甲)은 본인 소유의 1층 단독건물에서 일반음식점을 운영하고 있다. 2018년 1월 20일 22:00경 영업 중인 갑(甲)의 음식점에 불상의 자가 침입하여 미리 준비한 인화성 물질을 붓고 방화하여 그 화재와 유독가스로 인해 음식점 손님 을(乙), 병(丙), 정(丁)이 상해를 입는 사고가 발생하였다.

아래 〈별표〉의 내용을 참고하여 각각의 질문에 답하시오. (15점)

〈별표〉

(1) 갑(甲)의 보험가입사항

① 보험사 A : 재난배상책임보험

② 보험사 B : 장기재물보험, 화재(폭발 포함)배상책임 특별약관

- 보상한도액 : 사망 1인당 100,000,000원 / 부상 1인당 20,000,000원

(2) 손해사항

(단위 : 원)

피해자	피해사항	법률상 손해배상금	손해 세부내역
을(乙)	현장사망	200,000,000	사망에 따른 실제손해액 2억원
병(丙)	치료 중 사망	220,000,000	사망에 따른 실제손해액 2억원 부상등급 1급, 실제치료비 2천만원
정(丁)	부상	50,000,000	부상등급 1급, 실제치료비 5천만원

(3) 전제조건

① 음식점 바닥면적은 165제곱미터이다.

② 경찰조사 및 국립수사연구원 화재감식결과 등에 따르면, 화재원인은 불상자의 방화로 최종 확인되었고, 갑(甲)의 건물소유에 따른 관리상 하자나 기타 귀책사유에 따른 손해 확대 등은 확인되지 않아 갑(甲)의 과실 없는 사고로 종결되었다.

③ 갑(甲)의 음식점은 다중이용업소 화재배상책임보험 의무가입대상 시설에는 해당하지 않는다.

〈질문사항〉

(1) 각 보험종목별 보상하는 손해와 보상책임에 대하여 각각 약술하시오. (5점)

(2) 보험사별, 피해자별 지급보험금을 산정하고, 그 산출과정을 기재하시오. (10점)

모범답안

1. 각 보험종목별 보상하는 손해와 보상책임

(1) 재난배상책임보험(보험사 A)

① 보상하는 손해

회사는 보험증권상의 보장지역 내에서 보험기간 중에 피보험자가 소유, 관리 또는 점유하는 시설에서 발생한 화재, 붕괴, 폭발로 인한 타인의 생명, 신체 또는 재산상의 손해에 대해 피보험자가 부담하는 손해를 피보험자의 과실 여부를 불문하고 보상한다.

② 보상책임

재난배상책임보험은 피보험자가 소유, 관리 또는 점유하는 시설에서 발생한 화재, 붕괴, 폭발로 인한 타인의 손해에 대해 보상하는 보험이므로, 사례의 경우 비록 불상의 자가 침입하여 방화를 한 사건이지만 보험회사는 보상책임을 부담한다. 또한 전제조건에서 화재가 난 음식점은 다중이용업소 화재배상책임보험의 의무가입시설에 해당하지 않는다고 하였으므로 의무보험인 재난배상책임보험에서 우선 보상된다.

(2) 장기재물보험, 화재(폭발 포함)배상책임 특별약관(보험사 B)

① 보상하는 손해

회사는 피보험자가 보험증권상의 보장지역 내에서 보험기간 중에 보험의 목적에 발생한 화재 또는 폭발사고로 인한 타인의 신체 또는 재물손해에 대해 법률상 손해배상책임을 부담함으로써 입은 손해를 보상한다.

② 보상책임

사례의 경우 사고가 발생한 음식점이 다중이용업소 화재배상책임보험 의무가입대상 시설이 아니라고 전제하고 있어 장기재물보험의 화재배상책임 특별약관은 피보험자가 임의로 가입한 것으로 판단되며, 동 특별약관에서는 피보험자에게 과실이 있는 경우에 의무보험인 재난배상책임보험에서 보상하는 손해를 초과하는 손해를 보상하는 것인데, 사고조사 결과 피보험자인 갑(甲)에게 과실이 없는 사고로 종결되었으므로 보험회사의 보상책임은 발생하지 않는다.

2. 보험사별, 피해자별 지급보험금 산정

(1) 피해자 을(乙) : 현장사망

① A 보험사의 재난배상책임보험

실제손해액은 2억원이나 사망한도액 1억5천만원을 지급한다.

② B 보험사의 화재배상책임 특별약관

피보험자의 과실이 없는 사고로 종결되었으므로, 동 특약에서는 면책된다.

(2) 피해자 병(丙) : 치료 중 사망

① A 보험사의 재난배상책임보험

치료 중 사망하였으므로, 사망한도액 1억5천만원과 부상 1급 한도액 3천만원을 합한 1억8천만원 범위에서 피해자의 손해액을 보상하므로 1억8천만원을 지급한다.

② B 보험사의 화재배상책임 특별약관

피보험자의 과실이 없는 사고로 종결되었으므로, 동 특약에서는 면책된다.

(3) 피해자 정(丁) : 부상

① A 보험사의 재난배상책임보험

실제손해액은 5천만원이나, 부상 1급 한도액 3천만원을 지급한다.

② B 보험사의 화재배상책임 특별약관

피보험자의 과실이 없는 사고로 종결되었으므로, 동 특약에서는 면책된다.

16

갑(甲)은 을(乙) 소유의 건물에 사무실을 임차하여 사용 중이다. 2018년 5월 10일 갑(甲)의 사무실 내에서 화재사고가 발생하였으며, 외국인 내방객들(A, B, C)이 대피하는 과정에서 상해를 입었다.

아래 〈별표〉의 내용을 참조하여 각각의 질문에 답하시오. (15점)

〈별표〉
[보험가입사항]
① Commercial General Liability Insurance
② Insured : 갑(甲)
③ Limits of Insurance
- General Aggregate Limit $500,000
- Each Occurrence Limit $500,000
- Fire Damage Limit $100,000(any one fire)
- Medical Expenses Limit $5,000(any one person)
- All Costs & Expenses Limit $20,000

〈질문사항〉

(1) 피해자 A는 임차인 갑(甲)을 상대로 응급치료비 $3,000을 청구하였다. 피해자 B는 $1Million의 손해배상청구의 소를 제기하였고, 임차인 갑(甲)은 변호사를 선임하여 변론한 결과 배상판결금 $200,000과 변호사비용 $25,000이 발생하였다. 이 경우 지급보험금을 산정하고, 그 산출과정을 기재하시오. (5점)

(2) 피해자 A와 B의 보험금이 지급된 후 보험자는 갑(甲)과 을(乙)간에 합의된 건물 화재손해 $135,000에 대하여 증권상 보험금을 지급하였다. 이후 피해자 C는 $2Million의 손해배상청구의 소를 제기하였고, 임차인 갑(甲)은 변호사를 선임하여 변론한 결과 배상판결금 $300,000과 변호사비용 $40,000이 발생하였다. 이 경우 지급보험금을 산정하고, 그 산출과정을 기재하시오. (10점)

모범답안

1. 질문사항 (1)의 지급보험금 산정

(1) 피해자 A

응급치료비 $3,000(≤ $5,000)

(2) 피해자 B

① 배상판결금 : $200,000(≤ $500,000)

② 변호사비용 : $20,000(실제비용이 보상한도액을 초과하므로 한도액 지급)

③ 소계 : $200,000 + $20,000 = $220,000

2. 질문사항 (2)의 지급보험금 산정

(1) 임대인 을(乙)

$100,000(합의금액이 보상한도액을 초과하므로 보상한도액까지 지급)

(2) 피해자 C

① 배상판결금

$500,000(총보상한도액) − $203,000(A 지급 $3,000 + B 지급 $200,000)
= $197,000(잔여보상한도액)

영문영업배상책임보험(CGL)에서는 총보상한도액에서 이미 지급된 Coverage A(BI & PD) 및 B(PI & AI)에 따른 손해배상금과 Coverage C(MP)에 따른 의료비를 차감한 잔액이 잔여보상한도액이 된다.

② 변호사비용

추가지급조항(SP)은 일반적으로 보상한도액의 적용을 받지 않으나, 사례에서는 보상한도액을 별도로 설정하고 있어 이미 동일한 사고로 변호사비용이 보상한도액 $20,000까지 지급되었으므로, 본 건에서는 지급할 금액이 없다.

③ 소계 : $197,000 + $0 = $197,000

17

A 건설회사의 전공보조직원(정규직)인 피해자 "김○○"은 2016년 12월 1일 11시경 회사가 시행하는 전신주 조류피해방지 공사현장에서 동료직원 박○○이 약 16m 높이의 전신주 위에서 작업 도중 떨어뜨린 약 3kg 정도의 전류방지 커버에 머리부분을 충격당하여 두개골 함몰골절, 뇌실질내 출혈 및 두개골 결손상태의 재해를 입었다. 피해자 "김○○"은 사전에 안전교육을 받은 바 없었고, 사고 당시 안전모를 착용하지 않았다. 피해자 "김○○"은 치료종결 후 다음 날부터의 일실수익과 개호비를 회사에 청구하였다.

아래 〈별표〉의 내용을 참고하여 각각의 질문에 답하시오.

〈별표〉

(1) 보험가입사항
- ① 보험사 : ○○보험(주)
- ② 피보험자 : A 건설회사
- ③ 보험종목
  - 근로자재해보장책임보험
  - 사용자배상책임담보 특별약관(보상한도액 : 1인당 2억원 / 1사고당 4억원)

(2) 전제조건
- ① 피해자 : 김○○
- ② 생년월일 : 1961년 12월 1일
- ③ 입사일자 : 2010년 12월 1일
- ④ 사고일자 : 2016년 12월 1일
- ⑤ 정년 : 만 60세
- ⑥ 월급여 : 3,000,000원
- ⑦ 기대여명 : 치료종결일부터 20년
- ⑧ 개호 : 치료종결일부터 여명기간까지 1일 8시간의 개호가 필요함.
- ⑨ 치료기간 : 사고일~2019년 4월 4일
- ⑩ 노동능력상실률
  - 우측 상하지 강직성 부전마비 : 50%
  - 기질성 인격장해 : 20%
- ⑪ 과실비율 : 30%(피해자 과실비율)
- ⑫ 근로복지공단 지급내역
  - 휴업급여 : 58,000,000원
  - 요양급여 : 72,000,000원
- ⑬ 호프만계수
  - 사고일~치료종결일 : 28개월(H계수 : 20)
  - 사고일~정년 : 60개월(H계수 : 50)
  - 사고일~가동기간 : 120개월(H계수 : 100)
  - 사고일~여명기간 : 268개월(H계수 : 180)

⑭ 기 타
- 도시일용임금 : 일 90,000원
- 일실퇴직금 산정시 현가율은 [1 / (1 + 0.05 × 잔여재직기간)]으로 계산
- 위자료는 고려하지 않음.
- 월수계산이 필요한 경우 1개월은 30일로 가정

〈질문사항〉

(1) 복합장해율(노동능력상실률)을 계산하고, 그 산출과정을 기재하시오. (3점)

(2) 치료종결일 이후의 일실수익을 계산하고, 그 산출과정을 기재하시오. (10점)

(3) 일실퇴직금을 계산하고, 그 산출과정을 기재하시오. (10점)

(4) 개호비를 계산하고, 그 산출과정을 기재하시오. (5점)

(5) 보험회사가 지급해야 할 보험금을 계산하고, 그 산출과정을 기재하시오. (2점)

모범답안

1. 복합장해율(노동능력상실률)

① 우측 상하지 강직성 부전마비 : 50%

② 기질성 인격장해 : 20%

③ 복합장해율 : 50% + (100% − 50%) × 20% = 60%

2. 치료종결일 이후의 일실수익

(1) 치료종결일 이후~정년까지

월급여 3,000,000원 × 중복장해율 60% × H계수 30(= 50 − 20) × 과실상계 70%(= 100% − 30%)
= 37,800,000원

(2) 정년 이후~가동기간까지

1,980,000원(= 90,000원/일 × 22일*) × 60% × 50(= 100 − 50) × 70%(= 100% − 30%)
= 41,580,000원

* 월 가동일수는 경험측상 22일로 가정하여 계산하였으나, 최근 대법원은 월 22일에서 월 20일로 변경하였다(대법원 2024.4.25. 선고 2020다271650 판결).

(3) 일실수익 합계

37,000,000원 + 41,580,000원 = 78,580,000원

3. 일실퇴직금

(1) 정년시 예상퇴직금의 현가

3,000,000원 × 11년 × [1 / (1 + 0.05 × 5년)] = 26,400,000원

(2) 기수령퇴직금

3,000,000원 × 6년 = 18,000,000원

(3) 일실퇴직금

(26,400,000원 − 18,000,000원) × 60% × 70%(= 100% − 30%) = 3,528,000원

피해자는 입사일 당시 만 나이가 49세이었으므로 총 11년 근무가 가능하고, 사고일 당시 만 6년을 근무하였으므로 잔여재직기간은 만 5년이 된다.

4. 개호비(간병비)

2,700,000원(= 90,000원/일 × 30일) × 1인(8시간) × H계수 160(= 180 − 20) × 70%(= 100% − 30%)
= 302,400,000원

※ 개호비(간병비)의 경우 1인당(하루 8시간 기준) 도시일용임금 근로자 1일 해당 임금 × (30일)로 산정한다.

5. 지급보험금

일실수익 78,580,000원 + 일실퇴직금 3,528,000원 + 개호비 302,400,000원
= 384,508,000원

그러나 1인당 보상한도액이 2억원이므로, 지급보험금은 2억원이다.

18

2019년 7월 8일 19시경 서울 종로구 인사동에 소재한 ○○빌딩(10층) 지하 1층 '을'이 임차한 대중목욕탕 기계실에서 화재가 발생하여 미처 대피하지 못한 입욕객 '김○○'이 연기에 질식하여 사망하는 사고가 발생하였다. 1개월 전 종로소방서 소방점검에 대비하여 건물소유주 '갑'과 임차인 '을'은 임대차 계약규정에 따라 연대하여 시설점검을 실시한 바 있다.

아래 〈별표〉의 내용을 참고하여 각각의 질문에 답하시오.

〈별표〉

1. 보험가입사항
   (1) A 보험회사
      ① 피보험자 : 건물소유주 '갑'
      ② 보험종목 : Commercial General Liability Insurance Policy
      ③ 보상한도액
         • Bodily Injury : 1인당 1억원 / 1사고당 5억원
         • Property Damage : 1사고당 10억원
      ④ 자기부담금
         • Bodily Injury : 1사고당 1천만원
         • Property Damage : 1사고당 3천만원

   (2) B 보험회사
      ① 피보험자 : 임차인 '을'
      ② 보험종목 : 다중이용업소 화재배상책임보험
      ③ 보상한도액 : 의무보상한도액

2. 전제조건
   ① 피해자 : 김○○
   ② 생년월일 : 1963년 6월 30일
   ③ 직종 : 전기기사(정규직)
   ④ 월급여 : 3,000,000원
   ⑤ 과실비율 : 20%(피해자 과실비율)
   ⑥ 호프만계수
      • 사고일~정년 : 48개월(H계수 : 40)
      • 사고일~65세 : 108개월(H계수 : 90)
   ⑦ 기 타
      • 도시일용임금 : 일 90,000원
      • 민사판결 사례에 따른 장례비는 4,000,000원으로 가정
      • 위자료는 100,000,000원을 기준으로 함.
      • 퇴직금 손실은 고려하지 않음.
      • 상기 사고에 대하여 건물소유주 '갑'과 임차인 '을'은 공동으로 연대책임을 부담하며, 지급보험금은 독립책임액 분담방식에 따라 계산한다.

〈질문사항〉

(1) 피해자 '김○○'에 대한 법률상 손해배상책임액을 계산하고, 그 산출과정을 기재하시오. (10점)

(2) A, B 보험회사가 지급해야 할 보험금을 계산하고, 그 산출과정을 기재하시오. (10점)

모범답안

1. 법률상 손해배상책임액

(1) 일실수익

① 사고일 이후~정년까지

3,000,000원 × 100% × H계수 40 × 2 / 3(= 1 − 1 / 3) × 80%(= 100% − 20%)
= 64,000,000원

② 정년 이후~가동기간까지

1,980,000원(= 90,000원/일 × 22일*) × H계수 50(= 90 − 40) × 2 / 3 × 80%(= 100% − 20%)
= 52,800,000원

* 월 가동일수 변경 : 월 22일 → 월 20일(대법원 2024.4.25. 선고 2020다271650 판결)

③ 소계 : 64,000,000원 + 52,800,000원 = 116,800,000원

(2) 장례비

4,000,000원 × 과실상계 80%(= 100% − 20%) = 3,200,000원

(3) 위자료

100,000,000원 × 100% × (100% − 20% × 6 / 10) = 88,000,000원

(4) 합계액

116,800,000원 + 3,200,000원 + 88,000,000원 = 208,000,000원

2. A, B 보험회사의 지급보험금 산정

(1) A 보험회사의 독립책임액

208,000,000원 − 10,000,000원 > 100,000,000원 − 10,000,000원

따라서 A 보험회사의 독립책임액은 90,000,000원이다.

(2) B 보험회사의 독립책임액

208,000,000원 − 0원 > 150,000,000원

따라서 B 보험회사의 독립책임액은 150,000,000원이다.

※ 2019년 7월 8일 사고이므로 2019년 7월 3일 이후 계약이라고 가정하고, 보상한도액을 변경 후 금액인 150,000,000원으로 하여 계산하였다.

(3) 독립책임액의 합계액

90,000,000원 + 150,000,000원 = 240,000,000원

(4) 지급보험금

① A 보험회사 : 208,000,000원 × 90,000,000원 / 240,000,000원 = 78,000,000원

② B 보험회사 : 208,000,000원 × 150,000,000원 / 240,000,000원 = 130,000,000원

※ 2019년 7월 3일 이전 계약이라고 가정하면, A 보험회사는 90,000,000원, B 보험회사는 변경 전 보상한도액인 100,000,000원을 지급하면 된다.

19

여객선 ○○호가 백령도 선착장에 접안하던 중 갑작스런 파도로 접안시설에 충돌하여, 갑판선상에 미리 나와 있던 여객 수명이 넘어지고 1명이 해상으로 추락하였으며, 선착장에 나와 있던 주민 수명이 부상을 입는 사고가 발생하였다. 추락한 여객은 구조되었다.

〈별표〉

(1) 보험가입사항
① 보험종목
- 선주배상책임보험보통약관
- 구조비 특별약관

② 보상한도액 : 1인당 2억원 / 1사고당 10억원

(2) 손해사항
① 추락 승객의 구조비 : 3,000,000원
② 부상 승객의 긴급후송비 : 2,500,000원
③ 부상 주민의 응급치료비 : 1,500,000원
④ 파손된 접안시설의 복구비 : 20,000,000원
⑤ 탑승 승객의 소화물 파손손해 : 5,000,000원

〈질문사항〉

(1) 상기 보험계약의 보통약관 및 특별약관에서 보상하는 손해를 약술하시오. (5점)

(2) 상기 손해사항의 항목별 보상 여부를 기술하고, 지급보험금을 계산하시오. (5점)

모범답안

1. 보통약관 및 특별약관의 보상하는 손해

(1) 보통약관의 보상하는 손해

피보험자가 보험증권상의 보장지역 내에서 보험기간 중에 발생된 보험사고로 인하여 보험증권에 기재된 선박에 탑승한 여객의 신체에 장해를 입혀 피해자에게 법률상의 배상책임을 부담함으로써 입은 손해를 보상한다.

① 법률상의 손해배상금

② 비용손해

㉠ 손해방지경감비용(비용 전액 보상)

㉡ 권리보전행사비용(비용 전액 보상)

㉢ 소송비용, 변호사비용, 중재, 화해 또는 조정에 관한 비용(이 비용과 손해액의 합계액을 보상한도액 내에서 보상)

㉣ 공탁보증보험료(이 비용과 손해액의 합계액을 보상한도액 내에서 보상)

㉤ 피보험자 협력비용(비용 전액 보상)

(2) 특별약관의 보상하는 손해

보통약관의 규정에 불구하고 손해방지경감비용 중 구조비에 대해서는 구조비 특별약관의 규정에 따라 피보험자가 여객을 구조 또는 수색하기 위하여 직접 지급한 필요하고 유익한 비용을 보험증권에 기재된 보상한도액 내에서 보상한다.

2. 항목별 보상 여부 및 지급보험금 산정

(1) 항목별 보상 여부

① 추락 승객의 구조비 : 3,000,000원 ☞ 구조비 특별약관에 따라 보상

② 부상 승객의 긴급후송비 : 2,500,000원 ☞ 보통약관에 따라 보상

③ 부상 주민의 응급치료비 : 1,500,000원 ☞ 보상하는 손해에 해당하지 않음.

④ 파손된 접안시설의 복구비 : 20,000,000원 ☞ 보상하는 손해에 해당하지 않음.

⑤ 탑승 승객의 소화물 파손손해 : 5,000,000원 ☞ 보상하는 손해에 해당하지 않음.

(2) 지급보험금 산정

3,000,000원 + 2,500,000원 = 5,500,000원

※ 선주배상책임보험에서는 탑승한 승객에 대해서만 보상책임을 부담한다.

20

A건설(주)는 베트남 하노이 인근 △△쇼핑센터 신축공사를 수주하여 공사를 진행하던 중 2018년 4월 11일 현장근로자 '김○○'은 지하 1층 기계실 내에서 발판이 설치된 사다리 위에 올라가 펌프배관 용접작업을 하던 중 발을 헛디뎌 중심을 잃고 바닥으로 떨어지는 사고로 허리 및 손가락 부위에 큰 부상을 입었다. 사고 이후 '김○○'은 현지 병원에서 응급치료 시행 후 국내로 긴급 이송되어 입원치료를 받았으며, 이후 영구후유장해 판정을 받았다.

아래 〈별표〉의 내용을 참고하여 각각의 질문에 답하시오. (20점)

〈별표〉

(1) 보험가입사항

① 계약자 / 피보험자 : A건설(주)

② 보험종목 : 해외근로자재해보장책임보험

- 재해보상책임 특별약관
- 재해보상확장 추가특별약관
- 비업무상재해확장 추가특별약관

(2) 전제조건

① 재해자 : 김○○

② 담당직무 : 용접공

③ 근로계약 : 2018년 4월 1일~2018년 9월 30일(6개월)

④ 지급된 임금총액 : 2,000,000원(2018년 4월 1일~2018년 4월 10일)

⑤ 과실률 : 30%

⑥ 손해사항

- 현지에서 국내 요양기관으로의 긴급이송비용 : 3,500,000원
  (재해자 이송비용 2,500,000원, 동행간호인 호송비용 1,000,000원)
- 현지 / 국내 병원치료비 : 15,000,000원
- 향후 치료비 : 2,000,000원(현가액)
- 사고일~요양종료일 : 200일

⑦ 영구후유장해 판정사항

- 요추부 장해 : 「산재법」 제8급 제2호 판정
- 손가락 장해 : 「산재법」 제14급 제6호 판정
- 재해사고 이전 요추부 수술에 따른 기왕증 기여도 50%

⑧ 「근로기준법」상 신체장해등급과 재해보상표

장해등급	제7급	제8급	제13급	제14급
장해보상일시금	560일분	450일분	90일분	50일분

〈질문사항〉

(1) 「근로기준법」에서 정하고 있는 '요양의 범위' 7가지를 기재하시오. (5점)

(2) 재해자 '김○○'의 요양보상을 산정하고, 그 산출과정을 기재하시오. (5점)

(3) 재해자 '김○○'의 휴업보상을 산정하고, 그 산출과정을 기재하시오. (3점)

(4) 재해자 '김○○'의 장해보상을 산정하고, 그 산출과정을 기재하시오. (7점)

모범답안

1. 「근로기준법」에서 정하고 있는 '요양의 범위'(7가지)

① 진찰

② 약제 또는 진료 재료의 지급

③ 인공팔다리 또는 그 밖의 보조기의 지급

④ 처치, 수술, 그 밖의 치료

⑤ 입원

⑥ 간병

⑦ 이송

2. 재해자 '김○○'의 요양보상 산정 및 산출과정

(1) 이송비

현지에서 국내 요양기관으로의 긴급이송비용 3,500,000원 중 재해자 이송비용 2,500,000원을 보상한다.

※ 해외근재로 본국으로 송환되는 경우의 이송비용을 보상하지 아니하나, 기동이 불가하여 호송을 요하는 중환자에 해당하는 것으로 판단하여 재해자 이송비용을 500만원 한도 내에서 보상하며, 동행간호인 호송비용(1,000,000원)은 약관상 어떠한 경우에도 보상하지 않는다.

(2) 현지 / 국내 병원치료비

15,000,000원을 전액 보상한다.

(3) 향후 치료비

보상하지 않는다.

(4) 요양보상 산정

2,500,000원 + 15,000,000원 = 17,500,000원

3. 재해자 '김○○'의 휴업보상 산정 및 산출과정

(1) 산정식

평균임금 × 요양일수 × 70%

(2) 평균임금

산정일수가 3개월 미만이므로, 해당 기간에 받은 임금 총액을 근무일수로 나누어 산정한다.

평균임금 = 2,000,000원 / 10일 = 200,000원/일

(3) 요양일수 : 200일

(4) 휴업보상 산정

200,000원/일 × 200일 × 70% = 28,000,000원

4. 재해자 '김○○'의 장해보상 산정 및 산출과정

(1) 장해등급 판정

장해급수 8급과 14급은 장해등급 조정대상이 아니므로, 둘 중 더 높은 8급에 해당하는 장해등급을 적용한다.

(2) 장해등급 일수

주어진 장해보상일시금 일수(8급 450일)가 「근로기준법」 기준이기 때문에 재해보상확장 추가특약을 적용하여 「산재보험법」상 기준일수로 산정한다.

장해보상일수 = 450일 × 110% = 495일

(3) 기왕증 기여도 반영 여부

재해사고 이전 요추부 수술에 기왕증이 있으나, 대법원 판례에 따라 기왕증 기여도를 적용하지 않는다.

(4) 장해보상 산정

평균임금 × 해당 급수에 따른 장해보상일수

200,000원/일 × 495일 = 99,000,000원

21

○○아파트 101동 101호에 거주하는 '갑'은 해외여행을 가기 위해 본인의 반려견을 평소 친하게 지내는 옆집 102호에 거주하는 '을'의 배우자 '병'에게 맡기고 해외여행을 갔다. 잠시 반려견을 맡게 된 '병'은 인근 공원을 혼자 산책하던 중 개목줄을 놓쳐 같은 아파트 주민 '정'이 반려견에게 전신을 물려 병원으로 긴급 후송되어 치료를 받던 중 과다출혈로 사망하였다. 이에 피해자 '정'의 유가족은 '갑' 및 '병'을 상대로 손해배상을 청구하였다.

아래 〈별표〉의 내용을 참고하여 각각의 질문에 답하시오. (20점)

〈별표〉

(1) 보험가입사항

보험회사	계약자 / 피보험자	가입담보 특약	보상한도액	자기부담금
A	갑	일상생활중배상책임	1억	대물 20만원
B	을	일상생활중배상책임	1억	대물 2만원
C	병	가족일상생활중배상책임	3억	대물 20만원

(2) 전제조건

'정'에 대한 손해배상금 산정내역

치료비	장례비	일실수익	위자료
20,000,000원	5,000,000원	175,000,000원	100,000,000원

※ 생활비 공제는 고려하지 않음

〈질문사항〉

(1) 상기 사례에서 '갑', '을', '병'에게 적용되는 「민법」상의 특수불법행위책임에 대하여 약술하시오. (10점)

(2) 각 보험회사가 지급해야 할 지급보험금을 산정하고, 그 산출과정을 기재하시오. (10점)

모범답안

1. '갑', '을', '병'에게 적용되는 「민법」상의 특수불법행위책임

(1) 동물의 점유자의 책임

위 사안에 적용되는 「민법」상의 특수불법행위책임은 동물의 점유자의 책임이다. 동물의 점유자의 책임이란 동물이 타인에게 가한 손해에 대하여 동물의 점유자나 보관자가 지는 손해배상책임을 말한다(민법 제759조). 동물의 점유자의 책임은 위험책임설에 근거하며, 입증책임이 점유자나 보관자에게 전환된다. 다만, 점유자나 보관자가 상당한 주의를 하였음에도 불구하고 손해가 발생할 경우에는 면책된다.

심화TIP 동물의 점유자의 책임(민법 제759조)

① 동물의 점유자는 그 동물이 타인에게 가한 손해를 배상할 책임이 있다. 그러나 동물의 종류와 성질에 따라 그 보관에 상당한 주의를 해태하지 아니한 때에는 그러하지 아니하다.
② 점유자에 갈음하여 동물을 보관한 자도 전항의 책임이 있다.

(2) 점유자 및 보관자의 손해배상책임

동물이 타인에게 손해를 입힌 경우 점유자는 타인에 대해 손해배상책임을 진다. 다만, 동물의 종류와 성질에 따라 보관에 상당한 주의를 게을리 하지 않은 경우 면책될 수 있고, 상당한 주의를 다하였음을 입증해야 하는 중간책임에 해당한다. 보관자도 점유자에 갈음하여 손해배상책임을 진다.

(3) '갑', '을', '병'의 손해배상책임 여부

① **'갑'** : 반려견 소유자인 '갑'은 사고 당시 동물의 점유자에 해당하지 않기 때문에 피해자에 대해 법률상의 손해배상책임을 부담하지 않는다.

② **'을'** : '병'의 배우자인 '을'은 사고 당시 동물의 점유자 또는 보관자로 판단할 수 없으므로, 법률상의 손해배상책임을 부담하지 않는다.

③ **'병'** : '병'은 사고 당시 동물의 점유자로서, 산책 도중에 반려견의 개목줄을 놓치는 부주의로 사고가 발생하였으므로, 「민법」 제759조에 따른 손해배상책임을 부담한다.

2. 각 보험회사가 지급해야 할 지급보험금 산정 및 산출과정

(1) 각 보험회사별 보상책임의 검토

① A 보험회사 : '갑'은 법률상 손해배상책임을 부담하지 않으므로, A 보험회사는 약관상 보상책임을 부담하지 않는다.

② B 보험회사 : '병'은 '을'의 배우자이므로, '을'이 가입한 일상생활배상책임의 피보험자에 해당하며, '병'의 일상생활 중 부주의로 사고가 발생하였으므로 보상책임을 부담한다.

③ C 보험회사 : '병'은 가족일상생활중배상책임의 피보험자에 해당하며, '병'의 일상생활 중 부주의로 사고가 발생하였으므로 보상책임을 부담한다.

(2) 손해액 산정

① 치료비 : 20,000,000원

② 장례비 : 5,000,000원

③ 일실수익 : 175,000,000원

④ 위자료 : 100,000,000원

⑤ 합계 : 20,000,000원 + 5,000,000원 + 175,000,000원 + 100,000,000원
= 300,000,000원

(3) 각 보험회사별 독립책임액

문제 사례에서 B, C 보험회사는 동일한 위험을 담보하므로, 중복보험에 해당한다. 따라서 각 보험회사는 독립책임액 분담방식에 따라 지급보험금을 산정한 후 독립책임액 합산액이 손해액을 초과할 경우 독립책임액 비율에 따라 분담하여 지급한다.

① B 보험회사 : 손해액(300,000,000원)이 보상한도(100,000,000원)를 초과하므로, 독립책임액은 100,000,000원이다.

② C 보험회사 : 손해액(300,000,000원)이 보상한도(300,000,000원)와 동일하므로, 독립책임액은 300,000,000원이다.

③ 독립책임액 합산액 : 독립책임액 합산액(400,000,000원)이 손해액(300,000,000원)을 초과한다.

(4) 각 보험회사별 지급보험금

① A 보험회사 : 보상책임이 없으므로 지급보험금이 없다.

② B 보험회사 : 300,000,000원 × (1억원 / 4억원) = 75,000,000원

③ C 보험회사 : 300,000,000원 × (3억원 / 4억원) = 225,000,000원

22

ㅁㅁ인테리어(주)는 인천시 소재 △△모텔 리모델링 공사를 수주하여 보수공사를 진행하던 중 2018년 7월 31일 오후 3시경 소속 근로자 '김○○'가 건물 4층 외벽에 설치된 작업발판이 무너지며 1층으로 추락하여 사망하는 사고가 발생하였다. 때마침 공사현장 아래를 지나가던 행인 '박○○'가 철제 구조물 및 건축자재 더미에 깔려 머리, 척추, 다리 등에 큰 부상을 입고 약 10개월간 병원치료를 받았고, 이후 영구후유장해 판정을 받았다.

아래 〈별표〉의 내용을 참고하여 각각의 질문에 답하시오. (20점)

〈별표〉

1. 보험가입사항
   ① 보험회사 : A보험(주)
   ② 계약자 / 피보험자 : ㅁㅁ인테리어(주)
   ③ 보험조건 : 영업배상책임보험 보통약관
      • 도급업자 특별약관
   ④ 보상한도액(대인) : 1인당 5억원, 1사고당 10억원
   ⑤ 자기부담금(대인) : 1사고당 100만원

2. 전제조건
   (1) 피해자 : 김○○(현장사망)
      ① 직무(직종) : 현장근로자(비계공)
      ② 과실률 : 30%
      ③ 일실수익 : 120,000,000원
      ④ 위자료 : 70,000,000원

   (2) 피해자 : 박○○(부상 / 장해)
      ① 생년월일 : 1970년 7월 30일
      ② 직무(직종) : 도시일용근로자(보통인부)
      ③ 시중노임 : 1일 120,000원(월가동일수 22일)
      ④ 과실률 : 20%
      ⑤ 병원치료비 : 25,000,000원
      ⑥ 향후 치료비 : 5,000,000원(현가액)
      ⑦ 영구후유장해부위별 노동능력상실률
         • 두부손상 장해 50%
         • 척추체 장해 40%(기왕증 기여도 50%)
         • 다리 부위 10%
      ⑧ 호프만 계수(계산상 편의를 위한 임의계수임)
         • 사고일~치료 종료 : 10개월(H계수 : 10)
         • 사고일~가동 기간 : 144개월(H계수 : 110)
      ⑨ 위자료 : 서울중앙지방법원 산정기준에 따르며, 사망 또는 100% 장해시 기준금액 100,000,000원 적용

〈질문사항〉

(1) A보험(주)의 피해자별 보상책임에 대하여 약술하시오. (6점)

(2) '박○○'의 복합장해율을 계산하고, 그 산출과정을 기재하시오. (4점)

(3) A보험(주)가 지급해야 할 지급보험금을 산정하고, 그 산출과정을 기재하시오. (10점)

모범답안

1. A보험(주)의 피해자별 보상책임

(1) 근로자 김○○

피보험자 □□인테리어(주)는 근로자 김○○에 대해 「민법」 제758조에 의거하여 공작물 점유자, 소유자 책임 및 안전배려의무위반에 따른 손해배상책임(민법 제390조)을 부담한다.

그러나 영업배상책임보험 도급업자 특별약관은 피보험자가 수행하는 도급공사 작업 또는 작업의 수행을 위하여 소유, 사용, 관리하는 시설로 인하여 발생한 사고로 타인의 신체 및 재물에 손해를 입힌 경우에 도급업자가 부담하는 법률상의 배상책임손해를 담보하는 특별약관이다. 즉 영업배상책임보험 도급업자 특별약관에서 피보험자의 근로자가 피보험자의 업무에 종사 중 입은 신체장해는 산재보험 담보영역이므로 이 특별약관에서는 담보되지 않는다(면책사항).

따라서 A보험(주)는 근로자 김○○에 대해 보상책임을 부담하지 않는다.

(2) 행인 박○○

피보험자 □□인테리어(주)는 행인 박○○에 대해 「민법」 제758조(공작물 등의 점유자, 소유자의 책임) 및 제750조(불법행위책임)에 의거하여 손해배상책임을 부담한다.

또한, 영업배상책임보험 도급업자 특별약관에서 피보험자 □□인테리어(주)가 소유, 사용, 관리하는 시설의 하자로 생긴 사고는 보상하므로, 지나가던 행인 박○○가 입은 신체장해에 대해 보상책임이 있다.

2. 행인 박○○의 복합장해율 계산 및 산출과정

(1) 부위별 장해율 산정

① 두부손상 장해 : 50%

② 척추체 장해 : 40% × (1 − 50%) = 20% (※ 기왕증 기여도 50% 차감)

③ 다리부위 장해 : 10%

(2) 최종 복합장해율 산정

① 두부손상 장해 + 척추체 장해 : 50% + (100% − 50%) × 20% = 60%

② 최종 복합장해율 산정 : 다리부위 장해를 합산하면,
60% + (100% − 60%) × 10% = 64%

3. A보험(주)가 지급해야 할 지급보험금 산정 및 산출과정

(1) 행인 박○○의 손해배상금 산정

① 치료비 : 25,000,000원 × (100% − 20%) = 20,000,000원

② 향후 치료비 : 5,000,000원 × (100% − 20%) = 4,000,000원

③ 치료기간 일실수익 : (120,000원/일 × 22일*) × 100% × 10 × (100% − 20%)
= 21,120,000원

④ 장해기간 일실수익 : (120,000원/일 × 22일*) × 64% × (110 − 10) × (100% − 20%)
= 135,168,000원

* 월 가동일수 변경 : 월 22일 → 월 20일(대법원 2024.4.25. 선고 2020다271650 판결)

⑤ 위자료 : 100,000,000원 × 64% × [100% − (20% × 60%)] = 56,320,000원

⑥ 합계 : 20,000,000원 + 4,000,000원 + 21,120,000원 + 135,168,000원 + 56,320,000원
= 236,608,000원

(2) 지급보험금 산정

손해배상금(236,608,000원) − 자기부담금(1,000,000원) = 235,608,000원

1인당 보상한도가 5억원이므로, 지급보험금은 235,608,000원이다.

23

부진정연대채무(不眞正連帶債務)에 대하여 연대채무(連帶債務)와 비교하여 설명하고, 판례에서 부진정연대채무관계로 보는 경우에 대한 「민법」상의 관련 규정을 2가지 기재하시오. (10점)

모범답안

1. 부진정연대채무와 연대채무

(1) 부진정연대채무

부진정연대채무란 여러 명(수인)의 채무자가 동일 내용의 급부에 관해 각자 독립하여 전부 급부의무를 부담하지만, 채무자간의 공동목적에 의한 주관적 관련이 없어 1인에 대하여 생긴 목적도달 이외의 사유는 다른 채무자에 영향을 미치지 아니하고 채무자간에 구상관계도 생기지 않는 채권관계로서 「민법」상 연대채무에 속하지 않는 것을 말한다.

(2) 연대채무

연대채무란 수인의 채무자가 각자 독립하여 채무 전부를 변제할 의무를 가지며, 그 가운데 채무자 1인이 채무의 이행을 하면 다른 채무자의 채무도 소멸하는 다수당사자의 채무를 말한다. 연대채무는 채무자의 수만큼의 다수의 독립한 채무이다. 따라서 연대채무자의 한 사람에 대한 법률행위의 무효 또는 취소의 원인은 다른 채무자의 채무에 영향을 미치지 않는다.

(3) 부진정연대채무와 연대채무의 비교

① 공통점

부진정연대채무는 수인의 채무자가 동일 내용의 급부에 관해 각자 독립하여 전부 급부의무를 부담하고, 1인 채무자의 이행으로 다른 채무자의 채무가 소멸하는 점에서 연대채무와 같다.

② 차이점

㉠ 부진정연대채무는 채무자 사이에 공동목적에 의한 주관적 공동관계가 없으나, 연대채무는 주관적 공동관계가 있다.

판례 **대법원 1998.6.26. 선고 98다5777 판결**

「민법」 제426조가 연대채무에 있어서의 변제에 관하여 채무자 상호간에 통지의무를 인정하고 있는 취지는, 연대채무에 있어서는 채무자들 상호간에 공동목적을 위한 주관적인 연관관계가 있고 이와 같은 주관적인 연관관계의 발생 근거가 된 대내적 관계에 터잡아 채무자 상호간에 출연분담에 관한 관련관계가 있게 되므로, 구상관계에 있어서도 상호 밀접한 주관적인 관련관계를 인정하고 변제에 관하여 상호 통지의무를 인정함으로써 과실 없는 변제자를 보다 보호하려는데 있으므로, 이와 같이 출연분담에 관한 주관적인 밀접한 연관관계가 없고 단지 채권만족이라는 목적만을 공통으로 하고 있는 부진정연대채무에 있어서는 그 변제에 관하여 채무자 상호간에 통지의무 관계를 인정할 수 없고, 변제로 인한 공동면책이 있는 경우에 있어서는 채무자 상호간에 어떤 대내적인 특별관계에서 또는 형평의 관점에서 손해를 분담하는 관계가 있게 되는데 불과하다고 할 것이므로, 부진정연대채무에 해당하는 공동불법행위로 인한 손해배상채무에 있어서도 채무자 상호간에 구상요건으로서의 통지에 관한 「민법」의 위 규정을 유추 적용할 수는 없다.

㉡ 부진정연대채무는 구상권을 원칙적으로 행사할 수 없으나, 연대채무는 구상권을 행사할 수 있다. 그런데 판례는 부진정연대채무자 중 1인이 자기부담 부분 이상을 변제하여 공동의 면책을 얻게 하였다면 다른 부진정연대채무자에게 부담 부분의 비율에 따라 구상권을 행사할 수 있다고 하였다.

판례 **대법원 2006.1.27. 선고 2005다19378 판결**

부진정연대채무의 관계에 있는 복수의 책임주체 내부관계에 있어서는 형평의 원칙상 일정한 부담 부분이 있을 수 있으며, 그 부담 부분은 각자의 고의 및 과실의 정도에 따라 정하여지는 것으로서 부진정연대채무자 중 1인이 자기의 부담 부분 이상을 변제하여 공동의 면책을 얻게 하였을 때에는 다른 부진정연대채무자에게 그 부담 부분의 비율에 따라 구상권을 행사할 수 있다.

㉢ 부진정연대채무는 변제, 대물변제, 공탁, 상계 등에 대해서는 절대적 효력이 있으나, 그 이외의 사유에 대해서는 다른 채무자에게 영향을 미치지 않는다(상대적 효력). 반면, 연대채무는 변제, 대물변제, 공탁, 상계 등 목적도달 이외의 사유에 대해서도 다른 채무자에게 절대적 효력을 미친다.

판례 **대법원 2006.1.27. 선고 2005다19378 판결**

부진정연대채무자 상호간에 있어서 채권의 목적을 달성시키는 변제와 같은 사유는 채무자 전원에 대하여 절대적 효력을 발생하지만 그 밖의 사유는 상대적 효력을 발생하는 데에 그치는 것이므로 피해자가 채무자 중의 1인에 대하여 손해배상에 관한 권리를 포기하거나 채무를 면제하는 의사표시를 하였다 하더라도 다른 채무자에 대하여 그 효력이 미친다고 볼 수는 없다 할 것이고, 이러한 법리는 채무자들 사이의 내부관계에 있어 1인이 피해자로부터 합의에 의하여 손해배상채무의 일부를 면제받고도 사후에 면제받은 채무액을 자신의 출재로 변제한 다른 채무자에 대하여 다시 그 부담 부분에 따라 구상의무를 부담하게 된다 하여 달리 볼 것은 아니다.

2. 판례에서 부진정연대채무관계로 보는 경우에 대한 「민법」상의 관련 규정

(1) 피용자의 불법행위책임(민법 제750조)과 사용자배상책임(민법 제756조)

판례 **대법원 1975.12.23. 선고 75다1193 판결**

피용자의 사무집행 중의 불법행위로 인한 사용자의 「민법」 제756조의 규정에 의한 배상책임과 피용자 자신의 「민법」 제750조의 규정에 의한 불법행위책임은 전혀 별개의 것이고, 다만, 피해자가 어느 편으로부터 배상에 의하여 일부 또는 전부의 만족을 얻었을 때에는 그 범위내에서 타방의 배상책임이 소멸한다 할 것이고 이러한 피용자의 업무집행 중의 불법행위책임과 사용자배상책임이 강학상 부진정연대채무의 부류에 속한다 하더라도 성질상 사용자의 피용자에 대한 구상관계는 반드시 「민법」의 연대채무에 관한 규정에 따라야 하는 것은 아니고, 사용자와 피용자간의 법률관계에 따라서 해결하여야 하고, 이에 관한 다툼은 특약이 없는 한 법률행위 해석에 관한 문제에 속한다.

(2) 책임무능력자의 불법행위에 대한 법정감독의무자와 대리감독자의 책임(민법 제755조)

판례 **대법원 1981.8.11. 선고 81다298 판결**

책임무능력자의 대리감독자에게 「민법」 제755조 제2항에 의한 배상책임이 있다고 하여 위 대리감독자의 사용자 또는 사용자에 갈음한 감독자에게 당연히 「민법」 제756조에 의한 사용자책임이 있다고 볼 수는 없으며, 책임무능력자의 가해행위에 관하여 그 대리감독자에게 고의 또는 과실이 인정됨으로써 별도로 불법행위의 일반 요건을 충족한 때에만 위 대리감독자의 사용자 또는 사용자에 갈음한 감독자는 「민법」 제756조의 사용자책임을 지게 된다.

(3) 공동불법행위자(민법 제760조)

판례 **대법원 1997.12.12. 선고 96다50896 판결**

공동불법행위자는 채권자에 대한 관계에서는 연대책임(부진정연대채무)을 지되, 공동불법행위자들 내부관계에서는 일정한 부담 부분이 있고, 이 부담 부분은 공동불법행위자의 과실의 정도에 따라 정하여지는 것으로서 공동불법행위자 중 1인이 자기의 부담 부분 이상을 변제하여 공동의 면책을 얻게 하였을 때에는 다른 공동불법행위자에게 그 부담 부분의 비율에 따라 구상권을 행사할 수 있다.

24 「근로기준법」 및 「선원법」의 재해보상에서 정하고 있는 일시보상에 대하여 각각 설명하고, 그 지급의 효과에 대하여 비교 설명하시오. (10점)

모범답안

1. 일시보상

(1) 「근로기준법」(제84조)

요양보상(제78조)을 받는 근로자가 요양을 시작한 지 2년이 지나도 부상 또는 질병이 완치되지 아니하는 경우에는 사용자는 그 근로자에게 평균임금 1,340일분을 일시보상함으로써, 「근로기준법」에 따른 모든 보상책임을 면할 수 있다.

(2) 「선원법」(제98조)

선박소유자는 요양보상(제94조 제1항) 및 상병보상(제96조 제1항)을 받고 있는 선원이 2년이 지나도 그 부상이나 질병이 치유되지 아니하는 경우에는 「산업재해보상보험법」에 따른 제1급의 장해보상에 상당하는 금액(승선평균임금 1,474일분)을 선원에게 지급함으로써 요양보상, 상병보상 및 장해보상에 따른 보상책임을 면할 수 있다.

2. 지급의 효과

(1) 「근로기준법」

「근로기준법」상 사업주가 피재근로자에게 일시보상[평균임금×1,340일(1급)]을 지급하면 모든 재해보상책임을 면한다.

(2) 「선원법」

「선원법」상 선원에게 일시보상[승선평균임금×1,474일(1급)]을 지급하면 요양보상, 상병보상 및 장해보상에 따른 보상책임을 면할 수 있으나, 유족보상과 장제비에 대한 지급책임까지 면제되는 것은 아니다.

(3) 「민법」상 손해배상책임 면제 여부

「근로기준법」 또는 「선원법」상 일시보상하였다하더라도 「민법」상의 손해배상책임까지 면제되는 것은 아니다.

25 「산재법」상 일용근로자의 평균임금 산정시 적용하는 통상근로계수의 개념을 설명하고, 통상근로계수 적용을 제외하는 3가지 경우에 대하여 약술하시오. (10점)

모범답안

1. 통상근로계수

(1) 개 념

통상근로계수란 1개월 대비 일용노동자가 근무하는 비율을 감안하여 노동부장관이 고시하는 근로계수이다. 근로형태가 특이하여 산재보험 급여 산정시 평균임금을 적용하는 것이 적당하지 않다고 인정하는 경우에 통상근로계수를 적용하여 평균임금을 산정한다. 현재 노동부가 고시한 통상근로계수는 73 / 100이다. 즉 월급제의 경우에는 계속 근로한다고 보지만 일용노동자의 경우 월기준 22일 정도를 일한다고 보고 일당의 73%만 평균임금으로 인정하는 것이다.

(2) 통상근로계수 적용대상 근로자

"근로형태가 특이하여 평균임금을 적용하는 것이 적당하지 않다고 인정되는 경우"란 다음의 어느 하나에 해당하는 경우를 말한다.

① 1일 단위로 고용되거나 근로일에 따라 일당(미리 정하여진 1일 동안의 근로시간에 대하여 근로하는 대가로 지급되는 임금을 말한다) 형식의 임금을 지급받는 근로자(이하 "일용근로자"라 한다)에게 평균임금을 적용하는 경우

② 둘 이상의 사업(산재보험의 보험가입자가 운영하는 사업을 말한다)에서 근로하는 「근로기준법」에 따른 단시간근로자(일용근로자는 제외하며, 이하 "단시간근로자"라 한다)에게 평균임금을 적용하는 경우

2. 통상근로계수 적용을 제외하는 경우(3가지)

평균임금 산정사유 발생일 당시 당해 사업의 동종 업무에 종사하는 다른 일용노동자의 근로조건 등이 다음 조건에 해당하는 경우 통상근로계수가 적용되지 않는다.

① 근로관계가 3개월 이상 계속되는 경우

② 평균임금 산정사유 발생일 직전 3개월간 월평균 근로일수가 통상근로계수의 산정기초가 되는 근로일수를 초과하는 경우

③ 근로자 및 같은 사업에서 같은 직종에 종사하는 다른 일용근로자의 근로조건, 근로계약의 형식, 구체적인 고용 실태 등을 종합적으로 고려할 때 근로 형태가 상용근로자와 비슷하다고 인정되는 경우와 평균임금 산정사유 발생일 당시 1개월 이상 근로한 일용근로자가 통상근로계수를 적용하는 것이 부당하다고 신청한 경우로서 당해 일용근로자에게 지급된 입금액이 신청인이 제출한 자료 등에 의하여 명확한 경우

26 어린이놀이시설 배상책임보험의 가입대상별 담보위험과 보상한도액을 기재하고, 이 보험에 적용되는 손해배상책임법리에 대하여 약술하시오. (10점)

모범답안

1. 가입대상별 담보위험

어린이놀이시설 관리주체 및 안전검사기관은 어린이놀이시설의 사고로 인하여 어린이의 생명・신체 또는 재산상의 손해를 발생하게 하는 경우 그 손해에 대한 배상을 보장하기 위하여 보험에 가입하여야 한다(어린이놀이시설 안전관리법 제21조 제항).

(1) 어린이놀이시설 관리주체

피보험자(어린이놀이시설 관리주체)가 소유, 사용 또는 관리하는 어린이놀이시설 및 그 시설의 용도에 따른 업무의 수행으로 발생된 보험사고로 인하여 피보험자가 타인에게 신체장해나 재물손해를 입힌 경우 피해자에게 법률상의 배상책임을 부담함으로써 입은 손해를 보상한다.

(2) 어린이놀이시설 안전검사기관

피보험자가 어린이놀이시설의 정기검사, 설치검사, 정기설치검사, 안전진단(이하 "안전검사업무"라 한다) 안전검사업무의 하자로 인하여 어린이놀이시설을 이용하는 타인에게 신체장해 또는 재물손해를 입혀 피해자에게 법률상의 배상책임을 부담함으로써 입은 손해를 보상한다.

2. 보상한도액

(1) 신체손해

① 사망의 경우 : 8천만원(※ 실손해액이 2천만원 미만인 경우에는 2천만원)
② 부상의 경우 : 1급 1천500만원 ~ 14급 60만원(※ 상해 등급별 한도로 실손보상)
③ 신체장해가 생긴 경우 : 1급 8천만원 ~ 14급 500만원(※ 장해 등급별 한도로 실손보상)
④ 부상자가 치료 중에 해당 부상이 원인이 되어 사망한 경우 : ①과 ②의 금액을 합산한 금액
⑤ 부상한 자에게 해당 부상이 원인이 되어 신체장해가 생긴 경우 : ②와 ③의 금액을 합산한 금액
⑥ ③의 금액을 지급한 후 해당 부상이 원인이 되어 사망한 경우 : ①의 금액에서 ③에 따라 지급한 금액을 뺀 금액

(2) 재산상 손해 : 1사고당 200만원

3. 손해배상책임법리

(1) 어린이놀이시설의 설치 또는 보존상의 하자로 인한 사고

「민법」 제758조(공작물 등의 점유자, 소유자의 책임)에 따라 손해배상책임을 부담한다. 즉 공작물(놀이시설)의 설치 또는 보존의 하자로 인하여 타인에게 손해를 가한 때에는 공작물점유자(관리주체)가 손해를 배상할 책임이 있다.

(2) 어린이놀이시설 관리주체 또는 안전검사기관의 업무수행상 고의 또는 과실로 인한 사고

「민법」 제750조(불법행위의 내용)에 따라 손해배상책임을 부담한다. 즉, 고의 또는 과실로 인한 위법행위로 타인에게 손해를 가한 자는 그 손해를 배상할 책임이 있다.

(3) 어린이놀이시설 관리주체 또는 안전검사기관 직원이 업무수행상 타인에게 손해를 입힌 경우

「민법」 제756조(사용자의 배상책임)에 따라 손해배상책임을 부담한다. 즉 타인을 사용하여 어느 사무에 종사하게 한 자는 피용자(소속 직원)가 그 사무집행에 관하여 제3자에게 가한 손해를 배상할 책임이 있다.

27

'갑'이 소유자인 12층 특수건물의 2층 150m^{2}를 '을'이 최근 임차하여 노래연습장을 개업하고 2012년 7월 6일 다중이용업소 화재배상책임보험에 신규 가입하였다. 2021년 7월 8일 저녁 9시경에 노래연습장에서 화재가 발생하여 '을'과 손님 '병'은 현장에서 질식으로 사망하였고, 종업원 '정'은 이 사고로 화상치료를 받았으나 장해가 발생하였다. 화재원인에 대하여 국립과학수사연구소는 "정확한 발화원인과 발화지점을 단정할 수 없는 원인미상의 화재사고"로 감식하였다

아래 〈별표〉의 내용을 참고하여 각각의 질문에 답하시오. (20점)

〈별표〉

[보험가입사항]

보험회사	피보험자	보험종목	보상한도액
A	갑	신체손해배상특약부 화재보험	의무보상한도
B	을	다중이용업소 화재배상책임보험	의무보상한도

[등급별 보상한도액]

보험종목	후유장해 7급	부상등급 4급
신체손해배상특약부 화재보험	6천만원	1천만원
다중이용업소 화재배상책임보험	6천만원	1천만원

[재해자별 손해내역]

재해자	피해사항	손해액	손해내용	비 고
을	현장사망	2억원	법률상 손해배상금	노래연습장 주인
병	현장사망	2.5억원	법률상 손해배상금	노래연습장 손님
정	치료 후 후유장해	3천만원	병원화상치료비 (부상등급 4급)	노래연습장 종업원
		1억원	법률상 손해배상금 (후유장해등급 7급)	

(1) 신체손해배상특약부 화재보험과 다중이용업소 화재배상책임보험에서 '타인'의 적용범위를 설명하시오. (5점)

(2) 재해자별로 A와 B 보험회사가 지급해야 할 지급보험금을 각각 산정하고, 그 산출과정을 기재하시오. (15점)

모범답안

1. 신체손해배상특약부 화재보험과 다중이용업소 화재배상책임보험에서 '타인'의 적용범위

(1) 신체손해배상특약부 화재보험

'타인'은 특수건물의 소유자 및 그 주거를 같이하는 직계가족(법인의 경우 이사 또는 업무집행기관) 이외의 사람이므로 사례에서는 피해자 '을', '병', '정'은 여기에 해당하므로, 모두 타인이다.

① 소유자 : 특수건물의 소유자가 개인인 경우 소유자 및 그 주거를 같이하는 직계가족은 제외되며, 특수건물의 소유자가 법인의 경우 이사 등의 업무집행기관은 제외된다.

② 임차인 : 화재가 그 타인의 고의, 중과실 또는 법령위반으로 생겼을 경우 그 타인의 손해는 면책이다.

③ 종업원 : 종업원 및 건물관리인 역시 타인에 속한다. 다만, 종업원에 대해 산업재해보상보험에 가입하고 있는 경우 그 종업원에 대한 손해배상책임을 담보하는 보험에 가입하지 않을 수 있다.

※ 신체손해배상특약부 화재보험은 "특약부 화재보험"으로 용어가 개정되었다.

(2) 다중이용업소 화재배상책임보험

피보험자가 보험증권상의 보장지역 내에서 보험기간 중에 피보험자가 소유, 사용 또는 관리하는 다중이용시설의 화재(폭발 포함)로 인하여 피보험자가 타인의 신체 또는 재물에 대한 법률상의 배상책임을 부담한다. 여기서 '타인'은 「민법」상 '타인'으로, 불법행위자를 제외하고 타인의 범위에 제한이 없다.

다만, 종업원부보장 특별약관에 가입된 경우에는 피보험자의 "종업원이 피보험자의 업무수행 중 사상한 경우에는 보상하지 않는다"라고 규정되어 있으므로 피보험자인 '을'을 제외한 '병'과 '정'이 타인에 해당된다.

※ 2021년 7월 6일부터 다중이용업소의 영업주 또는 영업을 하려는 자는 화재배상책임보험에 「무과실」 보장내용을 포함하여야 한다.

2. 재해자별로 A와 B 보험회사가 지급해야 할 지급보험금

(1) '을' 재해자

① A 보험회사 : 노래연습장 주인인 '을'은 임차인으로서 신체손해배상특약부 화재보험의 '타인'에 해당한다. 현장사망으로 손해액 2억원 중 의무보상한도액(사망한도) 1억5,000만원을 보상한다.

② B 보험회사 : '을'은 다중이용업소 화재배상책임보험의 피보험자에 해당하므로 보상하지 않는다(면책).

(2) '병' 재해자

A 보험회사의 신체손해배상특약부 화재보험과 B 보험회사의 다중이용업소 화재배상책임보험은 '무과실책임주의'에 따라 보상하는 보험이므로, 독립책임액비례분담주의를 적용한다. 즉 부진정연대채무의 관계이다. 따라서 사고원인이 미상이고, 내부적인 책임비율을 제시하지 않았으므로 「민법」 제424조에 따라 각각 손해액의 50%씩 부담한다.

① A 보험회사 : 노래연습장 손님인 '병'은 신체손해배상특약부 화재보험의 '타인'에 해당하므로, 현장사망에 따른 손해액 2억5천만원 중 50%인 1억2,500만원을 보상한다.

② B 보험회사 : '병'은 다중이용업소 화재배상책임보험의 '타인'에 해당하므로, 현장사망에 따른 손해액 2억5천만원 중 50%인 1억2,500만원을 보상한다.

(3) '정' 재해자

종업원 배상책임보장 제외 특별약관에 가입되어 있지 않다고 가정하며, '무과실책임주의'에 따라 보상하는 보험이므로, 각 보험회사는 손해액의 50%씩 부담한다.

① A 보험회사 : 노래연습장 종업원인 '정'은 신체손해배상특약부 화재보험의 '타인'에 해당하므로, 병원화상치료비 3,000만원 중 50%인 1,500만원을 지급해야 하는데 부상등급 4급의 한도액(1,000만원)을 초과하므로, 1,000만원을 보상한다. 또한 후유장해비 1억원 중 50%인 5,000만원을 지급해야 하는데 후유장해등급 7급의 한도액(6,000만원) 이내이므로, 5,000만원을 보상한다.

② B 보험회사 : '정'은 다중이용업소 화재배상책임보험의 '타인'에 해당하므로, 병원화상치료비 3,000만원 중 50%인 1,500만원을 지급해야 하는데 부상등급 4급의 한도액(1,000만원)을 초과하므로, 1,000만원을 보상한다. 또한 후유장해비 1억원 중 50%인 5,000만원을 지급해야 하는데 후유장해등급 7급의 한도액(6,000만원) 이내이므로, 5,000만원을 보상한다.

(4) 보험회사별 지급보험금

① A 보험회사

1억5,000만원('을') + 1억2,500만원('병') + 6,000만원('정') = **3억3,500만원**

② B 보험회사

1억2,500만원('병') + 6,000만원('정') = **1억8,500만원**

28

2021년 7월 1일 ○○수영장에서 강습을 받던 김○○는 입수가 금지된 풀장에 들어갔다가 수영미숙으로 의식을 잃게 되는 사고가 발생하였다. 그러나 안전요원의 신속한 응급조치가 지연되어 김○○은 후유장해가 발생하였다.

아래 〈별표〉의 내용을 참고하여 보험회사가 지급해야 할 지급보험금을 산정하고, 그 산출 과정을 기재하시오. (15점)

〈별표〉

[보험가입사항]
- 보험조건 : 체육시설업자배상책임보험
- 피보험자 : ○○수영장
- 보험기간 : 2020년 12월 31일 ~ 2021년 12월 31일
- 보상한도액 : 5억원 / 1인당
- 자기부담금 : 100,000원 / 1사고당

[전제조건]
- 성명 : 김○○
- 생년월일 : 1991년 7월 1일(사고 당시 30세)
- 기대여명 : 이 사고로 잔존여명이 10년으로 단축됨.
- 직업 : 회사원(정년 60세)
- 소득 : 현실소득 6,000,000원/월(일실퇴직금 산정 제외)
- 시중노임단가 : 보통인부 3,000,000원/월
- 노동능력상실률 : 두부, 뇌, 척수, Ⅸ－B－4항 100%
- 개호 : 사고일로부터 여명기간까지 3,000,000원/월 인정
- 피보험자 책임범위 : 30%
- 발생치료비(대법원 2018다287935 판례. 최근 판례기준으로 산정할 것)

항 목	요양급여		비급여	총 치료비
	공단부담금	본인부담금		
금액	30,000,000원	20,000,000원	10,000,000원	60,000,000원

- 향후 치료비 및 보조구 구입비(현가) : 100,000,000원
- 위자료 : 50,000,000원(피보험자 책임범위를 고려함)
- 호프만계수(계산상 편의를 위한 임의계수임)
  - ＊ 사고일 ~ 기대여명까지 : 120개월(H계수 : 90)
  - ＊ 사고일 ~ 정년퇴직 60세까지 : 360개월(H계수 : 220)
  - ＊ 사고일 ~ 가동연한까지 : 420개월(H계수 : 242)

모범답안

1. 법률상 손해배상책임과 보상책임

체육시설업자배상책임보험은 의무가입대상 보험으로, 체육시설업자가 소유, 사용, 관리하는 시설물의 하자나 업무상의 과실로 인해 제3자에게 법률상의 손해배상책임을 부담하게 되었을 경우 그로 인한 손해를 보상해준다.

○○수영장은 김○○가 입수가 금지된 풀장에 들어가지 못하도록 관리했어야 했고, 안전요원의 신속한 응급조치가 지연된 과실로 사고가 발생하였으므로, 보상책임을 진다.

2. 지급보험금 산정

(1) 치료비

① 본인부담금 및 비급여치료비

(20,000,000원 + 10,000,000원) × 30% = 9,000,000원

② 공단의 구상금

공단부담금 30,000,000만원 × 30% = 9,000,000원

판례 **대법원 2021.3.18. 선고 2018다287935 전원합의체 판결**

공단이 불법행위의 피해자에게 보험급여를 한 다음 국민건강보험법 제58조 제1항에 따라 피해자의 가해자에 대한 기왕치료비 손해배상채권을 대위하는 경우 그 대위의 범위는 가해자의 손해배상액을 한도로 한 공단부담금 전액이 아니라, 그 중 가해자의 책임비율에 해당하는 금액으로 제한되고 나머지 금액(공단부담금 중 피해자의 과실비율에 해당하는 금액)에 대해서는 피해자를 대위할 수 없으며, 이는 보험급여 후에도 여전히 손해를 전보받지 못한 피해자를 위해 공단이 최종적으로 부담한다고 보아야 한다.

③ 향후 치료비 및 보조구 구입비

1억원 × 30% = 30,000,000원

④ 치료비 합계

① + ② + ③ = 9,000,000원 + 9,000,000원 + 30,000,000원 = 48,000,000원

(2) 일실수입액

① 사고일로부터 기대여명(10년)까지

현실소득 6,000,000원 × 100% × H계수 90 × 30% = 162,000,000원

② 사고일로부터 정년퇴직 60세까지

현실소득 6,000,000원 × 100% × H계수 (220 − 90) × 2/3 × 30% = 156,000,000원

③ 정년 이후 가동연한까지

보통인부 3,000,000원 × 100% × H계수 (240 − 220) × 2/3 × 30% ≒ 12,000,000원

※ H계수가 240을 초과하므로 240을 한도로 적용한다.

④ 일실수입액 합계

① + ② + ③ = 162,000,000원 + 156,000,000원 + 12,000,000원 = **330,000,000원**

(3) 개호비

3,000,000원 × H계수 90 × 30% = **81,000,000원**

(4) 위자료

전액 보상하므로, **50,000,000원**이다.

(5) 총 손해액

(1) + (2) + (3) + (4)

= 48,000,000원 + 330,000,000원 + 81,000,000원 + 50,000,000원 = **509,000,000원**

(6) 지급보험금

총손해액 509,000,000원에서 자기부담금 100,000원을 공제한 508,900,000원을 지급해야 하지만, 보상한도액 5억원을 초과하므로 **5억원을 지급**한다.

29

김○○은 이탈리아 선주의 상선에 선원으로 취업하여 직무수행 중 기상악화로 인해 선박이 좌초되어 중상해를 입고 5개월간 치료를 받았으나, 부상 악화로 사망하여 해외 현지에 매장되었다.

아래의 〈별표〉를 내용에 참고하여 각각의 질문에 답하시오. (15점)

〈별표〉

[보험가입사항 및 손해내역]

보험가입사항	치료기간 및 치료비	임금현황
선원근로자재해보장책임보험 – 해외취업선원재해보상 추가특별약관	• 치료기간(5개월) : 2021.2.1. ~ 2021.6.30. • 치료비 : $4,000	• 월 통상임금 : $3,000($100/일) • 월 승선평균임금 : $3,600($120/일)

[김○○의 부양 중인 가족관계]

- 사실혼 배우자 갑(甲)
- 미성년 자녀 을(乙)
- 모친 병(丙)
- 조모 정(丁)

(1) 보험회사가 지급해야 할 지급보험금을 산정하고, 그 산출과정을 기재하시오. (10점)

(2) 김○○의 부양 중인 가족관계를 토대로 「선원법」에 따른 각 상속인의 상속비율을 기재하시오. (5점)

모범답안

1. 보험회사가 지급해야 할 지급보험금

(1) 요양보상

직무수행 중 사고이므로, 치료비 전액(= $4,000)을 보상한다.

(2) 상병보상(휴업급여)

직무상 재해의 경우 4개월까지 통상임금 전액, 4개월 초과시 통상임금의 70%를 보상한다.

① 4개월까지 : 통상임금 전액을 보상하므로, $3,000/월 × 4개월 = $12,000

② 4개월 이후 ~ 요양종료 : 통상임금 × 70%, $3,000 × 1개월 × 70% = $2,100

③ 합계 : ① + ② = $12,000 + $2,100 = **$14,100**

(3) 장제비

직무수행 중 사망시 승선평균임금의 120일분과 $4,500 중 큰 금액을 보상한다.

승선평균임금 $120/일 × 120일 = $14,400

(4) 유족보상(유족급여)

① 직무수행 중 사망의 경우 승선평균임금 1,300일분 + 특별보상금($40,000)을 보상한다.
승선평균임금($120/일 × 1,300일) + 특별보상금($40,000) = $196,000
※ 상선의 경우 최저보상액이 $70,000이다.

② 직무외 사망의 경우 승선평균임금 1,000일분 + 특별보상금($40,000)을 보상한다.

(5) 현지에서 화장 또는 매장하는 경우 특별위로금

상선이므로 승선평균임금 90일분을 보상한다.

승선평균임금 $120/일 × 90일 = $10,800

(6) 최종 지급보험금 합계

(1) + (2) + (3) + (4) + (5)

= $4,000(요양보상) + $14,100(상병보상) + $14,400(장제비) + $196,000(유족보상) + $10,800(특별위로금)

= $239,300

2. 「선원법」에 따른 각 상속인의 상속비율

선원의 사망 당시 제1순위 범위는 배우자(사실상 혼인관계에 있던 자를 포함), 자녀, 부모, 손 및 조부모 순서로 한다. 단, 배우자, 자녀, 부모는 동일 순위로 하므로, 사실혼 배우자 갑(甲), 미성년 자녀 을(乙), 모친 병(丙)이 균등배분을 받는다.

① 사실혼 배우자 갑(甲) : 1/3

② 미성년 자녀 을(乙) : 1/3

③ 모친 병(丙) : 1/3

30

○○병원에 입원한 환자 '갑'과 '을' 그리고 병원 응급실을 방문한 다른 병원 소속 응급차량 운전기사 '병'은 ○○병원에서 코로나 바이러스에 감염되었다고 주장하면서, 각각 소송을 제기하였다.

법원은 ○○병원의 감염환자관리에 대한 의료과오로 인하여 환자 '갑'과 '을'이 코로나에 감염되었다고 법률상 배상책임을 인정하였으나, 운전기사 '병'은 외부에서 감염되어 병원은 법률상 배상책임이 없는 것으로 판결하였다. 본 건 사고에 대한 소송비용은 보험자 동의하에 ○○병원이 모두 지출하였다.

아래 〈별표〉의 내용을 참고하여 보험회사가 지급해야 할 지급보험금을 산정하고, 그 산출과정을 기재하시오. (15점)

〈별표〉

[피보험자 ○○병원의 보험계약사항]

보험회사	A 보험회사	B 보험회사	C 보험회사
보험종목	의사 및 병원배상책임보험 의료과실배상책임보장조항 (배상청구기준)	국문영업배상책임보험 보통약관 – 시설소유(관리)자 특약	의사 및 병원배상책임보험 의료과실배상책임 보장조항 (배상청구기준)
보험기간	2020.3.1. ~ 2021.3.1.	2020.5.1. ~ 2021.5.1.	2021.3.1. ~ 2022.3.1.
소급 담보일	2019.3.1.	–	2019.3.1.
보상 한도액	1억원 / 1청구당 1억원 / 총 보상한도액	1억원 / 1청구당 1억원 / 총 보상한도액	5천만원 / 1청구당 5천만원 / 총 보상한도액
자기 부담금	5천만원 / 1청구당	1백만원 / 1사고당	1천만원 / 1청구당

[소송결과 및 손해내역]

사건번호	2021가합10001	2021가합10002	2021가합10003
피해자(원고)	갑	을	병
소 가	200,000,000원	200,000,000원	100,000,000원
사고발생일	2021.2.10.	2021.2.10.	2021.2.10.
손해배상청구일	2021.2.15.	2021.3.10.	2021.5.15.
손해액	• 판결금 : 1억원 • 소송비용 : 1천만원	• 판결금 : 6천만원 • 소송비용 : 1천만원	소송비용 : 1천만원

모범답안

1. 법률상 배상책임

○○병원의 감염환자관리에 대한 의료과오로 인하여 환자 '갑'과 '을'이 코로나에 감염된 것으로 법률상 손해배상책임을 인정하였다. 그러나 운전기사 '병'은 손해배상책임이 인정되지 않았다.

환자 '갑'은 A 보험회사의 소급담보 일자(2019.3.1.) 이후 발생한 사고(2021.2.10.)로 보험기간에 최초의 손해배상을 청구한 것으로 A 보험회사에서 보상책임을 부담할 것이다. 환자 '을'과 운전기사 '병'의 경우에는 C 보험회사로 갱신된 이후 최초의 손해배상청구가 들어왔기 때문에 C 보험회사에서 보상책임을 부담할 것이다. 단, B 보험회사인 국문영업배상책임보험 시설소유(관리)자 특별약관의 경우 의료과오로 인한 사고이므로 약관상 면책사유에 해당하여 보상책임이 발생하지 않는다.

즉 의료과실은 B 보험회사의 시설소유(관리)자 특별약관에서 보상하지 않고, A 보험회사와 C 보험회사의 의료과실배상책임보장조항에서 보상한다.

2. 각 보험회사가 지급해야 할 지급보험금

(1) A 보험회사

소급담보일(2019.3.1.) 이후 보험기간(2019.3.1. ~ 2021.3.1.) 내에 보험사고가 발생(2021.2.10.)하였으므로, A 보험회사는 보상한도 내에서 보상책임이 발생한다.

① '갑'에 지급해야 할 지급보험금

(판결금 1억원 − 자기부담금 5천만원) + 소송비용 1천만원 = 6천만원

※ 1청구당 총 보상한도액이 1억원 이내이므로 6천만원을 지급한다.

② '을'에 지급해야 할 지급보험금

사고발생일(2021.2.10.)이 소급담보일(2019.3.1.) 이후이지만, 보험기간(2019.3.1. ~ 2021.3.1.) 내에 청구되지 않았으므로, 보상책임이 발생하지 않는다.

③ '병'에 지급해야 할 지급보험금

'병'에 대해서는 법률상 손해배상책임이 인정되지 않았기 때문에 보상책임이 발생하지 않는다. 다만, 소송비용 1천만원만 인정한다. 그런데 '병'의 손해배상청구일은 2021.5.15.로, A 보험회사의 보험기간이 경과하였기 때문에 A 보험회사는 소송비용을 지급하지 않는다.

(2) C 보험회사

① '갑'에 지급해야 할 지급보험금

사고발생일(2021.2.10.)이 소급담보일(2019.3.1) 이후이지만, 보험기간(2021.3.1. ~ 2022.3.1.) 이전에 청구(2021.2.15.)되었으므로, 보상책임이 발생하지 않는다.

② '을'에 지급해야 할 지급보험금

사고발생일(2021.2.10.)이 소급담보일(2019.3.1.) 이후이고, 보험기간(2021.3.1. ~ 2022.3.1.) 내에 청구(2021.3.10.)되었으므로, 보상책임이 발생한다.

(판결금 6천만원 − 자기부담금 1천만원) + 소송비용 1천만원 = 6천만원 ≤ **5천만원**

※ 1청구당 총 보상한도액 5천만원 이내이므로 5천만원을 지급한다.

③ '병'에 지급해야 할 지급보험금

사고발생일(2021.2.10.)이 소급담보일(2019.3.1.) 이후이고, 보험기간(2021.3.1.~ 2022.3.1.) 내에 청구(2021.5.15.)되었으나, 총보상한도액이 소진되었으므로 C 보험회사는 소송비용(1천만원)을 지급하지 않는다.

31

2021년 2월 1일 서울□□요양원에 입소 중인 중증치매환자 '갑'을 요양보호사 '을'이 부축하여 복도를 지나가다가 요양보호사 '을'의 부주의로 인하여 함께 넘어져 '갑'이 대퇴부 골절상해를 입고 인근 병원으로 이송되어 장기간 입원치료를 받았다.

아래 〈별표〉의 내용을 참고하여 각각의 질문에 답하시오. (10점)

〈별표〉

[보험가입사항]

- 보험회사 : A 보험회사
- 보험종목 : Professional Indemnity & Omissions Insurance Police(Claims－made Basis)
- 보험계약자 : 서울□□요양원
- 피보험자 : 서울□□요양원 / 요양보호사 '을' 외 200명
- 보험기간 : 2020.7.1. 00:00 ~ 2021.7.1. 00:00
- 담보위험 : 노인요양시설 전문직업인 업무
- Terms & Conditions
  - * L.O.L : 1억원 / 1인당, 5억원 / 1사고당
  - * Deductible : ₩500,000 / any one claim
  - * Co－Insurance of the Insured Clause

지급보험금 구간	공동보험 분담비율(%)
2,000만원 이하	지급보험금의 10%
2,000만원 초과	200만원＋2,000만원 초과하는 지급보험금의 20%

  - * Claims Control Clause

[전제조건]

- 피해자 : '갑'
- 사고일자 : 2021년 2월 1일(배상청구일)
- 피해자과실 : 20%
- 손해내용(계산상 편의를 위한 임의금액임)
  - * 실제치료비 : ₩19,500,000
  - * 간병비 : ₩7,000,000
  - * 향후 치료비(현가) : ₩8,500,000
  - * 위자료는 감안하지 않음

(1) A 보험회사가 피해자 '갑'에게 지급해야 할 지급보험금을 산정하고, 그 산출과정을 기재하시오. (5점)

(2) 상기 〈별표〉의 보험가입사항에서 "Claims Control Clause"에 대하여 약술하시오. (5점)

모범답안

1. A 보험회사가 피해자 '갑'에게 지급해야 할 지급보험금

(1) 손해배상액 산정

① 실제치료비

₩19,500,000 × (1 – 20%) = ₩15,600,000

② 간병비

₩7,000,000 × (1 – 20%) = ₩5,600,000

③ 향후 치료비(현가)

₩8,500,000 × (1 – 20%) = ₩6,800,000

④ 합 계

① + ② + ③ = ₩15,600,000 + ₩5,600,000 + ₩6,800,000 = **₩28,000,000**

(2) 지급보험금 산정

① Deductible(자기부담금) 공제

손해배상금(₩28,000,000) – 자기부담금(₩500,000) = ₩27,500,000

② Co – Insurance of the Insured Clause(공동보험 분담비율) 적용시

지급보험금이 2,000만원을 초과하므로,

₩2,000,000 + {(₩27,500,000 – ₩20,000,000) × 20%} = ₩3,500,000

∴ 지급보험금 = ₩27,500,000 – ₩3,500,000 = **₩24,000,000 < 1인당 한도 1억원**

2. Claims Control Clause(클레임통제조항)

"Claims Control Clause(클레임통제조항)"은 보험증권하에서 사고가 발생할 경우, 사고의 조사나 보험금의 지급 등에 있어서 원보험회사와 재보험회사간에 상호 협조를 하기로 한다는 약관이다. 즉 원보험자가 보험사고(청구)가 발생할 경우 재보험회사에게 모든 정보를 공유하고, 재보험사가 직접 합의절충 등을 하지는 않지만 재보험회사의 사전승인 없이는 합의절충 및 손해액 지급이 불가능하며, 이를 지키지 않을 경우 재보험사의 책임이 발생하지 않는 약관을 말한다.

통상 이 약관은 원보험회사로 하여금 ① 사고 사실을 즉시 재보험회사로 통보하도록 하고, ② 손해사정인이나 변호사 선정시 재보험회사의 사전동의를 구하도록 하며, ③ 보험금 지급 결정도 재보험회사의 동의를 구하도록 하고 있다.

재보험회사가 보험금 사정/지급 결정에 있어서 거의 전적인 결정권을 가지도록 문구가 되어 있을 경우에는 "Claims Control Clause"라고 하며, 원보험회사와 재보험회사가 상호 협의하도록 문구가 되어 있을 경우 "Claims Co – operation Clause"라고 한다.

32 배상책임보험에서 제3자에 대한 보험자대위를 설명하고, 국문영업배상책임 보험약관에 규정하고 있는 대위권에 대하여 약술하시오. (15점)

모범답안

1. 제3자에 대한 보험자대위

(1) 의 의

피보험자에게 보험금을 지급한 보험자는 보험의 목적(잔존물대위) 또는 제3자(청구권대위)에게 가지는 피보험자의 권리를 법률상 당연 취득하게 되는데 이를 '보험자대위'라 한다.

근재보험 보통약관에서 정하고 있는 대위권은 「상법」상 '청구권대위'에 해당한다. 청구권대위란 피보험자의 손해가 제3자의 행위로 인하여 생긴 경우에는 보험금액을 지급한 보험자가 그 지급한 금액의 한도에서 제3자에 대한 보험계약자 또는 피보험자의 권리를 취득하는 것을 말하는데, 「상법」에서는 '제3자에 대한 보험대위(상법 제682조)'라고 한다.

(2) 목 적

제3자에 대한 보험자대위 청구권은 피보험자의 이중이득방지, 보험의 도박화 방지, 제3자의 면책방지 등을 목적으로 한다.

(3) 성립 요건

① 제3자의 행위로 인해 보험사고가 발생하고, 이로 인해 피보험자가 손해를 입어야 한다.

② 보험자는 피보험자에게 보험금을 적법하게 지급해야 한다.

③ 보험계약자 또는 피보험자가 제3자에 대해 권리를 갖고 있어야 한다.

(4) 효 과

① 피보험자 등의 제3자에 대한 권리는 법률규정에 의해 당연히 보험자에게 이전된다. 이런 권리를 이전하기 위해 피보험자와 보험자간에 별도의 의사표시나 대항요건은 필요하지 않다. 이 때 보험자는 피보험자가 제3자에 대해 행사할 수 있는 권리의 한도에서만 이런 대위권을 행사할 수 있으며, 자기가 지급한 보험금액의 한도에서만 대위권을 행사할 수 있다.

② 제3자에 의해 보험사고가 발생한 후 보험자가 보험금을 지급하기 전에 피보험자가 제3자에 대한 권리를 행사하거나 처분한 경우에는 피보험자는 보험자에 대해 보험금청구권을 행사할 수 없다. 또한 피보험자가 보험자로부터 보험금을 지급받은 후에 제3자에 대한 권리를 행사하거나 처분한 경우에는 피보험자는 보험자의 대위권을 침해한 것이 되어 부당이득반환 또는 불법행위에 기한 손해배상책임을 부담한다.

③ 보험자가 보상할 보험금의 일부를 지급한 경우에는 피보험자의 권리를 침해하지 아니하는 범위에서 그 권리를 행사할 수 있다.

(5) 보험자대위권의 제한

① **가족에 대한 대위권의 제한** : 보험계약자나 피보험자의 제3자에 대한 대위권 규정에 따른 권리가 그와 생계를 같이 하는 가족에 대한 것인 경우 보험자는 그 권리를 취득하지 못한다. 다만, 손해가 그 가족의 고의로 인하여 발생한 경우에는 그러하지 아니하다.

② **피용자에 대한 대위권의 제한** : 피보험자의 업무에 종사 중인 피용인은 대위권을 행사할 수 없다.

③ **타인을 위한 보험계약의 경우** : 타인을 위한 보험계약의 경우에는 회사는 계약자에 대한 대위권을 포기한다.

2. 국문영업배상책임 보험약관에 규정하고 있는 대위권

(1) 보통약관상 대위권

① 회사가 보험금을 지급한 때(현물보상한 경우를 포함한다)에는 회사는 지급한 보험금의 한도 내에서 아래의 권리를 가진다. 다만, 회사가 보상한 금액이 피보험자가 입은 손해의 일부인 경우에는 피보험자의 권리를 침해하지 않는 범위 내에서 그 권리를 가진다.

1. 피보험자가 제3자로부터 손해배상을 받을 수 있는 경우에는 그 손해배상청구권
2. 피보험자가 손해배상을 함으로써 대위 취득하는 것이 있을 경우에는 그 대위권

② 계약자 또는 피보험자는 제1항에 의하여 회사가 취득한 권리를 행사하거나 지키는 것에 관하여 조치를 하여야 하며, 또한 회사가 요구하는 증거 및 서류를 제출하여야 한다.

③ 회사는 제1항, 제2항에도 불구하고 타인을 위한 보험계약의 경우에는 계약자에 대한 대위권을 포기한다.

④ 회사는 제1항에 따른 권리가 계약자 또는 피보험자와 생계를 같이 하는 가족에 대한 것인 경우에는 그 권리를 취득하지 못한다. 다만, 손해가 그 가족의 고의로 인하여 발생한 경우에는 그 권리를 취득한다.

(2) 대위권포기 특별약관

회사는 보통약관 제14조(대위권)의 규정에도 불구하고 보험증권에 기재된 사람에 대한 대위권을 포기한다.

33

생산물배상책임보험을 가입한 피보험자 ○○전자가 제조·공급한 냉장고의 결함으로 화재가 발생하여 김○○이 화상을 입었다. 피해자 김○○은 사고발생 전 예정되어 있던 해외유학이 이 건 사고로 인하여 취소되어 손해가 발생하였다고 주장하면서 ○○전자에 손해배상청구를 하였다. (10점)

(1) 상기 사고의 피해자 김○○의 손해배상청구가 「제조물책임법」상 인정될 수 있는지에 대하여 설명하시오. (6점)

(2) 「제조물책임법」에서 규정하고 있는 제조업자의 면책사유를 약술하시오. (4점)

모범답안

(1) 「제조물책임법」상 손해배상책임 인정 여부

「제조물책임법」 제3조 제1항에 의하면 "제조업자(○○전자)는 제조물의 결함으로 생명·신체 또는 재산에 손해(그 제조물에 대하여만 발생한 손해는 제외한다)를 입은 자에게 그 손해를 배상하여야 한다"고 규정하고 있다. 또한 제조물의 결함으로 인한 손해배상책임에 관하여 「제조물책임법」에 규정된 것을 제외하고는 「민법」에 따른다.

「민법」 제750조는 불법행위에 대한 손해배상 책임과 관련해 "고의 또는 과실로 인한 위법 행위로 타인에게 손해를 가한 자는 그 손해를 배상할 책임이 있다"고 규정하고 있다.

이 사건에서 냉장고 제조업자인 ○○전자가 화재사고로 인하여 「제조물책임법」상 손해배상책임을 지려면, "첫째 이 사건 냉장고가 통상적인 방법으로 사용되는 상태에서, 둘째 이 사건 화재사고가 이 사건 냉장고의 제조업자인 ○○전자의 배타적 지배하에 있는 영역(즉 냉장고 내부)에서 발생했고, 셋째 이러한 화재는 어떤 자의 과실 없이는 통상 발생하지 않는다"는 점을 피해자 김○○가 주장·입증하여야 한다.
설령 「민법」상 불법행위 책임이 적용된다고 하더라도 이 사건 냉장고에 대한 구체적인 제조상의 결함 및 그러한 결함과 이 사건 화재 사이의 인과관계에 대한 주장·입증이 있어야 한다.

따라서 이 사건에서 피해자 김○○은 해외유학 취소로 인한 손해에 대해 피보험자 ○○전자가 이 사건 냉장고에 대한 구조상 결함이 존재한다는 사실을 알거나 알 수 있었음에도 그 결함으로 인한 손해의 발생을 방지하기 위한 적절한 조치를 하지 않았다는 것을 입증하지 않는 한, 손해배상책임을 묻을 수 없다.

(2) 제조업자의 면책사유

① 제조업자가 해당 제조물을 공급하지 아니하였다는 사실

② 제조업자가 해당 제조물을 공급한 당시의 과학・기술 수준으로는 결함의 존재를 발견할 수 없었다는 사실

③ 제조물의 결함이 제조업자가 해당 제조물을 공급한 당시의 법령에서 정하는 기준을 준수함으로써 발생하였다는 사실

④ 원재료나 부품의 경우에는 그 원재료나 부품을 사용한 제조물 제조업자의 설계 또는 제작에 관한 지시로 인하여 결함이 발생하였다는 사실

※ 손해배상책임을 지는 자가 제조물을 공급한 후에 그 제조물에 결함이 존재한다는 사실을 알거나 알 수 있었음에도 그 결함으로 인한 손해의 발생을 방지하기 위한 적절한 조치를 하지 아니한 경우에는 ②～④까지의 규정에 따른 면책을 주장할 수 없다.

34

2021년 11월 1일 9시 30분경 경기도 평택시 소재 ○○반도체공장 신축공사 현장에서 (주)□□지게차 소속 안○○이 지게차를 운전하던 중, 갓길에 주차되어 있던 덤프트럭 뒤에서 신호를 하면서 도로 쪽으로 나온, (주)△△이앤씨 소속 정식 근로자 김□□를 발견하지 못하고 충격하여 사망하는 사고가 발생하였다.

피해자 유족 측은 근로복지공단으로부터 「산업재해보상보험법」에 따른 보험급여액을 지급받고 추가로 지게차 운전자 안○○의 소속사인 (주)□□지게차에 손해배상을 청구하였으며, (주)□□지게차는 A 보험회사에 보험금을 청구하였다. 한편 근로복지공단도 보험급여액을 지급한 다음 「산업재해보상보험법」 제87조 제1항에 따라 손해배상청구권을 대위하여 행사하고 있다.

아래 〈별표〉의 내용을 참고하여, 다음의 질문에 답하시오.

〈별표〉

[보험가입사항]

① 보험회사 : A
② 피보험자 : (주)□□지게차
③ 보험종목 : 영업배상책임보험
  • 건설기계업자 특별약관
  • 보상한도액 : 대인대물 일괄 1사고당 2억원
  • 자기부담금 : 1사고당 30만원

[전제조건]

① 피해자 : 김□□
  • 생년월일 : 1964년 10월 31일
  • 입사일자 : 2002년 1월 1일
  • 정년(60세) : 2024년 10월 31일
  • 월평균임금 : 6,000,000원(일 200,000원)
  • 과실률 : 30%
② 사고 이해관계자 책임분담률 : (주)□□지게차 60%, (주)△△이앤씨 40%
③ 도시 일용노임단가 : 보통인부 150,000원
④ 호프만계수(계산의 편의를 위한 임의계수임)
  • 사고일 ~ 정년 60세(36개월) : 30
  • 사고일 ~ 가동연한 65세(96개월) : 80
⑤ 위자료는 서울지방법원 산정기준에 따르며, 사망 또는 100% 장해시 기준금액 100,000,000원을 적용함.
⑥ 민사 판결사례에 따른 장례비는 5,000,000원으로 가정함.
⑦ 일실퇴직금 산정시 현가율은 「1 / (1 + 0.05 × 잔여 재직기간)」으로 함.
⑧ 현가율은 소숫점 첫째자리 미만에서 절사함.
⑨ 월수계산시 1개월은 30일로 가정함.
⑩ 최근 대법원 전원합의체 판결을 준용함.

(1) A 보험회사가 지급할 보험금을 산정하고, 그 산출과정을 기재하시오. (20점)

(2) 「산업재해보상보험법」 제87조 제1항에 따라 근로복지공단이 제3자에 대해 행사할 수 있는 구상권의 대상과 범위에 대하여 약술하시오. (5점)

(3) 근로복지공단이 제3자에 대해 행사할 수 있는 구상금액을 산정하고, 그 산출과정을 기재하시오. (5점)

모범답안

1. 지급보험금의 산정

(1) 장례비

장례비는 근로자가 업무상의 사유로 사망한 경우에 평균임금의 120일분에 상당하는 금액을 그 장례를 지낸 유족에게 지급한다(산업재해보상보험법 제71조 제1항).

- 장례비 = 200,000원/일 × 120일 = 24,000,000원
- 산재보상액(24,000,000원)이 장례비 5,000,000원을 초과하므로 0원이다.

(2) 사망 일실수입

① 유족급여

일시금 기준으로 평균임금의 1,300일분을 지급한다.

유족급여 = 200,000원/일 × 1,300일 = 260,000,000원

② 사고 ~ 정년까지

6,000,000원 × 30H × 100% × (1 − 1 / 3) = 120,000,000원

※ 생활비공제(1/3)

③ 정년 이후 ~ 가동연한까지

150,000원 × 22일* × 50H(H80 − H30) × 100% × (1 − 1 / 3) = 110,000,000원

※ 문제조건에서 월수계산시 1개월은 30일로 가정하였지만, 1개월 가동일수의 경우 대법원 판례에 따라 정년 이후에는 일용직근로자의 통상 22일을 적용하여 산정하였다.

* 최근 대법원은 월 가동일수를 월 22일에서 월 20일로 판시하였다(대법원 2024.4.25. 선고 2020다271650 판결).

④ 사망 일실수입

사망 일실수입 = {(120,000,000원 + 110,000,000원) − 260,000,000원} × (1 − 0.3)
= 0원

(3) 퇴직일시금

① 정년시 퇴직금

6,000,000원 × (22년 + 10 / 12) = 137,000,000원

② 기수령 퇴직금

6,000,000원 × (19년 + 10 / 12) = 119,000,000원

③ 일실퇴직금

{정년시 퇴직금 × 현가율 − 기수령 퇴직금} × 과실상계

= {137,000,000원 × 0.8 − 119,000,000원} × (1 − 0.3) = 0원

※ 현가율 = 1 / (1 + 0.05 × 잔여 재직기간) = 1 / (1 + 0.05 × 3) ≒ 0.869 = 0.8

※ 현가할인에 의해 일실퇴직금이 발생하지 않음

(4) 위자료

100,000,000원 × 노동능력상실률 × {1 − (6 / 10 × 피해자 과실비율)}

= 100,000,000원 × 100% × {1 − (6 / 10 × 30%)}

= 82,000,000원

(5) 지급보험금 합계

사고 이해관계자 책임분담률을 고려하여, A보험회사가 지급할 보험금을 산정하면

82,000,000원 × 60%(피보험자 책임분담률) = 49,200,000원

49,200,000원 − 300,000원(자기부담금) = 48,900,000원

※ 보상한도액 2억원 이내이므로 전액 보상한다.

심화TIP 실무적 계산방법

실무적으로 피해근로자는 부진정연대책임 원리에 따라 우선 A 보험회사에서 전액 지급받고, A 보험회사는 (주)△△이앤씨의 책임분담률에 해당하는 금액에 대하여 대위권을 행사할 수 있다.

즉 A 보험회사의 지급보험금 = 82,000,000원 − 자기부담금(300,000원) = 81,700,000원

여기서, A 보험회사는 81,700,000원 × 40% = 32,680,000원에 해당하는 금액을 (주)△△이앤씨에게 구상 청구할 수 있다.

2. 구상권의 대상과 범위

(1) 구상권의 대상

공단은 제3자의 행위에 따른 재해로 보험급여를 지급한 경우에는 그 급여액의 한도 안에서 급여를 받은 사람의 제3자에 대한 손해배상청구권을 대위(代位)한다. 다만, 보험가입자인 둘 이상의 사업주가 같은 장소에서 하나의 사업을 분할하여 각각 행하다가 그 중 사업주를 달리하는 근로자의 행위로 재해가 발생하면 그러하지 아니하다.

(2) 구상권의 범위

① 재해근로자의 제3자에 대한 손해배상청구권을 대위할 수 있는 범위는 제3자의 손해배상액을 한도로 하여 보험급여 중 제3자의 책임비율에 해당하는 금액으로 제한된다.

② 산업재해가 산재보험 가입 사업주와 제3자의 공동불법행위로 인하여 발생한 경우에도 공단이 재해근로자의 제3자에 대한 손해배상청구권을 대위할 수 있는 범위는 제3자의 손해배상액을 한도로 하여 보험급여 중 제3자의 책임비율에 해당하는 금액으로 제한된다.

판례 **구상금(대법원 2022.3.24. 선고 2021다241618 전원합의체 판결)**

공단이 제3자의 불법행위로 재해근로자에게 보험급여를 한 다음 산재보험법 제87조 제1항에 따라 재해근로자의 제3자에 대한 손해배상청구권을 대위할 수 있는 범위는 제3자의 손해배상액을 한도로 하여 보험급여 중 제3자의 책임비율에 해당하는 금액으로 제한된다. 따라서 보험급여 중 재해근로자의 과실비율에 해당하는 금액에 대해서는 공단이 재해근로자를 대위할 수 없으며, 이는 보험급여 후에도 여전히 손해를 전보받지 못한 재해근로자를 위해 공단이 종국적으로 부담한다고 보아야 한다. 이와 같이 본다면 산재보험법에 따라 보험급여를 받은 재해근로자가 제3자를 상대로 손해배상을 청구할 때 그 손해 발생에 재해근로자의 과실이 경합된 경우에, 재해근로자의 손해배상청구액은 보험급여와 같은 성질의 손해액에서 먼저 보험급여를 공제한 다음 과실상계를 하는 '공제 후 과실상계' 방식으로 산정하여야 한다.

또한 산업재해가 산재보험 가입 사업주와 제3자의 공동불법행위로 인하여 발생한 경우에도 공단이 재해근로자의 제3자에 대한 손해배상청구권을 대위할 수 있는 범위는 제3자의 손해배상액을 한도로 하여 보험급여 중 제3자의 책임비율에 해당하는 금액으로 제한됨은 위와 같다. 따라서 공단은 보험급여 중 재해근로자의 과실비율에 해당하는 금액에 대해서 재해근로자를 대위할 수 없고, 재해근로자를 위해 위 금액을 종국적으로 부담한다. 재해근로자가 가입 사업주와 제3자의 공동불법행위를 원인으로 가입 사업주나 제3자를 상대로 손해배상을 청구하는 경우에도 그 손해 발생에 재해근로자의 과실이 경합된 때에는 '공제 후 과실상계' 방식으로 손해배상액을 산정하여야 한다.

다만, 위와 같이 공동불법행위로 산업재해가 발생하여 공단이 제3자를 상대로 재해근로자의 손해배상청구권을 대위하는 경우에는, 순환적인 구상소송을 방지하는 소송경제적인 목적 등에 따라 공단은 제3자에 대하여 산재보험 가입 사업주의 과실비율 상당액은 대위 행사할 수 없다. 그러므로 공단은 '공제 후 과실상계' 방식에 따라 보험급여에서 재해근로자의 과실비율 상당액을 공제한 다음, 여기서 다시 재해근로자가 배상받을 손해액 중 가입 사업주의 과실비율 상당액을 공제하고, 그 차액에 대해서만 재해근로자의 제3자에 대한 손해배상청구권을 대위할 수 있다.

판례	구상권 행사의 상대방이 되는 '제3자'의 의미(대법원 2022.8.19. 선고 2021다263748 판결 / 대법원 2004.12.24. 선고 2003다33691 판결)

산업재해보상보험법 제87조 제1항에 정한 구상권 행사의 상대방이 되는 '제3자'라 함은 재해근로자와 산업재해보상보험관계가 없는 자로서 재해근로자에 대하여 불법행위 등으로 인한 손해배상책임을 지는 자를 말한다. 문제의 경우 (주)□□지게차 및 A 보험회사가 제3자에 해당된다.

3. 구상금액의 산정

(1) 장례비

5,000,000원 × (1 − 30%) × (1 − 40%) = 2,100,000원

※ 산재보상액 24,000,000원 범위 이내임

(2) 사망 일실수입

(120,000,000원 + 110,000,000원) × (1 − 30%) × (1 − 40%) = 96,600,000원

※ 유족급여 범위 이내임

(3) 위자료

위자료는 공단에서 지급하지 않은 항목이므로 구상금액에서 제외된다.

(4) 합 계

2,100,000원 + 96,600,000원 = 98,700,000원

공단은 98,700,000원에 대하여 제3자인 (주)□□지게차 및 A 보험회사에게 대위권을 행사한다.

35

2015년 4월 1일 16시경 ○○건설(주)의 SRF 신규설비 설치공사 현장에서 최□□와 보조작업자가 슈트 인양작업을 하던 중, 높이 3m 가량의 성형기 철골구조물 위에서, 최□□가 보조작업자가 넘겨주던 배출슈트를 받다가 무게중심을 잃고 낙상하는 사고를 당했다.

아래 〈별표〉의 내용을 참고하여, 다음의 질문에 답하시오.

〈별표〉

[보험가입사항]

① 피보험자 : ○○건설(주) 및 협력업체들

② 보험종목 : 국내근로자재해보장책임보험

- 사용자배상책임담보 특별약관
- 보상한도액 : 1인당 100,000,000원 / 1사고당 500,000,000원

[전제조건]

① 피해자 : 최□□

- 생년월일 : 1962년 8월 1일
- 직책 : 용접공(협력업체 소속 일용직)
- 평균임금(일) : 150,000원
- 도시 일용임금(일) : 100,000원
- 과실률 : 20%

② 후유장해(노동능력상실률)

- 흉추골절 : 25%(영구)
- 요추횡돌기골절 : 20%(한시 5년)
- 슬관절동요장해 : 10%(기왕장해)

③ 산재보험 급여액

- 요양급여 지급액(2015년 4월 1일～2018년 3월 31일) : 74,000,000원
- 휴업급여 지급액(2015년 4월 1일～2018년 3월 31일) : 73,000,000원
- 장해급여 지급액(결정일 2018년 3월 31일) : 40,000,000원(장해등급 7급)

④ 호프만계수(계산의 편의를 위한 임의계수임)

개 월	계 수	개 월	계 수
36	30	56	50
48	40	108	90

⑤ 위자료는 고려하지 않음.

(1) 보험회사가 지급할 보험금을 산정하고, 그 산출과정을 기재하시오. (10점)

(2) 기왕장해가 존재하는 경우와 기왕증 기여도가 존재하는 장해의 경우, 복합장해율을 산정하는 방식을 비교하여 약술하시오. (5점)

모범답안

1. 지급보험금 산출과정

(1) 치료비

피해자가 부담한 치료비가 없으므로 0원이다.

(2) 휴업손해

휴업손해 = 150,000원 × 22일* × 30H × (100% − 10%) × (1 − 0.2) − 73,000,000원

= 0원

※ 휴업손해는 실제 수입의 감소가 있는 경우에 인정되는 것이므로 기왕장해를 감안하여 휴업손해를 산정하는 것은 손해배상법리와 맞지 않는 것으로 본다.

(3) 일실수입

한시장해(96개월) 및 가동연한에 해당하는 호프만계수가 문제의 조건에서 주어지지 않아 보험금을 산정할 수 없다.

2. 복합장해율을 산정하는 방식

(1) 기왕장해가 존재하는 경우

기왕의 장해로 인한 후유장해와 사고로 인한 후유장해를 복합 산정을 한 현재의 노동능력상실률에서 기왕의 장해로 인한 노동능력상실률을 차감하여 산정한다.

(2) 기왕증 기여도가 존재하는 장해의 경우

① 피해자의 기왕증 등 소인이 기여한 후유장해가 하나뿐인 경우

사고로 인한 후유장해의 노동능력상실률에서 기왕증이 기여한 비율을 곱하는 방법으로 사고만으로 인한 노동능력상실률을 산정한다.

- 사고만으로 인한 노등능력상실률 = {노동능력상실률 × (1 − 기왕증 기여도)}

② 피해자의 기왕증 등 소인이 기여한 후유장해 이외에 다른 후유장해가 존재하는 경우

기왕증이 기여한 후유장해의 노동능력상실률을 기왕증의 기여비율대로 산정한 다음 나머지 장해로 인한 노동능력상실률을 복합장해의 산정방식에 따라 합산하여 전체 노동능력상실률을 산정한다.

판례 **대법원 2008.7.24. 선고 2007다52294 판결**

손해배상청구소송에서 기왕증과 관련하여, '기왕의 장해율' 즉 사고 이전에 이미 기왕증이 있었던 경우에 그 기왕증으로 인한 노동능력상실의 정도와, '기왕증의 기여도' 즉 사고와 피해자의 기왕증이 경합하여 피해자에게 후유증이 나타난 경우에 기왕증이 후유증이라는 결과 발생에 기여한 정도는 구분되어야 하고, 일실수입 손해를 계산하기 위한 노동능력상실률을 산정함에 있어 기왕증의 기여도를 참작하였다면 특별한 사정이 없는 한 개호비를 산정함에 있어서도 그 기왕증의 기여도를 참작하여야 한다.

36

서울 종로구에 소재한 △△병원에서 근무 중이던 간호사 김○○과 외래환자 이□□가 병원 승강기 탑승 중 오작동된 승강기가 추락하면서, 부상을 입고 그 부상으로 인해 후유장해가 남았다.

아래 〈별표〉의 내용을 참고하여 보험종목별 및 피해자별로 지급할 보험금을 각각 산정하고, 그 산출과정을 기재하시오. (15점)

〈별표〉

[보험가입사항]

• 피보험자 : △△병원

보험종목	승강기사고 배상책임보험	영업배상책임보험 – 시설소유(관리)자 특별약관	국내근로자 재해보장책임보험 – 사용자배상책임담보 특별약관
보상한도액	법정 보험금액	대인 1사고당 1억원	1사고당 1억원
자기부담금		1사고당 10만원	

[전제조건]

① 간호사 김○○
- 승강기사고배상책임보험 장해등급 : 손가락 13급, 치아 14급
- 상실수익 : 2,000만원
- 위자료 : 500만원
- 산재보험 장해급여 수령액 : 1,000만원

② 외래환자 이□□
- 승강기사고배상책임보험 장해등급 : 팔 12급, 다리 13급, 눈 14급
- 상실수익 : 4,000만원
- 위자료 : 1,000만원

③ 후유장해 등급별 승강기사고 배상책임보험 보험금액 한도

장해등급	10급	11급	12급	13급	14급
장해일시보상금	1,500만원	1,200만원	1,000만원	800만원	500만원

④ 승강기사고배상책임보험에서 상기 피해자들의 등급별 부상은 고려하지 않는 것으로 한다.
⑤ 상실수익 및 위자료 금액은 계산 편의상 산정한 금액임.
⑥ 피해자들의 과실은 없는 것으로 한다.

모범답안

1. 보험종목별 보상책임

(1) 승강기사고 배상책임보험

승강기사고 배상책임보험은 피보험자(△△병원)가 소유・사용・관리하는 승강기로 생긴 우연한 사고로 발생한 타인(외래환자 이□□)에 대한 손해배상책임을 담보하는 보험이다.

피보험자의 근로자(간호사 김○○)가 승강기 내에서 피보험자의 업무종사 중 입은 신체장해에 대해서는 보상하지 않는다. 즉 외래환자 이□□는 보상하지만, 피보험자의 근로자인 간호사 김○○에 대해서는 보상하지 않는다.

(2) 영업배상책임보험 – 시설소유(관리)자 특별약관

시설소유(관리)자 특별약관은 피보험자가 보험기간 중에 발생한 특별약관에 기재된 보험사고로 인하여 타인의 신체장해를 입히거나 타인의 재물을 망가뜨려(재물손해) 법률적인 배상책임을 부담함으로써 입은 손해를 보상하는 보험이다.

이 특별약관도 피보험자의 근로자가 피보험자의 업무종사 중에 입은 신체장해에 대해서는 보상하지 않는다. 즉 외래환자 이□□는 보상하지만, 피보험자의 근로자인 간호사 김○○에 대해서는 보상하지 않는다.

(3) 국내근로자 재해보장책임보험 – 사용자배상책임담보 특별약관

사용자배상책임담보 특별약관에서는 피보험자가 업무상 재해를 입은 근로자에 대해 보상하므로, 외래환자 이□□와 피보험자의 근로자인 간호사 김○○ 모두에 대해서 보상한다.

회사가 보상하는 손해는 재해보상책임 특별약관 및 재해보상관련 법령(산업재해보상보험법, 재해보상에 관한 기타 법령을 포함)에 따라 보상되는 재해보상 금액을 초과하여 피보험자가 법률상의 손해배상책임을 부담함으로써 입은 손해를 말한다.

2. 피해자별 지급보험금 산정

(1) 간호사 김○○

① 승강기사고 배상책임보험 : 보상하지 않는다(면책).

② 영업배상책임보험 – 시설소유(관리)자 특별약관 : 보상하지 않는다(면책).

③ 국내근로자 재해보장책임보험 – 사용자배상책임담보 특별약관

산재보험 장해급여 수령액을 초과한 금액을 보험금으로 산정한다.

지급보험금 = (상실수익 2,000만원 – 산재보험 장해급여 수령액 1,000만원) + 위자료 500만원
= 1,500만원

(2) 외래환자 이□□

의무보험인 승강기사고 배상책임보험에서 먼저 보상하고, 보상한도를 초과하는 손해배상금은 영업배상책임보험[시설소유(관리)자 특별약관]에서 보상한다.

① 승강기사고 배상책임보험

신체장해가 둘 이상 있을 경우에는 중한 신체장해에 해당하는 장해등급보다 한 등급 높이 배상한다. 즉 장해등급(팔 12급, 다리 13급, 눈 14급) 중 팔 12급보다 한 등급 높은 11급으로 산정한다.

손해배상금 = 상실수익 4,000만원 + 위자료 1,000만원 = 5,000만원

그런데 손해배상금 5,000만원은 11급 보험금액 한도 1,200만원을 초과하므로, 지급보험금은 **1,200만원**이다.

② 영업배상책임보험 – 시설소유(관리)자 특별약관

지급보험금 = (5,000만원 – 1,200만원) – 자기부담금(10만원) = **3,790만원**(※ 보상한도 이내임)

37

유도선사업자 '갑'은 승선정원 50명의 선박에 80명의 승객을 승선시키고 운행을 하였으며, 운항을 마치고 접안 중 운전부주의로 선박이 접안시설과 충돌하는 사고가 발생하였다. 이 사고로 갑판에 있던 승객 김○○과 접안시설 위에서 사진을 찍던 관광객 이□□가 바다에 빠져 함께 실종되었다. 수색과정에서 김○○과 이□□를 구조하여 병원으로 후송하였으며, 김○○은 치료 후 상태가 호전되었으나, 이□□는 치료 중 사망하였다.

아래 〈별표〉의 내용을 참고하여, 다음의 질문에 답하시오.

〈별표〉

[보험가입사항]

① 피보험자 : 유도선사업자 '갑'

② 보험종목 : 유도선사업자배상책임보험(보상한도액 : 1인당 2억원)

- 구조비담보 특별약관(보상한도액 : 1천만원)
- 승객 외 제3자담보 특별약관(보상한도액 : 1인당 2억원)
- 관습상의 비용담보 특별약관

[손해사항]

① 사고선박 예인비 : 10,000,000원

② 수색구조비 : 2,000,000원

③ 피해자

㉠ 승객 김○○

- 병원치료비 : 10,000,000원
- 상실수익 : 3,000,000원
- 위자료 : 3,000,000원
- 휴대품 수리비용 : 1,000,000원

㉡ 접안시설 관광객 이□□

- 병원치료비 : 10,000,000원
- 상실수익 : 50,000,000원
- 위자료 : 100,000,000원
- 카메라 수리비용 : 1,000,000원

(1) 보험회사가 지급할 담보별 보험금을 산출과정을 기재하여 산정하시오. (7점)

(2) "관습상의 비용담보 특별약관"에서 보상하는 손해를 약술하시오. (3점)

모범답안

(1) 담보별 보험금

① 사고선박 예인비

사고선박 예인비(10,000,000원)는 재물손해에 해당하므로 보상하지 않는다.

② 수색구조비

수색구조비(2,000,000원)는 보상한도액 1,000만원 이내이므로 구조비담보 특별약관에서 보상한다.

③ 승객 김○○

유도선사업자배상책임보험에서 보상하며, 운항을 마치고 접안 중 사고로 뚜렷한 정원 초과로 생긴 사고가 아니기 때문에 정원을 한도로 보상한다.

지급보험금 = 병원치료비 10,000,000원 + 상실수익 3,000,000원 + 위자료 3,000,000원
= 16,000,000원

※ 휴대품 수리비용(1,000,000원)은 재물손해에 해당하므로 보상하지 않는다.

④ 관광객 이□□

승객 외 제3자담보 특별약관에서 보상한다.

지급보험금 = 병원치료비 10,000,000원 + 상실수익 50,000,000원 + 위자료 100,000,000원
= 160,000,000원

※ 카메라 수리비용(1,000,000원)은 재물손해에 해당하므로 보상하지 않는다.

⑤ 보험회사가 지급할 보험금 합계

② + ③ + ④ = 2,000,000원 + 16,000,000원 + 160,000,000원 = 178,000,000원

(2) "관습상의 비용담보 특별약관"에서 보상하는 손해

회사는 유도선사업자배상책임보험 보통약관의 규정에도 불구하고 승객의 신체장해에 대하여 피보험자에게 배상책임이 없는 경우 피보험자가 회사의 동의를 얻어 관습상 지급한 아래의 비용을 보상한다. 회사는 관습상의 비용에 관하여 피해승객 1인당 30만원 한도 내에서 보상한다.

① 승객 또는 그 유족에게 지급하는 조의금이나 위로금
② 승객의 친족에게 지급하는 식대, 숙박비 및 교통비

38 "수개의 책임보험"에 대한 「상법」 규정을 약술하고, 국문영업배상책임보험 보통약관에서 규정하고 있는 보험금의 분담조항에 대하여 기술하시오. (10점)

모범답안

(1) "수개의 책임보험"에 대한 「상법」 규정

① 「상법」 제725조의2(수개의 책임보험)

피보험자가 동일한 사고로 제3자에게 배상책임을 짐으로써 입은 손해를 보상하는 수개의 책임보험계약이 동시 또는 순차로 체결된 경우에 그 보험금액의 총액이 피보험자의 제3자에 대한 손해배상액을 초과하는 때에는 제672조와 제673조의 규정을 준용한다.

② 「상법」 제672조(중복보험)

동일한 보험계약의 목적과 동일한 사고에 관하여 수개의 보험계약이 동시에 또는 순차로 체결된 경우에 그 보험금액의 총액이 보험가액을 초과한 때에는 보험자는 각자의 보험금액의 한도에서 연대책임을 진다. 이 경우에는 각 보험자의 보상책임은 각자의 보험금액의 비율에 따른다.

③ 「상법」 제673조(중복보험과 보험자 1인에 대한 권리포기)

수개의 보험계약을 체결한 경우에 보험자 1인에 대한 권리의 포기는 다른 보험자의 권리의무에 영향을 미치지 아니한다.

(2) 국문영업배상책임보험 보통약관에서 규정하고 있는 보험금의 분담조항

① 이 계약에서 보장하는 위험과 같은 위험을 보장하는 다른 계약(공제계약을 포함한다)이 있을 경우 각 계약에 대하여 다른 계약이 없는 것으로 하여 각각 산출한 보상책임액의 합계액이 손해액을 초과할 때에는 아래에 따라 손해를 보상한다. 이 계약과 다른 계약이 모두 의무보험인 경우에도 같다.

$$\text{손해액} \times \frac{\text{이 계약의 보상책임액}}{\text{다른 계약이 없는 것으로 하여 각각 계산한 보상책임액의 합계액}}$$

사례 보상책임액의 합계액이 손해액을 초과하는 경우

계약A : 보상책임액 1,000만원 / 계약B : 보상책임액 1,000만원 / 손해액 : 1,000만원
→ 계약A 보험회사 : 1,000만원×1,000만원 / (1,000만원+1,000만원) = 500만원 지급
→ 계약B 보험회사 : 1,000만원×1,000만원 / (1,000만원+1,000만원) = 500만원 지급

② 이 계약이 의무보험이 아니고 다른 의무보험이 있는 경우에는 다른 의무보험에서 보상되는 금액(피보험자가 가입을 하지 않은 경우에는 보상될 것으로 추정되는 금액)을 차감한 금액을 손해액으로 간주하여 제1항에 의한 보상할 금액을 결정한다.

③ 피보험자가 다른 계약에 대하여 보험금 청구를 포기한 경우에도 회사의 제1항에 의한 지급보험금 결정에는 영향을 미치지 않는다.

39

고객 홍○○은 SUN 가구마트에서 안락의자를 구입하기 위해 안락의자가 편한지 앉아보는 과정에서, 갑자기 안락의자 등받이가 분리되어, 요추골절상을 입었다. 홍○○은 SUN 가구마트를 상대로 손해배상청구소송을 제기하였다. 한편 SUN 가구마트는 아래 2개의 보험을 가입하고 있다.

> • Commercial General Liability Policy(Cover for Premises & Operations Liability)
> • Products/Completed Operations Liability Policy

(1) SUN 가구마트가 가입한 보험에서 홍○○이 제기한 손해배상청구소송이 담보되는지 여부에 대하여 각각 약술하시오. (5점)

(2) 미주지역에 수출하여 소비자에게 판매된 상기 제품의 결함과 관련한 손해배상청구소송 사건에서 원고는 청구원인으로 피고의 Negligence, Breach of Warranty, Strict Liability를 주장하고 있다. 이에 대하여 각각 약술하시오. (5점)

모범답안

(1) 손해배상청구소송이 담보되는지 여부

① Commercial General Liability Policy(Cover for Premises & Operations Liability)

• CGL(Commercial General Liability)은 피보험자(SUN 가구마트)가 보험기간 중에 영업행위로 우연한 보험사고로 타인(홍○○)의 신체에 상해를 입히거나 재물을 훼손하여 민사상 배상하여야 할 책임 있는 손해를 담보하는 영문영업배상책임보험이므로 손해배상청구소송이 담보된다.

• 시설소유관리자배상책임(Premises and Operations Liability) 특별약관은 피보험자가 공장 또는 사업장의 소유, 임차, 사용 및 관리자로서 건물, 기계장치, 구축물 등의 시설물(Premises)과 공장의 인적 또는 물적인 운영(Operations)을 함에 있어서 상당한 주의의무를 다하지 못하여 타인의 생명 및 신체에 손해를 입힌 경우 그 법률적 손해배상책임을 담보한다.

② Products/Completed Operations Liability Policy

해외수출품에 대한 생산물배상책임보험으로, 피보험자가 제조, 판매, 공급 또는 시공한 생산물이 타인에게 양도된 후 그 생산물의 결함으로 발생한 우연한 사고로 타인의 신체나 재물에 손해를 입힘으로써, 민사상 손해배상책임(제조물책임)을 부담해야 하는 손해를 보상한다. 하지만 생산물인 안락의자가 타인에게 양도되기 전이므로 담보대상이 아니기 때문에 손해배상청구소송도 담보되지 않는다.

(2) 청구원인

① Negligence(과실책임)

피해자의 손해 발생에 대해 그 방지를 위한 의무의 고의 내지 부주의에 의한 위반이 있어야 한다. 즉 생산물책임의 주체가 되는 제조업체의 주의의무가 선량한 관리자로서 주위의무를 위반(Negligence)하였을 경우 책임을 부과한다.

② Breach of Warranty(보증책임위반)

보증책임은 판매자와 구매자간에 제품의 품질에 대하여 명시적·묵시적으로 보증을 하고 후에 판매자가 보증한 제품내용이 명백히 사실과 다를 경우에 구매자에 대해 직접 책임을 부담하는 것이다(무과실책임).

- **명시보증** : 설명서, 카탈로그, 라벨, 광고 등의 전달수단에 의해서 명시된 사항을 위반한 경우
- **묵시보증** : 상품으로서 기능을 발휘하지 못하는 경우, 사용적합성이 없는 경우 등

③ Strict Liability(엄격책임주의)

엄격책임은 과실존재의 입증과 계약관계의 요건 없이 배상청구를 가능하게 하고 피해자로 하여금 소송을 용이하게 함으로써 제조업자는 매우 엄격한 제품에 대한 책임을 부담하게 되었다.

40

「중대재해 처벌 등에 관한 법률」에서 규정하고 있는 "중대재해"에 대하여 기술하고, 「기업중대사고 배상책임보험(특별약관 포함)」에서 보상하는 손해를 약술하시오. (10점)

모범답안

1. 「중대재해 처벌 등에 관한 법률」에서 규정하고 있는 "중대재해"

(1) 정 의

"중대재해"란 "중대산업재해"와 "중대시민재해"를 말한다.

(2) "중대산업재해"

"중대산업재해"란 「산업안전보건법」 제2조 제1호에 따른 산업재해 중 다음의 어느 하나에 해당하는 결과를 야기한 재해를 말한다.

① 사망자가 1명 이상 발생
② 동일한 사고로 6개월 이상 치료가 필요한 부상자가 2명 이상 발생
③ 동일한 유해요인으로 급성중독 등 대통령령으로 정하는 직업성 질병자가 1년 이내에 3명 이상 발생

(3) "중대시민재해"

"중대시민재해"란 특정 원료 또는 제조물, 공중이용시설 또는 공중교통수단의 설계, 제조, 설치, 관리상의 결함을 원인으로 하여 발생한 재해로서 다음의 어느 하나에 해당하는 결과를 야기한 재해를 말한다. 다만, 중대산업재해에 해당하는 재해는 제외한다.

① 사망자가 1명 이상 발생
② 동일한 사고로 2개월 이상 치료가 필요한 부상자가 10명 이상 발생
③ 동일한 원인으로 3개월 이상 치료가 필요한 질병자가 10명 이상 발생

2. 「기업중대사고 배상책임보험(특별약관 포함)」에서 보상하는 손해

「중대재해 처벌 등에 관한 법률」 및 동법 시행령에 따른 중대재해가 발생한 경우 손해를 입은 피해자로부터 보험기간 중에 손해배상청구가 제기되어 피보험자가 민사상 법률상의 배상책임을 부담함으로써 입은 아래의 손해를 보상한다.

① 피보험자가 피해자에게 지급할 책임을 지는 법률상의 손해배상금

② 계약자 또는 피보험자가 지출한 아래의 비용

㉠ 피보험자가 손해의 방지 또는 경감을 위하여 지출한 필요 또는 유익하였던 비용

㉡ 피보험자가 제3자로부터 손해의 배상을 받을 수 있는 그 권리를 지키거나 행사하기 위하여 지출한 필요 또는 유익하였던 비용

㉢ 피보험자가 지급한 소송비용, 변호사비용, 중재, 화해 또는 조정에 관한 비용

㉣ 보험증권상의 보상한도액 내의 금액에 대한 공탁보증보험료. 그러나 회사는 그러한 보증을 제공할 책임은 부담하지 않는다.

※ **공탁보증보험료** : 가압류, 가집행, 가처분 신청 등 각종 민사사건을 신청할 때, 잘못된 신청으로 인해 발생하는 피신청인의 손해를 법적으로 보상해 주기 위해 법원에 납부하는 공탁금을 대신하는 보험상품의 보험료

㉤ 피보험자가 회사의 요구에 따르기 위하여 지출한 비용

41

남태평양 해역에서 조업 중이던 ㅁㅁ수산(주) 소유의 대한민국 국적 어선에 승선하여 근무 중이던 '김○○' 갑판장은 2021년 1월 30일 갑판에서 작업 중 추락하여 부상을 입게 되었다. '김○○' 갑판장은 인근 항구의 병원으로 후송되었으나, 현지에서 수술이 어렵다는 의사 소견에 따라 혼자 움직일 수가 없어 동료 선원 1명의 호송을 받아 한국으로 귀국한 후 치료를 받았다.

아래 〈별표〉의 내용을 참고하여 다음 질문에 답하시오. (25점)

〈별표〉

[보험가입사항]

① 보험회사 : '갑' 보험회사
② 피보험자 : ㅁㅁ수산(주)
③ 보험종목 : 선원근로자재해보장책임보험
- 재해보상책임 특별약관
- 비업무상 재해확장 추가특별약관
- 사용자배상책임 특별약관
(보상한도액 : 1인당 100,000,000원 / 1사고당 200,000,000원)

④ 보험기간 : 2020년 4월 25일 ~ 2021년 4월 25일

[전제조건]

① 피재자명 : '김○○' 갑판장
② 근로계약기간 : 2020년 5월 1일 ~ 2021년 7월 31일
③ 이송비(사고와 상당인과관계 있는 손해로 인정됨)
- 항공운임 : 피재자 및 호송선원 합계 5,000,000원(1인당 2,500,000원)
- 구급차 병원이송비 : 500,000원

④ 치료관계비
- 입원치료비 : 7,000,000원(2021년 2월 1일 ~ 2021년 7월 31일)
- 향후 반흔제거술 : 4,500,000원(현가액)

⑤ 장해등급 / 노동능력상실률
- 우측 슬관절 부전강직(장해10급) / 슬관절 부전강직 20%(영구장해)
- 좌측 엄지발가락 절단(장해12급) / 족지절단 5%(영구장해)

⑥ 사고 당시 선원 임금 등
- 통상임금 : 월 4,000,000원
- 승선평균임금 : 월 6,000,000원(1개월은 30일로 본다)
- 도시일용노임 : 월 2,000,000원

⑦ 피재자 과실 : 50%
⑧ 호프만계수(계산상 편의를 위한 계수임)
- 사고일 ~ 입원종료일 : 6개월(H계수 : 5)
- 사고일 ~ 가동종료일 : 27개월(H계수 : 25)

⑨ 위자료와 일실퇴직금은 고려하지 않음.

⑩ 장해급여표(평균임금 기준)

등 급	근로기준법	산업재해보상보험법
제8급	450일분	495일분
제9급	350일분	385일분
제10급	270일분	297일분
제11급	200일분	220일분
제12급	140일분	154일분

(1) '갑' 보험회사의 보험계약에서 특약별 '보상하는 손해'에 대하여 약술하시오. (5점)

(2) '갑' 보험회사에서 '김○○' 갑판장에게 지급할 보험금을 산정하고, 그 산출과정을 기재하시오. (20점)

모범답안

1. 특약별 '보상하는 손해'

(1) 재해보상책임 특별약관

보험회사가 부담하는 보상하는 손해는 아래의 재해보상책임으로 인한 손해를 말한다.

① 재해보상책임

㉠ 「선원법」 적용 근로자의 경우 「선원법」 제94조 내지 제101조에 정한 재해 보상금액 : 요양보상, 상병보상, 장해보상, 일시보상, 유족보상, 장제비, 행방불명보상

㉡ 선박 내에서의 간이치료비용 및 그 기간의 휴업급여는 제외한다.

② 재해보상책임에 관하여 피보험자가 회사의 동의를 받아 지출한 소송비용

③ 재해를 입은 근로자가 국외지역에서 요양기관으로 이송되거나 본국으로 송환되는 경우의 이송비용을 보상하지 않는다. 그러나 거동이 불가능하여 호송을 요하는 중환자, 유해의 송환비용 또는 요양기관으로 긴급히 이송을 요하는 경우의 이송비용은 적절한 운송용구에 의한 편도에 한하여 실비로 1인당 5백만원을 한도로 보상하여 준다. 다만, 어떠한 경우라도 호송인에 대한 비용은 보상하지 않는다.

(2) 비업무상 재해확장 추가특별약관

보험회사는 재해보상책임 특별약관 제1조(보상하는 손해)의 규정에도 불구하고 피보험자의 근로자에게 생긴 비업무상의 신체의 상해 또는 질병에 대하여도 업무상의 재해와 동일한 방법으로 보상한다.

(3) 사용자배상책임 특별약관

① 회사가 부담하는 보상하는 손해는 재해보상책임 특별약관 및 재해보상 관련 법령(산업재해보상보험법, 재해보상에 관한 기타 법령을 포함한다)에 따라 보상되는 재해보상 금액을 초과하여 피보험자가 법률상의 배상책임을 부담함으로써 입은 손해를 말한다.

② 위의 손해금액은 재해보상책임 특별약관 및 산업재해보상보험법(공제계약을 포함한다)에 의한 급부가 이루어진 경우에 한하여 보상한다.

2. 지급보험금 산정

(1) 재해보상책임 특별약관

① 요양보상

㉠ 입원치료비 : 7,000,000원

㉡ 이송비 : 3,000,000원

- 항공운임 : 피재자 1인당 2,500,000원(호송인 비용 제외, 보상한도 500만원 이내)
- 구급차 병원이송비 : 500,000원

※ 구급차 병원이송비용을 이송비가 아닌 손해방지비용으로 볼 수 있으며, 전액 보상한다.

㉢ 소계 : 7,000,000원 + 3,000,000원 = **10,000,000원**

② 상병보상

㉠ 4개월까지 통상임금 전액 : 4,000,000원/일 × 4개월 × 100% = 16,000,000원

㉡ 4개월 이후 통상임금 70% : 4,000,000원/일 × 2개월 × 70% = 5,600,000원

㉢ 소계 : 16,000,000원 + 5,600,000원 = **21,600,000원**

③ 장해보상

㉠ 장해등급 조정 : 13급 이상의 장해가 둘 이상 있는 경우 심한 장해등급(10급)보다 1등급 상향하므로 9급으로 조정한다.

㉡ 장해보상 = 승선평균임금 × 385일분(9급)

= 200,000원/일 × 385일 = **77,000,000원**

※ 승선평균임금 = 6,000,000원 / 30일 = 200,000원/일

④ 지급보험금 합계

10,000,000원 + 21,600,000원 + 77,000,000원 = **108,600,000원**

(2) 사용자배상책임 특별약관

① 치료비

향후 치료비(반흔제거술)만 산정한다.

향후 치료비 = 4,500,000원(현가) × (1 − 50%) = **2,250,000원**

※ 피재자 과실 : 50%

② 호송선원 이송비

2,500,000원 × (1 − 50%) = **1,250,000원**

③ 일실수익

'과실상계 후 공제설'에 따라 산출하면 다음과 같다.

㉠ 입원 일실수익(사고일 ~ 입원종료일)

- 6,000,000원 × 100% × 5H × (1 − 50%) = 15,000,000원
  ※ 입원기간이 근로계약기간 내이므로 승선평균임금으로 계산한다.
- 손익상계 : 15,000,000원 − 21,600,000원(상병보상) = 0원(음수)

㉡ 장해 일실수익(입원종료일 ~ 가동종료일)

- 2,000,000원 × 24% × 20H(= 25H − 5H) × (1 − 50%) = 4,800,000원
  ※ 복합장해율 = 20% + (100 − 20)% × 5% = 24%
- 손익상계 : 4,800,000원 − 77,000,000원(장해보상) = 0원(음수)

④ 지급보험금 합계

2,250,000원 + 1,250,000원 = 3,500,000원

※ 1인당 보상한도액 100,000,000원 이내이므로 3,500,000원을 보상한다.

심화TIP 최근 대법원 판례에 따른 '공제 후 과실상계'를 적용하였을 경우 지급보험금 산정

① 치료비

향후 치료비 = 4,500,000원(현가) × (1 − 50%) = **2,250,000원**

② 호송선원 이송비

2,500,000원 × (1 − 50%) = **1,250,000원**

③ 일실수익

㉠ 입원 일실수익(사고일 ~ 입원종료일)

- 6,000,000원 × 100% × 5H = 30,000,000원
  ※ 입원기간이 근로계약기간 내이므로 승선평균임금으로 계산한다.
- 손익상계 : {30,000,000원 − 21,600,000원(상병보상)} × (1 − 50%) = **4,200,000원**

㉡ 장해 일실수익(입원종료일 ~ 가동종료일)

- 2,000,000원 × 24% × 20H(= 25H − 5H) = 9,600,000원
  ※ 근로계약기간이 종료되었으므로, 도시일용노임을 적용한다.
- 손익상계 : {9,600,000원 − 77,000,000원(장해보상)} × (1 − 50%) = **0원**(음수)

④ 지급보험금 합계

2,250,000원 + 1,250,000원 + 4,200,000원 + 0원 = **7,700,000원**(≤ 1인당 보상한도 100,000,000원)

※ 1인당 보상한도액 100,000,000원 이내이므로 7,700,000원을 보상한다.

42

2022년 7월 1일 피해자 '박○○'은 △△백화점에서 물건을 구입한 후 1층으로 내려가던 중 시설물 하자로 인해 추락하는 사고가 발생하여 목과 무릎 부위에 심한 부상을 입고 6개월간 입원치료 후 △△백화점에 손해배상을 청구하였다.

아래 〈별표〉의 내용을 참고하여 다음 질문에 답하시오. (20점)

〈별표〉

[보험가입사항]

① 보험회사 : '을' 보험회사
② 피보험자 : △△백화점
③ 보험종목 : 국문영업배상책임보험 / 시설소유(관리)자 특별약관
- 보상한도액 : 1인당 100,000,000원 / 1사고당 200,000,000원
- 자기부담금 : 1,000,000원 / 1사고당

④ 보험기간 : 2022년 1월 1일 ~ 2022년 12월 31일

[전제조건]

① 피해자 : '박○○' / 가정주부
② 도시일용임금 : 100,000원(계산시 월 3,000,000원 적용)
③ 진단명 : 경추 방출성 골절, 슬개골골절
④ 피해자 과실 : 50%
⑤ 노동능력상실률 : 경추 50%(영구장해), 무릎 40%(3년 한시장해)
⑥ 호프만 계수(계산상 편의를 위한 임의계수임)
- 사고일 ~ 입원종료일 : 6개월(H계수 : 5)
- 사고일 ~ 한시장해기간 : 36개월(H계수 : 30)
- 사고일 ~ 가동종료일 : 72개월(H계수 : 60)

⑦ 기왕치료비 : 8,000,000원
⑧ 향후 치료비 : 성형수술비 1,000,000원 / 내고정물 제거비 1,000,000원
⑨ 위자료는 고려하지 않음.

(1) 상기 보험계약의 약관상 '보상하는 손해'에 대하여 약술하고, 일반불법행위책임의 성립요건에 대하여 기재하시오. (10점)

(2) '을' 보험회사가 지급할 보험금을 산정하고, 그 산출과정을 기재하시오. (10점)

모범답안

1. 약관상 '보상하는 손해' 및 일반불법행위책임의 성립요건

(1) 약관상 '보상하는 손해'

피보험자가 소유·사용 또는 관리하는 시설 및 그 시설의 용도에 따른 업무의 수행으로 생긴 우연한 사고로 인하여 타인(제3자)의 신체에 상해·장해를 입히거나 타인의 재물에 피해를 입혀 법률상 손해배상책임을 부담함으로써 입은 손해를 보상한다.

(2) 일반불법행위책임의 성립요건

「민법」 제750조에서는 고의 또는 과실로 인한 위법행위로 타인에게 손해를 가한 자는 그 손해를 배상할 책임이 있다고 규정하고 있다. 따라서 「민법」상의 일반불법행위책임이 성립하려면 다음과 같은 요건을 갖추어야 한다.

① 고의 또는 과실

가해자에게 고의 또는 과실이 있어야 한다. 가해자의 고의나 과실에 대한 입증책임은 피해자에게 있다. 여기서 고의란 일정한 결과가 발생하리라는 것을 알면서 감히 이를 행하는 심리상태를 말하며, 과실이란 자기의 행위로 일정한 결과가 발생한다는 것을 인식했어야 함에도 불구하고 주의를 게을리 하여 인식하지 못하고 그 행위를 하는 심리상태를 말한다.

② 책임능력

가해자에게 책임능력이 있어야 한다. 책임능력이란 자기의 행위의 결과가 위법한 것으로서, 법률상의 책임을 변식할 수 있는 정신능력을 말하며(민법 제753조, 제754조 참조), 입증책임은 가해자에게 있다.

③ 위법성

가해자의 가해행위는 위법한 것이어야 한다. 위법성은 보호할 가치가 있는 이익을 위법하게 침해하는 것을 말하며, 입증책임은 가해자에게 있다.

④ 손해의 발생

불법행위가 성립하기 위해서는 위법행위로 인하여 손해가 발생하여야 한다. 손해는 법적으로 보호할 가치가 있는 이익에 대한 침해로 생긴 불이익을 말하며, 재산적 손해뿐만 아니라 비재산적 손해의 가치의 멸실, 감소를 모두 포함한다.

⑤ 인과관계

위법행위와 손해 사이에 인과관계가 있어야 하며, 입증책임은 피해자에게 있다. 통설과 판례는 상당인과관계설을 취하고 있다.

2. 지급보험금 산정

(1) 치료비

① 기왕치료비 : 8,000,000원 × (1 − 50%) = 4,000,000원

② 향후 치료비

㉠ 성형수술비 : 1,000,000원 × (1 − 50%) = 500,000원

㉡ 내고정물 제거비 : 1,000,000원 × (1 − 50%) = 500,000원

③ 소계 : 4,000,000원 + 500,000원 + 500,000원 = **5,000,000원**

(2) 일실수익

① 사고일 ~ 입원종료일까지

3,000,000원 × 100% × 5H × (1 − 50%) = 7,500,000원

② 입원종료일 ~ 한시장해종료일까지

3,000,000원 × 70% × 25H(= 30H − 5H) × (1 − 50%) = 26,250,000원

※ 복합장해율 = 50% + (100 − 50)% × 40% = 70%

③ 한시장해종료일 ~ 가동종료일까지

3,000,000원 × 50% × 30H(= 60H − 30H) × (1 − 50%) = 22,500,000원

④ 소계 : 7,500,000원 + 26,250,000원 + 22,500,000원 = **56,250,000원**

(3) 합 계

5,000,000원 + 56,250,000원 = **61,250,000원**

(4) 지급보험금

61,250,000원 − 1,000,000원(자기부담금) = **60,250,000원**(≤ 1인당 보상한도 100,000,000원)

※ 1인당 보상한도액 100,000,000원 이내이므로 60,250,000원을 보상한다.

43

전문의 'A'가 운영하는 ㅁㅁ정형외과의원에 내원한 '최○○'는 추간판탈출증으로 진단되어 2020년 8월 11일 정형외과 전문의 'A'(집도의)와 정형외과 전문의 'B'(전문의 'A'에 의해 고용된 보조의)로부터 척추수술을 받았으나, 의료과실로 인한 영구장해로 진단받고 2021년 10월 15일 손해배상을 청구하였다.

아래 〈별표〉의 내용을 참고하여 다음 질문에 답하시오. (20점)

〈별표〉

[보험가입사항]

보험회사	'갑' 보험회사	'을' 보험회사
보험종목	의사 및 병원 배상책임보험 • 배상청구기준 • 의료과실 배상책임 담보	의사 및 병원 배상책임보험 • 배상청구기준 • 의료과실 배상책임 담보 • 피보험자 지정 특별약관
보험계약자	ㅁㅁ정형외과의원	○○정형외과개원의협의회
피보험자	ㅁㅁ정형외과의원	전문의 'A'
보험기간	2020.1.1. ~ 2020.12.31.	2021.1.1. ~ 2021.12.31.
소급담보일자	2020.1.1.	2020.1.1.
보상한도액	200,000,000원 / 1인당	200,000,000원 / 1인당
자기부담금	10,000,000원 / 1사고당	10,000,000원 / 1사고당

[전제조건]

① 피해자 : '최○○' / 보험설계사
- 월 수입액 : 월 4,000,000원(단순경비율 50% 적용 전)
- 노동능력상실률 : 사지마비 100%(영구장해)

② 도시일용노임 : 월 3,000,000원
③ 개호비 : 사고일로부터 여명기간 동안 성인 1일 1인(월 6,000,000원)
④ 기왕치료비 : 10,000,000원
⑤ 향후 치료비(현가) : 40,000,000원
⑥ 책임범위 : 전문의 'A'와 전문의 'B'의 책임을 60%로 제한함.
⑦ 위자료 : 100,000,000원(사고경위 및 책임범위 등 감안하여 인정)
⑧ 공동불법행위자 내부분담률 : 전문의 'A' 50%, 전문의 'B' 50%
⑨ 호프만계수(계산상 편의를 위한 임의계수임)
- 사고일 ~ 가동연한까지 : 24개월(H계수 : 20)
- 사고일 ~ 기대여명까지 : 60개월(H계수 : 50)

(1) 상기 보험계약에서 피보험자의 범위에 대하여 기재하고, 의사 및 병원 배상책임보험 약관의 담보위험에 대하여 약술하시오. (10점)

(2) 각 보험회사가 지급할 보험금을 산정하고, 그 산출과정을 기재하시오. (10점)

모범답안

1. 피보험자의 범위 및 의사 및 병원 배상책임보험약관의 담보위험

(1) 피보험자의 범위

① '갑' 보험회사(의사 및 병원 배상책임보험)

피보험자는 증권에 기재된 기명피보험자 외에 관계법령에 의하여 면허 또는 자격을 취득한 자로서 기명피보험자의 지시・감독에 따라 상시적 또는 일시적으로 기명피보험자의 의료행위를 보조하는 자를 포함한다. 따라서 전문의 'A'와 전문의 'B'가 모두 피보험자에 해당된다.

② '을' 보험회사(피보험자 지정 특별약관)

피보험자 지정 특별약관에 따르면, 기명피보험자와 동일한 면허 또는 자격을 취득한 의사로서 기명피보험자에 의해 고용된 자는 피보험자에서 제외된다. 따라서 전문의 'A'만 피보험자에 해당된다.

판례 **대법원 2011.9.8. 선고 2009다73295 판결**

정형외과 전문의가 체결한 '의사 및 병원 배상책임보험계약' 중 주된 계약의 피보험자 지정 특별약관에서 '피보험자라 함은 보험가입증서(보험증권)에 피보험자로 기재된 기명피보험자 외에 관계법령에 의하여 면허 또는 자격을 취득한 자로서 기명피보험자의 지시・감독에 따라 상시적 또는 일시적으로 기명피보험자의 의료행위를 보조하는 자를 포함합니다. 단, 기명피보험자와 동일한 면허 또는 자격을 취득한 의사로서 기명피보험자에 의해 고용된 자는 제외합니다'라고 정한 사안에서, 정형외과의원에서 근무하는 마취과 전문의가 피보험자에 포함된다고 한 사례

(2) 의사 및 병원 배상책임보험약관의 담보위험

① 의료과실 배상책임 담보조항

피보험자(의사 및 병원)가 수행하는 의료행위와 관련하여 의료과실에 의해 타인(환자)에게 신체장해를 입혀 발생하는 의료사고를 보상한다.

㉠ '의료행위'란 보건진료관계 법령에 위배되지 아니하고 의학상 일반적으로 인정되는 수단과 방법에 따라 질병과 상해에 대하여 진단하거나 예방, 치료 등의 의료행위를 말한다.

㉡ '의료사고'란 피보험자가 의료행위를 잘못하였거나 당연히 행하였어야 할 의료행위를 행하지 아니함으로써 타인(의료행위의 대상이 되는 수진자를 말한다)에게 입힌 신체장해를 말한다.

② 일반배상책임 담보조항

특별약관에 따라 피보험자가 보험기간 중에 담보조항에 해당하는 사고로 인하여 타인으로부터 손해배상청구가 제기됨으로써 발생하는 법률상 손해배상책임을 보상한다. 즉 병원의 시설과 관련하여 일어나는 사고, 병원에서 제조하는 음식물 등 생산물에 의하여 발생한 사고, 주차장에 의하여 발생한 사고로 인한 배상책임을 보상한다.

㉠ 시설소유관리자 배상책임 : 의료사고가 아닌 일반적인 병원시설 관리 및 운영상의 손해배상책임을 담보한다.

㉡ 생산물 배상책임 : 입원환자 또는 일반인에게 공급하는 음식물로 인해 발생하는 손해배상책임을 담보한다.

㉢ 주차장 배상책임 : 주차장에서 발생하는 손해배상책임을 담보한다.

2. 각 보험회사의 지급보험금 산정

(1) 각 보험회사의 보상책임

의사 및 병원 배상책임보험은 배상청구기준 담보증권이므로, 소급담보일자 이후 사고가 발생하고, 보험기간 중 피해자의 최초의 손해배상청구가 있어야 한다. 그런데 문제의 사례에서 수술일은 2020년 8월 11일이고, 손해배상청구일은 2021년 10월 15일이다. 따라서 '갑' 보험회사는 보험기간(2020.1.1 ~ 2020.12.31.) 이후에 청구가 제기되었으므로 면책이고, '을' 보험회사는 소급담보일자 이후 사고가 발생하고 보험기간(2021.1.1. ~ 2021.12.31.) 중 최초의 손해배상청구가 제기되었으므로 피보험자인 전문의 A의 의료과실로 인한 사고를 보상한다.

(2) 손해액 산정

① 치료비

㉠ 기왕치료비 : 10,000,000원 × 60%(피보험자 책임비율) = 6,000,000원

㉡ 향후 치료비(현가) : 40,000,000원 × 60% = 24,000,000원

㉢ 소계 : 6,000,000원 + 24,000,000원 = **30,000,000원**

② 개호비

6,000,000원 × 1인 × 50H × 60% = **180,000,000원**

③ 일실수익(사고일 ~ 가동연한까지)

3,000,000원 × 100% × 20H × 60% = **36,000,000원**

※ 단순경비율 50% 적용시 4,000,000원 – (4,000,000원 × 50%) = 2,000,000원으로, 도시일용노임(3,000,000원)보다 적으므로 3,000,000원을 적용한다.

④ 위자료

100,000,000원

⑤ 합 계

30,000,000원 + 180,000,000원 + 36,000,000원 + 100,000,000원 = **346,000,000원**

(3) 최종 지급보험금('을' 보험회사)

'을' 보험회사는 '피보험자 지정 특별약관'에 따라 피보험자인 전문의 'A'에게만 보상한다. 즉 공동불법행위자의 내부분담률에 따라 피보험자인 전문의 'A'에게 346,000,000원의 50%에 대해 자기부담금을 공제하고 지급한다.

(346,000,000원 × 50%) – 10,000,000원 = **163,000,000원**(≤ 1인당 보상한도 200,000,000원)

※ 1인당 보상한도액 200,000,000원 이내이므로 163,000,000원을 보상한다.

44

「근로기준법」에서 정의하고 있는 평균임금의 개념에 대하여 설명하고, 동법 시행령의 평균임금 계산에서 제외되는 기간과 임금에 대하여 기재하시오. (15점)

모범답안

(1) 평균임금의 개념

"평균임금"이란 이를 산정하여야 할 사유가 발생한 날 이전 3개월 동안에 그 근로자에게 지급된 임금의 총액을 그 기간의 총일수로 나눈 금액을 말한다. 근로자가 취업한 후 3개월 미만인 경우도 이에 준한다.

① 산출된 금액이 그 근로자의 통상임금보다 적으면 그 통상임금액을 평균임금으로 한다.
② 일용근로자의 평균임금은 고용노동부장관이 사업이나 직업에 따라 정하는 금액으로 한다.
③ 근로기준법상 평균임금을 산정할 수 없는 경우에는 고용노동부장관이 정하는 바에 따른다.

(2) 평균임금 계산에서 제외되는 기간과 임금(근로기준법 시행령 제2조)

① 제외 기간

평균임금 산정기간 중에 다음 각 호의 어느 하나에 해당하는 기간이 있는 경우에는 그 기간과 그 기간 중에 지급된 임금은 평균임금 산정기준이 되는 기간과 임금의 총액에서 각각 뺀다.

㉠ 근로계약을 체결하고 수습 중에 있는 근로자가 수습을 시작한 날부터 3개월 이내의 기간
㉡ 사용자의 귀책사유로 휴업한 기간
㉢ 출산전후휴가 및 유산・사산 휴가 기간
㉣ 업무상 부상 또는 질병으로 요양하기 위하여 휴업한 기간
㉤ 「남녀고용평등과 일・가정 양립 지원에 관한 법률」 제19조에 따른 육아휴직 기간
㉥ 「노동조합 및 노동관계조정법」 제2조 제6호에 따른 쟁의행위 기간
㉦ 「병역법」, 「예비군법」 또는 「민방위기본법」에 따른 의무를 이행하기 위하여 휴직하거나 근로하지 못한 기간. 다만, 그 기간 중 임금을 지급받은 경우에는 그러하지 아니하다.
㉧ 업무 외 부상이나 질병, 그 밖의 사유로 사용자의 승인을 받아 휴업한 기간

② 제외 임금

평균임금의 총액을 계산할 때에는 임시로 지급된 임금 및 수당과 통화 외의 것으로 지급된 임금을 포함하지 아니한다. 다만, 고용노동부장관이 정하는 것은 그러하지 아니하다.

45 불법행위로 인한 법률상 손해배상액 산정에서 사업소득자의 수입, 필요 경비 그리고 기여도 등에 대한 객관적인 자료가 없는 경우에 일실수익 산정방법에 대하여 설명하시오. (10점)

모범답안

일실수익 산정방법

(1) 불법행위로 인한 일실수익 산정기준

불법행위로 인하여 사망하거나 신체상의 장애를 입은 사람이 장래 얻을 수 있는 수입의 상실액은 원칙적으로 그 불법행위로 인하여 손해가 발생할 당시에 그 피해자가 종사하고 있었던 직업의 소득을 기준으로 하여야 하고, 이를 기준으로 할 수 없는 경우에는 그 피해자가 가지고 있는 특정한 기능이나 자격 또는 학력에 따라 얻을 수 있을 것으로 상당한 개연성이 인정되는 통계소득을 기준으로 하여 산정할 수도 있다(대법원 1997.11.28. 선고 97다40049 판결).

(2) 객관적인 자료가 있는 경우

객관적 자료를 토대로 산정하여야 하는 것이 원칙이다. 그러나, 사업소득자의 경우에 수입, 필요 경비, 기여도 등에 대한 객관적인 자료를 확인하기 어려운 경우가 많다.

판례는 "피해자에 대한 사고 당시의 실제수입을 확정할 수 있는 객관적인 자료가 현출되어 있어 그에 기하여 합리적이고 객관성 있는 기대수입을 산정할 수 있다면, 사고 당시의 실제수입을 기초로 일실수입을 산정하여야 하고, 임금구조 기본통계조사보고서 등의 통계소득이 실제수입보다 높다고 하더라도 사고 당시에 실제로 얻고 있던 수입보다 높은 통계소득만큼 수입을 장차 얻을 수 있으리라는 특수사정이 인정되는 경우에 한하여 그러한 통계소득을 기준으로 일실수익을 산정하여야 한다"고 판시하였다(대법원 2006.3.9. 선고 2005다16904 판결).

(3) 객관적인 자료가 없는 경우

객관적인 자료가 없는 경우에는 일반적으로 노동부가 발행하는 고용형태별 근로실태조사보고서에 의하여 산정한다.

판례는 "객관적 자료가 없는 경우에는 그 사업체의 규모와 경영형태, 종업원의 수 및 경영실적 등을 참작하여 피해자와 같은 정도의 학력, 경력 및 경영능력 등을 가진 사람을 고용하는 경우의 보수상당액, 즉 대체고용비를 합리적이고 개연성 있는 방법으로 산출하여 이를 기초로 일실수익을 산정할 수도 있다"고 판시하였다(대법원 1989.6.13. 선고 88다카10906 판결).

46 영문배상책임보험 CGL(Commercial General Liability Policy) 약관의 'Medical Payments'에 대하여 약술하시오. (10점)

모범답안

CGL(Commercial General Liability Policy) 약관의 'Medical Payments(의료비 지급)'

(1) 보상하는 손해

보험기간 중에 담보지역 내에서 사고가 발생하고 사고일자로부터 1년 이내에 발생하여 보험회사에 통지된 치료비로서 피해자가 보험회사의 요청에 따라 보험회사의 비용으로 보험회사가 지정한 의사의 진단서를 제출한 경우에 한하여, 보험회사는 아래에 기재된 신체장해 사고로 발생한 의료비를 보상한다.

① 피보험자가 소유 또는 임차하는 시설에서 발생한 사고
② 피보험자가 소유 또는 임차하는 시설에 인접하는 장소에서 발생한 장소
③ 피보험자의 사업활동에 기인된 사고

(2) 보상하는 항목(의료비 항목)

보험회사는 필요하고도 유익한 비용으로서 피보험자의 과실유무를 불문하고 보상한도액 내에서 아래의 의료비를 보상한다.

① 사고발생시의 응급처치 비용
② 치료, 수술, X선 검사, 보철기구를 포함한 치과치료비
③ 구급차, 입원, 전문간호, 장례비

(3) 보상하지 않는 손해(면책조항)

아래와 같은 의료비는 보상하지 않는다.

① 피보험자 자신의 신체장해
② 피보험자를 위해 또는 피보험자를 대신해서 고용된 사람, 또는 피보험자에게 세든 사람 에 대한 신체장해
③ 피보험자가 소유 또는 임차하는 시설을 통상적으로 점유하고 있는 자가 입은 신체장해
④ 피보험자의 근로자 여부를 불문하고 「노동자재해보상에 관한 법률」, 폐질급부에 관한 법률, 기타 이와 유사한 법률에 의해 보상되는 신체장해
⑤ 운동경기에 참가 중에 입은 신체장해

⑥ 생산물/완성작업위험에 포함되는 신체장해

⑦ Coverage A에서 보상하지 않는 신체장해

⑧ 선전포고의 유무에도 불구하고 전쟁 또는 전쟁에 수반되는 사태로 생긴 신체장해

※ 전쟁이라 함은 내란, 폭동, 반란 또는 혁명을 포함한다.

47

'주식회사 A'가 소유하고 있는 특수건물 지하 1층에서 인테리어 공사 중에 화재가 발생하여 공사를 관리 중이던 '주식회사 A'의 직원 B와 '주식회사 A'와 임대차 계약에 따라 입점해 있는 지하 1층의 푸드코트식당 소속의 직원 C가 화상 등 상해를 입었다.

화재원인과 관련하여, '주식회사 A'의 직원 B의 과실 50%와 푸드코트식당의 직원 C의 과실 50%가 인정되었다.

아래의 전제조건을 참고하여 다음 질문에 답하시오. (25점)

〈전제조건〉

[보험계약사항]

(1) '갑' 보험회사

① 보험종목 : 국내근로자재해보장책임보험 / 사용자배상책임 특별약관
② 계약자 / 피보험자 : '주식회사 A'
③ 보상한도액 : 1인당 2억원 / 1사고당 3억원

(2) '을' 보험회사

① 보험종목 : 화재보험 / 신체손해배상책임 특별약관
건물소유자의 종업원배상책임부보장 추가특별약관
② 계약자 / 피보험자 : '주식회사 A'
③ 보상한도액 : 의무보상한도액

[기초자료]

(1) 피해자 B

① 소속 : '주식회사 A' 직원
② 월평균임금 : 5,000,000원
③ 보통인부 일용노임 : 150,000원
④ 호프만계수(계산상 편의를 위한 임의계수임)
- 사고일~입원종료일 : 12개월(H계수 : 10)
- 사고일~정년까지 : 60개월(H계수 : 50)
- 사고일~가동기간 : 120개월(H계수 : 100)
⑤ 사용자 책임비율 : 50%
⑥ 치료비 : 20,000,000원
⑦ 비급여 치료비(반흔제거술) : 20,000,000원
⑧ 후유장해(맥브라이드 기준)
- 양측 수지 부전강직 50%(영구장해)
- 우측 슬관절 부전강직 20%(영구장해)
⑨ 위자료와 일실퇴직금은 고려하지 않음.
⑩ 근로복지공단 산재지급내역

요양급여	휴업급여	장해급여
20,000,000원	40,000,000원	200,000,000원

(2) 피해자 C

① 소속 : 푸드코트식당 직원

② 치료비 : 20,000,000원

③ 월평균임금 : 3,000,000원

④ 호프만계수(계산상 편의를 위한 임의계수임)

- 장래의 취업가능기간 : 40개월(H계수 : 30)

⑤ 부상 및 장해 등급

- 부상 1급 연부조직의 손상이 심한 부상
- 장애 7급 외모에 뚜렷한 흉터
- 장애 7급 신경계통의 기능에 장애
- 맥브라이드 병합장해 70%

⑥ 위자료 : 20,000,000원

⑦ 화재로 인한 재해보상과 보험가입에 관한 법률 시행령 기준

부상등급	부상등급 보험금액	장애등급	장애등급 보험금액
1급	3,000만원	6급	7,500만원
2급	1,500만원	7급	6,000만원
3급	1,200만원	8급	4,500만원

(1) '갑' 보험회사의 피해자별 보상책임 여부를 설명하고 지급보험금을 산정하시오. (15점)

(2) '을' 보험회사의 피해자별 보상책임 여부를 설명하고 지급보험금을 산정하시오. (10점)

모범답안

1. '갑' 보험회사

(1) 피해자별 보상책임 여부

① 피해자 B

피보험자(주식회사 A)는 「산업안전보건법」상의 안전배려의무(제5조 제1항)위반으로 인하여 「민법」상의 불법행위책임이 성립되고, 그에 따라 피해자 B에 대해 손해배상책임을 부담하여야 한다.

사용자배상책임 특별약관에서는 피보험자(주식회사 A)의 근로자(피해자 B)에게 생긴 업무상 재해로 인하여 피보험자가 부담하는 손해를 보상한다. 즉 '갑' 보험회사는 재해보상책임 특별약관 및 재해보상 관련 법령(산업재해보상보험법, 재해보상에 관한 기타 법령을 포함)에 따라 보상되는 재해보상 금액을 초과하여 피보험자가 법률상의 손해배상책임을 부담함으로써 입은 손해를 보상한다. 따라서 피해자 B는 '주식회사 A'의 근로자이므로 '갑' 보험회사는 보상책임이 발생한다.

② 피해자 C

피해자 C는 '주식회사 A'의 근로자가 아니므로 '갑' 보험회사는 보상책임이 발생하지 않는다.

(2) 지급보험금

① 피해자 B

㉠ 치료비 : 20,000,000원 − 20,000,000원(요양급여) × (1 − 50%) = 0원

㉡ 비급여 치료비(반흔제거술) : 20,000,000원 × (1 − 50%) = **10,000,000원**

㉢ 일실수익(입원) : 5,000,000원 × 100% × 10(H계수) = 50,000,000원

- 손익상계 : 50,000,000원 − 40,000,000원(휴업급여) = 10,000,000원
- 과실상계 : 10,000,000원 × (1 − 50%) = **5,000,000원**

㉣ 일실수익(장해)

- 노동능력상실률 : 50% + (1 − 50%) × 20% = 60%
- 입원종료일 ~ 정년까지 : 5,000,000원 × 60% × (50 − 10) = 120,000,000원
- 정년 이후 ~ 가동연한까지 : (150,000원 × **20일***) × 60% × (100 − 50) = 90,000,000원

심화TIP 월 가동일수에 관한 대법원의 입장 변경(월 22일 → 월 20일)

최근 대법원은 2024.4.25. 선고 2020다271650 판결을 통해 "월 가동일수를 20일을 초과해 인정하기 어렵다"는 취지로 판시해 종전의 견해를 변경하였다. 대법원이 이와 같이 월 가동일수에 관한 입장을 변경한 것은 주 5일제의 시행, 공휴일 증가, 일과 삶의 균형을 중시하는 문화의 확산 및 정착 등으로 인해 월 근로일수가 꾸준히 감소했고, 월 가동일수를 22일 정도로 보는 것의 근거가 됐던 각종 통계자료(고용형태별 근로실태 조사의 고용형태별·직종별·산업별 최근 10년간 월 평균 근로일수 등)의 내용들도 변경되었기 때문이다.

- 일실수익(장해) 소계 : 120,000,000원 + 90,000,000원 = 210,000,000원
- 손익상계 : 210,000,000원 − 200,000,000원(장해급여) = 10,000,000원
- 과실상계 : 10,000,000원 × (1 − 50%) = **5,000,000원**

㉤ 손해액 합계

10,000,000원 + 5,000,000원 + 5,000,000원 = **20,000,000원**

㉥ 지급보험금

손해액 20,000,000원은 보상한도액 1인당 2억원 이내이므로 20,000,000원을 지급한다.

② 피해자 C

면책이므로 지급보험금은 없다.

2. '을' 보험회사

(1) 피해자별 보상책임 여부

① 피해자 B

특수건물 소유자인 피보험자(주식회사 A)는 「화재보험법」상 피해자 B에 대해 그 손해를 배상할 책임이 발생하고, 화재보험 / 신체손해배상책임 특별약관에서는 특수건물의 화재, 폭발 또는 파열로 타인이 사망하거나 부상당함으로써 건물소유자 손해배상책임에 따라 피보험자가 부담할 손해를 보상한다. 그런데 피해자 B는 약관상 타인에 해당되지만 건물소유자의 종업원배상책임부보장 추가특별약관에 가입되어 있으므로, '을' 보험회사는 보상책임이 발생하지 않는다.

② 피해자 C

특수건물의 소유자(주식회사 A)는 그 특수건물의 화재로 인하여 다른 사람이 사망하거나 부상을 입었을 때에는 과실이 없는 경우에도 보험금액의 범위에서 그 손해를 배상할 책임이 있다(화재보험법 제4조 제1항). 피해자 C는 피보험자와의 관계에서 약관상 타인에 해당하므로 그가 입은 손해에 대해 '을' 보험회사는 보상책임이 발생한다.

※ '타인'이라 함은 특수건물의 소유자 및 그 주거를 같이하는 직계가족(법인인 경우에는 이사 또는 업무집행기관) 이외의 사람을 말한다.

(2) 지급보험금

① 피해자 B

면책이므로 지급보험금은 없다.

② 피해자 C

㉠ 부상 : 치료비 20,000,000원

㉡ 장해 : 월현실소득액 × 노동능력상실률 × 취업가능기간
= 3,000,000원/월 × 70% × 40개월 = 84,000,000원

㉢ 지급보험금

- 부상보험금 : 치료비 20,000,000원은 부상 1등급 보험금액 30,000,000원 한도 내이므로 20,000,000원을 지급한다.
- 장해보험금 : 신체장애(후유장애)가 둘 이상 있는 경우에는 그 중 심한 신체장애(후유장애)에 해당하는 등급보다 한 등급 높은 금액으로 배상한다. 따라서 7급 장애등급 보험금액(60,000,000원)을 6급 장애등급 보험금액(75,000,000원)으로 배상한다.
장해 일실수익 84,000,000원은 한도금액인 75,000,000원을 초과하므로 75,000,000원을 지급한다.

㉣ 지급보험금 합계

부상보험금 20,000,000원 + 장해보험금 75,000,000원 = **95,000,000원**

48

간병인 A는 ○○간병인협회와 간병인소개약정을 체결하고 요양병원 B에 파견되어 병실에서 중증질환 환자 C를 화장실로 데려가기 위해 이동하던 중에 환자 C의 손을 놓아버리는 탓에 중심을 잃고 넘어져 환자 C는 뇌출혈을 진단받고 사지마비 상태가 되었다.

아래의 전제조건을 참고하여 다음 질문에 답하시오. (15점)

〈전제조건〉

[보험계약사항]

보험회사	'갑' 보험회사	'을' 보험회사	'병' 보험회사
보험종목	전문직업인(간병인) 배상책임보험	영업배상책임보험 시설소유관리자특약	일상생활배상책임보험
피보험자	간병인 A	요양병원 B	간병인 A
보상한도액	2억원/1인당	2억원/1인당	2억원/1인당
자기부담금	1,000,000원/1사고당	1,000,000원/1사고당	1,000,000원/1사고당

[기초자료]

① 피해자 : 환자 C
② 사고 당시 : 만 80세
③ 기대여명 : 잔존여명 5년
④ 노동능력상실률 : 맥브라이드 장해 100%
⑤ 개호인 : 사고일로부터 여명기간 동안 성인 1.5인/일
⑥ 개호비(1인) : 2,000,000원/월
⑦ 기왕치료비 : 10,000,000원
⑧ 향후 치료비 및 보조구 구입비(현가) : 40,000,000원
⑨ 책임제한 : 환자의 나이 및 기왕증 관여도 등을 고려하여 간병인 책임을 50%로 제한함.
⑩ 위자료 : 사고 경위, 나이, 과실 정도 등을 참작하여 30,000,000원 인정함.
⑪ 호프만계수(계산상 편의를 위한 임의계수임)
- 사고일~기대여명까지 : 60개월(H계수 : 50)

(1) 보험회사별 피해자에 대한 보상책임 여부를 설명하시오. (10점)

(2) 보험회사별 지급보험금을 산정하시오. (5점)

모범답안

1. 보험회사별 피해자에 대한 보상책임 여부

(1) '갑' 보험회사

전문직업인(간병인) 배상책임보험은 "피보험자가 전문직업인으로 서비스를 제공한 이후 직접적인 결과로 제3자에게 발생하는 법률적 배상책임에 따른 손해"를 보상한다. 따라서 간병인 A의 업무수행 중 환자 C(피해자)가 사지마비 상태가 되었으므로, '갑' 보험회사는 법률적 배상책임 손해에 대해 보상책임이 발생한다.

(2) '을' 보험회사

영업배상책임보험 시설소유관리자특약은 "피보험자가 소유하거나 사용・관리하는 시설 및 시설의 용도에 따른 업무수행 중 우연한 사고로 인해 제3자에게 법률상 배상책임에 따른 손해"를 보상한다.

사안의 경우는 간병인 A가 요양병원 B의 근로자도 아니고, 설사 요양병원 B에 간병인 A에 대한 지휘・감독권이 있었다 하더라도 피보험자 시설의 소유・사용・관리에 따른 사고가 아니고, 이 특약에서는 "전문직업인의 직업상 과실로 생긴 손해에 대한 배상책임"에 대해 면책사항으로 규정하고 있으므로, 피해자(환자 C)에 대해 '을' 보험회사는 보상책임이 발생하지 않는다.

(3) '병' 보험회사

일상생활배상책임보험은 "일상생활 중 뜻하지 않게 타인의 신체, 재산에 피해를 입혀 발생한 법률상 배상책임에 따른 손해"를 보상한다.

사안의 경우 간병인 A는 일상생활배상책임보험의 피보험자에 해당하므로 피해자(환자 C)에 대해 법률상 손해배상책임을 부담하여야 한다. 다만, 이 보험에서는 피보험자의 "직접적인 직무수행으로 인한 배상책임"에 대해 면책사항으로 규정하고 있으므로, 피해자(환자 C)에 대해 '병' 보험회사는 보상책임이 발생하지 않는다.

2. 보험회사별 지급보험금

(1) '갑' 보험회사

① 개호비(간병비)

2,000,000원 × 1.5인 × 50(H계수) × 50% = 75,000,000원

② 기왕치료비

10,000,000 × 50% = 5,000,000원

③ 향후 치료비 및 보조구(현가)

40,000,000원 × 50% = 20,000,000원

④ 위자료

사고 경위, 나이, 과실 정도 등을 참작하여 30,000,000원을 인정한다.

⑤ 일실수익 : 해당 사항 없음

⑥ 합 계

①+②+③+④ = 75,000,000원 + 5,000,000원 + 20,000,000원 + 30,000,000원
= 130,000,000원

⑦ 지급보험금

130,000,000원 − 1,000,000원(자기부담금) = **129,000,000원**

보상한도액 1인당 2억원 이내이므로 129,000,000원을 지급한다.

(2) '을' 보험회사

면책이므로 지급보험금은 없다.

(3) '병' 보험회사

면책이므로 지급보험금은 없다.

49

「제조물책임법」과 관련하여 다음 질문에 답하시오. (15점)

(1) 제조물 '결함'의 의미와 징벌적 손해배상책임에 대하여 설명하시오. (10점)

(2) 제조물 '결함 등의 추정'을 위하여 피해자가 증명하여야 하는 사실의 내용을 열거하시오. (5점)

모범답안

1. 제조물 '결함'의 의미와 징벌적 손해배상책임

(1) 제조물 '결함'의 의미(제조물책임법 제2조 제2호)

"결함"이란 해당 제조물에 다음의 어느 하나에 해당하는 제조상·설계상 또는 표시상의 결함이 있거나 그 밖에 통상적으로 기대할 수 있는 안전성이 결여되어 있는 것을 말한다.

① 제조상의 결함

"제조상의 결함"이란 제조업자가 제조물에 대하여 제조상·가공상의 주의의무를 이행하였는지에 관계없이 제조물이 원래 의도한 설계와 다르게 제조·가공됨으로써 안전하지 못하게 된 경우를 말한다.

② 설계상의 결함

"설계상의 결함"이란 제조업자가 합리적인 대체설계(代替設計)를 채용하였더라면 피해나 위험을 줄이거나 피할 수 있었음에도 대체설계를 채용하지 아니하여 해당 제조물이 안전하지 못하게 된 경우를 말한다.

③ 표시상의 결함

"표시상의 결함"이란 제조업자가 합리적인 설명·지시·경고 또는 그 밖의 표시를 하였더라면 해당 제조물에 의하여 발생할 수 있는 피해나 위험을 줄이거나 피할 수 있었음에도 이를 하지 아니한 경우를 말한다.

(2) 징벌적 손해배상책임(제조물책임법 제3조)

① 제조업자는 제조물의 결함으로 생명·신체 또는 재산에 손해(그 제조물에 대하여만 발생한 손해는 제외한다)를 입은 자에게 그 손해를 배상하여야 한다.

② ①항에도 불구하고 제조업자가 제조물의 결함을 알면서도 그 결함에 대하여 필요한 조치를 취하지 아니한 결과로 생명 또는 신체에 중대한 손해를 입은 자가 있는 경우에는 그 자에게 발생한 손해의 3배를 넘지 아니하는 범위에서 배상책임을 진다. ⇒ **징벌적 손해배상책임**

이 경우 법원은 배상액을 정할 때 다음의 사항을 고려하여야 한다.

1. 고의성의 정도
2. 해당 제조물의 결함으로 인하여 발생한 손해의 정도
3. 해당 제조물의 공급으로 인하여 제조업자가 취득한 경제적 이익
4. 해당 제조물의 결함으로 인하여 제조업자가 형사처벌 또는 행정처분을 받은 경우 그 형사처벌 또는 행정처분의 정도
5. 해당 제조물의 공급이 지속된 기간 및 공급 규모
6. 제조업자의 재산상태
7. 제조업자가 피해구제를 위하여 노력한 정도

2. 제조물 '결함 등의 추정'을 위하여 피해자가 증명하여야 하는 사실의 내용

피해자가 다음의 사실을 증명한 경우에는 제조물을 공급할 당시 해당 제조물에 결함이 있었고 그 제조물의 결함으로 인하여 손해가 발생한 것으로 추정한다. 다만, 제조업자가 제조물의 결함이 아닌 다른 원인으로 인하여 그 손해가 발생한 사실을 증명한 경우에는 그러하지 아니하다(제조물책임법 제3조의2).

1. 해당 제조물이 정상적으로 사용되는 상태에서 피해자의 손해가 발생하였다는 사실
2. 제1호의 손해가 제조업자의 실질적인 지배영역에 속한 원인으로부터 초래되었다는 사실
3. 제1호의 손해가 해당 제조물의 결함 없이는 통상적으로 발생하지 아니한다는 사실

50 영업배상책임보험과 관련하여 다음 질문에 답하시오. (15점)

(1) 보험회사가 피보험자의 보험금 청구서류를 접수한 때에 약관에서 규정하고 있는 보험회사의 보험금 지급절차에 대하여 설명하시오. (7점)

(2) 피해자가 보험금 직접청구권을 행사한 때에 약관에서 규정하고 있는 보험회사와 피보험자의 권리와 의무에 대하여 설명하시오. (8점)

모범답안

1. 보험회사의 보험금 지급절차(배상책임보험 표준약관 제7조)

① 회사는 피보험자의 보험금 청구서류를 접수한 때에는 접수증을 교부하고, 그 서류를 접수받은 후 지체 없이 지급할 보험금을 결정하고 지급할 보험금이 결정되면 7일 이내에 이를 지급한다. 또한, 지급할 보험금이 결정되기 전이라도 피보험자의 청구가 있을 때에는 회사가 추정한 보험금의 50% 상당액을 가지급보험금으로 지급한다.

② 회사는 지급보험금이 결정된 후 7일(이하 '지급기일'이라 한다)이 지나도록 보험금을 지급하지 않았을 때에는 지급기일의 다음날부터 지급일까지의 기간에 대하여 〈부표〉 '보험금을 지급할 때의 적립이율'에 따라 연단위 복리로 계산한 금액을 보험금에 더하여 지급한다. 그러나 피보험자의 책임 있는 사유로 지체된 경우에는 그 해당기간에 대한 이자를 더하여 지급하지 않는다.

2. 피해자의 보험금 직접청구권에 대한 보험회사와 피보험자의 권리와 의무(배상책임보험 표준약관 제12조)

(1) 직접청구권의 행사

피보험자가 피해자에게 손해배상책임을 지는 사고가 생긴 때에는 피해자는 이 약관에 의하여 회사가 피보험자에게 지급책임을 지는 금액한도 내에서 회사에 대하여 보험금의 지급을 직접 청구할 수 있다.

(2) 보험회사의 권리와 의무

① **항변권** : 회사는 피보험자가 그 사고에 관하여 가지는 항변(손해배상책임의 유무, 과실상계, 손익상계, 계약상의 하자, 면책사유의 존재 등)으로써 피해자에게 대항할 수 있다.

② **통지의무** : 회사가 피해자의 직접청구를 받았을 때에는 지체 없이 피보험자에게 통지하여야 한다.

(3) 피보험자의 권리와 의무(피보험자의 협조의무)

① 회사의 요구가 있으면 계약자 및 피보험자는 필요한 서류증거의 제출, 증언 또는 증인출석에 협조하여야 한다.

② 피보험자가 피해자로부터 손해배상의 청구를 받았을 경우에 회사가 필요하다고 인정할 때에는 피보험자를 대신하여 회사의 비용으로 이를 해결할 수 있다. 이 경우에 회사의 요구가 있으면 계약자 또는 피보험자는 이에 협력하여야 한다.

③ 계약자 및 피보험자가 정당한 이유 없이 회사의 요구에 협조하지 않았을 때에는 회사는 그로 인하여 늘어난 손해는 보상하지 않는다.

51 해외근로자재해보장책임보험의 '비업무상 재해확장담보 추가특별약관'에 대하여 설명하시오. (10점)

모범답안

1. 개 요

비업무상 재해확장담보 추가특별약관은 피보험자의 근로자에게 생긴 비업무상의 신체의 상해 또는 질병에 대하여도 업무상 재해와 동일하게 보상하는 특약으로 선원 및 해외근로자에게 적용된다.

2. 보상하는 손해

회사는 재해보상책임 특별약관 제1조(보상하는 손해)의 규정에도 불구하고 피보험자의 근로자에게 생긴 비업무상의 신체의 상해 또는 질병에 대하여도 업무상의 재해와 동일한 방법으로 보상한다.

3. 보상범위

① 휴업보상 : 휴업일수 1일에 대하여 평균임금의 70/100에 상당하는 금액
② 장해보상 : 14급 55일 ~ 1급 1,474일분
③ 유족보상 : 평균임금의 1,300일분
④ 장제비 : 평균임금의 120일분
⑤ 일시보상 : 평균임금의 1,474일분

4. 보상하지 않는 손해

회사는 보통약관 제4조(보상하지 않는 손해)에 추가하여 아래의 손해도 보상하지 않는다. 다만, 제4항과 제7항이 「선원법」 근로자에게 해당하는 경우 「선원법」에서 정한 재해보상금은 보상한다.

① 중독, 마취, 만취 등으로 생긴 손해
② 과격한 운동이나 위험한 오락(스카이다이빙, 스쿠버다이빙, 행글라이딩, 자동차경주 등)으로 인하여 생긴 손해
③ 자해, 자살, 자살미수 및 이와 유사한 행위로 인하여 생긴 손해
④ 한국표준질병사인분류에 아래와 같이 분류된 질병 및 이로 인하여 생긴 손해
  1. 악성 신생물(C00~C95, D00~09)
  2. 당뇨병(E10~E14)
  3. 만성 류머티스성 심질환(I05~I09)
  4. 고혈압성 질환(I10~I15)
  5. 허혈성 심질환(I20~I25)
  6. 기타형의 심질환(I30~I52)
  7. 뇌혈관 질환(I60~I69)
⑤ 매독, 임질, AIDS, 기타 이와 유사한 질병 및 이로 인하여 생긴 손해
⑥ 시력감퇴 등 생리적 노화 또는 약화 및 이로 인하여 생긴 손해
⑦ 치아에 관련된 질병 및 이로 인하여 생긴 손해
⑧ 군인이 아닌 자로서 군사작전을 수행하거나 군사훈련을 받는 중에 생긴 손해

5. 준용규정

비업무상 재해확장담보 추가특별약관에 정하지 아니한 사항은 재해보상책임 특별약관을 따른다.

52 책임보험에서 담보하는 피보험자의 법률상 손해배상금 중 위자료에 대한 법률적 근거와 산정기준에 대하여 설명하시오. (10점)

모범답안

1. 위자료에 대한 법률적 근거

(1) 법적 근거

위자료란 불법행위 등을 원인으로 피해자가 입은 고통 등의 정신적 손해를 금전으로 배상해 주는 손해배상금을 말한다.

위자료에 대한 주된 법률적 근거는 「민법」 제751조에 규정하고 있다. 즉 「민법」 제751조(재산 이외의 손해의 배상) 제1항에 "타인의 신체, 자유 또는 명예를 해하거나 기타 정신상 고통을 가한 자는 재산 이외의 손해에 대하여도 배상할 책임이 있다"라고 규정하고 있다. 또한 「민법」 제752조(생명침해로 인한 위자료)에는 "타인의 생명을 해한 자는 피해자의 직계존속, 직계비속 및 배우자에 대하여는 재산상의 손해 없는 경우에도 손해배상의 책임이 있다"라고 규정하고 있다.

판례 **대법원 2005.11.10. 선고 2005다37710 판결**

「민법」 제751조 제1항은 불법행위로 인한 재산 이외의 손해에 대한 배상책임을 규정하고 있고, 재산 이외의 손해는 정신상의 고통만을 의미하는 것이 아니라 그 외에 수량적으로 산정할 수 없으나 사회통념상 금전평가가 가능한 무형의 손해도 포함된다고 할 것이므로, 법인의 명예나 신용을 훼손한 자는 그 법인에게 재산 이외의 손해에 대하여도 배상할 책임이 있다.

(2) 위자료의 청구권자

위자료 청구권은 생명, 신체를 침해받은 피해자 본인뿐만 아니라 그로 말미암아 정신적 고통을 입은 근친자 또는 그에 따르는 자도 행사할 수 있다. 「민법」 제752조에 따르면 "타인의 생명을 해한 자는 피해자의 직계존속, 직계비속이나 배우자에 대해서는 재산상의 손해가 없는 경우에도 손해배상의 책임이 있다"라고 규정하고 있는데, 판례와 통설은 이 조항은 위자료 청구권이 있는 사람과 피해법익에 대하여 이를 주의적, 예시적으로 규정한 것에 불과하여 위 규정에 없는 형제자매, 외조부 등의 친족들도 그 정신적 고통에 대해 증명을 하면 「민법」에 따라 위자료를 청구할 수 있다고 한다.

2. 위자료의 산정기준

(1) 위자료 산정시 참작 사유

위자료 산정시 참작 사유에 대해 달리 제한은 없으나, 대체로 피해자의 연령, 직업, 사회적 지위, 재산 및 생활상태, 피해로 입은 고통의 정도, 피해자의 과실 정도 등 피해자 측의 사정을 참작 사유로 하고 있다. 그 밖에 가해자의 고의, 과실의 정도, 가해행위의 동기, 원인, 가해자의 재산상태, 사회적 지위, 연령, 사고 후의 가해자의 태도 등 가해자 측의 사정까지 피해자의 위자료를 산정하는데 있어서 고려의 대상이 될 수 있다.

(2) 위자료 산정기준

「민법」에는 위자료 산정의 기준이나 방법에 대하여 아무런 규정이 없으므로, 개별 사건을 재판하는 판사가 사실심 변론종결 당시까지 나타난 제반사정을 참작하여 직권, 재량으로 결정하게 된다. 다만, 재판실무상 일정 유형에 대한 위자료 산정의 기준이 정해져 있기는 하지만, 실제 재판에서는 동일한 유형의 사건이라면 거의 유사한 금액의 위자료가 인정되고 있다.

① 위자료 산정공식

위자료 = 위자료 기준액 × 노동능력상실률 × [1 − (피해자의 과실 × 6/10)]

※ 과실상계와 관련하여 상계설과 참작설의 대립이 있으나, 판례나 실무에서는 참작설에 따라 피해자에게 과실이 있는 경우 그 과실의 60%만을 적용하여 위자료를 산정한다.

② 영구장해와 한시장해가 중복되는 경우

영구장해와 한시장해가 중복될 때는 우선 한시장해를 영구장해로 환산하고, 이들 장해를 합산하여 위자료를 산정한다.

③ 후유장해가 발생하지 않은 경우

후유장해가 발생하지 않은 경우, 위자료를 산정하는 일률적인 기준은 없으나, 실무상 자동차보험 약관 기준을 참고하거나 진단기간에 일정 금액을 곱하여 산정하기도 한다.

판례 위자료 산정

대법원 1999.4.23. 선고 98다41377 판결, 대법원 2002.11.26. 선고 2002다43165 판결 등 참조

불법행위로 입은 정신적 고통에 대한 위자료 액수에 관하여는 사실심 법원이 여러 사정을 참작하여 그 직권에 속하는 재량에 의하여 이를 확정할 수 있다.

대법원 2014.1.16. 선고 2011다108057 판결

불법행위로 입은 비재산적 손해에 대한 위자료 액수에 관하여는 사실심법원이 여러 사정을 참작하여 그 직권에 속하는 재량에 의하여 이를 확정할 수 있는 것이나, 이것이 위자료의 산정에 법관의 자의가 허용된다는 것을 의미하는 것은 물론 아니다. 위자료의 산정에도 그 시대와 일반적인 법 감정에 부합될 수 있는 액수가 산정되어야 한다는 한계가 당연히 존재하고, 따라서 그 한계를 넘어 손해의 공평한 분담이라는 이념과 형평의 원칙에 현저히 반하는 위자료를 산정하는 것은 사실심법원이 갖는 재량의 한계를 일탈한 것이 된다.

53

아래의 CGL(Commercial General Liability Policy)보험 특별약관에 대하여 약술하시오. (10점)

(1) Waiver of Subrogation Clause(대위권포기 특별약관) (5점)

(2) Additional Insured(Vendors) Clause[추가피보험자(판매인) 특별약관] (5점)

모범답안

(1) Waiver of Subrogation Clause(대위권포기 특별약관)

'대위권포기 특별약관'은 보험회사가 보험사고로 인한 손해비용을 지급한 경우 지급한 보험금의 한도 내에서 권리(대위권)를 취득하여 피보험자가 제3자에 대하여 가지는 손해배상청구권을 대위 행사할 수 있음에도 불구하고 이를 포기하는 조항이다. 이 조항은 보험회사가 보험증권에 따라 보장되는 손실에 대해 책임을 질 수 있는 제3자에게 보상을 요청할 권리를 포기하는 것이다. 즉, 손실이 발생하면 보험회사는 손실을 일으킨 당사자에게 책임이 있더라도 손해배상 청구를 제기할 수 없다. '대위권 포기'는 보험회사가 제3자를 상대로 법적 조치를 취할 수 있는 능력을 제한하는 조항이기 때문에 보험계약자에게 많은 이점을 제공할 수 있다.

(2) Additional Insured(Vendors) Clause[추가피보험자(판매인) 특별약관]

추가피보험자(판매인) 특별약관은 생산물배상책임보험의 주요 특별약관으로, 제조업자의 제품을 판매(도매 또는 소매)하는 판매인을 추가피보험자로 하여 보상한다.

※ 생산물배상책임보험은 피보험자가 제조, 판매, 공급 또는 시공한 생산물이 타인에게 양도된 후 그 생산물의 결함으로 인한 우연한 사고로 타인의 신체나 재물에 손해를 입힘으로써, 법률(민사)상 손해배상책임(제조물책임)을 부담하는 경우, 이에 따른 손해를 보상한다.

결함 있는 제품으로 피해를 입은 소비자는 제조업자는 물론 그 제품의 판매업자에게도 손해배상을 청구할 수 있다. 이때 판매업자는 피해자에 대해 손해배상책임을 부담하지만 이를 제조업자에게 구상할 수 있다. 결국 판매업자는 구상권을 확보하기 위하여 제조업자가 기명피보험자로 되어 있는 보험증권에 공동피보험자 대신에 추가피보험자 배서에 의하여 피보험자로 추가된다.

인생에서 실패한 사람 중 다수는

성공을 목전에 두고도 모른 채 포기한 이들이다.

– 토마스 A. 에디슨 –

비관론자는 모든 기회 속에서 어려움을 찾아내고,

낙관론자는 모든 어려움 속에서 기회를 찾아낸다.

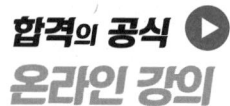

– 윈스턴 처칠 –

신체손해사정사 2차

한권으로 끝내기

제3보험의 이론과 실무

시대에듀

이 책의 차례 CONTENTS

3권 | 제3보험의 이론과 실무

제3보험의 이론과 실무

제 1 장 제3보험 일반론

1. 제3보험의 정의

제3보험이란 사람의 질병, 상해 또는 이로 인한 간병에 관하여 약정한 급여를 제공하거나 손해를 보상하는 보험을 말하며, 손해보험회사, 생명보험회사 및 제3보험전업회사에서 영위가 가능하다.

제3보험은 손해보험 및 인보험의 두 가지 성격을 모두 가지고 있어 어느 한 분야로 분류할 수 없어 제3보험으로 분류하며, 일명 "Gray Zone"이라고도 한다.

2. 제3보험의 보험종목

1) 상해보험

상해보험이란 우연하고도 급격한 외래의 사고로 사람의 신체에 입은 상해에 대하여 치료에 소요되는 비용 및 상해에 결과에 기인한 후유장해 또는 사망 등의 위험을 보장하는 보험을 말한다.

2) 질병보험

질병보험이란 질병에 걸리거나 질병으로 인한 입원, 수술 등의 위험을 보장하는 보험을 말하며, 여기서 질병으로 인한 사망은 제외된다. 질병을 원인으로 하는 사망보험은 원칙적으로 생명보험의 영역에 속하는 것이나, 예외적으로 손해보험업의 보험종목 전부를 취급하는 손해보험회사가 대통령령으로 정하는 기준에 따라 제3보험의 특약형식으로 질병사망을 담보할 수 있도록 하고 있다.

3) 간병보험

간병보험이란 활동불능 또는 인식불능 등 타인의 간병을 필요로 하는 상태 및 이로 인한 치료 등의 위험을 보장하는 보험을 말한다.

3. 제3보험의 질병사망보장

1) 보험업 겸영의 제한

보험회사는 생명보험업과 손해보험업을 겸영하지 못한다. 다만, 다음의 어느 하나에 해당하는 보험종목은 그러하지 아니하다.

① 생명보험의 재보험 및 제3보험의 재보험
② 다른 법령에 따라 겸영할 수 있는 보험종목으로서 대통령령으로 정하는 보험종목
③ 대통령령으로 정하는 기준에 따라 제3보험의 보험종목에 부가되는 보험

2) 대통령령으로 정하는 기준에 따라 제3보험의 보험종목에 부가되는 보험

"대통령령으로 정하는 기준에 따라 제3보험의 보험종목에 부가되는 보험"이란 손해보험업의 보험종목 전부를 취급하는 손해보험회사가 질병을 원인으로 하는 사망을 제3보험의 특약형식으로 담보하는 보험으로서, 다음의 요건을 충족하는 보험을 말한다.

① 보험만기는 80세 이하일 것
② 보험금액 한도는 개인당 2억원 이내일 것
③ 만기시에 지급하는 환급금은 납입보험료 합계액의 범위 내일 것

제 2 장 질병상해보험 표준약관

제1절 목적 및 용어의 정의

1. 계약관계 관련 용어

1) 계약자

회사와 계약을 체결하고 보험료를 납입할 의무를 지는 사람

2) 보험수익자

보험금 지급사유가 발생하는 때에 회사에 보험금을 청구하여 받을 수 있는 사람

3) 보험증권

계약의 성립과 그 내용을 증명하기 위하여 회사가 계약자에게 주는 증서

4) 진단계약

계약을 체결하기 위하여 피보험자가 건강진단을 받아야 하는 계약

5) 피보험자

보험사고의 대상이 되는 사람

2. 지급사유 관련 용어

1) 상 해

보험기간 중에 발생한 급격하고도 우연한 외래의 사고로 신체(의수, 의족, 의안, 의치 등 신체보조장구는 제외하나, 인공장기나 부분의치 등 신체에 이식되어 그 기능을 대신할 경우는 포함한다)에 입은 상해를 말한다.

2) 장 해

장해분류표에서 정한 기준에 따른 장해상태를 말한다.

3) 중요한 사항

계약 전 알릴의무와 관련하여 회사가 그 사실을 알았더라면 계약의 청약을 거절하거나 보험가입금액 한도 제한, 일부 보장 제외, 보험금 삭감, 보험료 할증과 같이 조건부로 승낙하는 등 계약 승낙에 영향을 미칠 수 있는 사항을 말한다.

3. 지급금과 이자율 관련 용어

1) 연단위 복리

회사가 지급할 금전에 이자를 줄 때 1년마다 마지막 날에 그 이자를 원금에 더한 금액을 다음 1년의 원금으로 하는 이자 계산방법을 말한다.

2) 평균공시이율

전체 보험회사 공시이율의 평균으로, 이 계약 체결 시점의 이율을 말한다.

3) 해약환급금

계약이 해지되는 때에 회사가 계약자에게 돌려주는 금액을 말한다.

4. 기간과 날짜 관련 용어

1) 보험기간

계약에 따라 보장을 받는 기간을 말한다.

2) 영업일

회사가 영업점에서 정상적으로 영업하는 날을 말하며, 토요일, '관공서의 공휴일에 관한 규정'에 따른 공휴일과 근로자의 날을 제외한다.

제2절 보험금의 지급

1. 보험금의 종류 및 지급사유

1) 사망보험금

보험기간 중에 상해의 직접결과로써 사망한 경우(질병으로 인한 사망은 제외한다)에 사망보험금을 지급한다.

2) 후유장해보험금

보험기간 중 진단 확정된 질병 또는 상해로 장해분류표에서 정한 각 장해지급률에 해당하는 장해상태가 되었을 때 해당 장해지급률을 보험가입금액에 곱하여 산출한 금액을 후유장해보험금으로 지급한다.

3) 입원보험금, 간병보험금 등

보험기간 중 진단 확정된 질병 또는 상해로 입원, 통원, 요양, 수술 또는 수발(간병)이 필요한 상태가 되었을 때 입원보험금, 간병보험금 등을 보험금으로 지급한다.

2. 보험금을 지급하지 않는 사유

1) 절대적 면책사유

(1) 피보험자의 고의

피보험자가 고의로 자신을 해친 경우. 다만, 피보험자가 심신상실 등으로 자유로운 의사결정을 할 수 없는 상태에서 자신을 해친 경우에는 보험금을 지급한다.

(2) 보험수익자의 고의

보험수익자가 고의로 피보험자를 해친 경우. 다만, 그 보험수익자가 보험금의 일부 보험수익자인 경우에는 다른 보험수익자에 대한 보험금은 지급한다.

(3) 계약자의 고의

계약자가 고의로 피보험자를 해친 경우

(4) 피보험자의 임신, 출산, 산후기

피보험자의 임신, 출산(제왕절개를 포함한다), 산후기. 그러나 회사가 보장하는 보험금 지급사유와 보장개시일부터 2년이 지난 후에 발생한 습관성 유산, 불임 및 인공수정 관련 합병증으로 인한 경우에는 보험금을 지급한다. 〈개정 2022.9.30.〉

※ **습관성 유산, 불임 및 인공수정** : 한국표준질병・사인분류상의 N96~N98에 해당하는 질병을 말한다.

(5) 전쟁, 외국의 무력행사, 혁명, 내란, 사변, 폭동

2) 상대적 면책사유

다른 약정이 없으면 피보험자가 직업, 직무 또는 동호회 활동목적으로 아래에 열거된 행위로 인하여 상해 관련 보험금 지급사유가 발생한 때에는 해당 보험금을 지급하지 않는다.

① 전문등반(전문적인 등산용구를 사용하여 암벽 또는 빙벽을 오르내리거나 특수한 기술, 경험, 사전훈련을 필요로 하는 등반을 말한다), 글라이더 조종, 스카이다이빙, 스쿠버다이빙, 행글라이딩, 수상보트, 패러글라이딩

② 모터보트, 자동차 또는 오토바이에 의한 경기, 시범, 흥행(이를 위한 연습을 포함한다) 또는 시운전(다만, 공용도로상에서 시운전을 하는 동안 보험금 지급사유가 발생한 경우에는 보장한다)

③ 선박에 탑승하는 것을 직무로 하는 사람이 직무상 선박에 탑승하고 있는 동안

3. 보험금 지급사유의 통지 등

1) 지급사유 발생의 통지

계약자 또는 피보험자나 보험수익자는 제3조(보험금의 지급사유)에서 정한 보험금 지급사유의 발생을 안 때에는 지체 없이 그 사실을 회사에 알려야 한다.

2) 지급사유에 대해 합의하지 못한 경우

(1) 제3자의 의견에 따르는 경우

보험수익자와 회사가 보험금 지급사유에 대해 합의하지 못할 때는 보험수익자와 회사가 함께 제3자를 정하고 그 제3자의 의견에 따를 수 있다. 제3자는 「의료법」 제3조(의료기관)에 규정한 종합병원 소속 전문의 중에 정하며, 보험금 지급사유 판정에 드는 의료비용은 회사가 전액 부담한다.

(2) 확정된 장해에 대한 가지급보험금

장해지급률의 판정 및 지급할 보험금의 결정과 관련하여 확정된 장해지급률에 따른 보험금을 초과한 부분에 대한 분쟁으로 보험금 지급이 늦어지는 경우에는 보험수익자의 청구에 따라 이미 확정된 보험금을 먼저 가지급한다.

(3) 추가적인 조사가 이루어지는 경우의 가지급보험금

보험금 지급사유에 대하여 추가적인 조사가 이루어지는 경우, 회사는 보험수익자의 청구에 따라 회사가 추정하는 보험금의 50% 상당액을 가지급보험금으로 지급한다.

4. 보험금 청구서류

1) 제출서류

보험수익자는 다음의 서류를 제출하고 보험금을 청구하여야 한다.

① 청구서(회사 양식)
② 사고증명서[진료비계산서, 사망진단서, 장해진단서, 입원치료확인서, 의사처방전(처방조제비) 등]
③ 신분증(주민등록증이나 운전면허증 등 사진이 붙은 정부기관발행 신분증, 본인이 아닌 경우에는 본인의 인감증명서 또는 본인서명사실확인서 포함)
④ 기타 보험수익자가 보험금의 수령에 필요하여 제출하는 서류

2) 사고증명서의 요건

사고증명서는 「의료법」 제3조(의료기관)에서 규정한 국내의 병원이나 의원 또는 국외의 의료관련법에서 정한 의료기관에서 발급한 것이어야 한다.

5. 보험금의 지급절차

1) 질병상해보험 표준약관에 정한 보험금 지급절차

(1) 접수절차와 보험금의 지급

회사는 보험금 청구서류를 접수한 때에는 접수증을 주고 휴대전화 문자메시지 또는 전자우편 등으로도 송부하며, 그 서류를 접수한 날부터 3영업일 이내에 보험금을 지급한다.

(2) 보험금 지급사유에 대한 조사·확인이 필요한 경우

회사가 보험금 지급사유를 조사·확인하기 위해 필요한 기간이 지급기일(청구서류를 접수한 날부터 3영업일)을 초과할 것이 명백히 예상되는 경우에는 그 구체적인 사유와 지급 예정일 및 보험금 가지급제도(회사가 추정하는 보험금의 50% 이내를 지급)에 대하여 피보험자 또는 보험수익자에게 즉시 통지한다. 다만, 지급 예정일은 다음의 어느 하나에 해당하는 경우를 제외하고는 보험금 청구서류를 접수한 날부터 30영업일 이내에서 정한다.

① 소송제기
② 분쟁조정 신청
③ 수사기관의 조사
④ 해외에서 발생한 보험사고에 대한 조사
⑤ 회사의 조사요청에 대한 동의 거부 등 계약자, 피보험자 또는 보험수익자의 책임 있는 사유로 보험금 지급사유의 조사와 확인이 지연되는 경우
⑥ 보험금 지급사유에 대해 제3자의 의견에 따르기로 한 경우

2) 생명보험 표준약관에 정한 보험금 지급절차

(1) 접수절차와 보험금의 지급

회사는 보험금 청구서류를 접수한 때에는 접수증을 주고 휴대전화 문자메시지 또는 전자우편 등으로도 송부하며, 그 서류를 접수한 날부터 3영업일 이내에 보험금을 지급한다. 다만, 보험금 지급사유의 조사나 확인이 필요한 때에는 접수 후 10영업일 이내에 지급한다.

(2) 보험금 지급사유에 대한 조사 · 확인이 필요한 경우

회사가 보험금 지급사유를 조사 · 확인하기 위해 필요한 기간이 지급기일(청구서류를 접수한 날부터 3영업일)을 초과할 것이 명백히 예상되는 경우에는 그 구체적인 사유와 지급 예정일 및 보험금 가지급제도(회사가 추정하는 보험금의 50% 이내를 지급)에 대하여 피보험자 또는 보험수익자에게 즉시 통지한다. 다만, 지급예정일은 다음의 어느 하나에 해당하는 경우를 제외하고는 보험금 청구서류를 접수한 날부터 30영업일 이내에서 정한다.

① 소송제기
② 분쟁조정신청
③ 수사기관의 조사
④ 해외에서 발생한 보험사고에 대한 조사
⑤ 회사의 조사요청에 대한 동의 거부 등 계약자, 피보험자 또는 보험수익자의 책임 있는 사유로 보험금 지급사유의 조사와 확인이 지연되는 경우
⑥ 보험금 지급사유에 대해 제3자의 의견에 따르기로 한 경우

6. 보험금 및 만기환급금의 지급지연

1) 보험금의 지급지연

(1) 보험금 지급지연에 따른 이자

회사는 지급기일(청구서류를 접수한 날부터 3영업일) 내에 보험금을 지급하지 않았을 때(지급예정일을 통지한 경우를 포함한다)에는 그 다음날부터 지급일까지의 기간에 대하여 '보험금을 지급할 때의 적립이율 계산'에서 정한 이율로 계산한 금액을 보험금에 더하여 지급한다. 그러나 계약자, 피보험자 또는 보험수익자의 책임 있는 사유로 지급이 지연된 때에는 그 해당 기간에 대한 이자는 더하여 지급하지 않는다.

(2) 계약자 등의 책임이 있는 사유로 지연된 경우

계약자, 피보험자 또는 보험수익자는 계약 전 알릴의무위반의 효과 및 보험금 지급사유 조사와 관련하여 의료기관 또는 국민건강보험공단, 경찰서 등 관공서에 대한 회사의 서면에 의한 조사요청에 동의하여야 한다. 다만, 정당한 사유 없이 이에 동의하지 않을 경우 사실 확인이 끝날 때까지 회사는 보험금 지급지연에 따른 이자를 지급하지 않는다.

(3) 조사동의 요청시의 설명의무

회사는 보험금 지급사유의 조사와 관련하여 서면조사에 대한 동의 요청시 조사목적, 사용처 등을 명시하고 설명한다.

2) 만기환급금의 지급지연

회사는 보험기간이 끝난 때에 만기환급금을 보험수익자에게 지급한다. 회사는 계약자 및 보험수익자의 청구에 의하여 만기환급금을 지급하는 경우 청구일부터 3영업일 이내에 지급한다. 회사는 만기환급금의 지급시기가 되면 지급시기 7일 이전에 그 사유와 지급할 금액을 계약자 또는 보험수익자에게 알려주며, 만기환급금을 지급함에 있어 지급일까지의 기간에 대한 이자의 계산은 '보험금을 지급할 때의 적립이율 계산'에 따른다.

7. 보험금을 받는 방법의 변경

계약자(보험금 지급사유 발생 후에는 보험수익자)는 회사의 사업방법서에서 정한 바에 따라 보험금의 전부 또는 일부에 대하여 나누어 지급받거나 일시에 지급받는 방법으로 변경할 수 있다. 즉, 회사는 일시에 지급할 금액을 나누어 지급하는 경우에는 나중에 지급할 금액에 대하여 평균공시이율을 연단위 복리로 계산한 금액을 더하며, 나누어 지급할 금액을 일시에 지급하는 경우에는 평균공시이율을 연단위 복리로 할인한 금액을 지급한다.

8. 주소변경의 통지

1) 주소변경통지의무

계약자(보험수익자가 계약자와 다른 경우 보험수익자를 포함한다)는 주소 또는 연락처가 변경된 경우에는 지체 없이 그 변경내용을 회사에 알려야 한다.

2) 주소변경통지의무의 위반

계약자 또는 보험수익자가 변경내용을 알리지 않은 경우에는 계약자 또는 보험수익자가 회사에 알린 최종의 주소 또는 연락처로 등기우편 등 우편물에 대한 기록이 남는 방법으로 회사가 알린 사항은 일반적으로 도달에 필요한 기간이 지난 때에 계약자 또는 보험수익자에게 도달된 것으로 본다.

9. 보험수익자 및 대표자의 지정

1) 보험수익자의 지정

보험수익자를 지정하지 않은 때에는 보험수익자를 만기환급금의 경우는 계약자로 하고, 사망보험금의 경우는 피보험자의 법정상속인으로 하며, 후유장해보험금, 입원보험금, 간병보험금 등의 경우는 피보험자로 한다.

2) 대표자의 지정

(1) 계약자 또는 보험수익자가 2인 이상인 경우

계약자 또는 보험수익자가 2명 이상인 경우에는 각 대표자를 1명 지정하여야 한다. 이 경우 그 대표자는 각각 다른 계약자 또는 보험수익자를 대리하는 것으로 한다.

(2) 계약자 또는 보험수익자의 소재가 확실하지 않은 경우

지정된 계약자 또는 보험수익자의 소재가 확실하지 않은 경우에는 이 계약에 관하여 회사가 계약자 또는 보험수익자 1명에 대하여 한 행위는 각각 다른 계약자 또는 보험수익자에게도 효력이 미친다.

(3) 계약자가 2인 이상인 경우

계약자가 2명 이상인 경우에는 그 책임을 연대로 한다.

제3절 계약 전 알릴의무 등

1. 계약 전 알릴의무

1) 계약 전 알릴의무의 내용

계약자 또는 피보험자는 청약할 때(진단계약의 경우에는 건강진단 할 때를 말한다) 청약서에서 질문한 사항에 대하여 알고 있는 사실을 반드시 사실대로 알려야(이하 '계약 전 알릴의무'라 하며, 상법상 '고지의무'와 같다) 한다. 다만, 진단계약의 경우 「의료법」 제3조(의료기관)의 규정에 따른 종합병원과 병원에서 직장 또는 개인이 실시한 건강진단서 사본 등 건강상태를 판단할 수 있는 자료로 건강진단을 대신할 수 있다.

2) 계약 전 알릴의무위반의 효과

(1) 계약을 해지할 수 있는 경우

회사는 계약자 또는 피보험자가 고의 또는 중대한 과실로 계약 전 알릴의무를 위반하고 그 의무가 중요한 사항에 해당하는 경우에는 손해의 발생 여부에 관계없이 이 계약을 해지할 수 있다.

(2) 계약을 해지할 수 없는 경우

① 회사가 계약 당시에 그 사실을 알았거나 과실로 인하여 알지 못하였을 때

② 회사가 그 사실을 안 날부터 1개월 이상 지났거나 또는 제1회 보험료를 받은 때부터 보험금 지급사유가 발생하지 않고 2년(진단계약의 경우 질병에 대하여는 1년)이 지났을 때

③ 계약을 체결한 날부터 3년이 지났을 때

④ 회사가 이 계약을 청약할 때 피보험자의 건강상태를 판단할 수 있는 기초자료(건강진단서 사본 등)에 따라 승낙한 경우에 건강진단서 사본 등에 명기되어 있는 사항으로 보험금 지급사유가 발생하였을 때(계약자 또는 피보험자가 회사에 제출한 기초자료의 내용 중 중요사항을 고의로 사실과 다르게 작성한 때에는 계약을 해지할 수 있다)

⑤ 보험설계사 등이 계약자 또는 피보험자에게 고지할 기회를 주지 않았거나 계약자 또는 피보험자가 사실대로 고지하는 것을 방해한 경우, 계약자 또는 피보험자에게 사실대로 고지하지 않게 하였거나 부실한 고지를 권유했을 때. 다만, 보험설계사 등의 행위가 없었다 하더라도 계약자 또는 피보험자가 사실대로 고지하지 않거나 부실한 고지를 했다고 인정되는 경우에는 계약을 해지할 수 있다.

(3) 계약 해지시의 환급금

계약 전 알릴의무위반에 의하여 계약을 해지하였을 때에는 해약환급금을 계약자에게 지급한다.

(4) 계약의 해지가 보험금 지급사유 발생 후에 이루어진 경우

① 계약자 또는 피보험자가 고의 또는 중대한 과실로 계약의 해지가 보험금 지급사유 발생 후에 이루어진 경우에 회사는 보험금을 지급하지 않으며, 계약 전 알릴의무위반 사실(계약 해지 등의 원인이 되는 위반 사실을 구체적으로 명시)뿐만 아니라 계약 전 알릴의무 사항이 중요한 사항에 해당되는 사유를 "반대증거가 있는 경우 이의를 제기할 수 있습니다"라는 문구와 함께 계약자에게 서면 또는 전자문서 등으로 알려준다. 회사가 전자문서로 안내하고자 할 경우에는 계약자에게 서면 또는 「전자서명법」 제2조 제2호에 따른 전자서명으로 동의를 얻어 수신확인을 조건으로 전자문서를 송신하여야 한다. 계약자의 전자문서 수신이 확인되기 전까지는 그 전자문서는 송신되지 않은 것으로 본다. 회사는 전자문서가 수신되지 않은 것을 확인한 경우에는 서면(등기우편 등)으로 다시 알려준다. 〈개정 2022.9.30.〉

② 뚜렷한 위험의 증가와 관련된 상해보험계약 후 알릴의무에서 정한 계약 후 알릴의무를 계약자 또는 피보험자의 고의 또는 중대한 과실로 이행하지 않아 계약의 해지가 보험금 지급사유 발생 후에 이루어진 경우에는 보험금을 지급한다.

(5) 계약 전 알릴의무의 위반과 보험금 지급사유 발생과의 인과관계

계약 전 알릴의무를 위반한 사실이 보험금 지급사유 발생에 영향을 미쳤음을 회사가 증명하지 못한 경우에는 약정한 보험금을 지급한다.

(6) 다른 보험가입내역에 대한 알릴의무

회사는 다른 보험가입내역에 대한 계약 전 알릴의무위반을 이유로 계약을 해지하거나 보험금 지급을 거절하지 않는다.

2. 상해보험계약 후 알릴의무

1) 상해보험계약 후 알릴의무의 내용

계약자 또는 피보험자는 보험기간 중에 피보험자에게 다음의 변경이 발생한 경우에는 우편, 전화, 방문 등의 방법으로 지체 없이 회사에 알려야 한다.

(1) 보험증권 등에 기재된 직업 또는 직무의 변경

① 현재의 직업 또는 직무가 변경된 경우
② 직업이 없는 자가 취직한 경우
③ 현재의 직업을 그만 둔 경우

[직업]
① 생계유지 등을 위하여 일정한 기간 동안(예 6개월 이상) 계속하여 종사하는 일
② ①에 해당하지 않는 경우에는 개인의 사회적 신분에 따르는 위치나 자리를 말함
예 학생, 미취학아동, 무직 등

[직무]
직책이나 직업상 책임을 지고 담당하여 맡은 일

(2) 보험증권 등에 기재된 피보험자의 운전목적이 변경된 경우

예 자가용에서 영업용으로 변경, 영업용에서 자가용으로 변경 등

(3) 보험증권 등에 기재된 피보험자의 운전 여부가 변경된 경우

예 비운전자에서 운전자로 변경, 운전자에서 비운전자로 변경

(4) 이륜자동차 또는 원동기장치 자전거(전동킥보드, 전동이륜평행차, 전동기의 동력만으로 움직일 수 있는 자전거 등 개인형 이동장치를 포함)를 계속적으로 사용(직업, 직무 또는 동호회 활동과 출퇴근용도 등으로 주로 사용하는 경우에 한함)하게 된 경우(다만, 전동휠체어, 의료용 스쿠터 등 보행보조용 의자차는 제외한다) 〈개정 2022.9.30.〉

2) 상해보험계약 후 알릴의무 이행의 효과

(1) 위험의 변동이 발생한 경우

회사는 상해보험계약 후 알릴의무의 이행에 따른 통지로 인하여 위험의 변동이 발생한 경우에는 계약내용을 변경할 수 있다. 즉 회사는 계약내용을 변경할 때 위험이 감소된 경우에는 보험료를 감액하고, 이후 기간 보장을 위한 재원인 책임준비금 등의 차이로 인하여 발생한 정산금액을 환급하여 준다. 한편 위험이 증가된 경우에는 보험료의 증액 및 정산금액의 추가납입을 요구할 수 있으며, 계약자는 이를 납입하여야 한다.

(2) 추가보험료의 납입을 게을리 한 경우

상해보험계약 후 알릴의무의 통지에 따라 위험의 증가로 보험료를 더 내야 할 경우 회사가 청구한 추가보험료(정산금액을 포함한다)를 계약자가 납입하지 않았을 때, 회사는 위험이 증가되기 전에 적용된 보험요율(이하 "변경 전 요율"이라 한다)의 위험이 증가된 후에 적용해야 할 보험요율(이하 "변경 후 요율"이라 한다)에 대한 비율에 따라 보험금을 삭감하여 지급한다. 다만, 증가된 위험과 관계없이 발생한 보험금 지급사유에 관해서는 원래대로 지급한다.

3) 상해보험계약 후 알릴의무위반의 효과

(1) 계약의 해지

뚜렷한 위험의 증가와 관련된 계약 후 알릴의무를 계약자 또는 피보험자의 고의 또는 중대한 과실로 이행하지 않았을 때에는 손해의 발생 여부에 관계없이 계약을 해지할 수 있다. 다만, 계약의 해지가 보험금 지급사유 발생 후에 이루어진 경우에는 변경 전 요율의 변경 후 요율에 대한 비율에 따라 보험금을 삭감하여 지급한다.

(2) 보험금의 삭감지급

계약자 또는 피보험자가 고의 또는 중대한 과실로 직업 또는 직무의 변경사실을 회사에 알리지 아니하였을 경우 변경 후 요율이 변경 전 요율보다 높을 때에는 회사는 그 변경사실을 안 날부터 1개월 이내에 계약자 또는 피보험자에게 변경 전 요율의 변경 후 요율에 대한 비율에 따라 보험금을 삭감하여 보장됨을 통보하고, 이에 따라 보험금을 지급한다.

02

3. 사기에 의한 계약

(1) 사기에 의한 계약의 취소

사기에 의하여 계약이 성립되었음을 회사가 증명하는 경우에는 계약일부터 5년 이내(사기사실을 안 날부터 1개월 이내)에 계약을 취소할 수 있다.

(2) 사기에 의한 계약의 경우

① 계약자 또는 피보험자가 대리진단, 약물사용을 수단으로 진단절차를 통과한 경우
② 진단서를 위·변조한 경우
③ 청약일 이전에 암 또는 사람면역결핍바이러스(HIV) 감염의 진단 확정을 받은 후 이를 숨기고 가입하는 등

제4절 보험계약의 성립과 유지

1. 보험계약의 성립

1) 계약의 성립

계약은 계약자의 청약과 회사의 승낙으로 이루어진다.

2) 피보험자가 계약에 적합하지 않은 경우

회사는 피보험자가 계약에 적합하지 않은 경우에는 승낙을 거절하거나 별도의 조건(보험가입금액 제한, 일부보장 제외, 보험금 삭감, 보험료 할증 등)을 붙여 승낙할 수 있다.

3) 승낙의 의제

회사는 계약의 청약을 받고, 제1회 보험료를 받은 경우에 건강진단을 받지 않는 계약은 청약일, 진단계약은 진단일(재진단의 경우에는 최종 진단일)부터 30일 이내에 승낙 또는 거절하여야 하며, 승낙한 때에는 보험증권을 준다. 그러나 30일 이내에 승낙 또는 거절의 통지가 없으면 승낙된 것으로 본다.

4) 승낙의 거절

회사가 제1회 보험료를 받고 승낙을 거절한 경우에는 거절통지와 함께 받은 금액을 계약자에게 돌려주며, 보험료를 받은 기간에 대하여 평균공시이율 +1%를 연단위 복리로 계산한 금액을 더하여 지급한다. 다만, 회사는 계약자가 제1회 보험료를 신용카드로 납입한 계약의 승낙을 거절하는 경우에는 신용카드의 매출을 취소하며, 이자를 더하여 지급하지 않는다.

5) 일부보장 제외 조건을 붙여 승낙한 경우

회사가 일부보장 제외 조건을 붙여 승낙하였더라도 청약일로부터 5년(갱신형 계약의 경우에는 최초 청약일로부터 5년)이 지나는 동안 보장이 제외되는 질병으로 추가 진단(단순 건강검진 제외) 또는 치료 사실이 없을 경우, 청약일로부터 5년이 지난 이후에는 약관에 따라 보장한다.

① '청약일로부터 5년이 지나는 동안'이라 함은 약관 제28조[보험료의 납입이 연체되는 경우 납입최고(독촉)와 계약의 해지]에서 정한 계약의 해지가 발생하지 않은 경우를 말한다.

② 약관 제29조[보험료의 납입연체로 인한 해지계약의 부활(효력회복)]에서 정한 계약의 부활이 이루어진 경우 부활을 청약한 날을 청약일로 하여 적용한다.

2. 청약의 철회

1) 청약의 철회와 철회의 제한

① 계약자는 보험증권을 받은 날 부터 15일 이내에 그 청약을 철회할 수 있다. 다만, 회사가 건강상태 진단을 지원하는 계약, 보험기간이 90일 이내인 계약 또는 전문금융소비자가 체결한 계약은 청약을 철회할 수 없다.

> **【전문금융소비자】**
> 보험계약에 관한 전문성, 자산규모 등에 비추어 보험계약에 따른 위험감수능력이 있는 자로서, 국가, 지방자치단체, 한국은행, 금융회사, 주권상장법인 등을 포함하며 「금융소비자 보호에 관한 법률」 제2조(정의) 제9호에서 정하는 전문금융소비자를 말한다.
>
> **【일반금융소비자】**
> 전문금융소비자가 아닌 계약자를 말한다.

② 제1항에도 불구하고 청약한 날부터 30일이 초과된 계약은 청약을 철회할 수 없다.

③ 보험증권을 받은 날에 대한 다툼이 발생한 경우 회사가 이를 증명하여야 한다.

2) 청약철회의 방법

청약철회는 계약자가 전화로 신청하거나, 철회의사를 표시하기 위한 서면, 전자우편, 휴대전화 문자메시지 또는 이에 준하는 전자적 의사표시(이하 '서면 등'이라 한다)를 발송한 때 효력이 발생한다. 계약자는 서면 등을 발송한 때에 그 발송 사실을 회사에 지체 없이 알려야 한다.

3) 청약철회와 보험료의 반환

계약자가 청약을 철회한 때에는 회사는 청약의 철회를 접수한 날부터 3영업일 이내에 납입한 보험료를 돌려주며, 보험료 반환이 늦어진 기간에 대하여는 이 계약의 보험계약대출이율을 연단위 복리로 계산한 금액을 더하여 지급한다. 다만, 계약자가 제1회 보험료를 신용카드로 납입한 계약의 청약을 철회하는 경우에 회사는 청약의 철회를 접수한 날부터 3영업일 이내에 해당 신용카드회사로 하여금 대금청구를 하지 않도록 해야 하며, 이 경우 회사는 보험료를 반환한 것으로 본다.

4) 청약철회와 보험금 지급사유의 발생

청약을 철회할 때에 이미 보험금 지급사유가 발생하였으나, 계약자가 그 보험금 지급사유가 발생한 사실을 알지 못한 경우에는 청약철회의 효력은 발생하지 않는다.

3. 약관교부 및 설명의무 등

1) 약관교부 및 설명의무

회사는 계약자가 청약할 때에 계약자에게 약관의 중요한 내용을 설명하여야 하며, 청약 후에 다음의 방법 중 계약자가 원하는 방법을 확인하여 지체 없이 약관 및 계약자 보관용 청약서를 제공한다. 만약, 회사가 전자우편 및 전자적 의사표시로 제공한 경우 계약자 또는 그 대리인이 약관 및 계약자 보관용 청약서 등을 수신하였을 때에는 해당 문서를 준 것으로 본다.

① 서면교부
② 우편 또는 전자우편
③ 휴대전화 문자메시지 또는 이에 준하는 전자적 의사표시

2) 통신판매계약의 설명의무

통신판매계약의 경우, 회사는 계약자가 가입한 특약만 포함한 약관을 주며, 전화를 이용하여 체결하는 계약은 계약자의 동의를 얻어 다음의 방법으로 약관의 중요한 내용을 설명할 수 있다.

① 삭제 〈2022.9.30.〉
② 전화를 이용하여 청약내용, 보험료납입, 보험기간, 계약 전 알릴의무, 약관의 중요한 내용 등 계약을 체결하는데 필요한 사항을 질문 또는 설명하는 방법. 이 경우 계약자의 답변과 확인내용을 음성 녹음함으로써 약관의 중요한 내용을 설명한 것으로 본다.

> **【통신판매계약】**
> 전화・우편・인터넷 등 통신수단을 이용하여 체결하는 계약을 말한다.

3) 약관교부 및 설명의무 등의 위반과 계약의 취소

회사가 제공될 약관 및 계약자 보관용 청약서를 청약할 때 계약자에게 전달하지 않거나 약관의 중요한 내용을 설명하지 않은 때 또는 계약을 체결할 때 계약자가 청약서에 자필서명[날인(도장을 찍음) 및 전자서명 포함]을 하지 않은 때에는 계약자는 계약이 성립한 날부터 3개월 이내에 계약을 취소할 수 있다. 이에 따라 계약이 취소된 경우에는 회사는 이미 납입한 보험료를 계약자에게 돌려주며, 보험료를 받은 기간에 대하여 보험계약대출이율을 연단위 복리로 계산한 금액을 더하여 지급한다.

4) 전화를 이용한 계약의 약관교부 및 설명의무 등

(1) 설명의무 및 계약자 보관용 청약서 전달의무

회사는 전화를 이용하여 청약내용, 보험료납입, 보험기간, 계약 전 알릴의무, 약관의 중요한 내용 등 계약을 체결하는데 필요한 사항을 질문 또는 설명하고 그에 대한 계약자의 답변과 확인내용을 음성 녹음함으로써 약관의 중요한 내용을 설명한 것으로 본다. 이에 따른 음성녹음 내용을 문서화한 확인서를 계약자에게 줌으로써 계약자 보관용 청약서를 전달한 것으로 본다.

(2) 계약자가 자필서명을 생략할 수 있는 경우

전화를 이용하여 계약을 체결하는 경우 다음의 어느 하나를 충족하는 때에는 자필서명을 생략할 수 있다.

① 계약자, 피보험자 및 보험수익자가 동일한 계약의 경우
② 계약자, 피보험자가 동일하고 보험수익자가 계약자의 법정상속인인 계약일 경우

4. 계약의 무효

1) 계약이 무효로 되는 경우

(1) 타인의 사망을 보험금 지급사유로 하는 계약

타인의 사망을 보험금 지급사유로 하는 계약에서 계약을 체결할 때까지 피보험자의 서면(「전자서명법」 제2조 제2호에 따른 전자서명이 있는 경우로서 「상법 시행령」 제44조의2에 정하는 바에 따라 본인 확인 및 위조·변조 방지에 대한 신뢰성을 갖춘 전자문서를 포함)에 의한 동의를 얻지 않은 경우. 다만, 단체가 규약에 따라 구성원의 전부 또는 일부를 피보험자로 하는 계약을 체결하는 경우에는 이를 적용하지 않는다. 이 때 단체보험의 보험수익자를 피보험자 또는 그 상속인이 아닌 자로 지정할 때에는 단체의 규약에서 명시적으로 정한 경우가 아니면 이를 적용한다.

(2) 만 15세 미만자 등의 사망을 보험금 지급사유로 하는 계약

만 15세 미만자, 심신상실자 또는 심신박약자를 피보험자로 하여 사망을 보험금 지급사유로 한 경우. 다만, 심신박약자가 계약을 체결하거나 소속 단체의 규약에 따라 단체보험의 피보험자가 될 때에 의사능력이 있는 경우에는 계약이 유효하다.

(3) 계약에서 정한 피보험자의 나이에 미달 또는 초과된 계약

계약을 체결할 때 계약에서 정한 피보험자의 나이에 미달되었거나 초과되었을 경우. 다만, 회사가 나이의 착오를 발견하였을 때 이미 계약나이에 도달한 경우에는 유효한 계약으로 보나, 만 15세 미만자에 관한 예외가 인정되는 것은 아니다.

2) 계약의 무효와 보험료의 반환

회사는 계약이 무효로 되면 이미 납입한 보험료를 돌려준다. 다만, 회사의 고의 또는 과실로 계약이 무효로 된 경우와 회사가 승낙 전에 무효임을 알았거나 알 수 있었음에도 보험료를 반환하지 않은 경우에는 보험료를 납입한 날의 다음날부터 반환일까지의 기간에 대하여 회사는 이 계약의 보험계약대출이율을 연단위 복리로 계산한 금액을 더하여 돌려준다.

5. 계약내용의 변경 등

1) 계약내용의 변경

계약자는 회사의 승낙을 얻어 다음의 사항을 변경할 수 있다. 이 경우 승낙을 서면 등으로 알리거나 보험증권의 뒷면에 기재하여 준다.

① 보험종목
② 보험기간
③ 보험료 납입주기, 납입방법 및 납입기간
④ 계약자, 피보험자
⑤ 보험가입금액, 보험료 등 기타 계약의 내용

2) 보험수익자의 변경

계약자는 보험수익자를 변경할 수 있으며, 이 경우에는 회사의 승낙을 필요로 하지 않는다. 다만, 변경된 보험수익자가 회사에 권리를 대항하기 위해서는 계약자가 보험수익자가 변경되었음을 회사에 통지하여야 한다. 계약자가 보험수익자를 변경하고자 할 경우에는 보험금 지급사유가 발생하기 전에 피보험자가 서면으로 동의하여야 한다.

3) 보험종목의 변경

회사는 계약자가 제1회 보험료를 납입한 때부터 1년 이상 지난 유효한 계약으로서 그 보험종목의 변경을 요청할 때에는 회사의 사업방법서에서 정하는 방법에 따라 이를 변경하여 준다.

4) 보험금액의 감액

회사는 계약자가 보험가입금액을 감액하고자 할 때에는 그 감액된 부분은 해지된 것으로 보며, 이로써 회사가 지급하여야 할 해약환급금이 있을 때에는 해약환급금을 계약자에게 지급한다.

5) 계약자의 변경

회사는 계약자를 변경한 경우, 변경된 계약자에게 보험증권 및 약관을 교부하고 변경된 계약자가 요청하는 경우 약관의 중요한 내용을 설명하여 준다.

6. 보험나이 등

1) 약관에 적용되는 피보험자의 나이

약관에서 피보험자의 나이는 보험나이를 기준으로 한다. 다만, 15세 미만자의 사망을 보험금 지급사유로 하는 계약의 무효 여부 판단시에는 실제 만 나이를 적용한다.

2) 보험나이의 계산

보험나이는 계약일 현재 피보험자의 실제 만 나이를 기준으로 6개월 미만의 끝수는 버리고 6개월 이상의 끝수는 1년으로 하여 계산하며, 이후 매년 계약 해당일에 나이가 증가하는 것으로 한다.

3) 피보험자의 나이 또는 성별에 관한 기재사항이 사실과 다른 경우

피보험자의 나이 또는 성별에 관한 기재사항이 사실과 다른 경우에는 정정된 나이 또는 성별에 해당하는 보험금 및 보험료로 변경한다.

> **【보험나이 계산 예시】**
> 생년월일 : 1988년 10월 2일, 현재(계약일) : 2014년 4월 13일
> → 2014년 4월 13일 – 1988년 10월 2일 = 25년 6월 11일 = 26세

7. 계약의 소멸

피보험자의 사망으로 인하여 이 약관에서 규정하는 보험금 지급사유가 더 이상 발생할 수 없는 경우에는 이 계약은 그 때부터 효력이 없다. 이때 사망을 보험금 지급사유로 하지 않는 경우에는 '보험료 및 책임준비금 산출방법서'에서 정하는 바에 따라 회사가 적립한 사망 당시의 계약자적립액을 지급한다. 〈개정 2023.6.26.〉

> 【계약자적립액】
> 장래의 해약환급금 등을 지급하기 위하여 계약자가 납입한 보험료 중 일정액을 기준으로 보험료 및 해약환급금 산출방법서에서 정한 방법에 따라 계산한 금액을 말한다.

제5절 보험료의 납입

1. 제1회 보험료 및 회사의 보장개시

1) 청약을 승낙하고 제1회 보험료를 받은 경우

회사는 계약의 청약을 승낙하고 제1회 보험료를 받은 때부터 이 약관이 정한 바에 따라 보장을 한다.

2) 청약과 함께 제1회 보험료를 받은 경우

회사가 청약과 함께 제1회 보험료를 받은 후 승낙한 경우에도 제1회 보험료를 받은 때부터 보장이 개시된다.

3) 자동이체 또는 신용카드로 납입하는 경우

자동이체 또는 신용카드로 납입하는 경우에는 자동이체신청 또는 신용카드매출승인에 필요한 정보를 제공한 때를 제1회 보험료를 받은 때로 하며, 계약자의 책임 있는 사유로 자동이체 또는 매출승인이 불가능한 경우에는 보험료가 납입되지 않은 것으로 본다.

2. 청약의 승낙전 보험금 지급사유의 발생

1) 보장하는 경우

회사가 청약과 함께 제1회 보험료를 받고 청약을 승낙하기 전에 보험금 지급사유가 발생하였을 때에도 보장개시일부터 이 약관이 정하는 바에 따라 보장을 한다.

> **【보장개시일】**
> 회사가 보장을 개시하는 날로서 계약이 성립되고 제1회 보험료를 받은 날을 말하나, 회사가 승낙하기 전이라도 청약과 함께 제1회 보험료를 받은 경우에는 제1회 보험료를 받은 날을 말한다. 또한 보장개시일을 계약일로 본다.

2) 보장하지 않는 경우

① 계약자 또는 피보험자가 회사에 알린 내용이나 건강진단 내용이 보험금 지급사유의 발생에 영향을 미쳤음을 회사가 증명하는 경우

② 계약 전 알릴의무위반의 효과를 준용하여 회사가 보장을 하지 않을 수 있는 경우

③ 진단계약에서 보험금 지급사유가 발생할 때까지 진단을 받지 않은 경우. 다만, 진단계약에서 진단을 받지 않은 경우라도 상해로 보험금 지급사유가 발생하는 경우에는 보장을 해준다.

3. 제2회 이후 보험료의 납입

계약자는 제2회 이후의 보험료를 납입기일까지 납입하여야 하며, 회사는 계약자가 보험료를 납입한 경우에는 영수증을 발행하여 준다. 다만, 금융회사(우체국을 포함한다)를 통하여 보험료를 납입한 경우에는 그 금융회사 발행 증빙서류를 영수증으로 대신한다.

> **【납입기일】**
> 계약자가 제2회 이후의 보험료를 납입하기로 한 날을 말한다.

4. 보험료의 자동대출납입

1) 자동대출납입의 신청과 결과의 통지

계약자는 보험료의 납입최고(독촉)기간이 지나기 전까지 회사가 정한 방법에 따라 보험료의 자동대출납입을 신청할 수 있으며, 이 경우 보험계약대출금으로 보험료가 자동으로 납입되어 계약은 유효하게 지속된다. 다만, 계약자가 서면 이외에 인터넷 또는 전화(음성녹음) 등으로 자동대출납입을 신청할 경우 회사는 자동대출납입 신청내역을 서면 또는 전화(음성녹음) 등으로 계약자에게 알려준다.

2) 자동대출납입의 중단

자동대출납입 대출금과 보험료의 자동대출 납입일의 다음날부터 그 다음 보험료의 납입최고(독촉)기간까지의 이자(보험계약대출이율 이내에서 회사가 별도로 정하는 이율을 적용하여 계산)를 더한 금액이 해당 보험료가 납입된 것으로 계산한 해약환급금과 계약자에게 지급할 기타 모든 지급금의 합계액에서 계약자의 회사에 대한 모든 채무액을 뺀 금액을 초과하는 경우에는 보험료의 자동대출납입을 더는 할 수 없다.

3) 자동대출납입기간

보험료의 자동대출납입 기간은 최초 자동대출납입일부터 1년을 한도로 하며, 그 이후의 기간에 대한 보험료의 자동대출납입을 위해서는 재신청을 하여야 한다.

4) 자동대출납입기간 중의 계약해지

보험료의 자동대출납입이 행하여진 경우에도 자동대출납입전 납입최고(독촉)기간이 끝나는 날의 다음날부터 1개월 이내에 계약자가 계약의 해지를 청구한 때에는 회사는 보험료의 자동대출납입이 없었던 것으로 하여 해약환급금을 지급한다.

5. 보험료의 납입이 연체되는 경우 납입최고(독촉)와 계약의 해지

1) 제2회 이후의 보험료의 연체와 납입최고(독촉)

(1) 납입최고(독촉)계약

회사는 계약자가 제2회 이후의 보험료를 납입기일까지 납입하지 않아 보험료 납입이 연체 중인 경우에 납입최고(독촉)를 한다.

(2) 납입최고(독촉)기간

회사는 14일(보험기간이 1년 미만인 경우에는 7일) 이상의 기간을 납입최고(독촉)기간[납입최고(독촉)기간의 마지막 날이 영업일이 아닌 때에는 최고(독촉)기간은 그 다음 날까지로 한다]으로 한다.

(3) 납입최고(독촉)방법 및 최고(독촉)내용

회사는 계약자(또는 보험수익자)에게 아래 사항에 대하여 서면(등기우편 등), 전화(음성녹음) 또는 전자문서 등으로 알려준다. 다만, 해지 전에 발생한 보험금 지급사유에 대하여 회사는 보상하여 준다.

① 계약자(보험수익자와 계약자가 다른 경우 보험수익자를 포함한다)에게 납입최고(독촉)기간 내에 연체보험료를 납입하여야 한다는 내용

② 납입최고(독촉)기간이 끝나는 날까지 보험료를 납입하지 않을 경우 납입최고(독촉)기간이 끝나는 날의 다음날에 계약이 해지된다는 내용(이 경우 계약이 해지되는 때에는 즉시 해약환급금에서 보험계약대출원금과 이자가 차감된다는 내용을 포함한다)

2) 전자문서에 의한 납입최고(독촉)

(1) 서면동의와 수신확인

회사가 납입최고(독촉) 등을 전자문서로 안내하고자 할 경우에는 계약자에게 서면, 「전자서명법」 제2조 제2호에 따른 전자서명으로 동의를 얻어 수신확인을 조건으로 전자문서를 송신하여야 하며, 계약자가 전자문서에 대하여 수신을 확인하기 전까지는 그 전자문서는 송신되지 않은 것으로 본다.

(2) 수신되지 않은 경우

회사는 전자문서가 수신되지 않은 것을 확인한 경우에는 납입최고(독촉)에 관한 내용을 서면(등기우편 등) 또는 전화(음성녹음)로 다시 알려준다.

3) 계약이 해지된 경우

납입최고(독촉)기간이 경과하여 계약이 해지된 경우에는 해약환급금을 계약자에게 지급한다.

6. 보험료의 납입연체로 인한 해지계약의 부활(효력회복)

1) 부활(효력회복)을 청구할 수 있는 경우

보험료 납입이 연체되는 경우 납입최고(독촉)와 계약의 해지에 따라 계약이 해지되었으나 해약환급금을 받지 않은 경우(보험계약대출 등에 따라 해약환급금이 차감되었으나 받지 않은 경우 또는 해약환급금이 없는 경우를 포함한다) 계약자는 해지된 날부터 3년 이내에 회사가 정한 절차에 따라 계약의 부활(효력회복)을 청약할 수 있다.

2) 부활(효력회복)청약시의 이자의 납입

회사가 부활(효력회복)을 승낙한 때에 계약자는 부활(효력회복)을 청약한 날까지의 연체된 보험료에 평균공시이율 + 1% 범위 내에서 각 상품별로 회사가 정하는 이율로 계산한 금액을 더하여 납입하여야 한다. 다만, 금리연동형 보험은 각 상품별 사업방법서에서 별도로 정한 이율로 계산한다.

02

3) 부활(효력회복)계약의 약관적용

① 해지계약을 부활(효력회복)하는 경우에는 제14조(계약 전 알릴의무), 제16조(알릴의무위반의 효과), 제17조(사기에 의한 계약), 제18조(보험계약의 성립) 및 제25조(제1회 보험료 및 회사의 보장개시)를 준용한다. 이 때 회사는 해지 전 발생한 보험금 지급사유를 이유로 부활(효력회복)을 거절하지 않는다. 〈개정 2023.6.26.〉

② 계약의 부활이 이루어진 경우라도 계약자 또는 피보험자가 최초 계약 청약시(2회 이상 부활이 이루어진 경우 종전 모든 부활 청약 포함) 제14조(계약 전 알릴의무)를 위반한 경우에는 제16조(알릴의무위반의 효과)가 적용된다. 〈신설 2023.6.26.〉

7. 강제집행 등으로 인한 해지계약의 특별부활(효력회복)

1) 특별부활(효력회복)을 청구할 수 있는 경우

회사는 계약자의 해약환급금 청구권에 대한 강제집행, 담보권실행, 국세 및 지방세 체납처분절차에 따라 계약이 해지된 경우 해지 당시의 보험수익자가 계약자의 동의를 얻어 계약 해지로 회사가 채권자에게 지급한 금액을 회사에 지급하고 계약자 명의를 보험수익자로 변경하여 계약의 특별부활(효력회복)을 청약할 수 있음을 보험수익자에게 통지하여야 한다.

2) 청약의 승낙

회사는 특별부활(효력회복)의 청약절차에 따른 계약자 명의변경 신청 및 계약의 특별부활(효력회복) 청약을 승낙한다.

3) 회사의 통지의무

회사는 특별부활(효력회복)의 통지를 지정된 보험수익자에게 하여야 한다. 다만, 회사는 법정상속인이 보험수익자로 지정된 경우에는 계약자에게 통지할 수 있다. 특별부활(효력회복)의 통지는 계약이 해지된 날부터 7일 이내에 하여야 한다.

4) 특별부활(효력회복)청약의 이행

보험수익자는 통지를 받은 날(법정상속인이 보험수익자로 지정된 경우에는 계약자가 통지를 받은 날)부터 15일 이내에 특별부활(효력회복)의 절차를 이행할 수 있다.

제6절 계약의 해지 및 분쟁의 조정 등

1. 계약자의 임의해지 및 피보험자의 서면동의 철회

1) 계약자의 임의해지

계약자는 계약이 소멸하기 전에는 언제든지 계약을 해지할 수 있으며, 이 경우 회사는 해약환급금을 계약자에게 지급한다.

2) 피보험자의 서면동의 철회

피보험자의 사망을 보험금 지급사유로 하는 계약에서 서면으로 동의를 한 피보험자는 계약의 효력이 유지되는 기간에는 언제든지 서면동의를 장래를 향하여 철회할 수 있으며, 서면동의 철회로 계약이 해지되어 회사가 지급하여야 할 해약환급금이 있을 때에는 해약환급금을 계약자에게 지급한다.

2. 위법계약의 해지

1) 위법계약 해지의 요구

계약자는 「금융소비자 보호에 관한 법률」 제47조 및 관련 규정이 정하는 바에 따라 계약 체결에 대한 회사의 법위반 사항이 있는 경우 계약 체결일부터 5년 이내의 범위에서 계약자가 위반 사항을 안 날부터 1년 이내에 계약해지요구서에 증빙서류를 첨부하여 위법계약의 해지를 요구할 수 있다. 계약자는 회사가 정당한 사유 없이 요구를 따르지 않는 경우 해당 계약을 해지할 수 있다.

2) 위법계약 해지요구의 통지

회사는 해지요구를 받은 날부터 10일 이내에 수락 여부를 계약자에 통지하여야 하며, 거절할 때에는 거절 사유를 함께 통지하여야 한다.

3) 해약환급금의 지급

위법계약이 해지된 경우 회사는 해약환급금을 계약자에게 지급한다.

4) 법률상의 권리 행사

계약자는 제척기간에도 불구하고 「민법」 등 관계 법령에서 정하는 바에 따라 법률상의 권리를 행사할 수 있다.

3. 중대 사유로 인한 해지

회사는 아래와 같은 사실이 있을 경우에는 안 날부터 1개월 이내에 계약을 해지할 수 있다. 이에 따라 계약을 해지한 경우 회사는 그 취지를 계약자에게 통지하고 해약환급금을 지급한다.

1) 고의로 보험금 지급사유를 발생시킨 경우

계약자, 피보험자 또는 보험수익자가 보험금을 지급받을 목적으로 고의로 보험금 지급사유를 발생시킨 경우

2) 보험금 청구에 관한 서류의 위·변조

계약자, 피보험자 또는 보험수익자가 보험금 청구에 관한 서류에 고의로 사실과 다른 것을 기재하였거나 그 서류 또는 증거를 위조 또는 변조한 경우. 다만, 이미 보험금 지급사유가 발생한 경우에는 보험금 지급에 영향을 미치지 않는다.

4. 해약환급금

1) 해약환급금의 지급사유

(1) 제2회 이후의 보험료를 납입하지 않은 경우

계약자가 제2회 이후의 보험료를 납입기일까지 납입하지 않아 보험료납입이 연체 중인 경우 납입최고(독촉) 후 그 기간이 끝나는 날의 다음날까지 보험료를 납입하지 않은 경우에는 계약이 해지된다.

(2) 계약 전 알릴의무를 위반한 경우

계약자 또는 피보험자가 계약 전 알릴의무에 불구하고 고의 또는 중대한 과실로 중요한 사항에 대하여 사실과 다르게 알린 경우에는 계약을 해지할 수 있다.

(3) 상해보험계약 후 알릴의무를 위반한 경우

계약자 또는 피보험자가 뚜렷한 위험의 증가와 관련된 상해보험계약 후 알릴의무를 이행하지 않았을 때에는 계약을 해지할 수 있다.

(4) 보험금액을 감액한 경우

회사는 계약자가 보험금액을 감액하고자 하는 경우 그 감액된 부분은 해지된 것으로 보고 지급하여야 할 해약환급금이 있는 경우에는 해약환급금을 계약자에게 지급한다.

(5) 계약자의 임의해지

계약자는 계약이 소멸하기 전에는 언제든지 계약을 해지할 수 있으며, 이 경우 회사는 계약자에게 해약환급금을 지급한다.

(6) 중대 사유로 인한 계약의 해지

계약자, 피보험자 또는 보험수익자가 고의로 보험금 지급사유를 발생시킨 경우 또는 보험금 청구에 관한 서류에 고의로 사실과 다른 것을 기재하였거나 그 서류 또는 증거를 위조 또는 변조한 경우에는 계약을 해지할 수 있다.

(7) 회사가 파산한 경우

회사가 파산선고를 받은 때에는 계약자는 계약을 해지할 수 있고, 파산선고 후 3개월이 지나면 계약은 효력을 잃는다. 이 경우 회사는 해약환급금을 계약자에게 지급한다.

(8) 피보험자가 서면동의를 철회한 경우

타인의 사망을 보험금 지급사유로 하는 계약에서 피보험자가 서면동의를 철회한 경우에는 계약이 해지된다.

02

2) 해약환급금의 지급

(1) 해약환급금의 계산

약관에 따른 해약환급금은 보험료 및 해약환급금 산출방법서에 따라 계산한다. 〈개정 2023.6.26.〉

(2) 해약환급금 지급기일

해약환급금의 지급사유가 발생한 경우 계약자는 회사에 해약환급금을 청구하여야 하며, 회사는 청구를 접수한 날부터 3영업일 이내에 해약환급금을 지급한다. 해약환급금 지급일까지의 기간에 대한 이자의 계산은 '보험금을 지급할 때의 적립이율 계산'에 따른다.

(3) 경과기간별 해약환급금에 관한 표의 제공

회사는 경과기간별 해약환급금에 관한 표를 계약자에게 제공한다.

(4) 계약자적립액의 반환

위법계약이 해지되는 경우 회사가 적립한 해지 당시의 계약자적립액을 반환한다.

5. 보험계약대출

1) 보험계약대출과 대출의 제한

계약자는 이 계약의 해약환급금 범위 내에서 회사가 정한 방법에 따라 대출을 받을 수 있다. 그러나 순수보장성 보험 등 보험상품의 종류에 따라 보험계약대출이 제한될 수도 있다.

2) 보험계약대출금과 이자의 상환

계약자는 보험계약대출금과 그 이자를 언제든지 상환할 수 있으며, 상환하지 않은 때에는 회사는 보험금, 해약환급금 등의 지급사유가 발생한 날에 지급금에서 보험계약대출의 원금과 이자를 차감할 수 있다.

3) 계약이 해지되는 경우

회사는 보험료 납입이 연체되는 경우 납입최고(독촉)와 계약의 해지에 따라 계약이 해지되는 때에는 즉시 해약환급금에서 보험계약대출의 원금과 이자를 차감한다.

4) 보험계약대출 사실의 통지

회사는 보험수익자에게 보험계약대출 사실을 통지할 수 있다.

6. 소멸시효

1) 소멸시효의 의의

소멸시효란 권리자가 권리를 행사할 수 있음에도 불구하고 권리를 행사하지 않은 사실상태가 일정기간 계속된 경우에 그 권리의 소멸을 인정하는 제도를 말한다.

2) 보험금청구권 등의 소멸시효

보험금청구권, 만기환급금청구권, 보험료 반환청구권, 해약환급금청구권, 책임준비금 반환청구권 및 배당금청구권은 3년간 행사하지 않으면 소멸시효가 완성된다.

7. 약관의 해석

1) 신의성실의 원칙

회사는 신의성실의 원칙에 따라 공정하게 약관을 해석하여야 하며, 계약자에 따라 다르게 해석하지 않는다.

2) 작성자불이익의 원칙

회사는 약관의 뜻이 명백하지 않은 경우에는 계약자에게 유리하게 해석한다.

3) 면책약관 등의 확대해석금지의 원칙

회사는 보험금을 지급하지 않는 사유 등 계약자나 피보험자에게 불리하거나 부담을 주는 내용은 확대하여 해석하지 않는다.

8. 설명서 교부 및 보험안내자료 등의 효력

1) 설명서 교부

① 회사는 일반금융소비자에게 청약을 권유하거나 일반금융소비자가 설명을 요청하는 경우 보험상품에 관한 중요한 사항을 계약자가 이해할 수 있도록 설명하고 계약자가 이해하였음을 서명(「전자서명법」 제2조 제2호에 따른 전자서명을 포함), 기명날인 또는 녹취 등을 통해 확인받아야 하며, 설명서를 제공하여야 한다.

② 설명서, 약관, 계약자 보관용 청약서 및 보험증권의 제공 사실에 관하여 계약자와 회사간에 다툼이 있는 경우에는 회사가 이를 증명하여야 한다.

2) 보험안내자료 등의 효력

보험설계사 등이 모집과정에서 사용한 회사 제작의 보험안내자료(계약의 청약을 권유하기 위해 만든 자료 등을 말한다)의 내용이 약관의 내용과 다른 경우에는 계약자에게 유리한 내용으로 계약이 성립된 것으로 본다.

9. 회사의 손해배상책임

1) 임직원 등의 책임 있는 사유

회사는 계약과 관련하여 임직원, 보험설계사 및 대리점의 책임 있는 사유로 계약자, 피보험자 및 보험수익자에게 발생된 손해에 대하여 관계 법령 등에 따라 손해배상의 책임을 진다.

2) 부당한 소(訴)의 제기

회사는 보험금 지급거절 및 지연지급의 사유가 없음을 알았거나 알 수 있었는데도 소(訴)를 제기하여 계약자, 피보험자 또는 보험수익자에게 손해를 가한 경우에는 그에 따른 손해를 배상할 책임을 진다.

3) 현저하게 공정을 잃은 합의

회사가 보험금 지급 여부 및 지급금액에 관하여 현저하게 공정을 잃은 합의로 보험수익자에게 손해를 가한 경우에도 회사는 2)항에 따라 손해를 배상할 책임을 진다.

10. 개인정보보호

1) 개인정보의 수집 등에 대한 동의

회사는 이 계약과 관련된 개인정보를 이 계약의 체결, 유지, 보험금 지급 등을 위하여 「개인정보보호법」, 「신용정보의 이용 및 보호에 관한 법률」 등 관계 법령에 정한 경우를 제외하고 계약자, 피보험자 또는 보험수익자의 동의 없이 수집, 이용, 조회 또는 제공하지 않는다. 다만, 회사는 이 계약의 체결, 유지, 보험금 지급 등을 위하여 위 관계 법령에 따라 계약자 및 피보험자의 동의를 받아 다른 보험회사 및 보험관련단체 등에 개인정보를 제공할 수 있다.

2) 계약과 관련된 개인정보의 관리

회사는 계약과 관련된 개인정보를 안전하게 관리하여야 한다.

11. 보험계약대출이율을 적용하는 경우

① 보험금을 지급기일까지 지급하지 않은 경우
② 약관교부 및 설명의무를 이행하지 않아 계약자가 계약을 취소한 경우
③ 회사의 고의 또는 과실로 계약이 무효로 된 경우
④ 청약철회 신청 후 보험료를 반환기일 내에 반환하지 않은 경우
⑤ 만기환급금을 지급사유가 발생한 날까지 지급하지 않아 계약자가 청구한 경우
⑥ 해약환급금을 지급사유가 발생한 날까지 지급하지 않아 계약자가 청구한 경우

제 3 장 상해보험

제1절 상해보험과 특별약관

1. 상해보험의 손해보상

1) 상해보험의 의의

상해보험이란 우연하고도 급격한 외래의 사고로 사람의 신체에 입은 상해에 대하여 치료에 소요되는 비용 및 상해의 결과에 기인한 후유장해 또는 사망 등의 위험을 보상하는 보험으로 인보험에 속한다. 이와 같이 상해보험에서는 급격하고도 우연한 외래의 사고를 담보하므로, 질병위험은 직·간접을 불문하고 보상되지 않으며, 상해의 범위에는 익사, 질식사, 타박상 또는 물리적 호흡을 할 수 없는 상태와 같이 신체 외상을 수반하지 않은 경우도 포함된다.

2) 상해보험에서의 보험사고의 개념

(1) 급격성

급격성이란 사고의 원인발생과 신체손상이라는 결과의 발생까지 피보험자가 피할 수 없을 정도로 급박한 상태에서 비교적 단시간 내에 돌발적으로 사고가 발생하는 것을 말한다. 예를 들면, 낚싯대를 가지고 가다 고압선에 감전되거나, 스키를 타다 전도되어 무릎이 골절되는 것 등은 급격성이 있는 사고에 해당한다.

(2) 우연성

우연성이란 사고의 발생원인과 그 결과가 우연한 것, 즉 사고의 발생 여부, 발생원인, 발생시기 및 발생형태를 알 수 없는 것을 말하며, 우연성 여부는 객관적 입장에서가 아니라 피보험자의 주관적 입장에서 판단하여야 한다. 예를 들면, 교통사고, 산업현장에서의 사고, 연기에 의한 질식 또는 길을 가다가 개에 물렸을 때 등은 피보험자의 주관적인 입장에서 우연성이 있는 사고에 해당한다.

(3) 외래성

외래성이란 사고의 원인에서부터 결과에 이르기까지의 과정에서 어떠한 외부의 요인이 신체에 영향을 미치는 것을 말한다. 이러한 외래성은 신체내부의 신체적 결함과는 구별되는 것으로 상해의 원인이 외래적인 것이면 충분하고 상해 자체가 신체외부에서 발생해야 하는 것은 아니다. 예를 들면, 무거운 물건을 들다가 허리를 삐끗하여 디스크가 발생하였다면 외래성이 인정되지만, 노화로 인하여 발생한 것이라면 외래성이 인정되지 않는다.

(4) 사고와 신체손상과의 인과관계

상해보험에서 피보험자의 신체손상은 급격하고도 우연한 외래의 사고와 상당인과관계가 있어야 한다. 우리나라의 통설인 상당인과관계설에 따르면 원인과 결과간에 예외적인 특정사건의 경우가 아닌 일반적인 대부분의 경우에 있어서도 동일한 원인이 있으면 동일한 결과를 발생시키는 것을 인과관계로 인정한다.

(5) 신체의 손상

상해보험에서 신체의 손상은 급격하고도 우연한 외래의 사고와 상당인과관계가 있는 것을 말하는 것으로서, 신체의 내・외부를 모두 포함하는 개념이다. 이는 반드시 신체에 직접적인 물리적 손상을 수반해야 하는 것은 아니고 강이나 바다에서의 익수사고, 화재사고시 연기에 의한 질식, 유독가스 또는 유독물질을 우연하게도 일시에 흡입하는 경우 또는 이로 인해 생긴 중독증상도 포함된다.

(6) 중 독

유독가스 또는 유독물질을 우연하게도 일시에 흡입, 흡수 또는 섭취한 결과로 생긴 중독증상은 상해로 보지만, 상습적으로 흡입, 흡수 또는 섭취한 결과로 생긴 중독증상이나 세균성 음식물 중독은 상해로 보지 않는다. 여기에서 말하는 유독가스 또는 유독물질은 법규상의 가스 또는 물질에 한정하지 않고, 인체에 해를 미치는 모든 물질을 의미한다.

3) 상해보험에서 보상되는 고의사고

(1) 고의사고의 의의

고의란 행위자가 그 행위의 결과가 위법하거나 좋지 않은 결과를 초래한다는 것을 알면서도 감히 그 결과를 야기하는 행위를 말하는데, 여기에는 일정한 결과의 발생가능성을 인식하면서도 이를 용인하는 미필적 고의도 포함한다. 이와 같은 고의에 의한 사고는 우연성이 결여된 사고이므로 원칙적으로 상해보험의 보상대상이 아니다.

(2) 보상되는 고의사고

① 피보험자의 고의

피보험자가 자신을 해친 경우는 보상되지 않는다(自殺의 경우). 다만, 피보험자가 심신상실 등으로 자유로운 의사결정을 할 수 없는 상태에서 자신을 해친 경우에는 보험금을 지급한다(自死의 경우).

② 보험수익자의 고의

보험수익자가 고의로 피보험자를 해친 경우는 보상되지 않는다. 다만, 그 보험수익자가 보험금의 일부 보험수익자인 경우 다른 보험수익자에 대한 보험금은 지급한다.

③ 긴급피난의 경우

예를 들면, 화재사고를 피하기 위해 건물 3층에서 뛰어내린 경우처럼 일정위험을 피하기 위한 행위 중 사고는 불가피한 경우이므로 보험에서 보상된다.

④ 인명구조행위의 경우

예를 들면, 어린아이를 구하기 위해 불길속의 건물로 뛰어들었다가 화상을 입는 경우처럼 본인의 피해사실을 인식하면서도 인명구조와 같은 특수한 목적달성을 위한 행위의 경우 보험에서 보상된다.

⑤ 정당방위의 경우

예를 들면, 강도의 습격을 받고 격투를 벌이던 중 부상당한 정당방위의 경우 격투 자체는 고의이지만 이를 피할 경우 목숨을 잃을 수도 있는 급박한 상황이므로 보험에서 보상된다.

2. 생명보험의 재해보상

(1) 생명보험의 재해의 의미

생명보험의 재해는 한국표준질병・사인분류상의 S00~Y84에 해당하는 우발적인 외래의 사고로서「감염병의 예방 및 관리에 관한 법률」제2조 제2호에서 규정한 제1급감염병을 포함한다. 여기서 제1급감염병이란 생물테러감염병 또는 치명률이 높거나 집단발생의 우려가 커서 발생 또는 유행 즉시 신고하여야 하고, 음압격리와 같은 높은 수준의 격리가 필요한 감염병을 말하며, 갑작스러운 국내 유입 또는 유행이 예견되어 긴급한 예방관리가 필요하여 질병관리청장이 보건복지부장관과 협의하여 지정하는 감염병을 포함한다.

03

(2) 생명보험의 재해에서 제외되는 사항

생명보험의 재해에서는 다음에 해당하는 경우에는 재해분류에서 제외하여 보험금을 지급하지 않는다.

① 질병 또는 체질적 요인이 있는 자로서 경미한 외부 요인으로 발병하거나 그 증상이 더욱 악화된 경우

② 사고의 원인이 다음과 같은 경우

㉠ 과로 및 격심한 또는 반복적 운동(X50)

㉡ 무중력 환경에서의 장시간 체류(X52)

㉢ 식량부족(X53)

㉣ 물 부족(X54)

㉤ 상세불명의 결핍(X57)

㉥ 고의적 자해(X60~X84)

㉦ 법적 개입 중 법적 처형(Y35.5)

③ '외과적 및 내과적 치료 중 환자의 재난(Y60~Y69)' 중 진료기관의 고의 또는 과실이 없는 사고[단, 처치 당시에는 재난의 언급이 없었으나, 환자에게 이상반응이나 합병증을 일으키게 한 외과적 및 기타 내과적 처치(Y83~Y84)는 보장]

④ '자연의 힘에 노출(X30~X39)' 중 급격한 액체손실로 인한 탈수

⑤ 우발적 익사 및 익수(W65~W74), 기타 호흡과 관련된 불의의 위협(W75~W84), 눈 또는 인체의 개구부를 통하여 들어온 이물질(W44) 중 질병에 의한 호흡장해 및 삼킴장해

⑥ 한국표준질병・사인분류상의 (U00~U99)에 해당하는 질병

3. 교통상해와 교통재해

1) 손해보험의 교통상해

(1) 교통상해의 의의

① 자동차 운전 중 교통사고

자동차 운전 중의 급격하고도 우연한 자동차사고

② 탑승 중 교통사고

운행 중인 자동차에 운전을 하고 있지 않은 상태로 탑승 중이거나 기타 교통수단(기타 교통승용구)에 탑승(운전을 포함)하고 있을 때의 급격하고도 우연한 외래의 사고

③ 비탑승 중 교통사고

운행 중인 자동차 및 기타 교통수단(기타 교통승용구)에 탑승하지 아니한 때, 운행 중인 자동차 및 기타 교통수단(적재물 포함)과의 충돌, 접촉 또는 이들 자동차 및 기타 교통수단의 충돌, 접촉, 화재 또는 폭발 등의 교통사고

(2) 교통수단(교통승용구)의 정의

① 자동차

자동차란 「자동차관리법 시행규칙」 제2조에 정한 승용자동차, 승합자동차, 화물자동차, 특수자동차, 이륜자동차 및 「자동차손해배상보장법 시행령」 제2조에서 정한 건설기계(덤프트럭, 타이어식기중기, 콘크리트믹서트럭, 트럭적재식 콘크리트펌프, 트럭적재식 아스팔트살포기, 타이어식굴삭기, 트럭지게차, 도로보수트럭, 노면측정장비)를 말한다.

② 기타 교통수단(기타 교통승용구)

㉠ 기차, 전동차, 기동차, 케이블카(공중케이블카를 포함), 리프트, 엘리베이터 및 에스컬레이터, 모노레일

㉡ 스쿠터, 자전거, 원동기를 붙인 자전거

㉢ 항공기, 선박(요트, 모터보트, 보트를 포함) 등

㉣ 「자동차손해배상보장법 시행령」 제2조에서 정한 건설기계를 제외한 건설기계 및 농업기계. 다만, 이들이 작업기계로 사용되는 동안에는 자동차 또는 기타 교통수단으로 보지 않는다.

(3) 보험금을 지급하지 않는 사유

① 다음 중 어느 한 가지로 보험금 지급사유가 발생한 때

㉠ 피보험자가 고의로 자신을 해친 경우. 다만, 피보험자가 심신상실 등으로 자유로운 의사결정을 할 수 없는 상태에서 자신을 해친 경우에는 보험금을 지급한다.

㉡ 보험수익자가 고의로 피보험자를 해친 경우. 다만, 그 보험수익자가 보험금의 일부 보험수익자인 경우에는 다른 보험수익자에 대한 보험금은 지급한다.

㉢ 계약자가 고의로 피보험자를 해친 경우

㉣ 피보험자의 임신, 출산(제왕절개를 포함한다), 산후기. 그러나 회사가 보장하는 보험금 지급사유와 보장개시일부터 2년이 지난 후에 발생한 습관성 유산, 불임 및 인공수정 관련 합병증으로 인한 경우에는 보험금을 지급한다. 〈개정 2022.9.30.〉

㉤ 전쟁, 외국의 무력행사, 혁명, 내란, 사변, 폭동

② 다른 약정이 없으면 피보험자가 직업, 직무 또는 동호회활동 목적으로 아래에 열거된 행위로 인하여 상해 관련 보험금 지급사유가 발생한 때

㉠ 전문등반(전문적인 등산용구를 사용하여 암벽 또는 빙벽을 오르내리거나 특수한 기술, 경험, 사전훈련을 필요로 하는 등반을 말함), 글라이더조종, 스카이다이빙, 스쿠버다이빙, 행글라이딩, 수상보트, 패러글라이딩

㉡ 모터보트, 자동차 또는 오토바이에 의한 경기, 시범, 흥행(이를 위한 연습을 포함) 또는 시운전(다만, 공용도로상에서 시운전을 하는 동안 보험금 지급사유가 발생한 경우에는 보장)

㉢ 선박에 탑승하는 것을 직무로 하는 사람이 직무상 선박에 탑승하고 있는 동안

③ 아래에 열거된 행위를 하는 동안 생긴 사고

㉠ 시운전, 경기 또는 흥행(경기 또는 흥행을 위한 연습을 포함)을 위하여 운행 중의 자동차 및 기타 교통수단에 탑승(운전을 포함)하고 있는 동안에 발생한 손해

㉡ 하역 작업을 하는 동안 발생한 손해

㉢ 자동차 및 기타 교통수단의 설치, 수선, 점검, 정비나 청소작업을 하는 동안 발생한 손해

㉣ 건설기계 및 농업기계가 작업기계로 사용되는 동안 발생한 손해

2) 생명보험의 교통재해

(1) 교통재해의 정의

① 비탑승 중 사고

운행 중의 교통기관(적재물 포함)의 충돌, 접촉, 화재, 폭발, 도주 등으로 인하여 그 운행 중의 교통기관에 탑승하고 있지 아니한 피보험자가 입은 불의의 사고

② 탑승 중 및 개찰구 내에서의 사고

운행 중인 교통기관에 탑승하고 있는 동안 또는 승객으로서 개찰구를 갖는 교통기관의 승강장 구 내(개찰구의 안쪽)에 있는 동안 피보험자가 입은 불의의 사고

③ 도로통행 중 사고

도로통행 중 건조물, 공작물 등의 도괴 또는 건조물, 공작물 등으로부터의 낙하물로 인하여 피보험자가 입은 불의의 사고

(2) 교통기관의 정의

교통기관이란 본래 사람이나 물건을 운반하기 위한 것으로 다음에 정한 것을 말한다.

① 기차, 전동차, 기동차, 모노레일, 케이블카(공중케이블카를 포함), 엘리베이터 및 에스컬레이터 등

② 승용차, 버스, 화물자동차, 오토바이, 스쿠터, 자전거, 화차, 경운기 및 우마차 등

③ 항공기, 선박(요트, 모터보트, 보트를 포함) 등

④ 교통기관과 유사한 기관으로 인한 불의의 사고일지라도 도로상에서 사람 또는 물건의 운반에 사용되고 있는 동안이나 도로상을 주행 중에 발생한 사고는 교통재해로 본다.

⑤ 공장, 토목작업장, 채석장, 탄광 또는 광산의 구내에서 사용되는 교통기관에 직무상 관계하는 피보험자의 그 교통기관으로 인한 직무상의 사고는 교통재해로 보지 않는다.

⑥ 도로라 함은 일반의 교통에 사용할 목적으로 공중에게 개방되어 있는 모든 도로(자동차 전용도로 및 통로를 포함)로 터널, 교량, 도선시설 등 도로와 일체가 되어 그 효용을 보완하는 시설 또는 공작물을 포함한다.

4. 급발진사고담보 특별약관

1) 보상하는 사고

피보험자가 대한민국의 주차장 및 아파트단지 내에서 자동차를 운행(피보험자가 자동차를 당해 장치의 용법에 따라 사용하는 것을 말함)하던 중 발생한 사고로 해당 자동차의 자동차보험에서 다음의 보상을 받는 경우에 사망위로금, 형사합의지원금, 렌트비용을 보상한다.

① 자기차량사고로 100만원 이상의 차량보험금(자기차량사고 보상금액과 자기부담금을 합산한 금액)을 보상받는 경우

② 자기신체사고로 사망보험금을 보상받는 경우

③ 대인배상사고로 사망보험금을 보상받는 경우

2) 보상하지 않는 손해

① 피보험자가 자동차사고를 내고 도주하였을 때

② 피보험자가 자동차를 경기용이나 경기를 위한 연습용 또는 시험용으로 운전하던 중 사고를 일으킨 때

③ 피보험자가 자동차를 영업목적으로 운행하던 중 발생한 사고

④ 도로주행 중(아파트단지 내 도로는 제외) 및 도로변 불법주차 중 발생한 사고

⑤ 자동차의 도난으로 인하여 발생한 직·간접적인 사고
⑥ 피보험자 이외의 자의 운전 중 사고
⑦ 기타 주차장 및 아파트단지 외에서 발생한 사고

3) 주차장 및 아파트단지 내의 의미

① 아파트단지 내
② 지정주차장(공설, 사설을 불문)
③ 기타 주택가 등에 주차구역선이 설정되어 있거나 사회상규 내지 관습상 인정된 주차구역

5. 뺑소니·무보험자동차상해담보 특별약관

1) 보상하는 손해

피보험자가 보험기간 중에 뺑소니사고 또는 무보험자동차에 의한 사고로 신체에 상해를 입었을 때 그 상해로 인한 손해를 보상한다.

2) 뺑소니사고

피보험자가 보유불명자동차에 의한 사고로 상해를 입고 경찰관서에 뺑소니사고로 신고가 되어 「자동차손해배상보장법」상의 보유불명자동차에 의한 사고로 손해배상금을 받을 수 있는 경우를 말한다.

3) 무보험자동차에 의한 사고

피보험자가 「자동차손해배상보장법」상의 대인배상I(책임보험)을 제외한 자동차보험(공제를 포함)에서 보상받지 못하는 상해를 입어 손해배상청구권이 발생되는 경우를 말한다. 단, 가해자동차가 2대 이상인 경우에는 그 전부가 무보험자동차일 때에 한한다.

6. 대중교통이용 중 상해담보 특별약관

1) 보상하는 사고

피보험자가 보험기간 중 승객으로서 대중교통이용 중에 급격하고도 우연한 외래의 사고로 신체에 상해를 입었을 때 그 상해로 인하여 생긴 손해를 보상한다.

2) 대중교통이용 중 교통사고

① 운행 중 대중교통수단에 피보험자가 탑승 중 일어난 교통사고
② 대중교통수단에 피보험자가 탑승목적으로 승·하차하던 중 일어난 교통사고
③ 대중교통수단의 이용을 위해 피보험자가 승강장 내 대기 중 일어난 교통사고

3) 대중교통수단

① 여객수송용 항공기

② 여객수송용 지하철, 전철, 기차

③ 「여객자동차운수사업법 시행령」 제3조에 정한 시내, 시외, 고속버스(전세버스 제외)

④ 「여객자동차운수사업법 시행령」 제3조에 정한 일반택시, 개인택시(렌트카 제외)

⑤ 여객수송용 선박

4) 보상하지 않는 손해

(1) 다음 중 어느 한 가지로 보험금 지급사유가 발생한 때

① 피보험자가 고의로 자신을 해친 경우. 다만, 피보험자가 심신상실 등으로 자유로운 의사결정을 할 수 없는 상태에서 자신을 해친 경우에는 보험금을 지급한다.

② 보험수익자가 고의로 피보험자를 해친 경우. 다만, 그 보험수익자가 보험금의 일부 보험수익자인 경우에는 다른 보험수익자에 대한 보험금은 지급한다.

③ 계약자가 고의로 피보험자를 해친 경우

④ 피보험자의 임신, 출산(제왕절개를 포함한다), 산후기. 그러나 회사가 보장하는 보험금 지급사유와 보장개시일부터 2년이 지난 후에 발생한 습관성 유산, 불임 및 인공수정 관련 합병증으로 인한 경우에는 보험금을 지급한다. 〈개정 2022.9.30.〉

⑤ 전쟁, 외국의 무력행사, 혁명, 내란, 사변, 폭동

(2) 다른 약정이 없으면 피보험자가 직업, 직무 또는 동호회활동 목적으로 아래에 열거된 행위로 인하여 상해 관련 보험금 지급사유가 발생한 때

① 전문등반(전문적인 등산용구를 사용하여 암벽 또는 빙벽을 오르내리거나 특수한 기술, 경험, 사전훈련을 필요로 하는 등반을 말함), 글라이더조종, 스카이다이빙, 스쿠버다이빙, 행글라이딩, 수상보트, 패러글라이딩

② 모터보트, 자동차 또는 오토바이에 의한 경기, 시범, 흥행(이를 위한 연습을 포함) 또는 시운전(다만, 공용도로상에서 시운전을 하는 동안 보험금 지급사유가 발생한 경우에는 보장)

③ 선박에 탑승하는 것을 직무로 하는 사람이 직무상 선박에 탑승하고 있는 동안

(3) 아래에 열거된 행위를 하는 동안 생긴 사고

① 시운전, 경기 또는 흥행(경기 또는 흥행을 위한 연습을 포함)을 위하여 운행 중의 자동차 및 기타 교통수단에 탑승(운전을 포함)하고 있는 동안에 발생한 손해

② 하역 작업을 하는 동안 발생한 손해

③ 자동차 및 기타 교통수단의 설치, 수선, 점검, 정비나 청소작업을 하는 동안 발생한 손해

④ 건설기계 및 농업기계가 작업기계로 사용되는 동안 발생한 손해

7. 주말교통상해담보 특별약관

1) 보상하는 사고

피보험자가 보험기간 중 사고발생지의 표준시를 기준으로 토요일, 법정공휴일(일요일 포함) 또는 근로자의 날에 교통사고로 신체에 상해를 입었을 때 그 상해로 인한 손해를 보상한다.

2) 주말의 의미

사고발생지의 표준시를 기준으로 한 토요일, 법정공휴일(일요일 포함), 근로자의 날

3) 신주말교통상해담보 특별약관

사고발생지의 표준시를 기준으로 금요일, 토요일, 법정공휴일(일요일 포함) 및 근로자의 날에 발생한 교통사고를 보상한다.

8. 아동상해 관련 특별약관

1) 정신피해치료비

보험증권에 기재된 5세 이상 20세 미만의 피보험자가 일상생활 중 타인의 폭력 또는 집단 따돌림에 의해 보험기간 중에 정신과 병원에서 정신과 의사의 치료를 받은 때에 피보험자가 실제 부담한 치료비용을 지급한다.

2) 유괴납치위로금

피보험자가 보험기간 중 타인에 의해 유괴, 납치, 불법감금 등으로 억류상태에 놓이게 되어 관할 행정기관에 신고한 시점부터 72시간이 경과한 시점까지 구출 또는 억류해제 되지 않은 경우에는 사고발생사실을 관할 행정기관에 신고한 시점부터 억류해제 되거나 사망사실이 확인된 시점까지 보험가입금액을 90일 한도로 지급한다.

9. 강력범죄위로금담보 특별약관

1) 보상하는 사고

보험기간 중 피보험자가 일상생활 중에 강력범죄에 의하여 사망하거나 신체에 피해가 발생하였을 경우 보험증권에 기재된 강력범죄위로금 특별약관의 가입금액을 강력범죄위로금으로 지급한다. 다만, 강력범죄라 하더라도 살인, 상해와 폭행, 폭력 등으로 피보험자의 신체에 피해가 발생한 경우에는 1개월을 초과하여 의사의 치료를 요하는 신체상해를 입은 때에만 보상한다.

2) 강력범죄의 종류

① 「형법」 제24장에서 정하는 살인죄
② 「형법」 제25장에서 정하는 상해와 폭행의 죄
③ 「형법」 제32장에서 정하는 강간죄
④ 「형법」 제38장에서 정하는 강도죄
⑤ 「폭력행위 등 처벌에 관한 법률」에 정한 폭력 등의 죄

3) 보험금을 지급하지 않는 사유

(1) 보통약관상의 면책사유

① 피보험자가 고의로 자신을 해친 경우. 다만, 피보험자가 심신상실 등으로 자유로운 의사결정을 할 수 없는 상태에서 자신을 해친 경우에는 보험금을 지급한다.
② 보험수익자가 고의로 피보험자를 해친 경우. 다만, 그 보험수익자가 보험금의 일부 보험수익자인 경우에는 다른 보험수익자에 대한 보험금은 지급한다.
③ 계약자가 고의로 피보험자를 해친 경우
④ 피보험자의 임신, 출산(제왕절개를 포함한다), 산후기. 그러나 회사가 보장하는 보험금 지급사유와 보장개시일부터 2년이 지난 후에 발생한 습관성 유산, 불임 및 인공수정 관련 합병증으로 인한 경우에는 보험금을 지급한다. 〈개정 2022.9.30.〉
⑤ 전쟁, 외국의 무력행사, 혁명, 내란, 사변, 폭동

(2) 특별약관상의 면책사유

① 피보험자의 배우자 및 직계존비속에 의한 손해
② 피보험자가 범죄행위를 하던 중 또는 「폭력행위 등 처벌에 관한 법률」 제4조의 범죄단체를 구성 또는 이에 가담함으로써 발생된 손해
③ 전쟁, 폭동, 소요, 노동쟁의 또는 이와 유사한 사변 중에 생긴 손해
④ 피보험자와 고용관계에 있는 고용주 내지 고용상의 관리책임이 있는 자에 의해 발생한 손해

10. 골절진단비(치아파절 제외)담보 특별약관

1) 보상하는 사고

피보험자가 보험기간 중에 상해를 입고 그 직접결과로써 골절(치아파절 제외)분류표에 정한 골절로 진단 확정된 경우에 보험증권에 기재된 골절진단비 특별약관의 보험가입금액을 골절진단비로 보험수익자에게 지급한다.

2) 2회 이상의 골절사고

골절진단비는 매 사고마다 지급한다. 다만, 동일한 상해를 직접적인 원인으로 2가지 이상의 골절상태가 발생한 경우에는 1회에 한하여 보상한다.

3) 5대 골절진단비(치아파절 제외) 특별약관

골절의 종류가 약관에서 정한 5대 골절에 해당하는 경우에는 골절진단비 외에 5대 골절진단비를 추가로 지급한다.

① 머리의 으깸손상(S07)
② 목의 골절(S12)
③ 흉추의 골절 및 흉추의 다발골절(S22.0~S22.1)
④ 요추 및 골반의 골절(S32)
⑤ 대퇴골의 골절(S72)

03

11. 제도성 특별약관

1) 특별약관의 의의

제도성 특별약관이란 보험료, 즉 위험률과 관계없이 보험계약의 조건이나 담보범위, 적용대상, 제도 등을 설정하기 위하여 부가하는 특별약관을 말한다.

2) 특별약관의 종류

(1) (부)담보 특별약관

특정담보에 대하여 보상하거나 보상하지 않도록 규정한 특별약관이다.

(2) 상품다수구매자보험계약 특별약관

상품판매자가 자기의 관리하에 운영, 유지되는 각종 재화, 용역 및 서비스의 상품구매자 다수를 피보험자로 하여 계약을 체결하는 경우에 적용하는 특별약관이다.

(3) 보험기간설정 특별약관

피보험자의 증가, 감소 또는 교체에도 불구하고 새로이 증가되는 피보험자의 보험기간을 정하거나 보험료 정산시 적용하는 특별약관이다.

(4) 선지급서비스 특별약관

약관에 정한 일정요건 이상의 보험금지급요건에 도달하지 아니하였음에도 불구하고 장차 일정기간 내에 보험금 지급이 확실한 경우에 보험금을 지급하도록 정한 특별약관이다.

(5) 전자거래 특별약관

컴퓨터를 이용하여 보험을 거래할 수 있도록 설정된 가상의 영업장을 이용하여 보험계약이 체결되는 경우에 적용하는 특별약관이다.

12. 이륜자동차운전 중 상해부담보 특별약관

1) 특별약관의 체결 및 효력

피보험자가 이륜자동차의 소유, 사용(직업, 직무 또는 동호회활동 등으로 주기적으로 운전하는 경우에 한하며, 일회적인 사용은 제외), 관리하는 경우에 한하여 부가하여 이루어진다.

2) 보상하지 않는 사고

(1) 보험금을 지급하지 않는 사유

보통약관의 내용에도 불구하고 보험증권에 기재된 피보험자가 보험기간 중에 이륜자동차를 운전(탑승을 포함)하는 중에 발생한 급격하고도 우연한 외래의 상해사고를 직접적인 원인으로 보험계약에서 정한 보험금 지급사유가 발생한 경우에는 보험금을 지급하지 않는다.

(2) 이륜자동차사고와 입증책임

피보험자가 이륜자동차를 직업, 직무 또는 동호회 활동 등 주기적으로 운전하는 사실을 보험회사가 입증하지 못한 때에는 보험금을 지급한다.

(3) 이륜자동차의 의미

이륜자동차란 「자동차관리법 시행규칙」 제2조에 정한 이륜자동차[1명 또는 2명의 사람을 운송하기에 적합하게 제작된 2륜의 자동차(2륜인 자동차에 1륜의 측차를 붙인 것과 배기량 125cc 이하로서 3륜 이상인 자동차를 포함)와 배기량이 50cc 미만(전기로 동력을 발생하는 구조인 경우에는 정격출력이 0.59kW 미만)인 이륜자동차]를 말한다.

(4) 이륜자동차운전 중 사고 여부의 판단

피보험자에게 보험사고가 발생했을 경우 그 사고가 이륜자동차를 운전하는 도중에 발생한 사고인가 아닌가는 관할 경찰서에서 발행한 교통사고사실확인원 등을 주된 판단자료로 하여 결정한다.

13. 특정신체부위 · 질병보장제한부 인수 특별약관

1) 특별약관의 의의

동 특별약관은 특정부위에 발생한 질병이나 특정질병에 대하여 면책을 조건으로 체결할 수 있도록 한 특별약관으로, 보험계약을 체결할 당시 피보험자의 건강상태가 보험회사에서 정한 기준에 적합하지 않은 경우 또는 보험계약을 체결한 후 계약 전 알릴의무위반의 효과 등으로 보장을 제한할 경우 보험계약자의 청약과 보험회사의 승낙으로 보험계약에 부가하여 이루어진다.

특별약관을 부가할 때 피보험자의 과거병력과 의학적으로 또는 경험통계적으로 인과관계가 유의성 있게 확인된 경우 등과 같이 보험회사가 정한 기준에 따라 직접 관련이 있는 특정신체부위 또는 특정질병으로 제한하며, 부담보설정 범위 및 사유를 보험계약자에게 설명한다.

2) 특별약관의 효력

보통약관 및 해당 특별약관에서 정한 보장개시일 이전에 발생한 질병에 대하여 계약을 무효로 하는 경우에도 다음의 경우에는 계약을 무효로 하지 않는다.

① 특정부위에 발생한 질병에 대하여 면책을 조건으로 체결한 후 보장개시일 이전에 동일한 특정부위에 질병이 발생한 경우

② 특정질병에 대하여 면책을 조건으로 체결한 후 보장개시일 이전에 동일한 특정질병이 발생한 경우

3) 특별면책조건의 내용

(1) 특별면책조건

이 특별약관에서 정한 면책기간 중에 특정부위질병분류표 중에서 다음의 질병을 직접적인 원인으로 보험계약에서 정한 보험금 지급사유가 발생한 경우에는 보험금을 지급하지 아니한다. 다만, 질병으로 인하여 사망하거나 또는 후유장해분류표에 정한 지급률이 80% 이상인 경우에는 그러하지 아니한다.

① 보험회사에서 지정한 부위에 발생한 질병 또는 특정부위에 발생한 질병의 전이로 인하여 특정부위 이외의 부위에 발생한 질병(단, 전이는 합병증으로 보지 않음)

② 보험회사가 지정한 특정질병

(2) 면책기간의 적용

면책기간은 특정부위 또는 특정질병의 상태에 따라 「1년부터 5년」 또는 「보험계약의 보험기간」으로 하며, 그 판단기준은 보험회사에서 정한 계약사정기준을 따른다. 다만, 개개인의 질병의 상태 등에 대한 의사의 소견에 따라서 다르게 적용할 수 있다. 면책기간을 「보험계약의 보험기간」으로 적용한 경우 계약청약일부터 5년 이내에 특정신체부위 · 질병으로 지정한 질병으로 재진단 또는 치료를 받지 않은 경우 청약일부터 5년이 지난 이후에는 보상한다.

(3) 면책기간의 종료

피보험자가 보험회사가 정한 면책기간의 종료일을 포함하여 계속하여 입원한 경우 그 입원에 대해서는 면책기간 종료일의 다음날을 입원의 개시일로 인정하여 보험금을 지급한다.

(4) 부담보부위와의 인과관계

피보험자에게 보험사고가 발생했을 경우 그 사고가 특정부위를 직접적인 원인으로 발생한 사고인지의 여부는 의사의 진단서와 의견을 주된 판단자료로 하여 결정한다.

(5) 특정부위와 특정질병의 선택한도

특정부위와 특정질병은 2개 이내에서 선택하여 부가할 수 있다.

4) 특별약관에서도 보상하는 경우

면책사항에도 불구하고 다음 사항 중 어느 한 가지에 해당되는 사유로 보험계약에서 정한 보험금의 지급사유가 발생한 경우에는 보험금을 지급한다.

① 특정부위에 발생한 질병의 합병증으로 인하여 특정부위 이외의 부위에 진단 확정된 질병으로 보험계약에서 정한 보험금의 지급사유가 발생한 경우

② 특정질병의 합병증으로 인해 진단 확정된 특정질병 이외의 질병으로 보험계약에서 정한 보험금의 지급사유가 발생한 경우

③ 상해를 직접적인 원인으로 하여 보험금의 지급사유가 발생한 경우

④ 특정부위에 진단 확정된 질병 또는 특정부위에 진단 확정된 질병의 전이로 인하여 특정부위 이외의 부위에 진단 확정된 질병과 보험회사가 지정한 특정질병으로 인하여 사망하여 보험금의 지급사유가 발생한 경우

14. 가족담보 특별약관

1) 특별약관의 의의

이 특별약관은 피보험자의 범위를 가족으로 한정하여 하나의 증권으로 다수의 피보험자를 담보할 수 있는 제도성 특별약관의 일종으로 보험료의 할인 및 할증과는 관계가 없다.

2) 피보험자의 범위

피보험자 본인 및 보험증권에 기재된 본인의 가족을 피보험자로 하며, 본인과 본인 이외의 가족과의 관계는 사고발생 당시의 관계를 말한다. 여기서 가족은 피보험자 본인의 배우자, 본인과 생계를 같이하는 본인 및 배우자의 부모 및 본인과 생계를 같이하는 미혼자녀를 말하며, 동거 여부는 불문한다.

3) 사고의 발생과 가족관계

이 특별약관에서의 가족관계는 보험계약 체결시가 아닌 사고발생 당시의 관계를 말하는 것이므로 보험기간 중에 태어난 자녀나 재혼한 배우자는 피보험자에 포함되나, 보험기간 중 이혼한 배우자는 피보험자의 범위에서 제외된다.

15. 상품다수구매자단체계약 특별약관

1) 특별약관의 적용

이 특별약관은 상품판매자가 자기의 관리하에 운영, 유지되는 상품의 다수구매자를 피보험자로 하여 계약을 체결하는 경우에 적용하며, 상품다수구매자단체의 총피보험자 수는 100인 이상이어야 한다. 여기서 상품다수구매자란 각종 재화, 용역 및 서비스의 구매자를 말한다.

2) 보험계약자 및 보험가입금액

이 특별약관의 보험계약자는 상품다수구매자를 대표하여 보험계약상의 모든 권리와 의무를 행사할 수 있어야 하며, 피보험자의 보험가입금액은 동일하게 책정하는 것을 원칙으로 한다.

3) 피보험자의 증가, 감소 또는 교체

(1) 피보험자의 증가, 감소 또는 교체의 통지

단체계약을 맺은 후 피보험자를 증가, 감소 또는 교체하고자 하는 경우에는 계약자 또는 피보험자는 지체 없이 서면으로 그 사실을 보험회사에 알리고 승인을 받아야 한다.

(2) 피보험자의 감소

보험계약기간 중 피보험자가 감소한 경우에는 당해 피보험자의 계약은 해지된 것으로 하고, 새로이 증가 또는 교체되는 피보험자의 보험기간은 이 계약의 남은 보험기간으로 하며, 이로 인하여 발생되는 추가 또는 환급보험료는 일단위로 계산하여 받거나 반환한다.

(3) 피보험자의 증가, 감소 또는 교체의 통지의무위반

피보험자의 증가 또는 교체시에 보험회사의 승인을 받지 아니한 경우에 새로이 증가 또는 교체되는 해당 피보험자에 대하여는 보상하지 않는다.

(4) 피보험자의 교체시 보상책임

피보험자가 교체되는 경우에는 피보험자의 교체전 계약과 동일한 보장조건 및 인수기준에 따라 가입할 수 있으며, 피보험자의 교체시점부터 잔여 보험기간(피보험자의 교체 전 계약의 보험기간만료일)까지 보상한다.

4) 보험료의 환급

보험계약자의 책임 있는 사유로 계약을 해지하는 경우에는 이미 경과한 기간에 대하여 단기요율(1년 미만 기간에 적용되는 요율)로 계산한 보험료를 뺀 잔액을 반환한다.

16. 선지급서비스 특별약관

1) 특별약관의 적용대상

이 특별약관은 보험계약자와 피보험자가 동일한 계약으로서, 사망보험금이 부가된 계약에 한하여 적용된다. 특별약관의 보험기간은 보통약관의 보험기간이 끝나는 날의 12개월 이전까지로 한다.

2) 특별약관의 지급사유

(1) 지급요건

피보험자가 보험기간 중「의료법」제3조(의료기관)에 정한 종합병원 또는 이와 동등하다고 인정되는 의료기관에서 전문의 자격을 가진 자가 실시한 진단결과 피보험자의 잔여수명이 6개월 이내라고 판단한 경우에 보험회사의 신청서에 정한 바에 따라 사망보험금의 50%를 선지급 사망보험금으로 피보험자에게 지급한다.

(2) 보험금액의 감액

이 특별약관에 따라 보험금을 지급하였을 때에는 지급한 보험금액에 해당하는 계약의 보험가입금액이 지급일에 감액된 것으로 본다. 다만, 그 감액부분에 해당하는 해약환급금이 있어도 이를 지급하지 않는다. 이 경우 특별약관의 보험금 지급일 이후 사망보장 특별약관에 정한 사망보험금의 청구를 받아도 이 특별약관에 의하여 지급된 보험금액에 해당하는 사망보험금은 지급하지 않는다.

(3) 사망보험금과 동 특별약관의 경합

이 특별약관의 보험금이 지급되기 전에 사망보장 특별약관에 정한 사망보험금의 청구를 받았을 경우 이 특별약관의 보험금청구가 있어도 이를 없었던 것으로 보아 이 특별약관의 보험금을 지급하지 않는다.

(4) 사망보험금의 지급

사망보장 특별약관에 정한 사망보험금이 지급된 때에는 그 이후 이 특별약관의 보험금을 지급하지 않는다.

3) 보험금의 지정대리청구인

(1) 보험금의 지정대리청구인

보험계약자는 보험금을 청구할 수 없는 특별한 사정이 있을 경우를 대비하여 계약 체결시 또는 계약 체결 이후에 보험금의 대리청구인을 지정할 수 있다.

(2) 보험금의 지정대리청구인이 될 수 있는 자

계약자는 계약을 체결할 때 또는 계약을 체결한 이후에 다음의 어느 하나에 해당하는 자 중 1명을 보험금의 대리청구인으로 지정할 수 있다.

① 보험금 청구시 피보험자와 동거하거나 피보험자와 생계를 같이하고 있는 피보험자의 호적상 또는 주민등록상의 배우자

② 보험금 청구시 피보험자와 동거하거나 피보험자와 생계를 같이하고 있는 피보험자의 3촌 이내의 친족

(3) 보험금의 지정대리청구와 소멸

보험금 지정대리청구에 따라 보험회사가 선지급서비스 특별약관의 보험금을 지정대리청구인에게 지급한 경우에는 그 이후 이 특별약관의 보험금청구를 받더라도 보험회사는 보험금을 지급하지 않는다.

17. 단체취급 특별약관

1) 적용범위

동 특별약관은 다음 조건에 해당하는 보험계약(단체취급계약)에 대하여 적용한다. 보험계약자 또는 피보험자는 다음 중 한 가지 단체에 소속되어야 한다.

(1) 급여관계단체(제1종 단체)

동일한 회사, 사업장, 관공서, 국영기업체, 조합 등 5인 이상의 근로자를 고용하고 있는 단체. 다만, 사업장, 직제, 직종 등으로 구분되어 있는 경우의 단체소속 여부는 관련 법규 등에서 정하는 바에 따른다.

(2) 법정단체(제2종 단체)

비영리법인단체 또는 변호사회, 의사회 등 동업자단체로서 5인 이상의 구성원이 있는 단체

(3) 규약단체(제3종 단체)

그 밖에 단체의 구성이 명확하고 위험의 동질성이 확보되어 계약의 일괄적인 관리가 가능한 단체로서 5인 이상의 구성원이 있는 단체

2) 계약자의 자격

계약자는 단체 또는 단체의 대표자나 단체의 소속원으로 한다. 다만, 계약자가 아닌 단체의 소속원이 보험료의 전부 또는 일부를 부담하는 경우에는 그 소속원이 계약자로서의 권리를 행사할 수 있다.

3) 특별약관의 적용요건

이 특별약관의 적용을 받기 위해서는 단체에 소속된 피보험자가 최초 계약시 5인 이상이거나 단체에 소속된 계약자 수가 최초 계약시 5인 이상이어야 한다. 또한 단체에 소속원의 배우자, 자녀 및 부모(배우자의 부모 포함)를 피보험자로 할 수 있다.

4) 대표자의 선정

단체의 대표자 또는 직책상 대표자를 대리할 수 있는 자 또는 계약자 중에서 대표자를 선정한다.

5) 피보험자의 증가, 감소 또는 교체

(1) 통지의무

단체취급계약을 맺은 후 피보험자를 증가, 감소 또는 교체하고자 하는 경우에는 계약자나 피보험자 또는 대표자는 지체 없이 서면으로 그 사실을 보험회사에 알리고 승인을 받아야 한다. 이를 위반한 경우 보험회사는 새로이 증가 또는 교체되는 피보험자에 대해 보상책임을 지지 아니한다.

(2) 승낙과 보장책임

보장책임은 보험회사가 승인한 이후부터 시작되며, 승인을 거절할 사유가 없는 한 피보험자의 증가, 감소 또는 교체 사실을 알리는 서면이 보험회사에 접수된 때를 승인한 때로 본다.

(3) 피보험자의 교체와 보장책임

이 계약기간 중 피보험자 감소의 경우는 당해 피보험자의 계약은 해지된 것으로 하며, 새로이 증가 또는 교체되는 피보험자의 보험기간은 이 계약의 남은 보험기간으로 하고, 이로 인하여 발생되는 변경된 보험료를 받고, 추가 또는 환급되는 책임준비금은 받거나 반환한다.

6) 적용보험료

계약자 수 또는 피보험자 수가 5인 이상인 경우에는 단체취급보험료를 적용할 수 있다. 다만, 보험기간 중 피보험자 수가 감소하여 5인 미만으로 된 때에는 단체취급보험료를 적용하지 아니하며, 이후 피보험자 수가 증가하여 5인 이상이 된 때에는 다시 단체취급보험료를 적용한다.

7) 보험료의 납입

보험료는 단체 또는 단체의 대표자가 보험회사에서 정한 날에 계약자를 대리하여 보험료를 일괄 납입하여야 한다. 다만, 급여이체 및 자동이체로 보험료를 납입하는 경우에는 일괄 납입으로 본다. 보험료가 납입되면 보험회사는 영수증을 발급하여 대표자에게 전달한다. 다만, 단체 또는 단체의 대표자의 요구가 있거나 계약자단체인 경우에는 피보험자별로 납입증명서를 발행한다.

제2절 운전자보험

1. 벌금담보 특별약관

1) 보험금의 지급사유

보험회사는 피보험자가 보험증권에 기재된 이 특별약관의 보험기간 중에 자동차를 운전하던 중 급격하고도 우연한 자동차사고(이하 "자동차운전 중 교통사고"라 함)로 타인의 신체(의수, 의족, 의안, 의치 등 신체보조장구는 제외하나, 인공장기나 부분의치 등 신체에 이식되어 그 기능을 대신할 경우는 포함)에 상해를 입힘으로써 신체상해와 관련하여 받은 벌금액(확정판결에 의하여 정해진 벌금액을 말하며, 보험기간 중에 발생한 사고의 벌금 확정판결이 보험기간이 끝난 후에 이루어진 경우를 포함)을 1사고마다 2,000만원을 한도로 보험수익자에게 지급한다.

2) "자동차를 운전하던 중"의 의미

"자동차를 운전하던 중"이라 함은 도로 여부, 주정차 여부, 엔진의 시동 여부를 불문하고 피보험자가 자동차 운전석에 탑승하여 핸들을 조작하거나 조작 가능한 상태에 있는 것을 말한다.

3) 다수계약의 비례분담

벌금에 대하여 보험금을 지급할 다른 계약(공제계약을 포함)이 체결되어 있는 경우에는 각각의 계약에 대하여 다른 계약(공제계약을 포함)이 없는 것으로 하여 산출한 보상책임액의 합계액이 피보험자가 부담하는 금액을 초과했을 때 회사는 이 계약에 따른 보상책임액의 상기 합계액에 대한 비율에 따라 보험금을 지급한다.

각 계약별 비례분담액
= 벌금액 × 각 계약별 보상책임액 / 각 계약별 보상책임액의 합계액

4) 보험금을 지급하지 않는 사유

① 계약자 또는 피보험자의 고의
② 보험수익자의 고의. 다만, 그 보험수익자가 보험금의 일부 보험수익자인 경우에는 다른 보험수익자에 대한 보험금은 지급한다.
③ 전쟁, 외국의 무력행사, 혁명, 내란, 사변, 폭동
④ 아래에 열거된 행위를 하는 동안에 생긴 사고
　㉠ 피보험자가 사고를 내고 도주하였을 때
　㉡ 피보험자가 「도로교통법」 제43조, 제44조에 정한 음주 또는 무면허 상태에서 운전하던 중 사고를 일으킨 때
　㉢ 피보험자가 자동차를 경기용이나 경기를 위한 연습용 또는 시험용으로 운전하던 중 사고를 일으킨 때

2. 교통사고처리지원금담보 특별약관

1) 보험금의 지급사유

보험회사는 피보험자가 보험증권에 기재된 이 특별약관의 보험기간 중에 자동차(「자동차관리법 시행규칙」 제2조에서 정한 자동차 중 이륜자동차는 제외)를 운전하던 중 급격하고도 우연히 발생한 자동차사고(이하 "자동차운전 중 교통사고"라 함)로 타인(피보험자의 부모, 배우자 및 자녀는 제외하며, 이하 "피해자"라 함)에게 다음의 어느 하나에 해당하는 상해를 입혀 형사합의를 한 경우 매 사고마다 피해자 각각에 대하여 피보험자가 형사합의금으로 실제로 지급한 금액(이하 "형사합의금"이라 함)을 교통사고처리지원금으로 피보험자에게 지급한다.

① 피해자를 사망하게 한 경우

② 중대법규위반 교통사고로 피해자가 42일(피해자 1명을 기준으로 한다) 이상 치료를 요한다는 진단을 받은 경우. 다만, 「특정범죄 가중처벌 등에 관한 법률」 제5조의13(어린이 보호구역에서 어린이 치사상의 가중처벌)에 해당되는 사고에 한하여 피해자가 42일 미만 치료를 요한다는 진단을 받은 경우도 포함한다.

③ 일반교통사고로 피해자에게 중상해를 입혀 「형법」 제258조 제1항 또는 제2항, 「형법」 제268조, 「교통사고처리특례법」 제3조에 따라 검찰에 의해 공소제기(이하 "기소"라 한다)되거나, 자동차사고 부상등급표에서 정한 상해급수 1급, 2급 또는 3급에 해당하는 부상을 입힌 경우

2) 사고유형별 지급보험금의 한도

(1) 피해자 사망사고

피해자를 사망하게 한 경우 3,000만원을 한도로 지급한다.

(2) 중대법규위반 교통사고

구 분	한도금액
42일 미만 진단시 (특정범죄 가중처벌 등에 관한 법률 제5조의13에 해당되는 사고에 한함)	500만원
42일 이상 70일 미만 진단시	1,000만원
70일 이상 140일 미만 진단시	2,000만원
140일 이상 진단시	3,000만원

[중대법규위반교통사고(교통사고처리특례법 제3조 제2항 단서 중 7, 8은 제외)]

도로교통법 위반	유 형
1. 제5조(신호 또는 지시에 따를 의무)	신호가 표시하는 신호 또는 교통정리를 하는 경찰공무원 등의 신호나 통행금지 또는 일시정지를 내용으로 하는 안전표지가 표시하는 지시를 위반하여 운전한 경우
2. 제13조(차마의 통행) 제3항, 제62조(횡단 등의 금지)	중앙선을 침범 또는 횡단・유턴 또는 후진한 경우
3. 제17조(자동차 등의 속도) 제1항 또는 제2항	제한속도를 시속 20km를 초과하여 운전한 경우
4. 제21조(앞지르기방법 등) 제1항, 제22조(앞지르기금지의 시기 및 장소), 제23조(끼어들기의 금지), 제60조(갓길 통행금지 등) 제2항	앞지르기의 방법・금지장소 또는 끼어들기의 금지를 위반하거나 고속도로에서의 앞지르기의 방법을 위반하여 운전한 경우
5. 제24조(철길건널목의 통과)	건널목 통과방법을 위반하여 운전한 경우
6. 제27조(보행자의 보호) 제1항	횡단보도에서의 보행자보호의무를 위반하여 운전한 경우
7. 제43조(무면허운전 등의 금지), 건설기계관리법 제26조(건설기계조종사면허) 또는 제96조(국제운전면허증에 의한 자동차 등의 운전)	운전면허 또는 건설기계조종사면허를 받지 아니하거나 국제운전면허증을 소지하지 아니하고 운전한 경우. 이 경우 운전면허 또는 건설기계조종사면허의 효력이 정지 중이거나 운전의 금지 중인 때에는 운전면허 또는 건설기계조종사면허를 받지 않거나 국제운전면허증을 소지하지 아니한 것으로 본다.
8. 제44조(술에 취한 상태에서의 운전금지) 제1항	술에 취한 상태에서 운전을 하거나 동법 제45조(과로한 때 등의 운전금지)를 위반하여 약물의 영향으로 정상적으로 운전하지 못할 염려가 있는 상태에서 운전한 경우
9. 제13조(차마의 통행) 제1항, 제13조(차마의 통행) 제2항	보도가 설치된 도로의 보도를 침범하거나 에 따른 보도횡단방법에 위반하여 운전한 경우
10. 제39조(승차 또는 적재의 방법과 제한) 제2항	승객의 추락방지의무를 위반하여 운전한 경우
11. 제12조(어린이 보호구역의 지정 및 관리) 제3항	어린이 보호구역에서 같은 조 제1항에 따른 조치를 준수하고 어린이의 안전에 유의하면서 운전하여야 할 의무를 위반하여 어린이의 신체를 상해에 이르게 한 경우
12. 제39조(승차 또는 적재의 방법과 제한) 제4항	자동차의 화물이 떨어지지 아니하도록 필요한 조치를 하지 아니하고 운전한 경우

(3) 일반교통사고로 피해자에게 중상해를 입힌 경우

일반교통사고로 피해자에게 중상해를 입혀 「형법」 제258조 제1항 또는 제2항, 「형법」 제268조, 「교통사고처리특례법」 제3조에 따라 검찰에 의해 공소제기되거나, 자동차사고 부상등급표에서 정한 상해급수 1급, 2급 또는 3급에 해당하는 부상을 입힌 경우 3,000만원 한도로 지급한다.

3) 일반교통사고와 중상해

(1) 일반교통사고

일반교통사고라 함은 자동차운전 중 교통사고 중에서 중대법규위반 교통사고에 해당되지 않는 사고를 말한다. 단, 「교통사고처리특례법」 제3조 제2항 단서 중 7(무면허운전), 8(음주운전)은 일반교통사고로 보지 않는다.

(2) 중상해

중상해라 함은 사람의 신체를 상해하여 생명에 대한 위험을 발생하게 한 경우 신체의 상해로 인하여 불구 또는 불치나 난치의 질병에 이르게 한 경우를 말한다.

4) 공탁과 보상한도

피해자에 의해 형사합의가 이루어지지 않아 공탁을 한 경우에는 피해자의 공탁금출급 이후 공탁금액을 각각의 지급보험금 한도로 보상한다.

5) 보험금의 비례분담

형사합의금에 대하여 다수계약이 체결되어 있는 경우 각각의 계약에 대하여 다른 계약이 없는 것으로 하여 산출한 보상책임액의 합계액이 형사합의금을 초과하는 때에는 보험회사는 각 계약의 보상책임액을 비례분담하여 지급한다.

> **각 계약별 비례분담액**
> = 형사합의금 × 각 계약별 보상책임액 / 각 계약별 보상책임액의 합계액

6) 교통사고처리지원금을 피해자에게 직접 지급하는 경우

다음의 모두에 해당하는 경우 교통사고처리지원금을 직접 지급할 수 있다.

① 피보험자와 피해자간 형사합의금을 확정하고, 피해자가 형사합의금액을 별도로 장래에 지급받는 조건으로 형사합의를 한 경우
② 보험회사가 피해자에게 형사합의금을 직접 지급하는 경우 피보험자가 이 특별약관에 따라 피해자에게 직접 지급되는 교통사고처리지원금에 상응하는 청구권을 포기한 경우

7) 보험금을 지급하지 않는 사유

회사는 아래의 사유를 원인으로 하여 생긴 손해는 보상하지 않는다.

① 피보험자의 고의
② 계약자의 고의
③ 피보험자가 사고를 내고 도주하였을 때

④ 피보험자가 「도로교통법」 제43조, 제44조에 정한 음주·무면허 상태 또는 동법 제45조에 정한 약물 상태에서 운전하던 중 사고를 일으킨 때

⑤ 피보험자가 자동차를 경기용이나 경기를 위한 연습용 또는 시험용으로 운전하던 중 사고를 일으킨 때

3. 자동차사고 변호사선임비용담보 특별약관

1) 보험금의 지급사유

피보험자가 보험증권에 기재된 이 특별약관의 보험기간 중에 자동차를 운전하던 중 급격하고도 우연한 자동차사고로 타인의 신체(의수, 의족, 의안, 의치 등 신체보조장구는 제외하나, 인공장기나 부분의치 등 신체에 이식되어 그 기능을 대신할 경우는 포함)에 상해를 입힘으로써 구속영장에 의하여 구속되었거나, 검사에 의해 공소제기된 경우 또는 검사에 의해 약식기소 되었으나, 법원에 의해 보통의 심판절차인 공판절차에 의해 재판이 진행되게 된 경우에는 변호사선임비용으로 실제로 부담한 금액을 1사고마다 보험증권에 기재된 보험가입금액을 한도로 보험수익자에게 지급한다. 다만, 검사에 의해 약식기소 되었으나 피보험자가 법원의 약식명령에 불복하여 정식재판을 청구한 경우에는 보상하지 않는다.

2) 용어의 정의

(1) 약식기소

검사가 지방법원의 관할사건에 대하여 보통의 심판절차인 공판절차를 거치지 않고 피고인에게 벌금, 구류 또는 몰수의 형을 과하는 것이 타당하다고 판단하여 약식명령 공소장에 의하여 기소하는 것을 말한다.

(2) 1사고

하나의 자동차운전 중 교통사고를 말하며, 1사고로 항소심, 상고심을 포함하여 다수의 소송을 하였을 경우 그 소송동안 피보험자가 실제로 부담한 전체 변호사선임비용을 합쳐서 보험증권에 기재된 보험가입금액을 한도로 지급한다.

3) 보험금의 분담

변호사선임비용에 대하여 보험금을 지급할 다른 계약(공제계약을 포함)이 체결되어 있고 각각의 계약에 대하여 다른 계약(공제계약을 포함)이 없는 것으로 하여 산출한 보상책임액의 합계액이 피보험자가 부담하는 금액을 초과했을 때 이 계약에 따른 보상책임액의 상기 합계액에 대한 비율에 따라 보험금을 지급한다.

각 계약별 비례분담액 = 변호사선임비용 × 각 계약별 보상책임액 / 각 계약별 보상책임액의 합계액

4) 보험금을 지급하지 않는 사유

회사는 아래의 사유를 원인으로 하여 생긴 손해는 보상하지 않는다.

① 피보험자의 고의
② 보험수익자의 고의. 다만, 그 보험수익자가 보험금의 일부 보험수익자인 경우에는 다른 보험수익자에 대한 보험금은 지급한다.
③ 계약자의 고의
④ 전쟁, 외국의 무력행사, 혁명, 내란, 사변, 폭동
⑤ 피보험자가 사고를 내고 도주하였을 때
⑥ 피보험자가 「도로교통법」 제43조, 제44조에 정한 음주·무면허 상태 또는 동법 제45조에 정한 약물 상태에서 운전하던 중 사고를 일으킨 때
⑦ 피보험자가 자동차를 경기용이나 경기를 위한 연습용 또는 시험용으로 운전하던 중 사고를 일으킨 때

4. 면허정지위로금담보 특별약관

1) 보험금의 지급사유

피보험자가 보험기간 중에 자동차를 운전하던 중 급격하고도 우연한 자동차사고로 타인의 신체(의수, 의족, 의안, 의치 등 신체보조장구는 제외하나, 인공장기나 부분의치 등 신체에 이식되어 그 기능을 대신할 경우는 포함)에 상해를 입히거나 재물을 손상함으로써 피보험자의 자동차 운전면허가 행정처분에 의해 일시 정지되었을 경우에는 면허정지기간 동안 최고 60일을 한도로 면허정지기간 1일당 보험증권에 기재된 보험가입금액을 면허정지위로금으로 보험수익자에게 지급한다. 다만, 면허정지 행정처분 사유가 교통사고가 아닌 경우에는 면허정지위로금을 지급하지 않는다.

2) 면허정지기간

면허정지기간이라 함은 도로교통공단의 특별교통안전교육을 이수하여 면허정지기간을 감경 받았거나 감경 받을 수 있는 경우에는 전체 면허정지기간에서 감경 받았거나 감경 받을 수 있는 기간을 차감한 기간을 말한다. 단, 도로교통공단의 특별교통안전교육을 이수하지 않아 면허정지기간을 감경 받지 못하여 면허정지처분기간 이후에 경찰서의 행정처분조회확인서를 제출할 경우에는 이를 적용하지 않는다.

3) 보험금을 지급하지 않는 사유

회사는 아래의 사유를 원인으로 하여 생긴 손해는 보상하지 않는다.

① 피보험자의 고의
② 보험수익자의 고의. 다만, 그 보험수익자가 보험금의 일부 보험수익자인 경우에는 다른 보험수익자에 대한 보험금은 지급한다.
③ 계약자의 고의
④ 전쟁, 외국의 무력행사, 혁명, 내란, 사변, 폭동
⑤ 아래에 열거된 행위로 인하여 생긴 사고
   ㉠ 피보험자가 사고를 내고 도주하였을 때
   ㉡ 피보험자가 「도로교통법」 제43조, 제44조에 정한 음주 · 무면허 상태 또는 동법 제45조에 정한 약물 상태에서 운전하던 중 사고를 일으킨 때
   ㉢ 피보험자가 자동차를 경기용이나 경기를 위한 연습용 또는 시험용으로 운전하던 중 사고를 일으킨 때

5. 면허취소위로금담보 특별약관

1) 보상하는 손해

피보험자가 보험기간 중에 자동차를 운전하던 중 급격하고도 우연한 자동차사고로 타인의 신체(의수, 의족, 의안, 의치 등 신체보조장구는 제외하나, 인공장기나 부분의치 등 신체에 이식되어 그 기능을 대신할 경우는 포함)에 상해를 입히거나 재물을 손상함으로써 피보험자의 자동차 운전면허가 행정처분에 의해 취소되었을 경우에 1사고시마다 보험증권에 기재된 보험가입금액을 면허취소위로금으로 보험수익자에게 지급한다.

2) "자동차를 운전하던 중"의 의미

"자동차를 운전하던 중"이라 함은 도로 여부, 주정차 여부, 엔진의 시동 여부를 불문하고 피보험자가 자동차의 운전석에 탑승하여 핸들을 조작하거나 조작 가능한 상태에 있는 것을 말한다.

제3절 여행보험 및 레저보험

1. 국내여행보험

1) 보험금의 지급사유

국내거주자인 피보험자가 보험증권에 기재된 국내여행을 목적으로 주거지를 출발하여 여행을 마치고 주거지에 도착할 때까지, 국외거주자인 피보험자가 여행을 목적으로 국내의 공항이나 부두에 도착하여 여행을 마치고 출국을 위해 항공기나 선박에 탑승하기 직전까지 발생한 사고에 대하여 보상한다.

2) 보장책임의 개시

계약의 청약을 승낙하고 제1회 보험료를 받은 때부터 보장이 개시된다. 그러나 청약시에 제1회 보험료를 받고 청약을 승낙한 경우에는 제1회 보험료를 받은 때부터 보장이 개시된다. 또한 청약시에 제1회 보험료를 받고 청약을 승낙하기 전에 보험금 지급사유가 발생하였을 때에도 제1회 보험료를 받은 때부터 보장을 개시한다.

3) 보장책임이 발생하지 않는 경우

국내거주자인 피보험자가 보험증권에 기재된 보험기간 이전에 주거지를 출발하여 발생한 사고 또는 주거지를 출발하기 전과 여행을 마치고 주거지에 도착한 이후에 발생한 사고 또는 국외거주자인 피보험자가 국내의 공항이나 부두에 도착하여 항공기나 선박에서 내리기 전과 출국을 위해 항공기나 선박에 탑승한 이후에 발생한 사고에 대하여는 보상하지 않는다.

2. 해외여행보험

1) 보험금의 지급사유

피보험자에게 보험증권에 기재된 여행을 목적으로 주거지를 출발하여 여행을 마치고 주거지에 도착할 때까지의 해외여행 도중에 발생한 상해를 보상한다.

2) 보장책임의 개시

계약의 청약을 승낙하고 제1회 보험료를 받은 때부터 보장이 개시된다. 그러나 청약시에 제1회 보험료를 받고 청약을 승낙한 경우에는 제1회 보험료를 받은 때부터 보장이 개시된다. 또한 청약시에 제1회 보험료를 받고 청약을 승낙하기 전에 보험금 지급사유가 발생하였을 때에도 제1회 보험료를 받은 때부터 보장을 개시한다.

3) 보장책임이 발생하지 않는 경우

피보험자가 보험증권에 기재된 보험기간 이전에 주거지를 출발하여 발생한 사고 또는 주거지를 출발하기 전과 여행을 마치고 주거지에 도착한 이후에 발생한 사고에 대하여는 보상하지 않는다.

3. 전쟁위험보장 특별약관

1) 보험금의 지급사유

보통약관 제5조(보험금을 지급하지 않는 사유) 제1항 제5호의 규정에도 불구하고 전쟁, 외국의 무력행사, 혁명, 내란, 폭동, 소요, 기타 이들과 유사한 사태로 인하여 피보험자가 상해를 입었을 때에는 보통약관에 의한 사망보험금 또는 후유장해보험금을 이 특별약관에 따라 지급한다.

2) 위험의 뚜렷한 증가

보험회사는 보험기간이 만료되기 전이라도 전쟁 등의 위험이 뚜렷이 증가했다고 인정될 때에는 24시간 이전에 서면으로 추가보험료를 청구하거나, 이 특별약관을 해지할 수 있다.

3) 계약 후 알릴의무

피보험자가 여행경로를 변경하는 경우 계약자 또는 피보험자는 미리 그 내용을 보험회사에 서면으로 제출하여야 한다. 보험회사는 피보험자에게 통지를 받은 경우 추가보험료를 청구하거나 이 특별약관을 해지할 수 있다. 한편, 계약자 또는 피보험자가 여행경로 변경에 대한 계약 후 알릴의무를 이행하지 아니한 경우에 보험회사는 피보험자가 여행경로를 변경한 이후에 발생한 사고로 인한 상해에 대해서는 보상하지 않는다.

4. 특별비용담보 특별약관

1) 특별약관의 보상하는 사고

① 해외여행 중에 피보험자가 탑승한 항공기 또는 선박이 행방불명 또는 조난된 경우 또는 산악등반 중에 조난된 경우

② 해외여행 중에 급격하고도 우연한 외래의 사고에 따라 긴급수색구조 등이 필요한 상태로 된 것이 경찰 등의 공공기관에 의해 확인된 경우

③ 보험기간 중 상해의 직접결과로 사망한 경우 또는 14일 이상 계속 입원한 경우

④ 질병을 직접원인으로 해외여행 중에 사망한 경우 또는 여행 도중에 질병을 직접원인으로 하여 14일 이상 계속 입원한 경우. 다만, 입원에 대하여는 여행 도중에 의사가 치료를 개시한 질병으로 인한 입원에 한한다.

2) 특별약관의 담보항목

(1) 수색구조비용

조난당한 피보험자를 수색, 구조 또는 이송하는 활동에 필요한 비용 중 이들의 활동에 종사한 사람으로부터의 청구에 의하여 지급한 비용을 말한다.

(2) 항공운임 등 교통비

피보험자의 수색, 간호 또는 사고처리를 위하여 사고발생지 또는 피보험자의 법정상속인의 현지 왕복교통비를 말하며, 2명분을 한도로 한다.

(3) 숙박비

현지에서의 구원자의 숙박비를 말하며, 구원자 2명분을 한도로 하여 1명당 14일분을 한도로 한다.

(4) 이송비용

피보험자가 사망한 경우 그 유해를 현지로부터 보험증권에 기재된 피보험자의 주소지에 이송하는데 필요한 비용 및 치료를 계속 중인 피보험자를 보험증권에 기재된 피보험자의 주소지에 이송하는데 드는 비용으로서 통상액을 넘는 피보험자의 운임 및 수행하는 의사, 간호사의 호송비를 말한다.

(5) 제잡비

구원자의 출입국 절차에 필요한 비용(여권인지대, 사증료, 예방접종료 등) 및 구원자 또는 피보험자가 현지에서 지출한 교통비, 통신비, 피보험자 유해처리비 등을 말하고 10만원을 한도로 한다.

3) 보험금의 지급

보험회사는 상기 비용 중 정당하다고 인정된 부분에 대해서만 보상하고, 계약자, 피보험자 또는 보험수익자가 타인으로부터 손해배상을 받을 수 있는 경우에는 그 금액에 대해서는 지급하지 않는다.

4) 보험금의 분담

보상하는 손해의 비용에 대하여 보험금을 지급할 다수의 계약이 체결되어 있는 경우에는 각각의 계약에 대하여 다른 계약이 없는 것으로 하여 산출한 보상책임액의 합계액이 그 비용을 초과했을 때 보험회사는 이 계약에 따른 보상책임액의 위의 합계액에 대한 비율에 따라 보험금을 지급한다.

5. 인질위험담보 특별약관

1) 보상하는 손해

피보험자가 인질상태에 놓여 있을 때, 해당 피보험자의 사망후유장해 보험가입금액의 10% 범위 내에서 실제로 소요된 구조비용을 지급한다.

2) 인질상태의 범위

① 불법적인 유괴, 납치로 소재가 불분명하거나, 유괴 또는 납치되었음이 증명된 경우

② 정치적이건 비정치적이건을 막론하고 피보험자가 비우호적인 집단에 의해 감금되어 있을 경우

3) 특별약관의 담보항목

(1) 수색구조비용

피보험자를 수색, 구조 또는 이송하는 활동에 필요한 비용 중 이들 활동에 종사한 사람의 청구에 의하여 지급한 비용

(2) 구조대 파견비용

피보험자를 구조하기 위하여 사고발생지로 구조대를 파견하는 경우 현지의 왕복 항공운임 등 교통비

(3) 정보수집비, 정보제공자 사례비

피보험자를 구조하는데 직접적으로 사용된 정보수집비 또는 정보제공자에 대한 사례비 등

6. 항공기납치보장 특별약관

1) 보상하는 손해

피보험자가 해외여행 중에 피보험자가 승객으로서 탑승한 항공기가 납치됨에 따라 예정목적지에 도착할 수 없게 된 동안에 대하여 매일 70,000원씩 지급한다. 여기서 항공기의 납치라 함은 부당한 의도를 가진 폭력, 폭행 또는 폭력이나 폭행의 위협으로써 항공기를 탈취하거나 지배권을 행사하는 것을 말한다.

2) 보상하는 손해의 범위

항공기의 목적지도착 예정시간에서 12시간이 지난 이후부터 시작되는 24시간을 1일로 보아 20일을 한도로 보험금을 지급한다. 또한 항공기가 최초의 명백한 사고가 있기 이전에 비행장에서 출발이 지연되었을 경우에는 목적지도착 예정시간에서 지연된 12시간과 그러한 지연시간을 합한 시간 이후부터의 24시간을 1일로 본다.

3) 다른 보험과의 관계

이 특별약관과 유사한 다수의 계약이 동시에 효력을 가질 경우에는 피보험자나 보험수익자 혹은 그의 법정상속인이 선정하는 하나의 계약에서만 보상하며, 보험회사는 그 계약 이외의 다른 계약에 대하여는 이미 납입된 해당 보험료를 반환한다.

7. 레저보험(낚시보험, 스키보험, 골프보험, 수렵보험)

1) 담보내용

(1) 본인상해담보

보험약관에서 정한 레저활동 중 급격하고도 우연한 외래의 사고로 피보험자가 상해를 입었을 경우에 사망보험금, 후유장해보험금 및 치료비보험금을 지급한다. 레저활동을 직접 행하고 있는 동안만을 의미하는 것은 아니며, 레저활동을 하기 위한 준비행위 또는 레저활동 사이의 휴식시간도 포함하는 개념이다.

(2) 용품손해담보

피보험자가 레저활동 중 사용하던 장비가 훼손, 파손, 곡손, 화재 및 도난으로 입은 손해를 보상한다. 동 보험의 용품손해에 대한 위험담보방식은 포괄주의담보방식이 아니고, 열거된 위험만을 담보하는 이른바 열거주의담보방식이다.

※ 곡손(Bending, 曲損) : 적재된 화물이 눌리거나 구부러져서 입는 손해

(3) 배상책임손해담보

담보위험의 하나로 피보험자가 레저활동 중 우연한 사고로 타인에게 신체장해나 재물손해를 입힘으로써 법률상 배상하여야 할 책임이 있는 손해를 담보한다.

2) 보험기간

(1) 낚시보험

보험기간 중에 피보험자가 대한민국 안에서 낚시를 목적으로 거주지를 출발한 때로부터 거주지에 도착할 때까지의 과정 중에 발생한 사고를 보상한다.

(2) 스키보험

보험기간 중에 피보험자가 대한민국 안에서 스키를 목적으로 거주지를 출발한 때로부터 거주지에 도착할 때까지의 과정 중에 발생한 사고를 보상한다.

(3) 골프보험

보험기간 중 대한민국 안에서 피보험자가 골프시설(골프의 연습 또는 경기를 행하는 시설을 말하며, 골프연습장, 탈의실 등 그 외 부속시설을 포함) 구내에서 골프의 연습, 경기 또는 지도(이에 따른 탈의, 휴식을 포함) 중에 발생한 사고를 보상한다.

(4) 수렵보험

보험기간 중 대한민국 안에서 피보험자가 수렵장(야생동식물보호법, 동법 시행령 및 시행규칙에 의하여 설치된 수렵장) 또는 사격장(사격 및 사격장 안전관리에 관한 법률, 사격 및 사격장 단속법 시행령 및 시행규칙에 의하여 설치된 사격장) 내에서 입은 손해를 보상한다.

8. 특정여가활동 중 상해담보 특별약관

1) 보상하는 손해

피보험자가 보험기간 중에 약관에 정한 특정여가활동 중 사고로 발생한 급격하고도 우연한 외래의 사고로 상해를 입었을 때에 그로 인한 손해를 보상한다.

2) 특정여가활동의 범위

① 다음에 기재된 스포츠를 그 목적의 스포츠시설(전용시설 또는 그 스포츠를 하기 위한 설비가 있는 병용시설. 단, 주택은 제외) 내에서 하는 동안 또는 그 스포츠를 하기 위하여 스포츠시설 내에서 착·탈의, 휴식, 준비운동 등을 하는 동안 : 테니스, 탁구, 배드민턴, 골프, 볼링, 수영, 에어로빅

② 게이트볼(시합 또는 5인 이상이 연습하는 경우에 한함)을 하는 동안

③ 낚시(직업적인 물고기잡이는 제외)를 하는 동안

④ 다음의 유료시설에 관객 또는 입장객으로 있는 동안. 다만, 대상이 되는 시설은 시설 내에 관리인이 있는 등 구체적으로 관리되고 있는 유료시설을 말하며, 이 시설이 무료로 개방되는 경우에는 대상이 되지 않는다.

㉠ 영화관, 콘서트홀, 스포츠 관람시설, 극장, 연예장 등의 시설(영화, 음악, 스포츠, 연극, 연예 또는 구경거리를 감상, 관람하기 위한 시설을 말하며, 유흥접객 업소는 제외)

㉡ 유원지, 레저랜드 또는 동물원, 식물원, 미술관, 박물관 기타 이와 유사한 시설

㉢ 숙박을 동반한 여행목적을 갖고 보험증권에 기재된 주소지를 출발하여 당해 주소지에 도착할 때까지의 여행을 하는 동안(단, 업무출장 및 업무목적을 병행하고 있는 여행은 제외)

9. 자전거상해보험

1) 보상하는 손해

피보험자가 보험기간 중 자전거에 탑승하고 있는 동안에 발생한 급격하고도 우연한 외래의 사고 또는 자전거에 탑승하고 있지 않은 피보험자가 운행 중의 자전거와 충돌, 접촉(적재물을 포함)에 의해 발생한 사고로 인한 사망보험금, 후유장해보험금 및 치료비 등을 보상한다.

2) 특별약관의 종류

① 자전거상해 입원일당보장 특별약관

② 자전거사고 벌금보장 특별약관

③ 자전거사고 변호사선임비용보장 특별약관(약식기소 제외)

④ 자전거 교통사고처리지원금보장 특별약관

제4절 사망사고와 상속

1. 사망보험금

1) 질병상해보험 표준약관상의 사망보험금

(1) 상해사망

보험기간 중에 피보험자가 상해의 직접결과로써 사망한 경우(질병으로 인한 사망은 제외)에 사망보험금을 보험수익자에게 지급한다.

(2) 사망으로 인정하는 경우

① 실종선고를 받은 경우 : 법원에서 인정한 실종기간이 끝나는 때에 사망한 것으로 본다.

② 관공서에서 수해, 화재나 그 밖의 재난을 조사하고 사망한 것으로 통보하는 경우 : 가족관계등록부에 기재된 사망연월일을 기준으로 한다.

03

2) 생명보험 표준약관상의 사망보험금

(1) 생명보험의 보험금

피보험자가 보험기간 중의 특정시점에 살아 있을 경우에는 중도보험금, 보험기간이 끝날 때까지 살아 있을 경우에는 만기보험금, 보험기간 중 사망한 경우에는 사망보험금을 지급한다.

(2) 사망으로 인정하는 경우

① 실종선고를 받은 경우 : 법원에서 인정한 실종기간이 끝나는 때에 사망한 것으로 본다.

② 관공서에서 수해, 화재나 그 밖의 재난을 조사하고 사망한 것으로 통보하는 경우 : 가족관계등록부에 기재된 사망연월일을 기준으로 한다.

(3) 자살(自殺)과 자사(自死)의 경우

① 자사(自死)의 경우

피보험자가 심신상실 등으로 자유로운 의사결정을 할 수 없는 상태에서 자신을 해친 경우, 특히 그 결과 사망에 이르게 된 경우에는 재해사망보험금(약관에서 정한 재해사망보험금이 없는 경우에는 재해 이외의 원인으로 인한 사망보험금)을 지급한다.

② 자살(自殺)의 경우

계약의 보장개시일(부활계약의 경우는 부활청약일)부터 2년이 지난 후에 자살한 경우에는 재해 이외의 원인에 해당하는 사망보험금을 지급한다.

3) 질병사망보험금

보험증권에 기재된 피보험자가 보험기간 중에 발생한 질병으로 인하여 사망한 경우에 지급한다. 그리고 피보험자가 질병으로 인하여 80% 이상의 장해상태가 되었을 경우에는 질병고도후유장해보험금을 보험수익자에게 지급한다. 특히, 특정신체부위나 특정질병을 부담보로 설정한 경우에도 피보험자가 질병으로 인하여 사망한 경우에는 질병사망보험금을 보험수익자에게 지급한다.

4) 암 사망보험금

피보험자가 보험기간 중 암 책임개시일 이후에 최초로 암(제자리암 및 경계성종양은 제외)으로 진단 확정되고, 그 암을 직접적인 원인으로 사망한 경우에 암 사망보험금을 보험수익자에게 지급한다. 그리고 피보험자가 암으로 인하여 80% 이상의 장해상태가 되었을 경우에는 암 고도후유장해보험금을 보험수익자에게 지급한다.

2. 사망보험금의 상속

1) 상속의 개시

상속은 주로 사망으로 개시되지만, 그 외에 실종선고, 인정사망 등으로도 개시된다. 상속인은 피상속인이 사망할 당시에 생존하고 있어야 하고, 동시사망으로 추정되는 경우 동시사망자 상호간에는 상호 상속이 이루어지지 않는다.

2) 상속의 순위

피보험자의 사망에 따른 보험금은 지정된 보험수익자에게 지급한다. 다만, 보험수익자를 지정하지 않은 경우에는 「민법」 제1000조에 따른 상속순위에 따른다.

① 상속 1순위 : 피상속인의 직계비속(자녀, 손자녀 등)
② 상속 2순위 : 피상속인의 직계존속(부모, 조부모 등)
③ 상속 3순위 : 피상속인의 형제자매
④ 상속 4순위 : 피상속인의 4촌 이내의 방계혈족(삼촌, 사촌 등)
⑤ 배우자의 상속순위 : 피상속인의 배우자는 1, 2순위의 상속인이 있는 경우에 그 상속인과 공동으로 상속인이 되고 직계존비속이 없으면 단독으로 상속인이 된다. 다만, 사실혼의 배우자는 상속관계가 인정되지 않지만, 사실혼 관계자와의 사이에서 출생한 자녀는 상속권이 인정된다.
⑥ 태아의 권리 : 태아의 권리는 출생한 때부터 취득한다. 즉 출생 전 태아는 법률상 고려대상이 되지 않는다.

⑦ **상속의 포기** : 상속인이 상속을 포기할 때에는 상속개시(상속인의 사망)가 있음을 안 날로부터 3개월 이내에 상속개시지의 가정법원에 상속포기청구를 하여야 유효한 법률행위가 된다.

⑧ **동순위의 상속인이 수인인 경우** : 동순위의 상속인이 수인인 때에는 최근친을 선순위로 하고, 동친 등의 상속인이 수인인 때에는 공동상속인이 된다.

3) 법정상속분

① **동순위 상속인이 수인인 때** : 동순위의 상속인이 수인인 때에는 그 상속분은 균분으로 한다.

② **배우자의 상속분** : 피상속인의 배우자의 상속분은 직계비속과 공동으로 상속하는 때에는 직계비속의 상속분의 5할을 가산하고, 직계존속과 공동으로 상속하는 때에는 직계존속의 상속분의 5할을 가산한다.

4) 대습상속

상속인이 될 직계비속 또는 형제자매가 상속개시 전에 사망하거나 결격자가 된 경우에 그 직계비속이 있는 때에는 그 직계비속이 사망하거나 결격된 자의 순위에 갈음하여 상속인이 된다(민법 제1001조). 상속개시 전에 사망하거나 결격자의 배우자는 그 직계비속과 동순위로 공동대습상속인이 되고, 직계비속이 없는 경우에는 단독으로 대습상속인이 된다.

5) 동시사망

2인 이상이 동일한 위난으로 사망한 경우에는 동시에 사망한 것으로 추정한다(민법 제30조). 동시사망으로 추정되는 경우 동시사망자 상호간에는 상호 상속이 이루어지지 않는다.

예를 들면, 갑(甲)과 을(乙)이 같이 탑승한 비행기가 추락하여 동시사망으로 추정되고, 가족관계가 갑(甲)과 그의 자(子)인 을(乙), 갑(甲)의 처(妻)인 병(丙), 갑(甲)의 부(父)인 정(丁)이 있다고 가정하면, 갑(甲)의 재산은 갑(甲)의 처(妻)인 병(丙)과 갑(甲)의 부(父)인 정(丁)이 공동으로 상속하게 되고, 을(乙)의 재산은 병(丙)이 단독으로 상속하게 된다.

6) 친권과 후견

(1) 친권의 의의

친권이란 부모가 미성년인 자녀에 대하여 가지는 권리와 의무를 총칭한다.

(2) 친권자

친권은 부모가 공동으로 행사하는 것이 원칙이며, 부모의 한쪽이 친권을 행사할 수 없을 때에는 다른 한쪽이 이를 행사한다. 부모가 이혼한 경우에는 부모의 협의로 친권을 행사할 자를 정한다. 협의가 안 될 경우에는 가정법원의 심리를 거쳐 다른 친권자 또는 후견인을 지정한다.

(3) 친권의 소멸

친권은 친권자 또는 자가 사망하거나, 자녀가 성년이 되는 때, 혼인한 때에 소멸한다.

(4) 후견인의 선임

후견인이란 미성년자, 한정후견인, 피성년후견인을 보호·감독하고 그 자의 행위를 대리하며 그 재산을 관리하는 자를 말한다. 특히 미성년자의 후견인에는 제1순위 지정후견인, 제2순위 법정후견인, 제3순위 선임후견인이 있다.

3. 보험수익자의 지정 또는 변경의 권리

1) 보험계약자의 보험수익자 지정·변경권

보험계약자는 보험수익자를 지정하거나 변경할 권리가 있다(상법 제733조).

2) 보험계약자의 사망

보험계약자가 보험수익자 지정권을 행사하지 아니하고 사망한 때에는 피보험자를 보험수익자로 하고, 변경권을 행사하지 아니하고 사망한 때에는 기 보험수익자의 권리가 확정된다. 다만, 보험계약자가 사망한 경우 그 승계인이 보험수익자의 지정 또는 변경의 권리를 행사할 수 있다는 약정이 있는 때에는 그러하지 아니하다.

3) 보험기간 중 보험수익자의 사망

보험수익자가 보험기간 중에 사망한 때에는 보험계약자는 다시 보험수익자를 지정할 수 있다. 이 경우 보험계약자가 지정권을 행사하지 아니하고 사망한 때에는 보험수익자의 상속인을 보험수익자로 한다.

4) 보험계약자의 보험수익자 지정권 행사 전 사고발생

보험계약자가 보험계약자 또는 보험수익자의 사망시 보험수익자 지정권을 행사하기 전에 보험사고가 생긴 경우에는 피보험자 또는 보험수익자의 상속인을 보험수익자로 한다.

제5절 후유장해와 보험금

1. 총 칙

1) 장해의 정의

(1) 장 해

장해라 함은 상해 또는 질병에 대하여 치유된 후 신체에 남아 있는 영구적인 정신 또는 육체의 훼손상태를 말한다. 다만, 질병과 부상의 주증상과 합병증상 및 이에 대한 치료를 받는 과정에서 일시적으로 나타나는 증상은 장해에 포함되지 않는다.

(2) 영구적

영구적이라 함은 원칙적으로 치유하는 때 장래 회복할 가망이 없는 상태로서 정신적 또는 육체적 훼손상태임이 의학적으로 인정되는 경우를 말한다.

(3) 치유된 후

치유된 후라 함은 상해 또는 질병에 대한 치료의 효과를 기대할 수 없게 되고, 또한 그 증상이 고정된 상태를 말한다.

(4) 한시장해

영구히 고정된 증상은 아니지만 치료 종결 후 한시적으로 나타나는 장해에 대하여는 그 기간이 5년 이상인 경우 해당 장해지급률의 20%를 보험가입금액에 곱하여 산출한 금액을 지급한다.

(5) 한시장해가 악화된 경우

위 한시장해 산정기준에 따라 장해지급률이 결정되었으나, 그 이후 보장받을 수 있는 기간(계약의 효력이 없어진 경우에는 보험기간이 10년 이상인 계약은 상해발생일 또는 질병의 진단확정일부터 2년 이내로 하고, 보험기간이 10년 미만인 계약은 상해발생일 또는 질병의 진단확정일부터 1년 이내)에 장해상태가 더 악화된 때에는 그 악화된 장해상태를 기준으로 장해지급률을 결정한다.

2) 신체부위

신체부위라 함은 ① 눈, ② 귀, ③ 코, ④ 씹어먹거나 말하는 기능, ⑤ 외모, ⑥ 척추(등뼈), ⑦ 체간골, ⑧ 팔, ⑨ 다리, ⑩ 손가락, ⑪ 발가락, ⑫ 흉・복부장기 및 비뇨생식기, ⑬ 신경계・정신행동의 13개 부위를 말하며, 이를 각각 동일한 신체부위라 한다. 다만, 좌우의 눈, 귀, 팔, 다리는 각각 다른 신체부위로 본다.

3) 장해의 판정

(1) 2가지 이상의 신체부위에서 장해로 평가되는 경우

하나의 장해가 관찰 방법에 따라서 장해분류표상 2가지 이상의 신체부위에서 장해로 평가되는 경우에는 그 중 높은 지급률을 적용한다.

(2) 동일한 신체부위에 2가지 이상의 장해가 발생한 경우

동일한 신체부위에 2가지 이상의 장해가 발생한 경우에는 합산하지 않고 그 중 높은 지급률을 적용함을 원칙으로 한다. 그러나 각 신체부위별 판정기준에서 별도로 정한 경우에는 그 기준에 따른다.

(3) 하나의 장해가 다른 장해와 통상 파생하는 관계에 있는 경우

하나의 장해가 다른 장해와 통상 파생하는 관계에 있는 경우에는 그 중 높은 지급률만을 적용하며, 하나의 장해로 둘 이상의 파생장해가 발생하는 경우 각 파생장해의 지급률을 합산한 지급률과 최초 장해의 지급률을 비교하여 그 중 높은 지급률을 적용한다.

(4) 뇌사상태 및 식물인간상태의 장해판정

의학적으로 뇌사판정을 받고 호흡기능과 심장박동기능을 상실하여 인공심박동기 등 장치에 의존하여 생명을 연장하고 있는 뇌사상태는 장해의 판정대상에 포함되지 않는다. 다만, 뇌사판정을 받은 경우가 아닌 식물인간상태(의식이 전혀 없고 사지의 자발적인 움직임이 불가능하여 일상생활에서 항시 간호가 필요한 상태)는 각 신체부위별 판정기준에 따라 평가한다.

(5) 장해진단서 기재사항

장해진단서에는 ① 장해진단명 및 발생시기, ② 장해의 내용과 그 정도, ③ 사고와의 인과관계 및 사고의 관여도, ④ 향후 치료의 문제 및 호전도를 필수적으로 기재하여야 한다. 다만, 신경계・정신행동 장해의 경우 ① 개호(장해로 혼자서 활동이 어려운 사람을 곁에서 돌보는 것) 여부, ② 객관적 이유 및 개호의 내용을 추가적으로 기재하여야 한다.

(6) 장해판정시점

장해지급률이 상해 발생일 또는 질병 진단확정일부터 180일 이내에 확정되지 않는 경우에는 상해 발생일 또는 질병 진단확정일부터 180일이 되는 날의 의사진단에 기초하여 고정될 것으로 인정되는 상태를 장해지급률로 결정한다. 다만, 장해분류표에 장해판정시기를 별도로 정한 경우에는 그에 따른다.

(7) 준용장해

장해분류표에 해당되지 않는 후유장해는 피보험자의 직업, 연령, 신분 또는 성별 등에 관계없이 신체의 장해정도에 따라 장해분류표의 구분에 준하여 지급액을 결정한다. 다만, 장해분류표의 각 장해분류별 최저 지급률 장해정도에 이르지 않는 후유장해에 대하여는 후유장해보험금을 지급하지 않는다.

(8) 제3자에 의한 장해의 판정

보험수익자와 회사가 보험금 지급사유에 대해 합의하지 못할 때는 보험수익자와 회사가 함께 제3자를 정하고 그 제3자의 의견에 따를 수 있다. 제3자는 「의료법」 제3조(의료기관)에 규정한 종합병원 소속 전문의 중에 정하며, 보험금 지급사유 판정에 드는 의료비용은 회사가 전액 부담한다.

(9) 같은 상해 또는 질병으로 2가지 이상의 후유장해가 생긴 경우

같은 상해 또는 질병으로 2가지 이상의 후유장해가 생긴 경우에는 후유장해지급률을 합산하여 지급한다. 다만, 장해분류표의 각 신체부위별 판정기준에 별도로 정한 경우에는 그 기준에 따른다.

(10) 다른 상해 또는 질병으로 2회 이상 후유장해가 발생한 경우

다른 상해 또는 질병으로 인하여 후유장해가 2회 이상 발생하였을 경우에는 그때마다 이에 해당하는 후유장해지급률을 결정한다. 그러나 그 후유장해가 이미 후유장해보험금을 지급받은 동일한 부위에 가중된 때에는 최종 장해상태에 해당하는 후유장해보험금에서 이미 지급받은 후유장해보험금을 차감하여 지급한다. 다만, 장해분류표의 각 신체부위별 판정기준에서 별도로 정한 경우에는 그 기준에 따른다.

(11) 후유장해보험금의 차감지급

이미 이 계약에서 후유장해보험금 지급사유에 해당되지 않았거나(보장개시 이전의 원인에 의하거나 또는 그 이전에 발생한 후유장해를 포함한다), 후유장해가 지급되지 않았던 피보험자에게 그 신체의 동일부위에 또다시 후유장해가 발생하였을 경우에는 직전까지의 후유장해에 대한 후유장해보험금이 지급된 것으로 보고, 최종 후유장해상태에 해당하는 후유장해보험금에서 이를 차감하여 지급한다.

(12) 후유장해보험금의 지급한도

회사가 지급하여야 할 하나의 상해 또는 질병으로 인한 후유장해보험금은 후유장해보험가입금액을 한도로 한다.

(13) 장해판정시기가 별도로 정해진 경우

① 안구운동장해

안구운동장해의 판정은 질병의 진단 또는 외상 후 1년 이상이 지난 뒤 그 장해정도를 평가한다.

② 청력장해

청력장해는 순음청력검사 결과에 따라 데시벨(dB)로서 표시하고 3회 이상 청력검사를 실시한 후 순음평균역치에 따라 적용한다.

③ 평형기능의 장해

평형기능의 장해는 장해판정 직전 1년 이상 지속적인 치료 후 장해가 고착되었을 때 판정하며, 뇌병변 여부, 전정기능 이상 및 장해상태를 평가하기 위해 ㉠ 뇌영상검사(CT, MRI), ㉡ 온도안진검사, 전기안진검사(또는 비디오안진검사) 등을 기초로 한다.

④ 후각기능의 장해

양쪽 코의 후각기능은 후각인지검사, 후각역치검사 등을 통해 6개월 이상 고정된 후각의 완전 소실이 확인되어야 한다.

⑤ 말하는 기능의 장해

말하는 기능의 장해는 1년 이상 지속적인 언어치료를 시행한 후 증상이 고착되었을 때 평가하며, 객관적인 검사를 기초로 한다.

⑥ 추간판탈출증으로 인한 신경장해

추간판탈출증으로 인한 신경장해는 수술 또는 시술 후 6개월 이상 경과한 후에 평가한다.

⑦ 팔다리의 골절부에 금속내고정물을 사용한 경우

팔다리의 골절부에 금속내고정물을 사용하였기 때문에 그것이 기능장해의 원인이 되는 때에는 그 내고정물 등이 제거된 후 장해를 평가한다. 단, 제거가 불가능한 경우에는 고정물 등이 있는 상태에서 장해를 평가한다.

⑧ 뇌졸중, 뇌손상, 척수 및 신경계의 질환

뇌졸중, 뇌손상, 척수 및 신경계의 질환 등은 발병 또는 외상 후 12개월 동안 지속적으로 치료한 후에 장해를 평가한다. 단, 12개월이 경과하였다 하더라도 뚜렷하게 기능향상이 진행되는 경우 또는 단기간 내에 사망이 예상되는 경우에는 6개월의 범위 내에서 장해평가를 유보할 수 있다.

⑨ 정신행동장해

정신행동장해는 보험기간 중에 발생한 뇌의 질병 또는 상해를 입은 후 18개월이 경과한 후에 판정함을 원칙으로 한다. 단, 질병발생 또는 상해를 입은 후 의식상실이 1개월 이상 지속된 경우에는 질병발생 또는 수상 후 12개월 후에 평가할 수 있다. 그리고 정신행동장해는 장해판정직전 1년 이상 충분한 정신과의 전문적인 치료를 받은 후 치료에도 불구하고 장해가 고착되었을 때 판정하여야 한다.

⑩ 치매의 장해평가

치매의 장해평가는 임상적인 증상뿐만 아니라, 뇌영상검사(CT, MRI, SPECT 등)를 기초로 진단되어져야 하며, 18개월 이상 지속적인 치료 후 평가한다. 다만, 진단시점에 이미 극심한 치매 또는 심한 치매로 진단된 경우에는 6개월간 지속적인 치료 후 평가한다.

2. 장해분류별 판정기준

1) 눈의 장해

(1) 장해의 분류

장해의 분류	지급률
① 두 눈이 멀었을 때	100
② 한 눈이 멀었을 때	50
③ 한 눈의 교정시력이 0.02 이하로 된 때	35
④ 한 눈의 교정시력이 0.06 이하로 된 때	25
⑤ 한 눈의 교정시력이 0.1 이하로 된 때	15
⑥ 한 눈의 교정시력이 0.2 이하로 된 때	5
⑦ 한 눈의 안구(눈동자)에 뚜렷한 운동장해나 뚜렷한 조절기능장해를 남긴 때	10
⑧ 한 눈에 뚜렷한 시야장해를 남긴 때	5
⑨ 한 눈의 눈꺼풀에 뚜렷한 결손을 남긴 때	10
⑩ 한 눈의 눈꺼풀에 뚜렷한 운동장해를 남긴 때	5

(2) 장해판정기준

① 시력장해의 경우 공인된 시력검사표에 따라 최소 3회 이상 측정한다.

② '교정시력'이라 함은 안경(콘택트렌즈를 포함한 모든 종류의 시력 교정수단)으로 교정한 원거리 최대교정시력을 말한다. 다만, 각막이식술을 받은 환자인 경우 각막이식술 이전의 시력상태를 기준으로 평가한다.

③ '한 눈이 멀었을 때'라 함은 눈동자의 적출은 물론 명암을 가리지 못하거나('광각무') 겨우 가릴 수 있는 경우('광각유')를 말한다.

④ '한 눈의 교정시력이 0.02 이하로 된 때'라 함은 안전수동(Hand Movement)[주1], 안전수지(Finger Counting)[주2] 상태를 포함한다.

※ 주1) **안전수동** : 물체를 감별할 정도의 시력상태가 아니며 눈앞에서 손의 움직임을 식별할 수 있을 정도의 시력상태

※ 주2) **안전수지** : 시표의 가장 큰 글씨를 읽을 수 있는 정도의 시력은 아니나 눈앞 30cm 이내에서 손가락의 개수를 식별할 수 있을 정도의 시력

⑤ 안구(눈동자)운동장해의 판정은 질병의 진단 또는 외상 후 1년 이상이 지난 뒤 그 장해 정도를 평가한다.

⑥ '안구의 뚜렷한 운동장해'라 함은 아래의 두 경우 중 하나에 해당하는 경우를 말한다.

㉠ 한 눈의 안구(눈동자)의 주시야(머리를 움직이지 않고 눈만을 움직여서 볼 수 있는 범위)의 운동범위가 정상의 1/2 이하로 감소된 경우

㉡ 중심 20도 이내에서 복시(물체가 둘로 보이거나 겹쳐 보임)를 남긴 경우

⑦ '안구(눈동자)의 뚜렷한 조절기능장해'라 함은 조절력이 정상의 1/2 이하로 감소된 경우를 말한다. 다만, 조절력의 감소를 무시할 수 있는 50세 이상(장해진단시 연령 기준)의 경우에는 제외한다.

⑧ '뚜렷한 시야장해'라 함은 한 눈의 시야범위가 정상시야범위의 60% 이하로 제한된 경우를 말한다. 이 경우 시야검사는 공인된 시야검사방법으로 측정하며, 시야장해평가시 자동시야검사계(골드만 시야검사)를 이용하여 8방향 시야범위 합계를 정상범위와 비교하여 평가한다.

⑨ '눈꺼풀에 뚜렷한 결손을 남긴 때'라 함은 눈꺼풀의 결손으로 눈을 감았을 때 각막(검은 자위)이 완전히 덮이지 않는 경우를 말한다.

⑩ '눈꺼풀에 뚜렷한 운동장해를 남긴 때'라 함은 눈을 떴을 때 동공을 1/2 이상 덮거나 또는 눈을 감았을 때 각막을 완전히 덮을 수 없는 경우를 말한다.

⑪ 외상이나 화상 등으로 눈동자의 적출이 불가피한 경우에는 외모의 추상(추한 모습)이 가산된다. 이 경우 눈동자가 적출되어 눈자위의 조직요몰(凹沒) 등으로 의안마저 끼워 넣을 수 없는 상태이면 '뚜렷한 추상(추한 모습)'으로, 의안을 끼워넣을 수 있는 상태이면 '약간의 추상(추한 모습)'으로 지급률을 가산한다.

⑫ '눈꺼풀에 뚜렷한 결손을 남긴 때'에 해당하는 경우에는 추상(추한 모습)장해를 포함하여 장해를 평가한 것으로 보고 추상(추한 모습)장해를 가산하지 않는다. 다만, 안면부의 추상(추한 모습)은 두 가지 장해평가 방법 중 피보험자에게 유리한 것을 적용한다.

2) 귀의 장해

(1) 장해의 분류

장해의 분류	지급률
① 두 귀의 청력을 완전히 잃었을 때	80
② 한 귀의 청력을 완전히 잃고, 다른 귀의 청력에 심한 장해를 남긴 때	45
③ 한 귀의 청력을 완전히 잃었을 때	25
④ 한 귀의 청력에 심한 장해를 남긴 때	15
⑤ 한 귀의 청력에 약간의 장해를 남긴 때	5
⑥ 한 귀의 귓바퀴의 대부분이 결손된 때	10
⑦ 평형기능에 장해를 남긴 때	10

(2) 장해판정기준

① 청력장해는 순음청력검사 결과에 따라 데시벨(dB : decibel)로서 표시하고 3회 이상 청력검사를 실시한 후 적용한다. 다만, 각 측정치의 결과값 차이가 ±10dB 이상인 경우 청성뇌간반응검사(ABR)를 통해 객관적인 장해상태를 재평가하여야 한다.

② '한 귀의 청력을 완전히 잃었을 때'라 함은 순음청력검사 결과 평균순음역치가 90dB 이상인 경우를 말한다.

③ '심한 장해를 남긴 때'라 함은 순음청력검사 결과 평균순음역치가 80dB 이상인 경우에 해당되어, 귀에다 대고 말하지 않고는 큰 소리를 알아듣지 못하는 경우를 말한다.

④ '약간의 장해를 남긴 때'라 함은 순음청력검사 결과 평균순음역치가 70dB 이상인 경우에 해당되어, 50cm 이상의 거리에서는 보통의 말소리를 알아듣지 못하는 경우를 말한다.

⑤ 순음청력검사를 실시하기 곤란하거나(청력의 감소가 의심되지만 의사소통이 되지 않는 경우, 만 3세 미만의 소아 포함) 검사결과에 대한 검증이 필요한 경우에는 '언어청력검사, 임피던스 청력검사, 청성뇌간반응검사(ABR), 이음향방사검사' 등을 추가실시 후 장해를 평가한다.

(3) 귓바퀴의 결손

① '귓바퀴의 대부분이 결손된 때'라 함은 귓바퀴의 연골부가 1/2 이상 결손된 경우를 말한다.

② 귓바퀴의 연골부가 1/2 미만 결손이고 청력에 이상이 없으면 외모의 추상(추한 모습)장해로 평가한다.

(4) 평형기능의 장해

① '평형기능에 장해를 남긴 때'라 함은 전정기관 이상으로 보행 등 일상생활이 어려운 상태로 아래의 평형장해 평가항목별 합산점수가 30점 이상인 경우를 말한다.

항 목	내 용	점 수
검사소견	양측 전정기능 소실	14
	양측 전정기능 감소	10
	일측 전정기능 소실	4
치료병력	장기 통원치료(1년간 12회 이상)	6
	장기 통원치료(1년간 6회 이상)	4
	단기 통원치료(6개월간 6회 이상)	2
	단기 통원치료(6개월간 6회 미만)	0
기능장해소견	두 눈을 감고 일어서기가 곤란하거나 두 눈을 뜨고 10m 거리를 직선으로 걷다가 쓰러지는 경우	20
	두 눈을 뜨고 10m 거리를 직선으로 걷다가 중간에 균형을 잡으려 멈추어야 하는 경우	12
	두 눈을 뜨고 10m 거리를 직선으로 걸을 때 중앙에서 60cm 이상 벗어나는 경우	8

② 평형기능의 장해는 장해판정 직전 1년 이상 지속적인 치료 후 장해가 고착되었을 때 판정하며, 뇌병변 여부, 전정기능 이상 및 장해상태를 평가하기 위해 아래의 검사들을 기초로 한다.

㉠ 뇌영상검사(CT, MRI)

㉡ 온도안진검사, 전기안진검사(또는 비디오안진검사) 등

3) 코의 장해

(1) 장해의 분류

장해의 분류	지급률
① 코의 호흡기능을 완전히 잃었을 때	15
② 코의 후각기능을 완전히 잃었을 때	5

(2) 장해판정기준

① '코의 호흡기능을 완전히 잃었을 때'라 함은 일상생활에서 구강호흡의 보조를 받지 않는 상태에서 코로 숨 쉬는 것만으로 정상적인 호흡을 할 수 없다는 것이 비강통기도검사 등 의학적으로 인정된 검사로 확인되는 경우를 말한다.

② '코의 후각기능을 완전히 잃었을 때'라 함은 후각신경의 손상으로 인하여 양쪽 코의 후각기능을 완전히 잃은 경우를 말하며, 후각감퇴는 장해의 대상으로 하지 않는다.

③ 양쪽 코의 후각기능은 후각인지검사, 후각역치검사 등을 통해 6개월 이상 고정된 후각의 완전 손실이 확인되어야 한다.

④ 코의 추상(추한 모습)장해를 수반한 때에는 기능장해의 지급률과 추상장해의 지급률을 합산한다.

4) 씹어먹거나 말하는 장해

(1) 장해의 분류

장해의 분류	지급률
① 씹어먹는 기능과 말하는 기능 모두에 심한 장해를 남긴 때	100
② 씹어먹는 기능에 심한 장해를 남긴 때	80
③ 말하는 기능에 심한 장해를 남긴 때	60
④ 씹어먹는 기능과 말하는 기능 모두에 뚜렷한 장해를 남긴 때	40
⑤ 씹어먹는 기능 또는 말하는 기능에 뚜렷한 장해를 남긴 때	20
⑥ 씹어먹는 기능과 말하는 기능 모두에 약간의 장해를 남긴 때	10
⑦ 씹어먹는 기능 또는 말하는 기능에 약간의 장해를 남긴 때	5
⑧ 치아에 14개 이상의 결손이 생긴 때	20
⑨ 치아에 7개 이상의 결손이 생긴 때	10
⑩ 치아에 5개 이상의 결손이 생긴 때	5

(2) 장해의 평가기준

① 씹어먹는 기능의 장해는 윗니(상악치아)와 아랫니(하악치아)의 맞물림(교합), 배열상태 및 아래턱의 개폐운동, 연하(삼킴)운동 등에 따라 종합적으로 판단하여 결정한다.

② '씹어먹는 기능에 심한 장해를 남긴 때'라 함은 심한 개구운동제한이나 저작운동제한으로 물이나 이에 준하는 음료 이외는 섭취하지 못하는 경우를 말한다.

③ '씹어먹는 기능에 뚜렷한 장해를 남긴 때'라 함은 아래의 경우 중 하나 이상에 해당되는 때를 말한다.

㉠ 뚜렷한 개구운동제한 또는 뚜렷한 저작운동제한으로 미음 또는 이에 준하는 정도의 음식물(죽 등) 외는 섭취하지 못하는 경우

㉡ 위・아래턱(상・하악)의 가운데 앞니(중절치)간 최대 개구운동이 1cm 이하로 제한되는 경우

㉢ 위・아래턱(상・하악)의 부정교합(전방, 측방)이 1.5cm 이상인 경우

㉣ 양측 1개 이하의 치아만 교합되는 상태

㉤ 연하기능검사(비디오 투시검사)상 연하장해가 있고, 유동식 섭취시 흡인이 발생하고 연식 외에는 섭취가 불가능한 상태

④ '씹어먹는 기능에 약간의 장해를 남긴 때'라 함은 아래 중 하나 이상에 해당되는 때를 말한다.

㉠ 뚜렷한 개구운동제한 또는 뚜렷한 저작운동제한으로 부드러운 고형식(밥, 빵 등)만 섭취 가능한 경우

㉡ 위・아래턱(상・하악)의 가운데 앞니(중절치)간 최대 개구운동이 2cm 이하로 제한되는 경우

㉢ 위・아래턱(상・하악)의 부정교합(전방, 측방)이 1cm 이상인 경우

㉣ 양측 각 1개 또는 편측 2개 이하의 치아만 교합되는 상태

㉤ 연하기능검사(비디오 투시검사)상 연하장해가 있고, 유동식 섭취시 간헐적으로 흡인이 발생하고 부드러운 고형식 외에는 섭취가 불가능한 상태

⑤ 개구장해는 턱관절의 이상으로 개구운동제한이 있는 상태를 말하며, 최대 개구상태에서 위・아래턱(상・하악)의 가운데 앞니(중절치)간 거리를 기준으로 한다. 단, 가운데 앞니(중절치)가 없는 경우에는 측정 가능한 인접 치아간 거리의 최대치를 기준으로 한다.

⑥ 부정교합은 위턱(상악)과 아래턱(하악)의 부조화로 윗니(상악치아)와 아랫니(하악치아)가 전방 및 측방으로 맞물림에 제한이 있는 상태를 말한다.

⑦ '말하는 기능에 심한 장해를 남긴 때'라 함은 아래 중 하나 이상에 해당되는 때를 말한다.

㉠ 언어평가상 자음정확도가 30% 미만인 경우

㉡ 전실어증, 운동성실어증(브로카실어증)으로 의사소통이 불가능한 경우

⑧ '말하는 기능에 뚜렷한 장해를 남긴 때'라 함은 아래의 경우 중 하나 이상에 해당되는 때를 말한다.

㉠ 언어평가상 자음정확도가 50% 미만인 경우

㉡ 언어평가상 표현언어지수 25 미만인 경우

⑨ '말하는 기능에 약간의 장해를 남긴 때'라 함은 아래의 경우 중 하나 이상에 해당되는 때를 말한다.

㉠ 언어평가상 자음정확도가 75% 미만인 경우

㉡ 언어평가상 표현언어지수 65 미만인 경우

⑩ 말하는 기능의 장해는 1년 이상 지속적인 언어치료를 시행한 후 증상이 고착되었을 때 평가하며, 객관적인 검사를 기초로 평가한다.

⑪ 뇌・중추신경계 손상(정신・인지기능 저하, 편마비 등)으로 인한 말하는 기능의 장해(실어증, 구음장해) 또는 씹어먹는 기능의 장해는 신경계・정신행동 장해평가와 비교하여 그 중 높은 지급률 하나만 인정한다.

⑫ '치아의 결손'이란 치아의 상실 또는 발치된 경우를 말하며, 치아의 일부 손상으로 금관치료(크라운 보철수복)를 시행한 경우에는 치아의 일부 결손을 인정하여 1/2개 결손으로 인정한다.

⑬ 보철치료를 위해 발치한 정상치아, 노화로 인해 자연 발치된 치아, 보철(복합레진, 인레이, 온레이 등)한 치아, 기존 의치(틀니, 임플란트 등)의 결손은 치아의 상실로 인정하지 않는다.

⑭ 상실된 치아의 크기가 크든지 또는 치간의 간격이나 치아 배열구조 등의 문제로 사고와 관계없이 새로운 치아가 결손된 경우에는 사고로 결손된 치아 수에 따라 지급률을 결정한다.

⑮ 어린이의 유치는 향후에 영구치로 대체되므로 후유장해의 대상이 되지 않으나, 선천적으로 영구치 결손이 있는 경우에는 유치의 결손을 후유장해로 평가한다.

⑯ 가찰성보철물(신체의 일부에 붙였다 떼었다 할 수 있는 틀니 등)의 파손은 후유장해의 대상이 되지 않는다.

5) 외모의 추상(추한 모습)장해

(1) 장해의 분류

장해의 분류	지급률
① 외모에 뚜렷한 추상(추한 모습)을 남긴 때	15
② 외모에 약간의 추상(추한 모습)을 남긴 때	5

(2) 장해판정기준

① '외모'란 얼굴(눈, 코, 귀, 입 포함), 머리, 목을 말한다.

② '추상(추한 모습)장해'라 함은 성형수술(반흔성형술, 레이저치료 등 포함)을 시행한 후에도 영구히 남게 되는 상태의 추상(추한 모습)을 말한다.

③ '추상(추한 모습)을 남긴 때'라 함은 상처의 흔적, 화상 등으로 피부의 변색, 모발의 결손, 조직(뼈, 피부 등)의 결손 및 함몰 등으로 성형수술을 하여도 더 이상 추상(추한 모습)이 없어지지 않는 경우를 말한다.

④ 다발성 반흔 발생시 각 판정부위(얼굴, 머리, 목) 내의 다발성 반흔의 길이 또는 면적은 합산 평가한다. 단, 길이가 5mm 미만의 반흔은 합산대상에서 제외한다.

⑤ 추상(추한 모습)이 얼굴과 머리 또는 목 부위에 걸쳐 있는 경우에는 머리 또는 목에 있는 흉터의 길이 또는 면적의 1/2을 얼굴의 추상(추한 모습)으로 보아 산정한다.

(3) 뚜렷한 추상(추한 모습)

① 얼 굴

㉠ 손바닥 크기 1/2 이상의 추상(추한 모습)

㉡ 길이 10cm 이상의 추상 반흔(추한 모습의 흉터)

㉢ 지름 5cm 이상의 조직함몰

㉣ 코의 1/2 이상 결손

② 머 리

㉠ 손바닥 크기 이상의 반흔(흉터) 및 모발결손

㉡ 머리뼈의 손바닥 크기 이상의 손상 및 결손

③ 목 : 손바닥 크기 이상의 추상(추한 모습)

(4) 약간의 추상(추한 모습)

① 얼 굴

㉠ 손바닥 크기 1/4 이상의 추상(추한 모습)

㉡ 길이 5cm 이상의 추상반흔(추한 모습의 흉터)

㉢ 지름 2cm 이상의 조직함몰

㉣ 코의 1/4 이상 결손

② 머 리

㉠ 손바닥 1/2 크기 이상의 반흔(흉터), 모발결손

㉡ 머리뼈의 손바닥 1/2 크기 이상의 손상 및 결손

③ 목 : 손바닥 크기 1/2 이상의 추상(추한 모습)

(5) 손바닥 크기

'손바닥 크기'라 함은 해당 환자의 손가락을 제외한 손바닥의 크기를 말하며, 12세 이상의 성인에서는 8×10cm(1/2 크기는 40, 1/4 크기는 20cm^2), 6~11세의 경우는 6×8cm(1/2 크기는 24cm^2, 1/4 크기는 12cm^2), 6세 미만의 경우는 4×6cm(1/2 크기는 12cm^2, 1/4 크기는 6cm^2)로 간주한다.

6) 척추(등뼈)의 장해

(1) 장해의 분류

장해의 분류	지급률
① 척추(등뼈)에 심한 운동장해를 남긴 때	40
② 척추(등뼈)에 뚜렷한 운동장해를 남긴 때	30
③ 척추(등뼈)에 약간의 운동장해를 남긴 때	10
④ 척추(등뼈)에 심한 기형을 남긴 때	50
⑤ 척추(등뼈)에 뚜렷한 기형을 남긴 때	30
⑥ 척추(등뼈)에 약간의 기형을 남긴 때	15
⑦ 추간판탈출증으로 인한 심한 신경장해	20
⑧ 추간판탈출증으로 인한 뚜렷한 신경장해	15
⑨ 추간판탈출증으로 인한 약간의 신경장해	10

(2) 장해판정기준

① 척추(등뼈)는 경추에서 흉추, 요추, 제1천추까지를 동일부위로 한다. 제2천추 이하의 천골 및 미골은 체간골의 장해로 평가한다.

② 척추(등뼈)의 기형장해는 척추체(척추체 몸통을 말하며, 횡돌기 및 극돌기는 제외한다. 이하 이 신체부위에서 같다)의 압박률 또는 척추체(척추뼈 몸통)의 만곡 정도에 따라 평가한다.

㉠ 척추체(척추뼈 몸통)의 만곡변화는 객관적인 측정방법(Cobb's Angle)에 따라 골절이 발생한 척추체(척추뼈 몸통)의 상·하 인접 정상 척추체(척추뼈 몸통)를 포함하여 측정하며, 생리적 정상만곡을 고려하여 평가한다.

㉡ 척추(등뼈)의 기형장해는 척추체(척추체 몸통)의 압박률, 골절의 부위 등을 기준으로 판정한다. 척추체(척추뼈 몸통)의 압박률은 인접 상·하부[인접 상·하부 척추체(척추뼈 몸통)에 진구성 골절이 있거나, 다발성 척추골절이 있는 경우에는 골절된 척추와 가장 인접한 상·하부] 정상 척추체(척추뼈 몸통)의 전방 높이의 평균에 대한 골절된 척추체(척추뼈 몸통) 전방 높이의 감소비를 압박률로 결정한다.

㉢ 척추(등뼈)의 기형장해는 「산업재해보상보험법 시행규칙」상 경추부, 흉추부, 요추부로 구분하여 각각을 하나의 운동단위로 보며, 하나의 운동단위 내에서 여러 개의 척추체(척추뼈 몸통)에 압박골절이 발생한 경우에는 각 척추체(척추뼈 몸통)의 압박률을 합산하고, 두 개 이상의 운동단위에서 장해가 발생한 경우에는 그 중 가장 높은 지급률을 적용한다.

③ 척추(등뼈)의 장해는 퇴행성 기왕증 병변과 사고가 그 증상을 악화시킨 부분만큼, 즉 이 사고와의 관여도를 산정하여 평가한다.

④ 추간판탈출증으로 인한 신경장해는 수술 또는 시술(비수술적 치료) 후 6개월 이상 경과한 후에 평가한다.

⑤ 신경학적검사상 나타난 저린감이나 방사통 등 신경자극증상의 원인으로 CT, MRI 등 영상검사에서 추간판탈출증이 확인된 경우를 추간판탈출증으로 진단하며, 수술 여부에 관계없이 운동장해 및 기형장해로 평가하지 않는다.

⑥ 심한 운동장해란 다음 중 어느 하나에 해당하는 경우를 말한다.

㉠ 척추체(척추뼈 몸통)에 골절 또는 탈구로 4개 이상의 척추체(척추뼈 몸통)를 유합(아물어 붙음) 또는 고정한 상태

㉡ 머리뼈(두개골)와 제1경추, 제2경추를 모두 유합 또는 고정한 상태

⑦ 뚜렷한 운동장해란 다음 중 어느 하나에 해당하는 경우를 말한다.

㉠ 척추체(척추뼈 몸통)에 골절 또는 탈구로 3개의 척추체(척추뼈 몸통)를 유합(아물어 붙음) 또는 고정한 상태

㉡ 머리뼈(두개골)와 제1경추 또는 제1경추와 제2경추를 유합 또는 고정한 상태

㉢ 머리뼈(두개골)와 상위목뼈(상위경추 : 제1, 2경추) 사이에 CT검사상, 두개 대후두공의 기저점(basion)과 축추치돌기 상단사이의 거리(BDI : Basion-Dental Interval)에 뚜렷한 이상전위가 있는 상태

㉣ 상위목뼈(상위경추 : 제1, 2경추) CT검사상, 환추 전방 궁(arch)의 후방과 치상돌기의 전면과의 거리(ADI : Atlanto-Dental Interval)에 뚜렷한 이상전위가 있는 상태

⑧ 약간의 운동장해

머리뼈(두개골)와 상위목뼈(상위경추 : 제1, 2경추)를 제외한 척추체(척추뼈 몸통)에 골절 또는 탈구로 2개의 척추체(척추뼈 몸통)를 유합(아물어 붙음) 또는 고정한 상태

⑨ 심한 기형이란 다음 중 어느 하나에 해당하는 경우를 말한다.

㉠ 척추(등뼈)의 골절 또는 탈구 등으로 35° 이상의 척추전만증(척추가 앞으로 휘어지는 증상), 척추후만증(척추가 뒤로 휘어지는 증상) 또는 20° 이상의 척추측만증(척추가 옆으로 휘어지는 증상) 변형이 있을 때

㉡ 척추체(척추뼈 몸통) 한 개의 압박률이 60% 이상인 경우 또는 한 운동범위 내에 두 개 이상 척추체(척추뼈 몸통)의 압박골절로 각 척추체(척추뼈 몸통)의 압박률의 합이 90% 이상일 때

⑩ 뚜렷한 기형이란 다음 중 어느 하나에 해당하는 경우를 말한다.

㉠ 척추(등뼈)의 골절 또는 탈구 등으로 15° 이상의 척추전만증(척추가 앞으로 휘어지는 증상), 척추후만증(척추가 뒤로 휘어지는 증상) 또는 10° 이상의 척추측만증(척추가 옆으로 휘어지는 증상) 변형이 있을 때

㉡ 척추체(척추뼈 몸통) 한 개의 압박률이 40% 이상인 경우 또는 한 운동범위 내에 두 개 이상 척추체(척추뼈 몸통)의 압박골절로 각 척추체(척추뼈 몸통)의 압박률의 합이 60% 이상일 때

⑪ 약간의 기형이란 다음 중 어느 하나에 해당하는 경우를 말한다.

㉠ 1개 이상의 척추(등뼈)의 골절 또는 탈구로 경도(가벼운 정도)의 척추전만증(척추가 앞으로 휘어지는 증상), 척추후만증(척추가 뒤로 휘어지는 증상) 또는 척추측만증(척추가 옆으로 휘어지는 증상) 변형이 있을 때

㉡ 척추체(척추뼈 몸통) 한 개의 압박률이 20% 이상인 경우 또는 한 운동범위 내에 두 개 이상 척추체(척추뼈 몸통)의 압박골절로 각 척추체(척추뼈 몸통)의 압박률의 합이 40% 이상일 때

⑫ '추간판탈출증으로 인한 심한 신경장해'란 추간판탈출증으로 인하여 추간판을 2마디 이상 수술하거나 1마디의 추간판에 대해 2회 이상 수술하고도 마미신경증후군이 발생하여 하지의 현저한 마비 또는 대소변의 장해가 있는 경우

⑬ '추간판탈출증으로 인한 뚜렷한 신경장해'란 추간판탈출증으로 인하여 추간판 1마디를 수술하고도 신경생리검사에서 명확한 신경근병증의 소견이 지속되고 척추신경근의 불완전 마비가 인정되는 경우

⑭ '추간판탈출증으로 인한 약간의 신경장해'란 추간판탈출증이 확인되고 신경생리검사에서 명확한 신경근병증의 소견이 지속되는 경우

7) 체간골의 장해

(1) 장해의 분류

장해의 분류	지급률
① 어깨뼈(견갑골)나 골반뼈(장골, 제2천추 이하의 천골, 미골, 좌골 포함)에 뚜렷한 기형을 남긴 때	15
② 빗장뼈(쇄골), 가슴뼈(흉골), 갈비뼈(늑골)에 뚜렷한 기형을 남긴 때	10

(2) 장해판정기준

① '체간골'이라 함은 어깨뼈(견갑골), 골반뼈(장골, 제2천추 이하의 천골, 미골, 좌골 포함), 빗장뼈(쇄골), 가슴뼈(흉골), 갈비뼈(늑골)를 말하며, 이를 모두 동일한 부위로 본다.

② '골반뼈의 뚜렷한 기형'이라 함은 아래와 경우 중 하나에 해당하는 때를 말한다.

㉠ 천장관절 또는 치골문합부가 분리된 상태로 치유되었거나 좌골이 2.5cm 이상 분리된 부정유합 상태 또는 여자에게 정상분만에 지장을 줄 정도로 골반의 변형이 남은 상태

㉡ 육안으로 변형(결손을 포함)을 명백하게 알 수 있을 정도를 말하며, 방사선검사로 측정한 각 변형이 20° 이상인 경우

㉢ 미골의 기형은 골절이나 탈구로 방사선 검사로 측정한 각(角) 변형이 70° 이상 남은 상태

③ '빗장뼈(쇄골), 가슴뼈(흉골), 갈비뼈(늑골) 또는 어깨뼈(견갑골)에 뚜렷한 기형이 남은 때'라 함은 방사선검사로 측정한 각 변형이 20° 이상인 경우를 말한다.

④ 갈비뼈(늑골)의 기형은 그 개수와 정도, 부위 등에 관계없이 전체를 일괄하여 하나의 장해로 취급한다. 다발성 늑골 기형의 경우 각각의 각(角) 변형을 합산하지 않고 그 중 가장 높은 각(角) 변형을 기준으로 평가한다.

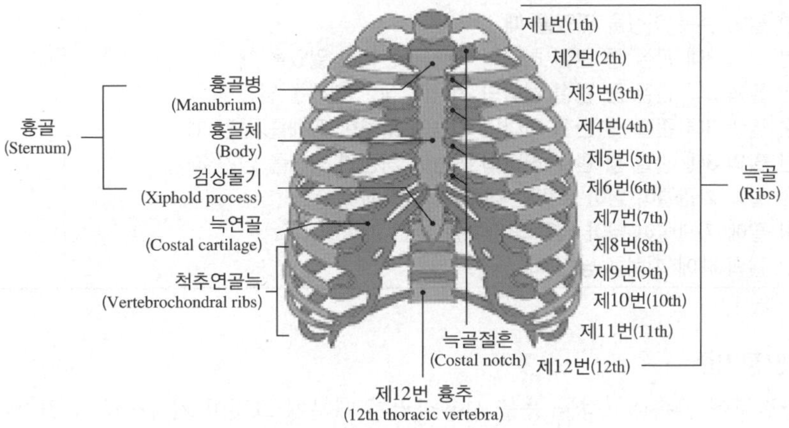

[가슴뼈]

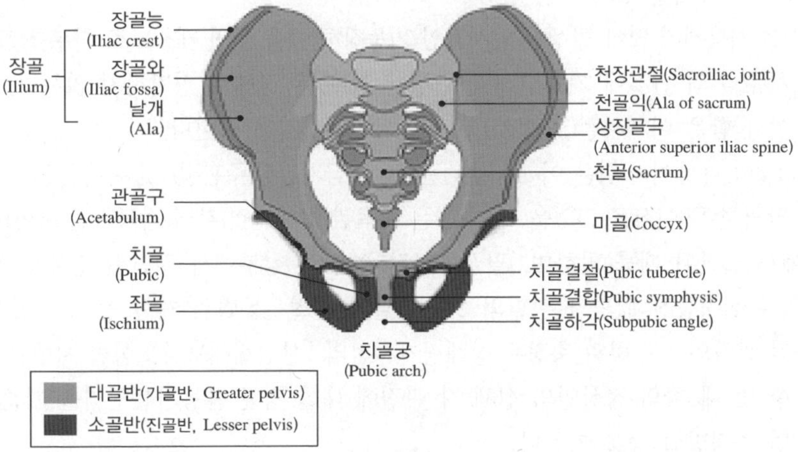

[골반뼈]

8) 팔의 장해

(1) 장해의 분류

장해의 분류	지급률
① 두 팔의 손목 이상을 잃었을 때	100
② 한 팔의 손목 이상을 잃었을 때	60
③ 한 팔의 3대 관절 중 관절 하나의 기능을 완전히 잃었을 때	30
④ 한 팔의 3대 관절 중 관절 하나의 기능에 심한 장해를 남긴 때	20
⑤ 한 팔의 3대 관절 중 관절 하나의 기능에 뚜렷한 장해를 남긴 때	10
⑥ 한 팔의 3대 관절 중 관절 하나의 기능에 약간의 장해를 남긴 때	5
⑦ 한 팔에 가관절이 남아 뚜렷한 장해를 남긴 때	20
⑧ 한 팔에 가관절이 남아 약간의 장해를 남긴 때	10
⑨ 한 팔의 뼈에 기형을 남긴 때	5

(2) 장해판정기준

① 골절부에 금속내고정물 등을 사용하였기 때문에 그것이 기능장해의 원인이 되는 때에는 그 내고정물 등이 제거된 후 장해를 판정한다. 단, 제거가 불가능한 경우에는 고정물 등이 있는 상태에서 장해를 평가한다.

② 관절을 사용하지 않아 발생한 일시적인 기능장해(예를 들면 캐스트로 환부를 고정시켰기 때문에 치유 후의 관절에 기능장해가 발생한 경우)는 장해로 평가하지 않는다.

③ '팔'이라 함은 어깨관절(肩關節)부터 손목관절까지를 말한다.

④ '팔의 3대 관절'이라 함은 어깨관절(견관절), 팔꿈치관절(주관절) 및 손목관절(완관절)을 말한다.

⑤ '한 팔의 손목 이상을 잃었을 때'라 함은 손목관절(완관절)부터(손목관절 포함) 심장에 가까운 쪽에서 절단된 때를 말하며, 팔꿈치관절(주관절) 상부에서 절단된 경우도 포함한다.

⑥ 팔의 관절기능장해 평가는 팔의 3대 관절의 관절운동범위 제한 등으로 평가한다.

㉠ 각 관절의 운동범위 측정은 장해평가시점의 「산업재해보상보험법 시행규칙」 제47조 제1항 및 제3항의 정상인의 신체 각 관절에 대한 평균 운동가능영역을 기준으로 정상각도 및 측정방법 등을 따른다.

㉡ 관절기능장해를 표시할 경우 장해부위의 장해각도와 정상부위의 측정치를 동시에 판단하여 장해상태를 명확히 한다. 단, 관절기능장해가 신경손상으로 인한 경우에는 운동범위 측정이 아닌 근력 및 근전도검사를 기준으로 평가한다.

⑦ '관절 하나의 기능을 완전히 잃었을 때'라 함은 아래의 경우 중 하나에 해당하는 경우를 말한다.

㉠ 완전 강직(관절굳음)

㉡ 근전도검사상 완전손상(complete injury) 소견이 있으면서 도수근력검사(MMT)에서 근력이 '0등급(Zero)'인 경우

⑧ '관절 하나의 기능에 심한 장해를 남긴 때'라 함은 아래의 경우 중 하나에 해당하는 경우를 말한다.

㉠ 해당 관절의 운동범위 합계가 정상 운동범위의 1/4 이하로 제한된 경우

㉡ 인공관절이나 인공골두를 삽입한 경우

㉢ 근전도검사상 완전손상(complete injury) 소견이 있으면서 도수근력검사(MMT)에서 근력이 '1등급(Trace)'인 경우

⑨ '관절 하나의 기능에 뚜렷한 장해를 남긴 때'라 함은 아래의 경우 중 하나에 해당하는 경우를 말한다.

㉠ 해당 관절의 운동범위 합계가 정상 운동범위의 1/2 이하로 제한된 경우

㉡ 근전도검사상 불완전손상(incomplete injury) 소견이 있으면서 도수근력검사(MMT)에서 근력이 '2등급(Poor)'인 경우

⑩ '관절 하나의 기능에 약간의 장해를 남긴 때'라 함은 아래의 경우 중 하나에 해당하는 때를 말한다.

㉠ 해당 관절의 운동범위 합계가 정상 운동범위의 3/4 이하로 제한된 경우

㉡ 근전도검사상 불완전손상(incomplete injury) 소견이 있으면서 도수근력검사(MMT)에서 근력이 '3등급(fair)'인 경우

⑪ '가관절[주)]이 남아 뚜렷한 장해를 남긴 때'라 함은 상완골에 가관절이 남은 경우 또는 요골과 척골의 2개 뼈 모두에 가관절이 남은 경우를 말한다.

※ 주) 가관절이란 충분한 경과 및 골이식술 등 골유합을 얻는데 필요한 수술적 치료를 시행하였음에도 불구하고 골절부의 유합이 이루어지지 않는 '불유합' 상태를 말하며, 골유합이 지연되는 지연유합은 제외한다.

⑫ '가관절이 남아 약간의 장해를 남긴 때'라 함은 요골과 척골 중 어느 한 뼈에 가관절이 남은 경우를 말한다.

⑬ '뼈에 기형을 남긴 때'라 함은 상완골 또는 요골과 척골에 변형이 남아 정상에 비해 부정유합된 각 변형이 15° 이상인 경우를 말한다.

(3) 지급률의 결정

① 한 팔의 3대 관절 중 관절 하나에 기능장해가 생기고 다른 관절 하나에 기능장해가 발생한 경우 지급률은 각각 적용하여 합산한다.

② 1상지(팔과 손가락)의 후유장해지급률은 원칙적으로 각각 합산하되, 지급률은 60% 한도로 한다.

9) 다리의 장해

(1) 장해의 분류

장해의 분류	지급률
① 두 다리의 발목 이상을 잃었을 때	100
② 한 다리의 발목 이상을 잃었을 때	60
③ 한 다리의 3대 관절 중 관절 하나의 기능을 완전히 잃었을 때	30
④ 한 다리의 3대 관절 중 관절 하나의 기능에 심한 장해를 남긴 때	20
⑤ 한 다리의 3대 관절 중 관절 하나의 기능에 뚜렷한 장해를 남긴 때	10
⑥ 한 다리의 3대 관절 중 관절 하나의 기능에 약간의 장해를 남긴 때	5
⑦ 한 다리에 가관절이 남아 뚜렷한 장해를 남긴 때	20
⑧ 한 다리에 가관절이 남아 약간의 장해를 남긴 때	10
⑨ 한 다리의 뼈에 기형을 남긴 때	5
⑩ 한 다리가 5cm 이상 짧아지거나 길어진 때	30
⑪ 한 다리가 3cm 이상 짧아지거나 길어진 때	15
⑫ 한 다리가 1cm 이상 짧아지거나 길어진 때	5

(2) 장해판정기준

① 골절부에 금속내고정물 등을 사용하였기 때문에 그것이 기능장해의 원인이 되는 때에는 그 내고정물 등이 제거된 후 장해를 판정한다. 단, 제거가 불가능한 경우에는 고정물 등이 있는 상태에서 장해를 평가한다.

② 관절을 사용하지 않아 발생한 일시적인 기능장해(예를 들면 캐스트로 환부를 고정시켰기 때문에 치유 후의 관절에 기능장해가 발생한 경우)는 장해로 평가하지 않는다.

③ '다리'라 함은 엉덩이관절(고관절)부터 발목관절(족관절)까지를 말한다.

④ '다리의 3대 관절'이라 함은 엉덩이관절(고관절), 무릎관절(슬관절) 및 발목관절(족관절)을 말한다.

⑤ '한 다리의 발목 이상을 잃었을 때'라 함은 발목관절(족관절)부터(발목관절 포함) 심장에 가까운 쪽에서 절단된 때를 말하며, 무릎관절(슬관절)의 상부에서 절단된 경우도 포함한다.

⑥ 다리의 관절기능장해 평가는 하지의 3대 관절의 관절운동범위 제한 및 무릎관절(슬관절)의 동요성 등으로 평가한다.

㉠ 각 관절의 운동범위 측정은 장해평가시점의 「산업재해보상보험법 시행규칙」 제47조 제1항 및 제3항의 정상인의 신체 각 관절에 대한 평균 운동가능영역을 기준으로 정상각도 및 측정방법 등을 따른다.

㉡ 관절기능장해를 표시할 경우 장해부위의 장해각도와 정상부위의 측정치를 동시에 판단하여 장해상태를 명확히 한다. 단, 관절기능장해가 신경손상으로 인한 경우에는 운동범위 측정이 아닌 근력 및 근전도검사를 기준으로 평가한다.

⑦ ‘관절 하나의 기능을 완전히 잃었을 때’라 함은 아래의 경우 중 하나에 해당하는 경우를 말한다.

㉠ 완전 강직(관절굳음)

㉡ 근전도검사상 완전손상(complete injury) 소견이 있으면서 도수근력검사(MMT)에서 근력이 ‘0등급(Zero)’인 경우

⑧ ‘관절 하나의 기능에 심한 장해를 남긴 때’라 함은 아래의 경우 중 하나에 해당하는 경우를 말한다.

㉠ 해당 관절의 운동범위 합계가 정상 운동범위의 1/4 이하로 제한된 경우

㉡ 인공관절이나 인공골두를 삽입한 경우

㉢ 객관적 검사(스트레스 엑스선)상 15mm 이상의 동요관절(관절이 흔들리거나 움직이는 것)이 있는 경우

㉣ 근전도검사상 완전손상(complete injury) 소견이 있으면서 도수근력검사(MMT)에서 근력이 ‘1등급(Trace)’인 경우

⑨ ‘관절 하나의 기능에 뚜렷한 장해를 남긴 때’라 함은 아래의 경우 중 하나에 해당하는 경우를 말한다.

㉠ 해당 관절의 운동범위 합계가 정상 운동범위의 1/2 이하로 제한된 경우

㉡ 객관적 검사(스트레스 엑스선)상 10mm 이상의 동요관절(관절이 흔들리거나 움직이는 것)이 있는 경우

㉢ 근전도검사상 불완전손상(incomplete injury) 소견이 있으면서 도수근력검사(MMT)에서 근력이 ‘2등급(Poor)’인 경우

⑩ ‘관절 하나의 기능에 약간의 장해를 남긴 때’라 함은 아래의 경우 중 하나에 해당하는 때를 말한다.

㉠ 해당 관절의 운동범위 합계가 정상 운동범위의 3/4 이하로 제한된 경우

㉡ 객관적 검사(스트레스 엑스선)상 5mm 이상의 동요관절(관절이 흔들리거나 움직이는 것)이 있는 경우

㉢ 근전도검사상 불완전손상(incomplete injury) 소견이 있으면서 도수근력검사(MMT)에서 근력이 ‘3등급(fair)’인 경우

⑪ 동요장해 평가시에는 정상측과 환측을 비교하여 증가된 수치로 평가한다.

⑫ ‘가관절[주)]이 남아 뚜렷한 장해를 남긴 때’라 함은 대퇴골에 가관절이 남은 경우 또는 경골과 종아리뼈의 2개 뼈 모두에 가관절이 남은 경우를 말한다.

※ 주) 가관절이란 충분한 경과 및 골이식술 등 골유합을 얻는데 필요한 수술적 치료를 시행하였음에도 불구하고 골절부의 유합이 이루어지지 않는 ‘불유합’ 상태를 말하며, 골유합이 지연되는 지연유합은 제외된다.

⑬ ‘가관절이 남아 약간의 장해를 남긴 때’라 함은 경골과 종아리뼈 중 어느 한 뼈에 가관절이 남은 경우를 말한다.

⑭ '뼈에 기형을 남긴 때'라 함은 대퇴골 또는 경골에 기형이 남아 정상에 비해 부정유합된 각 변형이 15° 이상인 경우를 말한다.

⑮ 다리길이의 단축 또는 과신장은 스캐노그램(scanogram)을 통하여 측정한다.

(3) 지급률의 결정

① 한 다리의 3대 관절 중 관절 하나에 기능장해가 생기고 다른 관절 하나에 기능장해가 발생한 경우 지급률은 각각 적용하여 합산한다.

② 1하지(다리와 발가락)의 후유장해지급률은 원칙적으로 각각 합산하되, 지급률은 60% 한도로 한다.

10) 손가락의 장해

(1) 장해의 분류

장해의 분류	지급률
① 한 손의 5개 손가락을 모두 잃었을 때	55
② 한 손의 첫째 손가락을 잃었을 때	15
③ 한 손의 첫째 손가락 이외의 손가락을 잃었을 때(손가락 하나마다)	10
④ 한 손의 5개 손가락 모두의 손가락뼈 일부를 잃었을 때 또는 뚜렷한 장해를 남긴 때	30
⑤ 한 손의 첫째 손가락의 손가락뼈 일부를 잃었을 때 또는 뚜렷한 장해를 남긴 때	10
⑥ 한 손의 첫째 손가락 이외의 손가락의 손가락뼈 일부를 잃었을 때 또는 뚜렷한 장해를 남긴 때(손가락 하나마다)	5

(2) 장해판정기준

① 골절부에 금속내고정물 등을 사용하였기 때문에 그것이 기능장해의 원인이 되는 때에는 그 내고정물 등이 제거된 후 장해를 판정한다. 단, 제거가 불가능한 경우에는 고정물 등이 있는 상태에서 장해를 평가한다.

② 관절을 사용하지 않아 발생한 일시적인 기능장해(예를 들면 캐스트로 환부를 고정시켰기 때문에 치유 후의 관절에 기능장해가 발생한 경우)는 장해로 평가하지 않는다.

③ 손가락에는 첫째 손가락에 2개의 손가락관절이 있다. 그 중 심장에서 가까운 쪽부터 중수지관절, 지관절이라 한다.

④ 다른 네 손가락에는 3개의 손가락관절이 있다. 그 중 심장에서 가까운 쪽부터 중수지관절, 제1지관절(근위지관절) 및 제2지관절(원위지관절)이라 부른다.

⑤ '손가락을 잃었을 때'라 함은 첫째 손가락에서는 지관절부터 심장에서 가까운 쪽에서, 다른 네 손가락에서는 제1지관절(근위지관절)부터(제1지관절 포함) 심장에서 가까운 쪽으로 손가락을 잃었을 때를 말한다.

⑥ '손가락뼈 일부를 잃었을 때'라 함은 첫째 손가락의 지관절, 다른 네 손가락의 제1지관절(근위지관절)부터 심장에서 먼 쪽으로 손가락뼈의 일부가 절단된 경우를 말하며, 뼈 단면이 불규칙해진 상태나 손가락 길이의 단축 없이 골편만 떨어진 상태는 해당하지 않는다.

⑦ '손가락에 뚜렷한 장해를 남긴 때'라 함은 첫째 손가락의 경우 중수지관절 또는 지관절의 굴신(굽히고 펴기)운동영역이 정상 운동가능영역의 1/2 이하인 경우를 말한다. 다른 네 손가락에 있어서는 제1, 제2지관절의 굴신(굽히고 펴기)운동영역을 합산하여 정상 운동영역의 1/2 이하이거나 중수지관절의 굴신(굽히고 펴기)운동영역이 정상 운동영역의 1/2 이하인 경우를 말한다.

⑧ 한 손가락에 장해가 생기고 다른 손가락에 장해가 발생한 경우, 지급률은 각각 적용하여 합산한다.

⑨ 손가락의 관절기능장해 평가는 손가락관절의 관절운동범위 제한 등으로 평가한다. 각 관절의 운동범위 측정은 장해평가시점의 「산업재해보상보험법 시행규칙」 제47조 제1항 및 제3항의 정상인의 신체 각 관절에 대한 평균 운동가능영역을 기준으로 정상각도 및 측정방법 등을 따른다.

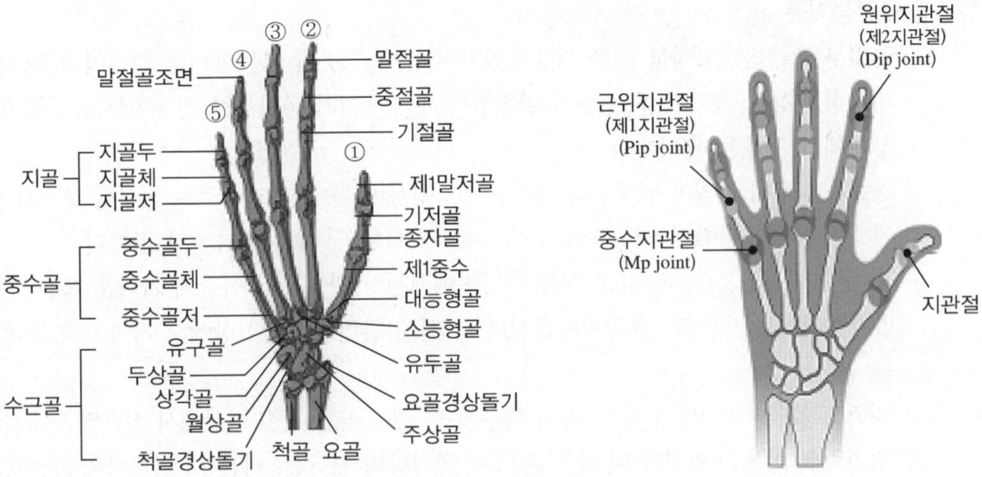

[손가락]

11) 발가락의 장해

(1) 장해의 분류

장해의 분류	지급률
① 한 발의 리스프랑관절 이상을 잃었을 때	40
② 한 발의 5개 발가락을 모두 잃었을 때	30
③ 한 발의 첫째 발가락을 잃었을 때	10
④ 한 발의 첫째 발가락 이외의 발가락을 잃었을 때(발가락 하나마다)	5
⑤ 한 발의 5개 발가락 모두의 발가락뼈 일부를 잃었을 때 또는 뚜렷한 장해를 남긴 때	20
⑥ 한 발의 첫째 발가락의 발가락뼈 일부를 잃었을 때 또는 뚜렷한 장해를 남긴 때	8
⑦ 한 발의 첫째 발가락 이외의 발가락의 발가락뼈 일부를 잃었을 때 또는 뚜렷한 장해를 남긴 때(발가락 하나마다)	3

(2) 장해판정기준

① 골절부에 금속내고정물 등을 사용하였기 때문에 그것이 기능장해의 원인이 되는 때에는 그 내고정물 등이 제거된 후 장해를 판정한다. 단, 제거가 불가능한 경우에는 고정물 등이 있는 상태에서 장해를 평가한다.

② 관절을 사용하지 않아 발생한 일시적인 기능장해(예를 들면 캐스트로 환부를 고정시켰기 때문에 치유 후의 관절에 기능장해가 발생한 경우)는 장해로 평가하지 않는다.

③ '발가락을 잃었을 때'라 함은 첫째 발가락에서는 지관절부터 심장에 가까운 쪽을, 나머지 네 발가락에서는 제1지관절(근위지관절)부터(제1지관절 포함) 심장에서 가까운 쪽을 잃었을 때를 말한다.

④ '리스프랑관절 이상에서 잃은 때'라 함은 족근–중족골간 관절 이상에서 절단된 경우를 말한다.

⑤ '발가락뼈 일부를 잃었을 때'라 함은 첫째 발가락의 지관절, 다른 네 발가락의 제1지관절(근위지관절)부터 심장에서 먼 쪽에서 발가락뼈 일부가 절단된 경우를 말하며, 뼈 단면이 불규칙해진 상태나 발가락 길이의 단축 없이 골편만 떨어진 상태는 해당하지 않는다.

⑥ '발가락에 뚜렷한 장해를 남긴 때'라 함은 첫째 발가락의 경우에 중족지관절과 지관절의 굴신(굽히고 펴기)운동범위 합계가 정상 운동가능영역의 1/2 이하가 된 경우를 말하며, 다른 네 발가락에 있어서는 중족지관절의 신전운동범위만을 평가하여 정상 운동범위의 1/2 이하로 제한된 경우를 말한다.

⑦ 한 발가락에 장해가 생기고 다른 발가락에 장해가 발생한 경우, 지급률은 각각 적용하여 합산한다.

⑧ 발가락 관절의 운동범위 측정은 장해평가시점의 「산업재해보상보험법 시행규칙」 제47조 제1항 및 제3항의 정상인의 신체 각 관절에 대한 평균 운동가능영역을 기준으로 정상각도 및 측정방법 등을 따른다.

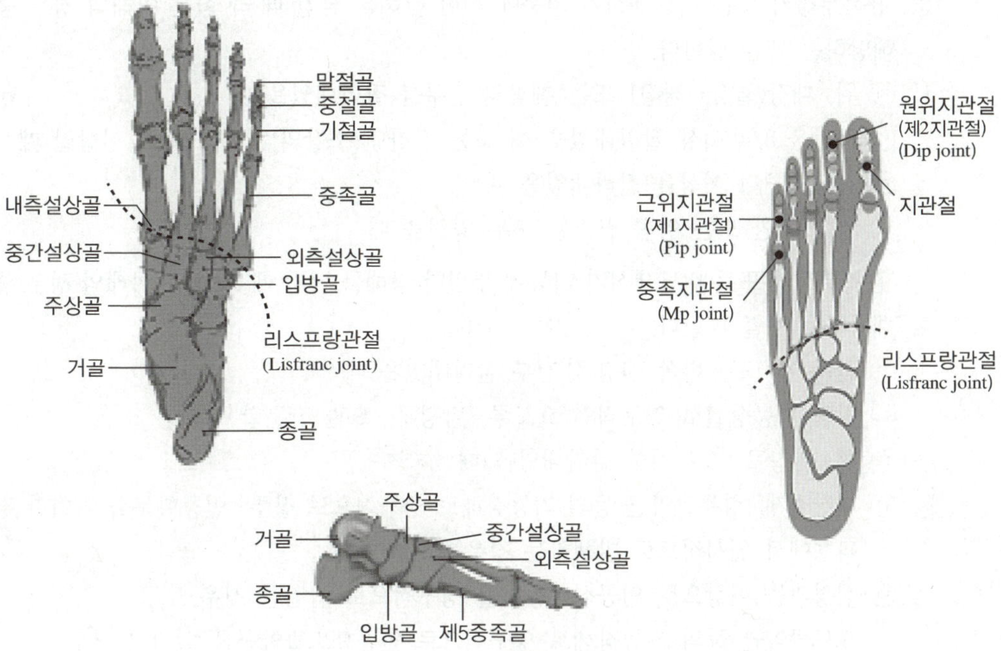

[발가락]

12) 흉복부장기 및 비뇨생식기의 장해

(1) 장해의 분류

장해의 분류	지급률
① 심장 기능을 잃었을 때	100
② 흉복부장기 또는 비뇨생식기 기능을 잃었을 때	75
③ 흉복부장기 또는 비뇨생식기 기능에 심한 장해를 남긴 때	50
④ 흉복부장기 또는 비뇨생식기 기능에 뚜렷한 장해를 남긴 때	30
⑤ 흉복부장기 또는 비뇨생식기 기능에 약간의 장해를 남긴 때	15

(2) 장해의 판정기준

① '심장 기능을 잃었을 때'라 함은 심장이식을 한 경우를 말한다.

② '흉복부장기 또는 비뇨생식기 기능을 잃었을 때'라 함은 아래의 경우 중 하나에 해당하는 때를 말한다.

㉠ 폐, 신장 또는 간장의 장기이식을 한 경우

㉡ 장기이식을 하지 않고서는 생명유지가 불가능하여 혈액투석, 복막투석 등 의료처치를 평생토록 받아야 할 때

㉢ 방광의 저장기능과 배뇨기능을 완전히 상실한 때

③ '흉복부장기 또는 비뇨생식기 기능에 심한 장해를 남긴 때'라 함은 아래의 경우 중 하나에 해당하는 때를 말한다.

㉠ 위, 대장(결장~직장) 또는 췌장의 전부를 잘라내었을 때

㉡ 소장을 3/4 이상 잘라내었을 때 또는 잘라낸 소장의 길이가 3cm 이상일 때

㉢ 간장의 3/4 이상을 잘라내었을 때

㉣ 양쪽 고환 또는 양쪽 난소를 모두 잃었을 때

④ '흉복부장기 또는 비뇨생식기 기능에 뚜렷한 장해를 남긴 때'라 함은 아래의 경우 중 하나에 해당하는 때를 말한다.

㉠ 한쪽 폐 또는 한쪽 신장을 전부 잘라내었을 때

㉡ 방광 기능상실로 영구적인 요도루, 방광루, 요관 장문합 상태

㉢ 위, 췌장을 50% 이상 잘라내었을 때

㉣ 대장절제, 항문괄약근 등의 기능장해로 영구적으로 장루, 인공항문을 설치한 경우(치료과정에서 일시적으로 발생하는 경우는 제외)

㉤ 심장기능 이상으로 인공심박동기를 영구적으로 삽입한 경우

㉥ 요도괄약근 등의 기능장해로 영구적으로 인공요도괄약근을 설치한 경우

⑤ '흉복부장기 또는 비뇨생식기 기능에 약간의 장해를 남긴 때'라 함은 아래의 경우 중 하나에 해당하는 때를 말한다.

㉠ 방광의 용량이 50cc 이하로 위축되었거나 요도협착, 배뇨기능 상실로 영구적인 간헐적 인공요도가 필요한 때

㉡ 음경의 1/2 이상이 결손되었거나 질구 협착으로 성생활이 불가능할 때

㉢ 폐질환 또는 폐 부분절제 후 일상생활에서 호흡곤란으로 지속적인 산소치료가 필요하며, 폐기능검사(PFT)상 폐환기 기능(1초간 노력성 호기량, FEV1)이 정상예측치의 40% 이하로 저하된 때

⑥ 흉복부, 비뇨생식기계 장해는 질병 또는 외상의 직접 결과로 인한 장해를 말하며, 노화에 의한 기능장해 또는 질병이나 외상이 없는 상태에서 예방적으로 장기를 절제, 적출한 경우는 장해로 보지 않는다.

⑦ 상기 흉복부 및 비뇨생식기계 장해항목에 명기되지 않은 기타 장해상태에 대해서는 '〈붙임〉 일상생활 기본동작(ADLs) 제한 장해평가표'에 해당하는 장해가 있을 때 ADLs 장해지급률을 준용한다.

⑧ 상기 장해항목에 해당되지 않는 장기간의 간병이 필요한 만성 질환(만성 간질환, 만성 폐쇄성 폐질환 등)은 장해의 평가 대상으로 인정하지 않는다.

13) 신경계 · 정신행동 장해

(1) 장해의 분류

장해의 분류	지급률
① 신경계에 장해가 남아 일상생활 기본동작에 제한을 남긴 때	10~100
② 정신행동에 극심한 장해를 남긴 때	100
③ 정신행동에 심한 장해를 남긴 때	75
④ 정신행동에 뚜렷한 장해를 남긴 때	50
⑤ 정신행동에 약간의 장해를 남긴 때	25
⑥ 정신행동에 경미한 장해를 남긴 때	10
⑦ 극심한 치매 : CDR 척도 5점	100
⑧ 심한 치매 : CDR 척도 4점	80
⑨ 뚜렷한 치매 : CDR 척도 3점	60
⑩ 약간의 치매 : CDR 척도 2점	40
⑪ 심한 간질발작이 남았을 때	70
⑫ 뚜렷한 간질발작이 남았을 때	40
⑬ 약간의 간질발작이 남았을 때	10

(2) 장해판정기준

① 신경계

㉠ '신경계에 장해를 남긴 때'라 함은 뇌, 척수 및 말초신경계 손상으로 '〈붙임〉 일상생활 기본동작(ADLs) 제한 장해평가표'의 5가지 기본동작 중 하나 이상의 동작이 제한되었을 때를 말한다.

㉡ 위 ㉠의 경우 '〈붙임〉 일상생활 기본동작(ADLs) 제한 장해평가표'상 지급률이 10% 미만인 경우에는 보장대상이 되는 장해로 인정하지 않는다.

㉢ 신경계의 장해로 발생하는 다른 신체부위의 장해(눈, 귀, 코, 팔, 다리 등)는 해당 장해로도 평가하고 그 중 높은 지급률을 적용한다.

㉣ 뇌졸중, 뇌손상, 척수 및 신경계의 질환 등은 발병 또는 외상 후 12개월 동안 지속적으로 치료한 후에 장해를 평가한다. 그러나 12개월이 지났다고 하더라도 뚜렷하게 기능 향상이 진행되고 있는 경우 또는 단기간 내에 사망이 예상되는 경우는 6개월의 범위에서 장해 평가를 유보한다.

㉤ 장해진단 전문의는 재활의학과, 신경외과 또는 신경과 전문의로 한다.

② 정신행동

㉠ 정신행동장해는 보험기간 중에 발생한 뇌의 질병 또는 상해를 입은 후 18개월이 지난 후에 판정함을 원칙으로 한다. 단, 질병발생 또는 상해를 입은 후 의식상실이 1개월 이상 지속된 경우에는 질병발생 또는 상해를 입은 후 12개월이 지난 후에 판정할 수 있다.

㉡ 정신행동장해는 장해판정 직전 1년 이상 충분한 정신건강의학과의 전문적 치료를 받은 후 치료에도 불구하고 장해가 고착되었을 때 판정하여야 하며, 그렇지 않은 경우에는 그로써 고정되거나 중하게 된 장해에 대해서는 인정하지 않는다.

㉢ '정신행동에 극심한 장해를 남긴 때'라 함은 장해판정 직전 1년 이상 지속적인 정신건강의학과의 치료를 받았으며 GAF 30점 이하인 경우를 말한다.

㉣ '정신행동에 심한 장해를 남긴 때'라 함은 장해판정 직전 1년 이상 지속적인 정신건강의학과의 치료를 받았으며 GAF 40점 이하인 상태를 말한다.

㉤ '정신행동에 뚜렷한 장해를 남긴 때'라 함은 장해판정 직전 1년 이상 지속적인 정신건강의학과의 치료를 받았으며, 보건복지부고시 「장애등급판정기준」의 '능력장해측정기준[주)]' 상 6개 항목 중 3개 항목 이상에서 독립적 수행이 불가능하여 타인의 도움이 필요하고 GAF 50점 이하인 상태를 말한다.

※ 주) **능력장해측정기준의 항목** : ㉮ 적절한 음식섭취, ㉯ 대소변관리, 세면, 목욕, 청소 등의 청결유지, ㉰ 적절한 대화기술 및 협조적인 대인관계, ㉱ 규칙적인 통원 · 약물복용, ㉲ 소지품 및 금전관리나 적절한 구매행위, ㉳ 대중교통이나 일반공공시설의 이용

㉥ '정신행동에 약간의 장해를 남긴 때'라 함은 장해판정 직전 1년 이상 지속적인 정신건강의학과의 치료를 받았으며, 보건복지부고시 「장애등급판정기준」의 '능력장해측정기준' 상 6개 항목 중 2개 항목 이상에서 독립적 수행이 불가능하여 타인의 도움이 필요하고 GAF 60점 이하인 상태를 말한다.

㉦ '정신행동에 경미한 장해를 남긴 때'라 함은 장해판정 직전 1년 이상 지속적인 정신건강의학과의 치료를 받았으며, 보건복지부고시 「장애등급판정기준」의 '능력장해측정기준' 상 6개 항목 중 2개 항목 이상에서 독립적 수행이 불가능하여 타인의 도움이 필요하고 GAF 70점 이하인 상태를 말한다.

㉧ '지속적인 정신건강의학과의 치료'란 3개월 이상 약물치료가 중단되지 않았음을 의미한다.

㉨ 심리학적 평가보고서는 정신건강의학과 의료기관에서 실시되어져야 하며, 자격을 갖춘 임상심리전문가가 시행하고 작성하여야 한다.

㉩ 정신행동장해 진단 전문의는 정신건강의학과 전문의를 말한다.

㉪ 정신행동장해는 뇌의 기능 및 결손을 입증할 수 있는 뇌자기공명촬영, 뇌전산화촬영, 뇌파 등 객관적 근거를 기초로 평가한다. 다만, 보호자나 환자의 진술, 감정의의 추정 혹은 인정, 한국표준화가 이루어지지 않고 신빙성이 적은 검사들(뇌 SPECT 등)은 객관적 근거로 인정하지 않는다.

㉫ 각종 기질성 정신장해와 외상 후 간질에 한하여 보상한다.

㉬ 외상 후 스트레스장애, 우울증(반응성) 등의 질환, 정신분열증(조현병), 편집증, 조울증(양극성장애), 불안장애, 전환장애, 공포장애, 강박장애 등 각종 신경증 및 각종 인격장애는 보상의 대상이 되지 않는다.

③ 치 매

㉠ '치매'라 함은 정상적으로 성숙한 뇌가 질병이나 외상 후 기질성 손상으로 파괴되어 한번 획득한 지적 지능이 지속적 또는 전반적으로 저하되는 것을 말한다.

㉡ 치매의 장해평가는 임상적인 증상뿐만 아니라 뇌영상검사(CT 및 MRI, SPECT 등)를 기초로 진단되어져야 하며, 18개월 이상 지속적인 치료 후 평가한다. 다만, 진단시점에 이미 극심한 치매 또는 심한 치매로 진행된 경우에는 6개월간 지속적인 치료 후 평가한다.

㉢ 치매의 장해평가는 전문의(정신건강의학과, 신경과)에 의한 임상치매척도(한국판 Expanded Clinical Dementia Rating) 검사결과에 따른다.

④ 뇌전증(간질)

㉠ '뇌전증(간질)'이라 함은 돌발적 뇌파이상을 나타내는 뇌질환으로 발작(경련, 의식장해 등)을 반복하는 것을 말한다.

㉡ 간질발작의 빈도 및 양상은 지속적인 항간질제(항전간제) 약물로도 조절되지 않는 간질을 말하며, 진료기록에 기재되어 객관적으로 확인되는 간질발작의 빈도 및 양상을 기준으로 한다.

㉢ '심한 간질 발작'이라 함은 월 8회 이상의 중증발작이 연 6개월 이상의 기간에 걸쳐 발생하고, 발작할 때 유발된 호흡장애, 흡인성 폐렴, 심한 탈진, 구역질, 두통, 인지장해 등으로 요양관리가 필요한 상태를 말한다.

㉣ '뚜렷한 간질 발작'이라 함은 월 5회 이상의 중증발작 또는 월 10회 이상의 경증발작이 연 6개월 이상의 기간에 걸쳐 발생하는 상태를 말한다.

㉤ '약간의 간질 발작'이라 함은 월 1회 이상의 중증발작 또는 월 2회 이상의 경증발작이 연 6개월 이상의 기간에 걸쳐 발생하는 상태를 말한다.

㉥ '중증발작'이라 함은 전신경련을 동반하는 발작으로써 신체의 균형을 유지하지 못하고 쓰러지는 발작 또는 의식장해가 3분 이상 지속되는 발작을 말한다.

㉦ '경증발작'이라 함은 운동장해가 발생하나 스스로 신체의 균형을 유지할 수 있는 발작 또는 3분 이내에 정상으로 회복되는 발작을 말한다.

[일상생활 기본동작(ADLs) 제한 장해평가표]

유 형	제한 정도에 따른 지급률
이동 동작	• 특별한 보조기구를 사용함에도 불구하고 다른 사람의 계속적인 도움이 없이는 방 밖을 나올 수 없는 상태(40%) • 휠체어 또는 다른 사람의 도움 없이는 방 밖을 나올 수 없는 상태(30%) • 목발 또는 보행기(walker)를 사용하지 않으면 독립적인 보행이 불가능한 상태 (20%) • 독립적인 보행은 가능하나 파행이 있는(절뚝거리는) 상태, 난간을 잡지 않고는 계단을 오르내리기가 불가능한 상태, 계속하여 평지에서 100m 이상을 걷지 못하는 상태(10%)
음식물 섭취	• 식사를 전혀 할 수 없어 계속적으로 튜브나 경정맥 수액을 통해 부분 혹은 전적인 영양공급을 받는 상태(20%) • 수저 사용이 불가능하여 다른 사람의 계속적인 도움이 없이는 식사를 전혀 할 수 없는 상태(15%) • 숟가락 사용은 가능하나 젓가락 사용이 불가능하여 음식물 섭취에 있어 부분적으로 다른 사람의 도움이 필요한 상태(10%) • 독립적인 음식물 섭취는 가능하나 젓가락을 이용하여 생선을 바르거나 음식물을 자르지는 못하는 상태(5%)
배변 · 배뇨	• 배설을 돕기 위해 설치한 의료장치나 외과적 시술물을 사용함에 있어 타인의 계속적인 도움이 필요한 상태(20%) • 화장실에 가서 변기 위에 앉는 일(요강을 사용하는 일 포함)과 대소변 후에 화장지로 닦고 옷을 입는 일에 다른 사람의 계속적인 도움이 필요한 상태(15%) • 배변, 배뇨는 독립적으로 가능하나 대소변 후 뒤처리에 있어 다른 사람의 도움이 필요한 상태(10%) • 빈번하고 불규칙한 배변으로 인해 2시간 이상 계속되는 업무(운전, 작업, 교육 등)를 수행하는 것이 어려운 상태(5%)
목욕	• 다른 사람의 계속적인 도움 없이는 샤워 또는 목욕을 할 수 없는 상태(10%) • 샤워는 가능하나 혼자서는 때밀기를 할 수 없는 상태(5%) • 목욕시 신체(등 제외)의 일부 부위만 때를 밀 수 있는 상태(3%)
옷 입고 벗기	• 다른 사람의 계속적인 도움 없이는 전혀 옷을 챙겨 입을 수 없는 상태(10%) • 다른 사람의 계속적인 도움 없이는 상의 또는 하의 중 하나만을 착용할 수 있는 상태(5%) • 착용은 가능하나 다른 사람의 도움 없이는 마무리(단추 잠그고 풀기, 지퍼 올리고 내리기, 끈 묶고 풀기 등)는 불가능한 상태(3%)

제 4 장 질병보험

제1절 질병보험과 특별약관

1. 질병보험의 의의와 종류

1) 질병보험의 의의

질병보험이란 피보험자의 질병으로 인한 진단, 수술, 입원, 요양 등의 위험보장 또는 활동불능, 인식불능 등 타인의 간병을 필요로 하는 상태 및 이로 인한 치료 등의 위험보장을 목적으로 하는 보험을 말한다.

2) 질병보험의 종류

질병보험의 종류에는 실손의료보험(Health Insurance), 치명적 질병보험(Critical Illness Insurance), 소득보상보험(Disability Income Insurance), 암보험(Cancer Insurance), 건강보험(질병보험) 등이 있다.

2. 질병의 진단확정

1) 보험약관상 질병의 진단확정

「의료법」 제3조(의료기관)에 정한 국내의 병원이나 의원 또는 국외의 의료 관련법에서 정한 의료기관에서 발급한 진단서에 의한다.

2) 뇌졸중 및 급성 심근경색증의 진단확정

「의료법」 제3조(의료기관)에 정한 국내의 병원이나 의원 또는 국외의 의료 관련법에서 정한 의료기관의 전문의 자격을 가진 자에 의하여 병리학적 소견, 세포학적 소견, 이학적 소견, 임상학적 소견 및 수술소견의 전부 또는 일부로 하여야 한다.

3) 암보험의 진단확정

암의 진단확정은 해부병리 또는 임상병리의 전문의 자격증을 가진 자에 의하여 내려져야 하며, 이 진단은 조직(fixed tissue)검사, 미세바늘흡인검사(fine needle aspiration biopsy) 또는 혈액(hemic system)검사에 대한 현미경소견을 기초로 하여야 한다. 다만, 이에 따른 진단이 가능하지 않을 때에는 피보험자가 암으로 진단 또는 치료를 받고 있음을 증명할 만한 문서화된 기록 또는 증거가 있어야 한다.

4) 진단의 4단계

① 증후론적 진단 : 환자가 호소하는 병력과 증상을 통해 의사 자신의 감각과 간단한 도구를 통해 얻은 정보로 하는 진단

② 병리해부학적 진단 : 신체 내부를 열어서 직접 병변부위를 확인하고 내리는 진단

③ 원인진단 : 원인으로부터 치료적인 간섭수단을 끌어내기 위한 진단

④ 기능진단 : 병에 의한 기능장애의 정도를 나타내기 위한 진단방법으로, 여기에는 계량적 검사법 등이 쓰인다.

5) 질병상해보험 표준약관에 정한 질병의 진단

(1) 질병의 진단과 계약 전 알릴의무 사항

청약서상 계약 전 알릴의무(중요한 사항에 한함)에 해당하는 질병으로 과거(청약서상 당해 질병의 고지대상기간을 말함)에 진단 또는 치료를 받은 경우에는 질병의 진단 및 치료에 대한 보험금을 지급하지 않는다.

(2) 청약일 이후 5년이 지난 후의 진단

청약일 이전에 진단 확정된 질병이라 하더라도 청약일 이후 5년(갱신형 계약의 경우에는 최초계약의 청약일 이후 5년)이 지나는 동안 그 질병으로 인하여 추가진단(단순건강검진은 제외) 또는 치료사실이 없을 경우 청약일부터 5년이 지난 이후에는 해당 보험약관에 따라 보상한다.

(3) 청약일 이후 5년이 지나는 동안

청약일 이후 5년이 지나는 동안이란 보험료의 납입연체시 납입최고(독촉)와 계약의 해지에 따른 계약의 해지가 발생하지 않은 경우를 말한다. 또한 보험료 납입연체로 인하여 보험계약이 해지된 후 부활이 이루어진 경우 부활을 청약한 날을 청약일로 하여 적용한다.

3. 책임개시일과 면책기간

1) 질병상해보험 표준약관의 책임개시일

(1) 제1회 보험료의 납입과 보장개시

계약의 청약을 승낙하고 보험료를 받은 때부터 질병보험의 책임은 개시된다. 다만, 보험회사가 청약시에 제1회 보험료를 받고 청약을 승낙한 경우에는 제1회 보험료를 받은 때부터 보장을 개시한다.

(2) 제1회 보험료를 받고 청약을 승낙하기 전 사고

보험회사가 청약과 함께 제1회 보험료를 받고 청약을 승낙하기 전에 보험금 지급사유가 발생하였을 때에도 보장개시일부터 이 약관이 정하는 바에 따라 보장한다.

(3) 자동이체 납입 및 신용카드납입의 경우

제1회 보험료를 자동이체 또는 신용카드로 납입하는 경우에는 자동이체신청 또는 신용카드매출승인에 필요한 정보를 제공한 때를 제1회 보험료를 받은 때로 하며, 계약자의 책임 있는 사유로 자동이체 또는 매출승인이 불가능한 경우에는 보험료가 납입되지 않은 것으로 한다.

(4) 제1회 보험료 납입 이후에도 보장하지 않는 경우

① 알린 내용이나 건강진단내용으로 인한 경우

계약자 또는 피보험자가 보험회사에 알린 내용이나 건강진단내용이 보험금 지급사유의 발생에 영향을 미쳤음을 회사가 증명하는 경우

② 계약 전 알릴의무위반의 효과

보험회사가 계약 전 알릴의무위반의 효과를 준용하여 회사가 보장을 하지 아니할 수 있는 경우

③ 진단계약에서 보험금 지급사유가 발생할 때까지 진단을 받지 않은 경우

진단계약에서 보험금 지급사유가 발생할 때까지 진단을 받지 않은 경우. 다만, 진단계약에서 진단을 받지 않은 경우라도 상해로 인하여 보험금 지급사유가 발생한 경우에는 보상한다.

2) 질병보험에서의 면책기간

(1) 암보험에서의 면책기간

① 암보험에서의 보장개시일은 보험계약일부터 그날을 포함하여 90일이 지난날의 다음날부터 책임이 개시된다.

② 기타 피부암, 갑상선암, 제자리암, 경계성종양에 대한 보장개시일은 제1회 보험료를 받은 날부터 책임이 개시된다.

③ 갱신계약의 경우에는 갱신일을 보장개시일로 본다.

(2) CI보험에서의 책임개시일

CI보험에서도 보험계약일부터 그날을 포함하여 90일이 지난날의 다음날부터 책임이 개시된다.

(3) 생명보험의 간병보험의 책임개시일

① 치매상태 : 재해로 인한 치매의 경우에는 제1회 보험료를 받은 때부터 책임이 개시되지만, 질병으로 인한 치매의 경우에는 계약일부터 그날을 포함하여 2년이 지난날의 다음날부터 책임이 개시된다.

② 일상생활장해상태 : 일상생활장해상태는 계약 체결일부터 그날을 포함하여 90일이 지난날의 다음날부터 책임이 개시된다.

4. 질병보험 청약서상 계약 전 알릴의무 사항

피보험자에 관한 다음 사항은 보험회사가 보험계약의 청약을 인수하는데 필요한 자료이므로 보험계약자 및 피보험자는 사실대로 알려야 한다.

■ 아래 사항(질문 1번~11번)에 대하여 만약 사실대로 알리지 않거나 사실과 다르게 알린 경우에는 보험가입이 거절될 수 있으며, 특히 그 내용이 「중요한 사항」에 해당하는 경우에는 보험계약자 또는 피보험자의 의사와 관계없이 보험약관상 「계약 전 알릴의무위반의 효과」 조항에 의해 계약이 해지되거나 보장이 제한될 수 있다.

> 「중요한 사항」이란 회사가 그 사실을 알았더라면 보험계약의 청약을 거절하거나 보험가입금액 한도 제한, 일부 보장 제외, 보험금 삭감, 보험료 할증과 같이 조건부로 인수하는 등 계약인수에 영향을 미치는 사항을 말한다.

현재 및 과거의 질병

1. 최근 3개월 이내에 의사로부터 진찰 또는 검사를 통하여 다음과 같은 의료행위를 받은 사실이 있습니까? (예, 아니오)
   ① 질병확정진단, ② 질병의심소견, ③ 치료, ④ 입원, ⑤ 수술(제왕절개포함), ⑥ 투약
   ※ 진찰 또는 검사란 건강검진을 포함하며, 질병의심소견이란 의사로부터 진단서 또는 소견서를 발급받은 경우를 말한다.
2. 최근 3개월 이내에 마약을 사용하거나 혈압강하제, 신경안정제, 수면제, 각성제(흥분제), 진통제 등 약물을 상시 복용한 사실이 있는가? (예, 아니오)
3. 최근 1년 이내에 의사로부터 진찰 또는 검사를 통하여 추가검사(재검사)를 받은 사실이 있는가? (예, 아니오)
4. 최근 5년 이내에 의사로부터 진찰 또는 검사를 통하여 다음과 같은 의료행위를 받은 사실이 있는가? (예, 아니오)
   ① 입원, ② 수술(제왕절개포함), ③ 계속하여 7일 이상 치료, ④ 계속하여 30일 이상 투약
   ※ 여기서 "계속하여"란 같은 원인으로 치료 시작 후 완료일까지 실제 치료, 투약 받은 일수를 말한다.
5. 최근 5년 이내에 아래 10대 질병으로 의사로부터 진찰 또는 검사를 통하여 다음과 같은 의료행위를 받은 사실이 있는가? (예, 아니오)

   > 〈10대 질병〉
   > ① 암, ② 백혈병, ③ 고혈압, ④ 협심증, ⑤ 심근경색, ⑥ 심장판막증, ⑦ 간경화증, ⑧ 뇌졸중증(뇌출혈, 뇌경색), ⑨ 당뇨병, ⑩ 에이즈(AIDS) 및 HIV 보균

   ① 질병확정진단, ② 치료, ③ 입원, ④ 수술, ⑤ 투약
   ※ 단, 실손의료보험은 "⑪ 직장 또는 항문 관련 질환[치질, 치루(누공), 치열(찢어짐), 항문농양(고름집), 직장 또는 항문탈출, 항문출혈, 항문궤양]"이 추가된다.

5. 특별조건부 특별약관

1) 특별약관의 의의

이 특별약관은 피보험자의 건강상태가 보험회사에서 정한 기준에 적합하지 않은 경우 보험약관이 정하는 바에 따라 가입할 수 있도록 하여 해당 계약의 보험기간 중 위험에 대한 보장을 받을 수 있는 것을 주된 내용으로 한다.

2) 보험계약의 성립

이 특별약관은 피보험자의 건강상태가 보험회사에서 정한 기준에 적합하지 않은 경우 보험계약자의 청약과 보험회사의 승낙으로 해당 계약에 부가하여 이루어진다.

3) 특별약관의 부가조건

(1) 할증보험료법

할증위험률에 의한 보험료와 표준체 보험료와의 차액을 특약보험료라 하며, 계약을 체결할 때 위험의 정도에 따라 표준체 보험료에 보험회사에서 정한 특약보험료를 더하여 납입보험료로 한다. 이 방식에 의한 경우 피보험자에게 보험사고가 발생하였을 때에는 보험계약에서 정한 보험금을 지급한다.

(2) 보험금감액법

계약일부터 회사가 정하는 삭감기간 내에 계약의 규정에 정하는 상해 이외의 원인으로 피보험자가 사망한 경우에는 계약의 규정에도 불구하고 계약을 체결할 때에 정한 삭감기간에 따라 보험금을 지급한다.

4) 특별약관의 보험기간

특별약관의 보험기간은 해당 계약의 보험기간 내에서 보험회사가 정한 기간으로 하되, 보험료는 해당 계약의 납입기간 중에 해당 계약의 보험료와 함께 납입하여야 하며, 해당 계약의 보험료를 선납하는 경우에도 동일하다.

5) 특별약관의 내용변경

특별약관이 부가된 해당 계약의 경우에는 해당 계약의 약관규정에도 불구하고 다음과 같은 내용은 변경할 수 없다.

① 보험기간 또는 보험료 납입기간의 변경
② 감액완납 또는 연장보험으로의 변경

6. 유병자보험

1) 유병자보험의 의의

유병자보험은 질병을 앓았거나 질병으로 인하여 수술, 입원 등 진료기록이 있는 사람도 보험을 가입할 수 있도록 가입요건을 완화한 보험을 말한다. 즉, 고혈압이나 당뇨병은 물론 질병으로 인한 치료경력이 있는 사람들이 가입할 수 있는 보험이다.

2) 유병자보험의 종류

(1) 간편심사보험

간편심사보험이란 일반적인 질병보험과는 달리 최근 2년 이내(암은 5년)에 입원이나 수술경력이 없는 유병자가 가입할 수 있는 보험으로, 질병의 종류에 관계없이 입원비와 수술비를 보장한다. 이 보험은 계약 전 알릴의무 항목을 18가지에서 6가지 정도로 대폭 축소하였고, 입원 및 수술의 고지기간을 5년에서 2년으로 단축하였으며, 통원 및 투약에 대한 계약 전 알릴의무를 면제하고 있다.

(2) 고혈압 · 당뇨병 특화보험

고혈압 · 당뇨병 특화보험이란 고혈압이나 당뇨병의 치료병력에 대하여는 계약 전 알릴의무를 면제하여 고혈압이나 당뇨병 유병자도 가입할 수 있도록 한 보험을 말하며, 주로 암, 뇌졸중, 급성 심근경색증 등 특정질병으로 진단 또는 사망하는 경우에 보장하는 것이 일반적이다.

(3) 무심사보험

무심사보험이란 모든 질병 및 치료내역에 대한 계약 전 알릴의무와 건강검진절차가 생략되고 보험회사는 보험가입을 거절할 수 없는 보험을 말하며, 피보험자가 보험기간 중 사망하는 경우에만 보장받을 수 있도록 하고 있다. 사망보험금은 통상 1~3천만원 정도의 소액으로 설정된다.

7. 태아보험

1) 태아보험의 의의

태아보험은 별도의 보험상품으로 존재하는 것은 아니고, 어린이보험에 태아가입 특별약관을 첨부하여 출생 전 태아에 대해서 보장하는 보험상품이다. 일반적인 어린이보험은 자녀의 질병 및 상해, 특정질병, 수술, 입원 등을 보장하지만, 태아보험은 태아상태에서만 가입이 가능한 출생 전 자녀가입 특별약관을 통해 출생 당시의 선천성 질환으로 인한 수술 등도 보장하므로 일반적인 어린이보험보다 보장범위가 넓다.

2) 주요 특별약관

(1) 출생 전 자녀가입 특별약관

이 특별약관은 출생 전의 태아에 대하여 보험에 가입하고, 태아의 출생 이후 손해에 대하여 보상이 가능하도록 한 특별약관이다.

(2) 선천성 질환수술보장 특별약관

태아의 출생 당시 기형, 변형 및 염색체이상(선천적 이상)으로 수술시 수술 1회당 약정금액을 지급하는 특별약관이다.

(3) 주산기(출생 전후기)보장 특별약관

출생 전후기(일반적으로 임신 28주에서 생후 1주까지의 기간) 질병으로 입원한 경우 1일당 약정한 금액을 지급하는 특별약관이다.

(4) 저체중아입원일당담보(미숙아육아보장비용) 특별약관

태아의 출생시 몸무게가 2kg(또는 2.5kg) 미만으로서 인큐베이터를 3일 이상 사용했을 경우 1일당 약정금액을 저체중아육아비용보험으로 지급하는 특별약관이다.

8. 치아보험

1) 보상하는 손해

피보험자가 보험기간 중에 상해 또는 질병으로 인하여 보장개시일 이후 치과의사 면허를 가진 자에 의해 「의료법」 제3조(의료기관)에서 정한 치과병원, 치과의원 또는 이와 동등하다고 보험회사에서 인정하는 의료기관에서 보험약관에 정한 치아 관련 치료를 받았을 때 치과의료비 보험금을 지급한다.

상해 또는 재해로 인하여 치료를 받았을 경우에는 별도의 면책기간이나 감액기간 없이 보험계약일부터 보험금을 지급한다. 다만, 질병으로 인하여 치아에 보철치료나 보존치료 등을 받을 경우 면책기간과 감액기간을 적용하여 보험금을 지급한다.

예를 들면, 2016.1.1. 질병으로 인한 치과치료에 대해 면책기간이 180일, 50% 감액기간이 2년인 치아보험에 가입한 경우, 면책기간 내인 2016.6.28.까지 치료받은 치아에 대해서는 보험금을 지급하지 않고, 그 이후 감액기간 내인 2017.12.31.까지 치료받은 치아는 보장금액의 50%만 지급하며, 감액기간이 지난 2018.1.1.부터 치료받은 치아는 보장금액의 100%를 지급한다.

2) 책임개시일

(1) 상해사고인 경우

계약의 청약을 승낙하고 제1회 보험료를 받은 때부터 보장을 개시한다. 다만, 청약시에 제1회 보험료를 받고 청약을 승낙한 경우에는 제1회 보험료를 받은 때부터 보장을 개시한다.

(2) 질병사고의 경우

① 무진단형 치아보험

질병[치아치료를 위한 종합구강검진 및 치석제거(스켈링) 포함]에 대한 회사의 보장개시일은 보험증권에 기재된 보험기간의 첫날부터 그날을 포함하여 90일이 지난날의 다음날부터 시작한다. 다만, 보험기간이 종료되고 그 종료일을 포함하여 14일 이내에 재계약을 하는 경우에는 재계약일이 보장개시일이 된다.

② 진단형 치아보험

진단형 치아보험은 보험가입시 치아검진이 요구되는 보험상품으로 보험가입 즉시 보장이 가능하다. 다만, 피보험자의 치아 상태에 대한 검진결과가 보험회사에서 정한 인수조건에 해당되는 경우에만 가입이 가능하다.

3) 보상하지 않는 손해

(1) 복합형태의 치료인 경우

1개의 치아에 대해 동일한 사유로 2가지 이상의 복합형태의 치료를 받은 경우에는 해당 치료 중 보험금이 가장 큰 한 가지 항목에 대해서만 보험금을 지급한다.

예를 들어, 브릿지치료(보험금 25만원)를 하였으나, 양 옆의 이가 약하여 브릿지를 제거하고 임플란트치료(보험금 50만원)를 한 경우에는 높은 금액에 해당하는 임플란트치료 보험금만을 지급한다.

(2) 미용상의 치료 및 보철치료부위의 수리, 복구 등

사랑니의 치료, 치열교정의 준비, 미용상의 치료 및 이미 보철료를 지급받은 부위에 대한 수리, 복구, 대체치료는 보험금을 지급하지 않는다.

(3) 보험기간 종료 후의 치료

보험기간 중에 진단 또는 발치한 치아를 보험기간 종료 후에 치료하는 경우에는 원칙적으로 보험금을 지급하지 않는다. 다만, 보험기간 중 의사의 진단에 의해 협의된 계속 치료의 경우에는 보험기간 종료일 이후 180일 이내의 치료에 한하여 보험금을 지급한다.

(4) 연간보장한도를 초과한 경우

치아보험에서 정한 연간보장한도(발치한 영구치기준 3개)를 초과하여 발치한 부위의 보철치료(브릿지, 임플란트)는 치료시기에 관계없이 보험금을 지급하지 않는다.

(5) 청약일 이전의 치료 및 진단의 경우

청약일부터 5년 이내에 충치(치아우식증) 또는 치주 질환으로 치료를 받은 치아에 대해서는 보험금을 지급하지 않는다.

9. 수술과 입원

1) 수술의 정의

수술이라 함은 병원 또는 의원의 의사, 치과의사의 자격을 가진 자에 의하여 치료가 필요하다고 인정된 경우로서 의사의 관리하에 직접치료를 목적으로 기구를 사용하여 생체에 절단(특정부위를 잘라내는 것), 절제(특정부위를 잘라 없애는 것) 등의 조작을 가하는 것을 말한다. 또한 보건복지부 산하 신의료기술평가위원회로부터 안전성과 치료효과를 인정받은 최신 수술기법도 수술에 포함된다.

다만, 흡인(주사기 등으로 빨아들이는 것), 천자(바늘 또는 관을 꽂아 체액조직을 뽑아내거나 약물을 주입하는 것) 등의 조치 및 신경차단(Nerve Block)은 제외한다.

2) 입원의 정의

입원이란 병원 또는 의원 등의 의사, 치과의사 또는 한의사의 자격을 가진 자에 의하여 입원치료가 필요하다고 인정된 경우로서 자택 등에서의 치료가 곤란하여 「의료법」 제3조(의료기관)에서 정한 병원, 의원, 또는 이와 동등하다고 인정되는 국외의 의료기관에 입실하여 의사의 관리하에 치료에 전념하는 것을 말한다.

10. 과로사담보 특별약관

1) 보상하는 손해

피보험자가 과중한 업무부담의 지속으로 인하여 업무를 하던 중 과로사 관련 질병분류표에서 정하는 뇌혈관 질환 또는 심장 질환의 급격한 발현 또는 악화로 돌연히 사망하게 된 경우에 특별약관에서 정한 보험가입금액 전액을 보험금으로 지급한다.

여기서 "업무 중"이란 피보험자의 통상적인 근무장소(출장지를 포함)에서 근무 중일 때와 그 근무장소로 이동 중인 교통수단 안에서 이동 중일 때 및 통상적인 거주지(출장지에서의 숙박장소를 포함)에서의 수면 중인 경우를 말한다. 그리고 "돌연한 사망"이란 피보험자가 뇌혈관 질환 또는 심장 질환에 의한 병증의 발현 또는 악화로 의식불명상태가 되고 그것을 직접적인 원인으로 하여 4주 이내에 사망(뇌사상태를 포함)한 것을 말한다.

2) 과중한 업무부담의 지속

약관상 업무부담의 지속이란 다음의 경우 중 하나 이상의 상태가 사망 직전에 지속된 것을 말한다.

① 직전 3일 이상 연속적으로 일상업무보다 30% 이상 업무량과 시간이 증가
② 월 50시간 이상의 잔업
③ 직전 1개월 내의 소정 휴일의 반 이상의 출근 근무
④ 직전 1개월 내의 10일 이상의 지방출장
⑤ 직전 1주일 이내의 근무환경의 급격한 변화로 인정되는 전환배치
⑥ 직전 24시간 이내의 일반인이 적응하기 어렵다고 여겨지는 근로의 수행

3) 보상하지 않는 손해

① 기왕의 질환이 자연발생적으로 악화되었음이 의학적 소견에 의해 확인될 때
② 과도하거나 격렬한 운동 중 또는 통상적인 주량을 초과하는 음주로 인하여 사망하였음이 확인된 때
③ 싸움, 폭행, 과도한 언쟁 등 업무와 관계없는 사건으로 사망한 때

11. 뇌출혈진단비 특별약관

1) 뇌출혈의 정의

뇌출혈이란 한국표준질병・사인분류에 있어서 지주막하출혈(I60), 뇌내출혈(I61), 기타 비외상성 두개내출혈(I62)과 같은 질병을 말한다.

2) 뇌출혈의 진단확정

뇌출혈의 진단확정은 「의료법」 제3조(의료기관)에서 정한 국내의 병원 또는 이와 동등하다고 인정되는 국외의 의료기관의 의사(치과의사 제외) 자격증을 가진 자에 의하여 내려져야 하며, 이 진단은 병력, 신경학적 검진과 함께 뇌전산화단층촬영(CT), 자기공명영상촬영(MRI), 뇌혈관조영술, 양전자방출단층술(PET), 단일광자방출전산화단층술(SPECT), 뇌척수액검사 등을 기초로 하여야 한다.

피보험자가 사망하여 보험약관에 정한 검사방법을 진단의 기초로 할 수 없는 경우에 한하여 피보험자가 뇌출혈로 진단 또는 치료를 받고 있었음을 증명할 수 있는 문서화된 기록 또는 증거를 진단확정의 기초로 할 수 있다.

12. 급성 심근경색증진단비 특별약관

1) 급성 심근경색증의 정의

급성 심근경색증이란 한국표준질병・사인분류에 있어서 급성 심근경색증(I21), 이차성 심근경색증(I22), 급성 심근경색증에 의한 특정현존합병증(I23)과 같은 질병을 말한다.

2) 급성 심근경색증의 진단확정

급성 심근경색증의 진단확정은 「의료법」 제3조(의료기관)에서 정한 국내의 병원 또는 이와 동등하다고 인정되는 국외의 의료기관의 의사(치과의사 제외) 자격증을 가진 자에 의하여 내려져야 하며, 이 진단은 병력과 함께 심전도, 심장초음파, 관상동맥촬영술, 혈액 중 심장효소검사 등을 기초로 하여야 한다.

피보험자가 사망하여 보험약관에 정한 검사방법을 진단의 기초로 할 수 없는 경우에 한하여 피보험자가 뇌출혈로 진단 또는 치료를 받고 있었음을 증명할 수 있는 문서화된 기록 또는 증거를 진단확정의 기초로 할 수 있다.

제2절 암보험

1. 암보험의 개요

1) 암보험의 의의

암보험이란 피보험자가 암 보장개시일(책임개시일) 이후에 최초로 암, 기타 피부암, 갑상선암, 제자리암, 경계성종양으로 진단 확정되었을 때 그에 따른 진단, 수술, 입원, 통원, 사망을 보장하는 보험을 말한다.

2) 약관상 암의 정의

암이라 함은 비정상적이고 과도하고 조종이 불가능한 세포의 증식을 말하는 것으로 제[ ]차 한국표준질병・사인분류에 있어서 악성신생물 분류표에서 정한 질병을 말한다.

다만, 분류번호 C44(기타 피부의 악성신생물)에 해당하는 질병인 기타 피부암, 분류번호 C73(갑상샘의 악성신생물)에 해당하는 갑상선암, 전암병소인 제자리암, 경계성종양 및 대장점막내암은 제외한다.

3) 암보험의 책임개시 및 무효사유

(1) 암보험의 책임개시일

보험계약일부터 그날을 포함하여 90일이 지난날의 다음날부터 시작된다. 다만, 갱신계약의 경우에는 면책기간을 적용하지 않지만, 부활계약의 경우에는 면책기간을 적용한다. 또한 보험나이 15세 미만자에 대한 보장개시일은 보험계약일로 하며, 기타 피부암, 갑상선암, 대장점막내암, 제자리암 및 경계성종양에 대한 보장개시일도 보험계약일로 한다.

(2) 암보험계약의 무효사유

① 계약 체결시 계약에서 정한 피보험자의 나이에 미달되었거나 초과되었을 경우. 다만, 보험회사가 나이의 착오를 발견하였을 때 이미 계약나이에 도달한 경우에는 제외한다.
② 피보험자가 보험계약일부터 암에 대한 보장개시일 전일 이전에 암으로 진단 확정된 경우

4) 암보험금의 종류

(1) 암 진단보험금

피보험자가 보험기간 중 암 보장개시일 이후에 암, 기타 피부암, 갑상선암, 제자리암, 경계성종양, 대장점막내암으로 진단 확정되었을 때 최초 1회에 한하여 지급된다.

① 유사암 진단 후 일반암 진단받은 경우

피보험자가 기타 피부암, 갑상선암, 제자리암, 경계선 종양, 대장점막내암으로 진단받고 그 후 일반암 진단을 받은 경우에는 해당 유사암 진단보험금이 지급되고, 그 후에 다시 일반암 진단보험금이 지급된다.

② 일반암 진단 후 유사암 진단받은 경우

일반암을 진단받은 후에 다시 기타 피부암, 갑상선암, 제자리암, 경계성종양, 대장점막내암으로 진단받은 경우에는 일반암 진단보험금만 지급되고, 그 후에 진단받은 기타 피부암, 갑상선암, 제자리암, 경계성종양, 대장점막내암 진단보험금은 지급되지 않는다.

(2) 암 수술급여금

피보험자가 보험기간 중 암 보장개시일 이후에 암을 직접치료하기 위한 목적으로 수술하였을 때 매 수술시마다 지급된다. 피보험자가 동시에 두 종류 이상의 암수술을 받은 경우에는 가장 높은 급여에 해당하는 수술에 대한 암수술급여금만이 지급된다.

(3) 암 입원급여금

피보험자가 보험기간 중 암 보장개시일 이후에 암을 직접치료하기 위한 목적으로 4일 이상 입원하였을 때 지급된다. 치료를 직접목적으로 한 암 입원일당의 지급일수는 1회 입원당 120일을 한도로 한다.

① 2회 이상 입원치료시의 보상

피보험자가 암치료를 직접목적으로 2회 이상 입원한 경우에는 1회 입원으로 보아 각 입원일수를 합산한다.

② 최종입원의 퇴원일부터 180일이 경과하여 입원한 경우

암 입원급여금이 지급된 최종입원의 퇴원일로부터 180일을 경과하여 개시한 입원은 새로운 입원으로 본다. 다만, 암 입원일당이 지급된 최종입원일부터 180일이 경과하도록 퇴원 없이 계속 입원한 경우에는 암 입원일당이 지급된 최종입원일의 그 다음날을 퇴원일로 본다.

③ 입원기간 중 보험기간의 만료

피보험자가 암 책임개시일 이후 입원하여 치료를 받던 중 보험기간이 만료되었을 때에도 그 계속 중인 입원기간에 대하여 암 직접치료 입원일당은 약관에서 정한 지급일수까지 보장된다.

(4) 암 통원보험금

피보험자가 암의 치료를 직접목적으로 병원 또는 의원에 통원하는 경우 1일 1회에 한하여 암 통원급여금을 지급한다.

(5) 암 사망보험금

피보험자가 보험기간 중 암 책임개시일 이후에 최초로 암(일부 유사암 제외)으로 진단 확정되고 그 암을 직접적인 원인으로 사망하거나 암으로 인하여 80% 이상의 장해상태가 되었을 경우에 보상한다. 또한 피보험자가 책임개시일 이후에 사망하고, 그 후에 암으로 인하여 사망한 사실이 확인된 경우에는 암 사망보험금을 지급한다.

2. 암의 진단확정

1) 암의 진단

암, 기타 피부암, 갑상선암, 제자리암 및 경계성종양에 대한 진단 확정은 병리 또는 진단검사의학의 전문의 자격증을 가진 자에 의하여 내려져야 하며, 이 진단은 조직(fixed tissue)검사, 미세바늘흡인검사(fine needle aspiration) 또는 혈액(hemic system)검사에 대한 현미경 소견을 기초로 하여야 한다. 다만, 피보험자의 사망 등으로 이와 같은 방법이 가능하지 않을 때에는 피보험자가 암, 기타 피부암, 갑상선암 및 경계성종양으로 진단 또는 치료를 받고 있었음을 증명할 만한 문서화된 기록 또는 증거가 있어야 한다.

2) 원발성 암과 이차성 암의 진단

한국표준질병・사인분류에 따른 C77~C80(불명확한, 이차성 및 상세불명부위의 악성신생물)의 경우 일차성 악성신생물이 확인되는 경우에는 원발부위를 기준으로 분류한다. 다만, 원발부위를 알 수 없거나 상세불명인 경우에는 진단받은 한국표준질병・사인분류대로 보험금을 지급하고, 원발부위를 알 수 있는 경우에 한하여 일차성 악성신생물에 따라 보험금을 지급한다.

3. 악성종양과 양성종양의 비교

1) 성장속도

악성종양은 성장속도가 빠른 반면, 양성종양은 비교적 천천히 자란다.

2) 침윤형태

악성종양이 주변조직을 침해하여 파괴하는 반면, 양성종양은 인접한 조직을 침범하거나 파괴하지 않는다.

3) 전이성

악성종양은 림프계나 혈관계를 통해 전이되지만, 양성종양은 그러하지 않는다.

4) 구 성

악성종양이 비전형적인 미분화세포로 구성된 반면, 양성종양은 국소적이고 피막으로 둘러싸여 있다.

5) 치 료

악성종양은 재발하기 쉽고 치료하지 않으면 지속적인 전이로 인해 치명적인 반면, 양성종양은 제거 후 재발하지 않는 경우가 많지만 악성화 될 수도 있으므로 수술하는 것이 바람직하다.

4. 한국표준질병 · 사인분류의 개요

1) 표준분류 작성 목적

한국표준질병 · 사인분류(KCD)는 세계보건기구(WHO)의 국제질병분류(ICD)를 기준으로 작성되었으며, 의무기록자료 및 사망원인통계 등의 질병이환 및 사망자료를 그 성질의 유사성에 따라 체계적으로 유형화한 것으로, 모든 형태의 보건 및 인구동태의 기록에 기재되어 있는 질병 및 기타 보건 문제를 분류하는데 이용하기 위해 작성한다.

2) 분류체계 및 구조

(1) 분류체계

① 분류표(KCD-8) : 대(장) · 중(항목군) · 소(3단위분류) · 세(4단위분류) · 세세분류(5단위분류) · 세세세분류(6단위분류)의 6단계 분류체계(일부 분류 항목의 세 항목은 제외)

② 신생물의 형태분류 : 본분류 중 신생물에 대한 분류를 조직학적으로 분류

(2) 분류구조

전신을 침해한 질환군	Ⅰ	특정 감염성 및 기생충성 질환
	Ⅱ	신생물
전신병적 질환군	Ⅲ	혈액 및 조혈기관의 질환과 면역메커니즘을 침범한 특정 장애
	Ⅳ	내분비, 영양 및 대사 질환
인체 해부학적 계통별 질환군	Ⅴ	정신 및 행동 장애
	Ⅵ	신경계통의 질환
	Ⅶ	눈 및 눈 부속기의 질환
	Ⅷ	귀 및 유돌의 질환
	Ⅸ	순환계통의 질환
	Ⅹ	호흡계통의 질환
	XI	소화계통의 질환
	XII	피부 및 피하조직의 질환
	XIII	근골격계통 및 결합조직의 질환
	XIV	비뇨생식계통의 질환
분만 · 기형 · 신생아 질환	XV	임신, 출산 및 산후기
	XVI	출생전후기에 기원한 특정 병태
	XVII	선천기형, 변형 및 염색체이상
기타 병태	XVIII	달리 분류되지 않은 증상, 징후와 임상 및 검사의 이상소견
	XIX	손상, 중독 및 외인에 의한 특정 기타 결과
기타 분류	XX	질병이환 및 사망의 외인
	XXI	건강상태 및 보건서비스 접촉에 영향을 주는 요인
	XXII	특수목적코드
신생물의 형태분류		

심화TIP 제8차 한국표준질병 · 사인분류 주요 개정내용(통계청고시 제2020-175호, 2021.1.1. 시행)

① 세계보건기구(WHO)가 권고한 국제질병분류(ICD-10)와 종양학국제질병분류(ICD-O-3)의 최신 변경 내용을 반영하였다.
② 사전 현장적용시험을 통해 우리나라 세분화 분류를 사전 검토하였다.
③ 활용도가 낮은 분류는 정비하고, 신규 희귀질환을 반영하였다.
④ 의학용어는 전문분야의 특성을 반영하면서 일반인이 이해하기 쉬운 한글 용어로 수정하였다.

5. 신생물의 형태학적 분류

1) 신생물의 형태학적 분류코드

신생물의 형태학적 분류코드는 신생물의 조직학적 형태에 대해 기술하기 위해 신생물의 세포나 조직의 구조 또는 형태에 대한 세부정보를 제공하기 위해 분류하는 코드를 말하며, 신생물의 형태학(Morphology of Neoplasm)의 Morphology의 머리글자를 따서 M code라고도 불린다. M code는 다섯 자리 숫자로 구성되는데, 처음 네 자릿수는 신생물의 세포학적 또는 조직학적 형태를 표시하고, 사선기호 뒤에 오는 다섯째 자릿수는 그 신생물의 행동양식(behavior)을 나타낸다.

2) 신생물의 행동양식 분류번호와 질병코드[제7차 개정 한국표준질병 · 사인분류(KCD)]

행동양식 분류번호	질병코드
/0 양성신생물	D10 ~ D36
/1 경계성종양(행동양식 불명 또는 미상의 신생물)	D37 ~ D44 D47.0(D47.1, D47.3, D47.4, D47.5 제외) D48
/2 제자리(상피내)신생물	D00 ~ D09
/3 일차성 악성신생물	C00 ~ C75 C81 ~ C97 D45, D46, D47.1, D47.3, D47.4, D47.5
/6 이차성 및 상세불명 부위의 악성신생물	C76 ~ C80

* 악성신생물에 포함되지만 암상태로 구분되는 암 : C44(기타 피부암), C73(갑상선암)

6. TNM병기분류(Tumour-Node-Metastasis Stage)

1) TNM병기분류의 의의

TNM병기분류란 종양의 크기와 침범정도, 림프절 전이, 다른 장기로의 전이 여부를 표시하는 표기법을 말한다.

2) TNM병기분류

(1) T(Tumour) 병기

일차성 종양으로 종양의 크기와 침범정도에 따라 대개 1~4기로 구분한다.

(2) N(Node) 병기

림프절 전이정도에 따라 N0(림프절 전이가 없는 경우), N1(림프절 전이가 1~3개인 경우), N2(림프절 전이가 4개 이상인 경우)로 구분한다.

(3) M(Metastasis) 병기

다른 장기로의 전이 여부에 따라 M0(원격장기전이가 없는 경우), M1(원격장기전이가 있는 경우)으로 구분한다.

7. 재진단암보장 특별약관

1) 재진단암의 보상

피보험자가 보험기간 중에 재진단암의 보장개시일 이후에 재진단암(기타 피부암, 갑상선암, 전립선암, 대장점막내암 제외)으로 진단 확정된 경우에는 재진단암 보험가입금액 전액을 보험금으로 지급한다.

2) 재진단암의 의미

재진단암이란 재진단암에 대한 보장개시일 이후 진단 확정된 다음의 암을 말한다. 다만, 기타 피부암, 갑상선암 및 전립선암은 제외한다.

① 새로운 원발암
② 동일장기 또는 타부위에 전이된 암(전이암)
③ 잔류암, 즉 암(기타 피부암, 갑상선암 제외)에 대한 보장개시일 이후 발생한 암(기타 피부암, 갑상선암, 전립선암 제외) 진단부위에 암세포가 남아 있는 경우

3) 재진단암의 보장개시일

(1) 첫 번째 재진단암의 보장개시일

최초로 발생한 암(기타 피부암, 갑상선암, 전립선암, 대장점막내암 제외)의 진단확정일부터 그 날을 포함하여 2년이 지난날의 다음날부터 보장이 개시된다.

(2) 두 번째 이후 재진단암의 보장개시일

두 번째 이후의 재진단암은 직전 재진단암 진단확정일부터 그날을 포함하여 2년(갱신계약을 포함)이 지난날의 다음날부터 보장이 개시된다.

8. 항암방사선 약물치료비 특별약관

1) 항암방사선 약물치료비의 보상

피보험자가 보험기간 중에 암에 대한 책임개시일 이후에 암, 기타 피부암, 갑상선암으로 진단확정되고, 항암방사선 및 항암약물치료를 받은 경우에 각각 최초 1회에 한하여 항암방사선 및 항암약물치료비를 보험수익자에게 지급한다.

2) 항암방사선치료

항암방사선치료란 치료방사선과 또는 방사선종양학과 전문의 자격을 가진 자가 피보험자의 악성신생물의 직접치료를 목적으로 고에너지전리방사선(ionizing radiation)을 이용하여 치료하는 것을 말한다.

3) 항암약물치료

항암약물치료란 해당 진료과목의 전문의 자격을 가진 자가 피보험자의 악성신생물의 직접적인 치료를 목적으로 항암화학요법 또는 항암면역요법(면역기전을 이용하여 암세포를 제거하는 치료)에 의해 항암약물을 투여하여 치료하는 것을 말한다. 다만, 암세포가 없는 상태에서 면역력을 증가시키는 약물(압노바, 헬릭소, 셀레나제 등)치료는 제외한다.

제3절 CI보험(Critical Illness Insurance)

1. CI(치명적 질병)보험 일반

1) CI보험의 의의

CI보험이란 피보험자가 중대한 질병, 중대한 수술, 중대한 화상부식으로 진단된 경우 사망보험금의 일부를 선지급하거나 고액의 보험금을 지급함으로써 치료비나 간병비 등의 생존에 필요한 비용으로 활용할 수 있도록 한 보험을 말한다.

2) CI보험의 담보내용

CI보험에서는 중대한 암, 중대한 급성 심근경색증, 중대한 뇌졸중 등의 중대한 질병과 중대한 화상부식치료비, 관상동맥우회술, 심장판막수술 등과 같은 중대한 수술비 등에 대해 보험금을 지급한다.

3) 치명적 질병의 진단확정

「의료법」 제3조 및 제5조의 규정에 의한 국내의 병원 또는 이와 동등하다고 인정되는 국외의 의료기관의 의사(한의사, 치과의사 제외) 자격을 가진 자가 작성한 문서화된 기록 또는 검사결과를 기초로 하여 내려져야 한다. 즉, 치명적 암은 종양전문의나 병리학전문의(해부병리전문의 또는 임상병리전문의를 말함), 치명적 재생불량성 빈혈은 혈액학전문의, 크로이츠펠트야콥병은 신경과전문의의 진단확정에 한하여 인정된다.

4) CI보험의 보장개시일

CI보험의 보장개시일은 보험계약일부터 그날을 포함하여 90일이 지난날의 다음날부터 시작되며, 질병사망의 경우에는 보험계약일이 보장개시일이 된다. 이 경우 보험계약일은 제1회 보험료를 받은 날로 한다. 다만, 치명적 화상 및 부식의 경우에는 제1회 보험료를 받은 날부터 보장이 개시된다.

5) CI보험의 담보유형

(1) 선지급형

선지급형이란 CI보험에서 사망보험금이 있는 경우 피보험자가 치명적 질병상태가 되었을 때 사망보험금의 전부 또는 일부를 선지급하는 형태를 말한다. 이후 피보험자가 사망하면 사망보험금에서 선지급보험을 차감한 잔여금액을 사망보험금으로 지급한다.

(2) 부가특약형

부가특약형이란 사망보험금이 있는 보험에서 별도의 특약형태로 치명적 질병상태를 보장하는 유형을 말한다. 즉, 치명적 질병이 발생하여 일정 생존기간이 지난 후에도 생존할 경우 약정된 치명적 질병보험금을 지급하고, 이후 피보험자가 사망하면 약정된 사망보험금을 감액하지 않고 추가로 지급한다.

(3) 독립급부형

독립급부형이란 사망에 대한 보장 없이 치명적 질병상태만을 보장하는 유형을 말한다. 따라서 피보험자가 치명적 질병상태로 진단받고 일정 생존기간이 지난 후 치명적 질병보험금을 지급하면, 이후 피보험자가 사망하더라도 사망보장이 없거나 소액이다.

2. 중대한 암(Critical Cancer)

1) 중대한 암의 의의

중대한 암이란 악성종양세포가 존재하고 또한 주위의 정상조직을 침윤하여 파괴하는 악성세포의 무차별적 증식으로 특징지을 수 있는 악성종양을 말하며, 여기에는 백혈병(Leukaemia), 악성림프종(Malignant Lymphoma), 호지킨병(Hodgkin's Disease)이 포함된다.

2) 담보하는 중대한 암

원발부위 종양의 침투두께가 1.5mm 이상 4.0mm 이하인 것 또는 진피망상층이라고 불리는 층까지 도달한 2기 이상 진행된 암을 중대한 암으로 보상한다.

3) 중대한 암의 진단확정

중대한 암의 진단확정은 병리학전문의(해부병리전문의 또는 임상병리전문의를 말함)에 의해서 조직학적 악성의 증거에 기초해서 진단 확정되어야 하며, 이 진단은 조직(fixed tissue)검사, 미세바늘흡인검사(fine needle aspiration) 또는 혈액(hemic system)검사에 대한 현미경 소견을 기초로 하여야 한다. 다만, 상기의 병리학적 진단이 가능하지 않을 때에는 중대한 암에 대한 임상학적 진단이 중대한 암의 증거로 인정되며, 이 경우 피보험자가 중대한 암으로 진단 또는 치료를 받고 있었음을 증명할 수 있는 문서화된 기록 또는 증거가 있어야 한다.

4) 보장에서 제외되는 경우

(1) 다음에 해당하는 악성종양은 중대한 암에서 제외

① 악성흑색종(melanoma) 중에서 침범정도가 낮은 경우(Breslow 분류법상 그 깊이가 1.5mm 이하인 경우)

② 초기전립선암(Modified Jewett 병기분류상 stage B0 이하 또는 2002년 TNM 병기상 T1c 이하인 모든 전립선암)

③ 갑상선의 악성신생물(C73) 또는 C77~C80(이차성 및 상세불명부위의 악성신생물)에 해당하는 질병 중 갑상선을 일차부위로 하는 질병

④ 악성흑색종(melanoma) 이외의 모든 피부암(C44)

⑤ 사람면역바이러스(HIV) 감염과 관련된 악성종양(단, 의료법에서 정한 의료인의 진료상 또는 치료 중 혈액에 의한 HIV감염과 관련된 악성종양은 해당 진료기록을 통해 객관적으로 확인되는 경우는 제외)

⑥ 중대한 암에 대한 보장개시일 이전에 발생한 암이 중대한 암에 대한 보장개시일 이후에 재발되거나 전이된 경우

⑦ 대장점막내암[대장의 상피세포층(epithelium)에서 발생한 악성종양세포가 기저막(base-ment membrane)을 뚫고 내려가서 점막고유층(lamina propria) 또는 점막근층(muscularis mucosae)을 침범하였으나 점막하층(submucosa)까지는 침범하지 않은 상태의 질병을 말하며, 대장은 맹장, 충수, 결장, 직장을 말함]

(2) 병리학적으로 제외되는 경우

병리학적으로 전암병소(Premalignant Condition or Condition with Malignant Potential), 상피내암(carcinoma in-situ), 경계성종양(borderline tumour)으로 중대한 암에 해당되지 않는 질병

(3) 신체부위에 관계없이 병리학적으로 현재 양성종양인 경우

3. 중대한 뇌졸중(Critical Stroke)

1) 중대한 뇌졸중의 의의

중대한 뇌졸중이란 뇌혈관의 급격한 장애(거미막밑출혈, 뇌내출혈, 기타 비외상성 머리내출혈, 뇌경색증)로 인해 뇌혈액순환의 급격한 차단이 생겨서 그 결과 영구적인 신경학적 결손(언어장애, 운동실조, 마비 등)이 나타나는 질병을 말한다.

이 때 뇌혈액순환의 급격한 차단에 대한 진단은 의사가 작성한 진료기록부상의 전형적인 병력을 기초로 하여야 한다. 그리고 "영구적인 신경학적 결손"이란 주관적인 자각증상(symptom)이 아니라, 신경학적 검사를 기초로 한 객관적인 신경학적 증후(sign)로 나타난 장애로서 장해분류표에서 정한 "신경계에 장해가 남아 일상생활기본동작에 제한을 남긴 때"의 지급률이 25% 이상인 장해상태를 말한다.

2) 중대한 뇌졸중의 진단확정

중대한 뇌졸중의 진단확정은 병력, 신경학적 검진과 함께 뇌전산화단층촬영(CT), 자기공명영상촬영(MRI), 뇌혈관조영술(MRA), 양전자방출단층술(PET), 단일광자방출전산화단층술(SPECT), 뇌척수액검사를 기초로 영구적인 신경학적 결손에 일치되게 중대한 뇌졸중에 특징적인 소견이 발병 당시 새롭게 출현함을 근거로 하여야 한다. 다만, 피보험자가 사망하여 상기의 검사방법을 진단의 기초로 할 수 없는 경우에 한하여 피보험자가 중대한 뇌졸중으로 진단 또는 치료를 받고 있었음을 증명할 수 있는 문서화된 기록 또는 증거를 진단확정의 기초로 할 수 있다.

3) 보상하지 않는 손해

일과성 허혈발작, 가역적 허혈성 신경학적 결손 및 다음의 경우는 보장대상에서 제외된다.

① 외상으로 인한 경우
② 뇌종양으로 인한 경우
③ 뇌수술 합병증으로 인한 경우
④ 신경학적결손을 가져오는 안동맥(ophthalmic artery)의 폐색

4. 중대한 급성 심근경색증(Critical Acute Myocardial Infarction)

1) 의 의

중대한 급성 심근경색증이란 급격한 관상동맥의 폐색으로 말미암아 심근으로의 혈액공급이 급격히 감소되어 전형적인 흉통의 존재와 함께 해당 심근조직의 비가역적인 괴사를 가져오는 질병으로 발병 당시 다음의 2가지 특징을 모두 보여야 한다.

① 전형적인 급성 심근경색 심전도 변화(ST분절, T파, Q파)가 새롭게 출현한다.
② CK-MB를 포함한 심근효소가 발병 당시 새롭게 상승(CK-MB 정상범위 최고치의 2배 이상 상승한 경우)한다. 단, CK-MB가 없는 단독 Troponin은 제외한다.

2) 중대한 심근경색증의 진단확정

중대한 심근경색증의 진단확정은 「의료법」 제3조에서 정한 국내의 병원 또는 이와 동등하다고 인정되는 국외의 의료기관의 의사(치과의사 제외) 자격을 가진 자에 의하여 내려져야 하며, 이 진단은 병력과 함께 심전도, 심장초음파, 관상동맥촬영술, 혈액 중 심장효소검사 등을 기초로 하여야 한다. 다만, 피보험자가 사망하여 상기의 검사방법을 진단의 기초로 할 수 없는 경우에 한하여 피보험자가 급성 심근경색증으로 진단 또는 치료를 받고 있었음을 증명할 수 있는 문서화된 기록 또는 증거를 진단확정의 기초로 할 수 있다.

3) 보상하지 않는 손해

심부전증(Cardiac Failure), 비심근적 흉통, 안정협심증, 불안정협심증, 이형협심증, 미소경색(Micro Infraction), 미세한 심근손상(Minimal Myocardial Damage), 그리고 모든 기타 급성 관상동맥증후군은 보상대상에서 제외된다.

5. 말기신부전증(End Stage Renal Disease)

1) 말기신부전증의 의의

말기신부전증이라 함은 양쪽 신장 모두가 비가역적인 기능부전을 보이는 말기신질환(End Stage Renal Disease)으로서, 말기콩팥병(N18.0)에 해당하는 질병 중에서 보존요법으로는 치료가 불가능하여 정기적인 신장투석요법(혈액투석 또는 복막투석)을 받고 있거나 받는 경우를 말하며, 일시적으로 투석치료를 필요로 하는 신부전증은 보장대상에서 제외된다.

2) 말기신부전증의 진단확정

말기신부전증의 진단은 병력, 임상증상, 혈액화학검사, 신기능검사, 신생검초음파검사 및 전산화단층촬영(CT) 등의 방법으로 진단한다.

6. 말기간질환(End Stage Liver Disease)

1) 말기간질환의 의의

말기간질환이란 간경변증을 일으키는 말기의 간경화를 말하며, 다음 중 한 가지 이상의 원인이 된다.

① 영구적인 황달(jaundice) : 혈청 빌리루빈 검사수치가 3mg/dL 이상인 경우
② 통제 불능인 복수(ascites)
③ 간성뇌증(hepatic encephalopathy)
④ 위나 식도벽의 정맥류

2) 말기간질환의 진단확정

말기간질환의 진단확정은 소견서, 진료기록 등의 병력과 함께 혈액검사, 동위원소 간주사, 복부초음파검사, 복부전산화단층촬영(CT) 등을 기초로 하여야 한다.

7. 말기폐질환(End Stage Lung Disease)

1) 말기폐질환의 의의

말기폐질환이란 만성 호흡부전을 일으키는 폐질환의 악화된 상황으로서, 다음의 2가지 특징을 모두 보여야 한다.

말기폐질환을 판단하는 2가지 요소

① 저산소증으로 인하여 영구적인 산소공급 치료가 요구되는 상태(동맥혈가스분석 결과 PaO_2 수치가 60mmHg 이하)
② 폐기능검사에서 1초간 노력성 호기량(Forced Expiratory Volume in 1 second ; FEV1.0)이 정상예측치의 25% 이하

2) 말기폐질환의 진단확정

말기폐질환의 진단확정은 소견서, 진료기록 등의 병력과 함께 폐기능검사, 흉부방사선검사, 동맥혈가스분석검사 등을 기초로 하여야 한다.

8. 만성 폐쇄성 폐질환(Chronic Obstructive Pulmonary Disease : COPD)

1) 만성 폐쇄성 폐질환의 의의

만성 폐쇄성 폐질환이란 흡연, 만성 기관지염, 폐감염, 진폐증 등 유해한 가스 등의 흡입에 의해 폐에 비정상적인 염증반응이 일어나면서 이로 인해 세기관지의 공기흐름이 영구적으로 폐쇄되어 호흡곤란을 유발하게 되는 호흡기 질환을 말하며, 기관지확장증(Bronchiectasis), 만성 기관지염(Chronic Bronchitis), 폐기종(Emphysema) 등이 대표적인 질환이다.

2) BODE index

BODE index란 만성 폐쇄성 폐질환(COPD)의 사망위험인자로 체질량지수(Body-mass index), 기류제한(airflow Obstruction), 호흡곤란정도(Dyspnea), 운동능력(Exercise : 6분 걷기검사)의 4가지를 선택하여 BODE index를 10점 척도로 하여 만들어진 것으로, 이 점수가 9점 이상인 경우 사망에 임박한 것으로 판단한다.

① 체질량지수(Body-mass index) : 비만의 정도를 키와 몸무게의 상관관계로 파악하여 계산한 지수를 말하며, 몸무게(kg)를 키(m)의 제곱으로 나누어 산출한다.
② 기류제한(airflow Obstruction)
③ 호흡곤란정도(Dyspnea)
④ 운동능력(Exercise : 6분 걷기검사)

9. 중대한 수술

1) 관상동맥우회술(Coronary Artery Bypass Graft : CABG)

관상동맥우회술이란 관상동맥질환의 근본적인 치료를 직접목적으로 하여 개흉술을 한 후 대복재정맥, 내유동맥 등의 자가우회도관을 협착이 있는 부위보다 원위부의 관상동맥에 연결하여 주는 수술을 말한다.

다만, 카테터를 이용한 수술이나 개흉술을 동반하지 않는 수술은 보장에서 제외한다.
즉, 관상동맥성형술(Percutaneous Transluminal Coronary Angioplasty : PTCA), 스텐트삽입술(Coronary Stent), 회전죽상반절제술(Rotational Atherectomy) 등은 보장되지 않는다.

2) 대동맥류인조혈관치환수술(Aorta Graft Surgery)

대동맥류인조혈관치환수술이란 대동맥류의 근본적인 치료를 직접목적으로 하여 개흉술 또는 개복술을 한 후 반드시 대동맥류 병소를 절제(excision)하고 인조혈관(graft)으로 치환하는 수술을 해주는 것을 말한다. 여기에서 "대동맥"이라 함은 흉부 또는 복부 대동맥을 말하는 것으로 대동맥의 분지(branch)동맥들은 제외된다.

다만, 카테터를 이용한 수술들은 보장에서 제외한다. 즉, 경피적 혈관내대동맥류수술(percutaneous endovascular aneurysm repair) 등은 보장되지 않는다.

3) 심장판막수술(Heart Valve Surgery)

심장판막수술이란 심장판막질환의 근본적인 치료를 직접목적으로 하여 다음의 두 가지 기준 중 한 가지 이상에 해당하는 경우를 말한다.

① 반드시 개흉술 및 개심술을 한 후 병변이 있는 판막을 완전히 제거한 뒤에 인공심장판막 또는 생체판막으로 치환하여 주는 수술

② 반드시 개흉술 및 개심술을 한 후 병변이 있는 판막에 대해 판막성형술을 해주는 수술

다만, 카테터를 이용한 수술이나 개흉술 또는 개심술을 동반하지 않는 수술은 보장에서 제외한다. 즉, 경피적 판막성형술(percutaneous balloon valvuloplasty) 등은 보장되지 않는다.

4) 5대장기이식수술(5 Major Organ Transplantation)

5대장기이식수술이란 5대장기의 만성 부전상태로부터 근본적인 회복과 치료를 목적으로 「장기 등 이식에 관한 법률」 제22조(장기이식의료기관)에서 정한 장기이식의료기관에서 간장, 신장, 심장, 췌장, 폐장에 대하여 장기부전상태에 있는 이식대상자(피보험자)에게 이식하는 수술을 말한다. 다만, 랑게르한스 소도세포이식수술은 제외된다.

10. 중대한 화상 및 부식

1) 중대한 화상 및 부식의 의의

중대한 화상 및 부식이란 신체표면적으로 최소 20% 이상의 3도 화상 또는 부식을 입은 경우를 말한다. 이때 신체표면적의 측정은 "9의 법칙(Rule of 9's)" 또는 "룬드와 브라우더 신체표면적 차트(Lund & Browder body surface chart)"의 측정방법에 따른다. 단, 상기의 두 가지 측정방법과 같이 표준화되고 임상학적으로 받아들여지는 다른 신체표면적 차트를 사용하여 유사한 결과가 나온 것도 인정된다.

2) 중대한 화상 및 부식의 진단확정

중대한 화상 및 부식의 진단확정은 「의료법」 제3조 및 제5조의 규정에 의한 국내의 병원 또는 이와 동등하다고 인정되는 국외의 의료기관의 의사(한의사, 치과의사 제외) 자격을 가진 자가 작성한 문서화된 기록 또는 검사결과를 기초로 하여 내려져야 한다.

3) 보상하지 않는 손해

일반상해보험의 면책사유 및 피보험자가 「도로교통법」 제43조, 제44조에 정한 음주운전, 무면허운전을 하던 중 발생한 사고에 대해서는 보상하지 않는다.

제4절 소득보상보험

1. 소득보상보험의 의의

소득보상보험이란 피보험자가 상해 또는 질병으로 인하여 신체에 장해를 입고 그로 인해 취업불능 상태가 되었을 경우에 피보험자가 입는 손실에 대하여 보험금을 지급하는 보험을 말하는데, 특징적인 것은 질병위험을 담보하고 피보험자의 소득을 기준으로 하고 있다는 점이다.

2. 보상하는 손해

피보험자가 질병 또는 상해로 인해 취업불능상태가 된 경우 취업불능기간 1개월에 대해 보험증권에 기재된 보험가입금액을 지급한다. 다만, 피보험자의 월평균소득액이 보험가입금액보다 적은 경우에는 그 적은 금액을 지급보험금으로 한다.

여기서 취업불능이란 피보험자가 신체에 장해를 입었기 때문에 의사의 치료를 필요로 하고 그로 인해 보험증권에 기재된 업무에 전연 종사할 수 없는 상태를 말한다. 따라서 피보험자가 사망한 후 또는 신체장해가 치료된 후에는 어떠한 경우에도 취업불능이라 할 수 없다.

3. 보상하지 않는 손해

① 마약 기타 각성제의 상용 및 이에 기인하는 질병
② 임신, 출산 또는 유산 및 이에 기인하는 질병
③ 신경증
④ 보험증권에 기재된 질병

4. 보험금의 지급

1) 보험기간과 보상책임

피보험자가 보험기간 내에 신체장해를 입었어야 하고, 그 신체장해로 인한 취업불능상태가 보험기간 내에 개시되어야 보험금이 지급된다. 질병의 경우 신체장해는 의사의 진단에 의한 발병시기를 말한다.

2) 보험가입금액

보험가입금액의 설정은 통상 취업불능상태 개시 직전 일정기간 동안의 피보험자의 월평균소득액을 기준으로 한다.

3) 지급보험금

취업불능기간 1개월에 대하여 보험증권에 기재된 보험금액을 지급한다. 다만, 월평균소득액이 보험가입금액보다 적을 때에는 월평균소득액을 취업불능기간 1개월에 대한 지급보험금의 액수로 한다. 취업불능기간에 1개월 미만의 단수가 생긴 경우에는 1개월을 30일로 계산한 비율에 의해 보험금을 결정한다.

4) 취업불능의 중복

취업불능상태가 종료된 다음 그 취업불능의 원인이 된 신체장해에 의해 재차 취업불능이 발생하였을 때에는 취업불능중단기간이 6개월 미만이면 동일한 취업불능기간으로 간주하고, 취업불능중단기간이 6개월 이상인 경우에는 새로이 면책기간과 보상기간을 적용한다.

제5절 실손의료보험

1. 실손의료보험의 구성

실손의료보험은 보험회사가 피보험자의 질병 또는 상해로 인한 손해(의료비에 한정한다)를 보상하는 상품이다.

1) 실손의료보험의 보장종목

기본형 실손의료보험(급여 실손의료비)상품은 다음과 같이 상해급여형, 질병급여형의 2개 보장종목으로 구성되어 있다.

보장종목	보상하는 내용
상해급여	피보험자가 상해로 인하여 의료기관에 입원 또는 통원하여 급여주) 치료를 받거나 급여 처방조제를 받은 경우에 보상
질병급여	피보험자가 질병으로 인하여 의료기관에 입원 또는 통원하여 급여 치료를 받거나 급여 처방조제를 받은 경우에 보상

주) 「국민건강보험법」에서 정한 요양급여 또는 「의료급여법」에서 정한 의료급여

2) 기본형 실손의료보험의 특별약관

실손의료보험은 과잉진료 우려가 크거나 보장수준이 미약한 3개 진료군을 특약으로 분리하고, 특약의 보장항목에 대한 가입자의 도덕적 해이나 역선택을 방지하기 위하여 보장한도 및 자기부담비율을 조정하였다. 기본형 실손의료보험에 부가되는 특별약관으로는 ① 도수치료・체외충격파치료・증식치료 특별약관, ② 비급여주사료 특별약관, ③ 비급여자기공명영상진단(MRI/MRA) 특별약관이 있다.

[특별약관별 보장한도 및 자기부담비율]

특별약관	도수치료・체외충격파치료・증식치료	비급여주사료	비급여자기공명영상진단 (MRI/MRA)
보장한도	연간 350만원(50회)	연간 250만원(50회)	연간 300만원
자기부담비율	1회당 3만원과 보장대상의료비의 30% 중 큰 금액	1회당 3만원과 보장대상의료비의 30% 중 큰 금액	1회당 3만원과 보장대상의료비의 30% 중 큰 금액

2. 상해급여형 보장내용

1) 실손의료비의 보상

회사는 피보험자가 상해로 인하여 의료기관에 입원 또는 통원(외래 및 처방조제)하여 치료를 받은 경우에는 급여의료비를 연간 보험가입금액(5천만원)의 한도 내에서 보상한다. 다만, 법령 등에 따라 의료비를 감면받거나 의료기관으로부터 의료비를 감면받은 경우(의료비를 납부하는 대가로 수수한 금액 등은 감면받은 의료비에 포함)에는 감면 후 실제 본인이 부담한 의료비 기준으로 계산하며, 감면받은 의료비가 근로소득에 포함된 경우,「국가유공자 등 예우 및 지원에 관한 법률」 및 「독립유공자 예우에 관한 법률」에 따라 의료비를 감면받은 경우에는 감면 전 의료비로 급여의료비를 계산한다.

2) 실손의료비의 보상금액

(1) 입원(입원실료, 입원제비용, 입원수술비)

「국민건강보험법」에서 정한 요양급여 또는 「의료급여법」에서 정한 의료급여 중 본인부담금(본인이 실제로 부담한 금액으로서 요양급여 비용 또는 의료급여 비용의 일부를 본인이 부담하는 일부본인부담금과 요양급여 비용 또는 의료급여 비용의 전부를 본인이 부담하는 전액본인부담금을 말한다)의 80%에 해당하는 금액

(2) 통원(외래제비용, 외래수술비, 처방조제비)

통원 1회당(외래 및 처방조제 합산) 「국민건강보험법」에서 정한 요양급여 또는 「의료급여법」에서 정한 의료급여 중 본인부담금(본인이 실제로 부담한 금액으로서 요양급여 비용 또는 의료급여 비용의 일부를 본인이 부담하는 일부본인부담금과 요양급여 비용 또는 의료급여 비용의 전부를 본인이 부담하는 전액본인부담금을 말한다)에서 '통원항목별 공제금액'을 뺀 금액

[통원항목별 공제금액]

항 목	공제금액
「의료법」 제3조 제2항에 의한 의료기관(동법 제3조의3에 의한 종합병원은 제외), 「국민건강보험법」 제42조 제1항 제4호에 의한 보건소・보건의료원・보건지소, 동법 제42조 제1항 제5호에 의한 보건진료소에서의 외래 및 「국민건강보험법」 제42조 제1항 제2호에 의한 약국, 동법 제42조 제1항 제3호에 의한 한국희귀・필수의약품센터에서의 처방・조제(의약분업 예외지역 등에서의 약사의 직접 조제 포함)	1만원과 보장대상의료비의 20% 중 큰 금액
「국민건강보험법」 제42조 제2항에 의한 전문요양기관, 「의료법」 제3조의4에 의한 상급종합병원, 동법 제3조의3에 의한 종합병원에서의 외래 및 그에 따른 「국민건강보험법」 제42조 제1항 제2호에 의한 약국, 동법 제42조 제1항 제3호에 의한 한국희귀・필수의약품센터에서의 처방・조제	2만원과 보장대상의료비의 20% 중 큰 금액

3) 상해사고의 범위

상해에는 유독가스 또는 유독물질을 우연히 일시에 흡입, 흡수 또는 섭취한 결과로 생긴 중독증상이 포함된다. 다만, 유독가스 또는 유독물질을 상습적으로 흡입, 흡수 또는 섭취한 결과로 생긴 중독증상과 세균성 음식물 중독증상은 포함되지 않는다.

4) 요양급여 또는 의료급여를 적용받지 못하는 경우

피보험자가 「국민건강보험법」 제5조, 제53조, 제54조에 따라 요양급여 또는 「의료급여법」 제4조, 제15조, 제17조에 따라 의료급여를 적용받지 못하는 경우에는 다음과 같이 보상한다.

① 의료비(「국민건강보험 요양급여의 기준에 관한 규칙」에 따라 보건복지부장관이 정한 급여의료비 항목만 해당한다) 중 본인이 실제로 부담한 금액(통원의 경우 본인이 실제로 부담한 금액에서 '통원항목별 공제금액'을 뺀 금액)의 40%를 연간 보험가입금액의 한도 내에서 보상한다.

② 법령 등에 따라 의료비를 감면받거나 의료기관으로부터 의료비를 감면받은 경우(의료비를 납부하는 대가로 수수한 금액 등은 감면받은 의료비에 포함)에는 ①항을 적용하지 아니하고 감면 후 실제 본인이 부담한 의료비에 대해서만 ①항의 보상금액에 따라 계산한 금액을 연간 보험가입금액의 한도 내에서 보상한다. 다만, 감면받은 의료비가 근로소득에 포함된 경우, 「국가유공자 등 예우 및 지원에 관한 법률」 및 「독립유공자 예우에 관한 법률」에 따라 의료비를 감면받은 경우에는 감면 전 의료비에 대해서 ①항의 보상금액에 따라 계산한 금액을 연간 보험가입금액의 한도 내에서 보상한다.

5) 입원 및 통원 보상기간

① 피보험자가 입원하여 치료를 받던 중 보험계약이 종료되더라도 그 계속 중인 입원에 대해서는 다음 예시와 같이 보험계약 종료일 다음날부터 180일까지 보상한다.

② 피보험자가 통원하여 치료를 받던 중 보험계약이 종료되더라도 그 계속 중인 통원에 대해서는 다음 예시와 같이 보험계약 종료일 다음날부터 180일 이내의 통원을 보상하며, 최대 90회 한도 내에서 보상한다.

[입원 및 통원 보상기간 예시]

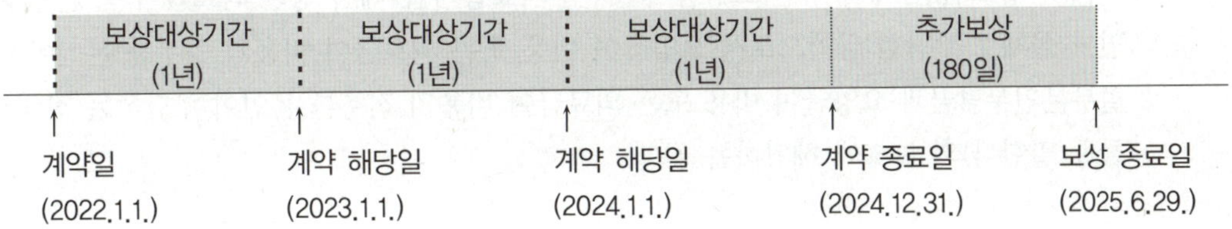

③ 종전 계약을 자동갱신하거나 같은 회사의 보험상품에 재가입하는 경우에는 종전 계약의 보험기간을 연장하는 것으로 보아 ①항과 ②항을 적용하지 않는다.

④ 하나의 상해(같은 상해로 2회 이상 치료를 받는 경우에도 이를 하나의 상해로 본다)로 인해 동일한 의료기관에서 같은 날 외래 및 처방을 함께 받은 경우 처방일자를 기준으로 외래 및 처방조제를 합산하되(조제일자가 다른 경우도 동일하게 적용) 통원 1회로 보아 1)항, ②항 및 ③항을 적용한다.

⑤ 하나의 상해로 인해 하루에 같은 치료를 목적으로 2회 이상 통원치료(외래 및 처방조제 합산)를 받은 경우 1회의 통원으로 보아 1)항, ②항 및 ③항을 적용한다. 이 때 공제금액은 2회 이상의 중복방문 의료기관 중 가장 높은 공제금액을 적용한다.

6) 장기 등의 적출 및 이식에 드는 비용

회사는 피보험자가 상해로 인하여 의료기관에서 본인의 장기 등(「장기 등 이식에 관한 법률」 제4조에 의한 "장기 등"을 의미한다)의 기능회복을 위하여 「장기 등 이식에 관한 법률」 제42조 및 관련 고시에 따라 장기 등의 적출 및 이식에 드는 비용(공여적합성 여부를 확인하기 위한 검사비, 뇌사장기기증자 관리료 및 이에 속하는 비용항목 포함)은 위 규정에 따라 보상한다.

3. 질병급여형 보장내용

1) 실손의료비의 보상

회사는 피보험자가 질병으로 의료기관에 입원 또는 통원(외래 및 처방조제)하여 치료를 받은 경우에는 급여의료비를 연간 보험가입금액(5천만원)의 한도 내에서 보상한다. 다만, 법령 등에 따라 의료비를 감면받거나 의료기관으로부터 의료비를 감면받은 경우(의료비를 납부하는 대가로 수수한 금액 등은 감면받은 의료비에 포함)에는 감면 후 실제 본인이 부담한 의료비 기준으로 계산하며, 감면받은 의료비가 근로소득에 포함된 경우, 「국가유공자 등 예우 및 지원에 관한 법률」 및 「독립유공자 예우에 관한 법률」에 따라 의료비를 감면받은 경우에는 감면 전 의료비로 급여의료비를 계산한다.

2) 실손의료비의 보상금액

(1) 입원(입원실료, 입원제비용, 입원수술비)

「국민건강보험법」에서 정한 요양급여 또는 「의료급여법」에서 정한 의료급여 중 본인부담금(본인이 실제로 부담한 금액으로서 요양급여 비용 또는 의료급여 비용의 일부를 본인이 부담하는 일부본인부담금과 요양급여 비용 또는 의료급여 비용의 전부를 본인이 부담하는 전액본인부담금을 말한다)의 80%에 해당하는 금액

(2) 통원(외래제비용, 외래수술비, 처방조제비)

통원 1회당(외래 및 처방조제 합산) 「국민건강보험법」에서 정한 요양급여 또는 「의료급여법」에서 정한 의료급여 중 본인부담금(본인이 실제로 부담한 금액으로서 요양급여 비용 또는 의료급여 비용의 일부를 본인이 부담하는 일부본인부담금과 요양급여 비용 또는 의료급여 비용의 전부를 본인이 부담하는 전액본인부담금을 말한다)에서 '통원항목별 공제금액'을 뺀 금액

[통원항목별 공제금액]

항 목	공제금액
「의료법」 제3조 제2항에 의한 의료기관(동법 제3조의3에 의한 종합병원은 제외), 「국민건강보험법」 제42조 제1항 제4호에 의한 보건소·보건의료원·보건지소, 동법 제42조 제1항 제5호에 의한 보건진료소에서의 외래 및 「국민건강보험법」 제42조 제1항 제2호에 의한 약국, 동법 제42조 제1항 제3호에 의한 한국희귀·필수의약품센터에서의 처방·조제(의약분업 예외지역 등에서의 약사의 직접 조제 포함)	1만원과 보장대상의료비의 20% 중 큰 금액
「국민건강보험법」 제42조 제2항에 의한 전문요양기관, 「의료법」 제3조의4에 의한 상급종합병원, 동법 제3조의3에 의한 종합병원에서의 외래 및 그에 따른 「국민건강보험법」 제42조 제1항 제2호에 의한 약국, 동법 제42조 제1항 제3호에 의한 한국희귀·필수의약품센터에서의 처방·조제	2만원과 보장대상 의료비의 20% 중 큰 금액

3) 요양급여 또는 의료급여를 적용받지 못하는 경우

피보험자가 「국민건강보험법」 제5조, 제53조, 제54조에 따라 요양급여 또는 「의료급여법」 제4조, 제15조, 제17조에 따라 의료급여를 적용받지 못하는 경우에는 다음과 같이 보상한다.

① 의료비(「국민건강보험 요양급여의 기준에 관한 규칙」에 따라 보건복지부장관이 정한 급여의료비 항목만 해당한다) 중 본인이 실제로 부담한 금액(통원의 경우 본인이 실제로 부담한 금액에서 '통원항목별 공제금액'을 뺀 금액)의 40%를 연간 보험가입금액의 한도 내에서 보상한다.

② 법령 등에 따라 의료비를 감면받거나 의료기관으로부터 의료비를 감면받은 경우(의료비를 납부하는 대가로 수수한 금액 등은 감면받은 의료비에 포함)에는 ①항을 적용하지 아니하고 감면 후 실제 본인이 부담한 의료비에 대해서만 ①항의 보상금액에 따라 계산한 금액을 연간 보험가입금액의 한도 내에서 보상한다. 다만, 감면받은 의료비가 근로소득에 포함된 경우, 「국가유공자 등 예우 및 지원에 관한 법률」 및 「독립유공자 예우에 관한 법률」에 따라 의료비를 감면받은 경우에는 감면 전 의료비에 대해서 ①항의 보상금액에 따라 계산한 금액을 연간 보험가입금액의 한도 내에서 보상한다.

4) 입원 및 통원 보상기간

① 피보험자가 입원하여 치료를 받던 중 보험계약이 종료되더라도 그 계속 중인 입원에 대해서는 다음 예시와 같이 보험계약 종료일 다음날부터 180일까지 보상한다.

② 피보험자가 통원하여 치료를 받던 중 보험계약이 종료되더라도 그 계속 중인 통원에 대해서는 다음 예시와 같이 보험계약 종료일 다음날부터 180일 이내의 통원을 보상하며, 최대 90회 한도 내에서 보상한다.

[입원 및 통원 보상기간 예시]

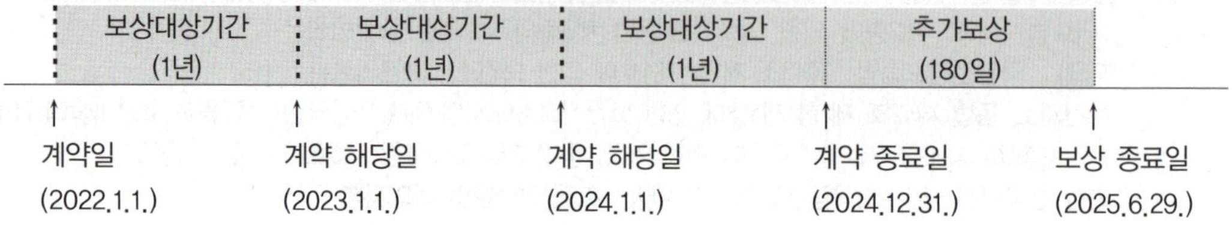

③ 종전 계약을 자동갱신하거나 같은 회사의 보험상품에 재가입하는 경우에는 종전 계약의 보험기간을 연장하는 것으로 보아 ①항과 ②항을 적용하지 않는다.

④ <u>하나의 질병</u>으로 동일한 의료기관에서 같은 날 외래 및 처방을 함께 받은 경우 처방일자를 기준으로 외래 및 처방조제를 합산하되(조제일자가 다른 경우도 동일하게 적용) 통원 1회로 보아 1)항, ②항 및 ③항을 적용한다.

※ **하나의 질병**

"하나의 질병"이란 발생 원인이 동일한 질병(의학상 중요한 관련이 있는 질병은 하나의 질병으로 간주하며, 하나의 질병으로 2회 이상 치료를 받는 경우에는 이를 하나의 질병으로 본다)을 말하며, 질병의 치료 중에 발생된 합병증 또는 새로 발견된 질병의 치료가 병행되거나 의학상 관련이 없는 여러 종류의 질병을 갖고 있는 상태에서 통원한 경우에는 하나의 질병으로 간주한다.

⑤ 하나의 질병으로 하루에 같은 치료를 목적으로 2회 이상 통원치료(외래 및 처방조제 합산)를 받은 경우 1회의 통원으로 보아 1)항, ②항 및 ③항을 적용한다. 이 때 공제금액은 2회 이상의 중복방문 의료기관 중 가장 높은 공제금액을 적용한다.

5) 장기 등의 적출 및 이식에 드는 비용

회사는 피보험자가 질병으로 인하여 의료기관에서 본인의 장기 등(「장기 등 이식에 관한 법률」 제4조에 의한 "장기 등"을 의미한다)의 기능회복을 위하여 「장기 등 이식에 관한 법률」 제42조 및 관련 고시에 따라 장기 등의 적출 및 이식에 드는 비용(공여적합성 여부를 확인하기 위한 검사비, 뇌사장기기증자 관리료 및 이에 속하는 비용항목 포함)은 위 규정에 따라 보상한다.

4. 보상하지 않는 사항

1) 상해급여

(1) 회사는 다음의 사유로 인하여 생긴 급여의료비는 보상하지 않는다.

① 피보험자가 고의로 자신을 해친 경우. 다만, 피보험자가 심신상실 등으로 자유로운 의사결정을 할 수 없는 상태에서 자신을 해친 사실이 증명된 경우에는 보상한다.

② 보험수익자가 고의로 피보험자를 해친 경우. 다만, 그 보험수익자가 보험금의 일부 보험수익자인 경우에는 다른 보험수익자에 대한 보험금은 지급한다.

③ 계약자가 고의로 피보험자를 해친 경우

④ 피보험자가 임신, 출산(제왕절개를 포함한다), 산후기로 입원한 경우. 다만, 회사가 보상하는 상해로 인하여 입원한 경우에는 보상한다.

⑤ 전쟁, 외국의 무력행사, 혁명, 내란, 사변, 폭동으로 인한 경우

⑥ 피보험자가 정당한 이유 없이 입원기간 중 의사의 지시를 따르지 않거나 의사가 통원치료가 가능하다고 인정함에도 피보험자 본인이 자의적으로 입원하여 발생한 입원의료비

⑦ 피보험자가 정당한 이유 없이 통원기간 중 의사의 지시를 따르지 않아 발생한 통원의료비

(2) 회사는 다른 약정이 없으면 피보험자가 직업, 직무 또는 동호회 활동 목적으로 한 다음의 어느 하나에 해당하는 행위로 인하여 생긴 상해에 대해서는 보상하지 않는다.

① 전문등반(전문적인 등산용구를 사용하여 암벽 또는 빙벽을 오르내리거나 특수한 기술, 경험, 사전 훈련이 필요한 등반을 말한다), 글라이더 조종, 스카이다이빙, 스쿠버다이빙, 행글라이딩, 수상보트, 패러글라이딩

② 모터보트・자동차 또는 오토바이에 의한 경기, 시범, 행사(이를 위한 연습을 포함한다) 또는 시운전(다만, 공용도로에서 시운전을 하는 동안 발생한 상해는 보상한다)

③ 선박에 탑승하는 것을 직무로 하는 사람이 직무상 선박에 탑승하고 있는 동안

(3) 회사는 다음의 급여의료비에 대해서는 보상하지 않는다.

① 「국민건강보험법」에 따른 요양급여 중 본인부담금의 경우 국민건강보험 관련 법령에 따라 국민건강보험공단으로부터 사전 또는 사후 환급이 가능한 금액(본인부담금상한제)

② 「의료급여법」에 따른 의료급여 중 본인부담금의 경우 의료급여 관련 법령에 따라 의료급여기금 등으로부터 사전 또는 사후 환급이 가능한 금액(의료급여법에 따른 본인부담금 보상제 및 본인부담금상한제)

③ 자동차보험(공제를 포함한다)에서 보상받는 치료관계비(과실상계 후 금액을 기준으로 한다) 또는 산재보험에서 보상받는 의료비. 다만, 본인부담의료비(자동차보험 진료수가에 관한 기준 및 산재보험 요양급여 산정기준에 따라 발생한 실제 본인부담의료비)는 제3조(보장종목별 보상내용) (1) 상해급여 제1항, 제2항 및 제4항부터 제8항에 따라 보상한다.

④ 「응급의료에 관한 법률」 및 동법 시행규칙에서 정한 응급환자에 해당하지 않는 자가 동법 제26조 권역응급의료센터 또는 「의료법」 제3조의4에 따른 상급종합병원 응급실을 이용하면서 발생한 응급의료관리료로서 전액본인부담금에 해당하는 의료비

2) 질병급여

(1) 회사는 다음의 사유로 생긴 급여의료비는 보상하지 않는다.

① 피보험자가 고의로 자신을 해친 경우. 다만, 피보험자가 심신상실 등으로 자유로운 의사결정을 할 수 없는 상태에서 자신을 해친 사실이 증명된 경우에는 보상한다.

② 보험수익자가 고의로 피보험자를 해친 경우. 다만, 그 보험수익자가 보험금의 일부 보험수익자인 경우에는 다른 보험수익자에 대한 보험금은 지급한다.

③ 계약자가 고의로 피보험자를 해친 경우

④ 피보험자가 정당한 이유 없이 입원기간 중 의사의 지시를 따르지 않거나 의사가 통원치료가 가능하다고 인정함에도 피보험자 본인이 자의적으로 입원하여 발생한 입원의료비

⑤ 피보험자가 정당한 이유 없이 통원기간 중 의사의 지시를 따르지 않아 발생한 통원의료비

(2) 회사는 '한국표준질병 · 사인분류'에 따른 다음의 의료비에 대해서는 보상하지 않는다.

① 정신 및 행동장애(F04~F99). 다만, F04~F09, F20~F29, F30~F39, F40~F48, F51, F90~F98과 관련한 치료에서 발생한 「국민건강보험법」에 따른 요양급여에 해당하는 의료비는 보상한다.

② 여성생식기의 비염증성 장애로 인한 습관성 유산, 불임 및 인공수정 관련 합병증(N96~N98)으로 발생한 의료비 중 전액본인부담금 및 보험가입일로부터 2년 이내에 발생한 의료비

③ 피보험자가 임신, 출산(제왕절개를 포함한다), 산후기로 입원한 경우(O00~O99)

④ 선천성 뇌질환(Q00~Q04). 다만, 피보험자가 보험가입 당시 태아인 경우에는 보상한다.

⑤ 비만(E66)

⑥ 요실금(N39.3, N39.4, R32)

(3) 회사는 다음의 급여의료비에 대해서는 보상하지 않는다.

① 「국민건강보험법」에 따른 요양급여 중 본인부담금의 경우 국민건강보험 관련 법령에 따라 국민건강보험공단으로부터 사전 또는 사후 환급이 가능한 금액(본인부담금상한제)

② 「의료급여법」에 따른 의료급여 중 본인부담금의 경우 의료급여 관련 법령에 따라 의료급여기금 등으로부터 사전 또는 사후 환급이 가능한 금액(의료급여법에 따른 본인부담금 보상제 및 본인부담금상한제)

③ 성장호르몬제 투여에 소요된 비용으로 부담한 전액본인부담금

④ 산재보험에서 보상받는 의료비. 다만, 본인부담의료비(산재보험 요양급여 산정기준에 따라 발생한 실제 본인부담의료비)는 제3조(보장종목별 보상내용) (2) 질병급여 제1항 및 제3항부터 제8항에 따라 보상한다.

⑤ 사람면역결핍바이러스(HIV) 감염으로 인한 치료비(다만, 「의료법」에서 정한 의료인의 진료상 또는 치료 중 혈액에 의한 HIV 감염은 해당 진료기록을 통해 객관적으로 확인되는 경우는 보상한다)

⑥ 「응급의료에 관한 법률」 및 동법 시행규칙에서 정한 응급환자에 해당하지 않는 자가 동법 제26조 권역응급의료센터 또는 「의료법」 제3조의4에 따른 상급종합병원 응급실을 이용하면서 발생한 응급의료관리료로서 전액본인부담금에 해당하는 의료비

5. 특별약관에서 보상하는 사항

1) 기본형 실손의료보험에서 보상하지 않는 사항

기본형 실손의료보험의 보상하는 사항에도 불구하고 다음에 해당하는 의료비는 기본형 실손의료보험에서 보상하지 않는다.

① 비급여의료비

② 비급여의료비와 관련하여 자동차보험(공제를 포함한다) 또는 산재보험에서 발생한 본인부담의료비

2) 의료비에 대한 확인요청

위 1)의 특별약관에서 보상하는 의료비와 다른 의료비가 함께 청구되어 각 항목별 의료비가 구분되지 않는 경우 회사는 보험금 지급금액 결정을 위해 계약자, 피보험자 또는 보험수익자에게 각각의 의료비에 대한 확인을 요청할 수 있다.

6. 실손의료보험 특별약관

1) 특별약관의 보장종목

회사가 판매하는 실손의료보험 특별약관(비급여 실손의료비)은 상해비급여형, 질병비급여형, 3대 비급여형의 3개의 보장종목으로 구성되어 있다.

보장종목	보상하는 내용
상해비급여	피보험자가 상해로 인하여 의료기관에 입원 또는 통원하여 비급여주) 치료를 받거나 비급여 처방조제를 받은 경우에 보상(3대 비급여 제외)
질병비급여	피보험자가 질병으로 인하여 의료기관에 입원 또는 통원하여 비급여 치료를 받거나 비급여 처방조제를 받은 경우에 보상(3대 비급여 제외)
3대 비급여	피보험자가 상해 또는 질병의 치료목적으로 의료기관에 입원 또는 통원하여 3대 비급여 치료를 받은 경우에 보상

주) 「국민건강보험법」 또는 「의료급여법」에 따라 보건복지부장관이 정한 비급여 대상(「국민건강보험법」에서 정한 요양급여 또는 「의료급여법」에서 정한 의료급여 절차를 거쳤지만 급여항목이 발생하지 않은 경우로 「국민건강보험법」 또는 「의료급여법」에 따른 비급여항목 포함)

04

2) 보장종목별 보상내용

(1) 상해비급여

① 회사는 피보험자가 상해로 인하여 의료기관에 입원 또는 통원(외래 및 처방조제)하여 치료를 받은 경우에는 비급여의료비(3대 비급여는 제외한다)를 연간 보험가입금액의 한도 내에서 보상한다. 다만, 법령 등에 따라 의료비를 감면받거나 의료기관으로부터 의료비를 감면받은 경우(의료비를 납부하는 대가로 수수한 금액 등은 감면받은 의료비에 포함)에는 감면 후 실제 본인이 부담한 의료비 기준으로 계산하며, 감면받은 의료비가 근로소득에 포함된 경우, 「국가유공자 등 예우 및 지원에 관한 법률」 및 「독립유공자 예우에 관한 법률」에 따라 의료비를 감면받은 경우에는 감면 전 의료비로 비급여의료비를 계산한다.

<table>
<tr><th>구 분</th><th>보상금액</th></tr>
<tr><td>입원
(입원실료,
입원제비용,
입원수술비)</td><td>'비급여의료비(비급여병실료는 제외한다)'(본인이 실제로 부담한 금액을 말한다)의 70%에 해당하는 금액</td></tr>
<tr><td>상급병실료 차액</td><td>비급여병실료의 50%. 다만, 1일 평균금액 10만원을 한도로 하며, 1일 평균금액은 입원기간 동안 비급여병실료 전체를 총입원일수로 나누어 산출한다.</td></tr>
<tr><td>통원
(외래제비용,
외래수술비,
처방조제비)</td><td>통원 1회당(외래 및 처방・조제비 합산) '비급여의료비(비급여병실료는 제외한다)'(본인이 실제로 부담한 금액을 말한다)에서 '통원항목별 공제금액'을 뺀 금액(매년 계약 해당일부터 1년간 통원 100회를 한도로 한다)

[통원항목별 공제금액]
<table>
<tr><th>항 목</th><th>공제금액</th></tr>
<tr><td>「국민건강보험법」 제42조 제1항 제1호에 의한 의료기관, 동법 제42조 제1항 제4호에 의한 보건소・보건의료원・보건지소, 동법 제42조 제1항 제5호에 의한 보건진료소에서의 외래 및 「국민건강보험법」 제42조 제1항 제2호에 의한 약국, 동법 제42조 제1항 제3호에 의한 한국희귀・필수의약품센터에서의 처방・조제)</td><td>3만원과 보장대상 의료비의 30% 중 큰 금액</td></tr>
</table>
</td></tr>
</table>

② 상해에는 유독가스 또는 유독물질을 우연히 일시에 흡입, 흡수 또는 섭취한 결과로 생긴 중독증상이 포함된다. 다만, 유독가스 또는 유독물질을 상습적으로 흡입, 흡수 또는 섭취한 결과로 생긴 중독증상과 세균성 음식물 중독증상은 포함되지 않는다.

③ 피보험자가 입원하여 치료를 받던 중 보험계약이 종료되더라도 그 계속 중인 입원에 대해서는 다음 예시와 같이 보험계약 종료일 다음날부터 180일까지 보상한다.

④ 피보험자가 통원하여 치료를 받던 중 보험계약이 종료되더라도 그 계속 중인 통원에 대해서는 다음 예시와 같이 보험계약 종료일 다음날부터 180일 이내의 통원을 보상하며 최대 90회 한도 내에서 보상한다.

[입원 및 통원 보상기간 예시]

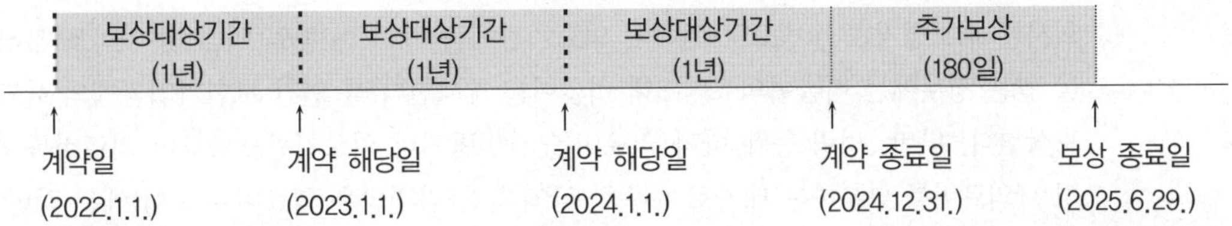

⑤ 종전 계약을 자동갱신하거나 같은 회사의 보험상품에 재가입하는 경우에는 종전 계약의 보험기간을 연장하는 것으로 보아 ③항과 ④항을 적용하지 않는다.

⑥ 하나의 상해(같은 상해로 2회 이상 치료를 받는 경우에도 이를 하나의 상해로 본다)로 인해 동일한 의료기관에서 같은 날 외래 및 처방을 함께 받은 경우 처방일자를 기준으로 외래 및 처방조제를 합산하되(조제일자가 다른 경우도 동일하게 적용) 통원 1회로 보아 ①항, ④항 및 ⑤항을 적용한다.

⑦ 하나의 상해로 인해 하루에 같은 치료를 목적으로 2회 이상 통원치료(외래 및 처방・조제 합산)를 받은 경우 1회의 통원으로 보아 ①항, ④항 및 ⑤항을 적용한다.

⑧ 피보험자가 「국민건강보험법」 제5조, 제53조, 제54조에 따라 요양급여 또는 「의료급여법」 제4조, 제15조, 제17조에 따라 의료급여를 적용받지 못하는 경우에는 다음과 같이 보상한다.

㉠ 의료비(「국민건강보험 요양급여의 기준에 관한 규칙」에 따라 보건복지부장관이 정한 비급여의료비 항목만 해당한다) 중 본인이 실제로 부담한 금액(통원의 경우 본인이 실제로 부담한 금액에서 '공제금액'을 뺀 금액)의 40%를 연간 보험가입금액의 한도 내에서 보상한다.

㉡ 법령 등에 따라 의료비를 감면받거나 의료기관으로부터 의료비를 감면받은 경우(의료비를 납부하는 대가로 수수한 금액 등은 감면받은 의료비에 포함)에는 ㉠항을 적용하지 아니하고 감면 후 실제 본인이 부담한 의료비에 대해서만 ㉠항의 보상금액에 따라 계산한 금액을 연간 보험가입금액의 한도 내에서 보상한다. 다만, 감면받은 의료비가 근로소득에 포함된 경우, 「국가유공자 등 예우 및 지원에 관한 법률」 및 「독립유공자 예우에 관한 법률」에 따라 의료비를 감면받은 경우에는 감면 전 의료비에 대해서 ㉠항의 보상금액에 따라 계산한 금액을 연간 보험가입금액의 한도 내에서 보상한다.

⑨ 회사는 피보험자가 상해로 인하여 의료기관에서 본인의 장기 등(「장기 등 이식에 관한 법률」 제4조에 의한 "장기 등"을 의미한다)의 기능회복을 위하여 「장기 등 이식에 관한 법률」 제42조 및 관련 고시에 따라 장기 등의 적출 및 이식에 드는 비용(공여적합성 여부를 확인하기 위한 검사비, 뇌사장기기증자관리료 및 이에 속하는 비용항목 포함)은 위 규정에 따라 보상한다.

(2) 질병비급여

① 회사는 피보험자가 질병으로 인하여 의료기관에 입원 또는 통원(외래 및 처방조제)하여 치료를 받은 경우에는 비급여의료비(3대 비급여는 제외한다)를 연간 보험가입금액의 한도 내에서 보상한다. 다만, 법령 등에 따라 의료비를 감면받거나 의료기관으로부터 의료비를 감면받은 경우(의료비를 납부하는 대가로 수수한 금액 등은 감면받은 의료비에 포함)에는 감면 후 실제 본인이 부담한 의료비 기준으로 계산하며, 감면받은 의료비가 근로소득에 포함된 경우, 「국가유공자 등 예우 및 지원에 관한 법률」 및 「독립유공자 예우에 관한 법률」에 따라 의료비를 감면받은 경우에는 감면 전 의료비로 비급여의료비를 계산한다.

<table>
<tr><th>구 분</th><th colspan="2">보상금액</th></tr>
<tr><td>입원
(입원실료,
입원제비용,
입원수술비)</td><td colspan="2">'비급여의료비(비급여병실료는 제외한다)'(본인이 실제로 부담한 금액을 말한다)의 70%에 해당하는 금액</td></tr>
<tr><td>상급병실료 차액</td><td colspan="2">비급여병실료의 50%. 다만, 1일 평균금액 10만원을 한도로 하며, 1일 평균금액은 입원기간 동안 비급여병실료 전체를 총 입원일수로 나누어 산출한다.</td></tr>
<tr><td rowspan="4">통원
(외래제비용,
외래수술비,
처방조제비)</td><td colspan="2">통원 1회당(외래 및 처방·조제비 합산) '비급여의료비(비급여병실료는 제외한다)'(본인이 실제로 부담한 금액을 말한다)에서 '통원항목별 공제금액'을 뺀 금액(매년 계약 해당일부터 1년간 통원 100회를 한도로 한다)</td></tr>
<tr><td colspan="2">[통원항목별 공제금액]</td></tr>
<tr><th>항 목</th><th>공제금액</th></tr>
<tr><td>「국민건강보험법」 제42조 제1항 제1호에 의한 의료기관, 동법 제42조 제1항 제4호에 의한 보건소·보건의료원·보건지소, 동법 제42조 제1항 제5호에 의한 보건진료소에서의 외래 및 「국민건강보험법」 제42조 제1항 제2호에 의한 약국, 동법 제42조 제1항 제3호에 의한 한국희귀·필수의약품센터에서의 처방·조제)</td><td>3만원과 보장대상 의료비의 30% 중 큰 금액</td></tr>
</table>

② 피보험자가 입원하여 치료를 받던 중 보험계약이 종료되더라도 그 계속 중인 입원에 대해서는 다음 예시와 같이 보험계약 종료일 다음날부터 180일까지 보상한다.

③ 피보험자가 통원하여 치료를 받던 중 보험계약이 종료되더라도 그 계속 중인 통원에 대해서는 다음 예시와 같이 보험계약 종료일 다음날부터 180일 이내의 통원을 보상하며 최대 90회 한도 내에서 보상한다.

[입원 및 통원 보상기간 예시]

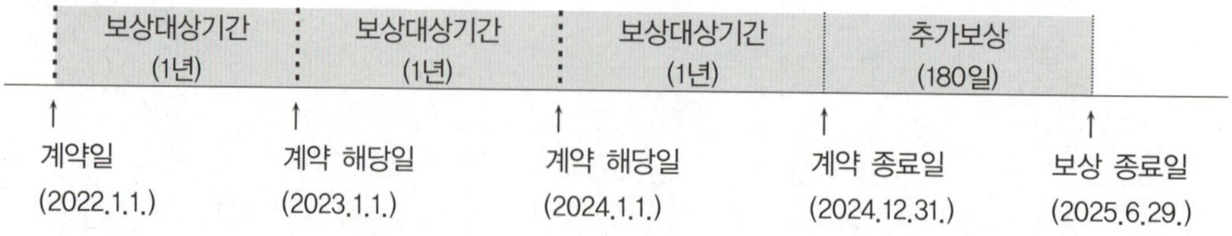

④ 종전 계약을 자동갱신하거나 같은 회사의 보험상품에 재가입하는 경우에는 종전 계약의 보험기간을 연장하는 것으로 보아 ②항과 ③항을 적용하지 않는다.

⑤ 하나의 질병으로 동일한 의료기관에서 같은 날 외래 및 처방을 함께 받은 경우 처방일자를 기준으로 외래 및 처방조제를 합산하되(조제일자가 다른 경우도 동일하게 적용) 통원 1회로 보아 ①항, ③항 및 ④항을 적용한다.

※ **하나의 질병**

"하나의 질병"이란 발생 원인이 동일한 질병(의학상 중요한 관련이 있는 질병은 하나의 질병으로 간주하며, 하나의 질병으로 2회 이상 치료를 받는 경우 이를 하나의 질병으로 본다)을 말하며, 질병의 치료 중에 발생된 합병증 또는 새로 발견된 질병의 치료가 병행되거나 의학상 관련이 없는 여러 종류의 질병을 갖고 있는 상태에서 통원한 경우에는 하나의 질병으로 간주한다.

⑥ 하나의 질병으로 하루에 같은 치료를 목적으로 2회 이상 통원치료(외래 및 처방・조제 합산)를 받은 경우 1회의 통원으로 보아 ①항, ③항 및 ④항을 적용한다.

⑦ 피보험자가 「국민건강보험법」 제5조, 제53조, 제54조에 따라 요양급여 또는 「의료급여법」 제4조, 제15조, 제17조에 따라 의료급여를 적용받지 못하는 경우에는 다음과 같이 보상한다.

㉠ 의료비(「국민건강보험 요양급여의 기준에 관한 규칙」에 따라 보건복지부장관이 정한 비급여의료비 항목만 해당한다) 중 본인이 실제로 부담한 금액(통원의 경우 본인이 실제로 부담한 금액에서 '공제금액'을 뺀 금액)의 40%를 연간 보험가입금액의 한도 내에서 보상한다.

㉡ 법령 등에 따라 의료비를 감면받거나 의료기관으로부터 의료비를 감면받은 경우(의료비를 납부하는 대가로 수수한 금액 등은 감면받은 의료비에 포함)에는 ㉠항을 적용하지 아니하고 감면 후 실제 본인이 부담한 의료비에 대해서만 ㉠항의 보상금액에 따라 계산한 금액을 연간 보험가입금액의 한도 내에서 보상한다. 다만, 감면받은 의료비가 근로소득에 포함된 경우, 「국가유공자 등 예우 및 지원에 관한 법률」 및 「독립유공자 예우에 관한 법률」에 따라 의료비를 감면받은 경우에는 감면 전 의료비에 대해서 ㉠항의 보상금액에 따라 계산한 금액을 연간 보험가입금액의 한도 내에서 보상한다.

⑧ 회사는 피보험자가 상해로 인하여 의료기관에서 본인의 장기 등(「장기 등 이식에 관한 법률」 제4조에 의한 "장기 등"을 의미한다)의 기능회복을 위하여 「장기 등 이식에 관한 법률」 제42조 및 관련 고시에 따라 장기 등의 적출 및 이식에 드는 비용(공여적합성 여부를 확인하기 위한 검사비, 뇌사장기기증자관리료 및 이에 속하는 비용항목 포함)은 위 규정에 따라 보상한다.

(3) 3대 비급여

① 회사는 이 특별약관의 보험기간 중 상해 또는 질병의 치료목적으로 의료기관에 입원 또는 통원하여 아래의 비급여 의료행위로 치료를 받은 경우에는 본인이 실제로 부담한 비급여의료비(행위료, 약제비, 치료재료대, 조영제, 판독료 포함)에서 공제금액을 뺀 금액을 아래의 보장한도 범위 내에서 각각 보상한다. 다만, 법령 등에 따라 의료비를 감면받거나 의료기관으로부터 의료비를 감면받은 경우(의료비를 납부하는 대가로 수수한 금액 등은 감면받은 의료비에 포함)에는 감면 후 실제 본인이 부담한 의료비 기준으로 계산하며, 감면받은 의료비가 근로소득에 포함된 경우, 「국가유공자 등 예우 및 지원에 관한 법률」 및 「독립유공자 예우에 관한 법률」에 따라 의료비를 감면받은 경우에는 감면 전 의료비로 비급여의료비를 계산한다.

[공제금액 및 보장한도]

구 분		공제금액	보장한도
도수치료·체외충격파치료·증식치료	"도수치료·체외충격파치료·증식치료"로 인하여 본인이 실제로 부담한 비급여의료비(행위료, 약제비, 치료재료대 포함)	1회당 3만원과 보장대상의료비의 30% 중 큰 금액	계약일 또는 매년 계약 해당일부터 1년 단위로 각 상해·질병 치료행위를 합산하여 350만원 이내에서 50회까지 보상[주]
주사료	주사치료를 받아 본인이 실제로 부담한 비급여의료비	1회당 3만원과 보장대상의료비의 30% 중 큰 금액	계약일 또는 매년 계약 해당일부터 1년 단위로 각 상해·질병 치료행위를 합산하여 250만원 이내에서 50회까지 보상
자기공명영상진단	자기공명영상진단을 받아 본인이 실제로 부담한 비급여의료비(조영제, 판독료 포함)	1회당 3만원과 보장대상의료비의 30% 중 큰 금액	계약일 또는 매년 계약 해당일부터 1년 단위로 각 상해·질병 치료행위를 합산하여 300만원 이내에서 보상

주) 도수치료·체외충격파치료·증식치료의 각 치료횟수를 합산하여 최초 10회 보장하고, 이후 객관적이고 일반적으로 인정되는 검사결과 등을 토대로 증상의 개선, 병변호전 등이 확인된 경우에 한하여 10회 단위로 연간 50회까지 보상한다.

심화TIP 증상의 개선, 병변호전 등의 확인

1. 증상의 개선, 병변호전 등과 관련하여 기능적 회복 및 호전 여부는 관절가동(ROM), 통증평가척도, 자세평가 및 근력검사(MMT)를 포함한 이학적 검사, 초음파검사 등을 통해 해당 부위의 체절기능부전(Somatic dysfunction) 등을 평가한 결과로 판단한다.
2. 보험수익자와 회사가 위 제1호의 판단결과를 합의하지 못한 때는 보험수익자와 회사가 함께 제3자를 정하고 그 제3자의 의견에 따를 수 있으며 제3자는 의료법 제3조(의료기관)의 종합병원 소속 전문의 중에 정하며, 보험금 지급사유 판정에 드는 의료비용은 회사가 전액 부담한다.

[도수치료 보상기간 예시]

(i) 계약일 또는 매년 계약 해당일로부터 1년내 350만원을 모두 보상한 경우

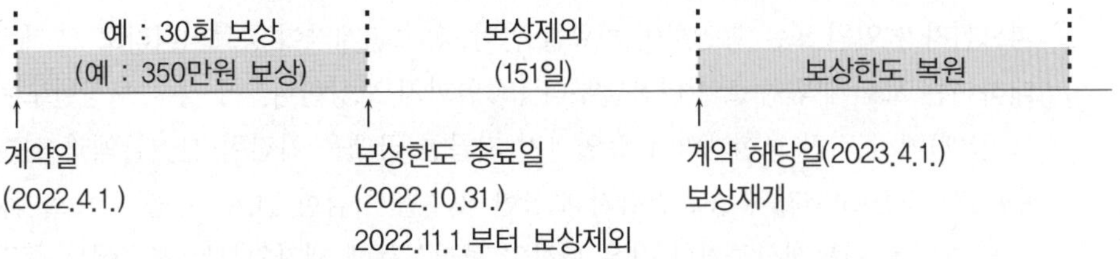

(ii) 계약일 또는 매년 계약 해당일로부터 1년내 지급된 보험금이 350만원 미만이나 50회를 모두 보상한 경우

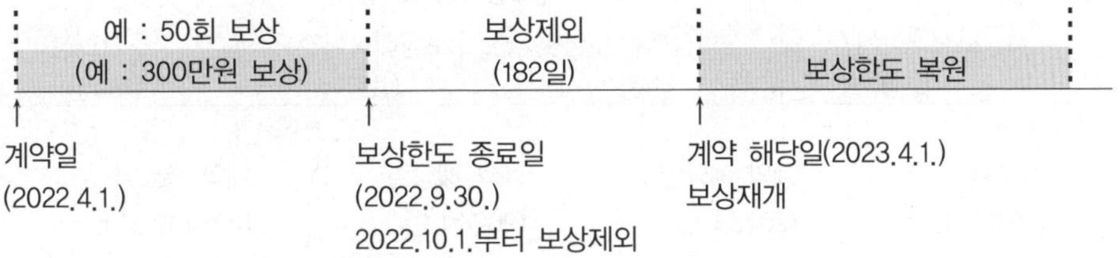

② 주사료에서 항암제, 항생제(항진균제 포함), 희귀의약품을 위해 사용된 비급여주사료는 (1) 상해비급여 또는 (2) 질병비급여에서 보상한다.

③ 상해에는 유독가스 또는 유독물질을 우연히 일시에 흡입, 흡수 또는 섭취한 결과로 생긴 중독증상이 포함된다. 다만, 유독가스 또는 유독물질을 상습적으로 흡입, 흡수 또는 섭취한 결과로 생긴 중독증상과 세균성 음식물 중독증상은 포함되지 않는다.

④ 의료기관을 1회 통원(또는 1회 입원)하여 2종류(회) 이상 치료를 받거나 동일한 치료를 2회 이상 받은 경우는 다음과 같이 1회당 공제금액 및 보상한도를 적용한다.

㉠ 이 특별약관에서 정한 도수치료, 체외충격파치료, 증식치료 중 2종류 이상의 치료를 받거나 동일한 치료를 2회 이상 받는 경우 각 치료행위를 1회로 보고 각각 ①항에서 정한 1회당 공제금액 및 보상한도를 적용한다.

㉡ 의료기관을 1회 통원(또는 1회 입원)하여 치료목적으로 2회 이상 주사치료를 받더라도 1회로 보고 ①항에서 정한 공제금액 및 보상한도를 적용한다.

㉢ 의료기관을 1회 통원(또는 1회 입원)하여 2개 이상 부위에 걸쳐 이 특별약관에서 정한 자기공명영상진단을 받거나 동일한 부위에 대해 2회 이상 이 특별약관에서 정한 자기공명영상진단을 받는 경우 각 진단행위를 1회로 보아 각각 1회당 공제금액 및 보상한도를 적용한다.

※ **1회 입원**

1회 입원이라 함은 퇴원 없이 계속 중인 입원(동일한 상해 또는 질병 치료목적으로 퇴원 당일 다른 의료기관으로 옮겨 입원하는 경우 포함)을 말한다. 동일한 상해 또는 질병으로 인한 입원이라고 하더라도 퇴원 후 재입원하는 경우에는 퇴원 전후 입원기간을 각각 1회 입원으로 본다.

⑤ 보상하는 비급여의료비와 다른 의료비가 함께 청구되고 각 항목별 의료비가 구분되지 않는 경우 회사는 보험금 지급금액 결정을 위해 계약자, 피보험자 또는 보험수익자에게 ①항에서 보상하는 의료비의 확인을 요청할 수 있다.

⑥ 피보험자가 입원 또는 통원하여 치료를 받던 중 보험계약이 종료되더라도 그 계속 중인 치료에 대하여는 보험계약 종료일 다음날부터 180일까지 보상한다. 이 경우 보상한도는 연간 보상한도(금액)에서 직전 보험계약 종료일까지 지급한 금액을 차감한 잔여금액과 연간 보상한도(횟수)에서 직전 보험계약 종료일까지 보상한 횟수를 차감한 잔여횟수를 한도로 적용한다. 다만, 종전 계약을 자동갱신하거나 같은 회사의 보험상품에 재가입하는 경우에는 종전 계약의 보험기간을 연장하는 것으로 보아 ①항을 적용한다.

[보상기간 예시]

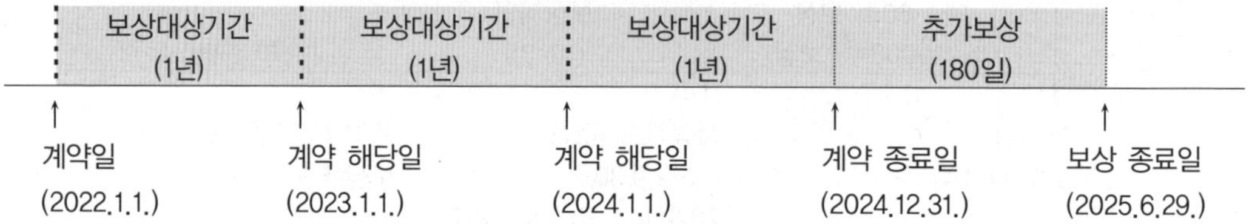

⑦ 피보험자가 「국민건강보험법」 제5조, 제53조, 제54조에 따라 요양급여 또는 「의료급여법」 제4조, 제15조, 제17조에 따라 의료급여를 적용받지 못하는 경우에는 다음과 같이 보상한다.

㉠ 의료비(「국민건강보험 요양급여의 기준에 관한 규칙」에 따라 보건복지부장관이 정한 비급여의료비 항목만 해당한다) 중 본인이 실제로 부담한 금액(통원의 경우 본인이 실제로 부담한 금액에서 '공제금액'을 뺀 금액)의 40%를 연간 보험가입금액의 한도 내에서 보상한다.

㉡ 법령 등에 따라 의료비를 감면받거나 의료기관으로부터 의료비를 감면받은 경우(의료비를 납부하는 대가로 수수한 금액 등은 감면받은 의료비에 포함)에는 ㉠항을 적용하지 아니하고 감면 후 실제 본인이 부담한 의료비에 대해서만 ㉠항의 보상금액에 따라 계산한 금액을 연간 보험가입금액의 한도 내에서 보상한다. 다만, 감면받은 의료비가 근로소득에 포함된 경우, 「국가유공자 등 예우 및 지원에 관한 법률」 및 「독립유공자 예우에 관한 법률」에 따라 의료비를 감면받은 경우에는 감면 전 의료비에 대해서 ㉠항의 보상금액에 따라 계산한 금액을 연간 보험가입금액의 한도 내에서 보상한다.

⑧ 회사는 피보험자가 상해로 인하여 의료기관에서 본인의 장기 등(「장기 등 이식에 관한 법률」 제4조에 의한 "장기 등"을 의미한다)의 기능회복을 위하여 「장기 등 이식에 관한 법률」 제42조 및 관련 고시에 따라 장기 등의 적출 및 이식에 드는 비용(공여적합성 여부를 확인하기 위한 검사비, 뇌사장기기증자관리료 및 이에 속하는 비용항목 포함)은 위 규정에 따라 보상한다.

7. 특별약관에서 보상하지 않는 사항

1) 상해비급여

(1) 회사는 다음의 사유로 인하여 생긴 비급여의료비는 보상하지 않는다.

① 피보험자가 고의로 자신을 해친 경우. 다만, 피보험자가 심신상실 등으로 자유로운 의사결정을 할 수 없는 상태에서 자신을 해친 사실이 증명된 경우에는 보상한다.

② 보험수익자가 고의로 피보험자를 해친 경우. 다만, 그 보험수익자가 보험금의 일부 보험수익자인 경우에는 다른 보험수익자에 대한 보험금은 지급한다.

③ 계약자가 고의로 피보험자를 해친 경우

④ 피보험자가 임신, 출산(제왕절개를 포함한다), 산후기로 입원 또는 통원한 경우. 다만, 회사가 보상하는 상해로 인하여 입원 또는 통원한 경우에는 보상한다.

⑤ 전쟁, 외국의 무력행사, 혁명, 내란, 사변, 폭동으로 인한 경우

⑥ 피보험자가 정당한 이유 없이 입원기간 중 의사의 지시를 따르지 않거나 의사가 통원치료가 가능하다고 인정함에도 피보험자 본인이 자의적으로 입원하여 발생한 입원의료비

⑦ 피보험자가 정당한 이유 없이 통원기간 중 의사의 지시를 따르지 않아 발생한 통원의료비

(2) 회사는 다른 약정이 없으면 피보험자가 직업, 직무 또는 동호회 활동 목적으로 한 다음의 어느 하나에 해당하는 행위로 인하여 생긴 상해에 대해서는 보상하지 않는다.

① 전문등반(전문적인 등산용구를 사용하여 암벽 또는 빙벽을 오르내리거나 특수한 기술, 경험, 사전 훈련이 필요한 등반을 말한다), 글라이더 조종, 스카이다이빙, 스쿠버다이빙, 행글라이딩, 수상보트, 패러글라이딩

② 모터보트·자동차 또는 오토바이에 의한 경기, 시범, 행사(이를 위한 연습을 포함한다) 또는 시운전(다만, 공용도로에서 시운전을 하는 동안 발생한 상해는 보상한다)

③ 선박에 탑승하는 것을 직무로 하는 사람이 직무상 선박에 탑승하고 있는 동안

(3) 회사는 다음의 비급여의료비에 대해서는 보상하지 않는다.

① 치과치료(다만, 안면부 골절로 발생한 의료비는 치아관련 치료를 제외하고 보상한다)·한방치료(다만,「의료법」 제2조에 따른 한의사를 제외한 '의사'의 의료행위에 의해서 발생한 의료비는 보상한다)

② 영양제, 비타민제 등의 약제와 관련하여 소요된 비용. 다만, 약관상 보상하는 상해를 치료함에 있어 다음에 해당하는 경우는 치료목적으로 보아 보상한다.

㉠ 약사법령에 의하여 약제별 허가사항 또는 신고된 사항(효능/효과 및 용법/용량 등)대로 사용된 경우

㉡ 요양급여 약제가 관련 법령 또는 고시 등에서 정한 별도의 적용기준대로 비급여 약제로 사용된 경우

㉢ 요양급여 약제가 관련 법령에 따라 별도의 비급여사용승인 절차를 거쳐 그 승인 내용대로 사용된 경우

㉣ 상기 ㉠부터 ㉢의 약제가 두 가지 이상 함께 사용된 경우(함께 사용된 약제 중 어느 하나라도 상기 ㉠부터 ㉢에 해당하지 않는 경우 제외)

③ 호르몬 투여, 보신용 투약, 의약외품과 관련하여 소요된 비용

④ 의치, 의수족, 의안, 안경, 콘택트렌즈, 보청기, 목발, 팔걸이(Arm Sling), 보조기 등 진료재료의 구입 및 대체 비용. 다만, 인공장기 등 신체에 이식되어 그 기능을 대신하는 경우에는 보상한다.

⑤ 진료와 무관한 각종 비용(TV시청료, 전화료, 각종 증명료 등을 말한다), 의사의 임상적 소견과 관련이 없는 검사비용, 간병비

⑥ 자동차보험(공제를 포함한다)에서 보상받는 치료관계비(과실상계 후 금액을 기준으로 한다) 또는 산재보험에서 보상받는 의료비. 다만, 본인부담의료비(자동차보험 진료수가에 관한 기준 및 산재보험 요양급여 산정기준에 따라 발생한 실제 본인부담의료비)는 (1) 상해비급여 ①항부터 ⑦항에 따라 보상한다.

⑦ 「국민건강보험법」 제42조의 요양기관이 아닌 외국에 있는 의료기관에서 발생한 의료비

⑧ 「응급의료에 관한 법률」 및 동법 시행규칙에서 정한 응급환자에 해당하지 않는 자가 동법 제26조 권역응급의료센터 또는 「의료법」 제3조의4에 따른 상급종합병원 응급실을 이용하면서 발생한 응급의료관리료

2) 질병비급여

(1) 회사는 다음의 사유로 인하여 생긴 비급여의료비는 보상하지 않는다.

① 피보험자가 고의로 자신을 해친 경우. 다만, 피보험자가 심신상실 등으로 자유로운 의사결정을 할 수 없는 상태에서 자신을 해친 사실이 증명된 경우에는 보상한다.

② 보험수익자가 고의로 피보험자를 해친 경우. 다만, 그 보험수익자가 보험금의 일부 보험수익자인 경우에는 다른 보험수익자에 대한 보험금은 지급한다.

③ 계약자가 고의로 피보험자를 해친 경우

④ 피보험자가 정당한 이유 없이 입원기간 중 의사의 지시를 따르지 않거나 의사가 통원치료가 가능하다고 인정함에도 피보험자 본인이 자의적으로 입원하여 발생한 입원의료비

⑤ 피보험자가 정당한 이유 없이 통원기간 중 의사의 지시를 따르지 않아 발생한 통원의료비

(2) 회사는 '한국표준질병 · 사인분류'에 따른 다음의 비급여의료비에 대해서는 보상하지 않는다.

① 정신 및 행동장애(F04~F99)

② 여성생식기의 비염증성 장애로 인한 습관성 유산, 불임 및 인공수정 관련 합병증(N96~N98)

③ 피보험자가 임신, 출산(제왕절개를 포함한다), 산후기로 입원 또는 통원한 경우(O00~O99)

④ 선천성 뇌질환(Q00~Q04)

⑤ 비만(E66)

⑥ 요실금(N39.3, N39.4, R32)

⑦ 직장 또는 항문 질환(K60~K62, K64)

(3) 회사는 다음의 비급여의료비에 대해서는 보상하지 않는다.

① 치과치료(K00~K08) 및 한방치료(다만, 「의료법」 제2조에 따른 한의사를 제외한 '의사'의 의료행위에 의해서 발생한 의료비는 보상한다)

② 영양제, 비타민제 등의 약제와 관련하여 소요된 비용. 다만, 약관상 보상하는 질병을 치료함에 있어 다음에 해당하는 경우는 치료목적으로 보아 보상한다.

㉠ 약사법령에 의하여 약제별 허가사항 또는 신고된 사항(효능/효과 및 용법/용량 등)대로 사용된 경우

㉡ 요양급여 약제가 관련 법령 또는 고시 등에서 정한 별도의 적용기준대로 비급여 약제로 사용된 경우

㉢ 요양급여 약제가 관련 법령에 따라 별도의 비급여사용승인 절차를 거쳐 그 승인 내용대로 사용된 경우

㉣ 상기 ㉠부터 ㉢의 약제가 두 가지 이상 함께 사용된 경우(함께 사용된 약제 중 어느 하나라도 상기 ㉠부터 ㉢에 해당하지 않는 경우 제외)

③ 호르몬 투여, 보신용 투약, 의약외품과 관련하여 소요된 비용

④ 의치, 의수족, 의안, 안경, 콘택트렌즈, 보청기, 목발, 팔걸이(Arm Sling), 보조기 등 진료재료의 구입 및 대체 비용. 다만, 인공장기 등 신체에 이식되어 그 기능을 대신하는 경우에는 보상한다.

⑤ 진료와 무관한 각종 비용(TV시청료, 전화료, 각종 증명료 등을 말한다), 의사의 임상적 소견과 관련이 없는 검사비용, 간병비

⑥ 산재보험에서 보상받는 의료비. 다만, 본인부담의료비(산재보험 요양급여 산정기준에 따라 발생한 실제 본인부담의료비)는 (2) 질병비급여 ①항부터 ⑦항에 따라 보상한다.

⑦ 사람면역결핍바이러스(HIV) 감염으로 인한 치료비(다만, 「의료법」에서 정한 의료인의 진료상 또는 치료 중 혈액에 의한 HIV 감염은 해당 진료기록을 통해 객관적으로 확인되는 경우는 보상한다)

⑧ 「국민건강보험법」 제42조의 요양기관이 아닌 외국에 있는 의료기관에서 발생한 의료비

⑨ 「응급의료에 관한 법률」 및 동법 시행규칙에서 정한 응급환자에 해당하지 않는 자가 동법 제26조 권역응급의료센터 또는 「의료법」 제3조의4에 따른 상급종합병원 응급실을 이용하면서 발생한 응급의료관리료

3) 3대 비급여

(1) 회사는 다음의 사유로 인하여 생긴 비급여의료비는 보상하지 않는다.

① 피보험자가 고의로 자신을 해친 경우. 다만, 피보험자가 심신상실 등으로 자유로운 의사결정을 할 수 없는 상태에서 자신을 해친 사실이 증명된 경우에는 보상한다.

② 보험수익자가 고의로 피보험자를 해친 경우. 다만, 그 보험수익자가 보험금의 일부 보험수익자인 경우에는 다른 보험수익자에 대한 보험금은 지급한다.

③ 계약자가 고의로 피보험자를 해친 경우

④ 전쟁, 외국의 무력행사, 혁명, 내란, 사변, 폭동으로 인한 경우

⑤ 피보험자가 정당한 이유 없이 입원 또는 통원기간 중 의사의 지시를 따르지 않아 발생한 의료비

(2) 회사는 다른 약정이 없으면 피보험자가 직업, 직무 또는 동호회 활동 목적으로 한 다음의 어느 하나에 해당하는 행위로 인하여 생긴 상해에 대해서는 보상하지 않는다.

① 전문등반(전문적인 등산용구를 사용하여 암벽 또는 빙벽을 오르내리거나 특수한 기술, 경험, 사전 훈련이 필요한 등반을 말한다), 글라이더 조종, 스카이다이빙, 스쿠버다이빙, 행글라이딩, 수상보트, 패러글라이딩

② 모터보트·자동차 또는 오토바이에 의한 경기, 시범, 행사(이를 위한 연습을 포함한다) 또는 시운전(다만, 공용도로에서 시운전을 하는 동안 발생한 상해는 보상한다)

③ 선박에 탑승하는 것을 직무로 하는 사람이 직무상 선박에 탑승하고 있는 동안

(3) 회사는 '한국표준질병·사인분류'에 따른 다음의 비급여의료비에 대해서는 보상하지 않는다.

① 정신 및 행동장애(F04~F99)

② 여성생식기의 비염증성 장애로 인한 습관성 유산, 불임 및 인공수정 관련 합병증(N96~N98)

③ 피보험자가 임신, 출산(제왕절개를 포함한다), 산후기로 입원 또는 통원한 경우(O00~O99). 다만, 회사가 보상하는 상해로 인하여 입원 또는 통원한 경우에는 보상한다.

④ 선천성 뇌질환(Q00~Q04)

⑤ 비만(E66)

⑥ 요실금(N39.3, N39.4, R32)

⑦ 직장 또는 항문 질환(K60~K62, K64)

(4) 회사는 다음의 비급여의료비에 대해서는 보상하지 않는다.

① 치과치료(다만, 안면부 골절로 발생한 의료비는 치아관련 치료를 제외하고 보상하며, K00~K08과 무관한 질병으로 인한 의료비는 보상한다) · 한방치료(다만, 「의료법」 제2조에 따른 한의사를 제외한 '의사'의 의료행위에 의해서 발생한 의료비는 보상한다)

② 영양제, 비타민제 등의 약제와 관련하여 소요된 비용. 다만, 약관상 보상하는 상해 또는 질병을 치료함에 있어 다음에 해당하는 경우는 치료목적으로 보아 보상한다.

㉠ 약사법령에 의하여 약제별 허가사항 또는 신고된 사항(효능/효과 및 용법/용량 등)대로 사용된 경우

㉡ 요양급여 약제가 관련 법령 또는 고시 등에서 정한 별도의 적용기준대로 비급여 약제로 사용된 경우

㉢ 요양급여 약제가 관련 법령에 따라 별도의 비급여사용승인 절차를 거쳐 그 승인 내용대로 사용된 경우

㉣ 상기 ㉠부터 ㉢의 약제가 두 가지 이상 함께 사용된 경우(함께 사용된 약제 중 어느 하나라도 상기 ㉠부터 ㉢에 해당하지 않는 경우 제외)

③ 호르몬 투여, 보신용 투약, 의약외품과 관련하여 소요된 비용

④ 의치, 의수족, 의안, 안경, 콘택트렌즈, 보청기, 목발, 팔걸이(Arm Sling), 보조기 등 진료재료의 구입 및 대체 비용. 다만, 인공장기 등 신체에 이식되어 그 기능을 대신하는 경우에는 보상한다.

⑤ 진료와 무관한 각종 비용(TV시청료, 전화료, 각종 증명료 등을 말한다), 의사의 임상적 소견과 관련이 없는 검사비용, 간병비

⑥ 자동차보험(공제를 포함한다)에서 보상받는 치료관계비(과실상계 후 금액을 기준으로 한다) 또는 산재보험에서 보상받는 의료비. 다만, 본인부담의료비(자동차보험 진료수가에 관한 기준 및 산재보험 요양급여 산정기준에 따라 발생한 실제 본인부담의료비)는 (3) 3대 비급여 ①항부터 ⑦항에 따라 보상한다.

⑦ 사람면역결핍바이러스(HIV) 감염으로 인한 치료비(다만, 「의료법」에서 정한 의료인의 진료상 또는 치료 중 혈액에 의한 HIV 감염은 해당 진료기록을 통해 객관적으로 확인되는 경우는 보상한다)

⑧ 「국민건강보험법」 제42조의 요양기관이 아닌 외국에 있는 의료기관에서 발생한 의료비

⑨ 「응급의료에 관한 법률」 및 동법 시행규칙에서 정한 응급환자에 해당하지 않는 자가 동법 제26조 권역응급의료센터 또는 「의료법」 제3조의4에 따른 상급종합병원 응급실을 이용하면서 발생한 응급의료관리료

4) 상해비급여, 질병비급여, 3대 비급여에서 공통적으로 적용되는 사항

회사는 「국민건강보험 요양급여의 기준에 관한 규칙」 제9조 제1항(〈별표2〉 비급여대상)에 따른 다음의 비급여의료비에 대해서는 보상하지 않는다.

(1) 다음의 질환으로서 업무 또는 일상생활에 지장이 없는 경우에 실시 또는 사용되는 치료로 인하여 발생한 비급여의료비

① 단순한 피로 또는 권태

② 주근깨, 다모, 무모, 백모증, 딸기코(주사비), 점, 모반(피보험자가 보험가입 당시 태아인 경우 화염상모반 등 선천성 비신생물성모반(Q82.5)은 보상한다), 사마귀, 여드름, 노화현상으로 인한 탈모 등 피부질환

③ 발기부전(impotence) · 불감증

④ 단순 코골음[수면무호흡증(G47.3)은 보상한다]

⑤ 치료를 동반하지 않는 단순포경(phimosis)

⑥ 검열반 등 안과질환

⑦ 그 밖에 일상생활에 지장이 없는 경우로 국민건강보험 비급여 대상에 해당하는 치료

(2) 다음의 진료로서 신체의 필수 기능 개선 목적이 아닌 경우에 실시 또는 사용되는 치료로 인하여 발생한 비급여의료비

① 쌍꺼풀수술(이중검수술), 성형수술(융비술), 유방 확대(다만, 유방암 환자의 환측 유방재건술은 보상한다) · 축소술, 지방흡입술, 주름살 제거술 등 미용목적의 성형수술과 그로 인한 후유증치료

② 사시교정, 안와격리증(양쪽 눈을 감싸고 있는 뼈와 뼈 사이의 거리가 넓은 증상)의 교정 등 시각계 수술로서 시력개선 목적이 아닌 외모개선 목적의 수술

③ 치과교정

④ 씹는 기능 및 발음 기능의 개선 목적이 아닌 외모개선 목적의 턱얼굴(안면)교정술

⑤ 관절운동 제한이 없는 반흔구축성형술 등 외모개선 목적의 반흔제거술

⑥ 안경, 콘택트렌즈 등을 대체하기 위한 시력교정술(국민건강보험 요양급여 대상 수술방법 또는 치료재료가 사용되지 않은 부분은 시력교정술로 본다)

⑦ 질병 치료가 아닌 단순히 키 성장(성장촉진)을 목적으로 하는 진료

⑧ 외모개선 목적의 다리정맥류 수술

⑨ 그 밖에 외모개선 목적의 치료로 국민건강보험 비급여 대상에 해당하는 치료

(3) 다음의 예방진료로서 질병 · 부상의 진료를 직접목적으로 하지 아니하는 경우에 실시 또는 사용으로 인하여 발생한 비급여의료비

① 본인의 희망에 의한 건강검진(다만, 검사결과 이상 소견에 따라 건강검진센터 등에서 발생한 추가 의료비용은 보상한다)

② 예방접종(파상풍 혈청주사 등 치료목적으로 사용하는 예방주사 제외)

③ 그 밖에 예방진료로서 국민건강보험 비급여 대상에 해당하는 치료

(4) 다음의 진료로서 보험급여시책상 요양급여로 인정하기 어려운 경우 및 그 밖에 건강보험급여 원리에 부합하지 아니하는 경우 발생한 비급여의료비

① 친자확인을 위한 진단

② 불임검사, 불임수술, 불임복원술

③ 보조생식술(체내, 체외 인공수정을 포함한다)

④ 인공유산에 든 비용(다만, 회사가 보상하는 상해 또는 질병으로 임신상태를 유지하기 어려워 의사의 권고에 따라 불가피하게 시행한 경우는 제외)

⑤ 그 밖에 요양급여를 함에 있어서 비용효과성 등 진료상의 경제성이 불분명하여 국민건강보험 비급여 대상에 해당하는 치료

8. 다수보험의 처리

1) 다수보험의 의의

다수보험이란 실손의료보험계약이 동시에 또는 순차적으로 2개 이상 체결되었고, 그 계약이 동일한 보험사고에 대하여 각 계약별 보상책임액이 있는 다수의 실손의료보험계약을 말한다.

2) 다수보험의 분담방식

각 계약의 보상책임액의 합계액이 각 계약의 보장대상의료비 중 최고액에서 각 계약의 피보험자부담 공제금액 중 최소액을 차감한 금액을 초과한 다수보험은 아래의 산출방식에 따라 각 계약의 비례분담액을 계산한다.

> **각 계약별 비례분담액**
> =(각 계약의 보장대상의료비 중 최고액 − 각 계약의 피보험자부담 공제금액 중 최소액) × 각 계약별 보상책임액 / 각 계약별 보상책임액을 합한 금액

3) 용어의 정의

(1) 보장대상의료비

보장대상의료비는 실제부담액에서 보상제외금액을 뺀 차액을 말한다. 여기서 보상제외금액이란 보험약관에 정한 보장하지 않는 사항에 따른 금액 및 실제 사용병실과 기준병실과의 병실료 차액 중 회사가 보장하지 않는 금액을 말한다.

(2) 보상책임액

보상책임액이란 보장대상의료비에서 피보험자부담 공제금액을 뺀 금액과 보험가입금액 중 작은 금액을 말한다.

4) 연대책임

(1) 연대책임이 성립하기 위한 요건

2009년 10월 1일 이후에 신규로 체결된 보험수익자가 동일한 다수보험의 경우 보험수익자는 보험금의 전부 또는 일부를 다수계약이 체결되어 있는 회사 중 한 회사에 청구할 수 있고, 청구를 받은 회사는 해당 보험금을 이 계약의 보험가입금액 한도 내에서 지급한다.

(2) 보험금청구권의 취득

보험금을 지급한 회사는 보험수익자가 다른 회사에 대하여 가지는 해당 보험금청구권을 취득한다. 다만, 회사가 지급한 금액이 보험수익자가 다른 회사에 청구할 수 있는 보험금의 일부인 경우에는 해당 보험수익자의 보험금청구권을 침해하지 않는 범위에서 그 권리를 취득한다.

9. 본인부담금상한제

1) 본인부담금상한제의 의의

본인부담금상한제란 병・의원(약국 포함)에서 진료를 받고 본인부담금의 연간(1월 1일~12월 31일) 총액이 국민건강보험가입자의 보험료수준에 다른 본인부담상한액을 초과하는 경우 그 초과액을 국민건강보험공단이 부담하는 제도이다.

2) 본인부담금상한제의 종류

(1) 상한제 사전급여

동일병원에서 계속 입원진료를 받고 본인부담금이 2023년 기준 기본 780만원, 요양병원 120일 초과입원 1,014만원을 초과하는 경우 그 초과하는 금액은 진료병원에서 공단에 청구하므로, 환자는 해당 병원에 초과금액 이내까지만 진료비를 부담하게 된다.

(2) 상한제 사후환급

국민건강보험공단에서는 가입자가 병·의원(약국 포함)에 지급한 개인별 연간 본인부담금을 집계하여 가입자별 보험료수준에 따른 본인부담상한액을 초과하여 본인부담금을 부담한 가입자에게 상한액 초과액을 환급한다.

3) 보험료수준에 따른 본인부담금 상한액기준

본인부담금 상한액기준은 세대별(가입자) 연평균보험료에 의해 결정하며, 직장가입자의 경우에는 전년도 보험료확정 후 매년 4월에 결정한다.

심화TIP 본인부담금상한제 및 본인부담금보상제

1. **「국민건강보험법」에 따른 본인부담금상한제**
   요양급여비용 중 본인이 부담한 비용의 연간 총액이 일정 상한액(국민건강보험 지역가입자의 세대별 보험료 부담수준 또는 직장가입자의 개인별 보험료 부담수준에 따라 「국민건강보험법」 등 관련 법령에서 정한 금액)을 초과하는 경우 그 초과액을 국민건강보험공단이 부담하는 제도

2. **「의료급여법」에 따른 본인부담금보상제**
   수급권자의 급여대상 본인부담금이 매 30일간 다음 금액을 초과하는 경우, 초과금액의 50%에 해당하는 금액을 의료급여기금 등이 부담하는 제도
   ① **1종 수급권자** : 2만원
   ② **2종 수급권자** : 20만원

3. **「의료급여법」에 따른 본인부담금상한제**
   본인부담금보상제에 따라 지급받은 금액을 차감한 급여대상 본인부담금이 다음 금액을 초과하는 경우, 그 초과액 전액을 의료급여기금 등이 부담하는 제도
   ① **1종 수급권자** : 매 30일간 5만원
   ② **2종 수급권자** : 연간 80만원(다만, 「의료법」 제3조 제2항 제3호 라목에 따른 요양병원에 연간 240일을 초과하여 입원한 경우에는 연간 120만원으로 한다)

다만, 관련 법령 등이 변경되는 경우 변경된 기준을 따른다(상기 예시금액은 2021년 기준).

10. 제4세대 실손의료보험(2021년 7월 1일 계약분부터 적용)

<table>
<tr><th colspan="2">구 분</th><th>현 행</th><th colspan="3">변 경</th></tr>
<tr><td colspan="2">상품구조</td><td>급여・비급여 통합
+ 비급여 3개 특약</td><td colspan="3">급여(주계약)・비급여(특약) 분리</td></tr>
<tr><td rowspan="2">보험료
차등제</td><td>급 여</td><td rowspan="2">미적용</td><td colspan="3">미적용</td></tr>
<tr><td>비급여</td><td colspan="3">적용(할인・할증 방식)</td></tr>
<tr><td rowspan="2">자기부담률</td><td>급 여</td><td>10% / 20%</td><td colspan="3">20%</td></tr>
<tr><td>비급여</td><td>20%(특약 30%)</td><td colspan="3">30%</td></tr>
<tr><td rowspan="2">공제금액
(통원)</td><td>급 여</td><td rowspan="2">최소 1~2만원
(처방 0.8만원)</td><td colspan="3">최소 1만원(병・의원급) /
최소 2만원(상급・종합병원)</td></tr>
<tr><td>비급여</td><td colspan="3">최소 3만원</td></tr>
<tr><td rowspan="4">보장한도</td><td>입 원</td><td>상해・질병당
연간 5천만원</td><td>구 분</td><td>급 여</td><td>비급여</td></tr>
<tr><td rowspan="3">통 원</td><td rowspan="3">상해・질병당
회당 30만원
(연 180회)</td><td>상해
입・통원</td><td>합산 연간 5천만원
(통원 회당 20만원)</td><td>합산 연간 5천만원
(통원 회당 20만원)</td></tr>
<tr><td>질병
입・통원</td><td>합산 연간 5천만원
(통원 회당 20만원)</td><td>합산 연간 5천만원
(통원 회당 20만원)</td></tr>
<tr><td colspan="3">※ 비급여에 한해 별도 통원 횟수 추가 예정</td></tr>
<tr><td colspan="2">재가입주기</td><td>15년</td><td colspan="3">5년</td></tr>
</table>

심화TIP 국민건강보험과 실손의료보험의 비교

구 분	국민건강보험	실손의료보험
관련 법규	국민건강보험법	보험업법
운영 주체	국가(국민건강보험공단)	민영 보험회사
의무가입 여부	전 국민을 대상으로 가입이 강제됨 ⇒ 의무가입	가입 여부를 자유롭게 선택 가능함 ⇒ 임의가입
보상방법	「국민건강보험법」 등에서 정한 금액을 국가가 보상	국민건강보험에서 보장하지 않는 의료비를 대상으로 보험회사가 보상
보장범위	국민의 질병・부상에 대한 예방・진단・치료・재활과 출산・사망 및 건강증진 등 보장	질병, 상해에 대한 본인부담금 중 일부 보장
보장대상 질병	모든 질병 ※ 「국민건강보험법」상의 비급여대상은 제외	「국민건강보험법」상의 비급여대상 및 보험약관에서 보상하지 않는 질병은 제외
보험료 산정방법	소득수준과 재산규모에 따라 보험료를 차등 부과	과거 위험발생률을 토대로 대수의 법칙에 따라 보험료 산출

〈자료출처 : 국민건강보험공단〉

제6절 해외여행 실손의료보험

1. 해외여행 실손의료보험의 보장종목

해외여행 실손의료보험은 해외여행 중에 피보험자의 상해 또는 질병으로 인한 의료비를 보험회사가 보상하는 상품으로, 상해의료비형, 질병의료비형의 2가지 이내의 보장종목으로 구성한다.

보장 종목	세부 구성 항목	보상하는 내용
상해 의료비	해외	피보험자가 해외여행 중에 입은 상해로 인하여 해외의료기관[주1)]에서 의료비가 발생한 경우에 보상
	국내(급여)	피보험자가 해외여행 중에 입은 상해로 인하여 의료기관에 입원 또는 통원하여 급여[주2)] 치료를 받거나 급여 처방조제를 받은 경우에 보상
질병 의료비	해외	피보험자가 해외여행 중에 질병으로 인하여 해외의료기관[주1)]에서 의료비가 발생한 경우에 보상
	국내(급여)	피보험자가 해외여행 중에 질병으로 인하여 의료기관에 입원 또는 통원하여 급여치료를 받거나 급여 처방조제를 받은 경우에 보상

주1) 해외의료기관은 해외소재 의료기관을 말하며, 해외소재약국을 포함한다.

주2) 「국민건강보험법」에서 정한 요양급여 또는 「의료급여법」에서 정한 의료급여

2. 보상하는 손해

1) 상해의료비

(1) 해외의료비

① 보상내용

피보험자가 보험증권에 기재된 해외여행 중에 상해를 입고, 이로 인해 해외의료기관에서 의사(치료받는 국가의 법에서 정한 병원 및 의사의 자격을 가진 자에 한함)의 치료를 받은 때에는 보험가입금액을 한도로 피보험자가 실제 부담한 의료비 전액을 보상한다.

② 치료 중 보험기간의 만료

해외여행 중에 피보험자가 입은 상해로 인해 치료를 받던 중 보험기간이 끝났을 경우에는 보험기간 종료일부터 180일까지(보험기간 종료일은 제외한다) 보상한다.

(2) 국내의료비

① 보상내용

피보험자가 보험증권에 기재된 해외여행 중에 상해를 입고, 이로 인해 국내의료기관・약국에서 치료를 받은 때에는 '국내의료기관 의료비 중 보상하는 상해의료비'에 따라 보상한다.

② 치료 중 보험기간의 만료

보험기간이 1년 미만인 경우에는 해외여행 중에 피보험자가 입은 상해로 보험기간 종료 후 30일(보험기간 종료일은 제외한다) 이내에 의사의 치료를 받기 시작했을 때에는 의사의 치료를 받기 시작한 날부터 180일(통원은 180일 동안 90회)까지만(보험기간 종료일은 제외한다) 보상한다.

2) 질병의료비

(1) 해외의료비

① 보상내용

피보험자가 보험증권에 기재된 해외여행 중에 질병으로 인하여 해외의료기관에서 의사(치료받는 국가의 법에서 정한 병원 및 의사의 자격을 가진 자에 한함)의 치료를 받은 때에는 보험가입금액을 한도로 피보험자가 실제 부담한 의료비 전액을 보상한다.

② 치료 중 보험기간의 만료

해외여행 중에 피보험자가 질병으로 인해 치료를 받던 중 보험기간이 끝났을 경우에는 보험기간 종료일부터 180일까지(보험기간 종료일은 제외한다) 보상한다.

(2) 국내의료비

① 보상내용

피보험자가 보험증권에 기재된 해외여행 중에 발생한 질병으로 인해 국내의료기관・약국에서 치료를 받은 때에는 '국내의료기관 의료비 중 보상하는 질병의료비'에 따라 보상한다.

② 치료 중 보험기간의 만료

보험기간이 1년 미만인 경우에는 해외여행 중에 질병을 원인으로 하여 보험기간 종료 후 30일(보험기간 종료일은 제외한다) 이내에 의사의 치료를 받기 시작했을 때에는 의사의 치료를 받기 시작한 날부터 180일(통원은 180일 동안 90회)까지만(보험기간 종료일은 제외한다) 보상한다.

제 5 장 간병보험

1. 간병보험 일반

1) 간병보험의 의의

간병보험이란 활동불능 또는 인식불명 등 장기간 타인의 간병을 요하는 상태를 보장하는 보험을 말하며, 질병보험과는 달리 피보험자가 일상생활장해상태나 기질성 치매 또는 알츠하이머로 인하여 항상 보호자가 돌보아야 하는 치매상태로 판정되었을 경우에 보험금을 지급하는 보험이다.

2) 생명보험 및 손해보험의 간병보험

(1) 생명보험의 간병보험

생명보험의 간병보험은 일상생활장해상태 또는 치매상태를 보장한다. 일상생활장해상태담보는 계약일부터 90일이 지난날의 다음날부터 책임이 개시되며, 치매상태는 계약일부터 2년이 지난날의 다음날부터 책임이 개시된다. 두 가지 지급사유 중 최초로 발생한 지급사유에 대해 1회에 한하여 보상한다.

(2) 손해보험의 간병보험

손해보험의 간병보험은 활동불능상태 또는 치매상태를 보장한다. 생명보험과는 달리 면책기간을 두지 않으며, 보험기간 중 진단 확정되고 그날을 포함하여 90일 또는 180일 이상 활동불능상태 또는 치매상태가 계속되었을 때 1회에 한하여 보상한다.

2. 간병보험의 기질성 치매

1) 기질성 치매의 정의

치매란 정상적으로 성숙한 뇌가 질병이나 와상 후 기질성 손상으로 파괴되어 한번 획득한 지적 지능이 지속적 또는 전반적으로 저하되는 것을 말한다.

2) 기질성 치매의 원인

치매의 50%는 알츠하이머병으로 인해 생기고, 20~30%는 혈관성 치매인 중풍후유증으로 뇌신경세포가 파괴되어 일어나며, 나머지는 일산화탄소 중독후유증, 두부외상, 알릴의무와 파킨슨병이 원인인 것으로 알려져 있다.

3) 기질성 치매의 증상

초기에는 기억력상실 증상이 나타나고, 병이 악화되면 치매증세가 심해지며, 복합 지적능력의 결여, 정서적 불안과 동요 혹은 정신병적인 특징 등이 나타난다.

4) 기질성 치매의 종류

(1) 알츠하이머병

알츠하이머병이란 아밀로이드 등의 신경독소물질의 축적으로 인해 양측 측두엽의 기능저하로 시작되어 노인판과 신경섬유농축제 등이 뇌의 피질로 확산되면서 진행되는 질환을 말한다.

(2) 혈관성 치매(Vascular Dementia)

혈관성 치매란 뇌동맥경화, 뇌졸중 등의 다양한 혈관에서의 문제로 치매가 발생한 것을 말한다.

(3) 제8차 한국표준질병·사인분류상의 기질성 치매분류

① 알츠하이머병에서의 치매(F00)
② 혈관성 치매(F01)
③ 달리 분류된 기타 질환에서의 치매(F02)
④ 상세불명의 치매(F03)
⑤ 치매에 병발된 섬망(F05.1)

5) 기질성 치매의 치료

원인치료가 무엇보다 중요하나 대부분의 경우 치료가 힘들며, 10~15% 정도가 가역적으로 회복될 수 있다. 치료방법으로는 사회심리치료, 약물치료 등이 있다.

3. 생명보험의 간병보험에서의 경증치매와 중증치매

1) 경증치매

경증치매란 인지, 지각, 기억력 등 대뇌활동에 장해가 발생한 질환으로서 알츠하이머 또는 퇴행성 병변으로 인한 대뇌 질환으로 진단된 사람이 신체활동의 제한 여부에 관계없이 정신건강의학과 또는 신경정신과 전문의 자격을 가진 자가 실시하는 인지기능검사(Clinical Dementia Rating : CDR) 결과가 1점 또는 2점인 경우를 말한다.

2) 중증치매

중증치매란 인지, 지각, 기억력 등 대뇌활동에 장해가 발생한 질환으로서 알츠하이머 또는 퇴행성 병변으로 인한 대뇌 질환으로 진단된 사람이 신체활동의 제한 여부에 관계없이 정신건강의학과 또는 신경정신과 전문의 자격을 가진 자가 실시하는 인지기능검사(Clinical Dementia Rating : CDR) 결과가 3점 이상으로서 타인의 완전한 도움이 필요하다고 위 전문가가 판단한 경우를 말한다.

3) 경증치매와 중증치매의 진단확정

경증치매 및 중증치매의 진단확정은 「의료법」 제3조(의료기관)에서 정한 국내의 병원이나 의원 또는 국외의 의료 관련법에서 정한 의료기관의 정신건강의학과 또는 신경정신과 전문의 자격을 가진 자에 의한 진단서에 의하며, 이 진단은 병력, 신경학적 검진과 함께 뇌전산화단층촬영(CT), 자기공명영상촬영(MRI), 뇌파검사, 뇌척수액검사 등을 기초로 하여야 한다.

4) 경증치매와 중증치매의 보장개시일

경증치매 및 중증치매는 계약일부터 그날을 포함하여 만 2년이 지난날의 다음날부터 보장책임이 개시된다. 다만, 재해로 인한 뇌손상으로 인하여 경증치매 또는 중증치매가 발생한 경우에는 제1회 보험료를 받은 날부터 책임이 개시된다.

5) 치매의 진단과 보험금의 지급

피보험자가 보험기간 중 보장개시일 이후에 경증치매 또는 중증치매로 진단받았을 경우 각각 최초 1회에 한하여 각각의 보험금을 지급한다. 다만, 피보험자가 경증치매로 진단받고 경증치매보험금이 지급된 후에 중증치매가 발생한 경우에는 중증치매보험금에서 경증치매보험금을 차감한 차액만을 지급한다.

4. 생명보험에서의 치매상태

1) 약관상 치매상태의 정의

피보험자가 계약일 이후에 발생한 재해 또는 한국표준질병・사인분류 중 기질성 치매분류표에서 정한 질병으로 치매보장책임개시일 이후에 기질성 치매상태가 되고, 이로 인하여 인지기능의 장애가 발생한 상태를 말한다.

2) 치매상태의 요건

(1) 재해의 발생

피보험자가 재해로 인하여 치매보장책임개시일 이후에 기질성 치매상태가 되고, 이로 인하여 인지기능의 장해가 발생한 경우에 치매상태로 인정한다.

(2) 기질성 치매분류표에 의한 질병의 진단

피보험자가 한국표준질병・사인분류 중 기질성 치매분류표에서 정한 질병으로 치매보장책임개시일 이후에 기질성 치매상태가 되고, 이로 인하여 인지기능의 장해가 발생한 경우에 치매상태로 인정한다.

(3) 인지기능의 장해

인지기능의 장해란 한국간이인지기능선별검사(MMSE-K) 결과가 19점 이하이고, 동시에 CDR 척도검사 결과가 3점 이상에 해당되는 상태를 말한다.

3) 치매상태의 보장개시일

치매상태의 보장책임개시일은 계약일부터 그날을 포함하여 만 2년이 지난날의 다음날부터 시작된다. 다만, 재해로 인한 뇌손상으로 인하여 경증치매 또는 중증치매가 발생한 경우에는 제1회 보험료를 받은 날부터 책임이 개시된다.

5. 손해보험에서의 치매상태

1) 약관상 치매상태의 정의

손해보험에서의 치매상태는 ① 기질성 치매로 진단 확정되고, ② 일상생활동작분류상의 장해상태 또는 ③ 문제행동분류표상의 상태 중 어느 하나에 해당하는 상태를 말한다.

2) 기질성 치매의 진단

기질성 치매의 진단이란 정상적으로 성숙한 뇌가 질병이나 외상 후 기질성 손상으로 파괴되어 한번 획득한 지적지능이 지속적 또는 전반적으로 저하된 것을 말한다.

3) 일상생활동작분류상의 장해상태

① 보행, ② 식사, ③ 배설, ④ 목욕, ⑤ 의복 착·탈의와 같은 일상생활동작을 보조기구를 사용하여도 할 수 없는 상태 또는 이와 같은 정도의 간병을 필요로 하는 상태에 있기 때문에 항상 타인의 간병이 필요한 경우를 말한다.

4) 문제행동분류표상의 상태

문제행동이란 피보험자가 통상적인 일상생활을 일탈한 아래의 문제행위 중 어느 하나의 행위 또는 이와 같은 정도의 간병을 필요로 하는 문제행위가 있기 때문에 항상 타인의 간병이 필요한 경우를 말한다.

① 배회하거나 길을 잃는다.
② 과식, 거식 또는 이식(음식물이 아닌 종류를 섭취)
③ 장소를 가리지 않고 배설하거나 배설물을 신체에 묻히거나 만지는 등 불결한 행위를 한다.
④ 폭력행위 또는 파괴행위를 한다.
⑤ 흥분해서 소동을 피운다.
⑥ 불단속을 제대로 하지 못한다.
⑦ 물건을 훔치거나 마구 모은다.

6. 간병보험의 일상생활장해상태(활동불능상태)

1) 약관상 정의

피보험자가 계약일 이후에 발생한 재해 또는 질병으로 인하여 일상생활장해 보장책임개시일 이후에 특별한 보조기구(휠체어, 목발, 의수, 의족 등)를 사용하여도 생명유지에 필요한 일상생활 기본동작들을 스스로 할 수 없는 상태로서 다음 중 ①에 해당되고 동시에 ②~⑤ 중 어느 하나에 해당하는 상태를 말한다. 여기서 "스스로 할 수 없는 상태"란 "일상생활기본동작" 유형 및 "타인의 완전한 도움" 판단기준표에서 정한 "항상 타인의 완전한 도움"이 필요한 경우를 말한다.

① 이동하기(보행하기)를 스스로 할 수 없는 상태
② 식사하기
③ 화장실 사용하기
④ 목욕하기
⑤ 옷 입기

2) 보장책임개시일

(1) 생명보험의 일상생활장해상태의 보장개시일

생명보험에서의 일상생활장해상태 보장개시일은 질병사고에 한하여 계약일(부활일)부터 그날을 포함하여 90일(면책기간)이 지난날의 다음날부터 시작된다. 다만, 재해로 인한 경우에는 계약일(부활일)부터 보장이 개시된다.

(2) 손해보험의 활동불능상태의 보장개시일

손해보험의 활동불능상태 보장개시일은 면책기간(waiting period)의 적용 없이 계약일(부활일)부터 시작된다. 다만, 활동불능상태로 진단 확정되고 그날을 포함하여 90일 또는 180일 이상 활동불능상태가 지속되었을 경우에 보상이 된다.

7. 장기간병(요양) 특별약관

1) 노인장기요양보험 등급

(1) 노인장기요양보험 1등급

"노인장기요양보험 1등급"이라 함은 「만 65세 이상 노인」 또는 「노인성 질병을 가진 만 65세 미만의 자」로서 거동이 현저히 불편하여 장기요양이 필요하다고 판단되어 「노인장기요양보험법」에 따라 등급판정위원회에서 장기요양 1등급으로 판정받은 경우를 말한다. 다만, 노인성 질병이란 치매 · 뇌혈관성 질환 등 대통령령으로 정하는 질병을 말한다.

(2) 노인장기요양보험 2등급

"노인장기요양보험 2등급"이라 함은 「만 65세 이상 노인」 또는 「노인성 질병을 가진 만 65세 미만의 자」로서 거동이 현저히 불편하여 장기요양이 필요하다고 판단되어 「노인장기요양보험법」에 따라 등급판정위원회에서 장기요양 2등급으로 판정받은 경우를 말한다. 다만, 노인성 질병이란 치매 · 뇌혈관성 질환 등 대통령령으로 정하는 질병을 말한다.

심화TIP 노인성 질병의 종류(노인장기요양보험법 시행령 <별표 1>)

구 분	질병명	질병코드
한국표준질병 · 사인분류	알츠하이머병에서의 치매	F00*
	혈관성 치매	F01
	달리 분류된 기타 질환에서의 치매	F02*
	상세불명의 치매	F03
	알츠하이머병	G30
	지주막하출혈	I60
	뇌내출혈	I61
	기타 비외상성 두개내출혈	I62
	뇌경색증	I63
	출혈 또는 경색증으로 명시되지 않은 뇌졸중	I64
	뇌경색증을 유발하지 않은 뇌전동맥의 폐쇄 및 협착	I65
	뇌경색증을 유발하지 않은 대뇌동맥의 폐쇄 및 협착	I66
	기타 뇌혈관 질환	I67
	달리 분류된 질환에서의 뇌혈관장애	I68*
	뇌혈관 질환의 후유증	I69
	파킨슨병	G20
	이차성 파킨슨증	G21
	달리 분류된 질환에서의 파킨슨증	G22*
	기저핵의 기타 퇴행성 질환	G23
	중풍후유증	U23.4
	진전(震顫)	R25.1

[비고]
1. 질병명 및 질병코드는 「통계법」 제22조에 따라 고시된 한국표준질병 · 사인분류에 따른다.
2. 진전은 보건복지부장관이 정하여 고시하는 범위로 한다.

2) 장기요양상태의 정의

"장기요양상태"라 함은 "노인장기요양보험 1등급" 또는 "노인장기요양보험 2등급"으로 판정받은 경우를 말한다.

3) 장기요양상태 보장개시일

"요양간병자금"에 대한 보장개시일은 계약일[부활(효력회복)일]부터 그 날을 포함하여 90일이 되는 날의 다음날로 하며 회사는 그 날부터 약관이 정하는 바에 따라 보장한다. 다만, "장기요양상태" 중 재해를 직접적인 원인으로 "장기요양상태"가 발생한 경우에는 특약의 보장개시에서 정한 보장개시일을 "장기요양상태 보장개시일"로 한다.

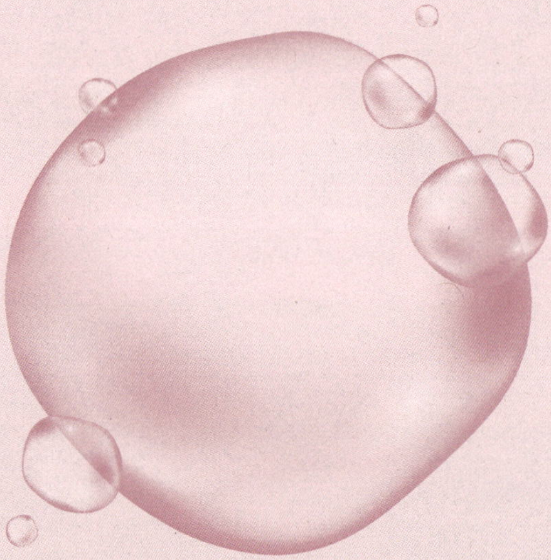

의심은 실패보다 더 많은 꿈을 죽인다.

– 카림 세디키 –

제3보험의 이론과 실무

최근 기출문제

01

피보험자 신나라씨는 실손의료보험을 가입하고 계약을 정상으로 유지 중 의료기관에서 입원 및 통원치료를 받고 보험금을 청구하였다.

아래 제 조건을 읽고, ① 통원의료비(외래), ② 통원의료비(처방조제비), ③ 입원의료비를 계산하시오(각각 계산과정 명시). (20점)

〈계약사항〉

보험종류	피보험자	보험기간	담보종목	가입금액(보상한도액)	자기부담률
실손의료보험 (표준형)	신나라	2014.5.6. ~2017.5.6.	질병입원형 질병통원형	입원 : 3,000만원 통원 : 외래 1회당 25만원, 처방 1건당 5만원	20%

※ 상기 보험은 실손의료보험 표준약관 및 표준사업방법서 개정(2014.2.11.)으로 아래의 통원의료비 및 입원의료비는 발생한 것으로 가정함

※ 동일회사 계약의 자동갱신 또는 재가입은 없는 것으로 가정함

〈통원의료비 발생내역〉

통원일	진단명(병명)	진료기관	본인부담의료비	
			외 래	처방조제비
2017.3.11.	위염	A의원	40,000원	10,000원
2017.3.11.	위염	B병원	200,000원	50,000원
2017.4.25.	비만	B병원	50,000원	100,000원
2017.5.4.	위궤양	C상급종합병원	250,000원	70,000원
2017.10.7.	위궤양	C상급종합병원	300,000원	50,000원

〈입원의료비 발생내역〉

입원기간	진단명(병명)	진료기관	본인부담의료비	
			요양급여 중 본인부담의료비	비급여의료비
2014.10.1. ~10.10.(10일)	추간판탈출증	D상급종합병원	100만원	500만원*
2014.11.1. ~11.15.(15일)	추간판탈출증	E한방병원	50만원	300만원
2015.3.1. ~3.30.(30일)	추간판탈출증	B병원	200만원	400만원**
2015.11.15. ~11.30.(16일)	추간판탈출증	D상급종합병원	150만원	50만원

* D상급종합병원 입원기간(2014.10.1. ~10.10.) 중 비급여의료비 500만원에는 병실료 차액 300만원(상급병실 10일 사용)이 포함됨

** B병원 입원기간(2015.3.1. ~3.30.) 중 비급여의료비 400만원에는 보조기 구입비용 50만원, 환자 간병비 50만원, 선택진료비 100만원, 보호자 식대비 48만원, 진단서 발급비용 2만원이 포함됨

〈기타 사항〉

• 계약 전 알릴의무위반 사실은 없음. • 보험금 계산시 편의상 본인부담금상한제도와 자기부담금한도제도는 적용하지 않음.

모범답안

※ 본 문제는 3세대 실손의료보험약관에 따라 기술하였다.

1. 통원의료비

하루에 동일한 질환으로 중복 통원한 경우에 공제금은 높은 공제금 1회만 공제한다. 비만은 면책위험에 해당한다.

(1) 2017.3.11. : 위염

(4만원 + 20만원) − Max[1.5만원, (24만원 × 20%)] = 192,000원

※ 동일한 질병으로 중복 통원한 경우 공제금은 공제금이 큰 의료기관의 직접공제금과 각 의료기관의 통원의료비를 합산한 금액의 20% 중 더 큰 금액을 공제한다.

(2) 2017.4.25. : 비만 ⇒ 면책

(3) 2017.5.4. : 위궤양

25만원 − Max[2만원, (25만원 × 20%)] = 200,000원

(4) 2017.10.7. : 위궤양

30만원 − Max[2만원, (30만원 × 20%)] = 240,000원

(5) 합 계

192,000원 + 200,000원 + 240,000원 = **632,000원**

2. 처방조제비

(1) 2017.3.11. : 위염

(1만원 + 5만원) − Max[0.8만원, (6만원 × 20%)] = 48,000원

※ 동일한 질병으로 중복 통원한 경우 공제금은 처방조제비 직접공제금과 각 처방조제비를 합산한 금액의 20% 중 더 큰 금액을 공제한다.

(2) 2017.4.25. : 비만 ⇒ 면책

(3) 2017.5.4. : 위궤양

7만원 − Max[0.8만원, (7만원 × 20%)] = 56,000원

단, 처방조제비 한도가 5만원이므로 5만원을 인정한다.

(4) 2017.10.7. : 위궤양

5만원 − Max[0.8만원, (5만원 × 20%)] = 40,000원

(5) 합 계

48,000원 + 50,000원 + 40,000원 = **138,000원**

3. 입원의료비

(1) 2014.10.1. 입원

① 입원비 : (100만원 + 200만원) × 80% = 2,400,000원

② 병실차액 : 300만원 × 50% = 1,500,000만원
문제에서 1일 평균금액은 300만원 / 10일 = 30만원으로 계산되지만, 약관상 1일 평균금액은 10만원을 한도로 하므로, **10만원/일 × 10일 = 100만원**을 인정한다.

③ 소계 : 3,400,000원

(2) 2014.11.1. 입원

50만원 × 80% = 400,000원

※ 한방병원의 비급여의료비는 보상대상이 아니다.

(3) 2015.3.1. 입원

비급여의료비 400만원 − 보조기 구입비용 50만원 − 간병비 50만원 − 보호자식대 48만원 − 진단서 발급비용 2만원 = 보장대상의료비 250만원

(200만원 + 250만원) × 80% = 3,600,000원

(4) 2015.11.15. 입원

(150만원 + 50만원) × 80% = 1,600,000원

※ 하나의 질병으로 인한 입원의료비는 최초 입원일로부터 365일까지 보상한다. 단, 하나의 질병으로 365일을 넘어 입원할 경우에는 90일간의 보상제외기간이 지났거나, 최종입원의 퇴원일로부터 180일이 경과하여 재입원한 경우에는 새로운 질병으로 보아 다시 보상한다. 사안의 경우 하나의 질병으로 최종입원의 퇴원일(2015.3.30.)로부터 180일이 경과하여 재입원(2015.11.15.)한 경우에 해당하므로 보상한다.

(5) 합 계

3,400,000원 + 400,000원 + 3,600,000원 + 1,600,000원 = **9,000,000원**

02 다음 보험금청구 사례를 읽고 주어진 문제에 대하여 답하시오.

〈계약사항〉

보험종목	피보험자	보험기간	가입금액(보장내용)		사망시 수익자
장기 상해 보험	A	2012.12.1. ~ 2022.12.1.	일반상해사망담보	2,500만원	법정 상속인
			교통상해사망담보	5,000만원	
			일반상해후유장해담보	1억원	
			일반상해 80% 이상 후유장해재활자금	5,000만원	

※ 상기의 일반상해사망, 교통상해사망, 일반상해후유장해, 일반상해 80% 이상 후유장해재활자금담보는 별도의 특약보험료를 각각 납입하였음
※ 일반상해 80% 이상 후유장해재활자금은 일반상해사고로 장해지급률이 80% 이상에 해당하는 장해상태가 되었을 때 보험수익자에게 일시금으로 가입금액을 지급함
※ 장기상해보험은 질병·상해보험 표준약관을 사용함

〈사고사항〉

피보험자 A(50세)는 2013.8.1. 건축공사 현장을 지나던 중 철골구조물이 낙하하여 부상을 입고 치료 후 후유장해가 남아 2014.2.25. 후유장해를 진단받았으나, 보험금을 청구하지 않고 지내다가 교통사고로 2014.6.28. 현장 사망함.

〈장해진단사항〉

- 경추에 약간의 추간판탈출증 : 10%
- 우측 눈의 안구에 뚜렷한 조절기능 장해 : 10%
- 우측 손의 5개 손가락을 모두 잃었을 때 : 55%
- 우측 손목관절의 기능에 뚜렷한 장해를 남긴 때 : 10%
- 요추에 심한 추간판탈출증 : 20%(5년 한시장해)
- 좌측 어깨관절의 기능에 약간의 장해를 남긴 때 : 5%

〈가족사항〉

- 피보험자(A) : 사망 당시 부친(B)과 모친(C)이 생존해 있음.
- 피보험자(A) : 배우자와 자녀가 없음.
- 피보험자(A) : 형제자매로 성년의 동생(D)과 방계혈족으로 4촌 형(E)이 있음.

〈기타 사항〉

- 가족 중에 심신상실 및 심신박약자, 금치산자 · 한정치산자는 없음.
- 부친(B)은 피보험자(A)의 사망 이후인 2014.7.21. 사망함.

〈질문사항〉

상기의 조건에서 유가족이 2014.8.5. 보험회사에 보험금을 청구하였을 때, 지급보험금을 ① 후유장해보험금, ② 일반상해 80% 이상 후유장해재활자금, ③ 사망보험금으로 구분하여 산출하고, ④ 모친(C)이 수령할 보험금을 계산하시오(각각 계산과정 명시). (20점)

모범답안

1. 후유장해보험금

(1) 지급률의 결정

① 척추의 장해 : 경추와 요추의 장해가 있으나, 높은 장해 하나만 인정 ⇒ 10%

② 손과 팔의 장해 : 동일한 팔과 손의 장해지급률의 한도 적용 ⇒ 60%

③ 눈의 장해 : 조절기능 장해는 50세 이상은 무시함.

④ 좌측 어깨 관절장해 : 좌우의 팔과 다리는 다른 부위 ⇒ 5%

⑤ 합계 : 75%

(2) 후유장해보험금

1억원 × 75% = 7,500만원

2. 일반상해 80% 이상 후유장해재활자금

후유장해지급률이 80% 미만이므로 해당 사항 없음

3. 모친(C)이 수령할 보험금

피보험자의 사망보험금은 1억5,000만원(= 7,500만원 + 7,500만원)이고, 이를 부친(B)과 모친(C)이 상속한다.

① 부친(B) : 1억5,000만원 × 1 / 2 = 7,500만원

② 모친(C) : 1억5,000만원 × 1 / 2 = **7,500만원**

다만, 부친(C)도 보험금청구 이전에 사망하였으므로, 이를 다시 모친(C)과 그의 자녀(D)가 다시 상속한다.

③ 모친(C) : 7,500만원 × 1.5 / 2.5 = **4,500만원**

④ 자녀(D) : 7,500만원 × 1 / 2.5 = 3,000만원

따라서 모친(C)은 총 **1억2,000만원**(= 7,500만원 + 4,500만원)을 수령한다.

03

다음은 피보험자 행복해씨가 계약한 암보험계약이다. 아래의 제 조건을 참고하여 ① A 보험사가 지급하여야 할 진단급여금 및 수술급여금, ② B 보험사가 지급하여야 할 진단급여금 및 수술급여금을 계산하시오(각각 계산과정 명시). (20점)

〈계약사항〉

보험사	보험기간	보장내용	
		암진단급여금	암수술급여금(1회당)
A 보험사	2011.9.11.~ 2031.9.11.	고액암 : 2,000만원 일반암 : 1,000만원 경계성암 : 200만원 갑상선암 : 200만원	고액암 : 400만원 일반암 : 200만원 경계성암 : 50만원 갑상선암 : 50만원
B 보험사	2012.7.10.~ 2022.7.10.	고액암 : 1,000만원 일반암 : 500만원	고액암 : 200만원 일반암 : 100만원

※ 상기의 질병(암)은 제6차 개정 한국표준질병·사인분류(통계청 고시, 2011.1.1. 시행)를 기준으로 함

〈기타 사항〉

- 고액암 : 식도암, 췌장암, 뼈암, 뇌암, 혈액암
- 약관상 보상하는 손해이며, 계약 전 알릴의무위반 사실은 없음.
- 고액암, 일반암 진단급여금은 최초 1회에 한하여 지급 / 경계성암과 갑상선암도 각각 최초 1회에 한하여 지급
- 고액암, 일반암, 갑상선암, 경계성암 진단급여금은 가입일로부터 1년 이내 진단받은 경우 해당 진단급여금의 50% 지급

〈치료사항〉

- 2012.7.25. : 갑상선암(C73) 진단
- 2012.8.17. : 상세불명 부위의 악성신생물(C77) 진단
- 2012.8.20. : 상세불명 부위의 악성신생물(C77)로 수술을 시행하고, 조직검사결과 일차성 암은 갑상선암(C73)으로 최종 확인됨
- 2012.10.5. : 조직검사결과 원발성 유방암(C50) 진단 및 유방절제수술 시행
- 2013.6.1. : 백혈병으로 1차 수술 후 시행한 검사결과 만성 호산구성 백혈병(D47.5) 최종 진단
- 2013.11.10. : 백혈병 상태 악화로 재입원하여 만성 호산구성 백혈병(D47.5) 2차 수술 시행

모범답안

1. A 보험사가 지급하여야 할 진단급여금 및 수술급여금

(1) 진단급여금

① 2012.7.25. 갑상선암 진단급여금 : 100만원(가입일로부터 1년 이내에 진단받은 경우에 해당하므로 50%만 지급)

② 2012.8.17. 악성신생물(C77) 진단급여금 : 해당 사항 없음

③ 2012.8.20. 갑상선암(C73)으로 최종 확인 : 진단급여금을 기지급하였으므로, 해당 사항 없음

④ 2012.10.5. 유방암(C50) 진단급여금 : 1,000만원

⑤ 2013.6.1. 만성 호산구성 백혈병(D47.5) 진단급여금 : 1,000만원(= 2,000만원 – 1,000만원)

⑥ 합계 : 2,100만원

(2) 수술급여금

① 2012.8.20. 갑상선암 수술 : 50만원

② 2012.10.5. 유방암 수술 : 200만원

③ 2013.6.1. 백혈병 수술(1차) : 400만원

④ 2013.11.10. 백혈병 수술(2차) : 400만원

⑤ 합계 : 1,050만원

2. B 보험사가 지급하여야 할 진단급여금 및 수술급여금

유방암의 진단일이 계약일로부터 87일째이므로, B 보험사와의 암보험계약은 무효이다. 따라서 이미 지급한 암 관련 보험금이 있다면 모두 환수하고, 기타 B 보험사의 암 관련 보험금의 지급책임은 없다.

04

김갑동씨는 사무직으로 근무시 아래의 보험을 가입하고 2014.5.3.일자에 엘리베이터 정비원으로 직무가 변경되었으나, 사고일까지 통보하지 않았다. 아래의 제 조건을 참고하여 질문에 답하시오. (30점)

〈계약사항〉

보험종목	피보험자	보험기간	보장내용(가입금액)	
장기상해 보험	김갑동	2013.4.1. ~ 2033.4.1.	일반상해후유장해담보	1억원
			교통상해후유장해담보	2억원
			신주말일반상해후유장해담보	1억원
			일반상해 80% 이상 후유장해담보	1억원

※ 상기 각 담보는 별도의 특약보험료를 각각 납입함. 질병・상해보험 표준약관을 사용함

※ 일반상해 80% 이상 후유장해는 상해사고로 장해지급률 80% 이상에 해당하는 장해상태가 되었을 때 보험수익자에게 가입금액을 전액 지급함

※ 보험요율 : 1급 요율(0.2%), 2급 요율(0.3%), 3급 요율(0.4%)

※ 직업급수 : 사무직(1급), 엘리베이터 정비원(3급)

〈사고사항〉

피보험자는 2014.8.22.(금요일) 쇼핑몰의 엘리베이터 고장으로 본인이 직접 수선작업을 하는 동안 발생한 사고로 상해를 입고 1차 장해진단 받아 2015.2.18.일자에 보험금을 청구하였다. 이에 보험회사가 알릴의무위반으로 2015.3.5.일자에 계약해지 처리하였으며, 그 후 장해상태가 악화되어 2차 장해진단 받았음.

〈장해상태〉

(1) 1차 장해진단[진단일자 : 2015.2.17.(화요일)]
① 우)슬관절 동요관절 8mm(건측대비 환측)
② 코의 1/4 이상 결손
③ 한쪽 코의 후각기능을 완전히 잃음
④ 좌)고관절 인공골두 삽입

(2) 2차 장해진단 : 〈후유장해진단서〉 참조

〈후유장해진단서〉

성 명	김갑동	남	주민번호	******-*******	병록번호	******
수상일	2014년 8월 22일		초진일	2014년 8월 22일	장해진단일	2015년 7월 30일

□ 상명병(※ 상병명이 많을 때는 장해와 관계있는 주요 상병명을 기재하여 주십시오)

1) 우측 안와부골절
2) 좌측 족관절골절
3) 양측 슬관절 후방 십자인대파열 및 대퇴골골절

□ 주요 치료경과 현증 및 기왕증 주요 검사소견 등

상기 환자는 엘리베이터 수선작업 중 발생한 사고로 본원 내원하여 상병으로 치료 후 1차 후유장해 진단받았으나, 그 후 장해상태 악화되어 2차 후유장해 진단받음.

□ 상하지, 수, 족 척추관절의 운동범위 등

- 우)슬관절 – 스트레스 엑스선상 12mm 이상의 동요관절(건측대비 환측)
- 좌)슬관절 – 근전도 검사상 심한 마비 소견이 있고 근력검사에서 근력 '1등급(Trace)'
- 좌)족관절 – 굴곡 : 5(40), 신전 : 5(20), 외반 : 10(20), 내반 : 5(30)

※ (   ) : 정상운동범위(AMA 5판 의거)

시력	라안시력 : (좌) (우) 교정시력 : (좌) (우)	※ 정상시력에 대비한 (좌) % 시각장해율 (정상 100을 기준) (우) %	청력	적용기준 ASA ISO	(좌) db (우) db
	복시유무 : 정면시에서 복시유무 – (유)			보통대화청취거리 : m	

□ 장해진단(AMA장해평가)

- 우측 안구의 뚜렷한 운동장해(정면 양안시에서 복시를 남긴 때)
- 우측 슬관절 장해상태는 위와 같음
- 좌측 슬관절 및 족관절 장해상태는 위와 같음

비고(장해부위의 그림표시 등) ※ 영구장해로 사료됨	상기와 같이 진단함 진단서발행일 : 2015년 7월 30일 병의원 명칭 : **대학교병원

〈장해분류별 장해지급률〉

① 코의 기능 완전히 잃었을 때(15%)
② 외모에 약간의 추상을 남긴 때(5%)
③ 외모에 뚜렷한 추상을 남긴 때(15%)
④ 한 눈의 안구에 뚜렷한 운동장해(10%)
⑤ 한다리 1관절 기능 완전히 잃었을 때(30%)
⑥ 한다리 1관절 기능 심한 장해(20%)
⑦ 한다리 1관절 기능 뚜렷한 장해(10%)
⑧ 한다리 1관절 기능 약간의 장해(5%)

〈질문사항〉

(1) 1차 장해진단으로 지급하여야 할 보험금을 계산하시오(지급근거 및 계산과정 명시). (10점)

(2) 2차 장해진단으로 지급하여야 할 보험금을 계산하시오(지급근거 및 계산과정 명시). (10점)

(3) 상기 제 조건과 달리, 제3보험의 장해분류표상 아래의 「장해판정기준」에 대해 기술하시오. (10점)

① 한 귀의 청력에 "약간의 장해를 남긴 때"

② 흉복부장기 또는 비뇨생식기 기능에 "뚜렷한 장해를 남긴 때"

모범답안

1. 1차 장해진단으로 지급하여야 할 보험금

(1) 검토사항

① 피보험자는 신주말(금요일)에 사고가 발생하였으므로, 주말일반상해후유장해가 담보된다.

② 엘리베이터는 교통승용구에 포함되지만, 피보험자가 교통승용구를 수선, 청소작업 등을 하는 경우에는 교통상해로 보지 않는다.

③ 직업 또는 직무가 변경되었고, 그 직무로 인한 사고발생시 비례보상한다.

④ 후유장해지급률이 합산하여 80% 이상이 되면 해당 고도후유장해보험금의 지급대상이 되고, 기왕증 및 직업요율 변경을 적용한 후 보상한다.

(2) 지급보험금

① 1차 장해진단 장해지급률

- 우)슬관절 동요관절 8mm(건측대비 환측) ⇒ 5%
- 코의 1/4 이상 결손 ⇒ 5%
- 좌)고관절 인공골두 삽입 ⇒ 30%
- 장해지급률 합계 : 40%

※ 한쪽 코의 후각기능을 완전히 잃은 경우에는 장해보상대상이 되지 아니하고, 양쪽 코의 후각기능을 완전히 잃은 경우에만 장해보상대상이 된다.

② 후유장해보험금

- 일반상해후유장해 : 1억원 × 40% × 0.2/0.4 = 2,000만원
- 교통상해후유장해 : 해당 사항 없음
- 신주말일반상해후유장해 : 1억원 × 40% × 0.2/0.4 = 2,000만원
- 80% 이상 후유장해 : 해당 사항 없음
- 1차 사고 후유장해보험금 합계액 : 4,000만원

2. 2차 장해진단으로 지급하여야 할 보험금

(1) 2차 장해진단 장해지급률

① 우)슬관절 : 스트레스 엑스선상 12mm 이상의 동요관절(건측대비 환측) ⇒ 10%

② 좌)슬관절 : 심한 마비소견 있고, 근력검사에서 근력 1등급(Trace) ⇒ 20%

③ 좌)족관절 : 굴곡 : 5(40), 신전 : 5(20), 외반 : 10(20), 내반 : 5(30) ⇒ 20%

(2) 후유장해보험금

① 일반상해후유장해담보

- 우)슬관절 : (1억원 × 10%) − (1억원 × 5%) = 500만원
- 좌)슬관절/좌)족관절 : (1억원 × 60%) − (1억원 × 30%) = 3,000만원

  ※ 좌)고관절 30% + 좌)슬관절 20% + 좌)족관절 20% = 70%이나, 한 다리의 장해지급률 한도가 60%이므로 60%까지만 인정한다.
- 감액보상금액 : 3,500만원 × 0.2/0.4 = 1,750만원

② 교통상해후유장해담보 : 해당 사항 없음

③ 신주말일반상해후유장해

- 우)슬관절 : (1억원 × 10%) − (1억원 × 5%) = 500만원
- 좌)슬관절 : (1억원 × 60%) − (1억원 × 30%) = 3,000만원
- 감액보상금액 : 3,500만원 × 0.2/0.4 = 1,750만원

④ 80% 이상 후유장해

- 우)슬관절 ⇒ 10%
- 좌)슬관절 20%, 좌)족관절 20%, 좌)고관절 30%, 합계 60%
- 외모의 장해 ⇒ 5%
- 1차 및 2차 후유장해지급률 합계 : 75%
- 80% 이상 후유장해 : 해당 사항 없음

⑤ 2차 사고 후유장해보험금 합계액 : 3,500만원

3. 제3보험의 장해분류표상 아래의 장해판정기준

(1) 한 귀의 청력에 "약간의 장해를 남긴 때"

"약간의 장해를 남긴 때"라 함은 순음청력검사 결과 평균순음역치가 70dB 이상인 경우에 해당되어, 50cm 이상의 거리에서는 보통의 말소리를 알아듣지 못하는 경우를 말한다.

(2) 흉복부장기 또는 비뇨생식기 기능에 "뚜렷한 장해를 남긴 때"

① 한쪽 폐 또는 한쪽 신장을 전부 잘라내었을 때

② 방광 기능상실로 영구적인 요도루, 방광루, 요관 장문합 상태

③ 위, 췌장을 50% 이상 잘라내었을 때

④ 대장절제, 항문 괄약근 등의 기능장해로 영구적으로 장루, 인공항문을 설치한 경우(치료과정에서 일시적으로 발생하는 경우는 제외)

⑤ 심장기능 이상으로 인공심박동기를 영구적으로 삽입한 경우

⑥ 요도괄약근 등의 기능장해로 영구적으로 인공요도괄약근을 설치한 경우

05

피보험자 행복해씨는 보험가입 당시 보험사에 과거병력을 고지하여 "위, 십이지장" 및 "경추부"에 아래 보험계약의 보험기간(보험금을 지급하지 않는 기간)으로 「특정 신체부위·질병 보장제한부 인수 특별약관」이 부가된 보험계약을 체결하였다. 다음 질문에 답하시오. (20점)

〈계약사항〉

보험종목	보험기간	가입금액(보장내용)	
종합보험	2015.2.1. ~2035.2.1.	암 진단비담보 질병사망담보 질병수술비담보(수술 1회당) 일반상해입원일당(1일 이상) 교통상해입원일당(4일 이상)	2,000만원 5,000만원 100만원 1일당 2만원 1일당 5만원

※ 암 진단비담보 : 원발암 및 전이암 여부와 관계없이 최초 1회만 지급됨
※ 알릴의무위반 사항은 없음. 특약 개정으로 사고는 발생한 것으로 가정함

〈질문사항〉

(1) 피보험자는 2015.10.17. 콤바인으로 벼 수확작업을 마치고 콤바인을 운전하여 도로운행 중 사고로 경추골절이 발생하여 2015.10.17. ~ 10.26.까지 10일간 병원에서 입원치료를 받았다. 보험사가 지급해야 할 보험금과 그 근거를 기술하시오. (6점)

(2) 피보험자는 2016.3.1. 건강검진시 위암으로 진단받고 치료 후 2016.12.1. 간으로 전이되어 간암 진단을 받아 치료 중 2017.10.15. 간암으로 사망하였다. 보험사가 지급해야 할 보험금과 그 근거를 기술하시오. (7점)

(3) 상기 (1), (2)의 질문사항과 달리, 피보험자가 상기 보험가입 이후 병원에 내원없이 지내다가 가입 이후인 2020.5.1. 최초 내원한 병원에서 위선종 진단받고 선종제거수술을 받았다. 보험사가 지급해야 할 보험금과 그 근거를 기술하시오. (7점)

모범답안

(1) 2015.10.17. 경추골절에 대한 지급보험금

농업기계인 콤바인을 도로 주행 중에 사용하던 중 발생한 사고는 교통상해에 해당한다. 종합보험 내에 일반상해와 교통상해를 함께 담보하고 있으므로, 각각 지급한다. 위십이장부담보 특약은 상해사고에 영향을 미치지 아니한다.

① **일반상해입원** : 10일 × 2만원/일 = 20만원

② **교통상해입원** : (10일 – 3일) × 5만원/일 = 35만원

③ **합계액** : 55만원

(2) 2016.3.1. 건강검진시 위암으로 진단받고 치료 후 2016.12.1. 간으로 전이되어 간암진단을 받아 치료 중 2017.10.15. 간암으로 사망한 경우 지급보험금

① **암 진단보험금** : 면책

특정부위에 발생한 질병의 전이로 인하여 특정부위 이외의 부위에 발생한 질병보험금은 지급하지 않는다. 따라서 위암으로 진단받고 치료 후 간으로 전이되어 간암 진단을 받아 치료 중 간암으로 사망하였으므로, 암 진단비 2,000만원은 지급하지 않는다.

② **질병사망보험금** : 5,000만원

③ **합계액** : 5,000만원

(3) 2020.5.1. 최초 내원한 병원에서 위선종 진단받고 선종제거수술을 받은 경우 지급보험금

청약 전에 진단받은 질환이라고 하더라도 또는 부담보가 설정된 질병이라고 하더라도 보험가입 후 5년 동안 추가적인 진단, 처치 사실이 없으면 그 이후의 치료내용에 대하여는 보상한다.

- **질병수술비** : 100만원

06

피보험자 김소망씨는 A, B사에 보험을 가입하고 해외여행 중 발병한 질병으로 현지 병원에서 치료 후 귀국하여 국내 병·의원에서 치료받고 해당 실손의료비를 청구하였다. 아래 질문에 답하시오. (20점)

〈계약사항〉

보험사	보험종류	보험기간	담보종목	가입금액(보상한도액)		비 고
A	실손의료보험 (표준형)	2015.5.1.~ 2035.5.1.	질병	입원 : 5,000만원 통원 : 외래 1회당 20만원, 처방 1건당 10만원		자기부담률 (20%)
B	해외여행 실손의료보험 (표준형)	2015.10.1~ 2015.10.15.	질병 의료비	해외	1,000만원	여행지역 (전세계) 자기부담률 (20%)
				국내	입원 : 5,000만원 통원 : 외래 1회당 20만원, 처방 1건당 10만원	

※ 상기 보험은 표준약관 개정(2014.12.26.)으로 아래의 통원의료비 및 입원의료비는 발생한 것으로 가정하며, 계약 전 알릴의무위반 사항은 없음

※ 보험금 계산시 편의상 본인부담금상한제도와 자기부담금 한도제도는 적용하지 않음

〈해외의료비 발생내역〉

진료기관	진단명(병명)	치료기간	구 분	본인부담의료비
일본 E대학병원	뇌내출혈(I61)	2015.10.3.	통원	1,000,000원
일본 F치과의원	치주염(K05)	2015.10.14.	통원	300,000원
일본 K약국	치주염(K05)	2015.10.14.	처방	30,000원

〈국내 입원의료비 발생내역〉

진료기관	진단명(병명)	입원기간	요양급여		비급여 의료비
			공단부담	본인부담	
L상급종합병원	뇌내출혈(I61)	2016.5.7. ~6.5.(30일)	700만원	400만원	300만원*
N한방병원	뇌내출혈(I61)	2016.11.25. ~12.22.(28일)	200만원	200만원	500만원
O병원	뇌내출혈(I61)	2017.5.15. ~5.24.(10일)	150만원	300만원	100만원

* L상급종합병원 입원기간(2016.5.7. ~6.5.) 중 비급여의료비 300만원에는 회사가 보상하는 질병 치료를 목적으로 하는 영양제 30만원, TV시청료 10만원, 의사의 임상적 소견과 관련이 없는 검사비용 50만원이 포함됨

〈국내 통원의료비 발생내역〉

진료기관	진단명(병명)	치료기간	구 분	본인부담의료비
P상급종합병원	뇌출혈후유증(I69)	2017.5.25.	통원	80,000원
Q약국	뇌출혈후유증(I69)	2017.5.25.	처방	30,000원
R의원	상세불명 치매(F03)	2017.6.25.	통원	150,000원
S약국	상세불명 치매(F03)	2017.6.25.	처방	130,000원

〈질문사항〉

(1) 해외의료비 발생내역에 대하여 A, B 보험사가 지급하여야 할 실손의료비를 계산하시오(각각 계산과정 명시). (5점)

(2) 국내의료비 발생내역에 대하여 A, B 보험사가 지급하여야 할 실손의료비[① 입원의료비, ② 통원의료비(외래), ③ 통원의료비(처방조제비)]를 계산하시오(각각 계산과정 명시). (15점)

모범답안

※ 본 문제는 3세대 실손의료보험약관에 따라 기술하였다.

1. 해외의료비 발생내역에 대하여 A, B 보험사가 지급하여야 할 실손의료비

(1) A 보험사

해당 사항 없음

(2) B 보험사

해외의료기관에서 치료받은 의료비 전액을 보상한다.

1,000,000원 + 300,000원 + 30,000원 = 1,330,000원

2. 국내의료비 발생내역에 대하여 A, B 보험사가 지급하여야 할 실손의료비

(1) 입원의료비

진료기관	본인부담	비급여 의료비	보장대상의료비	보장대상 의료비의 합계	보상책임액 (80%)
L상급종합병원	400만원	300만원	400만원 + (300만원 – 10만원 – 50만원)	640만원	512만원
N한방병원	200만원	500만원	200만원(비급여 면책)	200만원	160만원
O병원	300만원	100만원	300만원 + 100만원	면책	면책
합계				840만원	672만원
계산	A 보험사 : 672만원 B 보험사 : 해당 사항 없음				

※ O병원의 입원의료비는 보상제외기간에 해당되므로 보상하지 않는다(면책).

(2) 통원의료비(외래)

병 원	진단명	보장대상의료비	공제액	보상책임액
P상급종합병원	I69	8만원	Max[2만원, 1.6만원]	6만원
R의원	F03	15만원	Max[1만원, 3만원]	12만원
합계				18만원
계산	A 보험사 : 18만원 B 보험사 : 해당 사항 없음			

(3) 통원의료비(처방조제비)

병 원	진단명	보장대상의료비	공제액	보상책임액
Q약국	I69	3만원	Max[0.8만원, 0.6만원]	2.2만원
S약국	F03	13만원	Max[0.8만원, 2.6만원]	10만원
합계				12.2만원
계산	A 보험사 : 12.2만원 B 보험사 : 해당 사항 없음			

※ B 보험사의 경우 보험기간 종료일 2015년 10월 15일부터 180일이 경과하여 치료비가 발생했기 때문에 보험금을 지급하지 않는다.

07 다음의 청구 사례를 보고 아래 질문에 답하시오. (30점)

〈계약사항〉

보험종목	피보험자	보험기간	보장내용(가입금액)	보험수익자
장기상해보험 (K보험사)	김보상	2014.5.1. ~ 2029.4.30.	일반상해후유장해 : 1억원	피보험자
			교통사고후유장해 : 2억원	피보험자
			80% 이상 후유장해 : 1억원	피보험자
			일반상해사망 : 7천만원	법정상속인

※ 장기상해보험은 질병·상해보험 표준약관을 사용하며, 정상 유지 계약임
※ 알릴의무위반 사항과 보상하지 않는 사항 없음
※ 80% 이상 후유장해 발생시 일시금으로 전액지급
※ 파생장해 및 기왕증 없음

〈사고사항〉

피보험자(김보상)는 2016년 1월 9일 자가용 자동차를 타고 가족들과 여행을 가던 중 교통사고를 당하여 아래와 같은 장해진단을 받았다(장해진단일 : 2016년 8월 9일).

〈장해진단 내용〉

① 머리뼈와 상위경추(상위목뼈 : 제 1, 2목뼈) 사이에 뚜렷한 이상전위가 있음
② 요추의 특수검사(CT, MRI 등)에서 추간판 병변이 확인되고, 의학적으로 인정할 만한 하지방사통(주변부위로 뻗치는 증상)이 있음
③ 우측 고관절의 운동범위 합계가 정상 운동범위의 1/2 이하로 제한됨(7년 한시장해)
④ 우측 슬관절에 스트레스 엑스선상 13mm의 동요관절이 있음
⑤ 얼굴에 지름 4cm의 조직함몰
⑥ 머리에 손바닥 1/2 크기 이상의 반흔, 모발결손
⑦ 좌측 귀의 순음청력검사결과 평균순음역치가 90dB 이상(3회 이상 청력검사 실시함)
⑧ 뇌 손상으로 다음과 같은 일상생활기본동작(ADLs) 제한 남음
- 독립적인 음식물 섭취는 가능하나 젓가락을 이용하여 생선을 바르거나 음식물을 자르지는 못하는 상태
- 목욕시 신체(등 제외)의 일부 부위만 때를 밀 수 있는 상태

※ 상기 장해진단은 장해판정기준에 의해 확정됨

〈장해분류표상 장해지급률〉

- 심한 추간판탈출증(20%)
- 뚜렷한 추간판탈출증(15%)
- 약간의 추간판탈출증(10%)
- 척추에 심한 운동장해를 남긴 때(40%)
- 척추에 뚜렷한 운동장해를 남긴 때(30%)
- 척추에 약간의 운동장해를 남긴 때(10%)
- 외모에 뚜렷한 추상을 남긴 때(15%)
- 외모에 약간의 추상을 남긴 때(5%)
- 한 다리의 3대관절 중 관절 하나의 기능을 완전히 잃었을 때(30%)
- 한 다리의 3대관절 중 관절 하나의 기능에 심한 장해를 남긴 때(20%)
- 한 다리의 3대관절 중 관절 하나의 기능에 뚜렷한 장해를 남긴 때(10%)
- 한 다리의 3대관절 중 관절 하나의 기능에 약간의 장해를 남긴 때(5%)
- 한 귀의 청력을 완전히 잃었을 때(25%)
- 한 귀의 청력에 심한 장해를 남긴 때(15%)
- 한 귀의 청력에 약간의 장해를 남긴 때(5%)
- 독립적인 음식물 섭취는 가능하나 젓가락을 이용하여 생선을 바르거나 음식물을 자르지는 못하는 상태(5%)
- 목욕시 신체(등 제외)의 일부 부위만 때를 밀 수 있는 상태(3%)

〈질문사항〉

(1) K보험회사가 김보상에게 지급해야 할 후유장해보험금을 각 담보별로 계산하시오(산출근거 명시). (15점)

(2) 만약 김보상이 위 교통사고로 현장사망 하였다고 가정할 경우 K보험회사가 지급해야 할 사망보험금을 수익자별로 계산하시오(계산과정 명시). (7점)

피보험자는 배우자 A, 자녀 B(30세, 양자)와 자녀 C(27세)가 있으며, 자녀 C는 결혼하여 배우자 D와 자녀 E(3세)가 있다. 자녀 C는 피보험자가 사망하기 1개월 전 질병으로 사망함.

※ 보험수익자는 심신상실자, 심신박약자가 아닌 정상인임

(3) 질병 · 상해보험 표준약관 「보험금 지급에 관한 세부규정」에는 일반적인 장해판정시기가 규정되어 있으며, 장해분류표에 장해판정시기를 별도로 정한 경우에는 그에 따르도록 되어 있다. “그 별도로 정한 경우”를 모두 기술하시오. (8점)

모범답안

1. K보험회사가 김보상에게 지급해야 할 담보별 후유장해보험금

① 머리뼈와 상위경추의 뚜렷한 전이(30%)와 요추 추간판 탈출증(10%)은 동일부위이므로 높은 장해 하나만 인정 : 30%

② 우측 고관절 뚜렷한 장해(한시장해 7년)[2%(=10% × 20%)]와 우측 슬관절 동요장해(10%)는 합산하여 인정 : 12%

③ 얼굴에 4cm 조직함몰(5%)과 머리에 손바닥 1/2크기의 모발결손(5%)은 동일부위이므로 높은 장해 하나만 인정 : 5%

④ 귀의 청력소실(90dB) : 25%

⑤ 독립적인 음식물 섭취는 가능하지만 젓가락 사용이 불편한 경우(5%)와 목욕시 신체부위 일부만 때를 밀 수 있는 경우(3%)는 합산하여 인정 : 8%(단, 합산 장해지급률이 10% 미만이므로 불인)

⑥ 후유장해지급률 합계 : 72%

⑦ 일반상해후유장해보험금 : 1억원 × 72% = 7,200만원

⑧ 교통사고후유장해보험금 : 2억원 × 72% = 1억4,400만원

⑨ 지급보험금 합계액 : 2억1,600만원

2. 김보상이 위 교통사고로 현장사망 하였다고 가정할 경우 K보험회사가 지급해야 할 사망보험금(수익자별로 계산)

> 피보험자는 배우자 A, 자녀 B(30세, 양자)와 자녀 C(27세)가 있으며, 자녀 C는 결혼하여 배우자 D와 자녀 E(3세)가 있다. 자녀 C는 피보험자가 사망하기 1개월 전 질병으로 사망함.

※ 보험수익자는 심신상실자, 심신박약자가 아닌 정상인임

피보험자의 일반상해사망에 따른 보험금은 7,000만원이다.

① 배우자 A : 7,000만원 × 1.5 / 3.5 = 3,000만원

② 자녀 B : 7,000만원 × 1 / 3.5 = 2,000만원

③ 자녀 C : 7,000만원 × 1 / 3.5 = 2,000만원

④ 자녀 C의 배우자 D : 2,000만원 × 1.5 / 2.5 = 1,200만원

⑤ 자녀 C의 자녀 E : 2,000만원 × 1 / 2.5 = 800만원

※ 자녀 C가 피보험자의 사망 전에 이미 사망하였으므로, 그의 배우자 D와 자녀 E가 대습상속 한다.

3. 장해분류표에 장해판정시기를 별도로 정한 경우

(1) 장해판정시기

후유장해는 상해 또는 질병에 대하여 치료가 종결되어 더 이상의 치료효과를 기대할 수 없을 때 판정하는 것을 원칙으로 한다. 다만, 지속적인 치료에도 장해지급률이 상해발생일 또는 질병진단확정일로부터 180일 이내에 확정되지 않는 경우에는 상해발생일 또는 질병진단확정일로부터 180일이 되는 날의 의사진단에 기초하여 고정될 것으로 인정되는 상태를 장해지급률로 결정한다.

(2) 장해판정시기를 별도로 정한 경우

① 안구 운동장해

안구(눈동자) 운동장해의 판정은 질병의 진단 또는 외상 후 1년 이상이 지난 뒤 그 장해 정도를 평가한다.

② 청력장해

청력장해는 순음청력검사 결과에 따라 데시벨(dB)로서 표시하고 3회 이상 청력검사를 실시한 후 순음평균역치에 따라 적용한다.

③ 평형기능의 장해

평형기능의 장해는 장해판정 직전 1년 이상 지속적인 치료 후 장해가 고착되었을 때 판정하며, 뇌병변 여부, 전정기능 이상 및 장해상태를 평가하기 위해 ㉠ 뇌영상검사(CT, MRI), ㉡ 온도안진검사, 전기안진검사(또는 비디오안진검사) 등을 기초로 한다.

④ 후각기능의 장해

양쪽 코의 후각기능은 후각인지검사, 후각역치검사 등을 통해 6개월 이상 고정된 후각의 완전소실이 확인되어야 한다.

⑤ 말하는 기능의 장해

말하는 기능의 장해는 1년 이상 지속적인 언어치료를 시행한 후 증상이 고착되었을 때 평가하며, 객관적인 검사를 기초로 한다.

⑥ 추상(추한 모습)장해

성형수술(반흔성형술, 레이저치료 등 포함)을 시행한 후에도 영구히 남게 되는 상태의 추상(추한 모습)을 말한다. 다발성 반흔 발생시 각 판정부위(얼굴, 머리, 목) 내의 다발성 반흔의 길이 또는 면적은 합산하여 평가한다. 단, 길이가 5mm 미만의 반흔은 합산대상에서 제외한다.

⑦ 추간판탈출증으로 인한 신경장해

추간판탈출증으로 인한 신경장해는 수술 또는 시술 후 6개월 이상 경과한 후에 평가한다.

⑧ 팔・다리의 장해

골절부에 금속내고정물 등을 사용한 경우 그것이 기능장해의 원인이 되는 때에는 그 내고정물 등이 제거된 후 장해를 평가한다. 단, 제거가 불가능한 경우에는 고정물 등이 있는 상태에서 장해를 평가한다.

⑨ 신경계의 장해

신경계의 장해로 발생하는 다른 신체부위의 장해(눈, 귀, 코, 팔, 다리 등)는 해당 장해로도 평가하고, 그 중 높은 지급률을 적용한다. 뇌졸중, 뇌손상, 척수 및 신경계의 질환 등은 발병 또는 외상 후 12개월 동안 지속적으로 치료한 후에 장해를 평가한다. 그러나, 12개월이 지났다고 하더라도 뚜렷하게 기능 향상이 진행되고 있는 경우 또는 단기간 내에 사망이 예상되는 경우는 6개월의 범위에서 장해평가를 유보한다.

⑩ 정신행동장해

정신행동장해는 보험기간 중에 발생한 뇌의 질병 또는 상해를 입은 후 18개월이 지난 후에 판정함을 원칙으로 한다. 단, 질병발생 또는 상해를 입은 후 의식상실이 1개월 이상 지속된 경우에는 질병발생 또는 상해를 입은 후 12개월이 지난 후에 판정할 수 있다.

⑪ 치매의 장해평가

치매의 장해평가는 임상적인 증상뿐만 아니라, 뇌영상검사(CT, MRI, SPECT 등)를 기초로 진단되어야 하며, 18개월 이상 지속적인 치료 후 평가한다. 다만, 진단시점에 이미 극심한 치매 또는 심한 치매로 진단된 경우에는 6개월간 지속적인 치료 후 평가한다.

08

김행복은 2014년 회사를 퇴직하고, 2015년부터 현재(2016년 8월)까지 국민건강보험료로 매월 58,000원을 납입해왔다. 아래의 제 조건을 읽고 질문에 답하시오. (30점)

〈계약사항〉

보험사	보험종목	피보험자	보험기간	보장내용(가입금액)	자기부담률
갑	실손의료보험〈표준형〉	김행복	2016.1.5. ~ 2036.1.4.	질병입원의료비 : 5,000만원	20%

※ 고지의무위반 등 계약상 하자는 없으며, 퇴직시 연령은 고려하지 않음

〈건강보험 기준보험료〉

분 위	본인부담 상한액	보험료수준	월별 직장보험료 구간	월별 지역보험료 구간
1분위	120만원	10% 이하	30,440원 이하	9,380원 이하
2분위~3분위	150만원	10% 초과~30% 이하	30,440원 초과~45,640원 이하	9,380원 초과~25,050원 이하
4분위~5분위	200만원	30% 초과~50% 이하	45,640원 초과~67,410원 이하	25,050원 초과~54,450원 이하
6분위~7분위	250만원	50% 초과~70% 이하	67,410원 초과~103,010원 이하	54,450원 초과~105,000원 이하
8분위	300만원	70% 초과~80% 이하	103,010원 초과~132,770원 이하	105,000원 초과~141,000원 이하
9분위	400만원	80% 초과~90% 이하	132,770원 초과~179,700원 이하	141,100원 초과~190,870원 이하
10분위	500 만원	90% 초과	179,700원 초과	190,870원 초과

※ 건강보험 기준보험료 : 2015년과 2016년은 동일하며, 매년 1월 1일부터 12월 31일까지 적용한다고 가정함

※ 김행복은 「국민건강보험법」 적용대상자이며, 퇴직 이후 건강보험가입자 및 피부양자로 건강보험료 전액을 납입해왔음

※ '갑' 보험사로부터 2016년 지급받지 못한 실손보험금은 2017년 국민건강보험공단에서 환급받을 수 있음

〈입원의료비 발생내역〉

진료기관	진단명	입원기간	요양급여		비급여 의료비
			공단부담	본인부담	
A 상급종합병원	위암	2016.3.1. ~ 2016.3.15.	600만원	200만원	400만원
B 요양병원	위암	2016.4.1. ~ 2016.6.15.	400만원	100만원	600만원
C 한방병원	위암	2016.7.1. ~ 2016.7.30.	350만원	300만원	300만원

※ 비급여 비용은 치료관련 비용이고, 상급병실료는 없음
※ C 한방병원은 한의사만 진료하는 병원임
※ 2016.7.30. 이후 추가 치료사항은 없음

〈질문사항〉

(1) '갑' 보험사가 지급해야 할 실손의료비를 계산하시오(풀이과정 명시). (15점)

(2) 실손의료보험 표준약관상 "본인부담금상한제"를 기술하고, 김행복이 2017년 국민건강보험공단으로부터 환급받을 수 있는 금액을 계산하시오. (5점)

(3) 실손의료보험 표준약관 「질병입원의료비의 보상하지 않는 사항」 중 면책사항으로 오인되거나 보험가입자가 놓치기 쉬운 보장내용을 2016.1.1. 개정 이후 약관에는 명확히 기재하고 있다. "이에 해당하는 약관조항"을 5가지 이상 기술하시오. (10점)

모범답안

(1) '갑' 보험사가 지급해야 할 실손의료비

① **요양급여** : 250만원(본인부담상한 한도액) × 80% = 200만원

② **비급여** : (400만원 + 600만원) × 80% = 800만원

③ **200만원 초과금액** : 250만원 – 200만원 = 50만원

※ 200만원 한도에서 공제한다.

④ **합계액** : 1,050만원

※ 본인부담상한제는 요양급여에만 적용되고, 국민건강보험공단에서 환불받은 금액 350만원(= 600만원 – 250만원)은 면책이다.

(2) 본인부담금상한제 및 김행복이 2017년 국민건강보험공단으로부터 환급받을 수 있는 금액

본인부담금상한제는 피보험자의 건강보험료 납부수준에 따라 일정금액을 초과하는 의료비를 전액 의료보험공단이 부담하는 제도를 말한다. 피보험자가 지불한 요양급여의료비는 총 600만원이지만, 피보험자의 소득분위에 해당하는 본인부담금(250만원)을 초과하는 의료비는 환불이 가능하다.

따라서 350만원(= 600만원 – 250만원)을 환급받는다.

(3) 보험가입자가 놓치기 쉬운 보장내용(약관조항 5가지 이상)

① 「의료법」 제2조에 따른 한의사를 제외한 '의사'의 치과치료 행위에 의해서 발생한 의료비(K00~K08)

※ 치과에서 치료받은 경우에 치아 질환이 아닌 구강 또는 턱의 질환(K09~K14)으로 소요된 치료비는 비급여의료비까지 실손의료보험에서 보장된다.

② 건강검진 후 검사결과 이상 소견에 따라 건강검진센터 등에서 발생한 추가 의료비용

③ 성조숙증을 치료하기 위한 호르몬 투여

④ 선천성 비신생물성모반(Q82.5)

⑤ 수면무호흡증(G47.3)

⑥ 안검하수, 안검내반 등을 치료하기 위한 시력개선 목적의 이중검수술

⑦ 유방암 환자의 유방재건술

09 다음 주어진 조건을 읽고 질문사항에 대해답하시오. (15점)

〈계약사항〉

보험종목	피보험자	보험기간	보장내용	가입금액
장기상해보험 (M 보험사)	홍길동	2016.1.10. ~ 2026.1.9.	일반상해사망	5,000만원
			교통상해사망	1억원
			대중교통이용 중 교통상해사망	2억원

※ 장기상해보험은 질병·상해보험 표준약관을 사용하며, 정상유지 계약임

※ 알릴의무위반 사항과 보상하지 않는 사항 없음

〈사고사항〉

피보험자(홍길동)는 2016년 3월 21일 강원도 강릉으로 친구들과 함께 전세버스를 타고 친목모임을 가던 중 영동고속도로에서 교통사고가 발생하여 두개골 골절 등으로 현장에서 사망함.

〈질문사항〉

(1) 상해보험의 교통상해사망과 대중교통이용 중 교통상해사망 특별약관에서 공통적으로 "보험금을 지급하지 않는 사유"를 기술하시오(단, 보통약관의 보험금을 지급하지 않는 사유는 제외함). (8점)

(2) 대중교통이용 중 교통상해사망 특별약관에서 "대중교통수단의 범위"에 대해 기술하고, M 보험사가 지급해야 할 사망보험금을 계산하시오. (7점)

모범답안

(1) 상해보험의 교통상해사망과 대중교통이용 중 교통상해사망 특별약관에서 공통적으로 보험금을 지급하지 않는 사유

① 시운전, 연습 또는 흥행을 위하여 운행 중인 자동차 및 기타 교통수단에 탑승하고 있는 동안 발생한 사고

② 하역작업을 하는 동안 발생된 손해

③ 자동차 및 기타 교통수단의 설치, 수선, 정비나 청소 작업을 하는 동안 발생된 손해

④ 건설기계 및 농업기계가 작업기계로 사용되는 동안 발생된 손해

(2) 대중교통이용 중 교통상해사망 특별약관에서 대중교통수단의 범위 및 M 보험사가 지급해야 할 사망보험금

① 대중교통수단의 범위

㉠ 여객수송용 항공기

㉡ 여객수송용 지하철, 전철, 기차

㉢ 「자동차운수사업법」에서 규정한 시내버스, 시외버스 및 고속버스(전세버스 제외)

㉣ 「자동차운수사업법」에서 규정한 일반택시, 개인택시(렌트카 제외)

㉤ 여객수송용 선박

② 지급보험금

㉠ 일반상해사망 : 5,000만원

㉡ 교통상해사망 : 1억원

㉢ 대중교통상해 : 해당 사항 없음

※ 전세버스는 대중교통수단에 해당되지 않기 때문에 대중교통이용 중 교통상해사망담보에서 제외된다.

㉣ 합계액 : 1억5,000만원

10

피보험자 홍길동은 상해보험을 가입 후, 2017.1.1. 교통사고를 당하여 2017.8.10. 아래와 같이 후유장해 진단을 받았다. 다음 질문에 답하시오. (20점)

〈계약사항〉

보험종목	피보험자	보험기간	보장내용(가입금액)
장기상해보험	홍길동	2016.6.1. ~ 2031.6.1.	일반상해 후유장해 1억원
			교통상해 후유장해 2억원

※ 장기상해보험은 질병・상해보험 표준약관을 사용하며, 정상 유지 계약임
※ 상기 각 담보는 별도의 특약보험료를 각각 납입함
※ 알릴의무위반 사항 등 계약 및 보상과정상 문제점 없음

〈장해분류표 : 귀의 장해〉

장해의 분류	지급률(%)
① 두 귀의 청력을 완전히 잃었을 때	80
② 한 귀의 청력을 완전히 잃고, 다른 귀의 청력에 심한 장해를 남긴 때	45
③ 한 귀의 청력을 완전히 잃었을 때	25
④ 한 귀의 청력에 심한 장해를 남긴 때	15
⑤ 한 귀의 청력에 약간의 장해를 남긴 때	5
⑥ 한 귀의 귓바퀴의 대부분이 결손된 때	10

〈장해진단 내용〉

① 좌측 귀 : 50cm 이상의 거리에서는 보통의 말소리를 알아듣지 못하는 상태
② 우측 귀 : 귀에다 대고 말하지 않고는 큰 소리를 알아듣지 못하는 상태
③ 3회 이상 시행한 순음청력 검사결과는 아래와 같음.

주파수	500Hz	1,000Hz	2,000Hz	4,000Hz
좌측청력수준(dB)	40	80	80	60
우측청력수준(dB)	80	70	90	80

〈질문사항〉

(1) 홍길동의 좌, 우측 귀의 순음평균역치를 4분법과 6분법을 기준으로 각각 구하시오(계산식 및 산출근거를 명시할 것). (8점)

(2) 6분법을 기준으로 계산한 경우, 장해분류표상 좌, 우측 귀의 장해지급률과 장해보험금을 구하시오(계산식 및 산출근거를 명시할 것). (7점)

(3) 위 질문에 상관없이, 순음청력검사를 실시하기 곤란하거나, 검사결과에 대한 검증이 필요한 경우에 귀의 「장해판정기준」에서 규정하고 있는 추가검사를 기술하시오. (5점)

모범답안

(1) 홍길동의 좌, 우측 귀의 순음평균역치를 4분법과 6분법을 기준으로 산출

① 6분법에 의한 순음평균역치

6분법에 의한 순음평균역치 계산식 : (a + 2b + 2c + d) / 6

- a : 500Hz, b : 1,000Hz, c : 2,000Hz, d : 4,000Hz
- 좌 : (40dB + 160dB + 160dB + 60dB) / 6 = 70dB
- 우 : (80dB + 140dB + 180dB + 80dB) / 6 = 80dB

② 4분법에 의한 순음평균역치

4분법에 의한 순음평균역치 계산식 : (a + 2b + c) / 4

- a : 500Hz, b : 1,000Hz, c : 2,000Hz
- 좌 : (40dB + 160dB + 80dB) / 4 = 70dB
- 우 : (80dB + 140dB + 90dB) / 4 = 77.5dB

(2) 6분법을 기준으로 계산한 경우, 장해분류표상 좌, 우측 귀의 장해지급률과 장해보험금

① 장해지급률 : 좌측 약간의 장해 5% + 우측 심한 장해 15% = 20%

② 장해보험금 : 3억원(= 1억원 + 2억원) × 20%(= 5% + 15%) = 6,000만원

(3) 순음청력검사를 실시하기 곤란하거나, 검사결과에 대한 검증이 필요한 경우에 귀의 「장해판정기준」에서 규정하고 있는 추가검사

순음청력검사를 실시하기 곤란하거나(청력의 감소가 의심되지만 의사소통이 되지 않는 경우, 만 3세 미만의 소아 포함), 검사결과에 대한 검증이 필요한 경우에는 다음의 검사를 추가실시 후 장해를 평가한다.

① 언어청력검사

② 임피던스 청력검사

③ 청성뇌간반응검사(ABR)

④ 이음향방사검사

11

피보험자 김대한(만 51세)은 2016.8.11. 등산 중 추락사고로 상해를 입고 47일간 의식상실 상태로 있다가, 2016.9.27. 의식을 찾았고, 2017.8.12. 장해보험금을 청구하였다. 아래의 제 조건을 읽고 질문에 답하시오(보험계약은 정상유지 중이며, 보상과정에 면책사항은 없음). (20점)

〈계약사항〉

보험종목	피보험자	보험기간	보장내용(가입금액)
장기상해보험	김대한	2014.1.1. ~ 2044.1.1.	일반상해 후유장해 2억원

〈장해진단서〉

<table>
<tr><td>성 명</td><td>김대한</td><td>남</td><td>주민번호</td><td>660111-1******</td><td>병록번호</td><td>*******</td></tr>
<tr><td>수상일</td><td colspan="2">2016.8.11.</td><td>초진일</td><td>2016.8.12.</td><td>장해진단일</td><td>2017.8.10.</td></tr>
<tr><td colspan="7">상병명(※ 상병명이 많을 때는 장해와 관계있는 주요 상병명을 기재)
가. 안와골절(우측)
나. 외상성 뇌실내 출혈, 뇌좌상(개두술 시행)
다. 양 슬관절 십자인대파열(수술후 상태)
라. 코의 1/3 결손(후각감퇴 상태)
마. 요추 방출성 골절(2개의 척추체 고정술)</td></tr>
<tr><td colspan="7">슬관절의 운동범위 등
슬관절(우) : 스트레스 엑스선상 3mm 동요
슬관절(좌) : 스트레스 엑스선상 18mm 동요</td></tr>
<tr><td colspan="7">장해진단사항
가. 한 눈의(우측) 안구에 뚜렷한 조절기능 장해를 남긴 때에 해당
나. 정신행동에 뚜렷한 장해가 남아 대중교통을 이용한 이동, 장보기 등의 기본적 사회 활동을 혼자서 할 수 없을 때에 해당
다. 슬관절(우, 좌)측의 장해 상태는 위(슬관절의 운동범위 등)와 같음
라. (㉠)에 해당
마. 척추(등뼈)에 약간의 운동장해를 남긴 때에 해당</td></tr>
<tr><td colspan="5">비고(장해부위의 그림 표시 등)
※ 영구장해에 해당</td><td colspan="2">상기와 같이 진단함
진단서발행일 : 2017.8.11.
병의원 명칭 : ** 병원</td></tr>
</table>

※ 위 장해진단서의 “상병명”과 “장해진단사항”의 각 항목은 일치함

〈질문사항〉

(1) 위 장해진단서의 "장해진단사항" 가~마 항목에서,

① 장해진단일 현재 장해판정을 유보하는 항목과 그 이유를 쓰시오. (4점)

② 장해분류별 판정기준상 장해에 해당하지 않는 항목 2가지와 그 이유를 쓰시오. (6점)

(2) 위 장해진단서상의 괄호 ㉠에 해당하는 장해의 분류와 지급률을 쓰시오. (5점)

(3) 2017.8.12. 청구한 장해에 대하여 보험회사가 지급하여야 할 장해보험금을 구하고 산출근거를 기술하시오. (5점)

모범답안

(1) 상기 장해진단서의 장해진단사항(가~마)에서,

① 장해진단일 현재 장해판정을 유보하는 항목과 그 이유

㉠ 장해판정을 유보하는 항목 : 정신행동장해

㉡ 장해판정을 유보하는 이유 : 정신행동장해는 뇌의 질병 또는 상해를 입은 후 18개월이 지난 후 평가하는 것이 원칙이며, 사안의 경우와 같이 1월 이상의 의식상실이 있는 경우에는 질병 발생 또는 상해를 입은 후 12개월이 경과한 후에 장해를 평가할 수 있다.

② 장해분류별 판정기준상 장해에 해당하지 않는 항목 2가지와 그 이유

㉠ '안구(눈동자)에 뚜렷한 조절기능장해'를 남긴 때

'안구의 뚜렷한 조절기능장해'란 조절력이 정상의 1/2 이하로 감소된 경우를 말한다. 다만, 조절력의 감소를 무시할 수 있는 50세 이상(장해진단시 연령 기준)의 경우에는 제외한다. 따라서 사고 당시 피보험자의 나이가 51세이므로 장해가 인정되지 않는다.

㉡ 우측 슬관절 동요장해

슬관절의 동요장해는 인정기준이 5mm 이상인 경우에 인정되기 때문에 사안의 경우와 같이 5mm 미만의 동요는 장해로 인정되지 않는다.

(2) 위 장해진단서상의 괄호 ㉠에 해당하는 장해의 분류와 지급률

코의 1/3 결손은 약간의 추상장해(지급률 5%)에 해당하며, 후각감퇴는 장해의 대상이 되지 아니한다.

(3) 2017.8.12. 청구한 장해에 대하여 보험회사가 지급하여야 할 장해보험금

① 장해지급률

㉠ 좌)슬관절 동요장해 : 20%

㉡ 코의 추상장해 : 5%

㉢ 척추의 운동장해 : 10%

② 장해보험금 : 2억원 × 35% = 7,000만원

12

피보험자 김행복은 2017.6.20. 넘어지는 상해사고로 K정형외과의원에서 외래치료 1회를 받고, 30만원의 실손통원의료비(급여 본인부담금 10만원, 비급여 20만원)를 청구하였다. 아래의 제 조건을 읽고 질문에 답하시오. (30점)

※ 단, 아래의 문제 (1)~(4)은 실손의료보험 표준약관을 준용함.

※ 비급여 : 「국민건강보험법」 또는 「의료급여법」에 따라 보건복지부장관이 정한 비급여대상(「국민건강보험법」에서 정한 요양급여 또는 「의료급여법」에서 정한 의료급여 절차를 거쳤지만 급여항목이 발생하지 않은 경우로 「국민건강보험법」 또는 「의료급여법」에 따른 비급여항목 포함)

〈보험가입내역〉

보험종목	피보험자	보험기간	가입금액	비 고
실손의료보험 (표준형)	김행복	2017.1.2. ~ 2036.1.2.	입원 : 5,000만원 통원 : 외래 1회당 20만원 처방 : 1건당 10만원	자기부담률 (20%)

〈과거 치료내역〉

① 2010.1.1. 갑상선암 완치
② 2011.3.1. ~ 2011.3.7. 자궁근종으로 입원
③ 2012.8.2. ~ 2012.8.16. 심장판막증으로 입원 및 수술
④ 2013.6.2. ~ 2013.7.3. 기관지염으로 계속하여 6회 치료
⑤ 2014.12.1. ~ 2014.12.3. 기관지염으로 입원
⑥ 2016.8.2. 검사상 고지혈증 의심 소견
⑦ 2016.9.2. 고지혈증 추가검사
⑧ 2016.12.5. 검진상 이상소견이 발생하여 당뇨병 확정 진단을 받고 치료를 받음

〈질문사항〉

(1) 보험회사는 청구내역을 심사하던 중 김행복이 계약 전 치료사실을 회사에 알리지 않고 보험에 가입한 것을 알게 되었다. 위 ①~⑧ 치료항목 중 알려야 할 대상이 되는 치료항목의 번호를 쓰고, 그에 해당하는 청약서상 질문사항을 기술하시오(단, 위 청약서의 질문표는 표준사업방법서에서 정한 계약 전 알릴의무사항을 준용함). (5점)

(2) 상기 보험계약이 계약 전 알릴의무위반으로 인해 2017.7.1. 해지되었다고 가정할 때, 외래치료비 지급 여부와 지급금액을 구하고, 이에 적용되는 「상법」 조항을 기술하시오. (10점)

(3) 만약 상기 계약이 진단계약인 경우, 김행복이 보험가입을 위해 2016.12.5. 확정 진단받은 당뇨병을 숨길 목적으로 당뇨약을 복용하고 보험회사의 진단절차를 통과하였다면, 실손의료보험 표준약관에서 적용되는 약관조항을 기술하시오. (5점)

(4) 위 질문과 상관없이 2017.4.1.부터 판매된 실손의료보험 상품은 3개 진료군을 특약으로 분리하여 보장하고 있는데, 「비급여 도수치료 · 체외충격파 · 증식치료 실손의료보험 특별약관」에서 보장하는 비급여 치료에 대한 용어와 정의에 대하여 각각 기술하시오. (10점)

모범답안

(1) 위 ①~⑧ 치료항목 중 알려야 할 대상이 되는 치료항목의 번호 및 그에 해당하는 청약서상 질문사항

① 갑상선암은 최근 5년이 경과하였으므로 고지할 필요가 없다.

② 자궁근종 입원치료는 최근 5년이 경과하였으므로 고지할 필요가 없다.

③ 심장판막증은 최근 5년 이내에 진단을 받고 입원 및 수술을 시행하였으므로 고지하여야 한다.

④ 기관지염은 최근 5년 이내에 계속하여 7회 미만의 치료를 하였으므로 고지할 필요가 없다.

⑤ 기관지염은 최근 5년 이내에 입원치료 하였으므로 고지하여야 한다.

⑥ 고지혈증은 최근 3개월 내에 의심소견을 받은 것이 아니므로 고지할 필요가 없다.

⑦ 고지혈증 추가검사(재검사)는 최근 1년 이내에 시행한 것이므로 고지하여야 한다.

⑧ 당뇨병은 과거 5년 이내에 진찰 또는 검사를 통하여 확정 진단되었으므로 고지하여야 한다.

따라서 ③ 심장판막증으로 입원 및 수술한 사실, ⑤ 기관지염으로 입원한 사실, ⑦ 고지혈증으로 추가검사를 받은 사실, ⑧ 당뇨병으로 확정 진단받은 사실에 대해서는 고지하여야 한다.

(2) 상기 보험계약이 계약 전 알릴의무위반으로 인해 2017.7.1. 해지되었다고 가정할 때, 외래치료비 지급 여부와 지급금액 및 적용되는 「상법」 조항

① 외래치료비 지급 여부

계약 전 알릴의무위반 사실이 보험금 지급사유에 영향을 미치지 않았으므로, 회사는 상해의료비를 지급한다. 다만, 고지의무위반을 이유로 보험계약을 해지할 수 있다.

② 지급금액

30만원 - Max[1만원, (30만원 × 20%)] = 24만원

외래치료비 한도가 20만원이므로, 20만원을 지급한다.

③ 적용되는 「상법」 조항

「상법」 제651조에서는 계약자 또는 피보험자의 고지의무위반시 계약일로부터 3년 또는 그 사실을 안날로부터 1개월 내에 계약을 해지할 수 있도록 하고 있다. 한편 「상법」 제655조에서는 고지의무위반으로 계약이 해지되는 경우 계약이 해지되기 이전의 보험사고에 대하여도 보험금의 지급책임이 없고, 이미 지급받은 보험금의 반환을 청구할 수 있다. 다만, 고지의무위반 사실과 보험사고 사이에 인과관계가 없음이 증명된 때에는 보험금의 지급책임이 발생한다.

(3) 만약 상기 계약이 진단계약인 경우, 김행복이 보험가입을 위해 2016.12.5. 확정 진단받은 당뇨병을 숨길 목적으로 당뇨약을 복용하고 보험회사의 진단절차를 통과하였다면, 실손의료보험 표준약관에서 적용되는 약관조항

계약자 또는 피보험자가 대리진단이나 약물사용을 통하여 진단절차를 통과하거나, 진단서를 위조 또는 변조하거나, 청약일 이전에 암 또는 사람면역결핍바이러스(HIV) 감염의 진단 확정을 받은 후 이를 숨기고 가입하는 등 사기에 의하여 계약이 성립되었음을 회사가 증명하는 경우에는 회사는 계약일부터 5년 이내(사기사실을 안 날부터 1개월 이내)에 계약을 취소할 수 있다(표준약관 제15조).

(4) 위 질문과 상관없이 2017.4.1.부터 판매된 실손의료보험 상품은 3개 진료군을 특약으로 분리하여 보장하고 있는데, 「비급여 도수치료 · 체외충격파 · 증식치료 실손의료보험 특별약관」에서 보장하는 비급여 치료에 대한 용어와 정의

① 비급여 특별약관의 의의

비급여 도수치료, 체외충격파, 증식치료 실손의료비 특별약관은 피보험자가 <u>계약일 또는 매년 계약 해당일로부터 1년 이내에 도수치료 등을 받은 경우에 350만원 이내에서 50회까지를 보상하는 특약</u>이다. 즉 본인이 실제로 부담한 비급여의료비에서 1회당 3만원과 보장대상의료비의 30% 중 많은 금액을 공제한 금액을 연간 350만원 이내에서 50회까지 보장한다.

② 용어의 정의

㉠ <u>도수치료</u>

도수치료란 치료자가 손(정형용 교정장치 장비 등의 도움을 받는 경우를 포함한다)을 이용해서 환자의 근골격계통(관절, 근육, 연부조직, 림프절 등)의 기능개선 및 통증감소를 위하여 실시하는 치료행위를 말한다.

㉡ <u>체외충격파치료</u>

체외에서 충격파를 병변에 가해 혈관 재형성을 돕고 건(힘줄) 및 뼈의 치유과정을 자극하거나 재활성화 시켜 기능개선 및 통증감소를 위하여 실시하는 치료행위를 말한다. 단, 체외충격파 쇄석술은 제외한다.

㉢ <u>증식치료</u>

근골격계 통증이 있는 부위의 인대나 건(힘줄), 관절, 연골 등에 증식물질을 주사하여 통증이 소실되거나 완화되는 것을 유도하는 치료행위를 말한다.

13 피보험자 김소망(女)은 실손의료보험(표준형)을 가입하고 정상 유지 중 아래와 같이 입원, 통원치료를 시행하였다. 아래 제 조건을 참고하여 질문에 답하시오. (20점)

〈계약사항〉

피보험자	보험종목	보험기간	가입금액(담보내용)
김소망	실손의료보험 (표준형)	2018.4.5. ~ 2019.4.5.	입원 : 5,000만원 통원 : 외래 20만원(1회당) 처방 10만원(1건당)

※ 계약 전 알릴의무위반 사항은 없으며, 본인부담금상한제도는 적용하지 않음
※ 김소망은 「국민건강보험법」 적용 대상자임

〈입원치료 내용〉

(단위 : 만원)

입원기간	진료기관	진단명(병명)	요양급여		비급여
			공단부담	본인부담	
2018.5.1.~5.15.	A산부인과	요실금(N393)	100	40	50
2018.6.15.~6.18.	B외과의원	치핵(K64)	100	50	40
2018.7.3.~7.20.	C상급종합병원	척추협착(M48)	300	200	120
2018.7.21.~7.31.	D한방병원	척추협착(M48)	200	100	80
2018.8.3.~8.10.	E상급종합병원	심근경색증(I21)	500	200	300

※ C상급종합병원의 비급여항목 중 허리보조기 구입비용 20만원 포함
※ D한방병원은 「의료법」 제2조에 따른 한의사만 진료
※ E상급종합병원 입원기간(2018.8.3. ~8.10.) 중 비급여 300만원에는 상급병실료 차액(상급병실 5일 이용) 200만원 포함

〈통원치료 내용〉

(단위 : 만원)

통원일자	진료기관	진단명(병명)	요양급여		비급여
			공단부담	본인부담	
2018.5.20.	F치과의원	치아우식(K02)	10	3	5
	G치과병원	치아우식(K02)	20	10	6
2018.6.20.	D한방병원	척추협착(M48)	10	30	10
2018.8.15.	E상급종합병원	협심증(I20)	20	10	5
	E상급종합병원	기타 섬망(F05)	10	5	6

※ D한방병원은 「의료법」 제2조에 따른 한의사만 진료

〈기타 사항〉

- 비급여 : 「국민건강보험법」에 따라 보건복지부장관이 정한 비급여대상
- 3대 진료군 특약에서 보장하는 비급여항목은 없음

〈질문사항〉

(1) 보험회사가 김소망에게 지급하여야 할 입원의료비를 산출하시오(계산과정 명시할 것). (10점)

(2) 보험회사가 김소망에게 지급하여야 할 통원의료비를 산출하시오(계산과정 명시할 것). (10점)

모범답안

※ 본 문제는 3세대 실손의료보험약관에 따라 기술하였다.

(1) 입원의료비

① A산부인과 : 요실금(N393) 면책

② B외과의원 : 치핵(K64) 50만원 × 80% = 40만원

※ 비급여의료비는 보상하지 않음

③ C상급종합병원 : 척추협착(M48) 300만원 × 80% = 240만원

※ 허리보조기 구입비용은 보상하지 않음

④ D한방병원 : 척추협착(M48) 100만원 × 80% = 80만원

※ 한의사의 의료행위로 발생한 비급여의료비는 보상하지 않음

⑤ E상급종합병원

심근경색증(I21) 240만원(= 300만원 × 80%) + 80만원(= 8일 × 100,000원/일) = 320만원

⑥ 입원의료비 합계 : 680만원

(2) 통원의료비

① 2018.5.20. : 치아우식(K02)

(3만원 + 10만원) − Max[(1만원, 1.5만원), (0.6만원, 2만원)] = 11만원

※ 치과치료(K02)에서 발생한 비급여의료비는 보상하지 않음

② 2018.6.20. : 척추협착(M48)

30만원 − Max[1.5만원, 6만원] = 24만원(외래한도 20만원 인정)

③ 2018.8.15. 통원의료비

- 협심증(I20) : (10만원 + 5만원) − Max[2만원, 3만원] = 12만원
- 기타 섬망(F05) : 5만원 − Max[2만원, 1만원] = 3만원

④ 통원의료비 합계 : 46만원

14

피보험자 김믿음과 관련된 아래의 조건을 참고하여 질문에 답하시오. (20점)

〈계약사항〉

보험회사	보험종류	보험기간	가입금액(담보내용)	
생명보험 (A)	CI보험	2015.7.1. ~ 2035.7.1.	주보험	5,000만원
			암 진단비(1회한)	2,000만원
			암 사망	2,000만원
			암 수술비(수술 1회당)	200만원
손해보험 (B)	질병보험	2016.10.5. ~ 2031.10.5.	암 진단비(1회한)	1,000만원
			질병사망	1,000만원
			질병수술비(수술 1회당)	50만원

※ A 보험회사 : 주보험의 담보유형은 80% 선지급형임
※ 계약 전 알릴의무위반 사항은 없음
※ 주보험 및 선택특약 보험료는 정상적으로 각각 납부함
※ A, B 보험회사 : 암 진단비(1년 이내 진단시 50% 지급)

〈진단 및 치료과정 요약〉

- 2017.3.7. B형간염 등으로 동년 3.30.까지 입원
- 2017.3.10. CI보험약관상 말기간질환(간경화) 진단
- 2017.3.25. 식도정맥류 결찰술 시행
- 2017.5.23. 조직검사결과 간암 진단
- 2018.5.30. 간암으로 동년 6.10.까지 입원
- 2018.6.3. 간동맥색전술 시행
- 2018.6.17. 간암으로 동년 6.30.까지 입원
- 2018.6.20. 간동맥색전술 시행
- 2018.8.12. 간암으로 사망

※ 간동맥색전술은 수술병원 소견상 간암에 대한 직접치료목적으로 확인됨

〈질문사항〉

(1) CI(중대한 질병)보험의 「말기간질환(간경화)」의 정의에 대해 약술하시오. (5점)

(2) 제3보험의 수술보장 특별약관에서 규정하고 있는 "수술의 정의"에 대해 약술하시오. (5점)

(3) A, B 보험회사가 보험수익자에게 지급해야 할 보험금을 담보별로 계산하시오(산출 근거 명시). (10점)

모범답안

(1) 말기간질환(간경화)의 정의

말기간질환이라 함은 간경변증을 일으키는 말기의 간경화를 의미하며, 다음 중 한 가지 이상의 원인이 된다.

① 통제가 불가능한 복수증

② 영구적인 황달

③ 위나 식도벽의 정맥류

④ 간성뇌증

※ 알코올중독 또는 약물중독에 의한 간질환이나 선천적 및 독성간질환은 제외된다.

(2) 수술의 정의

'수술'이란 병원 또는 의원의 의사, 치과의사의 자격을 가진 자에 의하여 치료가 필요하다고 인정된 경우로서 의사의 관리하에 직접치료를 목적으로 기구를 사용하여 생체에 절단, 절제 등의 조작을 가하는 것을 말하며, 여기에는 보건복지부 산하 신의료기술평가위원회로부터 안정성과 치료효과를 인정받은 최신 수술기법도 포함된다. 다만, 흡인, 천자 등의 조치 및 신경차단은 수술에서 제외된다.

(3) 보험회사별, 담보별 지급보험금

① A 보험회사의 지급보험금

- 주보험 : 5,000만원
- 암 진단비 : 2,000만원
- 암 사망 : 2,000만원
- 암 수술비 : 400만원
- 지급보험금 합계 : 9,400만원

② B 보험회사의 지급보험금

- 암 진단비 : 500만원(1년 이내 진단으로 50% 지급)
- 질병사망 : 1,000만원
- 질병수술비 : 150만원(식도정맥류 결찰술 및 수술 2회 시행)
- 지급보험금 합계 : 1,650만원

15 아래의 제 조건을 참고하여 물음에 답하시오. (30점)

〈계약사항〉

보험종목	피보험자	보험기간	가입금액(담보내용)	
장기상해보험	김정상 (1969.3.1.생)	2018.4.10. ~ 2038.4.10.	일반상해후유장해	2억원
			교통상해후유장해	1억원

※ 장기상해보험은 질병·상해보험 표준약관(2018.3.2. 개정)을 적용하며, 정상유지 계약임

※ 알릴의무위반 사항은 없으며, 각 담보는 별도 특약보험료를 각각 납입함

〈사고 및 장해진단 내용〉

① 1차 사고 : 2009년 1월 15일 낙상사고 발생

▶ 후유장해 진단 : 2009년 8월 10일
- 요추 제2번 압박골절(압박률 20%, 척추후만증 10° 변형)

② 2차 사고 : 2018년 7월 1일
피보험자는 P회사에서 새로 개발한 자동차의 엔진 성능시험을 위해 용인소재 공용도로상에서 자동차 시운전을 하던 중 교통사고 발생

▶ 후유장해 진단 : 2019년 5월 10일
- 좌측 안구조절력이 정상의 1/2 이하 감소
- 얼굴(길이 3cm)와 머리(길이 4cm)에 걸쳐있는 추상 반흔
- 흉추 제12번 압박골절(압박률 50%)
- 미골골절로 방사선검사상 각 변형 70° 남은 상태
- 우측 고관절 인공관절삽입술 시행
- 우측 슬관절 근전도검사상 완전손상 소견이며, 도수근력검사상 근력이 1등급(trace)
- 우측 족관절 근전도검사상 불완전손상 소견이며, 도수근력검사상 근력이 4등급(good)

※ 후유장해는 영구장해이며, 발생한 것으로 가정함(사고관여도 100%)

〈장해분류상 장해지급률〉

① 한 눈의 안구(눈동자)에 뚜렷한 조절기능장해를 남긴 때(10%)
② 외모에 뚜렷한 추상을 남긴 때(15%)
③ 외모에 약간의 추상을 남긴 때(5%)
④ 어깨뼈나 골반뼈에 뚜렷한 기형을 남긴 때(15%)
⑤ 빗장뼈, 가슴뼈, 갈비뼈에 뚜렷한 기형을 남긴 때(10%)
⑥ 척추에 심한 기형을 남긴 때(50%)
⑦ 척추에 뚜렷한 기형을 남긴 때(30%)
⑧ 척추에 약간의 기형을 남긴 때(15%)

⑨ 한 다리의 3대관절 중 관절 하나의 기능을 완전히 잃었을 때(30%)
⑩ 한 다리의 3대관절 중 관절 하나의 기능에 심한 장해를 남긴 때(20%)
⑪ 한 다리의 3대관절 중 관절 하나의 기능에 뚜렷한 장해를 남긴 때(10%)
⑫ 한 다리의 3대관절 중 관절 하나의 기능에 약간의 장해를 남긴 때(5%)

〈질문사항〉

(1) 보험회사가 김정상에게 지급해야 할 후유장해보험금을 담보별로 계산하시오. (20점)

(2) 상기 제 조건과 달리 질병·상해보험 표준약관(2018.3.2. 개정) 장해분류표상

① '정신행동' 장해판정기준에 규정된 보건복지부고시 「장애등급판정기준」의 "능력장해측정기준의 항목" 6가지를 기술하시오. (6점)

② '흉복부장기 및 비뇨생식기의 장해'에 규정된 장해지급률 100%에 해당하는 "장해의 분류"와 "장해판정기준"을 기술하시오. (4점)

모범답안

1. 담보별 후유장해보험금의 산정

(1) 장해지급률의 산정

① 2차 사고로 인한 후유장해

- 눈의 장해 10%는 피보험자의 나이가 장해진단일을 기준으로 50세 2개월이므로 해당 사항 없음 (2019.5.10. − 1969.3.1. = 50세 2개월)
- 추상장해 5%(반흔 길이의 합이 10cm 미만이므로 외모의 약간의 추상)
- 척추의 장해 30%(압박률이 50%이므로 척추의 뚜렷한 기형)
- 체간골장해 15%(미골의 각 변형이 70°이므로 뚜렷한 기형)
- 고관절장해 20%(인공관절을 삽입하였으므로 고관절의 심한 장해)
- 슬관절장해 20%(근력이 1등급이므로 슬관절의 심한 장해)
- 족관절장해 0%(근력이 3등급 이상이어야 장해의 대상이 됨)

② 1차 사고로 인한 후유장해

척추의 장해 15%(보험가입 전의 후유장해이므로 동일부위 장해에서 차감)

(2) 일반상해후유장해보험금의 산정

① 2차 사고 척추의 장해 30%에서 1차 사고 척추의 기왕장해 15%를 뺀 15%를 나머지 장해와 합산하여 75%의 장해 인정(5% + 15% + 15% + 20% + 20% = 75%)

② 보험금 = 2억원 × 75% = 1억5천만원

(3) 교통상해후유장해보험금의 산정

① 공용도로상에서 시운전을 하는 동안 보험금 지급사유가 발생한 경우는 보상한다.

② 보험금 = 1억원 × 75% = 7천5백만원

2. 질병 · 상해보험 표준약관(2018.3.2. 개정) 장해분류표

(1) 정신행동 장해판정기준에 규정된 능력장해측정기준의 항목(6가지)

① 적절한 음식섭취

② 대소변 관리, 세면, 목욕, 청소 등의 청결유지

③ 적절한 대화기술 및 협조적인 대인관계

④ 규칙적인 통원 · 약물 복용

⑤ 소지품 및 금전관리나 적절한 구매행위

⑥ 대중교통이나 일반 공공시설의 이용

(2) 흉복부장기 및 비뇨생식기 장해가 100%일 때의 장해의 분류 및 장해의 판정기준

① 장해의 분류 : 심장 기능을 잃었을 때

② 장해의 판정기준 : 심장 이식을 한 경우

16

다음 질문에 답하시오.

(1) 아래의 조건을 참고하여 A, B 보험회사의 지급보험금을 산출하시오(판단근거를 제시할 것). (14점)

〈계약사항〉

보험회사	보험종목	계약자 및 피보험자	보험기간	가입금액 (담보내용)
A	장기상해보험	김안심 (여, 57세)	2015.5.11. ~ 2030.5.11.	상해사망 1억원
B	장기종합보험		2016.7.15. ~ 2026.7.15.	상해사망 1억원

※ 정상 유지 계약임(계약 성립 과정상의 보험회사측 귀책사유 없음)

〈청구사항〉

피보험자는 2019.7.16. 23시경 본인이 종업원으로 일하고 있는 갑식당 주방에서 쓰러져 사망한 채로 발견되어, 사망수익자가 2019.7.30. A, B 보험회사에 보험금을 청구함.

〈직업 관련 사항〉

- 피보험자는 A, B 보험회사에 보험가입시 직업을 전업주부로 고지함.
- 전업주부였던 피보험자는 2016.1.1.부터 갑식당에서 종업원으로 사고일까지 계속 근무함.
- A 보험회사에 직업변경 사실을 알리지 않음.
- 보험요율 : 1급 요율(0.1%), 2급 요율(0.2%), 3급 요율(0.3%)
- 직업급수 : 전업주부(1급), 식당종업원(2급), 이륜차배달원(3급)

〈경찰수사 결과〉

피보험자는 사망하기 전까지 평소 지병 및 근황에 특이점이 없었고, CCTV 확인결과 2019.7.16. 16시경 음식점 주방에서 미끄러져 넘어지는 것이 확인되었으며, 부검결과 두부손상으로 인한 외인사로 확인되어 자살 및 타살 혐의점이 없어 내사 종결됨.

(2) 「상해보험의 계약 후 알릴의무」 조항에서 계약자 또는 피보험자는 피보험자에게 변경내용이 발생한 경우 지체 없이 회사에 알리도록 규정하고 있는데, "회사에 알려야 할 피보험자의 변경사항"을 모두 쓰시오. (6점)

모범답안

(1) A, B 보험회사의 지급보험금

① A 보험회사의 지급보험금

피보험자는 2015.5.11.에 전업주부로 직업을 고지하고 보험에 가입한 이후인 2016.1.1.에 식당에서 근무하였으므로, 직업고지의무위반 사항에는 해당하지 않는다.

또한, 경찰수사 결과에서 사망 전까지 지병 및 근황에 특이점이 없다고 한 점으로 보아 병력고지의무위반 사항도 없는 것으로 판단된다. 다만, 보험가입 이후에 피보험자의 직업 또는 직무가 변경되었으므로, 계약 후 알릴의무위반에는 해당하는 것으로 판단되며, 계약 후 알릴의무위반이 보험금 지급사유의 발생에 영향을 미쳤으므로, 변경 전 요율의 변경 후 요율에 대한 비율에 따라 보험금액을 감액하여 지급한다.

- 지급보험금 : 1억원 × 0.1 / 0.2 = 5,000만원

② B 보험회사의 지급보험금

보험계약 당시 피보험자는 식당종업원(위험직군)으로 근무하였지만 전업주부(비위험직군)로 고지하였으므로, 이는 계약 전 알릴의무에 해당하나, 2019.7.16. 사고 당시 이미 제척기간(위반사실을 안 날부터 1개월, 계약 체결일부터 3년)이 경과한 상태였으므로 보험계약을 해지할 수 없다. 또한 보험계약 이후에 직업 또는 직무가 변경된 것이 아니므로, 계약 후 알릴의무위반에도 해당하지 않으므로 가입금액 전액을 지급한다.

- 지급보험금 : 1억원

(2) 회사에 알려야 할 피보험자의 변경사항(계약 후 알릴의무)

① 보험증권 등에 기재된 직업 또는 직무의 변경

예 현재의 직업 또는 직무가 변경된 경우, 직업이 없는 자가 취직한 경우, 현재의 직업을 그만둔 경우 등

② 보험증권 등에 기재된 피보험자의 운전목적이 변경된 경우

예 자가용에서 영업용으로 변경, 영업용에서 자가용으로 변경 등

③ 보험증권에 기재된 피보험자의 운전 여부가 변경된 경우

예 비운전자에서 운전자로 변경, 운전자에서 비운전자로 변경 등

④ 이륜자동차 또는 원동기장치 자전거(전동킥보드, 전동이륜평행차, 전동기의 동력만으로 움직일 수 있는 자전거 등 개인형 이동장치를 포함)를 계속적으로 사용(직업, 직무 또는 동호회 활동과 출퇴근용도 등으로 주로 사용하는 경우에 한함)하게 된 경우(다만, 전동휠체어, 의료용 스쿠터 등 보행보조용 의자차는 제외한다) 〈개정 2022.9.30.〉

17

다음 질문에 답하시오.

(1) 피보험자는 교통사고를 당해 치료 후 장해가 발생하여 후유장해보험금을 청구했다. 보험회사가 지급해야 할 후유장해보험금을 산출하시오(산출과정 명기). (8점)

〈계약사항〉

보험종목	피보험자	보험기간	가입금액(담보내용)	
장기상해보험	이석수	2018.5.15. ~ 2038.5.15.	상해후유장해	1억원

※ 정상 유지 계약이며, 계약 전 알릴의무 및 계약 후 알릴의무위반 없음

〈사고사항〉

- 2018.7.10. : 교통사고로 인한 흉복부장기 손상으로 응급실 내원(한국대학병원)
- 2018.7.10. ~ 2019.1.31. : 흉복부장기 손상으로 수술 및 입원 치료(한국대학병원)
- 2019.2.10. : 후유장해진단(한국대학병원)

〈장해진단 내용〉

- 방광의 용량이 50cc 이하로 위축됨.
- 요도괄약근 등의 기능장해로 영구적으로 인공요도괄약근을 설치함.
- 대장절제, 항문괄약근 등의 기능장해로 영구적으로 장루, 인공항문을 설치함(치료종결).

※ 후유장해는 교통사고로 인해 기인한 것이며, 영구장해임

〈장해분류표 장해지급률〉

① 흉복부장기 또는 비뇨생식기 기능을 잃었을 때(75%)
② 흉복부장기 또는 비뇨생식기 기능에 심한 장해를 남긴 때(50%)
③ 흉복부장기 또는 비뇨생식기 기능에 뚜렷한 장해를 남긴 때(30%)
④ 흉복부장기 또는 비뇨생식기 기능에 약간의 장해를 남긴 때(15%)

(2) 표준약관 장해분류표 총칙에서 규정하고 있는 "파생장해"의 장해지급률 적용기준을 기술하시오. (6점)

(3) 아래는 표준약관 장해분류표 "신경계 · 정신행동 장해" 장해판정기준의 장해진단 전문의에 대한 규정이다. 빈칸(① ~ ⑥)에 들어갈 내용을 쓰시오. (6점)

- 신경계 장해진단 전문의는 (①), (②) 또는 (③) 전문의로 한다.
- 정신행동 장해진단 전문의는 (④) 전문의를 말한다.
- 치매의 장해평가는 (⑤ , ⑥) 전문의에 의한 임상치매척도(한국판 Expanded Clinical Dementia Rating) 검사결과에 따른다.

모범답안

(1) 후유장해보험금

방광용량이 50cc 이하로 위축된 경우(15%), 영구적인 인공요도괄약근을 설치한 경우(30%) 및 영구적인 장루, 인공항문을 설치한 경우(30%) 모두 동일부위의 장해이므로, 그 중 높은 장해지급률 하나만 인정된다.

• 지급보험금 : 1억원 × 30% = 3,000만원

(2) 파생장해의 장해지급률 적용기준

① 하나의 장해가 관찰방법에 따라서 장해분류표상 2가지 이상의 신체부위에서 장해로 평가되는 경우에는 그 중 높은 지급률을 적용한다.

② 하나의 장해가 다른 장해와 통상 파생하는 관계에 있는 경우에는 그 중 높은 지급률만을 적용한다.

③ 하나의 장해로 둘 이상의 파생장해가 발생하는 경우 각 파생장해의 지급률을 합산한 지급률과 최초 장해의 지급률을 비교하여 그 중 높은 지급률을 적용한다.

(3) 빈칸에 들어갈 내용

① 재활의학과

② 신경외과

③ 신경과

④ 정신건강의학과

⑤ 정신건강의학과

⑥ 신경과

18 아래의 제 조건을 참고하여 질문에 답하시오.

〈계약사항〉

보험회사	계약자 및 피보험자	보험기간	보험종목 (특별약관)	가입금액(보장내용)
A	심건강 (45세)	2017.1.1. ~ 2027.1.1.	장기상해 (질병사망특약)	• 상해사망 : 1억원 • 질병사망 : 5천만원
B		2019.1.1. ~ 2029.1.1.	장기상해 (질병사망특약)	• 상해사망 : 2억원 • 질병사망 : 1억원

※ 유효한 정상 유지 계약이며, 질병사망담보는 제3보험의 특별약관임

〈청구사항〉

피보험자 심건강씨는 2019.6.30. 21시경 다발성 골절 등을 선행사인으로 사망하여 2019.7.15. 배우자(수익자)는 사망보험금을 청구함.

〈손해사정 내용〉

1. 기본조사내용

직업사항	3년 전부터 사무직으로 종사하고 있음.
병력사항	2016.4.1. "마음편한 정신건강의학과"에서 "우울증"으로 진단받고, 사망시까지 매월 1회 통원 및 투약치료를 지속적으로 받아오고 있었음(가입시 각 보험회사에 치료사실을 알린 바 없음).

2. 사망원인(경찰수사 결과)

[사례1] 우울증 치료를 받는 현실을 비관하여 배우자에게 "먼저 가서 미안하다."라는 내용의 유서를 남기고 자신의 아파트 15층 옥상에서 스스로 뛰어내려 사망

[사례2] 유서를 남긴 사실이 없이 평소 치료받던 우울증이 원인이 되어 고도의 심신상실 상태에서 자신의 아파트 15층 옥상에서 스스로 뛰어내려 사망

〈질문사항〉

(1) "사망원인 – [사례1]"에 따라 손해사정을 할 경우 보험회사별로 지급보험금을 산출하시오(판단근거를 제시할 것). (10점)

(2) "사망원인 – [사례2]"에 따라 손해사정을 할 경우 보험회사별로 지급보험금을 산출하시오(판단근거를 제시할 것). (10점)

모범답안

1. 사망원인 – [사례1]에 따라 손해사정을 할 경우 보험회사별 지급보험금

(1) 보험회사별 지급책임 여부의 검토

A 및 B 보험회사 모두에 보험가입 전부터 우울증으로 치료받아 온 사실을 고지하지 않았으므로, 공히 계약 전 알릴의무위반에 해당한다. 다만, A 보험회사의 경우는 보험금 지급사유가 발생하지 않고 2년이 경과하였으므로 계약해지가 제한된다.

B 보험회사의 경우는 보험가입 후 6개월 경과시점에 보험사고가 발생하였으므로, 계약 전 알릴의무 위반에 따른 계약 해지사유가 된다. 다만, 계약 전 알릴의무위반과 보험사고 사이에 인과관계가 없음이 증명된 때에는 보험금 지급책임이 발생한다.

[사례1]의 경우 피보험자가 배우자에게 유서를 남기는 등의 행위를 한 것으로 보아 사망 당시에 사리변별능력을 상실한 정도의 심신상실 상태로 판단하기 어려워 보인다. 따라서 이 경우는 피보험자가 사리변별능력이 있는 상태에서 고의로 자신을 해친 경우로 중대 사유 위반에 해당되므로, 보험회사는 1개월 내에 계약을 해지할 수 있다.

(2) 보험회사별 지급보험금

① A 보험회사의 지급보험금

㉠ 상해사망담보 : 중대 사유 위반에 해당되어 면책

㉡ 질병사망담보 : 상해사고이므로 면책

② B 보험회사의 지급보험금

㉠ 상해사망담보 : 계약 전 알릴의무 및 중대 사유 위반에 해당되어 면책

㉡ 질병사망담보 : 상해사고이므로 면책

2. 사망원인 – [사례2]에 따라 손해사정을 할 경우 보험회사별 지급보험금

(1) A 보험회사의 지급보험금

피보험자가 보험가입 전 우울증 치료사실에 대해 보험가입 당시 고지하지 않아 계약 전 알릴의무위반에는 해당하나, 보험금 지급사유가 발생하지 않고 2년이 경과하여 제척기간이 경과하였으므로 계약 전 알릴의무위반을 이유로 계약을 해지할 수 없다.

또한, [사례2]에서 고도의 심신상실 상태에서 사고가 발생한 것으로 전제하고 있으므로 고의사고(중대 사유 위반)에도 해당하지 않는다. 따라서 [사례2]의 경우는 피보험자가 심신상실 등으로 자유로운 의사결정을 할 수 없는 상태에서 자신을 해친 경우에 해당하므로 보험회사는 지급책임을 면할 수 없다.

• 지급보험금 : 상해사망보험금 1억원

(2) B 보험회사의 지급보험금

피보험자는 보험가입 전 우울증 치료사실에 대해 고지하지 않았고, 보험가입 후 6개월 경과시점에서 보험사고가 발생하였으므로, 계약 전 알릴의무위반에 해당한다.

또한, 이번 사고는 보험가입 전 계속적으로 치료를 받아 온 우울증과도 상당인과관계가 있는 것으로 판단된다. 따라서 보험회사는 보험금 지급책임을 부담하지 않아도 된다.

• 지급보험금 : 면책

19

피보험자 원대한(남, 50세)은 아래 〈표1〉과 같이 2개 보험회사에 실손의료보험을 가입하고, 〈표2〉와 같이 민국병원에서 총 5회 입원치료 후 각 보험회사에 실손의료비를 청구하였다. 각 보험회사가 지급하여야 할 실손의료비를 입원기간별로 구분하여 산출하시오(풀이과정을 제시할 것). (30점)

〈표1〉 계약사항

보험회사 (계약일자)	보험종류 (공제유형)	보험종목(보상한도)	선택특별약관(보상한도)
A (2018.4.1.) 갱신형	기본형 실손의료보험 (표준형)	질병입원형(2천만원) 상해입원형(2천만원)	없음
B (2018.5.1.) 갱신형	기본형 실손의료보험 (표준형)	상해입원형(3천만원)	비급여주사료 실손의료보험 (약관상 보상한도)

※ 유효한 정상 유지 계약이며, 가입전 치료력 및 계약 전 알릴의무위반 사항 없음

〈표2〉 입원의료비 발생내역(민국병원)

(단위 : 만원)

구 분	입원기간	병명 (병명코드)	요양급여		비급여	
			본인 부담금	공단 부담금	비급여 금액	비급여에 포함된 비용
1	2018.6.1. ~6.30.	제4~5요추 추간판탈출증 (M51)	300	1,200	1,200	• 상급병실료 차액 : 300만원(10일 이용)
2	2018.9.11. ~10.20.	우측 경골 미세골절 (S82)	100	400	400	• 보조기 구입비 : 100만원 • 주사료(20만원×10회) : 200만원(항생제비용 100만원 포함)
3	2019.3.1. ~3.20.	제4~5요추 추간판탈출증 (M51)	200	800	700	
4	2019.4.1. ~4.20.	제4~5요추 추간판탈출증 (M51)	100	400	400	• 주사료(20만원×15회) : 300만원
5	2019.7.1. ~7.15.	제4~5요추 추간판탈출증 (M51)	200	800	1,100	• 도수치료(10만원×10회) : 100만원

※ 입원의료비는 발생한 것으로 가정, 병명코드 M51은 질병, S82는 보상하는 상해임

※ 피보험자 소득 10분위로 본인부담금상한제 고려하지 않음

모범답안

※ 본 문제는 3세대 실손의료보험약관에 따라 기술하였다.

1. 주요 쟁점사항의 검토

(1) 담보사항

A 보험회사는 상해 및 질병입원을 모두 담보하는데 반해, B 보험회사는 상해입원만 담보하므로 보험금 분담문제는 상해입원의 경우에만 적용된다.

(2) 200만원 초과 자기부담금

자기부담금 20%가 계약일 또는 매년 계약 해당일부터 기산하여 연간 200만원을 초과하는 경우 그 초과금액은 보험가입금액을 한도로 전액 보상한다.

(3) 비급여주사료 특별약관

비급여주사료는 입원 또는 통원에 관계없이 비급여주사료가 발생하면 공제금액을 뺀 금액을 보상한 도액 내에서 보상한다. 계약일 또는 매년 계약 해당일부터 1년 단위로 250만원 이내에서 입원과 통원을 합산하여 50회까지 보상한다. 입원 또는 통원 1회당 2만원과 보장대상의료비의 30% 중 큰 금액을 공제한다. 다만, 항암제, 항생제(항진균제 포함), 희귀약품을 위해 사용된 비급여주사료는 보통약관에서 보상한다.

(4) 보상제외 기간

보험가입금액 한도까지 모두 보상하면 90일간의 면책기간 내의 치료는 보상하지 않는다. 다만, 최초 입원일부터 275일(365일 – 90일) 이내에 보상한도 종료일이 있는 경우에는 최초 입원일부터 365일이 경과되는 날부터 다시 보상한다.

2. 보험회사별 지급보험금

(1) A 보험회사의 지급보험금

① 1차 입원(2018.6.1.~6.30.) : 제4~5요추추간판탈출증(M51)

- 급여 본인부담금 : 300만원 × 80% = 240만원
- 비급여 : (1,200만원 – 300만원) × 80% = 720만원
- 상급병실료 차액 : Min(300만원 × 50%, 30일 × 10만원/일) = 150만원
- 연간 200만원 초과금 : 40만원
  ※ (300만원 + 1,200만원 – 300만원) × 20% = 240만원
- 합계 : 240만원 + 720만원 + 150만원 + 40만원 = 1,150만원

② 2차 입원(2018.9.11.~10.20.) : 우측 경골 미세골절(S82)

- 급여 본인부담금 : 100만원 × 80% = 80만원
- 비급여 : 200만원 × 80% = 160만원

  ※ 비급여 400만원 – (보조기 구입비 100만원) – (주사료 100만원) = 200만원
- 합계 : 80만원 + 160만원 = 240만원
- A 보험회사 비례분담액 : 240만원 × 50% = 120만원

③ 3차 입원(2019.3.1.~3.20.) : 제4~5요추추간판탈출증(M51)

- 급여 본인부담금 : 200만원
- 비급여 : 700만원

  ※ 1차 입원에서 초과 자기부담금 200만원을 공제하였으므로 전액 지급
- 합계 : 200만원 + 700만원 = 900만원
- 잔여한도보상 : 2,000만원 – 1,150만원 = 850만원(보상한도까지 보상)

④ 4차 입원(2019.4.1.~4.20.) : 제4~5요추추간판탈출증(M51)

보상제외 기간에 해당하므로 면책

⑤ 5차 입원(2019.7.1.~7.15.) : 제4~5요추추간판탈출증(M51)

- 급여 본인부담금 : 200만원 × 80% = 160만원
- 비급여 : (1,100만원 – 100만원) × 80% = 800만원
- 연간 200만원 초과금 : 40만원

  ※ (200만원 + 1,100만원 – 100만원) × 20% = 240만원
- 합계 : 160만원 + 800만원 + 40만원 = 1,000만원

⑥ 지급보험금 합계

1,150만원 + 120만원 + 850만원 + 1,000만원 = 3,120만원

(2) B 보험회사의 지급보험금

① 1차 입원(2018.6.1.~6.30.) : 제4~5요추추간판탈출증(M51)

해당 사항 없음

② 2차 입원(2018.9.11.~10.20.) : 우측 경골 미세골절(S82)

- 급여 본인부담금 : 100만원 × 80% = 80만원
- 비급여 : 200만원 × 80% = 160만원

  ※ 비급여 400만원 – (보조기 구입비 100만원) – (주사료 100만원) = 200만원
- 합계 : 80만원 + 160만원 = 240만원
- B 보험회사 비례분담액 : 240만원 × 50% = 120만원
- 비급여주사료 : 100만원 – Max(2만원, 30만원) = 70만원

③ 3차 입원(2019.3.1.~3.20.) : 제4~5요추추간판탈출증(M51)

해당 사항 없음

④ 4차 입원(2019.4.1.~4.20.) : 제4~5요추추간판탈출증(M51)

- 비급여주사료 : 300만원 - Max(2만원, 90만원) = 210만원
- 연간 보상한도 : 250만원
- 지급액 : 250만원 - 70만원 = 180만원(보상한도까지 보상)

⑤ 5차 입원(2019.7.1.~7.15.) : 제4~5요추추간판탈출증(M51)

해당 사항 없음

⑥ 지급보험금 합계

120만원 + 70만원 + 180만원 = **370만원**

20

「질병 · 상해보험 표준약관」에 관한 "아래의 질문"에 답하시오. (35점)

(1) 회사는 계약자 또는 피보험자가 고의 또는 중대한 과실로 계약 전 알릴의무를 위반하고 그 의무가 중요한 사항에 해당하는 경우에는 계약을 해지할 수 있는데, "회사가 계약을 해지할 수 없는 경우"를 모두 기술하시오. (10점)

(2) 「약관교부 및 설명의무 등」 조항에서 "전화를 이용하여 계약을 체결하는 경우에 자필서명을 생략할 수 있는 2가지 경우"를 기술하시오. (4점)

(3) 지급기일의 초과가 예상되는 경우에는 서류를 접수한 날부터 30영업일 이내에 지급예정일을 정하여 안내하도록 규정하고 있으나, "예외적으로 서류를 접수한 날부터 30영업일을 경과하여 지급예정일을 정할 수 있는 경우"를 기술하시오. (6점)

(4) 「소멸시효」 조항에 규정된 "청구권(6가지)"과 "소멸시효 완성기간"을 기술하시오. (7점)

(5) 「사기에 의한 계약」 조항에 규정된 "계약취소의 사유와 제척기간"을 기술하시오. (8점)

모범답안

(1) 회사가 계약을 해지할 수 없는 경우

회사는 계약자 또는 피보험자가 고의 또는 중대한 과실로 계약 전 알릴의무를 위반하고 그 의무가 중요한 사항에 해당하는 경우에는 손해의 발생 여부에 관계없이 계약을 해지할 수 있으나, 다음 중 하나에 해당하는 경우에는 회사는 계약을 해지할 수 없다.

① 회사가 계약 당시에 그 사실을 알았거나 과실로 인하여 알지 못하였을 때

② 회사가 그 사실을 안 날부터 1개월 이상 지났거나 또는 제1회 보험료를 받은 때부터 보험금 지급사유가 발생하지 않고 2년(진단계약의 경우 질병에 대하여는 1년)이 지났을 때

③ 계약을 체결한 날부터 3년이 지났을 때

④ 회사가 계약을 청약할 때 피보험자의 건강상태를 판단할 수 있는 기초자료(건강진단서 사본 등)에 따라 승낙한 경우에 건강진단서 사본 등에 명기되어 있는 사항으로 보험금 지급사유가 발생하였을 때. 다만, 계약자 또는 피보험자가 회사에 제출한 기초자료의 내용 중 중요사항을 고의로 사실과 다르게 작성한 때에는 계약을 해지할 수 있다.

⑤ 보험설계사 등이 계약자 또는 피보험자에게 고지할 기회를 주지 않았거나 계약자 또는 피보험자가 사실대로 고지하는 것을 방해한 경우 또는 계약자 또는 피보험자에게 사실대로 고지하지 않게 하였거나 부실한 고지를 권유했을 때. 다만, 보험설계사 등의 행위가 없었다 하더라도 계약자 또는 피보험자가 사실대로 고지하지 않거나 부실한 고지를 했다고 인정되는 경우에는 계약을 해지할 수 있다.

(2) 전화를 이용하여 계약을 체결하는 경우에 자필서명을 생략할 수 있는 경우(2가지)

① 계약자, 피보험자 및 보험수익자가 동일한 계약의 경우

② 계약자, 피보험자가 동일하고 보험수익자가 계약자의 법정상속인인 계약일 경우

(3) 예외적으로 서류를 접수한 날부터 30영업일을 경과하여 지급예정일을 정할 수 있는 경우

① 소송제기

② 분쟁조정 신청

③ 수사기관의 조사

④ 외국에서 발생한 보험사고에 대한 조사

⑤ 회사의 조사요청에 대한 동의 거부 등 계약자, 피보험자 또는 보험수익자에게 책임이 있는 사유로 보험금 지급사유의 조사와 확인이 지연되는 경우

⑥ 보험금 지급사유에 대해 제3자의 의견에 따르기로 한 경우

(4) 「소멸시효」 조항에 규정된 "청구권(6가지)"과 "소멸시효 완성기간"

① 보험금청구권, ② 만기환급금청구권, ③ 보험료반환청구권, ④ 해약환급금청구권, ⑤ 책임준비금반환청구권 및 ⑥ 배당금청구권은 3년간 행사하지 않으면 소멸시효가 완성된다.

(5) 「사기에 의한 계약」 조항에 규정된 "계약취소의 사유와 제척기간"

계약자 또는 피보험자가 ① 대리진단이나, ② 약물사용을 통하여 진단절차를 통과하거나, ③ 진단서를 위조 또는 변조하거나, ④ 청약일 이전에 암 또는 사람면역결핍바이러스(HIV) 감염의 진단 확정을 받은 후 이를 숨기고 가입하는 등 사기에 의하여 계약이 성립되었음을 회사가 증명하는 경우에는 회사는 계약일부터 5년 이내(사기사실을 안 날부터 1개월 이내)에 계약을 취소할 수 있다.

21

아래의 조건을 참고하여 A 보험회사의 사망보험금을 산출하시오(표준약관에 근거하여 풀이과정을 제시할 것). (15점)

〈계약사항〉

보험회사	보험종목	계약자 및 피보험자	보험수익자	보험기간	담보내용 : 가입금액 (특별약관 : 가입금액)
A 종합 손해	장기상해	김민국 (남, 50세)	상속인	2018.2.1. ~2038.1.31.	상해사망 : 2억원 (질병사망 : 1억원)
	장기상해	박사랑 (여, 45세)	상속인	2018.4.1. ~2038.3.31.	상해사망 : 1억원 (휴일상해사망 : 1억원)

※ 질병·상해보험 표준약관 및 특별약관이 적용되는 정상 유지 계약으로 계약 전·후 알릴의무위반 사항은 없음(휴일상해사망 특약의 보장은 사고발생지의 표준시를 적용함)

〈사고사항〉

부부사이인 김민국과 박사랑은 여행 목적으로 베트남 호치민에 여행을 갔고, 현지기준 2020.8.9.(일) 23:00시경 호치민 호텔에서 부부싸움 도중 남편 김민국이 부인 박사랑을 흉기로 찌르고, 본인은 이를 비관하여 자유로운 의사결정 상태에서 유서를 남기고 호텔 5층 창문으로 투신함.
김민국과 박사랑은 호치민 병원으로 후송되어 치료 중 박사랑은 현지기준 2020.8.10.(월) 01:00시경 찔린 부위 과다출혈로 사망하고, 김민국도 현지기준 2020.8.10.(월) 04:00시경 다발성 손상으로 사망함.

〈참고사항〉

- 상기 사고내용은 객관적(사망진단서, 현지 경찰조사서류)으로 확인된 내용임.
- 김민국과 박사랑은 법률상 부부이며, 자녀 1명(여, 만 20세)이 있음.
- 대한민국 서울과 베트남 호치민의 시차는 2시간임.
  (서울 16:00 ↔ 호치민 14:00)

모범답안

1. 김민국에 대한 A 보험회사의 사망보험금

김민국은 고의로 자신을 해치고, 자유로운 의사결정 상태에서 유서를 남기고 투신하여 사망하였기 때문에 A 보험회사는 보상책임이 발생하지 않는다. 즉 면책사유에 해당되므로 김민국에 지급할 보험금이 없다.

① 상해사망보험금 : 면책(0원)

② 질병사망보험금 : 면책(0원)

2. 박사랑에 대한 A 보험회사의 사망보험금

보험수익자가 고의로 피보험자를 해친 경우 보험금을 지급하지 않지만, 그 보험수익자가 보험금의 일부 보험수익자인 경우에는 다른 보험수익자에 대한 보험금은 지급한다.

위 사고의 발생일은 일요일이고, 피보험자인 박사랑은 보험수익자인 남편(배우자)이 휘두른 흉기에 의해 사망하였으므로, A 보험회사는 상해사망보험금 1억원과 휴일상해사망보험금 1억원(총 2억원)을 지급한다.

※ 휴일상해사망의 경우 피보험자의 사망일이 아닌 사고발생일을 기준으로 사고발생지의 표준시를 적용한다.

그런데 박사랑에 대한 법정상속인은 배우자인 김민국과 자녀로, 1.5 : 1의 비율로 상속되지만, 배우자 김민국의 고의에 의해 박사랑(피보험자)이 사망하였으므로, 김민국의 상속분에 해당하는 보험금은 면책된다.

(1) 상해사망보험금

① 김민국(보험수익자) : 1억원 × 1.5 / 2.5 = 6,000만원(= 면책)

② 자녀(여, 만 20세) : 1억원 × 1/2.5 = 4,000만원(지급)

(2) 휴일상해사망보험금

① 김민국(보험수익자) : 1억원 × 1.5 / 2.5 = 6,000만원(= 면책)

② 자녀(여, 만 20세) : 1억원 × 1 / 2.5 = 4,000만원(지급)

(3) 사망보험금 산정

김민국의 상속분에 해당하는 보험금은 면책되고, 자녀의 상속분만 지급한다. 즉

상해사망보험금(4,000만원) + 휴일상해사망보험금(4,000만원) = **8,000만원**

22

피보험자 강철중(남, 43세)은 2020.3.6. 오전 07시경 출근 중 교통사고를 당하여 2020.9.15. 영구 후유장해 진단을 받았다. 아래 질문에 답하시오. (25점)

> 피보험자는 보험가입 이전에 상해사고로 인해 "우측 슬관절의 기능에 약간의 장해를 남긴 때"에 해당하는 기존 장해가 있었음.

〈계약사항〉

보험회사	피보험자/수익자	보험기간	담보내용(가입금액)
K	강철중	2018.7.20. ~2038.7.20.	상해후유장해 : 1억원 80% 이상 상해후유장해 : 5천만원

※ 질병・상해보험 표준약관을 사용하며, 알릴의무위반 사항 없는 정상 유지 계약임
※ 80% 이상 상해후유장해 진단시 해당 특약 가입금액 전액 지급함

〈후유장해진단 내용〉

① 코의 1/5 이상 결손 상태
② 후각신경의 손상으로 양쪽 코의 후각기능을 완전히 잃은 경우
③ 목에 손바닥 크기 1/2 이상의 추상(추한 모습)
④ 머리뼈(두개골), 제1경추, 제2경추를 모두 유합 또는 고정한 상태
⑤ 요추 2~3번 방출성 골절로 인해 12° 이상의 척추측만증 변형이 있음
⑥ 우측 고관절에 인공관절을 삽입한 상태
⑦ 우측 슬관절에 스트레스 엑스선상 17mm의 동요관절이 있음
(정상측인 좌측 슬관절에 스트레스 엑스선상 3mm의 동요관절이 있음)

〈장해분류표상 장해지급률〉

- 코의 호흡기능을 완전히 잃었을 때(15%)
- 코의 후각기능을 완전히 잃었을 때(5%)
- 외모에 뚜렷한 추상(추한 모습)을 남긴 때(15%)
- 외모에 약간의 추상(추한 모습)을 남긴 때(5%)
- 척추(등뼈)에 심한 운동장해를 남긴 때(40%)
- 척추(등뼈)에 뚜렷한 운동장해를 남긴 때(30%)
- 척추(등뼈)에 약간의 운동장해를 남긴 때(10%)
- 척추(등뼈)에 심한 기형을 남긴 때(50%)
- 척추(등뼈)에 뚜렷한 기형을 남긴 때(30%)
- 척추(등뼈)에 약간의 기형을 남긴 때(15%)
- 한 다리의 3대 관절 중 관절 하나의 기능을 완전히 잃었을 때(30%)
- 한 다리의 3대 관절 중 관절 하나의 기능에 심한 장해를 남긴 때(20%)
- 한 다리의 3대 관절 중 관절 하나의 기능에 뚜렷한 장해를 남긴 때(10%)
- 한 다리의 3대 관절 중 관절 하나의 기능에 약간의 장해를 남긴 때(5%)

〈질문사항〉

(1) K보험회사가 강철중에게 지급해야 할 후유장해보험금을 계산하시오(산출근거를 명기할 것). (15점)

(2) 상기 제 조건과 달리, 아래의 표준약관 장해분류표 내용상 빈칸(① ~ ⑩)에 들어갈 내용을 쓰시오(단위도 명기할 것). (10점)

귀에 "약간의 장해를 남긴 때"라 함은 순음청력검사 결과 평균순역음치가 (①) 이상인 경우에 해당되어, (②) 이상의 거리에서는 보통의 말소리를 알아듣지 못하는 경우를 말한다.
체간골의 장해 중 "골반뼈의 뚜렷한 기형"이라 함은 아래의 경우 중 하나에 해당하는 때를 말한다. ㉮ 천장관절 또는 치골문합부가 분리된 상태로 치유되었거나 좌골이 (③) 이상 분리된 부정유합 상태 ㉯ 육안으로 변형(결손을 포함)을 명백하게 알 수 있을 정도로 방사선 검사로 측정한 각(角)변형이 (④) 이상인 경우 ㉰ 미골의 기형은 골절이나 탈구로 방사선 검사로 측정한 각(角) 변형이 (⑤) 이상 남은 상태
"장해지급률 100%인 장해"는 ㉮ 두 눈이 멀었을 때, ㉯ 심장 기능을 잃었을 때, ㉰ 신경계에 장해가 남아 일상생활 기본동작에 제한을 남긴 때, ㉱ (⑥), ㉲ (⑦), ㉳ (⑧), ㉴ (⑨), ㉵ (⑩)

모범답안

1. K보험회사가 강철중에게 지급해야 할 후유장해보험금

(1) 후유장해 지급률 산정

① 코의 1/5 이상 결손 상태 : 코의 1/4 이상 결손이어야 약간의 추상장해에 해당되지만, 코의 1/5 이상 결손 상태는 후유장해에 해당되지 않는다(추상장해).

② 후각신경의 손상으로 양쪽 코의 후각기능을 완전히 잃은 경우 : 지급률 5%(코의 장해)

③ 목에 손바닥 크기 1/2 이상의 추상(추한 모습) : 지급률 5%(추상장해)

④ 머리뼈(두개골), 제1경추, 제2경추를 모두 유합 또는 고정한 상태 : 지급률 40%(척추장해)

⑤ 요추 2~3번 방출성 골절로 인해 12° 이상의 척추측만증 변형이 있음 : 지급률 30%(척추장해)

⑥ 우측 고관절에 인공관절을 삽입한 상태 : 지급률 20%(다리의 장해)

⑦ 우측 슬관절에 스트레스 엑스선상 17mm의 동요관절이 있음

㉠ 정상측인 좌측 슬관절에 스트레스 엑스선상 3mm의 동요관절이 있음 : 건측(정상 부위) 3mm이므로 환측(장해 부위)에서 차감하면 14mm의 동요관절(뚜렷한 장해)에 해당되므로, 지급률 10%

㉡ 우측 슬관절의 기능에 약간의 장해(기왕장해) : 지급률 5%

⑧ 최종 장해지급률

㉠ 척추장해에서 두 개 이상의 운동단위에서 장해가 발생한 경우에는 그 중 가장 높은 지급률(40%)을 적용한다.

㉡ 다리의 장해에서 지급률은 합산하여 적용한다.

따라서, 최종 장해지급률 = 5% + 5% + 40% + 20% + 10% = 80%

(2) 후유장해보험금 산정

① 상해후유장해

㉠ 코의 장해 : 1억원 × 5% = 500만원

㉡ 추상장해 : 1억원 × 5% = 500만원

㉢ 척추장해 : 1억원 × 40% = 4,000만원

㉣ 우측 고관절 장해 : 1억원 × 20% = 2,000만원

㉤ 우측 슬관절 장해 : 보험 가입 이전에 우측 슬관절의 기능에 약간의 장해(기왕장해)가 있으므로, 이를 차감한다. 즉
(1억원 × 10%) − (1억원 × 5%) = 500만원

㉥ 합계 : 500만원 + 500만원 + 4,000만원 + 2,000만원 + 500만원 = 7,500만원

② 80% 이상 상해후유장해

최종 장해지급률이 80% 이상 상해후유장해에 해당하므로, 특약 담보금액(5천만원) 전액을 지급한다. 단, 슬관절의 기왕장해를 차감하여 지급한다. 즉
5천만원 − (5천만원 × 5%) = 4,750만원

(3) K보험회사가 지급하여야 할 후유장해보험금

① 상해후유장해(7,500만원) + ② 80% 이상 상해후유장해(4,750만원) = 1억2,250만원

2. 표준약관 장해분류표 내용상 빈칸(① ~ ⑩)

① 70dB

② 50cm

③ 2.5cm

④ 20°

⑤ 70°

⑥ 씹어먹는 기능과 말하는 기능 모두에 심한 장해를 남긴 때

⑦ 두 팔의 손목 이상을 잃었을 때

⑧ 두 다리의 발목 이상을 잃었을 때

⑨ 정신행동에 극심한 장해를 남긴 때

⑩ 극심한 치매 : CDR 척도 5점

23

피보험자 이보상(남, 50세)씨는 행복 보험회사에 〈표1〉과 같이 보험에 각각 가입하고, 〈표2〉와 같이 입원치료 후 보험회사에 입원보험금과 실손의료비를 2020.8.30. 일괄 청구하였다. 입원차수별 지급보험금을 산출하시오(입원차수별 각 5점 / 풀이과정을 명기할 것). (25점)

〈표1〉 계약사항

보험회사 (계약일자)	보험종류 (공제유형)	보장종목(보상한도)	선택 특별약관(보상한도)
행복 ('19.8.1.)	장기종합	상해보장(1천만원)	질병입원보장(1천만원)
	기본(갱신)형 실손의료보험 (표준형)	질병입원형(2천만원) 상해입원형(2천만원)	비급여 도수치료・체외충격파치료・증식치료 실손의료보험(약관상 보상한도)

※ 종합건강보험 질병입원보장 특약 보장내용
동일질병의 직접치료목적으로 입원 : 1만원(3일 초과 1일당) 단, 동일질병의 입원보험금 지급한도는 90일

〈표2〉 치료청구사항(추가 치료내역 없음)

(단위 : 만원)

구분 (병원)	입원기간	병명(코드)	요양급여		비급여	
			본인 부담	공단 부담		포함 비용
1차 (A정형)	'19.9.1. ~ 10.20.(50일)	주상병) 목뼈 원판장애(M50) 부상병) 팔의 신경병증(G56)	200	800	800	도수치료 (20회×10만원)
2차 (B내과)	'19.11.1. ~ 11.10.(10일)	주상병) 알코올성 간염(K70) 부상병) 대사성 산증(E87)	50	200	150	영양제(100만원) ※ 의사 소견상 치료목적 50만원
3차 (C신경)	'19.12.1. ~ 12.30.(30일)	주상병) 팔의 신경병증(G56) 부상병) 관절염(M00)	100	400	300	증식치료 (20회×5만원)
4차 (D한방)	'20.2.1. ~ 2.10.(10일)	주상병) 경추 염좌(S13) 부상병) 요추 염좌(S33)	–	–	250	도수치료 (5회×10만원)
5차 (E재활)	'20.3.1. ~ 4.19.(50일)	주상병) 목뼈 원판장애(M50) 부상병) 관절증(M15)	200	800	1,200	도수치료 (20회×10만원)

※ 정상 유지 계약이며, 계약 전 알릴의무위반 사항 없음

※ 치료의사 소견상 입원치료가 필요했던 질환은 주상병으로 기재함

※ 4차 입원사유는 교통사고(자동차보험 지불보증)로 비급여는 전액 본인부담액이며, 해당 병원은 「의료법」 제2조에 따른 한의사만 진료함

※ 피보험자 소득 10분위로 본인부담금상한제는 고려하지 않음

모범답안

※ 본 문제는 3세대 실손의료보험약관에 따라 기술하였다.

1. 1차 입원기간 : '19.9.1. ~ 10.20.(50일)

(1) 입원의료비

의료급여 중 본인부담금과 비급여를 합한 금액(본인이 실제로 부담한 금액)의 80%에 해당하는 금액이며, 도수치료 비용은 차감한다.

{200만원 + (800만원 − 200만원)} × 80% = 640만원

(2) 질병입원특약비

동일질병의 직접치료목적으로 입원하는 경우 1만원(3일 초과 1일당)이므로,

(50일 − 3일) × 1만원/일 = 47만원

(3) 도수치료특약비

1회당 2만원과 보장대상의료비의 30% 중 큰 금액이고, 계약일 또는 매년 계약 해당일부터 1년 단위로 350만원 이내에서 50회까지 보상하므로,

10만원 − Max(2만원, 10만원 × 30%) = 7만원

7만원/회 × 20회 = 140만원

※ 도수치료・체외충격파치료・증식치료 특별약관의 공제금액은 입원・통원 1회당 2만원과 보장대상의료비의 30% 중 큰 금액을 공제한다.

(4) 합 계

640만원 + 47만원 + 140만원 = 827만원

2. 2차 입원기간 : '19.11.1. ~ 11.10.(10일)

(1) 입원의료비

영양제는 보상하지 않으나, 질병의 치료를 목적으로 하는 경우에는 보상한다. 다만, 비급여주사치료의 경우 비급여주사료 실손의료보험 특별약관에서 보상한다.

{50만원 + (150만원 − 100만원)} × 80% = 80만원

(2) 질병입원특약비

(10일 − 3일) × 1만원/일 = 7만원

(3) 특약치료비

해당 사항 없음

(4) 합 계

80만원 + 7만원 = 87만원

3. 3차 입원기간 : '19.12.1. ~ 12.30.(30일)

(1) 입원의료비

{100만원 + (300만원 − 100만원)} × 80% = 240만원

240만원 + 20만원 = 260만원

※ 계약일자 기준 본인부담금 공제 합계가 220만원(1차 160만원 + 3차 60만원)으로 200만원을 초과하므로, 초과금액 20만원을 보상한다.

(2) 질병입원특약비

30일 × 1만원/일 = 30만원

※ 동일질병으로 180일 이내에 입원하였고, 1차 입원에서 3일 공제 적용하였으므로, 이후 90일 보상한도까지는 3일 공제하지 않는다.

(3) 증식치료특약비

5만원 − Max(2만원, 5만원 × 30%) = 3만원

3만원/회 × 20회 = 60만원

(4) 합 계

260만원 + 30만원 + 60만원 = 350만원

4. 4차 입원기간 : '20.2.1. ~ 2.10.(10일)

(1) 입원의료비

한의사가 진료한 한방치료는 보상하지 않는다.

(2) 질병입원특약비

해당 사항 없음

(3) 도수치료특약비

특약형에서도 한방치료는 보상하지 않는다.

※ 면책이므로 특별약관 보상한도 횟수에는 포함되지 않는다.

(4) 합계 : 0원

5. 5차 입원기간 : '20.3.1. ~ 4.19.(50일)

(1) 입원의료비

보상한도액(2,000만원) - 기지급액(1차 640만원 + 3차 260만원) = 1,100만원

※ 기지급액 900만원은 동일질병으로 기지급된 입원의료비이다.

(2) 질병입원특약비

1차 입원 및 3차 입원과 동일한 질병으로 퇴원일로부터 180일 경과하지 아니하였으므로, 3일 공제 없이 보상하되, 90일에서 1차 47일분과 3차 30일을 제외한 13일 한도로 보상한다.

1만원/일 × (90일 - 77일) = 13만원

(3) 도수치료특약비

10만원 - Max(2만원, 10만원 × 30%) = 7만원

7만원/회 × 20회 = 140만원

7만원/회 × 10회 = 70만원

※ 도수치료 · 체외충격파치료 · 증식치료 특별약관은 계약일 또는 매년 계약 해당일부터 1년 단위로 350만원 이내에서 최대 50회까지 보상하는데 기존에 40회 사용하였으므로, 나머지 10회까지만 보상한다.

(4) 합 계

1,100만원 + 13만원 + 70만원 = 1,183만원

24 아래 사례와 같이 피보험자가 보험계약을 유지할 의사가 없는 경우에 질병·상해보험 표준약관상 행사할 수 있는 권리와 그 행사로 인한 효과에 대해 약술하시오. (10점)

〈사례〉

이수일과 심순애는 결혼을 약속한 사이로 2021년 1월 4일 심순애가 본인을 보험계약자 및 수익자로 하고, 이수일을 피보험자로 하는 계약을 체결하였다.
상기 계약은 이수일의 사망을 보험사고로 하는 계약이며, 이수일은 보험계약을 체결할 때 자필서명을 이행하였고, 해당 계약은 현재 유효한 보험계약이다.
2021년 5월 31일 이수일과 심순애는 헤어졌고, 보험계약자인 심순애는 해당 계약을 계속 유지하려고 하나, 피보험자인 이수일은 해당 계약을 유지할 의사가 없다.

모범답안

질병·상해보험 표준약관상 행사할 수 있는 권리와 그 행사로 인한 효과

(1) 피보험자의 서면동의 철회권

피보험자인 이수일이 보험계약을 유지할 의사가 없는 경우에 질병·상해보험 표준약관상 행사할 수 있는 권리는 피보험자의 서면동의 철회권이다.

타인의 사망을 보험금 지급사유로 하는 계약에서 계약을 체결할 때까지 피보험자의 서면(「전자서명법」 제2조 제2호에 따른 전자서명이 있는 경우로서 「상법 시행령」 제44조의2에 정하는 바에 따라 본인 확인 및 위조·변조 방지에 대한 신뢰성을 갖춘 전자문서를 포함)에 의한 동의를 얻지 않은 경우 그 계약은 무효가 되며, 서면으로 동의를 한 피보험자는 계약의 효력이 유지되는 기간에는 언제든지 서면동의를 장래를 향하여 철회할 수 있다(질병·상해보험 표준약관 제21조 제1호, 제31조 제2항).

즉 피보험자인 이수일은 보험계약을 유지할 의사가 없으므로, 보험계약의 효력이 유지되는 기간에는 언제든지 서면동의를 장래를 향하여 철회할 수 있다. 여기서의 철회는 실질적으로 계약해지와 동일한 효과를 갖는다.

(2) 서면동의 철회권 행사로 인한 효과

서면동의 철회로 계약이 해지되어 회사가 지급하여야 할 해약환급금이 있을 때에는 해약환급금을 계약자에게 지급한다(질병·상해보험 표준약관 제31조 제2항).

25

2021.7.1. 개정된 질병 · 상해보험 표준약관의「위법계약의 해지」조항에 관하여 아래의 질문에 답하시오. (10점)

(1) 「금융소비자 보호에 관한 법률」 제47조 및 관련 규정이 정하는 바에 따라 계약 체결에 대한 회사의 법위반 사항이 있는 경우 계약자가 위법계약의 해지를 요구할 수 있는 기간을 기술하시오. (4점)

(2) 보험회사는 위법계약의 해지요구를 받은 날부터 일정한 기간 내에 수락 여부를 계약자에게 통지하여야 하는데 그 통지기간을 기술하시오. (2점)

(3) 위법계약으로 인해 해지된 경우 회사가 계약자에게 지급해야 하는 해약환급금을 쓰시오. (4점)

모범답안

(1) 「금융소비자 보호에 관한 법률」 제47조 및 관련 규정이 정하는 바에 따라 계약 체결에 대한 회사의 법위반 사항이 있는 경우 계약자가 위법계약의 해지를 요구할 수 있는 기간

계약자는 계약 체결일부터 5년 이내의 범위에서 계약자가 위반 사항을 안 날부터 1년 이내에 계약해지요구서에 증빙서류를 첨부하여 위법계약의 해지를 요구할 수 있으며, 회사가 정당한 사유 없이 이에 대한 요구를 따르지 않는 경우 해당 계약을 해지할 수 있다.

(2) 보험회사는 위법계약의 해지요구를 받은 날부터 일정한 기간 내에 수락 여부를 계약자에게 통지하여야 하는데 그 통지기간

회사는 해지요구를 받은 날부터 10일 이내에 수락 여부를 계약자에 통지하여야 하며, 거절할 때에는 거절 사유를 함께 통지하여야 한다.

(3) 위법계약으로 인해 해지된 경우 회사가 계약자에게 지급해야 하는 해약환급금

위법계약으로 인해 계약이 해지된 경우 회사는 적립한 해지 당시의 계약자적립액을 해약환급금으로 계약자에게 지급한다.

26

아래사항을 참고하여 보험회사의 지급보험금을 산출하시오(판단근거 및 풀이과정을 제시할 것). (20점)

〈계약사항〉

보험사	보험종목	계약자 피보험자 수익자	계약일자 (부활일자)	담보내용 (보장금액)	보장내역
A 손해보험	장기건강	홍길동	2020.1.2. (2021.2.1.)	암 진단 (4천만원)	(최초)계약일로부터 1년 이내 보장사유 발생시 해당 금액의 50% 지급

※ 질병・상해보험 표준약관 적용되는 정상 유지 계약임
※ 암 보장개시일은 계약일(부활일)을 포함하여 90일이 지난날의 다음날임
※ 계약자의 계속보험료 미납으로 실효 해지된 후 청약 및 보험회사의 승낙으로 부활됨

〈암 진단 및 청구 내용〉

- 2021.5.2. : 조직검사 결과상 간암 진단(한국대학병원)
- 2021.6.3. : 보험금 청구・접수(지급기일은 2021.6.8.임)
- 2021.6.4. : 지급사유 조사・확인이 필요하여 지급기일이 초과될 것을 수익자에게 통지함
- 2021.7.12. : 보험금 지급

[참고 자료]

〈달력 – 2021년〉

일	월	화	수	목	금	토
		6월/1	2	3	4	5
6	7	8	9	10	11	12
13	14	15	16	17	18	19
20	21	22	23	24	25	26
27	28	29	30	7월/1	2	3
4	5	6	7	8	9	10
11	12					

※ 법정공휴일 없음

〈보험금 지급 지연에 따른 추가 금액(보험금을 지급할 때의 적립이율 계산)〉

편의상 아래의 금액으로 계산할 것	
• 보험계약대출이율을 적용한 금액	1일당 1,000원
• 가산이율을 적용한 금액	1일당 500원

모범답안

1. 판단근거

(1) 암 진단비

① 부활계약의 준용

계약자의 계속보험료 미납으로 실효 해지된 후 청약 및 보험회사의 승낙으로 부활되었으므로, 제14조(계약 전 알릴의무), 제16조(알릴의무위반의 효과), 제17조(사기에 의한 계약), 제18조(보험계약의 성립) 및 제25조(제1회 보험료 및 회사의 보장개시)를 준용한다.

② 암 보장개시일

암 보장개시일은 계약일(부활일)을 포함하여 90일이 지난날의 다음날로 규정하고 있는데 계약(부활) 전 알릴의무위반 사항이 없으므로, 계약일(2020.1.2.)을 기준으로 하지 않고 부활일(2021.2.1.)을 기준으로 한다.

③ 암 진단비의 지급

피보험자가 보험기간 중 암 보장개시일 이후 암으로 진단·확정되었을 때 암 진단비를 지급한다. 다만, (최초)계약일로부터 1년 이내 보장사유 발생시 해당 금액의 50%를 지급한다.

본 문제에서 암 보장개시일은 부활일(2021.2.1.)을 포함하여 90일이 지난날의 다음날인 2021.5.2.인데, 피보험자인 홍길동은 2021.5.2. 한국대학병원에서 조직검사 결과상 간암 진단을 받았고, (최초)계약일로부터 1년이 지났으므로 암 진단비를 100% 지급받는다.

(2) 지연이자

① 회사가 보험금 지급사유를 조사·확인하기 위해 필요한 기간이 지급기일을 초과할 것이 명백히 예상되는 경우에는 그 구체적인 사유와 지급예정일 및 보험금 가지급제도(회사가 추정하는 보험금의 50% 이내를 지급)에 대하여 피보험자 또는 보험수익자에게 즉시 통지한다. 다만, 지급예정일은 보험금의 청구관련 서류를 접수한 날부터 30영업일 이내에서 정한다.

② 회사는 지급기일 내에 보험금을 지급하지 않았을 때(지급예정일을 통지한 경우를 포함)에는 그 다음날부터 지급일까지의 기간에 대하여 '보험금을 지급할 때의 적립이율 계산'에서 정한 이율로 계산한 금액을 보험금에 더하여 지급한다.

[보험금을 지급할 때의 적립이율 계산]

구 분	기 간	지급이자
사망보험금, 후유장해보험금, 입원보험금, 간병보험금 등	지급기일의 다음날부터 30일 이내 기간	보험계약대출이율
	지급기일의 31일 이후부터 60일 이내 기간	보험계약대출이율 + 가산이율(4.0%)
	지급기일의 61일 이후부터 90일 이내 기간	보험계약대출이율 + 가산이율(6.0%)
	지급기일의 91일 이후 기간	보험계약대출이율 + 가산이율(8.0%)

2. 지급보험금 산출

(1) 암 진단비

암 보장개시일은 부활일(2021.2.1.)을 포함하여 90일이 지난날의 다음날인 2021.5.2.이다.

피보험자인 홍길동은 2021.5.2. 한국대학병원에서 조직검사 결과상 간암 진단을 받았으므로, A 손해보험사에서 암 진단비 100%(**40,000,000원**)을 보상받는다.

(2) 지연이자

보험금 지급기일은 2021.6.8.이었으나, 지급사유 조사·확인이 필요하여 2021.7.12.(34일 지연)에 보험금 지급이 이루어졌다. 약관상 「보험금을 지급할 때의 적립이율 계산」에서 '지급기일의 다음날부터 30일 이내 기간'은 '보험계약대출이율'로, '지급기일의 31일 이후부터 60일 이내 기간'은 '보험계약대출이율 + 가산이율(4.0%)'을 지급이자로 한다.

① 지급기일의 다음날부터 30일 이내 기간[2021.6.9. ~ 2021.7.8.(30일)]
30일 × 1,000원/일 = 30,000원

② 지급기일의 31일 이후부터 60일 이내 기간[2021.7.9. ~ 2021.7.12.(4일)]
(4일 × 1,000원/일) + (4일 × 500원/일) = 6,000원

③ 지연이자 합계
① + ② = 30,000원 + 6,000원 = **36,000원**

(3) 지급보험금 합계

(1) + (2) = 암 진단비(40,000,000원) + 지연이자(36,000원) = **40,036,000원**

27

홍길동은 보험회사에 3건의 보험계약을 체결하였다. 아래의 질문에 답하시오. (20점)

〈계약사항〉

보험계약	보험기간	계약자 피보험자 수익자	보장내용
보험1	2019.7.1. ~ 2029.7.1.	홍길동	• 암 진단 : 1,000만원 • 암 입원 : (1일당) 10만원
보험2	2019.7.1. ~ 2029.7.1.	홍길동	• 상해사망 : 2,000만원 • 상해입원 : (1일당) 5만원
보험3	2020.8.7. ~ 2030.8.7.	홍길동	• 암 진단 : 2,000만원 • 암 입원 : (1일당) 5만원

※ 상기 보험계약은 표준사업방법서의 계약 전 알릴의무 사항을 준용함
※ 계약 전 알릴의무위반 확인시 계약해지 처리함

〈치료 · 청구 내용〉

홍길동은 간암 확정 진단(진단일 : 2021.1.20.)받고, 2021.1.20.부터 2021.1.29.까지 항암방사선 치료목적으로 입원함. 홍길동은 2021.7.19. 보험회사에 보험금 청구함

〈손해사정 내용〉

① 2014.7.20. 간경화증으로 진단받고 2014.7.20.부터 2014.7.29.까지 한국대학병원에서 입원치료 사실이 확인됨
② 2018.10.1. 급성 위염으로 2018.10.1.부터 2018.10.5.까지 5회 통원 치료하고, 의사로부터 4주치 약물을 투약 처방받은 사실이 있으나, 실제 약은 구입하지는 않음
③ 2019.12.10. 초음파 검사상 간낭종 의심소견이 있었으나, 추가검사(재검사) 사실이 없음
④ 주치의 소견상 간암과 간경화증은 인과관계가 있으나, 간낭종은 인과관계가 없음
⑤ 홍길동은 보험계약을 체결할 때 위 ①~③의 과거병력을 보험회사에 알리지 않음
⑥ 계약무효 및 계약취소 사유는 없음

(1) 상기 내용으로 보험1의 경우 계약 전 알릴의무위반 여부 및 보험금 지급책임의 면·부책을 판단하고 근거를 쓰시오. (7점)

(2) 상기 내용으로 보험2의 경우 계약 전 알릴의무위반 여부 및 보험금 지급책임의 면·부책을 판단하고 근거를 쓰시오. (6점)

(3) 상기 내용으로 보험3의 경우 계약 전 알릴의무위반 여부 및 보험금 지급책임의 면·부책을 판단하고 근거를 쓰시오. (7점)

모범답안

1. 보험1의 경우 계약 전 알릴의무위반 여부 및 보험금 지급책임의 면·부책 판단 근거

(1) 계약 전 알릴의무위반 여부

홍길동은 보험계약을 체결할 때 〈손해사정 내용〉 중 ①~③의 과거병력을 보험회사에 알리지 않았기 때문에 계약 전 알릴의무위반에 해당된다.

① 간경화증

2014.7.20. 간경화증으로 진단받고 2014.7.20.부터 2014.7.29.까지 한국대학병원에서 입원치료 사실이 확인되었다.

이는 "최근 5년 이내에 의사로부터 진찰 또는 검사를 통하여 입원, 수술(제왕절개 포함), 계속하여 7일 이상 치료, 계속하여 30일 이상 투약 등 의료행위를 받은 사실"에 해당되므로, 계약 전 알릴의무위반에 해당된다.

② 급성 위염

2018.10.1. 급성 위염으로 2018.10.1.부터 2018.10.5.까지 5회 통원 치료하고, 의사로부터 4주치 약물을 투약 처방받은 사실이 있으나, 실제 약은 구입하지는 않았다.

이는 "계속하여 7일 이상 치료, 계속하여 30일 이상 투약 등 의료행위를 받은 사실"에 해당되지 않으므로, 계약 전 알릴의무위반에 해당되지 않는다.

③ 간낭종 의심소견

2019.12.10. 초음파 검사상 간낭종 의심소견이 있었으나, 추가검사(재검사) 사실이 없었다.

이는 보험기간 중 치료내용이므로 계약 전 알릴의무위반과 관련이 없다.

(2) 보험금 지급책임의 면·부책 판단 근거

① 계약 전 알릴의무위반 사항에 해당하므로 계약을 해지하고 해약환급금을 지급한다.

② 주치의 소견상 "간암과 간경화증은 인과관계가 있음"이 확인되었으므로 보험금 지급책임이 면책된다. 즉 약관상 계약 전 알릴의무위반 사실이 보험금 지급사유 발생에 영향을 미친 경우에 해당하므로 보험금을 지급하지 않는다.

2. 보험2의 경우 계약 전 알릴의무위반 여부 및 보험금 지급책임의 면·부책 판단 근거

(1) 계약 전 알릴의무위반 여부

홍길동은 보험계약을 체결할 때 〈손해사정 내용〉 중 ①~③의 과거병력을 보험회사에 알리지 않았기 때문에 계약 전 알릴의무위반에 해당된다.

① 간경화증

위 1.의 (1) ① 간경화증 내용과 같다. 즉 계약 전 알릴의무위반에 해당된다.

② 급성 위염

위 1.의 (1) ② 급성 위염과 같다. 즉 계약 전 알릴의무위반에 해당되지 않는다.

③ 간낭종 의심소견

위 1.의 (1) ③ 급성 간낭종 의심소견과 같다. 계약 전 알릴의무위반과 관련이 없다.

(2) 보험금 지급책임의 면·부책 판단 근거

① 계약 전 알릴의무를 위반하였으나, 보험금 지급사유가 발생하지 않고 보장개시일(2019.7.1.)로부터 보험금 청구일(2021.7.19.)까지 2년이 지났기 때문에 보험계약을 해지할 수 없다.

※ 회사는 제1회 보험료를 받은 때부터 보험금 지급사유가 발생하지 않고 2년(진단계약의 경우 질병에 대하여는 1년)이 지났을 때에는 계약을 해지할 수 없다.

② 보험2의 경우는 상해보험으로, 피보험자 홍길동의 간암(암 진단 및 암 입원) 확정에 대한 보험금 지급사유가 발생하지 않기 때문에 보험금 지급책임이 면책된다.

3. 보험3의 경우 계약 전 알릴의무위반 여부 및 보험금 지급책임의 면·부책 판단 근거

(1) 계약 전 알릴의무위반 여부

홍길동은 보험계약을 체결할 때 〈손해사정 내용〉 중 ①~③의 과거병력을 보험회사에 알리지 않았으나, 계약 전 알릴의무위반에 해당되지 않는다.

① 간경화증

2014.7.20. 간경화증으로 진단받고 2014.7.20.부터 2014.7.29.까지 한국대학병원에서 입원치료 사실이 확인되었다.

이는 "최근 5년 이내에 의사로부터 진찰 또는 검사를 통하여 입원, 수술(제왕절개 포함), 계속하여 7일 이상 치료, 계속하여 30일 이상 투약 등 의료행위를 받은 사실"에 해당되지 않으므로, 계약 전 알릴의무위반에 해당되지 않는다.

② 급성 위염

2018.10.1. 급성 위염으로 2018.10.1.부터 2018.10.5.까지 5회 통원 치료하고, 의사로부터 4주치 약물을 투약 처방받은 사실이 있으나, 실제 약은 구입하지는 않았다.

이는 "계속하여 7일 이상 치료, 계속하여 30일 이상 투약 등 의료행위를 받은 사실"에 해당되지 않으므로, 계약 전 알릴의무위반에 해당되지 않는다.

③ 간낭종 의심소견

2019.12.10. 초음파 검사상 간낭종 의심소견이 있었으나, 추가검사(재검사) 사실이 없었다.

이는 "최근 1년 이내에 의사로부터 진찰 또는 검사를 통하여 추가검사(재검사)를 받은 사실"에 해당되지 않으므로, 계약 전 알릴의무위반에 해당되지 않는다.

(2) 보험금 지급책임의 면 · 부책 판단 근거

① 계약 전 알릴의무위반 사항이 확인되지 않았으므로 보험회사는 피보험자인 홍길동에게 보험금(암 진단비 + 암 입원비) 지급책임이 있다.

② 지급보험금

홍길동은 항암방사선 치료목적으로 10일(2021.1.20. ~ 2021.1.29.)간 입원하였으므로, 지급보험금은 다음과 같다.

암 진단비(20,000,000원) + 암 입원비(10일 × 50,000원/일) = 20,500,000원

28 피보험자 김사랑의 아래 치료 내용에 대해 질문에 답하시오. (20점)

〈치료 내용〉

(단위 : 만원)

<table>
<tr><th rowspan="2">치료 순번</th><th rowspan="2">병명(코드)</th><th rowspan="2">의료기관</th><th rowspan="2">치료기간</th><th colspan="2">요양급여</th><th colspan="2">비급여</th></tr>
<tr><th>본 인</th><th>공 단</th><th></th><th>포함 비용</th></tr>
<tr><td>1</td><td>고도비만(E66)
– 합병증 없음</td><td>A대학병원</td><td>2021.7.15.
~ 7.24.
(입원)</td><td>100</td><td>400</td><td>400</td><td>병실차액
(200)
영양제주사
(100)</td></tr>
<tr><td rowspan="2">2</td><td rowspan="2">기질성
환각증
(F06)</td><td>B정신건강
의학과의원</td><td rowspan="2">2021.7.25.
(통원)</td><td>5</td><td>20</td><td>10</td><td>–</td></tr>
<tr><td>C약국
(B정신건강
의학과의원
처방 · 조제)</td><td>1</td><td>3</td><td>–</td><td>–</td></tr>
<tr><td rowspan="2">3</td><td rowspan="2">목뼈
원판장애
(M50)</td><td>D대학병원</td><td rowspan="2">2021.7.28.
(통원)</td><td>10</td><td>40</td><td>30</td><td>MRI검사
(20)</td></tr>
<tr><td>E정형외과의원</td><td>2</td><td>8</td><td>15</td><td>도수치료
(10)</td></tr>
</table>

※ 계약 전 알릴의무위반 사항이 없으며, 청구사항 外 치료내역이 없음

(1) 김사랑이 제3세대 실손의료보험에만 가입된 경우에 A보험회사가 지급해야 할 실손의료비를 치료순번별로 계산하시오. (10점)

〈계약사항(제3세대 실손)〉

보험회사 (계약일자)	보험종류	보장종목(보상한도)	특별약관(보상한도)
A (2021.4.5.)	기본형 실손의료 (표준형)	• 질병입원형(5천만원) • 질병통원형(30만원)	• 비급여주사료(약관상 한도) • 비급여자기공명영상진단(약관상 한도)

※ 외래의료비는 1회당 20만원, 처방조제비는 1건당 10만원 보상 한도
※ 정상 유지 계약임

(2) 김사랑이 제4세대 실손의료보험에만 가입된 경우에 B보험회사가 지급해야 할 실손의료비를 치료순번별로 계산하시오. (10점)

〈계약사항(제4세대 실손)〉

보험회사(계약일자)	보험종류	기본형(보상한도)	특별약관(보상한도)
B (2021.7.5.)	실손의료	질병급여형(5천만원)	• 질병비급여(5천만원) • 3대 비급여(약관상 한도)

※ 질병급여형, 질병비급여형 통원 1회당 각각 20만원 보상 한도

※ 실제 계약 체결되어 정상 유지 중임

모범답안

1. A보험회사가 지급해야 할 실손의료비(제3세대 실손)

(1) 고도비만(E66) : 2021.7.15. ~ 2021.7.24.(10일 입원)

진단명이 고도비만(E66)이고 다른 합병증이 없으므로, '한국표준질병・사인분류'에 따라 보통약관 및 특별약관에서 보상하지 않는다(면책).

(2) 기질성 환각증(F06) : 2021.7.25.(통원)

정신 및 행동장애(F04～F99)는 '한국표준질병・사인분류'에 따라 면책이지만, 기질성 환각증(F06)과 관련한 치료에서 발생한 「국민건강보험법」에 따른 요양급여에 해당하는 의료비는 보상한다.

① B정신건강의학과의원

5만원 − Max(1만원, 5만원 × 20%) = 4만원

※ **공제금액** : 1만원과 보장대상의료비의 20% 중 큰 금액

② C약국(B정신건강의학과의원 처방・조제)

1만원 − Max(8천원, 1만원 × 20%) = 2천원

※ **공제금액** : 8천원과 보장대상의료비의 20% 중 큰 금액

(3) 목뼈 원판장애(M50) : 2021.7.27.(통원)

① 표준형

하나의 질병으로 하루에 같은 치료를 목적으로 의료기관에서 2회 이상 통원치료를 받은 경우 1회의 외래 처방으로 보며, 이 때 공제금액은 2회 이상의 중복방문 의료기관 중 가장 높은 공제금액을 적용한다.

㉠ 외래의료비

- D대학병원 : (10만원 + 30만원) − MRI검사비(20만원) = 20만원
- E정형외과의원 : (2만원 + 15만원) − 도수치료비(10만원) = 7만원
- 외래의료비 = D대학병원(20만원) + E정형외과의원(7만원) = **27만원**

㉡ 공제금액 = Max(2만원, 20만원 × 20%, 1만원, 7만원 × 20%) = 4만원

㉢ 지급보험금 = 27만원 − 4만원 = 23만원 > 20만원

※ 외래의료비는 1회당 20만원이 보상 한도이므로 20만원을 지급한다.

② 비급여 MRI특약

비급여 MRI검사비와 도수치료비는 비급여 특약에서 보상하는데, 도수치료비는 비급여 특약에 가입되어 있지 않으므로 MRI검사비만 보상한다.

20만원 − Max(2만원, 20만원 × 30%) = 14만원

※ **공제금액** : 1회당 2만원과 보장대상의료비의 30% 중 큰 금액

2. B보험회사가 지급해야 할 실손의료비(제4세대 실손)

(1) 고도비만(E66) : 2021.7.15.~2021.7.24.(10일 입원)

고도비만(E66)은 질병비급여형 특약에서는 '한국표준질병 · 사인분류'에 따라 보상하지 않지만, 질병급여형에서 보상한다.

① 질병급여 : 자기부담금의 80%에 해당하는 금액을 보상한다.

- 입원의료비 = 100만원 × 80% = **80만원**

② 질병비급여 : 면책

③ 3대 비급여 : 면책

(2) 기질성 환각증(F06) : 2021.7.25.(통원)

정신 및 행동장애(F04~F99)는 '한국표준질병 · 사인분류'에 따라 면책이지만, 기질성 환각증(F06)과 관련한 치료에서 발생한 「국민건강보험법」에 따른 요양급여에 해당하는 의료비는 보상한다.

① 질병급여 : 통원 1회당(외래 및 처방조제 합산) 본인부담금에서 공제금액을 뺀 금액

- 통원의료비 = (5만원 + 1만원) − Max(1만원, 6만원 × 20%) = **4만8천원**

② 질병비급여 : 면책

③ 3대 비급여 : 면책

(3) 목뼈 원판장애(M50) : 2021.7.27.(통원)

① 질병급여

하나의 질병으로 하루에 같은 치료를 목적으로 2회 이상 통원치료(외래 및 처방조제 합산)를 받은 경우 1회의 통원으로 보며, 이 때 공제금액은 2회 이상의 중복방문 의료기관 중 가장 높은 공제금액을 적용한다.

㉠ 보장대상의료비

= (10만원 + 30만원 + 2만원 + 15만원) − 비급여(30만원 + 15만원) = 12만원

㉡ 공제금액 = Max(2만원, 10만원 × 20%, 1만원, 2만원 × 20%) = 2만원

㉢ 통원의료비 = 12만원 − 2만원 = **10만원**

② 질병비급여

㉠ 보장대상의료비

= (10만원 + 30만원 + 2만원 + 15만원) − 급여(10만원 + 2만원) − 3대 비급여(20만원 + 10만원)

= 15만원

㉡ 공제금액 = Max(3만원, 15만원 × 30%) = 4만5천원

※ **공제금액** : 1회당 3만원과 보장대상의료비의 30% 중 큰 금액

㉢ 통원의료비 = 15만원 − 4만5천원 = **10만5천원**

③ 3대 비급여

㉠ MRI검사비 : 20만원 − Max(3만원, 20만원 × 30%) = **14만원**

※ **공제금액** : 1회당 3만원과 보장대상의료비의 30% 중 큰 금액

㉡ 도수치료 = 10만원 − Max(3만원, 10만원 × 30%) = **7만원**

④ 지급 합계액

10만원 + 10만5천원 + 14만원 + 7만원 = **41만5천원**

29 아래 홍길동의 후유장해진단서를 참고하여 질문에 답하시오. (20점)

〈사고 및 치료 내용〉

> 홍길동은 여름휴가 중이던 2020.8.10. 계곡에서 다이빙을 하다가 얼굴, 허리 및 다리 등에 상해를 입고 119로 응급 후송되어 치료 종결 후 후유장해진단을 받았다.

〈계약사항〉

보험사	보험종목	피보험자	보험기간	담보내용(가입금액)
A	상해보험	홍길동	2018.1.1. ~2038.1.1.	일반상해후유장해(1억원) : 3%~100%
B	상해보험	홍길동	2019.1.1. ~2039.1.1.	일반상해후유장해(1억원) : 3%~100%

※ 상기 보험은 질병·상해보험 표준약관이 적용되며, 장해분류표는 2018.4.1. 일부 변경됨
※ 정상 유지 계약이며, 알릴의무위반 사항 없음

〈후유장해진단서〉

<table>
<tr><td>성 명</td><td>홍길동(만 47세)</td><td>주민번호</td><td>731007 – 1*****</td><td>병록번호</td><td>********</td></tr>
<tr><td>수상일</td><td>2020년 8월 10일</td><td>초진일</td><td>2020년 8월 10일</td><td>장해진단일</td><td>2021년 6월 14일</td></tr>
<tr><td colspan="6">□ 상병명(※ 상병명이 많을 때는 장해와 관계있는 주요 상병명을 기재)
코뼈골절(수술 후 상태)
우) 안와골절
척추압박골절(제1요추골절)
우) 대퇴골경부골절(전치환술 후 상태)</td></tr>
<tr><td colspan="6">□ 주요 치료경과 현증 및 기왕증 주요검사 소견 등
상기 환자는 계곡에서 다이빙하다가 발생한 사고로 본원에 내원하여 위 상병명으로 치료 후 후유장해 진단을 받음(기왕증 없음)</td></tr>
<tr><td colspan="6">운동범위(ROM)</td></tr>
<tr><td rowspan="2">시 력</td><td>나안시력 : (좌)(우)
교정시력 : (좌)(우)</td><td>정상시력에 대비한 (좌) %
시각장해율 (우) %
(정상 100기준)</td><td rowspan="2">청 력</td><td>적용기준
ASA
ISO</td><td>(좌) db
(우) db</td></tr>
<tr><td colspan="2">복시유무 : 정면시에서 복시유무 – (　　)</td><td colspan="2">보통대화청취거리 : m</td></tr>
</table>

장해진단(AMA 장해평가) ① 양쪽 코의 후각기능을 완전히 잃었을 때에 해당 ② 우) 안구의 조절기능장해 : 조절력이 정상의 1/2 이하로 감소된 경우에 해당 ③ 척추압박골절(제1요추) • 압박률 40%, • 척추전만 10도(생리적 만곡을 고려한 각도) ④ 우) 대퇴골 인공관절 삽입 상태	
비고(장해부위의 그림표시 등) ※ 영구장해에 해당	상기와 같이 진단함 진단서발행일 : 2021.6.14. 병의원 명칭 : 한국병원

(1) 상기 후유장해진단서를 참고하여 보험사별로 장해진단 항목(① ~ ④)별 장해지급률을 산정하시오. (16점)

(2) A 보험사, B 보험사가 홍길동에게 지급할 보험금을 각각 계산하시오. (4점)

모범답안

1. 보험사별로 장해진단 항목(① ~ ④)별 장해지급률

(1) A 보험사(2018.4.1. 개정 이전 장해분류표)

① 양쪽 코의 후각기능을 완전히 잃었을 때 : 코의 기능을 완전히 잃었을 때 ⇒ 15%

② 우) 안구의 조절기능장해 : 조절력의 감소를 무시할 수 있는 45세 이상의 경우에는 제외한다. ⇒ 0%

③ 척추압박골절(제1요추)

• 압박률 40% : 해당 사항 없음

• 척추전만 10도(생리적 만곡을 고려한 각도) : 척추전만 15도 이하이므로, 척추(등뼈)에 약간의 기형을 남긴 때 ⇒ 15%

④ 우) 대퇴골 인공관절 삽입 상태 : 한 다리의 3대 관절 중 관절 하나의 기능을 완전히 잃었을 때 ⇒ 30%

(2) B 보험사(2018.4.1. 개정 이후 장해분류표)

① 양쪽 코의 후각기능을 완전히 잃었을 때 ⇒ 5%

② 우) 안구의 조절기능장해 : 조절력이 정상의 1/2 이하로 감소된 경우 ⇒ 10%

※ 조절력의 감소를 무시할 수 있는 50세 이상의 경우에는 제외하는데 장해진단시점 당시 만 47세에 해당하므로 10%를 적용한다.

③ 척추압박골절(제1요추)

- 압박률 40% : 척추(등뼈)에 뚜렷한 기형을 남긴 때 ⇒ 30%
- 척추전만 10도(생리적 만곡을 고려한 각도) : 척추(등뼈)에 약간의 기형을 남긴 때 ⇒ 15%

※ 동일한 신체부위에 2가지 이상의 장해가 발생한 경우에는 합산하지 않고, 그중 높은 지급률을 적용함을 원칙으로 하므로 30%를 적용한다.

④ 우) 대퇴골 인공관절 삽입 상태 : 한 다리의 3대 관절 중 관절 하나의 기능에 심한 장해를 남긴 때 ⇒ 20%

2. A 보험사, B 보험사가 홍길동에게 지급할 보험금

(1) A 보험사가 홍길동에게 지급할 보험금

2018.4.1. 개정 이전 장해분류표를 적용하여 총장해지급률을 계산하면,

총장해지급률 = 15% + 15% + 30% = 60%이므로,

A 보험사의 장해보험금 = 1억원 × 60% = 60,000,000원

(2) B 보험사가 홍길동에게 지급할 보험금

2018.4.1. 개정 이후 장해분류표를 적용하여 총장해지급률을 계산하면,

총장해지급률 = 5% + 10% + 30% + 20% = 65%이므로,

B 보험사의 장해보험금 = 1억원 × 65% = 65,000,000원

30

2021.7.1.부터 판매중인 실손의료보험 표준약관에 대한 아래의 질문에 답하시오. (10점)

(1) 실손의료보험 표준약관의 '입원에 대한 정의'와 관련하여 빈칸 (　　)을 채우시오. (4점)

> '입원'이라 함은 의사가 피보험자의 질병 또는 상해로 인하여 치료가 필요하다고 인정한 경우로서 자택 등에서 치료가 곤란하여 의료기관 또는 이와 동등하다고 인정되는 의료기관에 입실하여 (　　) 체류하면서 의사의 관찰 및 관리하에 치료를 받는 것을 말함

(2) 실손의료보험 표준약관 제17조(청약의 철회)에서 계약자는 보험증권을 받은 날부터 15일 이내에 그 청약을 철회할 수 있는데, '청약을 철회할 수 없는 계약'에 대한 약관 내용을 쓰시오. (6점)

모범답안

(1) '입원에 대한 정의'

계속해서 6시간 이상

> '입원'이라 함은 의사가 피보험자의 질병 또는 상해로 인하여 치료가 필요하다고 인정한 경우로서 자택 등에서 치료가 곤란하여 의료기관 또는 이와 동등하다고 인정되는 의료기관에 입실하여 (**계속해서 6시간 이상**) 체류하면서 의사의 관찰 및 관리하에 치료를 받는 것을 말함

(2) 청약을 철회할 수 없는 계약

① 회사가 건강상태 진단을 지원하는 계약

② 보험기간이 90일 이내인 계약

③ 전문금융소비자가 체결한 계약

※ 청약한 날부터 30일이 지나면 청약을 철회할 수 없다(실손의료보험 표준약관 제17조 제2항).

31

아래의 내용은 질병 · 상해보험 표준약관 장해분류표(2018.4.1. 개정)의 각 신체부위별 판정기준에서 '별도로 정한 경우'에 관한 장해판정기준이다. 빈칸(① ~ ⑤)에 들어갈 내용을 쓰시오. (10점)

신체부위	장해판정기준
눈의 장해	안구(눈동자) 운동장해의 판정은 질병의 진단 또는 외상 후 (①) 이상 지난 뒤 그 장해 정도를 평가한다.
코의 장해	양쪽 코의 후각기능은 후각인지검사, 후각역치검사 등을 통해 (②) 이상 고정된 후각의 완전손실이 확인되어야 한다.
귀의 장해	평형기능의 장해는 장해판정 직전 (③) 이상 지속적인 치료 후 장해가 고착되었을 때 판정한다.
정신행동 장해	보험기간 중에 발생한 뇌의 질병 또는 상해를 입은 후 (④)이 지난 후에 판정함을 원칙으로 한다.
치매	치매의 장해평가는 임상적인 증상뿐 아니라 뇌영상검사(CT, MRI, SPECT 등)를 기초로 진단되어져야 하며, (⑤) 이상 지속적인 치료 후 평가한다.

모범답안

① 1년
② 6개월
③ 1년
④ 18개월
⑤ 18개월

신체부위	장해판정기준
눈의 장해	안구(눈동자) 운동장해의 판정은 질병의 진단 또는 외상 후 **(1년)** 이상 지난 뒤 그 장해 정도를 평가한다.
코의 장해	양쪽 코의 후각기능은 후각인지검사, 후각역치검사 등을 통해 **(6개월)** 이상 고정된 후각의 완전손실이 확인되어야 한다.
귀의 장해	평형기능의 장해는 장해판정 직전 **(1년)** 이상 지속적인 치료 후 장해가 고착되었을 때 판정한다.
정신행동 장해	보험기간 중에 발생한 뇌의 질병 또는 상해를 입은 후 **(18개월)**이 지난 후에 판정함을 원칙으로 한다.
치매	치매의 장해평가는 임상적인 증상뿐 아니라 뇌영상검사(CT, MRI, SPECT 등)를 기초로 진단되어져야 하며, **(18개월)** 이상 지속적인 치료 후 평가한다.

32

질병 · 상해보험 표준약관 제23조(보험나이 등) 조항과 관련하여 아래 내용을 읽고 질문에 답하시오. (10점)

- 피보험자 김철수는 2022.7.10. A보험에 가입함
- 김철수의 실제 생년월일은 2001.1.1.이나, 보험계약 청약 당시 실수로 청약서상 생년월일을 2000.1.1.로 착오 기재함
- A보험 유지 중 2022.7.20. 실제 생년월일인 2001.1.1.로 보험회사에 연령을 정정함

※ A보험의 월 보험료 산정은 보험나이 18세 기준 18만원이며, 연령 증가시 매년 1만원씩 증가하는 것으로 가정함 기타 보험료 변동사항은 없음

※ 피보험자의 실제나이와 착오나이는 모두 보험종목의 가입나이 범위 내임

(1) 질병 · 상해보험 표준약관상 보험나이 계산방법과 제23조 제1항 단서조항의 예외적용에 대하여 쓰시오. (6점)

(2) 위 사례에서 2022.7.20. 실제연령으로 정정된 김철수의 보험나이와 변경 후 월 보험료를 쓰시오. (4점)

모범답안

1. 질병 · 상해보험 표준약관상 보험나이 계산방법과 제23조 제1항 단서조항의 예외적용

(1) 보험나이 계산방법

보험나이는 계약일 현재 피보험자의 실제 만 나이를 기준으로 6개월 미만의 끝수는 버리고 6개월 이상의 끝수는 1년으로 하여 계산하며, 이후 매년 계약 해당일에 나이가 증가하는 것으로 한다(표준약관 제23조 제2항).

(2) 제23조 제1항 단서조항의 예외적용

피보험자의 나이는 보험나이를 기준으로 하지만, 표준약관 제21조(계약의 무효) 제2호의 경우에는 실제 만 나이를 적용한다. 즉 만 15세 미만자를 피보험자로 하여 사망을 보험금 지급사유로 한 경우 실제 만 나이를 적용한다.

2. 실제연령으로 정정된 김철수의 보험나이와 변경 후 월 보험료

(1) 실제연령으로 정정된 김철수의 보험나이

김철수의 보험나이 = 계약일(2022.7.10.) − 실제 생년월일(2001.1.1.) = 만 21세 7개월 9일

6개월 이상의 끝수는 1년으로 하여 계산하므로, 김철수의 보험나이는 22세이다.

(2) 변경 후 월 보험료

A보험의 월 보험료는 보험나이 18세 기준 18만원이며, 연령 증가시 매년 1만원씩 증가하는 것으로 가정하고, 김철수의 보험나이는 22세로 변경되었으므로 월 보험료는 22만원이다.

33 아래 내용을 읽고 질문에 답하시오. (10점)

〈계약사항〉

- 보험종목 : 이겨내자 암보험
- 보험기간 : 2022.1.1. ~ 2052.1.1.

가입담보(특약)	가입(보장)금액	이미 납입한 보험료
일반암	5,000만원	10만원
대장점막내암	2,000만원	5만원
제자리암	1,000만원	5만원

※ 계약 전 알릴의무위반 사항은 없으며, 정상 유지 계약임

※ 암 보장개시일은 최초 계약일로부터 그 날을 포함하여 90일이 지난날의 다음날로 함

※ 보험계약일로부터 암 보장개시일의 전일 이전에 암이 진단 확정되는 경우에는 해당 가입담보(특약)는 무효로 하며, 이미 납입한 보험료를 반환함

〈조직검사결과지〉

성 명	홍길동	주민번호	721201-1******	검체채취일	2022.3.29.
검사의뢰일	2022.3.30.	의뢰기관	한국외과의원	보고일자	2022.4.1.

Colon, distal sigmoid, colonscopic biopsy :
ADENOCARCINOMA, well differentiated
1) tumor size : 0.5×0.4×0.3cm
2) extent of tumor : submucosa
3) mitosis : < 1/10HPF
4) lymphatic invasion : not identified

〈약관규정〉

□ 암, 대장점막내암, 제자리암의 정의

- 이 특별약관에서 「암」이라 함은 제8차 한국표준질병・사인분류에 있어서 악성신생물(암)(이하 「악성신생물」이라 합니다)로 분류되는 질병을 말합니다. 다만, 「기타 피부암」, 「갑상선암」, 「대장점막내암」, 또는 「전암(前癌)상태(암으로 변하기 이전상태)」는 제외합니다.
- 이 특별약관에서 「대장점막내암」이라 함은 대장의 상피세포층에서 발생한 악성종양세포가 기저막을 뚫고 내려가서 점막고유층 또는 점막근층을 침범하였으나 점막하층까지는 침범하지 않은 상태의 질병을 말하며, 대장은 맹장, 충수, 결장, 직장을 말합니다.
- 이 특별약관에서 「제자리암」이라 함은 제8차 한국표준질병・사인분류에 있어서 제자리신생물로 분류되는 질병을 말합니다.

(1) 피보험자 홍길동은 2022.4.3. 진단서를 발급받아 조직검사결과지를 첨부하여 2022.4.10. 보험회사에 청구하였다. 암 진단확정일자를 쓰고 그 판단근거를 약술하시오. (5점)

(2) 2022.4.10. 기준으로 보험회사가 지급해야 할 금액(보험금 또는 이미 납입한 보험료)을 쓰고 그 판단근거를 약술하시오. (5점)

모범답안

1. 암 진단확정일자와 그 판단근거

(1) 암 진단확정일자

2022년 4월 1일이다.

(2) 그 판단근거

조직검사결과지에 따르면 피보험자 홍길동의 검체채취일은 2022년 3월 29일이고, 검사의뢰일은 2022년 3월 30일, 보고일자는 2022년 4월 1일이다.

암의 확정진단 시점과 관련하여 판례는 병원에서 조직검사를 실시하여 암으로 조직검사 결과가 보고된 날짜를 암의 확정진단 시기로 인정하고 있다. 따라서 약관상 암의 진단확정일은 검체채취일이나 조직검사 의뢰일이 아니라, 조직검사결과지에 기재된 '결과보고일(2022년 4월 1일)'을 암의 진단확정일로 판단한다.

2. 보험회사가 지급해야 할 금액(보험금 또는 이미 납입한 보험료)과 그 판단근거

(1) 보험회사가 지급해야 할 금액(보험금 또는 이미 납입한 보험료)

암 진단확정일은 2022년 4월 1일이고, 암 보장개시일은 최초 계약일로부터 그 날을 포함하여 90일이 지난날의 다음날로 하므로 2022년 4월 1일이다.

일반암(대장암)으로 진단되었으므로 보험회사가 지급해야할 금액은 일반암(대장암) 진단비 5,000만원이다.

(2) 그 판단근거

피보험자 홍길동의 대장내시경 생검 조직검사 결과 악성종양인 ADENOCARCINOMA(선암종)가 submuscosa(점막하층)까지 침범한 상태이고, 림프계 침범(lymphatic invasion)은 확인되지 않았다. 따라서 '대장점막내암'이 아닌 '일반암(대장암)'으로 판단한다.

※ Colon, distal sigmoid, colonscopic biopsy : 대장(결장), s상결장, 대장내시경 생검

34

피보험자 심순애는 아래와 같이 실손의료보험에 가입하고 2022.2.14.부터 2022.6.27.까지 치료를 받은 후 보험회사에 실손의료비를 청구하였다. 치료순번별로 실손의료비를 계산하고 그 근거를 약술하시오. (20점)

〈계약사항〉

보험종목(계약일자)	보장종목 / 가입금액
실손의료보험 (2022.1.1.)	〈기본계약〉 • 상해급여 : 5천만원(단, 통원 1회당 20만원 한도) • 질병급여 : 5천만원(단, 통원 1회당 20만원 한도) 〈특약형〉 • 상해비급여 : 5천만원(단, 통원 1회당 20만원 한도) • 질병비급여 : 5천만원(단, 통원 1회당 20만원 한도) • 3대 비급여 : 표준약관상 비급여의료비별 보상한도

※ 계약 전 알릴의무위반 사항은 없으며, 정상 유지 계약임

〈일자별 치료내용 및 진료비 영수증상 의료비 청구사항〉

(단위 : 원)

치료순번	의료기관	입/통원	치료일자	병명(질병분류번호)	급여 일부본인부담	급여 전액본인부담	비급여	비 고
①	A병원	통원	2.14.	불임(N96)	20,000	30,000	50,000	
②	B의원	통원	3.14.	식사장애(F50)	30,000	50,000	100,000	
③	C병원	통원	4.11.	회전근개증후군(M75.1)	10,000	10,000	200,000	비급여는 도수치료 1회 비용임
④	D약국	통원	4.12.	회전근개증후군(M75.1)	10,000			4.11. 처방받은 약제를 4.12. 조제
⑤	E종합병원	통원	4.20.	회전근개증후군(M75.1)	10,000	10,000	400,000	비급여는 도수치료 1회 비용임
⑥	F보훈종합병원	통원	5.10.	기관지염(J40)	30,000			실제 수납금액은 0원

⑦	G 한방 병원	통원	5.12.	등통증 (M54)	10,000	10,000	300,000	비급여는 도수치료 1회 비용임
⑧	H 종합 병원	입원	5.16. ~ 5.30.	회전근개 증후군 (M75.1)	200,000	100,000	4,500,000	비급여는 MRI 1회 30만원, 도수치료 14회 420만원 비용임
⑨	I병원	통원	6.27.	비기질성 수면장애 (F51)	50,000	50,000	100,000	

※ F보훈종합병원 외에는 모두 병원비를 실제 납부하였음

※ F보훈종합병원의 경우 「국가유공자 등 예우 및 지원에 관한 법률」을 적용받아 피보험자가 실제 납부한 금액은 없음

※ G한방병원은 양・한방 협진병원으로 비급여 치료는 의사에 의해 시행함

※ 도수치료는 치료효과가 확인되어 보험회사에서 의료검토를 통해 20회까지 지급하기로 함

모범답안

치료순번별 실손의료비

(1) 치료순번 ①(A병원)

여성생식기의 비염증성 장애로 인한 습관성 유산, 불임 및 인공수정 관련 합병증(N96~N98)으로 발생한 의료비 중 전액본인부담금 및 보험가입일로부터 2년 이내에 발생한 의료비는 보상하지 않는다.

(2) 치료순번 ②(B의원)

식사장애(F50)는 정신 및 행동장애(F04~F99)에 해당하므로 보상하지 않는다.

(3) 치료순번 ③(C병원) + 치료순번 ④(D약국)

하나의 질병(회전근개증후군)으로 외래 및 조제일자가 다른 경우에도 처방일자를 기준으로 외래 및 처방조제를 합산하여 계산한다.

① 질병급여의료비

외래(C병원) + 처방조제(D약국) − Max[10,000원, 의료비의 20%]

= (20,000원 + 10,000원) − Max[10,000원, 30,000원 × 20%]

= 30,000원 − 10,000원 = **20,000원**

※ **공제금액** : 10,000원과 보장대상의료비의 20% 중 큰 금액

② 3대 비급여(도수치료)

200,000원 − Max[30,000원, 200,000원 × 30%] = 140,000원

※ **도수치료 공제금액** : 1회당 30,000원과 보장대상의료비의 30% 중 큰 금액

(4) 치료순번 ⑤(E종합병원)

① 질병급여의료비

외래(E종합병원) − Max[20,000원, 의료비의 20%]

= (10,000원 + 10,000원) − Max[20,000원, 20,000원 × 20%]

= 20,000원 − 20,000원 = 0원

※ **공제금액** : 20,000원과 보장대상의료비의 20% 중 큰 금액

② 3대 비급여(도수치료)

400,000원 − Max[30,000원, 400,000원 × 30%] = 280,000원

(5) 치료순번 ⑥(F보훈종합병원)

「국가유공자 등 예우 및 지원에 관한 법률」을 적용받아 피보험자가 실제 납부한 금액이 없으므로 감면 전 의료비를 기준으로 계산한다.

• 질병급여의료비

외래(F보훈종합병원) − Max[20,000원, 의료비의 20%]

= 30,000원 − Max[20,000원, 30,000원 × 20%]

= 30,000원 − 20,000원 = 10,000원

(6) 치료순번 ⑦(G한방병원)

한방치료에서 발생한 비급여의료비는 보상하지 않지만, '의사'의 의료행위에 의해서 발생한 의료비는 보상한다.

① 질병급여의료비

외래(G한방병원) − Max[10,000원, 의료비의 20%]

= (10,000원 + 10,000원) − Max[10,000원, 20,000원 × 20%]

= 20,000원 − 10,000원 = 10,000원

② 3대 비급여(도수치료)

300,000원 − Max[30,000원, 300,000원 × 30%] = 210,000원

(7) 치료순번 ⑧(H종합병원)

① 질병급여의료비

입원의 경우 의료급여 중 본인부담금(본인이 실제로 부담한 금액으로서 요양급여 비용 또는 의료급여 비용의 일부를 본인이 부담하는 일부본인부담금과 요양급여 비용 또는 의료급여 비용의 전부를 본인이 부담하는 전액본인부담금을 말함)의 80%에 해당하는 금액을 보상한다.

• 질병급여의료비 = (200,000원 + 100,000원) × 80% = **240,000원**

② 3대 비급여(MRI)

300,000원 − Max[30,000원, 300,000원 × 30%] = **210,000원**

③ 3대 비급여(도수치료)

{300,000원 − Max[30,000원, 300,000원 × 30%]} × 14회 = **2,940,000원**

※ 도수치료 1회 비용 = 4200,000원 ÷ 14회 = 300,000원

비급여 도수치료 보장한도 금액은 3,500,000원이므로, 이미 지급한 **630,000원**(= 140,000원 + 280,000원 + 210,000원) 제외하고 보상한다.

따라서, 3,500,000원 − 630,000원 = **2,870,000원**

※ **도수치료의 보장한도** : 계약일 또는 매년 계약 해당일부터 1년 단위로 각 상해 · 질병 치료행위를 합산하여 3,500,000원 이내에서 50회까지 보상한다.

(8) 치료순번 ⑨(I병원)

비기질성 수면장애(F51)와 관련한 치료에서 발생한 요양급여에 해당하는 의료비(본인부담금)는 보상하지만, 비급여의료비에 대해서는 보상하지 않는다.

• 질병급여의료비 = (50,000원 + 50,000원) − Max[10,000원, 100,000원 × 20%]
= **80,000원**

35

다음은 피보험자 김순희가 한국보험에 가입한 보험계약 사항이다. 아래 제 조건을 참고하여 물음에 답하시오. (15점)

〈계약사항〉

보험종목	보험기간	가입내용	가입금액	보장내용	
암보험	2020.10.7. ~ 2040.10.7.	주계약	2,000만원	암 진단	가입금액의 100% (1년 미만시 50%)
				암 수술	가입금액의 20%
				암 입원	3일 초과 1일당 가입금액의 0.5%
		소액암 보장특약	1,000만원	소액암 진단	가입금액의 20% (1년 미만시 10%)
				소액암 수술	가입금액의 10%

※ **소액암** : 상피내암, 경계성종양, 갑상선암, 기타 피부암
※ 진단급여금은 각각 최초 1회한 지급, 암 입원급여금의 1회당 지급한도는 120일
※ 약관상 보상하는 손해이며, 계약 전 알릴의무위반 사항 없는 정상 유지 계약임

〈진단 및 치료 내용〉

① 2021.10.1. : A의원에 유방 멍울, 통증으로 내원하여 초음파검사 시행
〈초음파검사 결과 : 좌측, 우측 유방 모두 '양성석회화 및 결절' 진단〉
② 2021.10.4. : A의원에서 추가 검사 및 진단
〈FNA검사 결과 : 좌측 유방 'Suspicious carcinoma',
우측 유방 'ductal carcinoma in situ'〉
③ 2021.10.9. : B병원에서 추가 검사 및 우측 유방 부분절제술 시행
〈FNA검사 결과 : 좌측 유방 'Invasive ductal carcinoma',
우측 유방 'ductal carcinoma in situ'〉
④ 2021.10.10.~2021.10.22. : C대학병원에서 좌측 유방 완전절제술 및 입원치료
〈Biopsy검사 결과 : 좌측 유방 'Invasive ductal carcinoma, 림프절 전이 상태,
우측 유방 'No tumor'(2021.10.12. 수술 및 진단)〉
⑤ 2021.11.1.~2022.2.28. : D요양병원에서 유방암에 대한 직접치료 위해 입원치료
〈치료내용 : 필수불가결한 합병증 및 면역력 강화치료〉
⑥ 2022.3.10. : 보험금 청구
※ ①~③ 항목은 내원일, 검사일, 결과보고일 모두 동일 날짜임

(1) 위 사례에서 한국보험이 지급해야 할 진단, 수술 및 입원급여금을 각 항목별로 구하시오. (9점)

(2) 암보험 약관 악성신생물분류표(제8차 한국표준질병・사인분류 기준)에서 분류하고 있는 악성신생물 대상이 되는 질병 중 분류번호 C코드 외에 D코드에 해당되는 질병명(또는 분류번호 표기) 6가지를 기술하시오. (6점)

모범답안

1. 진단급여금, 수술급여금 및 입원급여금

(1) 진단급여금

진단급여금은 각각 최초 1회한 지급한다.

① 좌측 유방

- 2021년 10월 4일 FNA검사 결과 '유방암 의증 진단(Suspicious carcinoma)'으로 진단되어 보험금을 지급하지 않는다.
- 2021년 10월 9일 FNA검사 결과 '침윤성 유방암(Invasive ductal carcinoma)'으로 진단되어 암진단 급여금 2,000만원을 지급한다.

② 우측 유방

- 2021년 10월 4일과 2021년 10월 9일 FNA검사 결과 '상피내암(ductal carcinoma in situ)'으로 진단되어 부분절제술을 하였으므로 소액암 진단급여금을 지급한다. 그런데 1년 이내 진단이므로 1,000만원의 10%에 해당하는 금액 100만원을 지급한다.
- 2021년 10월 12일 수술 및 진단 결과 'No tumor'로 진단되어 보험금을 지급하지 않는다.

(2) 수술급여금

① 좌측 유방

2021년 10월 10일부터 2021년 10월 22일까지 C대학병원에서 '침윤성 유방암(Invasive ductal carcinoma)'으로 진단되어 완전절제술을 하였으므로 암수술급여금 2,000만원의 20% 해당하는 금액 400만원을 지급한다.

② 우측 유방

2021년 10월 9일 B병원에서 '상피내암(ductal carcinoma in situ)'으로 진단되어 부분절제술을 하였으므로 소액암 수술급여금 1,000만원의 10%에 해당하는 금액 100만원을 지급한다.

(3) 입원급여금

① C대학병원에서 입원치료

C대학병원에서 좌측 유방의 완전절제술 및 입원치료목적으로 2021년 10월 10일부터 2021년 10월 22일까지 13일간 입원하였으므로 3일 초과 1일당 2,000만원 0.5%에 해당하는 금액(2,000만원 × 0.5% = 10만원)을 보상한다.

(13일 − 3일) × 10만원 = **100만원**

② D요양병원에서 입원치료

유방암에 대한 직접치료를 위한 필수불가결한 합병증 및 면역력 강화치료는 '암의 직접치료'이므로 120일을 한도로 보상한다.

(120일 − 10일) × 10만원 = **1,100만원**

※ 암 입원급여금의 1회당 지급한도는 120일이므로, C대학병원에서 1차 입원 10일을 공제하면 120일 − 10일 = 110일이다.

2. 악성신생물 대상이 되는 질병 중 D코드에 해당되는 질병명(또는 분류번호 표기)

질병명	분류번호
진성 적혈구 증가증	D45
골수 형성이상 증후군	D46
만성 골수증식 질환	D47.1
본태성(출혈성) 혈소판혈증	D47.3
골수섬유증	D47.4
만성 호산구성 백혈병[과호산구증후군]	D47.5

36 아래의 질문에 답하시오. (25점)

〈계약사항〉

회사	보험기간	가입담보	가입금액	지급기준
K	2019.2.6. ~ 2039.2.6.	일반상해후유장해(3%~100%)	1억원	가입금액 × 장해지급률
		일반상해후유장해(50% 이상)	1억원	가입금액 지급(최초 1회한)
		일반상해후유장해(80% 이상)	1억원	가입금액 지급(최초 1회한)

※ 계약 전 알릴의무위반 사항은 없으며, 정상 유지 계약임

※ 2018.4.1. 이후 표준약관 장해분류표를 사용함

※ 일반상해후유장해(3%~100%) : 보험회사가 지급하여야 할 하나의 상해로 인한 후유장해보험금은 보험가입금액을 한도로 함. 단, 다른 상해의 경우 보험가입금액 한도는 자동 복원됨

※ 일반상해후유장해(50% 이상, 80% 이상) : 보험기간 중 동일한 상해로 장해분류표상의 여러 신체부위의 장해지급률을 더하여 50% 이상 또는 80% 이상인 장해상태가 되었을 때를 말함

〈1차 사고 내용〉

피보험자 김마비는 2020.10.20. 13:00경 강원도 오대산 등반 중 부주의로 추락하는 사고로 인해 척수손상, 요추 압박골절, 대퇴골 골절 등으로 수술 및 입원치료 후 장해가 남아 2021.5.10. 후유장해진단을 받고 K보험회사에 보험금을 청구함

〈1차 후유장해진단 내용〉

① 우측 대퇴골에 가관절이 남은 상태
② 머리뼈의 손바닥 크기 1/2 이상의 손상 및 결손 상태
③ 요추 압박골절로 18° 이상의 척추후만증이 잔존(사고기여도 100%)
④ 좌측 고관절에 인공관절을 삽입한 상태
⑤ 척수손상으로 일상생활기본동작(ADLs) 제한 평가상 배설을 돕기 위해 설치한 의료장치나 외과적 시설물을 사용함에 있어 타인의 계속적인 도움이 필요한 상태

〈2차 사고 내용〉

피보험자 김마비는 2021.12.4. 10:00경 재활치료를 위해 휠체어로 이동 중 계단에서 넘어지는 사고 후 아래와 같이 2022.7.10. 2차 후유장해 진단을 받고 K보험회사에 보험금을 청구함

〈2차 후유장해 진단내용〉

⑥ 흉추의 탈구 등으로 25° 이상의 척추측만증 변형이 있음(사고기여도 100%)
⑦ 다리의 분쇄골절 등으로 우측 다리의 무릎관절과 발목관절 각각의 운동범위 합계가 각각 정상 운동범위의 1/2 이하로 제한된 상태
⑧ 척수손상으로 일상생활기본동작(ADLs) 제한 평가표상 독립적인 음식물섭취는 가능하나 젓가락을 이용하여 생선을 바르거나 음식물을 자르지는 못하는 상태

※ 상기 1차 및 2차 사고내용은 약관상 보상하는 손해임
※ 상기 1차 및 2차 후유장해 진단내용 이외 다른 후유장해는 없음

(1) K보험회사가 1차 후유장해진단으로 김마비에게 지급하여야 할 후유장해보험금을 계산하시오(단, ①~⑤ 장해지급률과 산출근거를 약술한 후 가입담보별 보험금을 기술할 것). (15점)

(2) K보험회사가 2차 후유장해진단으로 김마비에게 지급하여야 할 후유장해보험금을 계산하시오(단, ⑥~⑧ 장해지급률과 산출근거를 약술한 후 가입담보별 보험금을 기술할 것). (10점)

모범답안

1. 1차 후유장해진단으로 지급하여야 할 후유장해보험금

(1) 장해지급률 산정

① 우측 대퇴골에 가관절이 남은 상태

한 다리에 가관절이 남아 뚜렷한 장해를 남긴 때는 지급률 20%를 산정한다.

② 머리뼈의 손바닥 크기 1/2 이상의 손상 및 결손 상태

머리뼈의 손바닥 크기 1/2 이상의 손상 및 결손 상태는 외모에 약간의 추상(추한 모습)을 남긴 때이므로 지급률은 5%이다.

③ 요추 압박골절로 18° 이상의 척추후만증이 잔존(사고기여도 100%)

요추 압박골절로 18° 이상의 척추후만증이 잔존(사고기여도 100%)한 상태는 척추(등뼈)에 뚜렷한 기형을 남긴 때이므로 지급률은 30%이다.

④ 좌측 고관절에 인공관절을 삽입한 상태

좌측 고관절에 인공관절을 삽입한 상태는 관절 하나의 기능에 심한 장해를 남긴 때이므로 지급률은 20%이다.

⑤ 척수손상으로 일상생활기본동작(ADLs) 제한 평가상 배설을 돕기 위해 설치한 의료장치나 외과적 시설물을 사용함에 있어 타인의 계속적인 도움이 필요한 상태

뇌졸중, 뇌손상, 척수 및 신경계의 질환 등은 발병 또는 외상 후 12개월 동안 지속적으로 치료한 후에 장해를 평가하는데 1차 사고 후 수술 및 입원치료 기간이 12개월 미만이므로 해당되지 않는다.

⑥ 최종 장해지급률 산정

20% + 5% + 30% + 20% = 75%

(2) 가입담보별 보험금

① 일반상해후유장해(3%~100%)

지급기준 = 가입금액 × 장해지급률
= 1억원 × 75% = 7,500만원

② 일반상해후유장해(50% 이상)

최종 장해지급률이 75%로 50% 이상이므로 1억원을 지급한다(최초 1회한).

③ 일반상해후유장해(80% 이상)

최종 장해지급률이 75%로 80% 이상에 해당하지 않으므로 보험금을 지급하지 않는다.

(3) 김마비에게 지급하여야 할 후유장해보험금

① + ② + ③ = 7,500만원 + 1억원 + 0원 = 1억7,500만원

2. 2차 후유장해진단으로 지급하여야 할 후유장해보험금

(1) 장해지급률 산정

① 흉추의 탈구 등으로 25° 이상의 척추측만증 변형이 있음(사고기여도 100%)

흉추의 탈구 등으로 25° 이상의 척추측만증 변형이 있는 상태는 척추(등뼈)에 심한 기형을 남긴 때이므로 지급률은 50%이다.

② 다리의 분쇄골절 등으로 우측 다리의 무릎관절과 발목관절 각각의 운동범위 합계가 각각 정상운동범위의 1/2 이하로 제한된 상태

다리의 분쇄골절 등으로 우측 다리의 무릎관절과 발목관절 각각의 운동범위 합계가 각각 정상운동범위의 1/2 이하로 제한된 상태는 관절 하나의 기능에 뚜렷한 장해를 남긴 때이므로 지급률은 10%이다. 그런데 한 다리의 3대 관절 중 관절 하나에 기능장해가 생기고 다른 관절 하나에 기능장해가 발생한 경우 지급률은 각각 적용하여 합산하므로 지급률은 무릎관절 10% + 발목관절 10% = 20%이다.

③ 척수손상으로 일상생활기본동작(ADLs) 제한 평가표상 독립적인 음식물섭취는 가능하나 젓가락을 이용하여 생선을 바르거나 음식물을 자르지는 못하는 상태

뇌졸중, 뇌손상, 척수 및 신경계의 질환 등은 발병 또는 외상 후 12개월 동안 지속적으로 치료한 후에 장해를 평가하므로 해당되지 않는다.

④ 최종 장해지급률 산정

50% + 20% = 70%

(2) 가입담보별 보험금

다른 질병 또는 상해로 인하여 후유장해가 2회 이상 발생하였을 경우에는 그 때마다 이에 해당하는 후유장해지급률을 결정한다. 그러나 그 후유장해가 이미 후유장해보험금을 지급받은 동일한 부위에 가중된 때에는 최종 장해상태에 해당하는 후유장해보험금에서 이미 지급받은 후유장해보험금을 차감하여 지급한다.

① 일반상해후유장해(3%~100%)

(1억원 × 70%) − 1차 사고 후유장애보험금{(1억원 × 20%) + (1억원 × 30%)}

= 2,000만원

② 일반상해후유장해(50% 이상)

최종 장해지급률이 70%로 50% 이상이지만 1차 사고에서 최초 1회 지급했으므로 보험금을 지급하지 않는다.

③ 일반상해후유장해(80% 이상)

최종 장해지급률이 70%로 80% 이상에 해당하지 않으므로 보험금을 지급하지 않는다.

(3) 김마비에게 지급하여야 할 후유장해보험금

① + ② + ③ = 2,000만원 + 0원 + 0원 = 2,000만원

37

「질병 · 상해보험 표준약관」에 관한 아래의 질문에 답하시오. (15점)

(1) 제2조(용어의 정의)에서 규정한 지급사유 관련 용어 중 '중요한 사항'에 대해 기술하시오. (5점)

(2) 회사가 청약과 함께 제1회 보험료를 받고 청약을 승낙하기 전에 보험금 지급사유가 발생하였을 때에도 보장개시일로부터 해당 약관이 정하는 바에 따라 보장합니다. 위 조항에도 불구하고, 회사가 보장하지 않는 경우를 모두 기술하시오. (6점)

(3) 다음은 제29조[보험료의 납입연체로 인한 해지계약의 부활(효력회복)] 조항이다. 괄호 (①, ②)에 들어갈 내용을 기술하시오. (4점)

> 보험료 납입이 연체되는 경우 납입최고(독촉)와 계약의 해지에 따라 계약이 해지되었으나, 해약환급금을 받지 않은 경우(보험계약대출 등에 따라 해약환급금이 차감되었으나 받지 않은 경우 또는 해약환급금이 없는 경우를 포함합니다) 계약자는 해지된 날부터 (①)에 회사가 정한 절차에 따라 계약의 부활(효력회복)을 청약할 수 있습니다. 회사가 부활(효력회복)을 승낙한 때에 계약자는 부활(효력회복)을 청약한 날까지의 연체된 보험료에 (②) 범위 내에서 각 상품별로 회사가 정하는 이율로 계산한 금액을 더하여 납입하여야 합니다.

모범답안

(1) 제2조(용어의 정의)에서 규정한 '중요한 사항'

계약 전 알릴의무와 관련하여 회사가 그 사실을 알았더라면 ① 계약의 청약을 거절하거나 ② 보험가입금액 한도 제한, ③ 일부 보장 제외, ④ 보험금 삭감, ⑤ 보험료 할증과 같이 조건부로 승낙하는 등 계약 승낙에 영향을 미칠 수 있는 사항을 말한다.

(2) 회사가 보장하지 않는 경우

회사는 다음 중 한 가지에 해당되는 경우에는 보장을 하지 않는다.

① 제14조(계약 전 알릴의무)에 따라 계약자 또는 피보험자가 회사에 알린 내용이나 건강진단 내용이 보험금 지급사유의 발생에 영향을 미쳤음을 회사가 증명하는 경우

② 제16조(알릴의무위반의 효과)를 준용하여 회사가 보장을 하지 않을 수 있는 경우

③ 진단계약에서 보험금 지급사유가 발생할 때까지 진단을 받지 않은 경우. 다만, 진단계약에서 진단을 받지 않은 경우라도 상해로 보험금 지급사유가 발생하는 경우에는 보장을 한다.

(3) 괄호 안에 들어갈 내용

① 3년 이내

② 평균공시이율 + 1%

보험료 납입이 연체되는 경우 납입최고(독촉)와 계약의 해지에 따라 계약이 해지되었으나, 해약환급금을 받지 않은 경우(보험계약대출 등에 따라 해약환급금이 차감되었으나 받지 않은 경우 또는 해약환급금이 없는 경우를 포함합니다) 계약자는 해지된 날부터 (**3년 이내**)에 회사가 정한 절차에 따라 계약의 부활(효력회복)을 청약할 수 있습니다. 회사가 부활(효력회복)을 승낙한 때에 계약자는 부활(효력회복)을 청약한 날까지의 연체된 보험료에 (**평균공시이율 + 1%**) 범위 내에서 각 상품별로 회사가 정하는 이율로 계산한 금액을 더하여 납입하여야 합니다.

38 아래 조건을 참고하여 후유장해 지급률을 산정하시오(단, ①~⑤ 순서대로 기술할 것). (15점)

〈사고 내용〉

> 피보험자 갑(甲)은 2022.1.10. 자동차 운전 중 사고로 "안면부위 다발성 골절, 양측 측두골 골절, 외상성 지주막하 출혈, 뇌전증 등"으로 치료받았으나, 후유장해(진단일자 : 2023.7.20.)가 남았다.

〈후유장해진단 내용〉

> ① 우측 안구의 적출
> ② 우측 안구가 적출되어 눈자위의 조직요몰로 의안마저 끼워 넣을 수 없는 상태
> ③ 좌측 눈의 시야범위는 정상시야범위의 50%로 제한
> ④ 좌측 귀의 순음청력검사 결과 평균순음역치 70dB 이상인 경우에 해당되어, 50cm 이상의 거리에서는 보통의 말소리를 알아듣지 못하는 경우
> ⑤ 뇌전증 발작이 시작되면 2분 이내에 정상으로 회복되는 발작이 월 5회, 연 6개월 이상의 기간에 걸쳐 발생하고 있는 상태

모범답안

① 우측 안구의 적출 : '한 눈이 멀었을 때'로 50%

② 우측 안구가 적출되어 눈자위의 조직요몰로 의안마저 끼워 넣을 수 없는 상태 : '뚜렷한 추상(추한 모습)'으로 15% 가산

③ 좌측 눈의 시야범위는 정상시야범위의 50%로 제한 : '뚜렷한 시야장해'로 5%

④ 좌측 귀의 순음청력검사 결과 평균순음역치 70dB 이상인 경우에 해당되어, 50cm 이상의 거리에서는 보통의 말소리를 알아듣지 못하는 경우 : 한 귀의 청력에 '약간의 장해를 남긴 때'로 5%

⑤ 뇌전증 발작이 시작되면 2분 이내에 정상으로 회복되는 발작이 월 5회, 연 6개월 이상의 기간에 걸쳐 발생하고 있는 상태 : "약간의 간질 발작"로 10%

후유장해 진단내용에 제시된 위 5가지 후유장해는 각각 다른 신체부위의 후유장해이므로 이들 모두를 합산한 장해지급률 85%를 최종 장해지급률로 인정한다.

39 아래 질문에 답하시오. (15점)

〈보험가입사항〉

피보험자	보험회사	보험기간	담보내용
갑(甲)	A	2004.7.1. ~ 2034.6.30.	암 진단금 • 일반암 : 3천만원 • 유사암 : 3백만원 (단, 계약일로부터 1년 미만 진단시 50% 지급)
	B	2022.5.1. ~ 2052.4.30.	암 진단금 • 일반암 : 5천만원 • 유사암 : 5백만원 (단, 계약일로부터 1년 미만 진단시 50% 지급)

※ 정상 유지 계약이며, 계약 전 알릴의무위반 사항 없음.

※ 유사암이란 제자리암, 경계성종양을 말함.

※ A 보험회사 보험약관상 "제5차 개정 이후 한국표준질병・사인분류에 있어서 상기 질병 이외의 추가로 상기 분류표에 해당하는 질병이 있는 경우에는 그 질병도 포함하는 것으로 합니다"라고 규정함

※ B 보험회사 보험약관상 "제9차 개정 이후 이 약관에서 보장하는 악성신생물(암) 해당 여부는 피보험자가 진단된 당시 시행되고 있는 한국표준질병・사인분류에 따라 판단합니다"라고 규정함

(1) 피보험자 갑(甲)은 2022.11.10. H병원에서 형태학적 분류코드 및 진단서상 질병분류코드 모두 경계성종양에 해당하는 진단을 받았다. 이 진단명은 KCD 4차(시행일 2003.1.1.)에서는 형태학적 분류코드 및 질병분류코드 모두 악성신생물(암)에 해당되었으나, KCD 5차(시행일 2008.1.1.)부터 현재까지는 형태학적 분류코드 및 질병분류코드 모두 경계성종양에 해당한다.

A, B 보험회사가 피보험자 갑(甲)에게 지급할 보험금을 계산하시오. (8점)

> ※ 본 사안과 관련하여 참고할 법원 판례(대법원 2018.7.24. 선고 2017다256828 판결)와 금융분쟁 조정사례(분조위 제2012-14호)가 있음.

(2) 상기 사례와 같이 약관의 해석 원칙은 보험회사의 보상책임 결정의 중요한 기준이다. 「질병・상해보험 표준약관」 제40조에서 규정한 '약관의 해석' 조항을 모두 기술하시오. (7점)

모범답안

(1) A, B 보험회사가 피보험자 갑(甲)에게 지급할 보험금

① A 보험회사

㉠ 지급보험금 : 일반암 진단금 3,000만원

㉡ 지급근거 : 보험약관상 "제5차 개정 이후 한국표준질병·사인분류에 있어서 상기 질병 이외의 추가로 상기 분류표에 해당하는 질병이 있는 경우에는 그 질병도 포함하는 것으로 합니다"라고 규정하고 있으므로, 가입 당시 KCD 4차에 따라 피보험자가 진단받은 경계성종양이 악성신생물(암)이었으나, KCD 5차에서는 경계성종양(유사암)이었더라도 KCD 4차에 따라 악성신생물(암)에 해당하는 보험금을 지급한다. 또한 제시된 대법원 판례(대법원 2018.7.24. 선고 2017다256828 판결)와 금융분쟁 조정사례(분조위 제2012-14호)에 따라 작성자 불이익의 원칙을 적용하여 지급하므로, 일반암에 해당하는 보험금 3,000만원을 지급하여야 한다.

② B 보험회사

㉠ 지급보험금 : 유사암 진단금 250만원(= 500만원 × 50%)

㉡ 지급근거 : 보험약관상 "제9차 개정 이후 이 약관에서 보장하는 악성신생물(암) 해당 여부는 피보험자가 진단된 당시 시행되고 있는 한국표준질병·사인분류에 따라 판단합니다"라고 규정하고 있으므로, 진단시점인 2022년 11월 10일의 한국표준질병·사인분류에 따라 경계성종양(유사암)에 해당하는 보험금을 지급한다. 다만, 계약일로부터 1년 미만 진단시 50%를 지급하므로 유사암 500만원 × 50% = 250만원을 지급한다.

판례 **대법원 2018.7.24. 선고 2017다256828 판결**

甲이 대장 내시경검사를 받던 중 직장에서 크기가 1cm 미만인 용종이 발견되어 용종절제술을 받았고, 병리 전문의사가 실시한 조직검사 결과를 토대로 甲의 주치의인 임상의사가 위 용종에 관하여 '직장의 악성신생물'이라는 진단서를 발급하였는데, 위 용종이 甲 및 그 배우자인 乙이 丙 보험회사 등과 체결한 보험계약의 약관에서 정한 '암'에 해당하는지 문제 된 사안에서, 위 보험약관은 '암'을 '한국표준질병·사인분류의 기본분류에서 악성신생물로 분류되는 질병'이라고 정의하고 있는데, 우리나라 병리학회에서는 甲의 용종과 같이 크기가 1cm 미만이고 점막층과 점막하층에 국한되며 혈관침윤이 없는 직장 유암종은, 세계보건기구의 2010년 소화기계 종양 분류에서 세분화한 신경내분비 종양 중 L세포 타입 종양일 가능성이 높으므로, 한국표준질병·사인분류상으로도 행태코드 '/1'로 분류하여 경계성종양으로 보는 것이 타당하다는 견해를 제시하였고, 이러한 병리학적 분류체계는 대부분의 병리 전문의사가 동의한다는 점에서 그 합리성을 섣불리 부정할 수 없으므로, 이를 전제로 보험약관에서 정한 '암'을 해석하는 것도 객관성과 합리성이 있으나, 위 보험약관은 '암'의 의미에 관하여 제3차 개정 한국표준질병·사인분류의 분류기준과 그 용어만을 인용하고 있고, 제3차 개정 한국표준질병·사인분류의 분류기준과 그 용어에 충실하게 해석하면 甲의 종양을 악성신생물로 분류되는 질병인 암으로 보는 해석도 충분히 가능하고 그러한 해석의 객관성과 합리성도 인정되므로, 보험사고 또는 보험금 지급액의 범위와 관련하여 위 보험약관이 규정하는 '암'은 객관적으로 다의적으로 해석되어 약관조항의 뜻이 명백하지 아니한 경우에 해당하는 것이어서 「약관의 규제에 관한 법률」 제5조 제2항에서 정한 작성자불이익의 원칙에 따라 甲의 용종과 같은 상세불명의 직장 유암종은 제3차 개정 한국표준질병·사인분류상 '소화기관의 악성신생물'로서 보험약관에서 정한 '암'에 해당한다고 해석함이 타당한데도, 이와 달리 본 원심판결에는 약관의 해석에 관한 법리오해의 잘못이 있다고 한 사례

심화TIP 금융분쟁 조정사례(분조위 제2012-14호)

• 당해 보험약관에서 '제5차 개정 이후 한국표준질병 · 사인분류에 있어서 상기 질병 이외에 약관에 해당하는 질병이 있는 경우에는 그 질병도 포함한다'라는 내용은 제4차 한국표준질병 · 사인분류에서는 악성신생물로 분류되지 않았으나, 제5차 개정 이후 한국표준질병 · 사인분류에서는 악성신생물로 분류될 경우 그 질병까지 악성신생물로 추가한다는 것이지, 반대로 제4차 한국표준질병 · 사인분류에서 악성신생물로 분류되었던 것이 제5차 개정 이후 한국표준질병 · 사인분류에서 악성신생물로 분류되지 않으면 그 질병을 악성신생물로 보지 않는다는 내용이 보험약관에 명시된 것은 아니므로 작성자불이익의 원칙에 따라 고객에게 유리하게 해석할 필요가 있어 피보험자의 진단내용이 제5차 한국표준질병 · 사인분류에서는 악성신생물로 분류되지 않고 경계성종양으로 분류되었다며 암 진단자금이 아닌 경계성종양 진단자금을 지급하는 것이 타당하다는 피신청인의 주장은 수용하기 어렵다는 점,

• 또한, 금융분쟁조정위원회 전문위원에게 의뢰한 자문소견에서도 해당 보험약관에서 악성신생물은 제4차 한국표준질병 · 사인분류에 따른다는 것을 분명히 하고, 나아가 제4차 한국표준질병 · 사인분류상 악성신생물에 해당하지 않더라도 추후 제5차 한국표준질병 · 사인분류에 따라 악성신생물로 분류될 경우 그 질병까지 악성신생물에 포함되는 것으로 볼 수 있음을 명문화하고 있어 암 진단자금 지급 여부는 제4차 한국표준질병 · 사인분류에 따라 판단하여야 하며, 제4차 한국표준질병 · 사인분류상 악성신생물의 범위보다 그 범위가 확장되는 경우만을 예상하여 제5차 한국표준질병 · 사인분류의 적용을 긍정하고 있을 뿐 축소 · 변경되는 경우는 전혀 예정하고 있지 않으므로 피신청인은 해당 보험약관에 따라 피보험자의 진단내용을 제4차 한국표준질병 · 사인분류에 따른 악성신생물로 보아 암 진단자금을 지급하여야 할 의무가 있다고 한 점 등을 감안할 때 피신청인이 '악성 경계형의 유두상 장액성 낭선종'을 피보험자의 진단시점인 제5차 한국표준질병 · 사인분류상 경계성종양으로 판단하여 경계성종양 진단자금을 지급한 것은 타당하다고 보기 어렵다할 것임

(2) '약관의 해석' 조항

① 신의성실의 원칙

보험회사는 신의성실의 원칙에 따라 공정하게 약관을 해석하여야 하며, 계약자에 따라 다르게 해석하지 않는다.

② 작성자불이익의 원칙

보험회사는 약관의 뜻이 명백하지 않은 경우에는 계약자에게 유리하게 해석하여야 한다.

③ 확대해석금지의 원칙(= 면책약관 축소해석의 원칙)

보험회사는 보험금을 지급하지 않는 사유 등 계약자나 피보험자에게 불리하거나 부담을 주는 내용은 확대하여 해석하지 않는다.

40 아래 조건을 참고하여 질문에 답하시오. (20점)

〈사건사고 사실확인원〉

피해자 · 진정인	성 명	홍길동	주민등록번호	92****-*******
	주 소	경기도 **시 ***구 ***로 123		
피해일시	2022-01-15. 22:10			
피해장소	경기도 **시 **구 ***로 123			
사건개요/ 피해상황	가해자 갑(甲)과 피해자 홍길동은 법률혼 관계로, 가해자는 술을 마시고 귀가한 후 피해자를 폭행하여 “다발성 골절(안면골, 요추3번, 우측 팔) 등” 상해를 가했다. 이후 가해자가 집 밖으로 나가다가 부주의로 뜨거운 물을 엎질러 피해자에게 추가로 “화상(좌측 다리)”을 입혔다.			
접수신고일	2022-01-15. 23:30	용도	보험회사 제출용	
상기와 같이 피해 상황을 신고한 사실이 있으므로 확인원을 교부합니다. 2023년 7월 10일 경기도 **경찰서장				

〈후유장해진단서〉

성 명	홍길동	주민번호	92****-*******	병록번호	********
수상일	2022년 1월 15일	초진일	2022년 1월 15일	장해진단일	2023년 7월 20일
□ 상명병(※ 상병명이 많을 때는 장해와 관계있는 주요 상병명을 기재) 1. 안면골의 골절 2. 요추3번 압박골절 3. 우측 상완골 원위부골절 4. 우측 팔 전완부위 3cm 열상 5. 좌측 다리의 2도 화상(부식 없음, 표재성 2도)					
□ 수술내용(2022년 1월 16일 시행) - 우측 팔 전완부 3cm 길이 상처에 대해 근육층을 포함한 창상봉합술(변연절제술 포함) 시행					
□ 장해진단(AMA 장해평가) ① 코의 1/2 이상 결손 ② 척추전만증 20도(Cobb's Angle) 변형 ③ 우측 상완골에 변형이 남아 정상에 비해 부정유합된 각 변형이 10°인 상태					
비고(장해부위의 그림 표시 등) ※ 영구장해에 해당			상기와 같이 진단함 진단서발행일 : 2023년 7월 20일 병의원 명칭 : ** 의원		

〈계약 및 담보사항〉

보험회사	계약자 · 피보험자 · 상해시 수익자	보험기간	직업/급수
A	홍길동	2019.1.2. ~ 2039.1.1.	금융사무원/1급

담보명	가입금액(원)	보 장 내 용
상해후유장해	1억	상해로 장해지급률이 3%~100%에 해당하는 장해상태가 된 경우 〈가입금액 × 후유장해지급률〉 지급
상해 20% 이상 후유장해	1억	상해로 장해지급률이 20% 이상에 해당하는 장해상태가 된 경우 〈가입금액 × 후유장해지급률〉 지급
상해 50% 이상 후유장해	5,000만	상해로 장해지급률이 50% 이상에 해당하는 장해상태가 된 경우 보험가입금액 지급
중증화상 · 부식진단	1,000만	상해로 신체 표면적으로 최소 20% 이상의 심재성 3도 중증화상 · 부식으로 진단 확정된 경우 가입금액 지급(최초 1회한)
골절진단	10만	상해의 직접결과로써 골절진단 확정된 경우 1사고당 가입금액 지급
5대 골절진단	100만	상해의 직접결과로써 5대 골절(경추 · 흉추 · 요추 · 골반 · 대퇴골의 골절)로 진단 확정된 경우 1사고당 가입금액 지급
화상진단	20만	심재성 2도 이상의 화상으로 진단 확정된 경우 가입금액 지급
상해수술	20만	상해로 수술을 받은 경우 1사고당 가입금액 지급
골절수술	50만	상해의 직접결과로써 골절진단 확정되고, 그 치료를 직접적인 목적으로 수술을 받은 경우 1사고당 가입금액 지급
5대 골절수술	200만	상해의 직접결과로써 5대 골절(경추 · 흉추 · 요추 · 골반 · 대퇴골의 골절)로 진단 확정되고, 그 치료를 직접적인 목적으로 수술받은 경우 1사고당 가입금액 지급
화상수술	30만	심재성 2도 이상의 화상으로 진단 확정되고, 그 치료를 직접적인 목적으로 수술을 받은 경우 1사고당 가입금액 지급
강력범죄피해 (사망 제외)	500만	강력범죄(형법 제25장에서 정하는 상해와 폭행의 죄, 형법 제32장에서 정하는 강간죄 등)에 의하여 신체에 피해가 발생한 경우 가입금액 지급 * 피보험자의 배우자 및 직계존 · 비속에 의한 손해는 보상하지 않음
상해흉터 성형수술	7만	상해로 치료를 받고 그 직접적인 결과로 약관에 정한 반흔이나 장해가 발생하여 원상회복을 목적으로 성형수술을 받은 경우 1사고당 최고 500만원 한도로 안면부 수술 1cm당 14만원, 상지 · 하지 수술 1cm당 7만원 지급(단, 3cm 이상에 한함)

※ 질병 · 상해보험 표준약관을 사용하며, 정상 유지 계약임.

※ 알릴의무(계약 전 · 후)위반 사항 없음.

(1) 상기 후유장해진단서의 장해지급률을 산정하시오(단, ①~③ 순서대로 기술할 것). **(6점)**

(2) A 보험회사의 보상책임을 결정하시오(단, 가입담보별 지급보험금을 기재할 것). **(14점)**

모범답안

(1) 상기 후유장해진단서의 장해지급률

① 코의 1/2 이상 결손 : 외모에 뚜렷한 추상(추한 모습)을 남긴 때이므로 15%

② 척추전만증 20도(Cobb's Angle) 변형 : 척추(등뼈)에 뚜렷한 운동장해를 남긴 때이므로 30%

③ 우측 상완골에 변형이 남아 정상에 비해 부정유합된 각 변형이 10°인 상태 : 우측 상완에 변형이 남아 정상에 비해 부정유합된 각 변형이 15° 이상인 경우 '뼈에 기형을 남긴 때'에 해당되지만, 이 기준에 부합하지 않으므로 0%

※ **'뼈에 기형을 남긴 때' 지급률** : 5%

∴ 최종 후유장해 지급률 = 15% + 30% + 0% = 45%

(2) A 보험회사의 보상책임

① 상해후유장해보험금 : 1억원 × 45% = 4,500만원

② 상해 20% 이상 후유장해보험금 : 1억원 × 45% = 4,500만원

③ 상해 50% 이상 후유장해보험금 : 면책(해당 사항 없음)

④ 중증 화상·부식진단보험금 : 면책(해당 사항 없음)

⑤ 골절진단보험금 : 1사고당 10만원

⑥ 5대 골절진단보험금 : 요추압박골절 1사고당 100만원

⑦ 화상진단보험금 : 면책(해당 사항 없음)

⑧ 상해수술보험금 : 우측 팔 전완부 3cm 길이 상처에 대해 근육층을 포함한 창상봉합술(변연절제술 포함)을 시행하였으므로 20만원

⑨ 골절수술보험금 : 면책(수술 미시행)

⑩ 5대 골절수술보험금 : 면책(수술 미시행)

⑪ 화상수술보험금 : 면책(수술 미시행)

⑫ 강력범죄피해보험금 : 피보험자의 배우자에 의한 손해는 보상하지 않으므로 면책(0원)

⑬ 상해흉터성형수술보험금 : 성형수술을 받은 경우에만 해당하므로 면책(0원)

∴ A 보험회사의 가입담보별 지급보험금 합계
= 4,500만원 + 4,500만원 + 10만원 + 100만원 + 20만원 = 9,130만원

41

피보험자 갑(甲)은 병원에서 입원치료 후 2023.7.1. 보험회사에 보험금을 청구하였다. 아래 조건을 참고하여 A 보험회사의 지급보험금을 산출하시오(단, 입원기간 ①～② 순서대로 기술할 것). (10점)

〈보험가입사항〉

보험회사 (계약일자)	보험종류	보장종목	가입금액	비 고
A (2023.2.1.) 갱신형	기본형 실손의료보험 (급여 실손의료비)	질병급여형	1천만원	4세대 실손보험
	실손의료보험 특별약관 (비급여 실손의료비)	질병비급여형	1천만원	

〈입원의료비 발생내역(M병원)〉

입원기간	병명 (질병코드)	급 여		비급여	
		본인 부담금	공단 부담금		포함된 비용
① 2023.4.1. ～4.20.	제4～5요추 추간판탈출증 (M51)	200 만원	800 만원	1,050 만원	• 상급병실료 차액 : 150만원(5일 사용) • 도수치료(회당 10만원×10회) : 100만원
② 2023.6.1. ～6.25.	제4～5요추 추간판탈출증 (M51)	300 만원	1,200 만원	1,600 만원	• 상급병실료 차액 : 600만원(20일 사용) • 주사료(회당 10만원×10회) : 100만원 ※ 단, 항암제, 항생제(항진균제 포함), 희귀의약품을 위해 사용된 비급여 주사료가 아님.

〈기타 사항〉

• 의료비는 실제 발생한 것으로 가정하며, 유효한 정상 유지 계약으로 계약 전 알릴의무 위반 사항은 없음.

• 「국민건강보험법」에 따른 '본인부담금 상한제'는 적용하지 않는 것으로 하며, 청구 당일 보험금 지급 예정임.

모범답안

A 보험회사의 지급보험금

(1) 입원기간(2023.4.1. ~ 4.20.)

① 질병급여 : 200만원 × 80% = **160만원**

※ 의료급여 중 본인부담금(본인이 실제로 부담한 금액으로서 요양급여 비용 또는 의료급여 비용의 일부를 본인이 부담하는 일부본인부담금과 요양급여 비용 또는 의료급여 비용의 전부를 본인이 부담하는 전액본인부담금을 말한다)의 80%에 해당하는 금액

② 질병비급여 : 560만원 + 75만원 = **635만원**

㉠ 비급여(상급병실료 차액 제외) : (1,050만원 − 150만원 − 100만원) × 70% = 560만원

※ '비급여의료비(비급여병실료는 제외)'(본인이 실제로 부담한 금액)의 70%에 해당하는 금액

㉡ 상급병실료 차액 : Min(150만원 × 50%, 10만원 × 20일) = 75만원

※ **상급병실료 차액** : 비급여병실료의 50%. 다만, 1일 평균금액 10만원을 한도로 하며, 1일 평균금액은 입원기간 동안 비급여병실료 전체를 총 입원일수로 나누어 산출한다.

③ 3대 비급여(도수치료) : 3대 비급여 특약(도수치료) 미가입으로 면책

④ 지급보험금 합계 : 160만원 + 635만원 = **795만원**

(2) 입원기간(2023.6.1. ~ 6.25.)

① 질병급여 : 300만원 × 80% = **240만원**

② 질병비급여 : **365만원**

㉠ 비급여(상급병실료 차액 제외) : (1,600만원 − 600만원 − 100만원) × 70% = 630만원

㉡ 상급병실료 차액 : Min(600만원 × 50%, 10만원 × 25일) = 250만원

630만원 + 250만원 = 880만원을 지급해야 하지만, 1차로 635만원을 지급하여 계약일 기준 연간 질병비급여 가입금액 한도(1,000만원)를 초과하므로 1,000만원 − 635만원 = **365만원**을 지급한다.

③ 3대 비급여(주사료치료) : 3대 비급여 특약(주사료치료) 미가입으로 면책

④ 지급보험금 합계 : 240만원 + 365만원 = **605만원**

42

피보험자 을(乙)은 병원에서 통원치료 후 2023.7.1. 보험회사에 보험금을 청구하였다. 아래 조건을 참고하여 A, B 보험회사의 지급보험금을 산출하시오. (10점)

(단, 통원일자 ①～② 순서대로 기술할 것)

〈보험가입사항〉

보험회사 (계약일자)	보험 종류 (공제 유형)	보장종목(보상한도)	선택 특별약관
A (2021.2.1.) 갱신형	기본형 실손의료보험(3세대) (표준형)	• 질병통원형(10만원) 단, 외래(통원) 의료비는 회(건)당 10만원 한도	없음
B (2023.2.1.) 갱신형	기본형 실손의료보험(4세대)	• 질병급여형(1천만원) 단, 통원 1회당 10만원 한도	없음

〈통원의료비 발생내역〉

통원일자	치료병원	병 명	급 여		비급여
			본인부담금	공단부담금	
① 2023.6.1.	K	요관결석 (N20)	30만원	30만원	−
② 2023.6.8.	K	요관결석 (N20)	15만원	15만원	−

※ 치료병원은 의료법 제3조 제2항 제3호 또는 제3조의3에 따른 종합병원임.

〈기타 사항〉

• 의료비는 실제 발생한 것으로 가정하며, 유효한 정상 유지 계약으로 계약 전 알릴의무위반 사항은 없음.

• 「국민건강보험법」에 따른 '본인부담금 상한제'는 적용하지 않는 것으로 하며, 청구 당일 보험금 지급 예정임.

모범답안

(1) 통원일자(2023.6.1.)

① A 보험회사의 지급보험금(3세대)

30만원 – Max(1.5만원, 30만원 × 20%) = 24만원

외래(통원) 의료비는 회(건)당 10만원 한도이므로 **10만원**을 지급한다.

② B 보험회사의 지급보험금(4세대)

30만원 – Max(2만원, 30만원 × 20%) = 24만원

※ 종합병원인 경우 공제금액은 2만원과 보장대상의료비의 20% 중 큰 금액임.

통원 1회당 10만원 한도이므로 **10만원**을 지급한다.

③ 비례보상 여부

각 계약의 보장책임액 합계액(A 보험회사 10만원 + B 보험회사 10만원 = 20만원)이 각 계약의 보장대상의료비 중 최고액에서 각 계약의 피보험자부담 공제금액 중 최소액을 차감한 금액(30만원 – 6만원 = 24만원)을 초과하지 않았으므로, **비례보상하지 않는다.**

(2) 통원일자(2023.6.8.)

① A 보험회사의 지급보험금(3세대)

15만원 – Max(1.5만원, 15만원 × 20%) = 12만원

② B 보험회사의 지급보험금(4세대)

15만원 – Max(2만원, 15만원 × 20%) = 12만원

③ 비례보상 여부

각 계약의 보장책임액 합계액(A 보험회사 10만원 + B 보험회사 10만원 = 20만원)이 각 계약의 보장대상의료비 중 최고액에서 각 계약의 피보험자부담 공제금액 중 최소액을 차감한 금액(15만원 – 3만원 = 12만원)을 초과하였으므로, 아래의 산출방식에 따라 **각 계약의 비례분담액을 계산한다.**

> 각 계약별 비례분담액
>
> = (각 계약의 보장대상의료비 중 최고액 – 각 계약의 피보험자부담 공제금액 중 최소액)
>
> $\times \dfrac{\text{각 계약별 보장책임액}}{\text{각 계약별 보장책임액을 합한 금액}}$

㉠ A 보험회사 : (15만원 – 3만원) × 12만원 / (12만원 + 12만원) = **6만원**

㉡ B 보험회사 : (15만원 – 3만원) × 12만원 / (12만원 + 12만원) = **6만원**

43

아래 조건을 참고하여 A 보험회사의 보상책임을 결정하시오. (15점)

〈보험가입사항〉

보험회사	계약자 피보험자	보험기간	보험종목	가입금액	보장내용
A	갑(甲) (50세)	2021.4.1. ~ 2031.3.31.	장기상해	1억원	• 사망 : 가입금액 • 후유장해 : 가입금액×지급률 • 입원 : 1일당 3만원

〈보험금 청구사항〉

피보험자 갑(甲)은 2022.12.1. 12:00경 운전 중 추돌사고가 발생하여 “제4 ~ 5요추간 추간판탈출증”으로 치료 후 후유장해가 남았다며 2023.6.30. M정형외과에서 발급받은 후유장해진단서와 입·퇴원확인서를 첨부하여 2023.7.19. A 보험회사에 보험금 청구함.

- 후유장해 내용 : 추간판탈출증으로 인한 약간의 신경장해 – 지급률 10%
  (영구장해, 사고관여도 100%)
- 입·퇴원 기간 : 2022.12.1. ~ 2022.12.20.

〈손해사정서(A보험회사)〉

1. **사고 경위**
   2022.12.1. 12:00경 발생한 추돌사고는 피보험자의 과실이 없는 가해운전자의 졸음운전으로 인해 발생한 사고로 확인됨.

2. **계약의 유효성 확인**
   정상 유지 계약이며, 계약 전 알릴의무와 계약 후 알릴의무위반 사항 없음.

3. **치료내용**
   사고 후 M정형외과에서 “제4 ~ 5요추간 추간판탈출증”으로 진단받고 2023.6.29.까지 치료받음. 치료기간 중 입원(청구서류와 동일, 20일간 입원) 및 통원치료를 받았음.

4. **장해진단 확인내용**
   M정형외과의 후유장해진단서 원본 및 진료기록 확인결과, “추간판탈출증으로 인한 약간의 신경장해, 5년 한시장해(사고관여도 100%)”로 2023.6.30. 장해진단서가 발급된 사실이 있으며, A 보험회사에서 시행한 의료자문 결과도 동일한 장해지급률에 해당함.

5. **기타 사항**
   피보험자가 M정형외과에서 발급한 후유장해진단서 내용 중 “5년 한시장해” 부분을 본인이 임의로 삭제한 후 “영구장해”로 수정하여 청구한 사실이 확인되고, 피보험자 갑(甲)도 장해진단서 변조를 인정하고 확인서를 작성함.

모범답안

1. 약관상 중대 사유로 인한 해지

(1) 중대 사유의 발생

① 고의사고 유발

계약자, 피보험자 또는 보험수익자가 보험금(보험료 납입면제를 포함한다)을 지급받을 목적으로 고의로 상해 또는 질병을 발생시킨 경우에는 중대 사유에 해당한다.

② 보험금 청구서류의 위조 및 변조

계약자, 피보험자 또는 보험수익자가 보험금 청구에 관한 서류에 고의로 사실과 다른 것을 적었거나 그 서류 또는 증거를 위조 또는 변조한 경우에도 중대 사유에 해당한다. 다만, 이미 보험금 지급사유가 발생한 경우에는 보험금 지급에 영향을 미치지 않는다.

(2) 중대 사유의 발생 효과

① 보험회사는 중대 사유의 사실이 있을 경우에는 그 사실을 안 날부터 1개월 이내에 계약을 해지할 수 있다.

② 보험회사가 계약을 해지한 경우 그 취지를 계약자에게 통지하고, 해지시 보험회사가 환급하여야 할 보험료가 있을 경우에는 보험료의 환급규정에 따라 이를 계약자에게 지급한다.

2. A 보험회사의 보상책임

(1) 약관규정의 적용

A 보험회사의 손해사정서로 판단할 때 가해운전자의 졸음운전으로 사고가 발생하였으므로 고의에 의한 중대 사유에 해당하지는 않지만, M정형외과에서 발급한 후유장해진단서를 피보험자가 임의로 '5년 한시장해'에서 '영구장해'로 수정하여 보험금을 청구하였으므로 보험금 청구서류 위조 또는 변조의 중대 사유에 해당한다. 따라서 A 보험회사는 약관규정에 따라 그 사실을 안 날로부터 1개월 내에 계약을 해지 할 수 있다. 그러나 이미 보험금 지급사유가 발생한 경우에는 보험금 지급에 영향을 미치지 않으므로, 한시장해에 대한 후유장해보험금과 입원일당에 대한 보험금을 지급하여야 한다.

※ A 보험회사에서 시행한 의료자문 결과도 동일한 장해지급률(5년 한시장해)에 해당한다.

(2) 지급보험금

① 후유장해 : 추간판탈출증으로 인한 약간의 신경장해 ⇒ 지급률 10%

보험금 = 1억원 × 10%(장해지급률) × 20%(5년 한시장해) = 200만원

※ 한시장해 : 영구히 고정된 증상은 아니지만 치료 종결 후 한시적으로 나타나는 장해에 대하여는 그 기간이 5년 이상인 경우 해당 장해지급률의 20%를 장해지급률로 한다.

② 입원일당 : 1일당 3만원

3만원 × 20일 = 60만원

③ 지급보험금 합계 : 200만원 + 60만원 = 260만원

44 「상해보험」에 관한 아래 질문에 답하시오. (15점)

(1) 「상해보험 표준약관」에서 규정한 '상해의 정의'를 기술하시오. (4점)

(2) 상해보험은 「상법」과 「보험업법」에서 다르게 분류되어 있다. 이에 대해 기술하시오. (4점)

(3) 신체손해사정사가 상해보험의 보험사고에 대한 손해사정 업무를 수행할 수 있는 '법률적 근거'를 기술하시오. (7점)

모범답안

(1) 「상해보험 표준약관」에서 규정한 '상해의 정의'

상해란 보험기간 중에 발생한 급격하고도 우연한 외래의 사고로 신체(의수, 의족, 의안, 의치 등 신체보조장구는 제외하나, 인공장기나 부분 의치 등 신체에 이식되어 그 기능을 대신할 경우는 포함한다)에 입은 상해를 말한다.

(2) 상해보험

① 「상법」상의 분류

「상법」 보험편(제4편)에서는 보험을 손해보험과 인보험으로 구분하고, 인보험은 다시 생명보험, 상해보험, 질병보험으로 분류하고 있다. 상해보험을 「상법」상으로는 인보험으로 구분하고 있으나, 입원비와 치료비를 지불하는 경우 재산상의 손해전보가 이루어지기 때문에 손해보험적 성격도 가지고 있다고 할 수 있다. 상해보험은 「상법」 제732조(15세 미만자 등에 대한 계약의 금지)와 제732조의2(중과실로 인한 보험사고 등)를 제외하고는 생명보험의 규정을 준용한다.

② 「보험업법」상의 분류

「보험업법」 제2조 제1호에 의하면 보험상품은 생명보험상품, 손해보험상품, 제3보험상품으로 구분하고, 제3보험은 다시 상해보험, 질병보험, 간병보험으로 분류한다. 따라서 「보험업법」에서는 상해보험을 제3보험의 한 종류로 분류한다(보험업법 제4조 제1항 제3호).

(3) 상해보험의 보험사고에 대한 손해사정 업무를 수행할 수 있는 '법률적 근거'

① 손해사정사의 등록(보험업법 제186조 제1항)

손해사정사가 되려는 자는 금융감독원장이 실시하는 시험에 합격하고 일정 기간의 실무수습을 마친 후 금융위원회에 등록하여야 한다.

② 손해사정 업무를 수행할 수 있는 법률적 근거(보험업법 제188조)

손해사정사 또는 손해사정업자의 업무는 보험업법 제188조에 규정되어 있으며, 다음 각 호와 같다.

1. 손해 발생 사실의 확인
2. 보험약관 및 관계 법규 적용의 적정성 판단
3. 손해액 및 보험금의 사정
4. 제1호부터 제3호까지의 업무와 관련된 서류의 작성・제출의 대행
5. 제1호부터 제3호까지의 업무 수행과 관련된 보험회사에 대한 의견의 진술

③ 신체손해사정사의 업무범위(보험업법 시행규칙 제52조 제3호)

㉠ 책임보험계약에 따른 보험계약의 손해액 사정(사람의 신체와 관련된 손해액만 해당한다)(보험업법 시행령 제1조의2 제3항 제6호)

㉡ 제3보험계약(상해보험계약, 질병보험계약, 간병보험계약)에 따른 보험계약의 손해액 사정(사람의 신체와 관련된 손해액만 해당한다)(보험업법 시행령 제1조의2 제4항)

㉢ 자동차사고 및 그 밖의 보험사고로 인한 사람의 신체와 관련된 손해액 사정

45 아래 조건을 참고하여 보험회사의 지급보험금을 산출하시오. (15점)

〈보험가입사항〉

보험종목	보험기간	피보험자	가입담보	가입금액
장기상해	2018.10.11. ~ 2038.10.11.	장보고 (54세)	상해사망 상해후유장해(3~79%) 상해 80% 이상 후유장해	1억원 1억원 1억원

〈약관 내용〉

보험회사는 피보험자에게 다음 중 어느 한 가지의 경우에 해당하는 사유가 발생한 때에는 수익자에게 약정한 보험금을 지급합니다.

- 보험기간 중 상해를 입고 그 직접 결과로써 사망한 경우 (상해사망보험금)
- 장해분류표에서 정한 각 장해지급률이 80% 미만에 해당하는 장해 상태가 되었을 때 (상해후유장해보험금)
- 장해분류표에서 정한 각 장해지급률이 80% 이상에 해당하는 장해 상태가 되었을 때 (상해 80% 이상 후유장해보험금)

〈손해사정 내용〉

① 피보험자는 2024.1.19. 23 : 20경 교통사고로 인하여 외상성 뇌출혈, 우측 팔의 외상성 절단, 흉추 압박 골절 등 부상
② 2024.1.21. 우측 팔은 접합수술이 불가능하여 단단성형술을 시행하여 우측 팔꿈치 관절의 상부에서 절단된 상태
③ 2024.1.24. 흉추 압박 골절에 대해 3개의 척추체 유합(고정)술 시행(사고관여도 100%)
④ 2024.1.26. 외상성 뇌출혈에 따른 뇌부종을 직접사인으로 사망

〈장해분류표 내용〉

장해의 분류	지급률	장해의 분류	지급률
척추에 심한 운동장해를 남긴 때	40	한팔의 손목 이상을 잃었을 때	60
척추에 뚜렷한 운동장해를 남긴 때	30	한팔의 3대 관절 중 관절 하나의 기능을 완전히 잃었을 때	30
척추에 약간의 운동장해를 남긴 때	10		

모범답안

1. 사안의 쟁점

하나의 보험계약에서 사망보험금과 장해보험금을 함께 규정하고 있는 경우, 하나의 사고로 인한 보험금은 그중 하나만 지급받을 수 있을 뿐이다. 그러나 해당 약관에 중복지급을 인정하는 별도의 규정이 있는 경우라면 사망보험금과 장해보험금을 둘 다 지급하여야 한다는 것이 대법원의 판단이다(대법원 2022.3.17. 선고 2021다284462 판결 참조).

사안의 경우에는 하나의 사고로 사망보험금과 장해보험금을 지급하여야 할 경우 이를 각각 지급한다는 별도의 약관 규정이 존재하지 않으므로 사망보험금에 대해서만 지급받을 수 있다. 다만, 보험금 지급사유의 발생이 순차적으로 시차를 두고 각각 발생하여 각각의 보험금을 지급하더라도 해당 담보가 여전히 유효하다면 각각의 보험금을 지급받을 수 있을 것으로 판단된다.

그럼에도 사망보험금과 80% 이상 고도후유장해보험금이 중복된 경우와 같이 어느 지급사유가 먼저 발생하든 가입금액 전부를 보험금으로 지급함으로써 상해보험계약이 소멸되는 경우에는 중복으로 지급되는 일은 없을 것이고, 일반후유장해보험금과 고도후유장해보험금이 중복된 경우에는 고도후유장해보험금에 해당하는 보험금만 지급받을 수 있을 것으로 판단된다.

2. 피보험자의 장해지급률에 따른 지급보험금

(1) 우측 팔 : 60%

우측 팔꿈치 관절의 상부에서 절단된 상태로 '한 팔의 손목이상'을 잃었으므로 장해지급률은 60%이다.

(2) 척추(흉추 압박 골절) : 30%

흉추 압박 골절에 대해 3개의 척추체 유합(고정)술 시행하였으므로 '척추의 뚜렷한 운동장해를 남긴 때'에 해당하므로 장해지급률은 30%이다.

(3) 최종 장해지급률

같은 상해로 두 가지 이상의 후유장해가 생긴 경우에는 후유장해 지급률을 합산하여 지급하므로, 최종 장해지급률 = 60% + 30% = 90%이다.

(4) 지급보험금

최종 장해지급률이 90%이므로 상해 80% 이상 후유장해보험금 1억을 지급한다.

3. 피보험자의 사망에 따른 지급보험금

교통사고로 인한 외상성 뇌출혈에 따른 뇌부종으로 사망하였으므로 상해사망보험금 1억을 지급한다.

4. 판례에 따른 지급보험금

판례에 따르면, “하나의 보험계약에서 장해보험금과 사망보험금을 함께 규정하고 있는 경우, 사망보험금은 사망을 지급사유로 하는 반면 장해보험금은 생존을 전제로 한 장해를 지급사유로 하는 것이므로, 동일한 재해로 인한 보험금은 당해 보험계약에서 중복지급을 인정하는 별도의 규정을 두고 있는 등 특별한 사정이 없는 한, 그중 하나만을 지급받을 수 있을 뿐이라고 보아야 한다(대법원 2013.5.23. 선고 2011다45736 판결)”고 하였다.

따라서 문제의 조건에서 당해 보험계약에서 중복지급을 인정하는 별도의 규정을 두고 있지 않으므로 보험회사는 피보험자의 상속인에게 상해사망보험금 1억원을 지급한다.

판례 **대법원 2022.3.17. 선고 2021다284462 판결**

[1] 하나의 공제계약에서 장해공제금과 사망공제금을 함께 규정하고 있는 경우, 사망공제금은 사망을 지급사유로 하는 반면 장해공제금은 생존을 전제로 한 장해를 지급사유로 하는 것이므로, 일반적으로 동일한 사고로 인한 공제금은 그중 하나만을 지급받을 수 있을 뿐이라고 보아야 한다. 다만, 공제계약에서 중복지급을 인정하는 별도의 규정을 두고 있는 등 특별한 사정이 있는 경우에는 장해공제금과 사망공제금을 각각 지급받을 수 있다. 이 경우 사고로 인한 장해상태가 회복 또는 호전을 기대하기 어렵거나 또는 호전가능성을 전혀 배제할 수는 없지만 기간이 매우 불확정적인 상태에 있어 증상이 고정되었다면 장해공제금의 지급을 청구할 수 있고, 그 증상이 고정되지 아니하여 사망으로의 진행단계에서 거치게 되는 일시적 장해상태에서 치료를 받던 중 사고와 인과관계가 있는 원인으로 사망한 경우에는 그 사이에 장해진단을 받았더라도 장해공제금이 아닌 사망공제금을 지급받을 수 있을 뿐이다. 이때 사고 이후 사망에 이르기까지의 상태가 증상이 고정된 장해상태인지 사망으로의 진행단계에서 거치게 되는 일시적 상태인지는 장해진단으로부터 사망에 이르기까지의 기간, 사고로 인한 상해의 종류와 정도, 장해부위와 장해율, 직접사인과 장해의 연관성 등 관련 사정을 종합적으로 고려하여 판단한다.

[2] 생략

[3] 갑과 그 배우자인 을이 피공제자를 갑으로 하여 병 보험회사와 체결한 각 공제계약의 약관에서 사망공제금과 일반후유장해공제금을 함께 규정하면서 '하나의 사고로 사망공제금 및 일반후유장해공제금을 지급하여야 할 경우 이를 각각 지급한다'고 정하고 있는데, 갑이 교통사고로 '외상성 뇌출혈(지주막하, 경막하 출혈), 오른쪽 팔의 외상성 절단 등'의 상해를 입고 오른쪽 팔에 단단성형술을 시행받은 후 외상성 뇌출혈에 따른 뇌부종으로 사망하자, 을 및 자녀들인 정 등이 병 회사를 상대로 사망보험금과 일반후유장해공제금의 지급을 구한 사안에서, 갑이 위 사고로 '외상성 뇌출혈, 외상성 뇌부종, 오른쪽 팔의 외상성 절단 등'의 상해를 입었고, 다음날 오후 오른쪽 팔에 대하여는 접합 수술이 불가능하여 단단성형술을 시행한 사실, 갑이 그 다음날 사망하였는데 직접사인은 외상성 뇌출혈에 따른 뇌부종인 사실에 비추어 보면, 갑은 사고로 오른쪽 팔 절단상을 입고 접합 수술이 불가능하여 단단성형술을 시행받은 직후 '팔의 손목 이상을 잃는 장해상태'에 처하게 되었고, 그 장해상태는 치료의 가능성이 전혀 없이 증상이 고정된 것이며, 그 직후 갑이 사망하였지만 사망 경위가 위 장해상태와는 관련이 없는 외상성 뇌출혈로 인한 뇌부종이었으므로, 위 장해상태를 사망으로의 진행단계에서 거치게 되는 일시적 증상이라고 보기는 어려운데도, 갑이 입은 오른쪽 팔 절단으로 인한 상해를 고정된 상태가 아니라고 보아 일반후유 장해상태에 있었다고 볼 수 없다고 판단한 원심판결에는 법리오해의 잘못이 있다고 한 사례이다.

46 아래 조건을 참고하여 질문에 답하시오. (20점)

〈보험가입사항〉

구 분		보험기간	계약자/피보험자	가입담보	가입금액
A	간편건강보험	2022.10.6. ~ 2037.10.6.	甲	암 진단비 소액암 진단비	3천만원 1천만원
B	간편종신보험	2022.10.6. ~ 2042.10.6.	甲	사망시	5천만원
C	간편암보험	2023.4.19. ~ 2033.4.19.	甲	암 진단비 소액암 진단비	2천만원 1천만원

※ 암 진단은 보험계약일로부터 그 날을 포함하여 90일이 지난날의 다음날부터 책임이 개시되며, 진단비는 1년 이내 진단시 50% 지급(각 1회 한)

※ 소액암은 갑상선암, 기타 피부암, 경계성 종양, 제자리암을 말함.

〈A~C보험의 계약 전 알릴의무 내용〉

1. 최근 3개월 이내에 아래의 의료행위를 받은 적이 있는지 여부
   1) 입원 필요소견　2) 수술 필요소견　3) 추가검사(재검사) 필요소견

2. 최근 2년 이내에 아래의 의료행위를 받은 적이 있는지 여부
   1) 입원　2) 수술(제왕절개 포함)

3. 최근 5년 이내에 다음 질병으로 인한 아래의 의료행위를 받은 적이 있는지 여부
   □ 암, 간경화증, 투석중인 만성신장질환, 파킨슨병, 루게릭병
   1) 진단　2) 입원　3) 수술

〈손해사정 내용〉

① 2020.11.10. 서울종합병원에 오전 9시 입원하여 대장용종 제거술을 받고 당일 오후 5시 퇴원함.
② 2023.1.27. 한국비뇨기과의원에서 전립선 비대증(N40)으로 진단받고 2023.2.3.부터 2023.2.10.까지 3회 통원치료 받음.
③ ② 내용으로 추적관찰 중 2023.4.14. PSA(전립선 특이항원) 수치가 약간 상승함.
④ 주치의 면담결과, 2023.4.14. 진료시 진단서 또는 소견서를 작성한 적이 없고 환자에게 그 내용을 설명한 사실이 없음.
⑤ 전립선 조직검사(시행일 : 2023.7.16.)를 통해 전립선의 악성신생물(C61) 확정 진단(조직검사 보고일 : 2023.7.24.).
⑥ 피보험자는 A~C보험 청약할 때 과거병력을 본인의 중과실로 보험회사에 알리지 않음.

〈질문사항〉

(1) 계약 전 알릴의무 내용 중 밑줄 친 "추가검사(재검사)"의 의미를 약술하시오. (6점)

(2) A~C보험의 보상책임을 결정하고 지급보험금을 계산하시오. (14점)

모범답안

1. "추가검사(재검사)"의 의미

추가검사란 검사 결과 이상 소견이 확인되어 보다 정확한 진단을 위해 시행한 검사를 의미하며, 병증에 대한 치료 필요 없이 유지되는 상태에서 시행하는 정기검사 또는 추적관찰은 포함하지 않는다(보험업감독업무시행세칙 〈별표 14〉). 〈신설 2024.3.27.〉

2. A~C보험의 보상책임 및 지급보험금

(1) A보험의 보상책임 및 지급보험금

① 보상책임

보험회사는 피보험자가 최근 2년 이내 받은 입원 및 수술(2020.11.10. 대장용종 제거술)을 보험회사에 알리지 않아 계약 전 알릴의무위반에 해당하고, 제척기간이 경과하지 않았으므로 보험계약을 해지할 수 있다.

- 손해사정 ②, ③, ④의 경우 : 해당 사항 없음
- 손해사정 ⑤의 경우 : 계약 전 알릴의무위반(대장용종)과 전립선 암은 인과관계가 없고, 보험가입 후 1년 이내 진단이므로 암 진단비를 50% 지급한다.

② 지급보험금

전립선 조직검사(시행일 : 2023.7.16.)를 통해 전립선의 악성신생물(C61) 확정 진단(조직검사 보고일 : 2023.7.24.)되었고, 암 진단비는 1년 이내 진단시 50% 지급하므로,

- 암 진단비 : 3천만원 × 50% = **1천500만원**

(2) B보험의 보상책임 및 지급보험금

① 보상책임

보험회사는 피보험자가 최근 2년 이내 받은 입원 및 수술(2020.11.10. 대장용종 제거술)을 보험회사에 알리지 않아 계약 전 알릴의무위반에 해당하고, 제척기간이 경과하지 않았으므로 보험계약을 해지할 수 있다.

② 지급보험금

해당 보험은 암 진단비 담보가 없으므로 해당 사항이 없다.

(3) C보험의 보상책임 및 지급보험금

① 보상책임

- 손해사정 ①, ②, ③, ④의 경우 : 2020.11.10. 대장용종 제거술은 최근 2년 이내 받은 입원 및 수술이 아니고, 또한 2023.1.27. 전립선 비대증으로 진단받고 이후 3회의 통원과 추적관찰에 대해서는 추가검사(재검사)가 필요하다는 진단서 또는 소견서를 받은 적이 없으므로 계약 전 알릴의무위반에 해당하지 않는다.

  ※ 손해사정 ③의 경우 추적관찰은 추가검사(재검사)에 해당하지 않는다.

- 손해사정 ⑤의 경우 : 보험가입 후 1년 이내 진단이므로 암 진단비를 50% 지급한다.

② 지급보험금

확정 진단일(조직검사 보고일 : 2023.7.24.)은 보험계약일(2023.4.19.)로부터 97일 째 날(90일 초과)이고, 암 진단비는 1년 이내 진단시 50% 지급하므로,

- 암 진단비 : 2천만원 × 50% = **1천만원**

47 아래 조건을 참고하여 질문에 답하시오. (15점)

〈보험가입사항〉

보험종목	보험기간	계약자/피보험자	사망수익자	가입담보	가입금액
장기상해보험	2020.7.16. ~ 2040.7.16.	A	법정상속인	상해사망	4억원

※ 장기상해보험은 질병 · 상해보험 표준약관을 적용함.

〈진행 경과〉

- 2024.5.2. : 피보험자 A는 공사현장에서 작업을 하던 중 추락사고로 사망함.
- 2024.6.5. : A의 사망수익자는 보험회사에 상해사망보험금을 청구함.
- 2024.7.2. : 보험회사는 손해사정 내용에 근거하여 청구 보험금을 지급하지 않고, '계약 후 알릴의무위반'으로 보험계약을 해지 처리함.

〈손해사정 내용〉

① 계약자 및 피보험자인 A는 보험계약 당시 건설현장의 일용직 근로자로 근무하고 있었음에도 직업을 사무직으로 고지함.
② 보험계약 체결 이후 사망시까지 건설현장의 일용직 근로자로 계속 근무했음.
③ 사무직 근로자 보험요율 0.1%, 일용직 근로자 보험요율 0.4%

〈가족사항〉

- 피보험자 A는 사망 2년 전 이혼한 전처 B와의 사이에 자녀 C, D가 있음.
- 자녀 C는 A의 사망 1년 전 교통사고로 사망했고, 사실혼 배우자 E와의 사이에 자녀 F가 있음.
- 자녀 D는 배우자 G와 자녀 H가 있음.
- 보험수익자는 모두 성인이며, 법적 결격사유 없음.

〈질문사항〉

(1) 보험회사 손해사정 처리결과의 적정성을 판단하고 근거를 기술하시오. (10점)

(2) 보험회사가 수익자별로 지급해야 할 보험금을 계산하고 근거를 기술하시오. (5점)

모범답안

1. 손해사정 처리결과의 적정성 판단 및 근거

(1) 손해사정 처리결과의 적정성 판단

① 계약자 및 피보험자인 A는 보험계약 당시 건설현장의 일용직 근로자로 근무하고 있었음에도 직업을 사무직으로 고지하여 '계약 전 알릴의무위반'에 해당하므로 보험회사는 보험계약을 해지할 수 있다.

② 그러나 ①항의 경우에도 불구하고 보험회사가 제1회 보험료를 받은 때부터 보험금 지급사유가 발생하지 않고, 2년이 지났을 때에는 계약을 해지할 수 없다.

③ 문제 사안의 경우 피보험자 A는 공사현장에서 작업을 하던 중 추락사고로 사망한 날이 사고일(2024.5.2.) 기준으로 제척기간(2년) 경과되어 보험회사는 당해 보험계약을 해지할 수 없을 뿐만 아니라 보험금도 정상적으로 지급하여야 한다.

따라서 보험회사가 손해사정 내용에 근거하여 청구 보험금을 지급하지 않고, '계약 후 알릴의무위반'으로 보험계약을 해지 처리한 것은 적정하지 못한 것으로 판단된다.

(2) 근 거

① 질병・상해보험 표준약관 제16조(알릴의무위반의 효과)

- 제1항 제1호

  회사는 계약자 또는 피보험자가 고의 또는 중대한 과실로 제14조(계약 전 알릴의무)를 위반하고 그 의무가 중요한 사항에 해당하는 경우에는 손해의 발생 여부에 관계없이 이 계약을 해지할 수 있다.

- 제2항 제2호

  제1항 제1호의 경우에도 불구하고 회사가 그 사실을 안 날부터 1개월 이상 지났거나 또는 제1회 보험료를 받은 때부터 보험금 지급사유가 발생하지 않고 2년(진단계약의 경우 질병에 대하여는 1년)이 지났을 때에는 회사는 계약을 해지할 수 없다.

② 관련 판례(대법원 2024.6.27. 선고 2024다219766 판결)

[1] 상법 제651조는 보험계약 당시에 보험계약자 또는 피보험자가 고의 또는 중대한 과실로 인하여 중요한 사실을 고지하지 아니하거나 부실의 고지를 한 때에는 보험자는 그 사실을 안 날로부터 1월 내에, 계약을 체결한 날로부터 3년 내에 한하여 계약을 해지할 수 있다고 규정한다. 상법 제652조 제1항은 보험기간 중에 보험계약자 또는 피보험자가 사고발생의 위험이 현저하게 변경 또는 증가된 사실을 안 때에는 지체 없이 보험자에게 통지하도록 하면서, 이를 해태한 때에는 보험자는 그 사실을 안 날로부터 1월 내에 계약을 해지할 수 있다고 규정한다.

이 규정들을 별도로 두어 해지권의 행사기간을 달리 규율하는 취지나 각 규정의 문언 등에 비추어 보면, 상법 제651조의 고지의무는 중요한 사실이 보험계약 성립시에 존재하는 경우에 발생하고, 상법 제652조의 통지의무는 보험계약 성립시에는 존재하지 않았지만 그 이후 보험기간 중에 사고발생의 위험이 새롭게 변경 또는 증가된 경우에 발생한다고 보아야 한다. 한편 보험계약자 또는 피보험자가 고지의무를 위반함으로써 보험계약 성립시 고지된 위험과 보험기간 중 객관적으로 존재하게 된 위험에 차이가 생기게 되었다는 사정만으로는 보험기간 중 사고발생의 위험이 새롭게 변경 또는 증가되었다고 할 수 없다. 이 경우 보험자는 상법 제651조의 고지의무위반을 이유로 계약을 해지할 수는 있어도 상법 제652조의 통지의무위반을 이유로 계약을 해지할 수는 없다. 이는 고지의무위반에 따른 해지권 행사의 제척기간이 경과하여 보험자가 고지의무위반을 이유로 계약을 해지할 수 없게 된 경우에도 마찬가지이다.

[2] 갑 등이 을 보험회사와 피보험자를 갑으로 하여 상해사망 등 사고 발생시 을 회사가 보험금을 지급하는 내용의 보험계약을 체결하였는데, 갑은 보험계약 체결 이전부터 사망할 때까지 건설현장의 일용직 근로자로 근무하였으나, 갑 등은 보험계약 체결 당시 을 회사에 갑의 직업을 위 실제 직업보다 보험사고 발생의 위험이 낮은 사무원 등으로 고지하였고, 보험계약 체결 이후에도 을 회사에 고지된 직업과 실제 직업이 다르다는 것을 통지하지 아니한 사안에서, 갑 등이 보험계약 체결 당시 갑의 직업을 보험사고 발생의 위험이 낮은 직업으로 고지하여 고지의무를 위반하였으나 보험기간 중에 실제 직업이 변경되지는 않았으므로 그 직업이 보험계약 체결 당시 을 회사에 고지된 것과 다르더라도 상법 제652조 제1항의 통지의무를 위반하였다고 볼 수 없다고 한 원심판단이 정당하다고 한 사례이다.

2. 수익자별로 지급해야 할 보험금 및 근거

손해사정 처리결과 적정하지 못하므로 상해사망 보험금 4억을 지급한다.

(1) 수익자별로 지급해야 할 보험금

① 자녀 C, D

피보험자 A의 상속인은 직계비속 자녀 C, D이다.

- 자녀 C : 4억원 × 1/2 = 2억원
- 자녀 D : 4억원 × 1/2 = 2억원

② C의 배우자 E와 자녀 F

C는 피보험자 A의 사망 전 교통사고로 사망하였으므로 C의 상속분은 자녀 F에게 대습상속된다.

- 배우자 E : 사실혼은 대습상속을 받을 수 없다.
- 자녀 F : 대습상속 2억원

(2) 근 거

① 상속의 순위(민법 제1000조 제1항)

1. 피상속인의 직계비속
2. 피상속인의 직계존속
3. 피상속인의 형제자매
4. 피상속인의 4촌 이내의 방계혈족

② 대습상속(민법 제1001조)

상속인이 될 직계비속 또는 형제자매가 상속개시 전에 사망하거나 결격자가 된 경우에 그 직계비속이 있는 때에는 그 직계비속이 사망하거나 결격된 자의 순위에 갈음하여 상속인이 된다.

③ 배우자의 상속순위(민법 제1003조)

㉠ 피상속인의 배우자는 상속인(피상속인의 직계비속과 직계존속)이 있는 경우에는 그 상속인과 동순위로 공동상속인이 되고, 그 상속인이 없는 때에는 단독상속인이 된다.

㉡ 대습상속의 경우에 상속개시 전에 사망 또는 결격된 자의 배우자는 상속인과 동순위로 공동상속인이 되고, 그 상속인이 없는 때에는 단독상속인이 된다.

48 아래 조건을 참고하여 보험회사의 지급보험금을 산출하시오. (15점)

〈보험가입사항〉

보험종목	보험기간	가입담보	가입금액
A보험	2021.1.12. ~ 2041.1.12.	암 사망	1,000만원
		장기요양진단	1,000만원

〈경과 내용〉

- 2021.1.11. : 건강검진 결과 대장암 의심소견으로 추가 정밀검사 권유 받음
- 2021.1.12. : 보험계약(피보험자 만 65세)
- 2021.3.23. : 대장암 의심 증세로 병원에 입원
- 2021.4.11. : 조직검사 결과 대장암 확정 진단
- 2024.6.11. : 국민건강보험공단에 장기요양등급 판정 신청
- 2024.6.18. : 국민건강보험공단 현장 실사(병원 및 피보험자 등)
- 2024.6.19. : 대장암의 다발성 전이에 의한 패혈증으로 사망
- 2024.6.21. : 국민건강보험공단 장기요양등급(1등급) 판정
- 2024.6.30. : 보험금 청구

〈장기요양진단 특별약관 내용〉

내 용	
제3조 제1항	회사는 보험기간 중에 피보험자가 최초로 장기요양상태로 판정되었을 때에는 보험수익자에게 장기요양진단금을 지급합니다.
제3조 제2항	장기요양상태라 함은 만 65세 이상 노인 또는 노인성 질병을 가진 만 65세 미만의 자로서 거동이 불편하여 장기요양이 필요하다고 판단되어 「노인장기요양보험법」에 따라 등급판정위원회에서 장기요양 1등급 또는 장기요양 2등급으로 판정받은 경우에 해당되는 상태를 말합니다.
제5조 제2항	피보험자가 보험기간 중에 사망하였을 경우에는 약관은 더 이상 효력이 없습니다.

모범답안

(1) 2021.1.11. : 건강검진 결과 대장암 의심소견

「보험업감독업무시행세칙」 〈별표 14〉 '계약 전 알릴의무 사항'에 의하면 최근 3개월 이내에 의사로부터 진찰 또는 검사(건강검진 포함)를 통하여 질병확정 진단뿐만 아니라 질병의심소견을 받은 경우에도 고지하도록 되어 있으므로 계약 전 알릴의무 사항 위반에 해당되어 보험회사는 계약을 해지할 수 있다. 그러나 보험회사가 제1회 보험료를 받은 때부터 보험금 지급사유가 발생하지 않고, 2년이 지났을 때에는 계약을 해지할 수 없다.

(2) 2021.4.11. : 조직검사 결과 대장암 확정 진단

암 보장은 계약일로부터 90일이 지난 다음날부터 개시되는데 90일 이내에 대장암 확정 진단을 받았으므로 보험회사는 보험금을 지급하지 않고 계약자적립액을 반환한다.

(3) 2024.6.19. : 대장암의 다발성 전이에 의한 패혈증으로 사망

암 사망보험금으로 1,000만원이 지급되어야 하지만, 암 보험의 경우 이미 무효사유에 해당되므로 보험금 지급이 없다.

(4) 2024.6.21. : 국민건강보험공단 장기요양등급(1등급) 판정

피보험자가 보험기간 중에 사망하였을 경우에는 약관은 더 이상 효력이 없기 때문에 피보험자 사망 후 장기요양등급(1등급) 판정을 받았으므로 해당 사항이 없다.

(5) 지급보험금

① 암 사망 : 해당 사항 없음

② 장기요양진단 : 해당 사항 없음

판례 **대법원 2023.10.12. 선고 2020다232709(본소), 2020다232716(반소) 판결**

갑이 을 보험회사와 체결한 보험계약의 약관에는 '피보험자가 보험기간 중 사망할 경우 보험계약은 소멸한다'는 조항과 '신(신)장기간병요양진단비 보험금은 피보험자가 보험기간 중 노인장기요양보험 수급대상으로 인정되었을 경우 지급한다'는 조항을 두고 있는데, 갑이 국민건강보험공단에 장기요양인정을 신청하여 장기요양등급 판정을 받았으나 그 판정 전에 사망한 사안에서, 위 보험계약에서 보험금 지급사유로 정한 '피보험자가 보험기간 중 노인장기요양보험 수급대상으로 인정되었을 경우'는 특별한 사정이 없는 한 '피보험자가 보험기간 중 국민건강보험공단 등급판정위원회에 의하여 장기요양등급을 판정받은 경우'를 말하고, 피보험자가 노인장기요양보험 수급대상에 해당할 정도의 심신상태임이 확인되었다고 하더라도 장기요양등급 판정을 받지 않은 상태에서 보험계약이 소멸하였다면 보험기간 중 보험금 지급사유가 발생하였다고 볼 수 없는데도, 이와 달리 보험기간 중 장기요양등급 판정을 받지 못하더라도 그 원인으로서 장기요양이 필요하다는 사실이 확인되면 보험금 지급사유가 발생한다고 본 원심판단에 보험약관 해석에 관한 법리오해의 잘못이 있다.

48 아래 질문에 답하시오. (20점)

〈보험가입사항〉

보험회사 (계약일자)	보험종류	보장종목	가입금액	비 고
A (2022.8.1.)	기본형 실손의료보험 (급여 실손의료비)	질병급여형	2천만원	4세대 실손보험
	실손의료보험 특별약관 (비급여 실손의료비)	질병비급여형	2천만원	
		3대 비급여형	약관상 보장한도	

※ 유효한 정상 유지 계약으로 계약 전 알릴의무위반 사항은 없으며, 청구 당일 보험금 지급 예정임.

〈입원의료비 발생 내용(B병원)〉

입원기간	병 명 (병명코드)	급 여		비급여		기 타
		본인 부담금	공단 부담금		포함된 비용	
① 2022.9.1. ~ 9.15.	제4-5요추 추간판탈출증 (M51)	100 만원	400 만원	800 만원	• 상급병실료 차액 : 300만원(10일 사용) • MRI 비용 : 100만원 • 주사료(회당 20만원×5회) : 100만원	보상 완료
② 2023.2.1. ~ 2.25.	제4-5요추 추간판탈출증 (M51)	300 만원	1,200 만원	1,200 만원	• 상급병실료 차액 : 450만원(15일 사용) • 증식치료비(회당 10만원×5회) : 50만원 • 주사료(회당 20만원×10회) : 200만원	보상 완료
③ 2023.7.1. ~ 7.20.	제4-5요추 추간판탈출증 (M51)	200 만원	800 만원	1,000 만원	• 상급병실료 차액 : 150만원(5일 사용) • 체외충격파치료비(회당 10만원×5회) : 50만원 • 주사료(회당 20만원×5회) : 100만원	금번 청구

※ 상기 의료비 발생 이외 치료 사실 없음.
※ 주사료는 항암제, 항생제(항진균제 포함), 희귀의약품을 위해 사용된 비급여주사료가 아님.

〈2023년도 「국민건강보험」 소득분위별 본인부담상한액 기준〉

(금액 : 만원)

소득분위	1분위	2~3분위	4~5분위	6~7분위	8분위	9분위	10분위
상한액	100	150	200	300	400	500	800

※ 피보험자 갑(甲)은 2024.7.1. 국민건강보험공단으로부터 2023년도 '소득 8분위'에 해당함을 안내받고 본인부담 상한액 초과금을 당일 신청하여 수령함.

〈기타 사항〉

상기 조건은 편의상 제시된 것으로, 모두 유효한 것으로 가정함.

〈질문사항〉

(1) 피보험자 갑(甲)은 국민건강보험이 적용된 '③ 입원기간'에 대해 2024.7.10. 보험회사에 보험금을 청구하였다(단, ①～② 입원기간에 대해서는 보상완료됨).

상기 조건을 참고하여 A보험회사의 지급보험금을 산출하시오. (12점)

(2) 공보험(public insurance)인 「국민건강보험」과 이를 보완하는 사보험(private insurance)인 「실손의료보험」의 '공통점'과 '차이점'을 기술하시오. (8점)

모범답안

1. A 보험회사의 지급보험금

(1) '① 입원기간'(2022.9.1. ～9.15.) : 15일간 입원

① 급 여

- 본인부담금 100만원
- 보장대상의료비 100만원 × 80% = **80만원**
- 보장책임액 : 80만원(≦ 2천만원)

※ 요양급여 또는 의료급여 중 본인부담금의 80%에 해당하는 금액을 보상한다.
※ 보장대상의료비 = 실제 부담액 – 보장 제외 금액
※ 보장책임액 = (보장대상의료비 – 피보험자부담 공제금액)과 보험가입금액 중 작은 금액

② 비급여(상급병실료 차액, MRI 비용, 주사료 제외)

800만원 – 상급병실료 차액 300만원 – MRI 비용 100만원 – 주사료 100만원 = 300만원

- 보장대상의료비 300만원 × 70% = 210만원
- 상급병실료 차액 = Min[(300만원 × 50%), (10만원/일 × 15일)] = 150만원
- 비급여의료비 : 210만원 + 150만원 = **360만원**(≦ 2천만원)

※ 비급여의료비(본인이 실제로 부담한 금액으로 비급여병실료는 제외)의 70%에 해당하는 금액을 보상한다.

③ 3대 비급여 MRI

보장대상의료비 100만원 − Max[3만원, (100만원 × 30%)] = **70만원**(≦ 300만원)

※ 공제금액 : 1회당 3만원과 보장대상의료비의 30% 중 큰 금액

※ 보장한도 : 300만원 이내에서 보상

④ 3대 비급여주사료

보장대상의료비 100만원 − Max[3만원, (100만원 × 30%)] = **70만원**(≦ 250만원)

※ 공제금액 : 1회당 3만원과 보장대상의료비의 30% 중 큰 금액

※ 보장한도 : 250만원 이내에서 50회까지 보상

※ 의료기관을 1회 통원(또는 1회 입원)하여 치료목적으로 2회 이상 주사치료를 받더라도 1회로 보고 위의 공제금액 및 보상한도를 적용한다.

⑤ 지급보험금

급여 80만원 + 비급여 360만원 + MRI 70만원 + 주사료 70만원 = **580만원(보상완료)**

(2) '② 입원기간'(2023.2.1. ~ 2.25.) : 25일간 입원

① 급 여

- 본인부담금 300만원
- 보장대상의료비 300만원 × 80% = **240만원**
- 보장책임액 : 80만원 + 240만원 = 320만원(≦ 2천만원)

② 비급여(상급병실료 차액, 증식치료비, 주사료 제외)

1,200만원 − 상급병실료 차액 450만원 − 증식치료비 50만원 − 주사료 200만원 = 500만원

- 보장대상의료비 500만원 × 70% = 350만원
- 상급병실료 차액 = Min[(450만원 × 50%), (10만원/일 × 25일)] = 225만원
- 비급여의료비 : 350만원 + 225만원 = **575만원**
- 보장책임액 : 360만원 + 575만원 = 935만원(≦ 2천만원)

③ 3대 비급여 증식치료비

- 회당 10만원 − Max[(3만원, (10만원 × 30%)] = 7만원
- 보장대상의료비 7만원 × 5회 = **35만원**(≦ 350만원)

※ 공제금액 : 1회당 3만원과 보장대상의료비의 30% 중 큰 금액

※ 보장한도 : 350만원 이내에서 50회까지 보상

④ 3대 비급여주사료

- 보장대상의료비 200만원 − Max[3만원, (200만원 × 30%)] = **140만원**
- 보장책임액 : 70만원 + 140만원 = 210만원(≦ 250만원)

⑤ 지급보험금

급여 240만원 + 비급여 575만원 + 증식치료비 35만원 + 주사료 140만원 = **990만원(보상완료)**

(3) '③ 입원기간'(2023.7.1. ~ 7.20.) : 20일간 입원

① 급 여

피보험자 갑(甲)은 2023년도 '소득 8분위'에 해당하므로 본인부담상한액은 400만원이다.

2023년도 본인부담금은 300만원(② 입원기간) + 200만원 = 500만원으로 400만원을 초과하므로 초과분 100만원은 공단에서 환급받는다. 따라서

- 본인부담금 200만원 – 본인부담상한액 초과분 100만원 = 100만원
- 보장대상의료비 100만원 × 80% = **80만원**
- 보장책임액 : 80만원 + 240만원 + 80만원 = 400만원(≦ 2천만원)

※ **「국민건강보험법」에 따른 본인부담금상한제** : 요양급여비용 중 본인이 부담한 비용의 연간 총액이 일정 상한액(국민건강보험 지역가입자의 세대별 보험료 부담수준 또는 직장가입자의 개인별 보험료 부담수준에 따라 「국민건강보험법」 등 관련 법령에서 정한 금액(81만원~584만원)을 초과하는 경우 그 초과액을 국민건강보험공단이 부담하는 제도

② 비급여(상급병실료 차액, 체외충격파치료비, 주사료 제외)

1,000만원 – 상급병실료 차액 150만원 – 체외충격파치료비 50만원 – 주사료 100만원 = 700만원

- 보장대상의료비 700만원 × 70% = 490만원
- 상급병실료 차액 = Min[(150만원 × 50%), (10만원/일 × 20일)] = 75만원
- 비급여의료비 : 490만원 + 75만원 = **565만원**
- 보장책임액 : 360만원 + 575만원 + 565만원 = 1,500만원(≦ 2천만원)

③ 3대 비급여 체외충격파치료비

회당 10만원 – Max[(3만원, (10만원 × 30%)] = 7만원(회당 인정금액)

- 보장대상의료비 7만원 × 5회 = **35만원**
- 보장책임액 : 35만원 + 35만원 = 70만원(≦ 350만원)

④ 3대 비급여주사료

- 보장대상의료비 100만원 – Max[3만원, (100만원 × 30%)] = 70만원

※ ① 입원기간 70만원 + ② 입원기간 140만원 + ③ 입원기간 70만원 = 280만원으로 한도 250만원에서 30만원 초과된다. 따라서 70만원 – 30만원(한도 초과) = 40만원이 된다.

- 보장책임액 : 70만원 + 140만원 + 40만원 = 250만원(≦ 250만원)

⑤ 지급보험금

급여 80만원 + 비급여 565만원 + 체외충격파치료비 35만원 + 주사료 40만원 = **720만원**

※ 급여 중 본인부담의료비의 해당 연도 본인부담상한액 초과 여부나 계약 해당일부터 발생한 주사료의 보상한도액 초과 여부를 파악하기 위해서는 보상완료된 건에 대해서도 산정하여야 한다.

2. 국민건강보험과 실손의료보험의 '공통점'과 '차이점'

(1) 공통점

국민건강보험과 실손의료보험은 공보험이냐 사보험이냐의 여부를 떠나서 양자 모두 국민이 겪게 되는 각종 질병과 사고로 인하여 부담하게 될 막대한 의료비 부담을 줄이고 동시에 국민의 건강을 지원하고 있다는 측면에서 공통점이 있다.

① "국민건강보험"이란 질병이나 부상으로 인해 발생한 고액의 진료비로 가계에 과도한 부담이 되는 것을 방지하기 위하여, 국민들이 평소에 보험료를 내고 보험자인 국민건강보험공단이 이를 관리・운영하다가 필요시 보험급여를 제공함으로써 국민 상호간 위험을 분담하고 필요한 의료서비스를 받을 수 있도록 하는 사회보장제도를 말한다.

② "실손의료보험"이란 피보험자가 질병・상해로 의료기관에 입원 또는 통원하여 치료를 받거나 처방조제를 받은 경우에 본인이 실제로 부담한 의료비를 보상하는 상품을 말한다.

※ 「국민건강보험법」에서 정한 요양급여 또는 「의료급여법」에서 정한 의료급여 중 본인부담금 및 「국민건강보험법」 또는 「의료급여법」에 따라 보건복지부장관이 정한 비급여의 합계액에서 약관에서 정한 자기부담금을 제외한 금액을 보상한다.

(2) 차이점

① 가입의 강제성 유무

국민건강보험은 국가(국민건강보험공단)가 운영하고 전 국민을 대상으로 가입이 강제되어 있는 반면, 실손의료보험은 민영 보험회사가 운영하고 소비자가 자유롭게 선택하여 임의로 가입할 수 있다는 측면에서 차이점이 있다.

② 보장한도

국민건강보험은 보장한도를 정하고 있지 않지만, 실손의료보험은 상품에 따라 보장한도를 정하고 있다.

③ 보상방법

국민건강보험은 「국민건강보험법」 등에서 정한 금액을 국가(건강보험공단)가 보전하지만, 실손의료보험은 국민건강보험에서 보장되지 않는 의료비(비급여)의 일정 부분을 보상한다.

④ 보험료 산정방법

국민건강보험은 소득수준과 재산규모에 따라 보험료를 차등 부과하지만, 실손의료보험은 과거 위험발생률 등을 토대로 대수의 법칙에 따라 보험료를 산출한다.

[국민건강보험과 실손의료보험의 비교]

구 분	국민건강보험	실손의료보험
관련 법규	국민건강보험법	보험업법
운영 주체	국가(국민건강보험공단)	민영 보험회사
의무가입 여부	전 국민을 대상으로 가입이 강제됨 ⇒ 의무가입	가입 여부를 자유롭게 선택 가능함 ⇒ 임의가입
보상방법	「국민건강보험법」 등에서 정한 금액을 국가가 보상	국민건강보험에서 보장하지 않는 의료비를 대상으로 보험회사가 보상
보장범위	국민의 질병·부상에 대한 예방·진단·치료·재활과 출산·사망 및 건강증진 등 보장	질병, 상해에 대한 본인부담금 중 일부 보장
보장대상 질병	모든 질병 ※ 「국민건강보험법」상의 비급여대상은 제외	「국민건강보험법」상의 비급여대상 및 보험약관에서 보상하지 않는 질병은 제외
보험료 산정방법	소득수준과 재산규모에 따라 보험료를 차등 부과	과거 위험발생률을 토대로 대수의 법칙에 따라 보험료 산출

〈자료출처 : 국민건강보험공단〉

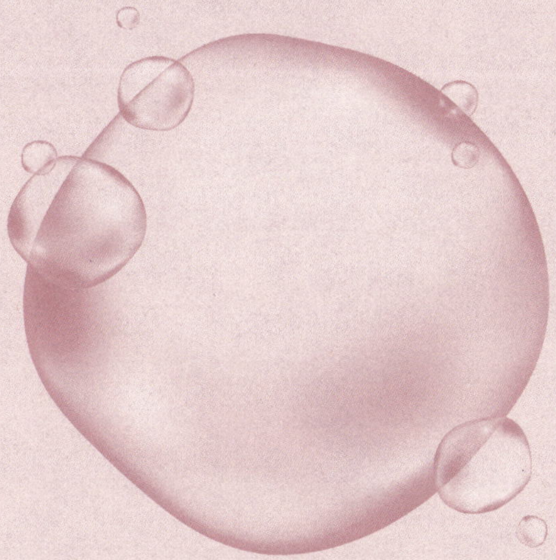

당신이 뛸 경우, 당신은 질지도 모른다.

만약 뛰지 않는다면, 당신은 확실히 진다.

– 제시 잭슨 –

가장 밝게 빛나는 순간은 주위의 모든 것이 가장 어두울 때이다.

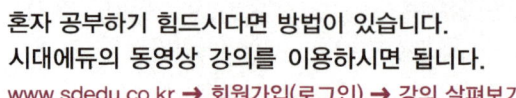

– 베어 그릴스 –

TIP!!
시대에듀

1위

손해사정사 부문
누적판매량 1위

합격에듀
시대
에듀

2025
A SUCCESSFUL PROJECT
PROJECT

편저 김명규 · 김창영

약술형+주관식 풀이형 시험문제 대비
11개년 최근 기출문제로 출제경향 파악
최신 개정 표준약관 수록

최신 개정사항을 반영한 핵심이론

신체손해사정사 2차

한권으로 끝내기

자동차보험의 이론과 실무(대인배상 및 자기신체손해)

유료 동영상 강의

시대에듀

편저자 약력

김명규

| 주요이력 |

- 인하대학교 사학과 졸업
- 경희대학교 대학원 졸업(보험행정 전공)
- 現) 목원대학교 금융보험부동산학과 교수
- 現) 한국손해사정학회 상임 부회장
- (사)한국손해사정사회 기획실장, 사무국장, 사무총장 역임(1998~2014)
- 금융감독원 손해사정사 제도개선 TF팀(2013)
- 남북협력기금지급심의위원(2004~2014)
- 자동차사고과실비율인정기준 개정작업 위원(2014)
- 국민대학교 법무대학원 손해사정전공 외래교수
- 손해사정사 시험 출제 및 선정위원 역임
- 현대손해사정(주) 대표이사 역임
- 한국소비자원 보험전문상담위원 역임
- 중소기업제조물책임분쟁조정위원 역임

김창영

| 주요이력 |

- 한양대학교 회계학과 졸업
- 목원대학교 대학원 E-business학과(금융보험전공) 졸업
- 現) 목원대학교 부동산금융보험융합학과 겸임교수
- 現) 가람종합손해사정(주) 대표
- 종합손해사정사(신체, 재물, 차량)
- 손해사정법인 CANA 부대표
- 시민손해사정 대표(경력 25년)
- (사)한국손해사정사회 이사, 독립사정사협회 부회장, 서울지회장 역임

편집진행 서정인 | **표지디자인** 하연주 | **본문디자인** 윤준하 · 장성복

신체손해사정사 2차

한권으로 끝내기

자동차보험의 이론과 실무(대인배상 및 자기신체손해)

시대에듀

이 책의 차례 CONTENTS

4권 | 자동차보험의 이론과 실무(대인배상 및 자기신체손해)

자동차보험의 이론과 실무
(대인배상 및 자기신체손해)

제 1 장 자동차사고의 책임

제1절 자동차사고의 법률상의 책임

1. 민사상의 책임

1) 불법행위책임

자동차사고가 발생한 경우 그 사고내용에 따라 각각 고의 또는 과실 있는 운전자와 공작물인 자동차의 점유자 또는 소유자 그리고 운전자의 사용자는 각각 불법행위책임(민법 제750조), 공작물책임(민법 제758조), 사용자책임(민법 제756조)에 따른 「민법」상의 불법행위책임을 부담하여야 한다.

2) 채무불이행책임(계약책임)

유상운송계약의 경우 자동차사고로 차내 승객이 사상하게 되면 그 사고내용에 따라 운전자와 그 사용자가 불법행위책임을 부담하여야 함은 물론이지만, 설령 과실이 인정되지 않아 불법행위책임이 인정되지 않는 경우라 하더라도 계약에 따른 의무인 승객에 대한 안전배려의무를 위반한 것이 되어 계약상대방은 채무불이행책임을 면할 수 없다.

3) 「자동차손해배상보장법」상의 책임

자기를 위하여 자동차를 운행하는 자는 그 운행으로 다른 사람을 사망하게 하거나 부상하게 한 경우에는 그 손해를 배상할 책임을 진다. 다만, ① 승객이 아닌 자가 사망하거나 부상한 경우에 자기와 운전자가 자동차의 운행에 주의를 게을리 하지 아니하였고, 피해자 또는 자기 및 운전자 외의 제3자에게 고의 또는 과실이 있으며, 자동차의 구조상의 결함이나 기능상의 장해가 없었다는 것을 증명한 경우, ② 승객이 고의나 자살행위로 사망하거나 부상한 경우에는 그러하지 아니하다.

2. 행정상의 책임

자동차사고가 발생한 경우에 운전자는 「도로교통법」에 따른 범칙금부과, 벌점부여 또는 면허정지나 취소 등의 행정상의 처분을 받게 된다.

3. 형사상의 책임

1) 형 법

자동차를 운전하던 중 사람을 사상한 자는 「형법」상 업무상 과실치사상죄로 형사상 처벌을 받는다(형법 제268조). 「형법」상에서는 과실치상죄만이 반의사불벌죄에 해당한다.

2) 특정범죄가중처벌 등에 관한 법률

특정한 자동차사고에 대해서는 「형법」 등에서 정한 형량과 달리 가중처벌하도록 규정하고 있다. 가중처벌이 되는 경우를 보면, ① 도주차량운전자의 가중처벌(특정범죄가중처벌 등에 관한 법률 제5조의3), ② 운행 중인 자동차운전자에 대한 폭행 등의 가중처벌(동 법률 제5조의10), ③ 위험운전 치사상의 가중처벌(동 법률 제5조의11), ④ 어린이보호구역에서의 어린이치사상의 가중처벌(동 법률 제5조의13) 등이 있다.

3) 교통사고처리특례법

(1) 제정목적

「교통사고처리특례법」은 업무상 과실 또는 중대한 과실로 교통사고를 일으킨 운전자에 관한 형사처벌 등의 특례를 정함으로써 교통사고로 인한 피해의 신속한 회복을 촉진하고 국민생활의 편익을 증진함을 목적으로 한다(교통사고처리특례법 제1조).

(2) 업무상 과실치상 및 중과실치상죄의 특례

교통사고로 업무상 과실치상 및 중과실치상죄를 범한 운전자에 대하여는 피해자의 명시적인 의사에 반하여 공소를 제기하지 못한다(교통사고처리특례법 제3조 제2항). 또한 교통사고를 일으킨 차가 보상한도가 없는 보험 또는 공제에 가입된 경우에는 그 사고운전자에 대하여 공소를 제기하지 못한다(동법 제4조 제1항).

(3) 업무상 과실치사죄

「교통사고처리특례법」은 업무상 과실치상죄 및 중과실치상죄에 대해서만 특례를 적용하는 특별법으로서 피해자가 사망하여 운전자가 업무상 과실치사죄 또는 중과실치사죄에 해당하는 경우에는 적용되지 않는다. 따라서 교통사고로 피해자가 사망한 경우에는 피해자 측과의 합의 또는 보상한도가 없는 대인배상보험에 가입되었다고 하더라도 형사처벌의 대상이 된다.

(4) 처벌 특례의 제외사유

다음의 경우 외에는 가해자가 피해자와 합의를 한 경우 공소를 제기하지 못한다(교통사고처리특례법 제3조 제2항 단서).

① 사망사고

② 뺑소니사고

차량운전자가 업무상 과실치상죄 또는 중과실치상죄를 범하고도 피해자를 구호하는 등「도로교통법」제54조 제1항에 따른 조치를 하지 아니하고 도주하거나 피해자를 사고 장소로부터 옮겨 유기하고 도주한 경우, 같은 죄를 범하고「도로교통법」제44조 제2항을 위반하여 음주측정 요구에 따르지 아니한 경우(운전자가 채혈측정을 요청하거나 동의한 경우는 제외)

③ 12대 중대사고

㉠ 신호 및 지시위반

㉡ 중앙선 침범

㉢ 제한속도위반

㉣ 앞지르기방법 등 위반

㉤ 철길건널목 통과방법위반

㉥ 횡단보도 침범

㉦ 무면허운전

㉧ 음주운전 등

㉨ 보도침범 등

㉩ 승객추락 방지의무위반

㉪ 어린이보호구역에서의 의무위반

㉫ 화물고정 장치위반

(5) 보험가입 등의 처벌 특례(15개 처벌 특례 제외사유 외의 사고)

위 (4)항의 특례의 제외사유(사망, 뺑소니사고와 12대 중대사고) 및 중상해 사고(피해자가 신체의 상해로 인하여 생명에 대한 위험이 발생하거나 불구가 되거나 불치 또는 난치의 질병이 생긴 경우) 등 15개 처벌 특례의 제외사유에 해당하지 않는 사고에 대해서는 가해자가 보상한도가 없는 보험 또는 공제에 가입되어 있는 경우 피해자의 처벌의사와 관계없이 공소를 제기할 수 없다.

(6) 우선지급금제도

보험회사는 치료에 관한 통상비용 전액, 자동차보험약관에서 정한 지급기준에 의하여 산출한 위자료 전액, 휴업손해액 및 상실수익액의 50% 해당액을 청구를 받은 날부터 7일 이내에 지급하여야 한다.

제2절 불법행위책임

1. 「민법」상의 일반불법행위책임

1) 의 의

고의 또는 과실로 인한 위법행위로 타인에게 손해를 가한 자는 그 손해를 배상할 책임이 있다(민법 제750조). 따라서 일반불법행위책임은 ① 고의 또는 과실, ② 위법성, ③ 손해의 발생, ④ 인과관계, ⑤ 책임능력 등을 그 성립요건으로 한다.

2) 성립요건

(1) 고의 또는 과실

고의란 타인에게 손해가 발생한다는 것을 알면서도 감히 어떤 행위를 행하는 심리상태를 말하며, 과실이란 일정한 결과가 발생한다는 것을 알고 있어 주의할 의무가 있음에도 불구하고 이를 게을리 하여 어떠한 행위를 하는 심리상태, 즉 주의의무의 위반을 말한다.

(2) 위법성

위법성이란 가치판단의 문제로서 실정법 또는 공서양속의 위반을 말한다. 한편 위법성이 인정되나 특수한 사유로 위법성이 부인되는 경우가 있는데 이를 위법성 조각사유라 하며, 이에는 정당방위, 긴급피난, 자력구제, 피해자의 승낙, 정당행위 등이 있다.

(3) 손해의 발생

손해란 한마디로 가해자의 위법행위로 인하여 피해자가 그의 법익에 관하여 입은 불이익을 말한다. 「민법」에서도 손해배상은 통상의 손해를 한도로 한다고 규정하고(민법 제393조 제1항), 이를 불법행위로 인한 손해배상에 준용하는 것으로 규정하고 있다(민법 제763조).

(4) 인과관계

위법행위와 발생된 손해와의 사이에는 인과관계가 있어야 한다. 인과관계는 권리를 주장하는 자가 그 입증책임을 지는 것이지만, 「민법」상의 특수불법행위 또는 특별법상의 제조물책임 등에서는 손해가 발생하면 인과관계를 추정하여 피해자의 입증책임을 완화하고 있다. 인과관계에 대해서는 원인과 결과 사이에 구체적인 경우가 아닌 보통의 경우에서도 인과관계가 있어야 한다고 보는 상당인과관계설이 통설이다.

(5) 책임능력

책임능력은 자기행위의 결과가 위법하여 법률상 비난받을 수 있다는 것을 인식할 수 있는 정신능력을 말하며, 이를 불법행위의 측면에서 평가하여 불법행위능력 또는 책임변식능력이라고도 한다. 미성년자 또는 심신상실자와 같이 불법행위 당시에 자기행위의 책임을 변식할 능력이 없는 자는 책임무능력자가 된다.

3) 자동차보험과의 관계

(1) 운전자 및 운전보조자

운전자 및 운전보조자는 일반불법행위책임만을 부담하게 된다.

(2) 운행자 중 운전자

운행자 중 차량을 직접 운전한 운행자는 승객 및 승객이 아닌 자에 대해서 불법행위책임과 운행자책임을 부담하며, 양 책임의 관계는 청구권 경합관계이다.

(3) 공동운행자에 대한 책임

공동운행자 중 차량을 직접 운전한 운행자는 원칙적으로 다른 공동운행자가 사상한 경우 불법행위책임만을 부담한다.

2. 「민법」상의 특수불법행위책임

특수불법행위책임이란 불법행위에 있어서 행위자의 고의나 과실이 없어도 행위자에게 손해배상책임을 부담하게 하기 위하여 과실책임의 예외로 「민법」이나 특별법의 규정에 의해 인정되는 불법행위책임을 말하며, 이에는 공동불법행위책임, 동물점유자책임, 공작물책임, 책임무능력자의 감독자책임, 도급인의 책임, 사용자책임이 있다.

1) 공동불법행위책임

(1) 의 의

공동불법행위란 수인이 공동으로 불법행위를 하여 타인에게 손해를 가한 경우로 공동불법행위자는 연대하여 그 손해를 배상할 책임을 진다(민법 제760조). 가해자들에게 연대책임을 지우는 취지는 가해자들 각자의 행위의 경중을 묻기 이전에 피해자가 누구에게나 손해배상금의 전부를 받을 수 있도록 하기 위해서이다.

(2) 유 형

공동불법행위책임의 유형은 다음과 같다.

① 공동불법행위에 있어서 각자가 제각기 일반불법행위의 요건을 갖추는 경우
② 공동불법행위에 있어서 누가 손해를 가했는지를 알 수 없는 경우
③ 불법행위를 교사 또는 방조한 경우

(3) 자동차보험과의 관계

① 공동불법행위자로서 자동차보험회사

공동불법행위자로서 자동차보험회사는 피해자에 대하여 각각 연대하여 손해를 보상하며, 피보험자의 책임비율을 초과하는 손해를 보상한 보험회사는 상대방 보험회사에 대하여 대위권을 행사하여 구상금을 정산한다.

대부분의 공동불법행위 사고의 경우 사고 초기에 공동불법행위자 상호간의 과실비율이 확정되지 않는 경우가 많으므로 실무적으로는 자동차사고 과실비율 인정기준 등에 따라 통상적으로 과실비율이 높은 보험회사, 과실비율이 높은 보험회사가 대인배상Ⅱ에서 보상되지 않는 경우에는 대인배상Ⅱ가입 보험회사, 승객이 탑승한 보험회사의 순서대로 피해자 측에 먼저 보상한 후 상대방 보험회사에 대하여 과실비율을 초과하는 지급보험금에 대하여 대위권을 행사하여 구상금을 정산하고 있다.

② 2 이상의 보험회사 사이의 대인배상Ⅰ 보험금의 지급범위

과거 공동불법행위자들이 가입한 보험회사들의 대인배상Ⅰ 보험금의 지급범위는 단수책임설을 적용하여 책임보험 급수별 한도금액에서 각자의 과실비율을 적용한 금액의 범위 내라고 해석하였으나, 대법원의 전원합의체 판결(2002.4.18. 선고 99다38132)에 따라 현재는 복수책임설을 적용하여 공동불법행위자인 책임보험회사별로 각자의 책임보험 급수별 한도금액 전액의 범위라고 해석하고 있다.

심화TIP 단수책임설과 복수책임설에 따른 보험회사의 보험금 지급범위

- **'갑' 보험회사** : 대인배상Ⅰ 가입(과실 20%)
- **'을' 보험회사** : 대인배상Ⅰ, Ⅱ 가입(과실 80%)
- **피해자 현장사망** : 과실상계 후 손해액 3억원

구 분	단수책임설	복수책임설
'갑' 보험회사	대인배상Ⅰ 한도 : 3,000만원 책임액 : 6,000만원 대인배상Ⅰ 지급 : 3,000만원 피보험자 부담 : 3,000만원	대인배상Ⅰ 한도 : 15,000만원 책임액 : 6,000만원 대인배상Ⅰ 지급 : 6,000만원 피보험자 부담 : 없음
'을' 보험회사	대인배상Ⅰ 한도 : 12,000만원 책임액 : 24,000만원 대인배상Ⅰ 지급 : 12,000만원 대인배상Ⅱ 지급 : 12,000만원	대인배상Ⅰ 한도 : 15,000만원 책임액 : 24,000만원 대인배상Ⅰ 지급 : 15,000만원 대인배상Ⅱ 지급 : 9,000만원

판례 **공동불법행위에 있어서의 책임보험금의 지급범위(복수책임설)**

판례에서는 "「자동차손해배상보장법」 제5조와 동법 시행령 제3조 제1항에 의하면, 자동차의 등록 또는 사용신고를 한 자는 반드시 자동차의 운행으로 다른 사람이 사망하거나 부상할 경우에 피해자에게 대통령령이 정하는 금액의 지급책임을 지는 책임보험 또는 책임공제에 가입하여야 하며, 피해자 1인에게 지급하여야 할 책임보험금은 사망자의 경우 최고 금 1억5,000만원을 기준으로 한다고 규정하고 있는 바, 위 책임보험 또는 책임공제의 성질에 비추어 책임보험에 가입되어 있는 2 이상의 자동차가 공동으로 하나의 사고에 관여한 경우, 각 보험자는 피해자의 손해액을 한도로 하여 각자의 책임보험 한도액 전액을 피해자에게 지급할 책임을 지는 것이라고 새겨야 한다"라고 판시하고 있다(대법원 2002.4.18. 선고 99다38132 전원합의체 판결).

2) 동물점유자책임

동물점유자책임이란 동물이 타인에게 가한 손해에 대하여 동물의 점유자나 보관자가 지는 손해배상책임을 말한다(민법 제759조). 동물점유자책임은 위험책임설에 근거하며 입증책임이 점유자나 보관자에게 전환된다. 다만, 점유자나 보관자가 상당한 주의를 하였거나 상당한 주의를 하여도 손해가 발생할 경우에는 면책이 인정된다.

3) 공작물책임

(1) 의 의

공작물책임이란 공작물의 점유자나 소유자가 공작물의 설치 또는 보존의 하자로 인하여 타인에게 가한 손해에 대한 손해배상책임을 말한다(민법 제758조 제1항). 공작물책임은 가해행위가 아닌 공작물의 하자와 손해와의 관련성에 근거하는 위험책임으로 무과실책임이다.

(2) 성립요건

공작물책임은 ① 공작물로 인한 손해, ② 설치 또는 보존의 하자, ③ 면책사유가 없을 것을 그 성립요건으로 한다. 여기서 하자란 물건이 본래 가지고 있어야 할 안정성을 갖추지 못한 것으로 처음부터 있는 하자는 설치의 하자이고, 후에 생긴 하자는 보존의 하자이다.

(3) 자동차보험과의 관계

① 공작물책임과 운행자책임의 주체

자동차나 건설기계는 공작물에 해당하므로 자동차 등을 소유, 사용 또는 관리하던 중 자동차 등의 하자로 인하여 손해가 발생하였다면 자동차 등의 점유자가 1차적으로 공작물책임을 부담하고, 점유자가 손해의 방지에 필요한 주의의무를 다 한 경우에는 소유자가 최종적으로 공작물책임을 부담한다. 한편 운행자책임에서는 공작물책임과는 달리 정당한 점유자 및 소유자를 보유자라고 하고 있고 보유자에게는 운행자책임이 추정되므로 자동차 등의 소유자는 공작물책임과는 별개로 공동운행자로서 연대하여 운행자책임을 부담하여야 한다.

② 구체적인 경우

「자동차손해배상보장법」의 적용대상인 건설기계를 임차한 경우, 건설기계의 하자로 인하여 손해가 발생하였다면 공작물책임은 1차적으로 임차인에게 있으나, 운행자책임은 임차인 및 임대인 모두에게 있다. 따라서 건설기계의 임차인은 공작물책임 및 운행자책임을 모두를 부담하고 임대인은 운행자책임만 부담하게 된다.

4) 책임무능력자의 감독자책임

책임무능력자를 감독할 법정의무가 있는 자, 즉 친권자, 후견인 또는 이들의 대리감독자가 그들에 대한 감독을 게을리 한 경우에는 책임무능력자의 불법행위로 인한 타인의 손해에 대해 손해배상책임을 져야 한다(민법 제755조).

감독자책임은 감독의무자 또는 대리감독자의 행위가 아닌 책임무능력자의 불법행위에 대한 책임이며, 이때의 과실은 책임무능력자에 대한 감독상의 과실을 말한다. 감독의무자나 대리감독자의 감독상의 과실에 대한 입증책임이 전환되어 감독의무자나 대리감독자가 자기에게 감독상의 과실이 없었음을 입증하여야 그 책임을 면할 수 있다.

5) 도급인의 책임

(1) 의 의

수급인이 그 일에 관하여 제3자에게 손해를 입힌 경우 이는 수급인이 지게 되는 일반불법행위책임이다(민법 제757조). 그러나 도급인이 도급 또는 지시에 관하여 중대한 과실이 있는 경우에는 그 손해를 배상할 책임을 지게 되는데 이를 도급인의 책임이라고 한다. 건설공사 등의 하도급계약에서는 이러한 도급인의 책임을 수급인이 인수하기로 하는 손해배상인수약정(Hold Harmless Agreement)을 두는 것이 일반적이다.

실무에서는 도급인이 도급 또는 지시에 관하여 중대한 과실이 없는 경우에도 수급인의 작업에 대하여 지휘 또는 감독할 권한이 있는 경우 또는 수급인의 선임 잘못이나 잘못된 작업계획으로 인한 경우 사용자책임을 지며, 도급인이 제공한 자재에 하자가 있는 경우에는 일반불법행위책임을 지는 것으로 본다.

(2) 자동차보험과의 관계

① 도급인과 보유자

정비업자를 포함한 자동차취급업자에게 피보험자동차를 업무와 관련하여 위탁한 경우 원칙적으로 도급인이자 보유자에게는 도급인책임이 성립되지 않는다.

② 도급인의 운행자책임

도급인은 대부분 보유자일 것이므로 운행자의 지위에 있으나, 취급업자의 업무와 관련하여 피보험자동차를 위탁한 경우에는 운행지배가 전적으로 취급업자에게 이전되었다고 할 것이므로 피보험자동차를 위탁한 자는 「자동차손해배상보장법」상의 보유자이나 운행자책임은 인정되지 않는다. 따라서 원칙적으로 취급업자에게 차량을 업무상 위탁한 보유자에게는 「민법」상의 책임이나 「자동차손해배상보장법」상의 운행자책임이 인정되지 않는다.

③ 구체적인 경우

피보험자동차를 정비업자에게 정비를 위하여 위탁한 후 정비업자가 차량점검을 위하여 운행하던 중 보행인을 충격하여 보행인이 사망하였다면 정비업자는 「민법」상의 불법행위책임 및 보유자로서 「자동차손해배상보장법」상의 운행자책임을 부담하여야 한다. 이 경우 정비를 의뢰한 보유자에게는 「민법」상 원칙적으로 도급인책임이 인정되지 않을 뿐만 아니라 차량의 사용권한이 정비업자에게 전부 이전된 경우, 즉 보유자에게 운행지배가 없는 경우에 해당하므로 보유자에게는 운행자책임도 인정되지 않는다.

다만, 이 경우 정비업자는 대인배상 I 의 승낙피보험자에 해당하여 운행자책임이 인정되므로 보험회사는 대인배상 I 손해에 대해서는 보상책임을 부담하여야 한다.

3. 부진정연대채무

1) 의 의

부진정연대채무란 우연한 사정에 의하여 2인 이상의 채무자가 동일한 내용의 채무에 관해 각각 독립해서 그 전부의 급부를 이행할 의무를 부담해야 하는 형태의 다수채무관계를 말한다. 이 경우 채무자 사이에 주관적 관련성이 없으므로 그 중 한 사람에 대해 생긴 사유는 변제 등 채권의 목적을 달성하는 사유 이외에는 다른 채무자에게 영향을 미치지 않는다.

2) 부진정연대채무의 발생유형

(1) 공동불법행위자 상호간의 부진정연대채무

상호간에 과실이 있는 자동차사고에 대하여 각 차량의 운행자 및 운전자 사이에는 부진정연대채무관계가 성립한다. 따라서 각 차량의 운행자 및 운전자에 해당하지 않는 피해자는 연대채무자 모두에게 또는 선택하여 손해배상을 청구할 수 있다.

(2) 불법행위책임이 없는 운행자와 불법행위자 상호간의 부진정연대채무

「자동차손해배상보장법」상 운행자는 피해자에 대해 무과실책임을 부담하도록 하고 있으므로, 사고내용이 상대방차량의 일방과실(상대방차량의 과실이 100%인 경우)사고라고 하더라도 자기 차량에 탑승한 승객에 대해서는 부진정연대채무관계에 있다. 따라서 승객은 자신이 탑승한 차량의 운행자 및 보험회사 또는 상대방차량 모두에게 또는 선택하여 손해배상을 청구할 수 있다.

(3) (진정)연대채무와 부진정연대채무의 비교

구 분	부진정연대채무	(진정)연대채무
공통점	채무자들의 연대채무	채무자들의 연대채무
발생사유	객관적 공동성	계약 또는 법령
절대적 효력 발생사유	변제, 대물변제, 공탁 등 출재행위가 있는 경우에만 절대적 효력 발생 사유이고 상계, 면제, 시효 등은 상대적 효력만 있음	출재행위 외에 상계, 면제, 시효 등도 절대적 효력 발생
구상권	해석상 – 인정되지 않음 판례상 – 인정	내부분담비율에 따라 인정

3) 자동차보험과의 관계

(1) 공동불법행위자 상호간의 부진정연대채무

피보험자의 책임비율을 초과하는 손해를 부담한 보험회사는 상대방 보험회사에 대하여 피해자의 손해배상청구권을 대위하여 초과 지급한 보험금에 대해서 구상권을 행사할 수 있다.

(2) 불법행위책임이 없는 운행자와 불법행위자 상호간의 부진정연대채무

차내 승객에 대하여 먼저 보상을 처리한 보험회사는 상대방 보험회사 또는 가해자에 대해 피해자의 손해배상청구권을 대위하여 지급한 보험금 전액에 대하여 구상권을 행사할 수 있다. 실무적으로는 상대방 보험회사가 대인배상Ⅱ 등의 배상책임보험에 가입되어 있지 않거나 면책되어 대인배상Ⅱ에서 보상받을 수 없는 경우에 운행자인 2차량 보유자는 승객에 대하여 무과실책임이 있으므로 먼저 보상 후 구상절차가 진행된다.

(3) 공동불법행위 사고의 경우 호의동승과실의 적용범위(제한설)

공동불법행위자들 중 1인에 대하여 호의동승관계에 있는 경우 전체 공동불법행위자에 대해서도 호의동승과실을 적용해야 한다. 판례에서도 "2인 이상의 공동불법행위로 인하여 호의동승한 사람이 피해를 입은 경우, 공동불법행위자 상호간의 내부관계에서는 일정한 부담부분이 있으나 피해자에 대한 관계에서는 부진정연대책임을 지므로, 동승자가 입은 손해에 대한 배상액을 산정함에 있어서는 먼저 호의동승으로 인한 감액비율을 참작하여 공동불법행위자들이 동승자에 대하여 배상하여야 할 금액을 정해야 한다"라고 하고 있다(대법원 2014.3.27. 선고 2012다87263 판결).

(4) 구체적인 경우

① 사례 1

쌍방 신호위반사고('갑' 보험회사 과실 50%, '을' 보험회사 과실 50%)로 '갑' 보험회사의 소유자 겸 운전자 A, 탑승인 B(호의동승과실 20%), '을' 보험회사의 소유자 겸 운전자 C가 모두 사망한 경우 각 보험회사의 대인배상 처리

구 분	'갑' 보험회사	'을' 보험회사
A	대인배상 면책	대인배상 부책(과실 50% 적용)
B	대인배상 부책(호의동승과실 20% 적용)	대인배상 부책(호의동승과실 20% 적용)
C	대인배상 부책(과실 50% 적용)	대인배상 면책

※ B에 대해서는 먼저 보상한 보험회사가 상대방 보험회사에 50% 구상한다.

② 사례 2

C의 신호위반사고('갑' 보험회사 과실 없음, '을' 보험회사 과실 100%)로 '갑' 보험회사의 소유자 겸 운전자 A, 탑승인 B(호의동승과실 20%), '을' 보험회사의 소유자 겸 운전자 C가 모두 사망한 경우 각 보험사의 대인배상 처리

구 분	'갑' 보험회사	'을' 보험회사
A	대인배상 면책	무과실 적용 전액 배상
B	대인배상 부책(호의동승과실 20% 적용)	대인배상 부책(호의동승 20% 적용)
C	대인배상 면책	대인배상 면책

※ B에 대해서는 '갑' 보험회사가 먼저 보상한 경우 '을' 보험회사에 100% 구상한다.

4. 「국가배상법」상의 책임

1) 의 의

공무원이 그 직무를 집행함에 있어 자동차사고로 타인의 생명 또는 신체를 해친 경우 「국가배상법」에 따라 국가 및 지방자치단체는 그에 대한 손해배상책임을 부담한다. 즉, 「국가배상법」에서는 공무원의 사용자인 국가 및 지방자치단체가 공무원의 사용자로서 부담하는 법률상 책임을 규정하고 있다.

2) 「국가배상법」의 규정

(1) 공무원의 경과실 면책특칙

「민법」상의 사용자책임과 달리 공무원이 공무집행상의 경과실로 인하여 손해가 발생한 경우 「국가배상법」의 특칙에 따라 공무원에게는 손해배상책임이 인정되지 않고, 국가 또는 지방자치단체가 손해배상책임을 부담한다. 다만, 공무원의 고의 또는 중과실로 인하여 손해가 발생하였다면 해당 공무원도 국가 등과 연대하여 손해배상책임이 있다.

(2) 피해자가 군인, 군무원, 경찰공무원, 향토예비군인 경우

피해자가 군인, 군무원, 경찰공무원, 향토예비군으로서 다른 공무원의 행위로 손해가 발생한 경우에는 피해자는 「국가배상법」, 「민법」 또는 「자동차손해배상보장법」에 따른 손해배상청구를 할 수 없다(헌법 제29조, 국가배상법 제2조).

(3) 손해배상액의 산정

일반적인 민사상 손해배상액 산정방법과 달리 「국가배상법」 등에 정해진 별도의 산정기준에 따라 손해액을 산정한다.

3) 자동차보험과의 관계

(1) 「자동차손해배상보장법」과의 관계

공무원 또는 국가 등이 자동차로 인한 사고를 야기한 경우에 「국가배상법」상의 책임 및 「자동차손해배상보장법」상의 운행자책임을 부담한다.

(2) 피해자가 군인, 군무원, 경찰공무원, 향토예비군인 경우

「헌법」 및 「국가배상법」의 규정에 따라 국가 또는 지방자치단체에 민사상 손해배상을 청구할 수 없으므로 관용차량 특별약관에서는 군인, 군무원, 경찰공무원, 향토예비군의 공무수행 중 사고에 대해서는 보상하지 않는다.

(3) 손해배상액의 산정

피해자는 「자동차손해배상보장법」 및 「국가배상법」상 청구 또는 소송 절차를 통해 손해배상을 청구할 수 있으므로 관용차량특별약관에는 「국가배상법」에 따른 배상액이 확정되면 그 금액을 지급기준으로 하는 특칙이 있다.

제3절 자동차보험과 관련된 법률상의 문제

1. 고의 또는 과실

1) 고 의

고의란 어떤 행위를 하였을 때 행위자가 그 행위를 의욕 하였던 것을 말하며, 그 의욕의 정도에 따라 확정적 고의와 미필적 고의로 구분된다. 여기서 확정적 고의란 결과 발생에 대하여 확정적으로 의욕 하였거나 이를 인용하는 경우를 말하고, 미필적 고의란 자기의 행위로 인하여 어떤 범죄결과의 발생가능성을 인식(예견)하였음에도 불구하고 그 결과의 발생을 인용한 심리상태를 말한다.

2) 과 실

과실이란 예견가능성 또는 회피가능성이라고도 하며, 결과의 발생에 대하여 예견하거나 회피할 수 있었음에도 불구하고 주의의무의 위반으로 결과가 발생한 것을 말하며, 결과의 발생에 대한 예견가능성에 따라 인식 있는 과실과 인식 없는 과실로 구분된다. 여기서 인식 있는 과실이란 행위자가 결과의 발생을 인식하였으나, 이를 인용하지는 않은 상태로서 부주의로 결과의 발생을 회피하거나 방지하지 못하는 등의 주의의무의 위반을 말하고, 인식 없는 과실이란 행위자가 결과의 발생을 인식할 수 있었음에도 불구하고 부주의로 인식하지 못하여 결과를 발생시킨 경우를 말한다.

3) 자동차보험과의 관계

(1) 고의사고

고의사고는 우연성이 결여된 경우로서 자동차보험에서는 원칙적으로 면책이다. 다만, 해당 담보별 내용에 따라 면책 여부, 직접청구 가능 여부, 보험수익자별 면책 등에 대해 별도로 규정하고 있다.

(2) 과실사고

과실사고는 자동차보험의 보상대상이며, 인식 있는 과실과 인식 없는 과실을 구분하지는 않고 있으나, 과실비율을 정함에 있어서는 현저한 과실 및 중과실로 구분하여 적용하도록 규정하고 있다.

2. 상 속

1) 의 의

상속이란 사람의 사망으로 인한 재산상의 법률관계 및 가족법상의 법률관계가 포괄적으로 승계되는 법률효과를 말한다. 자동차보험과 관련해서는 피해자의 사망에 따른 손해배상청구권의 상속문제 및 피보험자의 사망에 따른 사망보험금의 수익자문제가 상속과 관련된 부분이다.

2) 상속순위

(1) 상속순위(민법 제1000조)

① 제1순위 : 직계비속
② 제2순위 : 직계존속
③ 제3순위 : 형제자매
④ 제4순위 : 4촌 이내의 방계혈족

(2) 배우자의 상속순위(민법 제1003조)

배우자는 직계비속 또는 직계존속과 공동상속인이 되며, 이 경우 배우자의 상속지분은 5할을 가산한다. 직계비속 또는 직계존속이 없는 경우에는 배우자가 단독상속인이 되며, 사실혼 배우자의 경우에는 상속권이 인정되지 않는다. 예를 들어 상속인으로 직계비속 2명과 배우자가 있는 경우 배우자는 5할을 가산하므로 각각의 상속지분은 2/7, 2/7, 3/7이 된다.

(3) 동순위의 상속인이 수인일 경우

동순위의 상속인이 수인인 경우 최근친을 선순위로 하고, 최근친자가 수인일 경우에는 공동상속인이 된다. 예를 들어 조부 및 조모, 친부 및 친모가 있는 경우 최근친자는 친부 및 친모가 되고, 최근친자가 2명이므로 친부 및 친모가 공동상속인이 된다.

(4) 태아의 상속순위

태아는 상속순위에 관하여 이미 출생한 것으로 본다. 단, 사산한 경우에는 소급하여 상속권이 소멸한다. 또는 손해배상청구권에 있어서도 이미 출생한 것으로 본다(민법 제762조). 따라서 태아도 손해배상에 있어서는 상속인으로 본다.

(5) 대습상속(민법 제1001조)

상속인이 될 직계비속 또는 형제자매가 상속개시 전에 사망하거나 결격자가 된 경우에 그 자의 직계비속(배우자 포함)이 있는 때에는 그 자의 순위에 갈음하여 상속인이 된다. 예를 들어 직계존속이 사망하고 직계비속 A와 B가 상속인이 되었는데, 이 가운데 B가 이미 사망하였고 B의 유족으로 배우자 C와 직계비속 D가 있다면 각자의 상속지분은 A : 1/2, C : 3/10, D : 2/10이 될 것이다.

(6) 동시사망

동일한 위난에 의하여 사망한 수인의 사망자 중 사망의 전후를 증명할 수 없을 때에는 이들이 동시에 사망한 것으로 추정되기 때문에 이들은 서로의 재산에 대하여 상속권이 발생하지 않는다(민법 제30조).

3. 혼 동

1) 의 의

혼동이란 피해자의 손해배상청구권을 가해자가 상속하는 것과 같이 채권자의 지위와 채무자의 지위가 동일한 주체에게 귀속되는 경우를 한다. 이 경우 자동차보험에서는 가해자가 피해자의 상속인이 되는 경우에 피해자의 손해배상청구권이 혼동의 법리에 따라 소멸하는지가 문제된다.

2) 자동차사고에서 혼동이 문제되는 유형

(1) 가해자 및 피해자의 상속인이 동일한 경우

예를 들면 동생을 태우고 가던 중 중앙선 침범사고가 발생하였고, 이 사고로 운전자인 형과 탑승객인 동생이 모두 사망한 경우 망인의 부모는 직계비속의 상속인으로서 손해배상채무 및 손해배상청구권을 각각 상속받게 되는 경우이다. 대법원의 판례에 따르면, “사고로 인하여 「자동차손해배상보장법」 제3조의 손해배상채권과 채무가 상속으로 동일인에게 귀속하더라도 교통사고의 피해자에게 책임보험 혜택을 부여하여 이를 보호하여야 할 사회적 필요성은 동일하고 책임보험의 보험자가 혼동이라는 우연한 사정에 의하여 자신의 책임을 면할 합리적인 이유가 없다는 점 등을 고려할 때 가해자가 피해자의 상속인이 되는 등 특별한 경우를 제외하고는 피해자의 보험자에 대한 직접청구권의 전제가 되는 손해배상청구권은 상속에 의한 혼동으로 소멸하지 않는다”고 한다.

(2) 가해자가 피해자의 상속인이 되는 특별한 경우

예를 들면 아버지가 아들을 태우고 가던 중 신호를 위반하여 동승한 아들이 사망하였고 상속인이 아버지와 어머니인 경우에 망인의 아버지는 가해자가 피해자의 상속인이 되는 특별한 경우로서 망인의 아버지가 상속한 손해배상청구권은 혼동으로 소멸한다. 따라서 이 경우 공동상속인인 어머니만 보험사에 손해배상을 청구할 수 있고, 그 범위는 상속지분인 1/2범위라고 할 것이다.

(3) 가해자가 피해자의 공동상속인이고 상속을 포기한 경우

위 (2)의 사례에서 아버지가 상속을 포기한다면 손해배상청구권이 혼동으로 소멸하였다고 하더라도 상속포기의 소급효로 인하여 손해배상청구권은 혼동으로 소멸되는 것이 아니라, 어머니에게 전부 상속된다고 보아야 한다.

(4) 최근의 대법원 판결 사례

아버지가 미혼의 딸을 태우고 가던 중 딸이 차량에서 뛰어내려 사망한 사고에서 운행자책임만을 부담하는 아버지는 직접적인 불법행위책임이 없는 자로서 무과실책임인 운행자책임만을 부담하므로, 가해자가 피해자의 상속인이 되는 특별한 경우에 해당하지 않는다고 판결하였다.

항소심 판결문을 보면 "피고 보험회사는 가해자가 피해자의 상속인이 되는 특별한 경우에 해당하므로 원고1(아버지)의 청구권은 혼동으로 소멸하였다는 주장에 대해서, 망인이 원고1(아버지)이 운행하는 이 사건 자동차에 탑승해 있던 중 이 사건 사고를 당하기는 하였으나, 앞서 인정한 사실관계에 의하면 원고1(아버지)에게 이 사건 사고를 야기한 자동차운행상의 과실이 있다고 하기는 어려우므로, 원고1(아버지)을 이 사건 사고의 가해자로 볼 수는 없다. 따라서 원고1(아버지)이 가해자임을 전제로 한 피고의 위 항변 역시 이유 없다"고 판시하였고, 이 항소심 판결은 대법원에서 확정되었다.

01

4. 합의(부제소합의)

1) 의 의

합의란 법률상의 분쟁에 대하여 양 당사자가 협의하여 당사자간의 분쟁을 종국적으로 끝내는 것으로 「민법」상의 화해계약의 일종으로 볼 수 있으며, 자동차보험에서는 피보험자 또는 피보험자의 보험회사는 피해자와 손해액에 대하여 합의하고 합의된 금액을 지급함으로써 분쟁을 종국적으로 종결하고 있다.

2) 자동차보험에서 합의의 종류

(1) 민사상 합의

보험회사 또는 피보험자가 피해자와 협의하여 손해액을 확정한 후 이를 지급한다. 보험회사가 합의하여 피해자에게 손해배상금을 지급하는 경우 보상절차는 종결되며, 피보험자의 손해배상책임 및 피해자의 손해배상청구권이 동시에 소멸하게 된다.

(2) 형사상 합의

피보험자가 본인의 형사상 책임을 면제 또는 감경받기 위해 피해자와 합의하는 경우로서 형사적으로는 피해자에 대한 용서 또는 처벌의 감경을 요청하는 것이고, 이에 수반되는 형사합의금은 원칙적으로 민사상 손해배상금의 일부 또는 위로금으로 보고 있다. 이와 같이 형사합의금을 원칙적으로 민사상 손해배상금의 일부 또는 위로금으로 보고 있으므로 피해자가 이를 수령한 경우 보험회사로서는 손해액의 일부가 지급된 것으로 보고 이를 합의금 산정시 공제하여야 한다. 최근 실무적으로는 형사합의시 가해자인 피보험자가 가지게 되는 보험금청구권을 피해자에게 채권 양도함으로써 보험회사의 공제주장을 무력화하는 경우가 많고, 소송실무상으로도 채권 양도에 대한 유효성을 인정하고 있는 추세이다.

3) 손해배상청구권자 및 합의권자

(1) 손해배상청구권자

부상의 경우는 피해자 본인이 손해배상청구권자이다. 사망의 경우는 피해자의 상속인이 손해배상청구권자가 되므로 상속인은 피해자의 재산상의 손해액 및 위자료에 대한 손해배상을 청구할 수 있으며, 피해자의 가족 등의 근친자에게도 피해자의 사망에 따른 고유의 위자료에 대한 청구권이 인정된다. 「민법」 제752조에서는 위자료에 대해 "타인의 생명을 해한 자는 피해자의 직계존속, 직계비속 및 배우자에 대하여는 재산상의 손해가 없는 경우에도 손해배상의 책임이 있다"고 규정하고 있다.

(2) 합의권자

통상적으로 피해자 본인 및 상속권자, 근친자가 합의권자가 된다. 다만, 아래와 같은 행위무능력자에 대해서는 법률행위능력이 없으므로 법정대리인이 합의권자가 된다.

① 미성년자

만 19세 미만으로 혼인을 하지 않은 자는 친권자가 합의권자이다.

② 미성년후견인

미성년자에게 친권자가 없거나 친권자가 법률행위의 대리권과 재산관리권을 행사할 수 없는 경우에는 1명의 미성년후견인을 두어야 한다.

③ 성년 제한능력자의 합의권자(법정대리인)

성년 제한능력자의 법정대리인은 성년후견인, 한정후견인, 특정후견인이며, 2인 이상이 될 수도 있고 법인도 가능하다.

㉠ 피성년후견인(금치산자) : 질병, 장애, 노령 등 정신적 제약으로 사무를 처리할 능력이 지속적으로 결여된 사람으로, 법원에서 성년후견개시 심판을 받은 사람을 말하며, 법정대리인은 성년후견인이다.

㉡ 피한정후견인(한정치산자) : 질병, 장애, 노령 등 정신적 제약으로 사무를 처리할 능력이 부족한 사람으로, 법원에서 한정후견개시 심판을 받은 사람을 말하며, 법정대리인은 한정후견인이다.

㉢ 피특정후견인 : 질병, 장애, 노령 등 정신적 제약으로 일시적 후원 또는 특정한 사무에 대한 후원이 필요한 사람으로, 법원에서 특정후견의 심판을 받은 사람을 말하며, 법정대리인은 특정후견인이다.

5. 합의의 효력(합의 후 추가청구)

1) 문제의 소재

원칙적으로 합의 또는 부제소합의를 하였다면 향후 모든 권리관계가 확정적으로 종결되는 것이 원칙이다. 그러나 다음과 같은 사유로 합의의 효력이 제한되는 경우가 실무상 빈번하게 발생하고 있다.

2) 합의의 효력의 제한(합의 후 추가청구)

합의 이후 후발손해 또는 예상할 수 없었던 손해에 대한 추가청구 및 합의의 효력자체를 부인하는 경우가 발생할 수 있다. 구체적으로는 다음과 같은 법률상 흠결 등으로 합의의 효력제한이 발생할 수 있다.

(1) 합의의 성립이 부정된 경우

합의란 화해계약의 일종이라고 할 것이므로 화해계약이 유효하게 성립하기 위하여서는 계약의 일반적인 성립요건과 유효요건을 갖추어야 한다. 그런데 교통사고로 인한 손해배상에 관한 합의의 경우 주로 문제가 되고 있는 것은 합의의 대상이 되는 사항에 관하여 당사자 사이에 의사의 합치가 있었느냐가 문제되는 경우이다. 이 경우에는 합의에 이르게 된 동기, 경위, 목적, 교섭과정, 합의 당시 피해자의 정신상태, 합의금액 등 여러 사정을 종합적으로 검토하여 합의의 성립 여부를 판단하여야 한다.

(2) 불공정한 법률행위로 무효인 경우

불공정한 법률행위라 함은 객관적으로 급부와 반대급부 사이에 현저한 불균형이 존재하고 주관적으로 위와 같은 균형을 잃은 것이 피해를 입은 당사자의 궁박, 경솔 또는 무경험을 이용하여 이루어진 법률행위를 말하며, 일명 폭리행위라고도 한다.

「민법」 제104조에서는 불공정한 법률행위를 무효로 하고 있다. 교통사고로 피해자가 사망한 후 망인의 채권자들이 그 손해배상청구권에 대하여 법적 조치를 취할 움직임을 보이자 전업주부로 가사를 전담하던 망인의 처가 망인의 사망 후 5일 만에 친지와 보험회사 담당자의 권유에 따라 보험회사와 사이에 보험약관상 인정되는 최소금액의 손해배상금만을 받기로 하고 부제소합의를 한 사안 및 피해자가 사고 당시 남편을 여의고 혼자서 초등학생인 두 자녀와 병환 중인 노모의 생계를 책임지고 있어서 오랫동안 입원치료를 받고 있을 형편이 아니었는데 보험회사 직원의 적극적인 권유로 치료를 제대로 받지 못한 상태에서 퇴원을 하였고, 합의금도 치료비에 미치지 못한 사안에서, 판례에서는 이러한 경우 불공정한 법률행위로서 무효로 보아야 한다고 하고 있다.

(3) 착오에 의한 취소가 인정되는 경우

「민법」상 화해계약에 있어서 당사자는 화해 당사자의 자격 또는 화해의 목적인 분쟁 이외의 사항에 착오가 있는 때에 한하여 취소할 수 있다(민법 제733조). 여기서 "화해의 목적인 분쟁 이외의 사항"이라 함은 분쟁의 대상이 아니라 분쟁의 전제 또는 기초가 된 사항으로서, 쌍방 당사자가 예정한 것이어서 상호 양보의 내용으로 되지 않고 다툼이 없는 사실로 양해된 사항을 말한다. 사고발생에 관하여 가해자의 과실이 경합되어 있는데도 오로지 피해자의 과실로 인하여 발생한 것으로 착각하고 합의에 이르는 경우가 있는데, 이 경우 사고내용 및 책임 여부에 대한 착오는 분쟁의 전제가 되는 사항에 해당하는 것이므로, 피해자는 착오를 이유로 화해계약을 취소할 수 있다.

(4) 합의의 내용을 제한적으로 해석하는 경우

합의 당시 당사자가 예상하지 못했던 후발손해가 합의 후에 발생한 경우, 합의의 내용, 합의 당시 인식·예견가능한 손해만 포기한 것으로 봄으로써 피해자보호를 도모하고 있다. 즉, 합의가 손해발생의 원인인 사고 후 얼마 지나지 아니하여 손해의 범위를 정확히 확인하기 어려운 상황에서 이루어진 것이고, 후발손해가 합의 당시의 사정으로 보아 예상이 불가능한 것으로서, 당사자가 후발손해를 예상하였더라면 사회통념상 그 합의금액으로는 화해하지 않았을 것이라고 보는 것이 상당할 만큼 그 손해가 중대한 것일 때에는 당사자의 의사가 이러한 손해에 대해서까지 그 배상청구권을 포기한 것이라고 볼 수 없으므로 다시 그에 대한 손해배상을 청구할 수 있다.

6. 소멸시효

1) 의 의

소멸시효는 권리자가 그의 권리를 행사할 수 있음에도 불구하고 일정한 기간 동안 그 권리를 행사하지 않는 상태가 계속된 경우에 권리를 소급하여 소멸시키는 제도로서 법적 안정성의 확보, 권리의 장기간 방치에 따른 입증의 곤란을 해소하고자 하는데 제도의 실익이 있다.

2) 소멸시효의 중단사유

소멸시효는 청구, 압류·가압류·가처분, 승인 등에 의해 중단된다. 예를 들어 실무상 빈번히 발생하는 합의금의 제시, 가불금의 지급, 치료비의 지급 등이 있는 경우 채무승인의 의사표시가 있는 것으로 보아 소멸시효는 중단된다.

3) 소멸시효의 정지사유

시효기간의 진행을 일시적으로 멈추게 하고 그러한 사정이 없어졌을 때에 다시 나머지 기간을 진행시키는 것을 말한다.

(1) 제한능력자의 법정대리인에 대한 권리

법정대리인에 대한 미성년자 및 제한능력자의 권리는 제한능력자가 능력자가 되거나 후임 법정대리인이 취임한 때부터 6개월 내에는 소멸시효가 완성되지 않는다.

(2) 상속재산에 관한 권리

상속재산에 속한 권리나 상속재산에 대한 권리는 상속인의 확정, 관리인의 선임 또는 파산선고가 있는 때로부터 6월 내에는 소멸시효가 완성되지 않는다.

(3) 천재지변 등의 사유

천재 기타 사변으로 인하여 소멸시효를 중단할 수 없을 때에는 그 사유가 종료한 때로부터 1월 내에는 시효가 완성되지 않는다.

4) 소멸시효의 기산점

(1) 손해배상청구권의 소멸시효의 기산점(직접청구권의 소멸시효의 기산점)

① 3년의 단기소멸시효 및 10년의 제척기간

불법행위로 인한 손해배상의 청구권은 피해자나 그 법정대리인이 그 손해 및 가해자를 안 날로부터 3년간 행사하지 아니하면 시효로 인하여 소멸한다. 불법행위를 한 날로부터 10년이 경과한 때에도 제척기간 경과로 소멸한다.

② 소멸시효의 기산점

손해의 발생사실과 그 손해가 가해자의 불법행위로 인하여 발생한 것이라는 사실의 인식정도로 충분하고 구체적인 손해내역이나 손해가 현실로 발생해야 하는 것은 아니다. 따라서 가해자 및 손해의 발생사실을 인식한 시점이 불법행위에 있어서 소멸시효의 기산점이 될 것이다. 다만, 예상할 수 없었던 후유장해나 확대손해가 발생하여 합의의 효력이 문제되는 경우에는 구체적으로 후유장해의 진단시점 또는 확대손해가 있음을 인식할 수 있었던 시점을 기산일로 보아야 할 것이다.

대법원에서도 "만 15개월 무렵에 교통사고를 당하여 뇌 손상 등을 입은 후 약간의 발달지체 등의 증세를 보여 계속 치료를 받던 중 만 6세 때 처음으로 의학적으로 언어장애 등의 장애진단이 내려지고 신체감정 결과 치매, 주요 인지장애의 진단이 내려졌다면 사고 당시에는 손해를 알았다고 할 수 없으므로 시효가 완성되지 않았다"고 판시하였다(대법원 2019.7.25. 선고 2016다1687 판결).

(2) 보험금청구권의 소멸시효의 기산점

① 대인배상 보험금청구권

대한민국 법원에 의한 판결의 확정, 재판상의 화해, 중재 또는 서면에 의한 합의로 손해배상액이 확정된 때로부터 3년이다.

② 자기신체사고 및 무보험자동차에 의한 상해

상해를 입은 때로부터 진행하나 장해손해 등에 대해서는 손해배상청구권의 소멸시효 기산점과 동일한 기준이 적용된다. 따라서 장해발생의 인식 및 그로 인한 보험금청구권을 인식한 시점이 소멸시효의 기산점이 된다.

5) 각종 청구권의 소멸시효기간

① 「상법」상의 보험료청구권 : 2년
② 「상법」상의 보험금청구권 : 3년
③ 불법행위로 인한 손해배상청구권 : 3년, 행위가 있은 날부터 10년
④ 공동불법행위자간의 구상권 : 10년
⑤ 자동차상해, 무보험자동차상해 등의 대위권 : 3년, 행위가 있은 날부터 10년
⑥ 고의 피보험자 등에 대한 구상권 : 보험금 지급 다음날부터 3년
⑦ 피해자직접청구권, 가불금청구권, 정부보장사업청구권 : 3년

6) 소멸시효 완성의 효과

(1) 소급적 권리소멸

소멸시효는 그 기산일에 소급하여 효력이 생기므로 그 효과에 따라 지연이자에 대한 책임도 소멸한다.

(2) 상계의 특칙

시효가 소멸하는 채권이 그 소멸시효가 완성하기 전에 상계할 수 있었던 것이면 채권자는 시효가 완성된 후라도 상계할 수 있다.

(3) 시효이익의 포기

시효가 완성되었더라도 채무자는 이를 포기할 수 있다.

7. 보험사기

1) 의 의

"보험사기행위"란 보험사고의 발생, 원인 또는 내용에 관하여 보험자를 기망하여 보험금을 청구하는 행위를 말한다(보험사기방지특별법 제2조).

2) 보험사기의 종류

(1) 경성사기

경성사기란 보험금을 타내기 위하여 사고를 조작하거나 유발하는 보험사기를 말한다. 사기적인 보험계약의 체결, 고의에 의한 사고유발, 보험사고의 위장 및 날조 등의 유형이 경성사기에 해당한다.

(2) 연성사기

연성사기란 보험사고는 우연한 사고로 발생하였으나, 보험금을 더 많이 타내기 위하여 사고의 내용을 부풀리거나 과장된 청구서 등을 제출하는 경우 및 보험계약을 갱신할 때 보험료를 적게 내고자 거짓정보를 제공하는 등의 보험사기를 말한다.

3) 보험사기의 유형

(1) 사고차량 바꿔치기

이 경우는 보험처리가 되지 않는 차량으로 사고가 발생하였으나, 정상적으로 보험적용이 되는 차량으로 바꿔치기 하는 경우이며, 경찰서 사고기록, 사고차량의 파손부위 대조, 병원의 진료 차트 확인, 가해자와 피해자 면담 및 확인서 작성, 목격자 확인, 차량 블랙박스 및 주변 CCTV 확인 등이 필요하다.

(2) 운전자 바꿔치기

이 경우는 보상을 받을 목적으로 운전자를 정상적인 보험대상 운전자로 바꿔치기하는 경우이며, 경찰서 사고기록 확인, 운전자의 부상부위 대조, 가해자와 피해자 면담 및 확인서 작성, 목격자 확인, 차량 블랙박스 및 주변 CCTV 확인 등이 필요하다.

(3) 사고시간의 조작

이 경우는 보험에 가입되지 않은 자동차로 사고를 일으키고 해당 차량에 보험을 가입한 후에 사고시간을 변경하여 보험회사에 사고접수를 하는 경우이며, 보험가입경위, 119 구급일지, 경찰서 사고기록 확인, 가해자와 피해자 면담 및 확인서 작성, 목격자 확인, 차량 블랙박스 및 주변 CCTV 확인 등이 필요하다.

(4) 기타 보험사기

위 보험사기의 유형 외에도 피해자 끼워 넣기, 사고조작 등의 유형이 있다.

4) 「보험사기방지특별법」

(1) 제정목적

2016년 9월 30일 시행된 「보험사기방지특별법」은 보험사기행위의 조사, 방지, 처벌에 관한 사항을 정함으로써 보험계약자, 피보험자 그 밖의 이해관계인의 권익을 보호하고 보험업의 건전한 육성과 국민의 복리증진에 이바지함을 목적으로 한다.

(2) 주요 내용

① 보험사기 의심사고 보고

보험회사는 보험계약자 등의 행위가 보험사기행위로 의심할 만한 합당한 근거가 있는 경우에는 금융위원회에 이를 보고할 수 있다.

② 고발 · 수사의뢰 등의 조치

금융위원회, 금융감독원, 보험회사는 보험계약자 등의 행위가 보험사기행위로 의심할 만한 합당한 근거가 있는 경우에는 관할 수사기관에 고발 또는 수사의뢰 하거나 그 밖의 필요한 조치를 취하여야 한다.

③ 건강보험심사평가원에 심사의뢰

수사기관은 보험사기행위에 대한 수사를 위하여 보험계약자의 병원입원의 적정성에 대한 심사가 필요하다고 판단되는 경우 건강보험심사평가원에 그 심사를 의뢰할 수 있다.

④ 보험사기 범죄의 처벌강화

위 법률의 처벌조항에는 보험사기행위로 보험금을 취득하거나 제3자에게 보험금을 취득하게 한 자는 10년 이하의 징역 또는 5천만원 이하의 벌금에 처할 수 있도록 규정하고 있다.

제 2 장 자동차손해배상보장법

제1절 운행자책임의 이해

1. 「자동차손해배상보장법」의 개관

1) 「자동차손해배상보장법」의 필요성

(1) 피해자 보호의 필요성

자동차보급이 급속히 확대되면서 기존의 「민법」 체계에서는 빈발하는 교통사고 피해자를 제대로 보호할 수가 없는 문제가 대두되었다. 피해자가 가해자의 귀책사유, 인과관계, 손해의 발생까지 입증해야 하는 어려움과 경제적 능력이 없는 운전자에게만 손해배상책임을 부담하는 것은 문제가 있기 때문에, 배상책임의 주체를 소유자를 비롯한 보유자로 변경하고 운행자책임이라는 조건부 무과실책임을 부담하게 함으로서 피해자를 보호하고자 하는 취지에서 「자동차손해배상보장법」이 제정되었다.

(2) 소유자를 비롯한 보유자에게 운행자책임 부과

「자동차손해배상보장법」에서는 자동차라는 위험성 있는 공작물을 소유 또는 관리하고 있는 주체이자 자동차로 인한 이익을 향유하고 있는 보유자에게 운행자책임이라는 조건부 무과실책임을 부여하고 있다.

(3) 「자동차손해배상보장법」의 시행과 자동차보험

「자동차손해배상보장법」이 제정·시행되고 차주배상책임보험의 판매가 시작됨으로써 우리나라에서도 자동차보험시대가 본격적으로 열리게 되었다.

2) 「자동차손해배상보장법」의 내용

(1) 운행자책임

일반적으로 경제적 여유가 있는 소유자를 중심으로 한 보유자에게 조건부 무과실책임인 운행자책임을 부담시키고 있다.

(2) 책임보험가입의 의무화

「자동차손해배상보장법」의 적용대상 자동차는 의무적으로 책임보험(대인배상Ⅰ)에 가입하도록 하고 있다.

(3) 피해자보호제도

자동차보험진료수가 범위 내에서 치료비 전액 지급, 피해자 직접청구권, 사망최저보상, 가불금 제도, 정부보장사업, 피해자유가족지원제도 등을 제도화하여 시행하고 있다.

2. 점유권 및 점유자

1) 점유권의 의의

점유권제도란 사람이 물건을 사실상 지배하고 있는 경우에 그러한 지배가 법률상의 근거에 기한 것인가의 여부에 관계없이 그 사실상의 지배 그 자체에 일정한 법률효과를 인정하는 제도를 말한다. 즉, 물건의 점유를 정당화시켜주는 권리에 기하지 않더라도 물건을 점유하는 경우에는 정당한 법률상 권한이나 원인에 관계없이 현재 그것을 점유하고 있는 사실만으로 그러한 지배를 인정하고 보호하려는데 그 목적이 있다.

2) 점유권의 구분

(1) 직접점유

타인의 개재 없이 물건을 직접 지배하거나 또는 점유보조자를 통하여 지배하는 것을 직접점유라고 한다. 즉, 차량의 소유자가 본인의 차량을 사용 또는 관리하고 있는 경우 소유자는 직접점유자에 해당되고, 버스회사가 기사를 고용하여 버스를 운전하게 하고 있다면 버스회사는 버스기사라는 점유보조자를 통하여 버스를 직접점유하고 있는 것이다.

(2) 간접점유

지상권, 전세권, 질권, 사용대차, 임대차, 임치 기타의 관계로 타인으로 하여금 물건을 점유하게 한 자에게는 간접적인 점유권이 있다. 즉, 간접점유는 일정한 법률관계에 기하여 타인을 매개로하여 사실상의 점유가 아닌 간접적으로 점유하는 것을 말한다.

예를 들어 렌트회사에서 차량을 대여하였다면 점유권이 직접점유자인 렌트회사에서 임차인에게 이전하고 렌트회사는 간접점유자가 된다. 또한 최근 서비스를 시작한 "타다 서비스"는 기사와 함께 차량을 임대하는 것이므로 일반적인 임대인과 달리 차량을 임대해 주었더라도 점유보조자인 기사를 통해서 차량을 직접점유하고 있는 것이다.

(3) 점유보조자

타인의 지시를 받아 물건을 사실상 지배하고 있지만 점유자가 되지 못하는 자를 말한다. 타인(점유권자)을 위해 외견상 물건을 사실상 지배하는 있는 것처럼 보이는 자로서, 자동차의 운전자 및 운전보조자가 여기에 해당한다. 외부인이 보기에는 자동차를 운전하고 있는 운전자가 점유자로 보일 수 있으나, 실제 법률관계에서는 자동차의 소유자가 운전자를 통해서 자동차를 직접점유하고 있는 것이다. 점유권의 관념적·추상적 성격을 알 수 있는 예시라고 할 것이다.

3) 자동차보험의 관계

(1) 보유자의 운행자책임

「자동차손해배상보장법」은 원칙적으로 보유자를 운행자책임의 배상주체로 보고 있고, 보유자 이외에 「민법」상 불법행위책임만 지는 운전자 및 운전보조자를 구분하고 있으므로 무엇보다도 점유권 유무의 판단을 통해서 운행자에 해당하는지 여부를 판단할 수 있다. 즉, 점유권의 개념에 따라 운행자 여부를 판단할 수 있다.

(2) 무단 · 절취운전자

무단 · 절취운전자는 자동차를 정당하게 점유할 권한이 없는 점유자에 해당하므로 보유자에는 해당하지 않으나, 「민법」상 점유자로서 현재 자동차를 사용 또는 관리하고 있는 자이므로 운행자에 해당한다.

(3) 운전자 및 운전보조자

운전자 및 운전보조자는 운행자책임의 주체에 해당하지 않고, 「민법」상 불법행위책임의 여부만 검토해야 할 대상자들이다. 즉, 외견상 자동차를 점유하고 있는 것처럼 보이나 실제 자동차를 사용 또는 관리할 수 있는 점유자에는 해당하지 않고 점유보조자에 해당하므로 운행자책임은 인정되지 않는다. 또한 점유권의 인정유무를 통해서도 운행자 여부 및 운전자 여부를 판단할 수 있다.

예컨대 차량에 동행하여 같은 목적지를 가던 중 소유자가 피곤함을 호소하자 소유자를 위해서 대신 운전하던 중 사고가 발생한 경우, 소유자는 운전자에게 차량의 운전을 의뢰한 것일 뿐 차량을 사용 · 관리할 수 있는 점유권을 분배하거나 이를 허락한 것이 아니므로 대신 운전한 자는 단순히 「자동차손해배상보장법」상의 운전자에 해당한다.

3. 보유자

1) 보유자의 의의

보유자란 자동차소유자나 자동차를 사용할 권리가 있는 자로서 자기를 위하여 자동차를 운행하는 자를 말한다(자동차손해배상보장법 제2조 제3호). 즉, 자동차의 소유자 및 정당한 권한이 있는 점유자가 보유자이므로 소유자로부터 계약 또는 승낙에 의해 점유권을 설정받아 자동차를 사용 또는 관리하는 자까지 운행자책임의 주체가 된다.

2) 보유자와 운행자의 관계

(1) 운행자책임의 추정

자기를 위하여 자동차를 운행하는 자, 즉 보유자에게는 운행자성이 추정된다(항변설 또는 추상설). 따라서 보유자는 자신에게 운행자책임이 없음을 입증하지 못하는 한 「자동차손해배상보장법」상 타인에 대하여 운행자책임에 근거한 손해배상책임을 부담하여야 한다.

(2) 운행자책임이 인정되지 않는 경우

보유자라 하더라도 아래의 어느 하나에 해당하면 운행지배가 단절된 경우에 해당하므로 원칙적으로 운행자책임이 인정되지 않는다.

① 절취운전의 경우

자동차를 절취당한 보유자는 자동차의 관리상의 과실이 없는 한 운행지배가 단절된 경우로서 보유자라 하더라도 운행자책임을 부담하지 않는다.

② 자동차취급업자에게 위탁한 경우

자동차의 보유자가 자동차를 취급업자의 업무와 관련하여 위탁한 경우 자동차의 위험이 취급업자에게 완전히 이전된 경우에 해당하므로 자동차를 다시 인도받을 때까지 운행지배가 단절되었다고 보아야 한다. 따라서 의뢰자인 보유자는 운행자책임을 부담하지 않는다.

③ 자동차의 양도의 경우

자동차를 매매, 증여 등의 계약을 통해서 양수인에게 이전하고, 명의이전 관련 서류를 양수인에게 교부하였으며, 매매대금 등이 완납되었다면 자동차의 등록증상의 명의자는 양도인에게 잔존하고 있더라도 운행지배가 전부 양수인에게 이전된 경우에 해당하므로 양도인은 운행자책임을 부담하지 않는다.

3) 무단 · 절취운전자

무단운전자 및 절취운전자는 보유자로부터 정당한 사용 또는 관리의 권한을 부여받은 것이 아니라, 임의로 자동차의 점유권을 설정한 자들이므로 보유자에는 해당하지 않으나 점유자로서 자동차를 사실상 지배하고 있는 자들이므로 운행자에 해당한다.

4. 운행자 및 운행

1) 운행자의 정의

「자동차손해배상보장법」상 "운행이란 사람 또는 물건의 운송 여부와 관계없이 자동차를 그 용법에 따라 사용하거나 관리하는 것을 말하며(법 제2조 제2호), 자기를 위하여 자동차를 운행하는 자는 그 운행으로 다른 사람을 사망하게 하거나 부상하게 한 경우에는 그 손해를 배상할 책임을 진다(법 제3조)"고 규정하고 있으므로, 결국 운행자란 자기를 위하여 자동차를 용법에 따라 사용하거나 관리하던 중 그 운행으로 인하여 다른 사람을 사상하게 한 자로서 운행자책임을 부담하는 배상책임의 주체를 말한다. 따라서 운행자책임이란 운행자가 타인에게 부담하는 법률상 손해배상책임이라고 할 수 있다.

2) 운행자의 범위

실제 자동차를 사용할 정당한 권한의 유무는 운행자의 요건에 해당하지 않으므로 권한 없이 자동차를 사용하거나 관리하는 자에 해당하는 무단운전자 및 절취운전자도 운행자에 해당하므로 운행자의 개념은 보유자의 개념보다 넓은 개념이라고 할 수 있다.

3) 운전자와의 구분

운행자는 「자동차손해배상보장법」 상의 소정의 운전자와는 구별되는 개념으로, 운전자는 타인을 위하여 자동차를 운전하거나 그 보조에 종사하는 자로서 직접 사고를 일으켰다 하더라도 「자동차손해배상보장법」 상의 운행자책임은 부담하지 않고 「민법」 상의 불법행위책임을 부담할 뿐이다.

4) 운행의 의의

(1) 운행의 의의

운행이란 사람 또는 물건의 운송 여부와 관계없이 자동차를 그 용법에 따라 사용 또는 관리하는 것을 말한다.

(2) 자동차를 그 용법에 따라 사용하는 것

자동차를 그 용법에 따라 사용하는 것이란 자동차의 용도에 따라 그 구조상 설비되어 있는 각종 장치를 각각의 장치목적에 따라 사용하는 것을 말한다. 따라서 문의 개폐, 화물차의 적재함측판의 사용, 차량에 설치된 기중기의 사용 등은 모두 운행에 포함된다. 예컨대 119 구급차량에 설치된 환자이동형 침대로 환자를 내리던 중 환자가 낙상한 경우 자동차의 그 용법에 따른 사용으로 운행에 해당된다.

5. 운행자책임

1) 운행지배와 운행이익

(1) 운행지배

운행지배란 자동차의 사용에 관한 사실적인 처분권을 가지는 것, 즉 자동차의 운행과 관련하여 현실적으로 자동차를 관리 또는 운영할 수 있는 관계를 말하며, 현실적으로 보유자와 운전자 사이에 사실상의 지배관계가 있는 경우뿐만 아니라, 간접적 또는 제3자의 관리를 통한 관념상의 지배관계가 존재하는 경우, 즉 현실적인 지배에 한하지 않고 사회통념상 간접지배 내지는 지배가능성이 있다고 볼 수 있는 경우도 포함된다.

운행지배의 개념을 지배가능성으로 규범화하는 것은 운행자로 인정되는 범위가 과도하게 축소됨으로써 피해자보호를 목적으로 하는 「자동차손해배상보장법」의 입법취지가 무색해지는 것을 막기 위함이다.

(2) 운행이익

운행이익이란 자동차의 운행으로부터 나오는 이익을 말하는데, 운행이익에는 자동차의 운행으로부터 직접적으로 얻어지는 경제적 이익뿐만 아니라, 간접적인 의미의 경제적 이익과 무상대여시 인적 관계에 따른 정신적 이익도 포함된다.

(3) 양자의 관계

이원설에 따르면, 운행자책임의 본질이 위험책임과 보상책임의 원리에서 나오는 것이므로 위험책임의 원리로부터 운행지배의 개념이 나오고, 보상책임의 원리에서 운행이익의 개념이 인정되는 것이므로 2가지 요건이 모두 필요하다고 한다. 한편 일원설에 따르면, 「자동차손해배상보장법」의 기본원리로서 보상책임보다는 위험책임이 더욱 중시되므로 운행지배가 인정된다면 운행이익은 추정되거나 필요하지 않다고 한다.

2) 운행자책임의 본질

(1) 위험책임설

위험책임설은 "위험한 물건인 자동차를 소유, 사용 또는 관리하는 자는 자동차의 운행으로 인하여 위험을 증가시키므로 이에 대한 책임이 인정되어야 한다"는 견해로 운행지배의 이론적 근거가 되는 견해이다.

(2) 보상책임설

보상책임설은 "자동차를 소유, 사용 또는 관리하는 자는 자동차의 운행으로 인하여 이익이 증대되므로 운행으로 인하여 발생한 손해에 대해서도 책임이 인정되어야 한다"는 견해로 운행이익의 이론적 근거가 되는 견해이다.

3) 운행자책임의 내용

(1) 「자동차손해배상보장법」 제3조

자기를 위하여 자동차를 운행하는 자는 그 운행으로 다른 사람을 사망하게 하거나 부상하게 한 경우에는 그 손해를 배상할 책임을 진다.

(2) 승객이 사상한 경우

승객이 고의나 자살행위로 사망하거나 부상한 경우 외에는 손해배상책임이 있다.

(3) 승객이 아닌 자가 사상한 경우

운행자가 아래의 세 가지 요건을 모두 입증하면 그의 운행자책임은 면제된다.

① 자기와 운전자가 자동차의 운행에 주의를 게을리 하지 않았을 것
② 피해자 또는 자기 및 운전자 이외의 제3자에게 고의 또는 과실이 있을 것
③ 자동차의 구조상의 결함이나 기능상의 장해가 없었음을 증명할 것

(4) 승객의 자살 또는 고의사고 여부 판단 사례

망인이 이 사고 당시 기존의 정신질환이 완치되지 아니한 상태였고 심리적으로 상당한 불안감을 갖고 있었던 사정 등을 고려하면, 시속 40~50km 속력으로 주행 중이던 이 사건 자동차에서 뛰어내리면 어느 정도 큰 상해를 입으리라고는 인식·용인하였으나, 사망 등 중대한 결과까지를 인식·용인하였다고 볼 수 없다(대법원 2017.7.18. 선고 2016다216953 판결).

4) 인과관계

운행자책임을 인정하려면 자동차의 운행과 손해의 발생 사이에 인과관계가 인정되어야 한다. 따라서 운행 중 발생한 사고만으로 운행자책임이 인정되는 것이 아니라, 운행으로 인하여 발생한 사고에 대해서 운행자책임이 인정되는 것이다.

6. 공동운행자

1) 의 의

공동운행자란 사고차량에 대하여 2인 이상의 운행자가 있는 경우를 말하는 것으로 공동운행자 모두는 운행자책임을 지는 것은 물론이고, 이들은 대외적으로 부진정연대채무관계에 있다.

2) 전부적 공동운행자

전부적 공동운행자란 수인이 단일의 공동목적을 위하여 자동차를 운행하고 경비도 공동으로 부담하는 공동운행자를 말한다. 예를 들어 공동경영의 동업자, 동일목적지로의 장거리여행을 위하여 자동차를 빌려 교대로 운전하는 공동임차인이 이에 해당한다. 전부적 공동운행자에 해당하는 경우 이들 상호간에는 타인성을 주장할 수 없다.

3) 공동운행자의 타인성

(1) 판단기준

공동운행자는 진정공동운행자가 아닌 한 외부적으로는 연대하여 운행자책임을 부담하지만, 내부적으로는 사고를 방지할 수 있는 직접적, 구체적, 현실적 지위에 있는 공동운행자는 간접적, 추상적, 잠재적 지위에 있는 공동운행자에 대해 운행자책임을 진다.

(2) 직접적, 구체적, 현실적 지위에 있는 공동운행자인 경우

① 임대인과 임차인 중 임차인. 단, 임대인이 차량과 기사를 함께 임대한 경우 임차인에 대해서는 타인성이 인정된다.
② 양도인과 양수인 중 양수인
③ 보유자와 무단·절취운전자 중 무단·절취운전자
④ 보유자와 자동차취급업자 중 자동차취급업자
⑤ 대리운전의뢰자와 대리운전업자 중 대리운전업자

(3) 타인성이 인정 또는 부인된 사례

① 진정공동운행자에 해당되어 타인성이 부인된 경우

A와 B는 흑염소집을 공동으로 운영하면서 사업상 필요한 자동차를 A의 명의로 구입한 후 차량관리비용을 포함한 모든 사업상 경비를 1/2씩 부담하고 이익도 1/2씩 나누는 공동경영자에 해당하므로 A가 B를 동승시킨 후 운전하던 중 발생한 사고로 B가 사망하였다면 A와 B는 진정공동운행자관계에 있고, 따라서 A와 B 상호간에 타인성이 인정되지 않으므로 「자동차손해배상보장법」상의 소정의 운행자책임은 인정되지 않는다(대법원 1992.6.12. 선고 92다930 판결).

② 공동임차인에 해당하나 타인성이 인정된 경우

A와 B는 연인 사이로 함께 여행을 가기 위해 차량을 렌트하면서 임차인은 A로 하고 B는 제2운전자로 기재한 후 B는 운전한 사실이 없이 A가 전적으로 여행기간 동안 운전하였고, A의 운전미숙으로 차량이 물속에 빠져서 B가 치료 중 사망한 사안에서 법원은 A와 B는 공동임차인으로서 공동운행자에 해당하기는 하나 사고를 당한 운행자의 운행지배 및 운행이익에 비하여 A가 더 주도적, 직접적, 구체적으로 나타나 있는 경우이므로 타인성이 인정된다(서울중앙지법 2017가단5132468).

③ 진정공동운행자에 해당되어 타인성이 부인된 분쟁조정결정

A와 B는 고물상을 공동으로 경영하는 관계로서(사업자등록 및 차량등록은 A의 명의로 되어 있음) B가 고물상 내에서 작업을 위하여 일용근로자를 고용하여 작업하던 중 B가 다친 사안에서 B는 진정공동운행자에 해당하여 A에 대하여 타인성을 주장할 수 없으므로 피신청인 보험회사는 대인배상Ⅰ, Ⅱ를 보상할 책임이 없다.

7. 운전자 및 운전보조자

1) 의 의

운전자 및 운전보조자란 다른 사람을 위하여 자동차를 운전하거나 운전을 보조하는 일에 종사하는 자를 말한다(자동차손해배상보장법 제2조 제4호).

2) 운전자

다른 사람(운행자)을 위하여 운전에 종사하는 자를 말한다. 보유자와 운전자의 관계는 반드시 고용관계에 한하는 것은 아니고 유상, 무상, 위임 및 단순한 호의에 의한 경우를 모두 포함한다. 여기서 종사란 운전하였다는 것을 의미하는 것으로 직업상 운전자뿐만 아니라 호의관계 또는 무상에 의한 운전자라도 운전자에 포함된다.

3) 운전보조자

(1) 업무관련성

운전보조행위는 업무관련성이 있어야 한다. 즉, 운전보조자란 운전자의 운전행위에 참여하여 그 지배하에 운전행위를 도와주는 자로서 통상 조수가 이에 해당한다. 따라서 운전보조 관련 종사자가 아니라면 운전보조자에 해당하지 않는다. 예를 들어 버스회사의 정비담당자, 대형차량의 보조기사, 버스안내원 등이 이에 해당한다.

(2) 대가성

운전보조행위는 대가성이 있어야 인정된다. 따라서 호의에 의한 운전보조행위는 운전보조자에 해당하지 않는다. 예를 들어 동행했던 가족이 차량의 주차를 위해서 차량 뒤에서 유도하던 중, 차량으로 사상하였다면 대가성이 없으므로 운전보조자에 해당하지 않는다.

(3) 근무시간 외의 운전보조

근무시간이 경과하였다면 운전보조업무를 담당하고 대가를 받는 관계라고 하더라도 결국 호의에 의한 운전보조행위에 해당할 것이므로 운전보조자에 해당하지 않는다.

(4) 운전보조자의 타인성을 인정한 사례

① 버스안내양

버스운전자의 중앙선 침범사고로 동승한 버스안내원이 부상한 사고에서, 버스안내원은 운전보조자가 아니므로 타인성이 인정된다(대법원 1979.2.13. 선고 78다1536 판결).

② 굴삭기수리기사

굴삭기보조기사로 고용되어 굴삭기수리 업무를 담당하던 중, 작업 중인 굴삭기의 버킷을 끼우던 중 부상한 사고에서, 피해자의 담당업무는 굴삭기수리 업무를 담당하고 있으므로 운전보조업무에 해당하지 않는다고 하여 타인성이 인정된다(대법원 1999.9.17. 선고 99다22328 판결).

③ 크레인와이어 수리공

평소 수행하던 업무는 크레인와이어 수리공이나 퇴근시간 이후 고장난 크레인의 와이어를 수리하던 중 발생한 사고라면 단순한 호의에 의한 것이므로 타인성이 인정된다(대법원 2010.5.27. 선고 2010다5175 판결).

④ 운전자의 지시로 크레인을 조작하던 전기배선공

전기배선공 업무를 담당하고 있었던 망인의 업무와 크레인 조작과는 관련이 없으므로 타인성이 인정된다(대법원 2016.4.28. 선고 2014다236830 판결).

8. 타인(다른 사람)

1) 의 의

타인이란 「자동차손해배상보장법」상 운행자에게 운행자책임에 따른 손해배상을 청구할 수 있는 주체이자 운행자책임의 객체를 말한다.

2) 「민법」상 피해자와의 구분

(1) 입증책임의 전환

불법행위의 피해자는 고의·과실의 귀책사유 등을 피해자가 입증하여야 하나, 「자동차손해배상보장법」상의 타인은 운행자가 자신에게 책임 없음을 입증하여야 한다. 즉, 「자동차손해배상보장법」에서는 입증책임을 피해자인 타인에서 가해자인 운행자에게로 전환하고 있다.

(2) 승객의 경우

일반적인 피해자와는 달리 승객의 경우에는 운행자가 조건부무과실책임을 부담하므로 운행자에게 불법행위책임이 없더라도 운행자책임을 부담하여야 한다.

(3) 피해자보호제도

「자동차손해배상보장법」상의 피해자보호제도는 「민법」상의 피해자를 보호하기 위한 제도가 아니라 「자동차손해배상보장법」상의 타인을 보호하기 위해 시행되고 있는 제도이다.

3) 타인의 분류

(1) 차내 승객

차내 승객의 경우에는 승객의 고의 또는 자살에 해당하지 않는 한 언제나 「자동차손해배상보장법」상의 타인으로서 보호된다. 다만, 차내 승객의 경우 탑승경위 등에 따른 호의동승과실은 적용된다.

(2) 승객이 아닌 자

면책사유에 해당하지 않는 한 「자동차손해배상보장법」상의 타인으로서 보호된다.

(3) 공동운행자 중 타인성이 인정되는 경우

공동운행자의 경우에는 대외적으로는 차내 승객 및 승객이 아닌 자에 대하여 연대하여 운행자책임을 부담하나, 대내적으로는 타인성이 인정될 수 있는 이중적 지위에 있다.

9. 「자동차손해배상보장법」의 적용대상 차량

1) 「자동차관리법」상의 자동차

승용자동차, 승합자동차, 화물자동차, 특수자동차, 이륜자동차

2) 「건설기계관리법」상의 9종 건설기계

덤프트럭, 콘크리트믹서트럭, 타이어식 기중기, 타이어식 굴삭기, 트럭적재식 콘크리트펌프, 트럭적재식 아스팔트살포기, 트럭지게차, 도로보수트럭, 노면측정장비

3) 「자동차손해배상보장법」의 적용효과

위의 자동차 및 건설기계에 대해서는 「자동차손해배상보장법」이 우선적용되므로 보유자의 운행자책임, 보험가입의무 등의 동법상의 모든 규정이 적용된다. 예를 들어 「자동차손해배상보장법」이 적용되지 않는 건설기계를 임차하여 용법에 따라 사용하던 중 관리상의 하자로 인하여 사고가 발생하였다면 피해자는 건설기계의 운전자 및 임차인을 상대로 불법행위책임 및 공작물책임 등을 근거로 피해자 자신이 귀책사유, 하자의 존재 등을 입증하여 손해배상을 청구할 수 있을 것이나, 만일 그 건설기계가 「자동차손해배상보장법」의 적용대상 자동차였더라면 피해자는 보유자인 임차인과 임대인을 상대로 운행자책임을 물을 수 있을 것이다. 이 경우 피해자는 손해의 발생만 입증하면 되고 보유자들은 운행지배가 없다는 점 또는 면책사유를 입증하지 못하는 한 운행자책임에 따른 피해자의 손해배상청구를 막을 수 없다.

제2절 운행자의 범위와 책임

1. 무단운전

1) 의 의

무단운전이란 보유자와 친족관계나 고용관계 등 일정한 인적 신분관계가 있는 자가 보유자의 승낙 없이 자동차를 사적인 용도로 쓰는 경우를 말한다. 이 경우 무단운전자는 「자동차손해배상보장법」 제3조의 자기를 위하여 자동차를 운행하는 자로 당연히 사고발생시 그에 따른 손해배상책임을 면할 수 없다. 이 경우 무단운전사고의 운행에 직접 관여한 바가 없는 보유자에게 운행자책임을 물을 수 있는지가 문제된다.

2) 운행지배 및 운행이익 상실의 판단기준

(1) 주관적 인식이 없는 경우

평소 차량 및 열쇠 관리상태, 무단운전을 하게 된 경위, 보유자와 무단운전자의 관계, 차량반환의사, 사후승낙가능성, 시간적·장소적 근접성, 무단운행에 대한 피해자의 주관적 인식유무 등 객관적이고 외형적인 여러 가지 사정을 사회통념에 따라 종합적으로 평가하여 보유자의 책임 여부를 판단한다. 승객 및 승객이 아닌 자 중 무단운전에 대해서 인식하지 못한 동승자에 대해서는 보유자의 운행자책임이 인정된다.

(2) 주관적 인식이 있는 경우

피해자인 동승자가 무단운행에 가담하였다거나 무단운행의 사정을 알고 있었다 하더라도 그 운행경위나 운행목적에 비추어 당해 무단운행이 사회통념상 있을 수 있는 일이라고 해석할 만한 사정이 있거나 무단운행이 운전자의 평소업무와 사실상 밀접하게 관련된 것이어서 소유자의 사후승낙 가능성이 있다면 보유자의 운행지배 및 운행이익을 완전히 상실하였다고는 볼 수 없다. 따라서 피해자의 주관적 인식 여부가 보유자의 운행자지위의 상실을 초래할 결정적, 절대적인 요소는 아닌 것이다.

(3) 적극가담자

동승자가 무단운전에 적극적으로 가담하거나, 이를 권유하거나 또는 이를 이용하여 편승한 경우, 동승자는 그 가담정도에 따라 어느 정도 운행지배와 운행이익을 공유하는 것으로 인정될 경우에는 타인성은 인정되나, 높은 비율의 호의동승과실이 적용될 것이고, 형법상 공동정범 내지 교사·방조에 이르는 것으로 인정될 경우에는 무단운전자와 공동운행자로서 운행자책임을 부담할 것이다.

판례 **제3자의 무단운전 중 사고가 난 경우 자동차 소유자의 운행지배 · 운행이익 상실 여부에 대한 판단 기준(대법원 1999.4.23. 선고 98다61395 판결)**

자동차의 소유자는 비록 제3자가 무단히 그 자동차를 운전하다가 사고를 내었다고 하더라도, 그 운행에 있어 소유자의 운행지배와 운행이익이 완전히 상실되었다고 볼 특별한 사정이 없는 경우에는 그 사고에 대하여 「자동차손해배상보장법」 제3조 소정의 운행자로서의 책임을 부담하고, 그 운행지배와 운행이익의 상실 여부는 평소의 자동차나 그 열쇠의 보관 및 관리상태, 소유자의 의사와 관계없이 운행이 가능하게 된 경위, 소유자와 운전자의 인적 관계, 운전자의 차량 반환의사의 유무, 무단운행 후 소유자의 사후승낙 가능성, 무단운전에 대한 피해자의 인식 유무 등 객관적이고 외형적인 여러 사정을 사회통념에 따라 종합적으로 평가하여 이를 판단하여야 한다.

(4) 보유자의 운행자책임을 인정 또는 부인한 사례

① 소유자 및 보유자의 운행자책임을 인정한 사례

자동차의 소유자인 갑(甲)이 누나인 을(乙)에게 자동차의 사용 및 관리를 일임하였는데, 을(乙)의 아들인 병(丙)이 밤에 부모가 자고 있는 틈을 타 을(乙)의 가방에 들어 있던 자동차의 열쇠를 꺼낸 다음 정(丁) 등을 태우고 자동차를 운전하다가 사고를 일으켰고, 그로 인해 정(丁)이 상해를 입은 사안에서, 갑(甲)과 을(乙)이 사고 당시 자동차에 대한 운행지배와 운행이익을 완전히 상실하였다고 볼 수 없으므로, 「자동차손해배상보장법」 제3조에서 정한 운행자로서의 책임을 부담한다고 한 사례(대법원 2017.7.11. 선고 2017다222665 판결)

② 소유자의 운행자책임을 인정한 사례

치킨집을 운영하는 갑(甲) 등이 을(乙)을 고용하여 배달 업무 및 출퇴근 용도로 사용할 수 있게 오토바이를 내어 주었는데, 을(乙)이 퇴근 후 친구인 병(丙)을 만나 함께 술을 마시고 술에 취한 상태로 오토바이에 병(丙)을 태워 운전하다가 사고가 발생한 사안에서, 오토바이의 소유자 등인 갑(甲) 등이 사고 당시 오토바이에 대한 운행지배와 운행이익을 완전히 상실하였다고 볼 수 없으므로, 「자동차손해배상보장법」 제3조에서 정한 운행자책임을 부담한다고 한 사례(대법원 2017.10.31. 선고 2017다236824 판결)

③ 취급업자인 보유자의 운행자책임을 부정한 사례

자동차수리업자의 피용자가 수리업무와는 전혀 관련이 없이 영업시간 이후에 위 피용자의 고종사촌 동생인 피해자에게 차를 태워줄 목적으로 자동차를 무단으로 사용하였고, 더구나 위 피용자가 운전면허가 없었음에도 책상서랍을 강제로 열어 열쇠를 무단 절취한 다음 차량을 운전하기에 이르렀으며, 피해자도 위 피용자에게 먼저 차를 태워달라고 제의하여 차량이 위와 같이 비정상적인 방법으로 운행된다는 사정을 알면서도 동승한 점을 아울러 고려해보면, 위 피해자 및 만 17세인 피용자의 나이 및 신분관계, 피용자의 무단운전 후의 차량반환의사와 운행의 임시성 등을 고려하더라도 적어도 사고 당시에는 피해자에 대한 관계에 있어서 위 차량의 운행은 자동차수리업자의 운행지배와 운행이익의 범위를 완전히 벗어난 상태에 있었다고 보는 것이 합당하다고 한 사례(대법원 1995.2.17. 선고 94다21856 판결)

④ 주관적 인식 있는 동승자에 대한 소유자의 운행자책임을 부정한 사례

자동차소유자인 회사의 피용자가 회사의 승낙을 받지 않고 자동차를 개인용무에 무단으로 사용하였고 피해자 역시 그러한 사정을 알면서 자동차에 무상동승한 경우, 그 무단운행이 회사의 업무와는 전혀 관련이 없이 순전히 심야에 장시간의 음주행락을 목적으로 하여 이루어졌고, 더구나 사고 당시에는 위 피용자는 주취로 안전운전이 불가능한 상태에 빠져 회사의 피용자도 아닌 제3자가 역시 주취상태에서 회사소재지에서 상당히 거리가 떨어진 목적지를 향하여 자동차를 운전해 가다가 사고를 야기하게 되는 등 그 일련의 운행경위도 상식적으로 이해하기 어려운 무모한 것인 점을 아울러 고려해 보면, 자동차의 평소의 관리 및 이용 상태를 감안한다 하더라도, 적어도 사고 당시에는 무상동승자인 피해자에 대한 관계에 있어서 위 자동차의 운행은 그 소유자인 회사의 운행지배와 운행이익의 범위를 완전히 벗어난 상태에 있었다고 보는 것이 합당하다고 한 사례(대법원 1994.9.23. 선고 94다9085 판결)

3) 자동차보험과의 관계

(1) 피보험자의 운행자책임

기명피보험자 등에게 운행자책임이 인정되므로 가입보험회사에서 보상처리를 하여야 한다. 이 경우 승객이 아닌 자 및 주관적 인식 없는 동승자에게는 운행자책임이 인정되더라도 적극가담자 또는 주관적 인식 있는 동승자에게는 인정되지 않을 수도 있다.

(2) 연령・범위한정 특약 위반사고의 예외조항

피보험자동차를 도난당한 사고에 무단운전도 포함되므로 연령・범위한정 특약 위반이라고 하더라도 예외적으로 대인배상Ⅱ 및 자기신체사고로 보상한다.

(3) 대위권행사

무단운전으로 인한 사고에 있어 보유자에게 운행자성이 인정되면 보유자와 무단운전자는 부진정연대책임을 부담하고, 무단운전자가 피보험자와 생계를 같이하는 가족에 해당하는 경우를 제외하고는 무단운전자에게 구상 할 수 있다. 다만, 무단운전자가 생계를 같이 하는 가족인 경우에는 「상법」 제682조 및 「자동차보험 표준약관」 제34조에 의해 고의사고에 해당하지 않는 이상 보험회사는 대위권을 행사하지 못한다.

2. 절취운전

1) 의 의

절취운전이란 보유자와 인적관계가 없는 자가 자동차를 절취하여 운전하는 것을 말한다. 문제는 절취차량의 보유자에게 운행자책임을 물을 수 있는지의 여부이다.

2) 절취운전에 대한 보유자책임

(1) 원 칙

절취운전 사고에 대해서는 보유자의 운행지배가 상실되므로 운행자책임이 부정된다.

(2) 차량관리상의 과실이 있는 보유자의 책임

일정한 요건하에서 보유자에게 운행지배의 귀속을 긍정하여 「자동차손해배상보장법」 제3조(운행자책임)의 적용을 인정하자는 「자동차손해배상보장법」 적용설이 다수설 및 판례의 견해이다. 학설로는 객관적 용인설과 관리책임설 등이 있다.

① 객관적 용인설

자동차의 열쇠관리는 자동차의 지배를 단적으로 표현하는 것으로, 자동차의 문을 잠그지 아니한 채 노상에 방치하는 것은 제3자에 의한 절취운전을 객관적으로 용인한 것이라고 보고 보유자에게 운행자책임을 인정해야 한다는 견해이다.

② 관리책임설

위험물인 자동차를 관리하고 억제하는 것은 운행지배에 포함되는 것이고, 보유자에게 차량관리상의 과실이 있어 절취운전이 가능하게 된 경우에는 「자동차손해배상보장법」상의 운행자책임이 있다는 견해이다.

(3) 보유자의 운행자책임을 인정 또는 부인한 사례

① 보유자의 운행자책임을 인정한 사례

대법원에서는 “자동차보유자와 아무런 인적관계도 없는 사람이 자동차를 보유자에게 반환할 생각 없이 자동차를 절취하여 운전하는 이른바 절취운전의 경우에는 자동차보유자는 원칙적으로 자동차를 절취 당하였을 때에 운행지배와 운행이익을 잃어버렸다고 보아야 할 것이고, 다만, 예외적으로 자동차보유자의 차량이나 시동열쇠 관리상의 과실이 중대하여 객관적으로 볼 때 자동차보유자가 절취운전을 용인하였다고 평가할 수 있을 정도가 되고, 또한 절취운전 중 사고가 일어난 시간과 장소 등에 비추어 볼 때에 자동차보유자의 운행지배와 운행이익이 잔존한다고 평가할 수 있는 경우에 한해 자동차를 절취당한 자동차보유자에게 운행자성을 인정할 수 있다”고 판시하였다(대법원 2001.4.24. 선고 2001다3788 판결).

② 절취운전에 해당되므로 보유자의 운행자책임을 부정한 사례

사회복지법인의 전임 후원회장 등이 자신들의 비용으로 차량을 구입한 후 등록원부상의 소유명의를 법인 명의로 해둔 채 위 차량을 운행하다가 그 직에서 해임된 이후에 소유자인 사회복지법인이 차량의 운행을 중지하고 이를 즉시 소유자에게 인도하여 줄 것을 내용증명으로 촉구하고, 관할관청에 차량이 불법 운행되고 있으니 차량의 운행정지 및 번호판 임시영치 조치를 하여 달라고 요청하는 등 소유자인 법인의 운행중지 및 차량인도 요구 등에 불응하면서 타인으로 하여금 위 차량을 운행하게 하여 교통사고를 일으킨 경우, 위 차량에 대한 법인의 운행지배와 운행이익이 상실되었다고 본다(대법원 2004.4.28. 선고 2003다24116 판결).

3. 사용대차 및 임대차

1) 의 의

사용대차 및 임대차의 차주(借主)는 「자배법」상의 보유자로서 운행자책임을 면할 수 없음은 물론이나, 여기서 문제가 되는 것은 대주(貸主)의 보유자책임의 유무이다.

2) 지배가능성 및 반환가능성

사용대차 및 임대차에서 차량을 빌려준 사람은 차량을 빌려 현재 사용 또는 관리하고 있는 사람에게 언제든지 차량의 반환을 요청할 수 있고, 간접점유자인 빌려준 사람은 직접점유자인 차주를 통해 간접적으로 차량을 지배하고 있는 것이므로 대주의 운행자책임이 인정된다.

3) 공동운행자인 대주와 차주의 관계

대주와 차주는 대외적으로는 공동운행자로서 운행자 책임이 있고, 양자의 관계는 부진정연대채무관계에 있다. 반면에 대내적으로는 차량을 직접 지배하고 있는 직접점유자인 차주의 사고를 방지할 수 있는 지위가 대주보다는 구체적, 직접적, 현실적이라고 할 것이므로 차주는 대주에 대해 타인성을 인정받기 어려울 것이다.

4) 운전기사와 같이 임차한 경우

대법원에서는 "평소 C는 A로부터 운전사가 딸린 차량을 임차하여 사용하여 오다가, 사고 당일에도 위 차량을 임차하여 A의 고용운전기사인 소외 B로 하여금 이를 운전하게 하고 C는 조수석에 동승하고 있던 중 B의 운전 중 과실로 이 사건 교통사고가 발생하였다면, 당해 자동차의 구체적인 운행관계에 있어 그 운행지배 및 운행이익이 임차인인 위 원고에게 완전히 이전된 관계가 아니라 이를 서로 공유하는 공동운행자의 관계에 있고, 피고 보험회사의 기명피보험자는 여전히 위 고용운전기사 B를 통하여 위 차량을 직접적으로 지배한다고 할 것이므로, 대내적으로 임차인 C는 임대인 A에 대해 타인성이 인정된다"고 판시하였다(대법원 1993.4.23. 선고 93다1879 판결)

4. 명의대여

1) 의 의

소유명의를 타인에게 유상 또는 무상으로 대여하는 경우, 자동차나 중기의 실질적인 소유자와 명부상의 소유자가 일치하지 않게 된다. 문제는 명부상의 소유자, 즉 명의대여자의 운행자성이다.

2) 명의대여자의 운행자책임

이 경우에는 명의대여의 실질관계를 따져서 개별적으로 판단하여야 한다. 예를 들어 명의대여자와 명의사용자 사이의 종속관계의 유무, 차의 보관상황, 명의대여료의 징수유무, 유류대나 수리대의 부담관계, 명의대여의 동기나 목적 등 그 실질관계를 종합적으로 고려하여 판단하여야 할 것이다. 판례도 명의대여자에게 운행자책임을 인정하는데 있어서, 지휘・감독관계 또는 사업협동관계 등 실질관계를 따져 사회통념상 명의대여자가 자동차에 대하여 운행지배와 운행이익을 가지고 있는가를 종합적으로 검토하여 결정하고 있다.

한편 운행자의 인정방법에 관한 추상설의 입장에서 판단할 때, 자동차등록원부상의 소유명의로 등재된 자는 일응 자동차의 보유자로 추정되고 이에 따라 운행자라는 사실상의 추정이 이루어져 책임을 면할 수 없다. 다만, 당해 운행에 있어서의 실질적인 관계를 살펴볼 때 명의대여자에게 운행지배나 운행이익이 없다는 점이 주장・입증되면 운행자책임을 면하게 된다고 본다.

3) 명의대여자의 운행자책임을 부정한 사례

대법원에서는 "차량을 렌트하여 동행하기로 한 후 면허취득기간이 미달되어 렌트카 임대가 불가능하자 렌트회사의 권유로 동행인이 자신의 명의를 대여하여 임차인으로 서명한 후 그 차량에 호의동승한 경우 동승한 명의대여자의 운행자책임 여부는 형식설의 입장이 아닌 실질적인 입장에서 보유자 여부를 판단해야 하며, 이러한 경우 명의대여자의 운행자책임이 없다"고 판시하였다(대법원 1991.7.12. 선고 91다8418 판결).

5. 명의잔존자

1) 의 의

자동차를 매매 등으로 매수인에게 인도하였으나, 아직 매도인에게 자동차등록명의와 보험가입자명의가 남아 있는 상태에서 매수인이 자동차를 운행하다가 사고를 야기한 경우 매수인이 그 자동차를 자기를 위하여 운행한 때에는 매수인이 보유자로서 운행자책임을 부담하게 된다. 이 경우 명의가 잔존하고 있는 매도인이 「자동차손해배상보장법」상의 운행자책임을 지는지가 문제된다.

2) 판단요건

보유자의 운행자책임을 판단하는 핵심은 지배가능성 및 반환가능성의 유무라고 할 것이므로, 위 기준에서 볼 때 매매대금이 완납되었고 명의이전서류의 교부까지 이루어졌다면, 명의잔존자인 양도인에게는 운행자책임이 없다고 할 것이다. 판례도 대금완제 및 이전등록서류의 교부 여부를 운행지배 이전의 판단기준으로 보고 있다.

3) 운행자책임을 인정 또는 부인한 경우

(1) 양도인의 운행자책임을 인정한 경우(대법원 1980.6.10. 선고 80다591 판결)

이 사건 자동차를 소외인에게 매도하고 계약금 수령과 동시에 자동차 및 검사증을 인도하였다고 하더라도 아직 잔금을 받지 못하고 자동차등록명의 이전서류도 교부하지 아니한 이상 이 사건 자동차가 피고의 지배를 완전히 벗어났다고는 할 수 없으므로 피고는 「자동차손해배상보상법」 제3조의 손해배상책임이 있다고 한 사례

(2) 양도인의 운행자책임을 부정한 경우(대법원 1992.4.14. 선고 91다41866 판결)

자동차의 매도인이 매매대금을 완급받고 차량을 인도한 후 매수인에게 차량의 자동차등록부상 소유명의의 이전등록과 할부구입계약상의 채무자 명의변경 및 보험관계의 명의변경 등에 필요한 일체의 서류를 교부하여 매수인은 그 이전등록과 명의변경이 가능하였는데도, 할부금 보증인을 미처 구하지 못한 매수인측 사정으로 보험계약 만료일까지 명의변경절차를 미루다가 사고가 발생한 것이라면, 매도인은 차량에 대한 운행지배를 행사하거나 운행이익을 얻는 지위에서 벗어났다고 할 것이고, 매도인이 매수인에게 위 명의변경 절차를 미루는 것을 양해하였다는 것만으로 차량의 운행지배나 운행이익을 보유한다고 볼 수 없다고 한 사례

(3) 리스차량 양도인의 운행자책임을 부정한 경우(대법원 2010.4.15. 선고 2009다100616 판결)

자동차 리스계약을 승계함에 따라 새로이 운행이익과 운행지배를 취득한 경우에는 피보험자동차가 양도된 경우에 해당하고, 이미 운행이익과 운행지배를 상실한 종전 대여시설이용자인 기명피보험자로부터 자동차의 사용을 허락받은 사람을 승낙피보험자의 지위에 있다고 볼 수 없다고 한 사례

4) 자동차보험과의 관계

(1) 명의잔존자(양도인)의 운행자책임이 부정되는 경우

잔금완납 및 명의이전서류의 교부가 이루어진 경우, 양수인만 운행자책임이 인정되므로 양도된 날로부터 15일까지는 의무보험일시담보 특별약관에서 양수인을 기명피보험자 및 계약자로 간주하여 대인배상 I 을 보상한다.

(2) 명의잔존자(양도인)의 운행자책임이 인정되는 경우

잔금완납 및 명의이전서류의 교부가 이루어지지 않은 경우, 양도인 및 양수인 모두에 운행자책임이 인정되므로 양도인은 기명피보험자에 해당하고 양수인은 승낙피보험자에 해당한다. 따라서 양수인은 기명피보험자의 가입보험에서 대인보상을 받을 수 있다. 양도가 된 날로부터 15일까지는 의무보험일시담보 특별약관에서 양수인을 기명피보험자 및 계약자로 간주하여 대인배상Ⅰ을 보상한다.

6. 소유권부보 할부판매 · 장기리스 · 장기렌트

1) 소유권유보부 할부판매의 매도인

소유권유보부 할부판매계약에 있어서의 매수인은 매매대금이 완제되지 않은 관계로 소유권을 취득하지는 못하였으나, 매매의 목적물인 자동차를 인수하여 상시 자기를 위하여 운행하고 있는 한 보유자로서의 책임을 면할 수 없다. 반면에 매도인은 형식상 자동차소유권을 가지고 있다고는 하나, 당해 자동차에 대한 아무런 운행지배를 갖지 않고, 또한 운행으로 인한 이익의 귀속도 없는 상황에서 단순히 월부금을 확보하기 위해 소유권을 유보하고 있는 것이므로 운행자라 할 수 없다.

2) 장기리스의 리스회사

요즈음 차량을 구입하는 형태가 다양해지면서 장기리스 및 장기렌트를 이용하는 경우가 많아지고 있다. 이 경우 명의상 차량소유자인 리스회사 및 렌트회사가 운행자책임을 부담하는지가 문제된다고 할 것이다. 대부분의 장기리스는 운영리스가 아닌 금융리스로서 리스계약의 실질적인 면은 소유권유보부 할부매매와 유사한 구조를 가지고 있으므로 리스회사의 운행자책임이 인정되기는 어려울 것이다.

3) 장기렌트의 렌트회사

장기렌트의 경우를 살펴보면 렌트회사가 엔진오일 및 경정비 같은 차량서비스까지 제공해주는 계약형태까지 있다는 점에서 소유자인 렌트회사의 운행지배를 인정해 줄 여지는 있는 것으로 보이나, 계약당사자의 실질적인 의사를 살펴보면 렌트이용자는 자신의 이름으로 차량을 구입하지 않은 것일 뿐 실질적으로는 자신의 차량을 구입하다는 의사가 더 강하다는 점에 주목해볼 때 렌트회사에게 운행자책임을 인정하는 것은 가혹할 뿐만 아니라, 렌트회사가 보험가입서비스까지 제공한다는 점에서 무보험상태가 나타날 확률도 없으므로 운행자책임이 없는 것으로 해석하여야 할 것이다.

7. 자기차를 가진 피용자의 사용자

피용자가 자기소유 자동차를 사용하는 경우 그 피용자가 보유자로서 운행자책임을 부담하는 것은 물론이지만, 이 경우에 사용자도 운행자책임을 부담하느냐가 문제된다.

1) 업무에 사용하던 중의 사고

회사와의 합의 또는 회사의 명령에 의하여 피용자가 자가용 자동차를 업무에 사용하는 경우와 혹은 외무사원과 같이 회사에 자동차가 없어 자기의 자가용 자동차를 사용하지 않으면 업무수행이 불가능하고, 회사도 그 사용을 피용자의 임의에 맡긴 경우이다. 이 경우 자동차를 업무에 사용 중이라면 그 회사는 운행지배와 운행이익을 가지게 되므로 운행자책임을 면할 수 없게 된다.

2) 출·퇴근 중의 사고

출·퇴근 중 사고의 경우 순수한 업무 중이라고는 할 수 없으나, 명령적 혹은 필요적 사용에 자동차를 사용하고 있는 경우에는 그 차를 자기가 담당하는 업무를 위하여 기업 내에 가지고 들어오는 것은 그 사원의 근로조건으로 되어 있으므로 업무상 운행하기 위하여 필요한 사전적 혹은 사후적인 행위로 보아야 하기 때문에, 회사는 통근시에 있어서도 운행지배, 운행이익을 향유하며, 운행자책임을 부담하게 된다.

3) 사적인 용도로 사용하던 중의 사고

피용자가 휴일 등에 사적으로 자동차를 운행 중 야기한 사고에 대해서까지 회사의 운행자책임을 인정하기는 곤란하지만, 피용자의 지위나 직무내용으로 보아 사용(使用)과 사용(私用)의 구별이 명확하지 않고, 또한 휴일에도 업무에 사용할 가능성이 있을 때에는 객관적으로 회사의 운행지배와 운행이익이 존재한다고 볼 여지가 있다.

8. 자동차취급업자 및 대리운전업자

1) 자동차취급업자

(1) 인도받아 보관 중인 자동차의 사고

자동차취급업자가 업무와 관련하여 고객으로부터 자동차를 인도받아 보관 중인 자동차를 운행하다가 사고를 야기한 경우, 의뢰자는 특별한 사정이 없는 한 자동차를 위탁한 때로부터 그 자동차에 대한 운행지배를 잃고 그 운행지배권은 자동차취급업자에게 귀속하게 되므로 자동차취급업자만이 「자동차손해배상보장법」 제3조의 운행자책임을 부담하게 된다.

(2) 정비 또는 송환 중 의뢰자가 감독할 수 있는 단계에서의 사고

정비를 위하여 정비사업자에게 자동차가 인도된 경우에 있어서도 의뢰자가 자동차의 운행에 대하여 감독할 수 있는 단계에서 발생한 사고에 대하여는 운행자책임을 긍정하여야 할 것이다. 또 정비사업자가 정비 종료 후 의뢰자의 요구에 의하여 송환 중에 야기한 사고에 대하여 보유자책임을 인정한 판례가 있다.

(3) 대리주차사고

대형 공중접객업소의 경우 고객의 이용에 제공하기 위하여 주차장을 마련하고, 나아가서 주차요원을 배치하여 관리하고 있는데 이들에 대한 주차의뢰시 소유자의 운행지배는 상실되는지가 문제된다. 구체적인 사안마다 개별적으로 판단하여야 할 문제이긴 하나 판례는 운행지배가 상실된 것이라고 본다.

02

2) 대리운전업자

(1) 의 의

대리운전은 차량의 보유자가 음주 등의 사유로 운전을 할 수 없는 비정상적인 상태에서 운전을 대리운전을 업으로 하는 자에게 맡기고, 그에 대한 대가로서 금전을 지급하는 것이다. 대리운전업은 단순히 호의로 동료나 친구가 운전을 도와주는 관계와 달리 유상의 쌍무적인 계약을 통해 대가가 지급되는 도급계약과 유사하다.

(2) 대내적 관계

대리운전을 의뢰한 자동차소유자는 유상운송계약의 승객과 유사하므로 대리운전업자에 대한 관계에서 타인성이 인정된다. 대법원에서도 "A와 자동차 대리운전회사인 B 사이의 대리운전약정에 따라 위 회사의 직원인 C가 차량을 운전하다가 경부고속도로에서 사고를 야기한 것이라면, A와 대리운전회사인 B 사이의 내부관계에 있어서는 B가 유상계약인 대리운전계약에 따라 그 직원인 C를 통하여 위 차량을 운행한 것이라고 봄이 상당하므로, A는 위 차량에 대한 운행지배와 운행이익을 공유하고 있다고 할 수 없다"고 판시하였다.

(3) 대외적 관계

대외적으로는 의뢰인의 운행지배가 인정되어 대리운전업자와 공동운행자관계가 성립된다. 따라서 차외의 피해자는 공동운행자 모두에 대하여 타인성이 인정된다.

(4) 차주의 운행자책임을 부정한 사례

대법원에서는 "A는 B로부터 이 사건 승용차를 빌린 다음 대리운전자인 C로 하여금 운전하게 하고 자신은 그 차량에 동승하였다가 사고가 발생한 사안에서 A는 사고 당시 이 사건 승용차에 대하여 현실적으로 운행을 지배하여 그 운행이익을 향수(享受)하는 자로서 「자동차손해배상보장법」 소정의 운행자라고 할 것이나, 공동운행자인 대리운전자와 원고 사이의 내부관계에 있어서는 단순한 동승자에 불과하다고 하였다. 한편, 차량의 소유자 B도 이 사건 승용차의 보유자로서 운행자의 지위를 여전히 가지고 있다고 한다. 그리하여 A의 운행지배 및 운행이익에 비하여 이 사건 승용차에 동승하지 아니한 B의 그것이 보다 주도적이거나 직접적이고 구체적으로 나타나 있어 B가 용이하게 사고의 발생을 방지할 수 있었다고는 보이지 아니하므로, A와 B의 관계에서 A는 B에 대하여 「자배법」 제3조의 '다른 사람'임을 주장할 수 없다"고 판시하였다(대법원 2009.5.28. 선고 2007다87221 판결).

(5) 자동차보험과의 관계

① 승객이 아닌 자 및 차내 동승인

의뢰인의 대인배상Ⅰ에서 보상한 후 초과손해에 대해서는 대리운전업자의 취급업자보험의 대인배상Ⅱ에서 보상한다. 만약 사업자등록을 한 대리운전업자의 보험이 없거나, 한도가 있는 경우라면 의뢰인이 가입한 보험의 대인배상Ⅱ에서 보상한 후 대리운전업자 및 대리운전기사에게 구상권을 행사한다.

② 대리운전의 의뢰인

대리운전의 의뢰인의 경우에는 대리운전업자의 취급업자보험에서 전부 보상된다.

제3절 인과관계 및 타인성

1. 인과관계

1) 의 의

「자동차손해배상보장법」 제3조는 "자기를 위하여 자동차를 운행하는 자는 그 운행으로 말미암아 다른 사람을 사망하게 하거나 부상하게 한 때에는 그 손해를 배상할 책임을 진다"고 하여 운행과 사고와의 사이에 인과관계를 요구한다.

2) 상당인과관계

인과관계에 대해서는 원인행위가 없었다면 결과현상이 발생하지 않았을 것이라고 하는 것이 일반의 경험법칙에 비추어볼 때 상당하면, 즉 개연성이 높으면 인과관계를 인정한다는 상당인과관계설이 통설 및 판례의 입장이다.

3) 입증책임

운행과 사고와의 인과관계에 대한 입증책임은 피해자에게 있다.

2. 타인성

1) 의 의

타인이란 「자동차손해배상보장법」상의 보호객체로서 운행자책임을 지는 운행자에게 법률상 손해배상청구를 할 수 있는 지위에 있는 자를 말한다.

2) 피해자와 타인과의 구분

승객 외의 제3자에 대해서는 양자의 구분의 실익이 없으나, 「자동차손해배상보장법」상 타인으로 보호받지 못하는 피해자도 「민법」상의 손해배상청구를 할 수 있는 경우가 있다.

예를 들어 사용자가 피용 운전기사에게 운전을 시키고 뒷좌석에 동승한 경우, 사용자는 「자동차손해배상보장법」상의 운행자로서 타인에 해당하지 않는다. 그러나 운전자에게 과실이 있는 경우에 사용자는 「민법」 제750조에 의한 손해배상청구가 가능하다. 따라서 피해자의 범위가 타인의 범위보다 넓다고 볼 수 있다.

3. 공동운행자

1) 공동운행자의 타인성

공동운행자란 사고차량에 대하여 2인 이상의 운행자가 있는 경우를 말한다. 이러한 공동운행자는 진정공동운행자가 아닌 한 외부적으로는 연대하여 운행자책임을 부담하지만, 내부적으로는 사고를 방지할 수 있는 직접적, 구체적, 현실적 지위에 있는 공동운행자는 간접적, 추상적, 잠재적 지위에 있는 공동운행자에 대해 운행자책임을 진다.

2) 차량소유자의 타인성

차량의 소유자는 사고방지의 책임을 지는 중심적 지위에 있는 자이므로, 소유자 본인이 대리운전의 의뢰인이거나 공동운행자가 소유자의 안전운행지시를 따르지 않았다는 등의 특단의 사정이 없는 한 타인성이 부정된다.

4. 공동운전자

공동운전자란 교대운전자 및 운전보조자와 같이 직접 운전하는 자를 포함하여 운전에 관여하는 사람이 2 이상인 경우를 말한다. 이때 실제 운전하지 않는 교대운전자 또는 운전보조자가 「자동차손해배상보장법」상의 운전자 또는 타인에 해당하는지가 문제된다.

1) 교대운전자

교대운전자란 본 운전자와 교대하기 위하여 탑승한 운전자, 교대한 뒤 동승한 운전자 및 운전 중 수시로 교대하기 위하여 동승한 비번운전자 등을 말한다. 이러한 교대운전자 중 사고발생시 현실적으로 운전을 하지 않았거나 운전을 하여야 할 의무가 없는 자는 타인에 해당한다. 판례에서는 비번인 교대운전자가 당번에 대비하여 사고 당시 조수석에 앉아 수면휴식 중이던 교대운전자의 타인성을 인정하고 있다.

2) 운전보조자

운전의 보조에 종사하는 자란 업무로서 운전자의 운전행위에 참여하여 그 지배하에 운전행위를 도와주는 자로서 통상 조수가 이에 해당된다. 운전보조자도 현실적으로 사고발생을 미연에 방지할 의무가 있는 경우나 실제 운전에 관여한 경우에는 타인에 해당하지 않는다. 그러나 사고차량에 동승한 조수라 할지라도 사고 당시 현실적, 구체적으로 원활한 운전을 도모하기 위하여 운전행위의 일부를 분담하는 등 직접운전자와 동일시되지 않는 한 타인에 해당한다. 또한 승객이나 통행인 등이 업무종사와 관계없이 운전자 등의 권유에 의하여 선의로 운전자의 운전행위를 돕는 경우에는 「자배법」상의 운전보조자라 할 수 없고, 타인에 해당한다.

3) 권한이 없는 자에게 운전을 의뢰한 운전자

운전자가 사고자동차에 탑승을 하였으나, 현실적으로 운전을 하지 않은 경우에도 그가 운전하여야 할 지위에 있으면서 직무상 의무에 위반하여 또는 법령에 위반하여 무면허의 조수나 제3자에게 운전을 맡긴 사이 피해를 당한 경우, 운전위탁행위 자체가 선량한 관리자로서의 주의의무를 위반한 것이고, 또한 자신에게 사고에 직결되는 과실이 없었다고 하더라도 그 이유로 보유자에게 대항할 수 없고 타인으로 보호될 수 없다.

4) 운전위탁과 운전교습

운전교습생도 자기 자신을 위하여 운전하는 것이므로 「자동차손해배상보장법」상의 운전자가 아닌 보유자에 해당한다. 그러나 운전교습생의 운전미숙으로 동승한 운전지도교사가 피해자로 된 경우, 운전교습생은 운전지도원의 수족으로서 운전하는 것으로 볼 수 있고, 교습생의 운전행위는 지도교사 자신의 운전행위로 보아 운전교습생의 운전 사고에 대하여 운전지도교사는 타인임을 주장할 수 없다.

02

5) 공동운행자의 타인성을 인정 또는 부정한 사례

(1) 공동운행자의 타인성을 인정한 사례

① 사고택시의 운전사가 운전 숙련자인 동료운전사에게 운전을 맡기고, 자신은 운전석 옆 좌석에 앉아 있다가 사고를 당한 경우 타인성이 인정된다(대법원 1989.4.24. 선고 89다카2070 판결).

② '갑'과 '을'이 탁송업자의 지시에 의하여 2대의 차량을 인수하기 위하여 광주에서 울산까지 갔으나 자동차 1대만을 인수하여 울산에서 경산까지는 '을'이, 그 다음에는 '갑'이 각 운전하여 오다가 88고속도로 상에서 '갑'의 잘못으로 사고가 발생하여 조수석에 타고 있던 '을'이 사망한 경우 '을'의 타인성이 인정된다(대법원 1993.9.14. 선고 93다15946 판결).

③ 차량의 운전사가 차량소유자인 사용자의 묵인하에 전에도 자신을 대신해 그 차량을 운전한 적이 있는 운전 숙련자인 자신의 형에게 운전을 맡기고 동승해 가던 중 사고로 사망한 경우 타인성이 인정된다(대법원 1997.11.28. 선고 97다28971 판결).

(2) 공동운행자의 타인성을 부인한 사례

① A와 B가 같이 사고차량에 동승하여 운전업무에 종사하여 오던 중 사고 당일 B가 위 차량을 후진함에 있어 A가 그 후진을 유도하다가 B의 과실로 A가 사고를 당하게 된 경우 A는 B의 위 운전업무에 관여한 자로서 타인성이 부정된다(대법원 1987.10.28. 선고 87다카1388 판결).

② 이삿짐센터 화물차의 운전과 이에 부착된 고가사다리의 작동을 담당하던 종업원이 자신은 깔판을 타고 올라탄 다음 이삿짐센터에서 짐을 나르는 종업원으로서 운전면허도 없는 자에게 고가사다리를 조작하도록 지시하여 그의 작동미숙으로 땅에 떨어져 사망한 경우에 타인성이 부정된다(대법원 2000.3.28. 선고 99다53827 판결).

5. 친족 등 근친자의 타인성

1) 보유자의 배우자 및 직계존비속

친족간의 사고의 경우에는 원칙적으로 타인성을 인정한다. 그러나 실제 가족간은 가족의 공동 사용 목적으로 차량을 운행한다는 점에서 타인성의 판단은 자동차의 사용형태, 구입명의, 관리비용의 부담자, 주운전자, 피해친족의 동승 여부, 운전면허의 유무, 운전보조의 유무 등 사실관계를 감안하여 「자동차손해배상보장법」 제3조에 해당하는지 여부를 판단하여야 한다.

예를 들어 남편이 출퇴근 등을 위하여 차량을 구입하고 그 유지비도 전담하는데, 처가 가끔 가족으로서 동승하였다가 부상한 경우 배우자는 당연히 타인에 해당한다.

2) 운전자의 배우자 및 직계존비속

타인을 위하여 자동차를 운전 또는 운전의 보조에 종사하는 자의 배우자 및 직계존비속은 「자동차손해배상보장법」 제3조에서 규정한 타인에 해당한다. 즉, 「자동차손해배상보장법」상의 배상책임의 주체는 자기를 위하여 자동차를 운행하는 자인 보유자이므로 운전자 또는 운전보조자의 근친자는 보유자에 대하여 당연히 타인에 해당한다.

6. 무상동승

1) 무상동승 및 호의동승의 의의

무상동승이란 대가의 지불 없이 타인의 자동차에 동승하는 것을 말하며, 그 중 호의에 의하여 무상으로 동승한 경우를 호의동승이라 한다. 즉, 호의동승은 무단동승의 일종으로 볼 수 있다.

2) 호의동승의 특성

호의에 의하여 무상으로 동승한 자는 운행자와 함께 차량의 운행으로 발생하는 장소적 이전을 공유하므로 운행자가 갖는 운행이익과 유사한 이익을 가지고, 동승에 의하여 운행경로의 변경 등 본래의 운행에 일정한 영향을 미치는 점에서 운행자가 갖는 운행지배에 유사한 지배를 가지며, 친족, 친지 등 개인적 관계 등에 의하여 운행권 내에 들어가고 따라서 운행에 관한 내부자성을 가지고 있다.

3) 호의동승자의 타인성

호의동승의 경우 차량의 운행자가 아무런 대가를 받지 아니하고 동승자의 편의와 이익을 위하여 동승을 허락하고 동승자도 그 자신의 편의와 이익을 위하여 그 제공을 받은 경우 그 운행목적, 동승자와 운행자의 인적관계, 그가 차에 동승한 경위, 특히 동승을 요구한 목적과 적극성 등 여러 사정에 비추어 가해자에게 일반 교통사고와 동일한 책임을 지우는 것이 신의칙이나 형평의 원칙으로 보아 매우 불합리하다고 인정될 때에는 그 배상액을 경감할 수는 있으나, 사고차량에 단순히 호의로 동승하였다는 사실만을 가지고서 이를 배상액의 경감사유로 삼을 수 있는 것은 아니다. 그러나 대부분의 호의동승사고에서 호의동승자의 타인성을 인정하면서 일정한 경우 호의동승과실을 반영하고 있다(대법원 1999.2.9. 선고 98다53141 판결).

4) 공동불법행위사고시 호의동승과실상계의 범위

공동불법행위자들 중 1인에 대하여 호의동승관계에 있는 경우 전체 공동불법행위자에 대해서도 호의동승과실을 적용해야 한다. 대법원에서는 “2인 이상의 공동불법행위로 인하여 호의동승한 사람이 피해를 입은 경우, 공동불법행위자 상호간의 내부관계에서는 일정한 부담부분이 있으나 피해자에 대한 관계에서는 부진정연대책임을 지므로, 동승자가 입은 손해에 대한 배상액을 산정함에 있어서는 먼저 호의동승으로 인한 감액비율을 참작하여 공동불법행위자들이 동승자에 대하여 배상하여야 할 금액을 정해야 한다”라고 판결하고 있다(대법원 2014.3.27. 선고 2012다87263 판결).

5) 호의동승과실을 인정 또는 부정한 사례

(1) 호의동승과실을 인정한 사례

원고는 단지 임차인과의 내부관계에서 임차인의 호의에 의하여 사고차량에 동승한 것에 불과하고 원고가 도중에 한때 임차인과 교대하여 위 차량을 운전한 일이 있었다고 하더라도 원고를 자기를 위하여 위 차량을 운행하는 자에 해당한다고 볼 수 없다고 판단한 후, 호의동승과실비율을 반영하여 손해액을 감축한 사례(대법원 1988.9.13. 선고 88다카80 판결)

(2) 호의동승과실을 부정한 사례

① 어머니 소유인 승용차에 학교 친구인 소외 ○○○ 등을 태우고 이를 운전하여 열차진입을 알리는 경보음과 경보등화가 작동 중이었음에도 이를 무시하고 철도건널목을 통과하다가 때마침 위 철도건널목을 통과하던 열차에 위 승용차가 들이받혀 위 두 사람을 비롯한 탑승자 전원이 사망한 사고에서 호의동승과실을 참작하지 않은 원심판결이 정당하다고 한 사례(대법원 1999.2.9. 선고 98다53141 판결)

② 야간근무를 마친 운행자가 친구와 함께 해수욕장에 가면서 자신의 권유로 동향의 선후배 사이이고 같은 회사 같은 부서에 근무하고 있던 피해자를 동승하게 하였다가 돌아오던 길에 사고가 발생한 것이라면, 호의동승이라 하더라도 차량운행자의 손해배상책임을 감경할 만한 사유가 있었다고 보기는 어렵다고 한 사례(대법원 1987.12.22. 선고 86다카2994 판결)

제4절 피해자보호제도 등

1. 「자동차손해배상보장법」상의 피해자보호제도

1) 운행자책임

(1) 배상책임주체의 확대

「자동차손해배상보장법」에서는 배상책임의 주체를 운행자로 함으로써 「민법」의 배상책임의 주체인 가해자보다 배상의무자의 범위를 확대하여 피해자보호를 강화하고 있다.

(2) 조건부 무과실책임주의의 적용

「자동차손해배상보장법」상의 운행자는 승객의 고의 또는 자살행위에 해당하지 않는 한 운행자책임을 지는 조건부 무과실책임을 부담하게 하여 피해자보호를 강화하고 있다.

(3) 입증책임의 전환

「자동차손해배상보장법」에서는 운행자로 하여금 동법 제3조의 면책요건을 입증토록 하여 입증책임을 피해자가 아닌 운행자에게 부여함으로써 피해자보호를 강화하고 있다.

2) 보험가입의 강제

(1) 책임보험의 의무가입

자동차를 운행하고자 하는 자는 책임보험(공제)에 의무적으로 가입하여야 한다.

(2) 영업용 차량의 보험가입의 강제

여객자동차운송사업자(택시, 버스 등), 자동차대여사업자, 화물자동차운송사업자 및 화물자동차운송가맹사업자, 건설기계대여업자는 대인배상에 대하여 피해자 1인당 1억원 또는 모든 손해액을 보상할 수 있는 보험에 가입해야 한다.

3) 피해자 직접청구권과 가불금청구권

(1) 피해자 직접청구권

피해자는 보험회사에 책임보험금을 직접 청구할 수 있고, 진료수가에 대해서는 진료기관에 이를 지급하도록 청구할 수 있으며, 가해자의 고의사고의 경우에도 직접청구권을 행사할 수 있도록 하고 있다.

(2) 가불금청구권

자동차보험진료수가에 대해서는 그 전액을, 그 외에는 책임보험금 보상한도액의 50% 내에서 가불금지급을 청구할 수 있다. 보험회사는 명백한 면책사고 외에는 가불금의 지급을 거부할 수 없다.

4) 압류 및 양도 금지

피해자의 직접청구권, 가불금청구권 또는 자동차손해배상보장사업에 따른 보상금청구권에 대해서는 압류 또는 양도할 수 없도록 하고 있다.

5) 자동차손해배상보장사업

보유불명(뺑소니)사고나 무보험자동차에 의한 사고발생시에 피해자가 입은 손해를 보상해 주는 정부보장사업을 시행하고 있다.

6) 자동차보험진료수가제도

교통사고 환자는 고시된 자동차보험 진료수가에 의해서 치료받을 수 있으며, 의료기관이 보험회사 등에 진료수가를 청구할 수 있는 경우에는 교통사고 환자에게 치료비를 청구할 수 없도록 하고 있다.

7) 책임보험금의 산정규정

(1) 사망사고

사망사고의 경우 최저보상금으로 2,000만원을 지급하도록 하고 있고, 치료 중 사망사고에 대해서는 1억8,000만원 한도 내에서 치료관계비 및 사망관련 손해액을 지급하도록 하고 있다.

(2) 자동차보험진료수가 치료비의 전액 보상

부상사고의 경우 최소한 자동차보험진료수가상의 치료비에 대해서는 전액 지급하도록 하고 있다.

(3) 장애발생사고

재산상의 손해항목인 부상항목 손해와 장애항목 손해에 대하여 각각 과실상계를 적용하여 그 합산금액을 지급하도록 하고 있다.

8) 의무보험계약승계의 특칙

의무보험에 가입된 자동차가 양도된 경우에 그 자동차의 양도일(양수인이 매매대금을 지급하고 현실적으로 자동차의 점유를 이전받은 날을 말한다)부터 「자동차관리법」 제12조에 따른 자동차소유권 이전등록 신청기간이 끝나는 날(자동차소유권 이전등록 신청기간이 끝나기 전에 양수인이 새로운 책임보험 등의 계약을 체결한 경우에는 그 계약 체결일)까지의 기간은 「상법」 제726조의4에도 불구하고 자동차의 양수인이 의무보험의 계약에 관한 양도인의 권리의무를 승계한다.

2. 자동차보험약관상의 피해자보호제도

1) 의무보험일시담보 특별약관

의무보험에 가입된 자동차가 양도된 경우에 그 자동차의 양도일부터 「자동차관리법」 제12조에 따른 자동차소유권 이전등록 신청기간이 끝나는 날(자동차소유권 이전등록 신청기간이 끝나기 전에 양수인이 새로운 책임보험 등의 계약을 체결한 경우에는 그 계약 체결일)까지의 기간은 「상법」 규정에도 불구하고 자동차의 양수인이 의무보험의 계약에 관한 양도인의 권리의무를 승계한다.

2) 고의사고에 대한 직접청구권

대인배상 I 에서는 계약자 또는 피보험자의 고의사고시 피해자가 직접 청구하는 경우 이를 보상하고 계약자 또는 피보험자에게 구상하도록 하고 있다.

3) 피보험자 개별적용

복수의 피보험자별로 개별적으로 보험회사의 보상책임을 적용하도록 하여 2차적으로 피해자가 보호받을 수 있다.

4) 치료관계비 및 입원간병비 전액 지급

대인배상 I , II 를 포함하여 치료관계비 및 입원간병비를 전액 지급하도록 하고 있다.

5) 가지급금제도

피해자의 청구에 따라 가지급금을 지급하도록 하고 있다.

6) 직접청구권의 우선적용

피보험자의 보험금청구권보다 피해자의 직접청구권이 우선하도록 하고 있다.

3. 기타 피해자보호제도

1) 자동차보험진료수가

보험회사는 교통사고 환자가 발생한 것을 안 경우에는 지체 없이 그 교통사고 환자를 진료하는 의료기관에 해당 진료에 따른 자동차보험진료수가의 지급의사 유무와 지급한도를 알려야 하며, 자동차보험진료수가의 지급의사와 지급한도를 통지받은 의료기관은 자동차보험진료수가를 청구할 수 있다. 의료기관이 자동차보험진료수가를 청구하면 보험회사 등은 30일 이내에 그 청구액을 지급하여야 한다. 의료기관은 보험회사 등에게 자동차보험진료수가를 청구할 수 있는 경우에는 교통사고 환자에게 이에 해당하는 진료비를 청구할 수 없다.

2) 의료기관 등과 관련된 조항

(1) 입원환자에 대한 관리

의료기관은 교통사고로 입원한 환자의 외출이나 외박에 관한 사항을 기록·관리하여야 하며, 입원환자는 외출하거나 외박하려면 의료기관의 허락을 받아야 한다.

(2) 교통사고 환자에 대한 퇴원 또는 전원 지시

의료기관은 입원 중인 교통사고 환자가 수술·처치 등의 진료를 받은 후 상태가 호전되어 더 이상 입원진료가 필요하지 아니한 경우에는 그 환자에게 퇴원하도록 지시할 수 있고, 생활근거지에서 진료할 필요가 있는 경우 등에 해당하면 하위의료기관으로 전원(의료기관 변경) 하도록 지시할 수 있다.

(3) 진료기록, 교통사고조사기록, 교통법규위반 등의 자료의 열람

① 진료기록의 열람

보험회사 등은 자동차보험진료수가를 청구 받으면 그 의료기관에 대하여 관계 진료기록의 열람을 청구할 수 있고, 심사 등을 위탁받은 전문심사기관은 심사 등에 필요한 자료를 의료기관에 요청할 수 있다.

② 교통사고조사기록의 열람

보험회사 등은 보험금 지급 청구를 받은 경우 경찰청 등 교통사고조사기관에 대하여 교통사고 관련 조사기록의 열람을 청구할 수 있다.

③ 교통법규위반 등의 자료의 열람

국토교통부장관은 보험회사 등이 의무보험의 보험료산출 및 보험금 등의 지급업무에 활용하기 위하여 필요한 경우 음주운전 등 교통법규위반 또는 운전면허의 효력에 관한 개인정보를 제공하여 줄 것을 보유기관의 장에게 요청할 수 있다. 이 경우 제공요청을 받은 보유기관의 장은 특별한 사정이 없으면 이에 따라야 한다.

3) 자동차보험진료수가 기준 및 분쟁조정

(1) 자동차보험진료수가 기준

국토교통부장관은 교통사고 환자에 대한 적절한 진료를 보장하고 진료비에 관한 분쟁을 방지하기 위하여 자동차보험진료수가에 관한 기준을 정할 수 있다.

(2) 자동차보험진료수가 분쟁조정

보험회사 등과 의료기관은 자동차보험진료수가와 관련된 분쟁의 예방 및 신속한 해결을 위한 자동차보험진료수가 분쟁심의회를 구성하고, 진료수가에 대하여 분쟁이 발생하면 심사를 청구할 수 있다. 심사결정에 대하여 통지를 받은 날부터 30일 이내에 소송을 제기하지 아니한 경우에는 그 30일이 지난날의 다음날에 당사자간에 결정내용과 같은 내용의 합의가 성립된 것으로 본다.

4) 사고부담금

자동차를 운행할 수 있는 자격을 갖추지 아니한 상태(자격의 효력이 정지된 경우를 포함한다)에서 ① 자동차를 운행하다가 일으킨 사고, ② 술에 취한 상태에서 자동차를 운행하다가 일으킨 사고, ③ 사고 후 안전조치불이행 사고에 대하여 사고부담금을 부과한다.

5) 자동차사고 피해지원 사업

(1) 자동차손해배상보장사업

① 자동차보유자를 알 수 없는 경우

자동차보유자를 알 수 없는 자동차의 운행으로 사망하거나 부상한 경우 보험가입자 등이 아닌 자가 운행자책임에 따른 손해배상의 책임을 지게 되는 경우에 책임보험금의 한도 내에서 손해액을 지급한다.

② 중증 후유장애인에 대한 재활지원

정부는 자동차의 운행으로 인한 사망자나 대통령령으로 정하는 중증 후유장애인의 유자녀 및 피부양가족이 경제적으로 어려워 생계가 곤란하거나 학업을 중단하여야 하는 문제 등을 해결하고 중증 후유장애인이 재활할 수 있도록 지원할 수 있다.

심화TIP 정부지원대상자(자동차손해배상보장법 시행령 제21조 제1항)

정부가 지원할 수 있는 대상자는 다음 각 호의 요건을 모두 갖춘 사람으로서 지원대상자로 결정된 자로 한다. 다만, 지원을 위한 재원이 부족할 경우에는 생활형편이 어려운 자의 순서로 그 지원대상자를 선정할 수 있다.

1. 중증 후유장애인, 사망자 또는 중증 후유장애인의 유자녀 및 피부양가족일 것
2. 생활형편이 「국민기초생활보장법」에 따른 기준 중위소득을 고려하여 국토교통부장관이 정하는 기준에 해당되어 생계 유지, 학업 또는 재활치료(중증 후유장애인인 경우만 해당한다)를 계속하기 곤란한 상태에 있을 것

(2) 자동차사고 피해예방 사업

자동차사고 피해예방을 위한 교육 및 홍보 또는 이와 관련한 시설 및 장비의 지원 등의 사업을 지원할 수 있다.

(3) 후유장애인 등의 재활지원

자동차사고 부상자나 부상으로 인한 후유장애인의 재활을 지원하기 위한 의료재활시설 및 직업재활시설을 설치하여 그 재활에 필요한 의료재활사업 및 직업재활사업(직업재활상담을 포함한다) 등을 실시할 수 있다.

제 3 장 자동차보험 보통약관

제1절 자동차보험 개요

1. 자동차보험의 분류

1) 담보종목에 의한 분류

배상책임보험(대인배상Ⅰ, 대인배상Ⅱ, 대물배상)과 상해보험(자기신체사고, 무보험자동차상해), 자기차량보험으로 구분할 수 있다.

2) 가입대상에 의한 분류

(1) 개인용 자동차보험

법정 정원 10인승 이하의 개인소유 자가용 승용차. 다만, 인가된 자동차학원 또는 자동차학원 대표자가 소유하는 자동차로서 운전교습, 도로주행교육 및 시험에 사용되는 승용자동차는 제외한다.

(2) 업무용 자동차보험

위 개인용 자동차보험의 가입대상이 아닌 모든 비사업용 자동차가 대상이다. 따라서 개인소유라 하더라도 11인승 이상의 승합차의 경우는 업무용 자동차보험에 가입하여야 하고, 법인소유의 자가용 승용차도 업무용 자동차보험에 가입하여야 한다.

(3) 영업용 자동차보험

모든 사업용 자동차가 가입대상이다.

2. 용어의 정의

1) 가지급금

자동차사고로 인하여 소요되는 비용을 충당하기 위하여, 보험회사가 피보험자에 대한 보상책임이나 피해자에 대한 손해배상책임을 확정하기 전에 그 비용의 일부를 피보험자 또는 피해자에게 미리 지급하는 것을 말한다.

2) 단기요율

보험기간이 1년 미만인 보험계약에 적용되는 보험요율을 말한다.

3) 마약 또는 약물 등

「도로교통법」 제45조에서 정한 마약, 대마, 향정신성의약품 등을 말한다.

4) 무면허운전(조종)

「도로교통법」 또는 「건설기계관리법」의 운전(조종)면허에 관한 규정에 위반되는 무면허 또는 무자격운전(조종)을 말하며, 운전(조종)면허의 효력이 정지된 상황이거나 운전(조종)이 금지된 상황에서 운전(조종)하는 것을 포함한다.

5) 무보험자동차

피보험자동차가 아니면서 피보험자를 죽게 하거나 다치게 한 자동차로서 다음 중 어느 하나에 해당하는 것을 말한다. 이 경우 자동차라 함은 「자동차관리법」에 의한 자동차, 「건설기계관리법」에 의한 건설기계, 「군수품관리법」에 의한 차량, 「도로교통법」에 의한 원동기장치자전거 및 개인형 이동장치, 「농업기계화촉진법」에 의한 농업기계를 말하며, 피보험자가 소유한 자동차를 제외한다.

① 자동차보험 대인배상Ⅱ나 공제계약이 없는 자동차
② 자동차보험 대인배상Ⅱ나 공제계약에서 보상하지 않는 경우에 해당하는 자동차
③ 이 약관에서 보상될 수 있는 금액보다 보상한도가 낮은 자동차보험의 대인배상Ⅱ나 공제계약이 적용되는 자동차. 다만, 피보험자를 죽게 하거나 다치게 한 자동차가 2대 이상이고 각각의 자동차에 적용되는 자동차보험의 대인배상Ⅱ 또는 공제계약에서 보상되는 금액의 합계액이 이 약관에서 보상될 수 있는 금액보다 낮은 경우에 한하는 그 각각의 자동차
④ 피보험자를 죽게 하거나 다치게 한 자동차가 명확히 밝혀지지 않은 경우 그 자동차(도로교통법에 의한 개인형 이동장치는 제외)

6) 운전(조종)

「도로교통법」상 도로에서 자동차 또는 건설기계를 그 본래의 사용방법에 따라 사용하는 것을 말한다.

7) 운 행

사람 또는 물건의 운송 여부와 관계없이 자동차를 그 용법에 따라 사용하거나 관리하는 것을 말한다.

8) 음주운전(조종)

「도로교통법」에 정한 술에 취한 상태에서 운전(조종)하거나 음주측정에 불응하는 행위를 말한다.

9) 자동차보유자

자동차의 소유자나 자동차를 사용할 권리가 있는 자로서 자기를 위하여 자동차를 운행하는 자를 말한다(자동차손해배상보장법 제2조 제3호).

10) 자동차취급업자

자동차취급업자란 자동차정비업, 대리운전업, 주차장업, 급유업, 세차업, 자동차판매업, 자동차탁송업 등 자동차를 취급하는 것을 업으로 하는 자(이들의 피용자 및 이들이 법인인 경우에는 그 이사와 감사를 포함)를 말한다.

11) 피보험자

보험회사에 보상을 청구할 수 있는 자로서 다음 중 어느 하나에 해당하는 자를 말하며, 구체적인 피보험자의 범위는 각각의 보장종목에서 정하는 바에 따른다.

① **기명피보험자** : 피보험자동차를 소유·사용·관리하는 자 중에서 보험계약자가 지정하여 보험증권의 기명피보험자란에 기재되어 있는 피보험자를 말한다.

② **친족피보험자** : 기명피보험자와 같이 살거나 살림을 같이 하는 친족으로서 피보험 자동차를 사용하거나 관리하고 있는 자를 말한다.

③ **승낙피보험자** : 기명피보험자의 승낙을 얻어 피보험자동차를 사용하거나 관리하고 있는 자를 말한다.

④ **사용피보험자** : 기명피보험자의 사용자 또는 계약에 따라 기명피보험자의 사용자에 준하는 지위를 얻은 자. 다만, 기명피보험자가 피보험자동차를 사용자의 업무에 사용하고 있는 때에 한한다.

⑤ **운전피보험자** : 다른 피보험자(기명피보험자, 친족피보험자, 승낙피보험자, 사용피보험자)를 위하여 피보험자동차를 운전 중인 자(운전보조자를 포함)를 말한다.

12) 피보험자동차

피보험자동차란 보험증권에 기재된 자동차를 말한다.

13) 피보험자의 부모, 배우자, 자녀

① **피보험자의 부모** : 피보험자의 부모, 양부모를 말한다.

② **피보험자의 배우자** : 법률상의 배우자 또는 사실혼관계에 있는 배우자를 말한다.

③ **피보험자의 자녀** : 법률상의 혼인관계에서 출생한 자녀, 사실혼관계에서 출생한 자녀, 양자 또는 양녀를 말한다.

14) 사고발생시의 조치의무위반

사고발생시의 조치의무위반이란 「도로교통법」에서 정한 사고발생시의 조치를 하지 않은 경우를 말한다. 다만, 주·정차된 차량만 손괴한 것이 분명한 경우에 피해자에게 인적사항을 제공하지 아니한 경우는 제외한다.

15) 보험가액

① 보험계약을 체결하는 경우 보험계약 체결 당시 보험개발원이 정한 최근의 자동차보험 차량기준가액표(적용요령 포함)에 정한 가액을 말한다.

② 보험계약 체결 후 사고가 발생한 경우 보험사고발생 당시 보험개발원이 정한 최근의 자동차보험 차량기준가액표(적용요령 포함)에 정한 가액을 말한다.

16) 마약·약물운전

마약 또는 약물 등의 영향으로 인하여 정상적인 운전을 하지 못할 우려가 있는 상태에서 운전하는 행위를 말한다.

제2절 대인배상 I (자동차손해배상책임보험)

1. 보상하는 손해

1) 보상하는 손해

대인배상 I 은 피보험자가 피보험자동차의 운행으로 인하여 다른 사람을 죽거나 다치게 하여 「자동차손해배상보장법」 제3조에 의한 손해배상책임을 짐으로써 입은 손해를 보상하는 보험이며, 「자동차손해배상보장법」상의 운행자책임을 중심으로 한 의무보험이다. 대법원에서도 "대인배상 I 의 보상범위는 자동차보유자의 「자동차손해배상보장법」상의 손해배상책임에 한정된다"고 판시하였다(대법원 1997.6.10. 선고 95다22740 판결).

2) 대인배상 II 와의 관계

(1) 약관의 규정

대인배상 II 에서는 피보험자가 피보험자동차를 소유, 사용 또는 관리하는 동안에 생긴 피보험자동차의 사고로 인하여 다른 사람을 죽게 하거나 다치게 하여 법률상 손해배상책임을 짐으로써 입은 손해를 보상하고, 그 손해액 중에서 대인배상 I 로 지급되는 금액 또는 피보험자동차가 대인배상 I 에 가입되어 있지 아니한 경우에는 대인배상 I 로 지급될 수 있는 금액을 공제하도록 규정하고 있다.

(2) 판례의 태도

대법원에서는 자동차보유자가 「자동차손해배상보장법」에 의한 손해배상책임을 지지 아니하고 「민법」상의 불법행위로 인한 손해배상책임만을 부담하게 된 사안에서, "약관에 의하여 공제되어야 할 대인배상 I 로 지급되거나 지급될 수 있는 금액이란 피보험자가 법률상 손해배상책임을 짐으로써 입은 손해 중 대인배상 I 로 지급되거나 지급될 수 있는 금액이 있으면 피보험자동차가 대인배상 I 에 가입되어 있는지를 묻지 않고 이를 보험자가 보상할 금액에서 공제하고 그 나머지만을 보상한다는 취지이지, 사안과 같이 자동차보유자가 「민법」상의 불법행위로 인한 손해배상책임만을 부담하는 관계로 대인배상 I 이 적용될 여지가 없어 대인배상 I 이 적용될 경우를 가상하여 산정한 금액을 넘는 손해를 보상한다는 취지는 아니며, 그 경우에는 다른 특별한 사정이 없는 한 피보험자가 법률상 손해배상책임을 짐으로써 입은 손해의 전부를 대인배상 II 로 보상받을 수 있다"고 판시하였다(대법원 2000.10.6. 선고 2000다32840 판결).

2. 피보험자

대인배상 I 에서 피보험자란 다음 중 어느 하나에 해당하는 자를 말하며, 다음에서 정하는 자 외에도 「자동차손해배상보장법」상 자동차보유자에 해당하는 자가 있는 경우에는 그 자를 대인배상 I 의 피보험자로 본다.

1) 기명피보험자

기명피보험자란 피보험자동차를 소유, 사용 또는 관리하는 자 중에서 보험계약자가 지정하여 보험증권의 기명피보험자란에 기재되어 있는 피보험자를 말한다. 통상 자동차등록원부상의 소유자가 기명피보험자가 되지만, 그밖에 소유권유보부 매매계약의 매수인, 리스계약의 리스이용자, 임대차계약의 임차인처럼 피보험자동차를 사용 또는 관리하는 지위에 있어 피보험이익을 가지고 있는 보유자도 기명피보험자가 된다.

2) 친족피보험자

(1) 의 의

친족피보험자란 기명피보험자와 같이 살거나 살림을 같이 하는 친족으로서 피보험자동차를 사용 또는 관리하고 있는 자를 말한다. 일반적으로 동거친족은 그 특수한 신분으로 인하여 피보험자동차를 사용하는 일이 많으므로 피보험자의 범위에 포함시킨 것이다. 친족피보험자는 승낙피보험자와는 달리 기명피보험자의 승낙 여부를 불문하고 피보험자의 지위를 갖는다.

(2) 친족피보험자의 필요성

친족피보험자에 있어서 승낙을 요건으로 명시하지 않은 이유는 보험사의 보상책임 여부를 판단하면서 기명피보험자의 직접적 승낙 여부가 다툼이 되었을 때 승낙피보험자 대신 친족피보험자 규정을 적용하여 배상책임이 있는 친족을 피보험자로 보호하고 피보험자동차의 사용실태로 보아 통상 기명피보험자의 묵시적 승낙을 받은 것으로 추정할 수 있기 때문에 피보험자의 범위에 포함시키고 있는 것이다. 친족피보험자로 인정되면 보험회사는 이들에 대해서 대위권을 행사할 수 없게 된다.

(3) 무단운전을 한 친족에 대한 대위권행사 가능 여부(한주머니이론)

기명피보험자의 직접적 승낙이 없는 경우, 예를 들어 기명피보험자인 아버지가 부재중이어서 부득이 어머니의 승낙을 받고 피보험자동차를 사용하던 아들이 사고를 낸 경우, 기명피보험자인 아버지의 직접적인 승낙이 없으므로 승낙피보험자에는 해당하지 않으나, 아들은 보유자이자 친족피보험자로서 보험금청구권을 행사할 수 있다. 반면에 친족이라 하더라도 기명피보험자의 명시적 의사에 반하여 승낙 없이 피보험자동차를 사용 또는 관리하는 무단운전자는 보유자에 해당하지 않으므로 친족피보험자에도 해당하지 않는다. 그럼에도 불구하고 무단운전을 한 친족은 보험회사의 대위권행사의 대상이 되는 제3자의 범위에는 포함되지 않는다(대법원 2000.6.23. 선고 2000다9116 판결).

3) 승낙피보험자

(1) 의 의

승낙피보험자란 기명피보험자의 승낙을 얻어 피보험자동차를 사용하거나 관리하고 있는 자를 말한다. 여기서 승낙은 반드시 기명피보험자로부터의 직접적인 승낙이어야 하나, 대리인에 의한 승낙도 인정된다. 그리고 명시적 또는 묵시적 승낙 여부를 불문하며, 포괄적인 승낙 또는 사후승낙의 개연성이 인정되는 경우도 승낙에 포함된다.

(2) 전차인(승낙의 승낙)의 경우

기명피보험자로부터 자동차의 사용승낙을 받은 승낙피보험자가 다시 자동차를 전대한 경우 전차인은 기명피보험자로부터 자동차의 사용승낙을 받은 자로 볼 수 없으므로 원칙적으로는 승낙피보험자에 해당하지 아니한다.

판례에서는 "기명피보험자의 승낙과 동일하게 볼 수 있는 특단의 사정이 있었다면 전차인도 승낙피보험자가 될 수 있다"고 하여 보험자의 보상책임을 인정하고 있다(대법원 1993.1.19. 선고 92다32111 판결). 예를 들어 아내가 기명피보험자로 기재되어 있으나 피보험자동차의 사용 또는 관리에 전혀 관여하지 않고, 남편이 실질적으로 자동차의 운행경비나 보험료 등을 모두 부담하고 차량을 전적으로 사용 또는 관리하는 경우, 남편으로부터 차량의 사용승낙을 받은 자는 승낙피보험자에 해당된다. 또한 택배회사 또는 관광버스회사의 지입차주처럼 실제 소유주는 지입차주인 경우에 지입차주로부터 차량의 사용승낙을 받은 경우에도 승낙피보험자에 해당된다.

(3) 자동차취급업자의 경우

자동차정비업, 대리운전업, 주차장업, 급유업, 세차업, 자동차판매업, 자동차탁송업 등 자동차를 취급하는 것을 업으로 하는 자(이들의 피용자 및 이들이 법인인 경우에는 그 이사와 감사를 포함)가 업무로서 위탁받은 피보험자동차를 사용 또는 관리하는 경우에 대인배상 I 에서는 명시적으로 승낙피보험자에서 제외한다는 규정이 없다. 따라서 현행 약관 체계에서는 대인배상 I 에 있어서 승낙피보험자에 해당한다.

(4) 승낙피보험자성을 인정 또는 부인한 사례

① 주차장의 관리를 겸하고 있는 건물관리인에게 차량이동을 의뢰한 경우 기명피보험자의 운행지배가 단절되지 않는다고 한 사례

건물관리인 A가 퇴근하기에 앞서 다른 차량들이 건물내 주차장을 이용하지 못하도록 을(乙) 소유차량을 주차장 밖 도로에 주차한 후 주차장 출입구를 쇠사슬로 걸어두기 위하여 건물 1층에서 약국을 운영하는 B의 처 C에게서 B 소유차량의 열쇠를 넘겨받아 운전하던 중 교통사고를 일으킨 사안에서, B가 차량에 대한 운행지배와 운행이익을 상실하지 않았다고 하여 소유자의 운행자책임을 인정하였다(대법원 2012.3.29. 선고 2010다4608 판결).

② 승낙의 승낙에 대한 피보험자성을 부정한 사례

기명피보험자 A로부터 승낙을 받아 피보험자동차를 관리하던 B는 차량을 잠시 사용하게 해달라고 부탁하는 C의 요청을 거절하지 못하고 차량을 잠시 빌려주었는데 여러 차례 반환독촉에도 불구하고 C가 차량을 반환하지 않고 있던 중 발생한 사고에서 C는 승낙피보험자에 해당하지 않는다고 판결하였다(대법원 1995.4.28. 선고 94다43870 판결).

③ 양수인을 승낙피보험자로 인정한 사례

차량을 할부로 구입한 소유자 A는 차량의 할부대금을 B가 납입하고 금 100만원을 별도로 지급받는 자동차매매계약을 체결한 후, B에게 명의이전관련 서류를 교부하지 않고 차량만을 인도한 상태에서 B가 차량을 운행하던 중 발생한 교통사고에 대하여 A의 보험회사 입장에서 A는 기명피보험자, B는 승낙피보험자에 해당한다고 판결하였다(대법원 1997.3.14. 선고 95다48728 판결).

④ 재승낙인을 승낙피보험자로 인정한 사례

소유자 A와 오랜 친구사이인 B는 A에게 차량을 빌리면서 경주로 장기간 여행을 가며 탑승인원도 많을 수 있다는 이야기를 들은 후에 차량사용을 허락하였다면 A는 포괄적 사용권한을 승낙한 것으로 보아야 하므로 B가 C에게 차량사용을 허락한 후 발생한 사고에 대하여 C도 승낙피보험자에 해당한다고 판결하였다(대법원 1993.1.19. 선고 92다32111 판결).

4) 사용피보험자

사용피보험자란 기명피보험자의 사용자 또는 계약에 의하여 기명피보험자의 사용자에 준하는 지위를 얻은 자로서 기명피보험자가 피보험자동차를 사용자의 업무에 사용하고 있는 때에 그 사용자를 말한다. 회사와 고용관계에 있는 직원이 자기소유의 자동차(피보험자동차)를 회사의 업무를 위해 운행하다가 사고를 일으킨 경우 사용자인 회사는 「자배법」 제3조에 의한 운행자책임 및 「민법」상의 사용자책임을 지게 되는데, 이러한 법률규정에 의하여 회사는 피보험자로서 보험의 보호를 받을 수 있다.

5) 운전피보험자

(1) 의 의

운전피보험자란 피보험자를 위하여 피보험자동차를 운전 중인 자(운전보조자를 포함)를 말한다. 이들은 교통사고를 일으킨 직접가해자로서 「민법」상의 불법행위책임을 지는 위치에 있는 사람들이다. 따라서 운전자가 피보험자가 되지 않는다면 대인배상 I 의 보험금을 지급한 보험자는 가해자인 운전자에게 보험자대위에 의하여 지급보험금 상당액을 구상하게 될 것이므로, 이를 피하기 위해 이들을 운전피보험자로 규정하고 있다.

(2) 운전피보험자에 대한 대위권행사를 인정 또는 부정한 사례

① 운전피보험자에 해당되어 대위권을 행사할 수 없다고 한 사례

㉠ 대법원에서는 "피보험자동차의 운전병으로 군복무 중인 피고가 소속부대를 무단으로 벗어나 운전하던 중 사망 사고를 일으키자 보험자가 위 손해를 피해자에게 배상한 뒤 피고를 상대로 보험자대위권에 기한 구상청구를 한 사안에서 운전병은 운전피보험자에 해당하므로 대위권을 행사할 수 없다"고 판시하였다(대법원 1997.3.14. 선고 95다48728 판결).

㉡ 대법원에서는 "회사소유 화물자동차를 고용운전자인 피고가 운전하여 물품을 배달한 후 돌아오는 길에 여자 친구를 조수석에 태워 놀러 갔다 오다가 운전부주의로 노외 추락하여 탑승자인 피해자(여자 친구)를 사망케 한 사고로 화물자동차의 보험을 가입한 보험회사가 피해자의 유족 등에게 보험금을 지급하고 운전자인 피고를 상대로 청구권대위를 행사한 사안에서 운전자인 피고는 차주(회사)의 고용운전자로서 자동차보험 대인배상에 있어서의 운전피보험자에 해당하고 「상법」 제682조에서 말하는 제3자에는 포함되는 자가 아니므로 보험회사의 구상청구는 이유가 없다"고 판시하였다(대법원 1991.11.26. 선고 90다10063 판결).

㉢ 대법원에서는 "갑(甲) 소유의 차량을 피용자인 을(乙)이 운전면허가 없는 병(丙)에게 일시적으로 운전하게 하였다가 교통사고를 일으키자 보험금을 지급한 보험회사가 피용자인 을(乙)과 운전자인 병(丙)에게 청구권대위를 행사하였으나, 을(乙)과 병(丙)은 기명피보험자인 갑(甲)의 피용운전사로서 운전피보험자에 해당하므로 보험자대위권을 행사할 수 없다"고 판시하였다(대법원 1993.6.29. 선고 93다1770 판결).

② 운전피보험자에 해당되지 않아 대위권을 행사할 수 있다고 한 사례

대법원에서는 "○○렌트카로부터 이 사건 차량을 임차하면서 작성한 차량대여계약서에는 '임차인 외의 제3자가 운전하여 사고가 발생하였을시 보험혜택을 받지 못한다'라는 문구가 기재되어 있음에도 불구하고 소외인은 피고로 하여금 이 사건 승용차를 운전하게 하였고 피고가 이 사건 승용차를 운전하던 중 이 사건 사고가 발생한 사실, 이 사건 승용차에 관하여 ○○렌트카와의 사이에 자동차종합보험계약을 체결한 원고는 이 사건 사고로 인한 피해자들에게 보험금을 지급한 사실 등을 알 수 있다. 우선 이 사건 문구 중 '제3자'는 '임차인 본인 이외의 사람'을 의미하는 것이라고 보는 것이 그 문언이나 거래관행에 비추어 타당해 보이고, 그러한 제3자가 운전하여 사고가 발생한 경우에는 보험혜택을 받지 못한다고 규정함으로써 결국 기명피보험자인 ○○렌트카는 임차인 본인 이외의 다른 사람은 이 사건 승용차를 운전하여서는 안 된다는 의사를 명백히 표시한 것이라고 보기에 충분하다. 따라서 설령 피고가 승낙피보험자인 소외인의 허락을 받아 소외인을 위하여 이 사건 승용차를 운전하였다고 하더라도, 이는 기명피보험자인 ○○렌트카의 의사에 명백히 반하는 것이라고 보아야 하므로 다른 특별한 사정이 없는 한 피고는 운전피보험자에 해당하지 않는다"고 판시하였다(대법원 2013.9.26. 선고 2012다116123 판결).

6) 보유피보험자

(1) 의 의

대인배상Ⅰ에서는 보유자도 피보험자에 속한다. 보유자란 자동차소유자 또는 자동차를 사용할 권리가 있는 자로서 자기를 위하여 자동차를 운행하는 자를 말한다. 예를 들어 기명피보험자로부터 차량의 사용승낙을 받은 승낙피보험자가 다시 제3자에게 정상적으로 빌려준 경우 그 제3자는 승낙피보험자가 될 수는 없으나, 보유자에는 해당되므로 대인배상Ⅰ의 피보험자로 인정된다. 결국 정당한 보유자의 유무는 기명피보험자가 포괄적으로 승낙피보험자에게 사용권한을 부여했는지 여부에 따라서 결정될 것이다.

(2) 보유피보험자에 해당한다고 한 사례

판례에서는 "차량의 소유자인 아버지 A는 자기소유 승용차를 부산에서 거주하는 아들 B에게 주어, B가 부산에서 회사 출·퇴근용으로 사용하도록 허락하였다. 아들 B의 회사 동료인 C는 아들 B의 승낙을 얻어 위 승용차를 운전하던 중에 길을 건너는 피해자를 충격하여 사망에 이르게 하였다. C는 승낙피보험자인 아들 B로부터 승낙을 받고 위 승용차를 운전하다가 이 사건 사고를 일으켰으므로 C의 승용차운전은 가족한정 특별약관이 규정한 도난운전이라 할 수 없다"고 하여 C를 보유피보험자로 인정하였다(서울지방법원 2003.7.23. 선고 2002가단237623 판결).

(3) 위 판결에 따른 보험회사의 보상책임

C는 기명피보험자의 승낙을 받지 못하였으므로 승낙피보험자에는 해당하지 않으나, 기명피보험자로부터 포괄적인 사용권한을 부여받은 아들 B로부터 승낙을 받았으므로 무단운전에 해당하지 않고 자동차사용의 정당한 점유자, 즉 보유피보험자로 인정된다. 따라서 대인배상Ⅰ에서 보상되며, C가 다른 자동차 운전담보 특별약관에 가입되어 있다면 대인배상Ⅱ에서도 보상된다.

3. 보상하지 않는 손해

1) 고의로 인한 손해

보험계약자 또는 피보험자의 고의로 인한 손해는 대인배상Ⅰ에서 보상하지 않는다. 다만, 피해자가 보험회사에 직접청구를 한 경우, 보험회사는 자동차손해배상보장법령에서 정한 금액을 한도로 피해자에게 손해배상금을 지급한 다음 지급한 날부터 3년 이내에 고의로 사고를 일으킨 보험계약자나 피보험자에게 그 금액의 지급을 청구한다.

2) 고의에 의한 면책을 부인한 사례

대법원에서는 "사람이 승용차보닛 위에 엎드려 매달리자 그를 차량에서 떨어지게 할 생각으로 승용차를 지그재그로 운전하다가 급히 좌회전하여 위 사람을 승용차에서 떨어뜨려 사망에 이르게 한 사안에서, 피해자의 사망으로 인한 손해가 가해차량 운전자의 '고의에 의한 손해'라고 할 수 없어 면책약관이 적용되지 않는다"고 판시하였다(대법원 2010.11.11. 선고 2010다62628 판결).

4. 다른 사람(타인)

대인배상 I 에서의 다른 사람(타인)이란 「자동차보험 표준약관」 제4조에서 규정하고 있는 피보험자 이외의 자로서 이들 피보험자를 상대로 손해배상을 청구할 수 있는 사람을 말한다. 즉, 「자동차손해배상보장법」상의 보호대상인 다른 사람은 운행자와 당해 자동차의 운전자(운전보조자를 포함)를 제외한 그 이외의 사람을 말한다. 따라서 「자동차손해배상보장법」상 다른 사람으로 인정되지 않는 진정공동운행자 상호간에는 대인배상 I 의 손해배상금 또는 보험금이 지급될 수 없다.

5. 지급보험금의 계산

1) 보상한도

이 약관의 '보험금 지급기준에 의해 산출한 금액'과 '비용'을 합한 금액에서 '공제액'을 공제한 후 보험금으로 지급하되, 「자동차손해배상보장법 시행령」 제3조에 정한 기준에 따라 산출한 금액을 한도로 한다. 다만, 비용은 위의 보험금과 관계없이 보상한다.

(1) 사망의 경우

① 1억5,000만원을 한도로 피해자에게 발생한 손해액. 다만, 그 손해액이 2,000만원 미만인 경우에는 2,000만원으로 한다.

② 부상한 자가 치료 중 그 부상이 원인이 되어 사망한 경우에는 사망한도액 및 부상한도액의 합산액 범위에서 피해자에게 발생한 손해액

(2) 부상의 경우

① 피해자에게 발생한 손해액

② 손해액이 진료비 해당액에 미달하는 경우에는 급수별 한도 범위에서 그 진료비 해당액

(3) 후유장애의 경우

① 급수별 한도 범위에서 피해자에게 발생한 손해액

② 부상한 자에게 후유장애가 생긴 경우에는 부상에 의한 손해액 및 장애에 의한 손해액의 합산액

2) 대인배상 I 의 보험금 산정에 대한 판례의 태도

(1) 부상 후 후유장애가 있는 경우 대인배상 I 의 보험금 산정방법

부상한 경우에는 「자동차손해배상보장법 시행령」에서 정하는 상해급수별 한도금액의 범위 안에서 피해자에게 발생한 손해액. 다만, 그 손해액이 자동차보험진료수가에 관한 기준에 의하여 산출한 진료비 해당액에 미달하는 경우에는 「자동차손해배상보장법 시행령」에서 정하는 금액의 범위 안에서 그 진료비 해당액으로 한다고 규정하고 있고, 부상에 대한 치료가 완료된 후 당해 부상이 원인이 되어 신체의 장해가 생긴 경우에는 후유장애급수별 한도액의 범위 안에서 피해자에게 발생한 손해액이라고 규정하고 있다. 부상이 원인이 되어 후유장애가 생긴 경우에는 그 각 손해액이 「자동차손해배상보장법 시행령」에서 정한 급수별 한도금액을 초과하는 때에는 급수별 한도에서 정한 금액, 그 각 손해액이 급수별 한도금액에서 정한 금액에 미달하는 때에는 그 각 손해액을 각각 책임보험금으로 하되, 부상으로 인한 손해액이 자동차보험진료수가기준에 의하여 산출한 진료비 해당액에 미달하는 때에는 그 진료비 해당액을 부상으로 인한 책임보험금으로 한다(대법원 2011.3.24. 선고 2010다94021 판결).

(2) 공동불법행위 사고시 각 보험자의 대인배상 I 의 보험금 지급범위(복수책임설)

판례에서는 복수책임설을 채택하여, "각 책임보험자는 피해자의 손해액을 한도로 하여 각자의 책임보험한도액 전액을 피해자에게 지급할 책임을 지는 것"이라고 하여 공동불법행위 사고시 피해자보호를 두텁게 인정하고 있다.

제3절 대인배상Ⅱ

1. 보상하는 손해

1) 보상하는 손해(약관 제6조)

보험회사는 피보험자가 피보험자동차를 소유, 사용 또는 관리하는 동안에 생긴 피보험자동차의 사고로 인하여 다른 사람을 죽게 하거나 다치게 하여 법률상 손해배상책임을 짐으로써 입은 손해(대인배상Ⅰ에서 보상하는 손해를 초과하는 손해에 한함)를 보상한다.

2) 소유, 사용 또는 관리

보유자가 자동차를 그 용법에 따라 소유, 사용 또는 관리하는 것을 말한다.

3) 법률상 손해배상책임

「자동차손해배상보장법」상의 운행자책임을 비롯하여 「민법」상의 불법행위책임 및 채무불이행책임, 「국가배상법」상의 손해배상책임 등 일체의 법률상 손해배상책임을 담보한다.

2. 대인배상Ⅰ의 피보험자와의 차이점

1) 승낙피보험자 중 취급업자

취급업자가 피보험자동차를 그의 업무와 관련하여 위탁받은 경우 대인배상Ⅰ에서는 승낙피보험자로 인정되지만, 대인배상Ⅱ에서는 피보험자로 인정되지 않는다. 여기서 취급업자는 반드시 사업자등록증이 있는 합법적인 업자만을 말하는 것은 아니며, 불법업자라고 하더라도 취급업자에 포함된다. 예를 들어 누구나 운전할 수 있는 보험에 가입한 차량의 소유자가 피보험자동차의 수리를 불법정비업소에 위탁한 후 사고가 발생하여 대인배상Ⅰ 초과손해가 생긴 경우 취급업자인 불법정비업소는 대인배상Ⅱ의 피보험자에 해당되지 않으므로 그 초과손해에 대해서 보험회사는 대위권을 행사한다.

2) 운전피보험자 중 취급업자를 위하여 운전하는 자

취급업자를 위하여 운전하는 자도 취급업자와 마찬가지로 대인배상Ⅱ의 피보험자에서 제외된다.

3) 운전피보험자의 보험금청구권

「민법」상 불법행위책임도 보상하는 손해에 포함되므로 대인배상Ⅰ과는 달리 대인배상Ⅱ에서는 운전피보험자의 보험금청구권도 인정된다.

4) 보유피보험자

대인배상Ⅰ의 보유피보험자는 대인배상Ⅱ의 피보험자에서 제외된다.

3. 보상하지 않는 손해

1) 대인배상Ⅱ와 대물배상의 공통면책사유

① 보험계약자 또는 기명피보험자의 고의로 인한 손해

② 기명피보험자 이외의 피보험자의 고의로 인한 손해

③ 전쟁, 혁명, 내란, 사변, 폭동, 소요 또는 이와 유사한 사태로 인한 손해

④ 지진, 분화, 태풍, 홍수, 해일 등 천재지변으로 인한 손해

⑤ 핵연료물질의 직접 또는 간접적인 영향으로 인한 손해

⑥ 영리를 목적으로 요금이나 대가를 받고 피보험자동차를 반복적으로 사용하거나 빌려 준 때에 생긴 손해. 다만, 다음의 어느 하나에 해당하는 경우에는 보상한다.

㉠ 임대차계약(계약기간이 30일을 초과하는 경우에 한함)에 따라 임차인이 피보험자동차를 전속적으로 사용하는 경우(다만, 임차인이 피보험자동차를 영리를 목적으로 요금이나 대가를 받고 반복적으로 사용하는 경우에는 보상하지 않는다)

㉡ 피보험자와 동승자가 「여객자동차운수사업법」에 따른 토요일, 일요일 및 공휴일을 제외한 날의 출・퇴근 시간대(오전 7시부터 오전 9시까지 및 오후 6시부터 오후 8시까지를 말한다)에 실제의 출・퇴근 용도로 자택과 직장 사이를 이동하면서 승용차 함께타기를 실시한 경우

⑦ 피보험자가 제3자와 손해배상에 관한 계약을 맺고 있을 때 그 계약으로 인하여 늘어난 손해

⑧ 피보험자동차를 시험용, 경기용 또는 경기를 위해 연습용으로 사용하던 중 생긴 손해. 다만, 운전면허시험을 위한 도로주행시험용으로 사용하던 중 생긴 손해는 보상한다.

2) 대인배상Ⅱ의 고유면책사유

다음 중 어느 하나에 해당하는 사람이 죽거나 다친 경우에는 대인배상Ⅱ에서 보상하지 않는다.

① 피보험자 또는 그 부모, 배우자 및 자녀

② 배상책임이 있는 피보험자의 피용자로서 「산업재해보상보험법」에 의한 재해보상을 받을 수 있는 사람. 다만, 그 사람이 입은 손해가 「산업재해보상보험법」에 의한 보상범위를 넘는 경우 그 초과손해를 보상한다.

③ 피보험자동차가 피보험자의 사용자의 업무에 사용되는 경우 그 사용자의 업무에 종사 중인 다른 피용자로서, 「산업재해보상보험법」에 의한 재해보상을 받을 수 있는 사람. 다만, 그 사람이 입은 손해가 「산업재해보상보험법」에 의한 보상범위를 넘는 경우 그 초과손해를 보상한다.

4. 유상운송면책

1) 면책취지

자가용자동차의 유상운송이 법률로 금지되어 있고, 위험의 동질성이 일반차량에 비해서 높아지기 때문에 유상운송으로 인한 사고를 면책으로 하고 있다.

2) 면책요건

(1) 영리를 목적으로 요금이나 대가를 받을 것

요금이나 대가란 렌트카요금, 택시비 등에 상당하는 요금이나 대가를 말하는 것이므로 고속도로 통행료, 차량유류비, 운전자의 점심값 등의 실비변상적인 비용은 해당되지 않는다. 요금이나 대가를 이미 받은 경우는 물론이고 앞으로 받기로 한 약정이 있는 경우에도 유상운송에 포함된다.

(2) 반복적일 것

1회성의 유상운송에 대하여는 면책하지 않고, 2회 이상의 반복적인 유상운송에 대해서만 면책한다.

(3) 장기임대차의 경우

계약기간이 30일을 초과하는 임대차계약에 의해 임차인이 피보험자동차를 전속적으로 사용하는 경우에는 유상운송면책사유에 해당되지 않는다. 그러나 임차인이 피보험자동차를 영리를 목적으로 요금이나 대가를 받고 반복적으로 유상운송에 사용하는 경우에는 보상하지 않는다.

(4) 인과관계 여부 불필요

유상운송면책사유는 유상운송 중에 발생한 사고이면 족하고, 사고발생과 유상운송 사이의 인과관계를 요하지 않는다. 따라서 유상운송을 종료하고 귀가하던 중의 사고인 경우에도 유상운송 중의 사고에 포함된다.

3) 유상운송위험담보 특별약관

보험회사는 보험증권에 기재된 자동차(피보험자동차)가 다인승 1, 2종 승용자동차(일반승용차는 제외)로서 유상으로 운송에 제공하는 경우에는 이 특별약관에 따라 보상한다(개인용 및 업무용 자동차보험 공통사항).

4) 업무용 자동차보험약관

피보험자동차가 승용차 또는 승합차인 경우 장기임대차계약의 예외조항이 없으므로 예외 없이 유상운송 중의 사고는 면책된다. 다만, 다인승 1, 2종 승용자동차, 승합자동차는 유상운송위험담보 특별약관에 가입되어 있으면 보상이 가능하다. 그러나 화물차의 경우에는 보통약관의 유상운송면책사유의 적용을 받지 않으므로 유상운송 중의 사고도 보상받을 수 있다.

5) 유상운송시에도 면책되지 아니하는 경우

(1) 개인용 자동차보험

① 임대차계약(계약기간이 30일 초과하는 경우에 한함)에 따라 임차인이 피보험자동차를 전속적으로 사용하는 경우

② 다인승 1, 2종 승용자동차가 유상운송위험담보 특별약관에 가입한 경우

(2) 업무용 자동차보험

① 피보험자동차가 승용차 또는 승합차(버스)가 아닌 경우(예 화물자동차)

② 다인승 1, 2종 승용차와 승합차가 유상운송위험담보 특별약관에 가입한 경우

(3) 영업용 자동차보험

영업용 자동차보험에 가입된 차량은 사업목적의 자동차이므로 유상운송을 이유로 면책할 수 없다. 다만, 피보험자동차가 대여사업용자동차(렌트카)인 경우 임차인이 영리를 목적으로 요금이나 대가를 받고 피보험자동차를 반복적으로 사용하는 경우에는 보상하지 않는다.

5. 무면허운전면책

1) 약관규정

피보험자 본인이 무면허운전을 하였거나, 기명피보험자의 명시적·묵시적 승인하에서 피보험자동차의 운전자가 무면허운전을 하였을 때 생긴 사고로 인한 손해는 보상하지 않는다. 여기서 승인은 무면허운전에 대한 승인이며, 승인의 주체는 기명피보험자만 해당된다. 따라서 기명피보험자가 통상의 주의의무를 다하였음에도 운전자가 무면허라는 사실을 몰랐다면 기명피보험자에 대해 무면허운전면책약관을 적용할 수 없다.

2) 묵시적 승인의 판단기준

기명피보험자 이외의 자가 무면허운전을 했을 때에는 기명피보험자의 명시적·묵시적 승인이 있는 경우에만 면책되는데, ① 평소 무면허운전자의 운전에 관하여 소유자가 취해 온 태도, ② 무면허운전자의 관계, ③ 평소 차량의 운전 및 관리상황, ④ 당해 무면허운전이 가능하게 된 경위, ⑤ 운전의 목적 등 제반사정을 함께 참작하여 명시적으로 승인한 것과 동일시할 정도에 해당하는지 여부를 판단하여야 한다.

3) 기명피보험자의 묵시적 승인이 인정된 경우(대인배상Ⅱ 면책)

대법원에서는 "소외1은 면허정지 후에도 계속 이 사건 차량을 지속적으로 운행하였고, 소외1과 동거하며 면허정지 사실을 알고 있던 기명피보험자의 남동생 소외2는 소외1의 이러한 무면허운전 사실을 알면서도 이를 묵시적으로 승인한 것으로 보이며, 이러한 묵시적 승인은 소외1의 무면허운전을 명시적으로 승인한 것과 동일시할 정도에 이르렀다고 봄이 타당하다"고 판시하였다(대법원 2013.9.13. 선고 2013다32048 판결).

6. 사고부담금

1) 의 의

사고부담금이란 피보험자 본인 또는 기명피보험자의 명시적 · 묵시적 승인하에서 음주운전이나 무면허운전을 하는 동안에 생긴 사고 또는 사고발생시의 조치의무를 위반한 경우로 보험회사가 보험금을 지급하는 경우, 피보험자가 보험회사에 일정액을 부담하는 것을 말한다. 이러한 사고부담금제도를 운영하는 이유는 일정한 중대사고시 피보험자에게 본인부담액을 발생시킴으로써 법규준수와 안전운전을 유도하기 위함이다.

2) 부과대상

기명피보험자를 포함하여 해당되는 행위를 한 모든 피보험자에게 부과한다. 여기서 피보험자는 다른 특별한 사정이 없는 한 법률상 손해배상책임이 있는 자와 동일한 의미로 보아야 한다(대법원 2013.3.14. 선고 2012다90603 판결)

03

3) 사고부담금의 부과원인

(1) 음주운전

음주운전이란 「도로교통법」에 정한 술에 취한 상태에서 운전(조종)하거나 음주측정에 불응하는 행위를 말한다. 여기서 술에 취한 상태는 혈중 알코올농도가 0.03% 이상인 경우를 말한다.

(2) 사고발생시 조치의무위반

사고발생시 조치의무위반이란 차량의 운전 등으로 인하여 사람을 사상하거나 물건을 손괴한 경우에는 그 차의 운전자 등은 즉시 정차하여 사상자를 구호하는 등 필요한 조치를 하여야 하며, 피해자에게 인적사항을 제공해야 할 의무를 위반한 것을 말한다.

(3) 무면허운전

무면허운전이란 「도로교통법」 또는 「건설기계관리법」의 운전(조종)면허에 관한 규정에 위반되는 무면허 또는 무자격 운전(조종)을 말하며, 운전(조종)면허의 효력이 정지된 상황이거나 운전(조종)이 금지된 상황에서 자동차 또는 건설기계를 그 본래의 사용방법에 따라 사용하는 것을 말한다.

(4) 마약 · 약물운전

마약 또는 약물 등의 영향으로 인하여 정상적인 운전을 하지 못할 우려가 있는 상태에서 운전하는 행위를 말한다.

4) 부과원인별 사고부담금

피보험자 본인이 음주운전이나 무면허운전 또는 마약·약물운전을 하는 동안에 생긴 사고 또는 사고발생시의 조치의무를 위반한 경우 또는 기명피보험자의 명시적·묵시적 승인하에서 피보험자동차의 운전자가 음주운전이나 무면허운전 또는 마약·약물운전을 하는 동안에 생긴 사고 또는 사고발생시의 조치의무를 위반한 경우로 인하여 보험회사가 대인배상 I, 대인배상 Ⅱ 또는 대물배상에서 보험금을 지급하는 경우, 피보험자는 다음에서 정하는 사고부담금을 보험회사에 납입하여야 한다. 다만, 마약·약물운전은 대인배상Ⅱ 및 「자동차손해배상보장법」 제5조 제2항의 규정에 따라 자동차보유자가 의무적으로 가입하여야 하는 대물배상 보험가입금액 초과 손해에 대해서만 적용한다.

(1) 대인배상 I

대인배상 I 한도 내 지급보험금

(2) 대인배상Ⅱ

1사고당 1억원

(3) 대물배상

① 「자동차손해배상보장법」 제5조 제2항의 규정에 따라 자동차보유자가 의무적으로 가입하여야 하는 「대물배상」 보험가입금액 이하 손해 : 지급보험금

② 「자동차손해배상보장법」 제5조 제2항의 규정에 따라 자동차보유자가 의무적으로 가입하여야 하는 「대물배상」 보험가입금액 초과 손해 : 1사고당 5,000만원

5) 사고부담금을 납부하지 아니한 경우

피보험자는 지체 없이 음주운전, 무면허운전, 마약·약물운전 또는 사고발생시의 조치의무위반에 따른 사고부담금을 보험회사에 납입하여야 한다. 다만, 피보험자가 경제적인 사유 등으로 사고부담금을 미납하였을 때 보험회사는 피해자에게 이 사고부담금을 포함하여 손해배상금을 우선 지급하고 피보험자에게 이 사고부담금의 지급을 청구할 수 있다.

7. 대인배상Ⅱ의 고유면책사유

1) 피보험자가 사상한 경우

피보험자가 사상한 경우 대인배상Ⅱ의 피보험자에 해당하면 대인배상Ⅱ에서는 보상하지 않는다.

2) 피보험자의 부모, 배우자 및 자녀가 사상한 경우

가족간의 손해배상청구는 사회통념상 손해배상을 청구하지 않는 것이 일반적이므로 피보험자의 부모, 배우자 및 자녀가 사상한 경우 대인배상Ⅱ에서는 면책으로 규정하고 있다. 그러나 이들은 자기신체사고에서는 피보험자로서 보험의 보호를 받는다.

3) 산업재해의 경우(피용자재해 및 동료재해면책)

(1) 약관규정

배상책임이 있는 피보험자의 피용자로서 「산업재해보상보험법」에 의한 재해보상을 받을 수 있는 사람과 피보험자동차가 피보험자의 사용자의 업무에 사용되는 경우 그 사용자의 업무에 종사 중인 다른 피용자로서, 「산업재해보상보험법」에 의한 재해보상을 받을 수 있는 사람은 보상하지 않는다.

(2) 면책취지

타 보험영역인 산재보험과의 조정을 위하여 면책사유로 규정하고 있다. 다만, 산재보상을 초과하는 손해에 대해서는 대인배상Ⅱ에서 보상한다. 또한, 산재보험 가입대상 사업장임에도 산재보험에 가입하지 않은 경우에는 대인배상Ⅱ에서도 보상하지 않는다.

(3) 산업재해 면책사례(기사와 함께 임차한 경우의 임차인)

대법원에서는 "피고는 자신의 공사현장에서 사용하던 자재인 유로폼을 옮기기 위하여 소유주로부터 운전기사와 함께 이 사건 차량을 임차한 사실, 피고는 2007.10.19. 약 4미터 높이의 유로폼 더미 위에 올라가 유로폼에 줄을 묶어 크레인 고리에 걸어주는 작업을 하고 있었는데, 소외인 운전기사가 크레인을 잘못 작동하여 크레인에 걸린 줄로 피고를 추락하게 하여 상해를 입게 한 사실을 인정한 다음, 피고는 기명조합원으로부터 허락을 얻어 공제계약 자동차를 운행하는 자에 해당하므로, 원고는 위 면책조항에 따라 대인배상Ⅱ에 의한 보상금을 피고에게 지급할 의무가 없다"고 판시하였다(대법원 2012.4.12. 선고 2010다21849 판결).

제4절 배상책임에 공통으로 적용되는 사항

1. 피보험자 개별적용

1) 의 의

피보험자 개별적용이란 동일한 자동차사고로 배상책임을 부담하는 피보험자가 복수로 존재하는 경우에 그 피보험이익도 각 피보험자마다 개별로 독립하여 존재하므로 손해배상책임의 발생요건이나 면책규정 등을 각 피보험자마다 개별적으로 적용하여 보상책임의 유무를 결정하는 것을 말한다.

2) 피보험자 개별적용의 제외사유

(1) 명시적 피보험자 개별적용 제외사유

① 보험계약자 또는 기명피보험자의 고의로 인한 손해

② 영리를 목적으로 요금이나 대가를 받고 피보험자동차를 반복적으로 사용하거나 빌려준 때에 생긴 손해

③ 피보험자동차를 시험용, 경기용 또는 경기를 위해 연습용으로 사용하던 중 생긴 손해

(2) 약관해석상 피보험자 개별적용 제외사유

① 전쟁, 혁명, 내란, 사변, 폭동, 소요 또는 이와 유사한 사태로 인한 손해

② 지진, 분화, 태풍, 홍수, 해일 등 천재지변으로 인한 손해

③ 핵연료물질의 직접 또는 간접적인 영향으로 인한 손해

④ 피보험자 본인이 무면허운전을 했거나, 기명피보험자의 명시적·묵시적 승인하에서 피보험자동차의 운전자가 무면허운전을 했을 때에 생긴 사고로 인한 손해

3) 피보험자 개별적용의 효과

(1) 면책되는 피보험자

① 보험금청구권의 면책

보상하지 않는 손해 또는 면책약관이 적용되는 피보험자의 보험금청구권은 불인정된다.

② 보험회사의 대위권행사 불가

피보험자의 보험금청구권이 면책되는 것일 뿐 피보험자의 지위는 인정되는 것이므로 보험자대위권 행사의 대상이 되는 제3자에서는 제외된다. 단, 보험계약자 또는 피보험자의 고의사고에 대해서는 손해배상금을 지급한 날부터 3년 이내에 고의로 사고를 일으킨 보험계약자나 피보험자에게 구상권을 행사한다.

(2) 부책되는 피보험자

부책되는 피보험자의 보험금청구권은 인정된다.

(3) 손해배상청구권자

타인 또는 피해자는 부책되는 피보험자가 있으므로 보험회사에 손해배상청구권을 직접 청구할 수 있다.

(4) 보험금의 한도

피보험자 개별적용으로 보험금의 한도가 증액되지는 않는다.

2. 지급보험금의 계산

1) 대인배상 지급보험금의 계산

대인배상Ⅰ, 대인배상Ⅱ에서 보험회사는 자동차보험약관의 '보험금 지급기준에 의해 산출한 금액'과 '비용'을 합한 금액에서 '공제액'을 공제한 후 보험금으로 지급하되, 대인배상Ⅰ은 「자동차손해배상보장법 시행령」 제3조에 정한 기준에 따라 산출한 금액을 한도로 하고, 대인배상Ⅱ는 보험증권에 기재된 보험가입금액을 한도로 한다.

> **지급보험금**
> ='보험금 지급기준에 의해 산출한 금액' 또는 '법원의 확정판결 등에 따라 피보험자가 배상하여야 할 금액'+비용 − 공제액

2) 소송이 제기된 경우

대한민국 법원의 확정판결 등(법원의 확정판결과 동일한 효력을 갖는 조정결정, 중재판정 등)에 따라 피보험자가 손해배상 청구권자에게 배상하여야 할 금액(지연배상금을 포함)을 위 1)의 '보험금 지급기준에 의해 산출한 금액'으로 본다.

3) 용어풀이

(1) 비 용

① 손해의 방지와 경감을 위하여 지출한 비용(긴급조치비용을 포함)
② 다른 사람으로부터 손해배상을 받을 수 있는 권리의 보전과 행사를 위하여 지출한 필요 비용 또는 유익한 비용
③ 그 밖에 보험회사의 동의를 받아 지출한 비용

(2) 공제액

대인배상Ⅱ의 경우 대인배상Ⅰ에서 지급되는 금액 또는 피보험자동차가 대인배상Ⅰ에 가입되지 않은 경우에는 대인배상Ⅰ에서 지급될 수 있는 금액을 말한다.

제5절 배상책임 이외의 보상종목

1. 자기신체사고

1) 보상하는 손해

보험회사는 피보험자가 피보험자동차를 소유, 사용 또는 관리하는 동안에 생긴 다음 중 어느 하나의 사고로 인하여 죽거나 상해를 입은 때 그로 인한 손해를 보상한다. 자기신체사고는 피보험자동차의 소유, 사용 또는 관리로 한정된 상해보험의 일종으로서 자동차보험에 편입되어 있는 것임을 알 수 있다.

(1) 피보험자동차의 운행으로 인한 사고

피보험자의 탑승 여부를 불문하고 피보험자동차의 운행으로 인한 사고를 보상한다. 예를 들어 기명피보험자의 배우자가 운전 중인 남편의 주차를 돕던 중 피보험자동차에 사상한 경우가 이에 해당한다.

(2) 피보험자동차의 운행 중 발생한 다음의 사고

다만, 피보험자가 피보험자동차에 탑승 중일 때에 한한다.

① 날아오거나 떨어지는 물체와 충돌
② 화재 또는 폭발
③ 피보험자동차의 낙하

(3) 자기신체사고에 해당하는 사례

① 하차 중 빙판길에 넘어진 경우(대법원 2009.2.26. 선고 2008다59834, 59841 판결)
② 화물적재 중 적재함 고리에 걸려 넘어져 부상한 경우(대법원 2009.2.26. 선고 2008다86454 판결)
③ 화물차에서 하차 중 낙상한 사고의 경우(분쟁조정결정 사례)

2) 피보험자

(1) 대인배상Ⅱ의 피보험자

자기신체사고의 피보험자는 대인배상Ⅱ의 피보험자이므로 취급업자 및 취급업자의 운전자의 경우에는 자기신체사고의 피보험자에 해당하지 않는다.

(2) 대인배상Ⅱ의 피보험자의 부모, 배우자 및 자녀

피보험자의 부모, 배우자 및 자녀는 피보험자와 신분관계만 있으면 되고, 이들이 피보험자동차를 사용 또는 관리해야 하는 것은 아니다.

3) 보상하지 않는 손해

(1) 개인용, 업무용 및 영업용 공통면책사유

① 피보험자의 고의로 그 본인이 상해를 입은 때. 이 경우 그 피보험자에 대한 보험금만 지급하지 않는다.

② 상해가 보험금을 받을 자의 고의로 생긴 때에는 그 사람이 받을 수 있는 금액

③ 피보험자동차 또는 피보험자동차 이외의 자동차를 시험용, 경기용 또는 경기를 위해 연습용으로 사용하던 중 생긴 손해. 다만, 운전면허시험을 위한 도로주행시험용으로 사용하던 중 생긴 손해는 보상한다.

④ 전쟁, 혁명, 내란, 사변, 폭동, 소요 및 이와 유사한 사태로 인한 손해

⑤ 지진, 분화 등 천재지변으로 인한 손해

⑥ 핵연료물질의 직접 또는 간접적인 영향으로 인한 손해

⑦ 영리를 목적으로 요금이나 대가를 받고 피보험자동차를 반복적으로 사용하거나 빌려 준 때에 생긴 손해. 다만, 다음의 어느 하나에 해당하는 경우에는 보상한다.

㉠ 임대차계약(계약기간이 30일을 초과하는 경우에 한함)에 따라 임차인이 피보험자동차를 전속적으로 사용하는 경우(다만, 임차인이 피보험자동차를 영리를 목적으로 요금이나 대가를 받고 반복적으로 사용하는 경우에는 보상하지 않는다)

㉡ 피보험자와 동승자가 「여객자동차운수사업법」에 따른 토요일, 일요일 및 공휴일을 제외한 날의 출·퇴근 시간대(오전 7시부터 오전 9시까지 및 오후 6시부터 오후 8시까지를 말한다)에 실제의 출·퇴근 용도로 자택과 직장 사이를 이동하면서 승용차 함께타기를 실시한 경우

(2) 업무용 및 영업용 자동차보험 고유면책사유

업무용 및 영업용의 경우 위 (1)의 공통면책사유 외에도 피보험자가 정규승차용 구조장치가 아닌 장소에 탑승 중 생긴 손해는 보상하지 않는다.

4) 보험금의 종류 및 한도

(1) 사 망

피보험자가 상해를 입은 직접적인 결과로 사망하였을 때에는 보험증권에 기재된 사망보험가입금액을 한도로 지급한다.

(2) 부 상

피보험자가 상해를 입은 직접적인 결과로 의사의 치료를 요하는 때에는 자기신체사고 지급기준의 상해구분 및 급별 보험가입금액표상의 보험가입금액을 한도로 지급한다.

(3) 후유장애

피보험자가 상해를 입은 직접적인 결과로 치료를 받은 후에도 신체에 장애가 남은 때에는 자기신체사고 지급기준의 후유장애구분 및 급별 보험가입금액표상의 보험가입금액을 한도로 지급한다.

5) 지급보험금의 계산

(1) 산 식

자기신체사고에서 사망, 부상, 후유장애의 지급보험금은 다음과 같이 계산한다. 다만, '비용'은 '공제액'이 발생하지 않는 경우에는 지급하지 않는다.

지급보험금 = 실제손해액 + 비용 − 공제액

(2) 실제손해액

실제손해액은 '대인배상, 무보험자동차에 의한 상해 지급기준'에 따라 산출한 금액 또는 소송이 제기된 경우 확정판결금액으로서 과실상계 및 보상한도를 적용하기 전의 금액을 말한다.

(3) 비 용

위의 비용은 다음의 금액을 말하며, 이 비용은 보험가입금액과 관계없이 보상한다.

① 손해의 방지와 경감을 위하여 지출한 비용
② 다른 사람으로부터 손해배상을 받을 수 있는 권리의 보전과 행사를 위하여 지출한 비용

(4) 공제액

① 자동차보험(공제계약 포함) 대인배상Ⅰ(정부보장사업 포함) 및 대인배상Ⅱ에 의해 보상받을 수 있는 금액
② 무보험자동차에 의한 상해에 따라 지급될 수 있는 금액
③ 배상의무자 이외의 제3자로부터 보상받은 금액. 예를 들어 국민건강보험으로 처리한 치료비 등은 공제대상이나, 판례에서는 산재보상은 공제대상이 아니라고 한다.

(5) 공제액이 발생하지 않는 경우

사망의 경우 보험증권에 기재된 사망보험가입금액, 부상의 경우 실제 소요된 치료비(성형수술비 포함), 후유장애의 경우 보험증권에 기재된 후유장애 보험가입금액에 해당하는 각 장애등급별 보험금액(정액금액)을 각각 지급한다.

(6) 사망보험금과 보험수익자의 지정 · 변경

보험회사가 사망보험금을 지급할 경우에 이미 후유장애로 지급한 보험금이 있을 때에는 사망보험금에서 이를 공제한 금액을 지급한다. 다만, 보험계약자인 기명피보험자가 본인의 사망보험금 수익자를 지정하거나 변경하고, 그 사실을 보험회사에 서면으로 통지한 경우에는 그 수익자에게 보험금을 지급한다.

6) 자기신체사고의 대위권행사 가능 여부

자기신체사고는 상해보험의 일종으로 보험자가 대위권을 행사하지 못한다. 약관 제34조(보험회사의 대위)를 보면 자기신체사고의 경우 제3자에 대한 피보험자의 권리는 대위취득하지 못한다고 하고 있고, 예외적으로 지급기준에 의해 지급할 때는 피보험자의 권리를 취득한다고 하고 있다. 따라서 자기신체사고가 아닌 자동차상해 특별약관에 있어서 피보험자의 요청에 따라 대인배상을 포함한 손해액을 지급기준으로 산정하여 보험금으로 지급하는 경우에만 약관규정에 따른 대위권행사가 가능하다.

2. 무보험자동차에 의한 상해

1) 보상하는 손해

보험회사는 피보험자가 무보험자동차로 인하여 생긴 사고로 죽거나 상해를 입은 때 그로 인한 손해에 대하여 배상의무자가 있는 경우에 이 약관에서 정하는 바에 따라 보상한다.

2) 피보험자

무보험자동차에 의한 상해에서 피보험자는 보험회사에 보상을 청구할 수 있는 사람으로 그 범위는 다음과 같다.

① 기명피보험자 및 기명피보험자의 배우자(탑승 여부 불문)
② 기명피보험자 또는 그 배우자의 부모 및 자녀(탑승 여부 불문)
③ 피보험자동차에 탑승 중인 경우로 기명피보험자의 승낙을 얻어 피보험자동차를 사용 또는 관리 중인 자. 다만, 자동차취급업자가 업무상 위탁받은 피보험자동차를 사용하거나 관리하는 경우에는 피보험자로 보지 않는다.
④ 위에서 규정하는 피보험자를 위하여 자동차를 운전 중인 자. 다만, 자동차취급업자가 업무상 위탁받은 피보험자동차를 사용하거나 관리하는 경우에는 피보험자로 보지 않는다.
⑤ 업무용 자동차보험에서는 기명피보험자가 법인인 경우에는 이사 및 감사를 기명피보험자로 보며, 탑승 중일 때에만 피보험자로 본다. 예를 들어 법인 소유의 업무용 자동차의 이사 및 이사의 배우자, 자녀가 피보험자동차에 탑승하지 않고 다른 차량에 탑승 중이거나 보행 중 사고인 경우 피보험자에 해당하지 않는다.

3) 무보험자동차

피보험자동차가 아니면서 피보험자를 죽게 하거나 다치게 한 자동차로서 다음 중 어느 하나에 해당하는 것을 말한다. 여기서 자동차란 「자동차관리법」에 의한 자동차, 「건설기계관리법」에 의한 건설기계, 「군수품관리법」에 의한 군용차량 및 자주식 군사장비, 「도로교통법」에 의한 원동기장치자전거 및 「농업기계화촉진법」에 의한 농업기계를 말하며, 피보험자가 소유한 자동차는 제외된다. 따라서 자전거 운전자가 기명피보험자를 충격하여 사상한 경우에는 무보험자동차에 의한 상해사고에 해당하지 않는다.

또한 아래 ④항의 보유불명자동차의 경우 정부보장사업에서는 차적 등의 내용이 확인되지 않은 경우에 보상받을 수 있으며, 무보험자동차에 의한 상해에서는 상대방 또는 상대방 보험회사가 면책임을 주장하는 경우에도 보상이 가능하다.

① 자동차보험 대인배상Ⅱ나 공제계약이 없는 자동차
② 자동차보험 대인배상Ⅱ나 공제계약에서 보상하지 않는 경우에 해당하는 자동차
③ 이 약관에서 보상될 수 있는 금액보다 보상한도가 낮은 자동차보험의 대인배상Ⅱ나 공제계약이 적용되는 자동차. 다만, 피보험자를 죽게 하거나 다치게 한 자동차가 2대 이상이고 각각의 자동차에 적용되는 자동차보험의 대인배상Ⅱ 또는 공제계약에서 보상되는 금액의 합계액이 이 약관에서 보상될 수 있는 금액보다 낮은 경우에 한하여 그 각각의 자동차
④ 피보험자를 죽게 하거나 다치게 한 자동차가 명확히 밝혀지지 않는 경우 그 자동차

4) 배상의무자

무보험자동차로 인하여 생긴 사고로 피보험자를 죽게 하거나 다치게 함으로써 피보험자에게 입힌 손해에 대하여 법률상 손해배상책임을 지는 사람을 말한다.

5) 보상하지 않는 손해

① 보험계약자의 고의로 인한 손해
② 피보험자의 고의로 그 본인이 상해를 입은 때. 이 경우 해당 피보험자에 대한 보험금만 지급하지 않는다.
③ 상해가 보험금을 받을 자의 고의로 생긴 때는 그 사람이 받을 수 있는 금액
④ 전쟁, 혁명, 내란, 사변, 폭동, 소요 및 이와 유사한 사태로 인한 손해
⑤ 지진, 분화, 태풍, 홍수, 해일 등 천재지변으로 인한 손해
⑥ 핵연료물질의 직접 또는 간접적인 영향으로 인한 손해
⑦ 영리를 목적으로 요금이나 대가를 받고 피보험자동차를 반복적으로 사용하거나 빌려 준 때에 생긴 손해. 다만, 다음의 어느 하나에 해당하는 경우에는 보상한다.
   ㉠ 임대차계약(계약기간이 30일을 초과하는 경우에 한함)에 따라 임차인이 피보험자동차를 전속적으로 사용하는 경우(다만, 임차인이 피보험자동차를 영리를 목적으로 요금이나 대가를 받고 반복적으로 사용하는 경우에는 보상하지 않는다)
   ㉡ 피보험자와 동승자가 「여객자동차운수사업법」에 따른 토요일, 일요일 및 공휴일을 제외한 날의 출·퇴근 시간대(오전 7시부터 오전 9시까지 및 오후 6시부터 오후 8시까지를 말한다)에 실제의 출·퇴근 용도로 자택과 직장 사이를 이동하면서 승용차 함께타기를 실시한 경우
⑧ 피보험자동차 또는 피보험자동차 이외의 자동차를 시험용, 경기용 또는 경기를 위해 연습용으로 사용하던 중 생긴 손해. 다만, 운전면허시험을 위한 도로주행시험용으로 사용하던 중 생긴 손해는 보상한다.

⑨ 피보험자가 피보험자동차가 아닌 자동차를 영리를 목적으로 요금이나 대가를 받고 운전하던 중 생긴 사고로 인한 손해는 보상하지 않는다.

⑩ 다음 중 어느 하나에 해당하는 사람이 배상의무자일 경우에는 보상하지 않는다. 다만, 이들이 무보험자동차를 운전하지 않는 경우로, 이들 이외에 다른 배상의무자가 있는 경우에는 보상한다.

㉠ 상해를 입은 피보험자의 부모, 배우자, 자녀

㉡ 피보험자가 사용자의 업무에 종사하고 있을 때 피보험자의 사용자 또는 피보험자의 사용자의 업무에 종사 중인 다른 피용자

6) 지급보험금의 계산

(1) 산 식

'보험금 지급기준에 의해 산출한 금액'과 '비용'을 합한 액수에서 '공제액'을 공제한 후 보험금을 지급한다. 무보험자동차에 의한 상해보험금은 오로지 보험금 지급기준에 따라서만 산출하여야 하며, 소송에 의한 확정판결금액은 인정되지 않는다.

지급보험금 = 보험금 지급기준에 의해 산출한 금액 + 비용 − 공제액

(2) 비 용

비용은 다음의 금액을 말하며, 이 비용은 보험가입금액과 관계없이 보상한다.

① 손해의 방지와 경감을 위하여 지출한 비용

② 다른 사람으로부터의 손해배상을 받을 수 있는 권리 보전과 행사를 위하여 지출한 비용

(3) 공제액

① 대인배상 I (책임공제 및 정부보장사업을 포함)에서 지급될 수 있는 금액

② 배상의무자가 가입한 대인배상 II 또는 공제계약에 따라 지급될 수 있는 금액

③ 피보험자가 탑승 중이었던 자동차가 가입한 대인배상 II 또는 공제계약에 따라 지급될 수 있는 금액

④ 피보험자가 배상의무자로부터 이미 지급받은 손해배상액

⑤ 배상의무자가 아닌 제3자가 부담할 금액으로 피보험자가 이미 지급받은 금액

7) 대위권의 발생

피보험자가 무보험자동차에 의한 상해를 입었을 때에 배상의무자에 대해 가지는 손해배상청구권을 보험회사가 대위하여 행사한다. 소멸시효는 손해 및 가해자를 안 날로부터 3년이다.

제6절 자동차보험의 약관해설

1. 피보험자의 보험금청구

1) 보험금을 청구할 수 있는 경우(약관 제25조)

(1) 대인배상Ⅰ, Ⅱ

대한민국 법원에 의한 판결의 확정, 재판상의 화해, 중재 또는 서면에 의한 합의로 손해배상액이 확정된 때

(2) 자기신체사고

피보험자가 피보험자동차를 소유, 사용, 관리하는 동안에 생긴 피보험자동차의 사고로 인하여 상해를 입은 때

(3) 무보험자동차에 의한 상해

피보험자가 무보험자동차에 의해 생긴 사고로 상해를 입은 때

2) 청구절차 및 유의사항(약관 제26조)

(1) 지급기일

보험회사는 보험금청구에 관한 서류를 받았을 때에는 지체 없이 지급할 보험금액을 정하고, 그 정하여진 날부터 7일 이내에 지급한다.

(2) 지급지연과 이자

보험회사가 정당한 사유 없이 보험금액을 정하는 것을 지연하였거나 위 지급기일 내에 보험금을 지급하지 않았을 때, 지급할 보험금이 있는 경우에는 지급기일 그 다음날부터 지급일까지의 기간에 대하여 '보험금을 지급할 때의 적립이율'에 따라 연단위 복리로 계산한 금액을 보험금에 더하여 지급한다. 다만, 피보험자의 책임 있는 사유로 지급이 지연될 때에는 그 해당 기간에 대한 이자를 더하여 주지는 않는다.

(3) 지급지연의 의미

보험회사가 보험금청구에 관한 서류를 받은 때부터 30일 이내에 피보험자에게 보험금을 지급하는 것을 거절하는 이유 또는 그 지급을 연기하는 이유(추가조사가 필요한 때에는 확인이 필요한 사항과 확인이 종료되는 시기를 포함)를 서면(전자우편 등 서면에 갈음할 수 있는 통신수단을 포함)으로 통지하지 않는 경우, 정당한 사유 없이 보험금액을 정하는 것을 지연한 것으로 본다.

(4) 피해자의 직접청구권과의 경합

보험회사는 손해배상청구권자가 손해배상을 받기 전에는 보험금의 전부 또는 일부를 피보험자에게 지급하지 않으며, 피보험자가 손해배상청구권자에게 지급한 손해배상액을 초과하여 피보험자에게 지급하지 않는다. 또한 피보험자의 보험금청구가 손해배상청구권자의 직접청구와 경합할 때에는 보험회사가 손해배상청구권자에게 우선하여 보험금을 지급한다.

(5) 치료비에 대한 지불보증

대인배상Ⅰ, 대인배상Ⅱ, 자기신체사고, 무보험자동차에 의한 상해에서 보험회사는 피보험자 또는 손해배상청구권자의 청구가 있거나 그 밖의 원인으로 보험사고가 발생한 사실을 알았을 때에는 피해자 또는 손해배상청구권자를 진료하는 의료기관에 그 진료에 따른 자동차보험진료수가의 지급의사 유무 및 지급한도 등을 통지한다.

3) 가지급금의 지급(약관 제28조)

(1) 가지급금 범위

피보험자가 가지급금을 청구한 경우 보험회사는 이 약관에 따라 지급할 금액의 한도에서 가지급금(자동차보험진료수가는 전액, 진료수가 이외의 보험금은 이 약관에 따라 지급할 금액의 50%)을 지급한다.

(2) 지급기일

보험회사는 가지급금청구에 관한 서류를 받았을 때에는 지체 없이 지급할 가지급금을 정하고 그 정하여진 날부터 7일 이내에 지급한다.

(3) 지연이자

보험회사가 정당한 사유 없이 가지급액을 정하는 것을 지연하거나, 위 지급기일 내에 가지급금을 지급하지 않았을 때, 지급할 가지급금이 있는 경우에는 그 다음날부터 지급일까지의 기간에 대하여 보험개발원이 공시한 보험계약대출이율을 연단위 복리로 계산한 금액을 가지급금에 더하여 준다.

(4) 지급지연의 의미

보험회사가 가지급금청구에 관한 서류를 받은 때부터 10일 이내에 피보험자에게 가지급금을 지급하는 것을 거절하는 이유 또는 그 지급을 연기하는 이유(추가조사가 필요한 때에는 확인이 필요한 사항과 종료되는 시기를 포함)를 서면(전자우편 등 서면에 갈음할 수 있는 통신수단을 포함)으로 통지하지 않는 경우, 정당한 사유 없이 가지급액을 정하는 것을 지연한 것으로 본다.

(5) 지급의 거절

보험회사는 이 약관상 보험회사의 보험금 지급책임이 발생하지 않는 것이 객관적으로 명백할 경우에 가지급금을 지급하지 않을 수 있다.

(6) 가지급금지급의 효과

피보험자에게 지급한 가지급금은 장래 지급될 보험금에서 공제되나, 최종적인 보험금의 결정에는 영향을 미치지 않는다.

2. 손해배상청구권자의 직접청구권

1) 직접청구권(약관 제29조, 「상법」 제724조, 「자동차손해배상보장법」 제10조)

피보험자가 법률상의 손해배상책임을 지는 사고가 생긴 경우, 손해배상청구권자는 보험회사에 직접 손해배상금을 청구할 수 있다. 다만, 보험회사는 피보험자가 그 사고에 관하여 가지는 항변으로 손해배상청구권자에게 대항할 수 있다.

2) 직접청구권의 특성

(1) 독립성

피해자의 직접청구권은 피보험자의 보험금청구권 또는 피해자의 피보험자에 대한 손해배상청구권과는 독립된 권리이며, 피해자는 피보험자의 협력 없이 직접청구권을 행사 할 수 있다.

(2) 배타성

직접청구권은 피해자보호를 위하여 법이 특별히 인정하고 있는 피해자의 권리이므로 다른 청구권에 우선하는 권리를 갖는다. 따라서 피해자의 직접청구권과 피보험자의 보험금청구권이 경합하는 경우에는 피해자가 손해배상을 받지 못한 범위 내에서는 직접청구권이 우선한다.

(3) 강행성

피해자의 직접청구권은 「상법」 제724 제2항 및 「자동차손해배상보장법」 제10조에 따른 강행규정이므로, 자동차보험약관에서 법률의 규정을 위배하여 보험계약자에게 불이익하게 변경할 수 없다.

3) 법적 성질

손해배상청구권설에 따른 손해배상청구권(판례의 일관된 입장)

4) 보험회사의 항변권

보험회사는 피보험자가 피해자의 손해배상청구에 대해 가지는 항변사유, 즉 손해배상책임의 유무, 과실상계 또는 손익상계 등으로 피해자의 직접청구권에 대항할 수 있다. 또한 보험회사는 보험계약자와 피보험자에 대해 가지는 항변사유, 즉 보험계약상의 하자 또는 면책사유 등으로 피해자의 직접청구권에 대항할 수 있다.

5) 피보험자의 보험금청구권과의 경합

보험회사는 손해배상청구권자가 손해배상을 받기 전에는 보험금의 전부 또는 일부를 피보험자에게 지급하지 않으며, 피보험자가 손해배상청구권자에게 지급한 손해배상액을 초과하여 피보험자에게 지급하지 않는다. 또한 피보험자의 보험금청구가 손해배상청구권자의 직접청구와 경합하는 때에는 보험회사가 손해배상청구권자에게 우선하여 보험금을 지급한다.

03

6) 청구절차 및 유의사항(약관 제30조)

(1) 피보험자에 대한 통지 및 피보험자의 협력의무

보험회사가 손해배상청구권자의 청구를 받았을 때에는 지체 없이 피보험자에게 통지한다. 이 경우 피보험자는 보험회사의 요청에 따라 증거확보, 권리보전 등에 협력하여야 하며, 만일 피보험자가 정당한 이유 없이 협력하지 않은 경우 그로 인하여 늘어난 손해에 대하여는 보상하지 않는다.

(2) 지급한도

보험회사가 손해배상청구권자에게 지급하는 손해배상금은 이 약관에 의하여 보험회사가 피보험자에게 지급책임을 지는 금액을 한도로 한다.

(3) 지급의 효과

보험회사가 손해배상청구권자에게 손해배상금을 직접 지급할 때에는 그 금액의 한도에서 피보험자에게 보험금을 지급하는 것으로 본다.

(4) 지급기일

보험회사는 손해배상청구에 관한 서류 등을 받았을 때에는 지체 없이 지급할 손해배상액 정하고 그 정하여진 날부터 7일 이내에 지급한다.

(5) 지급지연과 이자

보험회사가 정당한 사유 없이 손해배상액을 정하는 것을 지연하였거나, 위 지급기일 내에 손해배상금을 지급하지 않았을 때, 지급할 손해배상금이 있는 경우에는 그 다음날부터 지급일까지의 기간에 대하여 '보험금을 지급할 때의 적립이율'에 따라 연단위 복리로 계산한 금액을 손해배상금에 더하여 준다. 그러나 손해배상청구권자의 책임 있는 사유로 지급이 지연될 때에는 그 해당 기간에 대한 이자를 더하여 주지 않는다.

(6) 지급지연의 의미

보험회사가 손해배상 청구에 관한 서류를 받은 때부터 30일 이내에 손해배상청구권자에게 손해배상금을 지급하는 것을 거절하는 이유 또는 그 지급을 연기하는 이유(추가조사가 필요한 때에는 확인이 필요한 사항과 확인이 종료되는 시기를 포함)를 서면(전자우편 등 서면에 갈음할 수 있는 통신수단을 포함)으로 통지하지 않는 경우, 정당한 사유 없이 손해배상액을 정하는 것을 지연한 것으로 본다.

(7) 정기금으로의 지급

보험회사는 손해배상청구권자의 요청이 있을 때는 손해배상액을 일정기간으로 정하여 정기금으로 지급할 수 있다. 이 경우 각 정기금의 지급기일의 다음날부터 다 지급하는 날까지의 기간에 대하여 보험개발원이 공시한 정기예금이율에 따라 연단위 복리로 계산한 금액을 손해배상금에 더하여 준다.

7) 가지급금의 지급(약관 제32조)

(1) 가지급금의 범위

손해배상청구권자가 가지급금을 청구한 경우 보험회사는 「자동차손해배상보장법」 또는 「교통사고처리특례법」 등에 의해 이 약관에 따라 지급할 금액의 한도에서 가지급금(자동차보험진료수가는 전액, 진료수가 이외의 손해배상금은 이 약관에 따라 지급할 금액의 50%)을 지급한다.

(2) 지급기일

보험회사는 가지급금 청구에 관한 서류 등을 받았을 때에는 지체 없이 지급할 가지급액을 정하고 그 정하여진 날부터 7일 이내에 지급한다.

(3) 지급지연과 이자

보험회사가 정당한 사유 없이 보험금액을 정하는 것을 지연하였거나 위 지급기일 내에 보험금을 지급하지 않았을 때, 지급할 보험금이 있는 경우에는 지급기일 그 다음날부터 지급일까지의 기간에 대하여 '보험금을 지급할 때의 적립이율'에 따라 연단위 복리로 계산한 금액을 보험금에 더하여 지급한다. 다만, 피보험자의 책임 있는 사유로 지급이 지연될 때에는 그 해당 기간에 대한 이자를 더하여 주지는 않는다.

(4) 지급지연의 의미

보험회사가 보험금청구에 관한 서류를 받은 때부터 30일 이내에 피보험자에게 보험금을 지급하는 것을 거절하는 이유 또는 그 지급을 연기하는 이유(추가조사가 필요한 때에는 확인이 필요한 사항과 확인이 종료되는 시기를 포함)를 서면(전자우편 등 서면에 갈음할 수 있는 통신수단을 포함)으로 통지하지 않는 경우, 정당한 사유 없이 보험금액을 정하는 것을 지연한 것으로 본다.

(5) 지급의 거절

보험회사는 다음의 어느 하나에 해당하는 경우에는 가지급금을 지급하지 않을 수 있다.

① 「자동차손해배상보장법」 등 관련 법령상 피보험자의 손해배상책임이 발생하지 않는 경우
② 이 약관상 보험회사의 보험금지급책임이 발생하지 않는 것이 객관적으로 명백할 경우

(6) 가지급금지급의 효과

손해배상청구권자에게 지급한 가지급금은 장래 지급될 손해배상액에서 공제되나, 최종적인 손해배상액의 결정에는 영향을 미치지 않는다.

심화TIP 가불금, 우선지급금 및 가지급금의 비교

구 분	가불금	우선지급금	가지급금
근 거	자동차손해배상보장법	교통사고처리특례법	자동차보험약관
청구권자	피해자	피해자	피보험자, 손해배상청구권자
적용담보	대인배상 Ⅰ	대인배상 Ⅰ, Ⅱ	담보종목 전체
지급범위	자동차보험진료수가는 전액, 그 외는 보상한도액 내에서 손해액의 50%	• 치료비와 위자료는 전액, 그 외는 손해액의 50% • 사망에 대한 규정 없음	자동차보험진료수가는 전액, 그 외는 약관에 따라 지급할 금액의 50%
지급기한	10일 이내	7일 이내	7일 이내
특 징	초과지급, 지급 후 면책되는 경우 반환 청구하고 안 되면 정부에 청구	–	명백한 면책이면 지급거절 가능, 최종 보험금에는 영향이 없음

3. 보험금의 분담 등

1) 보험금의 분담(약관 제33조)

(1) 독립책임액 비례분담방식

대인배상Ⅰ, 대인배상Ⅱ(다른 자동차 운전담보 특별약관을 포함), 무보험자동차에 의한 상해, 자기신체사고의 경우, 이 보험계약과 보상책임의 전부 또는 일부가 중복되는 다른 보험계약(공제계약을 포함)이 있는 경우에는 다른 보험계약이 없는 것으로 가정하여 각각의 보험회사에 가입된 자동차보험계약에 의해 산출한 보상책임의 합계액이 손해액보다 많을 때에는 다음의 산식에 따라 산출한 보험금을 지급한다.

> 지급보험금
> = 손해액 × 이 계약에 의한 보상책임액 / 각 계약에 의한 보상책임액의 합계액

(2) 피보험자가 2 이상 있는 경우

이 보험계약의 대인배상Ⅰ, 대인배상Ⅱ에서 동일한 사고로 인하여 이 보험계약에서 배상책임이 있는 피보험자가 2 이상 있는 경우에는 약관 제10조(지급보험금의 계산)에 의한 보상한도와 범위에 따른 보험금을 각 피보험자의 배상책임의 비율에 따라 분담하여 지급한다.

(3) 자동차취급업자 보험금의 초과손해 보상

자동차취급업자가 가입한 보험계약에서 보험금이 지급될 수 있는 경우에는 그 보험금을 초과하는 손해를 보상한다.

(4) 다른 자동차 운전담보 특별약관의 적용

다른 자동차 운전담보 특별약관에서는 다른 자동차의 보험계약에서 지급될 수 있는 경우에는 그 초과손해를 보상하도록 되어 있으므로 분담문제는 발생하지 않는다.

2) 보험회사의 대위(약관 제34조)

(1) 청구권대위의 의의

보험회사가 피보험자 또는 손해배상청구권자에게 보험금 또는 손해배상금을 지급한 경우에는 지급한 보험금 또는 손해배상금의 범위에서 제3자에 대한 피보험자의 권리를 취득한다. 다만, 보험회사가 보상한 금액이 피보험자의 손해의 일부를 보상한 경우에는 피보험자의 권리를 해하지 않는 범위에서 그 권리를 취득한다.

(2) 청구권대위의 인정이유

피보험자가 자기에게 발생한 손해 이상으로 보상을 받는 것을 방지(이중이득금지의 원칙)하고, 손해의 원인을 제공한 제3자가 보험금 지급에 의한 손실전보를 통하여 손해배상책임을 면하는 것을 방지하는데 있다.

(3) 청구권대위의 적용범위

대인배상Ⅰ, 대인배상Ⅱ, 자동차상해, 무보험자동차에 의한 상해, 다른 자동차 운전담보 특별약관 중 대인배상Ⅱ에서 보험금이 지급되는 경우에 적용된다. 그리고 자기신체사고의 경우에는 보험회사는 제3자에 대한 피보험자의 권리를 취득하지 못한다. 다만, 보험금을 대인배상, 무보험자동차에 의한 상해 지급기준에 의해 지급할 때에는 피보험자의 권리를 취득한다.

(4) 청구권대위의 요건

① 제3자의 행위로 인한 손해의 발생

제3자란 피보험자에게 손해의 원인을 제공한 자로서 보험자, 보험계약자 또는 피보험자를 제외한 모든 자를 말한다. 다만, 피보험자 또는 피보험자와 생계를 같이하는 가족의 경우에는 그들이 고의로 손해를 일으킨 경우가 아니면 대위권행사의 대상이 되는 제3자에 포함되지 않는다.

② 보험금의 전부 또는 일부의 지급

보험자는 그 지급한 한도 내에서 대위권을 취득하게 된다. 다만, 보험금의 일부를 지급한 경우에는 피보험자의 권리를 해하지 않는 범위에서 그 권리를 행사할 수 있다.

(5) 권리보전행사의무 및 협조의무

피보험자는 보험회사가 취득한 권리의 보전 및 행사에 관하여 필요한 조치를 취하여야 하며, 또한 보험회사가 요구하는 자료를 제출하여야 한다. 보험회사는 보험계약자 또는 피보험자가 정당한 이유 없이 위 의무를 이행하지 아니한 경우에는 그로 말미암아 늘어난 손해액이나 회복할 수 있었을 금액을 공제하고 그 손해를 보상한다.

3) 자동차보험에서의 구상권의 발생유형

(1) 공동불법행위자에 대한 구상권

피보험자가 제3자와의 공동불법행위에 의한 부진정연대책임을 지는 경우에 보험회사가 보험금을 지급한 때에 그 지급한 보험금의 범위에서 피보험자가 제3자에 대해 가지는 권리를 법률상 당연히 취득하게 된다.

(2) 제3자가 일으킨 사고에 대한 대위권

상대차량의 100% 과실로 인한 사고로 자차승객을 우선 처리하는 경우가 대표적이다.

(3) 피보험자 고의사고에 의한 구상권

① 대인배상Ⅰ의 경우

대인배상Ⅰ에서는 보험계약자 또는 피보험자의 고의로 인한 손해는 보상하지 않는다고 하면서, 피해자가 보험회사에 직접청구를 한 경우에는 보험회사는 자동차손해배상보장법령에서 정한 금액을 한도로 피해자에게 손해배상금을 지급한 다음 지급한 날부터 3년 이내에 고의로 사고를 일으킨 보험계약자나 피보험자에 대하여 구상권을 행사할 수 있다.

② 대인배상Ⅱ의 경우

대인배상Ⅱ에서는 기명피보험자 이외의 피보험자의 고의로 인한 손해에 대해서는 피보험자 개별적용조항에 의해 고의 없는 피보험자의 보험금청구권은 인정되지만, 피해자에게 손해배상금을 지급한 보험회사는 3년 이내에 고의로 사고를 일으킨 피보험자에게 구상권을 행사할 수 있다.

(4) 무보험자동차에 의한 상해의 구상권

피보험자가 무보험자동차에 의해 사고를 당했을 때, 보험회사는 피보험자에게 보험금을 지급한 후 배상의무자에게 구상할 수 있다. 이는 대위권으로 소멸시효는 3년이다.

(5) 무면허운전, 음주운전 및 도주 사고에서의 사고부담금

무면허운전, 음주운전 및 도주 사고가 발생했을 때, 피보험자는 지체 없이 사고부담금을 보험회사에 납입하여야 하며, 다만, 피보험자가 경제적인 사유 등으로 이 사고부담금을 미납하였을 때에는 보험회사는 피해자에게 이 사고부담금을 포함하여 손해배상금을 우선 지급하고 피보험자에게 이 사고부담금의 지급을 청구할 수 있다.

(6) 정부보장사업에서의 대위권

정부보장사업을 대행하는 보험회사가 피해자에게 손해배상금을 지급하였을 때에는 피해자가 손해배상의무자에게 갖는 손해배상청구권을 대위하여 행사할 수 있다.

(7) 보험금반환청구권 또는 부당이득반환청구권

보험금지급 후 면책으로 판명되었거나 초과보상이 발생한 경우, 보험회사는 해당 피보험자나 피해자에 대해 보험금 또는 부당이득에 대해 반환청구권을 행사할 수 있다.

4) 채권보존조치 및 구상금의 환수

(1) 다른 보험회사에 대한 구상권

다른 보험회사가 보상처리를 먼저 한 보험회사의 구상권을 충족할 수 있는 유효한 담보가 있는 보험회사인 경우에 책임비율에 대한 협의가 어려울 때에는 손해보험협회 산하 과실비율분쟁조정위원회에 분쟁조정을 신청하거나, 다른 보험회사를 피고로 하여 구상금소송을 제기하여 그 결과에 따라 구상금채권을 환수한다.

(2) 피구상자에 대한 조치

피구상자의 재산조사를 즉시 시행하고, 그 결과에 따라 가압류, 가처분 등의 채권보전조치 및 채무명의 확보를 위하여 구상금청구소송을 제기한다. 보험회사는 채무명의가 확정된 후에 강제집행 등을 통하여 구상금채권을 환수할 수 있게 된다.

5) 보험회사의 불성실행위로 인한 손해배상책임(약관 제35조)

(1) 임직원 등의 책임 있는 사유

보험회사는 이 보험계약과 관련하여 임직원, 보험설계사, 보험대리점의 책임 있는 사유로 인하여 보험계약자 및 피보험자에게 발생된 손해에 대하여 관계 법률 등에서 정한 바에 따라 손해배상책임을 진다.

(2) 현저하게 공정을 잃은 합의

보험회사가 보험금의 지급 여부나 지급금액에 관하여 보험계약자 또는 피보험자의 곤궁, 경솔 또는 무경험을 이용하여 현저하게 공정을 잃은 합의를 한 경우에도 손해를 배상할 책임을 진다.

6) 합의 등의 협조 · 대행(약관 제36조)

(1) 피보험자의 협조요청

보험회사는 피보험자의 협조요청이 있는 경우 피보험자의 법률상 손해배상책임을 확정하기 위하여 피보험자가 손해배상청구권자와 행하는 합의 · 절충 · 중재 또는 소송(확인의 소를 포함)에 대하여 협조하거나, 피보험자를 위하여 이러한 절차를 대행한다.

(2) 협조 또는 대행의 범위

보험회사는 피보험자에 대하여 보상책임을 지는 한도(동일한 사고로 이미 지급한 보험금이나 가지급금이 있는 경우에는 그 금액을 공제한 금액) 내에서 절차에 협조하거나 대행한다.

(3) 피보험자의 협력의무

보험회사가 위의 절차에 협조하거나 대행하는 경우에는 피보험자는 보험회사의 요청에 따라 협력해야 한다. 피보험자가 정당한 이유 없이 협력하지 않는 경우 그로 인하여 늘어난 손해에 대하여는 보상하지 않는다.

(4) 절차의 대행을 하지 않는 경우

보험회사는 다음의 경우에는 절차를 대행하지 않는다.

① 피보험자가 손해배상청구권자에 대하여 부담하는 법률상의 손해배상책임액이 보험증권에 기재된 보험가입금액을 명백하게 초과하는 때

② 피보험자가 정당한 이유 없이 협력하지 않는 때

7) 공탁금의 대출(약관 제37조)

보험회사가 위의 합의 등의 협조 · 대행의 절차를 대행하는 경우에는 피보험자에 대하여 보상책임을 지는 한도에서 가압류나 가집행을 면하기 위한 공탁금을 피보험자에게 대출할 수 있으며, 이에 소요되는 비용을 보상한다. 이 경우 대출금의 이자는 공탁금에 붙여지는 것과 같은 이율로 정하며, 피보험자는 공탁금(이자를 포함)의 회수청구권을 보험회사에 양도하여야 한다.

4. 보험계약의 성립

1) 보험계약의 성립(약관 제38조)

(1) 계약의 성립

보험계약자가 청약을 하고 보험회사가 승낙을 하면 성립한다.

(2) 승낙의제

보험계약자가 청약을 할 때 제1회 보험료(보험료를 분납하기로 약정한 경우) 또는 보험료 전액(보험료를 일시에 지급하기로 약정한 경우)을 지급하였을 때, 보험회사가 이를 받은 날부터 15일 이내에 승낙 또는 거절의 통지를 발송하지 않으면 승낙한 것으로 본다.

(3) 보험증권의 교부

보험회사가 청약을 승낙했을 때에는 지체 없이 보험증권을 보험계약자에게 교부하여야 한다. 그러나 보험계약자가 제1회 보험료 등을 지급하지 않은 경우에는 그러하지 않는다.

(4) 책임의 개시

보험계약이 성립되면 보험회사는 보험기간의 규정에 따라 보험기간의 첫 날부터 보상책임을 진다. 다만, 보험계약자로부터 제1회 보험료 등을 받은 경우에는, 그 이후 승낙 전에 발생한 사고에 대해서도 청약을 거절할 사유가 없는 한 보상한다.

2) 약관교부 및 설명의무 등(약관 제39조)

(1) 약관교부 및 설명의무의 내용

보험회사는 보험계약자가 청약을 한 경우 보험계약자에게 약관 및 보험계약자 보관용 청약서(청약서 부본)를 주고 약관의 중요한 내용을 설명하여야 한다.

(2) 통신판매계약의 약관교부 및 설명의무

<u>통신판매보험계약</u>에서 보험회사는 보험계약자의 동의를 얻어 다음 중 어느 하나의 방법으로 약관을 교부하고 중요한 내용을 설명하여야 한다.

※ **통신판매보험계약** : 보험회사가 전화・우편・컴퓨터통신 등 통신수단을 이용하여 모집하는 보험계약을 말한다.

① 사이버몰을 이용하여 모집하는 경우

<u>사이버몰</u>에서 약관 및 그 설명문(약관의 중요한 내용을 알 수 있도록 설명한 문서)을 읽거나 내려 받게 하는 방법이다. 이 경우 보험계약자가 이를 읽거나 내려 받은 것을 확인한 때에는 약관을 주고 중요한 내용을 설명한 것으로 본다.

※ **사이버몰** : 컴퓨터를 이용하여 보험거래를 할 수 있도록 설정된 가상의 영업장

② 전화를 이용하여 모집하는 경우

전화를 이용하여 청약내용, 보험료납입, 보험기간, 계약 전 알릴의무, 약관의 중요한 내용 등 계약 체결을 위하여 필요한 사항을 질문하거나 설명하는 방법이다. 이 경우 보험계약자의 답변과 확인내용을 음성 녹음함으로써 약관의 중요한 내용을 설명한 것으로 본다.

(3) 약관 및 계약자 보관용 청약서 전달방법

보험회사는 다음의 방법 중 계약자가 원하는 방법을 확인하여 지체 없이 약관 및 계약자 보관용 청약서를 제공한다. 만약, 회사가 전자우편 및 전자적 의사표시로 제공한 경우 계약자 또는 그 대리인이 약관 및 계약자 보관용 청약서 등을 수신하였을 때에는 해당 문서를 전달한 것으로 본다.

① 서면교부
② 우편 또는 전자우편
③ 휴대전화 문자메시지 또는 이에 준하는 전자적 의사표시

(4) 약관교부 및 설명의무위반의 효과

① 계약자의 계약취소

다음 중 어느 하나에 해당하는 경우 보험계약자는 계약 체결일부터 3개월 이내에 계약을 취소할 수 있다. 다만, 의무보험은 제외한다.

㉠ 보험계약자가 청약을 했을 때 보험회사가 보험계약자에게 약관 및 보험계약자 보관용 청약서(청약서 부본)를 교부하지 않은 경우

㉡ 보험계약자가 청약을 했을 때 보험회사가 청약시 보험계약자에게 약관의 중요한 내용을 설명하지 않은 경우

㉢ 보험계약자가 보험계약을 체결할 때 청약서에 자필서명을 하지 않은 경우

※ **자필서명** : 자필서명에는 날인(도장을 찍음) 또는 「전자서명법」 제2조 제2호의 규정에 의한 방식을 포함한다.

② 보험료의 반환

계약이 취소된 경우 보험회사는 이미 받은 보험료를 보험계약자에게 돌려주고, 보험료를 받은 기간에 대하여 보험개발원이 공시한 보험계약대출이율에 따라 연단위 복리로 계산한 금액을 더하여 지급한다.

3) 설명서 교부 및 보험안내자료 등의 효력(약관 제40조)

(1) 설명서 교부

① 회사는 일반금융소비자에게 청약을 권유하거나 일반금융소비자가 설명을 요청하는 경우 보험상품에 관한 중요한 사항을 계약자가 이해할 수 있도록 설명하고 계약자가 이해하였음을 서명, 기명날인 또는 녹취 등을 통해 확인받아야 하며, 설명서를 제공하여야 한다.

② 설명서, 약관, 청약서 부본 및 증권의 제공 사실에 관하여 계약자와 회사간에 다툼이 있는 경우에는 회사가 이를 증명하여야 한다.

(2) 보험안내자료의 효력

보험회사가 보험모집과정에서 제작・사용한 보험안내자료(서류・사진・도화 등 모든 안내자료를 포함)의 내용이 보험약관의 내용과 다른 경우에는 보험계약자에게 유리한 내용으로 보험계약이 성립된 것으로 본다.

4) 청약 철회(약관 제41조)

(1) 청약 철회의 시기

일반금융소비자는 보험증권을 받은 날부터 15일과 청약을 한 날부터 30일 중 먼저 도래하는 기간 내에 보험계약의 청약을 철회할 수 있다. 보험회사가 보험계약자에게 보험증권을 전달한 것에 관해 다툼이 있으면 보험회사가 이를 증명한다.

※ **일반금융소비자** : 전문금융소비자가 아닌 계약자를 말한다.

(2) 청약 철회의 제한

다음 중 어느 하나에 해당하는 경우에는 보험계약의 청약을 철회할 수 없다.

① 전문금융소비자가 보험계약의 청약을 한 경우

② 「자동차손해배상보장법」에 따른 의무보험(다만, 일반금융소비자가 동종의 다른 의무보험에 가입한 경우는 제외)

③ 보험기간이 90일 이내인 보험계약

※ **전문금융소비자** : 보험계약에 관한 전문성, 자산규모 등에 비추어 보험계약에 따른 위험감수능력이 있는 자로서, 국가, 지방자치단체, 한국은행, 금융회사, 주권상장법인 등을 포함하며 「금융소비자 보호에 관한 법률」 제2조(정의) 제9호에서 정하는 전문금융소비자를 말한다.

(3) 청약 철회의 효과

① 청약 철회의 통지

청약 철회는 계약자가 전화로 신청하거나, 철회의사를 표시하기 위한 서면, 전자우편, 휴대전화 문자메시지 또는 이에 준하는 전자적 의사표시(이하 '서면 등'이라 한다)를 발송한 때 효력이 발생한다. 계약자는 서면 등을 발송한 때에 그 발송 사실을 회사에 지체 없이 알려야 한다.

② 보험료의 반환

보험회사는 보험계약자의 청약 철회를 접수한 날부터 3일 이내에 받은 보험료를 보험계약자에게 반환한다. 이 경우 보험회사가 보험료 반환기일을 지키지 못하는 경우, 반환기일의 다음날부터 반환하는 날까지의 기간은 보험개발원이 공시한 보험계약대출이율에 따라 연단위 복리로 계산한 금액을 더하여 반환한다. 다만, 계약자가 제1회 보험료를 신용카드로 납입한 계약의 청약을 철회하는 경우에 회사는 청약의 철회를 접수한 날부터 3영업일 이내에 해당 신용카드회사로 하여금 대금청구를 하지 않도록 해야 하며, 이 경우 회사는 보험료를 반환한 것으로 본다.

③ 청약 철회 전 보험사고의 발생

청약을 철회할 당시에 이미 보험사고가 발생하였으나, 보험계약자가 보험사고가 발생한 사실을 알지 못한 경우에는 청약 철회의 효력은 발생하지 않는다.

5) 보험기간(약관 제42조)

구 분	보험기간
1. 원칙	보험증권에 기재된 보험기간의 첫날 24시부터 마지막 날 24시까지. 다만, 의무보험(책임공제를 포함)의 경우 전(前) 계약의 보험기간과 중복되는 경우에는 전 계약의 보험기간이 끝나는 시점부터 시작한다.
2. 예외 : 자동차보험에 처음 가입하는 자동차주) 및 의무보험	보험료를 받은 때부터 마지막 날 24시까지. 다만, 보험증권에 기재된 보험기간 이전에 보험료를 받았을 경우에는 그 보험기간의 첫날 0시부터 시작한다.

주) '자동차보험에 처음 가입하는 자동차'라 함은 자동차 판매업자 또는 그 밖의 양도인 등으로부터 매수인 또는 양수인에게 인도된 날부터 10일 이내에 처음으로 그 매수인 또는 양수인을 기명피보험자로 하는 자동차보험에 가입하는 신차 또는 중고차를 말한다. 다만, 피보험자동차의 양도인이 맺은 보험계약을 양수인이 승계한 후 그 보험기간이 종료되어 이 보험계약을 맺은 경우를 제외한다.

03

5. 보험계약자 등의 의무

1) 계약 전 알릴의무(약관 제44조)

(1) 의무의 내용

보험계약자는 청약을 할 때 다음의 사항에 관해서 알고 있는 사실을 보험회사에 알려야 하며, ③항의 경우에는 기명피보험자의 동의가 있어야 한다.

① 피보험자동차의 검사에 관한 사항
② 피보험자동차의 용도, 차종, 등록번호(이에 준하는 번호도 포함하며, 이하 같음), 차명, 연식, 적재정량, 구조 등 피보험자동차에 관한 사항
③ 기명피보험자의 성명, 연령 등에 관한 사항
④ 그 밖에 보험청약서에 기재된 사항 중에서 보험료의 계산에 영향을 미치는 사항

(2) 의무위반의 효과

보험회사는 이 보험계약을 맺은 후 보험계약자가 계약 전 알릴의무를 위반한 사실이 확인되었을 때에는 추가보험료를 더 내도록 청구하거나 해지할 수 있다.

2) 계약 후 알릴의무(약관 제45조)

(1) 의무의 내용

보험계약자는 보험계약을 맺은 후 다음의 사실이 생긴 것을 알았을 때에는 지체 없이 보험회사에 그 사실을 알리고 승인을 받아야 한다.

① 용도, 차종, 등록번호, 적재정량, 구조 등 피보험자동차에 관한 사항이 변경된 사실
② 피보험자동차에 화약류, 고압가스, 폭발물, 인화물 등 위험물을 싣게 된 사실
③ 그 밖에 위험이 뚜렷이 증가하는 사실이나 적용할 보험료에 차이가 발생한 사실

(2) 변경된 주소 또는 연락처의 통지

보험계약자는 보험증권에 기재된 주소 또는 연락처가 변경된 때에는 지체 없이 보험회사에 알려야 하며, 보험계약자가 이를 알리지 않으면 보험회사가 알고 있는 최근의 주소로 알리게 되므로 불이익을 당할 수 있다.

(3) 의무위반의 효과

이 경우 그 사실에 따라 보험료가 변경되는 경우 보험회사는 보험료를 더 받거나 돌려주고 계약을 승인하거나 해지할 수 있다.

3) 사고발생시 의무(약관 제46조)

(1) 의 의

보험계약자 또는 피보험자가 보험사고의 발생을 알았을 때에는 다음의 사항을 이행해야 한다.

① 손해방지경감의무 및 권리보전행사의무

사고발생시 지체 없이 손해의 방지와 경감에 힘쓰고, 다른 사람으로부터 손해배상을 받을 수 있는 권리가 있는 경우에는 그 권리(공동불법행위에서 연대채무자 상호간의 구상권을 포함)이 보전과 행사에 필요한 절차를 밟아야 한다.

② 통지의무

다음의 사항을 보험회사에 지체 없이 알려야 한다.

㉠ 사고가 발생한 때, 곳, 상황(출·퇴근시 승용차 함께타기 등) 및 손해의 정도
㉡ 피해자 및 가해자의 성명, 주소, 전화번호
㉢ 사고에 대한 증인이 있을 때에는 그의 성명, 주소, 전화번호
㉣ 손해배상의 청구를 받은 때에는 그 내용

③ 보험회사의 동의 전 합의 금지

손해배상의 청구를 받는 경우에는 미리 보험회사의 동의 없이 그 전부 또는 일부를 합의하여서는 안 된다. 그러나 피해자의 응급치료, 호송 그 밖의 긴급조치는 보험회사의 동의가 필요하지 않다.

④ 소송의 통지

손해배상청구의 소송을 제기하려고 할 때 또는 제기 당한 때에는 지체 없이 보험회사에 알려야 한다. 이것은 부적절한 대응으로 인한 손해액의 확대를 방지하기 위함이다.

⑤ 도난신고

피보험자동차를 도난당하였을 때는 지체 없이 그 사실을 경찰관서에 신고해야 한다.

⑥ 사고에 관한 자료제출 및 협력의무

보험회사가 사고를 증명하는 서류 등 꼭 필요하다고 인정하는 자료를 요구한 경우에는 지체 없이 이를 제출하여야 하며, 또한 보험회사가 사고에 관해 조사하는데 협력하여야 한다.

(2) 의무위반의 효과

보험회사는 보험계약자 또는 피보험자가 정당한 이유 없이 위에서 정한 사항을 이행하지 않은 경우 그로 인하여 늘어난 손해액이나 회복할 수 있었을 금액을 보험금에서 공제하거나 지급하지 않는다.

6. 보험계약의 변동 및 보험료의 환급

1) 보험계약내용의 변경(약관 제47조)

(1) 보험계약내용의 변경

보험계약자는 의무보험을 제외하고는 보험회사의 승낙을 얻어 ① 보험계약자, ② 보험가입금액, 특별약관 등 그 밖의 계약의 내용을 변경할 수 있다. 이 경우 승낙을 서면 등으로 알리거나 보험증권의 뒷면에 기재한다. 다만, 보험계약자가 이 보험계약의 권리·의무를 피보험자동차의 양수인에게 이전함에 따라 보험계약자가 변경되는 경우에는 약관의 피보험자동차의 양도규정에 따른다.

(2) 계약내용변경의 효과

보험회사는 계약내용의 변경으로 보험료가 변경된 경우 보험계약자에게 보험료를 반환하거나 추가보험료를 청구할 수 있다.

(3) 상속의 특칙

보험계약 체결 후 보험계약자가 사망한 경우 이 보험계약에 의한 보험계약자의 권리·의무는 사망시점에서의 법정상속인에게 이전한다.

2) 보험계약의 취소(약관 제50조)

보험회사가 보험계약자 또는 피보험자의 사기에 의해 보험계약을 체결한 점을 증명한 경우, 보험회사는 보험기간이 시작된 날부터 6개월 이내(사기 사실을 안 날부터는 1개월 이내)에 계약을 취소할 수 있다.

3) 보험계약의 효력 상실(약관 제51조)

보험회사가 파산선고를 받은 날부터 보험계약자가 보험계약을 해지하지 않고, 3월이 경과하는 경우에는 보험계약이 효력을 상실한다.

4) 보험계약자의 해지 · 해제(약관 제52조)

(1) 보험계약자의 임의 해지

보험계약자는 언제든지 임의로 보험계약의 일부 또는 전부를 해지할 수 있다. 다만, 의무보험은 다음 중 어느 하나에 해당하는 경우에만 해지할 수 있다.

① 피보험자동차가 「자동차손해배상보장법」 제5조 제4항에 정한 자동차(의무보험 가입대상에서 제외되거나 도로가 아닌 장소에 한하여 운행하는 자동차)로 변경된 경우
② 피보험자동차를 양도한 경우. 다만, 피보험자동차의 양도 또는 교체에 따라 보험계약이 양수인 또는 교체된 자동차에 승계된 경우에는 의무보험에 대한 보험계약을 해지할 수 없다.
③ 피보험자동차의 말소등록으로 운행을 중지한 경우. 다만, 피보험자동차의 교체에 따라 보험계약이 교체된 자동차에 승계된 경우에는 의무보험에 대한 보험계약을 해지할 수 없다.
④ 천재지변, 교통사고, 화재, 도난 등의 사유로 인하여 피보험자동차를 더 이상 운행할 수 없게 된 경우. 다만, 피보험자동차의 교체에 따라 보험계약이 교체된 자동차에 승계된 경우에는 의무보험에 대한 보험계약을 해지할 수 없다.
⑤ 이 보험계약을 맺은 후에 피보험자동차에 대하여 이 보험계약과 보험기간의 일부 또는 전부가 중복되는 의무보험이 포함된 다른 보험계약(공제계약을 포함)을 맺은 경우
⑥ 보험회사가 파산선고를 받은 경우
⑦ 「자동차손해배상보장법」 제5조의2에서 정하는 '보험 등의 가입의무 면제사유'에 해당하는 경우
⑧ 자동차해체재활용업자가 해당 자동차 · 자동차등록증 · 등록번호판 및 봉인을 인수하고 그 사실을 증명하는 서류를 발급한 경우
⑨ 「건설기계관리법」에 따라 건설기계해체재활용업자가 해당 건설기계와 등록번호표를 인수하고 그 사실을 증명하는 서류를 발급한 경우

(2) 보험계약의 해제

이 보험계약이 의무보험만 체결된 경우로서, 이 보험계약을 맺기 전에 피보험자동차에 대하여 의무보험이 포함된 다른 보험계약(공제계약을 포함)이 유효하게 맺어져 있는 경우에는, 보험계약자는 그 다른 보험계약이 종료하기 전에 이 보험계약을 해제할 수 있다. 만일, 그 다른 보험계약이 종료된 후에는 그 종료일 다음날부터 보험기간이 개시되는 의무보험이 포함된 새로운 보험계약을 맺은 경우에 한하여 이 보험계약을 해제할 수 있다.

(3) 타인을 위한 보험계약의 해지 또는 해제

타인을 위한 보험계약에서 보험계약자는 기명피보험자의 동의를 얻거나 보험증권을 소지한 경우에 한하여 보험계약을 해지하거나 또는 해제할 수 있다.

5) 위법계약의 해지(약관 제52조의2)

(1) 위법계약의 해지 요구

계약자는 「금융소비자 보호에 관한 법률」 제47조 및 관련 규정이 정하는 바에 따라 계약 체결에 대한 회사의 법위반 사항이 있는 경우 계약 체결일부터 5년 이내의 범위에서 계약자가 위반 사항을 안 날부터 1년 이내에 계약해지요구서에 증빙서류를 첨부하여 위법계약의 해지를 요구할 수 있다. 다만, 「자동차손해배상보장법」에 따른 의무보험에 대해 해지 요구를 할 때에는 동종의 다른 의무보험에 가입되어 있는 경우에만 해지할 수 있다.

(2) 해지요구에 대한 수락 여부의 통지

회사는 해지요구를 받은 날부터 10일 이내에 수락 여부를 계약자에 통지하여야 하며, 거절할 때에는 거절사유를 함께 통지하여야 한다.

03

(3) 계약의 해지

계약자는 회사가 정당한 사유 없이 해지요구를 따르지 않는 경우 해당 계약을 해지할 수 있다.

(4) 보험료의 환급

계약이 해지된 경우 회사는 제54조(보험료의 환급) 제3항 제1호에 따른 보험료를 계약자에게 지급한다.

(5) 법률상의 권리 행사

계약자는 위법계약의 해지에 대한 제척기간에도 불구하고 「민법」 등 관계법령에서 정하는 바에 따라 법률상의 권리를 행사할 수 있다.

6) 보험회사의 보험계약의 해지(약관 제53조)

(1) 보험회사의 해지사유

보험회사는 다음 중 어느 하나에 해당하는 경우가 발생하였을 때, 그 사실을 안 날부터 1개월 이내에 보험계약을 해지할 수 있다.

① 보험계약자가 보험계약을 맺을 때에 고의 또는 중대한 과실로 계약 전 알릴의무 사항에 관하여 알고 있는 사실을 알리지 않거나 사실과 다르게 알린 경우. 다만, 다음 중 어느 하나에 해당하는 경우 보험회사는 보험계약을 해지하지 못한다.

㉠ 보험계약을 맺은 때에 보험회사가 보험계약자가 알려야 할 사실을 알고 있었거나 과실로 알지 못하였을 때

㉡ 보험계약자가 보험금을 지급할 사고가 발생하기 전에 보험청약서의 기재사항에 대하여 서면으로 변경을 신청하여 보험회사가 이를 승인하였을 때

㉢ 보험회사가 보험계약을 맺은 날부터 보험계약을 해지하지 않고 6개월이 경과한 때

㉣ 보험설계사가 보험계약자 또는 피보험자에게 계약 전 알릴의무를 이행할 기회를 부여하지 아니하였거나 보험계약자 또는 피보험자가 사실대로 알리는 것을 방해한 경우, 또는 보험계약자 또는 피보험자에 대해 사실대로 알리지 않게 하였거나 부실하게 알리도록 권유했을 때. 다만, 보험설계사 등의 행위가 없었다 하더라도 보험계약자 또는 피보험자가 사실대로 알리지 않거나 부실하게 알린 것으로 인정되는 경우에는 계약을 해지할 수 있다.

㉤ 보험계약자가 알려야 할 사항이 보험회사가 위험을 측정하는데 관련이 없을 때 또는 적용할 보험료에 차액이 생기지 않은 때

② 보험계약자가 보험계약을 맺은 후에 계약 후 알릴의무에 정한 사실이 생긴 것을 알았음에도 불구하고 지체 없이 알리지 않거나 사실과 다르게 알린 경우. 다만, 보험계약자가 알려야 할 사실이 뚜렷하게 위험을 증가시킨 것이 아닌 때에는 보험계약을 해지하지 못한다.

③ 보험계약자가 정당한 이유 없이 법령에 정한 자동차검사를 받지 않은 경우

④ 보험회사가 계약 전 알릴의무, 계약 후 알릴의무, 피보험자동차의 양도, 피보험자동차의 교체에 따라 추가보험료를 청구한 날부터 14일 이내에 보험계약자가 그 보험료를 내지 않은 경우. 다만, 다음 중 어느 하나에 해당하는 경우 보험계약을 해지하지 못한다.

㉠ 보험회사가 계약 전 알릴의무위반 사실을 안 날부터 1월이 지난 경우

㉡ 보험회사가 보험계약자로부터 계약 후 알릴의무위반 사실을 통지받은 후 1월이 지난 경우

⑤ 보험금의 청구에 관하여 보험계약자, 피보험자, 보험금을 수령하는 자 또는 이들의 법정대리인의 사기행위가 발생한 경우

(2) 계약해지의 효과

보험회사는 보험계약자가 계약 전 알릴의무 또는 계약 후 알릴의무를 이행하지 않아 위 (1)의 ①항 또는 ②항에 따라 보험계약을 해지한 때에는 해지 이전에 생긴 사고도 보상하지 않으며, 이 경우 보험회사는 지급한 보험금의 반환을 청구할 수 있다. 다만, 계약 전 알릴의무 또는 계약 후 알릴의무를 위반한 사실이 사고의 발생에 영향을 주지 않았음이 증명된 때에는 보상한다. 다만, 보험계약자가 다른 보험의 가입내역을 알리지 않거나 사실과 다르게 알렸다는 이유로 계약을 해지하거나 보험금지급을 거절하지 않는다.

7) 보험료의 환급 등(약관 제54조)

(1) 보험기간 개시 전 보험료의 변경

보험기간이 시작되기 전에 보험료가 변경된 때에는 변경 전 보험료와 변경 후 보험료의 차액을 더 받거나 반환한다.

(2) 보험회사의 고의·과실

보험회사의 고의·과실로 보험료가 적정하지 않게 산정되어 보험계약자가 적정보험료를 초과하여 납입한 경우, 보험회사는 이를 안 날 또는 보험계약자가 반환을 청구한 날부터 3일 이내에 적정보험료를 초과하는 금액 및 이에 대한 이자(납입한 날부터 반환하는 날까지의 기간에 대해 보험개발원이 공시한 보험계약대출이율에 따라 연단위 복리로 계산한 금액)를 반환한다. 다만, 보험회사에게 고의·과실이 없을 경우에는 적정보험료를 초과한 금액만 반환한다.

(3) 보험계약의 취소, 해지, 효력 상실

보험회사는 보험계약이 취소되거나 해지된 때 또는 그 효력이 상실된 때에는 다음과 같이 보험료를 반환한다.

① **보험계약자 또는 피보험자의 책임 없는 사유에 의하는 경우** : 약관교부 및 설명의무위반으로 계약이 취소된 때에는 보험회사에 납입한 보험료의 전액, 효력 상실되거나 해지된 경우에는 경과하지 않은 기간에 대하여 일단위로 계산한 보험료

② **보험계약자 또는 피보험자의 책임 있는 사유에 의하는 경우** : 이미 경과한 기간에 대하여 단기요율로 계산한 보험료를 뺀 잔액

③ **보험계약이 해지된 경우(위법계약 해지를 포함)** : 계약을 해지하기 전에 보험회사가 보상하여야 하는 사고가 발생한 때에는 보험료를 환급하지 않는다.

(4) 보험계약자 또는 피보험자에게 책임이 있는 사유

① 보험계약자 또는 피보험자가 임의 해지하는 경우(의무보험의 해지는 제외)

② 보험회사가 보험계약의 취소 또는 보험회사의 보험계약 해지에 따라 보험계약을 취소하거나 해지하는 경우

③ 보험료 미납으로 인한 보험계약의 효력 상실

(5) 보험계약이 해제된 경우

계약이 해제된 경우에는 보험료 전액을 환급한다.

(6) 보험료의 정산

이 약관에 따라 보험회사가 보험계약자가 낸 보험료의 전부 또는 일부를 반환하는 경우에는 보험료를 반환할 의무가 생긴 날부터 3일 이내에 반환한다.

(7) 지연이자

보험회사가 반환기일이 지난 후 보험료를 반환하는 경우에는 반환기일의 다음날부터 반환하는 날까지의 기간은 보험개발원이 공시한 보험계약대출이율에 따라 연단위 복리로 계산한 금액을 더하여 반환한다. 다만, 이 약관에서 이자의 계산에 관해 달리 정하는 경우에는 그에 따른다.

7. 피보험자동차의 양도

1) 자동차 양도시의 보험관계

(1) 「상법」 제726조의4(자동차의 양도)

① 피보험자가 보험기간 중에 자동차를 양도한 때에는 양수인은 보험자의 승낙을 얻은 경우에 한하여 보험계약으로 인하여 생긴 권리와 의무를 승계한다.

② 보험자가 양수인으로부터 양수 사실을 통지받은 때에는 지체 없이 낙부를 통지하여야 하고, 통지를 받은 날부터 10일 내에 낙부의 통지가 없을 때에는 승낙한 것으로 본다.

(2) 「자동차손해배상보장법」 제26조(의무보험계약의 승계)

① 의무보험에 가입된 자동차가 양도된 경우에 그 자동차의 양도일(양수인이 매매대금을 지급하고 현실적으로 자동차의 점유를 이전받은 날을 말한다)부터 「자동차관리법」 제12조에 따른 자동차소유권 이전등록 신청이 끝나는 날(자동차소유권 이전등록 신청기간이 끝나기 전에 양수인이 새로운 책임보험 등의 계약을 체결한 경우에는 그 계약 체결일)까지의 기간은 「상법」 제726조의4에도 불구하고, 자동차의 양수인이 의무보험의 계약에 관한 양도인의 권리의무를 승계한다.

② ①항의 경우 양도인은 양수인에게 그 승계기간에 해당하는 의무보험의 보험료(공제계약의 경우에는 공제분담금)의 반환을 청구할 수 있다.

③ ②항에 따라 양수인이 의무보험의 승계기간에 해당하는 보험료를 양도인에게 반환한 경우에는 그 금액의 범위에서 양수인은 보험회사 등에게 보험료의 지급의무를 지지 아니한다.

(3) 피보험자동차의 양도(약관 제48조)

① 자동차 양도의 승인

보험계약자 또는 기명피보험자가 보험기간 중에 피보험자동차를 양도한 경우에는 이 보험계약으로 인하여 생긴 보험계약자 및 피보험자의 권리와 의무는 피보험자동차의 양수인에게 승계되지 않는다. 그러나 보험계약자가 이 권리와 의무를 양수인에게 이전하고자 한다는 뜻을 서면 등으로 보험회사에 통지하여 보험회사가 승인한 경우에는 그 승인한 때부터 양수인에 대하여 이 보험계약을 적용한다.

② 낙부의 통지 및 승인의제

보험회사가 ①항에 의한 보험계약자의 통지를 받은 날부터 10일 이내에 승인 여부를 보험계약자에게 통지하지 않으면, 그 10일이 되는 날의 다음날 0시에 승인한 것으로 본다.

③ 임대차 및 사용대차의 경우

①항에서 규정하는 피보험자동차의 양도에는 소유권을 유보한 매매계약에 따라 자동차를 '산 사람' 또는 대차계약에 따라 자동차를 '빌린 사람'이 그 자동차를 피보험자동차로 하고, 자신을 보험계약자 또는 기명피보험자로 하는 보험계약이 존속하는 동안에 그 자동차를 '판 사람' 또는 '빌려준 사람'에게 반환하는 경우도 포함한다. 이 경우 '판 사람' 또는 '빌려준 사람'은 양수인으로 본다.

④ 보험료의 정산

보험회사가 ①항의 승인을 하는 경우에는 피보험자동차의 양수인에게 적용되는 보험요율에 따라 보험료차이가 나는 경우 피보험자동차가 양도되기 전의 보험계약자에게 남는 보험료를 반환하거나, 피보험자동차의 양도 후의 보험계약자에게 추가보험료를 청구한다.

⑤ 승인을 거절한 경우

보험회사가 ①항의 승인을 거절한 경우 피보험자동차가 양도된 후에 발생한 사고는 보험금을 지급하지 않는다.

⑥ 피보험자동차의 상속

보험계약자 또는 피보험자가 보험기간 중에 사망하여 법정상속인이 피보험자동차를 상속하는 경우 이 보험계약도 승계된 것으로 본다. 다만, 보험기간이 종료되거나 자동차의 명의를 변경한 경우에는 법정상속인을 보험계약자 또는 기명피보험자로 하는 새로운 보험계약을 체결하여야 한다.

03

8. 피보험자동차의 교체(약관 제49조)

1) 교체의 의의

보험계약자 또는 기명피보험자가 보험기간 중에 기존의 피보험자동차를 폐차 또는 양도한 다음 그 자동차와 동일한 차종의 다른 자동차로 교체한 경우를 말한다.

2) 인정이유

피보험자동차를 양도 또는 교체한 경우 보험회사의 승인을 받도록 하는 이유는 피보험자동차의 양도는 보험계약자와 피보험자의 변경이고, 피보험자동차의 교체는 피보험자동차 자체의 변경이므로 이러한 위험의 변경에 대하여 보험회사에 대해 위험측정의 기회를 부여하기 위한 것이다.

3) 동일한 차종의 의미

(1) 개인용 자동차보험

개인소유 자가용 승용자동차간에 교체한 경우를 말한다. 즉, 소형, 중형, 대형 승용자동차 및 다목적 1종·2종 승용자동차간의 교체를 말한다.

(2) 업무용 자동차보험

자가용 자동차로서 승용자동차간, 2종·3종 화물자동차간, 경·4종 화물자동차간, 경·3종 승합자동차간, 개인소유 1종·2종·3종 화물자동차간 또는 개인소유 1종·2종·3종 승합자동차간에 교체한 경우를 말한다.

(3) 영업용 자동차보험

사업용 자동차로서 2종・3종 화물자동차간 또는 개인택시・개인소유 1종・2종・3종・4종 화물자동차간에 교체한 경우를 말한다.

4) 낙부의 통지와 승낙의제

보험회사가 서면 등의 방법으로 통지를 받은 날부터 10일 이내에 승인 여부를 보험계약자에게 통지하지 않으면, 그 10일이 되는 날의 다음날 0시에 승인한 것으로 본다.

5) 교체의 승인

(1) 보험계약의 승계

보험계약자가 이 보험계약을 교체된 자동차에 승계시키고자 한다는 뜻을 서면 등으로 보험회사에 통지하여 보험회사가 승인한 때부터 이 보험계약이 교체된 자동차에 적용된다. 다만, 이 경우 기존의 피보험자동차에 대한 보험계약의 효력은 보험회사가 승인할 때에 상실된다.

(2) 차액보험료의 청구 및 반환

보험회사가 피보험자동차의 교체의 승인을 하는 경우에는 교체된 자동차에 적용하는 보험요율에 따라 보험료의 차이가 나는 경우 보험계약자에게 남는 보험료를 돌려주거나 추가보험료를 청구할 수 있다. 이때 기존의 피보험자동차를 말소등록한 날 또는 소유권을 이전등록한 날부터 승계를 승인한 날의 전날까지의 기간에 해당하는 보험료를 일할로 계산하여 보험계약자에게 반환한다.

반환보험료 = 기납입보험료 총액 × 해당 기간 / 365일(윤년의 경우 366일)

6) 승인의 거절과 다른 자동차 운전담보 특별약관에서의 담보

보험회사가 승인을 거절한 경우 교체된 자동차를 사용하다가 발생한 사고에 대해서는 보험금을 지급하지 않는다. 다만, 기명피보험자가 피보험자동차를 다른 자동차로 교체한 경우, 교체승인을 받기 전까지의 교체자동차를 다른 자동차로 보아 대인배상Ⅱ, 자기신체사고(자동차상해 특별약관 포함)에서 담보된다.

제 4 장 자동차보험 특별약관

제1절 운전자 범위한정 특별약관

1. 운전자 범위한정 특별약관의 의의

운전자 범위한정 특별약관은 개인용 자동차보험에서 대인배상 I 을 제외한 전 담보종목에서 피보험자동차를 운전할 자를 기명피보험자와 그의 일정범위 내의 가족으로 한정하여 보통약관에서의 담보범위를 축소하고 자동차 보험료를 할인해주는 제도이다.

운전자 범위한정 특별약관에는 운전할 자의 범위에 따라 기명피보험자 1인 한정운전 특별약관, 부부운전자 한정운전 특별약관, 가족운전자 한정운전 특별약관 등이 있으나, 이들 모두 한정되는 운전자의 범위에서만 차이가 있는 것이므로 가족운전자 한정운전 특별약관을 기준으로 살펴보도록 한다.

2. 운전할 수 있는 자의 범위

가족운전자 한정운전 특별약관에서는 피보험자동차를 운전할 수 있는 자를 기명피보험자와 그 가족으로 한정하고 있다. 여기서 기명피보험자의 가족은 다음에 열거된 자에 한한다.

① 기명피보험자의 부모 또는 양부모, 계부모
② 기명피보험자의 배우자의 부모 또는 양부모, 계부모
③ 법률상의 배우자 또는 사실혼관계에 있는 배우자
④ 법률상 또는 사실혼관계에서 출생한 자녀, 양자 또는 양녀, 계자녀
⑤ 기명피보험자의 며느리 또는 사위(계자녀의 배우자 포함)

3. 보상하지 않는 손해

1) 면책의 원칙

보험회사는 이 특별약관에 의하여 기명피보험자와 그 가족 이외의 자가 피보험자동차를 운전하던 중 발생한 사고에 대하여는 대인배상 I 을 제외하고는 전 담보종목에서 보험금을 지급하지 않는다.

2) 면책의 예외

(1) 도난의 경우

① 약관규정

위 면책규정에도 불구하고 피보험자동차가 도난당하였을 때부터 발견될 때까지의 사이에 발생된 피보험자동차의 사고로 인한 대인배상 II 및 자기신체사고에 대해서는 보험금을 지급한다.

② 도난의 의미

도난의 개념에는 절취운전뿐만 아니라, 기명피보험자의 명시적 · 묵시적 승인 없이 피보험자동차를 사용한 무단운전까지 포함된다. 즉, 이 특별약관에서의 가족에는 포함되나, 기명피보험자로부터 피보험자동차의 운전을 용인받지 못한 가족이 기명피보험자의 의사에 반하여 제3자로 하여금 자동차를 운전하도록 한 경우에는 피보험자의 명시적 · 묵시적 의사에 기하지 아니한 제3자의 운전과 마찬가지로 피보험자동차를 도난당한 경우에 해당한다.

기명피보험자의 명시적 · 묵시적 승인 여부는 피보험자와 도난운전자와의 인적관계, 평소 운행 및 관리상황, 당해 도난운전이 가능하게 된 경위와 운행목적, 평소 도난운전자의 운전에 대한 피보험자가 취한 태도 등을 종합적으로 고려하여 판단한다.

(2) 자동차취급업자의 경우

① 약관규정

기명피보험자에게 법률상 배상책임이 있는 경우로서 관련 법규에 의하여 사업자등록을 한 자동차취급업자가 업무상 위탁받은 피보험자동차를 사용하거나 관리하던 중에 피보험자동차의 사고로 인한 대인배상 II 에서 보상하는 손해에 대해서는 보험금을 지급한다. 다만, 자동차취급업자가 가입한 보험계약에서 보험금이 지급될 수 있는 경우에는 그 보험금을 초과하는 손해를 보상한다.

② 피보험자 개별적용

한정운전 특별약관에 가입한 후, 예를 들어 대리운전사고가 발생한 경우 대인배상 I 은 기명피보험자가 가입한 자동차보험에서 보상되고, 대인배상 I 초과손해는 자동차취급업자 종합보험으로 보상된다. 이 경우 대리운전업자가 무보험상태라면 피보험자 개별적용에 따라 기명피보험자의 대인배상 II 에서 보상한 후 대리운전업자에게 구상한다.

제2절 운전자 연령한정 특별약관

1. 의 의

자동차사고의 위험률은 운전자의 연령에 따라 차이가 있다. 운전자 연령한정 특별약관은 피보험자동차를 운전할 자에 대하여 연령조건을 붙여 담보위험을 축소하고, 보험료를 할인해주는 제도이다. 그러나 실제 사고가 발생한 경우에는 운전자 연령한정 특별약관의 성립 여부, 특히 보험회사의 약관 설명의무위반 여부 등이 문제가 된다.

2. 보상하는 손해

보험회사는 피보험자가 피보험자동차에 대하여 운전할 자를 만 ○○세 이상으로 한정하는 경우에는 이 특별약관이 정하는 바에 따라 보상한다. 여기서 나이는 주민등록상 생년월일을 기준으로 사고일 현재의 만 나이를 말한다. 다만, 이 특별약관의 규정은 보통약관 대인배상Ⅰ에 대해서는 적용되지 않는다.

04

3. 보상하지 않는 손해

1) 면책의 원칙

한정된 연령 미만의 자가 피보험자동차를 운전하던 중에 발생한 사고에 대하여는 대인배상Ⅰ을 제외하고는 전 담보종목에서 보험금을 지급하지 않는다.

2) 면책의 예외

(1) 보험회사의 설명의무의 위반

보험회사는 보험계약자 또는 피보험자에게 이 특별약관의 내용을 알려주었다는 사실을 입증하지 못하는 경우에는 대인배상Ⅱ, 자기신체손해, 무보험자동차에 의한 상해 등의 손해에 대해서는 보험금을 지급한다.

(2) 도난의 경우

위 면책규정에도 불구하고 피보험자동차가 도난당하였을 때부터 발견될 때까지의 사이에 발생된 피보험자동차의 사고로 인한 대인배상Ⅱ 및 자기신체사고에 대해서는 보험금을 지급한다.

(3) 자동차취급업자의 경우

기명피보험자에게 법률상 배상책임이 있는 경우로서 관련 법규에 의하여 사업자등록을 한 자동차취급업자가 업무상 위탁받은 피보험자동차를 사용하거나 관리하던 중에 피보험자동차의 사고로 인한 대인배상Ⅱ에서 보상하는 손해에 대해서는 보험금을 지급한다. 다만, 자동차취급업자가 가입한 보험계약에서 보험금이 지급될 수 있는 경우에는 그 보험금을 초과하는 손해를 보상한다.

제3절 다른 자동차 운전담보 특별약관

1. 의 의

다른 자동차 운전담보 특별약관은 기명피보험자 또는 그 배우자가 다른 자동차를 운전하던 중 생긴 사고로 인하여 손해를 입은 경우 보상하는 특별약관으로, 기명피보험자 또는 그 배우자가 운전한 다른 자동차를 피보험자동차로 간주하여 대인배상Ⅱ, 자기신체사고, 자동차상해 특별약관에서 규정하는 내용에 따라 보상한다. 이 특별약관은 개인용 또는 업무용 자동차보험의 무보험자동차에 의한 상해에 가입한 경우에 한하여 자동적으로 적용된다. 다만, 업무용의 경우에는 기명피보험자가 개인이면서 피보험자동차가 경・3종 승합자동차, 경・4종 화물자동차인 경우에만 적용된다(특별약관 제1조).

2. 보상하는 손해

1) 다른 자동차를 운전 중(주차 또는 정차 중을 제외) 사고

보험회사는 피보험자가 다른 자동차를 운전하던 중(주차 또는 정차 중을 제외) 생긴 대인사고로 인하여 법률상 손해배상책임을 짐으로써 손해를 입은 때 또는 피보험자가 상해를 입었을 때에는 피보험자가 운전한 다른 자동차를 보통약관 대인배상Ⅱ, 자기신체사고, 자동차상해 특별약관 규정의 피보험자동차로 보아 보통약관에서 규정하는 바에 따라 보상한다.

2) 다른 자동차 소유자가 사상하였을 경우

피보험자가 다른 자동차를 운전하던 중 생긴 사고로 다른 자동차의 소유자가 상해를 입었을 때에는 이 보험계약의 보통약관 자기신체사고 및 자동차상해 특별약관의 피보험자로 보아 보통약관의 규정한 바에 따라 보상한다.

3) 다른 자동차 보험계약의 초과손해 보상

보험회사가 보상할 손해에 대하여 다른 자동차에 적용되는 보험계약에 따라 보험금이 지급될 수 있는 경우에는 보험회사가 보상할 금액이 다른 자동차의 보험계약에 따라 지급될 수 있는 금액을 초과하는 때에 한하여 그 초과액만을 보상한다.

3. '다른 자동차'의 정의

이 특별약관에서 '다른 자동차'란 피보험자동차와 동일한 차종[승용자동차(다인승 승용자동차를 포함), 경・3종 승합자동차 및 경・4종 화물자동차간에는 동일한 차량으로 봄]으로서 다음 중 어느 하나에 해당하는 자가용승용차를 말한다.

① 기명피보험자와 그 부모, 배우자 또는 자녀가 소유하거나 통상적으로 사용하는 자동차가 아닌 것
② 기명피보험자가 자동차를 대체한 경우, 그 사실이 생긴 때로부터 보험회사가 승인을 한 때까지의 대체자동차

4. 피보험자

이 특별약관에서 피보험자란 다음의 사람을 말한다.

① 기명피보험자 또는 기명피보험자의 배우자
② 지정운전자 1인 한정운전 특별약관에 의해 보험증권에 기재된 지정운전자

다만, 위의 규정에 불구하고 운전자를 한정하는 특별약관에 따라 위의 피보험자가 운전가능범위에 포함되지 않는 경우에는 피보험자로 보지 않는다.

5. 보상하지 않는 손해

보험회사는 보통약관 대인배상Ⅱ, 자기신체사고 및 무보험자동차에 의한 상해의 보상하지 않는 손해에서 정하는 사항은 보상하지 않고, 또한 다음과 같은 손해도 보상하지 않는다.

① 피보험자가 사용자의 업무에 종사하고 있을 때 그 사용자가 소유하는 자동차를 운전하던 중 생긴 사고로 인한 손해
② 피보험자가 소속한 법인이 소유하는 자동차를 운전하던 중 생긴 사고로 인한 손해
③ 피보험자가 자동차정비업, 주차장업, 세차업, 급유업, 자동차판매업, 탁송업, 대리운전업 등 자동차취급업무상 수탁 받은 자동차를 운전하던 중 생긴 사고로 인한 손해
④ 피보험자가 요금이나 대가를 지불하거나 받고 다른 자동차를 운전하던 중 생긴 사고로 인한 손해
⑤ 피보험자가 다른 자동차의 사용에 대하여 정당한 권리를 가지고 있는 자의 승낙을 받지 않고 다른 자동차를 운전하던 중 생긴 사고로 인한 손해
⑥ 피보험자가 다른 자동차의 소유자에 대하여 법률상의 손해배상책임을 짐으로써 입은 손해
⑦ 피보험자가 다른 자동차를 시험용(다만, 운전면허시험을 위한 도로주행시험용은 제외) 또는 경기용이나 경기를 위한 연습용으로 사용하던 중 생긴 사고로 인한 손해
⑧ 보험증권에 기재된 운전가능범위 외의 자가 다른 자동차를 운전하던 중 생긴 사고로 인한 손해

6. 주차 및 정차 중의 의미(판례)

대법원에서는 “갑(甲)의 남편 을(乙)이 병(丙) 보험회사와 체결한 자동차종합보험계약에는 ‘기명피보험자(그 배우자를 포함)가 다른 자동차를 운전하던 중(주차 또는 정차 중을 제외) 생긴 사고로 인하여 손해배상책임을 짐으로써 손해를 입은 때에는 피보험자가 운전한 다른 자동차를 피보험자동차로 간주하여 보통약관에서 규정하는 바에 따라 보상한다’라는 다른 자동차 운전담보 특별약관이 포함되어 있는데, 갑(甲)이 정(丁) 소유 차량을 운전하다가 정(丁)을 하차시키기 위해 차를 멈춘 상태에서 교통사고가 발생한 사안에서, 갑(甲)이 자동차를 정지시킨 것은 정(丁)을 하차시키기 위한 것이었으므로 그러한 정지 상태는 정차에 해당하고, 위 사고는 정차 중 발생한 사고에 해당하므로 다른 자동차 운전담보 특별약관에서 정하고 있는 보상하는 손해에 해당하지 않으므로 본 특별약관 보험회사의 보상책임은 인정되지 않는다”고 판시하였다(대법원 2018.7.12. 선고 2016다202299 판결).

제4절 자동차상해 특별약관

1. 자기신체사고의 대체

보험회사는 이 특별약관에 따라 보통약관의 자기신체사고를 이 특별약관으로 대체하여 적용한다.

2. 보상내용

보험회사는 피보험자가 피보험자동차를 소유, 사용 또는 관리하는 동안에 생긴 피보험자동차의 사고(보통약관 제12조에서 정하는 사고)로 인하여 상해를 입었을 때의 손해를 보상한다.

3. 피보험자

피보험자의 범위는 다음과 같다.

① 보통약관 대인배상Ⅱ에 해당하는 피보험자
② 위 ①의 피보험자의 부모, 배우자 및 자녀

4. 보상하지 않는 손해

보험회사는 보통약관 자기신체사고의 보상하지 않는 손해에서 정하는 사항은 보상하지 않고, 또한 보험증권에 기재된 운전자가 운전가능범위 외의 자가 운전하던 중 생긴 사고로 인한 손해도 보상하지 않는다.

5. 지급보험금의 계산

1) 지급보험금의 계산

보험회사가 특별약관에 따라 지급하는 보험금은 보험증권에 기재된 보험가입금액을 한도로 하며, 다음과 같이 계산된다.

지급보험금 = 실제손해액 + 비용 − 공제액

(1) 실제손해액

실제손해액은 대인배상, 무보험자동차에 의한 상해 지급기준에 따라 산출한 금액으로서 과실상계 및 보상한도를 적용하기 전 금액을 말한다.

(2) 비 용

비용은 다음의 금액을 말한다.

① 손해의 방지와 경감을 위하여 지출한 비용(긴급조치비용을 포함)
② 남으로부터 손해배상을 받을 수 있는 권리의 보전과 행사를 위하여 지출한 필요하거나 유익한 비용

(3) 공제액

공제액은 다음의 금액을 말한다.

① 자동차보험(공제계약 포함) 대인배상 I (정부보장사업 포함) 및 대인배상 II 에 의해 보상받을 수 있는 금액
② 무보험자동차에 의한 상해에 따라 지급될 수 있는 금액. 다만, 무보험자동차에 의한 상해 보험금의 청구를 포기한 경우에는 공제하지 않는다.
③ 배상의무자 또는 배상의무자 이외의 제3자로부터 보상받은 금액

2) 지급보험금의 청구

① 1)항에도 불구하고 피보험자는 배상의무자가 가입한 자동차보험(공제계약을 포함)의 대인배상 I 과 대인배상 II 에 의한 손해배상을 받을 수 있는 금액을 포함하여 보험회사에 청구할 수 있다.
② 위 ①항의 경우, 이 약관에 따라 지급하는 보험금은 보험증권에 기재된 보험가입금액을 한도로 이 약관에 따라 산출한 금액과 배상의무자가 가입한 자동차보험(공제계약을 포함)의 대인배상 I 과 대인배상 II 의 보험금 지급기준에 따라 보상받을 수 있는 금액을 합한 액수로 한다.

3) 사망보험금의 지급

① 보험회사가 사망보험금을 지급할 경우에 이미 후유장애로 지급한 보험금이 있을 때에는 사망보험금에서 이를 공제한 금액을 지급한다.
② 사망보험금의 경우, 보험계약자인 기명피보험자가 본인의 사망보험금 수익자를 지정하거나 변경하고, 그 사실을 보험회사에 서면으로 통지한 경우에는 그 수익자에게 보험금을 지급한다.

6. 대 위

보험회사는 피보험자에게 보험금을 지급한 경우, 지급한 보험금 한도 내에서 제3자에 대한 피보험자의 권리를 취득한다. 다만, 보험회사가 보상한 금액이 피보험자의 손해의 일부를 보상한 경우에는 피보험자의 권리를 침해하지 않는 범위에서 그 권리를 취득한다.

제5절 의무보험 일시담보 특별약관

1. 적용대상

보통약관 대인배상Ⅰ에 대하여 자동적으로 적용한다.

2. 보험계약자 및 기명피보험자

보험회사는 보통약관 제48조(피보험자동차의 양도)에 불구하고(단서의 승인이 있는 경우는 제외) 보험증권에 기재된 피보험자동차를 양도한 날부터 15일째 되는 날의 24시까지의 기간 동안은 양도된 그 자동차를 보통약관 대인배상Ⅰ의 피보험자동차로 보고 양수인을 보험계약자 및 기명피보험자로 본다.

3. 보상내용

1) 보상하는 손해

보험회사는 피보험자가 피보험자동차를 소유, 사용 또는 관리하는 동안 생긴 피보험자동차의 사고로 인하여 다른 사람을 죽게 하거나 다치게 하여 법률상 손해배상책임을 짐으로써 입은 손해를 보통약관 대인배상Ⅰ에서 규정하는 바에 따라 보상한다.

2) 보상하지 않는 손해

① 피보험자동차가 양수인 명의로 이전 등록된 이후에 발생한 손해
② 양도된 피보험자동차에 대하여 양수인 명의로 유효한 대인배상Ⅰ에 가입한 이후 발생한 손해
③ 대인배상Ⅰ 계약 성립시 설정된 보험기간의 마지막 날 24시 이후에 발생한 손해

4. 보험료의 청구

보험회사가 보상책임을 지는 기간에 대하여는 단기요율로 계산한 해당 보험료를 양수인에게 청구할 수 있으며, 이 경우 양수인은 보험료의 납입을 청구받은 때에는 지체 없이 보험료를 보험회사에 납입하여야 한다.

제6절 자동차취급업자 종합보험

1. 보험의 구성

자동차취급업자 종합보험은 자동차탁송업자, 자동차판매업자, 자동차제작회사, 자동차정비공장 등의 자동차취급업자가 자동차사고로 인한 위험을 담보받기 위해 가입하는 보험으로, 대인배상, 대물배상 및 자기차량손해의 3가지 종목과 각종 다수의 특별약관으로 구성되어 있다. 보험계약자는 이들 3가지 종목 중 한 가지 이상에 대해 선택적으로 가입할 수 있으며, 특히 자기신체사고 및 무보험자동차에 의한 상해는 특별약관의 보장종목에는 없으나, 추가 특별약관으로 가입할 수 있다.

2. 보상하는 손해

대인배상에서 보험회사는 피보험자가 특별약관에서 정한 피보험자동차의 사고로 인하여 다른 사람을 죽게 하거나 다치게 하여 법률상 손해배상책임을 짐으로써 입은 손해를 보상한다.

3. 피보험자

① 기명피보험자

② 기명피보험자의 고용인으로서 또는 기명피보험자를 위하여 피보험자동차를 운전하는 자

③ 위 ① 및 ②의 피보험자 이외에 기명피보험자를 위하여 피보험자동차를 운전하는 자로서 보험증권에 기재된 피보험자

4. 지급보험금의 계산

지급보험금을 계산하는 방법은 개인용 자동차보험 보통약관의 대인배상 보험금 지급기준과 동일하다. 즉, 보험금 지급기준에 의해 산출한 금액과 비용을 합한 금액에서 공제액을 공제한 후 보험금으로 지급하되, 보험증권에 기재된 보험가입금액을 한도로 한다. 다만, 위의 보험금에서 대인배상 I에 의한 금액은 공제하지 않는다.

5. 대리운전자동차 위험담보 특별약관

1) 보상하는 손해

보험회사는 피보험자가 보험기간 중 대리운전을 위해 피보험자동차를 수탁한 때부터 대리운전 과정을 거쳐 차주에게 인도할 때까지의 피보험자동차의 사고로 생긴 손해를 보상한다. 다만, 위 손해 중 대인배상의 경우 대인배상 I (정부보장사업을 포함)로 지급되는 금액이 있을 경우에는 그 금액을 넘는 손해를 보상한다.

2) 보상하지 않는 손해

① 통상의 대리운전 과정을 현저하게 이탈하여 피보험자동차를 사용 또는 관리하던 중 발생한 사고로 인한 손해

② 이 특별약관의 제2조(피보험자)에서 정한 사람 이외의 사람이 피보험자동차를 운전하던 중 발생한 사고로 인한 손해

③ 피보험자동차의 도난으로 인한 손해

3) 피보험자

① 기명피보험자

② 기명피보험자의 고용인으로서 또는 기명피보험자를 위하여 피보험자동차를 운전하는 자

③ 위 ① 및 ②의 피보험자 중 자동차정비, 주차, 급유, 세차, 자동차판매, 자동차탁송 등의 업무를 위하여 피보험자동차를 위탁받아 사용 또는 관리하는 경우에는 피보험자로 보지 않는다.

제 5 장 자동차보험 보험금 지급기준

제1절 손해액의 산정

1. 손해액의 산정요소

1) 손해의 분류

손해란 법익에 관하여 입은 불이익을 말한다. 이러한 손해는 손해3분설에 따라 적극적 손해, 소극적 손해, 정신적 손해로 분류하며, 이 가운데 적극적 손해 및 소극적 손해가 피해자의 재산상 손해에 해당한다.

2) 손해의 본질

(1) 소득상실설(차액설)

소득상실설에 따르면 피해자의 사고 전후의 수입을 비교하여 실질적으로 수입의 감소가 있는 경우에만 일실수입으로 인정한다. 즉, 사고 전후의 수입을 비교하여 차액이 있는 경우에만 그 차액을 일실수입으로 인정한다(사고 전후의 차액 > 0원).

(2) 노동능력상실설(평가설)

노동능력상실설에 따르면 손해의 본질을 노동능력상실 자체로 보아 상실된 노동능력의 가치를 손해로 평가한다. 따라서 일실수입은 불법행위로 인하여 상실하게 된 노동능력에 대한 총평가액이다.

3) 과실상계 및 손익상계

과실상계란 피해자에게 손해가 발생한 경우 그 손해액에서 그의 과실 및 기왕증의 기여도에 해당하는 부분에 대하여 공제하는 것을 말한다. 그리고 손익상계란 피해자에게 손해가 발생함과 동시에 그로써 얻은 이익이 있다면 이를 손해액에서 공제하는 것을 말하며, 공제되는 이익의 범위는 손해배상책임이 발생하는 원인, 즉 채무불이행 또는 불법행위와 상당인과관계에 있는 이익에 한한다.

4) 중간이자의 공제

생명 또는 신체의 침해에 의한 손해배상의 경우 장래에 얻을 수 있는 이익의 배상액을 정기적으로 지급하지 않고 일시금배상으로 지급하는 바, 이때 손해배상금의 현가를 계산할 때에는 중간이자를 공제하여야 한다. 손해배상금의 현가를 계산하는 경우 중간이자를 공제하는 방식으로는 라이프니츠방식과 호프만방식이 있다.

(1) 라이프니츠방식

라이프니츠방식은 중간이자를 복리로 계산하여 공제하는 방식으로 호프만방식보다는 공제되는 중간이자가 크며, 현재 자동차보험 대인배상 보험금 지급기준에서 적용하고 있는 방식이다.

라이프니츠방식은 이자를 복리로 계산하므로 호프만방식에서와 같이 이자가 원금을 초과함으로써 발생하는 과잉배상의 문제는 일어나지 않지만, 인플레이션이 지속되는 경우를 예상하면 복리로 이자공제를 하는 것은 물가인상분이 전혀 고려되지 못함으로써 원상회복을 꾀하는 손해배상제도의 배상금 계산방법으로는 타당성에 문제가 있는 것으로 지적되고 있다.

(2) 호프만방식

호프만방식은 중간이자를 단리로 계산하여 공제하는 방식으로 라이프니츠방식보다는 공제되는 중간이자가 적어 피해자에게 더 유리하며, 현재 법원의 실무 및 「국가배상법」에서 적용하고 있는 방식이다.

호프만방식은 물가가 매년 지속적으로 인상되는 경우 현가로 산정된 손해배상금이 장래에는 그 가치가 하락하게 되므로 이자를 단리로 계산하여 공제함으로써 인플레이션하에서의 화폐가치의 하락부분을 어느 정도 보존할 수 있는 장점이 있다. 그러나 단리연금현가계수가 월단위로 240을 초과하거나 연단위로 20을 초과하게 되면 월 또는 연 이자가 월 또는 연 순수입을 초과하게 되어 과잉배상의 문제가 발생한다. 이러한 문제로 인해 법원에서는 월단위 240, 연단위 20을 한도로 하여 손해배상액을 산정하고 있다.

5) 노동능력상실률의 판단방법

노동능력상실률은 전문의의 신체감정내용을 주된 판단자료로 하여 확정하는데, 그 평가기준은 맥브라이드의 후유장애평가표에 제시된 기준으로 하며, 「국가배상법」, 미국의학협회(A.M.A)의 장해평가법에 대한 지침 등을 참작하여 판단한다.

6) 상실수익의 기준소득

(1) 가동소득

노동활동으로 얻고 있는 소득이어야 한다. 따라서 이자소득, 배당소득, 임대소득은 상실수익의 기준소득으로 할 수 없다.

(2) 계속성

사고 이후에도 해당 직업에 종사한다는 점이 평가되어야 하고, 일시적 성격의 소득항목은 계속성이 인정되지 못하는 경우로서 상실수익에 반영하지 않는다. 예를 들어 단기복무 중인 장교라면 가동연한까지 장교로서 복무하는 것이 아니므로 해당 소득액을 상실수익의 기준소득으로 할 수 없는 것이고, 1회성으로 지급된 격려금도 계속성이 없는 소득항목으로서 상실수익의 기준소득으로 평가할 수 없다.

(3) 적법성

소득은 적법한 방법으로 취득한 것으로만 평가하여야 한다. 따라서 불법도박장을 운영하는 자의 도박장운영 사업소득을 상실수익의 기준소득으로 평가할 수 없다.

7) 피해자의 과실

(1) 과실의 의미

과실상계에 있어서의 과실이란 불법행위의 성립요건으로서의 엄격한 의미의 과실, 즉 주의의무의 위반이 아니라 단순한 부주의를 의미한다. 피해자의 과실을 참작함에 있어서는 불법행위의 성립을 위하여 가해자에게 요구되는 것과 같은 정도의 책임능력은 요하지 않으며, 손해의 발생을 회피할 수 있을 정도의 사리변식능력이 요구된다. 따라서 피해자 본인에게 이러한 정도의 능력조차 없는 경우에는 보호의무자의 감독상의 과실을 검토하여 피해자의 과실로 참작한다.

(2) 과실의 인정근거

피해자의 과실을 정하는 이유는 기본적으로는 손해의 공평분담이라는 원칙에 근거하나, 실질적으로는 공동불법행위자 사이의 구상관계를 간편하고 합리적으로 해결할 수 있다는 점에 있다.

(3) 과실의 유형

① 감독의무자의 과실(보호태만 과실)

피해자가 유아, 심신상실자 또는 심신박약자인 경우 이들의 감독의무자에게 감독상의 과실(보호태만)이 있으면, 이들의 손해배상금의 산정에 있어서 감독자의 감독상의 과실을 피해자의 과실로 참작한다.

② 가족관계(생계를 같이하는 가족)

피해자가 불법행위자와 부모, 배우자 및 자녀 관계에 있는 경우에는 특별한 사정이 없는 한 불법행위자의 과실을 피해자의 과실로 참작한다.

8) 신뢰의 원칙

신뢰의 원칙이란 자동차를 운전하는 자는 다른 운전자가 교통질서를 준수하여 운전할 것이라고 신뢰하여 운전하면 족하고, 상대방 운전자가 교통질서를 위반하여 운전할 경우까지를 예상하여 운전할 의무는 없다는 원칙을 말한다. 따라서 이러한 신뢰의 원칙에 따라 운전한 자동차 운전자의 과실은 인정되지 않는다. 다만, 이미 상대방이 교통질서를 위반하여 운전하고 있는 것을 인식하고 있거나, 인식할 수 있는 경우에는 적용되지 않는다.

예컨대, 중앙선침범 사고나 신호위반 사고에서는 법규위반 차량에 100%의 과실을 적용하고, 고속도로에서 무단횡단을 하는 사람을 충격한 사고에서는 무단횡단을 한 사람에게 전적인 과실을 적용하지만, 중앙선침범 또는 신호위반한 자동차를 인식하고서도 사고를 회피하려는 노력을 하지 않은 경우에는 신뢰의 원칙이 적용되지 않는다.

2. 유형별 과실요소

1) 과실상계 우선적용 사고

자동차사고 과실비율 인정기준 중에서 아래의 교통사고에 대해서는 다른 기준에 우선하여 적용한다.

(1) 기 준

① 보호자의 자녀(6세 미만) 감호태만

㉠ 간선도로 : 20%~40%

㉡ 일반도로 : 10%~30%

② 차량 밑에서 놀거나 잠자는 행위 : 20%~40%

③ 차도에서 택시를 잡는 행위

㉠ 음주상태 : 30%~50%

㉡ 기타 : 10%~30%

④ 좌석안전띠 미착용 : 10%~20%

다만, 안전벨트 미착용이 사고의 발생 또는 손해의 확대와 인과관계가 없는 경우에는 과실상계를 적용할 수 없으며, 또한 차량 내에 안전벨트가 설치되어 있지 않은 경우에도 과실상계를 적용할 수 없다.

⑤ 이륜차 탑승자 안전모 미착용 : 10%~20%

다만, 안전모 미착용이 사고의 발생 또는 손해의 확대와 인과관계가 없는 경우에는 과실상계를 적용할 수 없다.

⑥ 정원초과(승용차, 화물차, 이륜차 포함) : 10%~20%

⑦ 적재함에 탑승행위

㉠ 화물차 : 20%~40%

㉡ 경운기 : 10%~20%

⑧ 차내에서 서 있다가 넘어진 사고 : 10%~20%

⑨ 출발 후 갑자기 뛰어내리거나 뛰어오름 : 60%~80%

이 기준은 운전자가 탑승자가 뛰어 내리거나 뛰어 오르려는 것을 알고도 이를 제지하거나 또는 차량을 정차하는 등 안전조치를 취하지 않은 경우에는 적용되지 않는다.

⑩ 달리는 차에 매달려가다가 추락

㉠ 화물차 : 40%~60%

㉡ 버스 : 20%~30%

(2) 기준의 적용원칙

① 최저 및 최고비율의 중간수치를 기본과실로 한다.

② 유형별 과실요소의 가산 또는 감산요소를 수정하여 적용하되, 가・감산 후의 최종과실비율은 최저치 미만으로 적용할 수 없으며, 또한 최고치를 초과하여 적용할 수 없다.

③ 과실 없는 다른 차량의 탑승 피해자에게도 이 기준을 적용한다.

④ 기타 도로사정 및 교통사정 등을 종합적으로 감안하여 적용한다.

2) 자동차와 보행자의 사고

자동차에는 「자동차관리법」 제3조에 정해진 자동차는 물론 원동기장치자전거와 보행자의 사고에도 이 기준을 적용한다. 보행자는 도로를 통행하는 자로서 유모차 및 신체장애자용 의자차를 사용하는 자, 도로 위의 작업자, 도로 위에 앉아있거나 누워있는 자를 포함하며, 이륜자동차 및 자전거를 끌고 가는 자, 횡단보도에서 손수레・우마차를 끌고 가는 자를 포함한다.

(1) 가산요소

① 야간・기타 시야장애

② 간선도로

③ 정지・후퇴・사행

④ 횡단규제표지

⑤ 교차로대각선횡단

⑥ 술에 취한 상태

⑦ 보행자의 급진입

(2) 감산요소

① 주택・상점가・학교

② 어린이・노인・장애인

③ 어린이・노인・장애인 보호구역

④ 집단횡단

⑤ 보・차도 구분 없음

⑥ 차의 현저한 과실

⑦ 차의 중대한 과실

⑧ 어린이보호구역 및 노인보호구역

3) 자동차와 자동차의 사고

(1) 적용범위

자동차와 자동차의 사고의 경우에 이 기준을 적용한다. 쌍방이 이륜자동차(원동기장치자전거 포함)인 경우에도 이 기준을 적용하며, 한쪽이 이륜자동차인 경우에는 자동차와 이륜차의 사고 기준을 적용한다.

(2) 수정요소

① 야간・기타 시야장애, 간선도로, 주택・상점가・학교, 현저한 과실, 중과실 등 여기에서 정의하지 않는 수정요소는 특별한 사정이 없는 한 자동차와 보행자의 사고 및 다른 유형에서 정의한 내용을 적용 또는 준용한다.

② 대형차

③ 명확한 선진입

④ 서행 또는 감속 불이행

⑤ 급좌(우)회전, 기좌회전 및 좌회전 금지위반

⑥ 소좌회전과 대좌회전

⑦ 진로변경 금지장소

⑧ 전용차로 위반

⑨ 진로변경, 신호불이행 또는 지연

⑩ 차체를 내밀고 대기

⑪ 교차로 정체 중 진입(꼬리 물기 등)

⑫ 신호기에 의해 교통정리가 행해지고 있는 교차로

⑬ 회전위험장소, 회전금지장소

4) 차 대 자전거(농기계 포함)의 사고

(1) 적용범위

이 기준은 자동차와 자전거와의 사고시에 적용된다. 이 경우 자동차는 이륜자동차(원동기장치자전거 포함)가 포함되고, 자전거에는 농기계 등이 포함된다.

(2) 수정요소

① 간선도로

② 야간 기타 시야장애

③ 자전거의 좌측통행

④ 자전거의 현저한 과실

⑤ 자전거의 중과실

⑥ 어린이・노인

⑦ 인근에 자전거 도로가 있는 경우

⑧ 자동차의 현저한 과실

⑨ 자동차의 중과실

⑩ 자전거의 교차로 대각선 횡단

5) 고속도로(자동차전용도로 포함)의 사고

(1) 적용범위

① 이 기준은 고속도로와 자동차전용도로에서 일어난 사고에만 적용한다. 따라서 고속도로 휴게소나 정류장 내에서의 사고, 고속도로 진·출입로 직전에서의 사고, 자동차전용구간 이외의 이륜차나 보행자 등과의 혼용구간의 사고 등에는 적용하지 않는다.

② 고속도로 등에서 기 사고차량을 충돌하는 경우나 선행 사고에 대한 과실비율은 고속도로 등에서의 추돌사고에 관한 도표를 적용하거나 준용하여 판단한다.

③ 긴급자동차인 이륜자동차를 제외한 일반이륜자동차는 통상 고속도로 등을 통행할 수 없으므로(도로교통법 제63조) 일반이륜자동차가 고속도로 등을 통행하다가 사고를 당하거나 야기시킨 경우에는 중과실을 준용하여 고속도로 등을 통행할 수 있는 자동차의 사고보다 과실비율을 20% 가산한다.

(2) 수정요소

① 분기점 출입로 부근

② 진로변경 금지장소

③ 전용차로 위반

④ 신호 불이행 및 지연

제2절 사망보험금 지급기준

1. 사망보험금의 구성

각 보장종목별 보험가입금액 한도 내에서 다음의 금액을 지급한다.

1) 장례비

지급액 : 5,000,000원

2) 위자료

(1) 사망자 본인 및 유족의 위자료

① 사망 당시 피해자의 나이가 65세 미만인 경우 : 80,000,000원

② 사망 당시 피해자의 나이가 65세 이상인 경우 : 50,000,000원

(2) 청구권자의 범위 및 청구권자별 지급기준

「민법」상 상속규정에 따른다.

3) 상실수익액

상실수익액은 사망한 본인의 월평균 현실소득액(제세액 공제)에서 본인의 생활비(월평균 현실소득액에 생활비율을 곱한 금액)를 공제한 금액에 취업가능월수에 해당하는 호프만계수를 곱하여 산정한다. 다만, 사망일부터 취업가능연한까지 월수에 해당하는 호프만계수의 총합은 240을 한도로 한다.

> **상실수익액**
> = (월평균 현실소득액 – 생활비) × (사망일부터 보험금 지급일까지의 월수 + 보험금 지급일부터 취업가능연한까지 월수에 해당하는 호프만계수)

※ 생활비 = 월평균 현실소득액 × 1/3

2. 현실소득액의 산정방법

1) 유직자

(1) 산정대상기간

① 급여소득자

사고발생 직전 또는 사망 직전 과거 3개월로 하되, 계절적 요인 등에 따라 급여의 차등이 있는 경우와 상여금, 체력단련비, 연월차휴가보상금 등 매월 수령하는 금액이 아닌 것은 과거 1년간으로 한다.

② 급여소득자 이외의 자

사고발생 직전 과거 1년간으로 하며 기간이 1년 미만인 경우에는 계절적인 요인 등을 감안하여 타당한 기간으로 한다.

(2) 산정방법

① 현실소득액을 증명할 수 있는 자

「세법」에 의한 관계증빙서에 따라 소득을 산정할 수 있는 자에 한하여 다음과 같이 산정한 금액으로 한다.

㉠ 급여소득자

피해자가 근로의 대가(실비변상적인 성격을 가진 대가는 제외)로서 받은 보수액에서 제세액을 공제한 금액. 그러나 피해자가 사망 직전에 보수액의 인상이 확정된 경우에는 인상된 금액에서 제세액을 공제한 금액으로 한다.

㉡ 사업소득자

「세법」에 따른 관계증빙서에 따라 증명된 수입액에서 그 수입을 위하여 필요한 제경비 및 제세액을 공제하고 본인의 기여율을 감안하여 산정한 금액으로 한다.

> **현실소득액**
> = [연간수입액 – 주요경비 – (연간수입액 × 기준경비율) – 제세공과금] × 노무기여율 × 투자비율

(주) 1. 제경비가 세법에 따른 관계증빙서에 따라 증명되는 경우에는 위 기준경비율 또는 단순경비율을 적용하지 않고 그 증명된 경비를 공제함.
2. 「소득세법」 등에 의해 단순경비율 적용대상자는 기준경비율 대신 그 비율을 적용함.
3. 투자비율은 증명이 불가능할 때에는 '1/동업자수'로 함.
4. 노무기여율은 85/100를 한도로 타당한 율을 적용함.

다만, 본인이 없더라도 사업의 계속성이 유지될 수 있는 경우 및 위 산정방법에 따라 산정한 금액이 일용근로자 임금에 미달한 경우에는 일용근로자 임금을 인정한다.

여기서 일용근로자 임금이란 「통계법」 제15조에 의한 통계작성지정기관(대한건설협회, 중소기업중앙회)이 「통계법」 제17조에 따라 조사・공표한 노임 중 공사부문은 보통인부, 제조부문은 단순노무종사원의 임금을 말하며, 1일 노임형태로 공표된다. 이 보험계약에서의 일용근로자 임금은 공사부문 보통인부와 제조부문 단순노무종사원의 임금을 평균한 금액으로 하며, 월 임금 산출시 25일을 기준으로 산정한다.

> **일용근로자 임금**
> = (공사부문 보통인부 임금 + 제조부문 단순노무종사원 임금) / 2
> ※ 월 임금 산출시 25일을 기준으로 산정

ⓒ 그 밖의 유직자(이자소득자, 배당소득자 제외)

「세법」상의 관계증빙서에 따라 증명된 소득액에서 제세액을 공제한 금액. 다만, 부동산 임대소득자의 경우에는 일용근로자 임금을 인정하며, 이 기준에서 정한 여타의 증명되는 소득이 있는 경우에는 그 소득과 일용근로자 임금 중 많은 금액을 인정한다.

ⓓ 위 ⓐ, ⓑ, ⓒ에 해당하는 자로서 기술직 종사자

「통계법」 제15조에 의한 통계작성지정기관(공사부문 : 대한건설협회, 제조부문 : 중소기업중앙회)이 「통계법」 제17조에 따라 조사·공표한 노임에 의한 해당 직종 임금이 많은 경우에는 그 금액을 인정한다. 다만, 사고발생 직전 1년 이내 해당 직종에 종사하고 있었음을 관련 서류(자격증, 노무비지급확인서 등)를 통해 객관적으로 증명한 경우에 한한다.

② 현실소득액을 증명하기 곤란한 자

「세법」에 의한 관계증빙서에 따라 소득을 산정할 수 없는 자는 다음과 같이 산정한 금액으로 한다.

ⓐ 급여소득자, 사업소득자, 그 밖의 유직자 : 일용근로자 임금

ⓑ 위 급여소득자, 사업소득자, 그 밖의 유직자에 해당하는 자로서 기술직 종사자 : 「통계법」 제15조에 의한 통계작성지정기관(공사부문 : 대한건설협회, 제조부문 : 중소기업중앙회)이 「통계법」 제17조에 따라 조사, 공표한 노임에 의한 해당 직종 임금이 많은 경우에는 그 금액을 인정한다. 다만, 사고발생 직전 1년 이내 해당 직종에 종사하고 있었음을 관련 서류를 통해 객관적으로 증명한 경우에 한한다.

③ 미성년자로서 현실소득액이 일용근로자 임금에 미달한 자

19세에 이르기까지는 현실소득액을, 19세 이후부터는 일용근로자 임금을 인정한다.

2) 가사종사자, 무직자(학생 포함)

일용근로자 임금을 인정한다.

3) 현역병 등 군 복무해당자(복무예정자 포함)

일용근로자 임금을 인정한다.

4) 소득이 두 가지 이상인 자

「세법」에 따른 관계증빙서에 따라 증명된 소득이 두 가지 이상 있는 경우에는 그 합산액을 인정한다. 다만, 「세법」에 따른 관계증빙서에 따라 증명된 소득과 증명 곤란한 소득이 있는 때 혹은 증명이 곤란한 소득이 두 가지 이상 있는 경우에 이 기준에 따라 인정하는 소득 중 많은 금액을 인정한다.

5) 외국인

(1) 유직자

① 국내에서 소득을 얻고 있는 자로서 그 증명이 가능한 자 : 위 현실소득액의 증명이 가능한 자의 현실소득액 산정방법으로 산정한 금액

② 위 ① 이외의 자 : 일용근로자 임금

(2) 무직자(학생 및 미성년자 포함)

일용근로자 임금

3. 취업가능월수

1) 취업가능연한

취업가능연한을 65세로 하여 취업가능월수를 산정한다. 다만, 법령, 단체협약 또는 그 밖의 별도의 정년에 관한 규정이 있으면 이에 의하여 취업가능월수를 산정하며, 피해자가 「농업・농촌 및 식품산업기본법」 제3조 제2호에 따른 농업인이나 「수산업・어촌발전기본법」 제3조 제3호에 따른 어업인일 경우(피해자가 객관적 자료를 통해 증명한 경우에 한함)에는 취업가능연한을 70세로 하여 취업가능월수를 산정한다.

2) 62세 이상 피해자의 취업가능월수

피해자가 사망 당시(후유장애를 입은 경우에는 노동능력상실일) 62세 이상인 경우에는 다음의 「62세 이상 피해자의 취업가능월수」에 의하되, 사망일 또는 노동능력상실일부터 정년에 이르기까지는 월현실소득액을, 그 이후부터 취업가능월수까지는 일용근로자 임금을 인정한다.

[62세 이상 피해자의 취업가능월수]

피해자의 나이	취업가능월수
62세부터 67세 미만	36월
67세부터 76세 미만	24월
76세 이상	12월

3) 취업가능연한이 사회통념상 65세 미만인 직종에 종사하는 자

이 경우 해당 직종에 타당한 취업가능연한 이후 65세에 이르기까지의 현실소득액은 사망 또는 노동능력상실 당시의 일용근로자 임금을 인정한다.

4) 취업시기

취업시기는 19세로 한다.

5) 외국인

(1) 적법한 일시체류자인 경우

생활 본거지인 본국의 소득기준을 적용한다. 다만, 적법한 일시체류자가 국내에서 취업활동을 한 경우에는 사고일부터 3년은 국내의 소득기준을, 그 후부터는 본국의 소득기준을 적용한다.

※ **적법한 일시체류자** : 국내 입국허가를 득하였으나 취업활동의 허가를 얻지 못한 자를 말한다.

(2) 적법한 취업활동자인 경우

외국인 근로자의 적법한 체류기간 동안은 국내의 소득기준을 적용하고, 적법한 체류기간 종료 후에는 본국의 소득기준을 적용한다. 다만, 사고 당시 남은 적법한 체류기간이 3년 미만인 경우 사고일부터 3년간 국내의 소득기준을 적용한다.

※ **적법한 취업활동자** : 국내 취업활동 허가를 얻은 자를 말한다.

(3) 그 밖의 경우

사고일부터 3년은 국내의 소득기준을, 그 후부터는 본국의 소득기준을 적용한다.

05

4. 호프만계수

법정이율 월 5/12%, 단리에 따라 중간이자를 공제하고 계산하는 방법

〈산식〉

$$\frac{1}{1+i}+\frac{1}{1+2i}+\cdots\cdots+\frac{1}{1+ni}$$

i = 5/12%, n = 취업가능월수

제3절 부상보험금 지급기준

1. 적극손해

1) 구조수색비

사회통념상으로 보아 필요 타당한 실비

2) 치료관계비

의사의 진단기간에서 치료에 소요되는 다음의 비용(외국에서 치료를 받은 경우에는 국내의료기관에서의 치료에 소요되는 비용 상당액. 다만, 국내의료기관에서 치료가 불가능하여 외국에서 치료를 받는 경우에는 그에 소요되는 타당한 비용)으로 하되, 관련 법규에서 환자의 진료비로 인정하는 선택진료비를 포함한다. 다만, 「자동차손해배상보장법 시행령」〈별표1〉에서 정한 상해급별 구분 중 12급 내지 14급에 해당하는 교통사고 환자가 상해를 입은 날로부터 4주를 경과한 후에도 의학적 소견에 따른 향후 치료를 요하는 경우에는 의료법에 따른 진단서상 향후 치료에 대한 소견 범위에 기재된 치료기간내 치료에 소요되는 비용으로 한다.

(1) 입원료

① 입원료는 대중적인 일반병실(기준병실)의 입원료를 지급한다. 다만, 의사가 치료상 부득이 기준병실보다 입원료가 비싼 병실(상급병실)에 입원하여야 한다고 판단하여 상급병실에 입원하였을 때에는 그 병실의 입원료를 지급한다.

② 기준병실이 없어 부득이하게 병원급 이상 의료기관의 상급병실에 입원하였을 때에는 7일의 범위에서는 그 병실의 입원료를 지급한다. 만약, 입원일수가 7일을 초과한 때에는 그 초과한 기간에 대하여는 기준병실의 입원료와 상급병실의 입원료와의 차액은 지급하지 않는다.

③ 피보험자나 피해자의 희망으로 상급병실에 입원하였을 때는 기준병실의 입원료와 상급병실의 입원료와의 차액은 지급하지 않는다.

(2) 입원료 외의 치료비

응급치료, 호송, 진찰, 전원, 퇴원, 투약, 수술(성형수술 포함), 처치, 의지, 의치, 안경, 보청기 등에 소요되는 필요 타당한 실비를 지급한다.

(3) 치아보철비

금주조관보철(백금관보철 포함) 또는 임플란트(실제 시술한 경우로 1치당 1회에 한함)에 소요되는 비용을 지급한다. 다만, 치아보철물이 외상으로 인하여 손상 또는 파괴되어 사용할 수 없게 된 경우에는 원상회복에 소요되는 비용을 인정한다.

2. 위자료

1) 청구권자의 범위

피해자 본인

2) 지급기준

책임보험 상해구분에 따라 다음과 같이 급별로 인정한다.

(단위 : 만원)

급 별	인정액	급 별	인정액	급 별	인정액	급 별	인정액
1급	200만원	5급	75만원	9급	25만원	13급	15만원
2급	176만원	6급	50만원	10급	20만원	14급	15만원
3급	152만원	7급	40만원	11급	20만원		
4급	128만원	8급	30만원	12급	15만원		

3) 후유장애보험금 한도 초과시의 부상 위자료

과실상계 후 후유장애 상실수익액과 가정간호비가 후유장애보험금 보상한도를 초과하는 경우에는 부상보험금 한도 내에서 부상 위자료를 지급한다.

3. 휴업손해

1) 산정방법

부상으로 인하여 휴업함으로써 수입의 감소가 있었음을 관계서류를 통해 증명할 수 있는 경우에 한하여 휴업기간 중 피해자의 실제 수입감소액의 85% 해당액을 지급한다.

휴업손해 = 1일 수입감소액 × 휴업일수 × 85/100

※ **관계서류를 통해 증명할 수 있는 경우** : 「세법」상 관계서류 또는 기타 객관적으로 인정되는 자료 등을 통해 증명한 경우를 말한다.

2) 휴업일수의 산정

(1) 휴업일수의 산정

피해자의 상해정도를 감안, 치료기간의 범위에서 인정한다.

(2) 사고 당시 피해자의 나이가 취업가능연한을 초과한 경우

휴업일수를 산정하지 않는다. 다만, 위 1)의 관계서류를 통해 증명한 경우에는 인정한다.

(3) 취업가능연한

65세를 기준으로 한다. 다만, 법령, 단체협약 또는 그 밖의 별도의 정년에 관한 규정이 있으면 이에 의하며, 피해자가 「농업·농촌 및 식품산업기본법」 제3조 제2호에 따른 농업인이나 「수산업·어촌발전기본법」 제3조 제3호에 따른 어업인일 경우(피해자가 객관적 자료를 통해 증명한 경우에 한함)에는 70세로 한다.

3) 수입감소액의 산정

(1) 유직자

사망한 경우 현실소득액의 산정방법에 따라 산정한 금액을 기준으로 하여 수입감소액을 산정한다. 다만, 실제의 수입감소액이 이 기준으로 산정한 금액에 미달하는 경우에는 실제의 수입감소액으로 한다.

(2) 가사종사자

일용근로자 임금을 수입감소액으로 한다.

※ **가사종사자** : 사고 당시 2인 이상으로 구성된 세대에서 경제활동을 하지 않고 가사활동에 종사하는 자로서 주민등록 관계서류와 「세법」상 관계서류 등을 통해 해당 사실을 증명한 사람을 말함.

(3) 무직자 등

무직자, 유아, 연소자, 학생, 연금생활자, 그 밖의 금리나 임대료에 의한 생활자는 수입의 감소가 없는 것으로 한다.

(4) 소득이 두 가지 이상인 자

사망한 경우 현실소득액의 산정방법과 동일하다.

(5) 외국인

사망한 경우 현실소득액의 산정방법과 동일하다.

4. 간병비

1) 청구권자의 범위

피해자 본인

2) 인정대상

(1) 본 인

책임보험 상해구분상 1~5급에 해당하는 자 중 <u>객관적인 증빙자료</u>를 제출한 경우 인정한다.

※ **객관적인 증빙자료** : 진단서, 진료기록, 입원기록, 가족관계증명서 등 보험회사가 상해등급과 신분관계를 판단할 수 있는 서류를 말한다.

(2) 7세 미만 자녀

동일한 사고로 부모 중 1인이 사망 또는 상해등급 1~5급의 상해를 입은 7세 미만의 자 중 객관적인 증빙자료를 제출한 경우 인정한다.

(3) 보험회사가 비용을 부담하는 경우

「의료법」 제4조의2(간호・간병통합서비스)에 따른 비용을 보험회사가 부담하는 경우에는 비용 및 기간에 관계없이 인정하지 않는다.

3) 지급기준

(1) 본 인

위 인정대상 (1)에 해당하는 자는 책임보험 상해구분에 따라 다음과 같이 상해등급별 인정일수를 한도로 하여 실제 입원기간을 인정한다.

상해등급	인정일수
1급~2급	60일
3급~4급	30일
5급	15일

(2) 7세 미만 자녀

위 인정대상 (2)에 해당하는 자는 최대 60일을 한도로 실제 입원기간을 인정한다.

(3) 간병인원

간병인원은 1일 1인 이내에 한하며, 1일 일용근로자 임금을 기준으로 지급한다.

(4) 간병비가 중복되는 경우

위 (1)과 (2)의 간병비가 피해자 1인에게 중복될 때에는 양자 중 많은 금액을 지급한다.

5. 그 밖의 손해배상금

1) 입원하는 경우

입원기간 중 한 끼당 4,030원(병원에서 환자의 식사를 제공하지 않거나 환자의 요청에 따라 병원에서 제공하는 식사를 이용하지 않는 경우에 한한다)

2) 통원하는 경우

실제 통원한 일수에 대하여 1일 8,000원

제4절 후유장애보험금 지급기준

1. 위자료

1) 청구권자의 범위

피해자 본인

2) 지급기준

노동능력상실률에 따라 아래에 의해 산정한 금액을 피해자 본인에게 지급한다.

(1) 노동능력상실률이 50% 이상인 경우

① 후유장애 판정 당시 피해자의 나이가 65세 미만인 경우

> 45,000,000원 × 노동능력상실률 × 85%

② 후유장애 판정 당시 피해자의 나이가 65세 이상인 경우

> 40,000,000원 × 노동능력상실률 × 85%

※ 후유장애 판정에 대한 다툼이 있을 경우 최초 후유장애 판정시점의 피해자 연령을 기준으로 후유장애 위자료를 산정한다.

③ 위 ①, ②항에도 불구하고 피해자가 이 약관에 따른 가정간호비 지급대상인 경우

㉠ 후유장애 판정 당시 피해자의 나이가 65세 미만인 경우

> 80,000,000원 × 노동능력상실률 × 85%

㉡ 후유장애 판정 당시 피해자의 나이가 65세 이상인 경우

> 50,000,000원 × 노동능력상실률 × 85%

(2) 노동능력상실률이 50% 미만인 경우

노동능력상실률	인정액
45% 이상~50% 미만	400만원
35% 이상~45% 미만	240만원
27% 이상~35% 미만	200만원
20% 이상~27%미만	160만원
14% 이상~20% 미만	120만원
9% 이상~14% 미만	100만원
5% 이상~9% 미만	80만원
0% 초과~5% 미만	50만원

3) 후유장애 상실수익액을 지급하는 경우

이 경우 후유장애 위자료를 지급한다. 다만, 부상 위자료 해당액이 더 많은 경우에는 그 금액을 후유장애 위자료로 지급한다.

2. 상실수익액

1) 산정방법

피해자가 노동능력을 상실한 경우 피해자의 월평균 현실소득액에 노동능력상실률과 노동능력상실기간에 해당하는 호프만계수를 곱하여 산정한다. 다만, 노동능력상실일부터 취업가능연한까지 월수에 해당하는 호프만계수의 총합은 240을 한도로 한다.

> 상실수익액
> = 월평균 현실소득액 × 노동능력상실률 × (노동능력상실일부터 보험금 지급일까지의 월수 + 보험금 지급일부터 취업가능연한까지의 월수에 해당하는 호프만계수)

2) 현실소득액의 산정방법

(1) 유직자

① 산정대상기간

㉠ 급여소득자

사고발생 직전 또는 노동능력상실 직전 과거 3개월로 하되, 계절적 요인 등에 따라 급여의 변동이 있는 경우와 상여금, 체력단련비, 연월차휴가보상금 등 매월 수령하는 금액이 아닌 것은 과거 1년간으로 한다.

㉡ 급여소득자 이외의 자

사고발생 직전 과거 1년간으로 하며, 그 기간이 1년 미만인 경우에는 계절적인 요인 등을 감안하여 타당한 기간으로 한다.

② 산정방법

사망한 경우 현실소득액의 산정방법과 동일하다.

(2) 가사종사자, 무직자(학생 포함), 현역병 등 군 복무해당자, 소득이 두 가지 이상인 자, 외국인

사망한 경우 현실소득액의 산정방법과 동일하다.

3) 노동능력상실률

맥브라이드식 후유장애평가방법에 따라 일반의 옥내 또는 옥외 근로자를 기준으로 실질적으로 부상치료 진단을 실시한 의사 또는 해당 과목 전문의가 진단, 판정한 타당한 노동능력상실률을 적용하며, 그 판정과 관련하여 다툼이 있을 경우 보험금청구권자와 보험회사가 협의하여 정한 제3의 전문의료기관의 전문의에게 판정을 의뢰할 수 있다.

4) 노동능력상실기간

사망한 경우 취업가능월수와 동일하다.

5) 호프만계수

사망한 경우와 동일하다.

3. 가정간호비

1) 인정대상

치료가 종결되어 더 이상의 치료효과를 기대할 수 없게 된 때에 1인 이상의 해당 전문의로부터 노동능력상실률 100%의 후유장애 판정을 받은 자로서 다음 요건에 해당하는 '식물인간상태의 환자 또는 척수손상으로 인한 사지완전마비 환자'로 생명유지에 필요한 일상생활의 처리동작에 있어 항상 다른 사람의 개호를 요하는 자

(1) 식물인간상태의 환자

뇌손상으로 다음 항목에 모두 해당되는 상태에 있는 자

① 스스로 이동이 불가능하다.
② 자력으로 식사가 불가능하다.
③ 대소변을 가릴 수 없는 상태이다.
④ 안구는 경우 물건을 쫓아가는 수가 있으나, 알아보지는 못한다.
⑤ 소리를 내도 뜻이 있는 말은 못한다.
⑥ '눈을 떠라', '손으로 물건을 쥐어라' 하는 정도의 간단한 명령에는 가까스로 응할 수 있어도 그 이상의 의사소통은 불가능하다.

(2) 척수손상으로 인한 사지완전마비 환자

척수손상으로 인해 양팔과 양다리가 모두 마비된 환자로서 다음 항목에 모두 해당되는 자

① 생존에 필요한 일상생활의 동작(식사, 배설, 보행 등)을 자력으로 할 수 없다.
② 침대에서 몸을 일으켜 의자로 옮기거나 집안에서 걷기 등의 자력이동이 불가능하다.
③ 욕창방지를 위하여 수시로 체위를 변경시켜야 하는 등의 타인의 상시개호를 필요로 한다.

2) 지급기준

가정간호 인원은 1일 1인 이내로 한하며, 가정간호비는 일용근로자 임금을 기준으로 보험금수령권자의 선택에 따라 일시금 또는 퇴원일부터 향후 생존기간에 한하여 매월 정기금으로 지급한다.

제5절 과실상계 등

1. 과실상계

1) 과실상계의 의의

과실상계란 불법행위에 관하여 피해자에게 과실이 있는 경우에 가해자의 손해배상책임 및 그 금액을 결정함에 있어 피해자의 과실을 참작하는 것을 말한다.

2) 과실상계의 근거

가해자의 손해배상책임에 있어서 무과실책임 등 위험책임의 영역을 확대하는 한편, 손해배상책임의 범위에 있어서는 그 배상액의 범위를 제한하기 위한 것으로 손해의 공평분담이라는 견지에서 신의칙상 인정되는 제도이다.

3) 약관규정

(1) 과실비율의 적용기준

별도로 정한 자동차사고 과실비율 인정기준을 참고하여 산정하고, 사고유형이 그 기준에 없거나 그 기준에 의한 과실비율의 적용이 곤란할 때에는 판결례를 참작하여 적용한다. 다만, 소송이 제기된 경우에는 법원의 확정판결에 의한 과실비율을 적용한다.

(2) 과실상계의 방법

① 이 기준의 대인배상Ⅰ, 대인배상Ⅱ에 의하여 산출한 금액에 대하여 피해자 측의 과실비율에 따라 상계하며, 무보험자동차에 의한 상해의 경우에는 피보험자의 과실비율에 따라 상계한다.

② 대인배상Ⅰ에서 사망보험금은 위 ①에 의하여 상계한 후의 금액이 2,000만원에 미달하면 2,000만원을 보상하며, 부상보험금의 경우 위 ①에 의하여 상계한 후의 금액이 치료관계비와 간병비의 합산액에 미달하면 치료관계비(입원환자 식대를 포함)와 간병비를 보상한다.

③ 대인배상Ⅱ와 무보험자동차에 의한 상해에서 사망보험금, 부상보험금 및 후유장애보험금을 합산한 금액을 기준으로 위 ①에 의하여 상계한 후의 금액이 치료관계비와 간병비의 합산액에 미달하면 치료관계비(입원환자 식대를 포함하며, 대인배상Ⅰ에서 지급될 수 있는 금액을 공제)와 간병비를 보상한다. 다만, 차량운전자가 「자동차손해배상보장법 시행령」 〈별표1〉에서 정한 상해급별 구분 중 12급 내지 14급의 상해를 입은 경우 위 ①에 의하여 상계하기 전의 치료관계비가 대인배상Ⅰ 한도를 초과할 경우 보험회사는 과실상계 없이 우선 보상한 후, 그 초과액에 대하여 피해자 측의 과실비율에 해당하는 금액을 청구할 수 있다.

※ "차량운전자"에서 차량이라 함은 「자동차관리법」 제3조에 의한 자동차(이륜자동차 제외), 「군수품관리법」에 의한 차량, 「건설기계관리법」의 적용을 받는 건설기계를 말하며, 차량운전자에는 피해자측 과실비율을 적용받는 자를 포함한다.

2. 손익상계

1) 손익상계의 의의

손익상계란 불법행위로 피해자가 손해를 입은 것과 동시에 이로 인하여 이익이 있는 경우에는 손해액에서 그 이익을 공제한 잔액을 배상하여야 할 손해로 하는 것을 말한다. 물론 공제되는 이익의 범위는 손해배상책임이 발생하는 원인과 상당인과관계에 있는 이익에 한한다.

2) 약관규정

보험사고로 인하여 다른 이익을 받을 경우 이를 상계하여 보험금을 지급한다.

3. 동승자에 대한 감액

1) 동승자 감액의 의의

동승자 감액이란 무상동승자에 대한 운행자의 책임을 정함에 있어서 동승의 목적, 인적관계, 동승의 경위 등에 비추어 운행자에게 100% 책임을 묻는 것이 손해의 공평 분담이라는 원칙에 어긋날 때 그의 손해배상액을 일정부분 감액하는 것을 말한다.

2) 동승자 감액비율의 기준요소 및 수정요소

(1) 기준요소

동승의 유형 및 운행목적	감액비율[주)]
동승자의 강요 및 무단 동승	100%
음주운전자의 차량 동승	40%
동승자의 요청 동승	30%
상호 의논합의 동승	20%
운전자의 권유 동승	10%
운전자의 강요 동승	0%

주) 다만, 피보험자와 동승자가 「여객자동차운수사업법」에 따른 토요일, 일요일 및 공휴일을 제외한 날의 출・퇴근 시간대(오전 7시부터 오전 9시까지 및 오후 6시부터 오후 8시까지를 말한다)에 실제의 출・퇴근 용도로 자택과 직장 사이를 이동하면서 승용차 함께타기를 실시한 경우에는 위 동승자 감액비율을 적용하지 않는다.

(2) 수정요소

수정요소	수정비율
동승자의 동승과정에 과실이 있는 경우	+10~20%

3) 약관규정

피보험자동차에 동승한 자에 대하여는 위 '동승자 유형별 감액비율표'에 따라 감액한다.

4. 기왕증

1) 기왕증의 의의

기왕증이란 당해 자동차사고가 있기 전에 이미 가지고 있던 증상으로 특이체질 및 병적 소인 등을 포함하는 것을 말한다.

2) 기왕증관여도의 공제범위

기왕증관여도는 전 손해액에 대해 공제한다. 즉, 피해자의 기왕증이 그 특정상해를 포함한 전체의 결과발생에 대해 기여하였다고 인정되는 정도에 따라 참작되어야 하므로 개별손해가 아니라 전 손해에 대해 참작한다. 다만, 실제 소송실무에서는 위자료에 대해 기왕증 전부를 감액하지는 않고 구체적인 사안에서 상해의 정도, 사고의 경위, 피해자의 직업 등 여러 사정을 고려하여 공제정도를 정하고 있다.

3) 약관규정

(1) 기왕증관여도의 공제

기왕증으로 인한 손해는 보상하지 않는다. 다만, 당해 자동차사고로 인하여 기왕증이 악화된 경우에는 기왕증이 손해에 관여한 정도(기왕증관여도)를 반영하여 보상한다.

(2) 기왕증관여도의 판정

기왕증은 해당 과목 전문의가 판정한 비율에 따라 공제한다. 다만, 그 판정에 다툼이 있을 경우 보험금청구권자와 보험회사가 협의하여 정한 제3의 전문의료기관의 전문의에게 판정을 의뢰할 수 있다.

5. 과실상계 등의 적용순서

전체 손해액에서 기왕증관여도를 먼저 공제하고, 다음으로 동승자 감액과 과실상계를 적용하며, 마지막으로 손익상계를 적용하여 최종 손해배상액을 산출한다.

> **손해배상액**
> = {[손해액 × (1 − 기왕증관여도)] × [1 − (동승자 감액비율 + 피해자 과실비율)]} − 손익상계

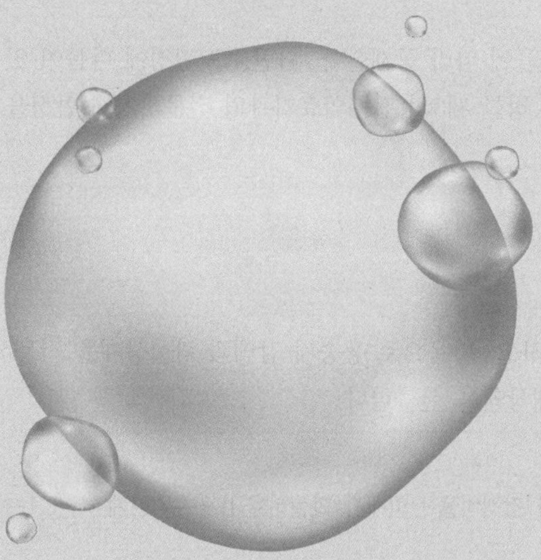

아이들이 답이 있는 질문을 하기 시작하면

그들이 성장하고 있음을 알 수 있다.

-존 J. 플롬프-

자동차보험의 이론과 실무
(대인배상 및 자기신체손해)

최근 기출문제

01

다음 사례에서 현행 자동차보험약관에 따른 '갑', '을' 보험회사의 A 및 B에 대한 담보별 보상책임의 존부(存否)를 가려 그 내용을 약술하고, 각 담보별 지급보험금을 산출하시오. (40점)

〈사고 내용 및 과실〉

① A는 자신의 소유 자동차에 친구 B를 동승시키고 운전 중, 교차로에서 C가 운전하는 자동차와 충돌하여 A가 부상하고, B가 현장에서 사망하였다.
② A와 C의 과실분담비율은 50% : 50%이며, 공동불법행위자 A와 C 전원에 대한 B의 피해자과실비율은 20%이다.

〈보험가입사항〉

① A는 자신을 기명피보험자로 하여 '갑' 보험회사에 개인용 자동차보험(대인배상Ⅰ·Ⅱ, 자기신체사고, 무보험자동차에 의한 상해)을 가입하였다.
② C는 자신을 기명피보험자로 하여 '을' 보험회사에 대인배상Ⅰ만 가입하였다.

〈A, B의 과실상계 전 실제손해액 및 보상한도액〉

① A의 과실상계 전 실제손해액 : 1억원(치료비 3,000만원, 치료비 외 부상 손해액 2,000만원, 후유장애 손해액 5,000만원)

[A의 상해·후유장애 급수 및 보상한도액]

구 분	상해 1급	후유장애 8급
대인배상Ⅰ	3,000만원	4,500만원
자기신체사고	3,000만원	1,500만원

② B의 과실상계 전 실제손해액(사망) : 3억원

모범답안

1. 보험회사별 보상책임

(1) '갑' 보험회사의 책임

① A에 대한 책임

㉠ 대인배상Ⅰ·Ⅱ

A는 소유자이며, 운전자로서 「자배법」상 타인이 아니므로 담보되지 않는다.

㉡ 무보험자동차상해

A는 기명피보험자이고, 배상의무자인 C가 있는데 대인배상Ⅰ만 가입되어 있으므로, '갑' 보험회사는 A에 대하여 보상할 책임이 있다. 다만, 피해자의 손해액에서 과실상계한 후의 금액을 보상하되, 대인배상Ⅰ에서 보상된 금액은 공제한다.

㉢ 자기신체사고

A는 기명피보험자이므로, '갑' 보험회사는 보상책임이 있다. 다만, '을' 보험회사의 대인배상Ⅰ 및 '갑' 보험회사의 무보험차상해 보상액은 공제한다.

② B에 대한 책임

㉠ 대인배상Ⅰ·Ⅱ

B는 「자배법」상 타인이므로, '갑' 보험회사는 보상책임이 있다. 피해자과실 20%를 상계한 후 보상하며, 공동불법행위자 C 및 '을' 보험회사에 대하여 대위권을 행사할 수 있다.

㉡ 무보험자동차상해 및 자기신체사고

B는 무보험자동차상해 및 자기신체사고의 피보험자가 아니므로, 담보되지 않는다.

(2) '을' 보험회사의 책임

① A에 대한 책임

A는 「자배법」상 타인이므로 대인배상Ⅰ에서 '을' 보험회사는 보상책임이 있으며, 피해자 과실비율 50%를 상계한 후 보상한다.

② B에 대한 책임

B는 「자배법」상 타인이므로 대인배상Ⅰ에서 '을' 보험회사는 보상책임이 있으며, 피해자 과실비율 20%를 상계한 후 책임비율(50%)에 따라 보상한다.

2. 보험회사별 지급보험금

(1) '갑' 보험회사의 지급보험금

① A에 대한 지급보험금

㉠ 무보험자동차상해 지급보험금

- 지급보험금 = 지급기준액 + 비용 – 공제액
- 부상보험금 = (5,000만원 × 50%) – 3,000만원('을' 보험회사의 대인배상 I) = 0원
- 후유장애보험금 = (5,000만원 × 50%) – 2,500만원('을' 보험회사의 대인배상 I) = 0원
- 소계 : 0원 + 0원 = 0원

㉡ 자기신체사고

- 지급보험금 = 실제손해액 + 비용 – 공제액
- 부상보험금 = 5,000만원 – 3,000만원('을' 보험회사의 대인배상 I) = 2,000만원
- 후유장애보험금 = 5,000만원 – 2,500만원('을' 보험회사의 대인배상 I) = 2,500만원
  따라서 자기신체사고 후유장애 8급 한도액 1,500만원을 지급한다.
- 소계 : 2,000만원 + 1,500만원 = 3,500만원

② B에 대한 지급보험금

㉠ 대인배상 I · II

- 대인배상 I 지급보험금 = 3억원 × 80% × 50% = 1억2,000만원
- 대인배상 II 지급보험금 = 3억원 × 80% – 1억2,000만원 = 1억2,000만원

㉡ 대위권

'갑' 보험회사는 '을' 보험회사에 대해 대인배상 I 에서 지급된 1억2,000만원에 대해 구상한다.

(2) '을' 보험회사의 지급보험금

① A에 대한 지급보험금

㉠ 부상보험금 = 5,000만원 × 50% = 2,500만원

치료관계비가 3,000만원이므로, 상해 1급 한도액인 3,000만원을 전액 지급한다.

㉡ 후유장애보험금 = 5,000만원 × 50% = 2,500만원(후유장애 8급 한도액 내)

㉢ 소계 : 3,000만원 + 2,500만원 = 5,500만원

② B에 대한 지급보험금

㉠ 지급보험금 = 3억원 × 80% × 50% = 1억2,000만원(사망보험금 1억5,000만원 한도액 내)

㉡ 대위권

'을' 보험회사는 대인배상 I 한도액(1억5,000만원) 내에서 보상하면 되므로, 공동불법행위자 C(피보험자)에 대해서 구상권이 발생하지 않는다.

02

다음 사례에서 B에 대한 '갑', '을', '병' 보험회사의 보상책임에 관하여 논하고, 보험회사별 각 지급보험금을 산출하시오. (40점)

〈사실관계〉

① A는 청소용역업체를 운영하는 자로서, 2015년 7월 3일 B소유의 공지에 적재되어 있는 쓰레기를 치우는 조건으로 80만원을 받기로 하는 계약을 B와 구두로 체결하였다. 이에 따라 2015년 7월 4일 A는 그의 종업원 C에게 회사 소유의 타이어식 굴삭기를 사용하여 B의 공지에 대한 청소작업을 수행하도록 지시하였다. 동 현장에 나온 B의 요구에 따라 필요한 작업을 하던 C가 B의 창고로 사용 중이던 컨테이너박스를 옮기기 위해 로프를 설치하면서 B에게 로프를 잡아달라고 하자, B가 컨테이너 박스 위에서 로프를 잡고 '중심이 맞는지 확인해보라'고 하므로 C가 동 굴삭기로 컨테이너 박스를 들어 올리는 순간 B가 중심을 잃고 땅에 떨어지는 사고가 발생하였다(B의 과실은 20%임).

② B는 A 및 C와 아무런 인적관계가 없으며, 재혼한 부인 및 계자녀 D와 함께 생활하고 있다.

〈보험계약 내용〉

① '갑' 보험회사는 A 소유의 굴삭기에 대하여 영업용 자동차보험계약 전담보를 인수함(대인배상Ⅱ : 무한, 자기신체사고 : 사망/후유장애한도 1억5천만원, 부상한도 3,000만원).

② '을' 보험회사는 B 소유의 승용차에 대하여 B를 기명피보험자로 하는 개인용 자동차보험계약 전담보(대인배상Ⅱ : 무한, 자기신체사고 : 사망/후유장애한도 1억5천만원, 부상한도 3,000만원, 무보험자동차상해 : 가입금액 2억원)에 보험료분할납입 특별약관을 첨부하여 인수하였는데, 사고 당시엔 납입약정일로부터 15일이 지나도록 분할보험료가 입금되지 않은 상태였음.

③ '병' 보험회사는 D 소유의 승용차에 대하여 D를 기명피보험자로 하는 개인용 자동차보험계약 전담보를 인수함(대인배상Ⅱ : 무한, 자기신체사고 : 사망/후유장애한도 1억5천만원, 부상한도 3,000만원, 무보험자동차상해 : 가입금액 2억원)

〈B의 피해 내용〉

① 척추손상으로 인한 하지마비(상해등급 1급, 후유장애등급 1급)

② 실제손해액 5억원(부상 4천만원, 후유장애 4억6천만원)

모범답안

1. '갑' 보험회사의 보상책임

(1) 계약의 법적 성질 및 B의 피보험자성

공지소유자 B가 청소용역업체를 운영하는 기명피보험자 A와 공지에 적재되어 있는 쓰레기를 치우는 조건으로 체결한 계약은 도급계약이다. 따라서 도급인은 수급인이 일으킨 사고에 대하여 공동불법행위자 내지 공동운행자로서 제3자에게 손해가 발생할 경우 배상책임의 주체가 된다.

기명피보험자 A는 피보험자동차를 종업원인 C에게 운전케하여 위 계약에 따른 작업을 수행 중이었으며, 종업원 C는 공지소유자 B의 요구에 따라 필요한 작업을 수행하던 중이었다. 이와 같은 경우는 굴삭기를 중기기사와 함께 빌려 피보험자동차로 중기작업을 한 것으로 볼 수 있는 바, 공지소유자 B는 기명피보험자 A의 승낙을 얻어 피보험자동차를 사용 또는 관리 중인 자로 보아야 한다.

따라서 피보험자동차인 굴삭기의 사용에 대해서는 그 실질에 있어 임차계약으로 볼 수 있는 바, 공지소유자 B는 '갑' 보험회사의 승낙피보험자에 해당한다.

(2) B의 「자배법」상 타인성 및 A, C의 손해배상책임

공지소유자 B는 공동운행자에 해당되지만, 이와 같이 운행자가 복수로 존재하는 경우 운행자라고 하여 바로 타인성이 부정되는 것이 아니라, 사고 당시 구체적인 운행지배의 정도를 비교하여 간접적, 추상적인 운행자는 직접적, 구체적인 공동운행자에 대해 타인성을 주장할 수 있다. 판례에서도 운전기사와 함께 중기를 임차하여 사용한 임차인의 타인성을 인정하고 있다.

따라서 공지소유자 B는 「자배법」상 타인에 해당되므로, 기명피보험자인 A와 운전피보험자 C는 공지소유자 B에 대하여 배상책임을 부담하여야 한다.

(3) 담보별 보상책임

① 대인배상Ⅰ

공지소유자 B는 「자배법」상 타인에 해당되며, 달리 면책사유가 없으므로 보험회사는 보상책임을 부담하여야 한다.

② 대인배상Ⅱ

공지소유자 B는 승낙피보험자이므로 보험회사는 보상책임을 지지 않는다.

③ 무보험자동차상해

공지소유자 B는 무보험자동차상해의 피보험자(피보험자동차에 탑승 중인 승낙피보험자)가 아닐뿐더러 무보험자동차사고에도 해당하지 않으므로, 보험회사는 보상책임을 지지 않는다.

④ 자기신체사고

공지소유자 B는 승낙피보험자로서 피보험자동차사고에 해당되고, 달리 면책사유가 없으므로 보험회사는 보상책임을 부담하여야 한다. 단, 무보험자동차상해에서 보상된 금액은 공제한다.

2. '을' 보험회사의 보상책임

(1) 보험료 분할납입 특약 담보

보험회사는 30일간의 2회 이후 분할보험료의 납입최고기간을 두고 있으며, 그 납입최고기간 안에 생긴 사고에 대하여는 보상한다. 따라서 보험계약해지 이전 납입약정일로부터 15일이 지나 발생한 동 사고에 대해서는 보상한다.

(2) 담보별 보상책임

① 대인배상 Ⅰ · Ⅱ

공지소유자 B는 기명피보험자로서, 본 계약에서는 배상책임의 주체에 해당하므로 담보되지 않는다.

② 무보험자동차상해

공지소유자 B는 기명피보험자로서 무보험자동차상해의 피보험자에 해당하고, 가해차량이 대인배상 Ⅰ 에만 가입되어 있으므로 무보험자동차사고에 해당하고, 배상의무자가 존재하며 면책사유가 없으므로, 보험회사는 보상책임을 부담하여야 한다.

③ 자기신체사고

공지소유자 B는 기명피보험자로서 자기신체사고 피보험자에는 해당되지만 피보험자동차의 사고가 아니므로, 보험회사는 보상책임을 지지 않는다.

3. '병' 보험회사의 보상책임

(1) 대인배상 Ⅰ · Ⅱ

피보험자동차사고가 아니므로 보험회사는 보상책임을 지지 않는다.

(2) 무보험자동차상해

무보험자동차사고에 해당되지만, 공지소유자 B는 기명피보험자의 계부로서 무보험자동차상해의 피보험자에 해당하지 않으므로 보험회사는 보상책임이 없다.

(3) 자기신체사고

공지소유자 B는 기명피보험자의 계부로서 자기신체사고 피보험자에는 해당되지 않으며, 피보험자동차의 사고가 아니므로 보험회사는 보상책임을 지지 않는다.

'4. 보험회사별 지급보험금

(1) '갑' 보험회사의 지급보험금

① 대인배상 I

㉠ 부상 : 4,000만원 × 80% = 3,200만원

⇒ 부상 1급 한도액 3,000만원 지급

㉡ 장해 : 4억6,000만원 × 80% = 3억6,800만원

⇒ 후유장애 1급 한도액 1억5,000만원 지급

㉢ 소계 : 1억8,000만원

② 자기신체사고

㉠ 부상 : 4,000만원 − 3,000만원(대인배상 I) − 200만원(무보험자동차상해)

= 800만원

㉡ 장해 : 4억6,000만원 − 1억5,000만원 − 1억9,800만원 = 1억1,200만원

⇒ 자기신체사고 후유장애 1급 한도액이 1억5,000만원이므로, 1억1,200만원 지급

㉢ 소계 : 1억2,000만원

③ 합계액 : 1억8,000만원 + 1억2,000만원 = 3억원

(2) '을' 보험회사의 지급보험금(무보험자동차상해)

① 부상 : 4,000만원 × 80% − 3,000만원 = 200만원

② 장해 : 4억6,000만원 × 80% − 1억5,000만원(대인배상 I) = 2억1,800만원

⇒ 한도액이 2억원이므로 부상보험금 200만원을 제외한 1억9,800만원 지급

③ 합계액 : 2억원(연대배상의무자인 A와 C에 대해 구상)

03 다음 사례에서 '갑', '을' 보험회사가 A에게 지급할 보험금을 약관상 지급기준에 따라 산출하시오. (20점)

〈사고 개요〉

① A는 2015년 7월 1일 본인 소유의 자동차로 편도 3차로의 2차로로 주행 중 3차로에서 2차로로 변경하여 오는 B소유(운전) 차량과 충돌하는 사고로 치료(심장파열로 수술시행) 중 사망함.
② A와 B의 과실분담비율은 각 40%와 60%임(단, A의 안전띠 미착용 과실 10%는 별도).

〈보험계약사항〉

① A는 자신을 기명피보험자로 하여 '갑' 보험회사에 개인용 자동차보험 전담보 가입(대인Ⅱ : 무한, 자기신체사고 : 사망/후유장애한도 1억5천만원, 부상한도 3,000만원).
② B는 자신을 기명피보험자로 하여 '을' 보험회사에 개인용 자동차보험 전담보 가입(대인Ⅱ : 무한, 자기신체사고 : 사망/후유장애한도 1억5천만원, 부상한도 3,000만원).

〈손해상황〉

① A는 사망 당시 60세로서, 유족으로는 부모, 배우자, 2남 1녀의 자녀가 있음.
② A의 과실상계 전 실제손해액 중 치료비는 2,000만원, 치료비 외 부상 손해액은 500만원(위자료 200만원, 휴업손해 300만원), 상실수익액은 1억원임.

모범답안

1. 피해자 A에 관한 보험사별 보상책임

(1) '갑' 보험회사의 경우

① 대인배상Ⅰ·Ⅱ

A는 '갑' 보험회사의 기명피보험자로 「자배법」상 타인이 아니므로, 보험회사는 보상책임을 지지 않는다.

② 자기신체사고

A는 '갑' 보험회사의 기명피보험자이며, 피보험자동차사고에 해당하고 달리 면책사유가 없으므로, 보험회사는 보상책임을 진다.

③ 무보험자동차상해

A는 상대차량의 대인배상Ⅱ에서 보상받을 수 있으므로, 무보험자동차상해는 해당 사항이 없다.

(2) '을' 보험회사의 경우

① 대인배상Ⅰ · Ⅱ

A는 상대차량의 운전자로 「자배법」상 타인에 해당하므로, 보험회사는 보상책임을 진다.

② 자기신체사고/무보험자동차상해

A는 자기신체사고/무보험자동차상해의 피보험자가 아니므로, 해당 사항이 없다.

2. 보험회사별 지급보험금

(1) '을' 보험회사의 지급보험금

① 대인배상Ⅰ

㉠ 부상보험금 : 과실상계 전 손해액이 2,500만원이고, A의 과실은 50%(차대차 과실비율 40% + 안전띠 미착용 과실 10%)이다.

과실상계 후 손해배상금 = 2,500만원 × 50% = 1,250만원

㉡ 사망보험금

- 과실상계 전 손해액

  장례비 500만원 + 위자료 5,000만원 + 상실수익액 1억원 = 1억5,500만원

- 과실상계 후 손해배상금

  1억5,500만원 × 50% = 7,750만원

㉢ '을' 보험회사의 지급보험금 합계액

1,250만원 + 7,750만원 = 9,000만원

'심장파열로 수술을 시행한 상해'는 1급(부상한도 3,000만원)이고, 치료 중 사망하였으므로, 보상한도액은 3,000만원 + 1억5천만원 = 1억8천만원이다.

따라서 대인배상Ⅰ 지급보험금 합계액은 보상한도액 내이므로, 9,000만원이다.

> ※ 부상의 경우 치료비 해당액이 피해자에게 발생한 손해액을 초과하는 경우에 치료비 해당액을 「자배법 시행령」 〈별표 1〉에서 정하는 금액의 범위 내에서 지급한다. 단, 위와 같이 치료 중 사망한 경우에는 각각의 한도금액의 합산액 범위에서 피해자에게 발생한 손해액을 지급한다.

② 대인배상Ⅱ

대인배상Ⅰ 보상한도액 내에서 손해배상금이 모두 지급되었기 때문에 대인배상Ⅱ에서 지급보험금은 없다.

(2) '갑' 보험회사의 지급보험금

① 자기신체사고의 부상보험금

산식 = 실제손해액 + 비용 − 공제액

㉠ 실제손해액

치료비 2,000만원, 부상손해액 500만원(위자료 200만원, 휴업손해 300만원)이므로 실제손해액은 2,500만원이다.

㉡ 비용 : 없음

㉢ 공제액 : '을' 보험회사 대인배상Ⅰ 보상금 1,250만원

㉣ '갑' 보험회사의 부상보험금 = 2,500만원 − 1,250만원 = 1,250만원

1급 한도액은 3,000만원이므로 1,250만원으로 인정된다.

② 자기신체사고의 장해보험금

산식 = 실제손해액 + 비용 − 공제액

㉠ 실제손해액

A는 치료 중 사망하였으므로, 장례비 500만원, 위자료 5,000만원(사망 당시 피해자의 나이가 60세 이상인 경우 지급)이 지급되므로, 실제손해액 = 장례비 500만원 + 위자료 5,000만원 + 상실수익액 1억원 = 1억5,500만원이다.

㉡ 비용 : 없음

㉢ 공제액 : '을' 보험회사 대인배상Ⅰ 보상금 7,750만원

㉣ '갑' 보험회사의 사망보험금 = 1억5,500만원 − 7,750만원 = 7,750만원

1급 한도액은 1억5천만원이므로 인정된다.

③ 안전띠 미착용 공제 여부

자동차사고시 안전띠를 매지 않았다고 자동차보험 자손보험금을 감액하여 지급하는 약관은 「상법」에 위배되어 무효라는 대법원 판결(대판 2012다204808)에 따라 안전띠 미착용에 따른 자기신체사고의 보험금을 감액하지 않는다.

④ '갑' 보험회사의 지급보험금 합계액

부상보험금 1,250만원 + 장해보험금 7,750만원 = 9,000만원

3. A에 대한 지급보험금 합계액

① '갑' 보험회사의 자기신체사고 : 9,000만원

② '을' 보험회사의 대인배상Ⅰ : 9,000만원

③ 합계액 : 1억8,000만원

04 다음 사례에서 '갑', '을' 보험회사가 B의 유족에게 지급하여야 할 보험금을 산출하고, 그밖에 조치하여야 할 사항을 기술하시오. (10점)

〈사고 개요〉

① A가 본인 소유 승용차에 친구 B를 태우고 가던 중 끼어들기 하던 C소유(운전) 승용차와 충돌하여 B가 현장에서 사망함
② A와 C의 과실분담비율은 각 30%와 70%임

〈보험계약 내용〉

① A 소유차량은 '갑' 보험회사에 개인용 자동차보험 대인배상Ⅰ에만 가입
② C 소유차량은 '을' 보험회사에 개인용 자동차보험 대인배상Ⅰ에만 가입

〈B의 손해액〉

2억원(과실상계 후)

모범답안

1. '갑', '을' 보험회사의 보상책임관계

피해자 B는 「자배법」상 타인에 해당하므로, '갑', '을' 보험회사 모두 대인배상Ⅰ에서 보상책임을 부담한다.

2. '갑', '을' 보험회사의 지급보험금

(1) '갑' 보험회사의 지급보험금

2억원 × 30% = 6,000만원(대인배상Ⅰ 사망보험금 한도액 내)

(2) '을' 보험회사의 지급보험금

2억원 × 70% = 1억4,000만원(대인배상Ⅰ 사망보험금 한도액 내)

05 다음 사례를 검토하고, 물음에 답하시오. (30점)

〈사고 내용 및 과실〉

① 2016년 8월 1일 09:00경 A는 자신의 아버지 소유의 승용차 열쇠를 허락 없이 가지고 나와 자신의 친구인 B와 함께 놀러가기로 하고, B가 운전하여 가던 중 신호등 없는 교차로에서 C가 운전하는 화물차와 충돌하여 A는 부상하고, B와 C는 사망하였다.

② 각 차량의 과실비율은 승용차 90%, 화물차 10%로 최종 확정되었다.
(A는 20세 성인으로서 자동차운전면허가 없고, 평소 위 승용차를 운전한 적이 없으며, A의 아버지도 A에게 평소 운전을 허락한 바가 없음. B, C는 적격 운전면허 소지자임.)

〈보험계약사항〉

① 승용차 : '갑' 보험회사에 승용차 소유자의 명의로 개인용 자동차보험(대인배상Ⅰ, 대인배상Ⅱ, 자기신체사고)을, 기명피보험자 1인 한정운전 특별약관을 첨부하여 가입

② 화물차 : '을' 보험회사에 소유자 C의 명의로 대인배상Ⅰ만 가입

〈손해상황(과실상계 전 실제손해액)〉

① A
- 부상 : 2천만원(치료비 1천만원, 나머지 손해 1천만원)
- 상해급수 5급(책임보험금의 한도금액 9백만원), 후유장애 없음.

② B
치료 중 사망 : 3억원(치료비 1억원, 나머지 손해 2억원)

③ C
현장 사망 : 2억원

(1) A, B, C의 책임에 관하여, 운행자책임과 불법행위책임으로 나누어 각 상대방에 대한 손해배상책임을 설명하시오. (15점)

(2) A, B, C에 대한 '갑', '을' 보험회사의 담보별 보상책임을 설명하고, 각각의 담보별 지급보험금을 산출하시오. (15점)

모범답안

1. 운행자책임과 불법행위책임에 의한 손해배상책임

(1) 운행자책임

① 소유자 아버지

무단운전에 의하여 보유자가 운행지배 및 운행이익을 상실하였는지 여부는 평소 차량과 열쇠의 관리상태, 소유자의 의사에 관계없이 운행이 가능하게 된 경위, 소유자와 운전자와의 관계, 운전자의 차량반환의사의 유무, 무단운전 후의 보유자의 승낙가능성, 무단운전에 대한 피해자의 주관적인 인식유무, 운행시간이나 장소적 근접 등의 사정을 사회통념에 따라 종합적으로 평가하여 판단한다.

사안의 경우 소유자가 차량 및 열쇠관리를 소홀히 한 점, 무단운행자가 자녀인 점, 무단운전 후 차량의 반환을 예상할 수 있는 점 등을 고려해 볼 때 소유자의 운행지배권이 상실되었다고 볼 수 없으므로, 무단운전에 대해 인식할 수 없었던 상대차량 운전자 C에 대해서 소유자가 운행자책임을 부담한다.

② 자녀 A

자녀 A는 소유자인 아버지의 차량을 무단으로 가지고 나와 친구인 B와 함께 놀러가기 위하여 친구인 B에게 무단운전을 하게 한 자로서 운행자에 해당한다. 따라서 상대차량 운전자 C에 대해서 운행자책임을 부담한다.

③ 친구 B

친구 B는 당해 차량의 무단운전자로서 운행자에 해당한다. 따라서 상대차량의 운전자 C에 대해서 운행자책임을 부담한다. 한편, A와 B는 공동의 목적으로 무단운전을 하였으므로, 누구의 운행지배가 더 직접적, 구체적인가를 판단하기 어려우므로, 이들을 진정공동운행자로 보아야 할 것이다. 따라서 B는 A를 위하여 자동차를 운전하는 자로 보아 A의 타인성을 인정하기 어려우므로 B는 A에 대해서는 운행자책임이 없다.

④ 상대차량 운전자 C

자신의 화물차를 운전한 운전자 C는 운행자로서 상대차량의 탑승자인 A와 B에 대하여 운행자책임을 부담한다.

(2) 불법행위책임

① 자녀 A

자녀 A는 운전자도 아니고 사용자에도 해당하지 않으므로, 「민법」 제750조의 불법행위책임이 없다.

② 친구 B

친구 B는 당해 사고차량의 운전 중의 과실에 대하여 C에 대하여 「민법」 제750조의 일반불법행위책임을 진다.

③ 상대차량 운전자 C

C는 당해 사고화물차량의 운전 중의 과실에 대하여 피해자인 A와 B에 대하여 「민법」 제750조의 일반불법행위책임을 진다.

2. '갑', '을' 보험회사의 담보별 보상책임 및 지급보험금

(1) '갑' 보험회사의 보상책임

① 자녀 A

㉠ 대인배상 Ⅰ · Ⅱ

기명피보험자인 아버지는 당해 무단운전 사고에 대하여 운행자책임이 없다. 무단운전자인 B의 「민법」 제750조 일반불법행위책임은 발생하나, 피보험자에 해당하지 아니하므로 보험회사는 보상책임이 없다.

㉡ 자기신체사고

자녀 A는 친족피보험자에 해당하지만, 기명피보험자 1인 한정운전 특약을 위반하였으며, 특약 내용 중 "피보험자동차를 도난당하였을 경우"의 예외조항도 피보험자 개별적용시 해당하지 아니하므로, 보험회사는 보상책임이 없다.

② 친구 B

㉠ 대인배상 Ⅰ · Ⅱ

B는 피보험자동차를 운전한 자로서 타인에 해당하지 아니하므로, 보험회사는 보상책임이 없다.

㉡ 자기신체사고

B는 피보험자에 해당하지 않으므로, 보험회사는 보상책임이 없다.

③ 상대차량 운전자 C

㉠ 대인배상 Ⅰ · Ⅱ

상대차량 운전자 C에 대해서는 당해 사고가 기명피보험자 1인 한정운전 특약을 위반하였으나, 피보험자 개별적용시 기명피보험자는 운행자책임을 부담하므로, 보험회사는 보상책임이 있다. 보험회사는 보상처리 후 무단운전 가해자인 B에게 대위권을 행사한다.

㉡ 자기신체사고

C는 피보험자에 해당하지 않으므로, 보험회사는 보상책임이 없다.

(2) '을' 보험회사의 보상책임

① 자녀 A

대인배상Ⅰ만 가입한 C는 법률상 손해배상책임이 있고, 약관상 면책사유가 없으므로, 보험회사는 대인배상Ⅰ에서 보상책임이 있다.

② 친구 B

대인배상Ⅰ만 가입한 C는 법률상 손해배상책임이 있고, 약관상 면책사유가 없으므로, 보험회사는 대인배상Ⅰ에서 보상책임이 있다.

③ 화물차 운전자 C

C는 피보험자동차를 운전한 자로서 타인에 해당하지 아니하므로, 보상책임이 없다.

(3) 보험회사별 지급보험금

① '갑' 보험회사의 지급보험금

㉠ A 및 B : 보상책임이 없다.

㉡ C 사망보험금 : 손해액 2억원 × 90% = 1억8,000만원
대인배상Ⅰ 1억5,000만원, 대인배상Ⅱ 3,000만원 지급

② '을' 보험회사의 지급보험금

㉠ A : 부상보험금 대인배상Ⅰ 한도액 900만원 전액 지급(치료비)

㉡ B : B의 과실상계 후 금액은 3,000만원(= 3억원 × 10%)이지만, 부상한 자가 치료 중 그 부상이 원인이 되어 사망한 경우 사망한도액 1억5,000만원과 부상등급별 한도액 3,000만원을 합산한 금액 범위 내에서 실손해액을 보상하고, 또한 사망보험금은 최저 2,000만원을 보상하므로, 대인배상Ⅰ 치료비 1억원 + 사망 최저보험금 2,000만원 = 1억2,000만원을 지급한다.

06

다음의 사례에 있어서 '갑' 보험회사의 담보별 보상책임을 설명하고, 각 청구권자별 지급 보험금을 계산하시오. (30점)

〈가족관계〉

- A : C의 아버지
- B : C의 어머니
- C : A와 B의 외아들
- D : C의 배우자
- E : C와 D 사이에 출생한 딸(미성년자)
- F : D의 할아버지

〈보험계약관계〉

자동차 소유자인 A는 본인을 기명피보험자로 하여 '갑' 보험회사에 자동차보험 대인배상(Ⅰ · Ⅱ) 및 자기신체사고(사망 5,000만원 / 부상 3,000만원 / 후유장애 5,000만원) 담보(가족운전자 한정 운전 특별약관)에 가입함.

〈사고발생 경위〉

C는 2017년 8월 1일 A 소유 자동차에 B, D, E를 태우고 가다가 C의 운전 중 과실로 자동차가 전복되는 사고가 발생하여 C, D가 현장에서 동시사망하고, E는 치료 중 다음날 사망하였으며, B가 자동차손해배상보장법 시행령에서 정한 상해급별 1급에 해당하는 상해를 입었음.

〈손해상황〉

- B의 손해액 : 부상 손해액 4천만원
- C의 손해액 : 5억원
- D의 손해액 : 4억원
- E의 손해액 : 3억원(부상 손해액 1천만원, 사망 손해액 2억9천만원)

※ 위 각 손해액은 동승자 감액, 피해자 과실상계 등을 거친 확정 손해액임.

모범답안

1. '갑' 보험회사의 보상책임

(1) 법률상 손해배상책임

기명피보험자 A는 피해자 B, D, E에 대해 손해배상책임은 없으나, 소유자로서 운행이익과 운행지배를 가지고 있으므로 운행자책임을 지며, 운전 중이던 C도 운행이익과 운행지배를 가지고 있으므로, 운행자책임을 진다. 또한 C는 운전당사자로서 「민법」상 불법행위책임도 진다.

(2) 약관상 면책 여부

① 가족한정운전 특약

가족한정운전 특약은 보험계약자의 선택에 의해 피보험자동차를 운전할 자를 가족으로 한정하는 특별약관을 말한다. 보험계약자로서는 보험료절감의 효과는 있지만, 해당 조건의 운전가가 운전하지 않았을 때는 대인배상Ⅰ을 제외한 모든 담보종목에 대해서 보상을 받을 수 없다. 사안의 경우 기명피보험자 A의 아들 C가 운전한 것이므로, 특약 위반은 없다.

② 가족사상 면책

대인배상Ⅱ에서는 피보험자의 부모, 배우자 및 자녀가 죽거나 다친 경우에는 보상하지 않는다. 이 면책조항은 각 피보험자마다 개별적으로 적용한다. 따라서 사상된 특정 피보험자의 가족과 그에 대해 배상책임을 지는 피보험자 사이에 약관에서 정한 가족관계가 있으면 동 면책조항이 적용되나, 그러한 가족관계가 없는 피보험자에 대해서는 동 면책조항을 적용할 수 없다.

사안의 경우 기명피보험자 A와 친족피보험자 B의 법률상 손해배상책임에 따른 피해자 B, D, E에 대한 동 면책조항은 피보험자별로 개별적으로 적용하여 '갑' 보험회사의 대인배상Ⅱ 면책 여부를 판단한다.

2. 담보별 보상책임

(1) 대인배상Ⅰ·Ⅱ

① B

B는 「자배법」상 타인이므로 대인배상Ⅰ에서는 보험회사는 보상책임이 있다. 그러나 대인배상Ⅱ에서는 기명피보험자 A의 배우자이며, 가해운전자인 C의 모(母)이므로, 보험회사는 보상책임이 없다.

② D와 E

D는 가해운전자인 C의 배우자이며, E는 C의 미성년 딸로서 「자배법」상 타인에 해당하므로, 대인배상Ⅰ에서 보험회사는 보상책임이 있다. C에 대해서는 가족사상 면책에 해당하나, A에 대해서는 동 면책조항에 해당하지 아니하므로(A의 부모, 배우자 및 자녀에 해당하지 아니하므로), 피보험자 개별적용에 따라 대인배상Ⅱ에서도 보험회사는 보상책임이 있다.

(2) 자기신체사고

B는 기명피보험자 A의 배우자이고, C는 친족피보험자이며, D와 E는 친족피보험자 C의 배우자 및 자녀로서 자기신체사고의 피보험자에 해당하므로, 보험회사는 보상책임이 있다.

3. 청구권자별 지급보험금

(1) C, D, E의 사망에 따른 상속관계

① 법정상속인

㉠ C와 D의 동시사망

C의 자기신체사고 사망보험금과 D의 대인배상Ⅰ·Ⅱ 및 자기신체사고 사망보험금에 대해 직계비속인 미성년 딸 E가 법정상속인이 된다.

㉡ E의 사망

E는 치료 중 사망을 하였는 바, C의 자기신체사고 사망보험금과 D의 대인배상Ⅰ·Ⅱ 및 자기신체사고 사망보험금 및 E의 대인배상Ⅰ·Ⅱ 및 자기신체사고 보험금은 A와 B가 법정상속인이 된다.

② 혼동 해당 여부

사고차량의 운행자가 대인배상Ⅰ에 가입하고 있는 경우에, 가해자가 피해자의 상속인이 되는 등의 특별한 경우 손해배상청구권과 손해배상의무가 혼동으로 소멸하고, 그 결과 피해자의 보험회사에 대한 직접청구권도 소멸한다고 할 것인 바, 여기서 가해자의 개념은 운행자가 아닌 직접적 가해자를 의미하므로, A는 직접적 가해자가 아닌 운행자로서 혼동이 적용되지 않는다.

(2) 지급보험금

① B에 대한 지급보험금

㉠ 부상손해액 : 4,000만원

㉡ 대인배상Ⅰ : 3,000만원(부상 1급 한도액)

㉢ 자기신체사고 : 손해액 4,000만원은 동승자 감액, 피해자 과실상계 등을 거친 확정 손해이므로 과실상계 전 실제손해액을 알 수 없다. 따라서 그 실제손해액에서 대인배상Ⅰ의 보험금 3,000만원을 공제한 금액을 3,000만원 한도 내에서 보상한다. 즉, 자기신체사고에서 1,000만원을 보상한다.

② C에 대한 지급보험금

㉠ 확정 손해액 5억원

㉡ 자기신체사고 5,000만원(사망보험금) 보상

㉢ A와 B의 상속지분이 1 : 1이므로 균분하여 지급

③ D에 대한 지급보험금

㉠ 확정 손해액 4억원

㉡ 대인배상Ⅰ 1억5,000만원, 대인배상Ⅱ 2억5,000만원

㉢ 자기신체사고 : 실제손해액과 대인배상 4억원의 차액을 5,000만원 한도 내에서 보상

㉣ A와 B의 상속지분이 1 : 1이므로 균분하여 지급

④ E에 대한 지급보험금

㉠ 확정 손해액 3억원

㉡ 대인배상Ⅰ : 부상보험금 1,000만원, 사망보험금 1억5,000만원

㉢ 대인배상Ⅱ : 사망보험금 1억4,000만원

㉣ 자기신체사고 : 실제손해액과 대인배상 3억원의 차액을 보상한도액인 5,000만원 한도 내에서 보상

㉤ A와 B의 상속지분이 1 : 1이므로 균분하여 지급

07 다음 사례에서 피해자 F에 대한 '갑', '을' 보험회사의 보상책임을 설명하고, 지급보험금을 계산하시오. (20점)

A는 '갑' 보험회사와 #1화물차량을 피보험자동차로 하여 업무용 자동차보험계약(보험기간 2017년 1월 1일 ~ 2018년 1월 1일)을 체결한 상태에서, 2017년 8월 1일 새로운 동종의 #2화물차량을 매수하면서 #1화물차량을 B에게 매도하고(매매대금 완제), 같은 날 '갑' 보험회사의 승인을 얻어 피보험자동차를 #1화물차량에서 #2화물차량으로 교체하고 소유권이전등록을 마쳤음.

B는 2017년 8월 8일 소유권이전등록을 하지 않은 채, #1화물차량을 중고차 수출업자인 C에게 매도하였고(매매대금 완제), C 역시 소유권이전등록을 하지 않은 상태(B, C는 동 차량에 대하여 자동차보험 미가입)에서 대리운전업자인 D('을' 보험회사에 자동차취급업자보험 가입)에게 #1화물차량을 차고지까지 운송하여 줄 것을 의뢰하였음.

이에 D의 직원인 E가 2017년 8월 15일 #1화물차량을 대리운전하던 중 대인사고를 일으켜 보행인 F에게 500만원(피해자 과실상계 등을 거친 확정 손해액, 대인배상Ⅰ 200만원 포함)의 손해를 끼쳤음.

모범답안

1. '갑' 보험회사의 보상책임

(1) 법률상 손해배상책임

① A와 B

판례는 자동차의 양도로 양도인의 운행지배권이 상실되는 시점을 양도시점으로 보고 있는데, 매매(현실적으로 차량인도) 후에 매수인으로 명의가 이전되었거나, 명의가 잔존하더라도 매매대금이 완납되고 명의이전에 필요한 서류를 교부하였다면 그 시점에서 양도인의 운행지배권이 상실되는 것으로 본다.

사안의 경우 피해자 F의 손해에 대해 A는 #1화물차량의 양도로 차량에 대한 운행지배권이 없으므로, 「자배법」 제3조의 운행자책임이 없다. 최초 양수인 B 또한 소유권이전등록을 하지 않은 채 재양도하여 운행지배권이 없으므로, 「자배법」 제3조의 운행자책임이 없다.

② C

최종 양수인 C는 #1화물차량의 실질적 소유자로서 대리운전업자 D에게 차량을 차고지까지 운송하여 줄 것을 의뢰하였는 바, 양수인 C가 탑승하지 않은 동 사고에 대해 판례는 자동차의 소유자 또는 보유자가 음주 등으로 인하여 일시적으로 타인에게 대리운전을 시킨 경우와 마찬가지로 자동차의 소유자 또는 보유자가 객관적, 외형적으로 운행지배와 운행이익을 가지고 있다고 보고 있어, 양수인 C는 「자배법」 제3조의 운행자책임이 있다.

③ D

대리운전업자 D는 대리운전자인 직원 E를 통한 운행지배와 운행이익이 있는 자로서 「자배법」 제3조 운행자책임 및 「민법」 제756조 사용자책임이 있다.

④ E

대리운전자 E는 가해운전자로서 「민법」 제750조 일반불법행위책임이 있다.

(2) 피보험자동차의 양도(약관규정)

자동차의 양도란 매매, 증여 등에 의하여 차량의 소유권을 이전(물권적 이전)하는 것을 말하는데, 약관에서는 소유권유보 매매계약의 매수인 또는 대차계약의 차주(빌린 사람)인 보험계약자 또는 기명피보험자가 매도인 또는 대주(빌려준 사람)에게 반환하는 경우도 양도로 본다. 이 경우 판 사람 또는 빌려준 사람은 양수인으로 본다.

보험계약자 또는 기명피보험자가 보험기간 중에 피보험자동차를 양도한 때에는 보험계약상 보험계약자 및 피보험자의 권리와 의무는 보험회사의 승인이 있는 경우에 한하여 양수인에게 승계된다.

(3) 의무보험 일시담보 특약

피보험자동차가 양도된 날부터 15일째 되는 날의 24시까지의 기간 동안은 그 양도된 자동차를 보통약관 대인배상Ⅰ의 피보험자동차로 간주하고 양수인을 보험계약자 및 기명피보험자로 본다. 다만, 양수인 명의로 이전등록이 된 후에 발생한 손해, 양수인 명의의 유효한 대인배상Ⅰ 가입, 보험기간 마지막 날 이후에 발생한 손해일 때는 예외로 한다.

사안의 경우 의무보험 일시담보 특약상 최종 양수인 C는 기명피보험자, 대리운전업자 D는 승낙피보험자, 대리운전자인 직원 E는 운전피보험자에 해당한다.

(4) 보험회사의 보상책임

A가 #1화물차량을 2017년 8월 1일 B에게 매도한 후 2017년 8월 15일 동 사고가 발생하였으므로, 피보험자동차가 양도된 날로부터 15일째 되는 날의 24시까지의 기간 동안 그 자동차를 보통약관 대인배상Ⅰ의 피보험자동차로 간주하고 양수인 C를 기명피보험자로 보므로, 기명피보험자 C와 승낙피보험자 D의 「자배법」 제3조 운행자책임에 따라 의무보험 일시담보 특약(대인배상Ⅰ)에서 보험회사는 보상책임을 진다.

2. '을' 보험회사의 보상책임

(1) 법률상 손해배상책임

대리운전업자 D는 「자배법」 제3조 운행자책임 및 「민법」 제756조 사용자책임이 있고, 대리운전자인 직원 E는 「민법」 제750조 일반불법행위책임이 있다.

(2) 자동차취급업자보험 대리운전위험담보 특약

이 특별약관에서 대리운전이란 대리운전업자(개인인 대리운전자를 포함)가 자동차를 사용할 정당한 권리를 가진 이용자 또는 차주의 요청에 따라 이용자가 동승한 상태에서 요청하는 목적지까지 그 자동차를 운전하여 주고 그 대가로 금액을 수수하는 업무를 말하는 것으로, 이 특별약관에서 보상하는 손해는 다음과 같다(단, 탁송 및 대리주차는 제외).

① 피보험자가 보험기간 중 대리운전을 위해 피보험자동차를 수탁한 때로부터 대리운전과정을 거쳐 차주에게 인도할 때까지 피보험자동차의 사고로 생긴 손해를 보상한다.

② 보험회사는 ①항의 손해 중 대인배상의 경우 「자배법」에 의한 책임보험(책임공제 및 정부보장사업 포함)으로 지급되는 금액이 있을 경우에는 그 금액을 넘는 손해를 보상한다.

(3) 보험회사의 보상책임

① 통상의 대리운전으로 보험회사가 인정하는 경우

사안의 경우 #1화물차량을 대리운전 하던 중이었으므로, 이를 통상의 대리운전으로 보험회사가 인정하는 경우로 보면, 기명피보험자 D의 「자배법」 제3조 운행자책임 및 운전피보험자 E의 「민법」 제750조 일반불법행위책임에 따라 자동차취급업자보험 대리운전위험담보 특약 대인배상(대인배상Ⅰ 초과손해)에서 보험회사는 보상책임이 있다.

② 탁송으로 보는 경우

기명피보험자 D의 「자배법」 제3조 운행자책임 및 운전피보험자 E의 「민법」 제750조 일반불법행위책임에 대해 자동차취급업자보험 대리운전위험담보 특약 대인배상에서 보험회사는 보상책임이 없다. 단, 탁송운송위험담보 특약에 가입된 경우에는 보험회사는 보상책임이 있다.

3. 지급보험금

(1) '갑' 보험회사

대인배상Ⅰ 200만원

(2) '을' 보험회사

대리운전으로 인정하는 경우에는 대인배상에서 300만원을 보상하게 되나, 이를 탁송업무로 보는 경우에는 보상책임이 없다.

08 다음 사례를 검토하여 물음에 답하시오.

〈사고 내용〉

2018년 8월 1일 15:00경 건물 외벽 청소업자 A는 자신과 아무런 인적관계가 없는 자동차 임대업자 B로부터 고소작업차를 임차한 후 고소작업차의 작업대(바스켓)에서 직접 청소작업 중 추락하여 중상을 입었다.

사고 당시 정차한 상태에서 B의 고용운전자 C가 고소작업차의 작업대를 운전(조종)하고 있었으며, 그 운전상의 과실이 인정되었다. A는 자동차손해배상보장법 시행령에서 정한 상해급별 1급과 장애급별 1급이 인정되었으며, 위 사고발생과 관련한 A의 과실은 50%이다. 아울러 A는 사업주로서 산업재해보상보험법상의 재해보상을 받을 수 없다.

※ 고소작업차(속칭 '스카이차')는 그 작업대에 작업자를 태우고 작업을 할 수 있으며, 자동차관리법 제3조 소정의 특수자동차에 해당함.

〈보험계약사항〉

① B는 고소작업차에 대하여 '갑' 보험회사의 '영업용 자동차보험'(대인배상Ⅰ/대인배상Ⅱ/자기신체사고/무보험자동차에 의한 상해담보 특별약관)에 가입

② A는 자신 소유 승용차에 대하여 '을' 보험회사의 '개인용 자동차보험'(대인배상Ⅰ/대인배상Ⅱ/자기신체사고/무보험자동차에 의한 상해담보 특별약관)에 가입

※ '갑' 보험회사의 위 영업용 자동차보험약관은 '자기신체사고'의 지급보험금 계산에서 '무보험자동차에 의한 상해담보 특별약관'에 따라 지급될 수 있는 금액은 공제하도록 하고 있는데, 다만 그 특별약관 보험금의 청구를 포기하는 경우에는 공제하지 않는다고 규정하고 있음.

〈A의 손해사항 등〉

① 과실상계 전 실제손해액 : 40,000만원(부상손해 6,000만원/장애손해 34,000만원)
  • 치료비 5,000만원/휴업손해 1,000만원/상실수익액 30,000만원/장애위자료 4,000만원

② A, B가 가입한 자동차보험의 보상한도

구 분	부상 1급	장애 1급
대인배상Ⅰ	3,000만원	15,000만원
자기신체사고	3,000만원	10,000만원
무보험자동차에 의한 상해	20,000만원	

(1) A에 대한 손해배상책임의 주체와 그 법률상 근거를 약술하시오. (10점)

(2) A에 대한 '갑', '을' 보험회사의 담보별 보상책임을 설명하시오. (10점)

(3) A에 대한 '갑', '을' 보험회사의 담보별 지급보험금을 산출하고, 보험자대위권 행사에 관하여 설명하시오. (10점)

모범답안

1. A에 대한 손해배상책임의 주체와 그 법률상 근거

(1) A의 타인성 여부에 대한 검토

운행자가 복수로 존재하는 경우 운행자에 해당한다고 무조건 타인성이 부정되는 것은 아니고, 사고 당시 구체적인 운행지배의 정도를 비교하여 간접적, 추상적인 운행자는 직접적, 구체적인 운행자에 대해 타인성을 주장할 수 있다. 여기서 직접적, 구체적인 운행자성은 사고 당시 누가 더 용이하게 사고의 발생을 방지할 수 있는 지위에 있었는지, 누가 더 운행에 주도적으로 관여했는지 등의 사정을 참작하여 판단하여야 한다.

임차인은 임대차관계(유상)이든 사용대차관계(무상)이든간에 제3자인 피해자에 대해서 운행자책임을 부담하여야 하는 것은 주지의 사실이고, 또한 임대인과의 내부관계에서도 임차인은 임대인에 비해 차량(또는 중기)에 대한 운행지배와 운행이익이 보다 직접적, 구체적이어서 사고의 발생을 방지할 수 있는 지위에 있으므로 임대인에 대해 「자동차손해배상보장법」상 타인성을 주장할 수는 없다. 다만, 운전기사를 포함하여 차량(또는 중기)을 임차한 경우 임차인은 임대인에 대해 타인성을 주장할 수 있다. 이때는 임대인이 임차인에 비해 보다 더 직접적, 구체적으로 운전기사를 통해 운행지배에 관여했다고 볼 수 있기 때문이다.

(2) 손해배상책임의 주체

사례의 경우 임차인 A는 운전기사를 포함하여 임차하였으므로 B와 C에 대해 타인성을 주장할 수 있으며, 이에 따라 차량소유자인 B는 「자동차손해배상보장법」상의 운행자책임 및 「민법」상의 사용자책임을 부담하여야 하고, 운전기사인 C는 「민법」상의 불법행위책임을 부담하여야 한다.

2. A에 대한 '갑', '을' 보험회사의 담보별 보상책임

(1) '갑' 보험회사의 보상책임

① 대인배상Ⅰ, 대인배상Ⅱ

사례의 경우 A는 임차인으로서 운행자이긴 하나, 임대인 B에 비해 운행지배의 정도가 간접적, 추상적이므로 타인성이 인정되는 바, 대인배상Ⅰ에서는 부책이지만, 대인배상Ⅱ에서는 임대인 B로부터 차량을 임차한 당사자로서 차량을 사용 또는 관리(지배)하고 있는 자, 즉 승낙피보험자에 해당되므로 면책이다.

② 자기신체사고, 무보험자동차에 의한 상해

자기신체사고에서는 피보험자동차를 사용, 관리(지배) 중에 일어난 사고로 상해를 입었으므로 별다른 면책사유에 해당하지 않는 한 부책이지만, 무보험자동차에 의한 상해에서는 피보험차량이 무보험자동차가 아니므로 면책이다.

(2) '을' 보험회사의 보상책임

무보험자동차에 의한 상해에서는 피보험자가 무보험자동차에 의한 사고로 상해를 입고 또한 그 사고에 대한 배상의무자가 있는 경우에 보상된다.

사례의 경우 A는 운행자성이 일부 인정되어 '갑' 보험회사의 대인배상Ⅰ 및 자기신체사고에서 보상받을 수 있으나, 대인배상Ⅱ에서는 면책이므로 '을' 보험회사의 무보험자동차에 의한 상해에서는 부책이다.

3. A에 대한 '갑', '을' 보험회사의 담보별 지급보험금 및 보험자대위권 행사

(1) '갑' 보험회사의 지급보험금

① 대인배상Ⅰ

㉠ 부상보험금

치료비 5,000만원 + 휴업손해 1,000만원 = 6,000만원

6,000만원 × 50% = 3,000만원(부상 1급 한도 내이므로 전액 지급)

㉡ 장애보험금

위자료 4,000만원 + 상실수익액 30,000만원 = 34,000만원

34,000만원 × 50% = 17,000만원(장애 1급 한도가 15,000만원이므로 15,000만원 지급)

② 자기신체사고

㉠ 부상보험금

실제손해액(과실비율 미적용) + 비용 – 공제액 = 지급보험금이므로,

6,000만원 – 3,000만원(대인배상Ⅰ) – 0원('을' 보험회사의 무보험자동차에 의한 상해)
= 3,000만원

㉡ 장애보험금

34,000만원 – 15,000만원(대인배상Ⅰ) – 2,000만원('을' 보험회사의 무보험자동차에 의한 상해) = 17,000만원(장애 1급 한도가 10,000만원이므로 10,000만원 지급)

※ '을' 보험회사의 무보험자동차에 의한 상해보험금 2,000만원은 부상보험금에서 공제하든, 장애보험금에서 공제하든 결과는 마찬가지이다.

③ 지급보험금

대인배상Ⅰ에서는 18,000만원, 자기신체사고에서는 13,000만원을 지급한다.

(2) '을' 보험회사의 지급보험금

무보험자동차에 의한 상해에서는 과실적용 후 손해액 + 비용 – 공제액 = 지급보험금이므로,

40,000만원 × 50% – 3,000만원('갑' 보험회사의 대인배상Ⅰ) – 15,000만원('갑' 보험회사의 대인배상Ⅱ) = 2,000만원

※ '을' 보험회사는 무보험자동차에 의한 상해로 2,000만원을 지급하고, 배상의무자인 B, C에게 구상한다.

09

산업재해보상보험 가입자인 '갑' 물류회사의 직원 A는 자신의 자동차를 운전하여 통상적인 경로와 방법으로 출근하던 중 B가 운행하는 자동차의 일방과실에 의한 사고로 말미암아 현장에서 사망하였다.

이 건 사고에 대하여 다음과 같이 자동차보험 대인배상 보험금과 산업재해보상보험 급여가 산정되고, 산업재해보상보험 급여를 받을 수 있는 자(수급권자)는 근로복지공단으로부터 보험급여를 받은 외에 달리 배상금을 받은 바 없다. A의 유족으로는 배우자와 자녀 1명(성년자)이 있는데, 이 건 산업재해보상보험 급여를 받을 수 있는 자(수급권자)는 A의 배우자이며, 자녀는 수급권자가 아니다.

한편, 근로복지공단은 B가 가입한 '을' 자동차보험회사에 구상권(대위권)을 행사한 바(다음 예시 참조), 이 경우 '을' 보험회사가 부담하여야 할 책임액을 산정함에 있어서 확인하여야 할 사항을 설명하고, 근로복지공단에 지급할 보험금을 산출하시오. (15점)

〈자동차보험 대인배상 지급기준에 의하여 산출된 보험금〉

① 위자료 : 50,000,000원
(청구권자의 범위 및 청구권자별 지급기준 : 민법상 상속규정에 따름)
② 장례비 : 5,000,000원
(청구권자의 범위 및 청구권자별 지급기준 : 민법상 상속규정에 따름)
③ 상실수익액 : 35,000,000원
④ 합계 : 90,000,000원

〈산업재해보상보험법상의 보험급여〉

① 장의비 : 12,000,000원
② 유족일시금 : 130,000,000원
③ 합계 : 142,000,000원

모범답안

1. '을' 보험회사가 책임액산정시 확인하여야 할 사항

(1) 손익상계의 범위

산재보험금은 피재근로자가 업무상 재해를 당한 경우에 「민법」상 불법행위책임에 대한 입증책임 및 사용자의 과실 여부에 불문하고, 그 손해에 대해 보상을 받을 수 있도록 특별법인 「산업재해보상 보장법」에 의해 지급되는 것으로, 자동차보험과 경합되는 경우 산재보험금 전액을 자동차보험금에서 공제하는 것이 아니라, 같은 항목별로 공제한다. 따라서 장의비는 장례비에서, 유족일시금은 상실수익액에서 공제하며, 위자료는 산재보험금에는 없는 항목이기 때문에 공제대상이 아니다.

(2) 상속권자, 수급권자, 장의비

① 상속권자

상속권자는 망자의 배우자 및 자녀이며, 그 지분은 배우자가 1.5, 자녀가 1이다.

② 수급권자

유족일시금(유족급여)은 손해배상금의 성격이 아니라, 근로자가 업무상 사유로 사망하는 경우 그의 부양가족의 생활보장을 위하여 지급되는 보험금으로, 수령권자도 「민법」상의 상속권자가 아닌 수급권자이며, 이에 대해 법률에서 별도로 규정하고 있다.

③ 장의비

장의비는 장제에 소요되는 비용으로 실비의 성질을 가지며, 청구권자는 장제를 지낸 유족이다.

※ 「산재보험법」상 '장의비'는 2021.1.26. '장례비'로 용어가 개정되었다.

2. '을' 보험회사의 지급보험금

(1) 장례비

장례비 5,000,000원 − 장의비 12,000,000원 = 0원

(2) 상실수익액

상실수익액 35,000,000원을 상속권자 별로 나누면,

배우자는 35,000,000원 × 1.5 / 2.5 = 21,000,000원,

자녀는 35,000,000원 × 1 / 2.5 = 14,000,000원이 되며,

배우자는 유족일시금을 근로복지공단으로부터 수령하였으므로 이를 공제한다.

① 배우자 : 21,000,000원 − 130,000,000원 = 0원

② 자녀 : 14,000,000원 − 0원 = 14,000,000원

(3) 위자료

위자료는 산재보험금에는 없는 항목이므로, 상속권자 별로 나누어 지급하면 된다.

① 배우자 : 50,000,000원 × 1.5 / 2.5 = 30,000,000원

② 자녀 : 50,000,000원 × 1 / 2.5 = 20,000,000원

(4) 지급처별 보험금

① 배우자 : 위자료 30,000,000원

② 자녀 : 위자료 20,000,000원 + 상실수익액 14,000,000원 = 34,000,000원

③ 근로복지공단 : 장례비 5,000,000원 + 상실수익액 21,000,000원 = 26,000,000원

10 다음 사례를 검토하여 물음에 답하시오.

〈사고 내용〉

2019년 7월 14일 11:00경 A와 B는 각각 자가용승용차를 운전 중 교차로에서 충돌하는 사고를 야기하였다. A는 직장동료 C의 요청으로 C소유 자동차를 운전하였는데 C와 동료직원 D가 동승하였으며, 다른 동료직원의 결혼식장에 함께 가던 중이었다(업무관련성 없음). 이 사고로 C는 사고 현장에서 사망하였고, D는 후유장애(상해 1급, 장애 7급)가 남게 되었다.
A : B의 과실비율은 80% : 20%이며, 동승과정상 과실을 포함한 D의 호의동승감액비율은 50%이다.

〈보험계약사항〉

① A는 자가용승용차를 소유하고 있으며, 자신을 기명피보험자로 '갑' 보험회사의 개인용 자동차보험(대인배상Ⅰ/대인배상Ⅱ/자기신체사고/무보험자동차 상해)에 가입
② B는 위 사고자동차에 대하여 자신을 기명피보험자로 '을' 보험회사의 개인용 자동차보험(대인배상Ⅰ/대인배상Ⅱ/자기신체사고)에 가입
③ C는 위 사고자동차에 대하여 자신을 기명피보험자로 '병' 보험회사의 개인용 자동차보험(대인배상Ⅰ/대인배상Ⅱ/자기신체사고)에 기명피보험자 1인 한정운전 특별약관으로 가입

〈손해상황 등〉

① C의 과실상계 전 실제손해액 : 22,000만원
(장례비 500만원/사망위자료 8,000만원/상실수익액 13,500만원)
② D의 과실상계 전 실제손해액 : 10,000만원
[부상손해 4,000만원(치료비 3,500만원/휴업손해 500만원)/장애손해 6,000만원(장애위자료 1,000만원/상실수익액 5,000만원)]
③ A, B, C가 가입한 자동차보험의 보상한도

(단위 : 만원)

구 분	부상 1급	장애 7급	사 망
대인배상Ⅰ	3,000	6,000	15,000
대인배상Ⅱ	무 한		
자기신체사고	1,500	1,200	3,000
무보험자동차에 의한 상해	20,000		

(1) C 및 D에 대한 법률상 손해배상책임 및 각 보험회사의 담보별 보상책임을 설명하시오. (15점)

(2) C 및 D에 대한 각 보험회사의 담보별 지급보험금을 산출하고, 보험회사의 권리를 설명하시오. (15점)

모범답안

1. C 및 D에 대한 법률상 손해배상책임 및 각 보험회사의 담보별 보상책임

(1) '갑' 보험회사의 보상책임

다른 자동차운전담보 특별약관에 의하면 피보험자가 다른 자동차를 운전하던 중 생긴 대인사고로 인하여 법률상 배상책임을 짐으로써 손해를 입은 때 또는 피보험자가 상해를 입었을 때, 피보험자가 운전한 다른 자동차를 피보험자동차로 간주하여 대인배상Ⅱ 및 자기신체사고로 보상한다. 또한 다른 자동차의 소유자가 상해를 입었을 때에는 자기신체사고의 피보험자로 간주하여 보상한다.

사례의 경우 C는 다른 자동차의 소유자이므로 자기신체사고로 보상하고, D는 직장동료로 타인이므로 대인배상Ⅱ로 보상한다.

(2) '을' 보험회사의 보상책임

사례의 경우 소유자 B는 운행자로서 운행자책임 및 「민법」상 불법행위책임이 있으며, B는 약관상 기명피보험자이므로 보험회사는 C 및 D에 대해 대인배상Ⅰ, 대인배상Ⅱ에서 보상한다. 물론 피해자의 과실을 적용하여 보상한다.

(3) '병' 보험회사의 보상책임

기명피보험자 1인 한정운전 특별약관에 의하면 기명피보험자 이외의 자가 운전을 한 경우 대인배상Ⅰ을 제외한 다른 담보에 대해 보상을 받을 수 없다. 다만, 예외적으로 도난을 당한 경우 및 자동차취급업자의 운전 중 사고는 보상한다.

사례의 경우 소유자인 C와 운전자인 A에게 운행지배가 있으므로 운행자책임이 발생하며, 운전자인 A에게는 「민법」상 불법행위책임도 발생한다. 기명피보험자인 C가 운전한 것이 아니고 직장동료인 A가 운전한 것이므로 대인배상Ⅰ에서만 보상한다. C는 타인이 아니므로 면책되고, D는 타인이므로 부책된다. 물론 피해자의 과실을 적용하여 보상한다.

(4) 결 론

'갑' 보험회사는 C에 대해서는 자기신체사고로 보상하고, D에게는 대인배상Ⅱ로 보상하고, '을' 보험회사는 C 및 D에게는 대인배상Ⅰ, 대인배상Ⅱ에서 보상하며, '병' 보험회사는 D에게만 대인배상Ⅰ에서 보상한다.

2. C 및 D에 대한 각 보험회사의 담보별 지급보험금 및 보험회사의 권리

(1) '을' 보험회사의 지급보험금 및 보험회사의 권리

① C에 대한 대인배상Ⅰ, 대인배상Ⅱ 지급보험금 및 보험회사의 권리

㉠ 지급보험금 : 22,000만원 × 20% = 4,400만원

㉡ 보험회사의 권리 : '을' 보험회사는 피해자 측의 과실비율을 적용하여 보상하므로 구상할 부분이 없다.

② D에 대한 대인배상Ⅰ, 대인배상Ⅱ 지급보험금 및 보험회사의 권리

㉠ 지급보험금

- 부상보험금 : 4,000만원 × 50%(호의동승감액비율) = 2,000만원

☞ 대인배상Ⅰ에서는 부상보험금의 경우, 과실상계 후 금액이 치료관계비와 간병비의 합산금액에 미달하면 부상등급별 한도 내에서 보상한다. 사례의 경우 과실상계 후 부상보험금 2,000만원이 치료비 3,500만원에 미달하므로, 보상한도액인 3,000만원을 부상보험금으로 지급한다.

- 장애보험금 : 6,000만원 × 50%(호의동승감액비율) = 3,000만원
- 지급보험금 : 3,000만원 + 3,000만원 = 6,000만원

㉡ 보험회사의 권리

'을' 보험회사에서는 6,000만원의 80%인 4,800만원을 '병' 보험회사에 구상한다.

(2) '갑' 보험회사의 지급보험금 및 보험회사의 권리

① C에 대한 자기신체사고 지급보험금

자기신체사고에서의 지급보험금은 실제손해액 + 비용 − 공제액이므로,

22,000만원 − 4,400만원('을' 보험회사 지급보험금) = 17,600만원

자기신체사고 사망 보상한도액인 3,000만원을 지급한다.

② D에 대한 대인배상Ⅱ 지급보험금

'을' 보험회사의 대인배상Ⅰ, 대인배상Ⅱ에서 보상되고, 사례의 경우 대인배상Ⅰ에서 전액 보상되므로, 대인배상Ⅰ 초과손해는 없다.

(3) '병' 보험회사의 지급보험금 및 보험회사의 권리

D에 대한 대인배상Ⅰ 지급보험금 및 보험회사의 권리는 다음과 같다.

① 지급보험금

㉠ 부상보험금 : 4,000만원 × 50%(호의동승감액비율) = 2,000만원

☞ 사례의 경우 과실상계 후 부상보험금 2,000만원이 치료비 3,500만원에 미달하므로 보상한도액인 3,000만원을 부상보험금으로 지급한다.

㉡ 장애보험금 : 6,000만원 × 50%(호의동승감액비율) = 3,000만원

㉢ 지급보험금 : 3,000만원 + 3,000만원 = 6,000만원

② 보험회사의 권리

'병' 보험회사에서는 6,000만원의 20%인 1,200만원을 '을' 보험회사에 구상한다.

(4) 결 론

C는 '을' 보험회사의 대인배상Ⅰ, 대인배상Ⅱ에서 4,400만원, '갑' 보험회사의 자기신체사고에서 3,000만원을 보상받을 수 있고, D는 대인배상Ⅰ 초과손해가 발생하지 않았으므로, '을' 또는 '병' 보험회사에서 6,000만원을 보상받을 수 있다.

11

자동차사고의 손해배상책임과 관련하여, 「자동차손해배상보장법」 상의 책임과 「민법」 상의 책임을 비교 · 설명하시오. (25점)

모범답안

1. 「자동차손해배상보장법」(이하 '자배법'이라 함)상의 책임

자기를 위하여 자동차를 운행하는 자는 그 운행으로 다른 사람을 사망하게 하거나 부상하게 한 경우에는 그 손해를 배상할 책임을 진다(자배법 제3조).

(1) 자동차손해배상책임의 주체 : 운행자

① 운행자란 자기를 위하여 자동차를 운행하는 자로 자동차에 대한 운행지배권을 가지고, 그 운행으로 인한 이익(경제적 이익뿐만 아니라 사회생활상의 이익을 포함)이 자기에게 귀속되는 자를 말한다.

② 운행자는 자동차소유자, 사용대차의 차주 및 대주, 임대차의 차주 및 대주, 무단 · 절취운전자(보유자는 될 수 없음), 자동차매수인, 매매대금이 미완제된 상태에서의 자동차매도인(할부판매매도인은 제외), 자기 차를 가진 피용자의 사용자, 자동차를 업무로서 위탁받은 자동차 정비사업자 · 판매업자 · 세차업자 · 주차장업자(허락피보험자)가 있다.

(2) 자동차손해배상책임의 객체 : 타인(피해자)

① 타인은 운행자, 운전자 및 운전보조자를 제외한 모든 자로서 운행자에 대하여 손해배상을 청구할 수 있는 피해자를 말한다. 따라서 동승 중인 가족은 「자동차손해배상보장법」상의 타인에 해당한다.

② 운행자와 운전자의 가족이 자동차사고로 죽거나 다친 경우에 그 가족 또한 운행자의 지위에 서지 않는 한 당연히 손해배상책임의 객체인 타인에 속하므로 자동차보험 대인배상 I (책임보험)에서 보상받을 수 있다.

(3) 운행과 손해간의 상당인과관계

운행자가 타인의 사상에 대하여 손해배상책임을 지려면, 자기를 위한 운행과 타인의 생명 또는 신체의 사상과의 사이에 상당인과관계가 존재하여야 한다.

(4) 운행자의 면책사유

① 운행자의 3면책요건이 존재하는 경우

피해자가 승객 이외인 경우, 운행자가 다음의 3면책요건을 입증하면 운행자책임을 면하고, 책임을 면하려면 운행자가 입증하여야 한다.

㉠ 운행자 및 운전자의 무과실일 것

㉡ 피해자에게 고의 또는 과실이 있거나 또는 제3자의 고의 또는 과실이 존재할 것

㉢ 자동차에 구조상 결함이나 기능상 장애가 없다는 것

② 승객이 고의나 자살행위로 사망하거나 부상한 경우

③ 「자배법」 제3조 단서 이외의 면책사유

불가항력, 정당방위, 긴급피난 등이 있다.

2. 「민법」상의 책임

(1) 일반불법행위

고의 또는 과실로 인한 위법행위로 타인에게 손해를 가한 자는 그 손해를 배상할 책임이 있다(민법 제750조). 배상책임의 성립요건은 다음과 같다.

① 가해자에게 고의 또는 과실이 있어야 하고,
② 가해행위가 위법해야 하며,
③ 가해행위와 피해의 발생 사이에 인과관계가 인정되고,
④ 피해자에게 손해가 발생해야 한다.

(2) 사용자 손해배상책임

타인을 사용하여 어느 사무에 종사하게 한 자는 피용자가 그 사무집행에 관하여 제3자에게 가한 손해를 배상할 책임이 있다. 그러나 사용자가 피용자의 선임 및 그 사무감독에 상당한 주의를 한 때 또는 상당한 주의를 하여도 손해가 있을 경우에는 그러하지 아니하다(민법 제756조)라고 하여 책임을 면한다. 배상책임의 성립요건은 다음과 같다.

① 타인을 사용하여 어느 사무에 종사하게 할 것
② 피용자가 사무집행에 관하여 제3자에게 손해를 주었을 것
③ 피용자의 불법행위
④ 사용자가 면책사유를 입증하지 못할 것

3. 「자배법」과 「민법」상의 배상책임의 비교

(1) 손해배상책임의 주체

「민법」에서는 자동차 운전자(가해자) 또는 그 운전자가 사용자의 업무 중 사고라면 사용자가 손해배상책임의 주체인 반면에, 「자배법」에서는 자기를 위하여 자동차를 운행하는 자(운행자)로서, 자동차를 소유・사용・관리하고 있는 자가 손해배상책임의 주체이다. 따라서 일반적으로 「자배법」상의 운행자가 더 넓은 개념이라 본다.

(2) 손해배상책임의 객체

「민법」상 손해배상책임의 객체는 불법행위 당사자(가해자)를 제외한 모든 자이며, 「자배법」에서는 다른 사람으로서 운행자 및 운전자(보조자)를 제외한 자가 손해배상책임의 객체이다.

(3) 손해배상책임의 요건

「민법」상 불법행위책임은 손해배상의무자에게 고의, 과실로 인한 위법행위가 있어야 하므로 과실이 없으면 책임도 물을 수 없는 과실책임주의이다. 그러나 「자배법」상 운행자는 자동차운행으로 인한 사고로 다른 사람이 사상된 경우 손해배상책임을 있으므로 무과실책임주의를 취하고 있다.

(4) 입증책임

「민법」상 배상책임은 과실책임주의이므로 손해배상청구권자(피해자)가 손해배상의무자(가해자)의 고의, 과실과 위법성, 인과관계의 존재를 입증하여야 한다. 반면에 「자배법」에서 운행자(가해자)는 손해배상책임이 있으므로 승객 이외의 자의 3면책 요건을 모두 입증하여야 하고, 승객의 경우 고의 또는 자살행위를 입증하여야 한다. 즉 운행자책임 발생요건의 부존재 또는 면책사유의 존재를 반증하지 못하는 한 운행자는 손해배상책임을 진다.

「자배법」상 운행자(가해자)의 면책사유 입증책임은 「민법」상 불법행위책임과 비교할 때 입증책임이 전환된 것으로 볼 수 있다. 즉, 입증책임이 「민법」상 피해자로부터 「자배법」상 운행자로 전환된 것이라고 할 수 있다.

(5) 법률적용의 우선순위

「자배법」 제3조는 「민법」상 불법행위책임의 특별법이다. 하지만 「자배법」상 운행자책임과 「민법」상 불법행위책임이 반드시 일치하지 않고 공동운행자나 운전보조자와 같이 「자배법」상 타인성이 부정되는 자에 대해서는 「민법」상 손해배상책임은 발생하나, 「자배법」상 손해배상책임은 발생하지 않는다. 따라서 특별법 우선적용의 원칙이 적용되어 「자배법」이 우선적용되나 「자배법」상 손해배상책임의 주체가 아닌 자이거나 「자배법」상 타인성이 부정되는 자의 손해배상청구권에 대해서는 「민법」이 적용된다. 즉 사람의 사상사고(대인사고)의 경우 「자배법」이 「민법」에 우선하여 적용되나, 「자배법」이 적용되지 않거나 대물사고의 경우는 「민법」이 적용된다.

(6) 피해자 보호제도

자동차사고의 손해배상 및 보장에서 「자배법」은 「민법」의 특별법으로 특별히 강제(의무)보험제도, 직접청구권, 가불금청구권, 정부보장사업, 압류 및 양도 금지 등의 손해배상을 보장하는 제도를 확립하여 피해자를 보호하고, 자동차사고로 인한 사회적 손실을 방지함으로써 자동차운송의 건전한 발전을 촉진하는 것을 목적으로 하고 있다.

12 자동차보험제도에 있어서 피해자의 직접청구권에 대하여 설명하고, 약관상 유의사항을 기술하시오. (15점)

모범답안

1. 피해자의 직접청구권

(1) 의 의

자동차보험에서 손해배상청구권자(피해자)가 보험회사에게 직접 본인의 손해에 대한 보상을 청구할 수 있는 법률상의 권리를 말한다. 즉 피보험자가 법률상의 손해배상책임을 지는 사고가 생긴 경우, 손해배상청구권자는 보험회사에 직접 손해배상금을 청구할 수 있다(상법 제724조, 자배법 제10조).

(2) 취 지

① 보상절차 간소화를 통해 피해자를 효율적으로 구제할 수 있다.
② 피보험자가 보험금을 다른 곳에 유용하는 것을 방지할 수 있다.
③ 가해자의 무능력, 무성의로부터 피해자를 보호할 수 있다.

(3) 법률상 근거

① 「자배법」 제10조
보험가입자 등에게 「자배법」 제3조에 따른 손해배상책임이 발생하면 그 피해자는 보험회사 등에게 「상법」 제724조 제2항에 따라 보험금 등을 자기에게 직접 지급하여 줄 것을 청구할 수 있다.

② 「상법」 제724조 제2항
제3자는 피보험자가 책임질 사고로 입은 손해에 대하여 보험금액의 한도 내에서 보험자에게 직접 보상을 청구할 수 있다.

③ 「표준약관」 제29조
피보험자가 법률상 손해배상책임을 지는 사고가 생긴 경우, 손해배상청구권자는 보험회사에 직접 손해배상금을 청구할 수 있다. 다만, 보험회사는 피보험자가 그 사고에 가지는 항변으로 손해배상청구권에 대항할 수 있다.

(4) 특 징

① 독립성

직접청구권은 보험사고발생시 피보험자의 보험금청구권과는 독립된 권리로, 법 규정(상법, 자배법)에 의해 보험자에 대한 직접청구권을 원시 취득한다.

② 강행성

직접청구권은 「상법」 제724조 및 「자배법」 제10조에 따른 강행규정이므로 약관에서 법률의 규정을 위배하여 계약자에게 불리한 조항을 둔다면 그 약관은 「상법」 제663조의 보험계약자 등의 불이익변경금지의 원칙에 위배되어 무효가 된다.

③ 배타성

직접청구권은 피해자보호를 위하여 법이 특별히 인정한 권리이기 때문에 다른 청구권에 비해 우선권을 갖는다. 즉 표준약관 제26조 제5항에 의해 피보험자의 보험금청구권과 경합시 직접청구권이 우선한다.

④ 자주성

피보험자의 협력 없이 직접청구권을 행사할 수 있다. 단, 직접청구권은 피보험자가 가입한 책임보험계약을 전제로 하고 있기 때문에 보험자가 피보험자에게 가지는 항변으로 피해자에게 대항할 수 있다.

⑤ 부종성

피해자의 피보험자에 대한 손해배상 청구권 소멸시 같이 소멸된다.

(5) 법적 성질(손해배상청구권설 & 보험금청구권설)

① 손해배상청구권설(판례)

직접청구권을 피해자가 피보험자에게 가지는 손해배상청구권으로 보는 설로, 피보험자와 보험자가 손해배상채무를 중첩적으로 인수한 연대채무자로 본다.

② 보험금청구권설

직접청구권을 피해자가 법 규정에 의해 보험자에게 청구하는 보험금청구권으로 보고, 손해의 보상을 약정한 것일 뿐 사고에 대한 귀책사유가 없고, 채무의 인수를 약정한 것으로는 볼 수 없다는 설이다. 손해배상청구권설은 보험자가 피보험자에 대한 항변으로 피해자에게 대항하기 어렵기 때문에 불합리하다.

(6) 보험금청구권과의 경합

피보험자의 보험금청구가 손해배상청구권자의 직접청구와 경합할 때에는 보험회사가 손해배상청구권자에게 우선하여 보험금을 지급한다.

2. 약관상 유의사항

(1) 피보험자에게 통지 및 협력의무

보험회사가 손해배상청구권자의 청구를 받았을 때에는 지체 없이 피보험자에게 통지한다. 이 경우 피보험자는 보험회사의 요청에 따라 증거확보, 권리보전 등에 협력하여야 하며, 만일 피보험자가 정당한 이유 없이 협력하지 않은 경우 그로 인하여 늘어난 손해에 대하여는 보상하지 않는다.

(2) 손해배상금의 한도

보험회사가 손해배상청구권자에게 지급하는 손해배상금은 이 약관에 의하여 보험회사가 피보험자에게 지급책임을 지는 금액을 한도로 한다.

(3) 손해배상금의 직접 지급

보험회사가 손해배상청구권자에게 손해배상금을 직접 지급할 때에는 그 금액의 한도에서 피보험자에게 보험금을 지급하는 것으로 한다.

(4) 손해배상금의 결정 및 지급

보험회사는 손해배상청구에 관한 서류 등을 받았을 때에는 지체 없이 지급할 손해배상액을 정하고, 그 정하여진 날부터 7일 이내에 지급한다.

(5) 지급지연

보험회사가 정당한 사유 없이 손해배상액을 정하는 것을 지연하였거나 지급기일 내에 손해배상금을 지급하지 않았을 때, 지급할 손해배상금이 있는 경우에는 그 다음날부터 지급일까지의 기간에 대하여 〈부표〉 '보험금을 지급할 때의 적립이율'에 따라 연단위 복리로 계산한 금액을 손해배상금에 더하여 지급한다. 그러나 손해배상청구권자의 책임 있는 사유로 지급이 지연될 때에는 그 해당 기간에 대한 이자를 더하여 지급하지 않는다.

(6) 지급지연의 효과

보험회사가 손해배상 청구에 관한 서류를 받은 때부터 30일 이내에 손해배상청구권자에게 손해배상금을 지급하는 것을 거절하는 이유 또는 그 지급을 연기하는 이유(추가 조사가 필요한 때에는 확인이 필요한 사항과 확인이 종료되는 시기를 포함)를 서면(전자우편 등 서면에 갈음할 수 있는 통신수단을 포함)으로 통지하지 않는 경우, 정당한 사유 없이 손해배상액을 정하는 것을 지연한 것으로 본다.

(7) 정기금의 지급

보험회사는 손해배상청구권자의 요청이 있을 때는 손해배상액을 일정기간으로 정하여 정기금으로 지급할 수 있다. 이 경우 각 정기금의 지급기일의 다음날부터 다 지급하는 날까지의 기간에 대하여 보험개발원이 공시한 정기예금이율에 따라 연단위 복리로 계산한 금액을 손해배상금에 더하여 지급한다.

13 현행 자동차보험약관상 유상운송 면책에 대하여 설명하시오. (15점)

모범답안

1. 유상운송의 개념 및 면책대상

(1) 유상운송의 개념

자동차보험에서 유상운송이란 요금이나 대가를 목적으로 반복적으로 자가용 자동차를 사용하거나 대여하는 것을 말하며, 유상운송 중 사고는 피보험자 개별적용을 제외한다.

(2) 유상운송의 면책 대상

① 개인용 자동차보험 : 자가용 승용차

② 업무용 자동차보험 : 승용차 또는 승합차

※ 화물자동차의 경우 약관상 유상운송 면책규정이 없기 때문에 면책대상이 아니다.

2. 개인용 자동차보험약관상 유상운송 면책

대인배상 Ⅱ에서는 피보험자동차가 영리를 목적으로 요금이나 대가를 받고 피보험자동차를 반복적으로 사용하거나 빌려 준 때에 생긴 손해를 면책사유로 하고 있다. 다만, 다음의 어느 하나에 해당하는 경우에는 보상한다.

① 임대차계약(계약기간이 30일을 초과하는 경우에 한함)에 따라 임차인이 피보험자동차를 전속적으로 사용하는 경우(다만, 임차인이 피보험자동차를 영리를 목적으로 요금이나 대가를 받고 반복적으로 사용하는 경우에는 보상하지 않는다)

② 피보험자와 동승자가 「여객자동차운수사업법」에 따른 토요일, 일요일 및 공휴일을 제외한 날의 출・퇴근 시간대(오전 7시부터 오전 9시까지 및 오후 6시부터 오후 8시까지를 말한다)에 실제의 출・퇴근 용도로 자택과 직장 사이를 이동하면서 승용차 함께타기를 실시한 경우

3. 업무용 자동차보험약관상 유상운송 면책

① 피보험자동차가 승용차 또는 승합차(버스)인 경우에 영리를 목적으로 요금이나 대가를 받고 피보험자동차를 반복적으로 사용하거나 대여한 때에 생긴 손해를 보상하지 않는다. 다만, 임대차계약(계약기간이 30일을 초과하는 경우에 한함)에 따라 임차인이 피보험자동차를 전속적으로 사용하는 경우는 보상한다. 그러나 임차인이 피보험자동차를 영리를 목적으로 요금이나 대가를 받고 반복적으로 사용하는 경우는 보상하지 않는다.

② 유상운송위험담보 특별약관에 가입한 경우 피보험자동차가 승합자동차(버스), 다인승승용자동차, 일반승용 중 구급용 자동차(앰뷸런스) 및 장애인 택시로서 유상으로 운송용에 제공하는 경우에는 이 특별약관에 따라 보상한다.

4. 영업용 자동차보험약관상 유상운송 면책

영업용에 가입된 차량은 사업목적의 자동차이므로, 약관상 유상운송 면책규정이 없다. 다만, 피보험자동차가 대여사업용 자동차인 경우 임차인이 영리를 목적으로 요금이나 대가를 받고 피보험자동차를 사용한 때에 생긴 사고로 인한 손해는 보상하지 않는다.

14 자동차보험에서 '피보험자동차의 양도'의 의의와 시점 및 효과에 대하여 설명하시오. (15점)

모범답안

1. 양도의 의의

자동차의 양도란 자동차의 지배상태 및 자동차 자체의 양도(인도)를 의미하며, 양도인이 그 자동차에 대한 운행지배를 상실하고 양수인이 사실상 운행지배를 갖는 경우를 뜻한다.

(1) 「표준약관」 제48조(피보험자동차의 양도)

① 보험계약자 또는 기명피보험자가 보험기간 중에 피보험자동차를 양도한 경우에는 이 보험계약으로 인하여 생긴 보험계약자 및 피보험자의 권리와 의무는 피보험자동차의 양수인에게 승계되지 않는다. 그러나 보험계약자가 이 권리와 의무를 양수인에게 이전하고자 한다는 뜻을 서면 등으로 보험회사에 통지하여 보험회사가 승인한 경우에는 그 승인한 때부터 양수인에 대하여 이 보험계약을 적용한다.

② 피보험자동차의 양도에는 소유권을 유보한 매매계약에 따라 자동차를 '산 사람' 또는 대차계약에 따라 자동차를 '빌린 사람'이 그 자동차를 피보험자동차로 하고, 자신을 보험계약자 또는 기명피보험자로 하는 보험계약이 존속하는 동안에 그 자동차를 '판 사람' 또는 '빌려준 사람'에게 반환하는 경우도 포함한다. 이 경우 '판 사람' 또는 '빌려준 사람'은 양수인으로 본다.

(2) 「상법」 제726조의4 제1항(자동차의 양도)

피보험자가 보험기간 중에 자동차를 양도한 때에는 양수인은 보험자의 승낙을 얻은 경우에 한하여 보험계약으로 인하여 생긴 권리와 의무를 승계한다.

2. 양도의 시점

자동차의 양도는 물권변동의 일반원칙에 따라 자동차의 소유권이전등록만을 그 요건으로 할 수 없고, 양도가 완료되는 시점은 양수인에게 자동차의 점유권을 이전하여 더 이상 양도인이 운행지배를 할 수 없게 된 때를 양도시점으로 본다. 대법원 판례상 운행지배에 대한 상실요건 기준은 다음과 같다.

① 자동차의 현실적인 인도

② 명의이전에 필요한 서류를 교부

③ 매매대금 완제

3. 양도의 효과

(1) 승 인

보험회사가 보험계약자의 통지를 받은 날부터 10일 이내에 승인 여부를 보험계약자에게 통지하지 않으면, 그 10일이 되는 날의 다음날 0시에 승인한 것으로 본다.

(2) 승인 효과

① 보험회사가 승인을 하는 경우에는 피보험자동차의 양수인에게 적용되는 보험요율에 따라 보험료의 차이가 나는 경우 피보험자동차가 양도되기 전의 보험계약자에게 남는 보험료를 돌려주거나, 피보험자동차의 양도 후의 보험계약자에게 추가보험료를 청구한다.

② 보험회사가 승인을 거절한 경우 피보험자동차가 양도된 후에 발생한 사고에 대하여는 보험금을 지급하지 않는다.

(3) 기명피보험자 사망의 경우 특칙

보험계약자 또는 기명피보험자가 보험기간 중에 사망하여 법정상속인이 피보험자동차를 상속하는 경우 이 보험계약도 승계된 것으로 본다. 다만, 보험기간이 종료되거나 자동차의 명의를 변경하는 경우에는 법정상속인을 보험계약자 또는 기명피보험자로 하는 새로운 보험계약을 맺어야 한다.

(4) 의무보험일시담보 특약

자동차보험 특별약관에서 '보험회사는 피보험자동차가 양도된 날로부터 15일째 되는 날의 24시까지 그 자동차를 피보험자동차(대인배상 I 및 의무보험 범위 내의 대물배상)로 간주하고 양수인을 보험계약자 및 기명피보험자로 본다'고 정한 경우, 특별약관에서 말하는 '자동차의 양도'에 자동차에 대한 사실상의 운행지배를 취득한 양수인이 소유권이전등록을 하지 아니한 채 다시 제3자에게 양도하고 현실적으로 자동차의 점유를 이전함으로써 운행지배를 상실한 경우가 포함되며, 이러한 법리는 피보험자가 자동차를 양도하고 보험자의 승인을 얻어 기존 자동차보험계약의 피보험자동차를 새로 구입한 자동차로 교체한 경우에도 마찬가지로 적용된다(대법원 2015.12.24. 선고 2015다200838 판결).

(5) 의무보험 계약의 승계(자배법 제26조)

① 의무보험에 가입된 자동차가 양도된 경우에 그 자동차의 양도일(양수인이 매매대금을 지급하고 현실적으로 자동차의 점유를 이전받은 날을 말한다)부터 「자동차관리법」 제12조에 따른 자동차 소유권 이전등록 신청기간이 끝나는 날(자동차소유권 이전등록 신청기간이 끝나기 전에 양수인이 새로운 책임보험 등의 계약을 체결한 경우에는 그 계약 체결일)까지의 기간은 「상법」 제726조의4에도 불구하고 자동차의 양수인이 의무보험의 계약에 관한 양도인의 권리의무를 승계한다.

② 양도인은 양수인에게 그 승계기간에 해당하는 의무보험의 보험료(공제계약의 경우에는 공제분담금을 말한다)의 반환을 청구할 수 있다.

③ 양수인이 의무보험의 승계기간에 해당하는 보험료를 양도인에게 반환한 경우에는 그 금액의 범위에서 양수인은 보험회사 등에게 보험료의 지급의무를 지지 아니한다.

15

현행 자동차보험약관 지급기준상 '기술직 종사자'와 '현역병 등 군복무 해당자'의 현실소득액 산정방법과 취업가능월수에 대하여 설명하시오. (15점)

모범답안

1. 현실소득액 산정방법

(1) 기술직 종사자

① 급여소득자, 사업소득자, 그 밖의 유직자에 해당하는 자로서 기술직 종사자는 「통계법」 제15조에 의한 통계작성지정기관(공사부문 : 대한건설협회, 제조부문 : 중소기업중앙회)이 「통계법」 제17조에 따라 조사, 공표한 노임에 의한 해당 직종 임금이 많은 경우에는 그 금액을 인정한다.

② 다만, 사고발생 직전 1년 이내 해당 직종에 종사하고 있었음을 관련 서류를 통해 객관적으로 증명한 경우에 한한다.

※ 기술직 종사자가 '관련 서류를 통해 객관적으로 증명한 경우'라 함은 자격증, 노무비 지급확인서 등의 입증 서류를 보험회사로 제출한 것을 말한다.

(2) 현역병 등 군 복무해당자(복무예정자 포함)

일용근로자 임금을 인정한다.

2. 취업가능월수

① 취업가능연한을 65세로 하여 취업가능월수를 산정한다. 다만, 법령, 단체협약 또는 그 밖의 별도의 정년에 관한 규정이 있으면 이에 의하여 취업가능월수를 산정하며, 피해자가 「농업·농촌 및 식품산업기본법」 제3조 제2호에 따른 농업인이나 「수산업·어촌발전기본법」 제3조 제3호에 따른 어업인일 경우(피해자가 객관적 자료를 통해 증명한 경우에 한함)에는 취업가능연한을 70세로 하여 취업가능월수를 산정한다.

② 피해자가 사망 당시(후유장애를 입은 경우에는 노동능력상실일) 62세 이상인 경우에는 다음의 「62세 이상 피해자의 취업가능월수」에 의하되, 사망일 또는 노동능력상실일부터 정년에 이르기까지는 월현실소득액을, 그 이후부터 취업가능월수까지는 일용근로자 임금을 인정한다.

[62세 이상 피해자의 취업가능월수]

피해자의 나이	취업가능월수
62세부터 67세 미만	36월
67세부터 76세 미만	24월
76세 이상	12월

③ 취업가능연한이 사회통념상 65세 미만인 직종에 종사하는 자인 경우 해당 직종에 타당한 취업가능연한 이후 65세에 이르기까지의 현실소득액은 사망 또는 노동능력상실 당시의 일용근로자 임금을 인정한다.

④ 취업시기는 19세로 한다.

16 다음 사례에서 대인배상 지급기준에 따라 A에게 지급할 보험금을 계산하시오. (15점)

〈사고사항〉

2020년 9월 9일 보행자 A는 도로횡단 중 B가 운전하는 자동차에 의하여 상해를 입었으며, 보행자의 과실은 50%로 인정되었다. A는 사고 당시 48세 여자이다.

〈보험계약사항〉

B운전 자동차는 개인용 자동차보험 전담보에 가입(보험기간 2020.9.1. ~ 2021.9.1.)되어 있으며, 보험회사의 보상책임이 인정된다.

〈손해사항〉

A는 안정성 척추골절로 40일 동안 입원(입원기간 간병인원은 1일 1인 인정됨) 후 50일 동안 통원하였는데, 이후 영구장해로 감정되었다. 한편 A는 좌측 상악 제1대구치・제2대구치, 좌측 하악 제1대구치 등 3개 치아파절에 대하여 임플란트 시술을 받았다.

〈보험금 계산 기초〉

치료비(치과치료 제외)	4,600,000원	임플란트 시술비(1치당)	1,000,000원
노동능력상실률	30%	휴업손해 인정액	3,500,000원
일용근로자 임금	100,000원	월평균 현실소득액	3,000,000원
후유장애 위자료(30%)	2,000,000원	상해등급 위자료(5급)	750,000원

※ 치료비는 이미 보험회사가 치료병원에 지급하였음(임플란트 시술비는 A가 부담하였음).

※ 노동능력상실일로부터 20개월 후 보험금을 지급하게 된 바, 보험금 지급일로부터 취업가능연한까지의 월수에 해당하는 호프만계수는 130임.

모범답안

설문에서 보행자 A는 교통사고 피해자로서 「자배법」상 타인에 해당하며, 면책사유가 존재하지 않으므로 당해 보험회사는 대인배상Ⅰ, Ⅱ에서 보상책임을 진다.

1. 부상보험금

① 치료비 : 4,600,000원(치료병원에 지급)

② 치과치료비(임플란트 시술비) : 1,000,000원/개 × 3개 = 3,000,000원

③ 위자료 : 후유장애 위자료로 지급

※ 후유장애 위자료가 부상 위자료보다 더 많은 금액이다.

④ 휴업손해 인정액 : 3,500,000원

⑤ 간병비 : 100,000원/일 × 15일(5급 한도) = 1,500,000원

⑥ 그 밖의 손해배상금 : 8,000원/일 × 50일(통원기간) = 400,000원

⑦ 합계 : 13,000,000원 × 50%(과실) = **6,500,000원**

2. 후유장애보험금

① 위자료 : 2,000,000원

※ 후유장애 상실수익액을 지급하는 경우에는 후유장애 위자료를 지급한다. 다만, 부상 위자료 해당액이 더 많은 경우에는 그 금액을 후유장애 위자료로 지급한다.

② 상실수익액

월평균 현실소득액 × 노동능력상실률 × (노동능력상실일부터 보험금 지급일까지의 월수 + 보험금 지급일부터 취업가능연한까지의 월수에 해당하는 호프만계수)

= 3,000,000원 × 30% × (20 + 130) = 135,000,000원

③ 합계 : 137,000,000원 × 50%(과실) = **68,500,000원**

3. A에게 지급할 보험금

6,500,000원 + 68,500,000원 = 75,000,000원

그런데 이미 보험회사가 치료병원에 치료비로 4,600,000원을 지급하였으므로 A에게는 75,000,000원 − 4,600,000원 = **70,400,000원**을 지급한다.

17 다음 자동차사고의 사례를 검토하고 물음에 답하시오. (30점)

〈사고발생 경위〉

자동차보험 '대인배상'의 기명피보험자 A의 직원인 B가 A의 업무지시를 받고, 피보험자동차를 면허정지 상태에서 음주운전 하던 중 신호위반으로, 횡단보도를 보행 중인 C를 충격한 사고가 발생하였다. B의 범죄행위로 판명된 이 사고로 B는 현장에서 사망하였으며, C는 치료 중 사망하였다. A는 B의 면허정지 상태에 대해서는 알지 못하였으며, B의 음주운전 행위에 대해서는 직접적인 말이나 행동이 아니라, 간접적으로 승인 및 방조한 것으로 확인되었다.

〈보험계약사항 및 손해상황〉

① A를 사업주로 하여 산업재해보상보험 및 A를 기명피보험자로 하는 업무용 자동차보험 '대인배상Ⅰ', '대인배상Ⅱ'(무한), '자기신체사고'(사망보험가입금액 1억원)에 가입되어 있음.

② B의 손해는 다음과 같으며, 제시되지 않은 사항 이외에 약관상 추가적인 비용이나 공제액은 없음.
- '자기신체사고' 지급보험금의 계산 규정에 따른 실제손해액 3억원
- '대인배상'에서 손해의 방지와 경감을 위하여 B측이 지출한 비용 인정액 300만원
- 「산업재해보상보험법」상 업무상 재해로 인정될 경우 B의 산업재해보상보험금 산정 예상액 2억원

③ C의 손해와 관련된 사항은 다음과 같음.
- 보험금 지급기준상 치료비를 포함한 부상보험금 산정액 3,000만원
- 보험금 지급기준상 사망보험금 산정액 3억원
- C는 이 사고로 「공무원연금법」상의 유족보상금 1억5,000만원을 지급받음.
- 단, C의 재산상속인은 A로부터 손해배상금의 일부라는 뜻을 명확히 하며 5,000만원을 지급받고 원만히 형사합의 후, A로부터 자동차보험금청구권에 대해 채권양도를 받았고, 보험회사에 채권양도 통지가 완료된 상태임.

(1) 현행 자동차보험 '대인배상'에 있어 사고부담금의 의의와 이에 관한 약관규정을 설명하시오. (10점)

(2) 위 사례의 사고부담금을 산출하고 납부의무자를 설명하시오. (10점)

(3) 위 사례에서 자동차보험회사의 B와 C에 대한 지급보험금을 산출하고, 그 근거를 설명하시오. (10점)

모범답안

1. 현행 자동차보험 '대인배상'에 있어 사고부담금의 의의와 이에 관한 약관규정

(1) 사고부담금의 의의

보험회사가 피보험자 본인 또는 기명피보험자의 명시적 · 묵시적 승인하에서의 음주 · 무면허 운전 중 사고로 대인배상에서 보험금을 지급하는 경우, 피보험자에게 손해배상금의 일부를 부담하게 하는 제도이다.

(2) 사고부담금에 관한 약관규정

피보험자 본인이 음주운전이나 무면허운전을 하는 동안에 생긴 사고 또는 사고발생시의 조치의무를 위반한 경우 또는 기명피보험자의 명시적 · 묵시적 승인하에서 피보험자동차의 운전자가 음주운전이나 무면허운전을 하는 동안에 생긴 사고 또는 사고발생시의 조치의무를 위반한 경우로 인하여 보험회사가 대인배상 Ⅰ, 대인배상 Ⅱ에서 보험금을 지급하는 경우, 피보험자는 다음에서 정하는 사고부담금을 보험회사에 납입하여야 한다.

① 대인배상Ⅰ : 1사고당 음주운전 1,000만원, 무면허운전 300만원, 사고발생시의 조치의무위반 300만원 **(※ 출제 당시 2021.7.1. 기준)**

※ **2020.10.21. 이전 계약일 경우** : 1사고당 음주운전 300만원

② 대인배상Ⅱ : 1사고당 1억원

(3) 사고부담금의 우선 지급

피보험자가 경제적인 사유 등으로 사고부담금을 미납하였을 때 보험회사는 피해자에게 사고부담금을 포함하여 손해배상금을 우선 지급하고 피보험자에게 사고부담금의 지급을 청구할 수 있다.

2. 사고부담금의 산출 및 납부의무자

(1) 사고부담금의 산출

음주운전 및 무면허운전으로 사고부담금이 중복될 경우 사고부담금이 높은 금액을 적용한다.

따라서 2020.10.22. 이후 계약일 경우 대인배상Ⅰ에서 음주운전 1,000만원, 대인배상Ⅱ에서 1억원을 부과한다.

(2) 납부의무자

무면허운전에 대해서 기명피보험자 A는 직원인 B가 면허정지 상태에 있다는 것을 알지 못하였으므로, 귀책사유가 없고 직원인 B가 사고부담금을 부담한다.

음주운전에 대해서는 기명피보험자 A가 간접적으로 승인 및 방조한 것으로 확인되었으므로, 기명피보험자 A와 직원인 B가 사고부담금을 부담한다.

따라서 최종적으로 기명피보험자 A와 직원인 B가 사고부담금을 부담한다.

3. 자동차보험회사의 B와 C에 대한 지급보험금의 산출 및 그 근거

(1) B에 대한 지급보험금

① 자기신체사고

사망보험가입금액 한도가 1억원이므로 자기신체사고의 지급보험금은 1억원이다.

② 산업재해보상보험금

「산업재해보상보험법」상 업무상 재해로 인정될 경우 B의 산업재해보상보험금 산정 예상액은 2억원이지만, 문제에서 B의 범죄행위로 판명되었기 때문에 면책된다.

※ 근로자의 고의・자해행위나 범죄행위 또는 그것이 원인이 되어 발생한 부상・질병・장해 또는 사망은 업무상의 재해로 보지 아니한다(산업재해보상보험법 제37조 제2항).

③ 비용손해

손해의 방지와 경감을 위하여 B측이 지출한 비용 300만원을 인정한다.

④ 지급보험금

① + ③ = 1억원 + 300만원 = **1억300만원**

(2) C에 대한 지급보험금

① 치료 중 사망

치료 중 사망한 경우이므로,

부상보험금 3,000만원 + 사망보험금 한도 1억5,000만원 = **1억8,000만원**을 보상한도로 한다.

② 유족보상금

C는 「공무원연금법」상의 유족보상금 1억5,000만원을 지급받았으므로, 지급보험금 산정시 손익상계하여 전액 공제한다.

※ 판례에 따르면 '상속 후 공제설'을 적용해야 하지만, 문제에서는 '공제 후 상속설'에 따라 유족보상금 1억5,000만원을 전액 공제하였다.

③ 형사합의금

형사합의금은 기본적으로 법률상 '손해배상의 일부'로 지급된 것으로 보아 피해자가 보험회사를 상대로 한 손해배상소송에서 형사합의금이 전액 공제되는 것이 일반적이다.

C의 재산상속인은 A로부터 형사합의금 5,000만원을 지급받고, A로부터 자동차보험금청구권에 대해 채권양도를 받았기 때문에 손해배상금에서 형사합의금을 손익상계하지 않는다.

④ 지급보험금

㉠ C의 재산상속인에게 지급될 보험금 : **1억8,000만원**

㉡ 공무원연금공단의 대위권행사로 지급될 보험금 : **1억5,000만원**

심화TIP 형사합의금 공제의 문제

형사합의금이 '재산상 손해의 일부'로 지급된 경우, '위로금 조'로 지급된 경우, '손해배상액과는 별도'로 지급된 경우 등으로 구분되는데, 합의의 내용에 따라 형사합의금 공제 여부가 달라지며, 이론 구성에도 차이가 발생한다.

대법원은 형사합의금이 특히 위자료 명목으로 지급된 것임이 명시된 특단의 사정이 없는 한 재산상 손해의 일부로 지급된 것으로 보는 입장이다(대법원 2001.2.23. 선고 2000다46894 판결).

재산상 손해의 일부로서 형사합의금을 지급한 경우라면 보험회사는 피해자가 이미 손해의 일부를 배상받은 것으로 보아 합의금으로 받은 금액의 공제를 주장할 수 있으며, 가해자는 공제된 부분을 보험금으로 청구할 수 있다. 형사합의금과 별도로 보험금 전액을 받고자 하는 피해자는 보험사의 공제 주장을 방지하고 손해배상액 전액을 보험금으로 받기 위하여 형사합의시 가해자가 보험금청구권을 피해자에게 양도하는 채권양도 계약을 체결하고, 가해자에게 보험회사에 양도 통지를 해 줄 것을 요구하게 된다.

그러나 '위로금 조' 또는 '손해배상액과는 별도'라는 등의 표현을 명시하는 경우, 형사합의금은 재산상 손해배상의 일부로 지급된 것으로 볼 수 없으므로 손해배상액에서 공제되지 않는다.

〈자료출처 : 대한변협신문(http://news.koreanbar.or.kr) / 목지향 교통사고 전문변호사〉

18 자동차보험 '대인배상'에서 피보험자 개별적용에 관하여 설명하시오. (20점)

모범답안

피보험자 개별적용

(1) 의 의

자동차보험에 있어서 동일 자동차사고로 인하여 피해자에 대하여 배상책임을 지는 피보험자가 복수로 존재하는 경우에는 그 피보험이익도 피보험자마다 개별로 독립하여 존재하는 것이니만큼 각각의 피보험자마다 손해배상책임의 발생요건이나 면책조항의 적용 여부 등을 개별적으로 가려서 보상책임의 유무를 결정하는 것이 원칙이다.

(2) 취 지

피보험자가 복수일 경우 피보험자의 피보험이익 또한 개별적으로 존재하기 때문에 귀책사유가 없는 피보험자의 피보험이익을 보호하기 위함이다.

자동차보험약관에 정한 보험자 면책조항의 적용 여부를 판단함에 있어서는 특별한 사정이 없는 한 그 약관에 피보험자 개별적용조항을 별도로 규정하고 있지 않더라도 각 피보험자별로 보험자 면책조항의 적용 여부를 가려 그 면책 여부를 결정하여야 한다(대법원 1998.4.23. 선고 97다19403 전원합의체 판결).

(3) 약관상 제외조항

① 보험계약자 또는 기명피보험자의 고의로 인한 손해

② 영리를 목적으로 요금이나 대가를 받고 피보험자동차를 반복적으로 사용하거나 빌려 준 때에 생긴 손해

③ 피보험자동차를 시험용, 경기용 또는 경기를 위해 연습용으로 사용하던 중 생긴 손해

(4) 구상권

판례는 피보험자에게 구상금을 청구할 수 없다고 하고 있으나, 자동차보험 대인배상Ⅱ에서는 피보험자의 개별적용에 따른 구상권은 고의가 있는 피보험자에게 적용한다.

즉 자동차보험 대인배상Ⅱ에서는 보험계약자나 피보험자의 고의로 인한 사고의 경우 면책사항이다. 그러나, 기명피보험자 이외의 다른 피보험자의 고의로 인한 사고에 대하여는 피보험자 개별적용에 따라 고의 아닌 피보험자가 입은 손해배상책임은 우선 보상하고, 자동차보험회사는 손해배상액을 지급한 날부터 3년 이내에 고의로 사고를 일으킨 피보험자에게 구상금을 청구한다.

19 손해배상제도에 있어서 위자료에 대하여 설명하고, 현행 자동차보험약관상 위자료 지급기준에 관하여 기술하시오. (20점)

모범답안

1. 손해배상 위자료

(1) 의 의

정신상의 고통을 금전으로 위자하기 위하여 지급되는 금원을 말하며, 태아에게도 위자료청구권을 인정한다.

(2) 위자료 청구권자의 범위

「민법」상 상속규정에 따른다. 「민법」 제752조에 "타인의 생명을 침해한 자는 피해자의 직계존속・직계비속 및 배우자에 대하여 재산상의 손해가 없는 경우에도 손해배상책임이 있다"고 규정하고 있다.

판례는 이 규정을 예시적 규정으로 보고, 다만, 동조에 규정되어 있는 자는 정신적 고통을 입증할 필요가 없이 동조에 의해 당연히 위자료를 청구할 수 있는데 대하여 그 이외의 자는 「민법」 제750조・제751조에 의해 손해의 발생을 입증하여 그 배상을 청구할 수 있다고 새기는 것이 타당하다고 한다. 또한 생명침해에 의한 위자료청구권의 상속문제에 있어서, 상속인은 당연히 그 위자료청구권을 상속한다고 해석하는 것이 판례의 입장이다.

2. 자동차보험약관상 위자료 지급기준

각 보장종목별 보험가입금액 한도 내에서 지급한다.

(1) 사망 위자료

① 사망 당시 피해자의 나이가 65세 미만인 경우 : 8,000만원

② 사망 당시 피해자의 나이가 65세 이상인 경우 : 5,000만원

(2) 부상 위자료

책임보험 상해구분에 따라 1급 200만원~14급 15만원까지 급별로 인정한다.

(단위 : 만원)

급 별	인정액	급 별	인정액	급 별	인정액	급 별	인정액
1	200	5	75	9	25	13	15
2	176	6	50	10	20	14	15
3	152	7	40	11	20		
4	128	8	30	12	15		

(3) 후유장애 위자료

노동능력상실률에 따라 산정한 금액을 피해자 본인에게 지급한다.

① 노동능력상실률이 50% 이상인 경우

㉠ 후유장애 판정 당시* 피해자의 나이가 65세 미만인 경우 :
45,000,000원 × 노동능력상실률 × 85%

* 후유장애 판정에 대한 다툼이 있을 경우 최초 후유장애 판정 시점의 피해자 연령을 기준으로 후유장애 위자료를 산정한다.

㉡ 후유장애 판정 당시 피해자의 나이가 65세 이상인 경우 :
40,000,000원 × 노동능력상실률 × 85%

㉢ 피해자가 약관에 따른 가정간호비 지급대상인 경우

- 후유장애 판정 당시 피해자의 나이가 65세 미만인 경우 :
80,000,000원 × 노동능력상실률 × 85%
- 후유장애 판정 당시 피해자의 나이가 65세 이상인 경우 :
50,000,000원 × 노동능력상실률 × 85%

② 노동능력상실률이 50% 미만인 경우

노동능력상실률에 따라 50만원~400만원까지 인정한다.

(단위 : %, 만원)

노동능력상실률	인정액
45% 이상 50% 미만	400
35% 이상 45% 미만	240
27% 이상 35% 미만	200
20% 이상 27%미만	160
14% 이상 20% 미만	120
9% 이상 14% 미만	100
5% 이상 9% 미만	80
0 초과 5% 미만	50

※ 후유장애 상실수익액을 지급하는 경우에는 후유장애 위자료를 지급한다. 다만, 부상 위자료 해당액이 더 많은 경우에는 그 금액을 후유장애 위자료로 지급한다.

20 「자동차손해배상보장법」상 '자동차사고 피해지원사업'에 관하여 설명하시오. (15점)

모범답안

자동차사고 피해지원사업

(1) 정부의 자동차손해배상 보장사업

① 의 의

자동차의 운행으로 인한 사고의 피해자가 의무보험에 의하여 보상을 받을 수 없는 경우 정부가 최저한의 보상을 해주는 제도를 말한다. 정부는 보험회사 등의 청구에 따라 보상을 실시한다.

② 요 건

정부는 다음의 어느 하나에 해당하는 경우에는 피해자의 청구에 따라 책임보험의 보험금 한도에서 그가 입은 피해를 보상한다. 다만, 정부는 피해자가 청구하지 아니한 경우에도 직권으로 조사하여 책임보험의 보험금 한도에서 그가 입은 피해를 보상할 수 있다.

㉠ 자동차보유자를 알 수 없는 자동차의 운행으로 사망하거나 부상한 경우

㉡ 보험가입자 등이 아닌 자가 자동차손해배상책임(자동차손해배상보험법 제3조)에 따라 손해배상의 책임을 지게 되는 경우. 다만, 도로가 아닌 장소에서만 자동차의 운행으로 인한 경우는 제외한다.

㉢ 자동차보유자를 알 수 없는 자동차의 운행 중 해당 자동차로부터 낙하된 물체로 인하여 사망하거나 부상한 경우

③ 피해자 지원

정부는 자동차의 운행으로 인한 사망자나 대통령령으로 정하는 중증 후유장애인의 유자녀(幼子女) 및 피부양가족이 경제적으로 어려워 생계가 곤란하거나 학업을 중단하여야 하는 문제 등을 해결하고 중증 후유장애인이 재활할 수 있도록 지원할 수 있다.

④ 지급보상금 산정

㉠ 대인배상 I 의 보험금 한도 내에서 입은 손해를 보상한다.

㉡ 과실상계 후 금액이 대인배상 I 의 보상한도보다 낮으면 낮은 금액이 보상금이 된다. 다만, 사망의 경우 최저보험금에 미달하면 최저보험금 2,000만원을 지급한다.

⑤ 대위권

피해자의 손해배상청구권에 대하여 대위가 가능하다.

⑥ 소멸시효

보상청구권의 소멸시효는 3년이다.

(2) 자동차사고 피해예방사업

국토교통부장관은 자동차사고로 인한 피해 등을 예방하기 위하여 다음의 사업을 수행할 수 있다.

① 자동차사고 피해예방을 위한 교육 및 홍보 또는 이와 관련한 시설 및 장비의 지원

② 자동차사고 피해예방을 위한 기기 및 장비 등의 개발·보급

③ 그 밖에 자동차사고 피해예방을 위한 연구·개발 등 대통령령으로 정하는 사항

(3) 후유장애인 등의 재활 지원

국토교통부장관은 자동차사고 부상자나 부상으로 인한 후유장애인의 재활을 지원하기 위한 의료재활시설 및 직업재활시설(이하 "재활시설"이라 한다)을 설치하여 그 재활에 필요한 다음의 사업(이하 "재활사업"이라 한다)을 수행할 수 있다.

① 의료재활사업 및 그에 딸린 사업으로서 대통령령으로 정하는 사업

② 직업재활사업(직업재활상담을 포함한다) 및 그에 딸린 사업으로서 대통령령으로 정하는 사업

21 자동차보험에 있어서 '제3자에 대한 보험대위'에 관하여 설명하시오. (15점)

모범답안

제3자에 대한 보험대위(= 청구권대위)

(1) 의 의

손해가 제3자의 행위로 인하여 발생한 경우에 보험금을 지급한 보험자는 그 지급한 금액의 한도에서 그 제3자에 대한 보험계약자 또는 피보험자의 권리를 취득한다. 다만, 보험자가 보상할 보험금의 일부를 지급한 경우에는 피보험자의 권리를 침해하지 아니하는 범위에서 그 권리를 행사할 수 있다.

(2) 인정근거

피보험자의 이중이득방지와 보험사고발생에 예방적 효과에 근거를 두고 있다.

(3) 법적 성질

보험자대위는 당사자의 의사표시에 따른 양도행위의 효과가 아니라 법률상 인정한 당연한 효과로서, 대위의 요건이 충족되면 당사자의 의사표시와 상관없이 당연히 권리가 보험자에게 이전된다.

(4) 적용 제외

① 자기신체사고

자기신체사고의 경우 제3자에 대한 보험대위를 행사할 수 없다.

② 가족의 경우

보험계약자나 피보험자의 권리가 그와 생계를 같이 하는 가족에 대한 것인 경우 보험자는 그 권리를 취득하지 못한다. 다만, 손해가 그 가족의 고의로 인하여 발생한 경우에는 그러하지 아니하다.

(5) 요 건

① 제3자에 의한 보험사고와 손해발생

보험사고로 인한 피보험자의 손해가 제3자의 행위로 말미암은 것이어야 한다.

② 보험자의 보험금 지급

보험자가 피보험자에게 보험금을 지급하여야 한다. 따라서 보험금을 일부 지급하여도 그 지급한 범위 안에서 대위권을 행사할 수 있는 것이 목적물대위와 다르다.

③ 제3자에 대한 피보험자의 권리의 존재

청구권대위는 보험자가 보험금을 지급하면 당연히 발생하지만 피보험자의 권리에서 나오므로, 제3자의 행위에 의하여 보험사고가 발생하여 피보험자가 제3자에게 손해배상청구권을 가지고 있어야 한다.

(6) 효 과

① 피보험자 권리의 이전

제3자의 행위로 인하여 보험사고의 발생시에 보험금액을 지급한 보험자는 그 지급한 금액의 한도에서 그 제3자에 대한 보험계약자 또는 피보험자의 권리를 취득한다(상법 제682조).

② 권리행사의 범위

보험자대위권의 범위는 지급한 보험금액의 한도 내에서 피보험자 또는 보험계약자가 제3자에 대하여 가지는 권리로 지급한 보험금액을 초과할 수 없다.

③ 피보험자의 협조의무

피보험자는 제3자에 대한 권리내용, 보전방법을 잘 알고 있는 위치에 있으므로 보험금을 지급받은 후 보험자가 권리를 행사할 수 있도록 협조할 의무가 있다.

④ 피보험자에 의한 권리처분

보험자의 보험금 지급에 의하여 보험자대위의 효과가 발생하면 보험계약자, 피보험자는 보험금을 지급받은 한도 내에서 그 권리를 잃게 되므로 제3자에 대한 권리를 행사하거나 처분할 수 없고 보험자만이 그 권한을 갖는다.

(7) 대위권행사의 제한

① 보험금의 일부를 지급한 경우

보험자가 보상할 보험금액의 일부를 지급한 때에는 피보험자의 권리를 해하지 않는 범위 내에서만 그 권리를 행사할 수 있다(상법 제681조 단서).

② 일부보험의 경우

우리 「상법」 제681조 단서에 아무 규정이 없으므로 이전하는 권리가 보험금 지급액의 상당액에 대한 청구권이라는 절대설, 비례부담(안분)의 원칙에 따른 금액에 대한 청구권이라는 상대설, 피보험자의 손해액을 충당하고 나머지 남은 손해배상액에 대한 차액이라는 차액원칙설이 있다. 차액설이 통설이다.

22 다음과 같은 사실관계를 기초로 각 물음에 답하시오. (20점)

〈대리운전 의뢰〉

A는 퇴근 후 회사 동료들과 함께 회식을 마치고 귀가하기 위하여 대리운전업체인 B에게 대리운전을 의뢰하였다.

〈자동차사고발생 및 손해상황〉

차량의 소유자인 A로부터 자동차 열쇠를 건네받은 B 대리운전업체 소속 대리운전기사 C가 그 자동차를 운행하던 중 운전부주의로 보행자인 D를 충격하는 사고를 야기함으로써 D와 동승자 A가 상해를 입었다.

(1) A, B, C의 D에 대한 손해배상책임에 대하여 논하시오. (15점)

(2) A에 대한 B의 손해배상책임에 대하여 설명하시오. (5점)

모범답안

1. A, B, C의 D에 대한 손해배상책임

(1) A의 D에 대한 손해배상책임

「자동차손해배상보장법」 제3조에는 "자기를 위하여 자동차를 운행하는 자는 그 운행으로 다른 사람을 사망하게 하거나 부상하게 한 경우에는 그 손해를 배상할 책임을 진다"라고 규정되어 있다. 「자동차손해배상보장법」 제3조에 따라 손해배상책임의 주체는 "자기를 위하여 자동차를 운행하는 자", 즉 운행자이다. 따라서 차량의 소유자인 A는 대리운전을 의뢰하고 동승하였기 때문에 D에 대한 '운행자책임'을 부담한다.

(2) B의 D에 대한 손해배상책임

① 운행자책임(자동차손해배상보장법 제3조)

대리운전업체인 B는 차량의 소유자인 A로부터 대리운전 위탁을 받았으므로 운행이익(자동차의 운행으로부터 나오는 이익)을 얻고, 소속 대리운전기사 C를 통해 운행지배(자동차의 사용에 있어 사실상 처분권을 가지는 자)를 하고 있으므로 D에 대한 '운행자책임'을 부담한다.

② 사용자책임(민법 제756조)

대리운전업체인 B는 소속 대리운전기사 C의 사용자로 보는 것이 판례의 입장이다. 따라서 「민법」 제756조상의 '사용자책임'을 부담한다.

판례 **사용자와 피용자 관계**

「민법」 제756조의 사용자와 피용자의 관계는 반드시 유효한 고용관계가 있는 경우에 한하는 것이 아니고, 사실상 어떤 사람이 다른 사람을 위하여 그 지휘·감독 아래 그 의사에 따라 사업을 집행하는 관계에 있을 때에도 그 두 사람 사이에 사용자, 피용자의 관계가 있다고 할 수 있다(대법원 2010.10.28. 선고 2010다48387 판결).

(3) C의 D에 대한 손해배상책임

① 운행자책임(자동차손해배상보장법 제3조)

대리운전기사 C는 「자동차손해배상보장법」상 운행자에 해당하지 않기 때문에 D에 대한 '운행자책임'을 부담하지 않는다. 즉 대리운전의 경우 대리운전기사 C가 낸 사고의 경우 차량의 소유주 A가 자동차의 '운행자'에 해당하므로 제3자인 보행자 D가 입은 손해배상책임은 일차적으로 차량의 소유주인 A가 지게 된다.

② 일반불법행위자책임(민법 제750조)

대리운전기사 C는 과실(운전부주의)로 보행자인 D를 충격하는 사고를 야기하였으므로 「민법」 제750조상의 일반불법행위책임을 부담한다.

※ 「**민법**」 **제750조** : 고의 또는 과실로 인한 위법행위로 타인에게 손해를 가한 자는 그 손해를 배상할 책임이 있다.

2. A에 대한 B의 손해배상책임

(1) 운행자책임(자동차손해배상보장법 제3조)

차량의 소유자인 A와 대리운전업체인 B는 대외적으로 일반보행자 D에 대하여 연대하여 공동운행자로서 책임주체가 되지만, 공동운행자 가운데 1인이 피해자로 된 경우에 다른 공동운행자와의 관계에서는 그 피해를 입은 공동운행자는 형식적으로 '타인'이 될 수 없겠지만 구체적으로 운행의 태양에 따라서는 '타인'으로 보호할 여지가 있다. 즉 차량의 소유자인 A는 대리운전 의뢰자로서 대리운전업체 또는 대리운전기사와의 관계에서 「자배법」상 '타인'에 해당된다고 보는 것이 판례의 입장이다. 따라서 대리운전업체 B는 차량의 소유자 A에 대한 '운행자책임'을 부담한다.

판례 **대법원 2000.10.6. 선고 2000다32840 판결**

「자동차손해배상보장법」 제3조에서 말하는 '다른 사람'이란 '자기를 위하여 자동차를 운행하는 자 및 당해 자동차의 운전자를 제외한 그 이외의 자'를 지칭하는 것이므로, 동일한 자동차에 대하여 복수로 존재하는 운행자 중 1인이 당해 자동차의 사고로 피해를 입은 경우에도 사고를 당한 그 운행자는 다른 운행자에 대하여 자신이 법 제3조 소정의 타인임을 주장할 수 없는 것이 원칙이고, 다만 사고를 당한 운행자의 운행지배 및 운행이익에 비하여 상대방의 그것이 보다 주도적이거나 직접적이고 구체적으로 나타나 있어 상대방이 용이하게 사고의 발생을 방지할 수 있었다고 보여지는 경우에 한하여 비로소 자신이 타인임을 주장할 수 있을 뿐이다.

(2) 사용자책임(민법 제756조)

대리운전업체인 B는 소속 대리운전기사 C의 사용자로 보는 것이 판례의 입장이기 때문에 차량의 소유자 A에 대한 「민법」 제756조상의 사용자책임을 부담한다.

23 자동차보험 사고부담금 제도와 관련하여 다음 물음에 답하시오. (20점)

〈사고개요〉

A가 자신의 승용차를 음주(혈중 알코올농도 0.07%) 운전하다가 인도를 걷고 있던 보행인 B, C를 충격하여 두 사람 모두 치료 중 사망하였다.

〈자동차보험 계약사항〉

- 대인배상Ⅰ(사망 1억5천만원, 부상 3천만원, 후유장애 1억5천만원)
- 대인배상Ⅱ(무한)

〈손해상황〉

구 분	치료 관계비	휴업 손해액	간병비	장례비	사망 위자료	상실 수익액	합 계
B	500만원	200만원	300만원	500만원	8,000만원	50,000만원	59,500만원
C	3,000만원	1,400만원	600만원	500만원	8,000만원	40,000만원	53,500만원

(1) 최근 신설 또는 개정된 사고부담금에 대하여 설명하시오. (10점)

(2) 위 사례에서 2021년 12월 27일 개정된 약관(2022년 7월 28일 이후 책임개시 계약) 규정과 그 직전 약관 규정에 따라 구분하여, A가 부담할 사고부담금을 각각 계산하시오. (10점)

모범답안

1. 사고부담금(2021년 12월 27일 개정된 약관)

(1) 자동차보험약관상 규정

피보험자 본인이 음주운전이나 무면허운전 또는 마약·약물운전을 하는 동안에 생긴 사고 또는 사고발생시의 조치의무를 위반한 경우 또는 기명피보험자의 명시적·묵시적 승인하에서 피보험자동차의 운전자가 음주운전이나 무면허운전 또는 마약·약물운전을 하는 동안에 생긴 사고 또는 사고발생시의 조치의무를 위반한 경우로 인하여 보험회사가 「대인배상I」, 「대인배상Ⅱ」 또는 「대물배상」에서 보험금을 지급하는 경우, 피보험자는 다음에서 정하는 사고부담금을 보험회사에 납입하여야 한다. 다만, 마약·약물운전은 「대인배상Ⅱ」 및 「자동차손해배상보장법」 제5조 제2항의 규정에 따라 자동차보유자가 의무적으로 가입하여야 하는 「대물배상」 보험가입금액 초과 손해에 대해서만 적용한다.

① 「대인배상Ⅰ」 : 「대인배상Ⅰ」 한도 내 지급보험금

② 「대인배상Ⅱ」 : 1사고당 1억원

③ 「대물배상」

㉠ 「자동차손해배상보장법」 제5조 제2항의 규정에 따라 자동차보유자가 의무적으로 가입하여야 하는 「대물배상」 보험가입금액 이하 손해 : 지급보험금

㉡ 「자동차손해배상보장법」 제5조 제2항의 규정에 따라 자동차보유자가 의무적으로 가입하여야 하는 「대물배상」 보험가입금액 초과 손해 : 1사고당 5,000만원

(2) 사고부담금의 납입의무 및 보험회사의 구상권

피보험자는 지체 없이 음주운전, 무면허운전, 마약·약물운전 또는 사고발생시의 조치의무위반 사고부담금을 보험회사에 납입하여야 한다. 다만, 피보험자가 경제적인 사유 등으로 이 사고부담금을 미납하였을 때 보험회사는 피해자에게 이 사고부담금을 포함하여 손해배상금을 우선 지급하고 피보험자에게 이 사고부담금의 지급을 청구할 수 있다.

2. A가 부담할 사고부담금

(1) 2021년 12월 27일 개정된 약관(2022년 7월 28일 이후 책임개시 계약) 규정

① 「대인배상Ⅰ」

㉠ 보행인 B의 지급보험금 = 사망 1억5천만원 + 부상 3천만원 = 1억8천만원

㉡ 보행인 C의 지급보험금 = 사망 1억5천만원 + 부상 3천만원 = 1억8천만원

※ 보행인 B, C는 모두 치료 중 사망하였으므로 1억8천만원을 인정한다.

㉢ 사고부담금 합계액

「대인배상Ⅰ」 한도 내 지급보험금 전액을 부담하므로,

㉠ + ㉡ = 1억8천만원 + 1억8천만원 = 3억6천만원

② 「대인배상Ⅱ」

1사고당 1억원을 부담한다.

③ 사고부담금 합계액

① + ② = 3억6천만원 + 1억원 = 4억6천만원

(2) 2021년 12월 27일 이전 약관 규정

① 「대인배상Ⅰ」

음주운전의 경우 1사고당 1,000만원을 부담한다.

② 「대인배상Ⅱ」

1사고당 1억원을 부담한다.

③ 사고부담금 합계액

① + ② = 1천만원 + 1억원 = 1억1천만원

24

타인이 자동차보험에 가입된 자신 소유의 차량을 운전하던 중 사고를 일으켜 A가 사망하였다. 망인(A)의 유족으로는 망인(A)의 외할머니, 배우자(태아를 임신 중임) 및 친동생 1명이 있다. 이 경우 A의 상속인 및 태아의 상속권에 대하여 설명하시오. (15점)

모범답안

A의 상속인 및 태아의 상속권

(1) 「민법」상 규정

태아의 상속권에 관하여 「민법」 제1000조 제3항에는 “태아는 상속순위에 관하여는 이미 출생한 것으로 본다”라고 규정하고 있다. 따라서 원칙적으로 태아에게는 태아인 상태에서 상속권이 인정되며, 상속의 순위에 따라 태아는 직계비속으로 상속 1순위가 된다.

※ **상속의 순위(민법 제1000조 제1항)**

1. 피상속인의 직계비속
2. 피상속인의 직계존속
3. 피상속인의 형제자매
4. 피상속인의 4촌 이내의 방계혈족

(2) 정지조건설(인격소급설)

태아가 출생한 것으로 보는 것은 정지조건설이며, 판례의 입장이다. 즉 태아인 동안에는 권리능력을 취득하는 일은 없으나, 살아서 출생할 때에 그 권리능력을 당해 사실 있는 시점까지 소급하여 발생한다는 견해이다.

① 태아가 사산되거나 출생 전에는 태아의 상속권이 인정되지 않으므로, 배우자와 직계존속인 외할머니가 공동상속인이 된다.

② 태아가 출생되면 상속개시 시점으로 소급하여 태아의 상속권이 생기므로, 외할머니 대신에 직계비속인 태아가 상속인이 된다. 이미 외할머니에게 상속분이 지급된 경우에 배우자와 태아는 외할머니에게 그 반환을 청구할 수 있다.

※ 배우자의 상속분은 직계존속인 외할머니와 공동으로 상속하는 때에는 직계존속의 상속분에 5할(50%)을 가산하므로(민법 제1009조 제2항), 배우자와 외할머니의 상속지분은 1.5 : 1이다.

(3) 해제조건설(제한적 인격설)

태아는 제한된 권리능력을 가지지만, 나중에 사산한 경우에는 그 때에 소급하여 권리능력을 상실한다는 견해이다. 태아인 동안에도 권리능력이 인정되므로 법정대리인도 당연히 허용된다고 보는 학설이다(통설).

① 출생 전에 태아의 상속권이 인정되므로, 배우자와 직계비속인 태아가 공동상속인이 된다. 태아가 출생되면 당연히 상속권이 확정된다.

※ 배우자의 상속분은 직계비속인 태아와 공동으로 상속하는 때에는 직계비속의 상속분에 5할(50%)을 가산하므로(민법 제1009조 제2항), 배우자와 태아의 상속지분은 1.5 : 1이다.

② 태아가 사산되면 상속개시 시점으로 소급하여 상속권이 소멸되므로, 태아 대신에 직계존속인 외할머니가 상속인이 된다. 이미 태아에게 상속분이 지급된 경우에 외할머니는 배우자와 태아에게 그 반환을 청구할 수 있다.

25

자동차보험 대인배상 사고로, 2개월 뒤 군입대 예정자(사고 당시 18세 학생)가 현장 사망한 경우, 자동차보험약관상 "대인배상" 보험금 지급기준의 상실수익액 산정방법을 2022년 1월 1일 이전 책임개시 계약 사고와 2022년 1월 1일 이후 책임개시 계약 사고로 나누어 설명하시오. (15점)

모범답안

1. 2022년 1월 1일 이전 책임개시 계약 사고

(1) 산정방법

사망한 본인의 월평균 현실소득액(제세액공제)에서 본인의 생활비(월평균 현실소득액에 생활비율을 곱한 금액)를 공제한 금액에 취업가능월수에 해당하는 라이프니츠계수를 곱하여 산정한다. 다만, 현역병 등 군 복무 해당자의 잔여 또는 예정 복무기간에 대해서는 본인의 생활비를 공제하지 않는다.

(월평균 현실소득액 − 생활비) × (사망일부터 보험금 지급일까지의 월수 + 보험금 지급일부터 취업가능연한까지 월수에 해당하는 라이프니츠계수)

(2) 현역병 등 군 복무해당자

① 현역병 등 군 복무자(급여소득자는 제외) : 공무원보수규정에 따른 본인 소득(단, 「병역법」에 따른 잔여 복무기간에 대해서만 적용)

② 현역병 등 군 복무예정자 : 공무원 보수규정에 따른 현역병 육군기준 소득(단, 「병역법」에 따른 예정 복무기간에 대해서만 적용)

2. 2022년 1월 1일 이후 책임개시 계약 사고

(1) 산정방법

사망한 본인의 월평균 현실소득액(제세액공제)에서 본인의 생활비(월평균 현실소득액에 생활비율을 곱한 금액)를 공제한 금액에 취업가능월수에 해당하는 호프만계수를 곱하여 산정한다. 다만, 사망일부터 취업가능연한까지 월수에 해당하는 호프만계수의 총합은 240을 한도로 한다.

(월평균 현실소득액 − 생활비) × (사망일부터 보험금 지급일까지의 월수 + 보험금 지급일부터 취업가능연한까지 월수에 해당하는 호프만계수)

(2) 현역병 등 군 복무해당자(복무예정자 포함)

① 본인의 생활비를 공제한다.

② 상실수익액은 일용근로자 임금을 기준으로 산정한다.

26 현행 자동차보험 보통약관상 "대인배상"의 승낙피보험자에 관하여 설명하시오. (10점)

모범답안

승낙피보험자

(1) 정 의

기명피보험자의 승낙을 얻어 피보험자동차를 사용하거나 관리하고 있는 자를 말한다.

※ **기명피보험자** : 피보험자동차를 소유·사용·관리하는 자 중에서 보험계약자가 지정하여 보험증권의 기명피보험자란에 기재되어 있는 피보험자를 말한다.

(2) 승낙피보험자의 요건

① 기명피보험자의 직접적인 승낙을 얻어야 한다. 승낙피보험자나 다른 피보험자로부터 승낙을 얻은 경우에는 승낙피보험자에 해당하지 않는다.

② 피보험자동차를 사용하거나 관리 중이어야 한다.

판례 '사용 또는 관리'와 '승낙의 의미'

1. "피보험자동차를 사용 또는 관리한다"고 함은 반드시 현실적으로 피보험자동차를 사용 또는 관리하는 경우만을 의미하는 것이 아니고, 사회통념상 피보험자동차에 대한 지배가 있다고 볼 수 있는 경우도 포함하는 의미라 할 것이다(대법원 1997.8.29. 선고 97다12884 판결).
2. 기명피보험자의 승낙이라 함은 반드시 명시적이거나 개별적일 필요는 없고, 묵시적 또는 포괄적 승낙도 가능하지만 특별한 사정이 없는 한 피보험자의 직접적인 승낙임을 요하고, 승낙받은 자로부터 다시 승낙받은 자는 제11조 소정의 피보험자에 해당하지 않는다(대법원 1997.3.14. 선고 95다48728 판결).
3. "각 피보험자를 위하여 피보험자동차를 운전 중인 자(운행보조자를 포함함)"라 함은 통상 기명피보험자 등에 고용되어 피보험자동차를 운전하는 자를 의미하며, 한편 자동차종합보험보통약관에서 위와 같이 피보험자를 위하여 당해 피보험자동차를 운전하는 자까지 피보험자의 범위를 확대하여 규정하고 있는 취지와 위와 같은 운전자와 "기명피보험자의 승낙을 얻어 자동차를 사용 또는 관리 중인 자"를 별도의 항목에서 피보험자로 보고 있는 점 등에 비추어 본다면, 위와 같은 운전자의 경우에는 당해 운행에 있어서의 구체적이고 개별적인 승낙의 유무에 관계없이 위 약관상의 피보험자에 해당한다고 보아야 한다(대법원 2005.9.15. 선고 2005다10531 판결).

(3) 자동차보험 보통약관상 승낙피보험자의 범위

① 「대인배상Ⅰ」에서 피보험자

② 「대인배상Ⅱ」에서 피보험자. 다만, 자동차 취급업자가 업무상 위탁받은 피보험자동차를 사용하거나 관리하는 경우에는 피보험자로 보지 않는다.

27 현행 자동차보험 보통약관상 "대인배상", "무보험자동차에 의한 상해" 지급기준에서 후유장애보험금 중 가정간호비에 관하여 설명하시오. (10점)

모범답안

1. 가정간호비 인정대상

치료가 종결되어 더 이상의 치료효과를 기대할 수 없게 된 때에 1인 이상의 해당 전문의로부터 노동능력상실률 100%의 후유장애 판정을 받은 자로서 다음 요건에 해당하는 '식물인간상태의 환자 또는 척수손상으로 인한 사지완전마비 환자'로 생명유지에 필요한 일상생활의 처리동작에 있어 항상 다른 사람의 개호를 요하는 자가 대상이다.

(1) 식물인간상태의 환자

뇌손상으로 다음 항목에 모두 해당되는 상태에 있는 자를 말한다.

① 스스로는 이동이 불가능하다.
② 자력으로는 식사가 불가능하다.
③ 대소변을 가릴 수 없는 상태이다.
④ 안구는 겨우 물건을 쫓아가는 수가 있으나, 알아보지는 못한다.
⑤ 소리를 내도 뜻이 있는 말은 못한다.
⑥ '눈을 떠라', '손으로 물건을 쥐어라'하는 정도의 간단한 명령에는 가까스로 응할 수 있어도 그 이상의 의사소통은 불가능하다.

(2) 척수손상으로 인한 사지완전마비 환자

척수손상으로 인해 양팔과 양다리가 모두 마비된 환자로서 다음 항목에 모두 해당되는 자를 말한다.

① 생존에 필요한 일상생활의 동작(식사, 배설, 보행 등)을 자력으로 할 수 없다.
② 침대에서 몸을 일으켜 의자로 옮기거나 집안에서 걷기 등의 자력이동이 불가능하다.
③ 욕창을 방지하기 위해 수시로 체위를 변경시켜야 하는 등 다른 사람의 상시 개호를 필요로 한다.

2. 가정간호비 지급기준

가정간호 인원은 1일 1인 이내에 한하며, 가정간호비는 일용근로자 임금을 기준으로 보험금수령권자의 선택에 따라 일시금 또는 퇴원일부터 향후 생존기간에 한하여 매월 정기금으로 지급한다.

28

현행 자동차보험 보통약관상 '위법계약의 해지'에 대하여 설명하시오(보험회사의 설명의무위반이 있는 경우를 전제로 함). (10점)

모범답안

위법계약의 해지

(1) 보험계약자의 해지권

보험계약자는 「금융소비자 보호에 관한 법률」 제47조 및 관련 규정이 정하는 바에 따라 계약 체결에 대한 보험회사의 법위반 사항이 있는 경우 계약 체결일부터 5년 이내의 범위에서 보험계약자가 위반사항을 안 날부터 1년 이내에 계약해지요구서에 증빙서류를 첨부하여 위법계약의 해지를 요구할 수 있다. 다만, 「자동차손해배상보장법」에 따른 의무보험에 대해 해지 요구를 할 때에는 동종의 다른 의무보험에 가입되어 있는 경우에만 해지할 수 있다.

(2) 보험회사의 통지의무

보험회사는 해지요구를 받은 날부터 10일 이내에 수락 여부를 보험계약자에 통지하여야 하며, 거절할 때에는 거절 사유를 함께 통지하여야 한다.

(3) 보험회사가 해지 요구를 따르지 않는 경우

보험계약자는 보험회사가 정당한 사유 없이 위법계약의 해지 요구를 따르지 않는 경우 해당 계약을 해지할 수 있다.

(4) 계약 해지의 효과

계약이 해지된 경우 보험회사는 보험료를 계약자에게 지급한다.

(5) 법률상의 권리

보험계약자는 제척기간에도 불구하고 「민법」 등 관계법령에서 정하는 바에 따라 법률상의 권리를 행사할 수 있다.

29

다음 사례에서 손해사정사가 착안하여야 할 사항과 그 조사방법 및 보상처리시 유의할 점을 기술하시오. (25점)

〈사고발생경위〉
2023년 7월 1일 16시쯤 #1승용차(이하 '1차량'이라 함)와 #2승용차(이하 '2차량'이라 함)가 일반도로에서 동일방향으로 정상운행 중 1차량이 차로를 변경하면서 1차량의 우측부위로 2차량의 좌측부위를 충격하였다.

〈피해상황〉
피해자는 1차량의 조수석에 탑승하고 있던 병으로서(남, 당시 만 17세, 고교생), 경추염좌의 병명으로 한 달간 한방병원에서 안정가료를 요하는 외상을 입었다.

〈운전자〉
1차량의 운전자는 병의 누나 을(당시 23세, 대학생)로서 무면허운전 중이었으며, 2차량의 운전자인 정은 기명피보험자로서 적격운전자이긴 하나 사고 당시 입에서 술 냄새가 났다고 을은 주장하고 있다.

〈보험계약사항〉
1차량은 병의 모친 갑을 기명피보험자로 하여 A 보험회사의 자동차보험 대인배상 I (자동차손해배상책임보험)에 가입(2023년 5월 1일 책임개시, 보험기간 1년)된 상태이고, 2차량은 B 보험회사의 개인용자동차보험 전담보에 가입(2022년 9월 1일 책임개시, 보험기간 1년)되어 있다.

모범답안

1. 손해사정사가 착안하여야 할 사항

(1) 사고 차량의 과실관계

(2) 피해자 '병'의 경추염좌로 인한 진단서 제출 여부

(3) '을'의 무단운전 여부

(4) 사고부담금

(5) '병'에 대한 피해자측 과실 적용 여부

(6) '정'의 음주운전 여부

(7) 공동불법행위 구상 해당 여부

2. 조사방법 및 보상처리시 유의할 점

(1) 사고 차량의 과실관계

① 조사방법

㉠ '을'의 일방과실에 의한 사고인지, 양 차량의 쌍방과실사고인지를 조사한다. 쌍방과실사고인 경우에는 과실비율 관계에 대한 조사가 필요하다.

㉡ 1차량과 2차량이 동일방향으로 진행 중 1차량이 차로를 변경하다가 발생한 사고로서 과실을 결정하는 과실 가산요소 및 감산요소를 조사한다. 진로변경 신호불이행·지연 여부, 진로변경금지장소 여부, 현저한 과실 또는 중과실 여부 등을 조사한다.

㉢ 운전자, 피해자 확인서 징구, 사고현장 확인, 사고현장 CCTV, 사고차량 차량 블랙박스 등을 확인한다.

② 보상처리시 유의할 점

1차량 운전자 '을'이 무면허운전이나, 2차량 운전자 '정'이 술 냄새가 났다고 주장하므로 '정'이 음주운전이라면 과실비율 관계가 변동될 수 있다.

(2) 피해자 '병'의 경추염좌로 인한 추가 진단서 제출 여부

① 조사방법

㉠ 피해자 '병'은 한 달간 한방병원에서 안정가료를 요하는 외상을 입었으므로 부상 여부를 확인한다.

㉡ 경추염좌에 해당하므로 기왕증 여부, 꾀병 여부, 안전벨트 착용 여부 등을 조사한다. 안전벨트 미착용시 손해확대에 기여한 과실을 적용한다.

② 보상처리시 유의할 점

㉠ 피해자 '병'은 경추염좌 진단으로 「자배법」 상해급수 12급으로 경상환자에 해당되므로 개정된 약관(2023.1.1. 이후 사고부터)에 따르면 사고일로부터 4주간 치료가 가능하다. 하지만 4주를 초과하는 치료를 원할 경우 향후 치료기간에 대한 진단서를 보험회사에 제출해야 한다.

㉡ 경상환자가 상해를 입은 날로부터 4주 경과 후 「의료법」에 따른 진단서를 제출하지 않고 진료를 받으면 보험회사가 지급보증중지를 의료기관에 통보해 진료비 지급이 중단될 수 있다.

(3) '을'의 무단운전 여부

① 조사방법

㉠ 자녀 '을'의 무면허운전을 기명피보험자인 모친 '갑'이 명시적, 묵시적으로 승인했는지 여부를 확인한다.

㉡ 무단운전 여부는 '을'과 '병'뿐만 아니라 '갑'과의 면담을 통해 명확하게 확인한다.

㉢ '갑'의 운행자책임은 사고 당시 운행지배와 운행이익을 상실하였는지 여부로 판단한다. 차량과 열쇠의 보관상태, 무단운전이 가능하게 된 경우, 보유자와 운전자의 인적관계, 운전자의 차량반환의사 유무, 보유자의 사후승낙 가능성, 피해자의 주관적 인식 유무, 운행시간 및 장소적 근접성 등을 종합적으로 판단한다.

㉣ 무단운전으로 인한 사고가 있는 경우 종합적인 판단 결과 자동차보유자 '갑'에게 운행자책임이 인정되면 '갑'과 무단운전자 '을'은 부진정연대책임을 부담하게 된다.

② 보상처리시 유의할 점

㉠ 기명피보험자인 모친 '갑'이 자녀 '을'의 무면허운전을 인지하였을 경우 모친 '갑'도 연대하여 책임을 진다. A 보험회사의 대인배상Ⅰ에 가입되어 있으므로 전액 보상한다.

㉡ 만약 '을'과 '병'의 무단운전을 한 경우 피해자 '병'이 적극가담하고 종용한 경우라면 '갑'의 운행자책임은 발생하지 않으므로 대인배상Ⅰ의 책임이 발생하지 않을 수 있다.

(4) 사고부담금

① 조사방법

'을'은 무면허운전에 대한 사고부담금을 부담하게 되는데, '을'의 무면허운전에 대한 '갑'의 명시적, 묵시적 승인 여부에 따라 '갑'도 사고부담금을 부과할 수 있으므로 '을'의 차량 운전 경위와 무면허운전 경위에 대해 조사한다.

② 보상처리시 유의할 점

㉠ A 보험회사의 대인배상Ⅰ에 가입되어 있으므로 피해자인 '병'과 '정'에게 사고부담금을 전액 지급한다.

㉡ '을'의 일반적인 무면허운전일 경우 보험회사가 선지급 후 '을'에게 구상한다.

㉢ '갑'의 명시적, 묵시적 승인하에 무면허운전이 이루어졌다면 '갑'과 함께 연대책임으로 사고부담금을 부담하며, 보험회사가 피해자인 '병'과 '정'에게 선지급 후 '을'에게 구상한다.

(5) '병'에 대한 피해자측 과실 적용 여부

① 조사방법

㉠ 1차량의 기명피보험자인 모친 '갑'과 피해자 '병'은 모자 관계이므로 피해자측 과실 적용 여부를 조사하여야 한다. 다만, '병'과 '을'은 가족관계이므로 피해자측 과실을 적용할 수 있는지를 검토해야 한다. 판례는 특별한 사정이 없는 한 부모, 배우자, 자녀의 과실은 피해자 측의 과실로 참작해야 한다는 입장이다.

㉡ 가족관계증명서, 대법원 판례 등을 확인한다.

② 보상처리시 유의할 점

㉠ 피해자 '병'이 단순한 동승한 경우라면 동승경위에 따른 동승자 감액 여부만 검토한다.

㉡ 피해자 '병'과 무면허운전자 '을'의 가족관계인 모친 '갑'의 승낙 없이 무단으로 차량을 운전한 경우 피해자측 과실을 적용할 경우에는 손해의 공평부담이라는 견지에서 치료비과실상계를 검토해야 한다. 즉, 무면허운전자 '을'의 과실만큼 과실상계 후 '병'에게 보상한다.

판례 **피해자측 과실에 관한 판례**

- 오빠가 운전하는 오토바이 뒷좌석에 편승한 피해자에 대하여 오빠의 과실(대법원 1973.9.25. 선고 72다2082 판결)
- 조카가 운전하는 삼촌 소유의 차량에 피해자들인 그 삼촌과 숙모 및 그들의 자녀가 동승하여 설탕을 팔러 가다가 일어난 사고에서 조카의 과실(대법원 1987.2.10. 선고 86다카1759 판결)
- 아버지가 운전하는 차량에 아버지와 생계를 같이 하는 미성년의 아들이 동승하여 가다가 일어난 사고에 대하여 아버지의 과실(대법원 1989.4.11. 선고 87다카2933 판결)
- 출가한 누나가 남동생이 운전하는 차량에 동승하였다가 발생한 교통사고로 사망한 경우 남동생의 과실(대법원 1996.10.11. 선고 96다27384 판결)

(6) ‘정’의 음주운전 여부

① 조사방법

㉠ 1차량의 무단운전자 ‘을’이 사고 당시 2차량의 운전자 ‘정’에게서 술 냄새가 났다고 주장하므로 B 보험회사의 손해사정사는 ‘정’의 음주운전 여부를 확인해야 한다.

㉡ 경찰서에 신고된 상황이면 기록을 통해 음주 여부를 확인 할 수 있다.

㉢ 경찰서에 신고된 상황이 아니면 주변 목격자 및 주변 CCTV, 당사자의 진술서 등을 통해 음주 여부를 확인한다.

② 보상처리시 유의할 점

㉠ ‘정’의 음주운전에 해당할 경우 B 보험회사는 사고부담금을 청구한다.

㉡ 음주 사실은 확인되나 형사적인 음주운전으로 처벌되지 않는 경우에는 주취 미달로 인한 과실상계시 수정요소로 반영하고, 사고할증에 반영할 수 있다.

(7) 공동불법행위 구상 해당 여부

① 조사방법

쌍방과실사고인 경우 과실이 많은 보험회사의 선처리 후 공동불법행위에 대한 구상관계를 조사한다.

② 보상처리시 유의할 점

공동불법행위 피해자인 ‘병’에 대해서 종합보험(대인배상Ⅰ, Ⅱ)에 가입되어 있는 B 보험회사에서 선처리 후 공동불법행위 과실만큼 A 보험회사와 ‘갑’, ‘을’에게 구상권을 행사할 수 있다. ‘갑’과 ‘을’이 A 보험회사에 대인배상Ⅰ만 가입한 상태이므로 대인배상Ⅰ을 초과하는 손해에 대해서 개인구상을 위한 재산조사 및 채권확보를 위한 조사가 필요하다.

3. 보험회사의 보상책임

(1) A 보험회사의 보상책임

① 대인배상Ⅰ

㉠ 보상하는 손해

피보험자가 피보험자동차의 운행으로 인하여 다른 사람을 죽게 하거나 다치게 하여 「자배법」 제3조에 의한 손해배상책임을 짐으로써 입은 손해를 보상한다.

㉡ 피보험자 여부

'갑'은 기명피보험자로서 「자배법」상 운행자책임을 부담하며, '을'은 친족피보험자로서 「자배법」상 운행자책임과 직접 운전행위에 의한 「민법」상 불법행위책임을 '병'과 '정'에게 진다.

㉢ 보 상

- '병' : 1차량 탑승자 '병'에 대해 대인배상Ⅰ로 보상하며, 동승경위에 따른 동승자 감액을 적용할 수 있다.
- '정' : 2차량 운전자(타차운전자)로서 대인배상Ⅰ로 과실상계를 적용하여 보상한다.

② 사고부담금

'을'의 무면허운전에 따른 사고부담금을 대인배상Ⅰ한도 내에서 전액 부담한다. 모친 '갑'의 명시적, 묵시적 승인이 있는 경우 연대하여 사고부담금을 부담한다.

(2) B 보험회사의 보상책임

① 대인배상Ⅰ, Ⅱ

㉠ 보상하는 손해

피보험자가 피보험자동차를 소유・사용・관리하는 동안에 생긴 피보험자동차의 사고로 인하여 다른 사람을 죽게 하거나 다치게 하여 법률상 손해배상책임을 짐으로써 입은 손해(대인배상Ⅰ에서 보상하는 손해를 초과하는 손해에 한함)를 보상한다.

㉡ 피보험자 여부

2차량 운전자 '정'은 기명피보험자로서 「자배법」상 운행자책임 및 「민법」상 불법행위책임을 '을'과 '병'에게 진다.

㉢ 보 상

공동불법행위 피해자 '병'에 대하여 대인배상Ⅰ, Ⅱ로 선보상 후 A 보험회사와 '갑', '을'에게 구상한다. 피해자측 과실을 적용하는 경우에는 과실상계 후 보상한다.

② 사고부담금

2차량의 운전자 '정'이 음주운전으로 확인될 경우 사고부담금을 부담한다.

30 과실상계의 법리와 현행 자동차보험 제도상 과실상계의 운용에 관하여 설명하시오. (25점)

모범답안

1. 과실상계의 법리

(1) 과실상계의 의의

과실상계란 불법행위에 관하여 피해자에게 과실이 있는 경우에 가해자의 손해배상책임 및 그 금액을 결정함에 있어 피해자의 과실을 참작하는 것을 말한다(민법 제396조, 민법 제763조).

「민법」 제396조는 채무불이행에 관하여 채권자에게 과실이 있는 때에는 법원은 손해배상의 책임 및 그 금액을 정함에 있어 이를 참작하여야 한다고 규정하고, 「민법」 제763조는 불법행위로 인한 손해배상에 제396조를 준용하고 있다.

(2) 과실상계의 근거

가해자의 손해배상책임에 있어서 무과실책임 등 위험책임의 영역을 확대하는 한편, 손해배상책임의 범위에 있어서는 그 배상액의 범위를 제한하기 위한 것으로 손해의 공평분담이라는 견지에서 신의칙상 인정되는 제도이다. 즉 피해자의 과실을 정하는 이유는 기본적으로는 손해의 공평분담이라는 원칙에 근거하나, 실질적으로는 공동불법행위자 사이의 구상관계를 간편하고 합리적으로 해결할 수 있다는 점에 있다.

(3) 과실상계의 조건

① 피해자 측에 '과실'이 있어야 한다.

② 피해자 측의 과실과 손해의 발생 또는 확대 사이에 '상당인과관계'가 있어야 한다.

③ 피해자 측이 사고발생을 회피하는데 필요한 주의의무를 할 수 있는 '사리변별 능력'이 있어야 한다.

(4) 과실의 의미

과실상계에 있어서의 과실이란 불법행위의 성립요건으로서의 엄격한 의미의 과실, 즉 주의의무의 위반이 아니라 단순한 부주의를 의미한다. 피해자의 과실을 참작함에 있어서는 불법행위의 성립을 위하여 가해자에게 요구되는 것과 같은 정도의 책임능력은 요하지 않으며, 손해의 발생을 회피할 수 있을 정도의 사리변별능력이 요구된다. 따라서 피해자 본인에게 이러한 정도의 능력조차 없는 경우에는 보호의무자의 감독상의 과실을 검토하여 피해자의 과실로 참작한다.

(5) 과실의 유형

① 감독의무자의 과실(보호태만 과실)

피해자가 유아, 심신상실자 또는 심신박약자인 경우 이들의 감독의무자에게 감독상의 과실(보호태만)이 있으면, 이들의 손해배상금의 산정에 있어서 감독자의 감독상의 과실을 피해자의 과실로 참작한다.

② 가족관계(생계를 같이하는 가족)

피해자가 불법행위자와 부모, 배우자 및 자녀 관계에 있는 경우에는 특별한 사정이 없는 한 불법행위자의 과실을 피해자의 과실로 참작한다.

2. 자동차보험 제도상 과실상계의 운용

현행 자동차보험 표준약관〈별표 3〉에 과실상계 규정을 두고 있다.

(1) 과실상계의 방법

① 이 기준의 「대인배상Ⅰ」, 「대인배상Ⅱ」, 「대물배상」에 의하여 산출한 금액에 대하여 피해자 측의 과실비율에 따라 상계하며, 「무보험자동차에 의한 상해」의 경우에는 피보험자의 과실비율에 따라 상계한다.

② 「대인배상Ⅰ」에서 사망보험금은 위 ①에 의하여 상계한 후의 금액이 2,000만원에 미달하면 2,000만원을 보상하며, 부상보험금의 경우 위 ①에 의하여 상계한 후의 금액이 치료관계비와 간병비의 합산액에 미달하면 「대인배상Ⅰ」 한도 내에서 치료관계비(입원환자 식대를 포함)와 간병비를 보상한다.

③ 「대인배상Ⅱ」 또는 「무보험자동차에 의한 상해」에서 사망보험금, 부상보험금 및 후유장애보험금을 합산한 금액을 기준으로 위 ①에 의하여 상계한 후의 금액이 치료관계비와 간병비의 합산액에 미달하면 치료관계비(입원환자 식대를 포함하며, 「대인배상Ⅰ」에서 지급될 수 있는 금액을 공제)와 간병비를 보상한다. 다만, 차량운전자*가 「자동차손해배상보장법 시행령」〈별표 1〉에서 정한 상해급별 구분 중 12급 내지 14급의 상해를 입은 경우 위 ①에 의하여 상계하기 전의 치료관계비가 「대인배상Ⅰ」 한도를 초과할 경우 보험회사는 과실상계 없이 우선 보상한 후, 그 초과액에 대하여 피해자 측의 과실비율에 해당하는 금액을 청구할 수 있다.

* "차량운전자"에서 차량이라 함은 「자동차관리법」 제3조에 의한 자동차(이륜자동차 제외), 「군수품관리법」에 의한 차량, 「건설기계관리법」의 적용을 받는 건설기계를 말하며, 차량운전자에는 피해자 측 과실비율을 적용받는 자를 포함한다.

(2) 과실비율의 적용기준

과실비율은 손해보험협회에서 판례 등을 참고하여 작성한 자동차사고 과실비율 인정기준을 참고하여 산정하는데, 과실비율 인정기준에 사고유형이 없거나 과실의 적용이 곤란한 경우에는 손해보험협회의 과실분쟁심의위원회의 판단에 따라 과실비율을 정할 수도 있다. 또한 소송이 제기된 경우에는 법원의 확정판결에 의한 과실비율을 적용한다.

31 「자동차손해배상보장법」상 '다른 사람(타인)'에 관하여 설명하시오. (20점)

모범답안

1. 「자동차손해배상보장법」상 규정

(1) 개 념

「자배법」 제3조에서 말하는 '다른 사람'이란 '자기를 위하여 자동차를 운행하는 자 및 당해 자동차의 운전자를 제외한 그 이외의 자'를 지칭하므로, 자동차를 운전하거나 운전의 보조에 종사한 자는 「자배법」 제3조에 규정된 '다른 사람'에 해당하지 않는다. 즉 운행자 이외에도 운전자와 운전보조자의 타인성을 부정하고 있다.

(2) 타인성 검토가 필요한 이유

운행자 또는 운전자가 사상한 경우 타인이 아닌 이유로 보호 받지 못하는 경우 불합리한 결과를 초래할 수 있으므로 구체적인 사안마다 개별적으로 판단하여 타인성을 검토할 필요가 있다.

2. 타인성 문제

(1) 운전자의 타인성 문제

운전자는 다른 사람을 위하여 자동차를 운전하는 자를 말한다(자배법 제2조 제4호). 운전자인지 여부는 사고 당시 운전이라는 사실행위에 구체적으로 종사하고 있었는가를 중심으로 파악하여야 한다.

① 운전자가 구체적・현실적으로 운전행위를 하던 중 사고가 발생한 경우라면 그 운전자는 「자배법」에서 말하는 자동차를 운행하는 자에 해당하기 때문에 '다른 사람'에 포함되지 않는다(대법원 2000.3.28. 선고 99다53827 판결 ; 대법원 2000.10.6. 선고 2000다32840 판결 ; 대법원 2001.11.30. 선고 2000다66393 판결 ; 대법원 2002.12.10. 선고 2002다51654 판결 ; 대법원 2010.5.27. 선고 2010다5175 판결 외).

② 고용계약 관계 등에 의해 운전자의 지위에 있다 하더라도 사고발생 당시 그 자가 현실적으로 운전행위에 관여하지 않고 있었다면 이는 '다른 사람'에 해당한다(대법원 1983.2.22. 선고 82다128 판결 ; 대법원 1989.4.24. 선고 89다카2070 판결 ; 대법원 1997.11.28. 선고 97다28971 판결 ; 대법원 1999.9.17. 선고 99다22328 판결 외).

③ 운전자가 사고 당시 현실적으로 운전을 하지 않았지만, 법령상 또는 직무상 임무에 위배하여 타인에게 위탁하여 운행한 경우로서 그 타인이 운전무자격자나 운전미숙자인 경우에는 운전을 위탁한 자는 여전히 운전자로서 '다른 사람'에 해당하지 않는다(대법원 2000.3.28. 선고 99다53827 판결). 이때 운전무자격자 등은 해당 자동차의 용법에 따른 사용행위를 실제로 하였다고 하더라도 특별한 사정이 없는 한 운전보조자에는 해당할 수 있지만, 운전자에는 해당하지 않는다.

(2) 운전보조자의 타인성 문제

운전보조자는 업무로서 운전자의 지배하에 운전자의 운전행위를 도와주는 지위에 있는 자(조수, 보조기사 등)를 말하는데, 이는 운전자의 개념에 포함된다(자배법 제2조 제4호). 판례도 「자배법」상 운전자의 개념에 직접 사고자동차의 운전행위를 한 자 이외에, 그 운전의 보조에 종사한 자도 포함시켜 파악하고 있다(대법원 1999.9.17. 선고 99다22328 판결 ; 대법원 2000.9.29. 선고 2000다33331 판결 ; 대법원 2005.9.15. 선고 2005다10531 판결 외). 그러나 운전보조자를 운행자 내지는 운전자에 준하여 타인성을 부정한다면, 운전보조자는 늘 「자배법」상의 보호를 받지 못하게 되는 불합리한 문제가 생길 수 있다.

① 운전보조자라 하더라도 사고 당시에 현실적으로 자동차의 운전에 관여한 경우에는 운전자의 지위에 준하여 타인성이 부정되지만, 현실적 관여가 없었다면 '다른 사람'에 해당되어 「자배법」상 보호대상이 된다(대법원 1999.9.17. 선고 99다22328 판결).

② 운전보조자인지의 여부는 사고 당시의 제반 사정에 따라 판단하여야 할 것이다. 즉, 업무로서 운전자의 운전행위에 참여한 것인지 여부, 운전자와의 관계, 운전행위에 대한 구체적인 참여 내용, 정도 및 시간, 사고 당시의 상황, 운전자의 권유 또는 자발적 의사에 따른 참여인지 여부, 참여에 따른 대가의 지급 여부 등 여러 사정을 종합적으로 고려하여야 한다(대법원 2010.5.27. 선고 2010다5175 판결).

③ 따라서 자신의 업무와 관계없이, 별도의 대가를 받지 않고 운전행위를 도운 것에 불과한 자는 특별한 사정이 없는 한 운전보조자에 해당하지 않는다고 보아야 할 것이다.

〈참고자료 ; 판례평석, 자배법 제3조의 '다른 사람'의 의미, 충남대학교 법학전문대학원, 맹수석(2016)〉

3. 타인성 검토가 필요한 유형

(1) 공동운행자

사고발생시 손해배상책임을 지는 피보험자가 복수로 존재하고, 그 중 1인이 그 자동차 사고의 피해자로 다른 피보험자를 상대로 손해배상을 청구하는 경우, 사고를 당한 피보험자의 운행지배와 운행이익보다 상대방 피보험자의 운행지배와 운행이익이 더 직접적이고 구체적인 경우는 사고를 당한 피보험자는 「자배법」 제3조 소정의 타인임을 주장할 수 있다.

① 공동운행자의 유형

㉠ 전부적 공동운행자

전부적 공동운행자의 경우에는 자동차보험 차량의 운행이 공동목적을 수행하고 있는 이상, 운행지배 및 운행이익은 공동운행자 전부에 귀속된다. 따라서 공동운행자 1인은 공동운행 중의 사고로 피해자가 되는 경우에도 다른 공동운행자와의 관계에서 타인성이 부정된다.

㉡ 부분적 공동운행자

부분적 공동운행자는 대외적으로는 공동운행자 모두가 책임 주체로서 운행자의 지위를 가지나, 그 공동운행자 중 1인이 전속적으로 차량을 운행하는 속성상 다른 공동운행자가 피해를 입은 경우 타인성이 긍정되어 보호를 받을 수 있다. 그러나 피해를 입은 공동운행자 역시 운행자성을 완전히 상실한 것이 아닌 이상 손해배상액 산정시 운행자성 비율에 따른 조정 경감이 있어야 할 것이다.

㉢ 절충적 공동운행자

가장 보유의 차량을 가족 구성원이 수시로 자유롭게 이용하는 경우와 같이 절충적 공동운행자 간의 관계에 있어서는 구체적 사안에 따라서 달리 볼 필요가 있다.

예를 들면 부부 공동 목적을 위한 운행 내지는 성인인 자녀들끼리 공동 유흥을 목적으로 운행 중의 사고와 같이 전부적 공동운행자로 보아야 할 경우에는 그 중 1인이 피해를 입은 경우 타인성이 부정된다고 볼 수 있다. 그러나 위와 같은 전부적 공동운행자성을 지니는 경우를 제외하고는 공동운행자 상호간에 어느 일방의 운행자가 피해를 입은 경우 타방의 운행자에 대하여 타인으로 보호받을 수 있다.

㉣ 중첩적 공동운행자

사용대차 및 임대차와 같이 수직적으로 운행지배가 중복되는 경우, 공동운행자 내부관계에 있어서는 어느 일방이 배타적・전속적으로 차량을 운행하는 경우와 같이 피해를 입은 타방의 운행지배 및 운행이익에 비하여 상대방 공동운행자의 그것이 보다 주도적이거나 직접적이고 구체적으로 나타나 있어 용이하게 사고의 발생을 방지할 수 있었다고 보여 진다면 사고를 당한 공동운행자는 상대방 공동운행자에 대하여 타인임을 주장할 수 있다.

② 공동운행자 사이에 있어서 구체적 운행지배의 정도와 태양

공동운행자 사이에 있어서 운행지배와 운행이익의 정도가 동등 이상의 경우에는 타인성이 조각되고, 그렇지 않는 경우에는 운행자성 정도에 따라 타인성이 상대적 비율적으로 감소되어 그 만큼 운행자책임이 감하여진다.

공동운행자의 타인성은 피해 공동운행자와 가해 공동운행자 사이의 내부관계에 관한 문제라 할 수 있다.

판례 **공동운행자 사이에 있어서 구체적 운행지배의 정도의 태양**

동일한 자동차에 대하여 복수로 존재하는 운행자 중 1인이 당해 자동차의 사고로 피해를 입은 경우 사고를 당한 그 운행자는 다른 운행자에 대하여 자신이 「자배법」 제3조 소정의 타인임을 주장할 수 없는 것이 원칙이나, 그들 사이에는 사고 당시 구체적 운행지배의 정도, 태양에 있어 차이가 존재하는 점에 유의하여 구체적 운행에 대한 지배의 정도, 태양 등을 비교·교량하여 사고를 당한 운행자의 운행지배 및 운행이익에 비하여 상대방 운행자의 그것이 보다 주도적이거나 직접적이고 구체적으로 나타나 있어 상대방이 용이하게 사고의 발생을 방지할 수 있었다고 보여지는 경우에 한하여 사고를 당한 운행자는 상대방에 대하여 타인임을 주장할 수 있다고 한다(대판 1993.4.23. 93다1879 ; 대판 2000.10.6. 2000다32840 ; 대판 2001. 11. 30. 2000다66393 ; 대판 2002.12.10. 2002다51654 ; 대판 2004.4.28. 2004다10633).

③ 차량의 사용대차

타인으로부터 자동차를 무상으로 빌려 다른 사람으로 하여금 운전하게 하고 자동차에 동승하였다가 사고를 당한 경우, 그는 사고 당시 위 자동차의 운행을 지배하고 그 운행이익을 향유하고 있어서 운행자의 지위에 있었다고 할 수 있고, 이 경우 자동차의 소유자 역시 여전히 운행자의 지위를 가지고 있었다 하더라도, 사고에 있어서 빌린 사람의 구체적 운행에 대한 지배의 정도·태양이 소유자보다 직접적·구체적으로 나타나 있어 용이하게 사고발생을 방지할 수 있었다고 보여지므로, 그는 소유자에 대하여 「자배법」상의 타인임을 주장할 수 없다고 할 것이다(대판 1989.6.27. 88다카12599 ; 대판 1991.7.9. 91다5358 ; 대판 1992.3.13. 91다33285).

④ 차량의 임대차

차량의 임대차에 있어서는 대여업자와 임차인 사이에는 그 차량에 대하여 차량소유자인 임대인의 운행지배를 보다 구체적이고 직접적인 것으로 본다(대판 1992.2.11. 91다42388 ; 대판 1993.4.23. 93다1879 ; 대판 1997.8.29. 97다12884 ; 대판 2000.10.6. 2000다32840 ; 대판 1991.7.12. 91다8418). 즉 차량 임차인은 차량에 대한 운행지배가 직접적이고 구체적이므로 사고발생을 방지할 수 있는 지위에 있으므로 타인성이 부정된다. 다만, 차량 임차시 차량과 더불어 운전기사를 포함하여 임차한 경우는 타인에 해당한다.

⑤ 공동운행자책임의 감경

피해자인 공동운행자의 타인성을 인정하는 경우라도 그 운행지배의 정도와 태양에 따라 다른 공동운행자의 책임을 양적으로 제한하여 배상액을 감액하여야 할 경우가 생긴다.

(2) 공동운전자

① 공동운전자의 타인성 검토

운전자는 「자배법」상 손해배상의 객체인 다른 사람(타인)에 해당되지 않으나, 운행자와 마찬가지로 수인의 운전자가 있는 경우 그 중 1인이 피해자가 된 경우 운전자라는 이유로 보호받지 못하는 경우 생길 수 있다.

② 교대운전자, 선의의 보조자 및 일시적 보조자

사고 당시에 구체적·현실적으로 운전을 담당하지 않았거나 운전하여야 할 의무가 없는 교대운전자나 선의의 보호자 및 일시적 보조자는 원칙적으로 「자배법」상 운전자가 아니므로 타인으로 보호된다.

(3) 운행자의 친족

보유자의 배우자나 직계존비속 등 근친자도 원칙적으로 「자배법」상 타인에 해당된다. 피해자인 가족이 나이 어린 아동 또는 미성년자인 경우에도 호의동승의 한 형태로서 타인으로 보호된다. 이때 친족의 운행자 여부는 평소 차량관리, 유지비용 부담, 사용용도, 운행목적, 동승경위 등을 종합적으로 검토・판단한다.

(4) 호의동승자(무상동승자)

무상동승이라 함은 대가의 지불 없이 타인의 자동차에 동승하는 것을 말하며, 그 중 호의에 의하여 무상으로 동승하는 것이 '호의동승'이다. 호의동승자라 하여 승용차의 공동운행자에 해당한다거나 「자배법」상의 타인성을 상실한다고 할 수 없으므로, 호의동승자에 대해서도 자동차보유자는 배상책임을 부담하는 것이 원칙이다.

판례는 사고 차량에 단순히 호의로 동승하였다는 사실만 가지고 바로 이를 배상액 경감사유로 삼을 수 있는 것은 아니라고 하여, 무상(호의)동승자에 대하여 자동차의 운행자성을 부정하고 타인으로 보호받는 것이 원칙이라는 견해이다(대판 1987.9.22. 86다카2580 ; 대판 1987.12.22. 86다카2994 ; 대판 1988.9.13. 88다카80 ; 대판 1991.1.15. 90다13710 ; 대판 1999.2.9. 98다53141).

다만, 호의동승자와 동승차량의 운행자의 인적관계, 차량의 운행목적과 동승하게 된 경위, 특히 동승을 요구한 목적과 적극성 등 제반 사정에 비추어, 가해자에게 일반의 교통사고와 같은 책임을 지우는 것이 신의칙이나 형평의 원칙으로 보아 매우 불합리하다고 인정되는 경우에는 운행자가 배상할 손해액을 감액한다.

32

자동차보험의 〈무보험자동차에 의한 상해〉에서의 '무보험자동차'와 〈다른 자동차 운전 담보 특별약관〉에서의 '다른 자동차'를 각각 설명하시오. (10점)

모범답안

1. 무보험자동차

무보험자동차란 피보험자동차가 아니면서 피보험자를 죽게 하거나 다치게 한 자동차로서 다음 중 어느 하나에 해당하는 것을 말한다. 이 경우 자동차라 함은 「자동차관리법」에 의한 자동차, 「건설기계관리법」에 의한 건설기계, 「군수품관리법」에 의한 차량, 「도로교통법」에 의한 원동기장치자전거 및 개인형 이동장치, 「농업기계화촉진법」에 의한 농업기계를 말하며, 피보험자가 소유한 자동차를 제외한다.

① 자동차보험 「대인배상 Ⅱ」나 공제계약이 없는 자동차

② 자동차보험 「대인배상 Ⅱ」나 공제계약에서 보상하지 않는 경우에 해당하는 자동차

③ 무보험자동차에 의한 상해에서 보상될 수 있는 금액보다 보상한도가 낮은 자동차보험의 「대인배상 Ⅱ」나 공제계약이 적용되는 자동차. 다만, 피보험자를 죽게 하거나 다치게 한 자동차가 2대 이상이고 각각의 자동차에 적용되는 자동차보험의 「대인배상 Ⅱ」 또는 공제계약에서 보상되는 금액의 합계액이 이 약관에서 보상될 수 있는 금액보다 낮은 경우에 한하는 그 각각의 자동차

④ 피보험자를 죽게 하거나 다치게 한 자동차가 명확히 밝혀지지 않은 경우 그 자동차(「도로교통법」에 의한 개인형 이동장치는 제외)

2. 다른 자동차

다른 자동차란 자가용자동차로서 피보험자동차와 동일한 차량[승용자동차(일반승용 및 다목적 승용 포함), 경/3종 및 초소형/경/4종화물자동차]으로서 다음 각 호에 해당하는 자동차를 말한다.

① 기명피보험자와 그 부모, 배우자 또는 자녀가 소유하거나 통상적으로 사용하는 자동차가 아닌 것

② 기명피보험자가 자동차를 교체(대체)한 경우, 그 사실이 생긴 때부터 보험회사가 피보험자동차를 다른 자동차로 교체(대체)하는 경우의 승인을 한 때까지의 교체(대체)자동차

33 다음 사례에서 보험회사의 보상책임에 대하여 설명하시오. (10점)

〈사고발생사항〉
갑은 자기 소유 승용차를 운전하여 여행을 가던 중 차량에 이상을 느껴, 을이 운영하는 정비업체에 수리를 의뢰하였다. 정비업체의 직원 병이 수리 후 동 차량을 시운전하던 중 보행인(갑・을・병과는 인적관계 없음)을 치어 상해를 입힌 사고가 발생하였다.

〈보험계약사항〉
갑은 A 보험회사의 자동차보험 대인배상Ⅰ・Ⅱ에 가입하였다.

모범답안

1. 법률상 배상책임의 검토

정비업체에 차량의 수리를 의뢰한 상태에서 정비업체의 직원이 수리 후 동 차량을 시운전하던 중 발생한 사고에서 「자배법」 및 「민법」상 책임관계와 보험회사의 면・부책을 검토한다.

(1) '갑'의 운행자책임

'갑'은 차량 소유자로서 원칙적으로 운행자에 해당하지만, 정비업체에게 차량 수리를 맡긴 경우에는 그 시점부터 운행지배와 운행이익이 벗어나므로 「자배법」상 운행자책임을 부담하지 않는다. 또한 불법행위자가 아니므로 「민법」상 책임도 물을 수 없다.

판례 **서울고법 1981.9.4. 선고 81나1311, 제11민사부 판결**

차량의 소유자가 수리를 위하여 수리업자에게 이를 맡긴 경우에 있어 그 차량관리지배는 소유자로부터 벗어나므로 그 수리의 시운전 중 야기된 사고에 대하여는 그 소유자에게 책임을 물을 수 없다.

(2) '을'의 운행자책임 및 사용자배상책임

'을'은 차량 소유자 '갑'으로부터 차량의 정비를 맡은 정비업체를 운영하는 자로, 정비가 완료될 때까지 「자배법」 제3조의 운행자책임을 진다. 또한 불법행위자가 아니므로 「민법」상 책임은 없지만 '병'의 사용자로서 「민법」 제756조의 사용자배상책임도 진다.

(3) '병'의 일반불법행위책임

'병'은 정비업체의 직원으로서 자기를 위하여 자동차를 운행한 것으로 볼 수 없으므로 「자배법」상 운행자책임을 지지 않는다. 다만, 「민법」 제750조의 일반불법행위책임을 진다.

(4) 결 론

'을'은 「자배법」상 운행자책임을 지고, '병'은 「민법」상 일반불법행위책임을 진다.

※ '을'의 경우 「자배법」상 운행자책임이 「민법」상 사용자배상책임보다 우선적용된다.

2. A 보험회사의 보상책임

(1) 피보험자

'갑'은 기명피보험자, '을'은 대인배상 I 의 승낙피보험자, '병'은 대인배상 I 의 운전피보험자에 해당한다. 다만, '을'과 '병'은 차량취급업자이므로 대인배상 II 의 피보험자에서 제외한다.

(2) 대인배상 I

① '갑'은 피해자(보행인)에 대해 「자배법」상 책임뿐만 아니라 「민법」상의 책임이 존재하지 않으므로 보상책임이 발생하지 않는다(면책).

② '을'은 대인배상 I 의 피보험자에 해당하고, 「자배법」상 운행자책임을 지므로 피해자(보행인)에 대해 보상책임이 발생한다(부책).

(3) 대인배상 II

① '갑'은 피해자(보행인)에 대해 손해배상책임을 부담하지 않으므로 면책된다.

② '을'과 '병'은 모두 차량취급업자로서 피보험자에 해당하지 않으므로 면책된다.

(4) 결 론

A 보험회사는 피해자(보행인)에 대해 대인배상 I 에서만 보상한다.

34 최근 도입된 '경상환자 대인배상Ⅱ 치료비에 대한 과실책임주의'의 내용과 기대효과 등을 설명하시오. (10점)

모범답안

경상환자 대인배상Ⅱ 치료비에 대한 과실책임주의

(1) 도입배경

종전에는 자동차 사고발생시 과실 정도와 무관(100:0 사고 제외)하게 상대방 보험회사에서 치료비를 전액 지급함으로써 과실과 책임의 불일치로 인해 과잉진료를 유발하는 동시에 高과실자 – 低과실자 간 형평성 문제가 대두되었다.

따라서 경상환자의 대인배상Ⅱ 치료비 중 본인과실에 해당하는 부분은 본인 보험(자기신체사고 또는 자동차상해) 또는 자비로 처리하도록 자동차보험 표준약관을 개정하였다. 다만, 피해자 보호를 위하여 차량운전자를 제외한 보행자(이륜차, 자전거 포함)는 본인 과실이 있더라도 현행과 같이 치료비를 전액 보장하여 피해자 구제에도 소홀함이 없도록 하였다.

심화TIP 경상환자의 개념

경상환자란 「자동차손해배상보장법 시행령」 〈별표 1〉 '상해의 구분'에서 정하는 12급~14급 상해를 입은 환자를 말한다. 주로 상해 정도가 심각하지 않은 '척추 염좌(삔 것)' 및 '골절(부러짐)을 동반하지 않은 단순 타박상' 등이 포함된다.

상해 12급	상해 13급	상해 14급
• 외상후 급성 스트레스 • 척추 염좌(삔 것) • 3cm 미만 안면부 열상 등	• 단순 고막 파열 • 2~3개 치과보철 필요 상해 • 흉부 타박상 등	• 수족지 관절 염좌 • 팔다리의 단순 타박 • 1개 치과보철 필요 상해 등

(2) 적용대상

중상환자(1~11급)를 제외한 경상환자(12~14급)에 대해 적용한다. 치료비 보장이 어려울 수 있는 보행자(이륜차, 자전거 포함)는 적용에서 제외한다.

(3) 적용방식

기존처럼 보험회사에서 치료비를 우선 전액 지급한 후 대인배상Ⅰ 한도를 초과하는 치료비 중 본인 과실 해당액에 대해 청구한다. 즉 본인 과실에 따른 치료비 부분은 본인 보험(자기신체사고 또는 자동차상해) 또는 자비로 처리한다.

(4) 시행시기

경상환자 치료비 과실책임주의는 2023.1.1.부터 발생하는 사고에 대하여 적용한다.

(5) 기대 효과

경상환자 등에 대한 보상체계 합리화를 통해 ① 과잉진료 감소와 이에 따른 ② 국민 보험료 부담 완화를 기대한다.

35

다음 사례에서 현행 자동차보험약관상 보험회사의 담보별 보상책임에 대하여 설명하고, 유족별 지급보험금을 계산하시오. (25점)

[피보험자동차의 운행목적 및 사고경위]
- 보험기간 중 기명피보험자(A)가 자기 소유의 피보험자동차에 아내(B)를 태우고 휴가를 가던 중 운전 부주의로 피보험자동차가 낭떠러지로 추락하면서 아내가 현장 사망함.
- 이건 사고 당시 기명피보험자(A)는 적법한 운전면허를 소지하고, 음주운전도 하지 않았으며, 망인(B)은 안전벨트를 착용하지 아니함.

[피보험자동차의 개인용 자동차보험 계약사항]
- 담보종목 및 가입금액 등 : ① 대인배상Ⅰ, ② 대인배상Ⅱ(가입금액 : 무한), ③ 자기신체사고(가입금액 : 사망 1억원, 사망시 수익자 : 미지정)

[망인(B)의 유족]
- 배우자(A), 아버지(C), 시아버지(D), 사위(F), 외손녀(G, 미성년자)
  ※ 망인의 외동딸(E)은 F와 결혼하여 G를 낳았는데, 이건 사고발생 전에 사망함.
  ※ 상속인들은 모두 망인(B)의 재산에 대한 상속을 단순 승인함.

[망인의 손해액]
- 400,000,000원(동승자 감액 및 과실상계 전 실제 손해액)

[동승자 감액 및 과실상계 비율]
- 50%(A와 B의 관계, 운행목적, 안전벨트 미착용 등 제반 사항을 고려)

모범답안

1. 보험회사의 담보별 보상책임

(1) 법률상 손해배상책임

기명피보험자 A는 자기를 위하여 자동차를 운행하는 '운행자'로서 아내 B에 대하여 「자동차손해배상보장법」 제3조의 운행자책임을 부담한다. 또한, 「민법」상 제750조의 불법행위에 따른 손해배상책임도 부담한다.

「자동차손해배상보장법」상 '운행자'란 판례상 "운행을 지배하여 그 이익을 향유하는 책임 주체로서의 지위에 있는 자"를 말한다(대법원 2021.3.25. 선고 2019다208687 판결).

(2) 대인배상Ⅰ

① 보상하는 손해

피보험자가 피보험자동차의 운행으로 다른 사람을 죽게 하거나 다치게 하여 「자동차손해배상보장법」에서 정한 손해배상책임을 짐으로써 입은 손해를 보상한다.

② 친족의 타인성 인정 여부

우리 법원과 금융감독원 분쟁조정위원회는 "당해 사고차량의 운행에 관하여 운행지배나 운행이익을 갖지 아니한 상대방 배우자나 동승 친족 등에 대하여 「자동차손해배상보장법」 제3조 소정의 '다른 사람'에 해당된다"라고 하였다. 또한 우리 대법원은 "동승 피해자가 사고차량 및 그 운행에 관하여 운행이익과 운행지배를 한 사실이 없는데도 운전자의 친족이라는 이유만으로 「자동차손해배상보장법」에 의한 손해배상책임을 구할 수 없는 공동운행자에 해당된다고 볼 수 없다"라고 판시하였다. 따라서 A는 기명피보험자에 해당하며, B는 A의 배우자이지만 '타인'으로 본다.

③ 보상책임

대인배상Ⅰ에서 피보험자의 배우자라고 하더라도 진정 공동운행자로 볼 수 있는 사정이 없는 경우에는 '타인'으로 인정될 수 있다. 즉 문제 사안의 경우 기명피보험자 A의 배우자 B도 사고경위상 진정 공동운행자로 볼만한 사정이 없으므로 '타인'에 해당하며, 동승자 감액 및 과실상계 적용 후 대인배상Ⅰ의 보상한도 내에서 보상한다.

(3) 대인배상Ⅱ

① 보상하는 손해

피보험자가 피보험자동차를 소유・사용・관리하는 동안에 생긴 피보험자동차의 사고로 인하여 다른 사람을 죽게 하거나 다치게 하여 법률상 손해배상책임을 짐으로써 입은 손해(대인배상Ⅰ에서 보상하는 손해를 초과하는 손해에 한함)를 보상한다.

② 면책약관규정

약관에 "피보험자 또는 그 부모, 배우자 및 자녀에 대해서는 보상하지 않는다"고 명시함으로써 피보험자 또는 그 부모, 배우자 및 자녀가 죽거나 다친 경우에는 대인배상Ⅱ에서 보상하지 않는다.

③ 보상책임

대인배상Ⅱ에서는 기명피보험자의 배우자로서 약관상 면책사유에 해당하므로 보상받을 수 없다.

④ 지급보험금 : 면책

(4) 자기신체사고

① 보상하는 손해

피보험자가 피보험자동차를 소유・사용・관리하는 동안에 생긴 자동차의 사고로 인하여 죽거나 다친 때 그로 인한 손해를 보상한다.

② 피보험자의 여부

B는 기명피보험자 A의 배우자로서 자기신체사고의 피보험자에 해당한다.

③ 보상책임

B는 자기신체사고의 피보험자에 해당하므로 자기신체사고담보에서 보상받는다. 지급보험금 산정시 자기신체사고 가입금액 1억원 내에서 보상받을 수 있으며, 안전벨트 미착용에 대한 과실은 자기신체사고의 특성상 지급보험금 산정시 이를 적용하지 않는다.

참고로 대법원은 "피보험자에게 안전벨트 미착용 등 법령위반 사유가 존재할 때 보험자의 면책사유로 약관에 정한 경우도 법령위반행위가 보험사고의 발생 원인으로서 고의에 의한 것이라고 평가될 정도에 이르지 않는 한 감액약관은 무효"라고 판시하였다(대법원 2014.9.4. 선고 2012다 204808 판결).

2. 유족별 지급보험금

(1) 상 속

① 상속의 순위

㉠ 1순위 - 직계비속

㉡ 2순위 - 직계존속

㉢ 3순위 - 형제자매

㉣ 4순위 - 4촌 이내 방계혈족

배우자는 1순위인 직계비속과 같은 순위로 공동상속인이 되며, 직계비속이 없는 경우에는 2순위인 직계존속과 공동상속인이 된다. 한편, 직계비속과 직계존속이 모두 없는 경우에는 배우자가 단독 상속인이 된다(민법 제1003조). 배우자가 공동상속인이 되면 상속비율도 0.5를 가산하므로, B의 배우자인 A와 외동딸인 E의 상속비율은 1.5 : 1이 된다.

② 대습상속

상속인이 될 직계비속 또는 형제자매가 상속개시 전에 사망하거나 결격자가 된 경우에 사망하거나 결격된 사람의 순위에 갈음하여 상속인이 되므로(민법 제1001조 및 제1003조 제2항), 이건 사고 전에 이미 사망한 외동딸 E의 상속지분에 대해서는 사위 F와 외손녀 G(미성년자)에게 대습상속된다.

문제 사안의 경우 외손녀 G는 미성년자이므로 G의 상속지분에 대해서는 친권자인 사위 F가 모두 수령한다. 따라서 A와 F의 상속비율은 1.5 : 1이 된다.

③ 혼 동

원칙적으로 채권과 채무가 동일인에게 귀속되면 채권은 혼동으로 소멸한다. 「민법」 제507조에 "채권과 채무가 동일한 주체에 귀속한 때에는 채권은 소멸한다. 그러나 그 채권이 제3자의 권리의 목적인 때에는 그러하지 아니하다"고 규정하고 있다.

「자동차손해배상보장법」 제9조 제1항에 의한 피해자의 보험자에 대한 직접청구권이 수반되는 경우에는 그 직접청구권의 전제가 되는 「자동차손해배상보장법」 제3조에 의한 손해배상청구권은 손해배상채권과 손해배상의무가 상속으로 동일인에게 귀속하는 경우에도 혼동으로 소멸하지 않는다.

판례 **대법원 1995.5.12. 선고 93다48373 판결**

자동차 운행 중 교통사고가 일어나 자동차의 운행자나 동승한 그의 친족이 사망하여 「자동차손해배상보장법」 제3조에 의한 손해배상채권과 채무가 상속으로 동일인에게 귀속하게 되는 때에, 교통사고를 일으킨 차량의 운행자가 자동차 손해배상 책임보험에 가입하였다면, 가해자가 피해자의 상속인이 되는 등의 특별한 경우를 제외하고는 생존한 교통사고 피해자나 사망자의 상속인에게 책임보험에 의한 보험의 혜택을 부여하여 이들을 보호할 사회적 필요성이 있는 점은 다른 교통사고와 다를 바 없고, 다른 한편 원래 자동차손해배상 책임보험의 보험자는 상속에 의한 채권·채무의 혼동 그 자체와는 무관한 제3자일 뿐 아니라, 이미 자신의 보상의무에 대한 대가인 보험료까지 받고 있는 처지여서 교통사고의 가해자와 피해자 사이에 상속에 의한 혼동이 생긴다는 우연한 사정에 의하여 자기의 보상책임을 면할 만한 합리적인 이유가 없으므로, 자동차 책임보험의 약관에 의하여 피해자가 보험회사에 대하여 직접 보험금의 지급청구를 할 수 있는 이른바 직접청구권이 수반되는 경우에는 그 직접청구권의 전제가 되는 「자동차손해배상보장법」 제3조에 의한 피해자의 운행자에 대한 손해배상청구권은 상속에 의한 혼동에 의하여 소멸되지 아니한다고 보아야 한다.

문제 사안의 경우 A는 기명피보험자로서 자기 소유의 자동차를 운전하여 아내 B를 사망케 하는 사고를 낸 손해배상의무자인 동시에 B의 상속인으로서 손해배상청구권자이다. 따라서 A는 상속을 포기하지 않고 상속을 받는 경우로서, 대인배상 I 의 경우 A의 상속지분은 혼동으로 소멸한다.
자기신체사고의 경우에는 손해배상청구권이 아닌 상해보험에 대한 보험금청구권이고 보험금을 받을 자의 고의로 인한 사고도 아니므로 자기신체사고 보험금은 기명피보험자(A)에게 상속된다.

(2) B에 대한 지급보험금

대인배상 I 과 자기신체사고담보에서 보상받는다.

① 대인배상 I

지급보험금 산정시 동승자 감액 및 과실상계 비율 50%를 상계하고, 사망보험금 1억5천만원 한도 내에서 보상한다.

지급보험금 = 손해액 4억원 × (100% − 50%) = 2억원

⇒ 대인배상 I 의 보상한도 1억5천만원을 지급한다.

② 자기신체사고

지급보험금 = 실제손해액 + 비용 – 공제액(대인배상 I)

= 4억원 + 0원 – 1억5천만원 = 2억5천만원

※ 대인배상 I 에서 지급받은 1억5천만원을 공제한다.

⇒ 자기신체사고 가입금액 1억원을 지급한다.

(3) 유족별 지급보험금

① 기명피보험자 A(배우자)에 대한 지급보험금

㉠ 대인배상 I

B의 배우자인 A와 사위인 F의 상속비율은 1.5 : 1이므로

1억5천만원 × 1.5 / 2.5 = 9,000만원

⇒ 대인배상 I 의 경우 A의 상속지분은 혼동으로 소멸한다.

㉡ 자기신체사고

1억원 × 1.5 / 2.5 = 6,000만원

⇒ A는 자기신체사고 보험금에서 6,000만원을 전액 지급받는다.

② 외동딸(E)의 배우자(F)와 외손녀(G)에 대한 지급보험금

사망한 외동딸 E의 상속지분에 대해서 대습상속을 받는다.

㉠ 대인배상 I

- 대습상속액 : 1억5천만원 × 1 / 2.5 = 6,000만원
- 배우자(F) : 6,000만원 × 1.5 / 2.5 = 3,600만원
- 외손녀(G) : 6,000만원 × 1 / 2.5 = 2,400만원

㉡ 자기신체사고

- 대습상속액 : 1억원 × 1 / 2.5 = 4,000만원
- 배우자(F) : 4,000만원 × 1.5 / 2.5 = 2,400만원
- 외손녀(G) : 4,000만원 × 1 / 2.5 = 1,600만원

그런데 외손녀 G는 미성년자이므로 친권자 F가 모두 수령한다.

결국, 친권자 F가 대인배상 I 에서 6,000만원, 자기신체사고 보험금에서 4,000만원을 지급받는다.

36

근로자가 출퇴근 중에 자동차사고를 당한 경우, (1) 「산업재해보상보험법」에 의한 재해보상을 받을 수 있는 요건과, (2) 「산업재해보상보험법」에 의한 재해보상을 받을 수 있을 때 자동차보험 담보별 보상에 미치는 영향을 설명하시오. (20점)

모범답안

1. 출퇴근 중 자동차사고로 「산업재해보상보험법」에 의한 재해보상을 받을 수 있는 요건

"출퇴근"이란 취업과 관련하여 주거와 취업장소 사이의 이동 또는 한 취업장소에서 다른 취업장소로의 이동을 말한다(산업재해보상보험법 제5조 제8호).

근로자가 출퇴근 중에 자동차사고를 당한 경우 「산업재해보상보험법」에 의한 재해보상을 받을 수 있는 요건은 다음과 같다.

(1) 사업주가 제공한 교통수단이나 그에 준하는 교통수단을 이용하는 등 사업주의 지배관리하에서 출퇴근하는 중 발생한 사고

근로자가 출퇴근하던 중에 발생한 사고가 다음의 요건에 모두 해당하면 출퇴근 재해로 본다(산업재해보상보험법 시행령 제35조 제1항).

① 사업주가 출퇴근용으로 제공한 교통수단이나 사업주가 제공한 것으로 볼 수 있는 교통수단을 이용하던 중에 사고가 발생하였을 것

② 출퇴근용으로 이용한 교통수단의 관리 또는 이용권이 근로자 측의 전속적 권한에 속하지 아니하였을 것

(2) 그 밖에 통상적인 경로와 방법(대중교통과 자가용, 도보 등)으로 출퇴근하는 중 발생한 사고

① 통상의 출퇴근 재해 인정 기준

㉠ 출퇴근 중 발생한 사고여야 한다.

㉡ 통상적인 경로와 방법(사회통념상 이용할 수 있다고 인정되는 경로 및 방법으로 이동한 경우)으로 이동 중 발생한 사고여야 한다.

㉢ 경로 일탈 또는 중단이 없어야 한다.

② 출퇴근 경로 일탈 또는 중단이 있는 경우

출퇴근 경로 일탈 또는 중단이 있는 경우에는 해당 일탈 또는 중단 중의 사고 및 그 후의 이동 중의 사고에 대하여는 출퇴근 재해로 보지 아니한다. 다만, 일탈 또는 중단이 일상생활에 필요한 행위로서 대통령령으로 정하는 사유가 있는 경우에는 출퇴근 재해로 본다.

> ※ **"일상생활에 필요한 행위로서 대통령령으로 정하는 사유"(산업재해보상보험법 시행령 제35조 제2항)**
> 다음 각 호의 어느 하나에 해당하는 경우를 말한다.
> 1. 일상생활에 필요한 용품을 구입하는 행위
> 2. 「고등교육법」 제2조에 따른 학교 또는 「직업교육훈련촉진법」 제2조에 따른 직업교육훈련기관에서 직업능력 개발향상에 기여할 수 있는 교육이나 훈련 등을 받는 행위
> 3. 선거권이나 국민투표권의 행사
> 4. 근로자가 사실상 보호하고 있는 아동 또는 장애인을 보육기관 또는 교육기관에 데려주거나 해당 기관으로부터 데려오는 행위
> 5. 의료기관 또는 보건소에서 질병의 치료나 예방을 목적으로 진료를 받는 행위
> 6. 근로자의 돌봄이 필요한 가족 중 의료기관 등에서 요양 중인 가족을 돌보는 행위
> 7. 제1호부터 제6호까지의 규정에 준하는 행위로서 고용노동부장관이 일상생활에 필요한 행위라고 인정하는 행위

2. 「산업재해보상보험법」에 의한 재해보상을 받을 수 있을 때 자동차보험 담보별 보상에 미치는 영향

(1) 대인배상Ⅰ

출퇴근 중 재해를 입은 피해자가 산재보상을 받는 경우에도 「자동차손해배상보장법」상 대인배상Ⅰ 한도 내에서 보상해야 한다. 다만, 산업재해보상금과 대인배상Ⅰ의 보험금은 손익상계의 대상이므로, 산업재해보상금을 공제하고 초과손해를 청구할 수 있다.

출퇴근 재해가 제3자의 행위로 발생하여 산재보상이 이루어진 경우 근로복지공단은 산재 보상한 후 대인배상Ⅰ 해당 금액에 대해 제3자에게 구상권을 행사할 수 있다.

(2) 대인배상Ⅱ

출퇴근 중 재해를 입은 피해자가 산재보상을 받는 경우에는 대인배상Ⅱ에서는 보상하지 않는다. 즉 자동차보험약관상 대인배상Ⅱ에서는 산업재해 면책규정과 동료재해 면책규정에 따라 면책된다. 다만, 산재보상의 보상범위를 초과하는 경우 그 초과손해에 대해서는 보상한다.

① **배상책임 있는 피보험자의 피용자에 대한 근로재해 면책규정**

배상책임이 있는 피보험자의 피용자로서 「산업재해보상보험법」에 의한 재해보상을 받을 수 있는 사람. 다만, 그 사람이 입은 손해가 같은 법에 의한 보상범위를 넘어서는 경우 그 초과손해를 보상한다(자동차보험약관 제8조 제2항 제2호).

② **피보험자동차를 피보험자의 사용자의 업무에 사용되는 경우 다른 피용자에 대한 동료재해 면책규정**

피보험자동차가 피보험자의 사용자의 업무에 사용되는 경우 그 사용자의 업무에 종사 중인 다른 피용자로서, 「산업재해보상보험법」에 의한 재해보상을 받을 수 있는 사람. 다만, 그 사람이 입은 손해가 같은 법에 의한 보상범위를 넘는 경우 그 초과손해를 보상한다(자동차보험약관 제8조 제2항 제3호).

(3) 자기신체사고

근로자가 출퇴근 중 사고로 산재보상 처리를 받은 경우에는 자기신체사고의 지급보험금을 산정할 때에 '배상의무자 이외의 제3자로부터 보상받은 금액'을 공제하도록 규정하고 있다. 제3자로부터 보상받은 금액에 산재보험금이 포함되는지에 대해 이견이 있으나, 2024년 7월 기준으로 KB손해보험, 현대해상화재보험, AXA손해보험의 자동차보험약관에는 이에 산재보험금은 포함되지 않는다고 명시하고 있다.

자동차보험의 '자기신체사고'에 해당하는 보험금은 「산업재해보상보험법」 제80조(다른 보상이나 배상과의 관계)에 따른 이중보상 문제에 해당하지 않으므로 산재보상 금액을 공제하지 않고 추가로 보상받을 수 있다. 즉 산재보험급여와 자동차보험의 자기신체사고보험 보상금은 중복보상이 가능하다. 따라서 산업재해 보상 여부는 자기신체사고 보상책임에 영향을 미치지 않는다.

판례 **대법원 2015.1.15 선고 2014두724 판결**

사용자가 가입한 자기신체사고보험에 의해 근로자가 지급받은 보험금은 사용자의 손해배상의무의 이행으로 지급받은 것이 아니므로 산업재해보상보험급여에서 공제될 수 없다.

(4) 무보험자동차상해

무보험자동차상해에서도 산업재해 보상 여부는 고려 대상이 아니므로 무보험자동차상해 보상책임에 영향을 미치지 않는다. 다만, 무보험자동차상해의 지급보험금은 배상의무자가 아닌 제3자로부터 보상받은 금액 등을 공제하므로, 보험금 지급시 이미 지급받은 산업재해보험금을 공제 대상에 해당된다. 산업재해보험금을 지급한 근로복지공단은 배상의무자인 제3자에 대해 구상권을 행사한다. 또한, 자동차보험 피보험자가 사용자의 업무에 종사하고 있을 때 피보험자의 사용자 또는 피보험자의 사용자의 업무에 종사 중인 다른 피용자가 배상의무자인 경우에는 보험자가 면책된다.

※ **배상의무자** : 무보험자동차의 사고로 인하여 피보험자를 죽게 하거나 다치게 함으로써 피보험자에게 입힌 손해에 대하여 법률상 손해배상책임을 지는 사람을 말한다.

심화TIP 지급보험금의 계산

지급보험금은 다음과 같은 방법으로 계산한다. 다만, '비용'은 '공제액'이 발생하지 않는 경우에는 지급하지 않는다.

지급보험금 = 실제손해액 + 비용 – 공제액

1. **실제손해액**
   '보험금 지급기준에 의해 산출한 금액' 또는 소송(민사조정, 중재를 포함)이 제기되었을 경우에는 대한민국 법원의 확정판결 등에 따른 금액으로서 과실상계 및 보상한도를 적용하기 전의 금액을 말한다.

2. **비 용**
   다음의 금액을 말한다. 이 비용은 보험가입금액과 관계없이 보상한다.
   ① 손해의 방지와 경감을 위하여 지출한 비용(긴급조치비용을 포함)
   ② 다른 사람으로부터 손해배상을 받을 수 있는 권리의 보전과 행사를 위하여 지출한 비용

3. **공제액**
   ① 자동차보험(공제계약 포함) 「대인배상 Ⅰ」(정부보장사업 포함) 및 「대인배상 Ⅱ」에 의해 보상받을 수 있는 금액
   ② 「무보험자동차에 의한 상해」에 의하여 지급될 수 있는 금액. 단, 무보험자동차에 의한 상해 보험금의 청구를 포기한 경우에는 공제하지 않음
   ③ 배상의무자 이외의 제3자로부터 보상받은 금액. 단, 「산업재해보상보험법」에 의해 보상받은 금액은 제3자로부터 보상받은 금액에 포함되지 않음. 이 경우 관련 내용(업무상 재해 등) 확인을 위해 보험회사가 요청한 자료를 제출하여야 한다.

37

다음 사례에 대한 물음에 답하시오. (20점)

- 개인형 이동장치(Personal Mobility, PM)의 이용자가 커브 길에 미끄러지면서 보도를 정상 보행 중인 보행인을 치어 사망케 한 사고를 야기하였다.
- 이 사고로 사망한 보행인(피해자)의 배우자는 '갑' 보험회사의 개인용 자동차보험 모든 담보에 가입되어 있다.

(1) 개인형 이동장치(PM)의 정의 및 종류를 기술하시오. (10점)

(2) 위 피해자에 대한 '갑' 보험회사의 보상책임 및 보상의 범위에 대하여 설명하시오. (10점)

모범답안

1. 개인형 이동장치(PM)의 정의 및 종류

(1) 개인형 이동장치(PM)의 정의

「도로교통법」상 "개인형 이동장치"란 원동기장치자전거 중 ① 시속 25km 이상으로 운행할 경우 전동기가 작동하지 아니하고, ② 차체 중량이 30kg 미만인 것으로서 행정안전부령으로 정하는 것을 말한다(도로교통법 제2조 제19호의2).

※ **원동기장치자전거(도로교통법 제2조 제19호)**

1. 「자동차관리법」 제3조에 따른 이륜자동차 가운데 배기량 125cc 이하(전기를 동력으로 하는 경우에는 최고정격출력 11kW 이하)의 이륜자동차
2. 그 밖에 배기량 125cc 이하(전기를 동력으로 하는 경우에는 최고정격출력 11kW 이하)의 원동기를 단 차(「자전거이용활성화에 관한 법률」 제2조 제1호의2에 따른 전기자전거 및 제21호의3에 따른 실외이동로봇은 제외한다)

(2) 개인형 이동장치(PM)의 종류

다음의 어느 하나에 해당하는 것으로서 「전기용품 및 생활용품안전관리법」 제15조 제1항에 따라 안전확인의 신고가 된 것을 말한다(도로교통법 시행규칙 제2조의3).

① 전동킥보드

② 전동이륜평행차

③ 전동기의 동력만으로 움직일 수 있는 자전거

2. '갑' 보험회사의 보상책임 및 보상범위

(1) '갑' 보험회사의 보상책임

개인형 이동장치(PM)로 인한 상해 피해시 본인 또는 가족이 가입한 자동차보험(무보험자동차상해 담보)으로 보상하므로, '갑' 보험회사의 보상책임이 발생된다. 즉 '갑' 보험회사는 보행인(피해자)이 개인형 이동장치(PM)로 인하여 생긴 사고로 사망하였고, 배상의무자(개인형 이동장치의 이용자)가 있으므로 무보험자동차상해담보로 보상한다.

대인배상Ⅰ, Ⅱ 및 자기신체사고에서는 피보험자동차의 운행 중 사고에 해당하지 않으므로 보상하지 않는다.

① 무보험자동차 해당 여부

개인형 이동장치는 「도로교통법」상 원동기장치자전거 등으로 분류되지만, 자동차보험약관 개정으로 무보험자동차에 해당하므로 무보험자동차상해담보의 대상이 된다.

> ※ **무보험자동차(자동차보험약관 제1조 제5호)**
>
> 피보험자동차가 아니면서 피보험자를 죽게 하거나 다치게 한 자동차로서 다음 중 어느 하나에 해당하는 것을 말한다. 이 경우 자동차라 함은 「자동차관리법」에 의한 자동차, 「건설기계관리법」에 의한 건설기계, 「군수품관리법」에 의한 차량, 「도로교통법」에 의한 원동기장치자전거 및 개인형 이동장치, 「농업기계화촉진법」에 의한 농업기계를 말하며, 피보험자가 소유한 자동차를 제외한다.
>
> 가. 자동차보험 「대인배상Ⅱ」나 공제계약이 없는 자동차
>
> 나. 자동차보험 「대인배상Ⅱ」나 공제계약에서 보상하지 않는 경우에 해당하는 자동차
>
> 다. 이 약관에서 보상될 수 있는 금액보다 보상한도가 낮은 자동차보험의 「대인배상Ⅱ」나 공제계약이 적용되는 자동차. 다만, 피보험자를 죽게 하거나 다치게 한 자동차가 2대 이상이고 각각의 자동차에 적용되는 자동차보험의 「대인배상Ⅱ」 또는 공제계약에서 보상되는 금액의 합계액이 이 약관에서 보상될 수 있는 금액보다 낮은 경우에 한하는 그 각각의 자동차
>
> 라. 피보험자를 죽게 하거나 다치게 한 자동차가 명확히 밝혀지지 않은 경우 그 자동차(「도로교통법」에 의한 개인형 이동장치는 제외)

② 피보험자 여부

사망한 보행인(피해자)은 배우자가 '갑' 보험회사의 개인용 자동차보험 모든 담보에 가입되어 있으므로, 무보험자동차상해담보의 피보험자에 해당한다.

③ 배상의무자 여부

배상의무자는 무보험자동차로 인하여 생긴 사고로 피보험자를 죽게 하거나 다치게 함으로써 피보험자에게 입힌 손해에 대하여 법률상 손해배상책임을 지는 사람이다.

개인형 이동장치의 운전자는 보행인을 치어 사망케 한 사고를 야기하였으므로, 「민법」 제750조(고의 또는 과실로 인한 위법행위로 타인에게 손해를 가한 자는 그 손해를 배상할 책임이 있다) 불법행위에 따른 손해배상책임을 부담하는 배상의무자에 해당한다.

(2) '갑' 보험회사의 보상범위

① 지급보험금

「도로교통법」에 의한 개인형 이동장치로 인한 손해는 「자동차손해배상보장법 시행령」 제3조에서 정하는 금액을 한도로 한다. 즉 개인형 이동장치로 인한 사고 피해는 자동차보험의 대인배상 I 한도 이내로 보상한다.

피해자가 사망한 경우에는 1억5천만원의 범위에서 피해자에게 발생한 손해액을 보상한다. 다만, 그 손해액이 2천만원 미만인 경우에는 2천만원으로 한다. 만약 부상한 피해자가 치료 중 부상이 원인이 되어 사망한 경우에는 부상한도 3천만원과 사망한도 1억5천만원의 합산액(= 1억8천만원) 범위 내에서 피해자에게 발생한 손해액을 보상한다.

② 구상권

무보험자동차상해로 보험금을 지급한 '갑' 보험회사는 개인형 이동장치의 운전자를 상대로 지급 보험금에 대해 구상권을 행사한다.

38 현행 자동차보험약관상 '치료관계비'의 지급기준을 요약 · 기술하고, 손해사정시 유의할 사항을 설명하시오. (15점)

모범답안

1. 자동차보험약관상 '치료관계비'의 지급기준

치료관계비는 ① 의사의 진단 기간에서 치료에 소요되는 다음의 비용(외국에서 치료를 받은 경우에는 국내의료기관에서의 치료에 소요되는 비용 상당액. 다만, 국내의료기관에서 치료가 불가능하여 외국에서 치료를 받는 경우에는 그에 소요되는 타당한 비용)으로 하되, ② 관련 법규에서 환자의 진료비로 인정하는 선택진료비를 포함한다. 다만, 「자동차손해배상보장법 시행령」 〈별표 1〉에서 정한 ③ 상해급별 구분 중 12급 내지 14급에 해당하는 교통사고 환자가 상해를 입은 날로부터 4주를 경과한 후에도 의학적 소견에 따른 향후 치료를 요하는 경우에는 「의료법」에 따른 진단서상 향후 치료에 대한 소견 범위에 기재된 치료기간 내 치료에 소요되는 비용으로 한다.

(1) 입원료

① 입원료는 대중적인 일반병실(이하 '기준병실'이라 함)의 입원료를 지급한다. 다만, 의사가 치료상 부득이 기준병실보다 입원료가 비싼 병실(이하 '상급병실'이라 함)에 입원하여야 한다고 판단하여 상급병실에 입원하였을 때에는 그 병실의 입원료를 지급한다.

② 기준병실이 없어 부득이하게 병원급 이상 의료기관의 상급병실에 입원하였을 때에는 7일의 범위에서는 그 병실의 입원료를 지급한다. 입원일수가 7일을 초과한 때에는 그 초과한 기간은 기준병실의 입원료와 상급병실의 입원료와의 차액은 지급하지 아니한다.

③ 피보험자나 피해자의 희망으로 상급병실에 입원하였을 때는 기준병실의 입원료와 상급병실의 입원료와의 차액은 지급하지 아니한다.

(2) 기타 비용 등

응급치료, 호송, 진찰, 전원, 퇴원, 투약, 수술(성형수술 포함), 처치, 의지, 의치, 안경, 보청기 등에 소요되는 필요 타당한 실비를 지급한다.

(3) 치아보철비

금주조관보철(백금관보철 포함) 또는 임플란트(실제 시술한 경우로 1치당 1회에 한함)에 소요되는 비용을 지급한다. 다만, 치아보철물이 외상으로 인하여 손상 또는 파괴되어 사용할 수 없게 된 경우에는 원상회복에 소요되는 비용을 지급한다.

2. 손해사정시 유의할 사항

(1) 치료관계비 인정요건

① 상당인과관계가 존재할 것

사고와 상당인과관계가 있는 치료비에 한하여 인정한다. 따라서 기왕증에 대한 치료나 손상 부위가 다른 부위를 치료할 경우에는 인정되지 않는다. 다만, 기왕증이 사고에 의하여 가중된 경우에는 그 가중된 부분의 치료비만을 인정한다.

② 치료의 필요성이 있을 것

수술, 처치, 진료, 투약 등의 치료가 의학적으로 타당한 비용에 한하여 인정된다. 즉 치료의 효과가 불확실하거나 엄청난 비용을 부담하는 치료의 경우에는 인정되지 않는다.

③ 치료행위가 보편·타당성이 있을 것

치료행위는 통상적이고 보편적으로 시행하는 방법이어야 한다. 즉 통상적으로 사용되고 보편적으로 거래상 인정되는 약품을 인정하되, 그 가격도 사회통념상·일반거래상 합리적인 수준의 금액이어야 한다.

(2) 손해사정시 유의사항

① 적극적 손해 항목

㉠ 치료관계비

치료관계비는 적극적 손해 항목으로 입원료와 응급치료, 호송, 진찰, 전원, 퇴원, 투약, 수술(성형수술 포함), 처치, 의지, 의치, 안경, 보청기 등에 소요되는 필요 타당한 실비, 그리고 치아보철비를 인정한다.

㉡ 임플란트 치료비 관련 유의사항

임플란트의 경우 실제 시술한 경우에 한하여 1치당 1회 비용을 인정하므로 손해사정시 임플란트 시술이 되었는지 확인이 필요하다.

법원판결에서 치아파손의 경우 임플란트식립수술은 예견 가능한 통상의 치료범위를 벗어난 것으로 인정한 바 있다(서울지법 94가단166771).

② 상급병실 입원료 인정

㉠ 피보험자나 피해자의 희망으로 상급병실에 입원하였을 때는 기준병실의 입원료와 상급병실의 입원료와의 차액은 스스로 부담한다. 다만, 의사가 치료상 부득이 상급병실에 입원하여야 한다고 판단하여 상급병실에 입원하였을 때에는 그 병실의 입원료를 인정한다.

㉡ 병실이 부족하여 부득이하게 상급병실을 인정하는 경우에는 병원급 이상만 인정하고, 의원급 이하의 병원인 경우에는 적용 제외된다.

㉢ 상급병실을 사용한 경우 피해자 등의 요청 또는 병실 사정으로 인하여 상급병실을 사용하였는지의 여부를 확인하고, 병실 사정으로 상급병실을 사용한 경우에는 병원급 이상에만 적용됨을 안내하고 그에 따른 손해사정을 한다.

③ 경상환자(상해급수 12~14급)의 장기치료시 진단서 제출 여부

㉠ 「자동차손해배상보장법 시행령」 〈별표 1〉에서 정한 상해급별 구분 중 12급 내지 14급에 해당하는 경상환자가 상해를 입은 날로부터 4주까지는 별도의 진단서 없이 치료를 받을 수 있으나, 4주 경과 후에 의학적 소견에 따른 향후 치료를 요하는 경우에는 추가진단서를 받아야 치료가 가능하다.

㉡ 상해급수 12급 ~ 14급의 경상환자에 해당할 경우, 치료기간이 4주를 초과하는 때에는 추가진단에 따라 치료비를 인정하므로 추가진단에 대한 안내 및 요청을 철저히 시행하고, 추가진단 없이 치료하는 경우에는 해당 치료비를 지급하지 않는다.

④ 경상환자의 대인배상Ⅱ 해당 치료비에 대한 과실책임주의 적용 안내

상해급수 12급 ~ 14급의 경상환자의 경우 과실이 있는 경우, 대인배상Ⅰ을 초과하는 치료비에 대해서는 피해자가 부담하여야 하므로 과실책임주의에 대한 사전 안내가 필요하다. 즉, 대인배상Ⅰ의 치료비를 초과하는 치료비 중 본인의 과실에 해당하는 부분은 본인의 자동차보험(자기신체사고 또는 자동차상해) 또는 자비로 처리됨을 안내하고 그에 따른 손해사정을 한다.

⑤ 사고와 인과관계가 없는 치료비 등의 확인

사고와 인과관계가 없는 치료비 및 기왕증에 대한 치료비 등에 대해서는 내용 파악을 철저히 확인하고 손해사정을 한다.

39

현행 자동차보험약관상 〈자동차사고 과실비율의 인정기준〉에서 정하고 있는 '자동차와 보행자 사고'시 보행자의 과실비율을 수정하는 요소에 관하여 설명하시오. (10점)

모범답안

1. 적용범위

자동차에는 「자동차관리법」상 자동차는 물론 원동기장치자전거와 보행자의 사고에도 이 기준을 적용한다.

2. 보행자의 과실을 가산하는 요소

(1) 야 간

야간이란 일몰 후부터 일출 전까지를 말한다. 야간에는 보행자로서는 자동차의 전조등을 발견하기 용이하지만 자동차는 보행자의 발견이 용이하지 않다. 따라서 가로등 등의 조명으로 인하여 자동차의 운전자가 보행자의 발견이 용이한 장소에서는 가산하지 않는다.

(2) 간선도로

간선도로란 차도폭이 20m 이상이거나 또는 왕복 6차로 이상의 도로로서 교통량이 많고 고속(80km 이상)으로 주행하므로 보행자는 통상의 도로에 비해 좀 더 주의를 해야 하기 때문이다.

(3) 시야장애

횡단자가 자동차의 바로 앞이나 뒤로 횡단하는 경우는 운전자가 발견하기 용이하지 않다. 또한 심한 오르막이나 내리막, 골목길에서 보행자가 갑자기 나오는 경우도 포함된다.

(4) 정지, 후퇴, 사행

보행자가 횡단 중 갑자기 멈추어 서는 경우, 다시 돌아서서 가거나, 뒷걸음질 하는 경우, 차도를 갈지자로 걸어가는 경우에 가산요소로 적용한다.

(5) 횡단규제표시

횡단금지표시 등의 안전표지 또는 가드레일, 펜스, 차단봉 등에 의하여 차도 횡단이 금지된 장소를 횡단하는 경우에는 보행자의 과실을 가산한다.

(6) 교차로 대각선 횡단

횡단보도가 설치되지 않은 교차로에서 보행자가 차도를 최단거리로 횡단하지 않고 교차로 내부를 대각선 방향으로 비스듬히 횡단하는 경우에는 가산요소로 적용한다.

(7) 술에 취한 상태

객관적 증거(목격자 진술서, 음주량 측정 등)에 의하여 보행자의 음주사실이 증명될 경우에 가산요소로 적용한다.

(8) 보행자의 급진입

보행자가 횡단보도 신호가 가동되자마자 급하게 횡단보도를 진입한 경우 또는 횡단잔여시간표시기가 설치되어 있는 횡단보도를 횡단할 때 횡단에 필요한 충분한 시간을 확보하지 않은 상태에서 급하게 횡단보도를 횡단할 때에는 가산요소로 적용한다.

3. 보행자의 과실을 감산하는 요소

(1) 주택, 상점가, 학교

이곳은 보행자의 통행과 횡단이 빈번한 장소이므로 차량운전자는 보다 많은 주의가 요구되기 때문에 보행자의 과실비율을 감산한다. 또한 공장이나 관청, 대규모 체육시설 등의 지역에서도 보행자가 많은 출퇴근시간, 경기종료시간 등에는 감산 적용한다.

(2) 어린이, 노인, 장애인

이들은 일상생활에서 통상인보다 안전을 확보할 행위능력이 낮으므로 감산요소로 적용한다.

(3) 집단횡단

집단횡단이란 2인 이상의 동시횡단을 의미하며, 보행자가 다른 1인을 업거나 또는 안은 경우는 제외한다. 이 경우에는 운전자가 통상의 경우보다 보행자의 존재를 인식하기 쉬우므로 감산요소로 적용한다.

(4) 보·차도 구분 없음

보도와 차도가 구분되지 않은 도로에서는 운전자가 통상의 경우보다 보행자의 동태에 더 주의를 기울여야 하므로 감산요소로 적용한다.

(5) 차의 현저한 과실

한눈팔기 등 전방주시의무위반, 주취한계 미달 음주운전(혈중 알코올 농도 0.03% 미만), 속도위반(10km 이상 20km 미만) 등은 감산요소로 적용한다.

(6) 차의 중대한 과실

'현저한 과실'을 넘어서 그 정도가 중대한 법규위반이 있는 경우에 보행자의 과실을 감산한다. 예컨대, 졸음운전, 무면허운전, 음주운전, 속도위반(20km 이상) 등은 중과실이 있는 것으로 본다.

(7) 어린이보호구역 및 노인보호구역

「도로교통법」 제12조에 정해진 어린이보호구역 내의 어린이 사고 또는 동법 제12조의2에 정해진 노인보호구역 내의 노인 사고는 감산한다.

40

「자동차손해배상보장법 시행령」〈별표 1〉에서는 〈상해의 구분과 책임보험금의 한도금액〉을 규정하고 있다. 그 가운데 '뇌진탕'과 "영역별 세부지침" 중 '척추'에 관하여 설명하시오. (10점)

모범답안

1. 뇌진탕

(1) 정 의

뇌진탕이란 자동차사고로 인해 머리에 충격이 가해지면서 일시적으로 뇌 기능이 감소하거나 소실되는 것을 말한다. 최근에는 의식소실이 없는 경우도 포함하고 있다. 이는 뇌 조직과 세포에 손상이 있는 뇌 좌상과는 구별되는 개념으로, 「자동차손해배상보장법 시행령」〈별표 1〉 상해의 구분에서 상해급수 11급으로 정하고 있다.

미국 재활의학학회(ACRM)의 기준에 따르면, ① 30분 이내의 의식소실, ② 수상 직전이나 직후 상황에 대한 기억소실, ③ 사고 당시 정신상태의 변화(멍한 느낌, 지남력 소실, 혼동상태), ④ 국소적 신경학적 소실 중 한 가지 이상이 있으면서 수상 후 30분 뒤 글래스고우 혼수척도(Glasgow Coma Scale ; GCS)가 13점 이상이고 외상 후 기억상실이 24시간 미만인 경우에 뇌진탕이라고 정의한다.

(2) 진단기준 및 증상

① 진단기준

뇌진탕은 30분 이내의 의식소실, 24시간 이내의 외상 후 기억상실, 방향감각 상실 징후가 동반된 외상으로 사고 직후 최초 진료의료기관의 초진의무기록지에 의식소실 등의 상황이 명확히 기재되어 있고, 해당 전문의에 의해 뇌진탕으로 진단서가 발행된 경우에 인정된다.

② 증 상

뇌진탕은 구조의 이상을 초래하지 않는 뇌의 일시적인 기능부전이며, 주로 의식소실을 동반한다. 대표적인 증상으로는 두통, 혼란, 어지러움, 기억손실, 구역, 구토, 시야결손 등이 있다.

(3) 원 인

뇌진탕은 머리에 가해지는 외부 충격으로 인해 발생한다. 즉 두개골 내부의 뇌가 갑작스러운 움직임이나 충격에 의해 흔들리면서 발생한다. 예를 들어 자동차사고시 갑작스러운 가속 또는 감속으로 인해 뇌가 두개골 내부에서 흔들려도 뇌진탕이 발생할 수 있다.

(4) 진 단

① 진단은 환자의 의식 상태와 증상, 그리고 다친 경위를 확인하는 것에서 시작한다. 신경계나 인지 능력의 이상 유무를 평가하기 위해 신경학적 검사를 실시한다. 이 검사에서는 눈의 움직임, 반사 작용, 근력, 감각 등을 평가한다. 필요에 따라 CT(컴퓨터단층촬영), MRI(자기공명영상)와 같은 영상검사를 통해 뇌출혈이나 골절 등의 구조적 문제를 확인한다.

② 뇌진탕은 「자동차손해배상보장법 시행령」 〈별표 1〉 〈상해의 구분과 책임보험금의 한도금액〉에서 상해급수 11급이고, 경상환자(12급 이하)에 해당되지 않으며, 책임보험금의 한도금액은 160만원으로 규정되어 있다.

2. 영역별 세부지침 중 척추에 관한 내용

(1) 완전 마비와 불완전 마비

완전 마비는 근력등급 3 이하인 경우이며, 불완전 마비는 근력등급 4인 경우로 정한다.

(2) 척추관 협착증이나 추간판 탈출증

척추관 협착증이나 추간판 탈출증이 외상으로 증상이 발생한 경우나 악화된 경우는 9급으로 본다.

(3) 척주 손상

척주 손상으로 인하여 신경근증이나 감각이상을 호소하는 경우는 9급으로 본다.

(4) 마미증후군

마미증후군은 척수손상으로 본다.

신체손해사정사 2차

한권으로 끝내기

표준약관

시대에듀

이 책의 차례 CONTENTS

5권 | 표준약관

표준약관

01 화재보험 표준약관

〈개정 2005.2.15., 2010.3.29., 2011.1.19., 2014.12.26., 2015.12.29., 2018.3.2., 2019.12.20., 2020.7.31., 2020.10.16., 2021.7.1., 2022.9.30., 2023.6.26.〉

제1관 목적 및 용어의 정의

제1조(목적) 이 보험계약(이하 '계약'이라 합니다)은 보험계약자(이하 '계약자'라 합니다)와 보험회사(이하 '회사'라 합니다) 사이에 피보험자가 보험의 목적에 화재(벼락을 포함합니다. 이하 같습니다)로 입은 손해에 대한 위험을 보장하기 위하여 체결됩니다.

제2조(용어의 정의) 이 계약에서 사용되는 용어의 정의는 이 계약의 다른 조항에서 달리 정의되지 않는 한 다음과 같습니다.

1. 계약 관련 용어
   가. 계약자 : 회사와 계약을 체결하고 보험료를 납입할 의무를 지는 사람을 말합니다.
   나. 피보험자 : 보험사고로 인하여 손해를 입은 사람(법인인 경우에는 그 이사 또는 법인의 업무를 집행하는 그 밖의 기관)을 말합니다.
   다. 보험증권 : 계약의 성립과 그 내용을 증명하기 위하여 회사가 계약자에게 드리는 증서를 말합니다.
   라. 보험의 목적 : 이 약관에 따라 보험에 가입한 물건으로 보험증권에 기재된 건물 등을 말합니다.
2. 보상 관련 용어
   가. 보험가입금액 : 회사와 계약자간에 약정한 금액으로 보험사고가 발생할 때 회사가 지급할 최대 보험금을 말합니다.
   나. 보험가액 : 재산보험에 있어 피보험 이익을 금전으로 평가한 금액으로 보험목적에 발생할 수 있는 최대 손해액을 말합니다(회사가 실제 지급하는 보험금은 보험가액을 초과할 수 없습니다).
   다. 자기부담금 : 보험사고로 인하여 발생한 손해에 대하여 계약자 또는 피보험자가 부담하는 일정 금액을 말합니다.
   라. 보험금 분담 : 이 계약에서 보장하는 위험과 같은 위험을 보장하는 다른 계약(공제계약을 포함합니다)이 있을 경우 비율에 따라 손해를 보상합니다.
   마. 대위권 : 회사가 보험금을 지급하고 취득하는 법률상의 권리를 말합니다.
3. 이자율 관련 용어
   가. 연단위 복리 : 회사가 지급할 금전에 이자를 줄 때 1년마다 마지막 날에 그 이자를 원금에 더한 금액을 다음 1년의 원금으로 하는 이자 계산방법을 말합니다.
   나. 보험개발원이 공시하는 보험계약대출이율 : 보험개발원이 정기적으로 산출하여 공시하는 이율로써 회사가 보험금의 지급 또는 보험료의 환급을 지연하는 경우 등에 적용합니다.
4. 기간과 날짜 관련 용어
   가. 보험기간 : 계약에 따라 보장을 받는 기간을 말합니다.
   나. 영업일 : 회사가 영업점에서 정상적으로 영업하는 날을 말하며, 토요일, '관공서의 공휴일에 관한 규정'에 따른 공휴일과 근로자의 날을 제외합니다.

제2관 보험금의 지급

제3조(보상하는 손해) ① 회사는 보험의 목적이 화재로 입은 아래의 손해를 보상하여 드립니다.

1. 사고에 따른 직접손해
2. 사고에 따른 소방손해(화재진압 과정에서 발생하는 손해)
3. 사고에 따른 피난손해(피난지에서 5일 동안에 보험의 목적에 생긴 위 제1호 및 제2호의 손해를 포함합니다)

② 회사는 제1항에서 보장하는 위험으로 인하여 손해가 발생한 경우 계약자 또는 피보험자가 지출한 아래의 비용을 추가로 지급합니다.

1. 잔존물 제거비용 : 사고현장에서의 잔존물의 해체비용, 청소비용 및 차에 싣는 비용. 다만, 제1항에서 보장하지 않는 위험으로 보험의 목적이 손해를 입거나 관계법령에 의하여 제거됨으로써 생긴 손해에 대하여는 보상하여 드리지 않습니다.
2. 손해방지비용 : 손해의 방지 또는 경감을 위하여 지출한 필요 또는 유익한 비용
3. 대위권 보전비용 : 제3자로부터 손해의 배상을 받을 수 있는 경우에는 그 권리를 지키거나 행사하기 위하여 지출한 필요 또는 유익한 비용
4. 잔존물 보전비용 : 잔존물을 보전하기 위하여 지출한 필요 또는 유익한 비용. 다만, 제13조(잔존물)에 의해 회사가 잔존물을 취득한 경우에 한합니다.
5. 기타 협력비용 : 회사의 요구에 따르기 위하여 지출한 필요 또는 유익한 비용

> **【청소비용】** 사고현장 및 인근 지역의 토양, 대기 및 수질 오염물질 제거비용과 차에 실은 후 폐기물 처리비용은 포함되지 않습니다.

③ 아래의 물건은 보험증권에 기재하여야만 제1항의 보험의 목적이 됩니다.

1. 통화, 유가증권, 인지, 우표 및 이와 비슷한 것
2. 귀금속, 귀중품, 보옥, 보석, 글・그림, 골동품, 조각물 및 이와 비슷한 것
3. 원고, 설계서, 도안, 물건의 원본, 모형, 증서, 장부, 금형(쇠틀), 목형(나무틀), 소프트웨어 및 이와 비슷한 것
4. 실외 및 옥외에 쌓아둔 동산

> **【귀중품】** 무게나 부피가 휴대할 수 있으며, 점당 300만원 이상

④ 아래의 물건은 다른 약정이 없으면 제1항의 보험의 목적에 포함됩니다.

1. 건물인 경우
   가. 건물의 부속물 : 피보험자의 소유인 칸막이, 대문, 담, 곳간 및 이와 비슷한 것
   나. 건물의 부착물 : 피보험자 소유인 간판, 네온사인, 안테나, 선전탑 및 이와 비슷한 것
2. 건물이외 경우 : 피보험자 또는 그와 같은 세대에 속하는 사람의 소유물(생활용품, 집기・비품 등)

제4조(보상하지 않는 손해) 회사는 아래의 사유로 인한 손해는 보상하여 드리지 않습니다.

1. 계약자, 피보험자 또는 이들의 법정대리인의 고의 또는 중대한 과실
2. 화재가 발생했을 때 생긴 도난 또는 분실로 생긴 손해
3. 보험의 목적의 발효, 자연발열, 자연발화로 생긴 손해. 그러나 자연발열 또는 자연발화로 연소된 다른 보험의 목적에 생긴 손해는 보상하여 드립니다.

4. 화재에 기인되지 않는 수도관, 수관 또는 수압기 등의 파열로 생긴 손해
5. 발전기, 여자기(정류기 포함), 변류기, 변압기, 전압조정기, 축전기, 개폐기, 차단기, 피뢰기, 배전반 및 그 밖의 전기기기 또는 장치의 전기적 사고로 생긴 손해. 그러나 그 결과로 생긴 화재손해는 보상하여 드립니다.
6. 원인의 직접, 간접을 묻지 않고 지진, 분화 또는 전쟁, 혁명, 내란, 사변, 폭동, 소요, 노동쟁의, 기타 이들과 유사한 사태로 생긴 화재 및 연소 또는 그 밖의 손해
7. 핵연료물질 또는 핵연료물질에 의하여 오염된 물질의 방사성, 폭발성 그 밖의 유해한 특성 또는 이들의 특성에 의한 사고로 인한 손해
8. 위 제7호 이외의 방사선을 쬐는 것 또는 방사능 오염으로 인한 손해
9. 국가 및 지방자치단체의 명령에 의한 재산의 소각 및 이와 유사한 손해

> **【핵연료물질】** 사용된 연료를 포함합니다.
> **【핵연료물질에 의하여 오염된 물질】** 원자핵 분열 생성물을 포함합니다.

제5조(손해의 통지 및 조사) ① 보험의 목적에 손해가 생긴 경우 계약자 또는 피보험자는 지체 없이 이를 회사에 알려야 합니다.

② 계약자 또는 피보험자가 제1항의 통지를 게을리하여 손해가 증가된 때에는 회사는 그 증가된 손해는 보상하여 드리지 않습니다.

③ 회사가 제1항에 대한 손해의 사실을 확인하기 어려운 경우에는 계약자 또는 피보험자에게 필요한 증거자료의 제출을 요청할 수 있습니다.

④ 회사는 제1항의 통지를 받은 때에는 사고가 생긴 건물 또는 그 구내와 거기에 들어있는 피보험자의 소유물을 조사할 수 있습니다.

제6조(보험금의 청구) 피보험자가 보험금을 청구할 때에는 다음의 서류를 회사에 제출하여야 합니다.

1. 보험금 청구서(회사양식)
2. 신분증(주민등록증이나 운전면허증 등 사진이 붙은 정부기관발행 신분증, 아닌 경우에는 본인의 인감증명서 또는 본인서명사실확인서 포함) 〈개정 2018.3.2.〉
3. 기타 회사가 요구하는 증거자료

제7조(보험금의 지급절차) ① 회사는 제6조(보험금의 청구)에서 정한 서류를 접수한 때에는 접수증을 교부하고, 그 서류를 접수받은 후 지체 없이 지급할 보험금을 결정하고 지급할 보험금이 결정되면 7일 이내에 이를 지급하여 드립니다. 또한, 지급할 보험금이 결정되기 전이라도 피보험자의 청구가 있을 때에는 회사가 추정한 보험금의 50% 상당액을 가지급보험금으로 지급합니다.

② 회사가 제1항의 규정에 정한 지급기일 내에 보험금을 지급하지 않았을 때에는 그 다음날부터 지급일까지의 기간에 대하여 〈부표〉 '보험금을 지급할 때의 적립이율'에 따라 연단위 복리로 계산한 금액을 보험금에 더하여 지급합니다. 그러나 계약자 또는 피보험자의 책임 있는 사유로 지급이 지연될 때에는 그 해당 기간에 대한 이자를 더하여 지급하지 않습니다.

제8조(보험금 등의 지급한도) ① 제3조(보상하는 손해) 제1항의 손해에 의한 보험금과 제3조(보상하는 손해) 제2항의 잔존물 제거비용은 각각 제9조(지급보험금의 계산)를 준용하여 계산하며, 그 합계액은 보험증권에 기재된 보험가입금액을 한도로 합니다. 다만, 잔존물 제거비용은 손해액의 10%를 초과할 수 없습니다.

② 제3조(보상하는 손해) 제2항의 비용손해 중 손해방지비용, 대위권 보전비용 및 잔존물 보전비용은 제9조(지급보험금의 계산)를 준용하여 계산한 금액이 보험가입금액을 초과하는 경우에도 이를 지급합니다.

③ 제3조(보상하는 손해) 제2항의 비용손해 중 기타 협력비용은 보험가입금액을 초과한 경우에도 이를 전액 지급합니다.

④ 회사가 손해를 보상한 경우에는 보험가입금액에서 보상액을 뺀 잔액을 손해가 생긴 후의 나머지 보험기간에 대한 잔존보험가입금액으로 합니다. 보험의 목적이 둘 이상일 경우에도 각각 동 항의 규정을 적용합니다.

제9조(지급보험금의 계산) ① 회사가 지급할 보험금은 아래에 따라 계산합니다.

1. 보험가입금액이 보험가액의 80% 해당액과 같거나 클 때 : 보험가입금액을 한도로 손해액 전액. 그러나 보험가입금액이 보험가액보다 클 때에는 보험가액을 한도로 합니다.
2. 보험가입금액이 보험가액의 80% 해당액보다 작을 때 : 보험가입금액을 한도로 아래의 금액

$$\text{손해액} \times \frac{\text{보험가입금액}}{\text{보험가액의 80\% 해당액}}$$

② 동일한 계약의 목적과 동일한 사고에 관하여 보험금을 지급하는 다른 계약(공제계약을 포함합니다)이 있고 이들의 보험가입금액의 합계액이 보험가액보다 클 경우에는 아래에 따라 지급보험금을 계산합니다. 이 경우 보험자 1인에 대한 보험금 청구를 포기한 경우에도 다른 보험자의 지급보험금 결정에는 영향을 미치지 않습니다.

1. 다른 계약이 이 계약과 지급보험금의 계산방법이 같은 경우 :

$$\text{손해액} \times \frac{\text{이 계약의 보험가입금액}}{\text{다른 계약이 없는 것으로 하여 각각 계산한 보험가입금액의 합계액}}$$

2. 다른 계약이 이 계약과 지급보험금의 계산방법이 다른 경우 :

$$\text{손해액} \times \frac{\text{이 계약의 보험금}}{\text{다른 계약이 없는 것으로 하여 각각 계산한 보험금의 합계액}}$$

3. 이 계약이 타인을 위한 계약이면서 보험계약자가 다른 계약으로 인하여 상법 제682조에 따른 대위권 행사의 대상이 된 경우에는 실제 그 다른 계약이 존재함에도 불구하고 그 다른 계약이 없다는 가정하에 제1항에 따라 계산한 보험금을 그 다른 계약에 우선하여 이 계약에서 지급합니다. 〈신설 2019.12.20.〉
4. 이 계약을 체결한 보험회사가 타인을 위한 보험에 해당하는 다른 계약의 보험계약자에게 상법 제682조에 따른 대위권을 행사할 수 있는 경우에는 이 계약이 없다는 가정하에 다른 계약에서 지급받을 수 있는 보험금을 초과한 손해액을 이 계약에서 보상합니다. 〈신설 2019.12.20.〉

③ 하나의 보험가입금액으로 둘 이상의 보험의 목적을 계약하는 경우에는 전체가액에 대한 각 가액의 비율로 보험가입금액을 비례배분하여 제1항 또는 제2항의 규정에 따라 지급보험금을 계산합니다.

제10조(손해방지의무) 보험사고가 생긴 때에는 계약자 또는 피보험자는 손해의 방지와 경감에 힘써야 합니다. 만약, 계약자 또는 피보험자가 고의 또는 중대한 과실로 이를 게을리한 때에는 방지 또는 경감할 수 있었을 것으로 밝혀진 값을 손해액에서 뺍니다.

제11조(손해액의 조사결정) 회사가 보상할 손해액은 그 손해가 생긴 때와 곳에서의 보험가액에 따라 계산합니다.

제12조(현물보상) 회사는 손해의 일부 또는 전부에 대하여 재건축, 수리 또는 현물의 보상으로서 보험금의 지급에 대신할 수 있습니다.

제13조(잔존물) 회사가 제3조(보상하는 손해) 제1항의 보험금을 지급하고 잔존물을 취득할 의사표시를 하는 경우에는 그 잔존물은 회사의 소유가 됩니다.

제14조(대위권) ① 회사가 보험금을 지급한 때(현물보상한 경우를 포함합니다)에는 회사는 지급한 보험금 한도 내에서 계약자 또는 피보험자가 제3자에 대하여 가지는 손해배상청구권을 취득합니다. 다만, 회사가 보상한 금액이 피보험자가 입은 손해의 일부인 경우에는 피보험자의 권리를 침해하지 않는 범위 내에서 그 권리를 취득합니다.

② 계약자 또는 피보험자는 제1항에 의하여 회사가 취득한 권리를 행사하거나 지키는 것에 관하여 필요한 조치를 하여야 하며 또한 회사가 요구하는 증거 및 서류를 제출하여야 합니다.

③ 회사는 제1항 및 제2항에 불구하고 타인을 위한 계약의 경우에는 계약자에 대한 대위권을 포기합니다.

④ 회사는 제1항에 따른 권리가 계약자 또는 피보험자와 생계를 같이 하는 가족에 대한 것인 경우에는 그 권리를 취득하지 못합니다. 다만, 손해가 그 가족의 고의로 인하여 발생한 경우에는 그 권리를 취득합니다.

⑤ 회사는 제1항에 따른 권리가 계약자 또는 피보험자와 임대차계약을 체결하는 등 거주를 허락한 자(이하 '임차인 등')에 대한 것으로서, 임차인 등이 보험료를 납부하는 경우 임차인 등 및 이들과 생계를 같이하는 가족에 대한 대위권을 포기합니다. 다만, 손해가 임차인 등 및 가족의 고의로 인하여 발생한 경우에는 그러하지 않습니다. 〈신설 2020.7.31.〉

제3관 계약자의 계약 전 알릴의무 등

제15조(계약 전 알릴의무) 계약자, 피보험자 또는 이들의 대리인은 청약할 때 청약서(질문서를 포함합니다)에서 질문한 사항에 대하여 알고 있는 사실을 반드시 사실대로 알려야 합니다.

제16조(계약 후 알릴의무) ① 계약을 맺은 후 보험의 목적에 아래와 같은 사실이 생긴 경우에는 계약자나 피보험자는 지체 없이 서면으로 회사에 알리고 보험증권에 확인을 받아야 합니다.

1. 이 계약에서 보장하는 위험과 동일한 위험을 보장하는 계약을 다른 보험자와 체결하고자 할 때 또는 이와 같은 계약이 있음을 알았을 때
2. 양도할 때
3. 보험의 목적 또는 보험의 목적을 수용하는 건물의 구조를 변경, 개축, 증축하거나 계속하여 15일 이상 수선할 때
4. 보험의 목적 또는 보험의 목적을 수용하는 건물의 용도를 변경함으로써 위험이 변경되는 경우
5. 보험의 목적 또는 보험의 목적이 들어있는 건물을 계속하여 30일 이상 비워 두거나 휴업하는 경우
6. 다른 곳으로 옮길 때
7. 위험이 뚜렷이 변경되거나 변경되었음을 알았을 때

② 회사는 제1항에 따라 위험이 감소된 경우에는 그 차액보험료를 돌려드리며, 위험이 증가된 경우에는 통지를 받은 날부터 1개월 이내에 보험료의 증액을 청구하거나 계약을 해지할 수 있습니다.

③ 계약자 또는 피보험자는 주소 또는 연락처가 변경된 경우에는 지체 없이 이를 회사에 알려야 합니다. 다만, 계약자 또는 피보험자가 알리지 않은 경우 회사가 알고 있는 최종의 주소 또는 연락처로 등기우편 등 우편물에 대한 기록이 남는 방법으로 회사가 알린 사항은 일반적으로 도달에 필요한 기간이 지난 때에는 계약자 또는 피보험자에게 도달한 것으로 봅니다.

제17조(사기에 의한 계약) 계약자, 피보험자 또는 이들의 대리인의 사기에 의하여 계약이 성립되었음을 회사가 증명하는 경우에는 계약일부터 5년 이내(사기사실을 안 날부터 1개월 이내)에 계약을 취소할 수 있습니다.

제4관 보험계약의 성립과 유지

제18조(보험계약의 성립) ① 계약은 계약자의 청약과 회사의 승낙으로 이루어집니다.

② 회사는 계약의 청약을 받고 보험료 전액 또는 제1회 보험료(이하 '제1회 보험료 등'이라 합니다)를 받은 경우에는 청약일부터 30일 이내에 승낙 또는 거절의 통지를 하며 통지가 없으면 승낙한 것으로 봅니다.

③ 회사가 청약을 승낙한 때에는 지체 없이 보험증권을 계약자에게 교부하여 드리며, 청약을 거절한 경우에는 거절통지와 함께 받은 금액을 계약자에게 돌려드립니다.

④ 이미 성립한 계약을 연장하거나 변경하는 경우에는 회사는 보험증권에 그 사실을 기재함으로써 보험증권의 교부에 대신할 수 있습니다.

제19조(청약의 철회) ① 계약자는 보험증권을 받은 날부터 15일 이내에 그 청약을 철회할 수 있습니다. 다만, 의무보험의 경우에는 철회의사를 표시한 시점에 동종의 다른 의무보험에 가입된 경우에만 철회할 수 있으며, 보험기간이 90일 이내인 계약 또는 전문금융소비자가 체결한 계약은 청약을 철회할 수 없습니다. 〈개정 2021.7.1.〉

> **【전문금융소비자】** 보험계약에 관한 전문성, 자산규모 등에 비추어 보험계약에 따른 위험감수능력이 있는 자로서, 국가, 지방자치단체, 한국은행, 금융회사, 주권상장법인 등을 포함하며 「금융소비자 보호에 관한 법률」 제2조(정의) 제9호에서 정하는 전문금융소비자를 말합니다.
> **【일반금융소비자】** 전문금융소비자가 아닌 계약자를 말합니다. 〈개정 2021.7.1.〉

② 제1항에도 불구하고 청약한 날부터 30일이 초과된 계약은 청약을 철회할 수 없습니다.

③ 청약철회는 계약자가 전화로 신청하거나, 철회의사를 표시하기 위한 서면, 전자우편, 휴대전화 문자메시지 또는 이에 준하는 전자적 의사표시(이하 '서면 등'이라 합니다)를 발송한 때 효력이 발생합니다. 계약자는 서면 등을 발송한 때에 그 발송 사실을 회사에 지체 없이 알려야 합니다. 〈개정 2021.7.1.〉

④ 계약자가 청약을 철회한 때에는 회사는 청약의 철회를 접수한 날부터 3영업일 이내에 납입한 보험료를 계약자에게 돌려드리며, 보험료 반환이 늦어진 기간에 대하여는 '보험개발원이 공시하는 보험계약대출이율'을 연단위 복리로 계산한 금액을 더하여 지급합니다. 다만, 계약자가 제1회 보험료 등을 신용카드로 납입한 계약의 청약을 철회하는 경우에 회사는 청약의 철회를 접수한 날부터 3영업일 이내에 해당 신용카드회사로 하여금 대금청구를 하지 않도록 해야 하며, 이 경우 회사는 보험료를 반환한 것으로 봅니다. 〈개정 2021.7.1.〉

⑤ 청약을 철회할 때에 이미 보험금 지급사유가 발생하였으나 계약자가 그 보험금 지급사유가 발생한 사실을 알지 못한 경우에는 청약철회의 효력은 발생하지 않습니다.

⑥ 제1항에서 보험증권을 받은 날에 대한 다툼이 발생한 경우 회사가 이를 증명하여야 합니다.

제20조(약관 교부 및 설명의무 등) ① 회사는 계약자가 청약할 때에 계약자에게 약관의 중요한 내용을 설명하여야 하며, 청약 후에 다음 각 호의 방법 중 계약자가 원하는 방법을 확인하여 지체 없이 약관 및 계약자 보관용 청약서를 제공하여 드립니다. 만약, 회사가 전자우편 및 전자적 의사표시로 제공한 경우 계약자 또는 그 대리인이 약관 및 계약자 보관용 청약서 등을 수신하였을 때에는 해당 문서를 드린 것으로 봅니다. 〈개정 2021.7.1.〉

1. 서면교부
2. 우편 또는 전자우편
3. 휴대전화 문자메시지 또는 이에 준하는 전자적 의사표시

② 제1항과 관련하여 통신판매계약의 경우, 회사는 계약자가 가입한 특약만 포함한 약관을 드리며, 전화를 이용하여 체결하는 계약은 계약자의 동의를 얻어 다음의 방법으로 약관의 중요한 내용을 설명할 수 있습니다. 〈신설 2020.10.16., 2022.9.30.〉

1. 전화를 이용하여 청약내용, 보험료 납입, 보험기간, 계약 전 알릴의무, 약관의 중요한 내용 등 계약을 체결하는데 필요한 사항을 질문 또는 설명하는 방법. 이 경우 계약자의 답변과 확인내용을 음성 녹음함으로써 약관의 중요한 내용을 설명한 것으로 봅니다.

> **【통신판매계약】** 전화・우편・인터넷 등 통신수단을 이용하여 체결하는 계약을 말합니다.

③ 회사가 제1항에 따라 제공될 약관 및 계약자 보관용 청약서를 청약할 때 계약자에게 전달하지 않거나 약관의 중요한 내용을 설명하지 않은 때 또는 계약을 체결할 때 계약자가 청약서에 자필서명을 하지 않은 때에는 계약자는 계약이 성립한 날부터 3개월 이내에 계약을 취소할 수 있습니다.

> **【자필서명】** 날인(도장을 찍음) 및 「전자서명법」 제2조 제2호에 따른 전자서명을 포함합니다. 〈개정 2021.7.1.〉

④ 제3항에 따라 계약이 취소된 경우에는 회사는 이미 납입한 보험료를 계약자에게 돌려 드리며, 보험료를 받은 기간에 대하여 보험개발원이 공시하는 보험계약대출이율을 연단위 복리로 계산한 금액을 더하여 지급합니다.

제21조(계약의 무효) 계약을 맺을 때에 보험의 목적에 이미 사고가 발생하였을 경우 이 계약은 무효로 합니다. 다만, 회사의 고의 또는 과실로 계약이 무효로 된 경우와 회사가 승낙 전에 무효임을 알았거나 알 수 있었음에도 불구하고 보험료를 반환하지 않은 경우에는 보험료를 납입한 날의 다음날부터 반환일까지의 기간에 대하여 회사는 보험개발원이 공시하는 보험계약대출이율을 연단위 복리로 계산한 금액을 더하여 돌려드립니다.

제22조(계약내용의 변경 등) ① 계약자는 회사의 승낙을 얻어 다음의 사항을 변경할 수 있습니다. 이 경우 승낙을 서면 등으로 알리거나 보험증권의 뒷면에 기재하여 드립니다.

1. 보험종목
2. 보험기간
3. 보험료 납입주기, 납입방법 및 납입기간
4. 계약자, 피보험자
5. 보험가입금액, 보험료 등 기타 계약의 내용

② 회사는 계약자가 제1회 보험료 등을 납입한 때부터 1년 이상 지난 유효한 계약으로서 그 보험종목의 변경을 요청할 때에는 회사의 사업방법서에서 정하는 방법에 따라 이를 변경하여 드립니다.

③ 회사는 계약자가 제1항 제5호의 규정에 의하여 보험가입금액을 감액하고자 할 때에는 그 감액된 부분은 계약이 해지된 것으로 보며, 제33조(보험료의 환급)에 따라 보험료를 계약자에게 지급합니다.

④ 회사는 제1항에 따라 계약자를 변경한 경우, 변경된 계약자에게 보험증권 및 약관을 교부하고 변경된 계약자가 요청하는 경우 약관의 중요한 내용을 설명하여 드립니다.

제23조(보험의 목적에 대한 조사) 회사는 보험목적에 대한 위험상태를 조사하기 위하여 보험기간 중 언제든지 보험의 목적 또는 이들이 들어 있는 건물이나 구내를 조사할 수 있습니다.

제24조(타인을 위한 계약) ① 계약자는 타인을 위한 계약을 체결하는 경우에 그 타인의 위임이 없는 때에는 반드시 이를 회사에 알려야 하며, 이를 알리지 않았을 때에는 그 타인은 이 계약이 체결된 사실을 알지 못하였다는 사유로 회사에 이의를 제기할 수 없습니다.

② 타인을 위한 계약에서 보험사고가 발생한 경우에 계약자가 그 타인에게 보험사고의 발생으로 생긴 손해를 배상한 때에는 계약자는 그 타인의 권리를 해하지 않는 범위 안에서 회사에 보험금의 지급을 청구할 수 있습니다.

제5관 보험료의 납입

제25조(제1회 보험료 등 및 회사의 보장개시) ① 회사는 계약의 청약을 승낙하고 제1회 보험료 등을 받은 때부터 이 약관이 정한 바에 따라 보장을 합니다.

② 회사가 계약자로부터 계약의 청약과 함께 제1회 보험료 등을 받은 경우에 그 청약을 승낙하기 전에 계약에서 정한 보험금 지급사유가 생긴 때에는 회사는 계약상의 보장을 합니다.

③ 제2항의 규정에도 불구하고 회사는 다음 중 한 가지에 해당되는 경우에는 보장을 하지 않습니다.

1. 제15조(계약 전 알릴의무)의 규정에 의하여 계약자 또는 피보험자가 회사에 알린 내용이 보험금 지급사유의 발생에 영향을 미쳤음을 회사가 증명하는 경우
2. 제4조(보상하지 않는 손해), 제17조(사기에 의한 계약), 제21조(계약의 무효) 또는 제30조(계약의 해지)의 규정을 준용하여 회사가 보장을 하지 않을 수 있는 경우

④ 계약자가 제1회 보험료 등을 자동이체 또는 신용카드로 납입하는 경우에는 자동이체신청 및 신용카드매출승인에 필요한 정보를 회사에 제공한 때가 제1회 보험료 등을 납입한 때가 되나, 계약자의 책임 있는 사유로 자동이체 또는 매출승인이 불가능한 경우에는 제1회 보험료 등이 납입되지 않은 것으로 봅니다.

⑤ 계약이 갱신되는 경우에는 제1항 내지 제3항에 의한 보장은 기존 계약에 의한 보장이 종료하는 때부터 적용합니다.

제26조(제2회 이후 보험료의 납입) 계약자는 제2회 이후의 보험료를 납입기일까지 납입하여야 하며, 회사는 계약자가 보험료를 납입한 경우에는 영수증을 발행하여 드립니다. 다만, 금융회사(우체국을 포함합니다)를 통하여 보험료를 납입한 경우에는 그 금융회사 발행 증빙서류를 영수증으로 대신합니다.

【납입기일】 계약자가 제2회 이후의 보험료를 납입하기로 한 날을 말합니다.

제27조(보험료의 납입이 연체되는 경우 납입최고[독촉]와 계약의 해지) ① 계약자가 제2회 이후의 보험료를 납입기일까지 납입하지 않아 보험료 납입이 연체 중인 경우에는 회사는 14일(보험기간이 1년 미만인 경우에는 7일) 이상의 기간을 납입최고(독촉)기간으로 정하여 계약자(타인을 위한 계약의 경우 그 특정된 타인을 포함합니다)에게 다음의 내용을 서면(등기우편 등), 전화(음성녹음) 또는 전자문서 등으로 알려드립니다. 다만, 계약이 해지되기 전에 발생한 보험금 지급사유에 대하여 회사는 계약상의 보장을 합니다.

1. 납입최고(독촉)기간 내에 연체보험료를 납입하여야 한다는 내용
2. 납입최고(독촉)기간이 끝나는 날까지 보험료를 납입하지 않을 경우 그 끝나는 날의 다음날에 계약이 해지된다는 내용

② 제1항의 납입최고(독촉)기간은 납입최고(독촉)의 통지가 계약자(타인을 위한 계약의 경우에는 그 특정된 타인을 포함)에게 도달한 날부터 시작되며, 납입최고(독촉)기간의 마지막 날이 영업일이 아닌 때에는 최고(독촉)기간은 그 다음 날까지로 합니다.

③ 회사가 제1항에 의한 납입최고(독촉) 등을 전자문서로 안내하고자 할 경우에는 계약자의 서면에 의한 동의를 얻어 수신확인을 조건으로 전자문서를 송신하여야 하며, 계약자가 전자문서에 대하여 수신을 확인하기 전까지는 그 전자문서는 송신되지 않은 것으로 봅니다. 회사는 전자문서가 수신되지 않은 것으로 확인되는 경우에는 제1항의 납입최고(독촉)기간을 설정하여 제1항에서 정한 내용을 서면(등기우편 등) 또는 전화(음성녹음)로 다시 알려드립니다.

④ 제1항에 따라 계약이 해지된 경우에는 제33조(보험료의 환급)에 따라 보험료를 계약자에게 지급합니다.

제28조(보험료의 납입연체로 인한 해지계약의 부활[효력회복]) ① 제27조(보험료의 납입이 연체되는 경우 납입최고[독촉]와 계약의 해지)에 따라 계약이 해지되었으나 계약자가 제33조(보험료의 환급)에 따라 보험료를 돌려받지 않은 경우 계약자는 해지된 날부터 3년 이내에 회사가 정한 절차에 따라 계약의 부활(효력회복)을 청약할 수 있습니다. 이 경우 회사가 그 청약을 승낙한 때에는 계약자는 부활(효력회복)을 청약한 날까지의 연체된 보험료에 보험개발원이 공시하는 월평균 정기예금이율 + 1% 범위 내에서 각 상품별로 회사가 정하는 이율로 계산한 금액을 더하여 납입하여야 합니다.

② 제1항에 따라 해지계약을 부활(효력회복)하는 경우에는 제15조(계약 전 알릴의무), 제17조(사기에 의한 계약), 제18조(보험계약의 성립), 제25조(제1회 보험료 등 및 회사의 보장개시) 및 제30조(계약의 해지)의 규정을 준용합니다. 이 때 회사는 해지 전 발생한 보험금 지급사유를 이유로 부활(효력회복)을 거절하지 않습니다. 〈개정 2023.6.26.〉

③ 제1항에서 정한 계약의 부활이 이루어진 경우라도 계약자 또는 피보험자가 최초 계약 청약시(2회 이상 부활이 이루어진 경우 종전 모든 부활 청약 포함) 제15조(계약 전 알릴의무)를 위반한 경우에는 제30조(계약의 해지) 제3항이 적용됩니다. 〈신설 2023.6.26.〉

제29조(강제집행 등으로 인한 해지계약의 특별부활[효력회복]) ① 타인을 위한 계약의 경우 제33조(보험료의 환급)에 따른 계약자의 환급금 청구권에 대한 강제집행, 담보권실행, 국세 및 지방세 체납처분절차에 의해 계약이 해지된 경우에는, 회사는 해지 당시의 피보험자가 계약자의 동의를 얻어 계약 해지로 회사가 채권자에게 지급한 금액을 회사에게 지급하고 제22조(계약내용의 변경 등) 제1항의 절차에 따라 계약자 명의를 피보험자로 변경하여 계약의 특별부활(효력회복)을 청약할 수 있음을 피보험자에게 통지하여야 합니다.

② 회사는 제1항에 의한 계약자 명의변경 신청 및 계약의 특별부활(효력회복) 청약을 승낙하며, 계약은 청약한 때부터 특별부활(효력회복) 됩니다.

③ 회사는 제1항의 통지를 계약이 해지된 날부터 7일 이내에 하여야 합니다. 다만, 회사의 통지가 7일을 지나서 도달하고 이후 피보험자가 제1항에 의한 계약자 명의변경 신청 및 계약의 특별부활(효력회복)을 청약한 경우에는 계약이 해지된 날부터 7일이 되는 날에 특별부활(효력회복) 됩니다.

④ 피보험자는 통지를 받은 날부터 15일 이내에 제1항의 절차를 이행할 수 있습니다.

제6관 계약의 해지 및 보험료의 환급 등

제30조(계약의 해지) ① 계약자는 손해가 발생하기 전에는 언제든지 계약을 해지할 수 있습니다. 다만 타인을 위한 계약의 경우에는 계약자는 그 타인의 동의를 얻거나 보험증권을 소지한 경우에 한하여 계약을 해지할 수 있습니다.

② 회사는 계약자 또는 피보험자의 고의로 손해가 발생한 경우 이 계약을 해지할 수 있습니다.

③ 회사는 아래와 같은 사실이 있을 경우에는 손해의 발생여부에 관계없이 그 사실을 안 날부터 1개월 이내에 이 계약을 해지할 수 있습니다.

1. 계약자, 피보험자 또는 이들의 대리인이 제15조(계약 전 알릴의무)에도 불구하고 고의 또는 중대한 과실로 중요한 사항에 대하여 사실과 다르게 알린 때
2. 뚜렷한 위험의 변경 또는 증가와 관련된 제16조(계약 후 알릴의무)에서 정한 계약 후 알릴의무를 이행하지 않았을 때

④ 제3항 제1호의 경우에도 불구하고 다음 중 하나에 해당하는 경우에는 회사는 계약을 해지할 수 없습니다.

1. 회사가 계약 당시에 그 사실을 알았거나 과실로 인하여 알지 못하였을 때
2. 회사가 그 사실을 안 날부터 1개월 이상 지났거나 또는 제1회 보험료 등을 받은 때부터 보험금 지급사유가 발생하지 않고 2년이 지났을 때
3. 계약을 체결한 날부터 3년이 지났을 때
4. 보험을 모집한 자(이하 "보험설계사 등"이라 합니다)가 계약자 또는 피보험자에게 알릴 기회를 주지 않았거나 계약자 또는 피보험자가 사실대로 알리는 것을 방해한 경우, 계약자 또는 피보험자에게 사실대로 알리지 않게 하였거나 부실한 사항을 알릴 것을 권유했을 때. 다만, 보험설계사 등의 행위가 없었다 하더라도 계약자 또는 피보험자가 사실대로 알리지 않거나 부실한 사항을 알렸다고 인정되는 경우에는 계약을 해지할 수 있습니다.

⑤ 제3항에 의한 계약의 해지는 손해가 생긴 후에 이루어진 경우에도 회사는 그 손해를 보상하여 드리지 않습니다. 그러나 손해가 제3항 제1호 및 제2호의 사실로 생긴 것이 아님을 계약자 또는 피보험자가 증명한 경우에는 보상하여 드립니다.

⑥ 회사는 다른 보험가입내역에 대한 계약 전·후 알릴의무위반을 이유로 계약을 해지하거나 보험금 지급을 거절하지 않습니다.

제30조의2(위법계약의 해지) ① 계약자는 「금융소비자 보호에 관한 법률」 제47조 및 관련규정이 정하는 바에 따라 계약 체결에 대한 회사의 법 위반사항이 있는 경우 계약 체결일부터 5년 이내의 범위에서 계약자가 위반사항을 안 날부터 1년 이내에 계약해지요구서에 증빙서류를 첨부하여 위법계약의 해지를 요구할 수 있습니다. 다만, 의무보험의 해지를 요구하려는 경우에는 동종의 다른 의무보험에 가입되어 있어야 합니다.

② 회사는 해지요구를 받은 날부터 10일 이내에 수락 여부를 계약자에 통지하여야 하며, 거절할 때에는 거절사유를 함께 통지하여야 합니다.

③ 계약자는 회사가 정당한 사유 없이 제1항의 요구를 따르지 않는 경우 해당 계약을 해지할 수 있습니다.

④ 제1항 및 제3항에 따라 계약이 해지된 경우 회사는 제33조(보험료의 환급) 제1항 제1호에 따른 환급금을 계약자에게 지급합니다.

⑤ 계약자는 제1항에 따른 제척기간에도 불구하고 「민법」 등 관계법령에서 정하는 바에 따라 법률상의 권리를 행사할 수 있습니다. 〈본조신설 2021.7.1.〉

제31조(중대사유로 인한 해지) ① 회사는 아래와 같은 사실이 있을 경우에는 그 사실을 안 날부터 1개월 이내에 계약을 해지할 수 있습니다.

1. 계약자 또는 피보험자가 보험금을 지급받을 목적으로 고의로 보험금 지급사유를 발생시킨 경우 〈개정 2021.7.1.〉
2. 계약자 또는 피보험자가 보험금 청구에 관한 서류에 고의로 사실과 다른 것을 기재하였거나 그 서류 또는 증거를 위조 또는 변조한 경우. 다만, 이미 보험금 지급사유가 발생한 경우에는 보험금 지급에 영향을 미치지 않습니다.

② 회사가 제1항에 따라 계약을 해지한 경우 회사는 그 취지를 계약자에게 통지하고 제33조(보험료의 환급)에 따라 보험료를 계약자에게 지급합니다.

제32조(회사의 파산선고와 해지) ① 회사가 파산의 선고를 받은 때에는 계약자는 계약을 해지할 수 있습니다.

② 제1항의 규정에 따라 해지하지 않은 계약은 파산선고 후 3개월이 지난 때에는 그 효력을 잃습니다.

③ 제1항의 규정에 따라 계약이 해지되거나 제2항의 규정에 따라 계약이 효력을 잃는 경우에 회사는 제33조(보험료의 환급)에 의한 보험료를 계약자에게 지급합니다.

제33조(보험료의 환급) ① 이 계약이 무효, 효력상실 또는 해지된 때에는 다음과 같이 보험료를 돌려드립니다. 다만, 보험기간 중 보험사고가 발생하고 보험금이 지급되어 보험가입금액이 감액된 경우에는 감액된 보험가입금액을 기준으로 환급금을 계산하여 돌려드립니다.

1. 계약자 또는 피보험자의 책임 없는 사유에 의하는 경우 : 무효의 경우에는 회사에 납입한 보험료의 전액, 효력상실 또는 해지의 경우에는 경과하지 않은 기간에 대하여 일단위로 계산한 보험료
2. 계약자 또는 피보험자의 책임 있는 사유에 의하는 경우 : 이미 경과한 기간에 대하여 단기요율(1년 미만의 기간에 적용되는 요율)로 계산한 보험료를 뺀 잔액. 다만 계약자, 피보험자의 고의 또는 중대한 과실로 무효가 된 때에는 보험료를 돌려드리지 않습니다.

② 보험기간이 1년을 초과하는 계약이 무효 또는 효력상실인 경우에는 무효 또는 효력상실의 원인이 생긴 날 또는 해지일이 속하는 보험연도의 보험료는 위 제1항의 규정을 적용하고 그 이후의 보험연도에 속하는 보험료는 전액을 돌려드립니다.

③ 제1항 제2호에서 '계약자 또는 피보험자의 책임 있는 사유'라 함은 다음 각호를 말합니다.

1. 계약자 또는 피보험자가 임의 해지하는 경우
2. 회사가 제17조(사기에 의한 계약), 제30조(계약의 해지) 또는 제31조(중대사유로 인한 해지)에 따라 계약을 취소 또는 해지하는 경우
3. 보험료 미납으로 인한 계약의 효력상실

④ 계약의 무효, 효력상실 또는 해지로 인하여 회사가 돌려드려야 할 보험료가 있을 때에는 계약자는 환급금을 청구하여야 하며, 회사는 청구일의 다음 날부터 지급일까지의 기간에 대하여 '보험개발원이 공시하는 보험계약대출이율'을 연단위 복리로 계산한 금액을 더하여 지급합니다.

제7관 분쟁의 조정 등

제34조(분쟁의 조정) ① 계약에 관하여 분쟁이 있는 경우에는 분쟁당사자 또는 기타 이해관계인과 회사는 금융감독원장에게 조정을 신청할 수 있으며, 분쟁조정 과정에서 계약자는 관계법령이 정하는 바에 따라 회사가 기록 및 유지・관리하는 자료의 열람(사본의 제공 또는 청취를 포함한다)을 요구할 수 있습니다. 〈개정 2021.7.1.〉

② 회사는 일반금융소비자인 계약자가 조정을 통하여 주장하는 권리나 이익의 가액이 「금융소비자 보호에 관한 법률」 제42조에서 정하는 일정 금액 이내인 분쟁사건에 대하여 조정절차가 개시된 경우에는 관계법령이 정하는 경우를 제외하고는 소를 제기하지 않습니다. 〈신설 2021.7.1.〉

제35조(관할법원) 이 계약에 관한 소송 및 민사조정은 계약자의 주소지를 관할하는 법원으로 합니다. 다만, 회사와 계약자가 합의하여 관할법원을 달리 정할 수 있습니다.

제36조(소멸시효) 보험금청구권, 보험료 또는 환급금반환청구권은 3년간 행사하지 않으면 소멸시효가 완성됩니다.

제37조(약관의 해석) ① 회사는 신의성실의 원칙에 따라 공정하게 약관을 해석하여야 하며 계약자에 따라 다르게 해석하지 않습니다.

② 회사는 약관의 뜻이 명백하지 않은 경우에는 계약자에게 유리하게 해석합니다.

③ 회사는 보상하지 않는 손해 등 계약자나 피보험자에게 불리하거나 부담을 주는 내용은 확대하여 해석하지 않습니다.

제38조(설명서 교부 및 보험안내자료 등의 효력) ① 회사는 일반금융소비자에게 청약을 권유하거나 일반금융소비자가 설명을 요청하는 경우 보험상품에 관한 중요한 사항을 계약자가 이해할 수 있도록 설명하고 계약자가 이해하였음을 서명(「전자서명법」 제2조 제2호에 따른 전자서명을 포함), 기명날인 또는 녹취 등을 통해 확인받아야 하며, 설명서를 제공하여야 합니다. 〈신설 2021.7.1.〉

② 설명서, 약관, 계약자 보관용 청약서 및 보험증권의 제공 사실에 관하여 계약자와 회사간에 다툼이 있는 경우에는 회사가 이를 증명하여야 합니다. 〈신설 2021.7.1.〉

③ 보험설계사 등이 모집 과정에서 사용한 회사 제작의 보험안내자료의 내용이 약관의 내용과 다른 경우에는 계약자에게 유리한 내용으로 계약이 성립된 것으로 봅니다.

> **【보험안내자료】** 계약의 청약을 권유하기 위해 만든 서류 등을 말합니다.

제39조(회사의 손해배상책임) ① 회사는 계약과 관련하여 임직원, 보험설계사 및 대리점의 책임 있는 사유로 인하여 계약자 및 피보험자에게 발생된 손해에 대하여 관계법령 등에 따라 손해배상의 책임을 집니다.

② 회사는 보험금 지급 거절 및 지연지급의 사유가 없음을 알았거나 알 수 있었음에도 불구하고 소를 제기하여 계약자 또는 피보험자에게 손해를 가한 경우에는 그에 따른 손해를 배상할 책임을 집니다.

③ 회사가 보험금 지급여부 및 지급금액에 관하여 현저하게 공정을 잃은 합의로 계약자 또는 피보험자에게 손해를 가한 경우에도 회사는 제2항에 따라 손해를 배상할 책임을 집니다.

제40조(개인정보보호) ① 회사는 이 계약과 관련된 개인정보를 이 계약의 체결, 유지, 보험금 지급 등을 위하여 「개인정보보호법」, 「신용정보의 이용 및 보호에 관한 법률」 등 관계법령에 정한 경우를 제외하고 계약자 또는 피보험자의 동의 없이 수집, 이용, 조회 또는 제공하지 않습니다. 다만, 회사는 이 계약의 체결, 유지, 보험금 지급 등을 위하여 위 관계법령에 따라 계약자 및 피보험자의 동의를 받아 다른 보험회사 및 보험관련단체 등에 개인정보를 제공할 수 있습니다.

② 회사는 계약과 관련된 개인정보를 안전하게 관리하여야 합니다.

제41조(준거법) 이 계약은 대한민국 법에 따라 규율되고 해석되며, 약관에서 정하지 않은 사항은 「금융소비자 보호에 관한 법률」, 「상법」, 「민법」 등 관계법령을 따릅니다. 〈개정 2021.7.1.〉.

제42조(예금보험에 의한 지급보장) 회사가 파산 등으로 인하여 보험금 등을 지급하지 못할 경우에는 「예금자보호법」에서 정하는 바에 따라 그 지급을 보장합니다.

〈부표〉 보험금을 지급할 때의 적립이율(제7조 제2항 관련) 〈신설 2015.12.29.〉

기 간	지 급 이 자
지급기일의 다음 날부터 30일 이내 기간	보험계약대출이율
지급기일의 31일 이후부터 60일 이내 기간	보험계약대출이율 + 가산이율(4.0%)
지급기일의 61일 이후부터 90일 이내 기간	보험계약대출이율 + 가산이율(6.0%)
지급기일의 91일 이후 기간	보험계약대출이율 + 가산이율(8.0%)

주) 보험계약대출이율은 보험개발원이 공시하는 보험계약대출이율을 적용합니다.

02 생명보험 표준약관

〈개정 2005.2.15., 2008.3.26., 2010.1.29., 2011.1.19., 2013.12.17., 2014.12.26., 2015.8.31., 2015.12.29., 2018.3.2., 2018.7.10., 2019.12.20., 2020.7.31., 2020.10.16., 2021.7.1., 2022.2.16., 2022.9.30., 2022.12.23., 2023.6.26.〉

제1관 목적 및 용어의 정의

제1조(목적) 이 보험계약(이하 '계약'이라 합니다)은 보험계약자(이하 '계약자'라 합니다)와 보험회사(이하 '회사'라 합니다) 사이에 피보험자의 생존이나 사망에 대한 위험을 보장하기 위하여 체결됩니다.

제2조(용어의 정의) 이 계약에서 사용되는 용어의 정의는 이 계약의 다른 조항에서 달리 정의되지 않는 한 다음과 같습니다.

1. 계약관계 관련 용어
   가. 계약자 : 회사와 계약을 체결하고 보험료를 납입할 의무를 지는 사람을 말합니다.
   나. 보험수익자 : 보험금 지급사유가 발생하는 때에 회사에 보험금을 청구하여 받을 수 있는 사람을 말합니다.
   다. 보험증권 : 계약의 성립과 그 내용을 증명하기 위하여 회사가 계약자에게 드리는 증서를 말합니다.
   라. 진단계약 : 계약을 체결하기 위하여 피보험자가 건강진단을 받아야 하는 계약을 말합니다.
   마. 피보험자 : 보험사고의 대상이 되는 사람을 말합니다.
2. 지급사유 관련 용어
   가. 장해 : 〈부표 3〉 장해분류표에서 정한 기준에 따른 장해상태를 말합니다.
   나. 재해 : 〈부표 4〉 재해분류표에서 정한 재해를 말합니다.
   다. 중요한 사항 : 계약 전 알릴의무와 관련하여 회사가 그 사실을 알았더라면 계약의 청약을 거절하거나 보험가입금액 한도 제한, 일부 보장 제외, 보험금 삭감, 보험료 할증과 같이 조건부로 승낙하는 등 계약 승낙에 영향을 미칠 수 있는 사항을 말합니다.
3. 지급금과 이자율 관련 용어
   가. 연단위 복리 : 회사가 지급할 금전에 이자를 줄 때 1년마다 마지막 날에 그 이자를 원금에 더한 금액을 다음 1년의 원금으로 하는 이자 계산방법을 말합니다.
   나. 평균공시이율 : 전체 보험회사 공시이율의 평균으로, 이 계약 체결 시점의 이율을 말합니다.
   다. 해약환급금 : 계약이 해지되는 때에 회사가 계약자에게 돌려주는 금액을 말합니다.
4. 기간과 날짜 관련 용어
   가. 보험기간 : 계약에 따라 보장을 받는 기간을 말합니다.
   나. 영업일 : 회사가 영업점에서 정상적으로 영업하는 날을 말하며, 토요일, '관공서의 공휴일에 관한 규정'에 따른 공휴일과 근로자의 날을 제외합니다.

제2관 보험금의 지급

제3조(보험금의 지급사유) 회사는 피보험자에게 다음 중 어느 하나의 사유가 발생한 경우에는 보험수익자에게 약정한 보험금을 지급합니다.

1. 보험기간 중의 특정시점에 살아 있을 경우 : 중도보험금
2. 보험기간이 끝날 때까지 살아 있을 경우 : 만기보험금
3. 보험기간 중 사망한 경우 : 사망보험금
4. 보험기간 중 진단 확정된 질병 또는 재해로 장해분류표(〈부표 3〉 참조)에서 정한 각 장해지급률에 해당하는 장해상태가 되었을 때 : 장해보험금
5. 보험기간 중 질병이 진단 확정되거나 입원, 통원, 요양, 수술 또는 수발이 필요한 상태가 되었을 때 : 입원보험금 등

제4조(보험금 지급에 관한 세부규정) ① 제3조(보험금의 지급사유) 제3호 '사망'에는 보험기간에 다음 어느 하나의 사유가 발생한 경우를 포함합니다.

1. 실종선고를 받은 경우 : 법원에서 인정한 실종기간이 끝나는 때에 사망한 것으로 봅니다.
2. 관공서에서 수해, 화재나 그 밖의 재난을 조사하고 사망한 것으로 통보하는 경우 : 가족관계등록부에 기재된 사망연월일을 기준으로 합니다.

② 「호스피스・완화의료 및 임종과정에 있는 환자의 연명의료 결정에 관한 법률」에 따른 연명의료중단 등 결정 및 그 이행으로 피보험자가 사망하는 경우 연명의료중단 등 결정 및 그 이행은 제3조(보험금의 지급사유) 제3호 '사망'의 원인 및 '사망보험금' 지급에 영향을 미치지 않습니다. 〈신설 2018.7.10.〉

③ 제3조(보험금의 지급사유) 제4호에서 장해지급률이 재해일 또는 질병의 진단 확정일부터 180일 이내에 확정되지 않는 경우에는 재해일 또는 진단 확정일부터 180일이 되는 날의 의사 진단에 기초하여 고정될 것으로 인정되는 상태를 장해지급률로 결정합니다. 다만, 장해분류표(〈부표 3〉 참조)에 장해판정시기를 별도로 정한 경우에는 그에 따릅니다. 〈개정 2018.7.10.〉

④ 제3항에 따라 장해지급률이 결정되었으나 그 이후 보장받을 수 있는 기간(계약의 효력이 없어진 경우에는 보험기간이 10년 이상인 계약은 재해일 또는 진단 확정일부터 2년 이내로 하고, 보험기간이 10년 미만인 계약은 재해일 또는 진단 확정일부터 1년 이내)에 장해상태가 더 악화된 때에는 그 악화된 장해상태를 기준으로 장해지급률을 결정합니다. 〈개정 2018.7.10.〉

⑤ 삭제 〈2018.7.10.〉

⑥ 삭제 〈2018.7.10.〉

⑦ 삭제 〈2018.7.10.〉

⑧ 장해분류표에 해당되지 않는 장해는 신체의 장해 정도에 따라 장해분류표의 구분에 준하여 지급액을 결정합니다.

⑨ 보험수익자와 회사가 제3조(보험금의 지급사유) 제3호에서 제5호의 보험금 지급사유에 대해 합의하지 못할 때는 보험수익자와 회사가 함께 제3자를 정하고 그 제3자의 의견에 따를 수 있습니다. 제3자는 의료법 제3조(의료기관)에 규정한 종합병원 소속 전문의 중에서 정하며, 보험금 지급사유 판정에 드는 의료비용은 회사가 전액 부담합니다.

제5조(보험금을 지급하지 않는 사유) 회사는 다음 중 어느 한 가지로 보험금 지급사유가 발생한 때에는 보험금을 지급하지 않습니다.

1. 피보험자가 고의로 자신을 해친 경우

   다만, 다음 중 어느 하나에 해당하면 보험금을 지급합니다.

   가. 피보험자가 심신상실 등으로 자유로운 의사결정을 할 수 없는 상태에서 자신을 해친 경우

   특히 그 결과 사망에 이르게 된 경우에는 재해사망보험금(약관에서 정한 재해사망보험금이 없는 경우에는 재해 이외의 원인으로 인한 사망보험금)을 지급합니다.

   나. 계약의 보장개시일[부활(효력회복)계약의 경우는 부활(효력회복)청약일]부터 2년이 지난 후에 자살한 경우에는 재해 이외의 원인에 해당하는 사망보험금을 지급합니다.

2. 보험수익자가 고의로 피보험자를 해친 경우

   다만, 그 보험수익자가 보험금의 일부 보험수익자인 경우에는 다른 보험수익자에 대한 보험금은 지급합니다. 〈개정 2014.12.26.〉

3. 계약자가 고의로 피보험자를 해친 경우

제6조(보험금 지급사유의 발생통지) 계약자 또는 피보험자나 보험수익자는 제3조(보험금의 지급사유)에서 정한 보험금 지급사유의 발생을 안 때에는 지체 없이 이를 회사에 알려야 합니다.

제7조(보험금의 청구) ① 보험수익자는 다음의 서류를 제출하고 보험금을 청구하여야 합니다.

1. 청구서(회사양식)
2. 사고증명서(사망진단서, 장해진단서, 입원치료확인서 등)
3. 신분증(주민등록증이나 운전면허증 등 사진이 붙은 정부기관 발행 신분증, 본인이 아닌 경우에는 본인의 인감증명서 또는 본인서명사실확인서 포함) 〈개정 2018.3.2.〉
4. 기타 보험수익자가 보험금 수령에 필요하여 제출하는 서류

② 제1항 제2호의 사고증명서는 의료법 제3조(의료기관)에서 규정한 국내의 병원이나 의원 또는 국외의 의료관련법에서 정한 의료기관에서 발급한 것이어야 합니다.

제8조(보험금의 지급절차) ① 회사는 제7조(보험금의 청구)에서 정한 서류를 접수한 때에는 접수증을 드리고 휴대전화 문자메세지 또는 전자우편 등으로도 송부하며, 그 서류를 접수한 날부터 3영업일 이내에 보험금을 지급합니다. 다만, 보험금 지급사유의 조사나 확인이 필요한 때에는 접수 후 10영업일 이내에 지급합니다.

② 회사는 제3조(보험금의 지급사유) 제1호 또는 제2호에 해당하는 보험금의 지급시기가 되면 지급시기 7일 이전에 그 사유와 회사가 지급하여야 할 금액을 계약자 또는 보험수익자에게 알려드리며, 제1항에 따라 보험금을 지급할 때 보험금 지급일까지의 기간에 대한 이자는 〈부표 4-1〉 '보험금을 지급할 때의 적립이율 계산'과 같이 계산합니다.

③ 회사가 보험금 지급사유를 조사·확인하기 위하여 제1항의 지급기일 이내에 보험금을 지급하지 못할 것으로 예상되는 경우에는 그 구체적인 사유, 지급예정일 및 보험금 가지급제도(회사가 추정하는 보험금의 50% 이내를 지급)에 대하여 피보험자 또는 보험수익자에게 즉시 통지하여 드립니다. 다만, 지급예정일은 다음 각 호의 어느 하나에 해당하는 경우를 제외하고는 제7조(보험금의 청구)에서 정한 서류를 접수한 날부터 30영업일 이내에서 정합니다.

1. 소송제기
2. 분쟁조정신청
3. 수사기관의 조사
4. 해외에서 발생한 보험사고에 대한 조사

5. 제6항에 따른 회사의 조사요청에 대한 동의 거부 등 계약자, 피보험자 또는 보험수익자의 책임 있는 사유로 보험금 지급사유의 조사와 확인이 지연되는 경우

6. 제4조(보험금 지급에 관한 세부규정) 제9항에 따라 보험금 지급사유에 대해 제3자의 의견에 따르기로 한 경우

④ 제3항에 의하여 장해지급률의 판정 및 지급할 보험금의 결정과 관련하여 확정된 장해지급률에 따른 보험금을 초과한 부분에 대한 분쟁으로 보험금 지급이 늦어지는 경우에는 보험수익자의 청구에 따라 이미 확정된 보험금을 먼저 가지급합니다. 〈개정 2014.12.26.〉

⑤ 제3항에 의하여 추가적인 조사가 이루어지는 경우, 회사는 보험수익자의 청구에 따라 회사가 추정하는 보험금의 50% 상당액을 가지급보험금으로 지급합니다. 〈신설 2014.12.26.〉

⑥ 계약자, 피보험자 또는 보험수익자는 제14조(계약 전 알릴의무위반의 효과)와 제1항 및 제3항의 보험금 지급사유 조사와 관련하여 의료기관, 국민건강보험공단, 경찰서 등 관공서에 대한 회사의 서면 조사 요청에 동의하여야 합니다. 다만, 정당한 사유 없이 이에 동의하지 않을 경우에는 사실확인이 끝날 때까지 회사는 보험금 지급지연에 따른 이자를 지급하지 않습니다. 〈개정 2014.12.26.〉

⑦ 회사는 제6항의 서면 조사에 대한 동의 요청시 조사목적, 사용처 등을 명시하고 설명합니다. 〈신설 2014.12.26.〉

제9조(보험금 받는 방법의 변경) ① 계약자(보험금 지급사유 발생 후에는 보험수익자)는 회사의 사업방법서에서 정한 바에 따라 제3조(보험금의 지급사유) 제3호 및 제4호에 따른 사망보험금이나 장해보험금의 전부 또는 일부에 대하여 나누어 지급받거나 일시에 지급받는 방법으로 변경할 수 있습니다.

② 회사는 제1항에 따라 일시에 지급할 금액을 나누어 지급하는 경우에는 나중에 지급할 금액에 대하여 평균공시이율을 연단위 복리로 계산한 금액을 더하며, 나누어 지급할 금액을 일시에 지급하는 경우에는 평균공시이율을 연단위 복리로 할인한 금액을 지급합니다.

제10조(주소변경통지) ① 계약자(보험수익자가 계약자와 다른 경우 보험수익자를 포함합니다)는 주소 또는 연락처가 변경된 경우에는 지체 없이 그 변경 내용을 회사에 알려야 합니다.

② 제1항에서 정한대로 계약자 또는 보험수익자가 변경 내용을 알리지 않은 경우에는 계약자 또는 보험수익자가 회사에 알린 최종의 주소 또는 연락처로 등기우편 등 우편물에 대한 기록이 남는 방법으로 알린 사항은 일반적으로 도달에 필요한 시일이 지난 때에 계약자 또는 보험수익자에게 도달된 것으로 봅니다.

제11조(보험수익자의 지정) 이 계약에서 계약자가 보험수익자를 지정하지 않은 때에는 보험수익자를 제3조(보험금의 지급사유) 제1호 및 제2호의 경우는 계약자로 하고, 같은 조 제3호는 피보험자의 법정상속인, 제4호 및 제5호는 피보험자로 합니다.

제12조(대표자의 지정) ① 계약자 또는 보험수익자가 2명 이상인 경우에는 각 대표자를 1명 지정하여야 합니다. 이 경우 그 대표자는 각각 다른 계약자 또는 보험수익자를 대리하는 것으로 합니다.

② 지정된 계약자 또는 보험수익자의 소재가 확실하지 않은 경우에는 이 계약에 관하여 회사가 계약자 또는 보험수익자 1명에 대하여 한 행위는 각각 다른 계약자 또는 보험수익자에게도 효력이 미칩니다.

③ 계약자가 2명 이상인 경우에는 그 책임을 연대로 합니다.

제3관 계약자의 계약 전 알릴의무 등

제13조(계약 전 알릴의무) 계약자 또는 피보험자는 청약할 때(진단계약의 경우에는 건강진단할 때를 말합니다) 청약서에서 질문한 사항에 대하여 알고 있는 사실을 반드시 사실대로 알려야(이하 '계약 전 알릴의무'라 하며, 상법상 '고지의무'와 같습니다) 합니다. 다만, 진단계약에서 의료법 제3조(의료기관)의 규정에 따른 종합병원과 병원에서 직장 또는 개인이 실시한 건강진단서 사본 등 건강상태를 판단할 수 있는 자료로 건강진단을 대신할 수 있습니다.

제14조(계약 전 알릴의무위반의 효과) ① 회사는 계약자 또는 피보험자가 제13조(계약 전 알릴의무)에도 불구하고 고의 또는 중대한 과실로 중요한 사항에 대하여 사실과 다르게 알린 경우에는 회사가 별도로 정하는 방법에 따라 계약을 해지하거나 보장을 제한할 수 있습니다. 그러나 다음 중 한 가지에 해당되는 때에는 계약을 해지하거나 보장을 제한할 수 없습니다.

1. 회사가 계약 당시에 그 사실을 알았거나 과실로 인하여 알지 못하였을 때
2. 회사가 그 사실을 안 날부터 1개월 이상 지났거나 또는 보장개시일부터 보험금 지급사유가 발생하지 않고 2년(진단계약의 경우 질병에 대하여는 1년)이 지났을 때
3. 계약을 체결한 날부터 3년이 지났을 때
4. 회사가 이 계약을 청약할 때 피보험자의 건강상태를 판단할 수 있는 기초자료(건강진단서 사본 등)에 따라 승낙한 경우에 건강진단서 사본 등에 명기되어 있는 사항으로 보험금 지급사유가 발생하였을 때(계약자 또는 피보험자가 회사에 제출한 기초자료의 내용 중 중요사항을 고의로 사실과 다르게 작성한 때에는 계약을 해지하거나 보장을 제한할 수 있습니다)
5. 보험설계사 등이 계약자 또는 피보험자에게 고지할 기회를 주지 않았거나 계약자 또는 피보험자가 사실대로 고지하는 것을 방해한 경우, 계약자 또는 피보험자에게 사실대로 고지하지 않게 하였거나 부실한 고지를 권유했을 때

   다만, 보험설계사 등의 행위가 없었다 하더라도 계약자 또는 피보험자가 사실대로 고지하지 않거나 부실한 고지를 했다고 인정되는 경우에는 계약을 해지하거나 보장을 제한할 수 있습니다.

② 회사는 제1항에 따라 계약을 해지하거나 보장을 제한할 경우에는 계약 전 알릴의무위반 사실(계약해지 등의 원인이 되는 위반 사실을 구체적으로 명시)뿐만 아니라 계약 전 알릴의무 사항이 중요한 사항에 해당되는 사유 및 계약의 처리결과를 "반대증거가 있는 경우 이의를 제기할 수 있습니다"라는 문구와 함께 계약자에게 서면 또는 전자문서 등으로 알려드립니다. 회사가 전자문서로 안내하고자 할 경우에는 계약자에게 서면 또는 「전자서명법」 제2조 제2호에 따른 전자서명으로 동의를 얻어 수신확인을 조건으로 전자문서를 송신하여야 합니다. 계약자의 전자문서 수신이 확인되기 전까지는 그 전자문서는 송신되지 않은 것으로 봅니다. 회사는 전자문서가 수신되지 않은 것을 확인한 경우에는 서면(등기우편 등)으로 다시 알려드립니다.
〈개정 2020.7.31., 2022.9.30.〉

③ 제1항에 따라 계약을 해지하였을 때에는 제32조(해약환급금) 제1항에 따른 해약환급금을 드리며, 보장을 제한하였을 때에는 보험료, 보험가입금액 등이 조정될 수 있습니다.

④ 제13조(계약 전 알릴의무)의 계약 전 알릴의무를 위반한 사실이 보험금 지급사유 발생에 영향을 미쳤음을 회사가 증명하지 못한 경우에는 제1항에도 불구하고 계약의 해지 또는 보장을 제한하기 이전까지 발생한 해당 보험금을 지급합니다.

⑤ 회사는 다른 보험가입내역에 대한 계약 전 알릴의무위반을 이유로 계약을 해지하거나 보험금 지급을 거절하지 않습니다.

제15조(사기에 의한 계약) 계약자 또는 피보험자가 대리진단, 약물사용을 수단으로 진단절차를 통과하거나 진단서 위·변조 또는 청약일 이전에 암 또는 사람면역결핍바이러스(HIV) 감염의 진단 확정을 받은 후 이를 숨기고 가입하는 등의 뚜렷한 사기의사에 의하여 계약이 성립되었음을 회사가 증명하는 경우에는 보장개시일부터 5년 이내(사기사실을 안 날부터는 1개월 이내)에 계약을 취소할 수 있습니다.

제4관 보험계약의 성립과 유지

제16조(보험계약의 성립) ① 계약은 계약자의 청약과 회사의 승낙으로 이루어집니다.

② 회사는 피보험자가 계약에 적합하지 않은 경우에는 승낙을 거절하거나 별도의 조건(보험가입금액 제한, 일부보장 제외, 보험금 삭감, 보험료 할증 등)을 붙여 승낙할 수 있습니다.

③ 회사는 계약의 청약을 받고, 제1회 보험료를 받은 경우에 건강진단을 받지 않는 계약은 청약일, 진단계약은 진단일(재진단의 경우에는 최종 진단일)부터 30일 이내에 승낙 또는 거절하여야 하며, 승낙한 때에는 보험증권을 드립니다. 그러나 30일 이내에 승낙 또는 거절의 통지가 없으면 승낙된 것으로 봅니다.

④ 회사가 제1회 보험료를 받고 승낙을 거절한 경우에는 거절통지와 함께 받은 금액을 돌려드리며, 보험료를 받은 기간에 대하여 평균공시이율 + 1%를 연단위 복리로 계산한 금액을 더하여 지급합니다. 다만, 회사는 계약자가 제1회 보험료를 신용카드로 납입한 계약의 승낙을 거절하는 경우에는 신용카드의 매출을 취소하며 이자를 더하여 지급하지 않습니다.

⑤ 회사가 제2항에 따라 일부보장 제외 조건을 붙여 승낙하였더라도 청약일로부터 5년(갱신형 계약의 경우에는 최초 청약일로부터 5년)이 지나는 동안 보장이 제외되는 질병으로 추가 진단(단순 건강검진 제외) 또는 치료 사실이 없을 경우, 청약일로부터 5년이 지난 이후에는 이 약관에 따라 보장합니다. 〈신설 2018.7.10.〉

⑥ 제5항의 '청약일로부터 5년이 지나는 동안'이라 함은 이 약관 제26조(보험료의 납입이 연체되는 경우 납입최고(독촉)와 계약의 해지)에서 정한 계약의 해지가 발생하지 않은 경우를 말합니다. 〈신설 2018.7.10.〉

⑦ 이 약관 제27조(보험료의 납입연체로 인한 해지계약의 부활(효력회복))에서 정한 계약의 부활이 이루어진 경우 부활을 청약한 날을 제5항의 청약일로 하여 적용합니다. 〈신설 2018.7.10.〉

제17조(청약의 철회) ① 계약자는 보험증권을 받은 날 부터 15일 이내에 그 청약을 철회할 수 있습니다. 다만, 회사가 건강상태 진단을 지원하는 계약, 보험기간이 90일 이내인 계약 또는 전문금융소비자가 체결한 계약은 청약을 철회할 수 없습니다. 〈개정 2021.7.1.〉

> **【전문금융소비자】** 보험계약에 관한 전문성, 자산규모 등에 비추어 보험계약에 따른 위험감수능력이 있는 자로서, 국가, 지방자치단체, 한국은행, 금융회사, 주권상장법인 등을 포함하며 「금융소비자 보호에 관한 법률」 제2조(정의) 제9호에서 정하는 전문금융소비자를 말합니다.
> **【일반금융소비자】** 전문금융소비자가 아닌 계약자를 말합니다. 〈개정 2021.7.1.〉

② 제1항에도 불구하고 청약한 날부터 30일이 초과된 계약은 청약을 철회할 수 없습니다. 〈신설 2014.12.26.〉

③ 청약철회는 계약자가 전화로 신청하거나, 철회의사를 표시하기 위한 서면, 전자우편, 휴대전화 문자메시지 또는 이에 준하는 전자적 의사표시(이하 '서면 등'이라 합니다)를 발송한 때 효력이 발생합니다. 계약자는 서면 등을 발송한 때에 그 발송 사실을 회사에 지체 없이 알려야 합니다. 〈개정 2021.7.1.〉

④ 계약자가 청약을 철회한 때에는 회사는 청약의 철회를 접수한 날부터 3영업일 이내에 납입한 보험료를 돌려드리며, 보험료 반환이 늦어진 기간에 대하여는 이 계약의 보험계약대출이율을 연단위 복리로 계산한 금액을 더하여 지급합니다. 다만, 계약자가 제1회 보험료를 신용카드로 납입한 계약의 청약을 철회하는 경우에는 회사는 청약의 철회를 접수한 날부터 3영업일 이내에 해당 신용카드회사로 하여금 대금청구를 하지 않도록 해야 하며, 이 경우 회사는 보험료를 반환한 것으로 봅니다. 〈개정 2021.7.1.〉

⑤ 청약을 철회할 때에 이미 보험금 지급사유가 발생하였으나 계약자가 그 보험금 지급사유가 발생한 사실을 알지 못한 경우에는 청약 철회의 효력은 발생하지 않습니다. 〈개정 2014.12.26.〉

⑥ 제1항에서 보험증권을 받은 날에 대한 다툼이 발생한 경우 회사가 이를 증명하여야 합니다. 〈신설 2014.12.26.〉

제18조(약관교부 및 설명의무 등) ① 회사는 계약자가 청약할 때에 계약자에게 약관의 중요한 내용을 설명하여야 하며, 청약 후에 다음 각 호의 방법 중 계약자가 원하는 방법을 확인하여 지체 없이 약관 및 계약자 보관용 청약서를 제공하여 드립니다. 만약, 회사가 전자우편 및 전자적 의사표시로 제공한 경우 계약자 또는 그 대리인이 약관 및 계약자 보관용 청약서 등을 수신하였을 때에는 해당 문서를 드린 것으로 봅니다. 〈개정 2021.7.1.〉

1. 서면교부
2. 우편 또는 전자우편
3. 휴대전화 문자메시지 또는 이에 준하는 전자적 의사표시

② 제1항과 관련하여 통신판매계약의 경우, 회사는 계약자가 가입한 특약만 포함한 약관을 드리며, 전화를 이용하여 체결하는 계약은 계약자의 동의를 얻어 다음의 방법으로 약관의 중요한 내용을 설명할 수 있습니다. 〈신설 2020.10.16., 2022.9.30.〉

1. 전화를 이용하여 청약내용, 보험료 납입, 보험기간, 계약 전 알릴의무, 약관의 중요한 내용 등 계약을 체결하는데 필요한 사항을 질문 또는 설명하는 방법. 이 경우 계약자의 답변과 확인내용을 음성 녹음함으로써 약관의 중요한 내용을 설명한 것으로 봅니다.

> **【통신판매계약】** 전화·우편·인터넷 등 통신수단을 이용하여 체결하는 계약을 말합니다.

③ 회사가 제1항에 따라 제공될 약관 및 계약자 보관용 청약서를 청약할 때 계약자에게 전달하지 않거나 약관의 중요한 내용을 설명하지 않은 때 또는 계약을 체결할 때 계약자가 청약서에 자필서명(날인(도장을 찍음) 및 「전자서명법」 제2조 제2호에 따른 전자서명을 포함합니다)을 하지 않은 때에는 계약자는 계약이 성립한 날부터 3개월 이내에 계약을 취소할 수 있습니다. 〈개정 2021.7.1.〉

④ 제3항에도 불구하고 전화를 이용하여 계약을 체결하는 경우 다음의 각 호의 어느 하나를 충족하는 때에는 자필서명을 생략할 수 있으며, 위 제2항의 규정에 따른 음성녹음 내용을 문서화한 확인서를 계약자에게 드림으로써 계약자 보관용 청약서를 전달한 것으로 봅니다.

1. 계약자, 피보험자 및 보험수익자가 동일한 계약의 경우
2. 계약자, 피보험자가 동일하고 보험수익자가 계약자의 법정상속인인 계약일 경우

⑤ 제3항에 따라 계약이 취소된 경우에는 회사는 계약자에게 이미 납입한 보험료를 돌려드리며, 보험료를 받은 기간에 대하여 보험계약대출이율을 연단위 복리로 계산한 금액을 더하여 지급합니다.

제19조(계약의 무효) 다음 중 한 가지에 해당되는 경우에는 계약을 무효로 하며 이미 납입한 보험료를 돌려드립니다. 다만, 회사의 고의 또는 과실로 계약이 무효로 된 경우와 회사가 승낙 전에 무효임을 알았거나 알 수 있었음에도 보험료를 반환하지 않은 경우에는 보험료를 납입한 날의 다음 날부터 반환일까지의 기간에 대하여 회사는 이 계약의 보험계약대출이율을 연단위 복리로 계산한 금액을 더하여 돌려드립니다.

1. 타인의 사망을 보험금 지급사유로 하는 계약에서 계약을 체결할 때까지 피보험자의 서면(「전자서명법」 제2조 제2호에 따른 전자서명이 있는 경우로서 「상법 시행령」 제44조의2에 정하는 바에 따라 본인 확인 및 위조·변조 방지에 대한 신뢰성을 갖춘 전자문서를 포함)에 의한 동의를 얻지 않은 경우. 다만, 단체가 규약에 따라 구성원의 전부 또는 일부를 피보험자로 하는 계약을 체결하는 경우에는 이를 적용하지 않습니다. 이 때 단체보험의 보험수익자를 피보험자 또는 그 상속인이 아닌 자로 지정할 때에는 단체의 규약에서 명시적으로 정한 경우가 아니면 이를 적용합니다. 〈개정 2021.7.1.〉
2. 만 15세 미만자, 심신상실자 또는 심신박약자를 피보험자로 하여 사망을 보험금 지급사유로 한 계약의 경우. 다만, 심신박약자가 계약을 체결하거나 소속 단체의 규약에 따라 단체보험의 피보험자가 될 때에 의사능력이 있는 경우에는 계약이 유효합니다. 〈개정 2015.8.31.〉
3. 계약을 체결할 때 계약에서 정한 피보험자의 나이에 미달되었거나 초과되었을 경우. 다만, 회사가 나이의 착오를 발견하였을 때 이미 계약나이에 도달한 경우에는 유효한 계약으로 보나, 제2호의 만 15세 미만자에 관한 예외가 인정되는 것은 아닙니다.

제20조(계약내용의 변경 등) ① 계약자는 회사의 승낙을 얻어 다음의 사항을 변경할 수 있습니다. 이 경우 승낙을 서면으로 알리거나 보험증권의 뒷면에 기재하여 드립니다.

1. 보험종목
2. 보험기간
3. 보험료의 납입주기, 납입방법 및 납입기간
4. 보험가입금액
5. 계약자
6. 기타 계약의 내용

② 계약자는 보험수익자를 변경할 수 있으며 이 경우에는 회사의 승낙이 필요하지 않습니다. 다만, 변경된 보험수익자가 회사에 권리를 대항하기 위해서는 계약자가 보험수익자가 변경되었음을 회사에 통지하여야 합니다.

③ 회사는 계약자가 제1회 보험료를 납입한 때부터 1년 이상 지난 유효한 계약으로서 그 보험종목의 변경을 요청할 때에는 회사의 사업방법서에서 정하는 방법에 따라 이를 변경하여 드립니다.

④ 회사는 계약자가 제1항 제4호에 따라 보험가입금액을 감액하고자 할 때에는 그 감액된 부분은 해지된 것으로 보며, 이로써 회사가 지급하여야 할 해약환급금이 있을 때에는 제32조(해약환급금) 제1항에 따른 해약환급금을 계약자에게 지급합니다.

⑤ 계약자가 제2항에 따라 보험수익자를 변경하고자 할 경우에는 보험금의 지급사유가 발생하기 전에 피보험자가 서면으로 동의하여야 합니다.

⑥ 회사는 제1항에 따라 계약자를 변경한 경우, 변경된 계약자에게 보험증권 및 약관을 교부하고 변경된 계약자가 요청하는 경우 약관의 중요한 내용을 설명하여 드립니다.

제21조(보험나이 등) ① 이 약관에서의 피보험자의 나이는 보험나이를 기준으로 합니다. 다만, 제19조(계약의 무효) 제2호의 경우에는 실제 만 나이를 적용합니다.

② 제1항의 보험나이는 계약일 현재 피보험자의 실제 만 나이를 기준으로 6개월 미만의 끝수는 버리고 6개월 이상의 끝수는 1년으로 하여 계산하며, 이후 매년 계약 해당일에 나이가 증가하는 것으로 합니다.

③ 피보험자의 나이 또는 성별에 관한 기재사항이 사실과 다른 경우에는 정정된 나이 또는 성별에 해당하는 보험금 및 보험료로 변경합니다.

> 【보험나이 계산 예시】
> 생년월일 : 1988년 10월 2일, 현재(계약일) : 2014년 4월 13일
> ⇒ 2014년 4월 13일 - 1988년 10월 2일 = 25년 6월 11일 = 26세

제22조(계약의 소멸) 피보험자의 사망으로 인하여 이 약관에서 규정하는 보험금 지급사유가 더이상 발생할 수 없는 경우에는 이 계약은 그때부터 효력이 없습니다. 이때 사망을 보험금 지급사유로 하지 않는 경우에는 '보험료 및 해약환급금 산출방법서'에서 정하는 바에 따라 회사가 적립한 사망 당시의 계약자적립액을 지급합니다. 〈개정 2023.6.26.〉

> 【계약자적립액】 장래의 해약환급금 등을 지급하기 위하여 계약자가 납입한 보험료 중 일정액을 기준으로 보험료 및 해약환급금 산출방법서에서 정한 방법에 따라 계산한 금액을 말합니다.

제5관 보험료의 납입

제23조(제1회 보험료 및 회사의 보장개시) ① 회사는 계약의 청약을 승낙하고 제1회 보험료를 받은 때부터 이 약관이 정한 바에 따라 보장을 합니다. 또한, 회사가 청약과 함께 제1회 보험료를 받은 후 승낙한 경우에도 제1회 보험료를 받은 때부터 보장이 개시됩니다. 자동이체 또는 신용카드로 납입하는 경우에는 자동이체신청 또는 신용카드매출승인에 필요한 정보를 제공한 때를 제1회 보험료를 받은 때로 하며, 계약자의 책임 있는 사유로 자동이체 또는 매출승인이 불가능한 경우에는 보험료가 납입되지 않은 것으로 봅니다.

② 회사가 청약과 함께 제1회 보험료를 받고 청약을 승낙하기 전에 보험금 지급사유가 발생하였을 때에도 보장개시일부터 이 약관이 정하는 바에 따라 보장을 합니다.

> 【보장개시일】 회사가 보장을 개시하는 날로서 계약이 성립되고 제1회 보험료를 받은 날을 말하나, 회사가 승낙하기 전이라도 청약과 함께 제1회 보험료를 받은 경우에는 제1회 보험료를 받은 날을 말합니다. 또한, 보장개시일을 계약일로 봅니다.

③ 회사는 제2항에도 불구하고 다음 중 한 가지에 해당되는 경우에는 보장을 하지 않습니다.

1. 제13조(계약 전 알릴의무)에 따라 계약자 또는 피보험자가 회사에 알린 내용이나 건강진단 내용이 보험금 지급사유의 발생에 영향을 미쳤음을 회사가 증명하는 경우
2. 제14조(계약 전 알릴의무위반의 효과)를 준용하여 회사가 보장을 하지 않을 수 있는 경우
3. 진단계약에서 보험금 지급사유가 발생할 때까지 진단을 받지 않은 경우. 다만, 진단계약에서 진단을 받지 않은 경우라도 재해로 보험금 지급사유가 발생하는 경우에는 보장을 해드립니다.

④ 청약서에 피보험자의 직업 또는 직종별로 보험가입금액의 한도액이 명시되어 있음에도 그 한도액을 초과하여 청약을 하고 청약을 승낙하기 전에 보험금 지급사유가 발생한 경우에는 그 초과 청약액에 대하여는 보장을 하지 않습니다.

제24조(제2회 이후 보험료의 납입) 계약자는 제2회 이후의 보험료를 납입기일까지 납입하여야 하며, 회사는 계약자가 보험료를 납입한 경우에는 영수증을 발행하여 드립니다. 다만, 금융회사(우체국 포함)를 통하여 보험료를 납입한 경우에는 그 금융회사 발행 증빙서류를 영수증으로 대신합니다.

> 【납입기일】 계약자가 제2회 이후의 보험료를 납입하기로 한 날을 말합니다.

제25조(보험료의 자동대출납입) ① 계약자는 제26조(보험료의 납입이 연체되는 경우 납입최고(독촉)와 계약의 해지)에 따른 보험료의 납입최고(독촉)기간이 지나기 전까지 회사가 정한 방법에 따라 보험료의 자동대출납입을 신청할 수 있으며, 이 경우 제33조(보험계약대출) 제1항에 따른 보험계약대출금으로 보험료가 자동으로 납입되어 계약은 유효하게 지속됩니다. 다만, 계약자가 서면 이외에 인터넷 또는 전화(음성녹음) 등으로 자동대출납입을 신청할 경우 회사는 자동대출납입 신청내역을 서면 또는 전화(음성녹음) 등으로 계약자에게 알려드립니다.

② 제1항에도 불구하고 보험계약대출금과 보험계약대출이자를 더한 금액이 해약환급금(해당 보험료가 납입된 것으로 계산한 금액을 말합니다)을 초과하는 때에는 보험료의 자동대출납입을 더는 할 수 없습니다.

③ 제1항 및 제2항에 따른 보험료의 자동대출납입 기간은 최초 자동대출납입일부터 1년을 한도로 하며 그 이후의 기간에 대한 보험료의 자동대출납입을 위해서는 제1항에 따라 재신청을 하여야 합니다.

④ 보험료의 자동대출납입이 행하여진 경우에도 자동대출납입 전 납입최고(독촉)기간이 끝나는 날의 다음날부터 1개월 이내에 계약자가 계약의 해지를 청구한 때에는 회사는 보험료의 자동대출납입이 없었던 것으로 하여 제32조(해약환급금) 제1항에 따른 해약환급금을 지급합니다.

제26조[보험료의 납입이 연체되는 경우 납입최고(독촉)와 계약의 해지] ① 계약자가 제2회 이후의 보험료를 납입기일까지 납입하지 않아 보험료 납입이 연체 중인 경우에 회사는 14일(보험기간이 1년 미만인 경우에는 7일) 이상의 기간을 납입최고(독촉)기간(납입최고(독촉)기간의 마지막 날이 영업일이 아닌 때에는 최고(독촉)기간은 그 다음 날까지로 합니다)으로 정하여 아래 사항에 대하여 서면(등기우편 등), 전화(음성녹음) 또는 전자문서 등으로 알려드립니다. 다만 해지 전에 발생한 보험금 지급사유에 대하여 회사는 보상하여 드립니다.

1. 계약자(보험수익자와 계약자가 다른 경우 보험수익자를 포함합니다)에게 납입최고(독촉)기간 내에 연체보험료를 납입하여야 한다는 내용
2. 납입최고(독촉)기간이 끝나는 날까지 보험료를 납입하지 않을 경우 납입최고(독촉)기간이 끝나는 날의 다음 날에 계약이 해지된다는 내용(이 경우 계약이 해지되는 때에는 즉시 해약환급금에서 보험계약대출원금과 이자가 차감된다는 내용을 포함합니다)

② 회사가 제1항에 따른 납입최고(독촉) 등을 전자문서로 안내하고자 할 경우에는 계약자에게 서면 또는 「전자서명법」 제2조 제2호에 따른 전자서명으로 동의를 얻어 수신확인을 조건으로 전자문서를 송신하여야 하며, 계약자가 전자문서에 대하여 수신을 확인하기 전까지는 그 전자문서는 송신되지 않은 것으로 봅니다. 회사는 전자문서가 수신되지 않은 것을 확인한 경우에는 제1항에서 정한 내용을 서면(등기우편 등) 또는 전화(음성녹음)로 다시 알려드립니다. 〈개정 2021.7.1.〉

③ 제1항에 따라 계약이 해지된 경우에는 제32조(해약환급금) 제1항에 따른 해약환급금을 계약자에게 지급합니다.

제27조[보험료의 납입연체로 인한 해지계약의 부활(효력회복)] ① 제26조(보험료의 납입이 연체되는 경우 납입최고(독촉)와 계약의 해지)에 따라 계약이 해지되었으나 해약환급금을 받지 않은 경우(보험계약대출 등에 따라 해약환급금이 차감되었으나 받지 않은 경우 또는 해약환급금이 없는 경우를 포함합니다) 계약자는 해지된 날부터 3년 이내에 회사가 정한 절차에 따라 계약의 부활(효력회복)을 청약할 수 있습니다. 회사가 부활(효력회복)을 승낙한 때에 계약자는 부활(효력회복)을 청약한 날까지의 연체된 보험료에 평균공시이율 + 1% 범위 내에서 각 상품별로 회사가 정하는 이율로 계산한 금액을 더하여 납입하여야 합니다. 다만, 금리연동형보험은 각 보험상품별 사업방법서에서 별도로 정한 이율로 계산합니다.

② 제1항에 따라 해지계약을 부활(효력회복)하는 경우에는 제13조(계약 전 알릴의무), 제14조(계약 전 알릴의무위반의 효과), 제15조(사기에 의한 계약), 제16조(보험계약의 성립) 제2항 및 제3항 및 제23조(제1회 보험료 및 회사의 보장개시)를 준용합니다. 이 때 회사는 해지 전 발생한 보험금 지급사유를 이유로 부활(효력회복)을 거절하지 않습니다. 〈개정 2023.6.26.〉

③ 제1항에서 정한 계약의 부활이 이루어진 경우라도 계약자 또는 피보험자가 최초 계약 청약시(2회 이상 부활이 이루어진 경우 종전 모든 부활 청약 포함) 제13조(계약 전 알릴의무)를 위반한 경우에는 제14조(계약 전 알릴의무위반의 효과)가 적용됩니다. 〈신설 2023.6.26.〉

제28조(강제집행 등으로 인한 해지계약의 특별부활(효력회복)) ① 회사는 계약자의 해약환급금 청구권에 대한 강제집행, 담보권실행, 국세 및 지방세 체납처분절차에 따라 계약이 해지된 경우 해지 당시의 보험수익자가 계약자의 동의를 얻어 계약 해지로 회사가 채권자에게 지급한 금액을 회사에 지급하고 제20조(계약내용의 변경 등) 제1항의 절차에 따라 계약자 명의를 보험수익자로 변경하여 계약의 특별부활(효력회복)을 청약할 수 있음을 보험수익자에게 통지하여야 합니다.

② 회사는 제1항에 따른 계약자 명의변경 신청 및 계약의 특별부활(효력회복) 청약을 승낙합니다.

③ 회사는 제1항의 통지를 지정된 보험수익자에게 하여야 합니다. 다만, 회사는 법정상속인이 보험수익자로 지정된 경우에는 제1항의 통지를 계약자에게 할 수 있습니다.

④ 회사는 제1항의 통지를 계약이 해지된 날부터 7일 이내에 하여야 합니다.

⑤ 보험수익자는 통지를 받은 날(제3항에 따라 계약자에게 통지된 경우에는 계약자가 통지를 받은 날을 말합니다)부터 15일 이내에 제1항의 절차를 이행할 수 있습니다.

제6관 계약의 해지 및 해약환급금 등

제29조(계약자의 임의해지 및 피보험자의 서면동의 철회권) ① 계약자는 계약이 소멸하기 전에 언제든지 계약을 해지할 수 있으며(다만, 연금보험의 경우 연금이 지급 개시된 이후에는 해지할 수 없습니다), 이 경우 회사는 제32조(해약환급금) 제1항에 따른 해약환급금을 계약자에게 지급합니다.

② 제19조(계약의 무효)에 따라 사망을 보험금 지급사유로 하는 계약에서 서면으로 동의를 한 피보험자는 계약의 효력이 유지되는 기간에는 언제든지 서면동의를 장래를 향하여 철회할 수 있으며, 서면동의 철회로 계약이 해지되어 회사가 지급하여야 할 해약환급금이 있을 때에는 제32조(해약환급금) 제1항에 따른 해약환급금을 계약자에게 지급합니다.

제29조의2(위법계약의 해지) ① 계약자는 「금융소비자 보호에 관한 법률」 제47조 및 관련규정이 정하는 바에 따라 계약 체결에 대한 회사의 법 위반사항이 있는 경우 계약 체결일부터 5년 이내의 범위에서 계약자가 위반사항을 안 날부터 1년 이내에 계약해지요구서에 증빙서류를 첨부하여 위법계약의 해지를 요구할 수 있습니다.

② 회사는 해지요구를 받은 날부터 10일 이내에 수락 여부를 계약자에 통지하여야 하며, 거절할 때에는 거절 사유를 함께 통지하여야 합니다.

③ 계약자는 회사가 정당한 사유 없이 제1항의 요구를 따르지 않는 경우 해당 계약을 해지할 수 있습니다.

④ 제1항 및 제3항에 따라 계약이 해지된 경우 회사는 제32조(해약환급금) 제4항에 따른 해약환급금을 계약자에게 지급합니다.

⑤ 계약자는 제1항에 따른 제척기간에도 불구하고 「민법」 등 관계법령에서 정하는 바에 따라 법률상의 권리를 행사할 수 있습니다. 〈본조신설 2021.7.1.〉

제30조(중대사유로 인한 해지) ① 회사는 아래와 같은 사실이 있을 경우에는 그 사실을 안 날부터 1개월 이내에 계약을 해지할 수 있습니다.

1. 계약자, 피보험자 또는 보험수익자가 보험금을 지급받을 목적으로 고의로 보험금 지급사유를 발생시킨 경우 〈개정 2021.7.1.〉
2. 계약자, 피보험자 또는 보험수익자가 보험금 청구에 관한 서류에 고의로 사실과 다른 것을 기재하였거나 그 서류 또는 증거를 위조 또는 변조한 경우. 다만, 이미 보험금 지급사유가 발생한 경우에는 보험금 지급에 영향을 미치지 않습니다.

② 회사가 제1항에 따라 계약을 해지한 경우 회사는 그 취지를 계약자에게 통지하고 제32조(해약환급금) 제1항에 따른 해약환급금을 지급합니다.

제31조(회사의 파산선고와 해지) ① 이 약관에 따른 해약환급금은 보험료 및 해약환급금 산출방법서에 따라 계산합니다. 〈개정 2023.6.26.〉

② 해약환급금의 지급사유가 발생한 경우 계약자는 회사에 해약환급금을 청구하여야 하며, 회사는 청구를 접수한 날부터 3영업일 이내에 해약환급금을 지급합니다. 해약환급금 지급일까지의 기간에 대한 이자의 계산은 〈부표 4-1〉 '보험금을 지급할 때의 적립이율 계산'에 따릅니다.

③ 회사는 경과기간별 해약환급금에 관한 표를 계약자에게 제공하여 드립니다.

④ 제29조의2(위법계약의 해지)에 따라 위법계약이 해지되는 경우 회사가 적립한 해지 당시의 계약자적립액을 반환하여 드립니다. 〈신설 2021.7.1.〉

제32조(해약환급금) ① 이 약관에 따른 해약환급금은 보험료 및 책임준비금 산출방법서에 따라 계산합니다.

② 해약환급금의 지급사유가 발생한 경우 계약자는 회사에 해약환급금을 청구하여야 하며, 회사는 청구를 접수한 날부터 3영업일 이내에 해약환급금을 지급합니다. 해약환급금 지급일까지의 기간에 대한 이자의 계산은 〈부표 4-1〉 '보험금을 지급할 때의 적립이율 계산'에 따릅니다.

③ 회사는 경과기간별 해약환급금에 관한 표를 계약자에게 제공하여 드립니다.

④ 제29조의2(위법계약의 해지)에 따라 위법계약이 해지되는 경우 회사가 적립한 해지 당시의 책임준비금을 반환하여 드립니다. 〈신설 2021.7.1.〉

제33조(보험계약대출) ① 계약자는 이 계약의 해약환급금 범위 내에서 회사가 정한 방법에 따라 대출(이하 '보험계약대출'이라 합니다)을 받을 수 있습니다. 그러나 순수보장성보험 등 보험상품의 종류에 따라 보험계약대출이 제한될 수도 있습니다.

② 계약자는 제1항에 따른 보험계약대출금과 보험계약대출이자를 언제든지 상환할 수 있으며 상환하지 않은 때에는 회사는 보험금, 해약환급금 등의 지급사유가 발생한 날에 지급금에서 보험계약대출의 원금과 이자를 차감할 수 있습니다.

③ 회사는 제26조[보험료의 납입이 연체되는 경우 납입최고(독촉)와 계약의 해지]에 따라 계약이 해지되는 때에는 즉시 해약환급금에서 보험계약대출의 원금과 이자를 차감합니다.

④ 회사는 보험수익자에게 보험계약대출 사실을 통지할 수 있습니다.

제34조(배당금의 지급) ① 회사는 금융감독원장이 정하는 방법에 따라 회사가 결정한 배당금을 계약자에게 지급합니다.

② 회사는 배당금 지급이 결정되었을 때에는 그 내역을 계약자에게 알려드립니다.

제7관 분쟁의 조정 등

제35조(분쟁의 조정) ① 계약에 관하여 분쟁이 있는 경우 분쟁 당사자 또는 기타 이해관계인과 회사는 금융감독원장에게 조정을 신청할 수 있으며, 분쟁조정 과정에서 계약자는 관계법령이 정하는 바에 따라 회사가 기록 및 유지・관리하는 자료의 열람(사본의 제공 또는 청취를 포함한다)을 요구할 수 있습니다. 〈개정 2021.7.1.〉

② 회사는 일반금융소비자인 계약자가 조정을 통하여 주장하는 권리나 이익의 가액이 「금융소비자 보호에 관한 법률」 제42조에서 정하는 일정 금액 이내인 분쟁사건에 대하여 조정절차가 개시된 경우에는 관계법령이 정하는 경우를 제외하고는 소를 제기하지 않습니다. 〈신설 2021.7.1.〉

제36조(관할법원) 이 계약에 관한 소송 및 민사조정은 계약자의 주소지를 관할하는 법원으로 합니다. 다만, 회사와 계약자가 합의하여 관할법원을 달리 정할 수 있습니다.

제37조(소멸시효) 보험금청구권, 보험료 반환청구권, 해약환급금청구권, 책임준비금 반환청구권 및 배당금청구권은 3년간 행사하지 않으면 소멸시효가 완성됩니다. 〈개정 2014.12.26.〉

제38조(약관의 해석) ① 회사는 신의성실의 원칙에 따라 공정하게 약관을 해석하여야 하며 계약자에 따라 다르게 해석하지 않습니다.

② 회사는 약관의 뜻이 명백하지 않은 경우에는 계약자에게 유리하게 해석합니다.

③ 회사는 보험금을 지급하지 않는 사유 등 계약자나 피보험자에게 불리하거나 부담을 주는 내용은 확대하여 해석하지 않습니다.

제39조(설명서 교부 및 보험안내자료 등의 효력) ① 회사는 일반금융소비자에게 청약을 권유하거나 일반금융소비자가 설명을 요청하는 경우 보험상품에 관한 중요한 사항을 계약자가 이해할 수 있도록 설명하고 계약자가 이해하였음을 서명(「전자서명법」 제2조 제2호에 따른 전자서명을 포함), 기명날인 또는 녹취 등을 통해 확인받아야 하며, 설명서를 제공하여야 합니다. 〈신설 2021.7.1.〉

② 설명서, 약관, 계약자 보관용 청약서 및 보험증권의 제공 사실에 관하여 계약자와 회사간에 다툼이 있는 경우에는 회사가 이를 증명하여야 합니다. 〈신설 2021.7.1.〉

③ 보험설계사 등이 모집 과정에서 사용한 회사 제작의 보험안내자료(계약의 청약을 권유하기 위해 만든 자료 등을 말합니다) 내용이 이 약관의 내용과 다른 경우에는 계약자에게 유리한 내용으로 계약이 성립된 것으로 봅니다.

제40조(회사의 손해배상책임) ① 회사는 계약과 관련하여 임직원, 보험설계사 및 대리점의 책임 있는 사유로 계약자, 피보험자 및 보험수익자에게 발생된 손해에 대하여 관계법령 등에 따라 손해배상의 책임을 집니다.

② 회사는 보험금 지급거절 및 지연지급의 사유가 없음을 알았거나 알 수 있었는데도 소를 제기하여 계약자, 피보험자 또는 보험수익자에게 손해를 가한 경우에는 그에 따른 손해를 배상할 책임을 집니다.

③ 회사가 보험금 지급 여부 및 지급금액에 관하여 현저하게 공정을 잃은 합의로 보험수익자에게 손해를 가한 경우에도 회사는 제2항에 따라 손해를 배상할 책임을 집니다.

제41조(개인정보보호) ① 회사는 이 계약과 관련된 개인정보를 이 계약의 체결, 유지, 보험금 지급 등을 위하여 「개인정보보호법」, 「신용정보의 이용 및 보호에 관한 법률」 등 관계법령에 정한 경우를 제외하고 계약자, 피보험자 또는 보험수익자의 동의 없이 수집, 이용, 조회 또는 제공하지 않습니다. 다만, 회사는 이 계약의 체결, 유지, 보험금 지급 등을 위하여 위 관계법령에 따라 계약자 및 피보험자의 동의를 받아 다른 보험회사 및 보험관련단체 등에 개인정보를 제공할 수 있습니다.

② 회사는 계약과 관련된 개인정보를 안전하게 관리하여야 합니다.

제42조(준거법) 이 계약은 대한민국 법에 따라 규율되고 해석되며, 약관에서 정하지 않은 사항은 「금융소비자 보호에 관한 법률」, 「상법」, 「민법」 등 관계법령을 따릅니다. 〈개정 2021.7.1.〉

제43조(예금보험에 의한 지급보장) 회사가 파산 등으로 인하여 보험금 등을 지급하지 못할 경우에는 예금자보호법에서 정하는 바에 따라 그 지급을 보장합니다.

〈부표 3〉〈개정 2018.3.2., 개정 2019.12.20.〉

장해분류표

1 총 칙

1. 장해의 정의

1) '장해'라 함은 상해 또는 질병에 대하여 치유된 후 신체에 남아 있는 영구적인 정신 또는 육체의 훼손상태 및 기능상실 상태를 말한다. 다만, 질병과 부상의 주증상과 합병증상 및 이에 대한 치료를 받는 과정에서 일시적으로 나타나는 증상은 장해에 포함되지 않는다.
2) '영구적'이라 함은 원칙적으로 치유하는 때 장래 회복할 가망이 없는 상태로서 정신적 또는 육체적 훼손상태임이 의학적으로 인정되는 경우를 말한다.
3) '치유된 후'라 함은 상해 또는 질병에 대한 치료의 효과를 기대할 수 없게 되고 또한 그 증상이 고정된 상태를 말한다.
4) 다만, 영구히 고정된 증상은 아니지만 치료 종결 후 한시적으로 나타나는 장해에 대하여는 그 기간이 5년 이상인 경우 해당 장해지급률의 20%를 장해지급률로 한다.
5) 위 4)에 따라 장해지급률이 결정되었으나 그 이후 보장받을 수 있는 기간(계약의 효력이 없어진 경우에는 보험기간이 10년 이상인 계약은 상해 발생일 또는 질병의 진단확정일부터 2년 이내로 하고, 보험기간이 10년 미만인 계약은 상해 발생일 또는 질병의 진단확정일부터 1년 이내)에 장해상태가 더 악화된 때에는 그 악화된 장해상태를 기준으로 장해지급률을 결정한다.

2. 신체부위

'신체부위'라 함은 ① 눈 ② 귀 ③ 코 ④ 씹어먹거나 말하는 기능 ⑤ 외모 ⑥ 척추(등뼈) ⑦ 체간골 ⑧ 팔 ⑨ 다리 ⑩ 손가락 ⑪ 발가락 ⑫ 흉・복부장기 및 비뇨생식기 ⑬ 신경계・정신행동의 13개 부위를 말하며, 이를 각각 동일한 신체부위라 한다. 다만, 좌・우의 눈, 귀, 팔, 다리, 손가락, 발가락은 각각 다른 신체부위로 본다.

3. 기 타

1) 하나의 장해가 관찰 방법에 따라서 장해분류표상 2가지 이상의 신체부위에서 장해로 평가되는 경우에는 그 중 높은 지급률을 적용한다.
2) 동일한 신체부위에 2가지 이상의 장해가 발생한 경우에는 합산하지 않고 그중 높은 지급률을 적용함을 원칙으로 한다. 그러나 각 신체부위별 판정기준에서 별도로 정한 경우에는 그 기준에 따른다.
3) 하나의 장해가 다른 장해와 통상 파생하는 관계에 있는 경우에는 그중 높은 지급률만을 적용하며, 하나의 장해로 둘 이상의 파생장해가 발생하는 경우 각 파생장해의 지급률을 합산한 지급률과 최초 장해의 지급률을 비교하여 그 중 높은 지급률을 적용한다.
4) 의학적으로 뇌사판정을 받고 호흡기능과 심장박동기능을 상실하여 인공심박동기 등 장치에 의존하여 생명을 연장하고 있는 뇌사상태는 장해의 판정대상에 포함되지 않는다. 다만, 뇌사판정을 받은 경우가 아닌 식물인간상태(의식이 전혀 없고 사지의 자발적인 움직임이 불가능하여 일상생활에서 항시 간호가 필요한 상태)는 각 신체부위별 판정기준에 따라 평가한다.
5) 장해진단서에는 ① 장해진단명 및 발생시기 ② 장해의 내용과 그 정도 ③ 사고와의 인과관계 및 사고의 관여도 ④ 향후 치료의 문제 및 호전도를 필수적으로 기재해야 한다. 다만, 신경계・정신행동 장해의 경우 ① 개호(장해로 혼자서 활동이 어려운 사람을 곁에서 돌보는 것) 여부 ② 객관적 이유 및 개호의 내용을 추가로 기재하여야 한다.

2 장해분류별 판정기준

1. 눈의 장해

가. 장해의 분류

장해의 분류	지급률
1) 두 눈이 멀었을 때	100
2) 한 눈이 멀었을 때	50
3) 한 눈의 교정시력이 0.02 이하로 된 때	35
4) 한 눈의 교정시력이 0.06 이하로 된 때	25
5) 한 눈의 교정시력이 0.1 이하로 된 때	15
6) 한 눈의 교정시력이 0.2 이하로 된 때	5
7) 한 눈의 안구(눈동자)에 뚜렷한 운동장해나 뚜렷한 조절기능장해를 남긴 때	10
8) 한 눈에 뚜렷한 시야장해를 남긴 때	5
9) 한 눈의 눈꺼풀에 뚜렷한 결손을 남긴 때	10
10) 한 눈의 눈꺼풀에 뚜렷한 운동장해를 남긴 때	5

나. 장해판정기준

1) 시력장해의 경우 공인된 시력검사표에 따라 최소 3회 이상 측정한다.

2) '교정시력'이라 함은 안경(콘택트렌즈를 포함한 모든 종류의 시력 교정수단)으로 교정한 원거리 최대 교정시력을 말한다. 다만, 각막이식술을 받은 환자인 경우 각막이식술 이전의 시력상태를 기준으로 평가한다.

3) '한눈이 멀었을 때'라 함은 안구의 적출은 물론 명암을 가리지 못하거나('광각무') 겨우 가릴 수 있는 경우('광각유')를 말한다.

4) '한눈의 교정시력이 0.02 이하로 된 때'라 함은 안전수동(Hand Movement)[주1], 안전수지(Finger Counting)[주2] 상태를 포함한다.

※ 주1) 안전수동 : 물체를 감별할 정도의 시력상태가 아니며 눈앞에서 손의 움직임을 식별할 수 있을 정도의 시력상태
주2) 안전수지 : 시표의 가장 큰 글씨를 읽을 수 있는 정도의 시력은 아니나 눈 앞 30cm 이내에서 손가락의 개수를 식별할 수 있을 정도의 시력상태

5) 안구(눈동자) 운동장해의 판정은 질병의 진단 또는 외상 후 1년 이상이 지난 뒤 그 장해 정도를 평가한다.

6) '안구(눈동자)의 뚜렷한 운동장해'라 함은 아래의 두 경우 중 하나에 해당하는 경우를 말한다.
가) 한 눈의 안구(눈동자)의 주시야(머리를 움직이지 않고 눈만을 움직여서 볼 수 있는 범위)의 운동범위가 정상의 1/2 이하로 감소된 경우
나) 중심 20도 이내에서 복시(물체가 둘로 보이거나 겹쳐 보임)를 남긴 경우

7) '안구(눈동자)의 뚜렷한 조절기능장해'라 함은 조절력이 정상의 1/2 이하로 감소된 경우를 말한다. 다만, 조절력의 감소를 무시할 수 있는 50세 이상(장해진단시 연령 기준)의 경우에는 제외한다.

8) '뚜렷한 시야 장해'라 함은 한 눈의 시야 범위가 정상시야 범위의 60% 이하로 제한된 경우를 말한다. 이 경우 시야검사는 공인된 시야검사방법으로 측정하며, 시야장해 평가시 자동시야검사계(골드만 시야검사)를 이용하여 8방향 시야범위 합계를 정상범위와 비교하여 평가한다.

9) '눈꺼풀에 뚜렷한 결손을 남긴 때'라 함은 눈꺼풀의 결손으로 눈을 감았을 때 각막(검은 자위)이 완전히 덮이지 않는 경우를 말한다.

10) '눈꺼풀에 뚜렷한 운동장해를 남긴 때'라 함은 눈을 떴을 때 동공을 1/2 이상 덮거나 또는 눈을 감았을 때 각막을 완전히 덮을 수 없는 경우를 말한다.

11) 외상이나 화상 등으로 안구의 적출이 불가피한 경우에는 외모의 추상(추한 모습)이 가산된다. 이 경우 안구가 적출되어 눈자위의 조직요몰(凹沒) 등으로 의안마저 끼워 넣을 수 없는 상태이면 '뚜렷한 추상(추한 모습)'으로, 의안을 끼워 넣을 수 있는 상태이면 '약간의 추상(추한 모습)'으로 지급률을 가산한다.

12) '눈꺼풀에 뚜렷한 결손을 남긴 때'에 해당하는 경우에는 추상(추한 모습)장해를 포함하여 장해를 평가한 것으로 보고 추상(추한 모습)장해를 가산하지 않는다. 다만, 안면부의 추상(추한 모습)은 두 가지 장해평가 방법 중 피보험자에게 유리한 것을 적용한다.

2. 귀의 장해

가. 장해의 분류

장해의 분류	지급률
1) 두 귀의 청력을 완전히 잃었을 때	80
2) 한 귀의 청력을 완전히 잃고, 다른 귀의 청력에 심한 장해를 남긴 때	45
3) 한 귀의 청력을 완전히 잃었을 때	25
4) 한 귀의 청력에 심한 장해를 남긴 때	15
5) 한 귀의 청력에 약간의 장해를 남긴 때	5
6) 한 귀의 귓바퀴의 대부분이 결손된 때	10
7) 평형기능에 장해를 남긴 때	10

나. 장해판정기준

1) 청력장해는 순음청력검사 결과에 따라 데시벨(dB : decibel)로서 표시하고 3회 이상 청력검사를 실시한 후 적용한다. 다만, 각 측정치의 결과값 차이가 ±10dB 이상인 경우 청성뇌간반응검사(ABR)를 통해 객관적인 장해 상태를 재평가하여야 한다.

2) '한 귀의 청력을 완전히 잃었을 때'라 함은 순음청력검사 결과 평균순음역치가 90dB 이상인 경우를 말한다.

3) '심한 장해를 남긴 때'라 함은 순음청력검사 결과 평균순음역치가 80dB 이상인 경우에 해당되어, 귀에 다 대고 말하지 않고는 큰 소리를 알아듣지 못하는 경우를 말한다.

4) '약간의 장해를 남긴 때'라 함은 순음청력검사 결과 평균순음역치가 70dB 이상인 경우에 해당되어, 50cm 이상의 거리에서는 보통의 말소리를 알아듣지 못하는 경우를 말한다.

5) 순음청력검사를 실시하기 곤란하거나(청력의 감소가 의심되지만 의사소통이 되지 않는 경우, 만 3세 미만의 소아 포함) 검사결과에 대한 검증이 필요한 경우에는 '언어청력검사, 임피던스 청력검사, 청성뇌간반응검사(ABR), 이음향방사검사' 등을 추가실시 후 장해를 평가한다.

다. 귓바퀴의 결손

1) '귓바퀴의 대부분이 결손된 때'라 함은 귓바퀴의 연골부가 1/2 이상 결손된 경우를 말한다.

2) 귓바퀴의 연골부가 1/2 미만 결손이고 청력에 이상이 없으면 외모의 추상(추한 모습)장해로만 평가한다.

라. 평형기능의 장해

1) '평형기능에 장해를 남긴 때'라 함은 전정기관 이상으로 보행 등 일상생활이 어려운 상태로 아래의 평형장해 평가항목별 합산점수가 30점 이상인 경우를 말한다.

항 목	내 용	점 수
검사소견	양측 전정기능 소실 양측 전정기능 감소 일측 전정기능 소실	14 10 4
치료병력	장기 통원치료(1년간 12회 이상) 장기 통원치료(1년간 6회 이상) 단기 통원치료(6개월간 6회 이상) 단기 통원치료(6개월간 6회 미만)	6 4 2 0
기능장해소견	두 눈을 감고 일어서기 곤란하거나 두 눈을 뜨고 10m 거리를 직선으로 걷다가 쓰러지는 경우 두 눈을 뜨고 10m 거리를 직선으로 걷다가 중간에 균형을 잡으려 멈추어야 하는 경우 두 눈을 뜨고 10m 거리를 직선으로 걸을 때 중앙에서 60cm 이상 벗어나는 경우	20 12 8

2) 평형기능의 장해는 장해판정 직전 1년 이상 지속적인 치료 후 장해가 고착되었을 때 판정하며, 뇌병변 여부, 전정기능 이상 및 장해상태를 평가하기 위해 아래의 검사들을 기초로 한다.

가) 뇌영상검사(CT, MRI)

나) 온도안진검사, 전기안진검사(또는 비디오안진검사) 등

3. 코의 장해

가. 장해의 분류

장해의 분류	지급률
1) 코의 호흡기능을 완전히 잃었을 때	15
2) 코의 후각기능을 완전히 잃었을 때	5

나. 장해판정기준

1) '코의 호흡기능을 완전히 잃었을 때'라 함은 일상생활에서 구강호흡의 보조를 받지 않는 상태에서 코로 숨쉬는 것만으로 정상적인 호흡을 할 수 없다는 것이 비강통기도검사 등 의학적으로 인정된 검사로 확인되는 경우를 말한다.

2) '코의 후각기능을 완전히 잃었을 때'라 함은 후각신경의 손상으로 양쪽 코의 후각기능을 완전히 잃은 경우를 말하며, 후각감퇴는 장해의 대상으로 하지 않는다.

3) 양쪽 코의 후각기능은 후각인지검사, 후각역치검사 등을 통해 6개월 이상 고정된 후각의 완전손실이 확인되어야 한다.

4) 코의 추상(추한 모습)장해를 수반한 때에는 기능장해의 지급률과 추상장해의 지급률을 합산한다.

4. 씹어먹거나 말하는 장해

가. 장해의 분류

장해의 분류	지급률
1) 씹어먹는 기능과 말하는 기능 모두에 심한 장해를 남긴 때	100
2) 씹어먹는 기능에 심한 장해를 남긴 때	80
3) 말하는 기능에 심한 장해를 남긴 때	60
4) 씹어먹는 기능과 말하는 기능 모두에 뚜렷한 장해를 남긴 때	40
5) 씹어먹는 기능 또는 말하는 기능에 뚜렷한 장해를 남긴 때	20
6) 씹어먹는 기능과 말하는 기능 모두에 약간의 장해를 남긴 때	10
7) 씹어먹는 기능 또는 말하는 기능에 약간의 장해를 남긴 때	5
8) 치아에 14개 이상의 결손이 생긴 때	20
9) 치아에 7개 이상의 결손이 생긴 때	10
10) 치아에 5개 이상의 결손이 생긴 때	5

나. 장해의 평가기준

1) 씹어먹는 기능의 장해는 윗니(상악치아)와 아랫니(하악치아)의 맞물림(교합), 배열상태 및 아래턱의 개구운동, 삼킴(연하)운동 등에 따라 종합적으로 판단하여 결정한다.

2) '씹어먹는 기능에 심한 장해를 남긴 때'라 함은 심한 개구운동 제한이나 저작운동 제한으로 물이나 이에 준하는 음료 이외는 섭취하지 못하는 경우를 말한다.

3) '씹어먹는 기능에 뚜렷한 장해를 남긴 때'라 함은 아래의 경우 중 하나 이상에 해당되는 때를 말한다.
   가) 뚜렷한 개구운동 제한 또는 뚜렷한 저작운동 제한으로 미음 또는 이에 준하는 정도의 음식물(죽 등)이외는 섭취하지 못하는 경우
   나) 위・아래턱(상・하악)의 가운데 앞니(중절치)간 최대 개구운동이 1cm 이하로 제한되는 경우
   다) 위・아래턱(상・하악)의 부정교합(전방, 측방)이 1.5cm 이상인 경우
   라) 1개 이하의 치아만 교합되는 상태
   마) 연하기능검사(비디오 투시검사)상 연하장애가 있고, 유동식 섭취시 흡인이 발생하고 연식 외에는 섭취가 불가능한 상태

4) '씹어먹는 기능에 약간의 장해를 남긴 때'라 함은 아래의 경우 중 하나 이상에 해당되는 때를 말한다.
   가) 약간의 개구운동 제한 또는 약간의 저작운동 제한으로 부드러운 고형식(밥, 빵 등)만 섭취 가능한 경우
   나) 위・아래턱(상・하악)의 가운데 앞니(중절치)간 최대 개구운동이 2cm 이하로 제한되는 경우
   다) 위・아래턱(상・하악)의 부정교합(전방, 측방)이 1cm 이상인 경우
   라) 양측 각 1개 또는 편측 2개 이하의 치아만 교합되는 상태
   마) 연하기능검사(비디오 투시검사)상 연하장애가 있고, 유동식 섭취시 간헐적으로 흡인이 발생하고 부드러운 고형식 외에는 섭취가 불가능한 상태

5) 개구장해는 턱관절의 이상으로 개구운동 제한이 있는 상태를 말하며, 최대 개구상태에서 위・아래턱(상・하악)의 가운데 앞니(중절치)간 거리를 기준으로 한다. 단, 가운데 앞니(중절치)가 없는 경우에는 측정가능한 인접 치아간 거리의 최대치를 기준으로 한다.

6) 부정교합은 위턱(상악)과 아래턱(하악)의 부조화로 윗니(상악치아)와 아랫니(하악치아)가 전방 및 측방으로 맞물림에 제한이 있는 상태를 말한다.

7) ‘말하는 기능에 심한 장해를 남긴 때’라 함은 아래의 경우 중 하나 이상에 해당되는 때를 말한다.
   가) 언어평가상 자음정확도가 30% 미만인 경우
   나) 전실어증, 운동성실어증(브로카실어증)으로 의사소통이 불가한 경우
8) ‘말하는 기능에 뚜렷한 장해를 남긴 때’라 함은 아래의 경우 중 하나 이상에 해당되는 때를 말한다.
   가) 언어평가상 자음정확도가 50% 미만인 경우
   나) 언어평가상 표현언어지수 25 미만인 경우
9) ‘말하는 기능에 약간의 장해를 남긴 때’라 함은 아래의 경우 중 하나 이상에 해당되는 때를 말한다.
   가) 언어평가상 자음정확도가 75% 미만인 경우
   나) 언어평가상 표현언어지수 65 미만인 경우
10) 말하는 기능의 장해는 1년 이상 지속적인 언어치료를 시행한 후 증상이 고착되었을 때 평가하며, 객관적인 검사를 기초로 평가한다.
11) 뇌・중추신경계 손상(정신・인지기능 저하, 편마비 등)으로 인한 말하는 기능의 장해(실어증, 구음장애) 또는 씹어먹는 기능의 장해는 신경계・정신행동 장해 평가와 비교하여 그 중 높은 지급률 하나만 인정한다.
12) ‘치아의 결손’이란 치아의 상실 또는 발치된 경우를 말하며, 치아의 일부 손상으로 금관치료(크라운 보철수복)를 시행한 경우에는 치아의 일부 결손을 인정하여 1/2개 결손으로 적용한다.
13) 보철치료를 위해 발치한 정상치아, 노화로 인해 자연 발치된 치아, 보철(복합레진, 인레이, 온레이 등)한 치아, 기존 의치(틀니, 임플란트 등)의 결손은 치아의 상실로 인정하지 않는다.
14) 상실된 치아의 크기가 크든지 또는 치간의 간격이나 치아 배열구조 등의 문제로 사고와 관계없이 새로운 치아가 결손된 경우에는 사고로 결손된 치아 수에 따라 지급률을 결정한다.
15) 어린이의 유치는 향후에 영구치로 대체되므로 후유장해의 대상이 되지 않으나, 선천적으로 영구치 결손이 있는 경우에는 유치의 결손을 후유장해로 평가한다.
16) 가철성 보철물(신체의 일부에 붙였다 떼었다 할 수 있는 틀니 등)의 파손은 후유장해의 대상이 되지 않는다.

5. 외모의 추상(추한 모습)장해

가. 장해의 분류

장해의 분류	지급률
1) 외모에 뚜렷한 추상(추한 모습)을 남긴 때	15
2) 외모에 약간의 추상(추한 모습)을 남긴 때	5

나. 장해판정기준
1) ‘외모’란 얼굴(눈, 코, 귀, 입 포함), 머리, 목을 말한다.
2) ‘추상(추한 모습)장해’라 함은 성형수술(반흔성형술, 레이저치료 등 포함)을 시행한 후에도 영구히 남게 되는 상태의 추상(추한 모습)을 말한다.
3) ‘추상(추한 모습)을 남긴 때’라 함은 상처의 흔적, 화상 등으로 피부의 변색, 모발의 결손, 조직(뼈, 피부 등)의 결손 및 함몰 등으로 성형수술을 하여도 더 이상 추상(추한 모습)이 없어지지 않는 경우를 말한다.
4) 다발성 반흔 발생시 각 판정부위(얼굴, 머리, 목) 내의 다발성 반흔의 길이 또는 면적은 합산하여 평가한다. 단, 길이가 5mm 미만의 반흔은 합산대상에서 제외한다.
5) 추상(추한 모습)이 얼굴과 머리 또는 목 부위에 걸쳐 있는 경우에는 머리 또는 목에 있는 흉터의 길이 또는 면적의 1/2을 얼굴의 추상(추한 모습)으로 보아 산정한다.

다. 뚜렷한 추상(추한 모습)

1) 얼 굴

가) 손바닥 크기 1/2 이상의 추상(추한 모습)

나) 길이 10cm 이상의 추상 반흔(추한 모습의 흉터)

다) 지름 5cm 이상의 조직함몰

라) 코의 1/2 이상 결손

2) 머 리

가) 손바닥 크기 이상의 반흔(흉터) 및 모발결손

나) 머리뼈의 손바닥 크기 이상의 손상 및 결손

3) 목

손바닥 크기 이상의 추상(추한 모습)

라. 약간의 추상(추한 모습)

1) 얼 굴

가) 손바닥 크기 1/4 이상의 추상(추한 모습)

나) 길이 5cm 이상의 추상반흔(추한 모습의 흉터)

다) 지름 2cm 이상의 조직함몰

라) 코의 1/4 이상 결손

2) 머 리

가) 손바닥 크기 1/2 이상의 반흔(흉터) 및 모발결손

나) 머리뼈의 손바닥 크기 1/2 이상의 손상 및 결손

3) 목

손바닥 크기 1/2 이상의 추상(추한 모습)

마. 손바닥 크기

'손바닥 크기'라 함은 해당 환자의 손가락을 제외한 손바닥의 크기를 말하며, 12세 이상의 성인에서는 8×10cm(1/2 크기는 40cm^2, 1/4 크기는 20cm^2), 6~11세의 경우는 6×8cm(1/2 크기는 24cm^2, 1/4 크기는 12cm^2), 6세 미만의 경우는 4×6cm(1/2 크기는 12cm^2, 1/4 크기는 6cm^2)로 간주한다.

6. 척추(등뼈)의 장해

가. 장해의 분류

장해의 분류	지급률
1) 척추(등뼈)에 심한 운동장해를 남긴 때	40
2) 척추(등뼈)에 뚜렷한 운동장해를 남긴 때	30
3) 척추(등뼈)에 약간의 운동장해를 남긴 때	10
4) 척추(등뼈)에 심한 기형을 남긴 때	50
5) 척추(등뼈)에 뚜렷한 기형을 남긴 때	30
6) 척추(등뼈)에 약간의 기형을 남긴 때	15
7) 추간판탈출증으로 인한 심한 신경 장해	20
8) 추간판탈출증으로 인한 뚜렷한 신경 장해	15
9) 추간판탈출증으로 인한 약간의 신경 장해	10

나. 장해판정기준

1) 척추(등뼈)는 경추에서 흉추, 요추, 제1천추까지를 동일한 부위로 한다. 제2천추 이하의 천골 및 미골은 체간골의 장해로 평가한다.

2) 척추(등뼈)의 기형장해는 척추체(척추뼈 몸통을 말하며, 횡돌기 및 극돌기는 제외한다. 이하 이 신체부위에서 같다)의 압박률 또는 척추체(척추뼈 몸통)의 만곡 정도에 따라 평가한다.

가) 척추체(척추뼈 몸통)의 만곡변화는 객관적인 측정방법(Cobb's Angle)에 따라 골절이 발생한 척추체(척추뼈 몸통)의 상·하 인접 정상 척추체(척추뼈 몸통)를 포함하여 측정하며, 생리적 정상만곡을 고려하여 평가한다.

나) 척추(등뼈)의 기형장해는 척추체(척추뼈 몸통)의 압박률, 골절의 부위 등을 기준으로 판정한다. 척추체(척추뼈 몸통)의 압박률은 인접 상·하부[인접 상·하부 척추체(척추뼈 몸통)에 진구성 골절이 있거나, 다발성 척추골절이 있는 경우에는 골절된 척추와 가장 인접한 상·하부] 정상 척추체(척추뼈 몸통)의 전방 높이의 평균에 대한 골절된 척추체(척추뼈 몸통) 전방 높이의 감소비를 압박률로 정한다.

다) 척추(등뼈)의 기형장해는 「산업재해보상보험법 시행규칙」상 경추부, 흉추부, 요추부로 구분하여 각각을 하나의 운동단위로 보며, 하나의 운동단위 내에서 여러 개의 척추체(척추뼈 몸통)에 압박골절이 발생한 경우에는 각 척추체(척추뼈 몸통)의 압박률을 합산하고, 두 개 이상의 운동단위에서 장해가 발생한 경우에는 그 중 가장 높은 지급률을 적용한다.

3) 척추(등뼈)의 장해는 퇴행성 기왕증 병변과 사고가 그 증상을 악화시킨 부분만큼, 즉 이 사고와의 관여도를 산정하여 평가한다.

4) 추간판탈출증으로 인한 신경 장해는 수술 또는 시술(비수술적 치료) 후 6개월 이상 지난 후에 평가한다.

5) 신경학적 검사상 나타난 저린감이나 방사통 등 신경자극증상의 원인으로 CT, MRI 등 영상검사에서 추간판탈출증이 확인된 경우를 추간판탈출증으로 진단하며, 수술 여부에 관계없이 운동장해 및 기형장해로 평가하지 않는다.

6) 심한 운동장해란 다음 중 어느 하나에 해당하는 경우를 말한다.

가) 척추체(척추뼈 몸통)에 골절 또는 탈구로 4개 이상의 척추체(척추뼈 몸통)를 유합(아물어 붙음) 또는 고정한 상태

나) 머리뼈(두개골), 제1경추, 제2경추를 모두 유합 또는 고정한 상태

7) 뚜렷한 운동장해란 다음 중 어느 하나에 해당하는 경우를 말한다.

가) 척추체(척추뼈 몸통)에 골절 또는 탈구로 3개의 척추체(척추뼈 몸통)를 유합(아물어 붙음) 또는 고정한 상태

나) 머리뼈(두개골)와 제1경추 또는 제1경추와 제2경추를 유합 또는 고정한 상태

다) 머리뼈(두개골)와 상위목뼈(상위경추 : 제1, 2경추) 사이에 CT검사상, 두개 대후두공의 기저점(basion)과 축추 치돌기 상단사이의 거리(BDI : Basion-Dental Interval)에 뚜렷한 이상전위가 있는 상태

라) 상위목뼈(상위경추 : 제1, 2경추) CT검사상, 환추 전방 궁(arch)의 후방과 치상돌기의 전면과의 거리(ADI : Atlanto-Dental Interval)에 뚜렷한 이상전위가 있는 상태

8) 약간의 운동장해
머리뼈(두개골)와 상위목뼈(상위경추 : 제1, 2경추)를 제외한 척추체(척추뼈 몸통)에 골절 또는 탈구로 2개의 척추체(척추뼈 몸통)를 유합(아물어 붙음) 또는 고정한 상태

9) 심한 기형이란 다음 중 어느 하나에 해당하는 경우를 말한다.
가) 척추(등뼈)의 골절 또는 탈구 등으로 35° 이상의 척추전만증(척추가 앞으로 휘어지는 증상), 척추후만증(척추가 뒤로 휘어지는 증상) 또는 20° 이상의 척추측만증(척추가 옆으로 휘어지는 증상) 변형이 있을 때
나) 척추체(척추뼈 몸통) 한 개의 압박률이 60% 이상인 경우 또는 한 운동단위 내에 두 개 이상 척추체(척추뼈 몸통)의 압박골절로 각 척추체(척추뼈 몸통)의 압박률의 합이 90% 이상일 때

10) 뚜렷한 기형이란 다음 중 어느 하나에 해당하는 경우를 말한다.
가) 척추(등뼈)의 골절 또는 탈구 등으로 15° 이상의 척추전만증(척추가 앞으로 휘어지는 증상), 척추후만증(척추가 뒤로 휘어지는 증상) 또는 10° 이상의 척추측만증(척추가 옆으로 휘어지는 증상) 변형이 있을 때
나) 척추체(척추뼈 몸통) 한 개의 압박률이 40% 이상인 경우 또는 한 운동단위 내에 두 개 이상 척추체(척추뼈 몸통)의 압박골절로 각 척추체(척추뼈 몸통)의 압박률의 합이 60% 이상일 때

11) 약간의 기형이란 다음 중 어느 하나에 해당하는 경우를 말한다.
가) 1개 이상의 척추(등뼈)의 골절 또는 탈구로 경도(가벼운 정도)의 척추전만증(척추가 앞으로 휘어지는 증상), 척추후만증(척추가 뒤로 휘어지는 증상) 또는 척추측만증(척추가 옆으로 휘어지는 증상) 변형이 있을 때
나) 척추체(척추뼈 몸통) 한 개의 압박률이 20% 이상인 경우 또는 한 운동단위 내에 두 개 이상 척추체(척추뼈 몸통)의 압박골절로 각 척추체(척추뼈 몸통)의 압박률의 합이 40% 이상일 때

12) '추간판탈출증으로 인한 심한 신경 장해'란 추간판탈출증으로 추간판을 2마디 이상(또는 1마디 추간판에 대해 2회 이상) 수술하고도 마미신경증후군이 발생하여 하지의 현저한 마비 또는 대소변의 장해가 있는 경우

13) '추간판탈출증으로 인한 뚜렷한 신경 장해'란 추간판탈출증으로 추간판 1마디를 수술하고도 신경생리검사에서 명확한 신경근병증의 소견이 지속되고 척추신경근의 불완전 마비가 인정되는 경우

14) '추간판탈출증으로 인한 약간의 신경 장해'란 추간판탈출증이 확인되고 신경생리검사에서 명확한 신경근병증의 소견이 지속되는 경우

7. 체간골의 장해

가. 장해의 분류

장해의 분류	지급률
1) 어깨뼈(견갑골)나 골반뼈(장골, 제2천추 이하의 천골, 미골, 좌골 포함)에 뚜렷한 기형을 남긴 때	15
2) 빗장뼈(쇄골), 가슴뼈(흉골), 갈비뼈(늑골)에 뚜렷한 기형을 남긴 때	10

나. 장해판정기준

1) '체간골'이라 함은 어깨뼈(견갑골), 골반뼈(장골, 제2천추 이하의 천골, 미골, 좌골 포함), 빗장뼈(쇄골), 가슴뼈(흉골), 갈비뼈(늑골)를 말하며 이를 모두 동일한 부위로 본다.

2) '골반뼈의 뚜렷한 기형'이라 함은 아래의 경우 중 하나에 해당하는 때를 말한다.

가) 천장관절 또는 치골문합부가 분리된 상태로 치유되었거나 좌골이 2.5cm 이상 분리된 부정유합 상태

나) 육안으로 변형(결손을 포함)을 명백하게 알 수 있을 정도로 방사선 검사로 측정한 각(角) 변형이 20° 이상인 경우

다) 미골의 기형은 골절이나 탈구로 방사선 검사로 측정한 각(角) 변형이 70° 이상 남은 상태

3) '빗장뼈(쇄골), 가슴뼈(흉골), 갈비뼈(늑골), 어깨뼈(견갑골)에 뚜렷한 기형이 남은 때'라 함은 방사선 검사로 측정한 각(角) 변형이 20° 이상인 경우를 말한다.

4) 갈비뼈(늑골)의 기형은 그 개수와 정도, 부위 등에 관계없이 전체를 일괄하여 하나의 장해로 취급한다. 다발성늑골 기형의 경우 각각의 각(角) 변형을 합산하지 않고 그 중 가장 높은 각(角) 변형을 기준으로 평가한다.

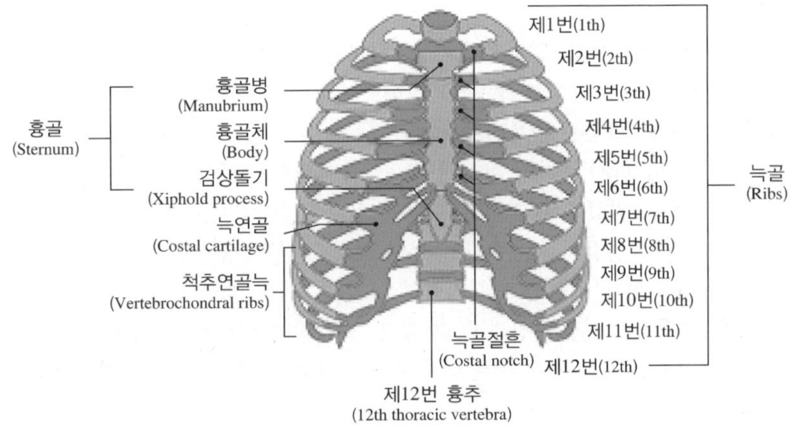

〈가슴뼈〉

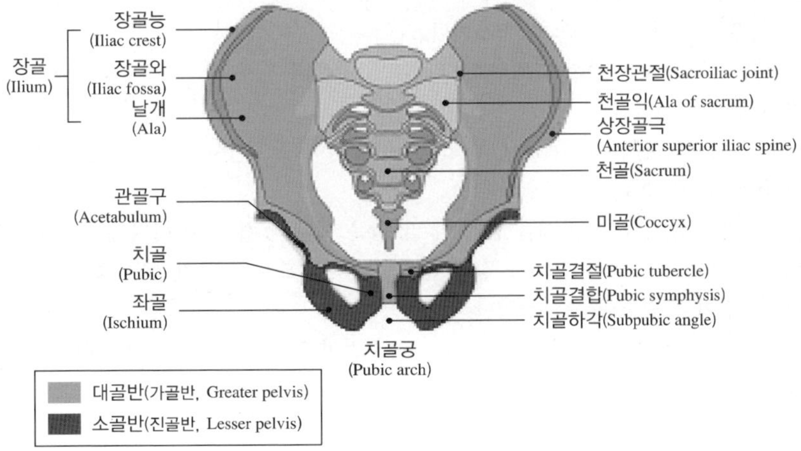

〈골반뼈〉

8. 팔의 장해

가. 장해의 분류

장해의 분류	지급률
1) 두 팔의 손목 이상을 잃었을 때	100
2) 한 팔의 손목 이상을 잃었을 때	60
3) 한 팔의 3대 관절 중 관절 하나의 기능을 완전히 잃었을 때	30
4) 한 팔의 3대 관절 중 관절 하나의 기능에 심한 장해를 남긴 때	20
5) 한 팔의 3대 관절 중 관절 하나의 기능에 뚜렷한 장해를 남긴 때	10
6) 한 팔의 3대 관절 중 관절 하나의 기능에 약간의 장해를 남긴 때	5
7) 한 팔에 가관절이 남아 뚜렷한 장해를 남긴 때	20
8) 한 팔에 가관절이 남아 약간의 장해를 남긴 때	10
9) 한 팔의 뼈에 기형을 남긴 때	5

나. 장해판정기준

1) 골절부에 금속내고정물 등을 사용하였기 때문에 그것이 기능장해의 원인이 되는 때에는 그 내고정물 등이 제거된 후 장해를 평가한다. 단, 제거가 불가능한 경우에는 고정물 등이 있는 상태에서 장해를 평가한다.

2) 관절을 사용하지 않아 발생한 일시적인 기능장해(예를 들면 캐스트로 환부를 고정시켰기 때문에 치유 후의 관절에 기능장해가 발생한 경우)는 장해로 평가하지 않는다.

3) '팔'이라 함은 어깨관절(견관절)부터 손목관절(완관절)까지를 말한다.

4) '팔의 3대 관절'이라 함은 어깨관절(견관절), 팔꿈치관절(주관절), 손목관절(완관절)을 말한다.

5) '한 팔의 손목 이상을 잃었을 때'라 함은 손목관절(완관절)부터(손목관절 포함) 심장에 가까운 쪽에서 절단된 때를 말하며, 팔꿈치관절(주관절) 상부에서 절단된 경우도 포함한다.

6) 팔의 관절기능장해 평가는 팔의 3대 관절의 관절운동범위 제한 등으로 평가한다.

가) 각 관절의 운동범위 측정은 장해평가시점의 「산업재해보상보험법 시행규칙」 제47조 제1항 및 제3항의 정상인의 신체 각 관절에 대한 평균 운동가능영역을 기준으로 정상각도 및 측정방법 등을 따른다.

나) 관절기능장해를 표시할 경우 장해부위의 장해각도와 정상부위의 측정치를 동시에 판단하여 장해상태를 명확히 한다. 단, 관절기능장해가 신경손상으로 인한 경우에는 운동범위 측정이 아닌 근력 및 근전도 검사를 기준으로 평가한다.

7) '관절 하나의 기능을 완전히 잃었을 때'라 함은 아래의 경우 중 하나에 해당하는 경우를 말한다.

가) 완전 강직(관절굳음)

나) 근전도 검사상 완전손상(complete injury) 소견이 있으면서 도수근력검사(MMT)에서 근력이 '0등급(zero)'인 경우

8) '관절 하나의 기능에 심한 장해를 남긴 때'라 함은 아래의 경우 중 하나에 해당하는 경우를 말한다.

가) 해당 관절의 운동범위 합계가 정상 운동범위의 1/4 이하로 제한된 경우

나) 인공관절이나 인공골두를 삽입한 경우

다) 근전도 검사상 완전손상(complete injury)소견이 있으면서 도수근력검사(MMT)에서 근력이 '1등급(trace)'인 경우

9) '관절 하나의 기능에 뚜렷한 장해를 남긴 때'라 함은 아래의 경우 중 하나에 해당하는 경우를 말한다.
   가) 해당 관절의 운동범위 합계가 정상 운동범위의 1/2 이하로 제한된 경우
   나) 근전도 검사상 불완전한 손상(incomplete injury) 소견이 있으면서 도수근력검사(MMT)에서 근력이 2등급(poor)인 경우

10) '관절 하나의 기능에 약간의 장해를 남긴 때'라 함은 아래의 경우 중 하나에 해당하는 때를 말한다.
   가) 해당 관절의 운동범위 합계가 정상 운동범위의 3/4 이하로 제한된 경우
   나) 근전도 검사상 불완전한 손상(incomplete injury)소견이 있으면서 도수근력검사(MMT)에서 근력이 3등급(fair)인 경우

11) '가관절[주)]이 남아 뚜렷한 장해를 남긴 때'라 함은 상완골에 가관절이 남은 경우 또는 요골과 척골의 2개 뼈 모두에 가관절이 남은 경우를 말한다.
   ※ 주) 가관절이란, 충분한 경과 및 골이식술 등 골유합을 얻는데 필요한 수술적 치료를 시행하였음에도 불구하고 골절부의 유합이 이루어지지 않는 '불유합' 상태를 말하며, 골유합이 지연되는 지연유합은 제외한다.

12) '가관절이 남아 약간의 장해를 남긴 때'라 함은 요골과 척골 중 어느 한 뼈에 가관절이 남은 경우를 말한다.

13) '뼈에 기형을 남긴 때'라 함은 상완골 또는 요골과 척골에 변형이 남아 정상에 비해 부정유합된 각 변형이 15° 이상인 경우를 말한다.

다. 지급률의 결정
   1) 한 팔의 3대 관절 중 관절 하나에 기능장해가 생기고 다른 관절 하나에 기능장해가 발생한 경우 지급률은 각각 적용하여 합산한다.
   2) 1상지(팔과 손가락)의 후유장해지급률은 원칙적으로 각각 합산하되, 지급률은 60% 한도로 한다.

9. 다리의 장해

가. 장해의 분류

장해의 분류	지급률
1) 두 다리의 발목 이상을 잃었을 때	100
2) 한 다리의 발목 이상을 잃었을 때	60
3) 한 다리의 3대 관절 중 관절 하나의 기능을 완전히 잃었을 때	30
4) 한 다리의 3대 관절 중 관절 하나의 기능에 심한 장해를 남긴 때	20
5) 한 다리의 3대 관절 중 관절 하나의 기능에 뚜렷한 장해를 남긴 때	10
6) 한 다리의 3대 관절 중 관절 하나의 기능에 약간의 장해를 남긴 때	5
7) 한 다리에 가관절이 남아 뚜렷한 장해를 남긴 때	20
8) 한 다리에 가관절이 남아 약간의 장해를 남긴 때	10
9) 한 다리의 뼈에 기형을 남긴 때	5
10) 한 다리가 5cm 이상 짧아지거나 길어진 때	30
11) 한 다리가 3cm 이상 짧아지거나 길어진 때	15
12) 한 다리가 1cm 이상 짧아지거나 길어진 때	5

나. 장해판정기준
   1) 골절부에 금속내고정물 등을 사용하였기 때문에 그것이 기능장해의 원인이 되는 때에는 그 내고정물 등이 제거된 후 장해를 평가한다. 단, 제거가 불가능한 경우에는 고정물 등이 있는 상태에서 장해를 평가한다.
   2) 관절을 사용하지 않아 발생한 일시적인 기능장해(예를 들면 캐스트로 환부를 고정시켰기 때문에 치유 후의 관절에 기능장해가 발생한 경우)는 장해로 평가하지 않는다.

3) '다리'라 함은 엉덩이관절(고관절)부터 발목관절(족관절)까지를 말한다.
4) '다리의 3대 관절'이라 함은 엉덩이관절(고관절), 무릎관절(슬관절), 발목관절(족관절)을 말한다.
5) '한 다리의 발목 이상을 잃었을 때'라 함은 발목관절(족관절)부터(발목관절 포함) 심장에 가까운 쪽에서 절단된 때를 말하며, 무릎관절(슬관절)의 상부에서 절단된 경우도 포함한다.
6) 다리의 관절기능장해 평가는 다리의 3대 관절의 관절운동범위 제한 및 무릎관절(슬관절)의 동요성 등으로 평가한다.
   가) 각 관절의 운동범위 측정은 장해평가시점의 「산업재해보상보험법 시행규칙」 제47조 제1항 및 제3항의 정상인의 신체 각 관절에 대한 평균 운동가능영역을 기준으로 정상각도 및 측정방법 등을 따른다.
   나) 관절기능장해가 신경손상으로 인한 경우에는 운동범위 측정이 아닌 근력 및 근전도 검사를 기준으로 평가한다.
7) '관절 하나의 기능을 완전히 잃었을 때'라 함은 아래의 경우 중 하나에 해당하는 때를 말한다.
   가) 완전 강직(관절굳음)
   나) 근전도 검사상 완전손상(complete injury) 소견이 있으면서 도수근력검사(MMT)에서 근력이 '0등급(zero)'인 경우
8) '관절 하나의 기능에 심한 장해를 남긴 때'라 함은 아래의 경우 중 하나에 해당하는 때를 말한다.
   가) 해당 관절의 운동범위 합계가 정상 운동범위의 1/4 이하로 제한된 경우
   나) 인공관절이나 인공골두를 삽입한 경우
   다) 객관적 검사(스트레스 엑스선)상 15mm 이상의 동요관절(관절이 흔들리거나 움직이는 것)이 있는 경우
   라) 근전도 검사상 완전손상(complete injury) 소견이 있으면서 도수근력검사(MMT)에서 근력이 '1등급(trace)'인 경우
9) '관절 하나의 기능에 뚜렷한 장해를 남긴 때'라 함은 아래의 경우 중 하나에 해당하는 때를 말한다.
   가) 해당 관절의 운동범위 합계가 정상 운동범위의 1/2 이하로 제한된 경우
   나) 객관적 검사(스트레스 엑스선)상 10mm 이상의 동요관절(관절이 흔들리거나 움직이는 것)이 있는 경우
   다) 근전도 검사상 불완전한 손상(incomplete injury)소견이 있으면서 도수근력검사(MMT)에서 근력이 2등급(poor)인 경우
10) '관절 하나의 기능에 약간의 장해를 남긴 때'라 함은 아래의 경우 중 하나에 해당하는 때를 말한다.
   가) 해당 관절의 운동범위 합계가 정상 운동범위의 3/4 이하로 제한된 경우
   나) 객관적 검사(스트레스 엑스선)상 5mm 이상의 동요관절(관절이 흔들리거나 움직이는 것)이 있는 경우
   다) 근전도 검사상 불완전한 손상(incomplete injury)소견이 있으면서 도수근력검사(MMT)에서 근력이 3등급(fair)인 경우
11) 동요장해 평가시에는 정상측과 환측을 비교하여 증가된 수치로 평가한다.
12) '가관절[주)]이 남아 뚜렷한 장해를 남긴 때'라 함은 대퇴골에 가관절이 남은 경우 또는 경골과 종아리뼈의 2개 뼈 모두에 가관절이 남은 경우를 말한다.
   ※ 주) 가관절이란, 충분한 경과 및 골이식술 등 골유합을 얻는데 필요한 수술적 치료를 시행하였음에도 불구하고 골절부의 유합이 이루어지지 않는 '불유합' 상태를 말하며, 골유합이 지연되는 지연유합은 제외한다.

13) '가관절이 남아 약간의 장해를 남긴 때'라 함은 경골과 종아리뼈 중 어느 한 뼈에 가관절이 남은 경우를 말한다.

14) '뼈에 기형을 남긴 때'라 함은 대퇴골 또는 경골에 기형이 남아 정상에 비해 부정유합된 각 변형이 15° 이상인 경우를 말한다.

15) 다리 길이의 단축 또는 과신장은 스캐노그램(scanogram)을 통하여 측정한다.

다. 지급률의 결정

1) 한 다리의 3대 관절 중 관절 하나에 기능장해가 생기고 다른 관절 하나에 기능장해가 발생한 경우 지급률은 각각 적용하여 합산한다.

2) 1하지(다리와 발가락)의 후유장해 지급률은 원칙적으로 각각 합산하되, 지급률은 60% 한도로 한다.

10. 손가락의 장해

가. 장해의 분류

장해의 분류	지급률
1) 한 손의 5개 손가락을 모두 잃었을 때	55
2) 한 손의 첫째 손가락을 잃었을 때	15
3) 한 손의 첫째 손가락 이외의 손가락을 잃었을 때(손가락 하나마다)	10
4) 한 손의 5개 손가락 모두의 손가락뼈 일부를 잃었을 때 또는 뚜렷한 장해를 남긴 때	30
5) 한 손의 첫째 손가락의 손가락뼈 일부를 잃었을 때 또는 뚜렷한 장해를 남긴 때	10
6) 한 손의 첫째 손가락 이외의 손가락의 손가락뼈 일부를 잃었을 때 또는 뚜렷한 장해를 남긴 때(손가락 하나마다)	5

나. 장해판정기준

1) 골절부에 금속내고정물 등을 사용하였기 때문에 그것이 기능장해의 원인이 되는 때에는 그 내고정물 등이 제거된 후에 장해를 평가한다. 단, 제거가 불가능한 경우에는 고정물 등이 있는 상태에서 장해를 평가한다.

2) 관절을 사용하지 않아 발생한 일시적인 기능장해(예를 들면 캐스트로 환부를 고정시켰기 때문에 치유 후의 관절에 기능장해가 발생한 경우)는 장해로 평가하지 않는다.

3) 손가락에는 첫째 손가락에 2개의 손가락관절이 있다. 그 중 심장에서 가까운 쪽부터 중수지관절, 지관절이라 한다.

4) 다른 네 손가락에는 3개의 손가락관절이 있다. 그 중 심장에서 가까운 쪽부터 중수지관절, 제1지관절(근위지관절) 및 제2지관절(원위지관절)이라 부른다.

5) '손가락을 잃었을 때'라 함은 첫째 손가락에서는 지관절부터 심장에서 가까운 쪽에서, 다른 네 손가락에서는 제1지관절(근위지관절)부터(제1지관절 포함) 심장에서 가까운 쪽으로 손가락이 절단되었을 때를 말한다.

6) '손가락뼈 일부를 잃었을 때'라 함은 첫째 손가락의 지관절, 다른 네 손가락의 제1지관절(근위지관절)부터 심장에서 먼 쪽으로 손가락 뼈의 일부가 절단된 경우를 말하며, 뼈 단면이 불규칙해진 상태나 손가락 길이의 단축 없이 골편만 떨어진 상태는 해당하지 않는다.

7) '손가락에 뚜렷한 장해를 남긴 때'라 함은 첫째 손가락의 경우 중수지관절 또는 지관절의 굴신(굽히고 펴기)운동영역이 정상 운동영역의 1/2 이하인 경우를 말하며, 다른 네 손가락에 있어서는 제1, 제2지관절의 굴신운동영역을 합산하여 정상운동영역의 1/2 이하이거나 중수지관절의 굴신(굽히고 펴기)운동영역이 정상운동영역의 1/2 이하인 경우를 말한다.

8) 한 손가락에 장해가 생기고 다른 손가락에 장해가 발생한 경우, 지급률은 각각 적용하여 합산한다.
9) 손가락의 관절기능장해 평가는 손가락 관절의 관절운동범위 제한 등으로 평가한다. 각 관절의 운동범위 측정은 장해평가시점의 「산업재해보상보험법 시행규칙」 제47조 제1항 및 제3항의 정상인의 신체 각 관절에 대한 평균 운동가능영역을 기준으로 정상각도 및 측정방법 등을 따른다.

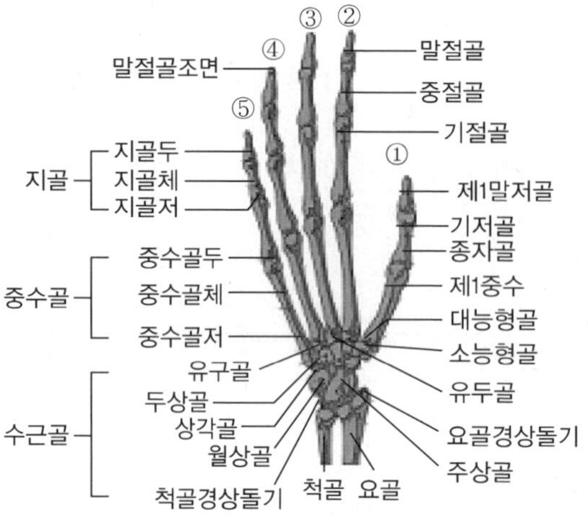

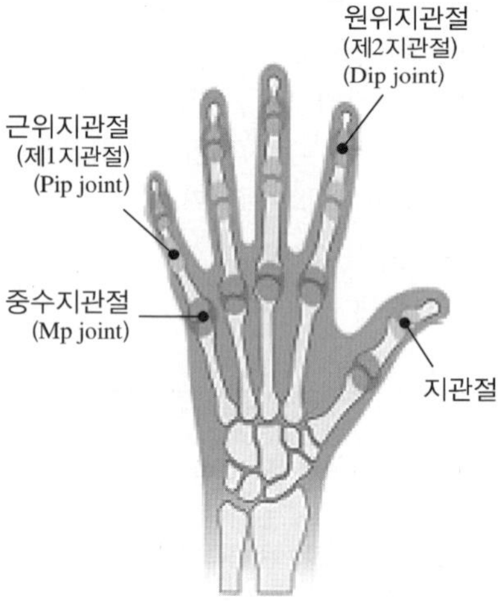

〈손가락〉

11. 발가락의 장해

가. 장해의 분류

장해의 분류	지급률
1) 한 발의 리스프랑관절 이상을 잃었을 때	40
2) 한 발의 5개 발가락을 모두 잃었을 때	30
3) 한 발의 첫째 발가락을 잃었을 때	10
4) 한 발의 첫째 발가락 이외의 발가락을 잃었을 때(발가락 하나마다)	5
5) 한 발의 5개 발가락 모두의 발가락뼈 일부를 잃었을 때 또는 뚜렷한 장해를 남긴 때	20
6) 한 발의 첫째 발가락의 발가락뼈 일부를 잃었을 때 또는 뚜렷한 장해를 남긴 때	8
7) 한 발의 첫째 발가락 이외의 발가락의 발가락뼈 일부를 잃었을 때 또는 뚜렷한 장해를 남긴 때(발가락 하나마다)	3

나. 장해판정기준

1) 골절부에 금속내고정물 등을 사용하였기 때문에 그것이 기능장해의 원인이 되는 때에는 그 내고정물 등이 제거된 후에 장해를 평가한다. 단, 제거가 불가능한 경우에는 고정물 등이 있는 상태에서 장해를 평가한다.
2) 관절을 사용하지 않아 발생한 일시적인 기능장해(예를 들면 캐스트로 환부를 고정시켰기 때문에 치유 후의 관절에 기능장해가 발생한 경우)는 장해로 평가하지 않는다.
3) '발가락을 잃었을 때'라 함은 첫째 발가락에서는 지관절부터 심장에 가까운 쪽을, 나머지 네 발가락에서는 제1지관절(근위지관절)부터(제1지관절 포함) 심장에서 가까운 쪽을 잃었을 때를 말한다.
4) 리스프랑관절 이상에서 잃은 때라 함은 족근-중족골간 관절 이상에서 절단된 경우를 말한다.

5) ‘발가락뼈 일부를 잃었을 때’라 함은 첫째 발가락의 지관절, 다른 네 발가락의 제1지관절(근위지관절)부터 심장에서 먼 쪽으로 발가락 뼈 일부가 절단된 경우를 말하며, 뼈 단면이 불규칙해진 상태나 발가락 길이의 단축 없이 골편만 떨어진 상태는 해당하지 않는다.
6) ‘발가락에 뚜렷한 장해를 남긴 때’라 함은 첫째 발가락의 경우에 중족지관절과 지관절의 굴신(굽히고 펴기)운동범위 합계가 정상 운동 가능영역의 1/2 이하가 된 경우를 말하며, 다른 네 발가락에 있어서는 중족지관절의 신전운동범위만을 평가하여 정상운동범위의 1/2 이하로 제한된 경우를 말한다.
7) 한 발가락에 장해가 생기고 다른 발가락에 장해가 발생한 경우, 지급률은 각각 적용하여 합산한다.
8) 발가락 관절의 운동범위 측정은 장해평가시점의 「산업재해보상보험법 시행규칙」 제47조 제1항 및 제3항의 정상인의 신체 각 관절에 대한 평균 운동가능영역을 기준으로 정상각도 및 측정방법 등을 따른다.

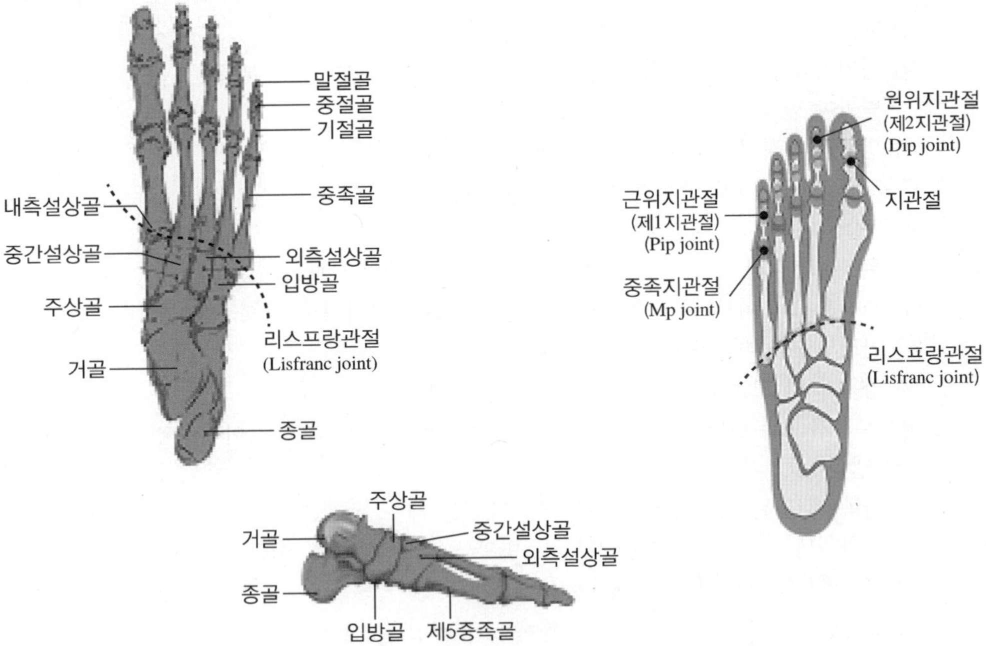

〈발가락〉

12. 흉・복부장기 및 비뇨생식기의 장해

가. 장해의 분류

장해의 분류	지급률
1) 심장 기능을 잃었을 때	100
2) 흉복부장기 또는 비뇨생식기 기능을 잃었을 때	75
3) 흉복부장기 또는 비뇨생식기 기능에 심한 장해를 남긴 때	50
4) 흉복부장기 또는 비뇨생식기 기능에 뚜렷한 장해를 남긴 때	30
5) 흉복부장기 또는 비뇨생식기 기능에 약간의 장해를 남긴 때	15

나. 장해의 판정기준

1) '심장 기능을 잃었을 때'라 함은 심장 이식을 한 경우를 말한다.

2) '흉복부장기 또는 비뇨생식기 기능을 잃었을 때'라 함은 아래의 경우 중 하나에 해당하는 때를 말한다.

가) 폐, 신장, 또는 간장의 장기이식을 한 경우

나) 장기이식을 하지 않고서는 생명유지가 불가능하여 혈액투석, 복막투석 등 의료처치를 평생토록 받아야 할 때

다) 방광의 저장기능과 배뇨기능을 완전히 상실한 때

3) '흉복부장기 또는 비뇨생식기 기능에 심한 장해를 남긴 때'라 함은 아래의 경우 중 하나에 해당하는 때를 말한다.

가) 위, 대장(결장~직장) 또는 췌장의 전부를 잘라내었을 때

나) 소장을 3/4 이상 잘라내었을 때 또는 잘라낸 소장의 길이가 3m 이상일 때

다) 간장의 3/4 이상을 잘라내었을 때

라) 양쪽 고환 또는 양쪽 난소를 모두 잃었을 때

4) '흉복부장기 또는 비뇨생식기 기능에 뚜렷한 장해를 남긴 때'라 함은 아래의 경우 중 하나에 해당하는 때를 말한다.

가) 한쪽 폐 또는 한쪽 신장을 전부 잘라내었을 때

나) 방광 기능상실로 영구적인 요도루, 방광루, 요관 장문합 상태

다) 위, 췌장을 50% 이상 잘라내었을 때

라) 대장절제, 항문 괄약근 등의 기능장해로 영구적으로 장루, 인공항문을 설치한 경우(치료과정에서 일시적으로 발생하는 경우는 제외)

마) 심장기능 이상으로 인공심박동기를 영구적으로 삽입한 경우

바) 요도괄약근 등의 기능장해로 영구적으로 인공요도괄약근을 설치한 경우

5) '흉복부장기 또는 비뇨생식기 기능에 약간의 장해를 남긴 때'라 함은 아래의 경우 중 하나에 해당하는 때를 말한다.

가) 방광의 용량이 50cc 이하로 위축되었거나 요도협착, 배뇨기능 상실로 영구적인 간헐적 인공요도가 필요한 때

나) 음경의 1/2 이상이 결손되었거나 질구 협착으로 성생활이 불가능한 때

다) 폐질환 또는 폐 부분절제술 후 일상생활에서 호흡곤란으로 지속적인 산소치료가 필요하며, 폐기능검사(PFT)상 폐환기 기능(1초간 노력성 호기량, FEV1)이 정상예측치의 40% 이하로 저하된 때

6) 흉복부, 비뇨생식기계 장해는 질병 또는 외상의 직접 결과로 인한 장해를 말하며, 노화에 의한 기능장해 또는 질병이나 외상이 없는 상태에서 예방적으로 장기를 절제, 적출한 경우는 장해로 보지 않는다.

7) 상기 흉복부 및 비뇨생식기계 장해항목에 명기되지 않은 기타 장해상태에 대해서는 '〈붙임〉 일상생활 기본동작(ADLs) 제한 장해평가표'에 해당하는 장해가 있을 때 ADLs 장해 지급률을 준용한다.

8) 상기 장해항목에 해당되지 않는 장기간의 간병이 필요한 만성질환(만성간질환, 만성폐쇄성폐질환 등)은 장해의 평가 대상으로 인정하지 않는다.

13. 신경계 · 정신행동 장해

가. 장해의 분류

장해의 분류	지급률
1) 신경계에 장해가 남아 일상생활 기본동작에 제한을 남긴 때	10~100
2) 정신행동에 극심한 장해를 남긴 때	100
3) 정신행동에 심한 장해를 남긴 때	75
4) 정신행동에 뚜렷한 장해를 남긴 때	50
5) 정신행동에 약간의 장해를 남긴 때	25
6) 정신행동에 경미한 장해를 남긴 때	10
7) 극심한 치매 : CDR 척도 5점	100
8) 심한치매 : CDR 척도 4점	80
9) 뚜렷한 치매 : CDR 척도 3점	60
10) 약간의 치매 : CDR 척도 2점	40
11) 심한 간질발작이 남았을 때	70
12) 뚜렷한 간질발작이 남았을 때	40
13) 약간의 간질발작이 남았을 때	10

나. 장해판정기준

1) 신경계

가) "신경계에 장해를 남긴 때"라 함은 뇌, 척수 및 말초신경계 손상으로 "〈붙임〉일상생활 기본동작(ADLs) 제한 장해평가표"의 5가지 기본동작중 하나 이상의 동작이 제한되었을 때를 말한다.

나) 위 가)의 경우 "〈붙임〉일상생활 기본동작(ADLs) 제한 장해평가표"상 지급률이 10% 미만인 경우에는 보장대상이 되는 장해로 인정하지 않는다.

다) 신경계의 장해로 발생하는 다른 신체부위의 장해(눈, 귀, 코, 팔, 다리 등)는 해당 장해로도 평가하고 그 중 높은 지급률을 적용한다.

라) 뇌졸중, 뇌손상, 척수 및 신경계의 질환 등은 발병 또는 외상 후 12개월 동안 지속적으로 치료한 후에 장해를 평가한다. 그러나 12개월이 지났다고 하더라도 뚜렷하게 기능 향상이 진행되고 있는 경우 또는 단기간 내에 사망이 예상되는 경우는 6개월의 범위에서 장해평가를 유보한다.

마) 장해진단 전문의는 재활의학과, 신경외과 또는 신경과 전문의로 한다.

2) 정신행동

가) 정신행동장해는 보험기간 중에 발생한 뇌의 질병 또는 상해를 입은 후 18개월이 지난 후에 판정함을 원칙으로 한다. 단, 질병발생 또는 상해를 입은 후 의식상실이 1개월 이상 지속된 경우에는 질병발생 또는 상해를 입은 후 12개월이 지난 후에 판정할 수 있다.

나) 정신행동장해는 장해판정 직전 1년 이상 충분한 정신건강의학과의 전문적 치료를 받은 후 치료에도 불구하고 장해가 고착되었을 때 판정하여야 하며, 그렇지 않은 경우에는 그로써 고정되거나 중하게 된 장해에 대해서는 인정하지 않는다.

다) '정신행동에 극심한 장해를 남긴 때'라 함은 장해판정 직전 1년 이상 지속적인 정신건강의학과의 치료를 받았으며 GAF 30점 이하인 상태를 말한다.

라) '정신행동에 심한 장해를 남긴 때'라 함은 장해판정 직전 1년 이상 지속적인 정신건강의학과의 치료를 받았으며 GAF 40점 이하인 상태를 말한다.

마) '정신행동에 뚜렷한 장해를 남긴 때'라 함은 장해판정 직전 1년 이상 지속적인 정신건강의학과의 치료를 받았으며, 보건복지부고시 「장애등급판정기준」의 '능력장해측정기준'[주)]상 6개 항목 중 3개 항목 이상에서 독립적 수행이 불가능하여 타인의 도움이 필요하고 GAF 50점 이하인 상태를 말한다.

※ 주) 능력장해측정기준의 항목 : ㉮ 적절한 음식섭취, ㉯ 대소변관리, 세면, 목욕, 청소 등의 청결 유지, ㉰ 적절한 대화기술 및 협조적인 대인관계, ㉱ 규칙적인 통원 · 약물 복용, ㉲ 소지품 및 금전관리나 적절한 구매행위, ㉳ 대중교통이나 일반공공시설의 이용

바) '정신행동에 약간의 장해를 남긴 때'라 함은 장해판정 직전 1년 이상 지속적인 정신건강의학과의 치료를 받았으며, 보건복지부고시 「장애등급판정기준」의 '능력장해측정기준'상 6개 항목 중 2개 항목 이상에서 독립적 수행이 불가능하여 타인의 도움이 필요하고 GAF 60점 이하인 상태를 말한다.

사) '정신행동에 경미한 장해를 남긴 때'라 함은 장해판정 직전 1년 이상 지속적인 정신건강의학과의 치료를 받았으며, 보건복지부고시 「장애등급판정기준」의 '능력장해측정기준'상 6개 항목 중 2개 항목 이상에서 독립적 수행이 불가능하여 타인의 도움이 필요하고 GAF 70점 이하인 상태를 말한다.

아) 지속적인 정신건강의학과의 치료란 3개월 이상 약물치료가 중단되지 않았음을 의미한다.

자) 심리학적 평가보고서는 정신건강의학과 의료기관에서 실시되어져야 하며, 자격을 갖춘 임상심리 전문가가 시행하고 작성하여야 한다.

차) 정신행동장해 진단 전문의는 정신건강의학과 전문의를 말한다.

카) 정신행동장해는 뇌의 기능 및 결손을 입증할 수 있는 뇌자기공명촬영, 뇌전산화촬영, 뇌파 등 객관적 근거를 기초로 평가한다. 다만, 보호자나 환자의 진술, 감정의의 추정 혹은 인정, 한국표준화가 이루어지지 않고 신빙성이 적은 검사들(뇌 SPECT 등)은 객관적 근거로 인정하지 않는다.

타) 각종 기질성 정신장해와 외상 후 간질에 한하여 보상한다.

파) 외상 후 스트레스장애, 우울증(반응성) 등의 질환, 정신분열증(조현병), 편집증, 조울증(양극성장애), 불안장애, 전환장애, 공포장애, 강박장애 등 각종 신경증 및 각종 인격장애는 보상의 대상이 되지 않는다.

3) 치 매

가) "치매"라 함은 정상적으로 성숙한 뇌가 질병이나 외상 후 기질성 손상으로 파괴되어 한번 획득한 지적기능이 지속적 또는 전반적으로 저하되는 것을 말한다.

나) 치매의 장해평가는 임상적인 증상 뿐 아니라 뇌영상검사(CT 및 MRI, SPECT 등)를 기초로 진단되어져야 하며, 18개월 이상 지속적인 치료 후 평가한다. 다만, 진단시점에 이미 극심한 치매 또는 심한 치매로 진행된 경우에는 6개월간 지속적인 치료 후 평가한다.

다) 치매의 장해평가는 전문의(정신건강의학과, 신경과)에 의한 임상치매척도(한국판 Expanded Clinical Dementia Rating) 검사결과에 따른다.

4) 뇌전증(간질)

가) "뇌전증(간질)"이라 함은 돌발적 뇌파이상을 나타내는 뇌질환으로 발작(경련, 의식장해 등)을 반복하는 것을 말한다.

나) 간질발작의 빈도 및 양상은 지속적인 항간질제(항전간제) 약물로도 조절되지 않는 간질을 말하며, 진료기록에 기재되어 객관적으로 확인되는 간질발작의 빈도 및 양상을 기준으로 한다.

다) "심한 간질 발작"이라 함은 월 8회 이상의 중증발작이 연 6개월 이상의 기간에 걸쳐 발생하고, 발작할 때 유발된 호흡장애, 흡인성 폐렴, 심한 탈진, 구역질, 두통, 인지장해 등으로 요양관리가 필요한 상태를 말한다.

라) "뚜렷한 간질 발작"이라 함은 월 5회 이상의 중증발작 또는 월 10회 이상의 경증발작이 연 6개월 이상의 기간에 걸쳐 발생하는 상태를 말한다.

마) "약간의 간질 발작"이라 함은 월 1회 이상의 중증발작 또는 월 2회 이상의 경증발작이 연 6개월 이상의 기간에 걸쳐 발생하는 상태를 말한다.

바) "중증발작"이라 함은 전신경련을 동반하는 발작으로써 신체의 균형을 유지하지 못하고 쓰러지는 발작 또는 의식장해가 3분 이상 지속되는 발작을 말한다.

사) "경증발작"이라 함은 운동장해가 발생하나 스스로 신체의 균형을 유지할 수 있는 발작 또는 3분 이내에 정상으로 회복되는 발작을 말한다.

〈붙임〉

일상생활 기본동작(ADLs) 제한 장해평가표

유 형	제한 정도에 따른 지급률
이동동작	• 특별한 보조기구를 사용함에도 불구하고 다른 사람의 계속적인 도움이 없이는 방 밖을 나올 수 없는 상태 또는 침대에서 휠체어로 옮기기를 포함하여 휠체어 이동시 다른 사람의 계속적인 도움이 필요한 상태(지급률 40%) • 휠체어 또는 다른 사람의 도움 없이는 방밖을 나올 수 없는 상태 또는 보행이 불가능하나 스스로 휠체어를 밀어 이동이 가능한 상태(30%) • 목발 또는 보행기(walker)를 사용하지 않으면 독립적인 보행이 불가능한 상태(20%) • 보조기구 없이 독립적인 보행은 가능하나 보행시 파행(절뚝거림)이 있으며, 난간을 잡지 않고는 계단을 오르내리기가 불가능한 상태 또는 평지에서 100m 이상을 걷지 못하는 상태(10%)
음식물 섭취	• 입으로 식사를 전혀 할 수 없어 계속적으로 튜브(비위관 또는 위루관)나 경정맥 수액을 통해 부분 혹은 전적인 영양공급을 받는 상태(20%) • 수저 사용이 불가능하여 다른 사람의 계속적인 도움이 없이는 식사를 전혀 할 수 없는 상태(15%) • 숟가락 사용은 가능하나 젓가락 사용이 불가능하여 음식물 섭취에 있어 부분적으로 다른 사람의 도움이 필요한 상태(10%) • 독립적인 음식물 섭취는 가능하나 젓가락을 이용하여 생선을 바르거나 음식물을 자르지는 못하는 상태(5%)
배변 · 배뇨	• 배설을 돕기 위해 설치한 의료장치나 외과적 시술물을 사용함에 있어 타인의 계속적인 도움이 필요한 상태, 또는 지속적인 유치도뇨관 삽입상태, 방광루, 요도루, 장루상태(20%) • 화장실에 가서 변기위에 앉는 일(요강을 사용하는 일 포함)과 대소변 후에 뒤처리시 다른 사람의 계속적인 도움이 필요한 상태, 또는 간헐적으로 자가 인공도뇨가 가능한 상태(CIC), 기저귀를 이용한 배뇨, 배변 상태(15%) • 화장실에 가는 일, 배변, 배뇨는 독립적으로 가능하나 대소변 후 뒤처리에 있어 다른 사람의 도움이 필요한 상태(10%) • 빈번하고 불규칙한 배변으로 인해 2시간 이상 계속되는 업무를 수행하는 것이 어려운 상태, 또는 배변, 배뇨는 독립적으로 가능하나 요실금, 변실금이 있는 때(5%)
목 욕	• 세안, 양치, 샤워, 목욕 등 모든 개인위생 관리시 타인의 지속적인 도움이 필요한 상태(10%) • 세안, 양치시 부분적인 도움하에 혼자서 가능하나 목욕이나 샤워시 타인의 도움이 필요한 상태(5%) • 세안, 양치와 같은 개인위생관리를 독립적으로 시행가능하나 목욕이나 샤워시 부분적으로 타인의 도움이 필요한 상태(3%)
옷 입고 벗기	• 상 · 하의 의복 착탈시 다른 사람의 계속적인 도움이 필요한 상태(10%) • 상 · 하의 의복 착탈시 부분적으로 다른 사람의 도움이 필요한 상태 또는 상의 또는 하의 중 하나만 혼자서 착탈의가 가능한 상태(5%) • 상 · 하의 의복착탈시 혼자서 가능하나 미세동작(단추 잠그고 풀기, 지퍼 올리고 내리기, 끈 묶고 풀기 등)이 필요한 마무리는 타인의 도움이 필요한 상태(3%)

〈부표 4〉

재해분류표

1. 보장대상이 되는 재해

다음 각 호에 해당하는 재해는 이 보험의 약관에 따라 보험금을 지급합니다.

① 한국표준질병·사인분류상의 (S00~Y84)에 해당하는 우발적인 외래의 사고

② 감염병의 예방 및 관리에 관한 법률 제2조 제2호에서 규정한 제1급감염병 〈개정 2020.7.31.〉

2. 보험금을 지급하지 않는 재해

다음 각 호에 해당하는 경우에는 재해분류에서 제외하여 보험금을 지급하지 않습니다.

① 질병 또는 체질적 요인이 있는 자로서 경미한 외부 요인으로 발병하거나 그 증상이 더욱 악화된 경우

② 사고의 원인이 다음과 같은 경우 〈개정 2020.7.31.〉

- 과잉노력 및 격심한 또는 반복적 운동(X50)
- 무중력 환경에서의 장시간 체류(X52)
- 식량 부족(X53)
- 물 부족(X54)
- 상세불명의 결핍(X57)
- 고의적 자해(X60~X84)
- 법적 개입 중 법적 처형(Y35.5)

③ '외과적 및 내과적 치료 중 환자의 재난(Y60~Y69)' 중 진료기관의 고의 또는 과실이 없는 사고(단, 처치 당시에는 재난의 언급이 없었으나 환자에게 이상반응이나 합병증을 일으키게 한 외과적 및 기타 내과적 처치(Y83~Y84)는 보장)

④ '자연의 힘에 노출(X30~X39)' 중 급격한 액체손실로 인한 탈수

⑤ '우발적 익사 및 익수(W65~W74), 기타 호흡과 관련된 불의의 위협(W75~W84), 눈 또는 인체의 개구부를 통하여 들어온 이물질(W44)' 중 질병에 의한 호흡장해 및 삼킴장해

⑥ 한국표준질병·사인분류상의 (U00~U99)에 해당하는 질병

※ 1. (　) 안은 제8차 개정 한국표준질병·사인분류(통계청고시 제2020-175호, 2021.1.1. 시행)상의 분류번호이며, 제9차 개정 이후 상기 재해 이외에 추가로 위 1 및 2의 각 호에 해당하는 재해가 있는 경우에는 그 재해도 포함되는 것으로 합니다. 〈개정 2020.7.31.〉

2. 위 1. 보장대상이 되는 재해 ②에 해당하는 감염병은 보험사고발생 당시 시행 중인 법률을 적용하며, 2. 보험금을 지급하지 않는 재해 ⑥에 해당하더라도 보장대상에서 제외하지 않습니다. 〈신설 2020.7.31.〉

〈부표 4-1〉 보험금을 지급할 때의 적립이율 계산(제8조 제2항 및 제32조 제2항 관련)

<table>
<tr><th>구 분</th><th colspan="2">기 간</th><th>지 급 이 자</th></tr>
<tr><td rowspan="4">사망보험금,
장해보험금, 입원급여금
(제3조 제3호에서 제5호)</td><td colspan="2">지급기일의 다음 날부터 30일 이내 기간</td><td>보험계약대출이율</td></tr>
<tr><td colspan="2">지급기일의 31일 이후부터 60일 이내 기간</td><td>보험계약대출이율 + 가산이율(4.0%)</td></tr>
<tr><td colspan="2">지급기일의 61일 이후부터 90일 이내 기간</td><td>보험계약대출이율 + 가산이율(6.0%)</td></tr>
<tr><td colspan="2">지급기일의 91일 이후 기간</td><td>보험계약대출이율 + 가산이율(8.0%)</td></tr>
<tr><td rowspan="3">중도보험금
(제3조 제1호)</td><td rowspan="2">지급사유가 발생한
날의 다음 날부터
청구일까지의 기간</td><td>보험기간 만기일 이내</td><td>평균공시이율</td></tr>
<tr><td>보험기간 만기 이후</td><td>1년 이내 : 평균공시이율의 50%
1년 초과기간 : 평균공시이율의 40%</td></tr>
<tr><td colspan="2">청구일의 다음 날부터 지급일까지의 기간</td><td>보험계약대출이율</td></tr>
<tr><td rowspan="2">만기보험금(제3조 제2호)
및 해약환급금
(제32조 제1항)</td><td colspan="2">지급사유가 발생한 날의
다음 날부터 청구일까지의 기간</td><td>1년 이내 : 평균공시이율의 50%
1년 초과기간 : 평균공시이율의 40%</td></tr>
<tr><td colspan="2">청구일의 다음 날부터 지급일까지의 기간</td><td>보험계약대출이율</td></tr>
</table>

주) 1. 중도보험금 및 만기보험금은 회사가 보험금의 지급시기 도래 7일 이전에 지급할 사유와 금액을 알리지 않은 경우, 지급사유가 발생한 날의 다음 날부터 청구일까지의 기간은 평균공시이율을 적용한 이자를 지급합니다.

2. 지급이자의 계산은 연단위 복리로 계산하며, 금리연동형보험은 일자 계산합니다.

3. 계약자 등의 책임 있는 사유로 보험금 지급이 지연된 때에는 그 해당 기간에 대한 이자는 지급되지 않을 수 있습니다. 다만, 회사는 계약자 등이 분쟁조정을 신청했다는 사유만으로 이자지급을 거절하지 않습니다. 〈단서 신설 2020.7.31.〉

4. 금리연동형보험의 경우 상기 평균공시이율은 적립순보험료에 대한 적립이율을 말합니다.

5. 가산이율 적용시 제8조(보험금의 지급절차) 제3항 각 호의 어느 하나에 해당되는 사유로 지연된 경우에는 해당 기간에 대하여 가산이율을 적용하지 않습니다.

6. 가산이율 적용시 금융위원회 또는 금융감독원이 정당한 사유로 인정하는 경우에는 해당 기간에 대하여 가산이율을 적용하지 않습니다.

03 질병 · 상해보험 표준약관 (손해보험 회사용)

〈개정 2010.1.29., 2011.1.19., 2013.12.17., 2014.12.26., 2015.8.31., 2015.12.29., 2018.3.2., 2018.7.10., 2018.11.6., 2019.12.20., 2020.7.31., 2020.10.16., 2021.7.1., 2022.2.16., 2022.9.30., 2022.12.23., 2023.6.26.〉

제1관 목적 및 용어의 정의

제1조(목적) 이 보험계약(이하 '계약'이라 합니다)은 보험계약자(이하 '계약자'라 합니다)와 보험회사(이하 '회사'라 합니다) 사이에 피보험자의 질병이나 상해에 대한 위험을 보장하기 위하여 체결됩니다.

제2조(용어의 정의) 이 계약에서 사용되는 용어의 정의는, 이 계약의 다른 조항에서 달리 정의되지 않는 한 다음과 같습니다.

1. 계약관계 관련 용어
   가. 계약자 : 회사와 계약을 체결하고 보험료를 납입할 의무를 지는 사람을 말합니다.
   나. 보험수익자 : 보험금 지급사유가 발생하는 때에 회사에 보험금을 청구하여 받을 수 있는 사람을 말합니다.
   다. 보험증권 : 계약의 성립과 그 내용을 증명하기 위하여 회사가 계약자에게 드리는 증서를 말합니다.
   라. 진단계약 : 계약을 체결하기 위하여 피보험자가 건강진단을 받아야 하는 계약을 말합니다.
   마. 피보험자 : 보험사고의 대상이 되는 사람을 말합니다.
2. 지급사유 관련 용어
   가. 상해 : 보험기간 중에 발생한 급격하고도 우연한 외래의 사고로 신체(의수, 의족, 의안, 의치 등 신체보조장구는 제외하나, 인공장기나 부분 의치 등 신체에 이식되어 그 기능을 대신할 경우는 포함합니다)에 입은 상해를 말합니다.
   나. 장해 : 〈부표 9〉 장해분류표에서 정한 기준에 따른 장해상태를 말합니다.
   다. 중요한 사항 : 계약 전 알릴의무와 관련하여 회사가 그 사실을 알았더라면 계약의 청약을 거절하거나 보험가입금액 한도 제한, 일부 보장 제외, 보험금 삭감, 보험료 할증과 같이 조건부로 승낙하는 등 계약 승낙에 영향을 미칠 수 있는 사항을 말합니다.
3. 지급금과 이자율 관련 용어
   가. 연단위 복리 : 회사가 지급할 금전에 이자를 줄 때 1년마다 마지막 날에 그 이자를 원금에 더한 금액을 다음 1년의 원금으로 하는 이자 계산방법을 말합니다.
   나. 평균공시이율 : 전체 보험회사 공시이율의 평균으로, 이 계약 체결 시점의 이율을 말합니다.
   다. 해약환급금 : 계약이 해지되는 때에 회사가 계약자에게 돌려주는 금액을 말합니다.
4. 기간과 날짜 관련 용어
   가. 보험기간 : 계약에 따라 보장을 받는 기간을 말합니다.
   나. 영업일 : 회사가 영업점에서 정상적으로 영업하는 날을 말하며, 토요일, '관공서의 공휴일에 관한 규정'에 따른 공휴일과 근로자의 날을 제외합니다.

제2관 보험금의 지급

제3조(보험금의 지급사유) 회사는 피보험자에게 다음 중 어느 하나의 사유가 발생한 경우에는 보험수익자에게 약정한 보험금을 지급합니다.

1. 보험기간 중에 상해의 직접결과로써 사망한 경우(질병으로 인한 사망은 제외합니다) : 사망보험금
2. 보험기간 중 진단확정된 질병 또는 상해로 장해분류표(〈부표 9〉 참조)에서 정한 각 장해지급률에 해당하는 장해상태가 되었을 때 : 후유장해보험금
3. 보험기간 중 진단확정된 질병 또는 상해로 입원, 통원, 요양, 수술 또는 수발(간병)이 필요한 상태가 되었을 때 : 입원보험금, 간병보험금 등

제4조(보험금 지급에 관한 세부규정) ① 제3조(보험금의 지급사유) 제1호 '사망'에는 보험기간에 다음 어느 하나의 사유가 발생한 경우를 포함합니다.

1. 실종선고를 받은 경우 : 법원에서 인정한 실종기간이 끝나는 때에 사망한 것으로 봅니다.
2. 관공서에서 수해, 화재나 그 밖의 재난을 조사하고 사망한 것으로 통보하는 경우 : 가족관계등록부에 기재된 사망연월일을 기준으로 합니다.

② 「호스피스·완화의료 및 임종과정에 있는 환자의 연명의료 결정에 관한 법률」에 따른 연명의료중단 등 결정 및 그 이행으로 피보험자가 사망하는 경우 연명의료중단 등 결정 및 그 이행은 제3조(보험금의 지급사유) 제1호 '사망'의 원인 및 '사망보험금' 지급에 영향을 미치지 않습니다. 〈신설 2018.7.10.〉

③ 제3조(보험금의 지급사유) 제2호에서 장해지급률이 상해 발생일 또는 질병의 진단 확정일부터 180일 이내에 확정되지 않는 경우에는 상해 발생일 또는 질병의 진단확정일부터 180일이 되는 날의 의사 진단에 기초하여 고정될 것으로 인정되는 상태를 장해지급률로 결정합니다. 다만, 장해분류표(〈부표 9〉 참조)에 장해판정시기를 별도로 정한 경우에는 그에 따릅니다. 〈개정 2018.7.10.〉

④ 제3항에 따라 장해지급률이 결정되었으나 그 이후 보장받을 수 있는 기간(계약의 효력이 없어진 경우에는 보험기간이 10년 이상인 계약은 상해 발생일 또는 질병의 진단확정일부터 2년 이내로 하고, 보험기간이 10년 미만인 계약은 상해 발생일 또는 질병의 진단확정일부터 1년 이내)에 장해상태가 더 악화된 때에는 그 악화된 장해상태를 기준으로 장해지급률을 결정합니다. 〈개정 2018.7.10.〉

④ 삭제 〈2018.7.10.〉

⑤ 삭제 〈2018.7.10.〉

⑥ 삭제 〈2018.7.10.〉

⑦ 삭제 〈2018.7.10.〉

⑧ 장해분류표에 해당되지 않는 후유장해는 피보험자의 직업, 연령, 신분 또는 성별 등에 관계없이 신체의 장해정도에 따라 장해분류표의 구분에 준하여 지급액을 결정합니다. 다만, 장해분류표의 각 장해분류별 최저 지급률 장해정도에 이르지 않는 후유장해에 대하여는 후유장해보험금을 지급하지 않습니다.

⑨ 보험수익자와 회사가 제3조(보험금의 지급사유)의 보험금 지급사유에 대해 합의하지 못할 때는 보험수익자와 회사가 함께 제3자를 정하고 그 제3자의 의견에 따를 수 있습니다. 제3자는 의료법 제3조(의료기관)에 규정한 종합병원 소속 전문의 중에 정하며, 보험금 지급사유 판정에 드는 의료비용은 회사가 전액 부담합니다.

⑩ 같은 질병 또는 상해로 두 가지 이상의 후유장해가 생긴 경우에는 후유장해 지급률을 합산하여 지급합니다. 다만, 장해분류표의 각 신체부위별 판정기준에 별도로 정한 경우에는 그 기준에 따릅니다.

⑪ 다른 질병 또는 상해로 인하여 후유장해가 2회 이상 발생하였을 경우에는 그 때마다 이에 해당하는 후유장해지급률을 결정합니다. 그러나 그 후유장해가 이미 후유장해보험금을 지급받은 동일한 부위에 가중된 때에는 최종 장해상태에 해당하는 후유장해보험금에서 이미 지급받은 후유장해보험금을 차감하여 지급합니다. 다만, 장해분류표의 각 신체부위별 판정기준에서 별도로 정한 경우에는 그 기준에 따릅니다.

⑫ 이미 이 계약에서 후유장해보험금 지급사유에 해당되지 않았거나(보장개시 이전의 원인에 의하거나 또는 그 이전에 발생한 후유장해를 포함합니다), 후유장해보험금이 지급되지 않았던 피보험자에게 그 신체의 동일 부위에 또다시 제11항에 규정하는 후유장해상태가 발생하였을 경우에는 직전까지의 후유장해에 대한 후유장해보험금이 지급된 것으로 보고 최종 후유장해 상태에 해당되는 후유장해보험금에서 이를 차감하여 지급합니다.

⑬ 회사가 지급하여야 할 하나의 진단확정된 질병 또는 상해로 인한 후유장해보험금은 보험가입금액을 한도로 합니다.

제5조(보험금을 지급하지 않는 사유) ① 회사는 다음 중 어느 한가지로 보험금 지급사유가 발생한 때에는 보험금을 지급하지 않습니다.

1. 피보험자가 고의로 자신을 해친 경우. 다만, 피보험자가 심신상실 등으로 자유로운 의사결정을 할 수 없는 상태에서 자신을 해친 경우에는 보험금을 지급합니다.
2. 보험수익자가 고의로 피보험자를 해친 경우. 다만, 그 보험수익자가 보험금의 일부 보험수익자인 경우에는 다른 보험수익자에 대한 보험금은 지급합니다. 〈개정 2014.12.26.〉
3. 계약자가 고의로 피보험자를 해친 경우
4. 피보험자의 임신, 출산(제왕절개를 포함합니다), 산후기. 그러나, 회사가 보장하는 보험금 지급사유와 보장개시일부터 2년이 지난 후에 발생한 습관성 유산, 불임 및 인공수정 관련 합병증으로 인한 경우에는 보험금을 지급합니다. 〈개정 2022.9.30.〉

【습관성 유산, 불임 및 인공수정】 한국표준질병・사인분류상의 N96~N98에 해당하는 질병을 말합니다.

5. 전쟁, 외국의 무력행사, 혁명, 내란, 사변, 폭동

② 회사는 다른 약정이 없으면 피보험자가 직업, 직무 또는 동호회 활동목적으로 아래에 열거된 행위로 인하여 제3조(보험금의 지급사유)의 상해 관련 보험금 지급사유가 발생한 때에는 해당 보험금을 지급하지 않습니다.

1. 전문등반(전문적인 등산용구를 사용하여 암벽 또는 빙벽을 오르내리거나 특수한 기술, 경험, 사전훈련을 필요로 하는 등반을 말합니다), 글라이더 조종, 스카이다이빙, 스쿠버다이빙, 행글라이딩, 수상보트, 패러글라이딩
2. 모터보트, 자동차 또는 오토바이에 의한 경기, 시범, 흥행(이를 위한 연습을 포함합니다) 또는 시운전(다만, 공용도로상에서 시운전을 하는 동안 보험금 지급사유가 발생한 경우에는 보장합니다)
3. 선박에 탑승하는 것을 직무로 하는 사람이 직무상 선박에 탑승하고 있는 동안 〈개정 2020.7.31.〉

제6조(보험금 지급사유의 통지) 계약자 또는 피보험자나 보험수익자는 제3조(보험금의 지급사유)에서 정한 보험금 지급사유의 발생을 안 때에는 지체 없이 그 사실을 회사에 알려야 합니다.

제7조(보험금의 청구) ① 보험수익자는 다음의 서류를 제출하고 보험금을 청구하여야 합니다.

1. 청구서(회사 양식)
2. 사고증명서[진료비계산서, 사망진단서, 장해진단서, 입원치료확인서, 의사처방전(처방조제비) 등]
3. 신분증(주민등록증이나 운전면허증 등 사진이 붙은 정부기관발행 신분증, 본인이 아닌 경우에는 본인의 인감증명서 또는 본인서명사실확인서 포함) 〈개정 2018.3.2.〉
4. 기타 보험수익자가 보험금의 수령에 필요하여 제출하는 서류

② 제1항 제2호의 사고증명서는 의료법 제3조(의료기관)에서 규정한 국내의 병원이나 의원 또는 국외의 의료관련법에서 정한 의료기관에서 발급한 것이어야 합니다.

제8조(보험금의 지급절차) ① 회사는 제7조(보험금의 청구)에서 정한 서류를 접수한 때에는 접수증을 드리고 휴대전화 문자메시지 또는 전자우편 등으로도 송부하며, 그 서류를 접수한 날부터 3영업일 이내에 보험금을 지급합니다.

② 회사가 보험금 지급사유를 조사・확인하기 위해 필요한 기간이 제1항의 지급기일을 초과할 것이 명백히 예상되는 경우에는 그 구체적인 사유와 지급예정일 및 보험금 가지급제도(회사가 추정하는 보험금의 50% 이내를 지급)에 대하여 피보험자 또는 보험수익자에게 즉시 통지합니다. 다만, 지급예정일은 다음 각 호의 어느 하나에 해당하는 경우를 제외하고는 제7조(보험금의 청구)에서 정한 서류를 접수한 날부터 30영업일 이내에서 정합니다.

1. 소송제기
2. 분쟁조정 신청
3. 수사기관의 조사
4. 해외에서 발생한 보험사고에 대한 조사
5. 제6항에 따른 회사의 조사요청에 대한 동의 거부 등 계약자, 피보험자 또는 보험수익자의 책임있는 사유로 보험금 지급사유의 조사와 확인이 지연되는 경우
6. 제4조(보험금 지급에 관한 세부규정) 제9항에 따라 보험금 지급사유에 대해 제3자의 의견에 따르기로 한 경우

③ 제2항에 의하여 장해지급률의 판정 및 지급할 보험금의 결정과 관련하여 확정된 장해지급률에 따른 보험금을 초과한 부분에 대한 분쟁으로 보험금 지급이 늦어지는 경우에는 보험수익자의 청구에 따라 이미 확정된 보험금을 먼저 가지급합니다. 〈개정 2014.12.26.〉

④ 제2항에 의하여 추가적인 조사가 이루어지는 경우, 회사는 보험수익자의 청구에 따라 회사가 추정하는 보험금의 50% 상당액을 가지급보험금으로 지급합니다. 〈개정 2014.12.26.〉

⑤ 회사는 제1항의 규정에 정한 지급기일 내에 보험금을 지급하지 않았을 때(제2항의 규정에서 정한 지급예정일을 통지한 경우를 포함합니다)에는 그 다음날부터 지급일까지의 기간에 대하여 〈부표 9-1〉 '보험금을 지급할 때의 적립이율 계산'에서 정한 이율로 계산한 금액을 보험금에 더하여 지급합니다. 그러나 계약자, 피보험자 또는 보험수익자의 책임있는 사유로 지급이 지연된 때에는 그 해당 기간에 대한 이자는 더하여 지급하지 않습니다. 〈개정 2014.12.26.〉

⑥ 계약자, 피보험자 또는 보험수익자는 제16조(알릴의무위반의 효과) 및 제2항의 보험금 지급사유 조사와 관련하여 의료기관, 국민건강보험공단, 경찰서 등 관공서에 대한 회사의 서면에 의한 조사요청에 동의하여야 합니다. 다만, 정당한 사유 없이 이에 동의하지 않을 경우 사실 확인이 끝날 때까지 회사는 보험금 지급지연에 따른 이자를 지급하지 않습니다. 〈개정 2017.6.19.〉

⑦ 회사는 제6항의 서면 조사에 대한 동의 요청시 조사목적, 사용처 등을 명시하고 설명합니다. 〈신설 2014.12.26.〉

제9조(만기환급금의 지급) ① 회사는 보험기간이 끝난 때에 만기환급금을 보험수익자에게 지급합니다.

② 회사는 계약자 및 보험수익자의 청구에 의하여 제1항에 의한 만기환급금을 지급하는 경우 청구일부터 3영업일 이내에 지급합니다.

③ 회사는 제1항에 의한 만기환급금의 지급시기가 되면 지급시기 7일 이전에 그 사유와 지급할 금액을 계약자 또는 보험수익자에게 알려드리며, 만기환급금을 지급함에 있어 지급일까지의 기간에 대한 이자의 계산은 〈부표 9-1〉 '보험금을 지급할 때의 적립이율 계산'에 따릅니다.

제10조(보험금 받는 방법의 변경) ① 계약자(보험금 지급사유 발생 후에는 보험수익자)는 회사의 사업방법서에서 정한 바에 따라 보험금의 전부 또는 일부에 대하여 나누어 지급받거나 일시에 지급받는 방법으로 변경할 수 있습니다.

② 회사는 제1항에 따라 일시에 지급할 금액을 나누어 지급하는 경우에는 나중에 지급할 금액에 대하여 평균공시이율을 연단위 복리로 계산한 금액을 더하며, 나누어 지급할 금액을 일시에 지급하는 경우에는 평균공시이율을 연단위 복리로 할인한 금액을 지급합니다.

제11조(주소변경통지) ① 계약자(보험수익자가 계약자와 다른 경우 보험수익자를 포함합니다)는 주소 또는 연락처가 변경된 경우에는 지체 없이 그 변경내용을 회사에 알려야 합니다.

② 제1항에서 정한대로 계약자 또는 보험수익자가 변경내용을 알리지 않은 경우에는 계약자 또는 보험수익자가 회사에 알린 최종의 주소 또는 연락처로 등기우편 등 우편물에 대한 기록이 남는 방법으로 회사가 알린 사항은 일반적으로 도달에 필요한 기간이 지난 때에 계약자 또는 보험수익자에게 도달된 것으로 봅니다.

제12조(보험수익자의 지정) 보험수익자를 지정하지 않은 때에는 보험수익자를 제9조(만기환급금의 지급) 제1항의 경우는 계약자로 하고, 제3조(보험금의 지급사유) 제1호의 경우는 피보험자의 법정상속인, 같은 조 제2호 및 제3호의 경우는 피보험자로 합니다.

제13조(대표자의 지정) ① 계약자 또는 보험수익자가 2명 이상인 경우에는 각 대표자를 1명 지정하여야 합니다. 이 경우 그 대표자는 각각 다른 계약자 또는 보험수익자를 대리하는 것으로 합니다.

② 지정된 계약자 또는 보험수익자의 소재가 확실하지 않은 경우에는 이 계약에 관하여 회사가 계약자 또는 보험수익자 1명에 대하여 한 행위는 각각 다른 계약자 또는 보험수익자에게도 효력이 미칩니다.

③ 계약자가 2명 이상인 경우에는 그 책임을 연대로 합니다.

제3관 계약자의 계약 전 알릴의무 등

제14조(계약 전 알릴의무) 계약자 또는 피보험자는 청약할 때(진단계약의 경우에는 건강진단할 때를 말합니다) 청약서에서 질문한 사항에 대하여 알고 있는 사실을 반드시 사실대로 알려야(이하 '계약 전 알릴의무'라 하며, 상법상 '고지의무'와 같습니다) 합니다. 다만, 진단계약의 경우 의료법 제3조(의료기관)의 규정에 따른 종합병원과 병원에서 직장 또는 개인이 실시한 건강진단서 사본 등 건강상태를 판단할 수 있는 자료로 건강진단을 대신할 수 있습니다.

제15조(상해보험계약 후 알릴의무) ① 계약자 또는 피보험자는 보험기간 중에 피보험자에게 다음 각 호의 변경이 발생한 경우에는 우편, 전화, 방문 등의 방법으로 지체 없이 회사에 알려야 합니다. 〈개정 2018.3.2.〉

1. 보험증권 등에 기재된 직업 또는 직무의 변경
   가. 현재의 직업 또는 직무가 변경된 경우
   나. 직업이 없는 자가 취직한 경우
   다. 현재의 직업을 그만둔 경우

> [직업]
> 1) 생계유지 등을 위하여 일정한 기간 동안(예 : 6개월 이상) 계속하여 종사하는 일
> 2) 1)에 해당하지 않는 경우에는 개인의 사회적 신분에 따르는 위치나 자리를 말함
>   예) 학생, 미취학아동, 무직 등
>
> [직무]
> 직책이나 직업상 책임을 지고 담당하여 맡은 일

2. 보험증권 등에 기재된 피보험자의 운전 목적이 변경된 경우
   예) 자가용에서 영업용으로 변경, 영업용에서 자가용으로 변경 등
3. 보험증권 등에 기재된 피보험자의 운전여부가 변경된 경우
   예) 비운전자에서 운전자로 변경, 운전자에서 비운전자로 변경 등

4. 이륜자동차 또는 원동기장치 자전거(전동킥보드, 전동이륜평행차, 전동기의 동력만으로 움직일 수 있는 자전거 등 개인형 이동장치를 포함)를 계속적으로 사용(직업, 직무 또는 동호회 활동과 출퇴근용도 등으로 주로 사용하는 경우에 한함)하게 된 경우(다만, 전동휠체어, 의료용 스쿠터 등 보행보조용 의자차는 제외합니다.) 〈개정 2020.7.31., 2022.9.30.〉

② 회사는 제1항의 통지로 인하여 위험의 변동이 발생한 경우에는 제22조(계약내용의 변경 등)에 따라 계약내용을 변경할 수 있습니다. 〈개정 2018.3.2.〉

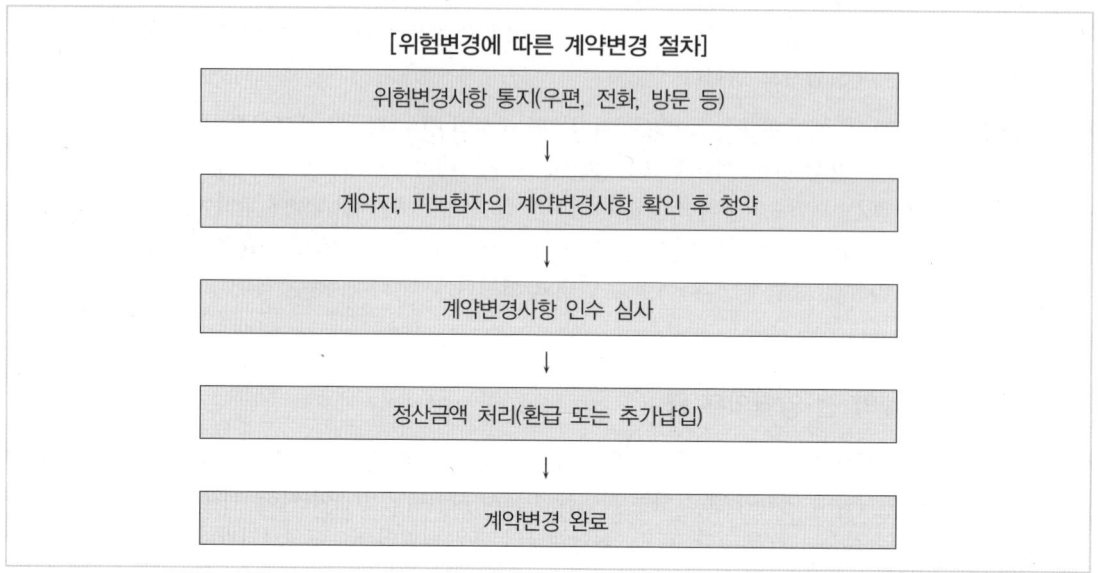

[위험변경에 따른 계약변경 절차]

위험변경사항 통지(우편, 전화, 방문 등)

↓

계약자, 피보험자의 계약변경사항 확인 후 청약

↓

계약변경사항 인수 심사

↓

정산금액 처리(환급 또는 추가납입)

↓

계약변경 완료

③ 회사는 제2항에 따라 계약내용을 변경할 때 위험이 감소된 경우에는 보험료를 감액하고, 이후 기간 보장을 위한 재원인 책임준비금 등의 차이로 인하여 발생한 정산금액(이하 "정산금액"이라 합니다)을 환급하여 드립니다. 한편 위험이 증가된 경우에는 보험료의 증액 및 정산금액의 추가납입을 요구할 수 있으며, 계약자는 이를 납입하여야 합니다. 〈신설 2018.3.2.〉

④ 제1항의 통지에 따라 위험의 증가로 보험료를 더 내야 할 경우 회사가 청구한 추가보험료(정산금액을 포함합니다)를 계약자가 납입하지 않았을 때, 회사는 위험이 증가되기 전에 적용된 보험요율(이하 "변경 전 요율"이라 합니다)의 위험이 증가된 후에 적용해야 할 보험요율(이하 "변경 후 요율"이라 합니다)에 대한 비율에 따라 보험금을 삭감하여 지급합니다. 다만, 증가된 위험과 관계없이 발생한 보험금 지급사유에 관해서는 원래대로 지급합니다. 〈개정 2018.3.2.〉

⑤ 계약자 또는 피보험자가 고의 또는 중대한 과실로 제1항 각 호의 변경사실을 회사에 알리지 않았을 경우 변경 후 요율이 변경 전 요율보다 높을 때에는 회사는 그 변경사실을 안 날부터 1개월 이내에 계약자 또는 피보험자에게 제4항에 따라 보장됨을 통보하고 이에 따라 보험금을 지급합니다. 〈개정 2018.3.2.〉

제16조(알릴의무위반의 효과) ① 회사는 아래와 같은 사실이 있을 경우에는 손해의 발생 여부에 관계없이 이 계약을 해지할 수 있습니다.

1. 계약자 또는 피보험자가 고의 또는 중대한 과실로 제14조(계약 전 알릴의무)를 위반하고 그 의무가 중요한 사항에 해당하는 경우
2. 뚜렷한 위험의 증가와 관련된 제15조(상해보험계약 후 알릴의무) 제1항에서 정한 계약 후 알릴의무를 계약자 또는 피보험자의 고의 또는 중대한 과실로 이행하지 않았을 때

② 제1항 제1호의 경우에도 불구하고 다음 중 하나에 해당하는 경우에는 회사는 계약을 해지할 수 없습니다.

1. 회사가 계약 당시에 그 사실을 알았거나 과실로 인하여 알지 못하였을 때
2. 회사가 그 사실을 안 날부터 1개월 이상 지났거나 또는 제1회 보험료를 받은 때부터 보험금 지급사유가 발생하지 않고 2년(진단계약의 경우 질병에 대하여는 1년)이 지났을 때
3. 계약을 체결한 날부터 3년이 지났을 때
4. 회사가 이 계약을 청약할 때 피보험자의 건강상태를 판단할 수 있는 기초자료(건강진단서 사본 등)에 따라 승낙한 경우에 건강진단서 사본 등에 명기되어 있는 사항으로 보험금 지급사유가 발생하였을 때(계약자 또는 피보험자가 회사에 제출한 기초자료의 내용 중 중요사항을 고의로 사실과 다르게 작성한 때에는 계약을 해지할 수 있습니다)
5. 보험설계사 등이 계약자 또는 피보험자에게 고지할 기회를 주지 않았거나 계약자 또는 피보험자가 사실대로 고지하는 것을 방해한 경우, 계약자 또는 피보험자에게 사실대로 고지하지 않게 하였거나 부실한 고지를 권유했을 때. 다만, 보험설계사 등의 행위가 없었다 하더라도 계약자 또는 피보험자가 사실대로 고지하지 않거나 부실한 고지를 했다고 인정되는 경우에는 계약을 해지할 수 있습니다.

③ 제1항에 따라 계약을 해지하였을 때에는 제34조(해약환급금) 제1항에 따른 해약환급금을 계약자에게 지급합니다.

④ 제1항 제1호에 의한 계약의 해지가 보험금 지급사유 발생 후에 이루어진 경우에 회사는 보험금을 지급하지 않으며, 계약 전 알릴의무위반 사실(계약해지 등의 원인이 되는 위반 사실을 구체적으로 명시)뿐만 아니라 계약 전 알릴의무 사항이 중요한 사항에 해당되는 사유를 "반대증거가 있는 경우 이의를 제기할 수 있습니다"라는 문구와 함께 계약자에게 서면 또는 전자문서 등으로 알려드립니다. 회사가 전자문서로 안내하고자 할 경우에는 계약자에게 서면 또는 「전자서명법」 제2조 제2호에 따른 전자서명으로 동의를 얻어 수신확인을 조건으로 전자문서를 송신하여야 합니다. 계약자의 전자문서 수신이 확인되기 전까지는 그 전자문서는 송신되지 않은 것으로 봅니다. 회사는 전자문서가 수신되지 않은 것을 확인한 경우에는 서면(등기우편 등)으로 다시 알려드립니다. 〈개정 2020.7.31., 2022.9.30.〉

⑤ 제1항 제2호에 의한 계약의 해지가 보험금 지급사유 발생 후에 이루어진 경우에는 제15조(상해보험계약 후 알릴의무) 제4항 또는 제5항에 따라 보험금을 지급합니다. 〈개정 2018.3.2.〉

⑥ 제1항에도 불구하고 알릴의무를 위반한 사실이 보험금 지급사유 발생에 영향을 미쳤음을 회사가 증명하지 못한 경우에는 제4항 및 제5항에 관계없이 약정한 보험금을 지급합니다. 〈개정 2018.11.6.〉

⑦ 회사는 다른 보험가입내역에 대한 계약 전 알릴의무위반을 이유로 계약을 해지하거나 보험금 지급을 거절하지 않습니다.

제17조(사기에 의한 계약) 계약자 또는 피보험자가 대리진단, 약물사용을 수단으로 진단절차를 통과하거나 진단서 위·변조 또는 청약일 이전에 암 또는 사람면역결핍바이러스(HIV) 감염의 진단 확정을 받은 후 이를 숨기고 가입하는 등 사기에 의하여 계약이 성립되었음을 회사가 증명하는 경우에는 계약일부터 5년 이내(사기사실을 안 날부터 1개월 이내)에 계약을 취소할 수 있습니다.

제4관 보험계약의 성립과 유지

제18조(보험계약의 성립) ① 계약은 계약자의 청약과 회사의 승낙으로 이루어집니다.

② 회사는 피보험자가 계약에 적합하지 않은 경우에는 승낙을 거절하거나 별도의 조건(보험가입금액 제한, 일부보장 제외, 보험금 삭감, 보험료 할증 등)을 붙여 승낙할 수 있습니다.

③ 회사는 계약의 청약을 받고, 제1회 보험료를 받은 경우에 건강진단을 받지 않는 계약은 청약일, 진단계약은 진단일(재진단의 경우에는 최종 진단일)부터 30일 이내에 승낙 또는 거절하여야 하며, 승낙한 때에는 보험증권을 드립니다. 그러나 30일 이내에 승낙 또는 거절의 통지가 없으면 승낙된 것으로 봅니다.

④ 회사가 제1회 보험료를 받고 승낙을 거절한 경우에는 거절통지와 함께 받은 금액을 계약자에게 돌려드리며, 보험료를 받은 기간에 대하여 평균공시이율 + 1%를 연단위 복리로 계산한 금액을 더하여 지급합니다. 다만, 회사는 계약자가 제1회 보험료를 신용카드로 납입한 계약의 승낙을 거절하는 경우에는 신용카드의 매출을 취소하며 이자를 더하여 지급하지 않습니다.

⑤ 회사가 제2항에 따라 일부보장 제외 조건을 붙여 승낙하였더라도 청약일로부터 5년(갱신형 계약의 경우에는 최초 청약일로부터 5년)이 지나는 동안 보장이 제외되는 질병으로 추가 진단(단순 건강검진 제외) 또는 치료 사실이 없을 경우, 청약일로부터 5년이 지난 이후에는 이 약관에 따라 보장합니다. 〈신설 2018.7.10.〉

⑥ 제5항의 '청약일로부터 5년이 지나는 동안'이라 함은 이 약관 제28조[보험료의 납입이 연체되는 경우 납입최고(독촉)와 계약의 해지]에서 정한 계약의 해지가 발생하지 않은 경우를 말합니다. 〈신설 2018.7.10.〉

⑦ 이 약관 제29조[보험료의 납입연체로 인한 해지계약의 부활(효력회복)]에서 정한 계약의 부활이 이루어진 경우 부활을 청약한 날을 제5항의 청약일로 하여 적용합니다. 〈신설 2018.7.10.〉

제19조(청약의 철회) ① 계약자는 보험증권을 받은 날부터 15일 이내에 그 청약을 철회할 수 있습니다. 다만, 회사가 건강상태 진단을 지원하는 계약, 보험기간이 90일 이내인 계약 또는 전문금융소비자가 체결한 계약은 청약을 철회할 수 없습니다. 〈개정 2021.7.1.〉

> 【전문금융소비자】 보험계약에 관한 전문성, 자산규모 등에 비추어 보험계약에 따른 위험감수능력이 있는 자로서, 국가, 지방자치단체, 한국은행, 금융회사, 주권상장법인 등을 포함하며 「금융소비자 보호에 관한 법률」 제2조(정의) 제9호에서 정하는 전문금융소비자를 말합니다.
> 【일반금융소비자】 전문금융소비자가 아닌 계약자를 말합니다. 〈개정 2021.7.1.〉

② 제1항에도 불구하고 청약한 날부터 30일이 초과된 계약은 청약을 철회할 수 없습니다. 〈신설 2014.12.26.〉

③ 청약 철회는 계약자가 전화로 신청하거나, 철회의사를 표시하기 위한 서면, 전자우편, 휴대전화 문자메시지 또는 이에 준하는 전자적 의사표시(이하 '서면 등'이라 합니다)를 발송한 때 효력이 발생합니다. 계약자는 서면 등을 발송한 때에 그 발송 사실을 회사에 지체 없이 알려야 합니다. 〈개정 2021.7.1.〉

④ 계약자가 청약을 철회한 때에는 회사는 청약의 철회를 접수한 날부터 3영업일 이내에 납입한 보험료를 돌려드리며, 보험료 반환이 늦어진 기간에 대하여는 이 계약의 보험계약대출 이율을 연단위 복리로 계산한 금액을 더하여 지급합니다. 다만, 계약자가 제1회 보험료를 신용카드로 납입한 계약의 청약을 철회하는 경우에 회사는 청약의 철회를 접수한 날부터 3영업일 이내에 해당 신용카드회사로 하여금 대금청구를 하지 않도록 해야 하며, 이 경우 회사는 보험료를 반환한 것으로 봅니다. 〈개정 2021.7.1.〉

⑤ 청약을 철회할 때에 이미 보험금 지급사유가 발생하였으나 계약자가 그 보험금 지급사유가 발생한 사실을 알지 못한 경우에는 청약철회의 효력은 발생하지 않습니다. 〈개정 2014.12.26.〉

⑥ 제1항에서 보험증권을 받은 날에 대한 다툼이 발생한 경우 회사가 이를 증명하여야 합니다. 〈신설 2014.12.26.〉

제20조(약관교부 및 설명의무 등) ① 회사는 계약자가 청약할 때에 계약자에게 약관의 중요한 내용을 설명하여야 하며, 청약 후에 다음 각 호의 방법 중 계약자가 원하는 방법을 확인하여 지체 없이 약관 및 계약자 보관용 청약서를 제공하여 드립니다. 만약, 회사가 전자우편 및 전자적 의사표시로 제공한 경우 계약자 또는 그 대리인이 약관 및 계약자 보관용 청약서 등을 수신하였을 때에는 해당 문서를 드린 것으로 봅니다. 〈개정 2021.7.1.〉

1. 서면교부
2. 우편 또는 전자우편
3. 휴대전화 문자메시지 또는 이에 준하는 전자적 의사표시

② 제1항과 관련하여 통신판매계약의 경우, 회사는 계약자가 가입한 특약만 포함한 약관을 드리며, 전화를 이용하여 체결하는 계약은 계약자의 동의를 얻어 다음의 방법으로 약관의 중요한 내용을 설명할 수 있습니다. 〈신설 2020.10.16., 2022.9.30.〉

1. 전화를 이용하여 청약내용, 보험료 납입, 보험기간, 계약 전 알릴의무, 약관의 중요한 내용 등 계약을 체결하는데 필요한 사항을 질문 또는 설명하는 방법. 이 경우 계약자의 답변과 확인내용을 음성 녹음함으로써 약관의 중요한 내용을 설명한 것으로 봅니다.

【통신판매계약】 전화 · 우편 · 인터넷 등 통신수단을 이용하여 체결하는 계약을 말합니다.

③ 회사가 제1항에 따라 제공될 약관 및 계약자 보관용 청약서를 청약할 때 계약자에게 전달하지 않거나 약관의 중요한 내용을 설명하지 않은 때 또는 계약을 체결할 때 계약자가 청약서에 자필서명(날인(도장을 찍음) 및 「전자서명법」 제2조 제2호에 따른 전자서명을 포함합니다)을 하지 않은 때에는 계약자는 계약이 성립한 날부터 3개월 이내에 계약을 취소할 수 있습니다. 〈개정 2021.7.1.〉

④ 제3항에도 불구하고 전화를 이용하여 계약을 체결하는 경우 다음의 각 호의 어느 하나를 충족하는 때에는 자필서명을 생략할 수 있으며, 제2항의 규정에 따른 음성녹음 내용을 문서화한 확인서를 계약자에게 드림으로써 계약자 보관용 청약서를 전달한 것으로 봅니다.

1. 계약자, 피보험자 및 보험수익자가 동일한 계약의 경우
2. 계약자, 피보험자가 동일하고 보험수익자가 계약자의 법정상속인인 계약일 경우

⑤ 제3항에 따라 계약이 취소된 경우에는 회사는 이미 납입한 보험료를 계약자에게 돌려드리며, 보험료를 받은 기간에 대하여 보험계약대출이율을 연단위 복리로 계산한 금액을 더하여 지급합니다.

제21조(계약의 무효) 다음 중 한 가지에 해당되는 경우에는 계약을 무효로 하며 이미 납입한 보험료를 돌려드립니다. 다만, 회사의 고의 또는 과실로 계약이 무효로 된 경우와 회사가 승낙 전에 무효임을 알았거나 알 수 있었음에도 보험료를 반환하지 않은 경우에는 보험료를 납입한 날의 다음날부터 반환일까지의 기간에 대하여 회사는 이 계약의 보험계약대출이율을 연단위 복리로 계산한 금액을 더하여 돌려드립니다.

1. 타인의 사망을 보험금 지급사유로 하는 계약에서 계약을 체결할 때까지 피보험자의 서면(「전자서명법」 제2조 제2호에 따른 전자서명이 있는 경우로서 「상법 시행령」 제44조의2에 정하는 바에 따라 본인 확인 및 위조 · 변조 방지에 대한 신뢰성을 갖춘 전자문서를 포함)에 의한 동의를 얻지 않은 경우. 다만, 단체가 규약에 따라 구성원의 전부 또는 일부를 피보험자로 하는 계약을 체결하는 경우에는 이를 적용하지 않습니다. 이 때 단체보험의 보험수익자를 피보험자 또는 그 상속인이 아닌 자로 지정할 때에는 단체의 규약에서 명시적으로 정한 경우가 아니면 이를 적용합니다. 〈개정 2021.7.1.〉
2. 만 15세 미만자, 심신상실자 또는 심신박약자를 피보험자로 하여 사망을 보험금 지급사유로 한 경우. 다만, 심신박약자가 계약을 체결하거나 소속 단체의 규약에 따라 단체보험의 피보험자가 될 때에 의사능력이 있는 경우에는 계약이 유효합니다. 〈개정 2015.8.31.〉

3. 계약을 체결할 때 계약에서 정한 피보험자의 나이에 미달되었거나 초과되었을 경우. 다만, 회사가 나이의 착오를 발견하였을 때 이미 계약나이에 도달한 경우에는 유효한 계약으로 보나, 제2호의 만 15세 미만자에 관한 예외가 인정되는 것은 아닙니다.

제22조(계약내용의 변경 등) ① 계약자는 회사의 승낙을 얻어 다음의 사항을 변경할 수 있습니다. 이 경우 승낙을 서면 등으로 알리거나 보험증권의 뒷면에 기재하여 드립니다.

1. 보험종목
2. 보험기간
3. 보험료 납입주기, 납입방법 및 납입기간
4. 계약자, 피보험자
5. 보험가입금액, 보험료 등 기타 계약의 내용

② 계약자는 보험수익자를 변경할 수 있으며 이 경우에는 회사의 승낙이 필요하지 않습니다. 다만, 변경된 보험수익자가 회사에 권리를 대항하기 위해서는 계약자가 보험수익자가 변경되었음을 회사에 통지하여야 합니다.

③ 회사는 계약자가 제1회 보험료를 납입한 때부터 1년 이상 지난 유효한 계약으로서 그 보험종목의 변경을 요청할 때에는 회사의 사업방법서에서 정하는 방법에 따라 이를 변경하여 드립니다.

④ 회사는 계약자가 제1항 제5호에 따라 보험가입금액을 감액하고자 할 때에는 그 감액된 부분은 해지된 것으로 보며, 이로써 회사가 지급하여야 할 해약환급금이 있을 때에는 제34조(해약환급금) 제1항에 따른 해약환급금을 계약자에게 지급합니다.

⑤ 계약자가 제2항에 따라 보험수익자를 변경하고자 할 경우에는 보험금 지급사유가 발생하기 전에 피보험자가 서면으로 동의하여야 합니다.

⑥ 회사는 제1항에 따라 계약자를 변경한 경우, 변경된 계약자에게 보험증권 및 약관을 교부하고 변경된 계약자가 요청하는 경우 약관의 중요한 내용을 설명하여 드립니다.

제23조(보험나이 등) ① 이 약관에서의 피보험자의 나이는 보험나이를 기준으로 합니다. 다만, 제21조(계약의 무효) 제2호의 경우에는 실제 만 나이를 적용합니다.

② 제1항의 보험나이는 계약일 현재 피보험자의 실제 만 나이를 기준으로 6개월 미만의 끝수는 버리고 6개월 이상의 끝수는 1년으로 하여 계산하며, 이후 매년 계약 해당일에 나이가 증가하는 것으로 합니다.

③ 피보험자의 나이 또는 성별에 관한 기재사항이 사실과 다른 경우에는 정정된 나이 또는 성별에 해당하는 보험금 및 보험료로 변경합니다.

【보험나이 계산 예시】
생년월일 : 1988년 10월 2일, 현재(계약일) : 2014년 4월 13일
⇒ 2014년 4월 13일 – 1988년 10월 2일 = 25년 6월 11일 = 26세

제24조(계약의 소멸) 피보험자의 사망으로 인하여 이 약관에서 규정하는 보험금 지급사유가 더 이상 발생할 수 없는 경우에는 이 계약은 그때부터 효력이 없습니다. 이때 사망을 보험금 지급사유로 하지 않는 경우에는 '보험료 및 해약환급금 산출방법서'에서 정하는 바에 따라 회사가 적립한 사망 당시의 계약자적립액을 지급합니다. 〈개정 2023.6.26.〉

【계약자적립액】 장래의 해약환급금 등을 지급하기 위하여 계약자가 납입한 보험료 중 일정액을 기준으로 보험료 및 해약환급금 산출방법서에서 정한 방법에 따라 계산한 금액을 말합니다.

제5관 보험료의 납입

제25조(제1회 보험료 및 회사의 보장개시) ① 회사는 계약의 청약을 승낙하고 제1회 보험료를 받은 때부터 이 약관이 정한 바에 따라 보장을 합니다. 또한, 회사가 청약과 함께 제1회 보험료를 받은 후 승낙한 경우에도 제1회 보험료를 받은 때부터 보장이 개시됩니다. 자동이체 또는 신용카드로 납입하는 경우에는 자동이체신청 또는 신용카드매출승인에 필요한 정보를 제공한 때를 제1회 보험료를 받은 때로 하며, 계약자의 책임 있는 사유로 자동이체 또는 매출승인이 불가능한 경우에는 보험료가 납입되지 않은 것으로 봅니다.

② 회사가 청약과 함께 제1회 보험료를 받고 청약을 승낙하기 전에 보험금 지급사유가 발생하였을 때에도 보장개시일부터 이 약관이 정하는 바에 따라 보장을 합니다.

> **【보장개시일】** 회사가 보장을 개시하는 날로서 계약이 성립되고 제1회 보험료를 받은 날을 말하나, 회사가 승낙하기 전이라도 청약과 함께 제1회 보험료를 받은 경우에는 제1회 보험료를 받은 날을 말합니다. 또한, 보장개시일을 계약일로 봅니다.

③ 회사는 제2항에도 불구하고 다음 중 한 가지에 해당되는 경우에는 보장을 하지 않습니다.

1. 제14조(계약 전 알릴의무)에 따라 계약자 또는 피보험자가 회사에 알린 내용이나 건강진단 내용이 보험금 지급사유의 발생에 영향을 미쳤음을 회사가 증명하는 경우
2. 제16조(알릴의무위반의 효과)를 준용하여 회사가 보장을 하지 않을 수 있는 경우
3. 진단계약에서 보험금 지급사유가 발생할 때까지 진단을 받지 않은 경우. 다만, 진단계약에서 진단을 받지 않은 경우라도 상해로 보험금 지급사유가 발생하는 경우에는 보장을 해드립니다.

제26조(제2회 이후 보험료의 납입) 계약자는 제2회 이후의 보험료를 납입기일까지 납입하여야 하며, 회사는 계약자가 보험료를 납입한 경우에는 영수증을 발행하여 드립니다. 다만, 금융회사(우체국을 포함합니다)를 통하여 보험료를 납입한 경우에는 그 금융회사 발행 증빙서류를 영수증으로 대신합니다.

> **【납입기일】** 계약자가 제2회 이후의 보험료를 납입하기로 한 날을 말합니다.

제27조(보험료의 자동대출납입) ① 계약자는 제28조(보험료의 납입이 연체되는 경우 납입최고(독촉)와 계약의 해지)에 따른 보험료의 납입최고(독촉)기간이 지나기 전까지 회사가 정한 방법에 따라 보험료의 자동대출납입을 신청할 수 있으며, 이 경우 제35조(보험계약대출) 제1항에 따른 보험계약대출금으로 보험료가 자동으로 납입되어 계약은 유효하게 지속됩니다. 다만, 계약자가 서면 이외에 인터넷 또는 전화(음성녹음) 등으로 자동대출납입을 신청할 경우 회사는 자동대출납입 신청내역을 서면 또는 전화(음성녹음) 등으로 계약자에게 알려 드립니다.

② 제1항의 규정에 의한 대출금과 보험료의 자동대출납입일의 다음날부터 그 다음 보험료의 납입최고(독촉)기간까지의 이자(보험계약대출이율 이내에서 회사가 별도로 정하는 이율을 적용하여 계산)를 더한 금액이 해당 보험료가 납입된 것으로 계산한 해약환급금과 계약자에게 지급할 기타 모든 지급금의 합계액에서 계약자의 회사에 대한 모든 채무액을 뺀 금액을 초과하는 경우에는 보험료의 자동대출납입을 더는 할 수 없습니다.

③ 제1항 및 제2항에 따른 보험료의 자동대출납입 기간은 최초 자동대출납입일부터 1년을 한도로 하며 그 이후의 기간에 대한 보험료의 자동대출납입을 위해서는 제1항에 따라 재신청을 하여야 합니다.

④ 보험료의 자동대출납입이 행하여진 경우에도 자동대출납입전 납입최고(독촉)기간이 끝나는 날의 다음날부터 1개월 이내에 계약자가 계약의 해지를 청구한 때에는 회사는 보험료의 자동대출납입이 없었던 것으로 하여 제34조(해약환급금) 제1항에 따른 해약환급금을 지급합니다.

제28조[보험료의 납입이 연체되는 경우 납입최고(독촉)와 계약의 해지] ① 계약자가 제2회 이후의 보험료를 납입기일까지 납입하지 않아 보험료 납입이 연체 중인 경우에 회사는 14일(보험기간이 1년 미만인 경우에는 7일) 이상의 기간을 납입최고(독촉)기간[납입최고(독촉)기간의 마지막 날이 영업일이 아닌 때에는 최고(독촉)기간은 그 다음 날까지로 합니다]으로 정하여 아래 사항에 대하여 서면(등기우편 등), 전화(음성녹음) 또는 전자문서 등으로 알려드립니다. 다만, 해지 전에 발생한 보험금 지급사유에 대하여 회사는 보상하여 드립니다.

1. 계약자(보험수익자와 계약자가 다른 경우 보험수익자를 포함합니다)에게 납입최고(독촉)기간 내에 연체보험료를 납입하여야 한다는 내용
2. 납입최고(독촉)기간이 끝나는 날까지 보험료를 납입하지 않을 경우 납입최고(독촉)기간이 끝나는 날의 다음날에 계약이 해지된다는 내용(이 경우 계약이 해지되는 때에는 즉시 해약환급금에서 보험계약대출원금과 이자가 차감된다는 내용을 포함합니다)

② 회사가 제1항에 따른 납입최고(독촉) 등을 전자문서로 안내하고자 할 경우에는 계약자에게 서면 또는 「전자서명법」 제2조 제2호에 따른 전자서명으로 동의를 얻어 수신확인을 조건으로 전자문서를 송신하여야 하며, 계약자가 전자문서에 대하여 수신을 확인하기 전까지는 그 전자문서는 송신되지 않은 것으로 봅니다. 회사는 전자문서가 수신되지 않은 것을 확인한 경우에는 제1항에서 정한 내용을 서면(등기우편 등) 또는 전화(음성녹음)로 다시 알려 드립니다. 〈개정 2021.7.1.〉

③ 제1항에 따라 계약이 해지된 경우에는 제34조(해약환급금) 제1항에 따른 해약환급금을 계약자에게 지급합니다.

제29조[보험료의 납입연체로 인한 해지계약의 부활(효력회복)] ① 제28조[보험료 납입이 연체되는 경우 납입최고(독촉)와 계약의 해지]에 따라 계약이 해지되었으나 해약환급금을 받지 않은 경우(보험계약대출 등에 따라 해약환급금이 차감되었으나 받지 않은 경우 또는 해약환급금이 없는 경우를 포함합니다) 계약자는 해지된 날부터 3년 이내에 회사가 정한 절차에 따라 계약의 부활(효력회복)을 청약할 수 있습니다. 회사가 부활(효력회복)을 승낙한 때에 계약자는 부활(효력회복)을 청약한 날까지의 연체된 보험료에 평균공시이율 + 1% 범위 내에서 각 상품별로 회사가 정하는 이율로 계산한 금액을 더하여 납입하여야 합니다. 다만 금리연동형보험은 각 상품별 사업방법서에서 별도로 정한 이율로 계산합니다.

② 제1항에 따라 해지계약을 부활(효력회복)하는 경우에는 제14조(계약 전 알릴의무), 제16조(알릴의무위반의 효과), 제17조(사기에 의한 계약), 제18조(보험계약의 성립) 및 제25조(제1회 보험료 및 회사의 보장개시)를 준용합니다. 이 때 회사는 해지 전 발생한 보험금 지급사유를 이유로 부활(효력회복)을 거절하지 않습니다. 〈개정 2023.6.26.〉

③ 제1항에서 정한 계약의 부활이 이루어진 경우라도 계약자 또는 피보험자가 최초 계약 청약시(2회 이상 부활이 이루어진 경우 종전 모든 부활 청약 포함) 제14조(계약 전 알릴의무)를 위반한 경우에는 제16조(알릴의무위반의 효과)가 적용됩니다. 〈신설 2023.6.26.〉

제30조[강제집행 등으로 인한 해지계약의 특별부활(효력회복)] ① 회사는 계약자의 해약환급금 청구권에 대한 강제집행, 담보권실행, 국세 및 지방세 체납처분절차에 따라 계약이 해지된 경우 해지 당시의 보험수익자가 계약자의 동의를 얻어 계약 해지로 회사가 채권자에게 지급한 금액을 회사에 지급하고 제22조(계약내용의 변경 등) 제1항의 절차에 따라 계약자 명의를 보험수익자로 변경하여 계약의 특별부활(효력회복)을 청약할 수 있음을 보험수익자에게 통지하여야 합니다.

② 회사는 제1항에 따른 계약자 명의변경 신청 및 계약의 특별부활(효력회복) 청약을 승낙합니다.

③ 회사는 제1항의 통지를 지정된 보험수익자에게 하여야 합니다. 다만, 회사는 법정상속인이 보험수익자로 지정된 경우에는 제1항의 통지를 계약자에게 할 수 있습니다.

④ 회사는 제1항의 통지를 계약이 해지된 날부터 7일 이내에 하여야 합니다.

⑤ 보험수익자는 통지를 받은 날(제3항에 따라 계약자에게 통지된 경우에는 계약자가 통지를 받은 날을 말합니다)부터 15일 이내에 제1항의 절차를 이행할 수 있습니다.

제6관 계약의 해지 및 해약환급금 등

제31조(계약자의 임의해지 및 피보험자의 서면동의 철회) ① 계약자는 계약이 소멸하기 전에는 언제든지 계약을 해지할 수 있으며, 이 경우 회사는 제34조(해약환급금) 제1항에 따른 해약환급금을 계약자에게 지급합니다.

② 제21조(계약의 무효)에 따라 사망을 보험금 지급사유로 하는 계약에서 서면으로 동의를 한 피보험자는 계약의 효력이 유지되는 기간에는 언제든지 서면동의를 장래를 향하여 철회할 수 있으며, 서면동의 철회로 계약이 해지되어 회사가 지급하여야 할 해약환급금이 있을 때에는 제34조(해약환급금) 제1항에 따른 해약환급금을 계약자에게 지급합니다.

제31조의2(위법계약의 해지) ① 계약자는 「금융소비자 보호에 관한 법률」 제47조 및 관련규정이 정하는 바에 따라 계약 체결에 대한 회사의 법 위반사항이 있는 경우 계약 체결일부터 5년 이내의 범위에서 계약자가 위반사항을 안 날부터 1년 이내에 계약해지요구서에 증빙서류를 첨부하여 위법계약의 해지를 요구할 수 있습니다.

② 회사는 해지요구를 받은 날부터 10일 이내에 수락 여부를 계약자에 통지하여야 하며, 거절할 때에는 거절 사유를 함께 통지하여야 합니다.

③ 계약자는 회사가 정당한 사유 없이 제1항의 요구를 따르지 않는 경우 해당 계약을 해지할 수 있습니다.

④ 제1항 및 제3항에 따라 계약이 해지된 경우 회사는 제34조(해약환급금) 제4항에 따른 해약환급금을 계약자에게 지급합니다.

⑤ 계약자는 제1항에 따른 제척기간에도 불구하고 「민법」 등 관계법령에서 정하는 바에 따라 법률상의 권리를 행사할 수 있습니다. 〈본조신설 2021.7.1.〉

제32조(중대사유로 인한 해지) ① 회사는 아래와 같은 사실이 있을 경우에는 안 날부터 1개월 이내에 계약을 해지할 수 있습니다.

1. 계약자, 피보험자 또는 보험수익자가 보험금을 지급받을 목적으로 고의로 보험금 지급사유를 발생시킨 경우 〈개정 2021.7.1.〉
2. 계약자, 피보험자 또는 보험수익자가 보험금 청구에 관한 서류에 고의로 사실과 다른 것을 기재하였거나 그 서류 또는 증거를 위조 또는 변조한 경우. 다만, 이미 보험금 지급사유가 발생한 경우에는 보험금 지급에 영향을 미치지 않습니다.

② 회사가 제1항에 따라 계약을 해지한 경우 회사는 그 취지를 계약자에게 통지하고 제34조(해약환급금) 제1항에 따른 해약환급금을 지급합니다.

제33조(회사의 파산선고와 해지) ① 회사가 파산의 선고를 받은 때에는 계약자는 계약을 해지할 수 있습니다.

② 제1항의 규정에 따라 해지하지 않은 계약은 파산선고 후 3개월이 지난 때에는 그 효력을 잃습니다. 〈개정 2014.12.26.〉

③ 제1항의 규정에 따라 계약이 해지되거나 제2항의 규정에 따라 계약이 효력을 잃는 경우에 회사는 제34조(해약환급금) 제1항에 의한 해약환급금을 계약자에게 지급합니다.

제34조(해약환급금) ① 이 약관에 따른 해약환급금은 보험료 및 해약환급금 산출방법서에 따라 계산합니다. 〈개정 2023.6.26.〉

② 해약환급금의 지급사유가 발생한 경우 계약자는 회사에 해약환급금을 청구하여야 하며, 회사는 청구를 접수한 날부터 3영업일 이내에 해약환급금을 지급합니다. 해약환급금 지급일까지의 기간에 대한 이자의 계산은 〈부표 9-1〉 '보험금을 지급할 때의 적립이율 계산'에 따릅니다.

③ 회사는 경과기간별 해약환급금에 관한 표를 계약자에게 제공하여 드립니다.

④ 제31조의2(위법계약의 해지)에 따라 위법계약이 해지되는 경우 회사가 적립한 해지 당시의 계약자적립액을 반환하여 드립니다. 〈신설 2021.7.1.〉

제35조(보험계약대출) ① 계약자는 이 계약의 해약환급금 범위 내에서 회사가 정한 방법에 따라 대출(이하 '보험계약대출'이라 합니다)을 받을 수 있습니다. 그러나 순수보장성보험 등 보험상품의 종류에 따라 보험계약대출이 제한될 수도 있습니다.

② 계약자는 제1항에 따른 보험계약대출금과 그 이자를 언제든지 상환할 수 있으며 상환하지 않은 때에는 회사는 보험금, 해약환급금 등의 지급사유가 발생한 날에 지급금에서 보험계약대출의 원금과 이자를 차감할 수 있습니다.

③ 제2항의 규정에도 불구하고 회사는 제28조[보험료 납입이 연체되는 경우 납입최고(독촉)와 계약의 해지]에 따라 계약이 해지되는 때에는 즉시 해약환급금에서 보험계약대출의 원금과 이자를 차감합니다.

④ 회사는 보험수익자에게 보험계약대출 사실을 통지할 수 있습니다.

제36조(배당금의 지급) ① 회사는 금융감독원장이 정하는 방법에 따라 회사가 결정한 배당금을 계약자에게 지급합니다.

② 회사는 배당금 지급이 결정되었을 때에는 그 내역을 계약자에게 알려 드립니다.

제7관 분쟁의 조정 등

제37조(분쟁의 조정) ① 계약에 관하여 분쟁이 있는 경우 분쟁 당사자 또는 기타 이해관계인과 회사는 금융감독원장에게 조정을 신청할 수 있으며, 분쟁조정 과정에서 계약자는 관계법령이 정하는 바에 따라 회사가 기록 및 유지·관리하는 자료의 열람(사본의 제공 또는 청취를 포함한다)을 요구할 수 있습니다.
〈개정 2021.7.1.〉

② 회사는 일반금융소비자인 계약자가 조정을 통하여 주장하는 권리나 이익의 가액이 「금융소비자 보호에 관한 법률」 제42조에서 정하는 일정 금액 이내인 분쟁사건에 대하여 조정절차가 개시된 경우에는 관계법령이 정하는 경우를 제외하고는 소를 제기하지 않습니다. 〈신설 2021.7.1.〉

제38조(관할법원) 이 계약에 관한 소송 및 민사조정은 계약자의 주소지를 관할하는 법원으로 합니다. 다만, 회사와 계약자가 합의하여 관할법원을 달리 정할 수 있습니다.

제39조(소멸시효) 보험금청구권, 만기환급금청구권, 보험료 반환청구권, 해약환급금청구권, 책임준비금 반환청구권 및 배당금청구권은 3년간 행사하지 않으면 소멸시효가 완성됩니다. 〈개정 2014.12.26.〉

제40조(약관의 해석) ① 회사는 신의성실의 원칙에 따라 공정하게 약관을 해석하여야 하며 계약자에 따라 다르게 해석하지 않습니다.

② 회사는 약관의 뜻이 명백하지 않은 경우에는 계약자에게 유리하게 해석합니다.

③ 회사는 보험금을 지급하지 않는 사유 등 계약자나 피보험자에게 불리하거나 부담을 주는 내용은 확대하여 해석하지 않습니다.

제41조(설명서 교부 및 보험안내자료 등의 효력) ① 회사는 일반금융소비자에게 청약을 권유하거나 일반금융소비자가 설명을 요청하는 경우 보험상품에 관한 중요한 사항을 계약자가 이해할 수 있도록 설명하고 계약자가 이해하였음을 서명(「전자서명법」 제2조 제2호에 따른 전자서명을 포함), 기명날인 또는 녹취 등을 통해 확인받아야 하며, 설명서를 제공하여야 합니다. 〈신설 2021.7.1.〉

② 설명서, 약관, 계약자 보관용 청약서 및 보험증권의 제공 사실에 관하여 계약자와 회사간에 다툼이 있는 경우에는 회사가 이를 증명하여야 합니다. 〈신설 2021.7.1.〉

③ 보험설계사 등이 모집 과정에서 사용한 회사 제작의 보험안내자료(계약의 청약을 권유하기 위해 만든 자료 등을 말합니다)의 내용이 약관의 내용과 다른 경우에는 계약자에게 유리한 내용으로 계약이 성립된 것으로 봅니다.

제42조(회사의 손해배상책임) ① 회사는 계약과 관련하여 임직원, 보험설계사 및 대리점의 책임있는 사유로 계약자, 피보험자 및 보험수익자에게 발생된 손해에 대하여 관계법령 등에 따라 손해배상의 책임을 집니다.

② 회사는 보험금 지급 거절 및 지연지급의 사유가 없음을 알았거나 알 수 있었는데도 소를 제기하여 계약자, 피보험자 또는 보험수익자에게 손해를 가한 경우에는 그에 따른 손해를 배상할 책임을 집니다.

③ 회사가 보험금 지급 여부 및 지급금액에 관하여 현저하게 공정을 잃은 합의로 보험수익자에게 손해를 가한 경우에도 회사는 제2항에 따라 손해를 배상할 책임을 집니다.

제43조(개인정보보호) ① 회사는 이 계약과 관련된 개인정보를 이 계약의 체결, 유지, 보험금 지급 등을 위하여 「개인정보보호법」, 「신용정보의 이용 및 보호에 관한 법률」 등 관계법령에 정한 경우를 제외하고 계약자, 피보험자 또는 보험수익자의 동의없이 수집, 이용, 조회 또는 제공하지 않습니다. 다만, 회사는 이 계약의 체결, 유지, 보험금 지급 등을 위하여 위 관계법령에 따라 계약자 및 피보험자의 동의를 받아 다른 보험회사 및 보험관련단체 등에 개인정보를 제공할 수 있습니다.

② 회사는 계약과 관련된 개인정보를 안전하게 관리하여야 합니다.

제44조(준거법) 이 계약은 대한민국 법에 따라 규율되고 해석되며, 약관에서 정하지 않은 사항은 「금융소비자보호에 관한 법률」, 「상법」, 「민법」 등 관계법령을 따릅니다. 〈개정 2021.7.1.〉

제45조(예금보험에 의한 지급보장) 회사가 파산 등으로 인하여 보험금 등을 지급하지 못할 경우에는 예금자보호법에서 정하는 바에 따라 그 지급을 보장합니다.

〈부표 9〉 장해분류표

〈생명보험 표준약관 참조〉

〈붙임〉 일상생활 기본동작(ADLs) 제한 장해평가표

〈생명보험 표준약관 참조〉

〈부표 9-1〉 보험금을 지급할 때의 적립이율 계산(제8조 제5항, 제9조 제3항 및 제34조 제2항 관련)

구 분	기 간	지 급 이 자
사망보험금, 후유장해보험금, 입원보험금, 간병보험금 등 (제3조)	지급기일의 다음 날부터 30일 이내 기간	보험계약대출이율
	지급기일의 31일 이후부터 60일 이내 기간	보험계약대출이율 + 가산이율(4.0%)
	지급기일의 61일 이후부터 90일 이내 기간	보험계약대출이율 + 가산이율(6.0%)
	지급기일의 91일 이후 기간	보험계약대출이율 + 가산이율(8.0%)
만기환급금 (제9조 제1항) 및 해약환급금 (제34조 제1항)	지급사유가 발생한 날의 다음 날부터 청구일까지의 기간	1년 이내 : 평균공시이율의 50%
		1년 초과기간 : 평균공시이율의 40%
	청구일의 다음 날부터 지급일까지의 기간	보험계약대출이율

주) 1. 만기환급금은 회사가 보험금의 지급시기 도래 7일 이전에 지급할 사유와 금액을 알리지 않은 경우, 지급사유가 발생한 날의 다음 날부터 청구일까지의 기간은 평균공시이율을 적용한 이자를 지급합니다.
2. 지급이자의 계산은 연단위 복리로 계산하며, 금리연동형보험은 일자 계산합니다.
3. 계약자 등의 책임 있는 사유로 보험금 지급이 지연된 때에는 그 해당 기간에 대한 이자는 지급되지 않을 수 있습니다. 다만, 회사는 계약자 등이 분쟁조정을 신청했다는 사유만으로 이자지급을 거절하지 않습니다. 〈단서 신설 2020.7.31.〉
4. 금리연동형보험의 경우 상기 평균공시이율은 적립순보험료에 대한 적립이율을 말합니다.
5. 가산이율 적용시 제8조(보험금의 지급절차) 제2항 각 호의 어느 하나에 해당되는 사유로 지연된 경우에는 해당 기간에 대하여 가산이율을 적용하지 않습니다.
6. 가산이율 적용시 금융위원회 또는 금융감독원이 정당한 사유로 인정하는 경우에는 해당 기간에 대하여 가산이율을 적용하지 않습니다.

04 실손의료보험 표준약관(기본형)

〈개정 2010.3.29., 2011.1.19., 2011.6.29., 2012.12.28., 2014.2.11., 2014.12.26., 2015.11.30., 2015.12.29., 2016.12.8., 2017.3.22., 2018.3.2., 2018.7.10., 2018.11.6., 2020.7.31., 2020.10.16., 2021.7.1., 2022.2.16., 2022.12.23., 2023.6.23., 2024.3.27.〉

실손의료보험은 보험회사가 피보험자의 질병 또는 상해로 인한 손해(의료비에 한정합니다)를 보상하는 상품입니다.

제1관 일반사항 및 용어의 정의

제1조(보장종목) ① 회사가 판매하는 기본형 실손의료보험상품은 다음과 같이 상해급여형, 질병급여형의 2개 보장종목으로 구성되어 있습니다. 〈개정 2015.11.30., 2017.3.22., 2021.7.1.〉

보장종목	보상하는 내용
상해급여	피보험자가 상해로 인하여 의료기관에 입원 또는 통원하여 급여주) 치료를 받거나 급여 처방조제를 받은 경우에 보상
질병급여	피보험자가 질병으로 인하여 의료기관에 입원 또는 통원하여 급여 치료를 받거나 급여 처방조제를 받은 경우에 보상

주) 「국민건강보험법」에서 정한 요양급여 또는 「의료급여법」에서 정한 의료급여

② 회사는 이 약관의 명칭에 '급여 실손의료비'라는 문구를 포함하여 사용합니다. 〈개정 2015.11.30., 2021.7.1.〉

제2조(용어의 정의) 이 약관에서 사용하는 용어의 뜻은 〈붙임 1〉과 같습니다.

제2관 회사가 보상하는 사항

제3조(보장종목별 보상내용) 회사가 이 계약의 보험기간 중 보장종목별로 각각 보상하거나 공제하는 내용은 다음과 같습니다.

보장종목	보상하는 사항
(1) 상해급여	① 회사는 피보험자가 상해로 인하여 의료기관에 입원 또는 통원(외래 및 처방조제)하여 치료를 받은 경우에는 급여의료비를 제5조(보험가입금액 한도 등)에서 정한 연간 보험가입금액의 한도 내에서 다음과 같이 보상합니다. 다만, 법령 등에 따라 의료비를 감면받거나 의료기관으로부터 의료비를 감면받은 경우(의료비를 납부하는 대가로 수수한 금액 등은 감면받은 의료비에 포함)에는 감면 후 실제 본인이 부담한 의료비 기준으로 계산하며, 감면받은 의료비가 근로소득에 포함된 경우, 「국가유공자 등 예우 및 지원에 관한 법률」 및 「독립유공자 예우에 관한 법률」에 따라 의료비를 감면받은 경우에는 감면 전 의료비로 급여의료비를 계산합니다.

(1) 상해급여

<table>
<tr><th>구 분</th><th>보상금액</th></tr>
<tr><td>입원
(입원실료,
입원제비용
입원수술비)</td><td>「국민건강보험법」에서 정한 요양급여 또는 「의료급여법」에서 정한 의료급여 중 본인부담금(본인이 실제로 부담한 금액으로서 요양급여 비용 또는 의료급여 비용의 일부를 본인이 부담하는 일부 본인부담금과 요양급여 비용 또는 의료급여 비용의 전부를 본인이 부담하는 전액 본인부담금을 말합니다)의 80%에 해당하는 금액</td></tr>
<tr><td>통원
(외래제비용,
외래수술비,
처방조제비)</td><td>통원 1회당(외래 및 처방조제 합산) 「국민건강보험법」에서 정한 요양급여 또는 「의료급여법」에서 정한 의료급여 중 본인부담금(본인이 실제로 부담한 금액으로서 요양급여 비용 또는 의료급여 비용의 일부를 본인이 부담하는 일부 본인부담금과 요양급여 비용 또는 의료급여 비용의 전부를 본인이 부담하는 전액 본인부담금을 말합니다)에서 〈표 1〉의 '통원항목별 공제금액'을 뺀 금액

〈표 1〉 통원항목별 공제금액
<table>
<tr><th>항 목</th><th>공제금액</th></tr>
<tr><td>「의료법」 제3조 제2항에 의한 의료기관(동법 제3조의3에 의한 종합병원은 제외), 「국민건강보험법」 제42조 제1항 제4호에 의한 보건소・보건의료원・보건지소, 동법 제42조 제1항 제5호에 의한 보건진료소에서의 외래 및 「국민건강보험법」 제42조 제1항 제2호에 의한 약국, 동법 제42조 제1항 제3호에 의한 한국희귀・필수의약품센터에서의 처방・조제(의약분업 예외지역 등에서의 약사의 직접 조제 포함)</td><td>1만원과 보장대상 의료비의 20% 중 큰 금액</td></tr>
<tr><td>「국민건강보험법」 제42조 제2항에 의한 전문요양기관, 「의료법」 제3조의4에 의한 상급종합병원, 동법 제3조의3에 의한 종합병원에서의 외래 및 그에 따른 「국민건강보험법」 제42조 제1항 제2호에 의한 약국, 동법 제42조 제1항 제3호에 의한 한국희귀・필수의약품센터에서의 처방・조제</td><td>2만원과 보장대상 의료비의 20% 중 큰 금액</td></tr>
</table></td></tr>
</table>

② 제1항의 상해에는 유독가스 또는 유독물질을 우연히 일시에 흡입, 흡수 또는 섭취한 결과로 생긴 중독증상이 포함됩니다. 다만, 유독가스 또는 유독물질을 상습적으로 흡입, 흡수 또는 섭취한 결과로 생긴 중독증상과 세균성 음식물 중독증상은 포함되지 않습니다.

③ 피보험자가 「국민건강보험법」 제5조, 제53조, 제54조에 따라 요양급여 또는 「의료급여법」 제4조, 제15조, 제17조에 따라 의료급여를 적용받지 못하는 경우에는 다음과 같이 보상합니다.

1. 의료비(「국민건강보험 요양급여의 기준에 관한 규칙」에 따라 보건복지부장관이 정한 급여의료비 항목만 해당합니다) 중 본인이 실제로 부담한 금액(통원의 경우 본인이 실제로 부담한 금액에서 같은 조 제1항 〈표 1〉의 '통원항목별 공제금액'을 뺀 금액)의 40%를 제5조(보험가입금액 한도 등)에서 정한 연간 보험가입금액의 한도 내에서 보상합니다.
2. 법령 등에 따라 의료비를 감면받거나 의료기관으로부터 의료비를 감면받은 경우(의료비를 납부하는 대가로 수수한 금액 등은 감면받은 의료비에 포함)에는 제1호를 적용하지 아니하고 감면 후 실제 본인이 부담한 의료비에 대해서만 제1항의 보상금액에 따라 계산한 금액을 제5조(보험가입금액 한도 등)에서 정한 연간 보험가입금액의 한도 내에서 보상합니다. 다만, 감면받은 의료비가 근로소득에 포함된 경우, 「국가유공자 등 예우 및 지원에 관한 법률」 및 「독립유공자 예우에 관한 법률」에 따라 의료비를 감면받은 경우에는 감면 전 의료비에 대해서 제1항의 보상금액에 따라 계산한 금액을 제5조에서 정한 연간 보험가입금액의 한도 내에서 보상합니다.

(1) 상해급여

④ 피보험자가 입원하여 치료를 받던 중 보험계약이 종료되더라도 그 계속 중인 입원에 대해서는 다음 예시와 같이 보험계약 종료일 다음날부터 180일까지 보상합니다.

⑤ 피보험자가 통원하여 치료를 받던 중 보험계약이 종료되더라도 그 계속 중인 통원에 대해서는 다음 예시와 같이 보험계약 종료일 다음날부터 180일 이내의 통원을 보상하며 최대 90회 한도 내에서 보상합니다.

〈입원 및 통원 보상기간 예시〉

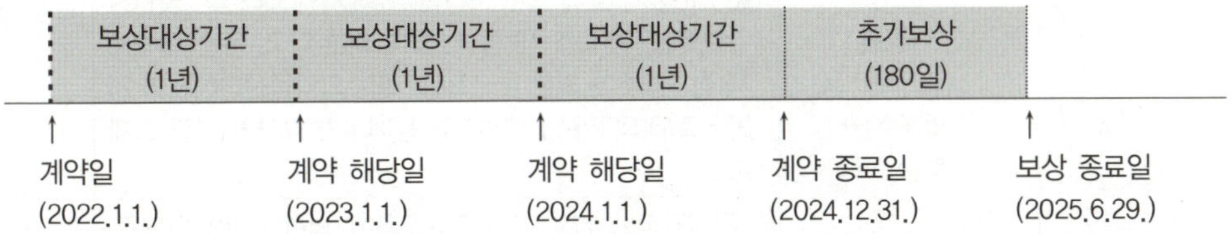

⑥ 종전 계약을 자동갱신하거나 같은 회사의 보험상품에 재가입하는 경우에는 종전 계약의 보험기간을 연장하는 것으로 보아 제4항과 제5항을 적용하지 않습니다.

⑦ 하나의 상해(같은 상해로 2회 이상 치료를 받는 경우에도 이를 하나의 상해로 봅니다)로 인해 동일한 의료기관에서 같은 날 외래 및 처방을 함께 받은 경우 처방일자를 기준으로 외래 및 처방조제를 합산하되(조제일자가 다른 경우도 동일하게 적용) 통원 1회로 보아 제1항, 제5항 및 제6항을 적용합니다.

⑧ 하나의 상해로 인해 하루에 같은 치료를 목적으로 2회 이상 통원치료(외래 및 처방조제 합산)를 받은 경우 1회의 통원으로 보아 제1항, 제5항 및 제6항을 적용합니다. 이 때 공제금액은 2회 이상의 중복방문 의료기관 중 가장 높은 공제금액을 적용합니다.

⑨ 회사는 피보험자가 상해로 인하여 의료기관에서 본인의 장기 등(「장기 등 이식에 관한 법률」 제4조에 의한 "장기 등"을 의미합니다)의 기능회복을 위하여 「장기 등 이식에 관한 법률」 제42조 및 관련 고시에 따라 장기 등의 적출 및 이식에 드는 비용(공여적합성 여부를 확인하기 위한 검사비, 뇌사장기기증자 관리료 및 이에 속하는 비용항목 포함)은 제1항부터 제8항에 따라 보상합니다.

(2) 질병급여

① 회사는 피보험자가 질병으로 의료기관에 입원 또는 통원(외래 및 처방조제)하여 치료를 받은 경우에는 급여의료비를 제5조(보험가입금액 한도 등)에서 정한 연간 보험가입금액의 한도 내에서 다음과 같이 보상합니다. 다만, 법령 등에 따라 의료비를 감면받거나 의료기관으로부터 의료비를 감면받은 경우(의료비를 납부하는 대가로 수수한 금액 등은 감면받은 의료비에 포함)에는 감면 후 실제 본인이 부담한 의료비 기준으로 계산하며, 감면받은 의료비가 근로소득에 포함된 경우, 「국가유공자 등 예우 및 지원에 관한 법률」 및 「독립유공자 예우에 관한 법률」에 따라 의료비를 감면받은 경우에는 감면 전 의료비로 급여의료비를 계산합니다.

구 분	보상금액
입원 (입원실료, 입원제비용 입원수술비)	「국민건강보험법」에서 정한 요양급여 또는 「의료급여법」에서 정한 의료급여 중 본인부담금(본인이 실제로 부담한 금액으로서 요양급여 비용 또는 의료급여 비용의 일부를 본인이 부담하는 일부 본인부담금과 요양급여 비용 또는 의료급여 비용의 전부를 본인이 부담하는 전액 본인부담금을 말합니다)의 80%에 해당하는 금액
통원 (외래제비용, 외래수술비, 처방조제비)	통원 1회당(외래 및 처방조제 합산) 「국민건강보험법」에서 정한 요양급여 또는 「의료급여법」에서 정한 의료급여 중 본인부담금(본인이 실제로 부담한 금액으로서 요양급여 비용 또는 의료급여 비용의 일부를 본인이 부담하는 일부 본인부담금과 요양급여 비용 또는 의료급여 비용의 전부를 본인이 부담하는 전액 본인부담금을 말합니다)에서 〈표 1〉의 '통원항목별 공제금액'을 뺀 금액

〈표 1〉 통원항목별 공제금액

	항 목	공제금액
통원 (외래제비용, 외래수술비, 처방조제비)	「의료법」 제3조 제2항에 의한 의료기관(동법 제3조의3에 의한 종합병원은 제외), 「국민건강보험법」 제42조 제1항 제4호에 의한 보건소 · 보건의료원 · 보건지소, 동법 제42조 제1항 제5호에 의한 보건진료소에서의 외래 및 「국민건강보험법」 제42조 제1항 제2호에 의한 약국, 동법 제42조 제1항 제3호에 의한 한국희귀 · 필수의약품센터에서의 처방 · 조제(의약분업 예외지역 등에서의 약사의 직접 조제 포함)	1만원과 보장대상 의료비의 20% 중 큰 금액
	「국민건강보험법」 제42조 제2항에 의한 전문요양기관, 「의료법」 제3조의4에 의한 상급종합병원, 동법 제3조의3에 의한 종합병원에서의 외래 및 그에 따른 「국민건강보험법」 제42조 제1항 제2호에 의한 약국, 동법 제42조 제1항 제3호에 의한 한국희귀 · 필수의약품센터에서의 처방 · 조제	2만원과 보장대상 의료비의 20% 중 큰 금액

(2) 질병급여

② 피보험자가 「국민건강보험법」 제5조, 제53조, 제54조에 따라 요양급여 또는 「의료급여법」 제4조, 제15조, 제17조에 따라 의료급여를 적용받지 못하는 경우에는 다음과 같이 보상합니다.

1. 의료비(「국민건강보험 요양급여의 기준에 관한 규칙」에 따라 보건복지부장관이 정한 급여의료비 항목만 해당합니다) 중 본인이 실제로 부담한 금액(통원의 경우 본인이 실제로 부담한 금액에서 같은 조 제1항 〈표 1〉의 '통원항목별 공제금액'을 뺀 금액)의 40%를 제5조(보험가입금액 한도 등)에서 정한 연간 보험가입금액의 한도 내에서 보상합니다.
2. 법령 등에 따라 의료비를 감면받거나 의료기관으로부터 의료비를 감면받은 경우(의료비를 납부하는 대가로 수수한 금액 등은 감면받은 의료비에 포함)에는 제1호를 적용하지 아니하고 감면 후 실제 본인이 부담한 의료비에 대해서만 제1항의 보상금액에 따라 계산한 금액을 제5조(보험가입금액 한도 등)에서 정한 연간 보험가입금액의 한도 내에서 보상합니다. 다만, 감면받은 의료비가 근로소득에 포함된 경우, 「국가유공자 등 예우 및 지원에 관한 법률」 및 「독립유공자 예우에 관한 법률」에 따라 의료비를 감면받은 경우에는 감면 전 의료비에 대해서 제1항의 보상금액에 따라 계산한 금액을 제5조에서 정한 연간 보험가입금액의 한도 내에서 보상합니다.

③ 피보험자가 입원하여 치료를 받던 중 보험계약이 종료되더라도 그 계속 중인 입원에 대해서는 다음 예시와 같이 보험계약 종료일 다음날부터 180일까지 보상합니다.

④ 피보험자가 통원하여 치료를 받던 중 보험계약이 종료되더라도 그 계속 중인 통원에 대해서는 다음 예시와 같이 보험계약 종료일 다음날부터 180일 이내의 통원을 보상하며 최대 90회 한도 내에서 보상합니다.

〈입원 및 통원 보상기간 예시〉

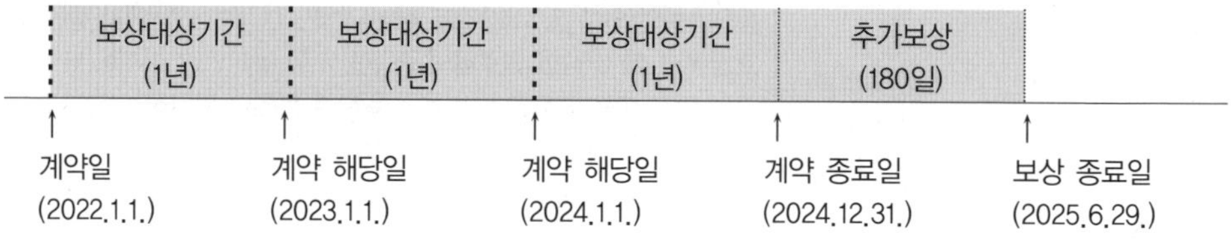

⑤ 종전 계약을 자동갱신하거나 같은 회사의 보험상품에 재가입하는 경우에는 종전 계약의 보험기간을 연장하는 것으로 보아 제3항과 제4항을 적용하지 않습니다.

(2) 질병급여	⑥ 하나의 질병으로 동일한 의료기관에서 같은 날 외래 및 처방을 함께 받은 경우 처방일자를 기준으로 외래 및 처방조제를 합산하되(조제일자가 다른 경우도 동일하게 적용) 통원 1회로 보아 제1항, 제4항 및 제5항을 적용합니다. ⑦ "하나의 질병"이란 발생 원인이 동일한 질병(의학상 중요한 관련이 있는 질병은 하나의 질병으로 간주하며, 하나의 질병으로 2회 이상 치료를 받는 경우에는 이를 하나의 질병으로 봅니다)을 말하며, 질병의 치료 중에 발생된 합병증 또는 새로 발견된 질병의 치료가 병행되거나 의학상 관련이 없는 여러 종류의 질병을 갖고 있는 상태에서 통원한 경우에는 하나의 질병으로 간주합니다. ⑧ 하나의 질병으로 하루에 같은 치료를 목적으로 2회 이상 통원치료(외래 및 처방조제 합산)를 받은 경우 1회의 통원으로 보아 제1항, 제4항 및 제5항을 적용합니다. 이 때 공제금액은 2회 이상의 중복방문 의료기관 중 가장 높은 공제금액을 적용합니다. ⑨ 회사는 피보험자가 질병으로 인하여 의료기관에서 본인의 장기 등(「장기 등 이식에 관한 법률」 제4조에 의한 "장기 등"을 의미합니다)의 기능회복을 위하여 「장기 등 이식에 관한 법률」 제42조 및 관련 고시에 따라 장기 등의 적출 및 이식에 드는 비용(공여적합성 여부를 확인하기 위한 검사비, 뇌사장기기증자 관리료 및 이에 속하는 비용항목 포함)은 제1항부터 제8항에 따라 보상합니다. 〈본조신설 2021.7.1.〉

제3관 회사가 보상하지 않는 사항

제4조(보상하지 않는 사항) 회사가 보상하지 않는 사항은 보장종목별로 다음과 같습니다.

보장종목	보상하지 않는 사항
(1) 상해급여	① 회사는 다음의 사유로 인하여 생긴 급여의료비는 보상하지 않습니다. 1. 피보험자가 고의로 자신을 해친 경우. 다만, 피보험자가 심신상실 등으로 자유로운 의사결정을 할 수 없는 상태에서 자신을 해친 사실이 증명된 경우에는 보상합니다. 2. 보험수익자가 고의로 피보험자를 해친 경우. 다만, 그 보험수익자가 보험금의 일부 보험수익자인 경우에는 다른 보험수익자에 대한 보험금은 지급합니다. 3. 계약자가 고의로 피보험자를 해친 경우 4. 피보험자가 임신, 출산(제왕절개를 포함합니다), 산후기로 입원 또는 통원한 경우. 다만, 회사가 보상하는 상해로 인하여 입원 또는 통원한 경우에는 보상합니다. 5. 전쟁, 외국의 무력행사, 혁명, 내란, 사변, 폭동으로 인한 경우 6. 피보험자가 정당한 이유없이 입원기간 중 의사의 지시를 따르지 않거나 의사가 통원치료가 가능하다고 인정함에도 피보험자 본인이 자의적으로 입원하여 발생한 입원의료비 7. 피보험자가 정당한 이유없이 통원기간 중 의사의 지시를 따르지 않아 발생한 통원의료비 ② 회사는 다른 약정이 없으면 피보험자가 직업, 직무 또는 동호회 활동 목적으로 한 다음의 어느 하나에 해당하는 행위로 인하여 생긴 상해에 대해서는 보상하지 않습니다. 1. 전문등반(전문적인 등산용구를 사용하여 암벽 또는 빙벽을 오르내리거나 특수한 기술, 경험, 사전 훈련이 필요한 등반을 말합니다), 글라이더 조종, 스카이다이빙, 스쿠버다이빙, 행글라이딩, 수상보트, 패러글라이딩 2. 모터보트・자동차 또는 오토바이에 의한 경기, 시범, 행사(이를 위한 연습을 포함합니다) 또는 시운전(다만, 공용도로에서 시운전을 하는 동안 발생한 상해는 보상합니다) 3. 선박에 탑승하는 것을 직무로 하는 사람이 직무상 선박에 탑승하고 있는 동안 ③ 회사는 다음의 급여의료비에 대해서는 보상하지 않습니다. 1. 「국민건강보험법」에 따른 요양급여 중 본인부담금의 경우 국민건강보험 관련 법령에 따라 국민건강보험공단으로부터 사전 또는 사후 환급이 가능한 금액(본인부담금 상한제) 2. 「의료급여법」에 따른 의료급여 중 본인부담금의 경우 의료급여 관련 법령에 따라 의료급여기금 등으로부터 사전 또는 사후 환급이 가능한 금액(「의료급여법」에 따른 본인부담금 보상제 및 본인부담금 상한제)

(1) 상해급여	3. 자동차보험(공제를 포함합니다)에서 보상받는 치료관계비(과실상계 후 금액을 기준으로 합니다) 또는 산재보험에서 보상받는 의료비. 다만, 본인부담의료비(자동차보험 진료수가에 관한 기준 및 산재보험 요양급여 산정기준에 따라 발생한 실제 본인부담의료비)는 제3조(보장종목별 보상내용) (1) 상해급여 제1항, 제2항 및 제4항부터 제8항에 따라 보상합니다. 4. 「응급의료에 관한 법률」 및 동법 시행규칙에서 정한 응급환자에 해당하지 않는 자가 동법 제26조 권역응급의료센터 또는 「의료법」 제3조의4에 따른 상급종합병원 응급실을 이용하면서 발생한 응급의료관리료로서 전액 본인부담금에 해당하는 의료비
(2) 질병급여	① 회사는 다음의 사유로 인하여 생긴 급여의료비는 보상하지 않습니다. 1. 피보험자가 고의로 자신을 해친 경우. 다만, 피보험자가 심신상실 등으로 자유로운 의사결정을 할 수 없는 상태에서 자신을 해친 사실이 증명된 경우에는 보상합니다. 2. 보험수익자가 고의로 피보험자를 해친 경우. 다만, 그 보험수익자가 보험금의 일부 보험수익자인 경우에는 다른 보험수익자에 대한 보험금은 지급합니다. 3. 계약자가 고의로 피보험자를 해친 경우 4. 피보험자가 정당한 이유 없이 입원기간 중 의사의 지시를 따르지 않거나 의사가 통원치료가 가능하다고 인정함에도 피보험자 본인이 자의적으로 입원하여 발생한 입원의료비 5. 피보험자가 정당한 이유 없이 통원기간 중 의사의 지시를 따르지 않아 발생한 통원의료비 ② 회사는 '한국표준질병 · 사인분류'에 따른 다음의 의료비에 대해서는 보상하지 않습니다. 1. 정신 및 행동장애(F04~F99). 다만, F04~F09, F20~F29, F30~F39, F40~F48, F51, F90~F98과 관련한 치료에서 발생한 「국민건강보험법」에 따른 요양급여에 해당하는 의료비는 보상합니다. 2. 여성생식기의 비염증성 장애로 인한 습관성 유산, 불임 및 인공수정관련 합병증(N96~N98)으로 발생한 의료비 중 전액 본인부담금 및 보험가입일로부터 2년 이내에 발생한 의료비 3. 피보험자가 임신, 출산(제왕절개를 포함합니다), 산후기로 입원 또는 통원한 경우(O00~O99) 4. 선천성 뇌질환(Q00~Q04). 다만, 피보험자가 보험가입당시 태아인 경우에는 보상합니다. 5. 요실금(N39.3, N39.4, R32) ③ 회사는 다음의 급여의료비에 대해서는 보상하지 않습니다. 1. 「국민건강보험법」에 따른 요양급여 중 본인부담금의 경우 국민건강보험 관련 법령에 따라 국민건강보험공단으로부터 사전 또는 사후 환급이 가능한 금액(본인부담금 상한제) 2. 「의료급여법」에 따른 의료급여 중 본인부담금의 경우 의료급여 관련 법령에 따라 의료급여기금 등으로부터 사전 또는 사후 환급이 가능한 금액(「의료급여법」에 따른 본인부담금 보상제 및 본인부담금 상한제) 3. 성장호르몬제 투여에 소요된 비용으로 부담한 전액 본인부담금 4. 산재보험에서 보상받는 의료비. 다만, 본인부담의료비(산재보험 요양급여 산정기준에 따라 발생한 실제 본인부담의료비)는 제3조(보장종목별 보상내용) (2) 질병급여 제1항 및 제3항부터 제8항에 따라 보상합니다. 5. 사람면역결핍바이러스(HIV) 감염으로 인한 치료비(다만, 「의료법」에서 정한 의료인의 진료상 또는 치료중 혈액에 의한 HIV 감염은 해당 진료기록을 통해 객관적으로 확인되는 경우는 보상합니다) 6. 「응급의료에 관한 법률」 및 동법 시행규칙에서 정한 응급환자에 해당하지 않는 자가 동법 제26조 권역응급의료센터 또는 「의료법」 제3조의4에 따른 상급종합병원 응급실을 이용하면서 발생한 응급의료관리료로서 전액 본인부담금에 해당하는 의료비 〈본조신설 2021.7.1.〉

제4조의2(특별약관에서 보상하는 사항) ① 제3조 및 제4조에도 불구하고 다음 각 호에 해당하는 의료비는 기본형 실손의료보험에서 보상하지 않습니다. 〈신설 2017.3.22., 개정 2021.7.1.〉

1. 비급여의료비
2. 제1호와 관련하여 자동차보험(공제를 포함합니다) 또는 산재보험에서 발생한 본인부담의료비

② 제1항 제1호 및 제2호에서 정한 의료비와 다른 의료비가 함께 청구되어 각 항목별 의료비가 구분되지 않는 경우 회사는 보험금 지급금액 결정을 위해 계약자, 피보험자 또는 보험수익자에게 각각의 의료비에 대한 확인을 요청할 수 있습니다. 〈신설 2017.3.22., 개정 2021.7.1.〉

제4관 보험금의 지급

제5조(보험가입금액 한도 등) ① 이 계약의 연간 보험가입금액은 제3조(보장종목별 보상내용) (1) 상해급여에 대하여 입원과 통원의 보상금액을 합산하여 5천만원 이내에서, (2) 질병급여에 대하여 입원과 통원의 보상금액을 합산하여 5천만원 이내에서 회사가 정한 금액 중 계약자가 선택한 금액을 말하며, 제3조(보장종목별 보상내용)에 의한 급여의료비를 이 금액 한도 내에서 보상합니다.

② 이 계약에서 '연간'이라 함은 계약일로부터 매1년 단위로 도래하는 계약 해당일 전일까지의 기간을 말하며, 입원 또는 통원 치료시 해당일이 속한 보험연도의 보험가입금액 한도를 적용합니다.

③ 제1항 및 제2항에도 불구하고 「국민건강보험법」에 따른 본인부담금 상한제 또는 「의료급여법」에 따른 본인부담금 보상제 및 본인부담금 상한제 적용항목은 실제 본인이 부담한 금액(「국민건강보험법」 또는 「의료급여법」 등 관련 법령에서 사전 또는 사후 환급이 가능한 금액은 제외한 금액)을 한도로 제3조(보장종목별 보상내용) 및 제4조(보상하지 않는 사항)에 따라 보상합니다.

④ 제3조(보장종목별 보상내용)에서 정한 입원의 경우 급여의료비 중 보상금액을 제외한 나머지 금액['「국민건강보험법」에서 정한 요양급여 또는 「의료급여법」에서 정한 의료급여 중 본인부담금'(본인이 실제로 부담한 금액을 말합니다)의 20%에 해당하는 금액]이 계약일 또는 매년 계약 해당일부터 기산하여 연간 200만원을 초과하는 경우 그 초과금액은 제1항의 한도 내에서 보상합니다.

⑤ 제3조(보장종목별 보상내용)에서 정한 통원의 경우 (1) 상해급여 또는 (2) 질병급여 각각에 대하여 통원 1회당 20만원 이내에서 회사가 정한 금액 중 계약자가 선택한 금액의 한도 내에서 보상합니다.

⑥ 제3조(보장종목별 보상내용) (1) 상해급여 제4항 또는 제5항 및 (2) 질병급여 제3항 또는 제4항에 따른 계속 중인 입원 또는 통원의 보상한도는 연간 보험가입금액에서 직전 보험기간 종료일까지 지급한 금액을 차감한 잔여 금액을 한도로 적용합니다. 〈본조신설 2021.7.1.〉

제5조의2(보험가입금액 한도 등에 대한 설명의무) ① 회사는 제18조(약관 교부 및 설명의무 등)에 따라 계약자가 청약할 때에 약관의 중요한 내용을 설명할 경우, 제5조(보험가입금액 한도 등)의 내용도 함께 설명하여 드립니다.

② 제1항에 따라 보험가입금액 한도 등을 설명할 때에, 회사는 계약자에게 제5조(보험가입금액 한도 등) 제3항의 '본인부담금 상한제' 및 '본인부담금 보상제'에 대한 사항을 구체적으로 설명하여 드립니다.

〈본조신설 2021.7.1.〉

※ 「국민건강보험법」에 따른 본인부담금 상한제 : 요양급여비용 중 본인이 부담한 비용의 연간 총액이 일정 상한액(국민건강보험 지역가입자의 세대별 보험료 부담수준 또는 직장가입자의 개인별 보험료 부담수준에 따라 국민건강보험법 등 관련 법령에서 정한 금액(81만원 ~ 584만원))을 초과하는 경우 그 초과액을 국민건강보험공단이 부담하는 제도

※ 「의료급여법」에 따른 본인부담금 보상제 : 수급권자의 급여대상 본인부담금이 매 30일간 다음 금액을 초과하는 경우, 초과금액의 50%에 해당하는 금액을 의료급여기금 등이 부담하는 제도

1. 1종 수급권자 : 2만원
2. 2종 수급권자 : 20만원

04

※「의료급여법」에 따른 본인부담금 상한제 : 본인부담금 보상제에 따라 지급받은 금액을 차감한 급여대상 본인부담금이 다음 금액을 초과하는 경우, 그 초과액 전액을 의료급여기금 등이 부담하는 제도

1. 1종 수급권자 : 매 30일간 5만원
2. 2종 수급권자 : 연간 80만원(다만, 의료법 제3조 제2항 제3호 라목에 따른 요양병원에 연간 240일을 초과하여 입원한 경우에는 연간 120만원으로 한다)

다만, 관련 법령 등이 변경되는 경우 변경된 기준을 따릅니다(상기 예시금액은 2021년 5월 기준).

제6조(보험금 지급사유 발생의 통지) 계약자, 피보험자 또는 보험수익자는 제3조(보장종목별 보상내용)에서 정한 보험금 지급사유가 발생한 것을 알았을 때에는 지체 없이 그 사실을 회사에 알려야 합니다. 〈개정 2015.11.30.〉

제7조(보험금의 청구) ① 보험수익자는 다음의 서류를 제출하고 보험금을 청구하여야 합니다. 〈개정 2015.11.30.〉

1. 청구서(회사 양식)
2. 사고증명서[(진료비계산서, 진료비세부내역서, 입원치료확인서, 의사처방전(처방조제비)] 등
3. 신분증(주민등록증이나 운전면허증 등 본인임을 확인할 수 있는 사진이 붙은 정부기관에서 발행한 신분증, 본인이 아닌 경우에는 본인의 인감증명서 또는 본인서명사실확인서 포함) 〈개정 2018.3.2.〉
4. 그 밖에 보험수익자가 보험금 수령에 필요하여 제출하는 서류

② 제1항 제2호의 사고증명서는 「의료법」 제3조(의료기관)에서 규정한 국내의 의료기관에서 발급한 것이어야 합니다. 〈개정 2015.11.30., 2021.7.1.〉

제8조(보험금의 지급절차) ① 회사는 제7조(보험금의 청구)에서 정한 서류를 접수한 때에는 접수증을 드리고 휴대전화 문자메세지 또는 전자우편 등으로도 송부하며, 그 서류를 접수한 날부터 3영업일 이내에 보험금을 지급합니다. 〈개정 2021.7.1.〉

② 제1항에도 불구하고 회사는 보험금 지급사유를 조사·확인하기 위하여 제1항의 지급기일 이내에 보험금을 지급하지 못할 것으로 명백히 예상되는 경우에는 그 구체적인 사유와 지급예정일 및 보험금 가지급제도(회사가 추정하는 보험금의 50% 이내의 금액을 지급하는 제도를 말합니다)에 대하여 피보험자 또는 보험수익자에게 즉시 통지하여 드립니다. 다만, 지급예정일은 다음 각 호의 어느 하나에 해당하는 경우를 제외하고는 제7조(보험금의 청구)에서 정한 서류를 접수한 날부터 30영업일 이내에서 정합니다. 〈개정 2015.11.30., 2021.7.1.〉

1. 소송제기
2. 분쟁조정 신청
3. 수사기관의 조사
4. 외국에서 발생한 보험사고에 대한 조사
5. 제5항에 따른 회사의 조사요청에 대한 동의 거부 등 계약자, 피보험자 또는 보험수익자에게 책임이 있는 사유로 보험금 지급사유의 조사와 확인이 지연되는 경우
6. 제7항에 따라 보험금 지급사유에 대해 제3자의 의견에 따르기로 한 경우

③ 제2항에 따라 추가적인 조사가 이루어지는 경우 회사는 보험수익자의 청구에 따라 회사가 추정하는 보험금의 50% 상당액을 가지급보험금으로 지급합니다. 〈신설 2014.12.26., 개정 2015.11.30.〉

④ 회사는 제1항에서 정한 지급기일 내에 보험금을 지급하지 않았을 때(제2항에서 정한 지급예정일을 통지한 경우를 포함합니다)에는 그 다음 날부터 지급일까지의 기간에 대하여 〈붙임 2〉에서 정한 이율로 계산한 금액을 보험금에 더하여 지급합니다. 다만, 계약자, 피보험자 또는 보험수익자에게 책임이 있는 사유로 지급이 지연된 경우에는 그 기간에 대한 이자는 지급하지 않습니다. 〈개정 2014.12.26., 2015.11.30.〉

⑤ 계약자, 피보험자 또는 보험수익자는 제14조(알릴의무위반의 효과) 및 제2항의 보험금 지급사유조사와 관련하여 의료기관, 국민건강보험공단, 경찰서 등 관공서에 대한 회사의 서면에 의한 조사요청에 동의하여야 합니다. 다만 정당한 사유 없이 이에 동의하지 않을 경우에는 사실확인이 끝날 때까지 회사는 보험금 지급지연에 따른 이자를 지급하지 않습니다. 〈개정 2014.12.26., 2015.11.30., 2021.7.1.〉

⑥ 회사는 제5항의 서면조사에 대한 동의 요청시 조사목적, 사용처 등을 명시하고 설명합니다. 〈신설 2014.12.26.〉

⑦ 보험수익자와 회사가 제3조(보장종목별 보상내용)의 보험금 지급사유에 대해 합의하지 못할 때는 보험수익자와 회사가 함께 제3자를 정하고 그 제3자의 의견에 따를 수 있습니다. 제3자는 「의료법」 제3조(의료기관)에 규정한 종합병원 소속 전문의 중에 정하며, 보험금 지급사유 판정에 드는 의료비용은 회사가 전액 부담합니다. 〈개정 2014.12.26., 2015.11.30.〉

⑧ 회사는 계약자, 피보험자 또는 보험수익자에게 「국민건강보험법」에 따른 본인부담금 상한제, 「의료급여법」에 따른 본인부담금 상한제 및 보상제와 관련한 확인요청을 할 수 있습니다. 〈신설 2015.11.30.〉

⑨ 회사는 보험금 지급금액 결정을 위해 확인이 필요한 경우 계약자, 피보험자 또는 보험수익자에게 건강보험심사평가원의 진료비확인요청제도를 활용할 수 있도록 동의해 줄 것을 요청할 수 있으며, 진료비확인요청제도를 활용할 경우 회사는 이를 활용한 사례를 집적하고 먼저 유사 사례가 있는지를 확인하고 이용합니다. 〈신설 2015.11.30., 개정 2021.7.1.〉

⑩ 회사는 보험금 지급시 보험수익자에게 휴대전화 문자메시지, 전자우편 또는 이와 유사한 전자적 장치 등으로 다음 각 호의 사항을 안내하여 드리며, 보험수익자는 안내한 사항과 관련하여 구체적인 계산내역 등에 대하여 회사에 설명을 요청할 수 있습니다. 〈신설 2021.7.1.〉

1. 보험금 지급일 등 지급절차
2. 보험금 지급내역
3. 보험금 심사 지연시 지연사유 및 예상지급일
4. 보험금을 감액하여 지급하거나 지급하지 않는 경우에는 그 사유 등

제9조(보험금을 받는 방법의 변경) ① 계약자(보험금 지급사유 발생 후에는 보험수익자를 말합니다)는 회사의 사업방법서에서 정한 바에 따라 보험금의 전부 또는 일부에 대하여 나누어 지급받거나 일시에 지급받는 방법으로 변경할 수 있습니다. 〈개정 2015.11.30.〉

② 회사는 제1항에 따라 일시에 지급할 금액을 나누어 지급하는 경우에는 나중에 지급할 금액에 대하여 평균공시이율을 연단위 복리로 계산한 금액을 더하여 지급하며, 나누어 지급할 금액을 일시에 지급하는 경우에는 평균공시이율을 연단위 복리로 할인한 금액을 지급합니다. 〈개정 2015.11.30.〉

제10조(주소변경의 통지) ① 계약자(보험수익자가 계약자와 다른 경우 보험수익자를 포함합니다)는 주소 또는 연락처가 변경된 경우에는 지체 없이 그 변경내용을 회사에 알려야 합니다.

② 제1항에서 정한 대로 계약자 또는 보험수익자가 변경내용을 알리지 않은 경우에는 계약자 또는 보험수익자가 회사에 알린 최종 주소 또는 연락처로 등기우편 등 우편물에 대한 기록이 남는 방법을 통하여 회사가 알린 사항은 일반적으로 도달에 필요한 기간이 지난 때에 계약자 또는 보험수익자에게 도달된 것으로 봅니다. 〈개정 2015.11.30.〉

제11조(대표자의 지정) ① 계약자 또는 보험수익자가 2명 이상인 경우에는 각 대표자를 1명 지정하여야 하며, 그 대표자는 각각 다른 계약자 또는 보험수익자를 대리하는 것으로 합니다. 〈개정 2015.11.30.〉

② 지정된 계약자 또는 보험수익자의 소재가 확실하지 않은 경우에는 이 계약에 관하여 회사가 계약자 또는 보험수익자 1명에 대하여 한 행위는 각각 다른 계약자 또는 보험수익자에게도 효력이 미칩니다.

③ 계약자가 2명 이상인 경우에는 연대하여 그 책임을 집니다. 〈개정 2015.11.30.〉

제5관 계약자의 계약 전 알릴의무 등

제12조(계약 전 알릴의무) 계약자 또는 피보험자는 청약할 때(진단계약의 경우에는 건강진단을 할 때를 말합니다) 청약서에서 질문한 사항에 대하여 알고 있는 사실을 반드시 사실대로 알려야(상법에 따른 "고지의무"와 같으며, 이하 "계약 전 알릴의무"라 합니다) 합니다. 다만, 진단계약의 경우 「의료법」 제3조(의료기관)에 따른 종합병원이나 병원에서 직장 또는 개인이 실시한 건강진단서 사본 등 건강상태를 판단할 수 있는 자료로 건강진단을 대신할 수 있습니다. 〈개정 2015.11.30.〉

제13조(상해보험계약 후 알릴의무) ① 계약자 또는 피보험자는 보험기간 중에 피보험자에게 다음 각 호의 변경이 발생한 경우에는 우편, 전화, 방문 등의 방법으로 지체 없이 회사에 알려야 합니다.
〈개정 2018.3.2., 2021.7.1.〉

1. 보험증권 등에 기재된 직업 또는 직무의 변경
   가. 현재의 직업 또는 직무가 변경된 경우
   나. 직업이 없는 자가 취직한 경우
   다. 현재의 직업을 그만둔 경우

> [직업]
> 1) 생계유지 등을 위하여 일정한 기간 동안(예 : 6개월 이상) 계속하여 종사하는 일
> 2) 1)에 해당하지 않는 경우에는 개인의 사회적 신분에 따르는 위치나 자리를 말함
>   예) 학생, 미취학아동, 무직 등
>
> [직무]
> 직책이나 직업상 책임을 지고 담당하여 맡은 일

2. 보험증권 등에 기재된 피보험자의 운전 목적이 변경된 경우
   예) 자가용에서 영업용으로 변경, 영업용에서 자가용으로 변경 등
3. 보험증권 등에 기재된 피보험자의 운전여부가 변경된 경우
   예) 비운전자에서 운전자로 변경, 운전자에서 비운전자로 변경 등
4. 이륜자동차 또는 원동기장치 자전거(전동킥보드, 전동휠 등 전동기로 작동하는 개인형 이동장치를 포함하며, 장애인 또는 교통약자가 사용하는 보행보조용 의자차인 전동휠체어, 의료용 스쿠터 등은 제외합니다)를 계속적으로 사용(직업, 직무 또는 동호회 활동과 출퇴근용도 등으로 주로 사용하는 경우에 한함)하게 된 경우 〈개정 2020.7.31.〉

② 회사는 제1항의 통지로 인하여 위험의 변동이 발생한 경우에는 제20조(계약내용의 변경 등)에 따라 계약내용을 변경할 수 있습니다. 〈개정 2018.3.2., 2021.7.1.〉

[위험변경에 따른 계약변경 절차]

위험변경사항 통지(우편, 전화, 방문 등)

↓

계약자, 피보험자의 계약변경사항 확인 후 청약

↓

계약변경사항 인수 심사

↓

정산금액 처리(환급 또는 추가납입)

↓

계약변경 완료

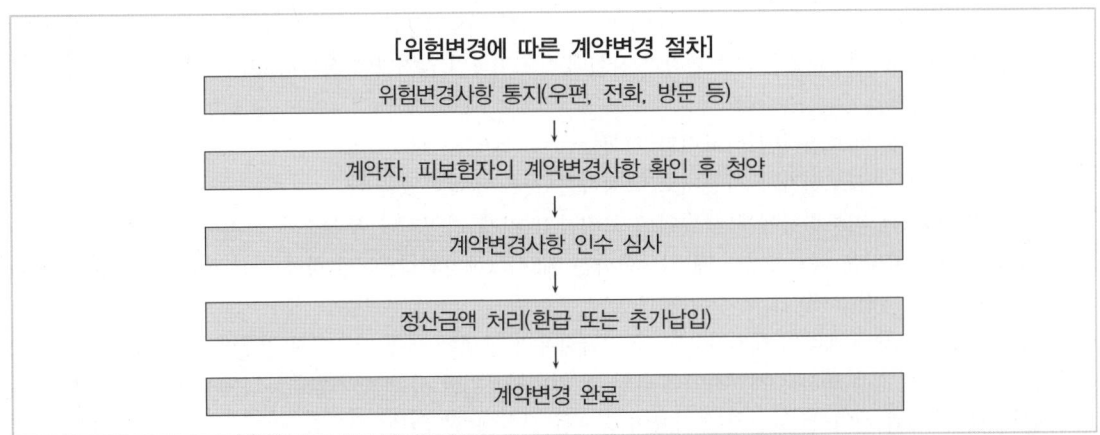

③ 회사는 제2항에 따라 계약내용을 변경할 때 위험이 감소된 경우에는 보험료를 감액하고, 이후 기간 보장을 위한 재원인 책임준비금 등의 차이로 인하여 발생한 정산금액(이하 "정산금액"이라 합니다)을 환급하여 드립니다. 한편 위험이 증가된 경우에는 보험료의 증액 및 정산금액의 추가납입을 요구할 수 있으며, 계약자는 이를 납입하여야 합니다. 〈신설 2018.3.2.〉

④ 제1항의 통지에 따라 위험의 증가로 보험료를 더 내야 할 경우 회사가 청구한 추가보험료(정산금액을 포함합니다)를 계약자가 납입하지 않았을 때, 회사는 위험이 증가되기 전에 적용된 보험요율(이하 "변경 전 요율"이라 합니다)의 위험이 증가된 후에 적용해야 할 보험요율(이하 "변경 후 요율"이라 합니다)에 대한 비율에 따라 보험금을 삭감하여 지급합니다. 다만, 증가된 위험과 관계없이 발생한 보험금 지급사유에 관해서는 원래대로 지급합니다. 〈개정 2018.3.2.〉

⑤ 계약자 또는 피보험자가 고의 또는 중대한 과실로 제1항 각 호의 변경사실을 회사에 알리지 않았을 경우 변경 후 요율이 변경 전 요율보다 높을 때에는 회사는 그 변경사실을 안 날부터 1개월 이내에 계약자 또는 피보험자에게 제4항에 따라 보장됨을 통보하고 이에 따라 보험금을 지급합니다. 〈개정 2018.3.2.〉

제14조(알릴의무위반의 효과) ① 회사는 다음과 같은 사실이 있을 경우에는 보험금 지급사유의 발생 여부에 관계없이 그 사실을 안 날부터 1개월 이내에 이 계약을 해지할 수 있습니다. 〈개정 2015.11.30., 2021.7.1.〉

1. 계약자나 피보험자가 고의 또는 중대한 과실로 제12조(계약 전 알릴의무)를 위반하고 그 알릴의무가 있는 사항이 중요한 사항에 해당하는 경우
2. 계약자나 피보험자가 고의 또는 중대한 과실로 뚜렷한 위험의 증가와 관련된 제13조(상해보험계약 후 알릴의무) 제1항에서 정한 계약 후 알릴의무를 이행하지 않았을 때

② 제1항 제1호의 경우라도 다음의 어느 하나에 해당하는 경우에는 회사는 계약을 해지할 수 없습니다. 〈개정 2015.11.30.〉

1. 회사가 계약 당시에 그 사실을 알았거나 과실로 알지 못하였을 때
2. 회사가 그 사실을 안 날부터 1개월 이상 지났거나 또는 제1회 보험료를 받은 날부터 보험금 지급사유가 발생하지 않고 2년(진단계약의 경우 질병에 대해서는 1년)이 지났을 때
3. 계약 체결일부터 3년이 지났을 때
4. 이 계약을 청약할 때 회사가 피보험자의 건강상태를 판단할 수 있는 기초자료(건강진단서 사본 등을 말합니다)에 따라 승낙한 경우에 건강진단서 사본 등에 명기되어 있는 사항으로 보험금 지급사유가 발생하였을 때. 다만, 계약자 또는 피보험자가 회사에 제출한 기초자료의 내용 중 중요사항을 고의로 사실과 다르게 작성한 때에는 계약을 해지할 수 있습니다.

5. 보험설계사 등이 다음의 어느 하나에 해당하는 행위를 하였을 때. 다만, 보험설계사 등이 다음의 행위를 하지 않았더라도 계약자 또는 피보험자가 사실대로 고지하지 않거나 부실하게 고지했다고 인정되는 경우에는 계약을 해지할 수 있습니다.

가. 계약자 또는 피보험자에게 고지할 기회를 주지 않았을 때

나. 계약자 또는 피보험자가 사실대로 고지하는 것을 방해하였을 때

다. 계약자 또는 피보험자에게 사실대로 고지하지 않게 하였거나 부실하게 고지하도록 권유했을 때

③ 제1항에 따라 계약을 해지하였을 때에는 회사는 제34조(해약환급금) 제1항에 따른 해약환급금을 계약자에게 지급합니다. 〈개정 2015.11.30., 2021.7.1.〉

④ 제1항 제1호에 따른 계약의 해지가 보험금 지급사유가 발생한 후에 이루어진 경우에 회사는 보험금을 지급하지 않습니다. 이 경우 회사는 계약자에게 계약 전 알릴의무위반 사실(계약해지 등의 원인이 되는 위반 사실을 구체적으로 명시)과 계약 전 알릴의무 사항이 중요한 사항에 해당되는 사유를 "반대증거가 있는 경우 이의를 제기할 수 있습니다"라는 문구와 함께 서면 또는 전자문서 등으로 알려드립니다. 회사가 전자문서로 안내하고자 할 경우에는 계약자에게 서면 또는「전자서명법」제2조 제2호에 따른 전자서명으로 동의를 얻어 수신확인을 조건으로 전자문서를 송신하여야 합니다. 계약자의 전자문서 수신이 확인되기 전까지는 그 전자문서는 송신되지 않은 것으로 봅니다. 회사는 전자문서가 수신되지 않은 것을 확인한 경우에는 서면(등기우편 등)으로 다시 알려드립니다. 〈개정 2020.7.31., 2024.3.27.〉

⑤ 제1항 제2호에 따른 계약의 해지가 보험금 지급사유 발생 후에 이루어진 경우에는 회사는 제13조(상해보험계약 후 알릴의무) 제4항 또는 제5항에 따라 보험금을 지급합니다. 〈개정 2018.3.2., 2021.7.1.〉

⑥ 제1항에도 불구하고 알릴의무를 위반한 사실이 보험금 지급사유가 발생하는 데에 영향을 미쳤음을 회사가 증명하지 못한 경우에는 제4항 및 제5항에도 불구하고 해당 보험금을 지급합니다. 〈개정 2015.11.30., 2018.11.6.〉

⑦ 회사는 다른 보험가입내역에 대한 계약 전 알릴의무위반을 이유로 계약을 해지하거나 보험금 지급을 거절하지 않습니다. 〈개정 2015.11.30.〉

제15조(사기에 의한 계약) 계약자 또는 피보험자가 대리진단이나 약물사용을 통하여 진단절차를 통과하거나, 진단서를 위조 또는 변조하거나, 청약일 이전에 암 또는 사람면역결핍바이러스(HIV) 감염의 진단 확정을 받은 후 이를 숨기고 가입하는 등 사기에 의하여 계약이 성립되었음을 회사가 증명하는 경우에는 회사는 계약일부터 5년 이내(사기사실을 안 날부터 1개월 이내)에 계약을 취소할 수 있습니다. 〈개정 2015.11.30., 2021.7.1.〉

제6관 보험계약의 성립과 유지

제16조(보험계약의 성립) ① 계약은 계약자의 청약과 회사의 승낙으로 이루어집니다.

② 회사는 피보험자가 계약에 적합하지 않은 경우에는 승낙을 거절하거나 별도의 조건(보험가입금액 제한, 일부보장 제외, 보험금 삭감, 보험료 할증 등을 말합니다)을 붙여 승낙할 수 있습니다. 〈개정 2015.11.30.〉

③ 회사는 계약의 청약을 받고, 제1회 보험료를 받은 경우에 건강진단을 받지 않는 계약은 청약일, 진단계약은 진단일(재진단의 경우에는 최종 진단일을 말합니다)부터 30일 이내에 승낙하거나 거절하여야 하며, 승낙한 경우에는 보험증권을 드립니다. 이 경우 30일 이내에 회사가 승낙 또는 거절의 통지를 하지 않으면 승낙한 것으로 봅니다. 〈개정 2015.11.30.〉

④ 회사가 제1회 보험료를 받고 승낙을 거절한 경우에는 거절통지와 함께 받은 금액을 돌려드리며, 보험료를 받은 기간에 대하여 평균공시이율에 1%를 더한 이율을 연단위 복리로 계산한 금액을 더하여 지급합니다. 다만, 제1회 보험료를 신용카드로 납입한 계약의 승낙을 거절하는 경우 회사는 신용카드의 매출을 취소하며 이자를 더하여 지급하지 않습니다. 〈개정 2015.11.30.〉

⑤ 회사가 제2항에 따라 일부보장 제외 조건을 붙여 승낙하였더라도 청약일로부터 5년(갱신형 계약의 경우에는 최초 청약일로부터 5년)이 지나는 동안 보장이 제외되는 질병으로 추가 진단(단순 건강검진 제외) 또는 치료 사실이 없을 경우, 청약일로부터 5년이 지난 이후에는 이 약관에 따라 보장합니다. 〈신설 2018.7.10.〉
⑥ 제5항의 '청약일로부터 5년이 지나는 동안'이라 함은 이 약관 제27조(보험료의 납입이 연체되는 경우 납입최고(독촉)와 계약의 해지)에서 정한 계약의 해지가 발생하지 않은 경우를 말합니다.
〈신설 2018.7.10., 2021.7.1.〉
⑦ 이 약관 제28조[보험료의 납입연체로 인한 해지계약의 부활(효력회복)]에서 정한 계약의 부활이 이루어진 경우 부활을 청약한 날을 제5항의 청약일로 하여 적용합니다. 〈신설 2018.7.10., 2021.7.1.〉

제17조(청약의 철회) ① 계약자는 보험증권을 받은 날부터 15일 이내에 그 청약을 철회할 수 있습니다. 다만, 다음 각 호의 어느 하나에 해당하는 계약은 철회할 수 없습니다. 〈개정 2015.11.30., 2021.7.1.〉
1. 회사가 건강상태 진단을 지원하는 계약
2. 보험기간이 90일 이내인 계약
3. 전문금융소비자가 체결한 계약

> **【전문금융소비자】** 보험계약에 관한 전문성, 자산규모 등에 비추어 보험계약에 따른 위험감수능력이 있는 자로서, 국가, 지방자치단체, 한국은행, 금융회사, 주권상장법인 등을 포함하며 「금융소비자 보호에 관한 법률」 제2조(정의) 제9호에서 정하는 전문금융소비자를 말합니다.
> **【일반금융소비자】** 전문금융소비자가 아닌 계약자를 말합니다.

② 제1항에도 불구하고 청약한 날부터 30일이 지나면 청약을 철회할 수 없습니다. 〈개정 2015.11.30.〉
③ 청약철회는 계약자가 전화로 신청하거나, 철회의사를 표시하기 위한 서면, 전자우편, 휴대전화 문자메시지 또는 이에 준하는 전자적 의사표시(이하 '서면 등'이라 합니다)를 발송한 때 효력이 발생합니다. 계약자는 서면 등을 발송한 때에 그 발송 사실을 회사에 지체 없이 알려야 합니다. 〈개정 2021.7.1.〉
④ 계약자가 청약을 철회한 때에는 회사는 청약의 철회를 접수한 날부터 3영업일 이내에 납입한 보험료를 돌려드리며, 보험료 반환이 늦어진 기간에 대하여는 이 계약의 보험계약대출이율을 연단위 복리로 계산한 금액을 더하여 지급합니다. 다만, 계약자가 제1회 보험료를 신용카드로 납입한 계약의 청약을 철회하는 경우에는 회사는 청약의 철회를 접수한 날부터 3영업일 이내에 해당 신용카드회사로 하여금 대금청구를 하지 않도록 해야 하며, 이 경우 회사는 보험료를 반환한 것으로 봅니다. 〈개정 2021.7.1.〉
⑤ 청약을 철회할 때에 이미 보험금 지급사유가 발생하였으나 계약자가 그 보험금 지급사유가 발생한 사실을 알지 못한 경우에는 청약철회의 효력이 발생하지 않습니다. 〈개정 2015.11.30.〉
⑥ 제1항에서 보험증권을 받은 날에 대한 다툼이 발생한 경우 회사가 이를 증명하여야 합니다.
〈신설 2014.12.26.〉

제18조(약관 교부 및 설명의무 등) ① 회사는 계약자가 청약할 때에 계약자에게 약관의 중요한 내용을 설명하여야 하며, 청약 후에 다음 각 호의 방법 중 계약자가 원하는 방법을 확인하여 지체 없이 약관 및 계약자 보관용 청약서를 제공하여 드립니다. 만약, 회사가 전자우편 및 전자적 의사표시로 제공한 경우 계약자 또는 그 대리인이 약관 및 계약자 보관용 청약서 등을 수신하였을 때에는 해당 문서를 드린 것으로 봅니다. 〈개정 2021.7.1.〉
1. 서면교부
2. 우편 또는 전자우편
3. 휴대전화 문자메시지 또는 이에 준하는 전자적 의사표시

② 제1항과 관련하여 통신판매계약의 경우, 회사는 계약자가 가입한 특약만 포함한 약관을 드리며, 전화를 이용하여 체결하는 계약은 계약자의 동의를 얻어 다음의 방법으로 약관의 중요한 내용을 설명할 수 있습니다. 〈신설 2020.10.16., 개정 2024.3.27.〉

1. 전화를 이용하여 청약내용, 보험료 납입, 보험기간, 계약 전 알릴의무, 약관의 중요한 내용 등 계약을 체결하는데 필요한 사항을 질문 또는 설명하는 방법. 이 경우 계약자의 답변과 확인내용을 음성 녹음함으로써 약관의 중요한 내용을 설명한 것으로 봅니다.

> **【통신판매계약】** 전화·우편·인터넷 등 통신수단을 이용하여 체결하는 계약을 말합니다.
> 〈신설 2021.7.1.〉

③ 다음의 어느 하나의 경우 계약자는 계약이 성립한 날부터 3개월 이내에 계약을 취소할 수 있습니다. 〈개정 2014.12.26., 2015.11.30., 2021.7.1.〉

1. 회사가 제1항에 따라 제공하여야 할 약관 및 계약자 보관용 청약서를 계약자가 청약할 때 계약자에게 전달하지 않았거나 약관의 중요한 내용을 설명하지 않은 경우
2. 계약을 체결할 때 계약자가 청약서에 자필서명을 하지 않은 경우(도장을 찍는 날인과 「전자서명법」 제2조 제2호에 따른 전자서명을 포함합니다)

④ 제3항에도 불구하고 전화를 이용하여 계약을 체결하는 경우에 다음의 어느 하나에 해당할 때에는 자필서명을 생략할 수 있으며, 제2항에 따른 음성녹음 내용을 문서화한 확인서를 계약자에게 드림으로써 계약자 보관용 청약서를 전달한 것으로 봅니다. 〈개정 2015.11.30., 2021.7.1.〉

1. 계약자, 피보험자 및 보험수익자가 동일한 계약의 경우
2. 계약자, 피보험자가 동일하고 보험수익자가 계약자의 법정상속인인 계약의 경우

⑤ 제3항에 따라 계약이 취소된 경우 회사는 계약자에게 이미 납입한 보험료를 돌려드리며, 보험료를 받은 기간에 대하여 보험계약대출이율을 연단위 복리로 계산한 금액을 더하여 지급합니다. 〈개정 2015.11.30., 2021.7.1.〉

⑥ 회사는 관계법규에 따라 피보험자가 될 사람이 다른 실손 의료보험계약을 체결하고 있는지를 확인하고, 그 결과 피보험자가 될 사람이 다른 실손 의료보험계약의 피보험자로 되어 있는 경우에는 보상방식 등을 구체적으로 설명하여 드립니다. 〈개정 2015.11.30., 2021.7.1.〉

제19조(계약의 무효) ① 계약을 체결할 때 계약에서 정한 피보험자의 나이에 미달되거나 초과되었을 경우에는 계약을 무효로 하며, 이미 납입한 보험료를 돌려 드립니다. 다만, 회사가 나이의 착오를 발견하였을 때 이미 계약나이에 도달한 경우에는 해당 계약은 유효한 계약으로 보며, 이미 납입한 보험료는 돌려드리지 않습니다. 〈개정 2015.11.30.〉

② 회사의 고의 또는 과실로 계약이 무효로 된 경우 및 회사가 승낙 전에 무효임을 알았거나 알 수 있었음에도 보험료를 반환하지 않은 경우에는 보험료를 납입한 날의 다음 날부터 반환일까지의 기간에 대하여 회사는 이 계약의 보험계약대출이율을 연단위 복리로 계산한 금액을 더하여 돌려드립니다. 〈개정 2015.11.30.〉

제20조(계약내용의 변경 등) ① 계약자는 회사의 승낙을 받아 다음의 사항을 변경할 수 있습니다. 이 경우 회사는 승낙사실을 서면 등으로 알리거나 보험증권의 뒷면에 적어 드립니다. 〈개정 2015.11.30.〉

1. 보험종목 또는 보장종목
2. 보험기간
3. 보험료 납입주기, 납입방법 및 납입기간
4. 계약자, 보험가입금액 등 그 밖의 계약내용

② 계약자가 제1회 보험료를 납입한 날부터 1년 이상 지난 유효한 계약으로서 그 보험종목의 변경을 요청할 경우 회사는 회사의 사업방법서에서 정하는 방법에 따라 보험종목을 변경하여 드립니다. 〈개정 2015.11.30.〉

③ 계약자가 제1항 제4호에 따라 보험가입금액을 감액하려는 경우 회사는 그 감액된 부분은 계약이 해지된 것으로 보며, 이로 인하여 회사가 지급하여야 할 해약환급금이 있을 때에는 제34조(해약환급금) 제1항에 따른 해약환급금을 계약자에게 지급합니다. 〈개정 2015.11.30., 2021.7.1.〉

④ 계약자는 회사의 승낙 없이 보험수익자를 변경할 수 있습니다. 다만, 변경된 보험수익자가 회사에 권리자로서 대항하기 위해서는 계약자가 보험수익자가 변경되었음을 회사에 통지하여야 합니다. 〈개정 2015.11.30.〉

⑤ 계약자가 제4항에 따라 보험수익자를 변경하고자 할 경우에는 보험금의 지급사유가 발생하기 전에 피보험자가 서면으로 동의하여야 합니다.

⑥ 제1항에 따라 계약자가 변경된 경우 회사는 변경된 계약자에게 보험증권 및 약관을 드리고, 변경된 계약자가 요청하는 경우 약관의 중요한 내용을 설명하여 드립니다. 〈개정 2015.11.30.〉

제21조(보험나이 등) ① 이 약관에서 피보험자의 나이는 보험나이를 기준으로 합니다. 〈개정 2015.11.30.〉

② 제1항의 보험나이는 계약일 현재 피보험자의 실제 만 나이를 기준으로 6개월 미만의 끝수는 버리고 6개월 이상의 끝수는 1년으로 하여 계산하며, 이후 매년 계약 해당일에 나이가 증가하는 것으로 합니다.

③ 피보험자의 나이 또는 성별에 관한 기재사항이 사실과 다른 경우에는 정정된 나이 또는 성별에 해당하는 보험금 및 보험료로 변경합니다.

> **【보험나이 계산 예시】**
> 생년월일 : 1988년 10월 2일, 현재(계약일) : 2014년 4월 13일
> ⇒ 2014년 4월 13일 – 1988년 10월 2일 = 25년 6월 11일 = 26세

제22조(계약의 소멸) 피보험자가 사망하여 이 약관에서 규정하는 보험금 지급사유가 더 이상 발생할 수 없는 경우에는 이 계약은 그 때부터 효력이 없습니다. 〈개정 2015.11.30.〉

제23조(재가입) ① 계약이 다음 각 호의 조건을 충족하고 계약자가 제4항에 따라 재가입의사를 표시한 때에는 이 약관의 제16조(보험계약의 성립) 및 제18조(약관 교부 및 설명의무 등)를 준용하여 회사가 정한 절차에 따라 계약자는 기존 계약에 이어 재가입할 수 있으며, 이 경우 회사는 기존계약의 가입 이후 발생한 상해 또는 질병을 사유로 가입을 거절할 수 없습니다. 〈신설 2021.7.1.〉

1. 재가입일에 있어서 피보험자의 나이가 회사가 최초 가입 당시 정한 재가입 나이의 범위 내일 것
2. 재가입 전 계약의 보험료가 정상적으로 납입완료 되었을 것

② 이 계약의 자동갱신종료 후 계약자가 재가입을 원하는 경우 계약자는 재가입 시점에서 회사가 판매하는 실손의료보험 상품으로 가입을 할 수 있으며, 회사는 이를 거절할 수 없습니다.

③ 회사는 계약자에게 보장내용 변경주기가 끝나는 날 이전까지 2회 이상 재가입 요건, 보장내용 변경내역, 보험료 수준, 재가입 절차 및 재가입 의사 여부를 확인하는 내용 등을 서면(등기우편 등), 전화(음성녹음), 전자문서, 휴대전화 문자메시지 또는 이에 준하는 전자적 의사표시 등으로 알려드리고, 회사는 계약자의 재가입의사를 전화(음성녹음), 직접 방문 또는 전자적 의사표시, 통신판매계약의 경우 통신수단을 통해 확인합니다. 〈신설 2021.7.1.〉

④ 계약자는 제3항에 따른 재가입안내와 재가입 여부 확인 요청을 받은 경우 재가입 의사를 표시하여야 합니다. 〈신설 2021.7.1.〉

⑤ 제3항 및 제4항에도 불구하고, 회사가 계약자의 재가입 의사를 확인하지 못한 경우(계약자와의 연락두절로 회사의 안내가 계약자에게 도달하지 못한 경우 포함)에는 직전계약과 동일한 조건으로 보험계약을 연장합니다. 〈신설 2021.7.1.〉

⑥ 제5항에 따라 직전 계약과 동일한 조건으로 자동 연장된 경우 계약자는 그 연장된 날로부터 90일 이내에 그 계약을 취소할 수 있으며, 회사는 연장된 날 이후 계약자가 납입한 보험료 전액을 환급합니다. 〈신설 2021.7.1.〉

⑦ 제5항에 따라 직전 계약과 동일한 조건으로 자동 연장된 경우 보험계약의 연장일은 회사가 계약자의 재가입 의사를 확인한 날(계약자 등이 회사에 보험금을 청구함으로써 계약자에게 연락이 닿아 회사가 계약자의 재가입 의사를 확인한 날 등)까지로 합니다. 계약자의 재가입 의사가 확인된 경우에는 제1항에서 정한 절차에 따라 회사가 재가입 의사를 확인한 날에 판매 중인 상품으로 다시 재가입하는 것으로 하며, 기존 계약은 해지됩니다. 다만, 계약자가 재가입을 원하지 않는 경우에는 해당 시점으로부터 계약은 해지됩니다. 〈신설 2021.7.1.〉

⑧ 제5항에 따라 직전 계약과 동일한 조건으로 자동 연장된 경우 계약자는 회사에 재가입 의사를 표시할 수 있습니다. 회사는 계약자의 재가입 의사가 확인되었을 때에는 제1항에서 정한 절차에 따라 회사가 재가입 의사를 확인한 날에 판매 중인 상품으로 재가입하는 것으로 하며, 기존 계약은 해지됩니다. 〈신설 2021.7.1.〉

⑨ 제7항 또는 제8항에 따라 계약이 해지된 경우 회사는 제34조(해약환급금) 제1항에 따른 해약환급금을 계약자에게 지급합니다. 〈신설 2021.7.1.〉

제7관 보험료의 납입

제24조(제1회 보험료 및 회사의 보장개시) ① 회사는 계약의 청약을 승낙하고 계약자부터 제1회 보험료를 받은 때부터 이 약관에서 정한 바에 따라 보장을 합니다. 또한, 회사가 청약과 함께 제1회 보험료를 받은 후 승낙한 경우에도 제1회 보험료를 받은 때부터 보장이 개시됩니다. 다만, 계약자가 제1회 보험료를 자동이체 또는 신용카드로 납입하는 경우에는 자동이체 신청 및 신용카드매출 승인에 필요한 정보를 제공한 때를 제1회 보험료를 받은 때로 하며, 계약자에게 책임이 있는 사유로 자동이체 또는 매출승인이 불가능한 경우에는 보험료가 납입되지 않은 것으로 봅니다. 〈개정 2015.11.30.〉

② 회사가 청약과 함께 제1회 보험료를 받고 청약을 승낙하기 전에 보험금 지급사유가 발생하였을 때에도 보장개시일부터 이 약관에서 정하는 바에 따라 보장을 합니다. 〈개정 2015.11.30.〉

> 【보장개시일】 회사가 보장을 개시하는 날로서 계약이 성립되고 제1회 보험료를 받은 날을 말하나, 회사가 승낙하기 전이라도 청약과 함께 제1회 보험료를 받은 경우에는 제1회 보험료를 받은 날을 말합니다. 또한, 보장개시일을 계약일로 봅니다.

③ 회사는 제2항에도 불구하고 다음의 어느 하나에 해당하는 경우에는 보장을 하지 않습니다.
〈개정 2015.11.30., 2021.7.1.〉

1. 제12조(계약 전 알릴의무)에 따라 계약자 또는 피보험자가 회사에 알린 내용 또는 건강진단 내용이 보험금 지급사유의 발생에 영향을 미쳤음을 회사가 증명하는 경우
2. 제14조(알릴의무위반의 효과)를 준용하여 회사가 보장을 하지 않을 수 있는 경우
3. 진단계약에서 보험금 지급사유 발생시까지 피보험자가 진단을 받지 않은 경우. 다만, 진단계약에서 진단을 받지 않은 경우라도 상해로 보험금 지급사유가 발생한 경우에는 보장을 해드립니다.

④ 계약이 갱신되는 경우에는 제1항부터 제3항까지의 규정에 따른 보장은 기존 계약에 의한 보장이 종료하는 때부터 적용합니다. 〈개정 2015.11.30.〉

제25조(제2회 이후 보험료의 납입) 계약자는 제2회부터의 보험료를 납입기일까지 납입하여야 하며, 계약자가 보험료를 납입한 경우 회사는 영수증을 발행하여 드립니다. 다만, 금융회사(우체국을 포함합니다)를 통하여 보험료를 납입한 경우에는 그 금융회사가 발행한 증명서류를 영수증으로 대신합니다.
〈개정 2015.11.30.〉

【납입기일】 계약자가 제2회부터의 보험료를 납입하기로 한 날을 말합니다.

제26조(보험료의 자동대출납입) ① 계약자는 제27조[보험료의 납입이 연체되는 경우 납입최고(독촉)와 계약의 해지]에 따른 보험료의 납입최고(독촉)기간이 지나기 전까지 보험료의 자동대출납입을 신청할 수 있으며, 이 경우 제35조(보험계약대출) 제1항에 따른 보험계약대출금으로 보험료가 자동으로 납입되어 계약은 유효하게 지속됩니다. 다만, 계약자가 서면 외에 인터넷 또는 전화(음성녹음) 등으로 자동대출납입을 신청할 경우 회사는 자동대출납입 신청내용을 서면 또는 전화(음성녹음) 등으로 계약자에게 알려드립니다.
〈개정 2015.11.30., 2021.7.1.〉

② 제1항의 규정에 따른 대출금과 보험료의 자동대출납입일의 다음날부터 그 다음 보험료의 납입최고(독촉)기간까지의 이자(보험계약대출이율 이내에서 회사가 별도로 정하는 이율을 적용하여 계산)를 합산한 금액이 해당 보험료가 납입된 것으로 계산한 해약환급금과 계약자에게 지급할 기타 모든 지급금의 합계액에서 계약자의 회사에 대한 모든 채무액을 뺀 금액을 초과하는 경우에는 보험료의 자동대출납입을 더는 할 수 없습니다.

③ 제1항과 제2항에 따른 보험료의 자동대출납입 기간은 최초 자동대출납입일부터 1년을 한도로 하며, 그 이후의 기간에 대한 보험료의 자동대출납입을 위해서는 제1항에 따라 재신청을 하여야 합니다.
〈개정 2015.11.30.〉

④ 보험료의 자동대출납입이 이루어진 경우에도 자동대출납입 전 납입최고(독촉)기간이 끝나는 날의 다음 날부터 1개월 이내에 계약자가 계약의 해지를 청구하였을 때에는 회사는 보험료의 자동대출납입이 없었던 것으로 하여 제34조(해약환급금) 제1항에 따른 해약환급금을 지급합니다. 〈개정 2015.11.30., 2021.7.1.〉

⑤ 회사는 자동대출납입이 종료된 날부터 15일 이내에 자동대출납입이 종료되었음을 서면, 전화(음성녹음을 포함합니다) 또는 전자문서(문자메시지를 포함합니다) 등으로 계약자에게 안내하여 드립니다.
〈개정 2015.11.30.〉

제27조[보험료의 납입이 연체되는 경우 납입최고(독촉)와 계약의 해지] ① 계약자가 제2회부터의 보험료를 납입기일까지 납입하지 않아 보험료 납입이 연체 중인 경우 회사는 14일(보험기간이 1년 미만인 경우에는 7일) 이상의 기간을 납입최고(독촉)기간[납입최고기간의 마지막 날이 영업일이 아닐 때에는 최고(독촉)기간은 그 다음 날까지로 합니다]으로 정하여 다음 사항에 대하여 서면(등기우편 등), 전화(음성녹음) 또는 전자문서 등으로 알려드립니다. 다만, 계약이 해지되기 전에 발생한 보험금 지급사유에 대하여 회사는 보상합니다.
〈개정 2015.11.30.〉

1. 계약자(보험수익자와 계약자가 다른 경우 보험수익자를 포함합니다)에게 납입최고(독촉)기간 내에 연체보험료를 납입하여야 한다는 내용
2. 납입최고(독촉)기간이 끝나는 날까지 보험료를 납입하지 않을 경우 납입최고(독촉)기간이 끝나는 날의 다음 날에 계약이 해지된다는 내용. 이 경우 계약이 해지되면 즉시 해약환급금에서 보험계약대출원금과 이자가 차감된다는 내용을 포함합니다.

② 회사가 제1항에 따른 납입최고(독촉) 등을 전자문서로 안내하려는 경우에는 계약자에게 서면 또는 「전자서명법」 제2조 제2호에 따른 전자서명으로 동의를 받아 수신확인을 조건으로 전자문서를 송신하여야 하며, 계약자가 전자문서에 대하여 수신을 확인하기 전까지는 그 전자문서는 송신되지 않은 것으로 봅니다.
〈개정 2015.11.30., 2021.7.1.〉

③ 회사는 제2항에 따른 확인 결과 전자문서가 수신되지 않은 것을 알았을 때에는 제1항에서 정한 내용을 서면(등기우편 등) 또는 전화(음성녹음)로 다시 알려드립니다. 〈개정 2015.11.30.〉

④ 제1항에 따라 계약이 해지된 경우에는 제34조(해약환급금) 제1항에 따른 해약환급금을 계약자에게 지급합니다. 〈개정 2015.11.30., 2021.7.1.〉

제28조[보험료의 납입연체로 인한 해지계약의 부활(효력회복)] ① 제27조(보험료의 납입이 연체되는 경우 납입최고(독촉)와 계약의 해지)에 따라 계약이 해지되었으나 계약자가 해약환급금을 받지 않은 경우(보험계약대출 등에 따라 해약환급금이 차감되었으나 받지 않은 경우 또는 해약환급금이 없는 경우를 포함합니다) 계약자는 해지된 날부터 3년 이내에 회사가 정한 절차에 따라 계약의 부활(효력회복)을 청약할 수 있습니다. 회사가 부활(효력회복)을 승낙한 경우에는 계약자는 부활(효력회복)을 청약한 날까지의 연체된 보험료에 평균공시이율에 1%를 더한 이율의 범위 내에서 각 상품별로 회사가 정하는 이율로 계산한 금액을 더하여 납입하여야 합니다. 다만 금리연동형보험은 각 상품별 사업방법서에서 별도로 정한 이율로 계산합니다.
〈개정 2015.11.30., 2021.7.1.〉

② 제1항에 따라 해지계약을 부활(효력회복)하는 경우에는 제12조(계약 전 알릴의무), 제14조(알릴의무위반의 효과), 제15조(사기에 의한 계약), 제16조(보험계약의 성립) 및 제24조(제1회 보험료 및 회사의 보장개시)를 준용합니다. 이 때 회사는 해지 전 발생한 보험금 지급사유를 이유로 부활(효력회복)을 거절하지 않습니다.
〈개정 2021.7.1., 2023.6.26.〉

③ 제1항에서 정한 계약의 부활이 이루어진 경우라도 계약자 또는 피보험자가 최초 계약 청약시(2회 이상 부활이 이루어진 경우 종전 모든 부활 청약 포함) 제12조(계약 전 알릴의무)를 위반한 경우에는 제14조(알릴의무위반의 효과)가 적용됩니다. 〈신설 2023.6.26.〉

제29조[강제집행 등으로 인한 해지계약의 특별부활(효력회복)] ① 회사는 계약자의 해약환급금 청구권에 대한 강제집행, 담보권실행, 국세 및 지방세 체납처분절차에 따라 계약이 해지된 경우 해지 당시의 보험수익자가 계약자의 동의를 받아 계약 해지로 회사가 채권자에게 지급한 금액을 회사에 지급하고 제20조(계약내용의 변경 등) 제1항의 절차에 따라 계약자 명의를 보험수익자로 변경하여 계약의 특별부활(효력회복)을 청약할 수 있음을 보험수익자에게 통지하여야 합니다. 〈개정 2015.11.30., 2021.7.1.〉

② 회사는 보험수익자가 제1항에 따른 계약자 명의변경 신청 및 계약의 특별부활(효력회복) 청약을 한 경우 이를 승낙하며, 계약은 청약한 때부터 특별부활(효력회복) 됩니다. 〈개정 2015.11.30.〉

③ 회사는 제1항의 통지를 지정된 보험수익자에게 하여야 합니다. 다만, 법정상속인이 보험수익자로 지정된 경우 회사는 제1항의 통지를 계약자에게 할 수 있습니다. 〈개정 2015.11.30.〉

④ 회사는 제1항의 통지를 계약이 해지된 날부터 7일 이내에 하여야 합니다. 다만, 회사의 통지가 7일이 지나 보험수익자에게 도달하고 이후 그 보험수익자가 제1항에 따른 계약자 명의변경 신청 및 계약의 특별부활(효력회복)을 청약한 경우에는 계약이 해지된 날부터 7일이 되는 날에 특별부활(효력회복) 됩니다. 〈개정 2015.11.30.〉

⑤ 보험수익자는 통지를 받은 날(제3항에 따라 계약자에게 통지된 경우에는 계약자가 통지를 받은 날을 말합니다)부터 15일 이내에 제1항의 절차를 이행할 수 있습니다. 〈개정 2015.11.30.〉

제30조(보험료의 계산) ① 보험기간이 종료되어 갱신되는 계약(이하 '갱신계약'이라 합니다)의 보험료는 갱신일 현재의 보험요율에 관한 제도를 반영하여 계산된 보험료를 적용하며, 그 보험료는 나이의 증가, 보험료 산출에 관한 기초율의 변동 등의 사유로 인하여 인상 또는 인하될 수 있습니다.

② 갱신계약의 보험료는 매년 최대 25% 범위(나이의 증가로 인한 보험료 증감분은 제외) 내에서 인상 또는 인하될 수 있습니다. 다만, 회사가 금융위원회로부터 경영개선권고, 경영개선요구 또는 경영개선명령을 받은 경우는 예외로 합니다.

③ 이 조항에 따른 보험료 계산방법은 보장내용 변경주기 및 관계법령의 개정에 따라 변경될 수 있습니다. 〈본조신설 2021.7.1.〉

【갱신년도별 보험료 적용 예시】

▶ 최초보험료, XX세 남자, 월 14,000원, 매년 보험료* 최대 인상(25%) 가정시

* 기본형 실손의료보험과 실손의료보험 특별약관에 함께 가입하였을 경우를 가정하여 산출한 보험료입니다.

(단위 : 원)

구 분	XX세	XX+1세	XX+2세	XX+3세	XX+4세	XX+5세
나이 증가분(A)		560	728	946	1,230	1,599
보험료 산출 기초율(위험률 등) 증가분 (B = 전년도 기준보험료의 최대 25% 가정)		3,640	4,732	6,152	7,997	10,396
기준보험료 (C = 전년도 기준보험료 + A + B)	14,000	18,200	23,660 (21,294)*	30,758 (27,682)*	39,985 (35,987)*	51,980 (46,782)*

* (　)은 직전 2년 무사고시 보험료 10% 할인 추가 적용 기준

(상기 보험료계산 예시는 단순예시로, 실제로 납입해야 하는 보험료와 상이할 수 있습니다)

제8관 계약의 해지 및 해약환급금 등

제31조(계약자의 임의해지) 계약자는 계약이 소멸하기 전에 언제든지 계약을 해지할 수 있으며, 계약이 해지된 경우 회사는 제34조(해약환급금) 제1항에 따른 해약환급금을 계약자에게 지급합니다. 〈개정 2015.11.30., 2021.7.1.〉

제31조의2(위법계약의 해지) ① 계약자는 「금융소비자 보호에 관한 법률」 제47조 및 관련규정이 정하는 바에 따라 계약 체결에 대한 회사의 법 위반사항이 있는 경우 계약 체결일부터 5년 이내의 범위에서 계약자가 위반사항을 안 날부터 1년 이내에 계약해지요구서에 증빙서류를 첨부하여 위법계약의 해지를 요구할 수 있습니다.

② 회사는 해지요구를 받은 날부터 10일 이내에 수락 여부를 계약자에 통지하여야 하며, 거절할 때에는 거절사유를 함께 통지하여야 합니다.

③ 계약자는 회사가 「금융소비자 보호에 관한 법률 시행령」 제38조 제4항의 각 호에서 정하는 정당한 사유 없이 제1항의 요구를 따르지 않는 경우 해당 계약을 해지할 수 있습니다.

④ 제1항 및 제3항에 따라 계약이 해지된 경우 회사는 제34조(해약환급금) 제4항에 따른 해약환급금을 계약자에게 지급합니다.

⑤ 계약자는 제1항에 따른 제척기간에도 불구하고 「민법」 등 관계법령에서 정하는 바에 따라 법률상의 권리를 행사할 수 있습니다. 〈본조신설 2021.7.1.〉

제32조(중대사유로 인한 해지) ① 회사는 다음과 같은 사실이 있을 경우에는 그 사실을 안 날부터 1개월 이내에 계약을 해지할 수 있습니다. 〈개정 2015.11.30.〉

1. 계약자, 피보험자 또는 보험수익자가 보험금(보험료 납입면제를 포함합니다)을 지급받을 목적으로 고의로 상해 또는 질병을 발생시킨 경우
2. 계약자, 피보험자 또는 보험수익자가 보험금 청구에 관한 서류에 고의로 사실과 다른 것을 적었거나 그 서류 또는 증거를 위조 또는 변조한 경우. 다만, 이미 보험금 지급사유가 발생한 경우에는 보험금 지급에 영향을 미치지 않습니다.

② 회사는 제1항에 따라 계약을 해지한 경우 그 사실을 계약자에게 통지하고 제34조(해약환급금) 제1항에 따른 해약환급금을 지급합니다. 〈개정 2015.11.30., 2021.7.1.〉

제33조(회사의 파산선고와 해지) ① 회사가 파산의 선고를 받은 경우 계약자는 계약을 해지할 수 있습니다. 〈개정 2015.11.30.〉

② 제1항에 따라 해지하지 않은 계약은 파산선고 후 3개월이 지나면 그 효력을 잃습니다. 〈개정 2015.11.30.〉

③ 제1항에 따라 계약이 해지되거나 제2항에 따라 계약이 효력을 잃는 경우 회사는 제34조(해약환급금) 제1항에 따른 해약환급금을 계약자에게 지급합니다. 〈개정 2015.11.30., 2021.7.1.〉

제34조(해약환급금) ① 이 약관에 따른 해약환급금은 보험료 및 해약환급금 산출방법서에 따라 계산합니다. 〈개정 2023.6.26.〉

② 해약환급금의 지급사유가 발생한 경우 계약자는 회사에 해약환급금을 청구하여야 하며, 회사는 청구를 접수한 날부터 3영업일 이내에 해약환급금을 지급합니다. 해약환급금 지급일까지의 기간에 대한 이자의 계산은 〈붙임 2〉에 따릅니다.

③ 회사는 경과기간별 해약환급금에 관한 표를 계약자에게 제공하여 드립니다.

④ 제31조의2(위법계약의 해지)에 따라 위법계약이 해지되는 경우 회사가 적립한 해지 당시의 계약자적립액을 반환하여 드립니다. 〈신설 2021.7.1.〉

제35조(보험계약대출) ① 계약자는 이 계약의 해약환급금 범위 내에서 회사가 정한 방법에 따라 대출을 받을 수 있습니다. 다만, 순수보장성보험 등 보험상품의 종류에 따라 보험계약대출이 제한될 수도 있습니다. 〈개정 2015.11.30.〉

② 계약자는 제1항에 따른 보험계약대출금과 그 이자를 언제든지 상환할 수 있습니다. 〈개정 2015.11.30.〉

③ 계약자가 보험금, 해약환급금 등의 지급사유가 발생한 날에 보험계약대출금과 그 이자를 상환하지 않은 경우 회사는 그 지급금에서 보험계약대출의 원금과 이자를 차감할 수 있습니다. 〈개정 2015.11.30.〉

④ 제3항에도 불구하고 제27조[보험료의 납입이 연체되는 경우 납입최고(독촉)와 계약의 해지]에 따라 계약이 해지되는 경우 회사는 즉시 해약환급금에서 보험계약대출의 원금과 이자를 차감합니다. 〈개정 2015.11.30., 2021.7.1.〉

⑤ 회사는 보험수익자에게 보험계약대출 사실을 통지할 수 있습니다. 〈개정 2015.11.30.〉

제36조(배당금의 지급) ① 회사는 금융감독원장이 정하는 방법에 따라 회사가 결정한 배당금을 계약자에게 지급합니다.

② 회사는 배당금 지급이 결정되었을 때에는 그 명세를 계약자에게 알려드립니다. 〈개정 2015.11.30.〉

제9관 다수보험의 처리 등

제37조(다수보험의 처리) ① 다수보험의 경우 각 계약의 보장대상의료비 및 보장책임액에 따라 제2항에서 정한 방법으로 계산된 각 계약의 비례분담액을 지급합니다. 〈개정 2015.11.30., 2021.7.1.〉

② 각 계약의 보장책임액 합계액이 각 계약의 보장대상의료비 중 최고액에서 각 계약의 피보험자부담 공제금액 중 최소액을 차감한 금액을 초과한 다수보험은 아래의 산출방식에 따라 각 계약의 비례분담액을 계산합니다. 〈개정 2015.11.30., 2021.7.1.〉

$$\text{각 계약별 비례분담액} = (\text{각 계약의 보장대상의료비 중 최고액} - \text{각 계약의 피보험자부담 공제금액 중 최소액}) \times \frac{\text{각 계약별 보장책임액}}{\text{각 계약별 보장책임액을 합한 금액}}$$

제38조(연대책임) ① 2009년 10월 1일 이후에 신규로 체결된 보험수익자가 동일한 다수보험의 경우 보험수익자는 보험금 전부 또는 일부의 지급을 다수계약이 체결되어 있는 회사 중 한 회사에 청구할 수 있고, 청구를 받은 회사는 해당 보험금을 이 계약의 보험가입금액 한도 내에서 지급합니다. 〈개정 2015.11.30.〉

② 제1항에 따라 보험금을 지급한 회사는 보험수익자가 다른 회사에 대하여 가지는 해당 보험금 청구권을 취득합니다. 다만, 회사가 지급한 금액이 보험수익자가 다른 회사에 청구할 수 있는 보험금의 일부인 경우에는 해당 보험수익자의 보험금 청구권을 침해하지 않는 범위에서 그 권리를 취득합니다. 〈개정 2015.11.30.〉

제10관 분쟁의 조정 등

제39조(분쟁의 조정) ① 계약에 관하여 분쟁이 있는 경우 분쟁 당사자 또는 기타 이해관계인과 회사는 금융감독원장에게 조정을 신청할 수 있으며, 분쟁조정 과정에서 계약자는 관계법령이 정하는 바에 따라 회사가 기록 및 유지·관리하는 자료의 열람(사본의 제공 또는 청취를 포함한다)을 요구할 수 있습니다.
〈개정 2015.11.30., 2021.7.1.〉

② 회사는 일반금융소비자인 계약자가 조정을 통하여 주장하는 권리나 이익의 가액이 「금융소비자 보호에 관한 법률」 제42조에서 정하는 일정 금액 이내인 분쟁사건에 대하여 조정절차가 개시된 경우에는 관계법령이 정하는 경우를 제외하고는 소를 제기하지 않습니다. 〈신설 2021.7.1.〉

제40조(관할법원) 이 계약에 관한 소송 및 민사조정은 계약자의 주소지를 관할하는 법원이 하는 것으로 합니다. 다만, 회사와 계약자가 합의하여 관할법원을 달리 정할 수 있습니다. 〈개정 2015.11.30.〉

제41조(소멸시효) 보험금청구권, 만기환급금청구권, 보험료반환청구권, 해약환급금청구권, 책임준비금반환청구권 및 배당금청구권은 3년간 행사하지 않으면 소멸시효가 완성됩니다. 〈개정 2014.12.26.〉

제42조(약관의 해석) ① 회사는 신의성실의 원칙에 따라 공정하게 약관을 해석하며, 계약자에 따라 다르게 해석하지 않습니다. 〈개정 2015.11.30.〉

② 회사는 약관의 뜻이 명백하지 않은 경우에는 계약자에게 유리하게 해석합니다.

③ 회사는 보상하지 않는 사항 등 계약자나 피보험자에게 불리하거나 부담을 주는 내용은 확대하여 해석하지 않습니다.

제43조(설명서 교부 및 보험안내자료 등의 효력) ① 회사는 일반금융소비자에게 청약을 권유하거나 일반금융소비자가 설명을 요청하는 경우 보험상품에 관한 중요한 사항을 계약자가 이해할 수 있도록 설명하고 계약자가 이해하였음을 서명(「전자서명법」 제2조 제2호에 따른 전자서명을 포함), 기명날인 또는 녹취 등을 통해 확인받아야 하며, 설명서를 제공하여야 합니다. 〈신설 2021.7.1.〉

② 설명서, 약관, 계약자 보관용 청약서 및 보험증권의 제공 사실에 관하여 계약자와 회사간에 다툼이 있는 경우에는 회사가 이를 증명하여야 합니다. 〈신설 2021.7.1.〉

③ 보험설계사 등이 모집 과정에서 사용한 회사 제작의 보험안내자료(계약의 청약을 권유하기 위하여 만든 자료 등을 말합니다)의 내용이 약관의 내용과 다른 경우에는 계약자에게 유리한 내용으로 계약이 성립된 것으로 봅니다.

제44조(회사의 손해배상책임) ① 회사는 계약과 관련하여 임직원, 보험설계사 또는 대리점에 책임이 있는 사유로 계약자, 피보험자 및 보험수익자에게 손해를 입힌 경우에는 관계법령 등에 따라 손해를 배상할 책임을 집니다. 〈개정 2015.11.30.〉

② 회사는 보험금 지급 거절 및 지연지급의 사유가 없음을 알았거나 알 수 있었는데도 소송을 제기하여 계약자, 피보험자 또는 보험수익자에게 손해를 입힌 경우에는 그에 따른 손해를 배상할 책임을 집니다. 〈개정 2015.11.30.〉

③ 회사가 보험금 지급 여부 및 지급금액에 관하여 현저하게 불공정한 합의로 보험수익자에게 손해를 입힌 경우에도 회사는 제2항에 따라 손해를 배상할 책임을 집니다. 〈개정 2015.11.30.〉

④ 회사가 제18조(약관 교부 및 설명의무 등) 제6항에 따른 의무를 이행하지 않아 계약자가 다수의 실손의료보험에 가입한 경우, 회사는 계약자에게 손해를 배상할 책임을 집니다. 〈신설 2015.11.30., 개정 2021.7.1.〉

⑤ 회사가 제4항에 따라 계약자에게 손해를 배상할 책임이 발생한 경우 계약자는 이 계약(또는 특별약관)의 최초계약일부터 5년 이내에 회사에 손해배상을 청구할 수 있고, 이 계약의 최초계약일부터 손해배상을 청구하기 전까지 납입한 보험료와 이에 대한 이자(보험료를 받은 기간에 대하여 보험계약대출이율을 연단위 복리로 계산한 금액)를 합한 금액을 손해배상액으로 합니다. 〈신설 2015.11.30.〉

제45조(개인정보보호) ① 회사는 이 계약과 관련된 개인정보를 이 계약의 체결, 유지, 보험금 지급 등을 위하여 「개인정보보호법」, 「신용정보의 이용 및 보호에 관한 법률」 등 관계법령에서 정한 경우를 제외하고 계약자, 피보험자 또는 보험수익자의 동의 없이 수집, 이용, 조회 또는 제공하지 않습니다. 다만, 회사는 이 계약의 체결, 유지, 보험금 지급 등을 위하여 위 관계법령에 따라 계약자 및 피보험자의 동의를 받아 다른 보험회사 및 보험관련단체 등에 개인정보를 제공할 수 있습니다. 〈개정 2015.11.30.〉

② 회사는 계약과 관련된 개인정보를 안전하게 관리하여야 합니다.

제46조(준거법) 이 계약은 대한민국 법에 따라 규율되고 해석되며, 약관에서 정하지 않은 사항은 「금융소비자 보호에 관한 법률」, 「상법」, 「민법」 등 관계법령을 따릅니다. 〈개정 2021.7.1.〉

제47조(예금보험에 의한 지급보장) 회사가 파산 등으로 보험금 등을 지급하지 못할 경우에는 「예금자보호법」에서 정하는 바에 따라 그 지급을 보장합니다. 〈개정 2015.11.30.〉

〈붙임 1〉 용어의 정의 〈개정 2015.11.30., 2017.3.22., 2021.7.1.〉

용 어	정 의
계약	보험계약
진단계약	계약을 체결하기 위하여 피보험자가 건강진단을 받아야 하는 계약
보험증권	계약의 성립과 계약내용을 증명하기 위하여 회사가 계약자에게 드리는 증서
계약자	보험회사와 계약을 체결하고 보험료를 납입하는 사람
피보험자	보험금 지급사유 또는 보험사고 발생의 대상(객체)이 되는 사람
보험수익자	보험금을 수령하는 사람
보험기간	회사가 계약에서 정한 보상책임을 지는 기간
회사	보험회사
보험연도	당해연도 계약 해당일부터 차년도 계약 해당일 전일까지 매 1년 단위의 연도. 예를 들어 보험계약일이 2021년 7월 1일인 경우 보험연도는 2021년 7월 1일부터 2022년 6월 30일까지 1년이 됩니다.
연단위 복리	회사가 지급할 금전에 대한 이자를 줄 때 1년마다 마지막 날에 그 이자를 원금에 더한 금액을 다음 1년의 원금으로 하는 이자 계산방법
평균공시이율	전체 보험회사 공시이율의 평균으로, 이 계약 체결 시점의 이율을 말함
해약환급금	계약이 해지되는 때에 회사가 계약자에게 돌려주는 금액
영업일	회사가 영업점에서 정상적으로 영업하는 날을 말하며, 토요일, 「관공서의 공휴일에 관한 규정」에 따른 공휴일과 근로자의 날은 제외
상해	보험기간 중 발생한 급격하고 우연한 외래의 사고
상해보험계약	상해를 보장하는 계약
의사	「의료법」 제2조(의료인)에서 정한 의사, 한의사 및 치과의사의 자격을 가진 사람
약사	「약사법」 제2조(정의)에서 정한 약사 및 한약사의 자격을 가진 사람
의료기관	다음 각호의 의료기관 1. 「의료법」 제3조(의료기관) 제2항에서 정하는 의료기관을 말하며, 종합병원·병원·치과병원·한방병원·요양병원·의원·치과의원·한의원(조산원 제외) 2. 「국민건강보험법」 제42조 제1항 제4호에 의한 보건소·보건의료·보건지소 및 동법 제42조 제1항 제5호에 의한 보건진료소
약국	「약사법」 제2조 제3호에 따른 장소로서, 약사가 수여(授與)할 목적으로 의약품 조제업무를 하는 장소를 말하며, 의료기관의 조제실은 제외하며 「국민건강보험법」 제42조 제1항 제3호에 의한 한국 희귀·필수의약품센터를 포함함
입원	의사가 피보험자의 질병 또는 상해로 인하여 치료가 필요하다고 인정한 경우로서 자택 등에서 치료가 곤란하여 의료기관 또는 이와 동등하다고 인정되는 의료기관에 입실하여 계속하여 6시간 이상 체류하면서 의사의 관찰 및 관리하에 치료를 받는 것
입원의 정의 중 '이와 동등하다고 인정되는 의료기관'	보건소, 보건의료원 및 보건지소 등 「의료법」 제3조(의료기관) 제2항에서 정한 의료기관에 준하는 의료기관으로서 군의무대, 치매요양원, 노인요양원 등에 속해 있는 요양원, 요양시설, 복지시설 등과 같이 의료기관이 아닌 곳은 이에 해당되지 않음
입원실료	입원치료 중 발생한 기준병실 사용료, 환자 관리료, 식대 등
입원제비용	입원치료 중 발생한 진찰료, 검사료, 방사선료, 투약 및 처방료(퇴원시 의사로부터 치료목적으로 처방받은 약제비 포함), 주사료, 이학요법(물리치료, 재활치료)료, 정신요법료, 처치료, 치료재료, 석고붕대료(cast), 지정진료비 등
입원수술비	입원치료 중 발생한 수술료, 마취료, 수술재료비 등
입원의료비	입원실료, 입원제비용, 입원수술비, 상급병실료 차액

통원	의사가 피보험자의 질병 또는 상해로 치료가 필요하다고 인정하는 경우로서, 병원에 입원하지 않고 병원을 방문하여 의사의 관리하에 치료에 전념하는 것
처방조제	의사 및 약사가 피보험자의 질병 또는 상해로 치료가 필요하다고 인정하는 경우로서, 통원으로 인하여 발행된 의사의 처방전으로 약국의 약사가 조제하는 것. 이 경우 「국민건강보험법」 제42조 제1항 제3호에 따른 한국희귀의약품센터에서의 처방조제 및 의약분업 예외 지역에서의 약사의 직접조제를 포함
외래제비용	통원치료 중 발생한 진찰료, 검사료, 방사선료, 투약 및 처방료, 주사료, 이학요법(물리치료, 재활치료)료, 정신요법료, 처치료, 치료재료, 석고붕대료(cast), 지정진료비 등
외래수술비	통원치료 중 발생한 수술료, 마취료, 수술재료비 등
처방조제비	병원 의사의 처방전에 따라 조제되는 약국의 처방조제비 및 약사의 직접조제비
통원의료비	외래제비용, 외래수술비, 처방조제비
요양급여	「국민건강보험법」 제41조(요양급여)에 따른 가입자 및 피부양자의 질병・부상 등에 대한 다음의 요양급여 1. 진찰・검사 2. 약제・치료재료의 지급 3. 처치・수술 또는 그 밖의 치료 4. 예방・재활 5. 입원 6. 간호 7. 이송
의료급여	「의료급여법」 제7조(의료급여의 내용 등)에 따른 가입자 및 피부양자의 질병・부상 등에 대한 다음 각 호의 의료급여 1. 진찰・검사 2. 약제・치료재료의 지급 3. 처치・수술 또는 그 밖의 치료 4. 예방・재활 5. 입원 6. 간호 7. 이송 8. 그 밖에 의료 목적의 달성을 위한 조치
「국민건강보험법」에 따른 본인부담금 상한제	「국민건강보험법」에 따른 요양급여 중 연간 본인부담금 총액이 「국민건강보험법 시행령」 별표 3에서 정하는 금액을 넘는 경우에 그 초과한 금액을 공단에서 부담하는 제도를 말하며, 국민건강보험 관련 법령의 변경에 따라 환급기준이 변경될 경우에는 회사는 변경되는 기준에 따름
「의료급여법」에 따른 본인부담금 보상제 및 본인부담금 상한제	「의료급여법」에 따른 의료급여 중 본인부담금이 「의료급여법 시행령」 제13조(급여비용의 부담)에서 정하는 금액을 넘는 경우에 그 초과한 금액을 의료급여기금 등에서 부담하는 제도를 말하며, 의료급여 관련 법령의 변경에 따라 환급기준이 변경될 경우에는 회사는 변경된 기준에 따름
보장대상의료비	실제 부담액 – 보상제외금액* * 제3관 회사가 보장하지 않는 사항에 따른 금액
보장책임액	(보장대상의료비 – 피보험자부담 공제금액)과 보험가입금액 중 작은 금액
다수보험	실손의료보험계약(우체국보험, 각종 공제, 상해・질병・간병보험 등 제3보험, 개인연금・퇴직보험 등 의료비를 실손으로 보상하는 보험・공제계약을 포함)이 동시에 또는 순차적으로 2개 이상 체결되었고, 그 계약이 동일한 보험사고에 대하여 각 계약별 보상책임액이 있는 여러 개의 실손의료보험계약을 말함

〈붙임 2〉 보험금을 지급할 때의 적립이율 계산 〈개정 2015.11.30., 2015.12.29., 2020.7.31., 2021.7.1., 2022.2.16.〉

구 분	기 간	지급이자
보장 관련 보험금 (제3조)	지급기일의 다음 날부터 30일 이내 기간	보험계약대출이율
	지급기일의 31일 이후부터 60일 이내 기간	보험계약대출이율 + 가산이율(4.0%)
	지급기일의 61일 이후부터 90일 이내 기간	보험계약대출이율 + 가산이율(6.0%)
	지급기일의 91일 이후 기간	보험계약대출이율 + 가산이율(8.0%)
해약환급금 (제34조 제1항)	지급사유가 발생한 날의 다음 날부터 청구일까지의 기간	1년 이내 : 평균공시이율의 50%
		1년 초과기간 : 평균공시이율의 40%
	청구일의 다음 날부터 지급일까지의 기간	보험계약대출이율

주) 1. 만기환급금은 회사가 보험금의 지급시기 도래 7일 이전에 지급할 사유와 금액을 알리지 않은 경우, 지급사유가 발생한 날의 다음 날부터 청구일까지의 기간은 평균공시이율을 적용한 이자를 지급합니다.

2. 지급이자의 계산은 연단위 복리로 계산하며, 금리연동형보험은 날짜 단위로 계산합니다.
3. 계약자 등에게 책임이 있는 사유로 보험금 지급이 지연된 경우에는 그 해당 기간에 대한 이자는 지급되지 않을 수 있습니다. 다만, 회사는 계약자 등이 분쟁조정을 신청했다는 사유만으로 이자지급을 거절하지 않습니다. 〈단서신설 2020.7.31.〉
4. 금리연동형보험의 경우 상기 평균공시이율은 적립순보험료에 대한 적립이율을 말합니다.
5. 가산이율 적용시 제8조(보험금의 지급절차) 제2항 각 호의 어느 하나에 해당되는 사유로 지연된 경우에는 해당 기간에 대하여 가산이율을 적용하지 않습니다.
6. 가산이율 적용시 금융위원회 또는 금융감독원이 정당한 사유로 인정하는 경우에는 해당 기간에 대하여 가산이율을 적용하지 않습니다.

05 실손의료보험 특별약관 (비급여 실손의료비)

제1조(보장종목) ① 회사가 판매하는 실손의료보험 특별약관(이하 '특별약관'이라 합니다)은 상해비급여형, 질병비급여형, 3대 비급여형의 3개의 보장종목으로 구성되어 있습니다.

보장종목	보상하는 내용
상해비급여	피보험자가 상해로 인하여 의료기관에 입원 또는 통원하여 비급여[주)] 치료를 받거나 비급여 처방조제를 받은 경우에 보상(3대 비급여 제외)
질병비급여	피보험자가 질병으로 인하여 의료기관에 입원 또는 통원하여 비급여 치료를 받거나 비급여 처방조제를 받은 경우에 보상(3대 비급여 제외)
3대 비급여	피보험자가 상해 또는 질병의 치료목적으로 의료기관에 입원 또는 통원하여 3대 비급여 치료를 받은 경우에 보상

주) 「국민건강보험법」 또는 「의료급여법」에 따라 보건복지부장관이 정한 비급여 대상(「국민건강보험법」에서 정한 요양급여 또는 「의료급여법」에서 정한 의료급여 절차를 거쳤지만 급여항목이 발생하지 않은 경우로 「국민건강보험법」 또는 「의료급여법」에 따른 비급여항목 포함)

> ※ 건강보험심사평가원에서는 국민 알 권리 증진 및 의료기관 선택에 도움이 될 수 있도록 비급여 진료비용을 공개하고 있으며, 의료기관 등에서 진료를 받고 지불한 비급여(전액 본인부담금 포함) 진료비용이 건강보험(의료급여)에 해당되는지 확인할 수 있도록 비급여 진료비 확인제도를 운영하고 있습니다.

② 회사는 이 특별약관의 명칭에 '비급여 실손의료비'라는 문구를 포함하여 사용합니다.

제2조(용어의 정의) ① 이 특별약관에서 사용하는 용어의 뜻은 다음과 같습니다.

<table>
<tr><th>3대 비급여 치료</th><th>용 어</th><th>정 의</th></tr>
<tr><td rowspan="3">「도수치료・체외충격파 치료・증식 치료」</td><td>도수치료</td><td>치료자가 손(정형용 교정장치 장비 등의 도움을 받는 경우를 포함합니다)을 이용해서 환자의 근골격계통(관절, 근육, 연부조직, 림프절 등)의 기능 개선 및 통증감소를 위하여 실시하는 치료행위
* 의사 또는 의사의 지도하에 물리치료사가 도수치료를 하는 경우에 한함</td></tr>
<tr><td>체외 충격파 치료</td><td>체외에서 충격파를 병변에 가해 혈관 재형성을 돕고 건(힘줄) 및 뼈의 치유 과정을 자극하거나 재활성화 시켜 기능개선 및 통증감소를 위하여 실시하는 치료행위(체외충격파쇄석술은 제외)</td></tr>
<tr><td>증식치료</td><td>근골격계 통증이 있는 부위의 인대나 건(힘줄), 관절, 연골 등에 증식물질을 주사하여 통증이 소실되거나 완화되는 것을 유도하는 치료행위</td></tr>
<tr><td rowspan="4">주사료</td><td>주사료</td><td>주사치료시 사용된 행위, 약제 및 치료재료대</td></tr>
<tr><td>항암제</td><td>식품의약품안전처가「의약품등 분류번호에 관한 규정」에 따라 지정하는 '조직세포의 기능용 의약품' 중 '종양용약'과 '조직세포의 치료 및 진단 목적제제' *
*「의약품등 분류번호에 관한 규정」에 따른 의약품분류표가 변경되는 경우 치료시점의 의약품 분류표에 따릅니다.</td></tr>
<tr><td>항생제 (항진균제 포함)</td><td>식품의약품안전처가「의약품등 분류번호에 관한 규정」에 따라 지정하는 '항병원생물성 의약품' 중 '항생물질제제', '화학요법제' 및 '기생동물에 대한 의약품 중 항원충제' *
*「의약품등 분류번호에 관한 규정」에 따른 의약품분류표가 변경되는 경우 치료시점의 의약품 분류표에 따릅니다.</td></tr>
<tr><td>희귀 의약품</td><td>식품의약품안전처장이「희귀의약품 지정에 관한 규정」에 따라 지정하는 의약품*
*「희귀의약품 지정에 관한 규정」에 따른 희귀의약품 지정 항목이 변경되는 경우 치료시점의 희귀의약품 지정 항목에 따릅니다.</td></tr>
<tr><td>자기공명영상 진단</td><td colspan="2">자기공명영상 장치를 이용하여 고주파 등을 통한 신호의 차이를 영상화하여 조직의 구조를 분석하는 검사(MRI/MRA)
* 자기공명영상진단 결과를 다른 의료기관에서 판독하는 경우 포함
(보건복지부에서 고시하는「건강보험 행위 급여・비급여 목록 및 급여 상대가치점수」상의 MRI 범주에 따름)</td></tr>
<tr><td>입원의료비</td><td colspan="2">입원실료, 입원제비용, 입원수술비, 비급여 병실료</td></tr>
<tr><td>보장대상 의료비</td><td colspan="2">실제 부담액 － 보장제외금액*
* 제3관 회사가 보장하지 않는 사항에 따른 금액 및 비급여 병실료 중 회사가 보장하지 않는 금액</td></tr>
<tr><td>상급병실료 차액</td><td colspan="2">상급병상을 이용함에 따라 요양급여 대상인 입원료 외에 추가로 부담하는 입원실 이용 비용</td></tr>
</table>

② 제1항에서 정하지 않은 용어의 뜻은 기본형 실손의료보험 표준약관 제2조(용어의 정의)를 준용합니다.

제3조(보장종목별 보상내용) 회사가 이 계약의 보험기간 중 보상하거나 공제하는 내용은 보장종목별로 다음과 같습니다.

<table>
<tr><th>보장종목</th><th>보상하는 사항</th></tr>
<tr><td>(1)
상해
비급여</td><td>
① 회사는 피보험자가 상해로 인하여 의료기관에 입원 또는 통원(외래 및 처방조제)하여 치료를 받은 경우에는 비급여 의료비(3대 비급여는 제외합니다)를 제5조(보험가입금액의 한도 등)에서 정한 연간 보험가입금액의 한도 내에서 다음과 같이 보상합니다. 다만, 법령 등에 따라 의료비를 감면받거나 의료기관으로부터 의료비를 감면받은 경우(의료비를 납부하는 대가로 수수한 금액 등은 감면받은 의료비에 포함)에는 감면 후 실제 본인이 부담한 의료비 기준으로 계산하며, 감면받은 의료비가 근로소득에 포함된 경우, 「국가유공자 등 예우 및 지원에 관한 법률」 및 「독립유공자 예우에 관한 법률」에 따라 의료비를 감면받은 경우에는 감면 전 의료비로 비급여 의료비를 계산합니다.
<table>
<tr><th>구 분</th><th>보상금액</th></tr>
<tr><td>입원(입원실료,
입원제비용,
입원수술비)</td><td>'비급여 의료비(비급여 병실료는 제외합니다)'(본인이 실제로 부담한 금액을 말합니다)의 70%에 해당하는 금액</td></tr>
<tr><td>상급병실료
차액</td><td>비급여 병실료의 50%. 다만, 1일 평균금액 10만원을 한도로 하며, 1일 평균금액은 입원기간 동안 비급여 병실료 전체를 총 입원일수로 나누어 산출합니다.</td></tr>
<tr><td>통원
(외래제비용,
외래수술비,
처방조제비)</td><td>통원 1회당(외래 및 처방・조제비 합산) '비급여 의료비(비급여 병실료는 제외합니다)'(본인이 실제로 부담한 금액을 말합니다)에서 〈표 1〉의 '통원항목별 공제금액'을 뺀 금액(매년 계약 해당일부터 1년간 통원 100회를 한도로 합니다.)
〈표 1〉 통원항목별 공제금액
<table>
<tr><th>항 목</th><th>공제금액</th></tr>
<tr><td>「국민건강보험법」 제42조 제1항 제1호에 의한 의료기관, 동법 제42조 제1항 제4호에 의한 보건소・보건의료원・보건지소, 동법 제42조 제1항 제5호에 의한 보건진료소에서의 외래 및 「국민건강보험법」 제42조 제1항 제2호에 의한 약국, 동법 제42조 제1항 제3호에 의한 한국희귀・필수의약품센터에서의 처방・조제)</td><td>3만원과 보장대상 의료비의 30% 중 큰 금액</td></tr>
</table>
</td></tr>
</table>
② 제1항의 상해에는 유독가스 또는 유독물질을 우연히 일시에 흡입, 흡수 또는 섭취한 결과로 생긴 중독증상이 포함됩니다. 다만, 유독가스 또는 유독물질을 상습적으로 흡입, 흡수 또는 섭취한 결과로 생긴 중독증상과 세균성 음식물 중독증상은 포함되지 않습니다.
③ 피보험자가 입원하여 치료를 받던 중 보험계약이 종료되더라도 그 계속 중인 입원에 대해서는 다음 예시와 같이 보험계약 종료일 다음날부터 180일까지 보상합니다.
④ 피보험자가 통원하여 치료를 받던 중 보험계약이 종료되더라도 그 계속 중인 통원에 대해서는 다음 예시와 같이 보험계약 종료일 다음날부터 180일 이내의 통원을 보상하며 최대 90회 한도 내에서 보상합니다.

〈입원 및 통원 보상기간 예시〉
<table>
<tr><td></td><td>보상대상기간
(1년)</td><td>보상대상기간
(1년)</td><td>보상대상기간
(1년)</td><td>추가보상
(180일)</td><td></td></tr>
<tr><td>↑
계약일
(2022.1.1.)</td><td>↑
계약 해당일
(2023.1.1.)</td><td>↑
계약 해당일
(2024.1.1.)</td><td>↑
계약 종료일
(2024.12.31.)</td><td>↑
보상 종료일
(2025.6.29.)</td><td></td></tr>
</table>
⑤ 종전 계약을 자동갱신하거나 같은 회사의 보험상품에 재가입하는 경우에는 종전 계약의 보험기간을 연장하는 것으로 보아 제3항과 제4항을 적용하지 않습니다.
</td></tr>
</table>

(1) 상해 비급여

⑥ 하나의 상해(같은 상해로 2회 이상 치료를 받는 경우에도 이를 하나의 상해로 봅니다)로 인해 동일한 의료기관에서 같은 날 외래 및 처방을 함께 받은 경우 처방일자를 기준으로 외래 및 처방조제를 합산하되(조제일자가 다른 경우도 동일하게 적용) 통원 1회로 보아 제1항, 제4항 및 제5항을 적용합니다.

⑦ 하나의 상해로 인해 하루에 같은 치료를 목적으로 2회 이상 통원치료(외래 및 처방 · 조제 합산)를 받은 경우 1회의 통원으로 보아 제1항, 제4항 및 제5항을 적용합니다.

⑧ 피보험자가 「국민건강보험법」 제5조, 제53조, 제54조에 따라 요양급여 또는 「의료급여법」 제4조, 제15조, 제17조에 따라 의료급여를 적용받지 못하는 경우에는 다음과 같이 보상합니다.

1. 의료비(「국민건강보험 요양급여의 기준에 관한 규칙」에 따라 보건복지부장관이 정한 비급여 의료비 항목만 해당합니다) 중 본인이 실제로 부담한 금액(통원의 경우 본인이 실제로 부담한 금액에서 같은 조 제1항 〈표 1〉의 '공제금액'을 뺀 금액)의 40%를 제5조(보험가입금액 한도 등)에서 정한 연간 보험가입금액의 한도 내에서 보상합니다.
2. 법령 등에 따라 의료비를 감면받거나 의료기관으로부터 의료비를 감면받은 경우(의료비를 납부하는 대가로 수수한 금액 등은 감면받은 의료비에 포함)에는 제1호를 적용하지 아니하고 감면 후 실제 본인이 부담한 의료비에 대해서만 제1항의 보상금액에 따라 계산한 금액을 제5조(보험가입금액 한도 등)에서 정한 연간 보험가입금액의 한도 내에서 보상합니다. 다만, 감면받은 의료비가 근로소득에 포함된 경우, 「국가유공자 등 예우 및 지원에 관한 법률」 및 「독립유공자 예우에 관한 법률」에 따라 의료비를 감면받은 경우에는 감면 전 의료비에 대해서 제1항의 보상금액에 따라 계산한 금액을 제5조에서 정한 연간 보험가입금액의 한도 내에서 보상합니다.

⑨ 회사는 피보험자가 상해로 인하여 의료기관에서 본인의 장기 등(「장기 등 이식에 관한 법률」 제4조에 의한 "장기 등"을 의미합니다)의 기능회복을 위하여 「장기 등 이식에 관한 법률」 제42조 및 관련 고시에 따라 장기 등의 적출 및 이식에 드는 비용(공여적합성 여부를 확인하기 위한 검사비, 뇌사장기기증자 관리료 및 이에 속하는 비용항목 포함)은 제1항부터 제8항에 따라 보상합니다.

(2) 질병 비급여

① 회사는 피보험자가 질병으로 의료기관에 입원 또는 통원(외래 및 처방조제)하여 치료를 받은 경우에는 비급여 의료비(3대 비급여는 제외합니다)를 제5조(보험가입금액의 한도 등)에서 정한 연간 보험가입금액의 한도 내에서 다음과 같이 보상합니다. 다만, 법령 등에 따라 의료비를 감면받거나 의료기관으로부터 의료비를 감면받은 경우(의료비를 납부하는 대가로 수수한 금액 등은 감면받은 의료비에 포함)에는 감면 후 실제 본인이 부담한 의료비 기준으로 계산하며, 감면받은 의료비가 근로소득에 포함된 경우, 「국가유공자 등 예우 및 지원에 관한 법률」 및 「독립유공자 예우에 관한 법률」에 따라 의료비를 감면받은 경우에는 감면 전 의료비로 비급여 의료비를 계산합니다.

구 분	보상금액
입원(입원실료, 입원제비용, 입원수술비)	'비급여 의료비(비급여 병실료는 제외합니다)'(본인이 실제로 부담한 금액을 말합니다)의 70%에 해당하는 금액
상급병실료 차액	비급여 병실료의 50%. 다만, 1일 평균금액 10만원을 한도로 하며, 1일 평균금액은 입원기간 동안 비급여 병실료 전체를 총 입원일수로 나누어 산출합니다.
통원(외래제비용, 외래수술비, 처방조제비)	통원 1회당(외래 및 처방 · 조제비 합산) '비급여 의료비(비급여 병실료는 제외합니다)'(본인이 실제로 부담한 금액을 말합니다)에서 〈표 1〉의 '통원항목별 공제금액'을 뺀 금액(매년 계약 해당일부터 1년간 통원 100회를 한도로 합니다.)

〈표 1〉 통원항목별 공제금액

항 목	공제금액
「국민건강보험법」 제42조 제1항 제1호에 의한 의료기관, 동법 제42조 제1항 제4호에 의한 보건소 · 보건의료원 · 보건지소, 동법 제42조 제1항 제5호에 의한 보건진료소에서의 외래 및 「국민건강보험법」 제42조 제1항 제2호에 의한 약국, 동법 제42조 제1항 제3호에 의한 한국희귀 · 필수의약품센터에서의 처방 · 조제)	3만원과 보장대상 의료비의 30% 중 큰 금액

② 피보험자가 입원하여 치료를 받던 중 보험계약이 종료되더라도 그 계속 중인 입원에 대해서는 다음 예시와 같이 보험계약 종료일 다음날부터 180일까지 보상합니다.

③ 피보험자가 통원하여 치료를 받던 중 보험계약이 종료되더라도 그 계속 중인 통원에 대해서는 다음 예시와 같이 보험계약 종료일 다음날부터 180일 이내의 통원을 보상하며 최대 90회 한도 내에서 보상합니다.

〈입원 및 통원 보상기간 예시〉

보상대상기간 (1년)	보상대상기간 (1년)	보상대상기간 (1년)	추가보상 (180일)	
↑ 계약일 (2022.1.1.)	↑ 계약 해당일 (2023.1.1.)	↑ 계약 해당일 (2024.1.1.)	↑ 계약 종료일 (2024.12.31.)	↑ 보상 종료일 (2025.6.29.)

④ 종전 계약을 자동갱신하거나 같은 회사의 보험상품에 재가입하는 경우에는 종전 계약의 보험기간을 연장하는 것으로 보아 제2항과 제3항을 적용하지 않습니다.

⑤ 하나의 질병으로 동일한 의료기관에서 같은 날 외래 및 처방을 함께 받은 경우 처방일자를 기준으로 외래 및 처방조제를 합산하되(조제일자가 다른 경우도 동일하게 적용) 통원 1회로 보아 제1항, 제3항 및 제4항을 적용합니다.

(2) 질병 비급여

⑥ "하나의 질병"이란 발생 원인이 동일한 질병(의학상 중요한 관련이 있는 질병은 하나의 질병으로 간주하며, 하나의 질병으로 2회 이상 치료를 받는 경우 제6항에는 이를 하나의 질병으로 봅니다)을 말하며, 질병의 치료 중에 발생된 합병증 또는 새로 발견된 질병의 치료가 병행되거나 의학상 관련이 없는 여러 종류의 질병을 갖고 있는 상태에서 통원한 경우에는 하나의 질병으로 간주합니다.

⑦ 하나의 질병으로 하루에 같은 치료를 목적으로 2회 이상 통원치료(외래 및 처방조제 합산)를 받은 경우 1회의 통원으로 보아 제1항, 제3항 및 제4항을 적용합니다.

⑧ 피보험자가 「국민건강보험법」 제5조, 제53조, 제54조에 따라 요양급여 또는 「의료급여법」 제4조, 제15조, 제17조에 따라 의료급여를 적용받지 못하는 경우에는 다음과 같이 보상합니다.

1. 의료비(「국민건강보험 요양급여의 기준에 관한 규칙」에 따라 보건복지부장관이 정한 비급여 의료비 항목만 해당합니다) 중 본인이 실제로 부담한 금액(통원의 경우 본인이 실제로 부담한 금액에서 같은 조 제1항 〈표 1〉의 '공제금액'을 뺀 금액)의 40%를 제5조(보험가입금액 한도 등)에서 정한 연간 보험가입금액의 한도 내에서 보상합니다.
2. 법령 등에 따라 의료비를 감면받거나 의료기관으로부터 의료비를 감면받은 경우(의료비를 납부하는 대가로 수수한 금액 등은 감면받은 의료비에 포함)에는 제1호를 적용하지 아니하고 감면 후 실제 본인이 부담한 의료비에 대해서만 제1항의 보상금액에 따라 계산한 금액을 제5조(보험가입금액 한도 등)에서 정한 연간 보험가입금액의 한도 내에서 보상합니다. 다만, 감면받은 의료비가 근로소득에 포함된 경우, 「국가유공자 등 예우 및 지원에 관한 법률」 및 「독립유공자 예우에 관한 법률」에 따라 의료비를 감면받은 경우에는 감면 전 의료비에 대해서 제1항의 보상금액에 따라 계산한 금액을 제5조에서 정한 연간 보험가입금액의 한도 내에서 보상합니다.

⑨ 회사는 피보험자가 질병으로 인하여 의료기관에서 본인의 장기 등(「장기 등 이식에 관한 법률」 제4조에 의한 "장기 등"을 의미합니다)의 기능회복을 위하여 「장기 등 이식에 관한 법률」 제42조 및 관련 고시에 따라 장기 등의 적출 및 이식에 드는 비용(공여적합성 여부를 확인하기 위한 검사비, 뇌사장기기증자 관리료 및 이에 속하는 비용항목 포함)은 제1항부터 제8항에 따라 보상합니다.

(3) 3대 비급여

① 회사는 이 특별약관의 보험기간 중 상해 또는 질병의 치료목적으로 의료기관에 입원 또는 통원하여 아래의 비급여 의료행위로 치료를 받은 경우에는 본인이 실제로 부담한 비급여 의료비(행위료, 약제비, 치료재료대, 조영제, 판독료 포함)에서 공제금액을 뺀 금액을 아래의 보장한도 범위 내에서 각각 보상합니다. 다만, 법령 등에 따라 의료비를 감면받거나 의료기관으로부터 의료비를 감면받은 경우(의료비를 납부하는 대가로 수수한 금액 등은 감면받은 의료비에 포함)에는 감면 후 실제 본인이 부담한 의료비 기준으로 계산하며, 감면받은 의료비가 근로소득에 포함된 경우, 「국가유공자 등 예우 및 지원에 관한 법률」 및 「독립유공자 예우에 관한 법률」에 따라 의료비를 감면받은 경우에는 감면 전 의료비로 비급여 의료비를 계산합니다.

〈표 1〉 공제금액 및 보장한도

구 분		공제금액	보장한도
도수치료ㆍ체외충격파치료ㆍ증식치료	"도수치료ㆍ체외충격파치료ㆍ증식치료"로 인하여 본인이 실제로 부담한 비급여 의료비(행위료, 약제비, 치료재료대 포함)	1회당 3만원과 보장대상의료비의 30%중 큰 금액	계약일 또는 매년 계약 해당일부터 1년 단위로 각 상해ㆍ질병 치료행위를 합산하여 350만원 이내에서 50회까지 보상주)
주사료	주사치료를 받아 본인이 실제로 부담한 비급여 의료비	1회당 3만원과 보장대상의료비의 30%중 큰 금액	계약일 또는 매년 계약 해당일부터 1년 단위로 각 상해ㆍ질병 치료행위를 합산하여 250만원 이내에서 50회까지 보상
자기공명영상진단	자기공명영상진단을 받아 본인이 실제로 부담한 비급여 의료비(조영제, 판독료 포함)	1회당 3만원과 보장대상의료비의 30%중 큰 금액	계약일 또는 매년 계약 해당일부터 1년 단위로 각 상해ㆍ질병 치료행위를 합산하여 300만원 이내에서 보상

주) 도수치료ㆍ체외충격파치료ㆍ증식치료의 각 치료횟수를 합산하여 최초 10회 보장하고, 이후 객관적이고 일반적으로 인정되는 검사결과 등을 토대로 증상의 개선, 병변호전 등이 확인된 경우에 한하여 10회 단위로 연간 50회까지 보상합니다.

(3) 3대 비급여

〈증상의 개선, 병변호전 등은 어떻게 확인하나요?〉

1. 증상의 개선, 병변호전 등과 관련하여 기능적 회복 및 호전 여부는 관절가동(ROM), 통증평가척도, 자세평가 및 근력 검사(MMT)를 포함한 이학적 검사, 초음파검사 등을 통해 해당 부위의 체절기능부전(Somatic dysfunction) 등을 평가한 결과로 판단합니다.
2. 보험수익자와 회사가 위 제1호의 판단결과를 합의하지 못한 때는 보험수익자와 회사가 함께 제3자를 정하고 그 제3자의 의견에 따를 수 있으며 제3자는 의료법 제3조(의료기관)의 종합병원 소속 전문의 중에 정하며, 보험금 지급사유 판정에 드는 의료비용은 회사가 전액 부담합니다.

〈도수치료 보상기간 예시〉

(ⅰ) 계약일 또는 매년 계약 해당일로부터 1년내 350만원을 모두 보상한 경우

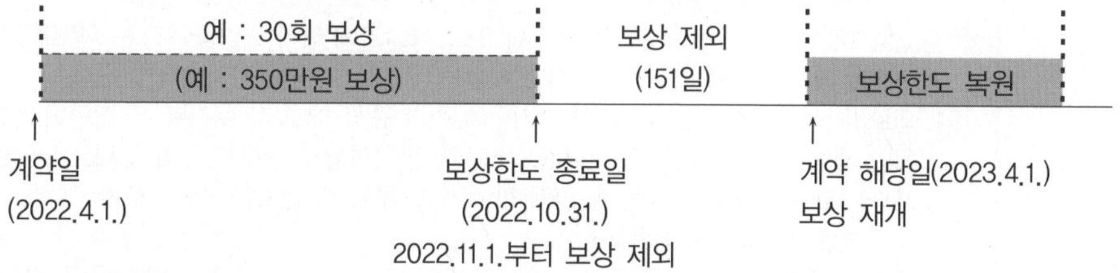

(ⅱ) 계약일 또는 매년 계약 해당일로부터 1년내 지급된 보험금이 350만원 미만이나 50회를 모두 보상한 경우

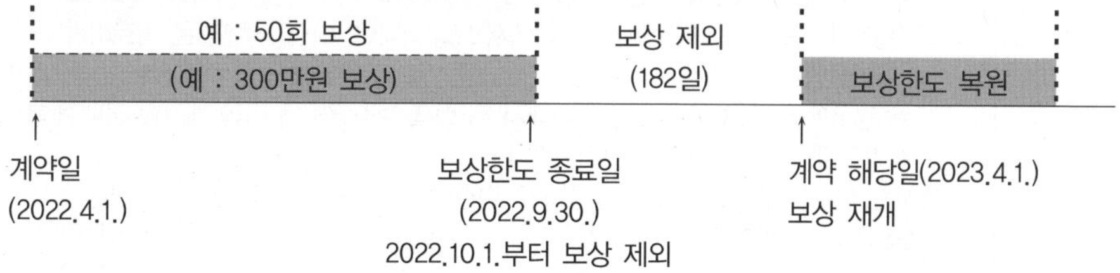

(3) 3대 비급여

② 제1항의 주사료에서 항암제, 항생제(항진균제 포함), 희귀의약품을 위해 사용된 비급여 주사료는 제3조(보장종목별 보상내용) (1) 상해비급여 또는 (2) 질병비급여에서 보상합니다.

③ 제1항의 상해에는 유독가스 또는 유독물질을 우연히 일시에 흡입, 흡수 또는 섭취한 결과로 생긴 중독증상이 포함됩니다. 다만, 유독가스 또는 유독물질을 상습적으로 흡입, 흡수 또는 섭취한 결과로 생긴 중독증상과 세균성 음식물 중독증상은 포함되지 않습니다.

④ 의료기관을 1회 통원(또는 1회 입원)하여 2종류(회) 이상 치료를 받거나 동일한 치료를 2회 이상 받은 경우는 다음과 같이 1회당 공제금액 및 보상한도를 적용합니다.

1. 이 특별약관에서 정한 도수치료, 체외충격파치료, 증식치료 중 2종류 이상의 치료를 받거나 동일한 치료를 2회 이상 받는 경우 각 치료행위를 1회로 보고 각각 제1항에서 정한 1회당 공제금액 및 보상한도를 적용합니다.
2. 의료기관을 1회 통원(또는 1회 입원)하여 치료목적으로 2회 이상 주사치료를 받더라도 1회로 보고 제1항에서 정한 공제금액 및 보상한도를 적용합니다.
3. 의료기관을 1회 통원(또는 1회 입원)하여 2개 이상 부위에 걸쳐 이 특별약관에서 정한 자기공명영상진단을 받거나 동일한 부위에 대해 2회 이상 이 특별약관에서 정한 자기공명영상진단을 받는 경우 각 진단행위를 1회로 보아 각각 1회당 공제금액 및 보상한도를 적용합니다.

⑤ 제4항에서 1회 입원이라 함은 퇴원 없이 계속 중인 입원(동일한 상해 또는 질병 치료목적으로 퇴원 당일 다른 의료기관으로 옮겨 입원하는 경우 포함)을 말합니다. 동일한 상해 또는 질병으로 인한 입원이라고 하더라도 퇴원 후 재입원하는 경우에는 퇴원 전후 입원기간을 각각 1회 입원으로 봅니다.

⑥ 제1항에서 보상하는 비급여 의료비와 다른 의료비가 함께 청구되고 각 항목별 의료비가 구분되지 않는 경우 회사는 보험금 지급금액 결정을 위해 계약자, 피보험자 또는 보험수익자에게 제1항에서 보상하는 의료비의 확인을 요청할 수 있습니다.

⑦ 피보험자가 입원 또는 통원하여 치료를 받던 중 보험계약이 종료되더라도 그 계속 중인 치료에 대하여는 보험계약 종료일 다음날부터 180일까지 보상합니다. 이 경우 보상한도는 연간 보상한도(금액)에서 직전 보험계약 종료일까지 지급한 금액을 차감한 잔여 금액과 연간 보상한도(횟수)에서 직전 보험계약 종료일까지 보상한 횟수를 차감한 잔여 횟수를 한도로 적용합니다. 다만, 종전 계약을 자동갱신하거나 같은 회사의 보험상품에 재가입하는 경우에는 종전 계약의 보험기간을 연장하는 것으로 보아 제1항을 적용합니다.

〈보상기간 예시〉

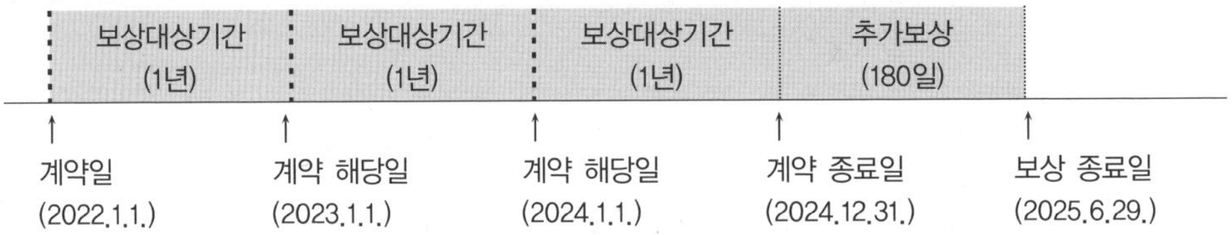

⑧ 피보험자가 「국민건강보험법」 제5조, 제53조, 제54조에 따라 요양급여 또는 「의료급여법」 제4조, 제15조, 제17조에 따라 의료급여를 적용받지 못하는 경우에는 다음과 같이 보상합니다.

1. 의료비(「국민건강보험 요양급여의 기준에 관한 규칙」에 따라 보건복지부장관이 정한 비급여 의료비 항목만 해당합니다) 중 본인이 실제로 부담한 금액(통원의 경우 본인이 실제로 부담한 금액에서 같은 조 제1항 〈표1〉의 '공제금액'을 뺀 금액)의 40%를 제5조(보험가입금액 한도 등)에서 정한 연간 보험가입금액의 한도 내에서 보상합니다.
2. 법령 등에 따라 의료비를 감면받거나 의료기관으로부터 의료비를 감면받은 경우(의료비를 납부하는 대가로 수수한 금액 등은 감면받은 의료비에 포함)에는 제1호를 적용하지 아니하고 감면 후 실제 본인이 부담한 의료비에 대해서만 제1항의 보상금액에 따라 계산한 금액을 제5조(보험가입금액 한도 등)에서 정한 연간 보험가입금액의 한도 내에서 보상합니다. 다만, 감면받은 의료비가 근로소득에 포함된 경우, 「국가유공자 등 예우 및 지원에 관한 법률」 및 「독립유공자 예우에 관한 법률」에 따라 의료비를 감면받은 경우에는 감면 전 의료비에 대해서 제1항의 보상금액에 따라 계산한 금액을 제5조에서 정한 연간 보험가입금액의 한도 내에서 보상합니다.

⑨ 회사는 피보험자가 상해 또는 질병으로 인하여 의료기관에서 본인의 장기 등(「장기등 이식에 관한 법률」 제4조에 의한 "장기 등"을 의미합니다)의 기능회복을 위하여 「장기 등 이식에 관한 법률」 제42조 및 관련 고시에 따라 장기 등의 적출 및 이식에 드는 비용(공여적합성 여부를 확인하기 위한 검사비, 뇌사장기기증자 관리료 및 이에 속하는 비용항목 포함)은 제1항부터 제8항에 따라 보상합니다.

제4조(보상하지 않는 사항) 회사가 보상하지 않는 사항은 보장종목별로 다음과 같습니다.

보장종목	보상하는 사항
(1) 상해 비급여	① 회사는 다음의 사유로 인하여 생긴 비급여 의료비는 보상하지 않습니다. 1. 피보험자가 고의로 자신을 해친 경우. 다만, 피보험자가 심신상실 등으로 자유로운 의사결정을 할 수 없는 상태에서 자신을 해친 사실이 증명된 경우에는 보상합니다. 2. 보험수익자가 고의로 피보험자를 해친 경우. 다만, 그 보험수익자가 보험금의 일부 보험수익자인 경우에는 다른 보험수익자에 대한 보험금은 지급합니다. 3. 계약자가 고의로 피보험자를 해친 경우 4. 피보험자가 임신, 출산(제왕절개를 포함합니다), 산후기로 입원 또는 통원한 경우. 다만, 회사가 보상하는 상해로 인하여 입원 또는 통원한 경우에는 보상합니다. 5. 전쟁, 외국의 무력행사, 혁명, 내란, 사변, 폭동으로 인한 경우 6. 피보험자가 정당한 이유 없이 입원기간 중 의사의 지시를 따르지 않거나 의사가 통원치료가 가능하다고 인정함에도 피보험자 본인이 자의적으로 입원하여 발생한 입원의료비 7. 피보험자가 정당한 이유 없이 통원기간 중 의사의 지시를 따르지 않아 발생한 통원의료비 ② 회사는 다른 약정이 없으면 피보험자가 직업, 직무 또는 동호회 활동 목적으로 한 다음의 어느 하나에 해당하는 행위로 인하여 생긴 상해에 대해서는 보상하지 않습니다. 1. 전문등반(전문적인 등산용구를 사용하여 암벽 또는 빙벽을 오르내리거나 특수한 기술, 경험, 사전 훈련이 필요한 등반을 말합니다), 글라이더 조종, 스카이다이빙, 스쿠버다이빙, 행글라이딩, 수상보트, 패러글라이딩 2. 모터보트・자동차 또는 오토바이에 의한 경기, 시범, 행사(이를 위한 연습을 포함합니다) 또는 시운전(다만, 공용도로에서 시운전을 하는 동안 발생한 상해는 보상합니다) 3. 선박에 탑승하는 것을 직무로 하는 사람이 직무상 선박에 탑승하고 있는 동안 ③ 회사는 다음의 비급여 의료비에 대해서는 보상하지 않습니다. 1. 치과치료(다만, 안면부골절로 발생한 의료비는 치아관련 치료를 제외하고 보상합니다)・한방치료(다만, 「의료법」 제2조에 따른 한의사를 제외한 '의사'의 의료행위에 의해서 발생한 의료비는 보상합니다) 2. 영양제, 비타민제 등의 약제와 관련하여 소요된 비용. 다만 약관상 보상하는 상해를 치료함에 있어 아래 각목에 해당하는 경우는 치료 목적으로 보아 보상합니다. 가. 약사법령에 의하여 약제별 허가사항 또는 신고된 사항(효능/효과 및 용법/용량 등)대로 사용된 경우 나. 요양급여 약제가 관련 법령 또는 고시 등에서 정한 별도의 적용기준대로 비급여 약제로 사용된 경우 다. 요양급여 약제가 관련 법령에 따라 별도의 비급여사용승인 절차를 거쳐 그 승인 내용대로 사용된 경우 라. 상기 가목부터 다목의 약제가 두 가지 이상 함께 사용된 경우(함께 사용된 약제중 어느 하나라도 상기 가목부터 다목에 해당하지 않는 경우 제외) 3. 호르몬 투여, 보신용 투약, 의약외품과 관련하여 소요된 비용 4. 의치, 의수족, 의안, 안경, 콘택트렌즈, 보청기, 목발, 팔걸이(Arm Sling), 보조기 등 진료 재료의 구입 및 대체 비용. 다만, 인공장기 등 신체에 이식되어 그 기능을 대신하는 경우에는 보상합니다. 5. 진료와 무관한 각종 비용(TV시청료, 전화료, 각종 증명료 등을 말합니다), 의사의 임상적 소견과 관련이 없는 검사비용, 간병비 6. 자동차보험(공제를 포함합니다)에서 보상받는 치료관계비(과실상계 후 금액을 기준으로 합니다) 또는 산재보험에서 보상받는 의료비. 다만, 본인부담의료비(자동차보험 진료수가에 관한 기준 및 산재보험 요양급여 산정기준에 따라 발생한 실제 본인 부담의료비)는 제3조(보장종목별 보상내용) (1) 상해비급여 제1항부터 제7항에 따라 보상합니다. 7. 「국민건강보험법」 제42조의 요양기관이 아닌 외국에 있는 의료기관에서 발생한 의료비 8. 「응급의료에 관한 법률」 및 동법 시행규칙에서 정한 응급환자에 해당하지 않는 자가 동법 제26조 권역응급의료센터 또는 「의료법」 제3조의4에 따른 상급종합병원 응급실을 이용하면서 발생한 응급의료관리료

(2) 질병 비급여	① 회사는 다음의 사유로 인하여 생긴 비급여 의료비는 보상하지 않습니다. 1. 피보험자가 고의로 자신을 해친 경우. 다만, 피보험자가 심신상실 등으로 자유로운 의사결정을 할 수 없는 상태에서 자신을 해친 사실이 증명된 경우에는 보상합니다. 2. 보험수익자가 고의로 피보험자를 해친 경우. 다만, 그 보험수익자가 보험금의 일부 보험수익자인 경우에는 다른 보험수익자에 대한 보험금은 지급합니다. 3. 계약자가 고의로 피보험자를 해친 경우 4. 피보험자가 정당한 이유 없이 입원기간 중 의사의 지시를 따르지 않거나 의사가 통원치료가 가능하다고 인정함에도 피보험자 본인이 자의적으로 입원하여 발생한 입원의료비 5. 피보험자가 정당한 이유 없이 통원기간 중 의사의 지시를 따르지 않아 발생한 통원의료비 ② 회사는 '한국표준질병사인분류'에 따른 다음의 비급여 의료비에 대해서는 보상하지 않습니다. 1. 정신 및 행동장애(F04~F99) 2. 여성생식기의 비염증성 장애로 인한 습관성 유산, 불임 및 인공수정관련 합병증(N96~N98) 3. 피보험자가 임신, 출산(제왕절개를 포함합니다), 산후기로 입원 또는 통원한 경우(O00~O99) 4. 선천성 뇌질환(Q00~Q04) 5. 비만(E66) 6. 요실금(N39.3, N39.4, R32) 7. 직장 또는 항문 질환(K60~K62, K64) ③ 회사는 다음의 비급여 의료비에 대해서는 보상하지 않습니다. 1. 치과치료(K00~K08) 및 한방치료(다만, 「의료법」 제2조에 따른 한의사를 제외한 '의사'의 의료행위에 의해서 발생한 의료비는 보상합니다) 2. 영양제, 비타민제 등의 약제와 관련하여 소요된 비용. 다만 약관상 보상하는 질병을 치료함에 있어 아래 각목에 해당하는 경우는 치료 목적으로 보아 보상합니다. 가. 약사법령에 의하여 약제별 허가사항 또는 신고된 사항(효능/효과 및 용법/용량 등)대로 사용된 경우 나. 요양급여 약제가 관련 법령 또는 고시 등에서 정한 별도의 적용기준대로 비급여 약제로 사용된 경우 다. 요양급여 약제가 관련 법령에 따라 별도의 비급여사용승인 절차를 거쳐 그 승인 내용대로 사용된 경우 라. 상기 가목부터 다목의 약제가 두 가지 이상 함께 사용된 경우(함께 사용된 약제 중 어느 하나라도 상기 가목부터 다목에 해당하지 않는 경우 제외) 3. 호르몬 투여, 보신용 투약, 의약외품과 관련하여 소요된 비용 4. 의치, 의수족, 의안, 안경, 콘택트렌즈, 보청기, 목발, 팔걸이(Arm Sling), 보조기 등 진료 재료의 구입 및 대체 비용. 다만, 인공장기 등 신체에 이식되어 그 기능을 대신하는 경우에는 보상합니다. 5. 진료와 무관한 각종 비용(TV시청료, 전화료, 각종 증명료 등을 말합니다), 의사의 임상적 소견과 관련이 없는 검사비용, 간병비 6. 산재보험에서 보상받는 의료비. 다만, 본인부담의료비(산재보험 요양급여 산정기준에 따라 발생한 실제 본인 부담의료비)는 제3조(보장종목별 보상내용) (2) 질병비급여 제1항부터 제7항에 따라 보상합니다. 7. 사람면역결핍바이러스(HIV) 감염으로 인한 치료비(다만, 「의료법」에서 정한 의료인의 진료상 또는 치료 중 혈액에 의한 HIV 감염은 해당 진료기록을 통해 객관적으로 확인되는 경우는 보상합니다) 8. 「국민건강보험법」 제42조의 요양기관이 아닌 외국에 있는 의료기관에서 발생한 의료비 9. 「응급의료에 관한 법률」 및 동법 시행규칙에서 정한 응급환자에 해당하지 않는 자가 동법 제26조 권역응급의료센터 또는 「의료법」 제3조의4에 따른 상급종합병원 응급실을 이용하면서 발생한 응급의료관리료
(3) 3대 비급여	① 회사는 다음의 사유로 인하여 생긴 비급여 의료비는 보상하지 않습니다. 1. 피보험자가 고의로 자신을 해친 경우. 다만, 피보험자가 심신상실 등으로 자유로운 의사결정을 할 수 없는 상태에서 자신을 해친 사실이 증명된 경우에는 제3조(보장종목별 보상내용)에 따라 보상합니다. 2. 보험수익자가 고의로 피보험자를 해친 경우. 다만, 그 보험수익자가 보험금의 일부 보험수익자인 경우에는 다른 보험수익자에 대한 보험금은 제3조(보장종목별 보상내용)에 따라 지급합니다. 3. 계약자가 고의로 피보험자를 해친 경우 4. 전쟁, 외국의 무력행사, 혁명, 내란, 사변, 폭동으로 인한 경우 5. 피보험자가 정당한 이유없이 입원 또는 통원 기간 중 의사의 지시를 따르지 않아 발생한 의료비

	② 회사는 다른 약정이 없으면 피보험자가 직업, 직무 또는 동호회 활동 목적으로 한 다음의 어느 하나에 해당하는 행위로 인하여 생긴 상해에 대해서는 보상하지 않습니다. 1. 전문등반(전문적인 등산용구를 사용하여 암벽 또는 빙벽을 오르내리거나 특수한 기술, 경험, 사전 훈련이 필요한 등반을 말합니다), 글라이더 조종, 스카이다이빙, 스쿠버다이빙, 행글라이딩, 수상보트, 패러글라이딩 2. 모터보트・자동차 또는 오토바이에 의한 경기, 시범, 행사(이를 위한 연습을 포함합니다) 또는 시운전(다만, 공용도로에서 시운전을 하는 동안 발생한 상해는 제3조(보장종목별 보상내용)에 따라 보상합니다) 3. 선박에 탑승하는 것을 직무로 하는 사람이 직무상 선박에 탑승하고 있는 동안 ③ 회사는 '한국표준질병사인분류'에 따른 다음의 비급여 의료비에 대해서는 보상하지 않습니다. 1. 정신 및 행동장애(F04~F99) 2. 여성생식기의 비염증성 장애로 인한 습관성 유산, 불임 및 인공수정관련 합병증(N96~N98) 3. 피보험자가 임신, 출산(제왕절개를 포함합니다), 산후기로 입원 또는 통원한 경우(O00~O99). 다만, 회사가 보상하는 상해로 인하여 입원 또는 통원한 경우에는 제3조(보장종목별 보상내용)에 따라 보상합니다. 4. 선천성 뇌질환(Q00~Q04) 5. 비만(E66) 6. 요실금(N39.3, N39.4, R32) 7. 직장 또는 항문 질환(K60~K62, K64) ④ 회사는 다음의 비급여 의료비에 대해서는 보상하지 않습니다. 1. 치과치료(다만, 안면부 골절로 발생한 의료비는 치아관련 치료를 제외하고 제3조(보장종목별 보상내용)에 따라 보상하며, K00~K08과 무관한 질병으로 인한 의료비는 제3조(보장종목별 보상내용)에 따라 보상합니다)・한방치료(다만, 「의료법」 제2조에 따른 한의사를 제외한 '의사'의 의료행위에 의해서 발생한 의료비는 제3조(보장종목별 보상내용)에 따라 보상합니다) 2. 영양제, 비타민제 등의 약제와 관련하여 소요된 비용. 다만 약관상 보상하는 상해 또는 질병을 치료함에 있어 아래 각목에 해당하는 경우는 치료 목적으로 보아 보상합니다. 가. 약사법령에 의하여 약제별 허가사항 또는 신고된 사항(효능/효과 및 용법/용량 등)대로 사용된 경우 나. 요양급여 약제가 관련 법령 또는 고시 등에서 정한 별도의 적용기준대로 비급여 약제로 사용된 경우 다. 요양급여 약제가 관련 법령에 따라 별도의 비급여사용승인 절차를 거쳐 그 승인 내용대로 사용된 경우 라. 상기 가목부터 다목의 약제가 두 가지 이상 함께 사용된 경우(함께 사용된 약제 중 어느 하나라도 상기 가목부터 다목에 해당하지 않는 경우 제외) 3. 호르몬 투여, 보신용 투약, 의약외품과 관련하여 소요된 비용 4. 의치, 의수족, 의안, 안경, 콘택트렌즈, 보청기, 목발, 팔걸이(Arm Sling), 보조기 등 진료 재료의 구입 및 대체 비용. 다만, 인공장기 등 신체에 이식되어 그 기능을 대신하는 경우에는 보상합니다. 5. 진료와 무관한 각종 비용(TV시청료, 전화료, 각종 증명료 등을 말합니다), 의사의 임상적 소견과 관련이 없는 검사비용, 간병비 6. 자동차보험(공제를 포함합니다)에서 보상받는 치료관계비(과실상계 후 금액을 기준으로 합니다) 또는 산재보험에서 보상받는 의료비. 다만, 본인부담의료비(자동차보험 진료수가에 관한 기준 및 산재보험 요양급여 산정기준에 따라 발생한 실제 본인 부담의료비)는 제3조(보장종목별 보상내용) (3) 3대 비급여 제1항부터 제7항에 따라 보상합니다. 7. 사람면역결핍바이러스(HIV) 감염으로 인한 치료비(다만, 「의료법」에서 정한 의료인의 진료상 또는 치료 중 혈액에 의한 HIV 감염은 해당 진료기록을 통해 객관적으로 확인되는 경우는 제3조(보장종목별 보상내용)에 따라 보상합니다) 8. 「국민건강보험법」 제42조의 요양기관이 아닌 외국에 있는 의료기관에서 발생한 의료비 9. 「응급의료에 관한 법률」 및 동법 시행규칙에서 정한 응급환자에 해당하지 않는 자가 동법 제26조 권역응급의료센터 또는 「의료법」 제3조의4에 따른 상급종합병원 응급실을 이용하면서 발생한 응급의료관리료
(3) 3대 비급여	

(4) 공통[주)]	회사는 「국민건강보험 요양급여의 기준에 관한 규칙」 제9조 제1항([별표 2] 비급여대상)에 따른 아래 각호의 비급여 의료비에 대해서는 보상하지 않습니다. 1. 다음 각 목의 질환으로서 업무 또는 일상생활에 지장이 없는 경우에 실시 또는 사용되는 치료로 인하여 발생한 비급여 의료비 가. 단순한 피로 또는 권태 나. 주근깨, 다모, 무모, 백모증, 딸기코(주사비), 점, 모반(피보험자가 보험가입당시 태아인 경우 화염상모반 등 선천성 비신생물성모반(Q82.5)은 보상합니다), 사마귀, 여드름, 노화현상으로 인한 탈모 등 피부질환 다. 발기부전(impotence)・불감증 라. 단순 코골음(수면무호흡증(G47.3)은 보상합니다) 마. 치료를 동반하지 않는 단순포경(phimosis) 바. 검열반 등 안과질환 사. 그 밖에 일상생활에 지장이 없는 경우로 국민건강보험 비급여 대상에 해당하는 치료 2. 다음 각 목의 진료로서 신체의 필수 기능 개선 목적이 아닌 경우에 실시 또는 사용되는 치료로 인하여 발생한 비급여 의료비 가. 쌍꺼풀수술(이중검수술), 성형수술(융비술), 유방 확대(다만, 유방암 환자의 환측 유방재건술은 보상합니다)・축소술, 지방흡입술, 주름살 제거술 등 미용목적의 성형수술과 그로 인한 후유증치료 나. 사시교정, 안와격리증(양쪽 눈을 감싸고 있는 뼈와 뼈 사이의 거리가 넓은 증상)의 교정 등 시각계 수술로서 시력개선 목적이 아닌 외모개선 목적의 수술 다. 치과교정 라. 씹는 기능 및 발음 기능의 개선 목적이 아닌 외모개선 목적의 턱얼굴(안면)교정술 마. 관절운동 제한이 없는 반흔구축성형술 등 외모개선 목적의 반흔제거술 바. 안경, 콘택트렌즈 등을 대체하기 위한 시력교정술(국민건강보험 요양급여 대상 수술방법 또는 치료재료가 사용되지 않은 부분은 시력교정술로 봅니다) 사. 질병 치료가 아닌 단순히 키 성장(성장촉진)을 목적으로 하는 진료 아. 외모개선 목적의 다리정맥류 수술 자. 그 밖에 외모개선 목적의 치료로 국민건강보험 비급여 대상에 해당하는 치료 3. 다음 각 목의 예방진료로서 질병・부상의 진료를 직접목적으로 하지 아니하는 경우에 실시 또는 사용으로 인하여 발생한 비급여 의료비 가. 본인의 희망에 의한 건강검진(다만, 검사결과 이상 소견에 따라 건강검진센터 등에서 발생한 추가 의료비용은 보상합니다) 나. 예방접종(파상풍 혈청주사 등 치료목적으로 사용하는 예방주사 제외) 다. 그 밖에 예방진료로서 국민건강보험 비급여 대상에 해당하는 치료 4. 다음 각 목의 진료로서 보험급여시책상 요양급여로 인정하기 어려운 경우 및 그 밖에 건강보험급여 원리에 부합하지 아니하는 경우 발생한 비급여 의료비 가. 친자확인을 위한 진단 나. 불임검사, 불임수술, 불임복원술 다. 보조생식술(체내, 체외 인공수정을 포함합니다) 라. 인공유산에 든 비용(다만, 회사가 보상하는 상해 또는 질병으로 임신상태를 유지하기 어려워 의사의 권고에 따라 불가피하게 시행한 경우는 제외) 마. 그 밖에 요양급여를 함에 있어서 비용효과성 등 진료상의 경제성이 불분명하여 국민건강보험 비급여 대상에 해당하는 치료 〈본조신설 2021.7.1.〉

주) (4) 공통은 (1) 상해비급여, (2) 질병비급여, (3) 3대 비급여에 대하여 공통적으로 적용됩니다.

제5조 (보험가입금액 한도 등) ① 이 계약의 연간 보험가입금액은 제3조(보장종목별 보상내용) (1) 상해비급여에 대하여 입원과 통원의 보상금액을 합산하여 5천만원 이내에서, (2) 질병비급여에 대하여 입원과 통원의 보상금액을 합산하여 5천만원 이내에서 회사가 정한 금액 중 계약자가 선택한 금액을 말하며, 제3조(보장종목별 보상내용)에 의한 비급여 의료비를 이 금액 한도 내에서 보상합니다. 다만, (3) 3대 비급여의 보험가입금액은 제3조 (3) 3대 비급여 제1항에서 정한 연간 보상한도로 합니다.

② 이 계약에서 '연간'이라 함은 계약일로부터 매 1년 단위로 도래하는 계약 해당일 전일까지의 기간을 말하며, 입원 또는 통원 치료시 해당일이 속한 연도의 보험가입금액 한도를 적용합니다.

③ 제3조(보장종목별 보상내용)에서 정한 통원의 경우 (1) 상해비급여 또는 (2) 질병비급여 각각에 대하여 통원 1회당 20만원 이내에서 회사가 정한 금액 중 계약자가 선택한 금액으로 하며, (3) 3대 비급여의 경우 각 비급여 의료비별 보상한도로 합니다.

④ 제3조 (1) 상해비급여 제3항 또는 제4항, (2) 질병비급여 제2항 또는 제3항 및 (3) 3대 비급여 제7항에 따른 계속 중인 입원 또는 통원의 보상한도는 연간 보상한도(보험가입금액)에서 직전 보험기간 종료일까지 지급한 금액을 차감한 잔여 금액과 연간 보상한도(횟수)에서 직전 보험기간 종료일까지 보상한 횟수를 차감한 잔여 횟수를 한도로 적용합니다.

제6조(보험료의 계산) ① 보험기간이 종료되어 갱신되는 계약(이하 '갱신계약'이라 합니다)의 보험료는 갱신일 현재의 보험요율에 관한 제도를 반영하여 계산된 보험료를 적용하며, 그 보험료는 나이의 증가, 보험료산출에 관한 기초율의 변동, 요율 상대도(할인·할증요율) 적용 등의 사유로 인하여 인상 또는 인하될 수 있습니다.

② 갱신계약의 「요율 상대도(할인·할증요율) 적용 전 보험료」은 매년 최대 25% 범위(나이의 증가로 인한 보험료 증감분은 제외) 내에서 인상 또는 인하될 수 있습니다. 다만, 회사가 금융위원회로부터 경영개선권고, 경영개선요구 또는 경영개선명령을 받은 경우는 예외로 합니다.

③ 제1항에 따른 요율 상대도(할인·할증요율)는 보험료 갱신 전 12개월 이내 기간 동안의 이 특별약관에 따른 보험금 지급 실적을 고려하여 보험료 갱신시 순보험료(특별약관의 순보험료 총액을 대상으로 합니다)에 아래와 같이 적용할 수 있습니다. 다만, 국민건강보험법상 산정특례대상질환(암질환, 뇌혈관질환, 심장질환, 희귀난치성질환 등)으로 인한 비급여 의료비 및 노인장기요양보험법상 장기요양대상자 중 1등급 또는 2등급으로 판정받은 자에 대한 비급여 의료비는 요율 상대도 계산시 보험금 지급실적에서 제외합니다.

구 분	1단계(할인)	2단계(유지)	3단계(할증)	4단계(할증)	5단계(할증)
보험료 갱신 전 12개월 이내 기간 동안 보험금 지급실적(원)	0원 (보험금 지급실적 없음)	0원 초과 ~ 100만원 미만	100만원 이상 ~ 150만원 미만	150만원 이상 ~ 300만원 미만	300만원 이상
요율 상대도	할인[주)]	100%	200%	300%	400%

주) 매년 상대도 적용 전·후의 총 보험료 수준이 일치하도록 3~5단계의 할증대상자의 할증재원을 1단계(할인) 대상자들에게 분배할 경우 산출됨

④ 제3항에 따른 요율 상대도의 할증은 이 특별약관에 따른 보험금 지급실적이 연간 100만원 이상인 계약에 한하여 적용하며 매년 상대도 적용 전·후의 총 보험료 수준이 일치하도록 할인요율을 조정함을 원칙으로 합니다.

⑤ 이 조항에 따른 보험료 계산방법은 보장내용 변경주기 및 관계법령 개정에 따라 변경될 수 있습니다.

의료이용량에 따른 갱신년도별 보험료 적용 예시

▶ 최초보험료, XX세 남자, 월 14,000원, 매년 보험료* 최대 인상(25%) 가정시

* 기본형 실손의료보험과 실손의료보험 특별약관에 함께 가입하였을 경우를 가정하여 산출한 보험료입니다.

(단위 : 원)

구 분		XX세	XX+1세	XX+2세	XX+3세	XX+4세	XX+5세
나이 증가분(A)			560	728	946	1,230	1,599
보험료 산출 기초율(위험률 등) 증가분 (B = 전년도 기준보험료의 최대 25% 가정)			3,640	4,732	6,152	7,997	10,396
기준보험료 (C = 전년도 기준보험료 + A + B)		14,000	18,200	23,660	30,758	39,985	51,980
의료 이용량에 따른 보험료 (D = C 에 요율상대도를 반영한 값)	1단계 (요율상대도 95% 가정)		17,756	23,083 (20,775*)	30,008 (27,007*)	39,011 (35,109*)	50,714 (45,642*)
	2단계 (요율상대도 100%)		18,200	23,660	30,758	39,985	51,980
	3단계 (요율상대도 200%)		27,073	35,194	45,753	59,478	77,322
	4단계 (요율상대도 300%)		35,945	46,729	60,747	78,971	102,663
	5단계 (요율상대도 400%)		44,818	58,263	75,742	98,464	128,003

* (   )은 직전 2년 무사고시 보험료 10% 할인 추가 적용 기준

(상기 보험료계산 예시는 단순예시로, 실제로 납입해야 하는 보험료와 상이할 수 있습니다)

제7조(비급여 진료비용 공개제도 등의 안내) 회사는 계약자가 특별약관을 청약하였을 때 계약자의 알권리를 증진하고 합리적인 의료이용 선택에 도움이 될 수 있도록 「의료법」 등 관계법령에 따른 '비급여 진료비용 공개제도'와 '비급여 진료 사전설명제도'에 대해 설명하고 안내합니다.

※ 비급여 진료비용 공개제도 : 국민이 쉽게 이해하고 의료기관을 선택할 때 참고할 수 있도록 건강보험심사평가원이 매년 비급여 진료비용을 조사하여 최저·최고금액 등 비급여 진료비용에 대한 정보를 비교·공개하는 제도

※ 비급여 진료 사전설명제도 : 진료에 필요한 비급여 항목 및 가격을 환자가 사전에 인지하고 선택할 수 있도록 의료기관이 비급여 진료 전에 비급여 제공항목과 가격을 미리 설명하도록 의무화하는 제도

제8조(특별약관의 소멸) 피보험자의 사망으로 인하여 이 특별약관에서 규정하는 보험금 지급사유가 더 이상 발생할 수 없는 경우에는 이 계약은 그 때부터 효력이 없습니다.

제9조(준용규정) 이 특별약관에서 정하지 않은 사항은 기본형 실손의료보험 표준약관을 따릅니다.

06 해외여행 실손의료보험 표준약관(기본형)

〈개정 2010.3.29., 2011.1.19., 2011.6.29., 2012.12.28., 2014.2.11., 2014.12.26., 2015.11.30., 2015.12.29., 2016.12.8., 2017.3.22., 2018.3.2., 2018.7.10., 2018.11.6., 2020.7.31., 2020.10.16., 2021.7.1., 2022.12.31., 2023.6.26., 2024.3.27.〉

해외여행 실손의료보험은 해외여행 중에 피보험자의 상해 또는 질병으로 인한 의료비를 보험회사가 보상하는 상품입니다.

제1관 일반사항 및 용어의 정의

제1조(보장종목) 회사는 기본형 해외여행 실손의료보험상품을 상해의료비형, 질병의료비형 등 2가지 이내의 보장종목으로 구성합니다. 〈개정 2015.11.30., 2021.7.1.〉

보장종목	세부 구성항목	보상하는 내용
상해 의료비	해외	피보험자가 해외여행 중에 입은 상해로 인하여 해외의료기관[주1)]에서 의료비가 발생한 경우에 보상
	국내(급여)	피보험자가 해외여행 중에 입은 상해로 인하여 의료기관에 입원 또는 통원하여 급여[주2)] 치료를 받거나 급여 처방조제를 받은 경우에 보상
질병 의료비	해외	피보험자가 해외여행 중에 질병으로 인하여 해외의료기관[주1)]에서 의료비가 발생한 경우에 보상
	국내(급여)	피보험자가 해외여행 중에 질병으로 인하여 의료기관에 입원 또는 통원하여 급여[주2)] 치료를 받거나 급여 처방조제를 받은 경우에 보상

주1) 해외의료기관은 해외소재 의료기관을 말하며, 해외소재약국을 포함합니다. 이하 동일합니다.
주2) 「국민건강보험법」에서 정한 요양급여 또는 「의료급여법」에서 정한 의료급여

제2조(용어의 정의) 이 약관에서 사용하는 용어의 뜻은 붙임 1과 같습니다. 〈개정 2015.11.30., 2021.7.1.〉

제2관 회사가 보상하는 사항

제3조(보장종목별 보상내용) 회사가 이 계약의 보험기간 중 보장종목별로 각각 보상하는 내용은 다음과 같습니다.

보장종목	세부 구성항목	보상하는 사항
(1) 상해 의료비	해외	① 회사는 피보험자가 보험증권에 기재된 해외여행 중에 상해를 입고, 이로 인해 해외의료기관에서 의사(치료받는 국가의 법에서 정한 병원 및 의사의 자격을 가진 자에 한함)의 치료를 받은 때에는 보험가입금액을 한도로 피보험자가 실제 부담한 의료비 전액을 보상합니다. ② 제1항의 상해에는 유독가스 또는 유독물질을 우연히 일시에 흡입, 흡수 또는 섭취한 결과로 생긴 중독증상이 포함됩니다. 다만, 유독가스 또는 유독물질을 상습적으로 흡입, 흡수 또는 섭취한 결과로 생긴 중독증상과 세균성 음식물 중독증상은 포함되지 않습니다. 〈개정 2015.11.30.〉 ③ 해외여행 중에 피보험자가 입은 상해로 인해 치료를 받던 중 보험기간이 끝났을 경우에는 보험기간 종료일부터 180일까지(보험기간 종료일은 제외합니다) 보상합니다.
	국내(급여)	① 회사는 피보험자가 보험증권에 기재된 해외여행 중에 상해를 입고, 이로 인해 국내의료기관・약국에서 치료를 받은 때에는 붙임 2에 따라 보상합니다. 다만, 보험기간이 1년 미만인 경우에는 해외여행 중에 피보험자가 입은 상해로 보험기간 종료후 30일(보험기간 종료일은 제외합니다) 이내에 의사의 치료를 받기 시작했을 때에는 의사의 치료를 받기 시작한 날부터 180일(통원은 180일 동안 90회)까지만(보험기간 종료일은 제외합니다) 보상합니다. 〈개정 2021.7.1.〉
(2) 질병 의료비	해외	① 회사는 피보험자가 보험증권에 기재된 해외여행 중에 질병으로 인하여 해외의료기관에서 의사(치료받는 국가의 법에서 정한 병원 및 의사의 자격을 가진 자에 한함)의 치료를 받은 때에는 보험가입금액을 한도로 피보험자가 실제 부담한 의료비 전액을 보상합니다. ② 해외여행 중에 피보험자가 제1항의 질병으로 인해 치료를 받던 중 보험기간이 끝났을 경우에는 보험기간 종료일부터 180일까지(보험기간 종료일은 제외합니다) 보상합니다.
	국내(급여)	① 회사는 피보험자가 보험증권에 기재된 해외여행 중에 발생한 질병으로 인해 국내의료기관・약국에서 치료를 받은 때에는 붙임 3에 따라 보상합니다. 다만, 보험기간이 1년 미만인 경우에는 해외여행 중에 질병을 원인으로 하여 보험기간 종료후 30일(보험기간 종료일은 제외합니다) 이내에 의사의 치료를 받기 시작했을 때에는 의사의 치료를 받기 시작한 날부터 180일(통원은 180일 동안 90회)까지만(보험기간 종료일은 제외합니다) 보상합니다. 〈개정 2018.7.10., 2021.7.1.〉

제3관 회사가 보상하지 않는 사항

제4조(보상하지 않는 사항) 회사가 보상하지 않는 사항은 보장종목별로 다음과 같습니다.
〈개정 2015.11.30., 2016.12.8., 2018.11.6., 2020.7.31., 2021.7.1.〉

보장종목	세부 구성항목	보상하지 않는 사항
(1) 상해 의료비	해외	① 회사는 다음의 사유로 인하여 생긴 의료비는 보상하지 않습니다. 〈개정 2015.11.30., 2021.7.1.〉 1. 피보험자가 고의로 자신을 해친 경우. 다만, 피보험자가 심신상실 등으로 자유로운 의사결정을 할 수 없는 상태에서 자신을 해친 사실이 증명된 경우에는 보상합니다. 2. 보험수익자가 고의로 피보험자를 해친 경우. 다만, 그 보험수익자가 보험금의 일부 보험수익자인 경우에는 다른 보험수익자에 대한 보험금은 지급합니다. 3. 계약자가 고의로 피보험자를 해친 경우 4. 피보험자가 임신, 출산(제왕절개를 포함합니다), 산후기로 치료한 경우. 다만 회사가 보상하는 상해로 인한 경우에는 보상합니다. 5. 전쟁, 외국의 무력행사, 혁명, 내란, 사변, 폭동으로 인한 경우 6. 피보험자가 정당한 이유 없이 입원기간 중 의사의 지시를 따르지 않거나 의사가 통원치료가 가능하다고 인정함에도 피보험자 본인이 자의적으로 입원하여 발생한 입원의료비 〈개정 2021.7.1.〉 7. 피보험자가 정당한 이유 없이 통원기간 중 의사의 지시를 따르지 않아 발생한 통원의료비 〈신설 2021.7.1.〉 ② 회사는 다른 약정이 없으면 피보험자가 직업, 직무 또는 동호회 활동 목적으로 한 다음의 어느 하나에 해당하는 행위로 인하여 생긴 상해에 대해서는 보상하지 않습니다. 〈개정 2015.11.30.〉 1. 전문등반(전문적인 등산용구를 사용하여 암벽 또는 빙벽을 오르내리거나 특수한 기술, 경험, 사전 훈련이 필요한 등반을 말합니다), 글라이더 조종, 스카이다이빙, 스쿠버다이빙, 행글라이딩, 수상보트, 패러글라이딩 2. 모터보트, 자동차 또는 오토바이에 의한 경기, 시범, 행사(이를 위한 연습을 포함합니다) 또는 시운전(다만, 공용도로에서 시운전을 하는 동안 발생한 상해는 보상합니다) 3. 선박에 탑승하는 것을 직무로 하는 사람이 직무상 선박에 탑승하고 있는 동안 〈개정 2020.7.31.〉 ③ 회사는 아래의 의료비에 대하여는 보상하지 않습니다. 〈개정 2015.11.30.〉 1. 건강검진(단, 검사결과 이상 소견에 따라 건강검진센터 등에서 발생한 추가 의료비용은 보상합니다), 예방접종, 인공유산에 든 비용. 다만, 회사가 보상하는 상해 치료를 목적으로 하는 경우에는 보상합니다. 2. 영양제, 비타민제, 호르몬 투여, 보신용 투약, 친자 확인을 위한 진단, 불임검사, 불임수술, 불임복원술, 보조생식술(체내, 체외 인공수정을 포함합니다), 성장촉진, 의약외품과 관련하여 소요된 비용. 다만, 회사가 보상하는 상해 치료를 목적으로 하는 경우에는 보상합니다. 3. 의치, 의수족, 의안, 안경, 콘택트렌즈, 보청기, 목발, 팔걸이(Arm Sling), 보조기 등 진료재료의 구입 및 대체비용. 다만, 인공장기 등 신체에 이식되어 그 기능을 대신하는 경우에는 보상합니다. 4. 외모개선 목적의 치료로 인하여 발생한 의료비 가. 쌍꺼풀수술(이중검수술. 다만, 안검하수 , 안검내반 등을 치료하기 위한 시력개선 목적의 이중검수술은 보장합니다), 코성형수술(융비술), 유방확대(다만, 유방암 환자의 유방재건술은 보장합니다)・축소술, 지방흡입술, 주름살제거술 등 나. 사시교정, 안와격리증(양쪽 눈을 감싸고 있는 뼈와 뼈 사이의 거리가 넓은 증상)의 교정 등 시각계 수술로써 시력개선 목적이 아닌 외모개선 목적의 수술

(1) 상해 의료비	해외	다. 안경, 콘택트렌즈 등을 대체하기 위한 시력교정술(국민건강보험 요양급여 대상 수술방법 또는 치료재료가 사용되지 않은 부분은 시력교정술로 봅니다) 라. 외모개선 목적의 다리정맥류 수술 마. 그 밖에 외모개선 목적의 치료로 국민건강보험 비급여대상에 해당하는 치료 5. 진료와 무관한 각종 비용(TV시청료, 전화료, 각종 증명료 등을 말합니다), 의사의 임상적 소견과 관련이 없는 검사비용, 간병비
	국내(급여)	① 붙임 4에 따라 적용합니다. 〈개정 2021.7.1.〉
(2) 질병 의료비	해외	① 회사는 아래의 사유를 원인으로 하여 생긴 의료비는 보상하지 않습니다. 〈개정 2015.11.30., 2021.7.1.〉 1. 피보험자가 고의로 자신을 해친 경우. 다만, 피보험자가 심신상실 등으로 자유로운 의사결정을 할 수 없는 상태에서 자신을 해친 사실이 증명된 경우에는 보상합니다. 2. 보험수익자가 고의로 피보험자를 해친 경우. 다만, 그 보험수익자가 보험금의 일부 보험수익자인 경우에는 다른 보험수익자에 대한 보험금은 지급합니다. 3. 계약자가 고의로 피보험자를 해친 경우 4. 피보험자가 정당한 이유 없이 입원기간 중 의사의 지시를 따르지 않거나 의사가 통원치료가 가능하다고 인정함에도 피보험자 본인이 자의적으로 입원하여 발생한 입원의료비 〈개정 2021.7.1.〉 5. 피보험자가 정당한 이유 없이 통원기간 중 의사의 지시를 따르지 않아 발생한 통원의료비 〈신설 2021.7.1.〉 ② 회사는 한국표준질병·사인분류에 있어서 아래의 의료비에 대하여는 보상하지 않습니다. 〈개정 2015.11.30.〉 1. 정신 및 행동장애(F04~F99)(다만, F04~F09, F20~F29, F30~F39, F40~F48, F51, F90~F98과 관련한 치료에서 발생한 「국민건강보험법」에 따른 요양급여에 해당하는 의료비는 보상합니다) 〈개정 2018.11.6.〉 2. 여성생식기의 비염증성 장애로 인한 습관성 유산, 불임 및 인공수정관련 합병증(N96~N98) 3. 피보험자가 임신, 출산(제왕절개를 포함합니다), 산후기로 치료한 경우(O00~O99) 4. 선천성 뇌질환(Q00~Q04) 5. 비만(E66) 6. 요실금(N39.3, N39.4, R32) 7. 직장 또는 항문질환 중 「국민건강보험법」에 따른 요양급여에 해당하지 않는 부분(I84, K60~K62, K64) ③ 회사는 다음의 의료비에 대하여는 보상하지 않습니다. 〈개정 2015.11.30., 2021.7.1.〉 1. 건강검진(단, 검사결과 이상 소견에 따라 건강검진센터 등에서 발생한 추가 의료비용은 보상합니다), 예방접종, 인공유산에 든 비용. 다만, 회사가 보상하는 질병 치료를 목적으로 하는 경우에는 보상합니다. 2. 영양제, 비타민제, 호르몬 투여(다만, 국민건강보험의 요양급여 기준에 해당하는 성조숙증을 치료하기 위한 호르몬 투여는 보상합니다), 보신용 투약, 친자 확인을 위한 진단, 불임검사, 불임수술, 불임복원술, 보조생식술(체내, 체외 인공수정을 포함합니다), 성장촉진, 의약외품과 관련하여 소요된 비용. 다만, 회사가 보상하는 질병 치료를 목적으로 하는 경우에는 보상합니다. 3. 다음의 어느 하나에 해당하는 치료로 인하여 발생한 의료비 가. 단순한 피로 또는 권태 나. 주근깨, 다모, 무모, 백모증, 딸기코(주사비), 점, 모반(피보험자가 보험가입당시 태아인 경우 화염상모반 등 선천성 비신생물성모반(Q82.5)은 보상합니다), 사마귀, 여드름, 노화현상으로 인한 탈모 등 피부질환 다. 발기부전(impotence)·불감증, 단순 코골음(수면무호흡증(G47.3)은 보상합니다), 치료를 동반하지 않는 단순포경(phimosis) 라. 〈삭제〉

(2) 질병 의료비	해외	4. 의치, 의수족, 의안, 안경, 콘택트렌즈, 보청기, 목발, 팔걸이(Arm Sling), 보조기 등 진료재료의 구입 및 대체비용. 다만, 인공장기 등 신체에 이식되어 그 기능을 대신하는 경우에는 보상합니다. 5. 아래에 열거된 국민건강보험 비급여 대상으로 신체의 필수 기능개선 목적이 아닌 외모개선 목적의 치료로 인하여 발생한 의료비 가. 쌍꺼풀수술(이중검수술. 다만, 안검하수, 안검내반 등을 치료하기 위한 시력개선 목적의 이중검수술은 보상합니다), 코성형수술(융비술), 유방확대(다만, 유방암 환자의 유방재건술은 보상합니다)·축소술, 지방흡입술, 주름살제거술 등 나. 사시교정, 안와격리증(양쪽 눈을 감싸고 있는 뼈와 뼈 사이의 거리가 넓은 증상)의 교정 등 시각계 수술로서 시력개선 목적이 아닌 외모개선 목적의 수술 다. 안경, 콘택트렌즈 등을 대체하기 위한 시력교정술(국민건강보험 요양급여 대상 수술방법 또는 치료재료가 사용되지 않은 부분은 시력교정술로 봅니다) 라. 외모개선 목적의 다리정맥류 수술 마. 그 밖에 외모개선 목적의 치료로 국민건강보험 비급여대상에 해당하는 치료 6. 진료와 무관한 각종 비용(TV시청료, 전화료, 각종 증명료 등을 말합니다), 의사의 임상적 소견과 관련이 없는 검사비용, 간병비 7. 사람면역결핍바이러스(HIV)감염으로 인한 치료비(다만, 「의료법」에서 정한 의료인의 진료상 또는 치료중 혈액에 의한 HIV감염은 해당진료기록을 통해 객관적으로 확인되는 경우는 제외합니다) 〈개정 2021.7.1.〉
	국내(급여)	① 붙임 5에 따라 적용합니다. 〈개정 2021.7.1.〉

제4조의2(특별약관에서 보상하는 사항) ① 제3조 및 제4조에도 불구하고 다음 각 호에 해당하는 국내 상해의료비 및 국내 질병의료비는 기본형 해외여행 실손의료보험에서 보상하지 않습니다. 〈신설 2017.3.22., 2021.7.1.〉

1. 비급여의료비
2. 제1호와 관련하여 자동차보험(공제를 포함합니다) 또는 산재보험에서 발생한 본인부담의료비

② 제1항 제1호 및 제2호에서 정한 의료비와 다른 의료비가 함께 청구되어 각 항목별 의료비가 구분되지 않는 경우 회사는 보험금 지급금액 결정을 위해 계약자, 피보험자 또는 보험수익자에게 각각의 의료비에 대한 확인을 요청할 수 있습니다. 〈신설 2017.3.22., 개정 2021.7.1.〉

제4관 보험금의 지급

제5조(보험가입금액 한도 등) ① 이 계약의 보험가입금액은 (1) 상해의료비 해외, (2) 질병의료비 해외의 경우 각각에 대하여 계약시 계약자가 선택한 금액, (1) 상해의료비 국내(급여), (2) 질병의료비 국내(급여)의 경우 연간 (1) 상해의료비 국내(급여)에 대하여 입원과 통원의 보상금액을 합산하여 5천만원 이내에서, (2) 질병의료비 국내(급여)에 대하여 입원과 통원의 보상금액을 합산하여 5천만원 이내에서 회사가 정한 금액 중 계약자가 선택한 금액을 말하며, 제3조(보장종목별 보상내용)에 의한 의료비를 이 금액 한도 내에서 보상합니다.

② 이 계약에서 '연간'이라 함은 계약일로부터 매 1년 단위로 도래하는 계약 해당일 전일까지의 기간을 말하며, 입원 또는 통원 치료시 해당일이 속한 보험연도의 보험가입금액 한도를 적용합니다.

③ (1) 상해의료비 국내(급여), (2) 질병의료비 국내(급여)의 경우 제1항 및 제2항에도 불구하고 「국민건강보험법」에 따른 본인부담금 상한제 또는 「의료급여법」에 따른 본인부담금 보상제 및 본인부담금 상한제 적용항목은 실제 본인이 부담한 금액(「국민건강보험법」 또는 「의료급여법」 등 관련 법령에서 사전 또는 사후 환급이 가능한 금액은 제외한 금액)을 한도로 제3조(보장종목별 보상내용) 및 제4조(보상하지 않는 사항)에 따라 보상합니다.

④ (1) 상해의료비 국내(급여) 및 (2) 질병의료비 국내(급여)는 제3조(보장종목별 보상내용)에서 정한 입원의 경우 보상금액을 제외한 나머지 금액['「국민건강보험법」에서 정한 요양급여 또는 「의료급여법」에서 정한 의료급여 중 본인부담금'(본인이 실제로 부담한 금액을 말합니다)의 20%에 해당하는 금액]이 계약일 또는 매년 계약 해당일부터 기산하여 연간 200만원을 초과하는 경우 그 초과금액은 제1항의 한도 내에서 보상합니다.

⑤ 제3조(보장종목별 보상내용)에서 정한 통원의 경우 (1) 상해의료비 국내(급여) 또는 (2) 질병의료비 국내(급여) 각각에 대하여 통원 1회당 20만원 이내에서 회사가 정한 금액 중 계약자가 선택한 금액의 한도 내에서 보상합니다.

⑥ 붙임 2 국내 의료기관 의료비 중 보상하는 상해의료비 제4항 또는 제5항, 붙임 3 국내 의료기관 의료비 중 보상하는 질병의료비 제3항 또는 제4항에 따른 계속 중인 입원 또는 통원의 보상한도는 연간 보험가입금액에서 직전 보험기간 종료일까지 지급한 금액을 차감한 잔여금액을 한도로 적용합니다.
〈본조신설 2021.7.1.〉

제5조의2(보험가입금액 한도 등에 대한 설명의무) ① 회사는 제18조(약관 교부 및 설명의무 등)에 따라 계약자가 청약할 때에 약관의 중요한 내용을 설명할 경우, 제5조(보험가입금액 한도 등)의 내용도 함께 설명하여 드립니다.

② 제1항에 따라 보험가입금액 한도 등을 설명할 때에, 회사는 계약자에게 붙임 4 국내의료기관 의료비 중 보상하지 않는 상해의료비 제3항, 붙임 5 국내의료기관 의료비 중 보상하지 않는 질병의료비 제3항 및 제5조(보험가입금액 한도 등) 제3항의 '본인부담금 상한제' 및 '본인부담금 보상제'에 대한 사항을 구체적으로 설명하여 드립니다. 〈본조신설 2021.7.1.〉

※ 「국민건강보험법」에 따른 본인부담금 상한제 : 요양급여비용 중 본인이 부담한 비용의 연간 총액이 일정 상한액(국민건강보험 지역가입자의 세대별 보험료 부담수준 또는 직장가입자의 개인별 보험료 부담수준에 따라 「국민건강보험법」 등 관련 법령에서 정한 금액(81만원 ~ 584만원))을 초과하는 경우 그 초과액을 국민건강보험공단이 부담하는 제도

※ 「의료급여법」에 따른 본인부담금 보상제 : 수급권자의 급여대상 본인부담금이 매 30일간 다음 금액을 초과하는 경우, 초과금액의 50%에 해당하는 금액을 의료급여기금 등이 부담하는 제도

1. 1종 수급권자 : 2만원
2. 2종 수급권자 : 20만원

※ 「의료급여법」에 따른 본인부담금 상한제 : 본인부담금 보상제에 따라 지급받은 금액을 차감한 급여대상 본인부담금이 다음 금액을 초과하는 경우, 그 초과액 전액을 의료급여기금 등이 부담하는 제도

1. 1종 수급권자 : 매 30일간 5만원
2. 2종 수급권자 : 연간 80만원(다만, 의료법 제3조 제2항 제3호 라목에 따른 요양병원에 연간 240일을 초과하여 입원한 경우에는 연간 120만원으로 한다)

다만, 관련 법령 등이 변경되는 경우 변경된 기준을 따릅니다(상기 예시금액은 2021년 5월 기준).

제6조(보험금 지급사유 발생의 통지) 계약자, 피보험자 또는 보험수익자는 제3조(보장종목별 보상내용)에서 정한 보험금 지급사유가 발생한 것을 알았을 때에는 지체 없이 그 사실을 회사에 알려야 합니다.
〈개정 2015.11.30.〉

제7조(보험금의 청구) ① 보험수익자는 다음의 서류를 제출하고 보험금을 청구하여야 합니다. 〈개정 2015.11.30.〉

1. 청구서(회사 양식)
2. 사고증명서[진료비계산서, 진료비세부내역서, 입원치료확인서, 의사처방전(처방조제비) 등]
3. 신분증(주민등록증이나 운전면허증 등 본인임을 확인할 수 있는 사진이 붙은 정부기관에서 발행한 신분증, 본인이 아닌 경우에는 본인의 인감증명서 또는 본인서명사실확인서 포함) 〈개정 2018.3.2.〉
4. 그 밖에 보험수익자가 보험금 수령에 필요하여 제출하는 서류

② 제1항 제2호의 사고증명서는 「의료법」 제3조(의료기관)에서 규정한 국내의 병원이나 의원 또는 국외의 의료 관련법에서 정한 의료기관에서 발급한 것이어야 합니다.

제8조(보험금의 지급절차) ① 회사는 제7조(보험금의 청구)에서 정한 서류를 접수한 때에는 접수증을 드리고 휴대전화 문자메시지 또는 전자우편 등으로도 송부하며, 그 서류를 접수한 날부터 3영업일 이내에 보험금을 지급합니다. 〈개정 2021.7.1.〉

② 제1항에도 불구하고 회사는 보험금 지급사유를 조사・확인하기 위하여 제1항의 지급기일 이내에 보험금을 지급하지 못할 것으로 명백히 예상되는 경우에는 그 구체적인 사유와 지급예정일 및 보험금 가지급제도(회사가 추정하는 보험금의 50% 이내의 금액을 지급하는 제도를 말합니다)에 대하여 피보험자 또는 보험수익자에게 즉시 통지하여 드립니다. 다만, 지급예정일은 다음 각 호의 어느 하나에 해당하는 경우를 제외하고는 제7조(보험금의 청구)에서 정한 서류를 접수한 날부터 30영업일 이내에서 정합니다. 〈개정 2015.11.30., 2021.7.1.〉

1. 소송제기
2. 분쟁조정 신청
3. 수사기관의 조사
4. 외국에서 발생한 보험사고에 대한 조사
5. 제5항에 따른 회사의 조사요청에 대한 동의 거부 등 계약자, 피보험자 또는 보험수익자에게 책임이 있는 사유로 보험금 지급사유의 조사와 확인이 지연되는 경우
6. 제7항에 따라 보험금 지급사유에 대해 제3자의 의견에 따르기로 한 경우

③ 제2항에 따라 추가적인 조사가 이루어지는 경우 회사는 보험수익자의 청구에 따라 회사가 추정하는 보험금의 50% 상당액을 가지급보험금으로 지급합니다. 〈신설 2014.12.26., 개정 2015.11.30.〉

④ 회사는 제1항에서 정한 지급기일 내에 보험금을 지급하지 않았을 때(제2항에서 정한 지급예정일을 통지한 경우를 포함합니다)에는 그 다음날로부터 지급일까지의 기간에 대하여 〈부표〉 '보험금을 지급할 때의 적립이율'에 따라 연단위 복리로 계산한 금액을 보험금에 더하여 지급합니다. 다만, 계약자, 피보험자 또는 보험수익자에게 책임이 있는 사유로 지급이 지연된 경우에는 그 기간에 대한 이자는 지급하지 않습니다.
〈개정 2014.12.26., 2015.11.30., 2015.12.29.〉

⑤ 계약자, 피보험자 또는 보험수익자는 제14조(알릴의무위반의 효과) 및 제2항의 보험금 지급사유 조사와 관련하여 의료기관 및 국민건강보험공단, 경찰서 등 관공서에 대한 회사의 서면에 의한 조사요청에 동의하여야 합니다. 다만, 정당한 사유 없이 이에 동의하지 않을 경우 회사는 사실확인이 끝날 때까지 보험금 지급지연에 따른 이자를 지급하지 않습니다. 〈개정 2014.12.26., 2015.11.30., 2021.7.1.〉

⑥ 회사는 제5항의 서면조사에 대한 동의 요청시 조사목적, 사용처 등을 명시하고 설명합니다. 〈신설 2014.12.26.〉

⑦ 보험수익자와 회사가 제3조(보장종목별 보상내용)의 보험금 지급사유에 대해 합의하지 못할 때는 보험수익자와 회사가 함께 제3자를 정하고 그 제3자의 의견에 따를 수 있습니다. 제3자는 「의료법」 제3조(의료기관)에 규정된 종합병원 소속 전문의 중에서 정하며, 보험금 지급사유 판정에 드는 의료비용은 회사가 전액 부담합니다. 〈개정 2014.12.26., 2015.11.30.〉

⑧ 회사는 계약자, 피보험자 또는 보험수익자에게 「국민건강보험법」에 따른 본인부담금 상한제, 「의료급여법」에 따른 본인부담금 상한제 및 보상제와 관련한 확인요청을 할 수 있습니다. 〈신설 2015.11.30.〉

⑨ 회사는 보험금 지급금액 결정을 위해 확인이 필요한 경우 계약자, 피보험자 또는 보험수익자에게 건강보험심사평가원의 진료비확인요청제도를 활용할 수 있도록 동의해 줄 것을 요청할 수 있으며, 진료비확인요청제도를 활용할 경우 회사는 이를 활용한 사례를 집적하고 먼저 유사 사례가 있는지를 확인하고 이용합니다. 〈신설 2015.11.30., 개정 2021.7.1.〉

⑩ 회사는 보험금 지급시 보험수익자에게 휴대전화 문자메시지, 전자우편 또는 이와 유사한 전자적 장치 등으로 다음 각 호의 사항을 안내하여 드리며, 보험수익자는 안내한 사항과 관련하여 구체적인 계산내역 등에 대하여 회사에 설명을 요청할 수 있습니다. 〈신설 2021.7.1.〉

1. 보험금 지급일 등 지급절차
2. 보험금 지급내역
3. 보험금 심사 지연시 지연사유 및 예상지급일
4. 보험금을 감액하여 지급하거나 지급하지 않는 경우에는 그 사유 등

제9조(보험금을 받는 방법의 변경) ① 계약자(보험금 지급사유 발생 후에는 보험수익자를 말합니다)는 회사의 사업방법서에서 정한 바에 따라 보험금의 전부 또는 일부에 대하여 나누어 지급받거나 일시에 지급받는 방법으로 변경할 수 있습니다. 〈개정 2015.11.30.〉

② 회사는 제1항에 따라 일시에 지급할 금액을 나누어 지급하는 경우에는 나중에 지급할 금액에 대하여 평균공시이율을 연단위 복리로 계산한 금액을 더하여 지급하며, 나누어 지급할 금액을 일시에 지급하는 경우에는 평균공시이율을 연단위 복리로 할인한 금액을 지급합니다. 〈개정 2015.11.30.〉

제10조(주소변경의 통지) ① 계약자(보험수익자가 계약자와 다른 경우 보험수익자를 포함합니다)는 주소 또는 연락처가 변경된 경우에는 지체 없이 그 변경내용을 회사에 알려야 합니다.

② 제1항에서 정한 대로 계약자 또는 보험수익자가 변경내용을 알리지 않은 경우에는 계약자 또는 보험수익자가 회사에 알린 최종 주소 또는 연락처로 등기우편 등 우편물에 대한 기록이 남는 방법을 통하여 회사가 알린 사항은 일반적으로 도달에 필요한 기간이 지난 때에 계약자 또는 보험수익자에게 도달된 것으로 봅니다. 〈개정 2015.11.30.〉

제11조(대표자의 지정) ① 계약자 또는 보험수익자가 2명 이상인 경우에는 각 대표자를 1명 지정하여야 하며, 그 대표자는 각각 다른 계약자 또는 보험수익자를 대리하는 것으로 합니다. 〈개정 2015.11.30.〉

② 지정된 계약자 또는 보험수익자의 소재가 확실하지 않은 경우에는 이 계약에 관하여 회사가 계약자 또는 보험수익자 1명에 대하여 한 행위는 각각 다른 계약자 또는 보험수익자에게도 효력이 미칩니다.

③ 계약자가 2명 이상인 경우에는 연대하여 그 책임을 집니다. 〈개정 2015.11.30.〉

제5관 계약자의 계약 전 알릴의무 등

제12조(계약 전 알릴의무) 계약자 또는 피보험자는 청약할 때(진단계약의 경우에는 건강진단을 할 때를 말합니다) 청약서에서 질문한 사항에 대하여 알고 있는 사실을 반드시 사실대로 알려야(상법에 따른 "고지의무"와 같으며, 이하 "계약 전 알릴의무"라 합니다) 합니다. 다만, 진단계약의 경우 「의료법」 제3조(의료기관)에 따른 종합병원이나 병원에서 직장 또는 개인이 실시한 건강진단서 사본 등 건강상태를 판단할 수 있는 자료로 건강진단을 대신할 수 있습니다. 〈개정 2015.11.30.〉

제13조(상해보험계약 후 알릴의무) ① 계약자 또는 피보험자는 보험기간 중에 피보험자에게 다음 각 호의 변경이 발생한 경우에는 우편, 전화, 방문 등의 방법으로 지체 없이 회사에 알려야 합니다. 〈개정 2018.3.2., 2021.7.1.〉

1. 보험증권 등에 기재된 직업 또는 직무의 변경
   가. 현재의 직업 또는 직무가 변경된 경우
   나. 직업이 없는 자가 취직한 경우
   다. 현재의 직업을 그만둔 경우

> [직업]
> 1) 생계유지 등을 위하여 일정한 기간 동안(예 : 6개월 이상) 계속하여 종사하는 일
> 2) 1)에 해당하지 않는 경우에는 개인의 사회적 신분에 따르는 위치나 자리를 말함
>   예) 학생, 미취학아동, 무직 등
>
> [직무]
> 직책이나 직업상 책임을 지고 담당하여 맡은 일

2. 보험증권 등에 기재된 피보험자의 운전 목적이 변경된 경우
   예) 자가용에서 영업용으로 변경, 영업용에서 자가용으로 변경 등
3. 보험증권 등에 기재된 피보험자의 운전여부가 변경된 경우
   예) 비운전자에서 운전자로 변경, 운전자에서 비운전자로 변경 등
4. 이륜자동차(자동차관리법상 이륜차로 분류되는 삼륜 또는 사륜의 자동차를 포함) 또는 원동기장치 자전거(전동킥보드, 전동이륜평행차, 전동기의 동력만으로 움직일 수 있는 자전거 등 개인형 이동장치를 포함)를 계속적으로 사용(직업, 직무 또는 동호회 활동과 출퇴근용도 등으로 주로 사용하는 경우에 한함)하게 된 경우(다만, 전동휠체어, 의료용 스쿠터 등 보행보조용 의자차는 제외합니다)

② 회사는 제1항의 통지로 인하여 위험의 변동이 발생한 경우에는 제20조(계약내용의 변경 등)에 따라 계약내용을 변경할 수 있습니다. 〈개정 2018.3.2., 2021.7.1.〉

[위험변경에 따른 계약변경 절차]

위험변경사항 통지(우편, 전화, 방문 등)

↓

계약자, 피보험자의 계약변경사항 확인 후 청약

↓

계약변경사항 인수 심사

↓

정산금액 처리(환급 또는 추가납입)

↓

계약변경 완료

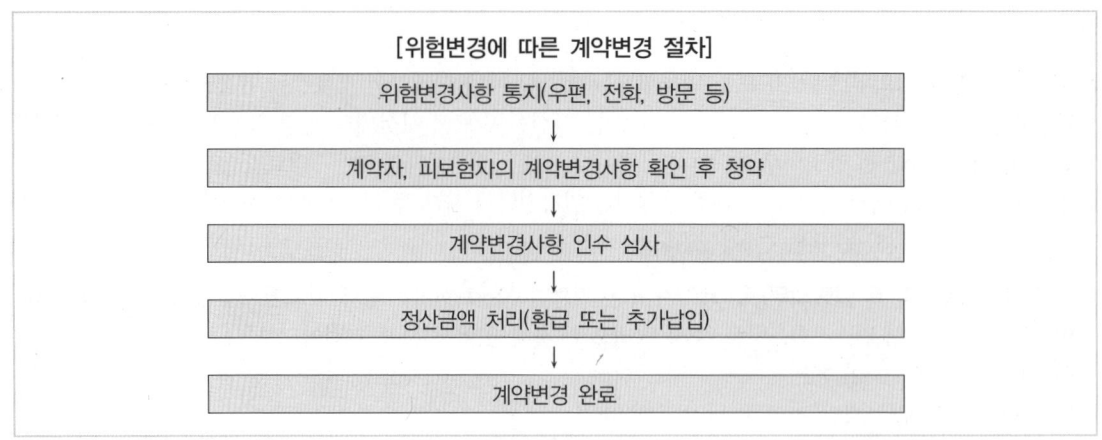

③ 회사는 제2항에 따라 계약내용을 변경할 때 위험이 감소된 경우에는 보험료를 감액하고, 이후 기간 보장을 위한 재원인 책임준비금 등의 차이로 인하여 발생한 정산금액(이하 "정산금액"이라 합니다)을 환급하여 드립니다. 한편 위험이 증가된 경우에는 보험료의 증액 및 정산금액의 추가납입을 요구할 수 있으며, 계약자는 이를 납입하여야 합니다. 〈신설 2018.3.2.〉

④ 제1항의 통지에 따라 위험의 증가로 보험료를 더 내야 할 경우 회사가 청구한 추가보험료(정산금액을 포함합니다)를 계약자가 납입하지 않았을 때, 회사는 위험이 증가되기 전에 적용된 보험요율(이하 "변경 전 요율"이라 합니다)의 위험이 증가된 후에 적용해야 할 보험요율(이하 "변경 후 요율"이라 합니다)에 대한 비율에 따라 보험금을 삭감하여 지급합니다. 다만, 증가된 위험과 관계없이 발생한 보험금 지급사유에 관해서는 원래대로 지급합니다. 〈개정 2018.3.2.〉

⑤ 계약자 또는 피보험자가 고의 또는 중대한 과실로 제1항 각 호의 변경사실을 회사에 알리지 않았을 경우 변경후 요율이 변경전 요율보다 높을 때에는 회사는 그 변경사실을 안 날부터 1개월 이내에 계약자 또는 피보험자에게 제4항에 따라 보장됨을 통보하고 이에 따라 보험금을 지급합니다. 〈개정 2018.3.2.〉

제14조(알릴의무위반의 효과) ① 회사는 다음과 같은 사실이 있을 경우에는 보험금 지급사유의 발생 여부에 관계없이 그 사실을 안 날부터 1개월 이내에 이 계약을 해지할 수 있습니다. 〈개정 2015.11.30., 2021.7.1.〉

1. 계약자나 피보험자가 고의 또는 중대한 과실로 제12조(계약 전 알릴의무)를 위반하고 그 알릴의무가 있는 사항이 중요한 사항에 해당하는 경우
2. 계약자나 피보험자가 고의 또는 중대한 과실로 뚜렷한 위험의 증가와 관련된 제13조(상해보험계약 후 알릴의무) 제1항에서 정한 계약 후 알릴의무를 이행하지 않았을 때

② 제1항 제1호의 경우라도 다음의 어느 하나에 해당하는 경우에는 회사는 계약을 해지할 수 없습니다. 〈개정 2015.11.30.〉

1. 회사가 계약 당시에 그 사실을 알았거나 과실로 인하여 알지 못하였을 때
2. 회사가 그 사실을 안 날부터 1개월 이상 지났거나 또는 제1회 보험료를 받은 날부터 보험금 지급사유가 발생하지 않고 2년(진단계약의 경우 질병에 대해서는 1년)이 지났을 때
3. 계약 체결일부터 3년이 지났을 때
4. 이 계약을 청약할 때 회사가 피보험자의 건강상태를 판단할 수 있는 기초자료(건강진단서 사본 등을 말합니다)에 따라 승낙한 경우에 건강진단서 사본 등에 명기되어 있는 사항으로 보험금 지급사유가 발생하였을 때. 다만, 계약자 또는 피보험자가 회사에 제출한 기초자료의 내용 중 중요사항을 고의로 사실과 다르게 작성한 때에는 계약을 해지할 수 있습니다.

5. 보험설계사 등이 다음의 어느 하나에 해당하는 행위를 하였을 때. 다만, 보험설계사 등이 다음의 행위를 하지 않았더라도 계약자 또는 피보험자가 사실대로 고지하지 않거나 부실하게 고지했다고 인정되는 경우에는 계약을 해지할 수 있습니다.
  가. 계약자 또는 피보험자에게 고지할 기회를 주지 않았을 때
  나. 계약자 또는 피보험자가 사실대로 고지하는 것을 방해하였을 때
  다. 계약자 또는 피보험자에게 사실대로 고지하지 않게 하였거나 부실하게 고지하도록 권유했을 때

③ 제1항에 따른 계약의 해지가 보험금 지급사유 발생 전에 이루어진 경우, 이로 인하여 회사가 환급하여야 할 보험료가 있을 경우에는 회사는 제32조(보험료의 환급) 제1항에 따라 이를 계약자에게 지급합니다. 〈개정 2015.11.30., 2021.7.1.〉

④ 제1항 제1호에 따른 계약의 해지가 보험금 지급사유가 발생한 후에 이루어진 경우에 회사는 보험금을 지급하지 않습니다. 이 경우 회사는 계약자에게 계약 전 알릴의무위반 사실(계약해지 등의 원인이 되는 위반 사실을 구체적으로 명시)과 계약 전 알릴의무 사항이 중요한 사항에 해당되는 사유를 "반대증거가 있는 경우 이의를 제기할 수 있습니다"라는 문구와 함께 서면 또는 전자문서 등으로 알려드립니다. 회사가 전자문서로 안내하고자 할 경우에는 계약자에게 서면 또는 「전자서명법」 제2조 제2호에 따른 전자서명으로 동의를 얻어 수신확인을 조건으로 전자문서를 송신하여야 합니다. 계약자의 전자문서 수신이 확인되기 전까지는 그 전자문서는 송신되지 않은 것으로 봅니다. 회사는 전자문서가 수신되지 않은 것을 확인한 경우에는 서면(등기우편 등)으로 다시 알려드립니다. 또한 이 경우 계약 해지로 인하여 회사가 환급하여야 할 보험료가 있을 경우에는 제32조(보험료의 환급) 제1항에 따라 이를 계약자에게 지급합니다. 〈개정 2020.7.31., 2021.7.1., 2024.3.27.〉

⑤ 제1항 제2호에 따른 계약의 해지가 보험금 지급사유 발생 후에 이루어진 경우에는 회사는 제13조(상해보험계약 후 알릴의무) 제4항 또는 제5항에 따라 보험금을 지급합니다. 〈개정 2018.3.2., 2021.7.1.〉

⑥ 제1항에도 불구하고 알릴의무를 위반한 사실이 보험금 지급사유가 발생하는 데에 영향을 미쳤음을 회사가 증명하지 못한 경우에는 제4항 및 제5항에도 불구하고 해당 보험금을 지급합니다. 〈개정 2015.11.30., 2018.11.6.〉

⑦ 회사는 다른 보험가입내역에 대한 계약 전 알릴의무위반을 이유로 계약을 해지하거나 보험금 지급을 거절하지 않습니다. 〈개정 2015.11.30.〉

제15조(사기에 의한 계약) 계약자 또는 피보험자가 대리진단이나 약물사용을 통하여 진단절차를 통과하거나, 진단서를 위조 또는 변조하거나, 청약일 이전에 암 또는 사람면역결핍바이러스(HIV) 감염의 진단 확정을 받은 후 이를 숨기고 가입하는 등 사기에 의하여 계약이 성립되었음을 회사가 증명하는 경우에는 회사는 계약일부터 5년 이내(사기사실을 안 날부터 1개월 이내)에 계약을 취소할 수 있습니다. 〈개정 2015.11.30., 2021.7.1.〉

제6관 보험계약의 성립과 유지

제16조(보험계약의 성립) ① 계약은 계약자의 청약과 회사의 승낙으로 이루어집니다.

② 회사는 피보험자가 계약에 적합하지 않은 경우에는 승낙을 거절하거나 별도의 조건(보험가입금액 제한, 일부보장 제외, 보험금 삭감, 보험료 할증 등을 말합니다)을 붙여 승낙할 수 있습니다. 〈개정 2015.11.30.〉

③ 회사는 계약의 청약을 받고, 제1회 보험료를 받은 경우에 건강진단을 받지 않는 계약은 청약일, 진단계약은 진단일(재진단의 경우에는 최종 진단일을 말합니다)부터 30일 이내에 승낙하거나 거절하여야 하며, 승낙한 경우에는 보험증권을 드립니다. 이 경우 30일 이내에 회사가 승낙 또는 거절의 통지를 하지 않으면 승낙한 것으로 봅니다. 〈개정 2015.11.30.〉

④ 회사가 제1회 보험료를 받고 승낙을 거절한 경우에는 거절통지와 함께 받은 금액을 돌려드리며, 보험료를 받은 기간에 대하여 '보험개발원이 공시하는 정기예금이율'에 1%를 더한 이율을 연단위 복리로 계산한 금액을 더하여 지급합니다. 다만, 제1회 보험료를 신용카드로 납입한 계약의 승낙을 거절하는 경우 회사는 신용카드의 매출을 취소하며 이자를 더하여 지급하지 않습니다. 〈개정 2015.11.30.〉

⑤ 회사가 제2항에 따라 일부보장 제외 조건을 붙여 승낙하였더라도 청약일로부터 5년(갱신형 계약의 경우에는 최초 청약일로부터 5년)이 지나는 동안 보장이 제외되는 질병으로 추가 진단(단순 건강검진 제외) 또는 치료 사실이 없을 경우, 청약일로부터 5년이 지난 이후에는 이 약관에 따라 보장합니다. 〈신설 2018.7.10.〉

⑥ 제5항의 '청약일로부터 5년이 지나는 동안'이라 함은 이 약관 제26조(보험료의 납입이 연체되는 경우 납입최고(독촉)와 계약의 해지)에서 정한 계약의 해지가 발생하지 않은 경우를 말합니다.
〈신설 2018.7.10., 개정 2021.7.1.〉

⑦ 이 약관 제27조(보험료의 납입연체로 인한 해지계약의 부활(효력회복))에서 정한 계약의 부활이 이루어진 경우 부활을 청약한 날을 제5항의 청약일로 하여 적용합니다. 〈신설 2018.7.10., 개정 2021.7.1.〉

제17조(청약의 철회) ① 계약자는 보험증권을 받은 날부터 15일 이내에 그 청약을 철회할 수 있습니다. 다만, 다음 각 호의 어느 하나에 해당하는 계약은 철회할 수 없습니다. 〈개정 2014.12.26., 2015.11.30., 2021.7.1.〉

1. 회사가 건강상태 진단을 지원하는 계약
2. 보험기간이 90일 이내인 계약
3. 전문금융소비자가 체결한 계약

> **【전문금융소비자】** 보험계약에 관한 전문성, 자산규모 등에 비추어 보험계약에 따른 위험감수능력이 있는 자로서, 국가, 지방자치단체, 한국은행, 금융회사, 주권상장법인 등을 포함하며 「금융소비자 보호에 관한 법률」 제2조(정의) 제9호에서 정하는 전문금융소비자를 말합니다.
> **【일반금융소비자】** 전문금융소비자가 아닌 계약자를 말합니다. 〈개정 2021.7.1.〉

② 제1항에도 불구하고 청약한 날부터 30일이 지나면 청약을 철회할 수 없습니다. 〈신설 2014.12.26., 개정 2015.11.30.〉

③ 청약 철회는 계약자가 전화로 신청하거나, 철회의사를 표시하기 위한 서면, 전자우편, 휴대전화 문자메시지 또는 이에 준하는 전자적 의사표시(이하 '서면 등'이라 합니다)를 발송한 때 효력이 발생합니다. 계약자는 서면 등을 발송한 때에 그 발송 사실을 회사에 지체 없이 알려야 합니다. 〈신설 2014.12.26., 개정 2015.11.30., 2021.7.1.〉

④ 계약자가 청약을 철회하였을 때에는 회사는 청약의 철회를 접수한 날부터 3일 이내에 납입한 보험료를 계약자에게 돌려드리며, 보험료 반환이 늦어진 기간에 대해서는 '보험개발원이 공시하는 정기예금이율'을 연단위 복리로 계산한 금액을 더하여 지급합니다. 다만, 계약자가 제1회 보험료를 신용카드로 납입한 계약의 청약을 철회하는 경우에 회사는 신용카드의 매출을 취소하며 이자를 더하여 지급하지 않습니다.
〈개정 2014.12.26., 2015.11.30.〉

⑤ 청약을 철회할 때에 이미 보험금 지급사유가 발생하였으나 계약자가 그 보험금 지급사유가 발생한 사실을 알지 못한 경우에는 청약철회의 효력이 발생하지 않습니다. 〈개정 2014.12.26., 2015.11.30.〉

⑥ 제1항에서 보험증권을 받은 날에 대한 다툼이 발생한 경우 회사가 이를 증명하여야 합니다.
〈개정 2014.12.26.〉

제18조(약관 교부 및 설명의무 등) ① 회사는 계약자가 청약할 때에 계약자에게 약관의 중요한 내용을 설명하여야 하며, 청약 후에 다음 각 호의 방법 중 계약자가 원하는 방법을 확인하여 지체 없이 약관 및 계약자 보관용 청약서를 제공하여 드립니다. 만약, 회사가 전자우편 및 전자적 의사표시로 제공한 경우 계약자 또는 그 대리인이 약관 및 계약자 보관용 청약서 등을 수신하였을 때에는 해당 문서를 드린 것으로 봅니다. 〈개정 2021.7.1.〉.

1. 서면교부
2. 우편 또는 전자우편
3. 휴대전화 문자메시지 또는 이에 준하는 전자적 의사표시

② 제1항과 관련하여 통신판매계약의 경우, 회사는 계약자가 가입한 특약만 포함한 약관을 드리며, 전화를 이용하여 체결하는 계약은 계약자의 동의를 얻어 다음의 방법으로 약관의 중요한 내용을 설명할 수 있습니다. 〈신설 2020.10.16., 개정 2021.7.1., 2024.3.27.〉

【통신판매계약】 전화 · 우편 · 인터넷 등 통신수단을 이용하여 체결하는 계약을 말합니다.

1. 전화를 이용하여 청약내용, 보험료 납입, 보험기간, 계약 전 알릴의무, 약관의 중요한 내용 등 계약을 체결하는데 필요한 사항을 질문하거나 설명하는 방법. 이 경우 계약자의 답변과 확인내용을 음성 녹음함으로써 약관의 중요한 내용을 설명한 것으로 봅니다.

③ 다음의 어느 하나의 경우 계약자는 계약이 성립한 날부터 3개월 이내에 계약을 취소할 수 있습니다. 〈개정 2015.11.30., 2021.7.1.〉

1. 회사가 제1항에 따라 제공하여야 할 약관 및 계약자 보관용 청약서를 계약자가 청약할 때 계약자에게 전달하지 않았거나 약관의 중요한 내용을 설명하지 않은 경우
2. 계약을 체결할 때 계약자가 청약서에 자필서명을 하지 않은 경우(도장을 찍는 날인과 「전자서명법」 제2조 제2호에 따른 전자서명을 포함합니다)

④ 제3항에도 불구하고 전화를 이용하여 계약을 체결하는 경우에 다음의 어느 하나에 해당할 때에는 자필서명을 생략할 수 있으며, 제2항에 따른 음성녹음 내용을 문서화한 확인서를 계약자에게 드림으로써 계약자 보관용 청약서를 전달한 것으로 봅니다. 〈개정 2015.11.30., 2021.7.1.〉

1. 계약자, 피보험자 및 보험수익자가 동일한 계약의 경우
2. 계약자, 피보험자가 동일하고 보험수익자가 계약자의 법정상속인인 계약의 경우

⑤ 제3항에 따라 계약이 취소된 경우 회사는 계약자에게 이미 납입한 보험료를 돌려드리며, 보험료를 받은 기간에 대하여 '보험개발원이 공시하는 정기예금이율'을 연단위 복리로 계산한 금액을 더하여 지급합니다. 〈개정 2015.11.30., 2021.7.1.〉

⑥ 회사는 관계법규에 따라 피보험자가 될 사람이 다른 실손의료보험계약을 체결하고 있는지를 확인하고, 그 결과 피보험자가 될 사람이 다른 실손의료보험계약의 피보험자로 되어 있는 경우에는 보상방식 등을 구체적으로 설명하여 드립니다. 〈개정 2015.11.30.〉

제19조(계약의 무효) ① 계약을 체결할 때 계약에서 정한 피보험자의 나이에 미달되거나 초과되었을 경우에는 계약을 무효로 하며, 이미 납입한 보험료를 돌려드립니다. 다만, 회사가 나이의 착오를 발견하였을 때 이미 계약나이에 도달한 경우에는 해당 계약은 유효한 계약으로 보며, 이미 납입한 보험료는 돌려드리지 않습니다. 〈개정 2015.11.30.〉

② 회사의 고의 또는 과실로 계약이 무효로 된 경우 및 회사가 승낙 전에 무효임을 알았거나 알 수 있었음에도 보험료를 반환하지 않은 경우에는 보험료를 납입한 날의 다음날부터 반환일까지의 기간에 대하여 회사는 '보험개발원이 공시하는 정기예금이율'을 연단위 복리로 계산한 금액을 더하여 돌려드립니다. 〈개정 2015.11.30.〉

제20조(계약내용의 변경 등) ① 계약자는 회사의 승낙을 받아 다음의 사항을 변경할 수 있습니다. 이 경우 회사는 승낙사실을 서면 등으로 알리거나 보험증권의 뒷면에 적어 드립니다. 〈개정 2015.11.30.〉

1. 보험종목 또는 보장종목
2. 보험기간
3. 보험료 납입주기, 납입방법 및 납입기간
4. 계약자, 보험가입금액 등 그 밖의 계약내용

② 계약자가 제1회 보험료를 납입한 날부터 1년 이상 지난 유효한 계약으로서 그 보험종목의 변경을 요청할 경우 회사는 회사의 사업방법서에서 정하는 방법에 따라 보험종목을 변경하여 드립니다. 〈개정 2015.11.30.〉

③ 계약자가 제1항 제4호에 따라 보험가입금액을 감액하려는 경우 회사는 그 감액된 부분은 계약이 해지된 것으로 보며, 이로 인하여 회사가 지급하여야 할 해약환급금이 있을 때에는 제32조(보험료의 환급) 제1항에 따라 이를 계약자에게 지급합니다. 〈개정 2015.11.30., 2021.7.1.〉

④ 계약자는 회사의 승낙 없이 보험수익자를 변경할 수 있습니다. 다만, 변경된 보험수익자가 회사에 권리자로서 대항하기 위해서는 계약자가 보험수익자가 변경되었음을 회사에 통지하여야 합니다. 〈개정 2015.11.30.〉

⑤ 계약자가 제4항에 따라 보험수익자를 변경하고자 할 경우에는 보험금의 지급사유가 발생하기 전에 피보험자가 서면으로 동의하여야 합니다.

⑥ 제1항에 따라 계약자가 변경된 경우 회사는 변경된 계약자에게 보험증권 및 약관을 드리고, 변경된 계약자가 요청하는 경우 약관의 중요한 내용을 설명하여 드립니다. 〈개정 2015.11.30.〉

제21조(보험나이 등) ① 이 약관에서 피보험자의 나이는 보험나이를 기준으로 합니다. 〈개정 2015.11.30.〉

② 제1항의 보험나이는 계약일 현재 피보험자의 실제 만 나이를 기준으로 6개월 미만의 끝수는 버리고 6개월 이상의 끝수는 1년으로 하여 계산하며, 이후 매년 계약 해당일에 나이가 증가하는 것으로 합니다.

③ 피보험자의 나이 또는 성별에 관한 기재사항이 사실과 다른 경우에는 정정된 나이 또는 성별에 해당하는 보험금 및 보험료로 변경합니다.

【보험나이 계산 예시】
생년월일 : 1988년 10월 2일, 현재(계약일) : 2014년 4월 13일
⇒ 2014년 4월 13일 − 1988년 10월 2일 = 25년 6월 11일 = 26세

제22조(계약의 소멸) 피보험자가 사망하여 이 약관에서 규정하는 보험금 지급사유가 더 이상 발생할 수 없는 경우에는 이 계약은 그 때부터 효력이 없습니다. 〈개정 2015.11.30.〉

제23조(재가입) ① 계약이 다음 각 호의 조건을 충족하고 계약자가 제4항에 따라 재가입의사를 표시한 때에는 이 약관의 제16조(보험계약의 성립) 및 제18조(약관 교부 및 설명의무 등)를 준용하여 회사가 정한 절차에 따라 계약자는 기존 계약에 이어 재가입할 수 있으며, 이 경우 회사는 기존계약의 가입 이후 발생한 상해 또는 질병을 사유로 가입을 거절할 수 없습니다. 〈신설 2021.7.1.〉

1. 재가입일에 있어서 피보험자의 나이가 회사가 최초 가입 당시 정한 재가입 나이의 범위 내일 것
2. 재가입 전 계약의 보험료가 정상적으로 납입완료 되었을 것

② 이 계약의 자동갱신종료 후 계약자가 재가입을 원하는 경우 계약자는 재가입 시점에서 회사가 판매하는 실손의료보험 상품으로 가입을 할 수 있으며, 회사는 이를 거절할 수 없습니다.

③ 회사는 계약자에게 보장내용 변경주기가 끝나는 날 이전까지 2회 이상 재가입 요건, 보장내용 변경내역, 보험료 수준, 재가입 절차 및 재가입 의사 여부를 확인하는 내용 등을 서면(등기우편 등), 전화(음성녹음), 전자문서, 휴대전화 문자메시지 또는 이에 준하는 전자적 의사표시 등으로 알려드리고, 회사는 계약자의 재가입의사를 전화(음성녹음), 직접 방문 또는 전자적 의사표시, 통신판매계약의 경우 통신수단을 통해 확인합니다. 〈신설 2021.7.1.〉

④ 계약자는 제3항에 따른 재가입 안내와 재가입 여부 확인 요청을 받은 경우 재가입 의사를 표시하여야 합니다. 〈신설 2021.7.1.〉

⑤ 제3항 및 제4항에도 불구하고, 회사가 계약자의 재가입 의사를 확인하지 못한 경우(계약자와의 연락두절로 회사의 안내가 계약자에게 도달하지 못한 경우 포함)에는 직전 계약과 동일한 조건으로 보험계약을 연장합니다. 〈신설 2021.7.1.〉

⑥ 제5항에 따라 직전 계약과 동일한 조건으로 자동 연장된 경우 계약자는 그 연장된 날로부터 90일 이내에 그 계약을 취소할 수 있으며, 회사는 연장된 날 이후 계약자가 납입한 보험료 전액을 환급합니다. 〈신설 2021.7.1.〉

⑦ 제5항에 따라 직전 계약과 동일한 조건으로 자동 연장된 경우 보험계약의 연장일은 회사가 계약자의 재가입 의사를 확인한 날(계약자 등이 회사에 보험금을 청구함으로써 계약자에게 연락이 닿아 회사가 계약자의 재가입 의사를 확인한 날 등)까지로 합니다. 계약자의 재가입 의사가 확인된 경우에는 제1항에서 정한 절차에 따라 회사가 재가입 의사를 확인한 날에 판매 중인 상품으로 다시 재가입하는 것으로 하며, 기존 계약은 해지됩니다. 다만, 계약자가 재가입을 원하지 않는 경우에는 해당 시점으로부터 계약은 해지됩니다. 〈신설 2021.7.1.〉

⑧ 제5항에 따라 직전 계약과 동일한 조건으로 자동 연장된 경우 계약자는 회사에 재가입 의사를 표시할 수 있습니다. 회사는 계약자의 재가입 의사가 확인되었을 때에는 제1항에서 정한 절차에 따라 회사가 재가입 의사를 확인한 날에 판매 중인 상품으로 재가입하는 것으로 하며, 기존 계약은 해지됩니다. 〈신설 2021.7.1.〉

⑨ 제7항 또는 제8항에 따라 계약이 해지된 경우 회사는 제32조(보험료의 환급) 제1항에 따른 해약환급금을 계약자에게 지급합니다. 〈신설 2021.7.1.〉

제7관 보험료의 납입

제24조(제1회 보험료 및 회사의 보장개시) ① 회사는 계약의 청약을 승낙하고 계약자로부터 제1회 보험료를 받은 때부터 이 약관에서 정한 바에 따라 보장을 합니다. 또한, 회사가 청약과 함께 제1회 보험료를 받은 후 승낙한 경우에도 제1회 보험료를 받은 때부터 보장이 개시됩니다. 다만, 계약자가 제1회 보험료를 자동이체 또는 신용카드로 납입하는 경우에는 자동이체 신청 및 신용카드매출 승인에 필요한 정보를 제공한 때를 제1회 보험료를 받은 때로 하며, 계약자에게 책임이 있는 사유로 자동이체 또는 매출승인이 불가능한 경우에는 보험료가 납입되지 않은 것으로 봅니다. 〈개정 2015.11.30.〉

② 회사가 청약과 함께 제1회 보험료를 받고 청약을 승낙하기 전에 보험금 지급사유가 발생하였을 때에도 보장개시일부터 이 약관에서 정하는 바에 따라 보장을 합니다. 〈개정 2015.11.30.〉

> 【보장개시일】 회사가 보장을 개시하는 날로서 계약이 성립되고 제1회 보험료를 받은 날을 말하나, 회사가 승낙하기 전이라도 청약과 함께 제1회 보험료를 받은 경우에는 제1회 보험료를 받은 날을 말합니다. 또한, 보장개시일을 계약일로 봅니다.

③ 회사는 제2항에도 불구하고 다음의 어느 하나에 해당하는 경우에는 보장을 하지 않습니다. 〈개정 2015.11.30., 2021.7.1.〉

1. 제12조(계약 전 알릴의무)에 따라 계약자 또는 피보험자가 회사에 알린 내용 또는 건강진단 내용이 보험금 지급사유의 발생에 영향을 미쳤음을 회사가 증명하는 경우
2. 제14조(알릴의무위반의 효과)를 준용하여 회사가 보장을 하지 않을 수 있는 경우
3. 진단계약에서 보험금 지급사유 발생시까지 피보험자가 진단을 받지 않은 경우. 다만, 진단계약에서 진단을 받지 않은 경우라도 상해로 보험금 지급사유가 발생한 경우에는 보장을 해드립니다.

④ 계약이 갱신되는 경우에는 제1항부터 제3항까지의 규정에 따른 보장은 기존 계약에 의한 보장이 종료하는 때부터 적용합니다. 〈개정 2015.11.30.〉

제25조(제2회 이후 보험료의 납입) 계약자는 제2회부터의 보험료를 납입기일까지 납입하여야 하며, 계약자가 보험료를 납입한 경우 회사는 영수증을 발행하여 드립니다. 다만, 금융회사(우체국을 포함합니다)를 통하여 보험료를 납입한 경우에는 그 금융회사가 발행한 증명서류를 영수증으로 대신합니다. 〈개정 2015.11.30.〉

> 【납입기일】 계약자가 제2회부터의 보험료를 납입하기로 한 날을 말합니다.

제26조[보험료의 납입이 연체되는 경우 납입최고(독촉)와 계약의 해지] ① 계약자가 제2회부터의 보험료를 납입기일까지 납입하지 않아 보험료 납입이 연체 중인 경우 회사는 14일(보험기간이 1년 미만인 경우에는 7일) 이상의 기간을 납입최고(독촉)기간[납입최고기간의 마지막 날이 영업일이 아닐 때에는 최고(독촉)기간은 그 다음 날까지로 합니다]으로 정하여 다음 사항에 대하여 서면(등기우편 등), 전화(음성녹음) 또는 전자문서 등으로 알려드립니다. 다만, 계약이 해지되기 전에 발생한 보험금 지급사유에 대하여 회사는 보상합니다. 〈개정 2015.11.30.〉

1. 계약자(보험수익자와 계약자가 다른 경우 보험수익자를 포함합니다)에게 납입최고(독촉)기간 내에 연체보험료를 납입하여야 한다는 내용
2. 납입최고(독촉)기간이 끝나는 날까지 보험료를 납입하지 않을 경우 납입최고(독촉)기간이 끝나는 날의 다음 날에 계약이 해지된다는 내용. 이 경우 계약이 해지되면 즉시 해약환급금에서 보험계약대출원금과 이자가 차감된다는 내용을 포함합니다.

② 회사가 제1항에 따른 납입최고(독촉) 등을 전자문서로 안내하려는 경우에는 계약자에게 서면 또는 「전자서명법」 제2조 제2호에 따른 전자서명으로 동의를 받아 수신확인을 조건으로 전자문서를 송신하여야 하며, 계약자가 전자문서에 대하여 수신을 확인하기 전까지는 그 전자문서는 송신되지 않은 것으로 봅니다. 〈개정 2015.11.30., 2021.7.1.〉

③ 회사는 제2항에 따른 확인 결과 전자문서가 수신되지 않은 것을 알았을 때에는 제1항에서 정한 내용을 서면(등기우편 등) 또는 전화(음성녹음)로 다시 알려드립니다. 〈개정 2015.11.30.〉

④ 회사가 제1항에 따라 계약이 해지된 경우에는 이로 인하여 회사가 환급하여야 할 보험료가 있을 경우에는 제32조(보험료의 환급) 제1항에 따라 이를 계약자에게 지급합니다. 〈개정 2015.11.30., 2021.7.1.〉

제27조[보험료의 납입연체로 인한 해지계약의 부활(효력회복)] ① 제26조[보험료의 납입이 연체되는 경우 납입최고(독촉)와 계약의 해지]에 따라 계약이 해지되었으나 계약자가 해약환급금을 받지 않은 경우(보험계약대출 등에 따라 해약환급금이 차감되었으나 받지 않은 경우 또는 해약환급금이 없는 경우를 포함합니다) 계약자는 해지된 날부터 3년 이내에 회사가 정한 절차에 따라 계약의 부활(효력회복)을 청약할 수 있습니다. 회사가 부활(효력회복)을 승낙한 경우에는 계약자는 부활(효력회복)을 청약한 날까지의 연체된 보험료에 '보험개발원이 공시하는 정기예금이율'에 1%를 더한 이율의 범위 내에서 각 상품별로 회사가 정하는 이율로 계산한 금액을 더하여 납입하여야 합니다. 다만 금리연동형보험은 각 상품별 사업방법서에서 별도로 정한 이율로 계산합니다. 〈개정 2015.11.30., 2021.7.1.〉

② 제1항에 따라 해지계약을 부활(효력회복)하는 경우에는 제12조(계약 전 알릴의무), 제14조(알릴의무위반의 효과), 제15조(사기에 의한 계약), 제16조(보험계약의 성립) 및 제24조(제1회 보험료 및 회사의 보장개시)를 준용합니다. 이 때 회사는 해지 전 발생한 보험금 지급사유를 이유로 부활(효력회복)을 거절하지 않습니다. 〈개정 2021.7.1., 2023.6.26.〉

③ 제1항에서 정한 계약의 부활이 이루어진 경우라도 계약자 또는 피보험자가 최초 계약 청약시(2회 이상 부활이 이루어진 경우 종전 모든 부활 청약 포함) 제12조(계약 전 알릴의무)를 위반한 경우에는 제14조(알릴의무위반의 효과)가 적용됩니다. 〈신설 2023.6.26.〉

제28조[강제집행 등으로 인한 해지계약의 특별부활(효력회복)] ① 회사는 계약자의 해약환급금 청구권에 대한 강제집행, 담보권실행, 국세 및 지방세 체납처분절차에 따라 계약이 해지된 경우 해지 당시의 보험수익자가 계약자의 동의를 받아 계약 해지로 회사가 채권자에게 지급한 금액을 회사에 지급하고 제19조(계약내용의 변경 등) 제1항의 절차에 따라 계약자 명의를 보험수익자로 변경하여 계약의 특별부활(효력회복)을 청약할 수 있음을 보험수익자에게 통지하여야 합니다. 〈개정 2015.11.30.〉

② 회사는 보험수익자가 제1항에 따른 계약자 명의변경 신청 및 계약의 특별부활(효력회복) 청약을 한 경우 이를 승낙하며, 계약은 청약한 때부터 특별부활(효력회복) 됩니다. 〈개정 2015.11.30., 2021.7.1.〉

③ 회사는 제1항의 통지를 지정된 보험수익자에게 하여야 합니다. 다만, 법정상속인이 보험수익자로 지정된 경우 회사는 제1항의 통지를 계약자에게 할 수 있습니다. 〈개정 2015.11.30.〉

④ 회사는 제1항의 통지를 계약이 해지된 날부터 7일 이내에 하여야 합니다. 다만, 회사의 통지가 7일이 지나 보험수익자에게 도달하고 이후 그 보험수익자가 제1항에 따른 계약자 명의변경 신청 및 계약의 특별부활(효력회복)을 청약한 경우에는 계약이 해지된 날부터 7일이 되는 날에 특별부활(효력회복) 됩니다. 〈개정 2015.11.30.〉

⑤ 보험수익자는 통지를 받은 날(제3항에 따라 계약자에게 통지된 경우에는 계약자가 통지를 받은 날을 말합니다)부터 15일 이내에 제1항의 절차를 이행할 수 있습니다. 〈개정 2015.11.30.〉

제8관 계약의 해지 및 해약환급금 등

제29조(계약자의 임의해지) ① 계약자는 계약이 소멸하기 전에 언제든지 계약을 해지할 수 있으며, 계약이 해지된 경우 회사가 환급하여야 할 보험료가 있을 경우에는 제32조(보험료의 환급)에 따라 이를 계약자에게 지급합니다. 〈개정 2015.11.30., 2021.7.1.〉

② 보험금 지급사유 발생으로 회사가 보험금을 지급한 때에도 보험가입금액이 감액되지 않은 경우에는 계약자는 그 보험금 지급사유 발생 후에도 계약을 해지할 수 있습니다.

제29조의2(위법계약의 해지) ① 계약자는 「금융소비자 보호에 관한 법률」 제47조 및 관련규정이 정하는 바에 따라 계약 체결에 대한 회사의 법위반 사항이 있는 경우 계약 체결일부터 5년 이내의 범위에서 계약자가 위반사항을 안 날부터 1년 이내에 계약해지요구서에 증빙서류를 첨부하여 위법계약의 해지를 요구할 수 있습니다.

② 회사는 해지요구를 받은 날부터 10일 이내에 수락 여부를 계약자에 통지하여야 하며, 거절할 때에는 거절사유를 함께 통지하여야 합니다.

③ 계약자는 회사가 「금융소비자 보호에 관한 법률 시행령」 제38조 제4항의 각 호에서 정하는 정당한 사유 없이 제1항의 요구를 따르지 않는 경우 해당 계약을 해지할 수 있습니다.

④ 제1항 및 제3항에 따라 계약이 해지된 경우 회사는 제32조(보험료의 환급) 제3항에 따른 해약환급금을 계약자에게 지급합니다.

⑤ 계약자는 제1항에 따른 제척기간에도 불구하고 「민법」 등 관계법령에서 정하는 바에 따라 법률상의 권리를 행사할 수 있습니다. 〈본조신설 2021.7.1.〉

제30조(중대사유로 인한 해지) ① 회사는 다음과 같은 사실이 있을 경우에는 그 사실을 안 날부터 1개월 이내에 계약을 해지할 수 있습니다. 〈개정 2015.11.30.〉

1. 계약자, 피보험자 또는 보험수익자가 보험금(보험료 납입면제를 포함합니다)을 지급받을 목적으로 고의로 상해 또는 질병을 발생시킨 경우
2. 계약자, 피보험자 또는 보험수익자가 보험금 청구에 관한 서류에 고의로 사실과 다른 것을 적었거나 그 서류 또는 증거를 위조 또는 변조한 경우. 다만, 이미 보험금 지급사유가 발생한 경우에는 보험금 지급에 영향을 미치지 않습니다.

② 회사가 제1항에 따라 계약을 해지한 경우 회사는 그 취지를 계약자에게 통지하고, 해지시 회사가 환급하여야 할 보험료가 있을 경우에는 제31조(보험료의 환급)에 따라 이를 계약자에게 지급합니다.

제31조(회사의 파산선고와 해지) ① 회사가 파산의 선고를 받은 경우 계약자는 계약을 해지할 수 있습니다. 〈개정 2015.11.30.〉

② 제1항에 따라 해지하지 않은 계약은 파산선고 후 3개월이 지나면 그 효력을 잃습니다. 〈개정 2015.11.30.〉

③ 제1항에 따라 계약이 해지되거나 제2항에 따라 계약이 효력을 잃는 경우 회사는 제32조(보험료의 환급)에 따른 환급금을 계약자에게 지급합니다. 〈개정 2015.11.30., 2021.7.1.〉

제32조(보험료의 환급) ① 이 계약이 소멸된 때에는 다음과 같이 보험료를 돌려 드립니다.

1. 계약자, 피보험자 또는 보험수익자의 책임 없는 사유에 의하는 경우 : 무효의 경우에는 회사에 납입한 보험료의 전액, 해지의 경우에는 경과하지 않은 기간에 대하여 일단위로 계산한 보험료
2. 계약자, 피보험자 또는 보험수익자의 책임 있는 사유에 의하는 경우 : 이미 경과한 기간에 대하여 단기요율(1년 미만의 기간에 적용되는 요율)로 계산한 보험료를 뺀 잔액. 다만, 계약자, 피보험자 또는 보험수익자의 고의 또는 중대한 과실로 무효가 된 때에는 보험료를 돌려드리지 않습니다.

② 보험기간이 1년을 초과하는 계약이 무효인 경우에는 무효의 원인이 생긴 날 또는 해지일이 속하는 보험년도의 보험료는 제1항의 규정을 적용하고 그 이후의 보험연도에 속하는 보험료는 전액을 돌려드립니다.
③ 제29조의2(위법계약의 해지)에 따라 위법계약이 해지되는 경우 회사가 적립한 해지 당시의 책임준비금을 반환하여 드립니다. 〈신설 2021.7.1.〉

제9관 다수보험의 처리 등

제33조(다수보험의 처리) ① 다수보험의 경우 각 계약의 보장대상의료비 및 보장책임액에 따라 제2항에서 정한 방법으로 계산된 각 계약의 비례분담액을 지급합니다. 〈개정 2015.11.30., 2021.7.1.〉
② 각 계약의 보장책임액 합계액이 각 계약의 보장대상의료비 중 최고액에서 각 계약의 피보험자부담 공제금액 중 최소액을 차감한 금액을 초과한 다수보험은 아래의 산출방식에 따라 각 계약의 비례분담액을 계산합니다. 〈개정 2021.7.1.〉

$$\text{각 계약별 비례분담액} = (\text{각 계약의 보장대상의료비 중 최고액} - \text{각 계약의 피보험자부담 공제금액 중 최소액}) \times \frac{\text{각 계약별 보장책임액}}{\text{각 계약별 보장책임액을 합한 금액}}$$

제34조(연대책임) ① 2009년 10월 1일 이후에 신규로 체결된 보험수익자가 동일한 다수보험의 경우 보험수익자는 보험금 전부 또는 일부의 지급을 다수계약이 체결되어 있는 회사 중 한 회사에 청구할 수 있고, 청구를 받은 회사는 해당 보험금을 이 계약의 보험가입금액 한도 내에서 지급합니다. 〈개정 2015.11.30.〉
② 제1항에 따라 보험금을 지급한 회사는 보험수익자가 다른 회사에 대하여 가지는 해당 보험금 청구권을 취득합니다. 다만, 회사가 지급한 금액이 보험수익자가 다른 회사에 청구할 수 있는 보험금의 일부인 경우에는 해당 보험수익자의 보험금 청구권을 침해하지 않는 범위 내에서 그 권리를 취득합니다. 〈개정 2015.11.30.〉

제10관 분쟁의 조정 등

제35조(분쟁의 조정) ① 계약에 관하여 분쟁이 있는 경우 분쟁 당사자 또는 기타 이해관계인과 회사는 금융감독원장에게 조정을 신청할 수 있으며, 분쟁조정 과정에서 계약자는 관계법령이 정하는 바에 따라 회사가 기록 및 유지·관리하는 자료의 열람(사본의 제공 또는 청취를 포함한다)을 요구할 수 있습니다.
〈개정 2015.11.30., 2021.7.1.〉
② 회사는 일반금융소비자인 계약자가 조정을 통하여 주장하는 권리나 이익의 가액이 「금융소비자 보호에 관한 법률」 제42조에서 정하는 일정 금액 이내인 분쟁사건에 대하여 조정절차가 개시된 경우에는 관계법령이 정하는 경우를 제외하고는 소를 제기하지 않습니다. 〈신설 2021.7.1.〉

제36조(관할법원) 이 계약에 관한 소송 및 민사조정은 계약자의 주소지를 관할하는 법원이 하는 것으로 합니다. 다만, 회사와 계약자가 합의하여 관할법원을 달리 정할 수 있습니다. 〈개정 2015.11.30.〉

제37조(소멸시효) 보험금청구권, 보험료 또는 환급금반환청구권 및 배당금청구권은 3년간 행사하지 않으면 소멸시효가 완성됩니다. 〈개정 2014.12.26.〉

제38조(약관의 해석) ① 회사는 신의성실의 원칙에 따라 공정하게 약관을 해석하며, 계약자에 따라 다르게 해석하지 않습니다. 〈개정 2015.11.30.〉

② 회사는 약관의 뜻이 명백하지 않은 경우에는 계약자에게 유리하게 해석합니다.

③ 회사는 보상하지 않는 사항 등 계약자나 피보험자에게 불리하거나 부담을 주는 내용은 확대하여 해석하지 않습니다.

제39조(설명서 교부 및 보험안내자료 등의 효력) ① 회사는 일반금융소비자에게 청약을 권유하거나 일반금융소비자가 설명을 요청하는 경우 보험상품에 관한 중요한 사항을 계약자가 이해할 수 있도록 설명하고 계약자가 이해하였음을 서명(「전자서명법」 제2조 제2호에 따른 전자서명을 포함), 기명날인 또는 녹취 등을 통해 확인받아야 하며, 설명서를 제공하여야 합니다. 〈신설 2021.7.1.〉

② 설명서, 약관, 계약자 보관용 청약서 및 보험증권의 제공 사실에 관하여 계약자와 회사간에 다툼이 있는 경우에는 회사가 이를 증명하여야 합니다. 〈신설 2021.7.1.〉

③ 보험설계사 등이 모집 과정에서 사용한 회사 제작의 보험안내자료(계약의 청약을 권유하기 위하여 만든 자료 등을 말합니다)의 내용이 약관의 내용과 다른 경우에는 계약자에게 유리한 내용으로 계약이 성립된 것으로 봅니다.

제40조(회사의 손해배상책임) ① 회사는 계약과 관련하여 임직원, 보험설계사 또는 대리점에 책임이 있는 사유로 계약자, 피보험자 및 보험수익자에게 손해를 입힌 경우에는 관계법령 등에 따라 손해를 배상할 책임을 집니다. 〈개정 2015.11.30.〉

② 회사는 보험금 지급 거절 및 지연지급의 사유가 없음을 알았거나 알 수 있었는데도 소송을 제기하여 계약자, 피보험자 또는 보험수익자에게 손해를 입힌 경우에는 그에 따른 손해를 배상할 책임을 집니다. 〈개정 2015.11.30.〉

③ 회사가 보험금 지급 여부 및 지급금액에 관하여 현저하게 불공정한 합의로 보험수익자에게 손해를 입힌 경우에도 회사는 제2항에 따라 손해를 배상할 책임을 집니다. 〈개정 2015.11.30.〉

④ 회사가 제18조(약관 교부 및 설명의무 등) 제6항에 따른 의무를 이행하지 않아 계약자가 다수의 실손의료보험에 가입한 경우, 회사는 계약자에게 손해를 배상할 책임을 집니다. 〈개정 2015.11.30., 2021.7.1.〉

⑤ 회사가 제4항에 따라 계약자에게 손해를 배상할 책임이 발생한 경우 계약자는 이 계약(또는 특별약관)의 최초계약일부터 5년 이내에 회사에 손해배상을 청구할 수 있고, 이 계약의 최초계약일부터 손해배상을 청구하기 전까지 납입한 보험료와 이에 대한 이자(보험료를 받은 기간에 대하여 보험계약대출이율을 연단위 복리로 계산한 금액)를 합한 금액을 손해배상액으로 합니다. 〈신설 2015.11.30.〉

제41조(개인정보보호) ① 회사는 이 계약과 관련된 개인정보를 이 계약의 체결, 유지, 보험금 지급 등을 위하여 「개인정보보호법」, 「신용정보의 이용 및 보호에 관한 법률」 등 관계법령에서 정한 경우를 제외하고 계약자, 피보험자 또는 보험수익자의 동의 없이 수집, 이용, 조회 또는 제공하지 않습니다. 다만, 회사는 이 계약의 체결, 유지, 보험금 지급 등을 위하여 위 관계법령에 따라 계약자 및 피보험자의 동의를 받아 다른 보험회사 및 보험관련단체 등에 개인정보를 제공할 수 있습니다. 〈개정 2015.11.30.〉

② 회사는 계약과 관련된 개인정보를 안전하게 관리하여야 합니다.

제42조(준거법) 이 계약은 대한민국 법에 따라 규율되고 해석되며, 약관에서 정하지 않은 사항은 「금융소비자 보호에 관한 법률」, 「상법」, 「민법」 등 관계법령을 따릅니다. 〈개정 2021.7.1.〉

제43조(예금보험에 의한 지급보장) 회사가 파산 등으로 보험금 등을 지급하지 못할 경우에는 「예금자보호법」에서 정하는 바에 따라 그 지급을 보장합니다. 〈개정 2015.11.30.〉

〈붙임 1〉 용어의 정의 〈개정 2015.11.30., 2017.3.22., 2021.7.1.〉

〈실손의료보험 표준약관 참조〉

〈붙임 2〉 국내의료기관 의료비 중 보상하는 상해의료비 〈개정 2015.11.30., 2021.7.1.〉

<table>
<tr><th>보장종목</th><th>보상하는 사항</th></tr>
<tr><td>(1)
상해급여</td><td>
① 회사는 피보험자가 상해로 인하여 의료기관에 입원 또는 통원(외래 및 처방조제)하여 치료를 받은 경우에는 급여의료비를 제5조(보험가입금액 한도 등)에서 정한 연간 보험가입금액의 한도 내에서 다음과 같이 보상합니다. 다만, 법령 등에 따라 의료비를 감면받거나 의료기관으로부터 의료비를 감면받은 경우(의료비를 납부하는 대가로 수수한 금액 등은 감면받은 의료비에 포함)에는 감면 후 실제 본인이 부담한 의료비 기준으로 계산하며, 감면받은 의료비가 근로소득에 포함된 경우, 「국가유공자 등 예우 및 지원에 관한 법률」 및 「독립유공자 예우에 관한 법률」에 따라 의료비를 감면받은 경우에는 감면 전 의료비로 급여의료비를 계산합니다.
<table>
<tr><th>구 분</th><th>보상금액</th></tr>
<tr><td>입원
(입원실료,
입원제비용
입원수술비)</td><td>「국민건강보험법」에서 정한 요양급여 또는 「의료급여법」에서 정한 의료급여 중 본인부담금(본인이 실제로 부담한 금액으로서 요양급여 비용 또는 의료급여 비용의 일부를 본인이 부담하는 일부 본인부담금과 요양급여 비용 또는 의료급여 비용의 전부를 본인이 부담하는 전액 본인부담금을 말합니다)의 80%에 해당하는 금액</td></tr>
<tr><td>통원
(외래제비용,
외래수술비,
처방조제비)</td><td>통원 1회당(외래 및 처방조제 합산) 「국민건강보험법」에서 정한 요양급여 또는 「의료급여법」에서 정한 의료급여 중 본인부담금(본인이 실제로 부담한 금액으로서 요양급여 비용 또는 의료급여 비용의 일부를 본인이 부담하는 일부 본인부담금과 요양급여 비용 또는 의료급여 비용의 전부를 본인이 부담하는 전액 본인부담금을 말합니다)에서 〈표 1〉의 '통원항목별 공제금액'을 뺀 금액

〈표 1〉 통원항목별 공제금액
<table>
<tr><th>항 목</th><th>공제금액</th></tr>
<tr><td>「의료법」 제3조 제2항에 의한 의료기관(동법 제3조의3에 의한 종합병원은 제외), 「국민건강보험법」 제42조 제1항 제4호에 의한 보건소·보건의료원·보건지소, 동법 제42조 제1항 제5호에 의한 보건진료소에서의 외래 및 「국민건강보험법」 제42조 제1항 제2호에 의한 약국, 동법 제42조 제1항 제3호에 의한 한국희귀·필수의약품센터에서의 처방·조제(의약분업 예외지역 등에서의 약사의 직접 조제 포함)</td><td>1만원과 보장대상 의료비의 20% 중 큰 금액</td></tr>
<tr><td>「국민건강보험법」 제42조 제2항에 의한 전문요양기관, 「의료법」 제3조의4에 의한 상급종합병원, 동법 제3조의3에 의한 종합병원에서의 외래 및 그에 따른 「국민건강보험법」 제42조 제1항 제2호에 의한 약국, 동법 제42조 제1항 제3호에 의한 한국희귀·필수의약품센터에서의 처방·조제</td><td>2만원과 보장대상 의료비의 20% 중 큰 금액</td></tr>
</table>
</td></tr>
</table>
② 제1항의 상해에는 유독가스 또는 유독물질을 우연히 일시에 흡입, 흡수 또는 섭취한 결과로 생긴 중독증상이 포함됩니다. 다만, 유독가스 또는 유독물질을 상습적으로 흡입, 흡수 또는 섭취한 결과로 생긴 중독증상과 세균성 음식물 중독증상은 포함되지 않습니다.
③ 피보험자가 「국민건강보험법」 제5조, 제53조, 제54조에 따라 요양급여 또는 「의료급여법」 제4조, 제15조, 제17조에 따라 의료급여를 적용받지 못하는 경우에는 다음과 같이 보상합니다.
</td></tr>
</table>

(1)
상해급여

1. 의료비(「국민건강보험 요양급여의 기준에 관한 규칙」에 따라 보건복지부장관이 정한 급여의료비 항목만 해당합니다) 중 본인이 실제로 부담한 금액(통원의 경우 본인이 실제로 부담한 금액에서 같은 조 제1항 〈표 1〉의 '통원항목별 공제금액'을 뺀 금액)의 40%를 제5조(보험가입금액 한도 등)에서 정한 연간 보험가입금액의 한도 내에서 보상합니다.
2. 법령 등에 따라 의료비를 감면받거나 의료기관으로부터 의료비를 감면받은 경우(의료비를 납부하는 대가로 수수한 금액 등은 감면받은 의료비에 포함)에는 제1호를 적용하지 아니하고 감면 후 실제 본인이 부담한 의료비에 대해서만 제1항의 보상금액에 따라 계산한 금액을 제5조(보험가입금액 한도 등)에서 정한 연간 보험가입금액의 한도 내에서 보상합니다. 다만, 감면받은 의료비가 근로소득에 포함된 경우, 「국가유공자 등 예우 및 지원에 관한 법률」 및 「독립유공자 예우에 관한 법률」에 따라 의료비를 감면받은 경우에는 감면 전 의료비에 대해서 제1항의 보상금액에 따라 계산한 금액을 제5조에서 정한 연간 보험가입금액의 한도 내에서 보상합니다.

④ 피보험자가 입원하여 치료를 받던 중 보험계약이 종료되더라도 그 계속 중인 입원에 대해서는 다음 예시와 같이 보험계약 종료일 다음날부터 180일까지 보상합니다.

⑤ 피보험자가 통원하여 치료를 받던 중 보험계약이 종료되더라도 그 계속 중인 통원에 대해서는 다음 예시와 같이 보험계약 종료일 다음날부터 180일 이내의 통원을 보상하며 최대 90회 한도 내에서 보상합니다.

〈입원 및 통원 보상기간 예시〉

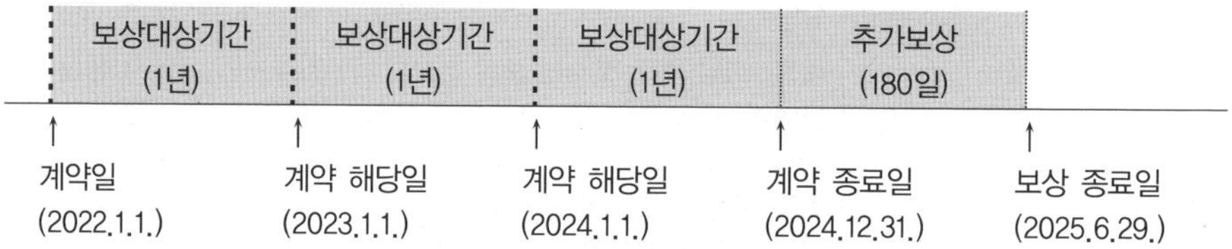

⑥ 종전 계약을 자동갱신하거나 같은 회사의 보험상품에 재가입하는 경우에는 종전 계약의 보험기간을 연장하는 것으로 보아 제4항과 제5항을 적용하지 않습니다.

⑦ 하나의 상해(같은 상해로 2회 이상 치료를 받는 경우에도 이를 하나의 상해로 봅니다)로 인해 동일한 의료기관에서 같은 날 외래 및 처방을 함께 받은 경우 처방일자를 기준으로 외래 및 처방조제를 합산하되(조제일자가 다른 경우도 동일하게 적용) 통원 1회로 보아 제1항, 제5항 및 제6항을 적용합니다.

⑧ 하나의 상해로 인해 하루에 같은 치료를 목적으로 2회 이상 통원치료(외래 및 처방조제 합산)를 받은 경우 1회의 통원으로 보아 제1항, 제5항 및 제6항을 적용합니다. 이 때 공제금액은 2회 이상의 중복방문 의료기관 중 가장 높은 공제금액을 적용합니다.

⑨ 회사는 피보험자가 상해로 인하여 의료기관에서 본인의 장기 등(「장기 등 이식에 관한 법률」 제4조에 의한 "장기 등"을 의미합니다)의 기능회복을 위하여 「장기 등 이식에 관한 법률」 제42조 및 관련 고시에 따라 장기 등의 적출 및 이식에 드는 비용(공여적합성 여부를 확인하기 위한 검사비, 뇌사장기기증자 관리료 및 이에 속하는 비용항목 포함)은 제1항부터 제8항에 따라 보상합니다.

〈붙임 3〉 국내의료기관 의료비 중 보상하는 질병의료비 〈개정 2015.11.30., 2018.7.10., 2018.11.6., 2021.7.1.〉

<table>
<tr><th>보장종목</th><th>보상하는 사항</th></tr>
<tr><td>(2)
질병급여</td><td>
① 회사는 피보험자가 질병으로 의료기관에 입원 또는 통원(외래 및 처방조제)하여 치료를 받은 경우에는 급여의료비를 제5조(보험가입금액 한도 등)에서 정한 연간 보험가입금액의 한도 내에서 다음과 같이 보상합니다. 다만, 법령 등에 따라 의료비를 감면받거나 의료기관으로부터 의료비를 감면받은 경우(의료비를 납부하는 대가로 수수한 금액 등은 감면받은 의료비에 포함)에는 감면 후 실제 본인이 부담한 의료비 기준으로 계산하며, 감면받은 의료비가 근로소득에 포함된 경우, 「국가유공자 등 예우 및 지원에 관한 법률」 및 「독립유공자 예우에 관한 법률」에 따라 의료비를 감면받은 경우에는 감면 전 의료비로 급여의료비를 계산합니다.
<table>
<tr><th>구 분</th><th>보상금액</th></tr>
<tr><td>입원
(입원실료,
입원제비용
입원수술비)</td><td>「국민건강보험법」에서 정한 요양급여 또는 「의료급여법」」에서 정한 의료급여 중 본인부담금(본인이 실제로 부담한 금액으로서 요양급여 비용 또는 의료급여 비용의 일부를 본인이 부담하는 일부 본인부담금과 요양급여 비용 또는 의료급여 비용의 전부를 본인이 부담하는 전액 본인부담금을 말합니다.)의 80%에 해당하는 금액</td></tr>
<tr><td>통원
(외래제비용,
외래수술비,
처방조제비)</td><td>통원 1회당(외래 및 처방조제 합산) 「국민건강보험법」에서 정한 요양급여 또는 「의료급여법」에서 정한 의료급여 중 본인부담금(본인이 실제로 부담한 금액으로서 요양급여 비용 또는 의료급여 비용의 일부를 본인이 부담하는 일부 본인부담금과 요양급여 비용 또는 의료급여 비용의 전부를 본인이 부담하는 전액 본인부담금을 말합니다) 에서 〈표 1〉의 ‘통원항목별 공제금액’을 뺀 금액

〈표 1〉 통원항목별 공제금액
<table>
<tr><th>항 목</th><th>공제금액</th></tr>
<tr><td>「의료법」 제3조 제2항에 의한 의료기관(동법 제3조의3에 의한 종합병원은 제외), 「국민건강보험법」 제42조 제1항 제4호에 의한 보건소・보건의료원・보건지소, 동법 제42조 제1항 제5호에 의한 보건진료소에서의 외래 및 「국민건강보험법」 제42조 제1항 제2호에 의한 약국, 동법 제42조 제1항 제3호에 의한 한국희귀・필수의약품센터에서의 처방・조제(의약분업 예외지역 등에서의 약사의 직접 조제 포함)</td><td>1만원과 보장대상 의료비의 20% 중 큰 금액</td></tr>
<tr><td>「국민건강보험법」 제42조 제2항에 의한 전문요양기관, 「의료법」 제3조의4에 의한 상급종합병원, 동법 제3조의3에 의한 종합병원에서의 외래 및 그에 따른 「국민건강보험법」 제42조 제1항 제2호에 의한 약국, 동법 제42조 제1항 제3호에 의한 한국희귀・필수의약품센터에서의 처방・조제</td><td>2만원과 보장대상 의료비의 20% 중 큰 금액</td></tr>
</table>
</td></tr>
</table>
② 피보험자가 「국민건강보험법」 제5조, 제53조, 제54조에 따라 요양급여 또는 「의료급여법」 제4조, 제15조, 제17조에 따라 의료급여를 적용받지 못하는 경우에는 다음과 같이 보상합니다.
1. 의료비(「국민건강보험 요양급여의 기준에 관한 규칙」에 따라 보건복지부장관이 정한 급여의료비 항목만 해당합니다) 중 본인이 실제로 부담한 금액(통원의 경우 본인이 실제로 부담한 금액에서 같은 조 제1항 〈표 1〉의 ‘통원항목별 공제금액’을 뺀 금액)의 40%를 제5조(보험가입금액 한도 등)에서 정한 연간 보험가입금액의 한도 내에서 보상합니다.
</td></tr>
</table>

(2) 질병급여

2. 법령 등에 따라 의료비를 감면받거나 의료기관으로부터 의료비를 감면받은 경우(의료비를 납부하는 대가로 수수한 금액 등은 감면받은 의료비에 포함)에는 제1호를 적용하지 아니하고 감면 후 실제 본인이 부담한 의료비에 대해서만 제1항의 보상금액에 따라 계산한 금액을 제5조(보험가입금액 한도 등)에서 정한 연간 보험가입금액의 한도 내에서 보상합니다. 다만, 감면받은 의료비가 근로소득에 포함된 경우, 「국가유공자 등 예우 및 지원에 관한 법률」 및 「독립유공자 예우에 관한 법률」에 따라 의료비를 감면받은 경우에는 감면 전 의료비에 대해서 제1항의 보상금액에 따라 계산한 금액을 제5조에서 정한 연간 보험가입금액의 한도 내에서 보상합니다.

③ 피보험자가 입원하여 치료를 받던 중 보험계약이 종료되더라도 그 계속 중인 입원에 대해서는 다음 예시와 같이 보험계약 종료일 다음날부터 180일까지 보상합니다.

④ 피보험자가 통원하여 치료를 받던 중 보험계약이 종료되더라도 그 계속 중인 통원에 대해서는 다음 예시와 같이 보험계약 종료일 다음날부터 180일 이내의 통원을 보상하며 최대 90회 한도 내에서 보상합니다.

〈입원 및 통원 보상기간 예시〉

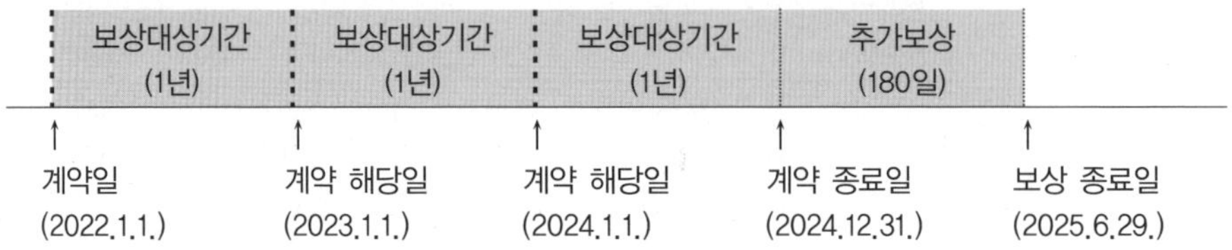

⑤ 종전 계약을 자동갱신하거나 같은 회사의 보험상품에 재가입하는 경우에는 종전 계약의 보험기간을 연장하는 것으로 보아 제3항과 제4항을 적용하지 않습니다.

⑥ 하나의 질병으로 동일한 의료기관에서 같은 날 외래 및 처방을 함께 받은 경우 처방일자를 기준으로 외래 및 처방조제를 합산하되(조제일자가 다른 경우도 동일하게 적용) 통원 1회로 보아 제1항, 제4항 및 제5항을 적용합니다.

⑦ "하나의 질병"이란 발생 원인이 동일한 질병(의학상 중요한 관련이 있는 질병은 하나의 질병으로 간주하며, 하나의 질병으로 2회 이상 치료를 받는 경우에는 이를 하나의 질병으로 봅니다)을 말하며, 질병의 치료 중에 발생된 합병증 또는 새로 발견된 질병의 치료가 병행되거나 의학상 관련이 없는 여러 종류의 질병을 갖고 있는 상태에서 통원한 경우에는 하나의 질병으로 간주합니다.

⑧ 하나의 질병으로 하루에 같은 치료를 목적으로 2회 이상 통원치료(외래 및 처방조제 합산)를 받은 경우 1회의 통원으로 보아 제1항, 제4항 및 제5항을 적용합니다. 이 때 공제금액은 2회 이상의 중복방문 의료기관 중 가장 높은 공제금액을 적용합니다.

⑨ 회사는 피보험자가 질병으로 인하여 의료기관에서 본인의 장기 등(「장기 등 이식에 관한 법률」 제4조에 의한 "장기 등"을 의미합니다)의 기능회복을 위하여 「장기 등 이식에 관한 법률」 제42조 및 관련 고시에 따라 장기 등의 적출 및 이식에 드는 비용(공여적합성 여부를 확인하기 위한 검사비, 뇌사장기기증자 관리료 및 이에 속하는 비용항목 포함)은 제1항부터 제8항에 따라 보상합니다. 〈본조신설 2021.7.1.〉

〈붙임 4〉 국내의료기관 의료비 중 보상하지 않는 상해의료비 〈신설 2021.7.1.〉

보장종목	보상하지 않는 사항
(1) 상해급여	① 회사는 다음의 사유로 인하여 생긴 급여의료비는 보상하지 않습니다. 1. 피보험자가 고의로 자신을 해친 경우. 다만, 피보험자가 심신상실 등으로 자유로운 의사결정을 할 수 없는 상태에서 자신을 해친 사실이 증명된 경우에는 보상합니다. 2. 보험수익자가 고의로 피보험자를 해친 경우. 다만, 그 보험수익자가 보험금의 일부 보험수익자인 경우에는 다른 보험수익자에 대한 보험금은 지급합니다. 3. 계약자가 고의로 피보험자를 해친 경우 4. 피보험자가 임신, 출산(제왕절개를 포함합니다), 산후기로 입원 또는 통원한 경우. 다만, 회사가 보상하는 상해로 인하여 입원 또는 통원한 경우에는 보상합니다. 5. 전쟁, 외국의 무력행사, 혁명, 내란, 사변, 폭동으로 인한 경우 6. 피보험자가 정당한 이유 없이 입원기간 중 의사의 지시를 따르지 않거나 의사가 통원치료가 가능하다고 인정함에도 피보험자 본인이 자의적으로 입원하여 발생한 입원의료비 7. 피보험자가 정당한 이유없이 통원기간 중 의사의 지시를 따르지 않아 발생한 통원의료비 ② 회사는 다른 약정이 없으면 피보험자가 직업, 직무 또는 동호회 활동 목적으로 한 다음의 어느 하나에 해당하는 행위로 인하여 생긴 상해에 대해서는 보상하지 않습니다. 1. 전문등반(전문적인 등산용구를 사용하여 암벽 또는 빙벽을 오르내리거나 특수한 기술, 경험, 사전 훈련이 필요한 등반을 말합니다), 글라이더 조종, 스카이다이빙, 스쿠버다이빙, 행글라이딩, 수상보트, 패러글라이딩 2. 모터보트・자동차 또는 오토바이에 의한 경기, 시범, 행사(이를 위한 연습을 포함합니다) 또는 시운전(다만, 공용도로에서 시운전을 하는 동안 발생한 상해는 보상합니다) 3. 선박에 탑승하는 것을 직무로 하는 사람이 직무상 선박에 탑승하고 있는 동안 ③ 회사는 다음의 급여의료비에 대해서는 보상하지 않습니다. 1. 「국민건강보험법」에 따른 요양급여 중 본인부담금의 경우 국민건강보험 관련 법령에 따라 국민건강보험공단으로부터 사전 또는 사후 환급이 가능한 금액(본인부담금 상한제) 2. 「의료급여법」에 따른 의료급여 중 본인부담금의 경우 의료급여 관련 법령에 따라 의료급여기금 등으로부터 사전 또는 사후 환급이 가능한 금액(「의료급여법」에 따른 본인부담금 보상제 및 본인부담금 상한제) 3. 자동차보험(공제를 포함합니다)에서 보상받는 치료관계비(과실상계 후 금액을 기준으로 합니다) 또는 산재보험에서 보상받는 의료비. 다만, 본인부담의료비(자동차보험 진료수가에 관한 기준 및 산재보험 요양급여 산정기준에 따라 발생한 실제 본인부담의료비)는 제3조(보장종목별 보상내용) (1) 상해급여 제1항, 제2항 및 제4항부터 제8항에 따라 보상합니다. 4. 「응급의료에 관한 법률」 및 동법 시행규칙에서 정한 응급환자에 해당하지 않는 자가 동법 제26조 권역응급의료센터 또는 「의료법」 제3조의4에 따른 상급종합병원 응급실을 이용하면서 발생한 응급의료관리료로서 전액 본인부담금에 해당하는 의료비

〈붙임 5〉 국내의료기관 의료비 중 보상하지 않는 질병의료비 〈신설 2021.7.1.〉

보장종목	보상하지 않는 사항
(2) 질병급여	① 회사는 다음의 사유로 인하여 생긴 급여의료비는 보상하지 않습니다. 1. 피보험자가 고의로 자신을 해친 경우. 다만, 피보험자가 심신상실 등으로 자유로운 의사결정을 할 수 없는 상태에서 자신을 해친 사실이 증명된 경우에는 보상합니다. 2. 보험수익자가 고의로 피보험자를 해친 경우. 다만, 그 보험수익자가 보험금의 일부 보험수익자인 경우에는 다른 보험수익자에 대한 보험금은 지급합니다. 3. 계약자가 고의로 피보험자를 해친 경우 4. 피보험자가 정당한 이유 없이 입원기간 중 의사의 지시를 따르지 않거나 의사가 통원치료가 가능하다고 인정함에도 피보험자 본인이 자의적으로 입원하여 발생한 입원의료비 5. 피보험자가 정당한 이유 없이 통원기간 중 의사의 지시를 따르지 않아 발생한 통원의료비 ② 회사는 '한국표준질병・사인분류'에 따른 다음의 의료비에 대해서는 보상하지 않습니다. 1. 정신 및 행동장애(F04~F99). 다만, F04~F09, F20~F29, F30~F39, F40~F48, F51, F90~F98과 관련한 치료에서 발생한 「국민건강보험법」에 따른 요양급여에 해당하는 의료비는 보상합니다. 2. 여성생식기의 비염증성 장애로 인한 습관성 유산, 불임 및 인공수정관련 합병증(N96~N98)으로 발생한 의료비 중 전액 본인부담금 및 보험가입일로부터 2년 이내에 발생한 의료비 3. 피보험자가 임신, 출산(제왕절개를 포함합니다), 산후기로 입원 또는 통원한 경우(O00~O99) 4. 선천성 뇌질환(Q00~Q04). 다만, 피보험자가 보험가입 당시 태아인 경우에는 보상합니다. 5. 요실금(N39.3, N39.4, R32) ③ 회사는 다음의 급여의료비에 대해서는 보상하지 않습니다. 1. 「국민건강보험법」에 따른 요양급여 중 본인부담금의 경우 국민건강보험 관련 법령에 따라 국민건강보험공단으로부터 사전 또는 사후 환급이 가능한 금액(본인부담금 상한제) 2. 「의료급여법」에 따른 의료급여 중 본인부담금의 경우 의료급여 관련 법령에 따라 의료급여기금 등으로부터 사전 또는 사후 환급이 가능한 금액(「의료급여법」에 따른 본인부담금 보상제 및 본인부담금 상한제) 3. 성장호르몬제 투여에 소요된 비용으로 부담한 전액 본인부담금 4. 산재보험에서 보상받는 의료비. 다만, 본인부담의료비(산재보험 요양급여 산정기준에 따라 발생한 실제 본인부담의료비)는 제3조(보장종목별 보상내용) (2) 질병급여 제1항 및 제3항부터 제8항에 따라 보상합니다. 5. 사람면역결핍바이러스(HIV) 감염으로 인한 치료비(다만, 「의료법」에서 정한 의료인의 진료상 또는 치료 중 혈액에 의한 HIV 감염은 해당 진료기록을 통해 객관적으로 확인되는 경우는 보상합니다) 6. 「응급의료에 관한 법률」 및 동법 시행규칙에서 정한 응급환자에 해당하지 않는 자가 동법 제26조 권역응급의료센터 또는 「의료법」 제3조의4에 따른 상급종합병원 응급실을 이용하면서 발생한 응급의료관리료로서 전액 본인부담금에 해당하는 의료비 〈본조신설 2021.7.1.〉

07 배상책임보험 표준약관

〈개정 2010.3.29., 2011.1.19., 2011.6.29., 2014.12.26., 2015.12.29., 2018.3.2., 2020.10.16., 2021.7.1., 2022.9.30., 2023.6.26.〉

제1관 목적 및 용어의 정의

제1조(목적) 이 보험계약(이하 '계약'이라 합니다)은 보험계약자(이하 '계약자'라 합니다)와 보험회사(이하 '회사'라 합니다) 사이에 피보험자가 법률상의 배상책임을 부담함으로써 입은 손해에 대한 위험을 보장하기 위하여 체결됩니다.

제2조(용어의 정의) 이 계약에서 사용되는 용어의 정의는 이 계약의 다른 조항에서 달리 정의되지 않는 한 다음과 같습니다.

1. 계약 관련 용어
   가. 계약자 : 회사와 계약을 체결하고 보험료를 납입할 의무를 지는 사람을 말합니다.
   나. 피보험자 : 보험사고로 인하여 타인에 대한 법률상 손해배상책임을 부담하는 손해를 입은 사람(법인인 경우에는 그 이사 또는 법인의 업무를 집행하는 그 밖의 기관)을 말합니다.
   다. 보험증권 : 계약의 성립과 그 내용을 증명하기 위하여 회사가 계약자에게 드리는 증서를 말합니다.
2. 보상 관련 용어
   가. 배상책임 : 보험증권상의 보장지역 내에서 보험기간중에 발생된 보험사고로 인하여 타인에게 입힌 손해에 대한 법률상의 책임을 말합니다.
   나. 보상한도액 : 회사와 계약자간에 약정한 금액으로 피보험자가 법률상의 배상책임을 부담함으로써 입은 손해 중 제8조(보험금 등의 지급한도)에 따라 회사가 책임지는 금액의 최대 한도를 말합니다.
   다. 자기부담금 : 보험사고로 인하여 발생한 손해에 대하여 계약자 또는 피보험자가 부담하는 일정 금액을 말합니다.
   라. 보험금 분담 : 이 계약에서 보장하는 위험과 같은 위험을 보장하는 다른 계약(공제계약을 포함합니다)이 있을 경우 비율에 따라 손해를 보상합니다.
   마. 대위권 : 회사가 보험금을 지급하고 취득하는 법률상의 권리를 말합니다.
3. 이자율 관련 용어
   가. 연단위 복리 : 회사가 지급할 금전에 이자를 줄 때 1년마다 마지막 날에 그 이자를 원금에 더한 금액을 다음 1년의 원금으로 하는 이자 계산방법을 말합니다.
   나. 보험개발원이 공시하는 보험계약대출이율 : 보험개발원이 정기적으로 산출하여 공시하는 이율로써 회사가 보험금의 지급 또는 보험료의 환급을 지연하는 경우 등에 적용합니다.
4. 기간과 날짜 관련 용어
   가. 보험기간 : 계약에 따라 보장을 받는 기간을 말합니다.
   나. 영업일 : 회사가 영업점에서 정상적으로 영업하는 날을 말하며, 토요일, '관공서의 공휴일에 관한 규정'에 따른 공휴일과 근로자의 날을 제외합니다.

제2관 보험금의 지급

제3조(보상하는 손해) 회사는 피보험자가 보험증권상의 보장지역 내에서 보험기간 중에 발생된 보험사고로 인하여 피해자에게 법률상의 배상책임을 부담함으로써 입은 아래의 손해를 이 약관에 따라 보상하여 드립니다.

1. 피보험자가 피해자에게 지급할 책임을 지는 법률상의 손해배상금
2. 계약자 또는 피보험자가 지출한 아래의 비용
   가. 피보험자가 제11조(손해방지의무) 제1항 제1호의 손해의 방지 또는 경감을 위하여 지출한 필요 또는 유익하였던 비용
   나. 피보험자가 제11조(손해방지의무) 제1항 제2호의 제3자로부터 손해의 배상을 받을 수 있는 그 권리를 지키거나 행사하기 위하여 지출한 필요 또는 유익하였던 비용
   다. 피보험자가 지급한 소송비용, 변호사비용, 중재, 화해 또는 조정에 관한 비용
   라. 보험증권상의 보상한도액 내의 금액에 대한 공탁보증보험료. 그러나 회사는 그러한 보증을 제공할 책임은 부담하지 않습니다.
   마. 피보험자가 제12조(손해배상청구에 대한 회사의 해결) 제2항 및 제3항의 회사의 요구에 따르기 위하여 지출한 비용

제4조(보상하지 않는 손해) 회사는 아래의 사유로 인한 손해는 보상하여 드리지 않습니다.

1. 계약자, 피보험자 또는 이들의 법정대리인의 고의로 생긴 손해에 대한 배상책임
2. 전쟁, 혁명, 내란, 사변, 테러, 폭동, 소요, 노동쟁의 기타 이들과 유사한 사태로 생긴 손해에 대한 배상책임
3. 지진, 분화, 홍수, 해일 또는 이와 비슷한 천재지변으로 생긴 손해에 대한 배상책임
4. 피보험자가 소유, 사용 또는 관리하는 재물이 손해를 입었을 경우에 그 재물에 대하여 정당한 권리를 가진 사람에게 부담하는 손해에 대한 배상책임
5. 피보험자와 타인간에 손해배상에 관한 약정이 있는 경우, 그 약정에 의하여 가중된 배상책임
6. 핵연료물질 또는 핵연료물질에 의하여 오염된 물질의 방사성, 폭발성 그 밖의 유해한 특성 또는 이들의 특성에 의한 사고로 생긴 손해에 대한 배상책임
7. 위 제6호 이외의 방사선을 쬐는 것 또는 방사능 오염으로 인한 손해
8. 티끌, 먼지, 석면, 분진 또는 소음으로 생긴 손해에 대한 배상책임
9. 전자파, 전자장(EMF)으로 생긴 손해에 대한 배상책임
10. 벌과금 및 징벌적 손해에 대한 배상책임

> **【핵연료물질】** 사용된 연료를 포함합니다.
> **【핵연료물질에 의하여 오염된 물질】** 원자핵 분열 생성물을 포함합니다.

제5조(손해의 통지 및 조사) ① 계약자 또는 피보험자는 아래와 같은 사실이 있는 경우에는 지체 없이 그 내용을 회사에 알려야 합니다.

1. 사고가 발생하였을 경우 사고가 발생한 때와 곳, 피해자의 주소와 성명, 사고상황 및 이들 사항의 증인이 있을 경우 그 주소와 성명
2. 피해자로부터 손해배상청구를 받았을 경우
3. 피해자로부터 손해배상책임에 관한 소송을 제기받았을 경우

② 계약자 또는 피보험자가 제1항 각 호의 통지를 게을리하여 손해가 증가된 때에는 회사는 그 증가된 손해를 보상하여 드리지 않으며, 제1항 제3호의 통지를 게을리 한 때에는 소송비용과 변호사비용도 보상하여 드리지 않습니다. 다만, 계약자 또는 피보험자가 상법 제657조 제1항에 의해 보험사고의 발생을 회사에 알린 경우에는 제3조(보상하는 손해) 제1호 및 제2호 '다'목 또는 '라'목의 비용에 대하여 보상한도액을 한도로 보상하여 드립니다.

제6조(보험금의 청구) 피보험자가 보험금을 청구할 때에는 다음의 서류를 회사에 제출하여야 합니다.

1. 보험금 청구서(회사양식)
2. 신분증(주민등록증이나 운전면허증 등 사진이 붙은 정부기관발행 신분증, 본인이 아닌 경우에는 본인의 인감증명서 또는 본인서명사실확인서 포함) 〈개정 2018.3.2.〉
3. 손해배상금 및 그 밖의 비용을 지급하였음을 증명하는 서류
4. 회사가 요구하는 그 밖의 서류

제7조(보험금의 지급절차) ① 회사는 제6조(보험금의 청구)에서 정한 서류를 접수한 때에는 접수증을 교부하고, 그 서류를 접수받은 후 지체 없이 지급할 보험금을 결정하고 지급할 보험금이 결정되면 7일 이내에 이를 지급하여 드립니다. 또한, 지급할 보험금이 결정되기 전이라도 피보험자의 청구가 있을 때에는 회사가 추정한 보험금의 50% 상당액을 가지급보험금으로 지급합니다.

② 회사는 제1항의 지급보험금이 결정된 후 7일(이하 '지급기일'이라 합니다)이 지나도록 보험금을 지급하지 않았을 때에는 지급기일의 다음날부터 지급일까지의 기간에 대하여 〈부표〉 '보험금을 지급할 때의 적립이율'에 따라 연단위 복리로 계산한 금액을 보험금에 더하여 지급합니다. 그러나 피보험자의 책임있는 사유로 지체된 경우에는 그 해당 기간에 대한 이자를 더하여 지급하지 않습니다.

제8조(보험금 등의 지급한도) ① 회사는 1회의 보험사고에 대하여 다음과 같이 보상합니다. 이 경우 보상한도액과 자기부담금은 각각 보험증권에 기재된 금액을 말합니다.

1. 제3조(보상하는 손해) 제1호의 손해배상금 : 보상한도액을 한도로 보상하되, 자기부담금이 약정된 경우에는 그 자기부담금을 초과한 부분만 보상합니다.
2. 제3조(보상하는 손해) 제2호 '가'목, '나'목 또는 '마'목의 비용 : 비용의 전액을 보상합니다.
3. 제3조(보상하는 손해) 제2호 '다'목 또는 '라'목의 비용 : 이 비용과 제1호에 의한 보상액의 합계액을 보상한도액 내에서 보상합니다.

② 보험기간 중 발생하는 사고에 대한 회사의 보상총액은 보험증권에 기재된 총 보상한도액을 한도로 합니다.

제9조(의무보험과의 관계) ① 회사는 이 약관에 의하여 보상하여야 하는 금액이 의무보험에서 보상하는 금액을 초과할 때에 한하여 그 초과액만을 보상합니다. 다만, 의무보험이 다수인 경우에는 제10조(보험금의 분담)를 따릅니다.

② 제1항의 의무보험은 피보험자가 법률에 의하여 의무적으로 가입하여야 하는 보험으로서 공제계약을 포함합니다.

③ 피보험자가 의무보험에 가입하여야 함에도 불구하고 가입하지 않은 경우에는 그가 가입했더라면 의무보험에서 보상했을 금액을 제1항의 "의무보험에서 보상하는 금액"으로 봅니다.

제10조(보험금의 분담) ① 이 계약에서 보장하는 위험과 같은 위험을 보장하는 다른 계약(공제계약을 포함합니다)이 있을 경우 각 계약에 대하여 다른 계약이 없는 것으로 하여 각각 산출한 보상책임액의 합계액이 손해액을 초과할 때에는 아래에 따라 손해를 보상합니다. 이 계약과 다른 계약이 모두 의무보험인 경우에도 같습니다.

$$\text{손해액} \times \frac{\text{이 계약의 보상책임액}}{\text{다른 계약이 없는 것으로 하여 각각 계산한 보상책임액의 합계액}}$$

② 이 계약이 의무보험이 아니고 다른 의무보험이 있는 경우에는 다른 의무보험에서 보상되는 금액(피보험자가 가입을 하지 않은 경우에는 보상될 것으로 추정되는 금액)을 차감한 금액을 손해액으로 간주하여 제1항에 의한 보상할 금액을 결정합니다.

③ 피보험자가 다른 계약에 대하여 보험금 청구를 포기한 경우에도 회사의 제1항에 의한 지급보험금 결정에는 영향을 미치지 않습니다.

제11조(손해방지의무) ① 보험사고가 생긴 때에는 계약자 또는 피보험자는 아래의 사항을 이행하여야 합니다.

1. 손해의 방지 또는 경감을 위하여 노력하는 일(피해자에 대한 응급처치, 긴급호송 또는 그 밖의 긴급조치를 포함합니다)
2. 제3자로부터 손해의 배상을 받을 수 있는 경우에는 그 권리를 지키거나 행사하기 위한 필요한 조치를 취하는 일
3. 손해배상책임의 전부 또는 일부에 관하여 지급(변제), 승인 또는 화해를 하거나 소송, 중재 또는 조정을 제기하거나 신청하고자 할 경우에는 미리 회사의 동의를 받는 일

② 계약자 또는 피보험자가 정당한 이유 없이 제1항의 의무를 이행하지 않았을 때에는 제3조(보상하는 손해)에 의한 손해에서 다음의 금액을 뺍니다.

1. 제1항 제1호의 경우에는 그 노력을 하였더라면 손해를 방지 또는 경감할 수 있었던 금액
2. 제1항 제2호의 경우에는 제3자로부터 손해의 배상을 받을 수 있었던 금액
3. 제1항 제3호의 경우에는 소송비용(중재 또는 조정에 관한 비용 포함) 및 변호사비용과 회사의 동의를 받지 않은 행위에 의하여 증가된 손해

제12조(손해배상청구에 대한 회사의 해결) ① 피보험자가 피해자에게 손해배상책임을 지는 사고가 생긴 때에는 피해자는 이 약관에 의하여 회사가 피보험자에게 지급책임을 지는 금액한도 내에서 회사에 대하여 보험금의 지급을 직접 청구할 수 있습니다. 그러나 회사는 피보험자가 그 사고에 관하여 가지는 항변으로써 피해자에게 대항할 수 있습니다.

② 회사가 제1항의 청구를 받았을 때에는 지체 없이 피보험자에게 통지하여야 하며, 회사의 요구가 있으면 계약자 및 피보험자는 필요한 서류증거의 제출, 증언 또는 증인출석에 협조하여야 합니다.

③ 피보험자가 피해자로부터 손해배상의 청구를 받았을 경우에 회사가 필요하다고 인정할 때에는 피보험자를 대신하여 회사의 비용으로 이를 해결할 수 있습니다. 이 경우에 회사의 요구가 있으면 계약자 또는 피보험자는 이에 협력하여야 합니다.

④ 계약자 및 피보험자가 정당한 이유 없이 제2항, 제3항의 요구에 협조하지 않았을 때에는 회사는 그로 인하여 늘어난 손해는 보상하지 않습니다.

제13조(합의 · 절충 · 중재 · 소송의 협조 · 대행 등) ① 회사는 피보험자의 법률상 손해배상책임을 확정하기 위하여 피보험자가 피해자와 행하는 합의 · 절충 · 중재 또는 소송(확인의 소를 포함합니다)에 대하여 협조하거나, 피보험자를 위하여 이러한 절차를 대행할 수 있습니다.
② 회사는 피보험자에 대하여 보상책임을 지는 한도 내에서 제1항의 절차에 협조하거나 대행합니다.

> 【보상책임을 지는 한도】 동일한 사고로 이미 지급한 보험금이나 가지급보험금이 있는 경우에는 그 금액을 공제한 액수를 말합니다.

③ 회사가 제1항의 절차에 협조하거나 대행하는 경우에는 피보험자는 회사의 요청에 따라 협력해야 하며, 피보험자가 정당한 이유 없이 협력하지 않을 경우에는 그로 말미암아 늘어난 손해에 대해서 보상하지 않습니다.
④ 회사는 다음의 경우에는 제1항의 절차를 대행하지 않습니다.
1. 피보험자가 피해자에 대하여 부담하는 법률상의 손해배상책임액이 보험증권에 기재된 보상한도액을 명백하게 초과하는 때
2. 피보험자가 정당한 이유 없이 협력하지 않을 때

⑤ 회사가 제1항의 절차를 대행하는 경우에는 피보험자에 대하여 보상책임을 지는 한도 내에서 가압류나 가집행을 면하기 위한 공탁금을 피보험자에게 대부할 수 있으며 이에 소요되는 비용을 보상합니다. 이 경우 대부금의 이자는 공탁금에 붙여지는 것과 같은 이율로 하며, 피보험자는 공탁금(이자를 포함합니다)의 회수청구권을 회사에 양도하여야 합니다.

제14조(대위권) ① 회사가 보험금을 지급한 때(현물보상한 경우를 포함합니다)에는 회사는 지급한 보험금의 한도 내에서 아래의 권리를 가집니다. 다만, 회사가 보상한 금액이 피보험자가 입은 손해의 일부인 경우에는 피보험자의 권리를 침해하지 않는 범위 내에서 그 권리를 가집니다.
1. 피보험자가 제3자로부터 손해배상을 받을 수 있는 경우에는 그 손해배상청구권
2. 피보험자가 손해배상을 함으로써 대위 취득하는 것이 있을 경우에는 그 대위권

② 계약자 또는 피보험자는 제1항에 의하여 회사가 취득한 권리를 행사하거나 지키는 것에 관하여 조치를 하여야 하며, 또한 회사가 요구하는 증거 및 서류를 제출하여야 합니다.
③ 회사는 제1항, 제2항에도 불구하고 타인을 위한 보험계약의 경우에는 계약자에 대한 대위권을 포기합니다.
④ 회사는 제1항에 따른 권리가 계약자 또는 피보험자와 생계를 같이 하는 가족에 대한 것인 경우에는 그 권리를 취득하지 못합니다. 다만, 손해가 그 가족의 고의로 인하여 발생한 경우에는 그 권리를 취득합니다.

제3관 계약자의 계약 전 알릴의무 등

제15조(계약 전 알릴의무) 계약자, 피보험자 또는 이들의 대리인은 청약할 때 청약서(질문서를 포함합니다)에서 질문한 사항에 대하여 알고 있는 사실을 반드시 사실대로 알려야 합니다.

제16조(계약 후 알릴의무) ① 계약을 맺은 후 보험의 목적에 아래와 같은 사실이 생긴 경우에는 계약자나 피보험자는 지체 없이 서면으로 회사에 알리고 보험증권에 확인을 받아야 합니다.
1. 청약서의 기재사항을 변경하고자 할 때 또는 변경이 생겼음을 알았을 때
2. 이 계약에서 보장하는 위험과 동일한 위험을 보장하는 계약을 다른 보험자와 체결하고자 할 때 또는 이와 같은 계약이 있음을 알았을 때
3. 위험이 뚜렷이 변경되거나 변경되었음을 알았을 때

② 회사는 제1항에 따라 위험이 감소된 경우에는 그 차액보험료를 돌려드리며, 위험이 증가된 경우에는 통지를 받은 날부터 1개월 이내에 보험료의 증액을 청구하거나 계약을 해지할 수 있습니다.
③ 계약자 또는 피보험자는 주소 또는 연락처가 변경된 경우에는 지체 없이 이를 회사에 알려야 합니다. 다만, 계약자 또는 피보험자가 알리지 않은 경우 회사가 알고 있는 최종의 주소 또는 연락처로 등기우편 등 우편물에 대한 기록이 남는 방법으로 회사가 알린 사항은 일반적으로 도달에 필요한 기간이 지난 때에는 계약자 또는 피보험자에게 도달한 것으로 봅니다.

제16조2(양도) 보험의 목적의 양도는 회사의 서면동의 없이는 회사에 대하여 효력이 없으며, 회사가 서면 동의한 경우 계약으로 인하여 생긴 권리와 의무를 함께 양도한 것으로 합니다. 다만, 의무보험인 경우에는 회사의 서면동의가 없는 경우에도 청약서에 기재된 사업을 양도하였을 때 계약으로 인하여 생긴 권리와 의무를 함께 양도한 것으로 봅니다.

제17조(사기에 의한 계약) 계약자, 피보험자 또는 이들의 대리인의 사기에 의하여 계약이 성립되었음을 회사가 증명하는 경우에는 계약일부터 5년 이내(사기사실을 안 날부터 1개월 이내)에 계약을 취소할 수 있습니다.

제4관 보험계약의 성립과 유지

제18조(보험계약의 성립) ① 계약은 계약자의 청약과 회사의 승낙으로 이루어집니다.
② 회사는 계약의 청약을 받고 보험료 전액 또는 제1회 보험료(이하 '제1회 보험료 등'이라 합니다)를 받은 경우에는 청약일부터 30일 이내에 승낙 또는 거절의 통지를 하며 통지가 없으면 승낙한 것으로 봅니다.
③ 회사가 청약을 승낙한 때에는 지체 없이 보험증권을 계약자에게 교부하여 드리며, 청약을 거절한 경우에는 거절통지와 함께 받은 금액을 계약자에게 돌려드립니다.
④ 이미 성립한 계약을 연장하거나 변경하는 경우에는 회사는 보험증권에 그 사실을 기재함으로써 보험증권의 교부에 대신할 수 있습니다.

제19조(청약의 철회) ① 계약자는 보험증권을 받은 날부터 15일 이내에 그 청약을 철회할 수 있습니다. 다만, 의무보험의 경우에는 철회의사를 표시한 시점에 동종의 다른 의무보험에 가입된 경우에만 철회할 수 있으며, 보험기간이 90일 이내인 계약 또는 전문금융소비자가 체결한 계약은 청약을 철회할 수 없습니다. 〈개정 2021.7.1.〉

> **【전문금융소비자】** 보험계약에 관한 전문성, 자산규모 등에 비추어 보험계약에 따른 위험감수능력이 있는 자로서, 국가, 지방자치단체, 한국은행, 금융회사, 주권상장법인 등을 포함하며 「금융소비자 보호에 관한 법률」 제2조(정의) 제9호에서 정하는 전문금융소비자를 말합니다.
> **【일반금융소비자】** 전문금융소비자가 아닌 계약자를 말합니다. 〈개정 2021.7.1.〉

② 제1항에도 불구하고 청약한 날부터 30일이 초과된 계약은 청약을 철회할 수 없습니다.
③ 청약철회는 계약자가 전화로 신청하거나, 철회의사를 표시하기 위한 서면, 전자우편, 휴대전화 문자메시지 또는 이에 준하는 전자적 의사표시(이하 '서면 등'이라 합니다)를 발송한 때 효력이 발생합니다. 계약자는 서면 등을 발송한 때에 그 발송 사실을 회사에 지체 없이 알려야 합니다. 〈개정 2021.7.1.〉

④ 계약자가 청약을 철회한 때에는 회사는 청약의 철회를 접수한 날부터 3영업일 이내에 납입한 보험료를 계약자에게 돌려드리며, 보험료 반환이 늦어진 기간에 대하여는 보험개발원이 공시하는 보험계약대출이율을 연단위 복리로 계산한 금액을 더하여 지급합니다. 다만, 계약자가 제1회 보험료 등을 신용카드로 납입한 계약의 청약을 철회하는 경우에 회사는 청약의 철회를 접수한 날부터 3영업일 이내에 해당 신용카드회사로 하여금 대금청구를 하지 않도록 해야 하며, 이 경우 회사는 보험료를 반환한 것으로 봅니다. 〈개정 2021.7.1.〉

⑤ 청약을 철회할 때에 이미 보험금 지급사유가 발생하였으나 계약자가 그 보험금 지급사유가 발생한 사실을 알지 못한 경우에는 청약철회의 효력은 발생하지 않습니다.

⑥ 제1항에서 보험증권을 받은 날에 대한 다툼이 발생한 경우 회사가 이를 증명하여야 합니다.

제20조(약관 교부 및 설명의무 등) ① 회사는 계약자가 청약할 때에 계약자에게 약관의 중요한 내용을 설명하여야 하며, 청약 후에 다음 각 호의 방법 중 계약자가 원하는 방법을 확인하여 지체 없이 약관 및 계약자 보관용 청약서를 제공하여 드립니다. 만약, 회사가 전자우편 및 전자적 의사표시로 제공한 경우 계약자 또는 그 대리인이 약관 및 계약자 보관용 청약서 등을 수신하였을 때에는 해당 문서를 드린 것으로 봅니다. 〈개정 2021.7.1.〉

1. 서면교부
2. 우편 또는 전자우편
3. 휴대전화 문자메시지 또는 이에 준하는 전자적 의사표시

② 제1항과 관련하여 통신판매계약의 경우, 회사는 계약자가 가입한 특약만 포함한 약관을 드리며, 전화를 이용하여 체결하는 계약은 계약자의 동의를 얻어 다음의 방법으로 약관의 중요한 내용을 설명할 수 있습니다. 〈신설 2020.10.16., 2022.9.30.〉

1. 전화를 이용하여 청약내용, 보험료 납입, 보험기간, 계약 전 알릴의무, 약관의 중요한 내용 등 계약을 체결하는 데 필요한 사항을 질문 또는 설명하는 방법. 이 경우 계약자의 답변과 확인내용을 음성 녹음함으로써 약관의 중요한 내용을 설명한 것으로 봅니다.

> **【통신판매계약】** 전화・우편・인터넷 등 통신수단을 이용하여 체결하는 계약을 말합니다.

③ 회사가 제1항에 따라 제공될 약관 및 계약자 보관용 청약서를 청약할 때 계약자에게 전달하지 않거나 약관의 중요한 내용을 설명하지 않은 때 또는 계약을 체결할 때 계약자가 청약서에 자필서명을 하지 않은 때에는 계약자는 계약이 성립한 날부터 3개월 이내에 계약을 취소할 수 있습니다.

> **【자필서명】** 날인(도장을 찍음) 및 「전자서명법」 제2조 제2호에 따른 전자서명을 포함합니다. 〈개정 2021.7.1.〉

④ 제3항에 따라 계약이 취소된 경우에는 회사는 이미 납입한 보험료를 계약자에게 돌려드리며, 보험료를 받은 기간에 대하여 보험개발원이 공시하는 보험계약대출이율을 연단위 복리로 계산한 금액을 더하여 지급합니다.

제21조(계약의 무효) 계약을 맺을 때에 보험사고가 이미 발생하였을 경우 이 계약은 무효로 합니다. 다만, 회사의 고의 또는 과실로 계약이 무효로 된 경우와 회사가 승낙 전에 무효임을 알았거나 알 수 있었음에도 불구하고 보험료를 반환하지 않은 경우에는 보험료를 납입한 날의 다음날부터 반환일까지의 기간에 대하여 회사는 보험개발원이 공시하는 보험계약대출이율을 연단위 복리로 계산한 금액을 더하여 돌려드립니다.

제22조(계약내용의 변경 등) ① 계약자는 회사의 승낙을 얻어 다음의 사항을 변경할 수 있습니다. 이 경우 승낙을 서면 등으로 알리거나 보험증권의 뒷면에 기재하여 드립니다.

1. 보험종목
2. 보험기간
3. 보험료 납입주기, 납입방법 및 납입기간
4. 계약자, 피보험자
5. 보상한도액, 보험료 등 기타 계약의 내용

② 회사는 계약자가 제1회 보험료 등을 납입한 때부터 1년 이상 지난 유효한 계약으로서 그 보험종목의 변경을 요청할 때에는 회사의 사업방법서에서 정하는 방법에 따라 이를 변경하여 드립니다.

③ 회사는 계약자가 제1항 제5호의 규정에 의하여 보상한도액을 감액하고자 할 때에는 그 감액된 부분은 계약이 해지된 것으로 보며, 제33조(보험료의 환급)에 따라 보험료를 계약자에게 지급합니다.

④ 회사는 제1항에 따라 계약자를 변경한 경우, 변경된 계약자에게 보험증권 및 약관을 교부하고 변경된 계약자가 요청하는 경우 약관의 중요한 내용을 설명하여 드립니다.

제23조(조사) ① 회사는 보험목적에 대한 위험상태를 조사하기 위하여 보험기간 중 언제든지 피보험자의 시설과 업무내용을 조사할 수 있고 필요한 경우에는 그의 개선을 피보험자에게 요청할 수 있습니다.

② 회사는 제1항에 따른 개선이 완료될 때까지 계약의 효력을 정지할 수 있습니다.

③ 회사는 이 계약의 중요사항과 관련된 범위 내에서는 보험기간 중 또는 회사에서 정한 보험금 청구서류를 접수한 날부터 1년 이내에는 언제든지 피보험자의 회계장부를 열람할 수 있습니다.

제24조(타인을 위한 계약) ① 계약자는 타인을 위한 계약을 체결하는 경우에 그 타인의 위임이 없는 때에는 반드시 이를 회사에 알려야 하며, 이를 알리지 않았을 때에는 그 타인은 이 계약이 체결된 사실을 알지 못하였다는 사유로 회사에 이의를 제기할 수 없습니다.

② 타인을 위한 계약에서 보험사고가 발생한 경우에 계약자가 그 타인에게 보험사고의 발생으로 생긴 손해를 배상한 때에는 계약자는 그 타인의 권리를 해하지 않는 범위 안에서 회사에 보험금의 지급을 청구할 수 있습니다.

제5관 보험료의 납입

제25조(제1회 보험료 등 및 회사의 보장개시) ① 회사는 계약의 청약을 승낙하고 제1회 보험료 등을 받은 때부터 이 약관이 정한 바에 따라 보장을 합니다.

② 회사가 계약자로부터 계약의 청약과 함께 제1회 보험료 등을 받은 경우에 그 청약을 승낙하기 전에 계약에서 정한 보험사고가 생긴 때에는 회사는 계약상의 보장을 합니다.

③ 제2항의 규정에도 불구하고 회사는 다음 중 한 가지에 해당되는 경우에는 보장을 하지 않습니다.

1. 제15조(계약 전 알릴의무)의 규정에 의하여 계약자 또는 피보험자가 회사에 알린 내용이 보험금 지급사유의 발생에 영향을 미쳤음을 회사가 증명하는 경우
2. 제4조(보상하지 않는 손해), 제17조(사기에 의한 계약), 제21조(계약의 무효) 또는 제30조(계약의 해지)의 규정을 준용하여 회사가 보장을 하지 않을 수 있는 경우

④ 계약자가 제1회 보험료 등을 자동이체 또는 신용카드로 납입하는 경우에는 자동이체신청 및 신용카드매출승인에 필요한 정보를 회사에 제공한 때가 제1회 보험료 등을 납입한 때가 되나, 계약자의 책임 있는 사유로 자동이체 또는 매출승인이 불가능한 경우에는 제1회 보험료 등이 납입되지 않은 것으로 봅니다.

⑤ 계약이 갱신되는 경우에는 제1항 내지 제3항에 의한 보장은 기존 계약에 의한 보장이 종료하는 때부터 적용합니다.

제26조(제2회 이후 보험료의 납입) 계약자는 제2회 이후의 보험료를 납입기일까지 납입하여야 하며, 회사는 계약자가 보험료를 납입한 경우에는 영수증을 발행하여 드립니다. 다만, 금융회사(우체국을 포함합니다)를 통하여 보험료를 납입한 경우에는 그 금융회사 발행 증빙서류를 영수증으로 대신합니다.

> 【납입기일】 계약자가 제2회 이후의 보험료를 납입하기로 한 날을 말합니다.

제27조[보험료의 납입이 연체되는 경우 납입최고(독촉)와 계약의 해지] ① 계약자가 제2회 이후의 보험료를 납입기일까지 납입하지 않아 보험료 납입이 연체 중인 경우에 회사는 14일(보험기간이 1년 미만인 경우에는 7일) 이상의 기간을 납입최고(독촉)기간으로 정하여 계약자(타인을 위한 계약의 경우 그 특정된 타인을 포함합니다)에게 다음의 내용을 서면(등기우편 등), 전화(음성녹음) 또는 전자문서 등으로 알려드립니다. 다만, 계약이 해지되기 전에 발생한 보험금 지급사유에 대하여 회사는 계약상의 보장을 합니다.

1. 납입최고(독촉)기간 내에 연체보험료를 납입하여야 한다는 내용
2. 납입최고(독촉)기간이 끝나는 날까지 보험료를 납입하지 않을 경우 그 끝나는 날의 다음날에 계약이 해지된다는 내용

② 제1항의 납입최고(독촉)기간은 납입최고(독촉)의 통지가 계약자(타인을 위한 계약의 경우에는 그 특정된 타인을 포함)에게 도달한 날부터 시작되며, 납입최고(독촉)기간의 마지막 날이 영업일이 아닌 때에는 최고(독촉)기간은 그 다음 날까지로 합니다.

③ 회사가 제1항에 의한 납입최고(독촉) 등을 전자문서로 안내하고자 할 경우에는 계약자의 서면에 의한 동의를 얻어 수신확인을 조건으로 전자문서를 송신하여야 하며, 계약자가 전자문서에 대하여 수신을 확인하기 전까지는 그 전자문서는 송신되지 않은 것으로 봅니다. 회사는 전자문서가 수신되지 않은 것으로 확인되는 경우에는 제1항의 납입최고(독촉)기간을 설정하여 제1항에서 정한 내용을 서면(등기우편 등) 또는 전화(음성녹음)로 다시 알려 드립니다.

④ 제1항에 따라 계약이 해지된 경우에는 제33조(보험료의 환급)에 따라 보험료를 계약자에게 지급합니다.

제28조[보험료의 납입연체로 인한 해지계약의 부활(효력회복)] ① 제27조[보험료의 납입이 연체되는 경우 납입최고(독촉)와 계약의 해지]에 따라 계약이 해지되었으나 계약자가 제33조(보험료의 환급)에 따라 보험료를 돌려받지 않은 경우 계약자는 해지된 날부터 3년 이내에 회사가 정한 절차에 따라 계약의 부활(효력회복)을 청약할 수 있습니다. 이 경우 회사가 그 청약을 승낙한 때에는 계약자는 부활(효력회복)을 청약한 날까지의 연체된 보험료에 보험개발원이 공시하는 월평균 정기예금이율 + 1% 범위 내에서 각 상품별로 회사가 정하는 이율로 계산한 금액을 더하여 납입하여야 합니다.

② 제1항에 따라 해지계약을 부활(효력회복)하는 경우에는 제15조(계약 전 알릴의무), 제17조(사기에 의한 계약), 제18조(보험계약의 성립), 제25조(제1회 보험료 등 및 회사의 보장개시) 및 제30조(계약의 해지)의 규정을 준용합니다. 이 때 회사는 해지 전 발생한 보험금 지급사유를 이유로 부활(효력회복)을 거절하지 않습니다. 〈개정 2023.6.26.〉

③ 제1항에서 정한 계약의 부활이 이루어진 경우라도 계약자 또는 피보험자가 최초 계약 청약시(2회 이상 부활이 이루어진 경우 종전 모든 부활 청약 포함) 제15조(계약 전 알릴의무)를 위반한 경우에는 제30조(계약의 해지) 제3항이 적용됩니다. 〈신설 2023.6.26.〉

제29조[강제집행 등으로 인한 해지계약의 특별부활(효력회복)] ① 타인을 위한 계약의 경우 제33조(보험료의 환급)에 따른 계약자의 환급금 청구권에 대한 강제집행, 담보권실행, 국세 및 지방세 체납처분절차에 의해 계약이 해지된 경우에는, 회사는 해지 당시의 피보험자가 계약자의 동의를 얻어 계약 해지로 회사가 채권자에게 지급한 금액을 회사에게 지급하고 제22조(계약내용의 변경 등) 제1항의 절차에 따라 계약자 명의를 피보험자로 변경하여 계약의 특별부활(효력회복)을 청약할 수 있음을 피보험자에게 통지하여야 합니다.

② 회사는 제1항에 의한 계약자 명의변경 신청 및 계약의 특별부활(효력회복) 청약을 승낙하며, 계약은 청약한 때부터 특별부활(효력회복) 됩니다.

③ 회사는 제1항의 통지를 계약이 해지된 날부터 7일 이내에 하여야 합니다. 다만, 회사의 통지가 7일을 지나서 도달하고 이후 피보험자가 제1항에 의한 계약자 명의변경 신청 및 계약의 특별부활(효력회복)을 청약한 경우에는 계약이 해지된 날부터 7일이 되는 날에 특별부활(효력회복) 됩니다.

④ 피보험자는 통지를 받은 날부터 15일 이내에 제1항의 절차를 이행할 수 있습니다.

제6관 계약의 해지 및 보험료의 환급 등

제30조(계약의 해지) ① 계약자는 손해가 발생하기 전에는 언제든지 계약을 해지할 수 있습니다. 다만, 타인을 위한 계약의 경우에는 계약자는 그 타인의 동의를 얻거나 보험증권을 소지한 경우에 한하여 계약을 해지할 수 있습니다.

② 회사는 계약자 또는 피보험자의 고의로 손해가 발생한 경우 이 계약을 해지할 수 있습니다.

③ 회사는 아래와 같은 사실이 있을 경우에는 손해의 발생여부에 관계없이 그 사실을 안 날부터 1개월 이내에 이 계약을 해지할 수 있습니다.

1. 계약자, 피보험자 또는 이들의 대리인이 제15조(계약 전 알릴의무)에도 불구하고 고의 또는 중대한 과실로 중요한 사항에 대하여 사실과 다르게 알린 때.
2. 뚜렷한 위험의 변경 또는 증가와 관련된 제16조(계약 후 알릴의무)에서 정한 계약 후 알릴의무를 이행하지 않았을 때

④ 제3항 제1호의 경우에도 불구하고 다음 중 하나에 해당하는 경우에는 회사는 계약을 해지할 수 없습니다.

1. 회사가 계약 당시에 그 사실을 알았거나 과실로 인하여 알지 못하였을 때
2. 회사가 그 사실을 안 날부터 1개월 이상 지났거나 또는 제1회 보험료 등을 받은 때부터 보험금 지급사유가 발생하지 않고 2년이 지났을 때
3. 계약을 체결한 날부터 3년이 지났을 때
4. 보험을 모집한 자(이하 "보험설계사 등"이라 합니다)가 계약자 또는 피보험자에게 알릴 기회를 주지 않았거나 계약자 또는 피보험자가 사실대로 알리는 것을 방해한 경우, 계약자 또는 피보험자에게 사실대로 알리지 않게 하였거나 부실한 사항을 알릴 것을 권유했을 때. 다만, 보험설계사 등의 행위가 없었다 하더라도 계약자 또는 피보험자가 사실대로 알리지 않거나 부실한 사항을 알렸다고 인정되는 경우에는 계약을 해지할 수 있습니다.

⑤ 제3항에 의한 계약의 해지는 손해가 생긴 후에 이루어진 경우에도 회사는 그 손해를 보상하여 드리지 않습니다. 손해가 제3항 제1호 및 제2호의 사실로 생긴 것이 아님을 계약자 또는 피보험자가 증명한 경우에는 보상하여 드립니다.

⑥ 회사는 다른 보험가입내역에 대한 계약 전·후 알릴의무위반을 이유로 계약을 해지하거나 보험금 지급을 거절하지 않습니다.

제30조의2(위법계약의 해지) ① 계약자는 「금융소비자 보호에 관한 법률」 제47조 및 관련규정이 정하는 바에 따라 계약 체결에 대한 회사의 법 위반사항이 있는 경우 계약 체결일부터 5년 이내의 범위에서 계약자가 위반사항을 안 날부터 1년 이내에 계약해지요구서에 증빙서류를 첨부하여 위법계약의 해지를 요구할 수 있습니다. 다만, 의무보험의 해지를 요구하려는 경우에는 동종의 다른 의무보험에 가입되어 있어야 합니다.

② 회사는 해지요구를 받은 날부터 10일 이내에 수락 여부를 계약자에 통지하여야 하며, 거절할 때에는 거절사유를 함께 통지하여야 합니다.

③ 계약자는 회사가 정당한 사유 없이 제1항의 요구를 따르지 않는 경우 해당 계약을 해지할 수 있습니다.

④ 제1항 및 제3항에 따라 계약이 해지된 경우 회사는 제33조(보험료의 환급) 제1항 제1호에 따른 환급금을 계약자에게 지급합니다.

⑤ 계약자는 제1항에 따른 제척기간에도 불구하고 민법 등 관계법령에서 정하는 바에 따라 법률상의 권리를 행사할 수 있습니다. 〈본조신설 2021.7.1.〉

제31조(중대사유로 인한 해지) ① 회사는 아래와 같은 사실이 있을 경우에는 그 사실을 안 날부터 1개월 이내에 계약을 해지할 수 있습니다.

1. 계약자 또는 피보험자가 보험금을 지급받을 목적으로 고의로 보험금 지급사유를 발생시킨 경우 〈개정 2021.7.1.〉
2. 계약자 또는 피보험자가 보험금 청구에 관한 서류에 고의로 사실과 다른 것을 기재하였거나 그 서류 또는 증거를 위조 또는 변조한 경우. 다만, 이미 보험금 지급사유가 발생한 경우에는 보험금 지급에 영향을 미치지 않습니다.

② 회사가 제1항에 따라 계약을 해지한 경우 회사는 그 취지를 계약자에게 통지하고 제33조(보험료의 환급)에 따라 보험료를 계약자에게 지급합니다.

제32조(회사의 파산선고와 해지) ① 회사가 파산의 선고를 받은 때에는 계약자는 계약을 해지할 수 있습니다.

② 제1항의 규정에 따라 해지하지 않은 계약은 파산선고 후 3개월이 지난 때에는 그 효력을 잃습니다.

③ 제1항의 규정에 따라 계약이 해지되거나 제2항의 규정에 따라 계약이 효력을 잃는 경우에 회사는 제33조(보험료의 환급)에 의한 보험료를 계약자에게 지급합니다.

제33조(보험료의 환급) ① 이 계약이 무효, 효력상실 또는 해지된 때에는 다음과 같이 보험료를 돌려드립니다.

1. 계약자 또는 피보험자의 책임 없는 사유에 의하는 경우 : 무효의 경우에는 회사에 납입한 보험료의 전액, 효력상실 또는 해지의 경우에는 경과하지 않은 기간에 대하여 일단위로 계산한 보험료
2. 계약자 또는 피보험자의 책임 있는 사유에 의하는 경우 : 이미 경과한 기간에 대하여 단기요율(1년 미만의 기간에 적용되는 요율)로 계산한 보험료를 뺀 잔액. 다만, 계약자, 피보험자의 고의 또는 중대한 과실로 무효가 된 때에는 보험료를 돌려드리지 않습니다.

② 제1항 제2호에서 '계약자 또는 피보험자의 책임 있는 사유'라 함은 다음 각 호를 말합니다.

1. 계약자 또는 피보험자가 임의 해지하는 경우
2. 회사가 제17조(사기에 의한 계약), 제30조(계약의 해지) 또는 제31조(중대사유로 인한 해지)에 따라 계약을 취소 또는 해지하는 경우
3. 보험료 미납으로 인한 계약의 효력상실

③ 계약의 무효, 효력상실 또는 해지로 인하여 회사가 돌려드려야 할 보험료가 있을 때에는 계약자는 환급금을 청구하여야 하며, 회사는 청구일의 다음 날부터 지급일까지의 기간에 대하여 '보험개발원이 공시하는 보험계약대출이율'을 연단위 복리로 계산한 금액을 더하여 지급합니다.

제7관 분쟁의 조정 등

제34조(분쟁의 조정) ① 계약에 관하여 분쟁이 있는 경우에는 분쟁당사자 또는 기타 이해관계인과 회사는 금융감독원장에게 조정을 신청할 수 있으며, 분쟁조정 과정에서 계약자는 관계법령이 정하는 바에 따라 회사가 기록 및 유지・관리하는 자료의 열람(사본의 제공 또는 청취를 포함한다)을 요구할 수 있습니다. 〈개정 2021.7.1.〉
② 회사는 일반금융소비자인 계약자가 조정을 통하여 주장하는 권리나 이익의 가액이 「금융소비자 보호에 관한 법률」 제42조에서 정하는 일정 금액 이내인 분쟁사건에 대하여 조정절차가 개시된 경우에는 관계법령이 정하는 경우를 제외하고는 소를 제기하지 않습니다. 〈신설 2021.7.1.〉

제35조(관할법원) 이 계약에 관한 소송 및 민사조정은 계약자의 주소지를 관할하는 법원으로 합니다. 다만, 회사와 계약자가 합의하여 관할법원을 달리 정할 수 있습니다.

제36조(소멸시효) 보험금청구권, 보험료 또는 환급금 반환청구권은 3년간 행사하지 않으면 소멸시효가 완성됩니다.

제37조(약관의 해석) ① 회사는 신의성실의 원칙에 따라 공정하게 약관을 해석하여야 하며 계약자에 따라 다르게 해석하지 않습니다.
② 회사는 약관의 뜻이 명백하지 않은 경우에는 계약자에게 유리하게 해석합니다.
③ 회사는 보상하지 않는 손해 등 계약자나 피보험자에게 불리하거나 부담을 주는 내용은 확대하여 해석하지 않습니다.

제38조(설명서 교부 및 보험안내자료 등의 효력) ① 회사는 일반금융소비자에게 청약을 권유하거나 일반금융소비자가 설명을 요청하는 경우 보험상품에 관한 중요한 사항을 계약자가 이해할 수 있도록 설명하고 계약자가 이해하였음을 서명(「전자서명법」 제2조 제2호에 따른 전자서명을 포함), 기명날인 또는 녹취 등을 통해 확인받아야 하며, 설명서를 제공하여야 합니다. 〈신설 2021.7.1.〉
② 설명서, 약관, 계약자 보관용 청약서 및 보험증권의 제공 사실에 관하여 계약자와 회사간에 다툼이 있는 경우에는 회사가 이를 증명하여야 합니다. 〈신설 2021.7.1.〉
③ 보험설계사 등이 모집 과정에서 사용한 회사 제작의 보험안내자료의 내용이 약관의 내용과 다른 경우에는 계약자에게 유리한 내용으로 계약이 성립된 것으로 봅니다.

> **【보험안내자료】** 계약의 청약을 권유하기 위해 만든 서류 등을 말합니다.

제39조(회사의 손해배상책임) ① 회사는 계약과 관련하여 임직원, 보험설계사 및 대리점의 책임있는 사유로 인하여 계약자 및 피보험자에게 발생된 손해에 대하여 관계법령 등에 따라 손해배상의 책임을 집니다.
② 회사는 보험금 지급 거절 및 지연지급의 사유가 없음을 알았거나 알 수 있었음에도 불구하고 소를 제기하여 계약자 또는 피보험자에게 손해를 가한 경우에는 그에 따른 손해를 배상할 책임을 집니다.
③ 회사가 보험금 지급여부 및 지급금액에 관하여 현저하게 공정을 잃은 합의로 계약자 또는 피보험자에게 손해를 가한 경우에도 회사는 제2항에 따라 손해를 배상할 책임을 집니다.

제40조(개인정보보호) ① 회사는 이 계약과 관련된 개인정보를 이 계약의 체결, 유지, 보험금 지급 등을 위하여 「개인정보보호법」, 「신용정보의 이용 및 보호에 관한 법률」 등 관계법령에 정한 경우를 제외하고 계약자 또는 피보험자의 동의없이 수집, 이용, 조회 또는 제공하지 않습니다. 다만, 회사는 이 계약의 체결, 유지, 보험금 지급 등을 위하여 위 관계법령에 따라 계약자 및 피보험자의 동의를 받아 다른 보험회사 및 보험관련단체 등에 개인정보를 제공할 수 있습니다.
② 회사는 계약과 관련된 개인정보를 안전하게 관리하여야 합니다.

제41조(준거법) 이 계약은 대한민국 법에 따라 규율되고 해석되며, 약관에서 정하지 않은 사항은 상법, 민법 등 관계법령을 따릅니다.

제42조(예금보험에 의한 지급보장) 회사가 파산 등으로 인하여 보험금 등을 지급하지 못할 경우에는 예금자보호법에서 정하는 바에 따라 그 지급을 보장합니다.

〈부표〉 보험금을 지급할 때의 적립이율(제7조 제2항 관련) 〈신설 2015.12.29.〉

기 간	지 급 이 자
지급기일의 다음 날부터 30일 이내 기간	보험계약대출이율
지급기일의 31일 이후부터 60일 이내 기간	보험계약대출이율 + 가산이율(4.0%)
지급기일의 61일 이후부터 90일 이내 기간	보험계약대출이율 + 가산이율(6.0%)
지급기일의 91일 이후 기간	보험계약대출이율 + 가산이율(8.0%)

주) 보험계약대출이율은 보험개발원이 공시하는 보험계약대출이율을 적용합니다.

08 자동차보험 표준약관

〈개정 2001.3.9., 2001.7.27., 2002.12.13., 2004.6.25., 2005.12.9., 2006.11.10., 2010.1.29., 2011.1.19., 2011.5.8., 2012.12.28., 2014.6.30., 2015.12.29., 2016.3.18., 2016.6.23., 2017.1.20., 2018.5.25., 2019.4.26., 2020.4.29., 2020.10.16., 2021.7.1., 2021.12.27., 2022.12.22.〉

자동차보험 종목 및 가입대상

보 험 종 목	가 입 대 상
개인용 자동차보험	법정 정원 10인승 이하의 개인 소유 자가용 승용차. 다만, 인가된 자동차학원 또는 자동차학원 대표자가 소유하는 자동차로서 운전교습, 도로주행교육 및 시험에 사용되는 승용자동차는 제외
업무용 자동차보험	개인용 자동차를 제외한 모든 비사업용 자동차
영업용 자동차보험	사업용 자동차
이륜자동차보험	이륜자동차 및 원동기장치자전거
농기계보험	동력경운기, 농용트랙터 및 콤바인 등 농기계

※ 이하의 표준약관은 개인용 자동차보험을 기준으로 작성한 것임.

제1편 용어의 정의 및 자동차보험의 구성

제1조(용어의 정의) 이 약관에서 사용하는 용어의 뜻은 다음과 같습니다.

1. 가지급금 : 자동차사고로 인하여 소요되는 비용을 충당하기 위하여, 보험회사가 피보험자에 대한 보상책임이나 피해자에 대한 손해배상책임을 확정하기 전에 그 비용의 일부를 피보험자 또는 피해자에게 미리 지급하는 것을 말합니다.
2. 단기요율 : 보험기간이 1년 미만인 보험계약에 적용되는 보험요율을 말합니다.
3. 마약 또는 약물 등 : 「도로교통법」 제45조에서 정한 '마약, 대마, 향정신성의약품 그 밖의 행정자치부령이 정하는 것'을 말합니다.
4. 무면허운전(조종) : 「도로교통법」 또는 「건설기계관리법」의 운전(조종)면허에 관한 규정에 위반되는 무면허 또는 무자격운전(조종)을 말하며, 운전(조종)면허의 효력이 정지된 상황이거나 운전(조종)이 금지된 상황에서 운전(조종)하는 것을 포함합니다.
5. 무보험자동차 : 피보험자동차가 아니면서 피보험자를 죽게 하거나 다치게 한 자동차로서 다음 중 어느 하나에 해당하는 것을 말합니다. 이 경우 자동차라 함은 「자동차관리법」에 의한 자동차, 「건설기계관리법」에 의한 건설기계, 「군수품관리법」에 의한 차량, 「도로교통법」에 의한 원동기장치자전거 및 개인형이동장치, 「농업기계화촉진법」에 의한 농업기계를 말하며, 피보험자가 소유한 자동차를 제외합니다.
   가. 자동차보험 「대인배상Ⅱ」나 공제계약이 없는 자동차
   나. 자동차보험 「대인배상Ⅱ」나 공제계약에서 보상하지 않는 경우에 해당하는 자동차
   다. 이 약관에서 보상될 수 있는 금액보다 보상한도가 낮은 자동차보험의 「대인배상Ⅱ」나 공제계약이 적용되는 자동차. 다만, 피보험자를 죽게 하거나 다치게 한 자동차가 2대 이상이고 각각의 자동차에 적용되는 자동차보험의 「대인배상Ⅱ」 또는 공제계약에서 보상되는 금액의 합계액이 이 약관에서 보상될 수 있는 금액보다 낮은 경우에 한하는 그 각각의 자동차
   라. 피보험자를 죽게 하거나 다치게 한 자동차가 명확히 밝혀지지 않은 경우 그 자동차(「도로교통법」에 의한 개인형 이동장치는 제외)
6. 부분품, 부속품, 부속기계장치
   가. 부분품 : 엔진, 변속기(트랜스미션) 등 자동차가 공장에서 출고될 때 원형 그대로 부착되어 자동차의 조성부분이 되는 재료를 말합니다.
   나. 부속품 : 자동차에 정착[1] 또는 장비[2]되어 있는 물품을 말하며, 자동차 실내에서만 사용하는 것을 목적으로 해서 자동차에 고정되어 있는 내비게이션이나 고속도로통행료단말기[3]를 포함합니다. 다만 다음의 물품을 제외합니다.
      (1) 연료, 보디커버, 세차용품
      (2) 법령에 의해 자동차에 정착하거나 장비하는 것이 금지되어 있는 물건
      (3) 통상 장식품으로 보는 물건
      (4) 부속기계장치
   다. 부속기계장치 : 의료방역차, 검사측정차, 전원차, 방송중계차 등 자동차등록증상 그 용도가 특정한 자동차에 정착되거나 장비되어 있는 정밀기계장치를 말합니다.

---

1) 정착 : 볼트, 너트 등으로 고정되어 있어서 공구 등을 사용하지 않으면 쉽게 분리할 수 없는 상태
2) 장비 : 자동차의 기능을 충분히 발휘하기 위해 갖추어 두고 있는 상태 또는 법령에 따라 자동차에 갖추어 두고 있는 상태
3) 고속도로통행료단말기 : 고속도로 통행료 등의 지급을 위해 고속도로 요금소와 통행료 등에 관한 정보를 주고받는 송수신장치 (예 : 하이패스 단말기)

7. 운전(조종) : 「도로교통법」상 도로{도로교통법 제44조(술에 취한 상태에서의 운전금지) • 제45조(과로한 때의 운전 금지) • 제54조(사고 발생시 조치) 제1항 • 제148조(벌칙) 및 제148조의2(벌칙)의 경우에는 도로 외의 곳을 포함}에서 자동차 또는 건설기계를 그 본래의 사용방법에 따라 사용하는 것을 말합니다.
8. 운행 : 사람 또는 물건의 운송 여부와 관계없이 자동차를 그 용법에 따라 사용하거나 관리하는 것을 말합니다(「자동차손해배상보장법」 제2조 제2호)
9. 음주운전(조종) : 「도로교통법」에 정한 술에 취한 상태에서 운전(조종)하거나 음주측정에 불응하는 행위를 말합니다.
10. 의무보험 : 「자동차손해배상보장법」 제5조에 따라 자동차보유자가 의무적으로 가입하는 보험을 말합니다.
11. 자동차보유자 : 자동차의 소유자나 자동차를 사용할 권리가 있는 자로서 자기를 위하여 자동차를 운행하는 자를 말합니다(「자동차손해배상보장법」 제2조 제3호)
12. 자동차 취급업자 : 자동차정비업, 대리운전업, 주차장업, 급유업, 세차업, 자동차판매업, 자동차탁송업 등 자동차를 취급하는 것을 업으로 하는 자(이들의 피용자 및 이들이 법인인 경우에는 그 이사와 감사를 포함)를 말합니다.
13. 피보험자 : 보험회사에 보상을 청구할 수 있는 자로서 다음 중 어느 하나에 해당하는 자를 말하며, 구체적인 피보험자의 범위는 각각의 보장종목에서 정하는 바에 따릅니다.
    가. 기명피보험자 : 피보험자동차를 소유 • 사용 • 관리하는 자 중에서 보험계약자가 지정하여 보험증권의 기명피보험자란에 기재되어 있는 피보험자를 말합니다.
    나. 친족피보험자 : 기명피보험자와 같이 살거나 살림을 같이 하는 친족으로서 피보험자동차를 사용하거나 관리하고 있는 자를 말합니다.
    다. 승낙피보험자 : 기명피보험자의 승낙을 얻어 피보험자동차를 사용하거나 관리하고 있는 자를 말합니다.
    라. 사용피보험자 : 기명피보험자의 사용자 또는 계약에 따라 기명피보험자의 사용자에 준하는 지위를 얻은 자. 다만, 기명피보험자가 피보험자동차를 사용자의 업무에 사용하고 있는 때에 한합니다.
    마. 운전피보험자 : 다른 피보험자(기명피보험자, 친족피보험자, 승낙피보험자, 사용피보험자를 말함)를 위하여 피보험자동차를 운전 중인 자(운전보조자를 포함)를 말합니다.
14. 피보험자동차 : 보험증권에 기재된 자동차를 말합니다.
15. 피보험자의 부모, 배우자, 자녀
    가. 피보험자의 부모 : 피보험자의 부모, 양부모를 말합니다.
    나. 피보험자의 배우자 : 법률상의 배우자 또는 사실혼관계에 있는 배우자를 말합니다.
    다. 피보험자의 자녀 : 법률상의 혼인관계에서 출생한 자녀, 사실혼관계에서 출생한 자녀, 양자 또는 양녀를 말합니다.
16. 휴대품, 인명보호장구 및 소지품
    가. 휴대품 : 통상적으로 몸에 지니고 있는 물품으로 현금, 유가증권, 만년필, 소모품, 손목시계, 귀금속, 장신구, 그 밖에 이와 유사한 물품을 말합니다.
    나. 인명보호장구 : 외부충격으로부터 탑승자의 신체를 보호하는 특수기능이 포함된 것으로 「도로교통법 시행규칙」 제32조에서 정하는 승차용 안전모 또는 전용의류[4])를 말합니다.
    다. 소지품 : 휴대품을 제외한 물품으로 정착되어 있지 않고 휴대할 수 있는 물품을 말합니다.[5])

---

4) 예 : 바이크 전용 슈트, 에어백 등 (라이더자켓 • 팬츠 • 부츠 등 이와 유사한 일반의류는 제외)
5) 예 : 휴대전화기, 노트북, 캠코더, 카메라, 음성재생기(CD 플레이어, MP3 플레이어, 카세트테이프 플레이어 등), 녹음기, 전자수첩, 전자사전, 휴대용라디오, 핸드백, 서류가방, 골프채 등

17. 사고발생시의 조치의무위반 : 「도로교통법」에서 정한 사고발생시의 조치를 하지 않은 경우를 말합니다. 다만, 주・정차된 차만 손괴한 것이 분명한 경우에 피해자에게 인적사항을 제공하지 아니한 경우는 제외합니다.

18. 보험가액

가. 보험계약을 체결하는 경우 보험계약 체결 당시 보험개발원이 정한 최근의 자동차보험 차량기준가액표(적용요령 포함)에 정한 가액을 말합니다.

나. 보험계약 체결 후 사고가 발생한 경우 보험사고 발생 당시 보험개발원이 정한 최근의 자동차보험 차량기준가액표(적용요령 포함)에 정한 가액을 말합니다.

19. 마약・약물운전 : 마약 또는 약물 등의 영향으로 인하여 정상적인 운전을 하지 못할 우려가 있는 상태에서 운전하는 행위를 말합니다.

제2조(자동차보험의 구성) ① 보험회사가 판매하는 자동차보험은 「대인배상Ⅰ」, 「대인배상Ⅱ」, 「대물배상」, 「자기신체사고」, 「무보험자동차에 의한 상해」, 「자기차량손해」의 6가지 보장종목과 특별약관으로 구성되어 있습니다.

② 보험계약자는 다음과 같은 방법에 의해 자동차보험에 가입합니다.

1. 의무보험 : 「자동차손해배상보장법」 제5조에 의해 보험에 가입할 의무가 있는 자동차보유자는 「대인배상Ⅰ」과 「대물배상」(「자동차손해배상보장법」에서 정한 보상한도에 한함)을 반드시 가입하여야 합니다.
2. 임의보험 : 의무보험에 가입하는 보험계약자는 의무보험에 해당하지 않는 보장종목을 선택하여 가입할 수 있습니다.

③ 각 보장종목별 보상 내용은 다음과 같으며 상세한 내용은 제2편 자동차보험에서 보상하는 내용에 규정되어 있습니다.

1. 배상책임 : 자동차사고로 인하여 피보험자가 손해배상책임을 짐으로써 입은 손해를 보상

보장종목	보상하는 내용
가. 「대인배상 Ⅰ」	자동차사고로 다른 사람을 죽게 하거나 다치게 한 경우에 「자동차손해배상보장법」에서 정한 한도에서 보상
나. 「대인배상 Ⅱ」	자동차사고로 다른 사람을 죽게 하거나 다치게 한 경우, 그 손해가 「대인배상 Ⅰ」에서 지급하는 금액을 초과하는 경우에 그 초과손해를 보상
다. 「대물배상」	자동차사고로 다른 사람의 재물을 없애거나 훼손한 경우에 보상

2. 배상책임 이외의 보장종목 : 자동차사고로 인하여 피보험자가 입은 손해를 보상

보장종목	보상하는 내용
가. 「자기신체사고」	피보험자가 죽거나 다친 경우에 보상
나. 「무보험자동차에 의한 상해」	무보험자동차에 의해 피보험자가 죽거나 다친 경우에 보상
다. 「자기차량손해」	피보험자동차에 생긴 손해를 보상

④ 자동차보험료는 보험회사가 금융감독원에 신고한 후 사용하는 '자동차보험요율서'에서 정한 방법에 의하여 계산합니다.

〈예 시〉

납입할 보험료 = 기본보험료 × 특약 요율 × 가입자특성요율(보험가입경력요율 ± 교통법규위반경력요율) × 특별요율 × 우량할인 · 불량할증요율 × 사고건수별 특성요율

구 분	내 용
기본보험료	차량의 종류, 배기량, 용도, 보험가입금액, 성별, 연령 등에 따라 미리 정해놓은 기본적인 보험료
특약요율	운전자의 연령범위를 제한하는 특약, 가족으로 운전자를 한정하는 특약 등 가입시에 적용하는 요율
가입자특성요율	보험가입기간이나 법규위반경력에 따라 적용하는 요율
특별요율	자동차의 구조나 운행실태가 같은 종류의 차량과 다른 경우 적용하는 요율
우량할인 · 불량할증요율	사고발생 실적에 따라 적용하는 요율
사고건수별 특성요율	직전 3년간 사고유무 및 사고건수에 따라 적용하는 요율

※ 자동차보험료 계산에 관한 세부적인 사항은 각 보험회사별로 일부 상이

제2편 자동차보험에서 보상하는 내용

제1장 배상책임

제1절 대인배상Ⅰ

제3조(보상하는 손해) 「대인배상Ⅰ」에서 보험회사는 피보험자가 피보험자동차의 운행으로 인하여 다른 사람을 죽거나 다치게 하여 「자동차손해배상보장법」 제3조에 의한 손해배상책임을 짐으로써 입은 손해를 보상합니다.

제4조(피보험자) 「대인배상Ⅰ」에서 피보험자라 함은 다음 중 어느 하나에 해당하는 자를 말하며, 다음에서 정하는 자 외에도 「자동차손해배상보장법」상 자동차보유자에 해당하는 자가 있는 경우에는 그 자를 「대인배상Ⅰ」의 피보험자로 봅니다.

1. 기명피보험자
2. 친족피보험자
3. 승낙피보험자
4. 사용피보험자
5. 운전피보험자

제5조(보상하지 않는 손해) 보험계약자 또는 피보험자의 고의로 인한 손해는 「대인배상Ⅰ」에서 보상하지 않습니다. 다만, 「자동차손해배상보장법」 제10조의 규정에 따라 피해자가 보험회사에 직접청구를 한 경우, 보험회사는 자동차손해배상보장법령에서 정한 금액을 한도로 피해자에게 손해배상금을 지급한 다음 지급한 날부터 3년 이내에 고의로 사고를 일으킨 보험계약자나 피보험자에게 그 금액의 지급을 청구합니다.

08

제2절 대인배상Ⅱ와 대물배상

제6조(보상하는 손해) ① 「대인배상Ⅱ」에서 보험회사는 피보험자가 피보험자동차를 소유・사용・관리하는 동안에 생긴 피보험자동차의 사고로 인하여 다른 사람을 죽게 하거나 다치게 하여 법률상 손해배상책임을 짐으로써 입은 손해(「대인배상Ⅰ」에서 보상하는 손해를 초과하는 손해에 한함)를 보상합니다.

② 「대물배상」에서 보험회사는 피보험자가 피보험자동차를 소유・사용・관리하는 동안에 생긴 피보험자동차의 사고로 인하여 다른 사람의 재물을 없애거나 훼손하여 법률상 손해배상책임을 짐으로써 입은 손해를 보상합니다.

제7조(피보험자) 「대인배상Ⅱ」와 「대물배상」에서 피보험자라 함은 다음 중 어느 하나에 해당하는 자를 말합니다.

1. 기명피보험자
2. 친족피보험자
3. 승낙피보험자. 다만, 자동차 취급업자가 업무상 위탁받은 피보험자동차를 사용하거나 관리하는 경우에는 피보험자로 보지 않습니다.
4. 사용피보험자
5. 운전피보험자. 다만, 자동차 취급업자가 업무상 위탁받은 피보험자동차를 사용하거나 관리하는 경우에는 피보험자로 보지 않습니다.

제8조(보상하지 않는 손해) ① 다음 중 어느 하나에 해당하는 손해는 「대인배상Ⅱ」와 「대물배상」에서 보상하지 않습니다.

1. 보험계약자 또는 기명피보험자의 고의로 인한 손해
2. 기명피보험자 이외의 피보험자의 고의로 인한 손해
3. 전쟁, 혁명, 내란, 사변, 폭동, 소요 또는 이와 유사한 사태로 인한 손해
4. 지진, 분화, 태풍, 홍수, 해일 등 천재지변으로 인한 손해
5. 핵연료물질의 직접 또는 간접적인 영향으로 인한 손해
6. 영리를 목적으로 요금이나 대가를 받고 피보험자동차를 반복적으로 사용하거나 빌려 준 때에 생긴 손해. 다만, 다음 각목의 어느 하나에 해당하는 경우에는 보상합니다.
   가. 임대차계약(계약기간이 30일을 초과하는 경우에 한함)에 따라 임차인이 피보험자동차를 전속적으로 사용하는 경우(다만, 임차인이 피보험자동차를 영리를 목적으로 요금이나 대가를 받고 반복적으로 사용하는 경우에는 보상하지 않습니다)
   나. 피보험자와 동승자가 「여객자동차운수사업법」에 따른 토요일, 일요일 및 공휴일을 제외한 날의 출・퇴근 시간대(오전 7시부터 오전 9시까지 및 오후 6시부터 오후 8시까지를 말한다)에 실제의 출・퇴근 용도로 자택과 직장 사이를 이동하면서 승용차 함께타기를 실시한 경우
7. 피보험자가 제3자와 손해배상에 관한 계약을 맺고 있을 때 그 계약으로 인하여 늘어난 손해
8. 피보험자동차를 시험용, 경기용 또는 경기를 위해 연습용으로 사용하던 중 생긴 손해. 다만, 운전면허시험을 위한 도로주행시험용으로 사용하던 중 생긴 손해는 보상합니다.

② 다음 중 어느 하나에 해당하는 사람이 죽거나 다친 경우에는 「대인배상Ⅱ」에서 보상하지 않습니다.

1. 피보험자 또는 그 부모, 배우자 및 자녀
2. 배상책임이 있는 피보험자의 피용자로서 「산업재해보상보험법」에 의한 재해보상을 받을 수 있는 사람. 다만, 그 사람이 입은 손해가 같은 법에 의한 보상범위를 넘어서는 경우 그 초과손해를 보상합니다.
3. 피보험자동차가 피보험자의 사용자의 업무에 사용되는 경우 그 사용자의 업무에 종사 중인 다른 피용자로서, 「산업재해보상보험법」에 의한 재해보상을 받을 수 있는 사람. 다만, 그 사람이 입은 손해가 같은 법에 의한 보상범위를 넘는 경우 그 초과손해를 보상합니다.

③ 다음 중 어느 하나에 해당하는 손해는 「대물배상」에서 보상하지 않습니다.

1. 피보험자 또는 그 부모, 배우자나 자녀가 소유・사용・관리하는 재물에 생긴 손해
2. 피보험자가 사용자의 업무에 종사하고 있을 때 피보험자의 사용자가 소유・사용・관리하는 재물에 생긴 손해
3. 피보험자동차에 싣고 있거나 운송중인 물품에 생긴 손해
4. 다른 사람의 서화, 골동품, 조각물, 그 밖에 미술품과 탑승자와 통행인의 의류나 휴대품에 생긴 손해. 그러나 탑승자의 신체를 보호할 인명보호장구에 한하여 피해자 1인당 200만원의 한도에서 실제 손해를 보상합니다.
5. 탑승자와 통행인의 분실 또는 도난으로 인한 소지품에 생긴 손해. 그러나 훼손된 소지품에 한하여 피해자 1인당 200만원의 한도에서 실제 손해를 보상합니다.

④ 제1항 제2호와 관련해서 보험회사가 제9조(피보험자 개별적용) 제1항에 따라 피해자에게 손해배상을 하는 경우, 보험회사는 손해배상액을 지급한 날부터 3년 이내에 고의로 사고를 일으킨 피보험자에게 그 금액의 지급을 청구합니다.

제3절 배상책임에서 공통으로 적용할 사항

제9조(피보험자 개별적용) ① 이 장의 규정은 각각의 피보험자마다 개별적으로 적용합니다. 다만 제8조(보상하지 않는 손해) 제1항 제1호, 제6호, 제9호를 제외합니다.

② 제1항에 따라 제10조(지급보험금의 계산)에 정하는 보험금의 한도가 증액되지는 않습니다.

제10조(지급보험금의 계산) ①「대인배상 I」,「대인배상II」,「대물배상」에서 보험회사는 이 약관의 '보험금지급기준에 의해 산출한 금액'과 '비용'을 합한 금액에서 '공제액'을 공제한 후 보험금으로 지급하되 다음의 금액을 한도로 합니다.

1.「대인배상 I」: 자동차손해배상보장법령에서 정한 기준에 따라 산출한 금액
2.「대인배상II」,「대물배상」: 보험증권에 기재된 보험가입금액

지급 보험금	=	'보험금 지급기준에 의해 산출한 금액' 또는 '법원의 확정판결 등[6]에 따라 피보험자가 배상하여야 할 금액'	+	비용	−	공제액

② 소송(민사조정, 중재를 포함)이 제기되었을 경우에는 대한민국 법원의 확정판결 등[6]에 따라 피보험자가 손해배상청구권자에게 배상하여야 할 금액(지연배상금을 포함)을 제1항의 '보험금 지급기준에 의해 산출한 금액'으로 봅니다.

③ 제1항의 '비용'은 다음 중 어느 하나에 해당하는 금액을 말합니다. 이 비용은 보험가입금액과 관계없이 보상하여 드립니다.

1. 손해의 방지와 경감을 위하여 지출한 비용(긴급조치비용을 포함)
2. 다른 사람으로부터 손해배상을 받을 수 있는 권리의 보전과 행사를 위하여 지출한 필요 비용 또는 유익한 비용
3. 그 밖에 보험회사의 동의를 얻어 지출한 비용

④ 제1항의 '공제액'은 다음의 금액을 말합니다.

1.「대인배상II」:「대인배상 I」에서 지급되는 금액 또는 피보험자동차가「대인배상 I」에 가입되지 않은 경우에는「대인배상 I」에서 지급될 수 있는 금액
2.「대물배상」: 사고차량을 고칠 때에 엔진, 변속기(트랜스미션) 등 부분품을 교체한 경우 교체된 기존 부분품의 감가상각에 해당하는 금액

제11조(음주운전, 무면허운전, 마약・약물운전 또는 사고발생시의 조치의무위반 관련 사고부담금) ① 피보험자 본인이 음주운전이나 무면허운전 또는 마약・약물운전을 하는 동안에 생긴 사고 또는 사고발생시의 조치의무를 위반한 경우 또는 기명피보험자의 명시적・묵시적 승인하에서 피보험자동차의 운전자가 음주운전이나 무면허운전 또는 마약・약물운전을 하는 동안에 생긴 사고 또는 사고발생시의 조치의무를 위반한 경우로 인하여 보험회사가「대인배상 I」,「대인배상 II」 또는「대물배상」에서 보험금을 지급하는 경우, 피보험자는 다음에서 정하는 사고부담금을 보험회사에 납입하여야 합니다(다만, 마약・약물운전은「대인배상II」 및「자동차손해배상보장법」 제5조 제2항의 규정에 따라 자동차보유자가 의무적으로 가입하여야 하는「대물배상」 보험가입금액 초과 손해에 대해서만 적용합니다).

1.「대인배상 I」:「대인배상 I」 한도 내 지급보험금
2.「대인배상II」: 1사고당 1억원

6) '법원의 확정판결 등'이라 함은 법원의 확정판결 또는 법원의 확정판결과 동일한 효력을 갖는 조정결정, 중재판정 등을 말합니다.

3. 「대물배상」

가. 「자동차손해배상보장법」 제5조 제2항의 규정에 따라 자동차보유자가 의무적으로 가입하여야 하는 「대물배상」 보험가입금액 이하 손해 : 지급보험금

나. 「자동차손해배상보장법」 제5조 제2항의 규정에 따라 자동차보유자가 의무적으로 가입하여야 하는 「대물배상」 보험가입금액 초과 손해 : 1사고당 5,000만원

② 피보험자는 지체 없이 음주운전, 무면허운전, 마약・약물운전 또는 사고발생시의 조치의무위반 사고부담금을 보험회사에 납입하여야 합니다. 다만, 피보험자가 경제적인 사유 등으로 이 사고부담금을 미납하였을 때 보험회사는 피해자에게 이 사고부담금을 포함하여 손해배상금을 우선 지급하고 피보험자에게 이 사고부담금의 지급을 청구할 수 있습니다.

제2장 배상책임 이외의 보장종목

제1절 자기신체사고

제12조(보상하는 손해) 「자기신체사고」에서 보험회사는 피보험자가 피보험자동차를 소유・사용・관리하는 동안에 생긴 자동차의 사고로 인하여 죽거나 다친 때 그로 인한 손해를 보상하여 드립니다.

※ 「자기신체사고」에서 보장하는 '자동차의 사고'에 관한 구체적인 사항은 개별 보험회사의 약관에서 규정

제13조(피보험자) 「자기신체사고」에서 피보험자는 보험회사에 보상을 청구할 수 있는 사람으로 그 범위는 다음과 같습니다.

※ '피보험자'에 관한 구체적인 사항은 개별 보험회사의 약관에서 규정

제14조(보상하지 않는 손해) 다음 중 어느 하나에 해당하는 손해는 「자기신체사고」에서 보상하지 않습니다.

1. 피보험자의 고의로 그 본인이 상해를 입은 때. 이 경우 그 피보험자에 대한 보험금만 지급하지 않습니다.
2. 상해가 보험금을 받을 자의 고의로 생긴 때에는 그 사람이 받을 수 있는 금액
3. 피보험자동차 또는 피보험자동차 이외의 자동차를 시험용, 경기용 또는 경기를 위해 연습용으로 사용하던 중 생긴 손해. 다만, 운전면허시험을 위한 도로주행시험용으로 사용하던 중 생긴 손해는 보상합니다.
4. 전쟁, 혁명, 내란, 사변, 폭동, 소요 및 이와 유사한 사태로 인한 손해
5. 지진, 분화 등 천재지변으로 인한 손해
6. 핵연료물질의 직접 또는 간접적인 영향으로 인한 손해
7. 영리를 목적으로 요금이나 대가를 받고 피보험자동차를 반복적으로 사용하거나 빌려 준 때에 생긴 손해. 다만, 다음 각목의 어느 하나에 해당하는 경우에는 보상합니다.

가. 임대차계약(계약기간이 30일을 초과하는 경우에 한함)에 따라 임차인이 피보험자동차를 전속적으로 사용하는 경우(다만, 임차인이 피보험자동차를 영리를 목적으로 요금이나 대가를 받고 반복적으로 사용하는 경우에는 보상하지 않습니다)

나. 피보험자와 동승자가 「여객자동차운수사업법」에 따른 토요일, 일요일 및 공휴일을 제외한 날의 출・퇴근 시간대(오전 7시부터 오전 9시까지 및 오후 6시부터 오후 8시까지를 말한다)에 실제의 출・퇴근 용도로 자택과 직장 사이를 이동하면서 승용차 함께타기를 실시한 경우

제15조(보험금의 종류와 한도) 보험회사가 「자기신체사고」에서 지급하는 보험금의 종류와 한도는 다음과 같습니다.

> ※ '보험금의 종류와 한도'에 관한 구체적인 사항은 개별 보험회사의 약관에서 규정

제16조(지급보험금의 계산) 「자기신체사고」의 지급보험금은 다음과 같이 계산합니다.

> ※ '지급보험금의 계산'에 관한 구체적인 사항은 개별 보험회사의 약관에서 규정

제2절 무보험자동차에 의한 상해

제17조(보상하는 손해) 「무보험자동차에 의한 상해」에서 보험회사는 피보험자가 무보험자동차로 인하여 생긴 사고로 죽거나 다친 때에 그로 인한 손해에 대하여 배상의무자[7]가 있는 경우에 이 약관에서 정하는 바에 따라 보상하여 드립니다.

제18조(피보험자) 「무보험자동차에 의한 상해」에서 피보험자는 보험회사에 보상을 청구할 수 있는 사람으로 그 범위는 다음과 같습니다.

> ※ '피보험자'에 관한 구체적인 사항은 개별 보험회사의 약관에서 규정

제19조(보상하지 않는 손해) 다음 중 어느 하나에 해당하는 손해는 「무보험자동차에 의한 상해」에서 보상하지 않습니다.

1. 보험계약자의 고의로 인한 손해
2. 피보험자의 고의로 그 본인이 상해를 입은 때. 이 경우 당해 피보험자에 대한 보험금만 지급하지 않습니다.
3. 상해가 보험금을 받을 자의 고의로 생긴 때는 그 사람이 받을 수 있는 금액
4. 전쟁, 혁명, 내란, 사변, 폭동, 소요 및 이와 유사한 사태로 인한 손해
5. 지진, 분화, 태풍, 홍수, 해일 등 천재지변으로 인한 손해
6. 핵연료물질의 직접 또는 간접적인 영향으로 인한 손해
7. 영리를 목적으로 요금이나 대가를 받고 피보험자동차를 반복적으로 사용하거나 빌려 준 때에 생긴 손해. 다만, 다음 각목의 어느 하나에 해당하는 경우에는 보상합니다.
   가. 임대차계약(계약기간이 30일을 초과하는 경우에 한함)에 따라 임차인이 피보험자동차를 전속적으로 사용하는 경우(다만, 임차인이 피보험자동차를 영리를 목적으로 요금이나 대가를 받고 반복적으로 사용하는 경우에는 보상하지 않습니다)
   나. 피보험자와 동승자가 「여객자동차운수사업법」에 따른 토요일, 일요일 및 공휴일을 제외한 날의 출・퇴근 시간대(오전 7시부터 오전 9시까지 및 오후 6시부터 오후 8시까지를 말한다)에 실제의 출・퇴근 용도로 자택과 직장 사이를 이동하면서 승용차 함께타기를 실시한 경우
8. 피보험자동차 또는 피보험자동차 이외의 자동차를 시험용, 경기용 또는 경기를 위해 연습용으로 사용하던 중 생긴 손해. 다만, 운전면허시험을 위한 도로주행시험용으로 사용하던 중 생긴 손해는 보상합니다.

---

7) '배상의무자'라 함은 무보험자동차로 인하여 생긴 사고로 피보험자를 죽게 하거나 다치게 함으로써 피보험자에게 입힌 손해에 대하여 법률상 손해배상책임을 지는 사람을 말합니다.

9. 피보험자가 피보험자동차가 아닌 자동차를 영리를 목적으로 요금이나 대가를 받고 운전하던 중 생긴 사고로 인한 손해
10. 다음 중 어느 하나에 해당하는 사람이 배상의무자일 경우에는 보상하지 않습니다. 다만, 이들이 무보험자동차를 운전하지 않은 경우로, 이들 이외에 다른 배상의무자가 있는 경우에는 보상합니다.
   가. 상해를 입은 피보험자의 부모, 배우자, 자녀
   나. 피보험자가 사용자의 업무에 종사하고 있을 때 피보험자의 사용자 또는 피보험자의 사용자의 업무에 종사 중인 다른 피용자

제20조(지급보험금의 계산) 「무보험자동차에 의한 상해」의 지급보험금은 다음과 같이 계산합니다. 다만, 「도로교통법」에 의한 개인형 이동장치로 인한 손해는 「자동차손해배상보장법 시행령」 제3조에서 정하는 금액을 한도로 합니다.

> ※ '지급보험금의 계산'에 관한 구체적인 사항은 개별 보험회사의 약관에서 규정

제3절 자기차량손해

제21조(보상하는 손해) 「자기차량손해」에서 보험회사는 피보험자가 피보험자동차를 소유・사용・관리하는 동안에 발생한 사고로 인하여 피보험자동차에 직접적으로 생긴 손해를 보험증권에 기재된 보험가입금액을 한도로 보상하되 다음 각 호의 기준에 따릅니다.
1. 보험가입금액이 보험가액보다 많은 경우에는 보험가액을 한도로 보상합니다.
2. 피보험자동차에 통상 붙어있거나 장치되어 있는 부속품과 부속기계장치는 피보험자동차의 일부로 봅니다. 그러나 통상 붙어 있거나 장치되어 있는 것이 아닌 것은 보험증권에 기재한 것에 한합니다.
3. 피보험자동차의 단독사고(가해자 불명사고를 포함합니다) 또는 일방과실사고의 경우에는 실제 수리를 원칙으로 합니다.
4. 경미한 손상[8]의 경우 보험개발원이 정한 경미손상 수리기준에 따라 복원수리하는데 소요되는 비용을 한도로 보상합니다.

> ※ 「자기차량손해」에서 보장하는 '사고'에 관한 구체적인 사항은 개별 보험회사의 약관에서 규정

제22조(피보험자) 「자기차량손해」에서 피보험자는 보험회사에 보상을 청구할 수 있는 사람으로 보험증권에 기재된 기명피보험자입니다.

제23조(보상하지 않는 손해) 다음 중 어느 하나에 해당하는 손해는 「자기차량손해」에서 보상하지 않습니다.
1. 보험계약자 또는 피보험자의 고의로 인한 손해
2. 전쟁, 혁명, 내란, 사변, 폭동, 소요 및 이와 유사한 사태로 인한 손해
3. 지진, 분화 등 천재지변으로 인한 손해
4. 핵연료물질의 직접 또는 간접적인 영향으로 인한 손해
5. 영리를 목적으로 요금이나 대가를 받고 피보험자동차를 반복적으로 사용하거나 빌려 준 때에 생긴 손해. 다만, 다음 각목의 어느 하나에 해당하는 경우에는 보상합니다.

---

8) 외장부품 중 자동차의 기능과 안전성을 고려할 때 부품교체 없이 복원이 가능한 손상

가. 임대차계약(계약기간이 30일을 초과하는 경우에 한함)에 따라 임차인이 피보험자동차를 전속적으로 사용하는 경우(다만, 임차인이 피보험자동차를 영리를 목적으로 요금이나 대가를 받고 반복적으로 사용하는 경우에는 보상하지 않습니다)

나. 피보험자와 동승자가 「여객자동차운수사업법」에 따른 토요일, 일요일 및 공휴일을 제외한 날의 출・퇴근 시간대(오전 7시부터 오전 9시까지 및 오후 6시부터 오후 8시까지를 말한다)에 실제의 출・퇴근 용도로 자택과 직장 사이를 이동하면서 승용차 함께타기를 실시한 경우

6. 사기 또는 횡령으로 인한 손해
7. 국가나 공공단체의 공권력 행사에 의한 압류, 징발, 몰수, 파괴 등으로 인한 손해. 그러나 소방이나 피난에 필요한 조치로 손해가 발생한 경우에는 그 손해를 보상합니다.
8. 피보험자동차에 생긴 흠, 마멸, 부식, 녹, 그 밖에 자연소모로 인한 손해
9. 피보험자동차의 일부 부분품, 부속품, 부속기계장치만의 도난으로 인한 손해
10. 동파로 인한 손해 또는 우연한 외래의 사고에 직접 관련이 없는 전기적, 기계적 손해
11. 피보험자동차를 시험용, 경기용 또는 경기를 위해 연습용으로 사용하던 중 생긴 손해. 다만, 운전면허시험을 위한 도로주행시험용으로 사용하던 중 생긴 손해는 보상합니다.
12. 피보험자동차를 운송 또는 싣고 내릴 때에 생긴 손해
13. 피보험자동차가 주정차 중일 때 피보험자동차의 타이어나 튜브에만 생긴 손해. 다만, 다음 중 어느 하나에 해당하는 손해는 보상합니다(타이어나 튜브의 물리적 변형이 없는 단순 오손의 경우는 제외).
    가. 다른 자동차가 충돌하거나 접촉하여 입은 손해
    나. 화재, 산사태로 입은 손해
    다. 가해자가 확정된 사고[9]로 인한 손해
14. 다음 각목의 어느 하나에 해당하는 자가 무면허운전, 음주운전 또는 마약・약물운전을 하였을 때 생긴 손해
    가. 보험계약자, 기명피보험자
    나. 30일을 초과하는 기간을 정한 임대차계약에 의해 피보험자동차를 빌린 임차인[10]
    다. 기명피보험자와 같이 살거나 생계를 같이 하는 친족

제24조(지급보험금의 계산) 「자기차량손해」의 지급보험금은 다음과 같이 계산합니다.

※ '지급보험금의 계산'에 관한 구체적인 사항은 개별 보험회사의 약관에서 규정

9) '가해자가 확정된 사고'라 함은 피보험자동차에 장착되어 있는 타이어나 튜브를 훼손하거나 파손한 사고로, 경찰관서를 통하여 가해자(기명피보험자 및 기명피보험자의 부모, 배우자, 자녀는 제외)의 신원이 확인된 사고를 말합니다.
10) 임차인이 법인인 경우에는 그 이사, 감사 또는 피고용자(피고용자가 피보험자동차를 법인의 업무에 사용하고 있는 때에 한함)를 포함합니다.

제3편 보험금 또는 손해배상의 청구

제1장 피보험자의 보험금 청구

제25조(보험금을 청구할 수 있는 경우) 피보험자는 다음에서 정하는 바에 따라 보험금을 청구할 수 있습니다.

보장종목	보험금을 청구할 수 있는 경우
1. 「대인배상Ⅰ」, 「대인배상Ⅱ」, 「대물배상」	대한민국 법원에 의한 판결의 확정, 재판상의 화해, 중재 또는 서면에 의한 합의로 손해배상액이 확정된 때
2. 「자기신체사고」	피보험자가 피보험자동차를 소유, 사용, 관리하는 동안에 생긴 자동차의 사고로 인하여 죽거나 다친 때
3. 「무보험자동차에 의한 상해」	피보험자가 무보험자동차에 의해 생긴 사고로 죽거나 다친 때
4. 「자기차량손해」	사고가 발생한 때. 다만, 피보험자동차를 도난당한 경우에는 도난사실을 경찰관서에 신고한 후 30일이 지나야 보험금을 청구할 수 있습니다. 만약, 경찰관서에 신고한 후 30일이 지나 보험금을 청구하였으나 피보험자동차가 회수되었을 경우에는 보험금의 지급 및 피보험자동차의 반환 여부는 피보험자의 의사에 따릅니다.

제26조(청구 절차 및 유의 사항) ① 보험회사는 보험금 청구에 관한 서류를 받았을 때에는 지체 없이 지급할 보험금액을 정하고 그 정하여진 날부터 7일 이내에 지급합니다.

② 보험회사가 정당한 사유 없이 보험금액을 정하는 것을 지연하였거나 제1항에서 정한 지급기일 내에 보험금을 지급하지 않았을 때, 지급할 보험금이 있는 경우에는 그 다음날부터 지급일까지의 기간에 대하여 〈부표〉 '보험금을 지급할 때의 적립이율'에 따라 연단위 복리로 계산한 금액을 보험금에 더하여 지급합니다. 다만, 피보험자의 책임 있는 사유로 지급이 지연될 때에는 그 해당 기간에 대한 이자를 더하여 드리지 않습니다.

③ 보험회사가 보험금 청구에 관한 서류를 받은 때부터 30일 이내에 피보험자에게 보험금을 지급하는 것을 거절하는 이유 또는 그 지급을 연기하는 이유(추가 조사가 필요한 때에는 확인이 필요한 사항과 확인이 종료되는 시기를 포함)를 서면(전자우편 등 서면에 갈음할 수 있는 통신수단을 포함)으로 통지하지 않는 경우, 정당한 사유 없이 보험금액을 정하는 것을 지연한 것으로 봅니다.

④ 보험회사는 손해배상청구권자가 손해배상을 받기 전에는 보험금의 전부 또는 일부를 피보험자에게 지급하지 않으며, 피보험자가 손해배상청구권자에게 지급한 손해배상액을 초과하여 피보험자에게 지급하지 않습니다.

⑤ 피보험자의 보험금 청구가 손해배상청구권자의 직접청구와 경합할 때에는 보험회사가 손해배상청구권자에게 우선하여 보험금을 지급합니다.

⑥ 「대인배상Ⅰ」, 「대인배상Ⅱ」, 「자기신체사고」, 「무보험자동차에 의한 상해」에서 보험회사는 피보험자 또는 손해배상청구권자의 청구가 있거나 그 밖의 원인으로 보험사고가 발생한 사실을 알았을 때에는 피해자 또는 손해배상청구권자를 진료하는 의료기관에 그 진료에 따른 자동차보험 진료수가의 지급의사 유무 및 지급한도 등을 통지합니다.

제27조(제출서류) 피보험자는 보장종목별로 다음의 서류 등을 구비하여 보험금을 청구하여야 합니다.

보험금 청구시 필요 서류 등	대인배상	대물배상	자기차량손해	자기신체사고	무보험자동차에 의한 상해
1. 보험금 청구서	○	○	○	○	○
2. 손해액을 증명하는 서류(진단서 등)	○	○	○	○	○
3. 손해배상의 이행사실을 증명하는 서류	○	○			
4. 사고가 발생한 때와 장소 및 사고사실이 신고된 관할 경찰관서의 교통사고사실확인원 등			○		○
5. 배상의무자의 주소, 성명 또는 명칭, 차량번호					○
6. 배상의무자의 「대인배상Ⅱ」 또는 공제계약의 유무 및 내용					○
7. 피보험자가 입은 손해를 보상할 「대인배상Ⅱ」 또는 공제계약, 배상의무자 또는 제3자로부터 이미 지급받은 손해배상금이 있을 때에는 그 금액					○
8. 전손보험금을 청구할 경우					
도난으로 인한 전손사고시 말소 사실증명서			○		
전손사고 후 이전매각시 이전서류		○	○		
전손사고 후 폐차시 폐차인수증명서		○	○		
9. 그 밖에 보험회사가 꼭 필요하여 요청하는 서류 등(수리개시 전 자동차점검·정비견적서, 사진 등. 이 경우 수리개시 전 자동차점검·정비견적서의 발급 등에 관한 사항은 보험회사에 구두 또는 서면으로 위임할 수 있으며, 보험회사는 수리개시 전 자동차점검·정비견적서를 발급한 자동차정비업자에게 이에 대한 검토의견서를 수리개시 전에 회신하게 됩니다)	○	○	○	○	○

제28조(가지급금의 지급) ① 피보험자가 가지급금을 청구한 경우 보험회사는 이 약관에 따라 지급할 금액의 한도에서 가지급금(자동차보험 진료수가는 전액, 진료수가 이외의 보험금은 이 약관에 따라 지급할 금액의 50%)을 지급합니다.

② 보험회사는 가지급금 청구에 관한 서류를 받았을 때에는 지체 없이 지급할 가지급액을 정하고 그 정하여진 날부터 7일 이내에 지급합니다.

③ 보험회사가 정당한 사유 없이 가지급액을 정하는 것을 지연하거나 제2항에서 정하는 지급기일 내에 가지급금을 지급하지 않았을 때, 지급할 가지급금이 있는 경우에는 그 다음날부터 지급일까지의 기간에 대하여 보험개발원이 공시한 보험계약대출이율을 연단위 복리로 계산한 금액을 가지급금에 더하여 드립니다.

④ 보험회사가 가지급금 청구에 관한 서류를 받은 때부터 10일 이내에 피보험자에게 가지급금을 지급하는 것을 거절하는 이유 또는 그 지급을 연기하는 이유(추가 조사가 필요한 때에는 확인이 필요한 사항과 확인이 종료되는 시기를 포함)를 서면(전자우편 등 서면에 갈음할 수 있는 통신수단을 포함)으로 통지하지 않는 경우, 정당한 사유 없이 가지급액을 정하는 것을 지연한 것으로 봅니다.

⑤ 보험회사는 이 약관상 보험회사의 보험금 지급책임이 발생하지 않는 것이 객관적으로 명백할 경우에 가지급금을 지급하지 않을 수 있습니다.

⑥ 피보험자에게 지급한 가지급금은 장래 지급될 보험금에서 공제되나, 최종적인 보험금의 결정에는 영향을 미치지 않습니다.

⑦ 피보험자가 가지급금을 청구할 때는 보험금을 청구하는 경우와 동일하게 제27조(제출서류)에서 정하는 서류 등을 보험회사에 제출하여야 합니다.

제2장 손해배상청구권자의 직접 청구

제29조(손해배상을 청구할 수 있는 경우) 피보험자가 법률상의 손해배상책임을 지는 사고가 생긴 경우, 손해배상청구권자는 보험회사에 직접 손해배상금을 청구할 수 있습니다. 다만 보험회사는 피보험자가 그 사고에 관하여 가지는 항변으로 손해배상청구권자에게 대항할 수 있습니다.

제30조(청구 절차 및 유의 사항) ① 보험회사가 손해배상청구권자의 청구를 받았을 때에는 지체 없이 피보험자에게 통지합니다. 이 경우 피보험자는 보험회사의 요청에 따라 증거확보, 권리보전 등에 협력하여야 하며, 만일 피보험자가 정당한 이유 없이 협력하지 않은 경우 그로 인하여 늘어난 손해에 대하여는 보상하지 않습니다.

② 보험회사가 손해배상청구권자에게 지급하는 손해배상금은 이 약관에 의하여 보험회사가 피보험자에게 지급책임을 지는 금액을 한도로 합니다.

③ 보험회사가 손해비상청구권자에게 손해배상금을 직접 지급할 때에는 그 금액의 한도에서 피보험자에게 보험금을 지급하는 것으로 합니다.

④ 보험회사는 손해배상청구에 관한 서류 등을 받았을 때에는 지체 없이 지급할 손해배상액을 정하고 그 정하여진 날부터 7일 이내에 지급합니다.

⑤ 보험회사가 정당한 사유 없이 손해배상액을 정하는 것을 지연하였거나 제4항에서 정하는 지급기일 내에 손해배상금을 지급하지 않았을 때, 지급할 손해배상금이 있는 경우에는 그 다음날부터 지급일까지의 기간에 대하여 〈부표〉 '보험금을 지급할 때의 적립이율'에 따라 연단위 복리로 계산한 금액을 손해배상금에 더하여 지급합니다. 그러나 손해배상청구권자의 책임 있는 사유로 지급이 지연될 때에는 그 해당 기간에 대한 이자를 더하여 드리지 않습니다.

⑥ 보험회사가 손해배상 청구에 관한 서류를 받은 때부터 30일 이내에 손해배상청구권자에게 손해배상금을 지급하는 것을 거절하는 이유 또는 그 지급을 연기하는 이유(추가 조사가 필요한 때에는 확인이 필요한 사항과 확인이 종료되는 시기를 포함)를 서면(전자우편 등 서면에 갈음할 수 있는 통신수단을 포함)으로 통지하지 않는 경우, 정당한 사유 없이 손해배상액을 정하는 것을 지연한 것으로 봅니다.

⑦ 보험회사는 손해배상청구권자의 요청이 있을 때는 손해배상액을 일정기간으로 정하여 정기금으로 지급할 수 있습니다. 이 경우 각 정기금의 지급기일의 다음날부터 다 지급하는 날까지의 기간에 대하여 보험개발원이 공시한 정기예금이율에 따라 연단위 복리로 계산한 금액을 손해배상금에 더하여 드립니다.

제31조(제출서류) 손해배상청구권자는 보장종목별로 다음의 서류 등을 구비하여 보험회사에 손해배상을 청구하여야 합니다.

손해배상청구권자가 직접 청구하는 경우 필요 서류 등	대인배상 Ⅰ · Ⅱ	대물배상
1. 교통사고 발생사실을 확인할 수 있는 서류	○	○
2. 손해배상청구서	○	○
3. 손해액을 증명하는 서류	○	○
4. 그 밖에 보험회사가 꼭 필요하여 요청하는 서류 등(수리개시 전 자동차점검 · 정비견적서, 사진 등. 이 경우 수리개시 전 자동차점검 · 정비견적서의 발급 등에 관한 사항은 보험회사에 구두 또는 서면으로 위임할 수 있으며, 보험회사는 수리개시 전 자동차점검 · 정비견적서를 발급한 자동차정비업자에게 이에 대한 검토의견서를 수리개시 전에 회신하게 됩니다)	○	○

제32조(가지급금의 지급) ① 손해배상청구권자가 가지급금을 청구한 경우 보험회사는 「자동차손해배상보장법」 또는 「교통사고처리특례법」 등에 의해 이 약관에 따라 지급할 금액의 한도에서 가지급금(자동차보험 진료수가는 전액, 진료수가 이외의 손해배상금은 이 약관에 따라 지급할 금액의 50%)을 지급합니다.

② 보험회사는 가지급금 청구에 관한 서류 등을 받았을 때에는 지체 없이 지급할 가지급액을 정하고 그 정하여진 날부터 7일 이내에 지급합니다.

③ 보험회사가 정당한 사유 없이 가지급액을 정하는 것을 지연하거나 제2항에 정한 지급기일 내에 가지급금을 지급하지 않았을 때에는, 지급할 가지급금이 있는 경우 그 다음날부터 지급일까지의 기간에 대하여 보험개발원이 공시한 보험계약대출이율에 따라 연단위 복리로 계산한 금액을 가지급금에 더하여 드립니다.

④ 보험회사가 가지급금 청구에 관한 서류를 받은 때부터 10일 이내에 손해배상청구권자에게 가지급금을 지급하는 것을 거절하는 이유 또는 그 지급을 연기하는 이유(추가 조사가 필요한 때에는 확인이 필요한 사항과 확인이 종료되는 시기를 포함)를 서면(전자우편 등 서면에 갈음할 수 있는 통신수단을 포함)으로 통지하지 않는 경우, 정당한 사유 없이 가지급액을 정하는 것을 지연한 것으로 봅니다.

⑤ 보험회사는 「자동차손해배상보장법」 등 관련 법령상 피보험자의 손해배상책임이 발생하지 않거나 이 약관상 보험회사의 보험금 지급책임이 발생하지 않는 것이 객관적으로 명백할 경우에는 가지급금을 지급하지 아니할 수 있습니다.

⑥ 손해배상청구권자에게 지급한 가지급금은 장래 지급될 손해배상액에서 공제되나, 최종적인 손해배상액의 결정에는 영향을 미치지 않습니다.

⑦ 손해배상청구권자가 가지급금을 청구할 때는 손해배상을 청구하는 경우와 동일하게 제31조(제출서류)에 정한 서류 등을 보험회사에 제출하여야 합니다.

제3장 보험금의 분담 등

제33조(보험금의 분담) 「대인배상 Ⅰ · Ⅱ」, 「대물배상」, 「무보험자동차에 의한 상해」, 「자기신체사고」, 「자기차량손해」에서는 다음과 같이 보험금을 분담합니다.

1. 이 보험계약과 보상책임의 전부 또는 일부가 중복되는 다른 보험계약(공제계약을 포함)이 있는 경우 : 다른 보험계약이 없는 것으로 가정하여 각각의 보험회사에 가입된 자동차 보험계약에 의해 산출한 보상책임액의 합계액이 손해액보다 많을 때에는 다음의 산식에 따라 산출한 보험금을 지급합니다.

$$\text{손해액} \times \frac{\text{이 보험계약에 의해 산출한 보상책임액}}{\text{다른 보험계약이 없는 것으로 하여 각 보험계약에 의해 산출한 보상책임액의 합계액}}$$

2. 이 보험계약의 「대인배상 Ⅰ」, 「대인배상Ⅱ」, 「대물배상」에서 동일한 사고로 인하여 이 보험계약에서 배상책임이 있는 피보험자가 둘 이상 있는 경우에는 제10조(지급보험금의 계산)에 의한 보상한도와 범위에 따른 보험금을 각 피보험자의 배상책임의 비율에 따라 분담하여 지급합니다.
3. 제1호 또는 제2호의 규정에도 불구하고 자동차 취급업자가 가입한 보험계약에서 보험금이 지급될 수 있는 경우에는 그 보험금을 초과하는 손해를 보상합니다.

제34조(보험회사의 대위) ① 보험회사가 피보험자 또는 손해배상청구권자에게 보험금 또는 손해배상금을 지급한 경우에는 지급한 보험금 또는 손해배상금의 범위에서 제3자에 대한 피보험자의 권리를 취득합니다. 다만, 보험회사가 보상한 금액이 피보험자의 손해의 일부를 보상한 경우에는 피보험자의 권리를 침해하지 않는 범위에서 그 권리를 취득합니다.

② 보험회사는 다음의 권리는 취득하지 않습니다.

1. 「자기신체사고」의 경우 제3자에 대한 피보험자의 권리. 다만, 보험금을 '별표 1. 대인배상, 무보험자동차에 의한 상해 지급기준'에 의해 지급할 때는 피보험자의 권리를 취득합니다.
2. 「자기차량손해」의 경우 피보험자동차를 정당한 권리에 따라 사용하거나 관리하던 자에 대한 피보험자의 권리. 다만, 다음의 경우에는 피보험자의 권리를 취득합니다.
   가. 고의로 사고를 낸 경우, 무면허운전이나 음주운전을 하던 중에 사고를 낸 경우, 또는 마약 또는 약물 등의 영향으로 정상적인 운전을 하지 못할 우려가 있는 상태에서 운전을 하던 중에 사고를 낸 경우
   나. 자동차 취급업자가 업무로 위탁받은 피보험자동차를 사용하거나 관리하는 동안에 사고를 낸 경우
3. 피보험자가 생계를 같이하는 가족에 대하여 갖는 권리. 다만, 손해가 그 가족의 고의로 인하여 발생한 경우에는 피보험자의 권리를 취득합니다.

③ 피보험자는 보험회사가 제1항 또는 제2항에 따라 취득한 권리의 행사 및 보전에 관하여 필요한 조치를 취하여야 하며, 또한 보험회사가 요구하는 자료를 제출하여야 합니다.

제35조(보험회사의 불성실행위로 인한 손해배상책임) ① 보험회사는 이 보험계약과 관련하여 임직원, 보험설계사, 보험대리점의 책임 있는 사유로 인하여 보험계약자 및 피보험자에게 발생된 손해에 대하여 관계법률 등에서 정한 바에 따라 손해배상책임을 집니다.

② 보험회사가 보험금의 지급 여부나 지급금액에 관하여 보험계약자 또는 피보험자의 곤궁, 경솔 또는 무경험을 이용하여 현저하게 공정을 잃은 합의를 한 경우에도 손해를 배상할 책임을 집니다.

제36조(합의 등의 협조 · 대행) ① 보험회사는 피보험자의 협조 요청이 있는 경우 피보험자의 법률상 손해배상책임을 확정하기 위하여 피보험자가 손해배상청구권자와 행하는 합의 · 절충 · 중재 또는 소송(확인의 소를 포함)에 대하여 협조하거나, 피보험자를 위하여 이러한 절차를 대행합니다.

② 보험회사는 피보험자에 대하여 보상책임을 지는 한도(동일한 사고로 이미 지급한 보험금이나 가지급금이 있는 경우에는 그 금액을 공제한 금액. 이하 같음) 내에서 제1항의 절차에 협조하거나 대행합니다.

③ 보험회사가 제1항의 절차에 협조하거나 대행하는 경우에는 피보험자는 보험회사의 요청에 따라 협력해야 합니다. 피보험자가 정당한 이유 없이 협력하지 않는 경우 그로 인하여 늘어난 손해에 대하여는 보상하지 않습니다.

④ 보험회사는 다음의 경우에는 제1항의 절차를 대행하지 않습니다.

1. 피보험자가 손해배상청구권자에 대하여 부담하는 법률상의 손해배상책임액이 보험증권에 기재된 보험가입금액을 명백하게 초과하는 때
2. 피보험자가 정당한 이유 없이 협력하지 않는 때

제37조(공탁금의 대출) 보험회사가 제36조(합의 등의 협조 · 대행) 제1항의 절차를 대행하는 경우에는, 피보험자에 대하여 보상책임을 지는 한도에서 가압류나 가집행을 면하기 위한 공탁금을 피보험자에게 대출할 수 있으며 이에 소요되는 비용을 보상합니다. 이 경우 대출금의 이자는 공탁금에 붙여지는 것과 같은 이율로 정하며, 피보험자는 공탁금(이자를 포함)의 회수청구권을 보험회사에 양도하여야 합니다.

제4편 일반사항

제1장 보험계약의 성립

제38조(보험계약의 성립) ① 이 보험계약은 보험계약자가 청약을 하고 보험회사가 승낙을 하면 성립합니다.

② 보험계약자가 청약을 할 때 '제1회 보험료(보험료를 분납하기로 약정한 경우)' 또는 '보험료 전액(보험료를 일시에 지급하기로 약정한 경우)'(이하 '제1회 보험료 등'이라 함)을 지급하였을 때, 보험회사가 이를 받은 날부터 15일 이내에 승낙 또는 거절의 통지를 발송하지 않으면 승낙한 것으로 봅니다.

③ 보험회사가 청약을 승낙했을 때에는 지체 없이 보험증권을 보험계약자에게 드립니다. 그러나 보험계약자가 제1회 보험료 등을 지급하지 않은 경우에는 그러하지 않습니다.

④ 보험계약이 성립되면 보험회사는 제42조(보험기간)의 규정에 따라 보험기간의 첫 날부터 보상책임을 집니다. 다만, 보험계약자로부터 제1회 보험료 등을 받은 경우에는, 그 이후 승낙 전에 발생한 사고에 대해서도 청약을 거절할 사유가 없는 한 보상합니다.

제39조(약관 교부 및 설명의무 등) ① 보험회사는 보험계약자가 청약을 한 경우 보험계약자에게 약관 및 보험계약자 보관용 청약서(청약서 부본)를 드리고 약관의 중요한 내용을 설명하여 드립니다.

② 통신판매보험계약[11]에서 보험회사는 보험계약자의 동의를 얻어 다음 중 어느 하나의 방법으로 약관을 교부하고 중요한 내용을 설명하여 드립니다.

1. 사이버몰(컴퓨터를 이용하여 보험거래를 할 수 있도록 설정된 가상의 영업장)을 이용하여 모집하는 경우 : 사이버몰에서 약관 및 그 설명문(약관의 중요한 내용을 알 수 있도록 설명한 문서)을 읽거나 내려받게 하는 방법. 이 경우 보험계약자가 이를 읽거나 내려받은 것을 확인한 때에는 약관을 드리고 중요한 내용을 설명한 것으로 봅니다.
2. 전화를 이용하여 모집하는 경우 : 전화를 이용하여 청약내용, 보험료 납입, 보험기간, 계약 전 알릴의무, 약관의 중요한 내용 등 계약 체결을 위하여 필요한 사항을 질문하거나 설명하는 방법. 이 경우 보험계약자의 답변과 확인내용을 음성 녹음함으로써 약관의 중요한 내용을 설명한 것으로 봅니다.

③ 보험회사는 다음 각 호의 방법 중 계약자가 원하는 방법을 확인하여 지체 없이 약관 및 계약자 보관용 청약서를 제공하여 드립니다. 만약, 회사가 전자우편 및 전자적 의사표시로 제공한 경우 계약자 또는 그 대리인이 약관 및 계약자 보관용 청약서 등을 수신하였을 때에는 해당 문서를 드린 것으로 봅니다. 〈개정 2021.7.1.〉

1. 서면교부
2. 우편 또는 전자우편
3. 휴대전화 문자메시지 또는 이에 준하는 전자적 의사표시

④ 다음 중 어느 하나에 해당하는 경우 보험계약자는 계약 체결일부터 3개월 이내에 계약을 취소할 수 있습니다. 다만, 의무보험은 제외합니다.

1. 보험계약자가 청약을 했을 때 보험회사가 보험계약자에게 약관 및 보험계약자 보관용 청약서(청약서 부본)를 드리지 않은 경우
2. 보험계약자가 청약을 했을 때 보험회사가 청약시 보험계약자에게 약관의 중요한 내용을 설명하지 않은 경우
3. 보험계약자가 보험계약을 체결할 때 청약서에 자필서명[12]을 하지 않은 경우

---

11) '통신판매보험계약'이라 함은 보험회사가 전화・우편・컴퓨터통신 등 통신수단을 이용하여 모집하는 보험계약을 말합니다.
12) 자필서명에는 날인(도장을 찍음) 또는 「전자서명법」 제2조 제2호의 규정에 의한 방식을 포함합니다. 〈개정 2021.7.1.〉

⑤ 제4항에 따라 계약이 취소된 경우 보험회사는 이미 받은 보험료를 보험계약자에게 돌려드리며, 보험료를 받은 기간에 대하여 보험개발원이 공시한 보험계약대출이율에 따라 연단위 복리로 계산한 금액을 더하여 지급합니다.

제40조(설명서 교부 및 보험안내자료 등의 효력) ① 회사는 일반금융소비자에게 청약을 권유하거나 일반금융소비자가 설명을 요청하는 경우 보험상품에 관한 중요한 사항을 계약자가 이해할 수 있도록 설명하고 계약자가 이해하였음을 서명, 기명날인 또는 녹취 등을 통해 확인받아야 하며, 설명서를 제공하여야 합니다. 〈신설 2021.7.1.〉

② 설명서, 약관, 청약서 부본 및 증권의 제공 사실에 관하여 계약자와 회사간에 다툼이 있는 경우에는 회사가 이를 증명하여야 합니다. 〈신설 2021.7.1.〉

③ 보험회사가 보험모집 과정에서 제작·사용한 보험안내자료(서류·사진·도화 등 모든 안내자료를 포함)의 내용이 보험약관의 내용과 다른 경우에는 보험계약자에게 유리한 내용으로 보험계약이 성립된 것으로 봅니다.

제41조(청약 철회) ① 일반금융소비자[13]는 보험증권을 받은 날부터 15일과 청약을 한 날부터 30일 중 먼저 도래하는 기간 내에 보험계약의 청약을 철회할 수 있습니다. 〈개정 2021.7.1.〉

② 제1항에서 보험회사가 보험계약자에게 보험증권을 드린 것에 관해 다툼이 있으면 보험회사가 이를 증명합니다.

③ 제1항에도 불구하고 다음 중 어느 하나에 해당하는 경우에는 보험계약의 청약을 철회할 수 없습니다. 〈개정 2021.7.1.〉

1. 전문금융소비자[14]가 보험계약의 청약을 한 경우
2. 「자동차손해배상 보장법」에 따른 의무보험(다만, 일반금융소비자가 동종의 다른 의무보험에 가입한 경우는 제외)
3. 보험기간이 90일 이내인 보험계약
4. 〈삭제〉

④ 청약철회는 계약자가 전화로 신청하거나, 철회의사를 표시하기 위한 서면, 전자우편, 휴대전화 문자메시지 또는 이에 준하는 전자적 의사표시(이하 '서면 등'이라 합니다)를 발송한 때 효력이 발생합니다. 계약자는 서면 등을 발송한 때에 그 발송 사실을 회사에 지체 없이 알려야 합니다. 〈신설 2021.7.1.〉

⑤ 보험회사는 보험계약자의 청약 철회를 접수한 날부터 3영업일 이내에 받은 보험료를 보험계약자에게 돌려드립니다. 〈개정 2021.7.1.〉

⑥ 청약을 철회할 당시에 이미 보험사고가 발생하였으나 보험계약자가 보험사고가 발생한 사실을 알지 못한 경우에는 청약 철회의 효력은 발생하지 않습니다.

⑦ 보험회사가 제4항의 보험료 반환기일을 지키지 못하는 경우, 반환기일의 다음날부터 반환하는 날까지의 기간은 보험개발원이 공시한 보험계약대출이율에 따라 연단위 복리로 계산한 금액을 더하여 돌려드립니다. 다만, 계약자가 제1회 보험료를 신용카드로 납입한 계약의 청약을 철회하는 경우에 회사는 청약의 철회를 접수한 날부터 3영업일 이내에 해당 신용카드회사로 하여금 대금청구를 하지 않도록 해야 하며, 이 경우 회사는 보험료를 반환한 것으로 봅니다. 〈개정 2021.7.1.〉

---

13) '일반금융소비자'라 함은 전문금융소비자가 아닌 계약자를 말합니다.

14) '전문금융소비자'라 함은 보험계약에 관한 전문성, 자산규모 등에 비추어 보험계약에 따른 위험감수능력이 있는 자로서, 국가, 지방자치단체, 한국은행, 금융회사, 주권상장법인 등을 포함하며 「금융소비자 보호에 관한 법률」 제2조(정의) 제9호에서 정하는 전문금융소비자를 말합니다. 〈개정 2021.7.1.〉

제42조(보험기간) 보험회사가 피보험자에 대해 보상책임을 지는 보험기간은 다음과 같습니다.

구 분	보험기간
1. 원칙	보험증권에 기재된 보험기간의 첫날 24시부터 마지막 날 24시까지. 다만, 의무보험(책임공제를 포함)의 경우 전(前) 계약의 보험기간과 중복되는 경우에는 전 계약의 보험기간이 끝나는 시점부터 시작합니다.
2. 예외 : 자동차보험에 처음 가입하는 자동차[15] 및 의무보험	보험료를 받은 때부터 마지막 날 24시까지. 다만, 보험증권에 기재된 보험기간 이전에 보험료를 받았을 경우에는 그 보험기간의 첫날 0시부터 시작합니다.

제43조(사고발생지역) 보험회사는 대한민국(북한지역을 포함) 안에서 생긴 사고에 대하여 보험계약자가 가입한 보장종목에 따라 보상해 드립니다.

제2장 보험계약자 등의 의무

제44조(계약 전 알릴의무) ① 보험계약자는 청약을 할 때 다음의 사항에 관해서 알고 있는 사실을 보험회사에 알려야 하며, 제3호의 경우에는 기명피보험자의 동의가 필요합니다.

1. 피보험자동차의 검사에 관한 사항
2. 피보험자동차의 용도, 차종, 등록번호(이에 준하는 번호도 포함하며, 이하 같음), 차명, 연식, 적재정량, 구조 등 피보험자동차에 관한 사항
3. 기명피보험자의 성명, 연령 등에 관한 사항
4. 그 밖에 보험청약서에 기재된 사항 중에서 보험료의 계산에 영향을 미치는 사항

② 보험회사는 이 보험계약을 맺은 후 보험계약자가 계약 전 알릴의무를 위반한 사실이 확인되었을 때에는 추가보험료를 더 내도록 청구하거나, 제53조(보험회사의 보험계약 해지) 제1항 제1호, 제4호에 따라 해지할 수 있습니다.

제45조(계약 후 알릴의무) ① 보험계약자는 보험계약을 맺은 후 다음의 사실이 생긴 것을 알았을 때에는 지체 없이 보험회사에 그 사실을 알리고 승인을 받아야 합니다. 이 경우 그 사실에 따라 보험료가 변경되는 경우 보험회사는 보험료를 더 받거나 돌려주고 계약을 승인하거나, 제53조(보험회사의 보험계약 해지) 제1항 제2호, 제4호에 따라 해지할 수 있습니다.

1. 용도, 차종, 등록번호, 적재정량, 구조 등 피보험자동차에 관한 사항이 변경된 사실
2. 피보험자동차에 화약류, 고압가스, 폭발물, 인화물 등 위험물을 싣게 된 사실
3. 그 밖에 위험이 뚜렷이 증가하는 사실이나 적용할 보험료에 차이가 발생한 사실

② 보험계약자는 보험증권에 기재된 주소 또는 연락처가 변경된 때에는 지체 없이 보험회사에 알려야 합니다. 보험계약자가 이를 알리지 않으면 보험회사가 알고 있는 최근의 주소로 알리게 되므로 불이익을 당할 수 있습니다.

---

15) '자동차보험에 처음 가입하는 자동차'라 함은 자동차 판매업자 또는 그 밖의 양도인 등으로부터 매수인 또는 양수인에게 인도된 날부터 10일 이내에 처음으로 그 매수인 또는 양수인을 기명피보험자로 하는 자동차보험에 가입하는 신차 또는 중고차를 말합니다. 다만, 피보험자동차의 양도인이 맺은 보험계약을 양수인이 승계한 후 그 보험기간이 종료되어 이 보험계약을 맺은 경우를 제외합니다.

제46조(사고발생시 의무) ① 보험계약자 또는 피보험자는 사고가 생긴 것을 알았을 때에는 다음의 사항을 이행하여야 합니다.

1. 지체 없이 손해의 방지와 경감에 힘쓰고, 다른 사람으로부터 손해배상을 받을 수 있는 권리가 있는 경우에는 그 권리(공동불법행위에서 연대채무자 상호간의 구상권을 포함하며, 이하 같음)의 보전과 행사에 필요한 절차를 밟아야 합니다.
2. 다음 사항을 보험회사에 지체 없이 알려야 합니다.
   가. 사고가 발생한 때, 곳, 상황(출·퇴근시 승용차 함께타기 등) 및 손해의 정도
   나. 피해자 및 가해자의 성명, 주소, 전화번호
   다. 사고에 대한 증인이 있을 때에는 그의 성명, 주소, 전화번호
   라. 손해배상의 청구를 받은 때에는 그 내용
3. 손해배상의 청구를 받은 경우에는 미리 보험회사의 동의 없이 그 전부 또는 일부를 합의하여서는 안됩니다. 그러나 피해자의 응급치료, 호송 그 밖의 긴급조치는 보험회사의 동의가 필요하지 않습니다.
4. 손해배상청구의 소송을 제기하려고 할 때 또는 제기 당한 때에는 지체 없이 보험회사에 알려야 합니다.
5. 피보험자동차를 도난당하였을 때에는 지체 없이 그 사실을 경찰관서에 신고하여야 합니다.
6. 보험회사가 사고를 증명하는 서류 등 꼭 필요하다고 인정하는 자료를 요구한 경우에는 지체 없이 이를 제출하여야 하며, 또한 보험회사가 사고에 관해 조사하는데 협력하여야 합니다.

② 보험회사는 보험계약자 또는 피보험자가 정당한 이유 없이 제1항에서 정한 사항을 이행하지 않은 경우 그로 인하여 늘어난 손해액이나 회복할 수 있었을 금액을 보험금에서 공제하거나 지급하지 않습니다.

제3장 보험계약의 변동 및 보험료의 환급

제47조(보험계약 내용의 변경) ① 보험계약자는 의무보험을 제외하고는 보험회사의 승낙을 얻어 다음에 정한 사항을 변경할 수 있습니다. 이 경우 승낙을 서면 등으로 알리거나 보험증권의 뒷면에 기재하여 드립니다.

1. 보험계약자. 다만, 보험계약자가 이 보험계약의 권리·의무를 피보험자동차의 양수인에게 이전함에 따라 보험계약자가 변경되는 경우에는 제48조(피보험자동차의 양도)에 따릅니다.
2. 보험가입금액, 특별약관 등 그 밖의 계약의 내용

② 보험회사는 제1항에 따라 계약내용의 변경으로 보험료가 변경된 경우 보험계약자에게 보험료를 반환하거나 추가보험료를 청구할 수 있습니다.

③ 보험계약 체결 후 보험계약자가 사망한 경우 이 보험계약에 의한 보험계약자의 권리·의무는 사망시점에서의 법정상속인에게 이전합니다.

제48조(피보험자동차의 양도) ① 보험계약자 또는 기명피보험자가 보험기간 중에 피보험자동차를 양도한 경우에는 이 보험계약으로 인하여 생긴 보험계약자 및 피보험자의 권리와 의무는 피보험자동차의 양수인에게 승계되지 않습니다. 그러나 보험계약자가 이 권리와 의무를 양수인에게 이전하고자 한다는 뜻을 서면 등으로 보험회사에 통지하여 보험회사가 승인한 경우에는 그 승인한 때부터 양수인에 대하여 이 보험계약을 적용합니다.

② 보험회사가 제1항에 의한 보험계약자의 통지를 받은 날부터 10일 이내에 승인 여부를 보험계약자에게 통지하지 않으면, 그 10일이 되는 날의 다음날 0시에 승인한 것으로 봅니다.

③ 제1항에서 규정하는 피보험자동차의 양도에는 소유권을 유보한 매매계약에 따라 자동차를 '산 사람' 또는 대차계약에 따라 자동차를 '빌린 사람'이 그 자동차를 피보험자동차로 하고, 자신을 보험계약자 또는 기명피보험자로 하는 보험계약이 존속하는 동안에 그 자동차를 '판 사람' 또는 '빌려준 사람'에게 반환하는 경우도 포함합니다. 이 경우 '판 사람' 또는 '빌려준 사람'은 양수인으로 봅니다.

④ 보험회사가 제1항의 승인을 하는 경우에는 피보험자동차의 양수인에게 적용되는 보험요율에 따라 보험료의 차이가 나는 경우 피보험자동차가 양도되기 전의 보험계약자에게 남는 보험료를 돌려드리거나, 피보험자동차의 양도 후의 보험계약자에게 추가보험료를 청구합니다.

⑤ 보험회사가 제1항의 승인을 거절한 경우 피보험자동차가 양도된 후에 발생한 사고에 대하여는 보험금을 지급하지 않습니다.

⑥ 보험계약자 또는 기명피보험자가 보험기간 중에 사망하여 법정상속인이 피보험자동차를 상속하는 경우 이 보험계약도 승계된 것으로 봅니다. 다만, 보험기간이 종료되거나 자동차의 명의를 변경하는 경우에는 법정상속인을 보험계약자 또는 기명피보험자로 하는 새로운 보험계약을 맺어야 합니다.

제49조(피보험자동차의 교체) ① 보험계약자 또는 기명피보험자가 보험기간 중에 기존의 피보험자동차를 폐차 또는 양도한 다음 그 자동차와 동일한 차종의 다른 자동차로 교체한 경우에는, 보험계약자가 이 보험계약을 교체된 자동차에 승계시키고자 한다는 뜻을 서면 등으로 보험회사에 통지하여 보험회사가 승인한 때부터 이 보험계약이 교체된 자동차에 적용됩니다. 이 경우 기존의 피보험자동차에 대한 보험계약의 효력은 보험회사가 승인할 때에 상실됩니다.

② 보험회사가 서면 등의 방법으로 통지를 받은 날부터 10일 이내에 제1항에 의한 승인 여부를 보험계약자에게 통지하지 않으면, 그 10일이 되는 날의 다음날 0시에 승인한 것으로 봅니다.

③ 제1항에서 규정하는 '동일한 차종의 다른 자동차로 교체한 경우'라 함은 개인소유 자가용승용자동차간에 교체한 경우를 말합니다.

④ 보험회사가 제1항의 승인을 하는 경우에는 교체된 자동차에 적용하는 보험요율에 따라 보험료의 차이가 나는 경우 보험계약자에게 남는 보험료를 돌려드리거나 추가보험료를 청구할 수 있습니다. 이 경우 기존의 피보험자동차를 말소등록한 날 또는 소유권을 이전등록한 날부터 승계를 승인한 날의 전날까지의 기간에 해당하는 보험료를 일할로 계산하여 보험계약자에게 반환하여 드립니다.

⑤ 보험회사가 제1항의 승인을 거절한 경우 교체된 자동차를 사용하다가 발생한 사고에 대해서는 보험금을 지급하지 않습니다.

〈예시〉 일할계산의 사례

$$\text{기납입보험료 총액} \times \frac{\text{해당 기간}}{365(\text{윤년 : }366)}$$

제50조(보험계약의 취소) 보험회사가 보험계약자 또는 피보험자의 사기에 의해 보험계약을 체결한 점을 증명한 경우, 보험회사는 보험기간이 시작된 날부터 6개월 이내(사기 사실을 안 날부터는 1개월 이내)에 계약을 취소할 수 있습니다.

제51조(보험계약의 효력 상실) 보험회사가 파산선고를 받은 날부터 보험계약자가 보험계약을 해지하지 않고 3월이 경과하는 경우에는 보험계약이 효력을 상실합니다.

제52조(보험계약자의 보험계약 해지·해제) ① 보험계약자는 언제든지 임의로 보험계약의 일부 또는 전부를 해지할 수 있습니다. 다만, 의무보험은 다음 중 어느 하나에 해당하는 경우에만 해지할 수 있습니다.

1. 피보험자동차가 「자동차손해배상보장법」 제5조 제4항에 정한 자동차(의무보험 가입대상에서 제외되거나 도로가 아닌 장소에 한하여 운행하는 자동차)로 변경된 경우
2. 피보험자동차를 양도한 경우. 다만, 제48조(피보험자동차의 양도) 또는 제49조(피보험자동차의 교체)에 따라 보험계약이 양수인 또는 교체된 자동차에 승계된 경우에는 의무보험에 대한 보험계약을 해지할 수 없습니다.

3. 피보험자동차의 말소등록으로 운행을 중지한 경우. 다만, 제49조(피보험자동차의 교체)에 따라 보험계약이 교체된 자동차에 승계된 경우에는 의무보험에 대한 보험계약을 해지할 수 없습니다.
4. 천재지변, 교통사고, 화재, 도난 등의 사유로 인하여 피보험자동차를 더이상 운행할 수 없게 된 경우. 다만, 제49조(피보험자동차의 교체)에 따라 보험계약이 교체된 자동차에 승계된 경우에는 의무보험에 대한 보험계약을 해지할 수 없습니다.
5. 이 보험계약을 맺은 후에 피보험자동차에 대하여 이 보험계약과 보험기간의 일부 또는 전부가 중복되는 의무보험이 포함된 다른 보험계약(공제계약을 포함)을 맺은 경우
6. 보험회사가 파산선고를 받은 경우
7. 「자동차손해배상보장법」 제5조의2에서 정하는 '보험 등의 가입의무 면제' 사유에 해당하는 경우
8. 자동차해체재활용업자가 해당 자동차·자동차등록증·등록번호판 및 봉인을 인수하고 그 사실을 증명하는 서류를 발급한 경우
9. 「건설기계관리법」에 따라 건설기계해체재활용업자가 해당 건설기계와 등록번호표를 인수하고 그 사실을 증명하는 서류를 발급한 경우

② 이 보험계약이 의무보험만 체결된 경우로서, 이 보험계약을 맺기 전에 피보험자동차에 대하여 의무보험이 포함된 다른 보험계약(공제계약을 포함하며, 이하 같음)이 유효하게 맺어져 있는 경우에는, 보험계약자는 그 다른 보험계약이 종료하기 전에 이 보험계약을 해제할 수 있습니다. 만일, 그 다른 보험계약이 종료된 후에는 그 종료일 다음날부터 보험기간이 개시되는 의무보험이 포함된 새로운 보험계약을 맺은 경우에 한하여 이 보험계약을 해제할 수 있습니다.

③ 타인을 위한 보험계약에서 보험계약자는 기명피보험자의 동의를 얻거나 보험증권을 소지한 경우에 한하여 제1항 또는 제2항의 규정에 따라 보험계약을 해지하거나 또는 해제할 수 있습니다.

제52조의2(위법계약의 해지) ① 계약자는 「금융소비자 보호에 관한 법률」 제47조 및 관련규정이 정하는 바에 따라 계약 체결에 대한 회사의 법 위반사항이 있는 경우 계약 체결일부터 5년 이내의 범위에서 계약자가 위반사항을 안 날부터 1년 이내에 계약해지요구서에 증빙서류를 첨부하여 위법계약의 해지를 요구할 수 있습니다. 다만, 「자동차손해배상보장법」에 따른 의무보험에 대해 해지 요구를 할 때에는 동종의 다른 의무보험에 가입되어 있는 경우에만 해지할 수 있습니다.

② 회사는 해지요구를 받은 날부터 10일 이내에 수락 여부를 계약자에 통지하여야 하며, 거절할 때에는 거절 사유를 함께 통지하여야 합니다.

③ 계약자는 회사가 정당한 사유 없이 제1항의 요구를 따르지 않는 경우 해당 계약을 해지할 수 있습니다.

④ 제1항 및 제3항에 따라 계약이 해지된 경우 회사는 제54조(보험료의 환급) 제3항 제1호에 따른 보험료를 계약자에게 지급합니다.

⑤ 계약자는 제1항에 따른 제척기간에도 불구하고 민법 등 관계법령에서 정하는 바에 따라 법률상의 권리를 행사할 수 있습니다. 〈본조신설 2021.7.1.〉

제53조(보험회사의 보험계약 해지) ① 보험회사는 다음 중 어느 하나에 해당하는 경우가 발생하였을 때, 그 사실을 안 날부터 1월 이내에 보험계약을 해지할 수 있습니다. 다만, 제1호, 제2호, 제4호, 제5호에 의한 계약해지는 의무보험에 대해 적용하지 않습니다.

1. 보험계약자가 보험계약을 맺을 때 고의 또는 중대한 과실로 제44조(계약 전 알릴의무) 제1항의 사항에 관하여 알고 있는 사실을 알리지 않거나 사실과 다르게 알린 경우. 다만, 다음 중 어느 하나에 해당하는 경우 보험회사는 보험계약을 해지하지 못합니다.

가. 보험계약을 맺은 때에 보험회사가 보험계약자가 알려야 할 사실을 알고 있었거나 과실로 알지 못하였을 때
나. 보험계약자가 보험금을 지급할 사고가 발생하기 전에 보험청약서의 기재사항에 대하여 서면으로 변경을 신청하여 보험회사가 이를 승인하였을 때
다. 보험회사가 보험계약을 맺은 날부터 보험계약을 해지하지 않고 6개월이 경과한 때
라. 보험을 모집한 자(이하 "보험설계사 등"이라 합니다)가 보험계약자 또는 피보험자에게 계약 전 알릴의무를 이행할 기회를 부여하지 아니하였거나 보험계약자 또는 피보험자가 사실대로 알리는 것을 방해한 경우, 또는 보험계약자 또는 피보험자에 대해 사실대로 알리지 않게 하였거나 부실하게 알리도록 권유했을 때. 다만, 보험설계사 등의 행위가 없었다 하더라도 보험계약자 또는 피보험자가 사실대로 알리지 않거나 부실하게 알린 것으로 인정되는 경우에는 그러하지 아니합니다.
마. 보험계약자가 알려야 할 사항이 보험회사가 위험을 측정하는데 관련이 없을 때 또는 적용할 보험료에 차액이 생기지 않은 때

2. 보험계약자가 보험계약을 맺은 후에 제45조(계약 후 알릴의무) 제1항에 정한 사실이 생긴 것을 알았음에도 불구하고 지체 없이 알리지 않거나 사실과 다르게 알린 경우. 다만, 보험계약자가 알려야 할 사실이 뚜렷하게 위험을 증가시킨 것이 아닌 때에는 보험회사가 보험계약을 해지하지 못합니다.
3. 보험계약자가 정당한 이유 없이 법령에 정한 자동차검사를 받지 않은 경우
4. 보험회사가 제44조(계약 전 알릴의무) 제2항, 제45조(계약 후 알릴의무) 제1항, 제48조(피보험자동차의 양도) 제4항, 제49조(피보험자동차의 교체) 제4항에 따라 추가보험료를 청구한 날부터 14일 이내에 보험계약자가 그 보험료를 내지 않은 경우. 다만, 다음 중 어느 하나에 해당하는 경우 보험회사는 보험계약을 해지하지 못합니다.
가. 보험회사가 제44조 제1항에서 규정하는 계약 전 알릴의무위반 사실을 안 날부터 1월이 지난 경우
나. 보험회사가 보험계약자로부터 제45조(계약 후 알릴의무) 제1항에서 정하는 사실을 통지받은 후 1월이 지난 경우
5. 보험금의 청구에 관하여 보험계약자, 피보험자, 보험금을 수령하는 자 또는 이들의 법정대리인의 사기행위가 발생한 경우.

② 보험회사는 보험계약자가 계약 전 알릴의무 또는 계약 후 알릴의무를 이행하지 아니하여 제1항 제1호 또는 제2호에 따라 보험계약을 해지한 때에는 해지 이전에 생긴 사고에 대해서도 보상하지 않으며, 이 경우 보험회사는 지급한 보험금의 반환을 청구할 수 있습니다. 다만, 계약 전 알릴의무 또는 계약 후 알릴의무를 위반한 사실이 사고의 발생에 영향을 미치지 않았음이 증명된 때에는 보험회사는 보상합니다.
③ 보험회사는 보험계약자가 다른 보험의 가입내역을 알리지 않거나 사실과 다르게 알렸다는 이유로 계약을 해지하거나 보험금 지급을 거절하지 아니합니다.

제54조(보험료의 환급 등) ① 보험기간이 시작되기 전에 보험료가 변경된 때에는 변경 전 보험료와 변경 후 보험료의 차액을 더 받거나 돌려드립니다.
② 보험회사의 고의·과실로 보험료가 적정하지 않게 산정되어 보험계약자가 적정보험료를 초과하여 납입한 경우, 보험회사는 이를 안 날 또는 보험계약자가 반환을 청구한 날부터 3일 이내에 적정보험료를 초과하는 금액 및 이에 대한 이자(납입한 날부터 반환하는 날까지의 기간에 대해 보험개발원이 공시한 보험계약대출이율에 따라 연단위 복리로 계산한 금액)를 돌려드립니다. 다만, 보험회사에게 고의·과실이 없을 경우에는 적정보험료를 초과한 금액만 돌려드립니다.

③ 보험회사는 보험계약이 취소되거나 해지된 때, 또는 그 효력이 상실된 때에는 다음과 같이 보험료를 돌려드립니다.

1. 보험계약자 또는 피보험자의 책임 없는 사유에 의하는 경우 : 제39조 제4항에 의해 계약이 취소된 때에는 보험회사에 납입한 보험료의 전액, 효력 상실되거나 해지(제52조의2에 따른 위법계약 해지를 포함한다)된 경우에는 경과하지 않은 기간에 대하여 일단위로 계산한 보험료
2. 보험계약자 또는 피보험자의 책임 있는 사유에 의하는 경우 : 이미 경과한 기간에 대하여 단기요율로 계산한 보험료를 뺀 잔액
3. 보험계약이 해지(제52조의2에 따른 위법계약 해지를 포함한다)된 경우, 계약을 해지하기 전에 보험회사가 보상하여야 하는 사고가 발생한 때에는 보험료를 환급하지 않습니다. 〈개정 2021.7.1.〉

④ 제3항에서 '보험계약자 또는 피보험자에게 책임이 있는 사유'라 함은 다음의 경우를 말합니다.

1. 보험계약자 또는 피보험자가 임의 해지하는 경우(의무보험의 해지는 제외)
2. 보험회사가 제50조(보험계약의 취소) 또는 제53조(보험회사의 보험계약 해지)에 따라 보험계약을 취소하거나 해지하는 경우
3. 보험료 미납으로 인한 보험계약의 효력 상실

⑤ 보험계약이 해제된 경우에는 보험료 전액을 환급합니다.

⑥ 이 약관에 의해 보험회사가 보험계약자가 낸 보험료의 전부 또는 일부를 돌려드리는 경우에는 보험료를 반환할 의무가 생긴 날부터 3일 이내에 드립니다.

⑦ 보험회사가 제6항의 반환기일이 지난 후 보험료를 반환하는 경우에는 반환기일의 다음 날부터 반환하는 날까지의 기간은 보험개발원이 공시한 보험계약대출이율에 따라 연단위 복리로 계산한 금액을 더하여 돌려드립니다. 다만, 이 약관에서 이자의 계산에 관해 달리 정하는 경우에는 그에 따릅니다.

제4장 그 밖의 사항

제55조(약관의 해석) ① 보험회사는 신의성실의 원칙에 따라 공정하게 약관을 해석하여야 하며 보험계약자에 따라 다르게 해석하지 않습니다.

② 보험회사는 약관의 뜻이 명백하지 않은 경우에는 보험계약자에게 유리하게 해석합니다.

③ 보험회사는 보상하지 않는 손해 등 보험계약자나 피보험자에게 불리하거나 부담을 주는 내용은 확대하여 해석하지 않습니다.

제56조(보험회사의 개인정보이용 및 보험계약 정보의 제공) ① 보험회사는 제27조(제출서류) 제5호, 제6호의 배상의무자의 개인정보와 제46조(사고발생시 의무) 제2호 나목, 다목의 피해자, 가해자 및 증인의 개인정보를 보험사고의 처리를 위한 목적으로만 이용할 수 있습니다.

② 보험회사는 보험계약에 의한 의무의 이행 및 관리를 위한 판단자료로 활용하기 위하여 「개인정보보호법」 제15조, 제17조, 제22조 내지 제24조, 「신용정보의 이용 및 보호에 관한 법률」 제32조, 같은 법 시행령 제28조에서 정하는 절차에 따라 보험계약자와 피보험자의 동의를 받아 다음의 사항을 다른 보험회사 및 보험관계단체에 제공할 수 있습니다.

1. 기명피보험자의 성명, 주민등록번호 및 주소와 피보험자동차의 차량번호, 형식, 연식
2. 계약일시, 보험종목, 보장종목, 보험가입금액, 자기부담금 및 보험료 할인·할증에 관한 사항, 특별약관의 가입사항, 계약 해지시 그 내용 및 사유
3. 사고일시 또는 일자, 사고내용 및 각종 보험금의 지급내용 및 사유

제57조(피보험자동차 등에 대한 조사) 보험회사는 피보험자동차 등에 관하여 필요한 조사를 하거나 보험계약자 또는 피보험자에게 필요한 설명 또는 증명을 요구할 수 있습니다. 이 경우 보험계약자, 피보험자 또는 이들의 대리인은 이러한 조사 또는 요구에 협력하여야 합니다.

제58조(예금보험기금에 의한 보험금 등의 지급보장) 보험회사가 파산 등으로 인하여 보험금 등을 지급하지 못할 경우에는 「예금자보호법」에서 정하는 바에 따라 그 지급을 보장합니다.

제59조(보험사기행위 금지) 보험계약자, 피보험자, 피해자 등이 보험사기행위를 행한 경우 관련 법령에 따라 형사처벌 등을 받을 수 있습니다.

제60조(분쟁의 조정) ① 이 보험계약의 내용 또는 보험금의 지급 등에 관하여 보험회사와 보험계약자, 피보험자, 손해배상청구권자, 그 밖에 이해관계에 있는 자 사이에 분쟁이 있을 경우에는 금융감독원에 설치된 금융분쟁조정위원회의 조정을 받을 수 있으며, 분쟁조정 과정에서 계약자는 관계법령이 정하는 바에 따라 회사가 기록 및 유지・관리하는 자료의 열람(사본의 제공 또는 청취를 포함한다)을 요구할 수 있습니다. 〈개정 2021.7.1.〉

② 회사는 일반금융소비자인 계약자가 조정을 통하여 주장하는 권리나 이익의 가액이 「금융소비자 보호에 관한 법률」 제42조에서 정하는 일정 금액 이내인 분쟁사건에 대하여 조정절차가 개시된 경우에는 관계법령이 정하는 경우를 제외하고는 소를 제기하지 않습니다. 〈신설 2021.7.1.〉

제61조(관할법원) 이 보험계약에 관한 소송 및 민사조정은 보험회사의 본점 또는 지점 소재지 중 보험계약자 또는 피보험자가 선택하는 대한민국 내의 법원을 합의에 따른 관할법원으로 합니다.

제62조(준용규정) 이 계약은 대한민국 법에 따라 규율되고 해석되며, 약관에서 정하지 않은 사항은 「금융소비자 보호에 관한 법률」, 「상법」, 「민법」 등 관계법령을 따릅니다. 〈개정 2021.7.1.〉

〈별표 1〉 대인배상, 무보험자동차에 의한 상해 지급기준

가. 사 망

각 보장종목별 보험가입금액 한도 내에서 다음의 금액을 지급함.

항 목	지급기준
1. 장례비	지급액 : 5,000,000원
2. 위자료	가. 사망자 본인 및 유족의 위자료 (1) 사망 당시 피해자의 나이가 65세 미만인 경우 : 80,000,000원 (2) 사망 당시 피해자의 나이가 65세 이상인 경우 : 50,000,000원 나. 청구권자의 범위 및 청구권자별 지급기준 : 민법상 상속규정에 따름
3. 상실수익액	가. 산정방법 : 사망한 본인의 월평균 현실소득액(제세액공제)에서 본인의 생활비(월평균 현실소득액에 생활비율을 곱한 금액)를 공제한 금액에 취업가능월수에 해당하는 호프만 계수를 곱하여 산정(다만, 사망일부터 취업가능연한까지 월수에 해당하는 호프만 계수의 총합은 240을 한도로 함). 〈산 식〉 (월평균 현실소득액－생활비) × (사망일부터 보험금지급일까지의 월수 + 보험금지급일부터 취업가능연한까지 월수에 해당하는 호프만 계수) 나. 현실소득액의 산정방법 (1) 유직자 (가) 산정대상기간 ① 급여소득자 : 사고발생 직전 또는 사망 직전 과거 3개월로 하되, 계절적 요인 등에 따라 급여의 차등이 있는 경우와 상여금, 체력단련비, 연월차휴가보상금 등 매월 수령하는 금액이 아닌 것은 과거 1년간으로 함. ② 급여소득자 이외의 자 : 사고발생 직전 과거 1년간으로 하며, 기간이 1년 미만인 경우에는 계절적인 요인 등을 감안하여 타당한 기간으로 함. (나) 산정방법 1) 현실소득액을 증명할 수 있는 자 세법에 의한 관계증빙서에 따라 소득을 산정할 수 있는 자에 한하여 다음과 같이 산정한 금액으로 함 가) 급여소득자 피해자가 근로의 대가로서 받은 보수액에서 제세액을 공제한 금액. 그러나 피해자가 사망 직전에 보수액의 인상이 확정된 경우에는 인상된 금액에서 제세액을 공제한 금액 〈용어풀이〉 ① '급여소득자'라 함은 소득세법 제20조에서 규정한 근로소득을 얻고 있는 자로서 일용근로자 이외의 자를 말함. ② '근로의 대가로 받은 보수'라 함은 본봉, 수당, 성과급, 상여금, 체력단련비, 연월차휴가보상금 등을 말하며, 실비변상적인 성격을 가진 대가는 제외함. ③ '세법에 따른 관계증빙서'라 함은 사고발생 전에 신고하거나 납부하여 발행된 관계증빙서를 말함. 다만, 신규취업자, 신규사업개시자 또는 사망 직전에 보수액의 인상이 확정된 경우에 한하여 세법 규정에 따라 정상적으로 신고하거나 납부(신고 또는 납부가 지체된 경우는 제외함)하여 발행된 관계증빙서를 포함함.

나) 사업소득자

① 세법에 따른 관계증빙서에 따라 증명된 수입액에서 그 수입을 위하여 필요한 제경비 및 제세액을 공제하고 본인의 기여율을 감안하여 산정한 금액

〈산 식〉

[연간 수입액 − 주요경비 − (연간 수입액 × 기준경비율) − 제세공과금] × 노무기여율 × 투자비율

(주)
1. 제 경비가 세법에 따른 관계증빙서에 따라 증명되는 경우에는 위 기준경비율 또는 단순경비율을 적용하지 않고 그 증명된 경비를 공제함.
2. 소득세법 등에 의해 단순경비율 적용대상자는 기준경비율 대신 그 비율을 적용함.
3. 투자비율은 증명이 불가능할 때에는 '1/동업자수'로 함.
4. 노무기여율은 85/100를 한도로 타당한 율을 적용함.

② 본인이 없더라도 사업의 계속성이 유지될 수 있는 경우에는 위 ①의 산식에 따르지 않고 일용근로자 임금을 인정함.

③ 위 ①에 따라 산정한 금액이 일용근로자 임금에 미달한 경우에는 일용근로자 임금을 인정함.

〈용어풀이〉

① 이 보험계약에서 사업소득자라 함은 소득세법 제19조에서 규정한 소득을 얻고 있는 자를 말함.

② 이 보험계약에서 일용근로자 임금이라 함은 통계법 제15조에 의한 통계작성 지정기관(대한건설협회, 중소기업중앙회)이 통계법 제17조에 따라 조사·공표한 노임 중 공사부문은 보통인부, 제조부문은 단순노무종사원의 임금을 적용하여 아래와 같이 산정함.

〈산 식〉

(공사부문 보통인부임금 + 제조부문 단순노무종사원임금)/2

* 월 임금 산출시 25일을 기준으로 산정

다) 그 밖의 유직자(이자소득자, 배당소득자 제외)

세법상의 관계증빙서에 따라 증명된 소득액에서 제세액을 공제한 금액. 다만, 부동산임대소득자의 경우에는 일용근로자 임금을 인정하며, 이 기준에서 정한 여타의 증명되는 소득이 있는 경우에는 그 소득과 일용근로자 임금 중 많은 금액을 인정함.

라) 위 가), 나), 다)에 해당하는 자로서 기술직 종사자는 통계법 제15조에 의한 통계작성지정기관(공사부문 : 대한건설협회, 제조부문 : 중소기업중앙회)이 통계법 제17조에 따라 조사, 공표한 노임에 의한 해당직종 임금이 많은 경우에는 그 금액을 인정함. 다만, 사고발생 직전 1년 이내 해당 직종에 종사하고 있었음을 관련 서류를 통해 객관적으로 증명한 경우에 한함.

〈용어풀이〉

기술직 종사자가 '관련 서류를 통해 객관적으로 증명한 경우'라 함은 자격증, 노무비 지급확인서 등의 입증 서류를 보험회사로 제출한 것을 말함.

2) 현실소득액을 증명하기 곤란한 자

세법에 의한 관계증빙서에 따라 소득을 산정할 수 없는 자는 다음과 같이 산정한 금액으로 함.

가) 급여소득자

일용근로자 임금

나) 사업소득자

일용근로자 임금

다) 그 밖의 유직자

일용근로자 임금

라) 위 가), 나), 다)에 해당하는 자로서 기술직 종사자는 통계법 제15조에 의한 통계작성지정기관(공사부문 : 대한건설협회, 제조부문 : 중소기업중앙회)이 통계법 제17조에 따라 조사, 공표한 노임에 의한 해당직종 임금이 많은 경우에는 그 금액을 인정함. 다만, 사고발생 직전 1년 이내 해당 직종에 종사하고 있었음을 관련 서류를 통해 객관적으로 증명한 경우에 한함.

3) 미성년자로서 현실소득액이 일용근로자 임금에 미달한 자 : 19세에 이르기까지는 현실소득액, 19세 이후는 일용근로자 임금

(2) 가사종사자 : 일용근로자 임금

(3) 무직자(학생 포함) : 일용근로자 임금

(4) 현역병 등 군 복무해당자(복무예정자 포함) : 일용근로자 임금

(5) 소득이 두 가지 이상인 자

(가) 세법에 따른 관계증빙서에 따라 증명된 소득이 두 가지 이상 있는 경우에는 그 합산액을 인정함.

(나) 세법에 따른 관계증빙서에 따라 증명된 소득과 증명 곤란한 소득이 있는 때 혹은 증명이 곤란한 소득이 두 가지 이상 있는 경우에 이 기준에 따라 인정하는 소득 중 많은 금액을 인정함.

(6) 외국인

(가) 유직자

① 국내에서 소득을 얻고 있는 자로서 그 증명이 가능한 자 : 위 1)의 현실소득액의 증명이 가능한 자의 현실소득액 산정방법으로 산정한 금액

② 위 ① 이외의 자 : 일용근로자 임금

(나) 무직자(학생 및 미성년자 포함) : 일용근로자 임금

다. 생활비율 : 1/3

라. 취업가능월수

(1) 취업가능연한을 65세로 하여 취업가능월수를 산정함. 다만, 법령, 단체협약 또는 그 밖의 별도의 정년에 관한 규정이 있으면 이에 의하여 취업가능월수를 산정하며, 피해자가 「농업·농촌 및 식품산업기본법」 제3조 제2호에 따른 농업인이나 「수산업·어촌발전기본법」 제3조 제3호에 따른 어업인일 경우(피해자가 객관적 자료를 통해 증명한 경우에 한함)에는 취업가능연한을 70세로 하여 취업가능월수를 산정함.

(2) 피해자가 사망 당시(후유장애를 입은 경우에는 노동능력상실일) 62세 이상인 경우에는 다음의 「62세 이상 피해자의 취업가능월수」에 의하되, 사망일 또는 노동능력상실일부터 정년에 이르기까지는 월현실소득액을, 그 이후부터 취업가능월수까지는 일용근로자 임금을 인정함

〈62세 이상 피해자의 취업가능월수〉

피해자의 나이	취업가능월수
62세부터 67세 미만	36월
67세부터 76세 미만	24월
76세 이상	12월

(3) 취업가능연한이 사회통념상 65세 미만인 직종에 종사하는 자인 경우 해당 직종에 타당한 취업가능연한 이후 65세에 이르기까지의 현실소득액은 사망 또는 노동능력 상실 당시의 일용근로자 임금을 인정함.

(4) 취업시기는 19세로 함.

(5) 외국인

(가) 적법한 일시체류자(*1)인 경우 생활 본거지인 본국의 소득기준을 적용함. 다만 적법한 일시체류자가 국내에서 취업활동을 한 경우 아래 (다)를 적용함.

(나) 적법한 취업활동자(*2)인 경우 외국인 근로자의 적법한 체류기간 동안은 국내의 소득기준을 적용하고, 적법한 체류기간 종료 후에는 본국의 소득기준을 적용함. 다만, 사고 당시 남은 적법한 체류기간이 3년 미만인 경우 사고일부터 3년간 국내의 소득기준을 적용함.

(다) 그 밖의 경우 사고일부터 3년은 국내의 소득기준을, 그 후부터는 본국의 소득기준을 적용함.

(*1) '적법한 일시체류자'라 함은 국내 입국허가를 득하였으나 취업활동의 허가를 얻지 못한 자를 말합니다.

(*2) '적법한 취업활동자'라 함은 국내 취업활동 허가를 얻은 자를 말합니다.

마. 호프만 계수 : 법정이율 월 5/12%, 단리에 따라 중간이자를 공제하고 계산하는 방법

〈산 식〉

$$\frac{1}{1+i}+\frac{1}{1+2i}+\cdots\cdots+\frac{1}{1+ni}$$

i = 5/12%, n = 취업가능월수

나. 부 상

각 보장종목별 보험가입금액 한도 내에서 다음의 금액을 지급하되, 「대인배상 Ⅰ」은 「자동차손해배상보장법 시행령」 [별표 1]에서 정한 상해급별 보상한도 내에서 지급함.

항 목	지급기준

1. 적극손해

가. 구조수색비 : 사회통념상으로 보아 필요타당한 실비

나. 치료관계비: 의사의 진단 기간에서 치료에 소요되는 다음의 비용(외국에서 치료를 받은 경우에는 국내의료기관에서의 치료에 소요되는 비용 상당액. 다만, 국내의료기관에서 치료가 불가능하여 외국에서 치료를 받는 경우에는 그에 소요되는 타당한 비용)으로 하되, 관련법규에서 환자의 진료비로 인정하는 선택진료비를 포함함. 다만, 「자동차손해배상보장법 시행령」 〈별표1〉 에서 정한 상해급별 구분 중 12급 내지 14급에 해당하는 교통사고 환자가 상해를 입은 날로부터 4주를 경과한 후에도 의학적 소견에 따른 향후 치료를 요하는 경우에는 의료법에 따른 진단서상 향후 치료에 대한 소견 범위에 기재된 치료기간 내 치료에 소요되는 비용으로 함

(1) 입원료

(가) 입원료는 대중적인 일반병실(이하 '기준병실'이라 함)의 입원료를 지급함. 다만, 의사가 치료상 부득이 기준병실보다 입원료가 비싼 병실(이하 '상급병실'이라 함)에 입원하여야 한다고 판단하여 상급병실에 입원하였을 때에는 그 병실의 입원료를 지급함.

(나) 병실의 사정으로 부득이 상급병실에 입원하였을 때에는 7일의 범위에서는 그 병실의 입원료를 지급함. 만약, 입원일수가 7일을 넘을 때에는 그 넘는 기간은 기준병실의 입원료와 상급병실의 입원료와의 차액은 지급하지 아니함.

(다) 피보험자나 피해자의 희망으로 상급병실에 입원하였을 때는 기준병실의 입원료와 상급병실의 입원료와의 차액은 지급하지 아니함.

(2) 응급치료, 호송, 진찰, 전원, 퇴원, 투약, 수술(성형수술 포함), 처치, 의지, 의치, 안경, 보청기 등에 소요되는 필요타당한 실비

(3) 치아보철비 : 금주조관보철(백금관보철 포함)에 소요되는 비용. 다만, 치아보철물이 외상으로 인하여 손상 또는 파괴되어 사용할 수 없게 된 경우에는 원상회복에 소요되는 비용

2. 위자료

가. 청구권자의 범위 : 피해자 본인

나. 지급기준 : 책임보험 상해구분에 따라 다음과 같이 급별로 인정함.

(단위 : 만원)

급 별	인정액	급 별	인정액	급 별	인정액	급 별	인정액
1	200	5	75	9	25	13	15
2	176	6	50	10	20	14	15
3	152	7	40	11	20		
4	128	8	30	12	15		

다. 과실상계 후 후유장애 상실수익액과 가정간호비가 후유장애 보험금 보상한도를 초과하는 경우에는 부상보험금 한도 내에서 부상 위자료를 지급함.

3. 휴업손해

가. 산정방법 : 부상으로 인하여 휴업함으로써 수입의 감소가 있었음을 관계 서류를 통해 증명할 수 있는 경우에 한하여 휴업기간 중 피해자의 실제 수입감소액의 85% 해당액을 지급함.

〈용어풀이〉

'관계서류를 통해 증명할 수 있는 경우'라 함은 세법상 관계서류 또는 기타 객관적으로 인정되는 자료 등을 통해 증명한 경우를 말함.

〈산 식〉

$$1\text{일 수입감소액} \times \text{휴업일수} \times \frac{85}{100}$$

나. 휴업일수의 산정

(1) 휴업일수의 산정 : 피해자의 상해정도를 감안, 치료 기간의 범위에서 인정함.

(2) 사고 당시 피해자의 나이가 취업가능연한을 초과한 경우, 휴업일수를 산정하지 아니함. 다만, 위 가.에 따라 관계서류를 통해 증명한 경우에는 인정함.

(3) 취업가능연한 : 65세를 기준으로 함. 다만, 법령, 단체협약 또는 그 밖의 별도의 정년에 관한 규정이 있으면 이에 의하며, 피해자가 「농업·농촌 및 식품산업기본법」 제3조 제2호에 따른 농업인이나 「수산업·어촌발전기본법」 제3조 제3호에 따른 어업인일 경우(피해자가 객관적 자료를 통해 증명한 경우에 한함)에는 70세로 함.

다. 수입감소액의 산정

(1) 유직자

(가) 사망한 경우 현실소득액의 산정방법에 따라 산정한 금액을 기준으로 하여 수입감소액을 산정함.

(나) 실제의 수입감소액이 위 (가)의 기준으로 산정한 금액에 미달하는 경우에는 실제의 수입감소액으로 함.

(2) 가사종사자

(가) 일용근로자 임금을 수입감소액으로 함.

〈용어풀이〉

가사종사자라 함은 사고 당시 2인 이상으로 구성된 세대에서 경제활동을 하지 않고 가사활동에 종사하는 자로서 주민등록 관계서류와 세법상 관계서류 등을 통해 해당 사실을 증명한 사람을 말함.

(3) 무직자

(가) 무직자는 수입의 감소가 없는 것으로 함.

(나) 유아, 연소자, 학생, 연금생활자, 그 밖의 금리나 임대료에 의한 생활자는 수입의 감소가 없는 것으로 함.

(4) 소득이 두가지 이상의 자

사망한 경우 현실소득액의 산정방법과 동일

(5) 외국인

사망한 경우 현실소득액의 산정방법과 동일

4. 간병비

가. 청구권자의 범위 : 피해자 본인

나. 인정대상

(1) 책임보험 상해구분상 1~5급에 해당하는 자 중 객관적인 증빙자료를 제출한 경우 인정함.

(2) 동일한 사고로 부모 중 1인이 사망 또는 상해등급 1~5급의 상해를 입은 7세 미만의 자 중 객관적인 증빙자료를 제출한 경우 인정함.

(3) 의료법 제4조의2에 따른 비용을 보험회사가 부담하는 경우에는 비용 및 기간에 관계없이 인정하지 않음.

〈용어풀이〉

'객관적인 증빙자료'라 함은 진단서, 진료기록, 입원기록, 가족관계증명서 등 보험회사가 상해등급과 신분관계를 판단할 수 있는 서류를 말함.

	다. 지급기준 (1) 위 인정대상 (1)에 해당하는 자는 책임보험 상해구분에 따라 다음과 같이 상해등급별 인정일수를 한도로 하여 실제 입원기간을 인정함. (2) 위 인정대상 (2)에 해당하는 자는 최대 60일을 한도로 하여 실제 입원기간을 인정함. (3) 간병인원은 1일 1인 이내에 한하며, 1일 일용근로자 임금을 기준으로 지급함. (4) 위 (1)과 (2)의 간병비가 피해자 1인에게 중복될 때에는 양자 중 많은 금액을 지급함.

상해등급	인정일수
1급 ~ 2급	60일
3급 ~ 4급	30일
5급	15일

5. 그 밖의 손해배상금	위 1. 내지 4. 외에 그 밖의 손해배상금으로 다음의 금액을 지급함. 가. 입원하는 경우 입원기간 중 한 끼당 4,030원(병원에서 환자의 식사를 제공하지 않거나 환자의 요청에 따라 병원에서 제공하는 식사를 이용하지 않는 경우에 한함) 나. 통원하는 경우 실제 통원한 일수에 대하여 1일 8,000원

다. 후유장애

각 보장종목별 보험가입금액 한도 내에서 다음의 금액을 지급하되, 「대인배상Ⅰ」은 「자동차손해배상보장법 시행령」 [별표 2]에서 정한 후유장애급별 보상한도 내에서 지급함.

항 목	지급기준
1. 위자료	가. 청구권자의 범위 : 피해자 본인 나. 지급기준 : 노동능력상실률에 따라 (1)항 또는 (2)항에 의해 산정한 금액을 피해자 본인에게 지급함. (1) 노동능력상실률이 50% 이상인 경우 (가) 후유장애 판정 당시(*1) 피해자의 나이가 65세 미만인 경우 : 45,000,000원 × 노동능력상실률 × 85% (나) 후유장애 판정 당시(*1) 피해자의 나이가 65세 이상인 경우 : 40,000,000원 × 노동능력상실률 × 85% (다) 상기 (가), (나)에도 불구하고 피해자가 이 약관에 따른 가정간호비 지급 대상인 경우에는 아래 기준을 적용함 ① 후유장애 판정 당시(*1) 피해자의 나이가 65세 미만인 경우 : 80,000,000원 × 노동능력상실률 × 85% ② 후유장애 판정 당시(*1) 피해자의 나이가 65세 이상인 경우 : 50,000,000원 × 노동능력상실률 × 85% (*1) 후유장애 판정에 대한 다툼이 있을 경우 최초 후유장애 판정 시점의 피해자 연령을 기준으로 후유장애 위자료를 산정합니다.

(2) 노동능력상실률이 50% 미만인 경우

(단위 : %, 만원)

노동능력상실률	인정액
45% 이상 50% 미만	400
35% 이상 45% 미만	240
27% 이상 35% 미만	200
20% 이상 27% 미만	160
14% 이상 20% 미만	120
9% 이상 14% 미만	100
5% 이상 9% 미만	80
0 초과 5% 미만	50

다. 후유장애 상실수익액을 지급하는 경우에는 후유장애 위자료를 지급함. 다만, 부상 위자료 해당액이 더 많은 경우에는 그 금액을 후유장애 위자료로 지급함.

2. 상실수익액

가. 산정방법 : 피해자가 노동능력을 상실한 경우 피해자의 월평균 현실소득액에 노동능력상실률과 노동능력상실기간에 해당하는 호프만 계수를 곱하여 산정함(다만, 소득의 상실이 없는 경우에는 치아보철로 인한 후유장애에 대해서는 지급하지 아니함).

〈산 식〉

월평균 현실소득액 × 노동능력상실률 × (노동능력상실일부터 보험금 지급일까지의 월수 + 보험금 지급일부터 취업가능연한까지의 월수에 해당하는 호프만 계수)

나. 현실소득액의 산정방법
(1) 유직자
(가) 산정대상기간
① 급여소득자 : 사고발생 직전 또는 노동능력상실 직전 과거 3개월로 하되, 계절적 요인 등에 따라 급여의 변동이 있는 경우와 상여금, 체력단련비, 연월차 휴가보상금 등 매월 수령하는 금액이 아닌 것은 과거 1년간으로 함.
② 급여소득자 이외의 자 : 사고발생 직전 과거 1년간으로 하며, 그 기간이 1년 미만인 경우에는 계절적인 요인 등을 감안하여 타당한 기간으로 함.
(나) 산정방법
사망한 경우 현실소득액의 산정방법과 동일
(2) 가사종사자
사망한 경우 현실소득액의 산정방법과 동일
(3) 무직자(학생포함)
사망한 경우 현실소득액의 산정방법과 동일
(4) 현역병 등 군 복무해당자
사망한 경우 현실소득액의 산정방법과 동일
(5) 소득이 두 가지 이상인 자
사망한 경우 현실소득액의 산정방법과 동일
(6) 외국인
사망한 경우 현실소득액의 산정방법과 동일

	다. 노동능력상실률 맥브라이드식 후유장애 평가방법에 따라 일반의 옥내 또는 옥외 근로자를 기준으로 실질적으로 부상 치료 진단을 실시한 의사 또는 해당 과목 전문의가 진단·판정한 타당한 노동능력상실률을 적용하며, 그 판정과 관련하여 다툼이 있을 경우 보험금 청구권자와 보험회사가 협의하여 정한 제3의 전문의료기관의 전문의에게 판정을 의뢰할 수 있음. 라. 노동능력상실기간 사망한 경우 취업가능월수와 동일 마. 호프만 계수 사망한 경우와 동일
3. 가정간호비	가. 인정대상 치료가 종결되어 더 이상의 치료효과를 기대할 수 없게 된 때에 1인 이상의 해당 전문의로부터 노동능력상실률 100%의 후유장애 판정을 받은 자로서 다음 요건에 해당하는 '식물인간상태의 환자 또는 척수손상으로 인한 사지완전마비 환자'로 생명유지에 필요한 일상생활의 처리동작에 있어 항상 다른 사람의 개호를 요하는 자 (1) 식물인간상태의 환자 뇌손상으로 다음 항목에 모두 해당되는 상태에 있는 자 (가) 스스로는 이동이 불가능하다. (나) 자력으로는 식사가 불가능하다. (다) 대소변을 가릴 수 없는 상태이다. (라) 안구는 겨우 물건을 쫒아가는 수가 있으나, 알아보지는 못한다. (마) 소리를 내도 뜻이 있는 말은 못한다. (바) '눈을 떠라', '손으로 물건을 쥐어라'하는 정도의 간단한 명령에는 가까스로 응할 수 있어도 그 이상의 의사소통은 불가능하다. (2) 척수손상으로 인한 사지완전마비 환자 척수손상으로 인해 양팔과 양다리가 모두 마비된 환자로서 다음 항목에 모두 해당되는 자 (가) 생존에 필요한 일상생활의 동작(식사, 배설, 보행 등)을 자력으로 할 수 없다. (나) 침대에서 몸을 일으켜 의자로 옮기거나 집안에서 걷기 등의 자력이동이 불가능하다. (다) 욕창을 방지하기 위해 수시로 체위를 변경시켜야 하는 등 다른 사람의 상시 개호를 필요로 한다. 나. 지급기준 가정간호 인원은 1일 1인 이내에 한하며, 가정간호비는 일용근로자 임금을 기준으로 보험금수령권자의 선택에 따라 일시금 또는 퇴원일부터 향후 생존기간에 한하여 매월 정기금으로 지급함.

〈별표 2〉 대물배상 지급기준

항 목	지급기준
1. 수리비용	가. 지급대상 원상회복이 가능하여 수리하는 경우 나. 인정기준액 (1) 수리비 사고 직전의 상태로 원상회복하는데 소요되는 필요 타당한 비용으로서 실제 수리비용 다만, 경미한 손상(*1)의 경우 보험개발원이 정한 경미손상 수리기준에 따라 복원수리하는데 소요되는 비용을 한도로 함 (*1) 외장부품 중 자동차의 기능과 안전성을 고려할 때 부품교체 없이 복원이 가능한 손상 (2) 열처리 도장료 수리시 열처리 도장을 한 경우 차량연식에 관계없이 열처리 도장료 전액 (3) 한 도 수리비 및 열처리 도장료의 합계액은 피해물의 사고 직전 가액의 120%를 한도로 지급함. 다만, 피해물이 다음 중 어느 하나에 해당하는 경우에는 130%를 한도로 함 (가) 내용연수(*1)가 지난 경우 (나) 「여객자동차운수사업법」 제84조 제2항에 의한 차량충당연한을 적용받는 승용자동차나 승합자동차 (다) 「화물자동차운수사업법」 제57조 제1항에 의한 차량충당연한을 적용받는 화물자동차 (*1) 보험개발원의 「차량가액기준표」에서 정하는 내용연수를 말합니다.
2. 교환가액	가. 지급대상 피해물이 다음 중 어느 하나에 해당하는 경우 (1) 수리비용이 피해물의 사고 직전 가액을 초과하여 수리하지 않고 폐차하는 경우 (2) 원상회복이 불가능한 경우 나. 인정기준액 (1) 사고 직전 피해물의 가액 상당액 (2) 사고 직전 피해물의 가액에 상당하는 동종의 대용품을 취득할 때 실제로 소요된 필요타당한 비용
3. 대차료	가. 대 상 비사업용자동차(건설기계 포함)가 파손 또는 오손되어 가동하지 못하는 기간 동안에 다른 자동차를 대신 사용할 필요가 있는 경우 나. 인정기준액 (1) 대차를 하는 경우 (가) 대여자동차는 「여객자동차운수사업법」에 따라 등록한 대여사업자에게서 차량만을 빌릴 때를 기준으로 동급(*1)의 대여자동차 중 최저요금의 대여자동차를 빌리는데 소요되는 통상의 요금(*2) 다만, 피해차량이 사고시점을 기준으로 「여객자동차운수사업법」에 따른 운행연한 초과로 동급의 대여자동차를 구할 수 없는 경우에는 피해차량과 동일한 규모(*3)의 대여자동차 중 최저요금의 대여자동차를 기준으로 함. (*1) "동급"이라 함은 배기량, 연식이 유사한 차량을 말합니다. (*2) "통상의 요금"이라 함은 자동차 대여시장에서 소비자가 자동차대여사업자로부터 자동차를 빌릴 때 소요되는 합리적인 시장가격을 말합니다. (*3) "규모"라 함은 「자동차관리법 시행규칙」 별표 1 자동차의 종류 중 규모별 세부기준(경형, 소형, 중형, 대형)에 따른 자동차의 규모를 말합니다. (나) 대여자동차가 없는 차종(*1)은 보험개발원이 산정한 사업용 해당차종(사업용 해당 차종의 구분이 곤란할 때에는 사용방법이 유사한 차종으로 하며, 이하 같음) 휴차료 일람표 범위에서 실임차료. 다만, 5톤 이하 또는 밴형 화물자동차 및 대형 이륜자동차(260cc 초과)의 경우 중형승용차급 중 최저요금 한도로 대차 가능 (*1) "대여자동차가 없는 차종"이라 함은 「여객자동차운수사업법」 제30조에 따라 자동차대여사업에 사용할 수 있는 자동차 외의 차종을 말합니다.

	(2) 대차를 하지 않는 경우 (가) 동급의 대여자동차가 있는 경우 : 해당 차량과 동급의 최저요금 대여자동차 대여시 소요되는 통상의 요금의 35% 상당액 (나) 「여객자동차운수사업법」에 따른 운행연한 초과로 동급의 대여자동차를 구할 수 없는 경우 : 위 (1)-(가) 단서에 따라 대차를 하는 경우 소요되는 대차료의 35% 상당액 (다) 대여자동차가 없는 경우 : 사업용 해당 차종 휴차료 일람표 금액의 35% 상당액 다. 인정기간 (1) 수리가능한 경우 수리를 위해 자동차정비업자에게 인도하여 수리가 완료될 때까지 소요된 기간으로 하되, 25일(실제 정비작업시간이 160시간을 초과하는 경우에는 30일)을 한도로 함. 다만, 부당한 수리지연이나 출고지연 등의 사유로 인해 통상의 수리기간(*1)을 초과하는 기간은 인정하지 않음. (*1) "통상의 수리기간"이라 함은 보험개발원이 과거 3년간 렌트기간과 작업시간 등과의 상관관계를 합리적으로 분석하여 산출한 수리기간(범위)를 말합니다. (2) 수리 불가능한 경우 : 10일
4. 휴차료	가. 지급대상 사업용자동차(건설기계 포함)가 파손 또는 오손되어 사용하지 못하는 기간 동안에 발생하는 타당한 영업손해 나. 인정기준액 (1) 증명자료가 있는 경우 1일 영업수입에서 운행경비를 공제한 금액에 휴차 기간을 곱한 금액 (2) 증명자료가 없는 경우 보험개발원이 산정한 사업용 해당 차종 휴차료 일람표 금액에 휴차 기간을 곱한 금액 다. 인정기간 (1) 수리가능한 경우 (가) 수리를 위해 자동차정비업자에게 인도하여 수리가 완료될 때까지의 기간으로 하되, 30일을 한도로 함. (나) 「여객자동차운수사업법 시행규칙」에 의하여 개인택시운송사업 면허를 받은 자가 부상으로 자동차의 수리가 완료된 후에도 자동차를 운행할 수 없는 경우에는 사고일부터 30일을 초과하지 않는 범위에서 운행하지 못한 기간으로 함. (2) 수리 불가능한 경우 : 10일
5. 영업손실	가. 지급대상 소득세법령에 정한 사업자의 사업장 또는 그 시설물을 파괴하여 휴업함으로써 상실된 이익 나. 인정기준액 (1) 증명자료가 있는 경우 소득을 인정할 수 있는 세법에 따른 관계증빙서에 의하여 산정한 금액 (2) 증명자료가 없는 경우 일용근로자 임금 다. 인정기간 (1) 원상복구에 소요되는 기간으로 함. 그러나 합의지연 또는 부당한 복구지연으로 연장되는 기간은 휴업기간에 넣지 아니함. (2) 영업손실의 인정기간은 30일을 한도로 함.
6. 자동차시세 하락손해	가. 지급대상 사고로 인한 자동차(출고 후 5년 이하인 자동차에 한함)의 수리비용이 사고 직전 자동차가액이 20%를 초과하는 경우 나. 인정기준액 (1) 출고 후 1년 이하인 자동차 : 수리비용의 20% (2) 출고 후 1년 초과 2년 이하인 자동차 : 수리비용의 15% (3) 출고 후 2년 초과 5년 이하인 자동차 : 수리비용의 10%

〈별표 3〉 과실상계 등

항 목	지급 기준
1. 과실상계	가. 과실상계의 방법 (1) 이 기준의 「대인배상 Ⅰ」, 「대인배상Ⅱ」, 「대물배상」에 의하여 산출한 금액에 대하여 피해자 측의 과실비율에 따라 상계하며, 「무보험자동차에 의한 상해」의 경우에는 피보험자의 과실비율에 따라 상계함. (2) 「대인배상 Ⅰ」에서 사망보험금은 위 (1)에 의하여 상계한 후의 금액이 2,000만원에 미달하면 2,000만원을 보상하며, 부상보험금의 경우 위 (1)에 의하여 상계한 후의 금액이 치료관계비와 간병비의 합산액에 미달하면 치료관계비(입원환자 식대를 포함)와 간병비를 보상함. (3) 「대인배상Ⅱ」 또는 「무보험자동차에 의한 상해」에서 사망보험금, 부상보험금 및 후유장애보험금을 합산한 금액을 기준으로 위 (1)에 의하여 상계한 후의 금액이 치료관계비와 간병비의 합산액에 미달하면 치료관계비(입원환자 식대를 포함하며, 「대인배상 Ⅰ」에서 지급될 수 있는 금액을 공제)와 간병비를 보상함. 나. 과실비율의 적용기준 별도로 정한 자동차사고 과실비율의 인정기준을 참고하여 산정하고, 사고유형이 그 기준에 없거나 그 기준에 의한 과실비율의 적용이 곤란할 때에는 판결례를 참작하여 적용함. 그러나 소송이 제기되었을 경우에는 확정판결에 의한 과실비율을 적용함.
2. 손익상계	보험사고로 인하여 다른 이익을 받을 경우 이를 상계하여 보험금을 지급함.
3. 동승자에 대한 감액	피보험자동차에 동승한 자는 〈별표 4〉의 「동승자 유형별 감액비율표」에 따라 감액함.
4. 기왕증	가. 기왕증(*1)으로 인한 손해는 보상하지 아니함. 다만, 당해 자동차사고로 인하여 기왕증이 악화된 경우에는 기왕증이 손해에 관여한 정도(기왕증 관여도)를 반영하여 보상함. 나. 기왕증은 해당 과목 전문의가 판정한 비율에 따라 공제함. 다만, 그 판정에 다툼이 있을 경우 보험금 청구권자와 보험회사가 협의하여 정한 제3의 전문의료기관의 전문의에게 판정을 의뢰할 수 있음. (*1) "기왕증"이라 함은 당해 자동차사고가 있기 전에 이미 가지고 있던 증상으로 특이체질 및 병적 소인 등을 포함하는 것을 말합니다.

〈별표 4〉 동승자 유형별 감액비율표

1. 기준요소

동승의 유형 및 운행목적	감액비율(*1)
동승자의 강요 및 무단 동승	100%
음주운전자의 차량 동승	40%
동승자의 요청 동승	30%
상호 의논합의 동승	20%
운전자의 권유 동승	10%
운전자의 강요 동승	0%

(*1) 다만, 피보험자와 동승자가 「여객자동차운수사업법」에 따른 토요일, 일요일 및 공휴일을 제외한 날의 출·퇴근 시간대(오전 7시부터 오전 9시까지 및 오후 6시부터 오후 8시까지를 말한다)에 실제의 출·퇴근 용도로 자택과 직장 사이를 이동하면서 승용차 함께타기를 실시한 경우에는 위 동승자 감액비율을 적용하지 않습니다.

2. 수정요소

수정요소	수정비율
동승자의 동승과정에 과실이 있는 경우	+10~20%

〈부표〉 보험금을 지급할 때의 적립이율(제26조 제2항 및 제30조 제5항 관련) 〈신설 2015.12.29.〉

기 간	지 급 이 자
지급기일의 다음 날부터 30일 이내 기간	보험계약대출이율
지급기일의 31일 이후부터 60일 이내 기간	보험계약대출이율 + 가산이율(4.0%)
지급기일의 61일 이후부터 90일 이내 기간	보험계약대출이율 + 가산이율(6.0%)
지급기일의 91일 이후 기간	보험계약대출이율 + 가산이율(8.0%)

주) 보험계약대출이율은 보험개발원이 공시하는 보험계약대출이율을 적용합니다.

참고도서 및 사이트

[참고도서]

- 의학이론, 박진이 저, 배움, 2024
- 의학이론, 임정원 저, 이패스코리아, 2024
- 의학이론, 이지이 저, 고시아카데미, 2024
- 의학이론, 오세창 저, 손사에듀, 2022
- 의학이론, 김정좌 저, 보험연수원, 2023
- 의학이론, 구자웅 지, 한국손해사정연구원, 2020
- 의학이론, 김우영, 한국손해사정연구원, 2017
- 의학이론, 김명규, 시대고시기획, 1998

- 책임보험・근로자재해보상보험의 이론과 실무, 김광준 저, 고시아카데미, 2024
- 배상책임보험 및 근재보험의 이론과 실무, 임경아 저, 이패스코리아, 2024
- 책임보험 및 근로자재해보상보험, 신록산 저, 로이즈, 2022
- 책임・근재보험의 이론과 실무, 최영호 저, 보험연수원, 2022
- 책임근재보험의 이론과 실무, 강효선 저, 미래보험교육원, 2021
- 책임보험 및 근로자재해보상보험의 이론과 실무, 배민영 저, 한국손해사정연구원, 2020
- 근재・배상책임보험, 오세창 저, 손사에듀, 2020

- 제3보험의 이론과 실무, 임동섭 저, 보험연수원, 2024
- 제3보험의 이론과 실무, 최상은 저, 이패스코리아, 2024
- 제3보험의 이론과 실무, 정원석 저, 배움, 2024
- 제3보험의 이론과 실무, 윤금옥 저, 고시아카데미, 2024
- 제3보험이론, 장길용 저, 손사에듀, 2021
- 제3보험의 이론과 실무, 이윤석 저, 한국손해사정연구원, 2021
- 제3보험의 이론과 실무, 이지이 저, 로이즈, 2020
- 제3보험의 이론과 실무, 이용욱 저, 고시아카데미, 2020
- 제3보험의 이론과 실무, 배원식 저, 로이즈, 2019
- 제3보험의 이론과 실무, 정태순 저, 고시아카데미, 2018
- 제3보험의 이론과 실무, 최영호 저, 이패스코리아, 2018

- 자동차보험의 이론과 실무(대인), 김광국 저, 보험연수원, 2024
- 자동차보험(대인) 이론과 실무, 윤성열 저, 이패스코리아, 2024
- 자동차보험의 이론과 실무(대인), 오한나 저, 배움, 2024
- 자동차보험 이론과 실무, 박세원 저, 고시아카데미, 2024

• 자동차보험의 이론과 실무, 신록산, 로이즈, 2022
• 자동차보험의 이론과 실무, 배민영 저, 한국금융보험교육원, 2021
• 자동차보험 이론과 실무, 김영길 저, 고시아카데미, 2020
• 보험심사역(공통, 개인, 기업), 김명규 외 8인, 시대고시기획, 2016
• 자동차보험이론, 김명규, 시대고시기획, 1998
• 자동차보험의 손해액 및 보험금사정실무, 김명규 외 3인, 정훈사, 1993

[참고사이트]

• 법제처 www.moleg.go.kr
• 보험연수원 www.in.or.kr
• 보험개발원 www.kidi.or.kr
• 금융감독원 www.fss.or.kr
• 한국손해사정사회 www.kicaa.or.kr
• 보건복지부 www.mohw.go.kr
• 고용노동부 www.moel.go.kr
• 국민건강보험공단 www.nhic.or.kr
• 국민연금공단 www.nps.or.kr
• 근로복지공단 www.kcomwel.or.kr
• 네이버 지식백과 terms.naver.com
• 위키백과사전 ko.wikipedia.org/wiki
• KMLE 의학 검색 엔진 www.kmle.co.kr
• 금융위원회 www.fsc.go.kr

2025 시대에듀 신체손해사정사 2차 한권으로 끝내기

개정4판1쇄 발행	2025년 02월 05일(인쇄 2024년 12월 24일)
초 판 발 행	2021년 06월 25일(인쇄 2021년 06월 11일)
발 행 인	박영일
책 임 편 집	이해욱
편 저	김명규 · 김창영
편 집 진 행	서정인
표지디자인	하연주
편집디자인	윤준하 · 장성복
발 행 처	(주)시대고시기획
출 판 등 록	제 10-1521호
주 소	서울시 마포구 큰우물로 75 [도화동 538 성지 B/D] 9F
전 화	1600-3600
팩 스	02-701-8823
홈 페 이 지	www.sdedu.co.kr
I S B N	979-11-383-8355-4 (13320)
정 가	48,000원(총 5권)

교육이란 사람이 학교에서 배운 것을

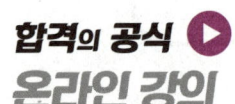

잊어버린 후에 남은 것을 말한다.

– 알버트 아인슈타인 –

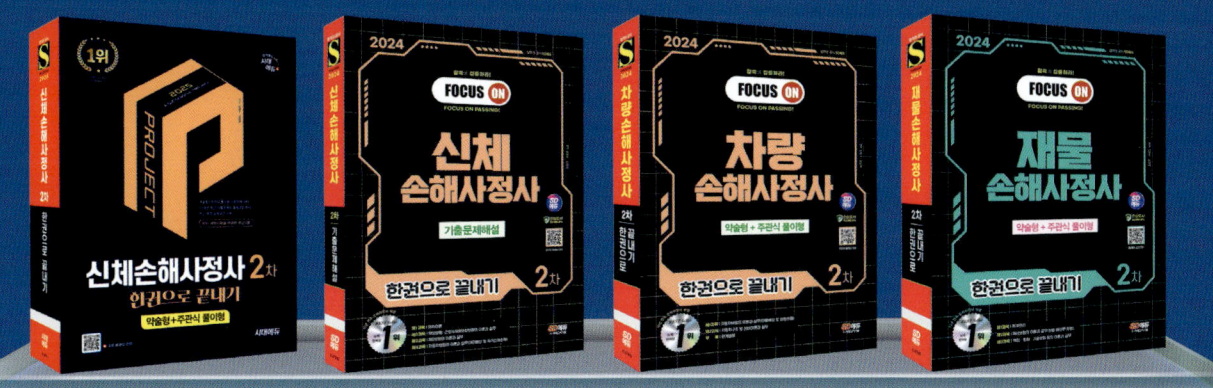

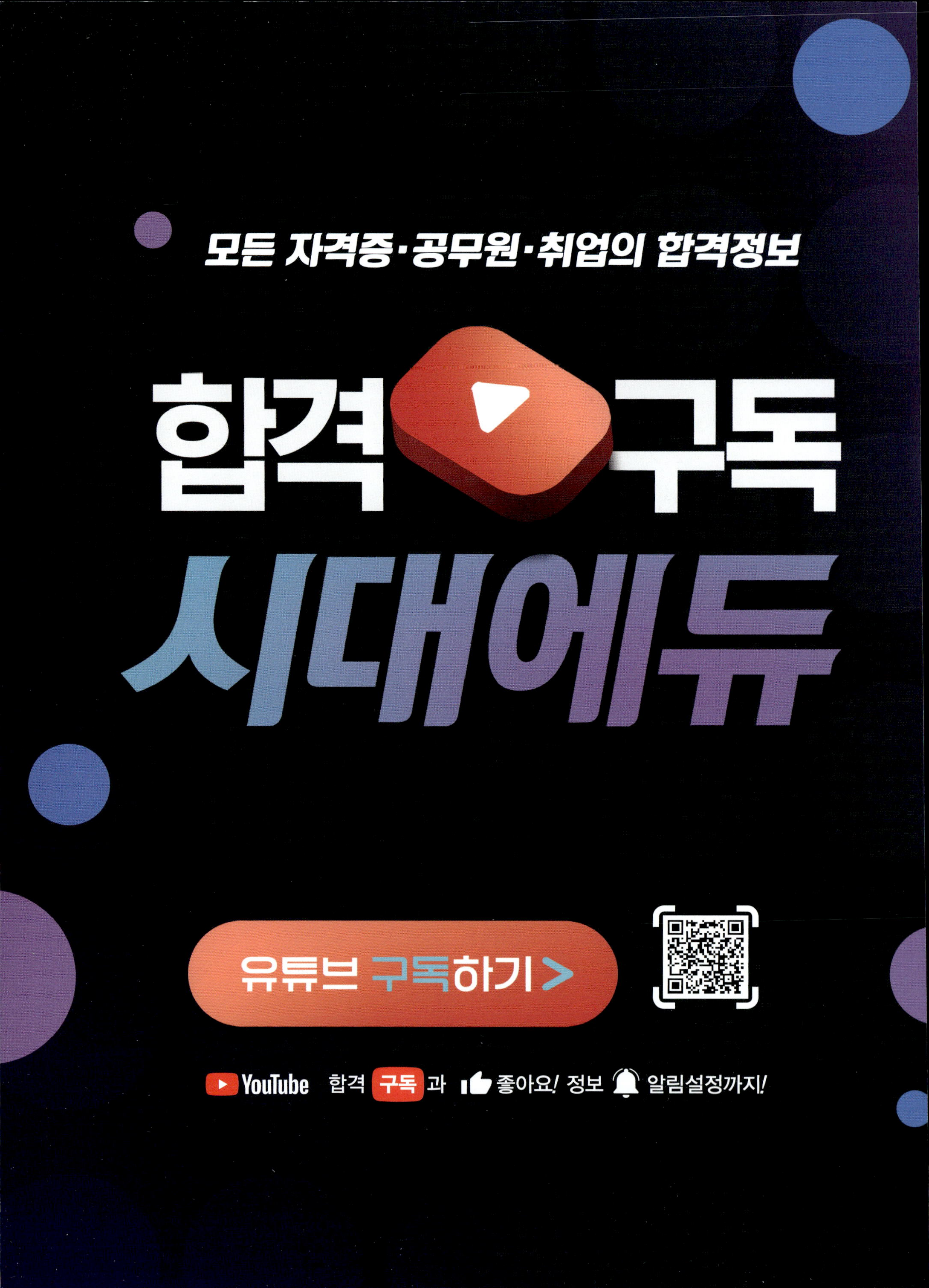
모든 자격증·공무원·취업의 합격정보
합격 구독
시대에듀
유튜브 구독하기 >
YouTube 합격 구독 과 좋아요! 정보 알림설정까지!